KB192650

행복

| 한준상 저 |

학지사

책을 내는 말

행복을, 한자(漢字)로 쓰면, 다행할 행(幸)자와 복 복(福)자로 씁니다. 그 행복을 사람들은 복된 운수, 혹은 욕구가 충족되어 만족한 상태를 말하는 것으로 이해합니다. 저는 조금 다르게, 행복이라는 단어에서 다행할 행자보다는 복에 더 많은 관심을 나타내거나, 그것을 먼저 바라기에, 행복이라는 글자보다는 차라리 '복행'(福幸)이라고 쓰는 것이 어떻겠나 하는 생각을 한 적이 있습니다. 언어기호학자들이 즐겨 하는 식으로 말하면, 행복이라는 글자보다는 복행이라는 글자가, 그러니까 그 옛날, 옛날 사람들이 제단에 풍성하게 음식을 차려 놓고 술 한 잔 하늘에 바치며 자신들에게 하늘 마음껏 자기들이 바라며, 달라고 빌면 받을 수 있을 것 같다고 믿었던 그 '복'을 먼저 바라는 우리 한국인들의 급한 성미를 충족시켜 줄 수 있는 글자의 순서가, 행복보다는 '복행'이지는 않았나 하는 생각이 들었었기 때문입니다. 지금까지 살아내다 보니까, 행복의 어순은 역시 '행복'이어야 하지, '복행'일 수가 없음을 깨치게 되었습니다. 행복하려면, 복, 복 하며 복을 먼저 갈구하기보다는 다행할 행부터 먼저 행(行)해야겠기 때문입니다. 다행할 행은 행동할, 실천해 내야 될 행(行)과 그 궤적을 같이하고 있기 때문입니다. 노력하고, 실천해야 다행해질 수 있습니다. 불행했던 조상들이 어째서 그리 불행할 수밖에 없었는지를 알게 된 대목이기도 했습니다.

행복의 어순은 행복이어야만 한다는 그것은 러시아의 대문호인 톨스토이의 소설 『안나 카레니나』를 읽어 보면서, 다시 한 번 더 제 스스로에게 확인시켜 본 적이 있습니다. 『안나 카레니나』를 읽으면서 눈에 밟혔던 글귀는, 행복한 사람들이나 행복한 집들은 모두가 엇비슷하기 마련이고, 불행한 사람들이나 불행한 집들은 불행한 이유가 정말로 제각각이라는 그 글귀였습니다. 그렇습니다. 행복한 사람들은 행(幸)하기에 복(福)이 저절로 따라 붙은 사람들인 데 반해, 복(福), 복하는 사람들은 복, 그 복에 집착하다 보니, 다행(多幸)스럽지 않았나 생각됩니다. 다행이라는 말은 사전적으로 운수가 좋거나, 일이 좋게 되거나, 아니면 뜻밖에 일이 잘되는 것을 뜻하는 것이기에 다행하지 못하다는 것은 바로 자기가 원하는 것이 제각각 흩어져 버렸다는 것을 의미합니다. 다행하지 못한 이유들이, 톨스토이 입장에서는 불행할 수밖에 없다고 본 이유들이 그야말로 천차만별로 제각각, 제각기였다는 그런 뜻이었습니다.

행복이라는 말에서 먼저 중요한 말은 다행할 행(幸)이고, 행(行)스러워야 될 행동입니다. 다행할 행자는, 앞으로 제가 이 책에서 줄기차게 이야기하겠지만, '걷다.' '나아가다.' '흐르다.' '일하다.' '실천하다.'라는 뜻을 담고 있는 갈 행(行)자와 그 뜻의 맥을 같이하고 있습니다. 원래 다행할 행(幸)자는 목숨이 붙어 있음, 살아 있음을 상징하는 글자였는데, 옛사람들은 무슨 연유에서 특별이 그렇게 했는지는 모르지만, 큰 벌을 받거나, 죽을 운명에 처한 그런 위태로운 상황에 놓이게 될 그때 죄수의 양 팔에 채워지는 수갑(手匣)의 형상을 하고 있는 것이 바로 행(幸)자의 양태로 보았습니다. 행자가 고통, 그 난관을 상징하는 글자임을 드러내 놓기 위해 일본인들은, 이 행자를 '츠라이(つらい)', 그러니까 정신적으로 힘들고, 고통스러워 말도 꺼내기 뭐한 상태를 상징하는 고생할, 혹은 매울 신(辛)의 뜻으로 표현하고 있습니다. 행(幸)자를 가만히 보면, 이 행자는 매울 신(辛)자에 하늘, 혹은 날 일, 하나라는 것을 상징하는 글자인 일(一)이 위에 올라앉아 있는 형태입니다. 매울 신(辛)자는 전쟁포로나 이런 저런 이유로 노예가 된 사람들, 그들이 도망갈 수 없는 노예라는 신분을 표시하기 위해 그의 이마에 새긴 글자였습니다. 신(辛)자는 고생, 고초, 어려움을 뜻하는 말이었는데, 그런 고생을 일격에 제거하는 하나의 노력, 날 일(一)이라고 표현한 그 노력이 있으면 매울 신(辛)자는 다행할 행(幸)자로 변해버리는 것입니다. 노력이 없으면, 노력하지 않으면, 고초나 어려움은 그냥 고초나 어려움으로 남아 있게 된다는 점에

서, 다행할 행(幸)자는 노력할 행(行)자와 뜻을 같이하고 있는 것입니다. 움직일 행(行)자는 '다듬어 세운다.'라는 뜻을 지니는데, 자축거릴 척(彳)과 재축거릴 촉(亍)으로 구성됩니다. 행(行)자는, 우리 머릿속으로 그릴 수 있음직한 모습, 그러니까 왼쪽 다리는 절면서, 오른쪽 발은 깡충거리면서 앞으로, 앞으로 힘들게 걸어 나아가는 그런 모습을 드러냄으로써 어려움을 이겨 나가며 노력한다는 뜻을 상징적으로 담고 있습니다. 다행하려면 다행하도록 노력해야 합니다. 살아 있으려면, 살아내려면 살아내려는 노력이, 그리고 나름대로의 살아냄의 고통이 따르게 마련입니다. 살아내려는 노력 없이는 살아냄은 가능하지 않다는 뜻에서, 저는 행복하기 위해서 우리가 먼저 해야 할 일은 복, 복, 재수, 재수, 운, 운 할 것이 아니라, 그 복, 그 재수, 그 운이 내 것이 되도록 하기 위해 내가 먼저 해야 할 것이 무엇인지를 이 책에서 밝혀 보려고 합니다. "생명이 있어야 복도 있는 것이지, 복은 있는데, 죽어 있으면 무슨 소용이 있겠습니까?"라는 질문과 영탄사(永嘆辭)들은 왕의 능을 지나칠 때도, 공동묘지를 지나칠 때도 어김없이 저들로부터 제각각 듣게 되는 소리입니다. 그렇습니다. 그 누구든지 우선 살아 있어야, 살아내야 그 행복이든 불행이든 간에 관계없이 그 무엇이 그다음, 그다음으로 내 삶에 뒤따라 나올 것입니다. 그것이 생명의 이치이고, 삶의 원칙입니다.

　이 머리말에서, 저는 행복이 무엇을 의미하는지를 먼저 꺼내 이야기하지 않았습니다. 다만, 한 가지 분명하게 말씀드릴 수 있는 것은, 행복을 원하는 그 누구든 그에게 행복이 가능하다는 말씀만큼은 분명하게 전하고 싶습니다. 행복해지는 것이 그렇게 어렵지 않기 때문입니다. 행복해지기는 놀랍게도 아주 쉽습니다. 물론 역설적으로, 쉽고, 단순한 것은 어려울 수도 있겠습니다만, 행복하려면 행복하는 일에만 조금 신경을 쓰면 행복해질 수 있습니다. 행복해지는 것은 숨 쉬기만큼이나 쉽습니다. 행복은 생명이고 배움이기 때문입니다. 숨 쉬기가 어렵다고 생각하시는 분은 일단, 행복이고 뭐고 운운하기보다는 당장 숨 쉬기부터 먼저 고르시기 바랍니다. 대부분의 사람에게 숨 쉬기는 쉬운 일입니다. 지금 이 글을 읽는 것도 숨을 쉬고 있기 때문에 가능하다는 것을 잊지 마시기 바랍니다. 행복 역시 숨 쉬기처럼 쉽고, 단순하기만 합니다. 2016년 봄 우리나라에서 열린 세계명상대회에 참석한 외국의 선사(禪師)가 우리 한국인에게 넌지시 던진 이야기 한 마디를 전하면서 숨 쉬는 이야기를 그만하겠습니다. 그는 한국인 스스로 많은 것을 얻고 있는데도 남에게 주는 것에는 상당히 인색하다고 운을 뗀 그는 자신에 대해 많은 사람이 현자(賢者), 선사(禪師), 그루(Guru)니, 뭐니 그런 식으로 치켜세우지만, "나 역시 아무것도 할 수 없는 때가 있는데, 그럴 때는 그저 차나 한 잔 마시고 맙니다."라고 말했습니다. 행복, 그래요. 행복하지 않아도, 그것이 바로 행복하다는 증좌이니, 우리 끽(喫), 다(茶), 거(去)나 하시면서 숨을 먼저 돌려야 합니다. 그것이 바로 행복의 시작이기도 합니다.

'행복에 대한 강의노트' 격인 이 책을 쓰고, 꾸미고, 다듬는 데에는 여러 사람의 도움들이 있었습니다. 집사람의 모습도, 제자들과 여러 동행들의 모습들도 하나하나 떠오릅니다. 대학원 시절부터 지금까지 조교 일만 도맡아, 그 덕으로 이 책의 출판에까지 연좌된 박진희 박사와 방재임 박사의 모습을 생각하면, 그저 저는 행복한 교수일 뿐입니다.

2017년 1월

한준상

차
례

Chapter 1 행복의 정체

Chapter *4* 관행과 호모 에루디티오

Chapter *5* 관행의 일상

서
론

    배우기를 멈춘 자는, 한 번도 자기 삶에서 행복해지기를 원하지 않는 사람입니다. 그럴 것입니다. 그 간의 제 삶의 일상에서 얻게 된 확신입니다. 독서의 귀신이라는 평을 받는 일본의 마츠오카 세이고 씨는 『다독술(多讀術)이 답이다』에서, 독서는 마치 야구에서 투수가 볼을 배합하는 것과 같다고 말한 바 있습니다. 글을 쓴 저자가 가지고 있는 '글쓰기 모델'의 특징을 파악하면, 그 모델만으로도 그 저자의 책 한 권이 한눈에 들어오게 되고, 그것을 알게 되면 미처 읽지 않은 그 책의 다른 부분도, 심지어 그 저자가 쓴 다른 책도 어렵지 않게 읽어 낼 수 있다고 이야기합니다. 그가 말하는 독서론의 요지를 알았다면, 이제는 제가 쓴 이 책의 의도를 그렇게 파악해 보며 읽어 갈 수 있을 것입니다. 저도 늘 그랬지만, 남미의 대문호로 각인된 보르헤스가 보여 주었던 글쓰기 처음 시작하는 페이지도 그리고 끝나는 마지막 쪽도 알아차릴 수 없는 그런 글을 쓰고 싶었습니다. 글쓰기에서는 쉽게 이루어지지 않을 욕망이었지만, 보르헤스가 마냥 부럽기만 해서 생겼던 나름대로의 욕심이었습니다. 도대체, "세상의 모든 것을 표현할 수 있을까? 예술의 궁극적인 형태를 한 문장으로 요약할 수 있을까? 아니, 시작하는 페이지를 찾을 수 없는 책이 있다고? 그 책은 마지막 페이지도 찾을 수 없다고? 그럼 그 책은 무한한 거란 말이야?" 『셰익스피어의 기억』에서 보르헤스가 자신의 삶 마지막에 남긴 말입니다.

    언어철학자 비트겐슈타인이 자신의 글쓰기에서 즐겨 쓴 말인, "나는 구두점을 많이 써서, 읽는 속도를 늦춰 보려고 하는 편입니다. 내가 쓴 글이 천천히 읽혀지기를 희망하기 때문입니다. 나 자신이 읽는 것처럼." 이라는 말은, 나의 글쓰기 작업에서도 여전히 유효합니다. 그는 자신의 글에 허사(虛辭) 같은 말들을 즐겨 집어넣고 있는데, 제 글에서도 여러분이 앞으로 자주 마주치게 될 단어인 '그러니까' 같은 단어들이 바로 그런 허사의 표현입니다. 그런 허사를 마주칠 때에는, 한번 숨을 들이마시거나, 그냥 잠깐 숨을 쉬라는 안내 같은 것이라고 여기시면 됩니다. 비트겐슈타인이 자신의 글에 허사를 억지로라도 넣은 것은, 마치 인스턴트 음식점에서 햄버거 한 쪽과 탄산음료 한 모금을 털어 넣고 이내 자리를 일어나는 번다한 식객들을 경계하기 위함이었습니다. 남의 글 역시 마치 탄산음료 들이키듯이 그렇게 단숨에 털어 내려는 독자들을 경계하기 위함이었습니다. 비트겐슈타인 스스로 저들 즉석 독자들에게 독서에서의 그 무슨 경종을 울리려고 그냥 그렇게 해 보았던 것입니다. 어쨌거나, 비트겐슈타인은 그의 글쓰기에서, 그는 문장을 끊어내지 않고, 가능한 긴 문장으로 이어 가곤 했습니다. 그가 그렇게 한 것은, 아무런 뜻도 없이 그렇게 한 것이 아니라, 숨 가쁜 독자들의 읽기를 도와주기 위한 의도적인 노력이었습니다. 자신의 문장에서, 필요하지 않은 말은 가능한 넣지 않으려고 하고, 필요한 말은 가능한 빼먹지 않으려고 노력했던 그처럼 나의 글쓰기 방식도 바꿔 보려고 했습니다만 아직도 갈 길은 멀기만 합니다. 글쓰기 방법 못지않게, 내용이 그런 글쓰기에 같이 맞물려 가야 했기 때문에 그렇습니다. 거기에, 자기가 하고 싶은 이야기를, "할머니가 알아듣도록 설명할 수 있을 때까지는 당신은 결코 어떤 것도 충분히 이해하고 있다고 말할 수 없습니다."라고 말한 아인슈타인의 충고를 되돌아, 다시 가슴에 새기면, 제 글쓰기는 아직 멀기만 한 것 같습니다.

'쯔 머 수비앙(Je Me Souviens)', 캐나다에 가면 영어권의 다른 주들과는 문화적 감각이 다른 프랑스어권의 퀘벡 시가 내놓고 자신들의 심경을 표방하는 모토입니다. 그곳을 달리는 자동차마다 달고 다니는 번호판에는 어김없이 등장하는 우리말로는 '기억하겠습니다.'는 뜻을 갖고 있는 말입니다. 영어로는 아이 리멤버(I remember!)라고 해야 될 듯한 이 경구는 퀘벡인 누구에게나 기억되곤 하는 글입니다. 그 누구든 어디서 왔는지를 기억하면, 어디로 가는지, 어디로 가야만 하는지도 함께 알게 된다는 뜻을 담고 있기 때문에 그렇습니다. 우리가 어디서 왔는지를 모르기에 그토록 방황하는 것입니다. 온 곳이 분명하면 갈 곳, 되돌아갈 곳도 분명하게 알 수 있는 노릇입니다. 혹자는 우리가 온 곳이 어머니 자궁이니 자궁으로 되돌아가야 된다고 말할 수도 있겠지만, 그 누구도 그렇게 할 수는 없는 노릇입니다. 그렇게 되면, 온 곳을 이미 안다면, 갈 곳을 알고 있는 것입니다라는 말은 마치 거짓말처럼 들리게 됩니다. 그 말뜻을 조금 더 파고 들어가면, 그것은 거짓말이 아님을 알게 됩니다. 조금만 더 태어남과 죽음 간의 관계를 생각해 보면 그 말이 정말로 의미하는 것이 무엇인지 이내 알게 되기 때문입니다. 그 누구든 자신이 태어난 곳이 바로 자신의 어머니 자궁인 것은 사실입니다만, 나를 낳아 준 어머니의 자궁은 이내 할머니의 자궁으로 이어질 수밖에 없음을 알게 되기 때문입니다. 그 할머니를 낳아 준 자궁, 그리고 또 다른 자궁을 지속적으로, 그리고 또 지속적으로 추적해 들어가면 그곳이 이르게 되는 곳이 마침내 있게 됩니다. 쯔 머 수비앙, 저들 퀘벡인들의 구호를 인간의 생겨남과 연관시켜 해석하고, 해석하면 그것은 어쩌면 티베트인들이 『티베트 사자의 서(書)』를 통해 음미하고 있는 인간의 윤회문제까지 도달할 수도 있다는 이야기로 들리게 됩니다. 동시에, 쯔 머 수비앙이라는 말을 곰곰이 음미하면, 그것은 서구신화가 가르쳐 주고 있는 카오스(Chaos) 문제를 다시 되짚어 보게 만들어 주고 있습니다. 카오스를 편하게 '혼돈(混沌)'이라고 번역하고, 그 혼돈을 질서(秩序)와 조화를 상징하는 코스모스(Cosmos)와는 반대인 혼란(混亂)으로 해석하고 있습니다만, 혼돈의 의미는 그런 혼란이 아니라, 그 역시 하나의 질서이며 조화를 상징합니다.

카오스의 원뜻은 '입을 벌리다.'이며, 그것이 명사화되면서 '캄캄한 텅 빈 공간'을 상징하게 되었습니다. 고대 신화에서 카오스는, 카오스 외에 처음으로 무언가가 나타나기 전까지 어떤 것도 존재하지 않았던 절대공간, 한자문화권에서 말하는 하늘과 땅이 아직 각각, 따로 나누어지지 않은 절대공간입니다. 아무것도 새로운 것으로 분화되지 않았다는 말은 그 무엇이든 생성될 수 있는 준비가 되어 있다는 것을 암시하기에, 카오스는 '준비된 채 준비되지 않은 질서이며 구조'를 말하고 있는 셈입니다.

카오스는 어쩌면, 이 책 그 어딘가에서 다시 논의되게 되는 『티베트 사자의 서』의 내용처럼 사람들이, 그러니까 너도 나도 끝내 되돌아갈 곳일 것입니다. 그러니 온 곳을 알면 갈 곳, 가야 할 곳을 안다는 말은 거짓이 아닙니다. 이 말을 가슴에 기억하는 한, 우리는 사람으로서 사람처럼 살 것입니다. 사람으로서 결코 짐승처럼 살아가지는 않을 것입니다. 온 곳을 모르니 갈 곳도 모르게 됩니다. 제가 온 곳도, 그리고 끝내 갈 곳도 모르니 사람인 자기가 원숭이처럼 숨을 몰아쉬며 바나나를 따먹기 위해 이 나무 줄, 저 나무 줄을 타고 다니는 것입니다. 바나나 따먹기의 생활, 원숭이의 생활 그것은 기껏해야 낮은 3차원의 삶일 것입니다. 어찌 보면 우리의 일상생활과 크게 다를 것도 없어 보입니다만, 우리는 저들과는 다릅니다. 우리 인간에게는 시간이라는 것이 있기 때문입니다.

우리 인간이 원숭이 집단과는 달리, 자신을 위해 자기 시간을 다루고 있다라고 하더라도, 과거는 바꿀 수가 없습니다. 시간여행이 가능하다고 해도 과거를 바꾸는 것은 불가능합니다. 설명이 되지 않은 그 무엇이 항상 시간에 개입해서 결코 우리가 과거를 바꾸는 그 행위를 막아 낼 것이기 때문입니다. 우리가 가고 싶은 과거라는 시간여행으로 진입하려고 하는 그 시도 자체를 막아 놓는다는 논리를 설명해 주는 이론이 '노비코프의 자체 일관성 원리(Novikov Self-Consistency Principle)'입니다. 인간에게 제아무리 시간여행이 가능하다고 해도, 그 시간여행 속에서 인간으로서는 감당할 수 없이 여러 가지 모순들을 만나게 되는데, 그 모순이 어찌해서 인간에게 모순이 되는지를 이해하게 해 주는 것이 노비코프의 자체 일관성 원리입니다. 예를 들어, 과거로 돌아가 지금 자신의 꼴에 실망한 나머지 지금 이전의 자신을 태어나지 않게 한다든가, 죽인다든가 해서 새로운 생명으로, 새로운 처음의 시간으로 되돌리고 싶겠지만, 아무리 시간여행이 인간에게 가능해도 그렇게 되돌릴 수 없습니다. 그렇게 되면 시간여행이 가능하다고 해 놓고서, 과거로의 여행이 불가능하다고 이야기하는 것은 시간여행에서의 모순입니다. 그 모순은 제아무리 노력해도 풀리지 않는 영원한 모순이라고 단정해 놓고 있는 논리가 바로 노비코프 자체 일관성 원리입니다. 이 원리에 의하면, 사람이 설령 시간적으로는 과거로 되돌아갈 수 있을는지는 몰라도, 과거에서 일어난 사건이나 사태에 그 어떤 영향도 끼치지 못하고, 아무것도 되바꾸어 놓을 수는 없게 됩니다. 그러니까 자기를 태어나지 않게 하기 위해서 타임머신으로 과거로 되돌아가서 아버지를 죽일 경우 자기는 태어나지 않게 됩니다만, 그런 일은 원초적으로 불가능합니다. 그렇게 된다고 하면 논리적으로 자신이 태어나지 않는 꼴이 되어 아예 과거로 되돌아갈 수 없는 노릇이 되기 때문입니다. 노비코프가 말하는 자체일관성 논리는 바로 시간에 관한 역설적인 논리입니다. 이 논리에 따르면, 과거 역사에 개입하는 것도 크게 보아 미리 정해져 있는 일이라는 것이기에, 과거도 바꿀 수 없고 미래도 바꿀 수 없게 됩니다. 결국 과거나 미래는 한통속, 하나인 셈입니다. 우리는 그런 시공간의 제약 속에 살고 있는 셈입니다만, 그것에 만족할 수가 없어 그 무엇인가를 더 생각합니다.

저는, 정년 후에 펴낸 책 『생의 유(生의 癒)』에서, 책의 말미를 이런 이야기로 끝을 낸 적이 있습니다. 사람이 배움을 포기하지 않으면 자신에게 배움력이 생기고, 배움력이 자신에게 작동하면 마침내 그는 신(神)처럼 그렇게 자신을 바라볼 수가 있습니다. 그렇게 되면 자기 스스로 이내 시간(時間)이 되고, 공간(空間)이 되며, 영(靈)이 되어 아주 삽시간에 천당과 지옥이라도 수없이 훨훨 날아다닐 수 있게 됩니다. 배움력은 자신이 자신을 잊게 만들어 놓는 몰아(沒我)의 힘이고, 무한대 상상(想像)의 동력을 주기 때문입니다. 그런 제 나름대로의 뜻을 한번 큰 욕심내며 책의 말미를 끝낸 적이 있습니다. 줄의 소리를 활용하는 악기들에 붙어 있는 모든 현(絃)은 나름대로 독특한 소리를 갖고 있습니다. 쇠줄과 구리줄의 소리가 다르고, 구리줄과 새끼줄의 소리가 다른 이치입니다. 철로 만든 현(絃), 그냥 펴놓으면 철선이지만, 그것을 긁거나, 튕기고, 늘리면 나름대로의 소리를 내는 악기 줄로 변합니다. 소리를 제 안에 지니고 있기에 그런 것인데, 사람에게도 적용될 법합니다. 사람에게도 닭 같은, 쥐 같은, 개 같은, 그리고 신(神)스러운 자연의 영(靈)기가 있다고 볼 수 있습니다. 그것을 사람들은 서로 잘 알고 있기에, 툭하면, 닭대가리니, 쥐 뭐니, 개 뭐니 하고 서로를 불러 젖히고 있는 것입니다. 사람에게 영(靈)기가 있다고 하면, 요즘은 특정 직업을 갖은 사람으로 여기지만, 그 옛날 우리 민족이 이 땅에서 자리를 잡을 때는 그런 영기 있는 사람은 족장, 우두머리를 상징했습니다. 단군(檀君)이 이집트에서 노예로 살아가던 이스라엘 민족을 이끌고 홍해를 건넜던 모세처럼, 대단한 영기가 서렸던 정치지도자였었던 것을 기억해 보면 알 수 있는 이치입니다. 생명체인 사람의 본질은, 어쩌거나, 그 스스로 자연에서 왔기에 자연의 소리를 담고 있을 수밖에 없습니다. 자연과 조화스러운 사람의 그 소리를 들으려면, 현악기를 제대로 튕기거나 긁어야 제소리가 나듯이, 사람 역시 자연과 이렇게 저렇게 뒹굴어 지내야 합니다라는 뜻을 슬쩍, 이곳, 저곳에 새기어 놓고, 흘려 놓으면서 쓴 책이 바로 제가 바랐던, 내 속마음을 이해할 수 있었던, 혹은 없었든 간에 관계없이, 정년 1년 후에 출판한 『생의 유』라는 책이었습니다. 그 누구의 삶, 그 누구의 생이던 치유하려면 자연과 하나 되는 법을 익히라는 뜻을 담았던 셈입니다. 『생의 가(痂)』『생의 과(過)』 그리고 『생의 유(癒)』라는 책들 모두를 꿰뚫고 있는 제 욕심을 하나의 생각으로 집약하면 그것은, 배움의 화두였습니다. 시간과 공간의 서로 다른 차원을 넘나들 수 있는 삶을 살고 싶다는 욕구로서의 배움이라는 화두가 바로 그것이었습니다. 서로 격이 다른 차원을 넘나드는 삶, 그러니까 최소한 현재 우리 인간의 삶을 제약하는 3차원의 삶, 그 이상의 삶, 말하자면 4차원, 5차원, 그 이상의 고차원적인 삶을 살고 싶다는 욕망을 충족시켜 줄 수 있는 것이 배움이라는 생각을 담았던 책이 생의 유였습니다.

차원(次元, dimension), 그것을 수학적으로 말한다면, 차원은 기하학적 도형이나 물체 및 공간 안의 점을 인정하는 데 필요한 독립 좌표를 나타내는 수를 지칭합니다. 조금 더 설명하면, 직선 위의 점을 찍어 놓고 그것을 중심으로 적당한 좌표계를 정하면 하나의 실수 x로 표시됩니다. 이어 평면 위의 찍어진 점은 2개의 실수의 짝(x, y)으로 표시되고, 공간의 점은 3개의 실수의 짝(x, y, z)으로 각각 표시됩니다. 이때 직선을 1차원, 평면을 2차원, 공간, 즉 입체를 3차원이라 부릅니다. 3차원을 넘어서는 더 높은 차원도 가능합니다. 선, 면, 공간의 점은 우리 눈으로 볼 수 있으나 그 이상의 점, 즉 4차원부터는 머릿속으로 상상만 가능합니다. 조금 쉽게 이야기하면, 점은 0차원의 세계, 선은 1차원의 세계, 면은 2차원의 세계, 입체는 3차원의 세계인데, 점, 선, 면, 입체를 넘어서는 또 다른 차원을 상대성이론에서는 4차원으로 간주합니다. 이렇게 생각을 이어 나가면 차원을 상상하기는 힘이 들어도 머릿속으로는 무한하며, 또 실제로 그렇게 가능해집니다. 즉, 일반적으로 n차원, 또는 무한차원의 더 높은 차원의 공간도 이내 머릿속으로 생각해 볼 수 있는 이치입니다.

　사람의 오감, 즉 감각은 오로지 커다란 3차원만 경험할 수 있습니다. 4차원 그 이상의 무한한 여분 차원은 믿기가 어렵습니다만 물리학자들의 생각은 다릅니다. 보이지 않는 무한한 차원은 우주에 존재할 수 있다는 것입니다. 영화 〈인터스텔라〉는 우주에서 펼쳐질 수 있는 수많은 기이한 가능성 중 하나인 5차원의 가상적인 존재를 다룬 공상과학 영화입니다. 다차원의 생각을 거침없이 그려 내는 물리학자 중의 한 사람인 하버드 대학교 물리학자인 리사 랜들 교수는 『숨겨진 우주』에서 우리들이 먹고, 마시고, 숨 쉬고 놀고 있는 이런 3차원의 세계는 5차원 막(브레인)에 매달린 물방울과 같다고 주장합니다. 비유하자면, 우리가 살아가는 이 세상, 우리가 경험하는 이 세상은 나뭇잎에 매달린 물방울처럼 5차원 막에 매달려 있다는 것입니다. 상상컨대, 이 세상, 우리가 살고 있는 이 지구가 5차원의 그 무엇에 매달려 있으려면 그 어떤 끈을 생각해 내야 합니다. 3차원의 지구와 그것을 매달고 있는 5차원을 생각하려면 그것을 매달고 있는 끈을 생각해 내야 합니다. 지구와 5차원 간의 관계, 그러니까 지구가 5차원에 매달려 있으려면 이제부터 중력을 생각해야 합니다. 중력(重力)을 우리는 지표 부근에 있는 물체를 지구의 중심 방향으로 끌어당기는 힘이라고 여깁니다. 지구에 사는 사람들의 입장으로 보면 지구 쪽으로 모든 것을 끌어당기는 힘이 바로 중력입니다만, 3차원의 지구와 5차원을 이어 주는 그 끈을 생각하면, 중력의 중심은 지구가 아니라 5차원이 됩니다. 지구가 5차원을 끌어당기고 있는 것이 아니라, 5차원이 3차원인 지구를 잡아끌고 있는 것이 됩니다. 그러니 중력은 5차원 세계에서 3차원의 세상인 지구를 향해 작용하는 힘이라는 생각이 가능해지는 것입니다. 중력을 고려하지 않는다면 세상을 움직이는 물리적인 원칙은 보다 간결해질 수 있습니다. 미국의 과학 저널리스트 제프리 배네트 교수는, 『상대성이론이란 무엇인가?』에서 말한 것처럼, 아인슈타인이 말한 특수상대성이론으로 세상의 모든 일을 이리저리 편하게 가르고 자를 수 있다고 봅니다. 중력을 배제한 특수상대성이론은 두 가지 절대 원칙을 전제로 성립되는 이론입니다. 첫째로 자연의 법칙은 누구에게나 똑같다는 전제로 성립합니다. 두 번째 전제는 빛의 속도는 누구에게나 똑같다는 전제입니다. 첫 번째 법칙은 갈릴레오 때부터 이미 있어 왔던 원칙이기 때문에 별로 놀랍지도 새롭지도 않습니다만, 두 번째 전제, 즉 빛의 속도에 대한 절대성은 놀랍기도 하지만 문제도 됩니다. 말하자면, 먼 은하에서 오는 빛의 속도가 지구에서 형광등을 켰을 때의 빛의 속도와 다르지 않다는 말이 되기에, 그 말에 쉽사리 설득당하지 않을 수도 있기 때문입니다.

빛의 속도는 절대적입니다. 그러니까 이 세상에 빛의 속도를 능가하는 속도는 있을 수 없다는 논리를 믿지 않는 사람들을 위해 과학자들은 사고실험(思考實驗)으로 그것을 증거해 냅니다. 그러니까 머릿속으로 자기가 생각하던 것을 놓고 그것의 상관성과 인과성을 파악하기 위해 상상하며 그 생각으로 가설검증을 해내는 그는 하나의 예를 들어 빛의 절대성을 논증합니다. "시속 약 100km로 달리는 두 자동차가 교차로에서 충돌한다고 상상해 보겠습니다. 당신은 교차로의 한 거리에서 그 충돌을 목격한다고 합시다. 빛의 속도가 절대적이지 않다면, 당신을 향해 일직선으로 달려오는 자동차 A의 빛은 '빛의 속도(c = 초속 30만km) + 시속 100km'로 올 것이 분명합니다. 당신의 시선에 교차해 오고 있는(수평으로 지나가는) 자동차 B의 빛은 정상속도인 c로 오고 있을 것입니다. 그렇게 되면 자동차 A의 빛이 B의 빛보다 먼저 교차로에 다다르게 되는 것을 볼 것입니다. 그런데 자동차 A의 시속 100km는 빛의 속도의 100만분의 1에 불과하므로 그 속도의 차이를 알아채기는 어렵습니다. 하지만 멀리서 충돌을 관찰한다면 그러니까, 당신이 100만 광년 떨어진 행성에서 초강력 망원경으로 자동차들의 충돌을 본다고 상상해 보면, A의 빛은 B의 빛보다 100만분의 1 더 빠른 속도로 오게 됩니다. 그렇게 되면 100만 광년의 거리를 오는 A의 빛은 B의 빛보다 1년 앞서 당신에게 도착합니다. 자동차 A가 B보다 1년 먼저 교차로에 도착한 것처럼 보인다는 이야기가 됩니다. 그렇다면 두 자동차가 충돌한다는 이야기는 거짓이 됩니다. 1년 먼저 앞서서 자동차 A의 빛이 와 있기 때문입니다. 이것은 자동차 A와 B가 충돌할 수가 없는데 충돌했다고 우기는 일이 되고, 그래도 충돌했다고 한다면 그것은 하나의 역설이 될 뿐입니다. 이 역설을 피하는 유일한 방법이 있다면 그 해결책은 단 한 가지입니다. 그것은 빛의 속도에 자동차의 속도를 더하지 않는 방법일 뿐입니다. 그래서 두 자동차는 서로 충돌하고 말아버립니다. 두 자동차의 빛이 동시에 눈에 들어오게 되기 때문입니다.

　이제 이 사고실험을 통해 우리가 얻을 수 있는 결론은 한 가지입니다. "절대적인 것은 빛의 속도이며, 시간과 공간은 상대적입니다."라는 결론입니다. 빛의 속도, 즉 빛의 속도에 가까운 속도로 움직인다면 거리는 짧아지고, 시간은 느리게 간다는 뜻이기도 합니다. 빛의 속도에 자동차 속도 100km를 더해 봐야, 별다른 영향을 주지 못하는 그런 속도가 될 뿐입니다. 그러니까 그 속도에 들어가는 시간은 자동차 속도를 더한 만큼 빠른 것이 아니라, 느리게 되는 것이 되는 셈입니다. 절대적인 것은 빛의 속도며, 시간과 공간은 상대적이라는 논리 속에는 3가지 의미, 즉 첫째로 시간 팽창, 둘째로 동시성의 상대성, 마지막으로 길이 축소에 대한 이해문제가 들어 있는 셈입니다. 이 결론을 다시 인간의 일상생활과 삶에 응용하면, 삶과 생명은 절대적이나, 삶과 생명에 대한 의미는 상대적이기에, 사람들은 삶과 생명에 대한 의미 정도에 따라 시공간의 속도에 차이를 서로 다르게 느낀다고 말할 수 있게 됩니다. 자신이 만들어 내는 의미에 따라 자신과 생명, 자신과 시공간과의 관계를 다르게 만들게 되며 그런 속에서 일상생활을 만들어 가며 살아간다는 뜻이 됩니다.

　특수상대성이론과 달리 중력이 적용되는 일반상대성이론을 설명할 때 과학자들은 태양계를 커다란 고무판에 비유합니다. 쇠공처럼 무거운 태양이 가운데 자리 잡으면,

그 무게로 고무판이 아래로 처지게 되고, 그 휘어진 궤도를 행성들이 돌아가고 있는 형국이 됩니다. 시간과 공간이 질량을 가진 물체들에 의해 휘어진다는 사실을 명쾌하게 해명하고 있는 것입니다만, 이런 비유의 약점은 4차원 공간을 2차원으로 설명한 것이어서 너무 평범한 설명이라는 점입니다.

다시, 리사 랜들 교수가 말하는 『숨겨진 우주』의 문제로 돌아가서 말하면, 지구를 매달고 있는 끈이 5차원에 있게 되는데, 그 끈은 일상적인 우리의 감각으로 만지거나 눈에 보이는 그런 끈이 아닙니다. 감각으로 나누고 빼고, 줄이고 늘리도록 더 이상 세분화할 수 없는 최소의 그 어떤 단위를 상징합니다. 그렇다고 그 끈은 우리가 일상적으로 생각하는 그런 무슨 물질의 줄 같은 것도 아닙니다. 머릿속 개념으로 그려 보면 하나의 알갱이 덩어리의 이어짐이나, 점의 이어짐 같은 것일 수도 있습니다. 예전에는 물리학자들이 그것을 끈으로 보기보다는 하나의 점으로 그려 보기도 했습니다. 옛날 사람들은 세상을 구성하는 최소 단위를 하나의 '점'이라고 보았지만, 현대의 물리학자들이 이야기하는 끈 이론에서는 그것을 1차원 끈이라고 생각합니다. 물론 아무것도 검증이 되지 않은 가설이지만, 그 끈은 우리의 감각으로는 도저히 확인이 될 수 있는 그런 것이 아닙니다. 이 지구를 매달고 있는 그 가설적인 끈은 매우 작기에 끈처럼 보인다기보다는 차라리 에너지 같은 것이라고 해도 무리가 없습니다. 끈 이론을 주장하는 물리학자들은 그 끈에서 모든 것이 이루어진다고 생각합니다. 끈의 진동에 따라 에너지나 질량과 같은 물리적인 성질이 결정되기 때문입니다.

랜들 교수는 『숨겨진 우주』에서, 다시 3차원인 이 지구, 5차원의 중력, 끈의 관계에 대해 새로운 상상을 합니다. 사람이 매일같이 겪고 있듯이, 등산하는 사람들은 지구의 중력을 결코 약하게 느끼지 않습니다. 높이 올라가면 갈수록 더욱더 중력의 힘을 경험하게 됩니다. 지구 전체가 등산하는 사람을 지구 쪽으로 끌어당기기 때문입니다. 그런데 지구 전체가 작은 클립을 아래로 당기고 있다라고 하더라도, 다시 말해서 중력이 엄청나더라도, 아주 작은 자석 하나만 있으면 지구가 끌어당기는 그 힘의 견결체인 그 클립 모두를 일순간에 힘들이지 않고 들어 올릴 수 있습니다. 이때의 자석,

자석의 힘을 그냥 편하게 5차원이라고 상상해 보면, 지구가 발휘하고 있는 중력은, 작은 그 자석의 힘, 즉 5차원의 힘에 비해 무기력하기 그지없다는 것을 이내 알게 됩니다. 이런 생각에 이르면, 중력은 결국 지구인 3차원의 자체 힘이 아니라 5차원에서부터 오는 힘이라는 것을 알 수 있다는 것입니다. 다시 말해서 5차원에서 가했던 그 힘이, 지구를 매달고 있게 만드는 그 힘이, 우리가 매일같이 먹고, 마시고 싸우고 사랑하고 나름대로 행복하게 살아가고 있는 지금의 이 세계에 5차원의 힘, 5차원이 끌어당기는 중력의 힘을 전달하는 입자가 되어 마치 지구가 그 무엇을 지구 쪽으로 끌어당기는 힘으로 느끼게 됩니다. 그런 느낌이 바로 중력의 현상으로 나타난다는 것입니다.

저는 현대물리학을 제대로 이해하거나 이해시킬 수 있는 그런 지력에 한계를 갖고 있는 배움학도입니다. 물리학적 지식에 대한 제 설명은 여기까지입니다만, 그나마 그런 시도를 통해 제가 말하고 싶었던 것은 서너 가지였습니다. 첫째, 지구가 우주의 중심이 아니라는 것입니다. 인간은 고작해서 3차원의 세계에 살고 있어서 그것에 만족하면 되겠지만, 그것을 뛰어넘어 보려는 배움력이 작동하기에 그렇게 3차원의 삶에만 만족할 수는 없습니다. 3차원을 넘어서서 살아갈 수는 없는지 그것이 매우 궁금할 뿐입니다. 3차원 넘어 살아가게 만들어 주는 삶의 방법이 있을 수 있는 것인지도 궁금하기만 할 뿐입니다. 우리가 정말로 3차원 이상의 삶에 대해 알고 있는 것이 무엇일까, 늘 궁금하기만 합니다. 3차원 넘어서 실현가능한 삶의 행복에 대해 정말 알고 있는 것이 무엇인지도 궁금하기만 합니다. 물론 3차원 넘어 사는 삶을 찾아 나서는 일이 끝내 실패로 끝날 수도 있습니다. 그렇게 끝나더라도 상관이 없습니다. 그런 상상의 날개를 추적하며 현실로 파악해 내려는 그 과정이 중요하기 때문입니다. 그런 과정이 바로 배움의 한 장면이 되기 때문입니다. 그 과정이 내가 살아 있음, 생명됨의 한 장면을 연출한다면, 그것으로 만족합니다.

2015년에 화제가 되었던 영화가 한 편 있었는데, 그것이 바로 〈버드맨(Birdman)〉이라는 영화였습니다. 버드맨이 무엇인지 잘 모르기에 감독은 영화의 부제로 무지의 선이라고 했습니다. 버드맨은 사람들이 세상을 살아가면서 무엇인가를 제대로 알지 못하기 때문에 얻어지는 아름다움이 있다는 것을 알아달라는 이야기입니다. 떨어져 나간 추억, 지나간 영화(榮華)에 집착하기 시작하면 편집증(偏執症)에 시달리게 될 뿐입니다. 생각은 추억에 대한 생각이 아니라 지금, 방금, 이때, 이 순간에 대한 생각이어야 합니다. 생각은 '어제 오늘 그리고 건너뛰고 모레'의 집약이며 총합이기 때문입니다. '어제 오늘 그리고 건너뛰고 모레'라는 표현은 인간의 모든 시간을 하나의 단어로 집약시켜 표현하려는 배움학도인 제 스스로의 노력이니 띄어쓰기 같은 것을 염려하거나 지적할 필요가 없습니다.

우리에게 있는 시간과 공간은 결국 생각으로 집약됩니다. 생각한다는 것은 시간적으로 공간적으로, 그리고 의식에 있어서 그 모든 것을 하나로 총합하는 장면일 뿐입니다. 어제와 오늘을 생각하기 시작하면 이미 모레에 대한 하나의 관점을 갖게 됩니다. 조금 어렵습니다만, 그것을 하나의 기호로 표현하면 생각은 바로 P의 3승, 즉 $[p]^3$입니다. 이 공식이 바로, 제가 강조하는 바의 그 모든 것 모든 현상은 지금, 방금, 금방이어야 한다는 것을 보여 주는 시간관의 공식입니다. 삶도 그렇고, 생명도 그렇고, 행복도 그렇고, 배움의 진수(眞髓)도 끝내 $[p]^3$입니다. 삶이, 살아간다는 것이 바로 사유 그 자체를 말하는 것이며, 생각 그 자체임을 상징하고 있습니다. 그러니까 나에게 어제인 '파스트(Past)', 오늘인 '프리센트(Present)', 그리고 어제와 오늘을 살면서 모레를 어떻게 살아야 되는지를 생각하게 만드는 관점으로서의 미래를 상징하는 '퍼스펙티브(Perspective)' 등, '파스트/프리센트/퍼스펙티브'로서의 '과거/현재/모레로서의 시각(視覺)과 관점(觀點)'을 하나로 아우르는, 하나로 묶어 놓고, 하나로 응축시켜 놓은 것이 바로 '생각 혹은 사유(思惟)'로서의 시간을 상징합니다.

인간에게 있어서 '파스트/프리센트/퍼스펙티브'로서의 '과거/현재/모레로서의 시각(視覺)과 관점(觀點)'이라는 뜻으로 집약시켜 표현한 $[p]^3$은, 앞으로 이 책에서 앞으로 본격적으로 다룰 행복, 그러니까 좋은 삶을 위해 일상적으로 필요한 방법인 관행(觀行)의 정체를 이해하는 길잡이가 됩니다. 미리 이야기하면, $[p]^3$은 나의 일상에서 어제를 되돌아보게 하고, 내일을 미리 짚어 보게 하며, 바로 이 순간, 지금 나의 판단과 행동을 바로 세우게 만들어 주는 내 시간의 모든 것, 생명체로서 내가 처한 모든 시간의 총합됨을 알려 줍니다. 아침에 눈을 뜨자마자 $[p]^3$, 점심에 차를 한잔 즐기면서 $[p]^3$, 저녁에 잠을 자기 전에 $[p]^3$를 자신의 머릿속으로 상기하기만 해도, 자신 스스로 오늘 하루를 어떻게 보내야, 보내고, 그리고 보냈는지를, 이어 다시 올 내일을 어떻게 즐겨야 하는지를 가늠하게 될 것입니다. 물론 생각이라는 단어나 시각이라는 단어보다는 사유(思惟), 혹은 관점(觀點)이라는 말이, 조금 무엇이 있어 보여 달라 보일 것 같기는 해도, 이 책에서는 모두 같은 뜻으로 쓰이고 있을 뿐입니다. 제 스스로 사유라는 말을 슬기, 지혜, 더 나아가 삶의 철학과 같은 개념이라고 간주하기 있기 때문에, 단순히 생각이라는 말보다는 사유라는 표현에 조금 더 무게 중심이 쏠려 있는 것은 사실입니다.

 오늘, 지금, 이 순간, 방금, 금방 '나'라는 존재에 대한 사유, 나에 대한 생각이 일어났습니다. 그 생각은 내가 지금 어떻게든 무엇인가 살고 있다는 것이며 동시에 배우고 있는 것입니다. 생명을 배우고 있는 것입니다. 그것이 바로 영원히 살기 위해 지금 사는 것과 같은 이치입니다. 그렇게 살아야, 3차원을 넘어가는 새로운 놀이의 시작이 가능해집니다. 놀이를 표현하는 말을 한자로는 유(遊)라고 씁니다. 놀이를 상징하는 상형문자인 한자로서의 유(遊)자는 왼손에는 깃발, 오른 손에는 제물로 쓸 양 한 마리를 들고 새로운 세상, 무엇인가 새로운 유토피아를 약속해 주는 새로운 곳, 새로운 공간, 새로운 땅으로 나아간다는 의미를 포함하고 있습니다. 그 글자, 즉 놀이를 우리는 그저 '한 가지 일에 집착해 온 정신을 기울이는 행위'로 받아들이며 일상에 써왔습니다. 놀이에 관한 우리네 어원에서 알려 주는 것처럼, 지금, 현재, 방금을 떠나지 말고 그것에 집중하는 생각을 하시기 바랍니다. 그것에서 생명의 놀이가 솟아나기 때문입니다. 제가 생각하기, 사유하기에 집착하는 이유는 그렇게 하는 사람은 시간과 공간의 차원을 한 단계 초월해서 이동할 수 있기 때문입니다.

 시공간을 초월하는 일, 3차원 그 이상의 차원에서 벌어지는 삶을 생각하는 일이 그렇게 가능하기는 해도 그것을 실천하기는 그리 쉽지 않을 것입니다. 당장 내 발등에 떨어진 불을 끄는 일이 더 급하기 때문입니다. 2015년 1월 1일이 되는 날이었습니다. 제자가 내게 보낸 문자가 바로 1월 1일 되기 1분 전에 도착했습니다. 제자 교수인 오석영 박사가 보낸 문자였습니다. 그 문자를 보고 잠시 꿈지럭거리다가 1분이 지난 시간 가장 먼저 한 일은 책상 위에 있던 국민건강보험료 고지서를 들춰 본 후, 마음먹었던 대로 인터넷 송금으로 처리하는 일이었습니다. 건강보험료 고지서가 이번에도 어김없이 나왔습니다. 내 형편으로는 나름대로 결코 적은 금액이 아니었습니다. 월급을 받을 때는 '그저 그렇겠지' 하고 생각했는데, 지금은 곧바로 현실이 되어, 조금 제게 과한 것 같았습니다. 그래도 어쩔 수 없는 노릇이었습니다. 국가가 내라는 고지서대로 낼 수밖에 없었기 때문입니다. 인터넷 은행창구로 송금하려고, 창을 열고 절차대로 송금하려고 했으나 송금에 실패했습니다. 아직 입금전용이 개시되지 않았기에 송금할 수 없다는 메시지가 올라왔기 때문입니다. 보내고 싶어도 보낼 수가 없어서 2015년 1월 1일, 새해에 가장 먼저 실패한 일이 건강보험료를 내라는 대로 송금하는 일이었습니다. 제가 무슨 공과금 내기를 좋아해서 건강보험료를 제일 먼저 내려고 했던 것은 아닙니다. 전형적인 소시민이기 때문에 그랬던 것입니다. 전기료니, 수도세니 제때에 고지서가 나오지 않으면 왠지 불안해하는 그렇게 가슴 작은 소시민 가운데 한 사람이기 때문입니다.

달마다, 각종 공과금 고지서를, 이상하리만큼, 정말로 어처구니없이 그것이 기다려지는 어릴 적 사연이 제게 있기는 합니다. 공과금 고지서 기다림에 중독된 사연은 유학 시절 생긴 일종의 버릇 같은 것입니다. 미국에서 대학원 시절 자연스럽게 길러진 버릇입니다. 유학 시절 학자금으로 아주 절박한 경우가 있었습니다. 은행에서 적은 액수라도 대출을 받아야만 될 그런 절박한 사정이 있었을 때였습니다. 은행지점 관계자는 제 절박한 심정을 듣고 제안을 했습니다. 유학생인 저에게 돈을 꿔 준다면 갚을 수 있다는 증거로서의 신용, 그러니까 크레디트(Credit)를 은행에 가져와 자기들에게 보이라는 것이었습니다. 가난하기만 한 당시 한국 유학생인 주제에, 제가 그 누구에게 그 무슨 신용거리나 담보를 내밀 수 있는 처지는 아니었습니다. 당시에는 신용카드를 발급받는다는 것 자체가 부자이거나, 아니면 꽤나 그 무슨 신용이 있는 증거였을 때였습니다. 저는 당시, 유학생활을 하는 동안 공부보다는 가발(假髮) 파는 일에 더 신이 나서 공부를 포기한 친구 유학생이 이상하게 부럽기도 했었던 적이 있었습니다. 그 친구가 가발을 팔아 돈을 크게 번 후, 마침내 당시 한국의 그 어느 유명 여배우와 결혼하게 되었다고 하였습니다. 여배우가 곧 미국으로 오게 되어 있다고 하며 그것을 자랑하기 위해 나 같은 춥고, 배고프고, 고단하기만 했던 대학원생들에게 저녁 초대와 술값을 신용카드로 하는 것을 보고 내심 크게 놀라기도 했습니다. 당시, 유학생들이 은행이 발급하는 신용카드를 갖는다는 것은 상당한 현금이나 재력, 그 무슨 신용이 확실하다는 살아 있는 증거였기 때문입니다.

저는 그 친구처럼 신용카드도 신청할 수 없었고, 남에게 내세울 만한 이렇다 할 재산도 없었습니다. 당시 유학생들과 똑같은 처지였을 뿐입니다. 오로지 제가 갖고 있는 신용목록은 단 하나인 몸과 박사학위를 취득해야 한다는 열정, 그것뿐이었던 바로 그때였습니다. 제가 기댈 곳이라고는 제 자신의 양심 이외에는 아무것도 가진 것이 없을 때였습니다. 그런 제게 돈을 빌리면 되갚을 수 있는 그런 보증으로서의 신용을 제시하라는 은행직원의 말에 몹시 낙담해하며 당황해하고, 조바심을 내며 절박한 심정만을 드러내 보이는 제게 은행직원이 지나가는 말처럼 요청한 것이 바로 아파트 임대 월세 영수증과 각종 공과금 영수증이었습니다. 그런 영수증이 있다는 것은 각종 공과금을 밀리지 않고 제때에 갚은 것이기에, 신용이 있다는 가장 확실한 증거라는 것이었습니다. 수도세니 전기료니, 집세니 그런 것들을 제때에 낸다는 것은 은행에서 돈을 빌려 줘도 제때에 월부금을 낼 수 있다는 예측할 수 있는 증거이며, 신용이라는 설명이었습니다. 그때부터 저는 신용이라는 것이 믿음을 줄 수 있는 확실한 실천, 일관된 행동이어야만 한다는 것을 피부로 깨달았습니다. 그때부터 은행직원에 대한 고마움으로 각종 공과금은 받는 날 지불했으며, 그 영수증을 오래 간직해 두는 버릇이 생겼습니다. 영수증들이 언제든 유용하게 쓰일 수 있다는 확신을 얻었기 때문입니다. 그런 것이 한국에서는 쓸데없는 일이라는 것을 귀국 후 바로 알게 되었습니다. 한국에서는 오로지 '담보'가 우선이었기 때문입니다만, 그래도 유학 시절 때부터 생긴 버릇이 바로 공과금 납부 고지서를 나름대로 올 때쯤 해서 기다리는 일이었습니다. 우편통에 고지서가 그때쯤 보이지 않으면 기다려지기까지 하는 심정이 되어버렸던 것입니다. 그런 신용의 한 증거인 건강보험료를 납부하는 일이 교수생활 35년 넘어 2015년 들어 가장 먼저 실패한 일이었습니다.

  신년에 가장 먼저 실패한 그 사실을 확인받는 것은 새해 벽두부터 어째 기분 좋은 일은 아닌 것 같았습니다. 무엇인가 가장 먼저 실패했음에도 불구하고 저의 기분만큼은 이상하게 맑아지며, 오히려 좋아졌습니다. 참 이상한 일이었습니다. 건강보험료를 내는 일에 가장 먼저 실패한 것이 제게는 건강에 대한 역설(逆說)이나 마찬가지였기 때문입니다. 건강보험료를 가장 먼저 내는 일에 무참하게 실패했지만, 새해에 내 건강만큼은 결코 실패하지 말아야겠다는 깨달음이 더 솟구쳤기 때문입니다. 생각해 보니, 내가 2015년에 가장 먼저 한 일은 건강보험료를 송금하는 일에 실패한 것이 아니라, 이글을 써내려간 것에 가장 먼저 성공한 것이기 때문이었습니다. 그렇습니다. 확실한 것은 내가 글쓰기를 2015년 벽두에 가장 먼저 한 일이라는 사실입니다. 2014년 12월 31일부터 2015년 1월 1일, 그 첫 시간까지 내가 해낸 가장 행복한 일이 바로 이 글을 써내려갔다는 점이었습니다. 건강하기에 글을 써내려 갈 수 있었던 것이었는데, 아무리 생각해 봐도, 내게 가장 중요한 것은 건강이었지, 보험료를 가장 먼저 내는 일은 아니었던 것 같았습니다. 건강에 있어서 국가로부터 혜택다운 혜택을 별로 받지 못하고 있는 생각이 내 머릿속에서 끊임없이 어슬렁거리고 있는 판국에 새해 벽두에 가장 먼저 성공한 일이 보험료를 송금하는 일이었다면 그것 역시 어찌 보면 그리 멋있게 어울리는 일은 아닐 듯싶었습니다. 자기 건강은 자기가 가장 먼저 알아서 챙겨야 하는 일인데 그것을 국가가 도맡아서 해 준다는 것도 그것이 옳은 일이지 어떤지 곰곰이 따져 볼 만한 일이었는데, 생각해 보면 모든 것이 내게는 고마운 일이었습니다. 어머님 생각을 해 보니 더욱더 그런 생각이 들었습니다. 국가가 나름대로 도와주지 않았으면 어머니 건강 때문에 지불해야 될 많은 의료비를 내가 어김없이 충당했었을 것이기 때문입니다.

　내가 건강보험료를 일찍 내려는 것은 건강보험료가 저렴해서가 아닙니다. 매월 내는 건강보험료 내는 일에 이골이 나서도 아닙니다. 건강보험료를 낼 때마다, 내가 이만큼이라도 건강한 것을 확인하면서 오히려 그 보험료 고지서에 고마워할 수 있기 때문입니다. 이 세상에서 없어졌다면 건강보험료 고지서가 내게 날아들었을 리도 만무합니다. 건강하지도 못한 주제에 건강보험료를 내야 한다면 그것은 꽤나 참담하고 난감했을 일일 것입니다. 건강보험료를 송금하는 일에는 실패했지만, 건강에는 실패하지 말아야 한다는 생각으로 새해를 다지고 있다는 이 사실 자체가 건강한 일입니다. 누군가가 말했지만, 때때로 조금은 의심하고, 여유 있게 조금은 따져 보면서 하루를 살아가는 것도 자신의 건강에 도움이 되는 것이었으며, 그런 일 모두가 내게는 행복한 일임에 틀림없는 노릇입니다. 이런저런 생각에 20여 분이 흘러가 버렸습니다. 그래도 즐겁고 행복한 시간이었습니다.

　한 해가 시작하는 그날, 한 해를 보내고 또 한 해를 맞는 그날을 새해라고 말하며, 한 살의 나이가 새로 시작되는 날입니다. 새해를 맞이하는 그날은 기적(奇蹟)의 시작입니다. 한 해를 맞이하는 일이 상식으로는 생각되지 않는 그런 경이로운 일입니다. 그래서 일본의 나토리 호겐 스님은 『신경 쓰지 않는 연습』에서, 해가 바뀔 때마다 이 세상에 태어나서 처음으로 0세가 되는 것이며, 그해 보는 경치는 0세가 되어 처음 보는 경치이기에, 그 누구든 새해를 바로 새로운 자기 자신도, 붓다마저도 이날로부터 새롭게 거듭나는 것이라고 말하거나, 변칠환 시인 같은 이는 〈새해 첫 기적〉을 음미하면서, "황새는 날아서, 말은 뛰어서 거북이는 걸어서 달팽이는 기어서 굼벵이는 굴렀는데, 한날한시 새해 첫날에 도착했다. 바위는 앉은 채로 도착해 있었다."라고 노래하고 있습니다. 〈새해 첫 기적〉, 변치환 시인이 노래한 이 아름다운 시(詩)는 2015년 1월 1일 오전 7시 42분, 나에게는 가장 나이가 지긋한 대학원생 '김태환 군'이 카톡으로 내게 알려 준 시(詩)입니다. 말이 편해, 김 군으로 썼지만 사실 김태환 선생은 나이 지긋한 만학도입니다. 그 늦은 나이에 아들딸보다도 어린 학생들과 학습을 호흡하는 아니, 그 말보다는 차라리 익히고 익힌 것의 쓰임새에 철저하다는 말이 더 어울리는 습용(習用)의 그런 김 선생이 내 곁에 있어, 나 역시 오늘을 더 익히며, 오늘 아침 이 시간에도 이 글의 자판을 두드리는 기쁨을 만끽하고 있는 것입니다.

　개인적으로 나는 사람들이 무엇인가 새로 시작한다는 출발점인 새해, 혹은 설이라고 붙이고 있는 명절에 대해 별다르거나 유별난 감회를 갖지 않고 살아왔던 편입니다. 새해라고 흥분할 이유도, 그렇다고 성가셔 할 이유도 없습니다. 사람들은 제각기, 정부기관은 기관대로, 권력은 권력대로 제 일하기 편하도록 올해가 몇 년이니 하는 식으로 연수를 정하고, 날짜를 정해 부르는 일에 굳이 반대할 이유도, 그렇게 저항할 이유도 없습니다. 내게 새해란 그저 내 삶의 한 지점, 한때일 뿐 유별나게 새롭지가 않기 때문입니다. 제게 새해란 제가 이 세상에서 지금 숨 쉬는 이날이 새해일 뿐입니다. 그때, 그날, 나로부터 모든 시간은 지나가기 시작한 것일 뿐입니다. 그것이 새해입니다. 그러니 2015년 1월 1일이라는 날은 내 삶의 일력(日曆)으로는 68년 16일, 그러니까 내가 이 세상에 왕림(枉臨)한지 24,836일이 되는 날입니다. 길게 보면 결코 신기하거나 아무런 기적도 없는 날입니다. 매일이 기적이었기 때문입니다. 모든 것은 내 나름대로 예측되는 새해, 새날입니다. 내 생과 명은 내가 마음대로 할 수가 없는 노릇이어서 내 생명은 정말로 기적(奇蹟)입니다. 그 외의 것은 허상입니다. 관공서 같은 곳에서 일력을 내 삶의 일력처럼 구구절절하게 세자면 그것 역시 역겹고 지겨울 것입니다. 편의상 1년을 365일, 1달을 30여 일, 1일을 24시간, 1시간은 60분, 그런 식으로 정해놓고 따르는 것이 그리 나쁠 것도 없습니다. 나도 그래서 그렇게 저들처럼 그것에 그저 따르는 것입니다. 그러니, 저들에게 새해 첫날이라는 것은, 설명이 불가한 것 같은 그 무슨 기적(奇蹟)이라기보다는 모든 것을 절차에 따라 다시 시작하겠다는 기적(汽笛)소리에 지나지 않을 것입니다.

　내 삶의 생력(生曆), 그러니까 내 삶의 역사, 나의 나이는 어김없이 내가 태어난 그날, 그 삶의 첫날에서부터 시작했지만, 제게 새해는 바로 지금입니다. 내 생명의 첫날로부터 나의 달력이 시작했던 것이지만, 제게 새해는 바로 지금부터 새로 시작되는 것입니다. 한준상의 오늘날, 그러니까 태어나서 2015년 1월 1일까지의 력(曆)은 24,836일입니다. 내일은 내게 24,837일이 될 것이며, 2015년이 끝나고 2016년이 시작한다는 2015년 12월 31일은 내게 25,197일이 되어버렸던 날이기에, 아무리 생각해도 시인 변칠환 시인이 노래한 〈새해 첫 기적〉 맨 끝 소절에, 나의 노래, 나의 희망을 한 구절 더 붙여 놓아야 제 직성이 풀릴 것 같습니다. "황새는 날아서, 말은 뛰어서, 거북이는 걸어서, 달팽이는 기어서, 굼벵이는 굴렀는데 한날한시 새해 첫날에 도착했다. 바위는 앉은 채로 도착해 있었다. 나, 한준상은 아직도 한 발자국 떼며 아직 새해를 맞는다."

Chapter 1

행복의 정체

1. 행복의 정체

"25시는 모든 구원이 끝나버린 시간이라는 뜻이지. 최후의 시간에서 이미 한 시간이나 더 지나버린 절망의 시간, 지금 우리 사회가 처한 순간이 바로 25시야." 루마니아 출신 망명 작가이자 신부인 콘스탄틴 게오르규가 죽기 전에 우리에게 남긴 말입니다. 나는 그의 소설 『25시』, 그에게 정교회 사제 서품을 받게 만들어 준 소설 『25시』, 그의 소설보다는 영화로 더 유명해진 〈25시〉, 이 소설의 주인공 모리츠로 분한 앤서니 퀸의 그 어정쩡하게 웃는 모습을 결코 잊지 못합니다. 어려서 읽고, 조금 나이 들어 본 영화이지만, 그 소설 속의 주인공, 아니 그를 대신해 연기한 영화배우 앤서니 퀸 특유의 '썩소', 그러니까 어줍지 않은 그 웃음을 아직도 나의 가슴에 깊게 새기어 놓고 있습니다. 소설 『25시』, 영화 〈25시〉를 보면, 정말로 인생이라는 것은 참 어처구니없는 것일 수 있다는 생각에 이르게 됩니다. 도대체 인간에게 행복이란 무엇인지에 대해 고개를 절레절레 흔들어 놓게 만들어 놓는 소설이며, 영화입니다. 우리의 25시, 우리 인간들이 정한 하루 시간인 24시를 넘기는 그 25시의 의미는 다른 것이 아니라 인간 모두에게 하루의 24시간이 모두 끝나고도 영원한 그다음 날, 늘 와야 했던 아침은 오지 않는 그 시간입니다. 아무도 구원해 줄 수 없는 최후의 시간이기도 하고 어쩔 수 없는 지금, 현재의 시간이기도 한 그 모순과 현실의 시간을 극적으로 상징하는 단어가 25시입니다. 그렇습니다. 삶도, 살아가다 보면 불현듯, 불현듯 그 누구에게나 25시같이 다가올 수가 있게 됩니다.

소설 『25시』 내용은 이렇습니다. 동유럽 루마니아의 한 시골 마을에, 요한 모리츠라는 참 착하기만 한 청년 농부가 살고 있었습니다. 그는 마을 부호의 딸인 수산나를 사랑하는 사이였고, 여느 청년들처럼 미국에 가서 돈을 벌어 올 생각을 하여 출발할 준비를 하고 있었지만 수산나의 가족에게 이런저런 사건이 터지면서, 모리츠는 미국에 가지 못한 채 수산나와 결혼하여 마을에 남지만, 이내 제2차 세계 대전이 발발합니다. 독일의 동맹국인 루마니아까지 뻗친 유대인 박해 중에, 모리츠는 수산나를 몰래 탐하는 경찰서장의 모함으로 유대인으로 몰립니다. 수용소에 갇힌 모리츠는 그곳에서 때를 보고 기다리다가 다른 유대인들과 함께 헝가리로 탈출하지만, 헝가리에서는 그가 유대인이 아니라는 이유로 그곳에 억류당합니다. 그를 고문하던 헝가리 경찰은 그를 독일에 노무자로 팔아버립니다. 독일 공장에서 노동을 하던 중, 골상학을 숭배하는 독일 인류학자의 눈에 띄어 모리츠는 게르만의 영웅족속 그 자체라는 인증을받고 친위대로 편입됩니다. 그는 강제 수용소의 감시자로 근무하면서 다른 게르만족여성과 결혼까지 강제로 하게 됩니다. 아이까지 낳지만, 그는 끝내 프랑스 포로를 도와 함께 프랑스로 탈출하게 됩니다. 프랑스에서 모리츠는 독일군 병사였다는 이유로포로 수용소에 다시 감금되고, 하여간에 이런저런 경로를 거쳐 모리츠는 극적으로 루마니아에 남기고 온 부인 수산나와 재회하게 됩니다. 영화에서는 수산나 옆에 루마니아 주둔 러시아군의 씨앗으로 금발의 딸이 서 있는 것으로 묘사되지만, 모리츠는 냉전체제로 변한 그때, 동유럽 루마니아에 온 외국인이라는 신분 때문에 다시 포로수용소에 감금됩니다. 모리츠는 이런 우여곡절 속에서 가족들을 위해 미군 병사로 자원하게 된 후, 신분증용 가족증명을 찍게 되는 순간 모리츠는 자기도 모르게 오열(嗚咽)하게 됩니다. 사진사가 오열하는 모리츠에게 증명사진은 웃는 모습이어야 한다고 명령합니다. 자신의 삶에는 일상적이던 그 명령에 자기도 주체할 수 없어 한없이 눈물을흘리며 죽을힘을 다해 웃으려고 하는데도, 사진 담당 장교는 사진사와 더불어 "웃어… 더 웃어… 그래 그리고 그대로 있어…"라고 명령합니다. 처음에는 억지라도 웃음을 짓습니다만, 도저히 웃지 못하는 그런 모습이 연속으로 찍히는 사진 속에 점차굳어지는 모리츠의 그 어정쩡한 얼굴 모습은 오늘은 25시처럼 살아가야 하는 우리들의 '썩소'이기도 합니다.

　한국인들 역시 어쩌면, 오늘 하루를 '25시'로 살아내고 있는 중일 것입니다. 한국인들 스스로 행복하다고 생각하는지를 밝히기 위해 한국인의 행복 목록을 다루던

KBS 취재팀은 〈KBS 다큐멘터리 행복해지는 법〉에서 이렇게 말합니다. 한국인들에게는 행복의 기준이 없다는 결론을 내립니다. 한국인들의 행복관(觀)에 대한 한국인들의 의식을 조사하고 면담하고, 이야기해 보니, 한국인들이 지니고 있다고 생각되는 행복관에 대해 저들이 내릴 수 있는 결론은 그럴 수밖에 없었다는 것입니다. 행복에 대한 기준이 한국인들 사이에는 서로 엄청나게 다르기에, 실제로 그런 것들을 모아 한국인의 행복관은 이렇다고 말할 수가 없었다는 것입니다. 그러니까 행복에 관한 절대적인 기준 같은 것을 한국인들 사이에서 간결하게 찾아낼 수 없다는 것이었습니다. 한국인의 행복관을 하나로 집약시켜 보려고 했던 저들의 노력이 허사가 되는 것 같아 우울하기는 했어도, 저들은 한국인들의 행복에 대해 나름대로 한 가지 기대는 걸 수가 있었습니다. 행복에 대한 자기만의 가치를 찾는 것이 바로 행복에 이르는 지름길일 수밖에 없다는 것이 한국인들의 행복관이었기 때문입니다.

　행복은 각자적이기에, 그 각자적인 행복을 각자 나름대로 만들어 가는 것이 행복의 핵심이라는 한국인들의 그런 행복관을, 서양 사람들은 제대로 이해할 수 없을 것입니다. 내가 행복이어야 한다는 우리의 행복관을 저들의 감각으로는 쉽게 따라오지 못할 수도 있습니다. 행복, 그것을 그 무엇으로 그려 내든 간에 관계없이, 그 행복을 하나로 그리고 통째로 드러낼 수 있는 그런 것은 세상에 있을 수 없습니다. 행복한 사람들치고 슬퍼하거나 우울한 법은 없어야 하겠기에, 역설적입니다만 행복에는 어김없이 소소한 기쁨들이, 그리고 그런 기쁨들에 대한 연속적인 즐김이 있게 마련입니다. 한국인들도 각자적으로 그런 기쁨과 소소한 즐김들을 원하며, 그런 기쁨과 즐김의 삶을 자신의 행복으로 간주하는 것 같습니다. 그러니까 자신의 일에, 자신이 해내는 활동에서, 아무런 기쁨, 그것이 내적이든, 외적이든 간에 관계없이 아무런 기쁨들이 없다면, 즐김은 처음부터 가당치 않을 것이며, 그 어떤 기쁨이던 그 기쁨을 즐길 줄 모르면, 자신 스스로 행복이라는 감정은 있을 수 없을 것입니다. 문학적으로 자주 표현되듯이 슬픈 행복이라는 표현은, 언어적으로 말로는 그런 표현이 가능해도, 실제의 삶에서는 겉으로 드러내 놓고 표현하기는 조금 '거시기'할 뿐입니다. 예를 들어,

그토록 증오하던 원수가 죽었기에, 자신이 바라던 목표를 이뤘기에 나름대로 기쁜 감정을 갖게 되었다고 해도, 그것은 한 사람의 주검으로 나에게 이루어진 행복한 감정이기에, 그것을 통째로 말해 슬픈 행복이라고 말하는 것은 아무래도 억지를 부리는 것과 다르지 않습니다. 나의 원수가 죽었기에, 그것은 내게 슬픈 것이 아니라, 정반대로 기쁜 일이 되고, 내게 기쁨을 주는 일이 되는 것이고, 그 기쁨을 소소하게 즐김으로써 내 스스로 행복한 감정을 갖게 될 수는 있어도, 한 사람의 죽음을 빌미로 내 자신이 행복해진다는 말 그 스스로에 나름대로의 역겨움 같은 것이 서릴 수밖에 없기 때문입니다. 어쩌면, 그 원수가 죽어버려 자신의 삶에서 목표로 삼았던 초점이 사라져 버린 안타까움이 있다고 이야기하기도 어렵기는 마찬가지입니다.

한국인들 스스로 행복해지는 법이 무엇인지에 대한 정답을 찾는 일은 결코 쉽지 않습니다. 그런 일을 해내겠다는 야심찬 프로젝트의 완성에 끝내 좌절한 KBS 취재팀은 행복에 대한 한국인들의 버릇에 주목합니다. 이유가 있었습니다. 만나는 사람마다 행복목록으로 추천하는 내용들이 너무 다양하고, 잡다하며, 너무 일상적이고, 주위에 널려 있었음에도 불구하고, 그런 것을 제안한 사람들마저도 실제로 자신이 행복목록으로 제안한 그런 것들을 자신의 일상적인 삶에서 실천하는 사람은 없었습니다. 저들일수록 그저 말로만 '행복, 행복해지기, 행복해야만 해'라고 중얼거리는 일을 좋아한다는 사실에 주목했기 때문입니다. 저들 한 사람, 한 사람이 '행복' 그 자체가 되어야 한다는 집착 때문에, 한국인 모두는 각자 나름대로 행복에 대한 행려병자처럼, 그렇게 행복, 행복하고 중얼거리기만 한다는 것입니다. 요즘 우리 사회를 지배하고 있는 서양 사람들의 행복관과 상당히 집단 의식적으로, 그리고 그 정신적인 속내에 있어서도 다르기만 한 한국인들의 행복관에 대한 사유를 나름대로 읽어내려면, 일상에 대한 서양인들의 사유와 동양인들의 사유방식이 지니는 단점과 약점을 한마디로 지적해 주는 셸던(W. Sheldon) 교수의 언명(言明), 그러니까 "서양인은 보려 하고, 동양인은 되려고 한다(Westerners want to see the reality, and Easterners want to be the reality)."라는 그 말의 뜻을 살펴야만 합니다. 그의 말은 몇 번씩 곱씹어도 정말로 오늘을 살아가는 우리 한국인들에게 심장한 의미를 주는 말입니다. 좋은 삶, 행복의 윤리에 관해서도 한국인은 저들 서양인과 집단의식에서 큰 차이를 드러냅니다. 서양인들은 '행복스러워지려고' 하는 데 반해, 한국인은 '행복해지려고', 혹은 행복해져 보이려고 합니다. 행복스러워지려는 것은 상대적이며 현실적입니다. 순간, 순간적이며, 찰나적인 감정과 느낌, 그리고 정서적인 표현이기에 그것은 '상대적'입니다. 행복하다는 느낌과 감정, 그런 정서의 변화가 있어 주면, 그것으로 만족하게 되지만, 한국인이 바라는 것처럼, 행복해져 보이려고 하는 것은 행복해져야만 하겠다는 의지의 표명이고, 동시에 자신이 행복 그 자체가 되어야 하는 것을 의연 중에 고집하고 있는 것이기에, 절대적입니다. 자기가 행복 그 자체가 되지 않으면 다른 모든 것도 행복하지 않은 것으로 간주됩니다. 자기가 불행하면 세상이, 닭도, 개도, 자기가 타고 다니는 자동차도 불행한 것이 됩니다. 태양 주위를 돌던 지구는 자기가 행복하지 못한 그 순간부터 달 주위를 돌아야 직성이 풀리게 된다고 작정하는 것입니다. 행복을 절대적인 개념으로 받아들이는 한, 행복은 죽을 때까지도 자신에게 자리 잡지 못하게 될 것입니다. 행복은 목표가 아니기 때문입니다. 붓다니, 공자니, 퇴계니 하는 분들도 자신들의 글에서 행복, 좋은 삶에 대해 확고한 이야기를 강론하지 못한 것으로 봐서, 행복해지려는, 그러니까 그 자신이 행복 그 자체가 되는 것은 죽기 전까지도 불능에 가까울 것입니다. 그러니까 셸던 교수의 말을 우리의 정치 현장이나, 노동 현장이나, 종교 현장에 대비하면, 서양인은 붓다를 보려고 하지만, 동양인은 붓다가 되려고 하는 것이나 마찬가지가 되는 것입니다. 마찬가지로, 서양에서의 목회자는 예수를 섬기려고 하지만, 동양의 목회자는 예수가 되어 보이려고만 하기에, 모두가 사이비가 되고, 그로부터 저들의 신앙과 교회활동에서는 예수가 되려는 사이비에 의한 끊임없는 긴장들이 만들어지게 된다는 것이 저들의 지적입니다.

　저는 서양 사람들의 사고와 동양인들의 생각 양태 가운데 그 어느 하나만이 유일하게 옳은 것이라고, 말하는 것이 아닙니다. 두 개의 사유양식은 서로 질과 형식이 다른 것이라는 생각을 전하는 것입니다. 행복에 대한 이해에서도 마찬가지입니다. 미국 미시간 대학교의 리처드 니스벳 교수는 『생각의 지도』에서 동서양 간의 서로 다른 '사유의 방법'을 상술하고 있습니다. 어떤 사유가 옳은가에 대한 여부보다는, 동서양 사람들 서로가 어떻게 다른가, 다르게 생각하는가에 대해 논의합니다.

서양 문화권과 동양 문화권에 사는 사람들의 사유의 차이는 아주 현저한데, 동서양 간의 사유방법과 그것의 차이를 한마디로 정리한다면, 서양 사람들은 주로 명사적(名詞的)인 사고를 하는 데 반해, 동양인들은 주로 동사적(動詞的)인 사고방법으로 생각한다는 것입니다. 동양적인 사고방법이나 서양적인 사고방법은 각기 나름대로 장점과 단점을 지니고 있습니다. 서양식 사고는 분석적인 장점을, 반면에 동양적인 사고는 직관적인 장점을 지니고 있지만 반대로 서양은 장광설의 수사학(修辭學), 그러니까 레토릭(Rhetoric)에 매몰되어 버리고 맙니다. 쪼개고, 또 쪼개어 가르고 분류하다 보면 끝내 가를 수 없는 궁극적인 하나에 이르게 되고, 그렇게 되면, 진리라는 것은 어느 물체의 원자처럼 그 궁극적인 하나로서, 진리 이외에 다른 것은 존재할 수 없기 때문입니다. 이런 생각이 서양식 사유이고, 저들이 즐기는 설득방법으로서의 수사학입니다. 수사학이란 간단히 말해, 설득의 기술로, 다른 사람에게 말로 영향을 주려고 하는 기예와 방법일 뿐입니다. 레토릭에 매몰되어 버리는 서양인에 비해, 동양인은 이것과 저것의 중간쯤 되는 위치에 안주해 버리는 중용(中庸)적 사고 아니, 중간적인 생각에 호도된 채, 도대체 어느 것을 옳다고 이야기하는 것인지 판단하기 어렵게 만들어 놓는 약점을 지니게 됩니다. 서양인이 설득에 약하고, 반대로 동양인은 자주 불가지론에 빠져버리는 이유가 바로 그런 것에서 기인했던 것입니다. 하여간, 절대적인 그 무엇을 찾으려고 나름대로 중얼거리며, 징징대며 갈구하는 한국인의 행복관에 실망한 저들 한국방송의 기자들은 영국 시인 위스턴 오든이 노래하는 시(詩)의 한 구절로 한국인들의 삶에서 행복 찾기가 어떤 것인지를 마무리해 버립니다. "참다운 삶을 바라는 사람은 주저 말고 나서라. 싫으면 그뿐이지만… 그럼 차라리 묏자리나 보러 다니든지…." 행복은 행복에 대한 길들이기, 버릇이며, 습관이니, 행복을 찾지 말고 행복이 그 무엇이든 자기 몸에 배어들게 하라는 냉혹한 처방이었습니다. 그렇습니다. 행복하고 싶다면, 행

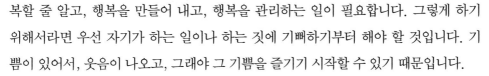

복할 줄 알고, 행복을 만들어 내고, 행복을 관리하는 일이 필요합니다. 그렇게 하기 위해서라면 우선 자기가 하는 일이나 하는 짓에 기뻐하기부터 해야 할 것입니다. 기쁨이 있어서, 웃음이 나오고, 그래야 그 기쁨을 즐기기 시작할 수 있기 때문입니다.

　행복이 정말로 무엇을 의미하는지, 그 행복의 정체를 모르기는 행복을 전문적으로 연구한다는 인문학자들도 행복에 대한 이해에서 난감한 표정을 짓기는 마찬가지입니다. 행복이 무엇인지, 그 정체를 집요하게 추적해 보려고 노력하는 한 언론인은 한국에서는 당대의 내로라하는 인문학자들 17명을 만나 저들의 '행복' 이야기를 들었습니다. 모두 행복에 대한 일가견의 견해를 갖고 있을 법한 관련 학자와 전문가들이었습니다. 행복에 관해 저들의 말들은 『인문학에 묻다, 행복은 어디에』에 담았는데, 한 인문학자는 행복이 무엇인지에 대해 이렇게 운을 떼고 말았습니다. "다들 행복의 정답을 찾으려고 합니다. 저 멀리 '행복'이란 깃발을 설정해 놓고 달려왔죠. 그런데 문제가 생겼어요. 깃발은 언제나 손닿지 않는 저 멀리에만 있다는 거죠. 깃발만 좇다 보면 눈앞의 현실을 놓치게 되고요. 그래요. 저는 오히려 행복이란 없다고 생각해요. 굳이 그것을 이야기하자면 우리 일상 속에 녹아 있는 아주 많은 이름을 꺼내야 해요. 성취랄까, 만족이랄까, 아니면 달콤함? 그런데 때로는 슬픔도 불편함도 행복이 될 수 있어요. 행복을 멀리, 따로 설정해 두기 때문에 우리가 현실에서 행복하지 않은 겁니다. 이때 눈앞의 현실은 평가절하되고 무시돼요. 현실이란 항상 '부족한 상태' 아니겠어요? 하지만 결국 그런 상태들이 모인 게 우리의 삶이 아니면 뭐가 삶일까요." 이렇게 말하는 그 인문학자의 행복론에, 내 개인적으로도 심정적인 기울어짐이 있습니다. 사실, 행복이 무엇을 말하는 것인지 모르기는 해도, 행복은 떡이나 빵, 콜라처럼 만질 수 있는 물건이 아닌 것만은 사실입니다. 독일의 대문호 헤르만 헤세가 일찍이 이렇게 말했습니다. 세계는 사람들에게 결코 천국이었던 적이 없었다고 말했습니다. "옛날은 더 좋았고 지금은 지옥으로 된 것 역시 아니다. 세계는 어느 때에도 불완전했고, 진흙 투성이었을 뿐이었다. 그것을 참고 견디며 가치 있는 것으로 만들기 위해서는 사랑과 신념을 필요로 했다. 사랑과 신념으로 삶의 기쁨을 만들어 냈고, 그 기뿜을 즐겼다. 그렇게 사는 것을 사람들은 행복한 삶이라고 불렀다." 그러니까, 헤세는 지금 당신에게 이렇게 묻고 있는 것입니다. 행복할 만큼 성숙해 있느냐를 묻고 있는 것입니다. 그것에 대한 대답에 따라, 자신에게 올 수 있고 떠날 수 있는 행복은 서로 다를 수밖에 없다고 믿고 있기 때문에, 헤르만 헤세는 그렇게 말했던 것입니다. 그는 다시 말합니다. "행복을 추구하는 한 너는 행복할 만큼 성숙해 있지 않다. 가장 사랑스러운 것들이 모두 너의 것일지라도 잃어버린 것을 애석해하고 목표를 가지고 초조해하는 한 평화가 어떤 것인지 너는 모른다. 모든 소망을 단념하고 목표와 욕망도 잊어버리고 행복이라는 말을 입 밖으로 내지 않을 때, 그때 비로소 세상일의 물결은 네 마음을 괴롭히지 않고 너의 영혼은 마침내 평화를 찾는다."고 끝을 맺고 있습니다. 행복을 인문학적으로 사유하는 저들은 행복의 본체, 행복의 정체를 한결같이 그 어떤 삶의 목표로 설명하고 있는 것입니다.

　행복의 실체가 그 무엇이든, 그 무엇으로 이해하든 간에 관계없이, 행복이라는 것은 삶 그 자체에 함께 어울려 있는 것으로서, 그것은 삶의 목표일 수도 있고, 삶의 목적일 수도 있다는 저들의 인문학적 행복론과는 달리, 행복을 삶살이를 위한 하나의 예술, 기예 혹은 수단으로 받아들이는 행복론자들도 있습니다. 저들을 통째로 일러 저는 '에이치큐 행복론자', HQ(Happiness Quotient), 그러니까 행복지수 행복론자라고 부르겠습니다. 저들의 행복론이 요즘은 행복시장에서는 대세인데, 행복에 관한 저들의 논리는 아주 단순합니다. 저들의 논리에 따라 각종 행복촉진 상품들, 말하자면 여가에서 놀이기구에 이르기까지 엄청난 것들이 상품으로 쏟아져 나오고 있습니다. 행복이라 불리는 상품은 돈으로 살 수 있다는 저들의 논리에 의거하여, 들리는 말에 의하면, 행복시장은 연간 10조 원대에 이른다고도 합니다. 이들 HQ 행복론자들은 행복이라는 것을 인간이 자신의 삶을 위해 지니고 있는 여러 능력 중의 하나인 능력이라고 보고 있기 때문에, 그런 행복 관련 상품들이 스마트폰처럼 시판용으로 개발 가능하다는 것입니다. 저들 HQ 행복론자들은 행복을, 우리사회에 한 때 유행했던 '큐(Q)' 종류의 기술이나 능력으로 이해합니다. 말하자면, 지능지수(IQ), 감성지수인

EQ(Emotional Quotient), 도덕지수를 지칭하는 MQ(Moral Quotient)처럼, 행복 역시 하나의 지수(指數, Quotient), 그러니까 지능이든, 감성이든, 도덕이든 그것을 하나의 물질적인 덩어리로 보고 그것의 높고 낮음, 많고 적음의 변동 상황을 나타내기 위해 그 기준을 100으로 삼아 비교할 수 있는 수치로 표현해 놓을 수 있다고 주장하는 것입니다. 그렇게 100을 기준으로 하나의 수치로 표현된 지수가 행복 그 자체의 정도를 말하는 것이라고 몰아가고 있습니다. 행복도, 저들이 상업용으로 개발하고 활용해 온 지능처럼, 감성처럼, 리더십 같은 하나의 기술이나 능력처럼 개발될 수 있다는 가정 아래, 저들 HQ 행복론자들은 행복 능력이라는 개념을 만들어 모든 사람들의 행복을 측정하거나 상호 비교하고 있습니다. 행복도 하나의 인간적인 능력이기에, 그 기술이 좋으면 그렇게 행복해질 수 있는 것이고, 그렇지 않으면 행복하지 않게 된다는 것입니다. 행복 능력을 개발하면 그만큼 더 행복해질 수 있다고 HQ 행복론자들은 강력하게 주장합니다. 행복의 실체를, 현학적인 인문학자들처럼 그렇게 어렵게 생각할 것이 아니라 하나의 인간적인 능력으로 보면, 그리고 그 능력을 개발하면 어떤 사람도 100점 만점의 행복에 이르게 된다고 주장하는 것입니다. 행복을 능력이라고 보는 저들 HQ 행복론자들에게 있어서 행복은 그 어떻게든 분해되고 쪼개지고, 합해질 수 있는, 마치 삶을 만들어 가는 데 필요한 소재로 이해됩니다. HQ 행복론자들은 행복을 하나의 분석적 소재로 간주하고, 행복에 관한 여러 가지 개발공식들을 만들어 냅니다. 인간이 지닌 감정의 안정성이나 만족감이 행복의 요체라고 강조하는 HQ 행복론자들은 행복을 알아내는 측정, 가능한 신경생리학적이고 실험적 데이터를 활용하는 데 익숙합니다. 저들은 즐거움을 긍정적인 감정과 동의어로 취급하지만 두려움은 부정의 감정으로 대별하려고 합니다. 긍정과 부정을 대립적인 관계로 경계 삼아 행복을 논하는 저들 HQ 행복론자들은 때때로 인간에게는 어쩔 수 없이 들이닥치는 삶의 역설을 충분히 담아내지 못하는 실수를 저지르기도 합니다만, 그런 것은 저들이 개발해 내려는 행복지수와는 무관합니다. 저들은 인간이 겪는 삶 속에서의 역설, 말하자면 '사는 것이 죽는 것이다.'와 같은 역설들, 그러니까 삶은 역설과 역설의 이어짐, 좋은 것이 있으면 어김없이 그 반대의 좋지 않은 것이 상존한다는 것을 의도적으로 거부하려고 합니다.

　저들 HQ 행복론자들과는 달리, 행복을 삶의 과정 그리고 삶 그 자체로 생각하면, 인간의 삶은 그 언제나 긍정과 부정을 모두 내포하는 역설적인 현상이 되게 되고, 그런 삶에서 중요한 것은 긍정이나 부정에 대한 서로의 대척적인 느낌이 아니라, 그 역설을 품고 그것을 넘어서는 실천과 실행의 삶이 중요하게 됩니다. 긍정적인 감정과 부정적인 감정은 인간의 삶에서 현격하게 서로가 분리되었거나, 대척된 그런 것이 아닙니다. 서로 하나의 연속선상에서 서로 연관을 가진 채 그 어느 지점에서 서로가 긴장하면서 작동하고 있기에, 나름대로의 삶을 살아가려면 그렇게 자신의 삶에서 서로 긴장감을 주는 긍정, 부정의 두 감정을 모두 받아들이며 그것의 문제를 살피며, 그것을 자신의 삶에 유용하게 활용하는 것이 더 중요하게 됩니다. 이 말의 뜻을 이해하기 위해, 1998년 미국의 한 연구소가 3만 명을 대상으로 삼아 연구한 스트레스에 대한 연구결과를 살펴볼 필요가 있습니다. 연구진은 대상들에게 자신들이 느낀 스트레스가 얼마나 큰지, 또 "스트레스가 건강에 해롭다고 믿는가."라는 질문도 했고, 그로부터 8년이 지난 뒤, 설문 참가자의 사망 위험이 어느 정도인지를 추적했습니다. 미리 생각했던 대로, 높은 스트레스 수치를 기록한 사람들에게 있어서 그들의 사망 위험은 43%나 더 증가했습니다. 눈길을 끄는 또 다른 결과가 있어서 연구진들은 더욱더 놀라게 되었습니다. 그것은 높은 스트레스 수치를 기록했음에도 불구하고, 스트레스가 해롭다고 믿지 않는 사람들에게 있어서는 저들의 사망 확률이 증가하지 않았다는 점입니다. 저들의 사망 위험은 오히려 스트레스를 거의 받지 않는다고 기록된 사람들보다도 낮았습니다. 이런 연구결과를 토대로 연구원들은 한 가지 결론을 내렸습니다. 스트레스 그 자체와 스트레스는 해롭다는 '믿음'이 결합해야만, 그것이 사람을 죽음으로 몰아가게 만드는 요인으로 작동한다고 결론지었습니다. 스트레스 그 자체만은 죽음의 요인이 되지 못하고, 그것이 다른 부정적인 요소, 그러니까, 그 스트레스 때문에 내가 죽을 것이라고 하는 자기가 만든 자신의 생각이 결합되어 작용할 때 비로소 사람들은 더 사망의 위험에 처하게 된다는 것입니다. 스트레스는 만병의 근원으로 알려져 있지만, 스탠퍼드 대학교의 심리학자인 켈리 맥고니걸 박사는 『스트레스의 힘』에서, '스트레스는 독이 아닌 약'이라고 주장하며, 스트레스를 피하는 것이 행복의 요체라는 HQ 행복론자들의 주장과는 오히려 상반된 주장을 합니다. 스트레스에 대한 대응법만 제대로 익힌다면, 그러니까 자신의 삶에서 스트레스를 제대로 활용할 줄만 안다면, 자신에게 독이 될 것 같았던 그 스트레스가 오히려 삶에 긍정적으로 작용한다고 조언합니다. 살아가면서 생기게 되는 갖가지 스트레스에 대한 삶살이에서의 대응력이 중요한 셈입니다. 제가 이 책에서 줄기차게 앞으로 강조하는 개념인 관행력(觀行力), 그러니까, 자신의 삶인 어제에 대해 되돌아보고, 내일을 미리 짚어 보며, 지금 현재 자신의 행동을 알아채며, 나름대로 자신의 오늘됨을 고쳐 잡아 그다음 단계로 나아가게 만들어 주는 그 버릇, 그 습관을 자신의 일상에서 숨쉬기처럼 발휘하기만 하면, 역경에 있는 내 자신을 조금이라도 더 올곧게 추스를 수가 있게 된다는 저의 행복론을 뒷받침하는 셈입니다.

1) 좋은 삶이 행복

행복에 관해 인문학자와 HQ 행복론자들의 출발점과 이해가 다른 것은 분명합니다만, 저는, 행복에 대한 HQ 행복론자들의 견해나 행복에 대한 인문학자들의 견해 모두가 각기 나름대로 그릇됨과 옳음이 있다고 생각합니다. 각각의 행복론에는 나름대로의 약점도 있고, 강점도 있기 때문에 행복에 관한 제 입장은 실용주의적입니다. 그 누구에게든 삶이라는 것은, 무인도에서 자신의 생명을 하루라도 더 즐기려면, 그러니까 살아남으려면 먹거리가 필요한 것이고, 그 먹거리가 오로지 물고기라고 하면, 그것을 손으로 잡던, 돌멩이로 잡던 오늘의 양식으로 만들기 위해 잡아야만 합니다. 그 물고기를 무엇으로 잡을 것인지를 이리저리 생각만 하기보다는 나름대로의 시행착오를 거치면서 우선 먼저 잡아 놓고 봐야 먹거리가 생기게 됩니다. 행복에 관해 말만 많은 한국인들이, 행복에 대해 서로 다른, 수많은 견해를 갖고 있다고 해서 결코 더 행복해지거나, 행복해질 것 같지 않다는 저들 KBS 기자단의 견해를 제대로 다시 음미하기 시작하면 더욱더 한 가지 명백한 결론에 이르게 됩니다. 생명을 위해서라면, 우선 내 생활에 필요한 것을 챙기고, 필요하지 않은 것은 버리는 것도 내 삶에서 행복해지기 위한 하나의 처방이 됩니다. 난파되어 어느 누구에게도 단박에 발견되지도 구조될 수도 없는 무인도로 밀려오기 전까지는, 자기 자신의 재력이나 신분의 상징처럼 빛을 내던 다이아몬드니, 박사학위니, 회장이니, 장관이니 뭐니 하는 것들은 저 홀로의 무인도에서는 칼이나 성냥보다도 소용없는 잡것들입니다. 바닷속의 용왕은 그 목걸이에 탐이 난 나머지, 단 한 마리의 멸치와도 맞바꾸려 하지 않을 것입니다.

행복이 내게 정말로 무엇을 의미하는지를 다시 정리해 보겠습니다. 제게 있어서 행복은 '좋은 삶'을 말합니다. 좋은 삶은 배움의 삶입니다. 배움의 삶은 생명을 지켜가는 삶입니다. 생명을 지키는 일은 살아감이며 일상으로서의 삶입니다. 생명은 매 초 단위로 이어지는 것이지, 시간 단위, 날 단위, 연(年) 단위로 띄엄띄엄 이어지는 것이 아닙니다. 생명은 숨이며 이어짐입니다. 일상으로서의 삶에는 나름대로의 생활에서의 충족이 있어야 하며, 충족하면 내 '몸'이 나름대로 일상적으로 거듭나게 되는 것입니다. 음식을 먹으면 몸이, 사람들의 말이나 관계를 취하면 마음이 변하기 때문입니다. 몸이 거듭나면서 제 스스로에 대한 기쁨과 즐김도 함께 일상화되기에, 제가 말하는 행복, 그러니까 좋은 삶이란 '사람인 생명체로서 충족스럽게 일상을 살아가기 위해 깊은 사유와 실천으로 기쁨을 즐기며 일상에서 거듭나는 삶'을 의미합니다. 그것이 말로는 쉽지만, 좋은 삶에 대한 실행과 그것의 뜻풀이는 그리 단순하지 않습니다. 제가 말하는 좋은 삶으로서의 행복이라는 개념에는 행복이 무엇인지를 논의해 온 기존의 두 가지 서로 다른 관점, 그러니까 인문학적 행복론자들의 관점, HQ 행복론자들이 말하는 만족의 행복론, 그리고 그 위에 제 스스로 선호하는 배움학파의 행복론이 가미되고, 융합된 것입니다. 제 스스로, 좋은 삶, 행복을 때때로 참살이라는 단어와 함께, 혹은 혼용해서 쓰고 있지만, 그것을 달리 표현했다고 하더라도, 행복의 실체는 좋은 삶은 '사람인 생명체로서 충족한 일상을 살아가기 위해 깊은 사유와 실천으로 거듭나는 기쁨을 즐기는 삶'이라는 뜻이 들어가 있게 됩니다. 나중에 다시 이야기하겠지만, 좋은 삶을 위해서는 깊은 사유와 실천은 관행(觀行), 그리고 거듭남은 삶의 개조(改造, Reformatting)를 의미합니다. 행복을 인문학적으로 읽어 내려가는 사람들에게 있어서, 행복은 살아감과 살아냄 그 자체입니다. 살아감이 행복이고, 살아감으로서의 행복은, 그 옛날 삶의 철학자들이 지칭했던 바처럼, 삶의 목적, 목표가되는 셈인데, 매일을 맞는 인간으로서 살아감, 살아냄은 그 무엇보다도 중요하기 때문입니다. 삶에서 살아감과 살아냄을 생략하면 남는 것은 아무것도 없게 되는 셈이니, 저들 인문학자들이 말하는 살아감, 살아냄으로써의 삶을 행복에서는 절대로 무시할 수 없는 노릇입니다. 다만, 어떻게 살아낼 것인가, 어떻게 살아가야 행복해질 수있는 삶이 될 것인가에 대해서는 또 다르게 남다른 고뇌가 필요합니다. 인문학자들과는 달리, HQ 행복론자들에게 있어서 행복의 결정인자는 만족에 있습니다. 어찌 보면, 인문학자들이 살아감의 생활이라고 말할 때 그 살아감이라는 언급에는 이미 만족이라는 것이 내포되어 있다고 볼 수도 있습니다. 만족을 채우는 것은 개인의 능력에따라 달라집니다. 무인도에서 물고기를 한 마리만 잡을 수 있는 것과 10마리를 잡을 수 있는 것은 그 사람의 기술 차이, 수단 차이, 그러니까 물고기를 잡는 능력의 차이와 정도에 따라 달라질 수밖에 없습니다. 마찬가지로 행복에서도 충족이나 만족이라는 개념과 그것을 뒷받침해 주는 능력이라는 개념이 삭제될 수 없는 노릇이라는 것이바로 HQ 행복론자의 입장입니다.

　행복을 배움학의 관점에서 논하는 저는, 행복에 있어서의 저들 인문학자들이 주장하는 살아감, 살아냄으로써의 생활과 삶의 중요성을 받아들이며, 동시에, HQ 행복론자들이 내세우는 행복론에서 빼놓을 수 없는 개념인 만족과 능력의 중요성도 버릴수가 없습니다. 다만, 행복에 관한 저들의 생각들이 보다 더 삶살이에서 완성되기 위해, 그리고 행복이 무엇을 의미하는지를 보다 더 분명하게 사람들에게 이해시키기 위해, 그리고 행복에 대한 옛 배움학파들의 관점들이 지금 이 시대를 살아내는 우리에게도 필요한 것임을 다시 한 번 더 확인하기 위해 두 가지 요소가 새롭게 더 보완되어, 수정되어야 한다고 봅니다. 그것은 삶의 본체인 생명과 배움이라는 요소입니다. 그 누구든 하루의 생활을 해 나기 위해서는 생명이 있어야 합니다. 살아감, 살아냄의 일은 그 어떤 인간이든, 그에게 생명 없이는 원초적으로 불가능한 일입니다. 그에게 움직일 수 있는 한 올의 생명이라도 붙어 있어야, 그 시간 그날을 늘 새해로 받아들이며 살아낼 수 있기 때문입니다. 그리고 사람에게 능력이라는 것은 생명체의 배움에 의해 개발되며, 결정되는 것이고, 개인의 능력이 학습으로 더욱더 개발된다고 할 때, 그 학습은 생명체에게는 개발 가능한 기술이고 수단과 같은 뜻인 것입니다. 수단이나 기술은 훈련이나 단련, 연습에 의해 더욱더 세련되게 정련됩니다. 그래서 저들 HQ 행복론자들처럼 좋은 삶에는 행복연습, 행복훈련이 필수적이라고 주장에 동의하게 되는 것입니다. 인간에게 있어서 충족이나 만족은, 사람으로서 자신에 대한 성찰과 반성이 있어야 그 만족의 의미가 자신의 삶에서 살아나게 되는 것이고, 그로부터 다시 행함이 시작되고, 그 거듭남이 있어서 그냥 원숭이 같은 짐승이 아닌 사람으로서 자신의 품(品)과 격(格)을 유지할 수 있게 되는 것입니다. 자신의 인품은 자신의 품과 격에서 갈라지고, 그로부터 좋은 삶, 행복 혹은 참살이에 대한 충족 정도가 달라지게 됩니다. 그러니, 행복에 대한 인문학자들의 생각인 삶의 중요성, HQ 행복론자들의 생각인 만족과 능력의 중요성을 수용하면서 배움학자들은 그들의 관점에 생명과 배움의 중요성을 융합시켜, 행복의 실체를 '사람인 생명체로서 일상을 충족스럽게 살아가기 위해 깊은 사유와 실천으로 거듭나는 기쁨을 즐기는 삶'으로 내세우게 되는 것입니다. 더 자세하게 이야기하겠지만 그런 좋은 삶을 위해서는 일상적으로 관행(觀行)이라는 자기 연단술, 자신의 몸조리가 필요합니다.

　저는 새벽녘에 눈을 뜨면, 정말로 그 아침부터 나 자신을 행복한 '나'로 거듭나게 해 줄 수 있다고 믿는 그 관행(觀行), 그러니까 그날 아침 역시 새로운 나의 삶으로 그날을 새해의 첫날로 거듭나게 만들어 줄 수 있는 관행거리가 '딱' 3가지 있습니다. 그것은 오늘 역시 때로는 나아가고, 때로는 멈추고, 때로는 돌아봐야 한다는 내 자신만의 속소리, 마음의 소리, 외부의 자극에 대한 나의 내언(內言)이 그 하나입니다. 나의 그 속소리로 다른 때와 마찬가지로 바로 오늘 아침 역시 기쁘게 새해, 새날로 맞이하도록 내 일상과 내 삶의 관행을 시작합니다. 저처럼, 자신의 삶에서 필요한 것은 때때로 돌아보고, 멈추고, 나아가야 하는 일, 이것 딱 3가지라고 딱 잘라 강론하는 중국의 괴짜, 중국의 명산들 중에서도 꽤나 높다는 서산(西山)에서 자연인(自然人)답게 은거하며 마음의 성장을 치유하는 데 일가견을 갖은 도인(道人)쯤 되는 쑤쑤(素素)라는 사람이 우리에게 처방하는 현대적 행복론 역시 그렇습니다. 그는 그러니까 때로는 나아가고, 때로는 멈추고, 때로는 돌아봐야 한다는 그것을 그냥 마음속으로 중얼거려 보기만 해도, 이내 마음이 편해지곤 한다고 합니다. 내 스스로의 관행(觀行) 역시도 어쩌면 그처럼, 때로는 뒤돌아보고, 때로는 멈추고, 그리고 나아가야 하는 것으로 시작합니다. 쑤쑤는 『멈추어야 할 때 나아가야 할 때 돌아봐야 할 때: 느리게 더 느리게, 자신을 찾아가는 세 가지 삶의 시간표』에서, 우리에게 인간은 지구를 여행하는 나그네로서, 그것도 단 한 번만 여행할 기회를 갖고 있는 나그네로서 지구를 오늘도 걷고 있는 중이니 그리 염려할 것이 없다고 잘라 말합니다. 좋은 삶, 행복한 삶을 위한 여행은 마치 하늘까지 걸어가는 그런 여행과 다르지 않기에, 더욱더 그리해야 할 것입니다. 그 어떤 여행이든, 여행에서 중요한 것은 장비도, 동반자도, 목적지도 아닙니다. 나그네에게 있어서 정말로 중요한 것은 마음가짐입니다. 즐거운 마음으로 여행해야 주변 풍경을 만끽할 수 있는데, 즐거운 마음가짐은 가벼운 정신과 성실한 태도에서 시작되기 마련입니다. 하늘까지 가려면 더욱더 그래야만 합니다. 거문고든, 바이올린이든, 기타든, 깡깡이든 그 어떤 현악기든 그 현악기에서 경쾌한 음을 퉁겨내기 위해서는 현을 꽉 조이지 말고 적당히 조여야 하는데, 일상의 삶에서도 맑음과 밝음을 끄집어내 쓰려면, 내 마음을 현(絃) 조이듯 그리해야 합니다. 적당히 여유 있는 마음가짐을 가질 때, 맑은 마음의 소리를 내며 경쾌한 인생을 살아갈 수 있다는 그는 우리들에게 덤덤하게 말합니다. "아직도 모든 일에서 완벽해지길 바라는가? 세상에 정말로 완벽한 배우자, 완벽한 친구, 완벽한 동료, 완벽한 상사가 있다고 생각하는

가? 인간의 수명이 얼마나 되는지 생각해 보십시오. 완벽주의는 시간 낭비에 불과합니다. 지나친 완벽 추구로 남는 것은 더 완벽해지지 못한 것에 대한 탄식뿐입니다. 무엇보다 간과하지 말아야 할 것은 완벽하다고 생각하는 그 일이 사실, 타인에게는 완벽하지 않게 보일 수도 있다라는 점입니다." 이 말에도 성이 차지 않는지 그는 다시 말합니다. "인생은 쉬지 않고 걸어야 하는 고단한 여정입니다. 걷다 보면 다채로운 풍경도 만나고, 크고 작은 웅덩이도 만납니다. 그런데 지나온 모든 길을 마음에 담아둔다면 경험이 늘어날수록 심리적 부담과 스트레스도 커질 것입니다. 하지만 새로운 길을 만날 때마다 지나온 길을 하나씩 내려놓는다면 항상 가벼운 마음으로 살 수 있습니다. 지나간 것은 이미 지나간 것이고, 시간은 거꾸로 흐르지 않습니다. 경험과 교훈은 받아들이되, 나머지는 마음에 담아둘 필요가 없습니다." 그렇습니다. 이렇게 때로는 멈추고, 때로는 나아가고, 때로는 되돌아볼 적에 '바쁘기만' 하던 자신의 삶에 고삐를 느리게 하기보다는, 그냥 '더디게' 할 수 있게 되는 것입니다.

　살아감과 살아내야 하는 것이 인간의 일상적인 삶입니다. 이런 삶에서 요구되는 것이 바로 좋은 삶, 참살이고 그것을 일러 행복이라고 말할 수 있을 것입니다. 일상적으로 좋은 삶으로서의 참살이 삶을 살아내는 것이 행복의 실체가 될 것입니다. 참살이의 일상에서 기쁨을 얻어내고, 그 기쁨을 자주 그리고 농도 있게 경험하는 소소한 즐김이 행복에 이르는 길이 됩니다. 이것이 행복에 대한 저의 일관된 견해입니다. 행복이 무엇인지 행복의 본질을 설명하는 수많은 학자들은 행복에 이르는 길이나 방법들을 서로 갈라서 이야기하곤 했습니다. 일반적으로 행복에 이르게 해 주는 그 하나의 길로서 저처럼 배움을 소재로 이야기하는 학자들이 있는가 하면, 행복을 하나의 관념이라고 보고, 그렇게 설정된 행복에 이르는 길을 가르치는 학자들도 있습니다. 행복에 대한 서로 다른 이해와 그것에 이를 수 있는 서로 다른 길로 갈라서, 어느 길이 행복에 이르게 하는 길인지에 대해 길게 논쟁하면 논쟁할수록, 놀랍게도 행복에 이르려고 할 때 느껴지는 그 행복에 대한 감(感)뿐만 아니라, 행복에 대한 혼란만이 더해질 것입니다. 기대하던 행복에 이르는 길에 대한 명료한 이해를 하기보다는 오히려 행복에 대한 혼란이 더 커지게 될 뿐입니다. 행복을 원해 행복에 이르는 길을 서로 다르게 논쟁했던 사람들에게 오히려 불행으로 이끌어 버리게 만들어 놓은 것도 모두 그런 이유에서 생긴 부작용들일 것입니다. 행복을, 그냥 편하게 말해서, '즐김'으로서의 '참살이'로 받아들이느냐와, '깨달음'으로서의 '혼살이'로 받아들이느냐에 따라 자신의 삶에 대한 마음가짐과 생활의 자세가 달라질 것입니다. 여기에서, '혼살이'라는 말은, 행복을 설명하기 위해 만들은 조어(造語)로서, 마치 보통 사람이 승려나 수도사, 수녀가 되기 위해 '출가'할 때의 그 마음가짐의 삶, 거듭남의 삶을 비유적으로 표현한 것입니다. 저들에게 있어서 처음 작정하고 마음 다진 그것으로서의 몸, 그 출가(出家)의 삶이, 비속적인 의미에서 청소년들의 가출(家出) 같은 삶으로 변질되어 버린다면, 그것은 결코 깨달음의 삶이나 '혼(魂)살이, 넋살이'의 삶이 될 수 없다는 뜻에서 혼살이의 삶은 붓다나, 예수가 보여 준 자신들의 삶과 같은 것으로 비유된다고 이해하면 됩니다.

저는 좋은 삶, 참살이로서의 행복은, 앞으로 더 이야기하겠지만, 배움의 삶, 그리고 배움을 말하는 것이라고 봅니다. 배움은 생명이 있는 존재에게는 생명이 끝나는 그날, 그 순간에 이르기까지 진행형입니다. 좋은 삶에 대해 저와 생각이 같은 사람들을 모아 그들을 행복의 배움론자로 부르겠습니다. 행복의 본체를 배움, 그러니까 에루디션(Erudition)이라고 보는 행복의 배움론은, 행복을 단순히 인간의 능력이라고 간주하는 HQ 행복론자들의 견해를 무조건 무시함이 없이, 오히려 그들의 장점을 우리 자신의 삶의 현장에서 우리의 행동으로 극복하거나 보완해야 한다는 입장을 취하게 됩니다. 행복의 배움론자들은, 행복을 인간의 능력이라고 간주하는 HQ 행복론자들이나, 저들의 행복론에 이론적 근거를 제공하는 긍정주의 심리학이나, 저들과 이론적인 대척점에 서 있는 인문학적 행복론자들을 무조건 거부해야 될 이유가 없습니다. 행복의 요체가 배움이라고 했을 때, 배움은 행복이 되는 것이기에, 삶에서 배움을 촉진시켜 주는 행복에 대한 역량은 각자적인 '학습(學習, Learning)'과 학습의 쓰임새에 따라 달라지게 되기에, 행복을 개인의 자질이나 역량이라고 보는 HQ 행복론자들의 견해를 무조건 잘못된 것으로 거부할 수 많은 없기 때문입니다. HQ 행복론자들이 내세우는 행복역량이라는 개념을 수용한다고 하더라도, 좋은 삶에 관한 인문학적 행복론자의 관점 역시 폐기할 수는 없습니다. 삶이란, 누구든 자신들이 바라는 좋은 삶이란 유별난 삶이 아니라, 삶 그 자체이며 살아내는 삶과 생활의 과정 그 자체를 말하기 때문입니다. HQ 행복론자들의 능력행복론과 인문주의 행복론자들의 생활행복론 간에는 이론적인 융합이나 나름대로의 절충이 필요해지는 셈입니다. 삶은 앞으로도 수없이 강조할 것이지만, 논리(論理)가 아니라 윤리(倫理)이기 때문입니다. 삶은 살아냄의 문제이지 살아짐의 문제가 아니기 때문입니다. 삶은 옳고 그름에 대한 따짐의 과제가 아니라, 좋고 나쁨에 대한 이해의 과제이기 때문입니다. 아프리카인들의 삶은 시커멓고, 유럽인들의 삶은 하얀 것이 아닙니다. 에스키모 남정네와 아프리카 여인이 결혼할 수 있듯이, 삶에서 섞이지 않을 것은 없기에, 삶은 본질적으로 절충적일 뿐입니다. 좋은 삶, 행복도 마찬가지입니다. 중국의 개방을 밀고 나간 일등공신 등소평(鄧小平)이 내세웠던 실용주의적인 논리인 흑묘백묘(黑猫白猫)론, 그러니까 검은 고양이든, 흰 고양이든 쥐만 잘 잡으면 되었지, 고양이 색깔이 무슨 문제가 되느냐고 저들 개방 반대론자들에게 되물으면서 중국의 개방을 강력하게 추진한 등소평의 말대로, 좋은 삶을 위해 입장이 조금 다르더라도 서로 다른 것은 추스르고, 서로 같은 것은 부추기면 모두가 한곳에서 잘 어울리게 만들어야 됩니다. 삶도 우리 인간의 위장(胃腸)과 비슷합니다. 생명에 도움이 되는 음식은 서로가 모양새가 다르더라도 일단 위에 들어가면 소화과정을 거쳐 몸에 영양분이 되는 것입니다. 모양이 다르고 성질이 다르다고 쌀 밥 먼저 비운 후에, 다시 생선 따로, 김치 따로, 콩나물 그런 식으로 따로따로 한 가지씩 먹지는 않습니다. 문제는 한꺼번에 골고루 먹은 후의 소화문제, 내 몸의, 내 위장의 소화력에 달려 있습니다. 소화력이 왕성하면, 내 몸 안의 위장에 모인 음식들은 서로 섞이고, 서로 조화되고, 분해되어 내 몸을 위한 영양분이 되지만, 소화력이 없으면 그것은 영양분이 되기보다는 몸에 부담이 될 뿐입니다. 삶에서도 삶을 위해서라면 서로가 서로에게 섞이지 못할 것, 절충되지 못할 것은 없습니다. 행복

문제도 제겐 절충적입니다. 좋은 삶에 대한 인문학자들의 슬기와 HQ 행복론자들의 지혜가 서로 불구 대천지 원수처럼 대척하는 그런 관점으로 맞서 있는 것이 아니라, 서로 다르게 지니고 있는 강점들은 서로가 지니고 있는 서로의 약점을 보완하는 기능을 발휘할 수 있는 내용들을 지니고 있기 때문입니다. 행복의 배움학자는 그래서 저들 인문학자들의 행복론과 HQ 행복론자들의 행복론을 절충합니다. 새로운 행복론, 그러니까 좋은 삶을 위해 각각의 이론들이 지닌 쓰임새를 최적화시켜 주는 실용주의적 행복론을 제안하게 된 것입니다. 행복을 '사람인 생명체로서 충족스러운 일상을 살아가기 위해 깊은 사유와 실천으로 거듭나는 기쁨을 즐기며 배우는 삶'이라고 정리한 이유입니다.

배움학자들은 좋은 삶, 그러니까 사람인 생명체로서 자기스러운 일상을 살아가기 위해 깊은 사유와 실천으로 매일을 새해 새날로 거듭나는 기쁨을 즐기는 삶에서, 인간의 배움을 중요시 여깁니다. 행복이 바로 배움이고, 배움이 행복이기 때문에, 매일이 배움입니다. 행복이 배움이라고 했을 때, 이 말이 성립하기 위해서는 인간의 경우, 태어나는 것들, 생명 있는 존재는 모두 좋은 삶일 수밖에 없다는 전제가 있어야 합니다. 이 세상에 태어나지 않으면 행복 그 자체가 처음부터 성립할 수가 없기 때문입니다. 이 세상에 그 어떻게 태어났든지 관계없이, 일단 태어난 인간은 모두 행복한 존재입니다. 모두가 나름대로 행복한 것이고, 행복해야만 한다는 말은 세상에 태어나는 그 모두가 좋은 삶, 행복으로서의 참살이를 즐길 수 있는 생명이라는 뜻이 됩니다. 나중에 다시 이야기하겠지만, 태어난 생명체로서의 사람은 각기 좋은 삶을 살아가기 위해, 행복한 삶을 살아가기 위해 자신의 생명과 다른 생명에 대해 배려하고, 무엇인가 학습하고, 나름대로 자신의 몸을 하나둘씩 제대로 건사하며 조리해 나가야 하는 것입니다. 반대로, 자신의 생명과 다른 생명을 배려하고, 학습하고, 자신의 몸을 조리함으로써 좋은 삶, 행복한 삶을 살아낼 수 있는 것입니다.

일상에서 즐김의 삶을 택하는 사람들은 그 누구든 삶의 한 과정에서 그렇게 자신의 삶을 즐기는 것입니다. 삶의 한 과정에서 즐김의 대상이 되는 것들을 가질수록, 그런 것을 느끼고 즐기는 사람일수록, 그 기쁨과 즐김에 만족할 것이고, 그런 감정에 충실할수록 그들 스스로 더욱더 행복하다고 반응할 것입니다. 자신의 삶에서 좋은 삶에 대한 깨닮의 삶을 선호하는 사람들은 자신 스스로 자신의 정신 줄을 제대로 간수할수록, 정신근육을 키워갈수록, 마음여백을 넓혀지고 있음을 알아차릴수록, 행복하다고 그것을 그렇게 의식할수록 더욱더 행복해지고 있는 중이라고 말할 것입니다. 물론, 즐김이나 깨달음 모두가 사람들의 일상에서 드러나는 것이기에, 양자는 서로가 대척하기보다는 상호 보완하는 것들입니다. 즐김, 혹은 알아챔으로서의 삶, 그러니까 참살이의 삶과 '혼살이'의 삶 모두는 행복에 이르는 두 개의 길로서, 서로 다른 대척적인 길이나 방법이 아니라, 하나에 이르기 위해 사람들이 개척해 낸 두 개의 노선이 다른 길, 행복에 이르기 위해 서로 다르게 닦아 온, 그리고 닦아 낸 두 개의 길일 것입니다. 길은 원래 만들어지는 것이지, 그 어디에서 처음부터 만들어진 것은 아닙니다. 그 어떤 곳에서든 그곳이 길이 되려면, 길로 되려면 수많은 사람들에게 그곳이 다듬어져야 하고, 또 그렇게 길들여져야 합니다. 길은 길들여진 통로일 뿐입니다. 길은 이곳과 저곳을 이어 주는 이음새들일 뿐이기에, 샛길이나 새 길은 그 언제든 새로 만들어질 수 있고, 또 그렇게 가능합니다. 돌아가더라도 목적지까지 이끌어 주거나 이어 주는 길이야말로, 길로서의 제 소임을 제대로 하는 것입니다. 제아무리 큰길, 많은 사람들이 다니는 길이라고 하더라도 목적지까지 끝내 이어 주지 못하는 길은 길다운 길이라고 볼 수 없습니다. 목적지에는 도달하지 못하고 그냥 목적지를 바라보기만 하도록 하는 길, 제아무리 빨리 이르도록 해 주는 길이라고 하더라도 건너편 목적지를 바라보기만 하거나, 절벽처럼 끝이 나도록 이어져 있는 길은 참살이든, 행복이든 그것에 이르는 제대로 된 길이라고 말할 수는 없습니다.

즐김을 통한 행복에 이르는 길은 행복에 이르는 작은 길과 같고, 행복에 대한 알아차림의 길은 행복에 이르게 만들어 주는 큰 길과 같다고 보는 사람이 있다면 그런 견해에 대해 군이 비판을 하지 않도록 하겠습니다. 행복에 이르기 위한 즐김의 길에서 행복에 대한 알아차림, 행복이라는 것에 대한 의식이 결여되면, 그 즐김의 행복이란 길은 그 어딘가에서 큰길에 합류되는 길을 잃거나, 행복의 끝인 불행이라는 절벽에 부닥치게 될 수도 있기 때문입니다. 그것은 마치 깊은 산 속에서 흐르던 맑은 샘물이 길을 잃고 흐르다가 끝내 분뇨통으로 흘러 들어가는 그런 기분을 갖게 되는 것과 크게 다르지 않을 것이기 때문입니다. 행복에 대한 의식, 행복에 대한 알아차림, 행복에 대한 깨달음의 길 역시 궁극적인 행복에 이르기 위해서는 나름대로의 즐김, 설령 그것을 겉으로 표현하지는 않더라고 하더라도, 일종의 즐김은 있어야 될 것입니다. 깨달음, 그것도 일종의 희열이고, 그 희열을 느끼는 그 순간, 그 자체가 일종의 기쁨이며 즐김이라고 이해할 수 있기 때문입니다. 행복, 그러니까 그 어떤 참살이든, 혹은 좋은 삶살이든 그것들은 단숨에, 그리고 단박에 이루어질 수 있는 것이 아닙니다. 이 말은 행복에 대한 느낌이 순간적으로 일어나지 않는다는 것을 말하는 것이 아니고, 행복에는 요령이나, 요행은 없다는 그런 뜻을 강조하는 것입니다. 삶이란 나름대로 지켜 나아가야 될 경로가 있는 것이고, 그 경로는 크고 작은 경험 덩어리들로 만들어지기 때문에, 지나쳐야 될 것은 지나쳐야 되고, 거쳐야 할 것은 어김없이 거쳐야 됩니다. 행복에 대한 경험들에게는 어김없이 나름대로의 즐김의 기분이나 느낌들이 있는 것이고, 삶은 그런 즐김을 주고, 그리고 되받는 경험의 전부로 한 올, 그리고 한 올이 서로 얽혀 직조되는 것입니다. 지루하지 않으려면 즐길 수 있는 것은 그저 즐길 수 있어야 합니다. 하루를 모질게 살아가는 사람들의 삶은 붓다나 예수나 소크라테스가 보여 준 그들의 삶, 그 자체가 될 수는 없는 노릇이기 때문입니다. 행복이 무엇인지, 어떻게 이루어지는 것인지를 일순간에 알아챘다손 치더라도, 행복이 단박에 이루어지는 것은 아닙니다. 보통 사람의 일상적인 삶에 있어서 행복에 이루는 돈오돈수(頓悟敦修)의 힘, 그러니까 행복이 무엇인지, 어떻게 이룩할 것인지를 단박에 깨쳤기에 더 이상 행복에 이를 수 없는 그런 높다란 경지에 이르는 일은 말처럼 뜻처럼 그렇게 가능하지는 않을 것이니, 계속 자신의 삶이 행복할 때 그렇게 행복해질 수 있을 뿐입니다. 물론 행복이 무엇인지를 알아채며, 깨달으며, 행복을 그 스스로 의식하는 일은 무엇보다 중요합니다. 그러니까, 내게 있어서 행복의 의미는, 좋은 삶의 뜻은, 바람직한 일상생활은, 내게 무엇이 일어났느냐, 어떤 결과가 나타났느냐, 그것이 어느 정도의 사회적인 가치를 지니고 있느냐를 말하는 것이 아닙니다. 행복은, 자신에게 어떤 일이 일어나게 하느냐를 선택함으로써 그 어떤 희망을 지니는 일을 말하는 것일 뿐입니다. 희망을 선택하는 일, 그러니까, 자신 스스로 자신이 원하는 그런 것이 자신의 일상에서 매일같이 현실로 드러날 수 있도록 자신의 희망을 선택한다는 점에서, 저는 행복을 해피니스(Happiness)라고 부르기보다는 차라리 '호프니스(Hopeness)'라고 부르는 것이 더 낫다고 생각합니다. 아침에 눈을 뜬 후, 행복에 관한 이 글쓰기로 하루를 끝낸 후 잠에 이를 때까지, 오늘 하루 내 자신의 삶에 무엇인가 저절로 일어난 것, 일어난 바의 그것에 의해 좋은 삶, 행복한 삶의 값이 결정되는 것이 아니라, 내 자신 스스로 아침에 눈을 뜨면서 오늘도 희망한 그대로, 오늘의 일상이 내게 어느 정도로 자신의 생명으로 체험되었는지에 의해 좋은 삶의 그 가치가 자신 스스로에게 판단된다는 뜻이기도 합니다. 행복은 내게 저절로 일어난 일, 그러니까 '해픈드(Happened)'의 사회적인 가치가 아니라, 내가 그려 본대로, 작정한 대로, 선택한 대로 일어난 '희망(Hoped)된' 것에 대한 내 자신 스스로 즐김의 정도에 따라, 좋은 삶에 대한 농도와 그 느낌 역시 달리 맞이할 수 있게 된다는 뜻입니다. 그러니, 행복은, 좋은 삶은 내가 '우연(偶然)'이 아니라 필연(必然)으로 다가가고, 다가서야 비로소 그것에 체험적으로 접할 수 있게 되는 것입니다. 그 반대 그러니까 불행이나 좋지 못한 삶의 행방 역시 마찬가지가 될 것입니다. 그러니까, 아무런 준비도 시험을 치르다 보면 낙제하기 십상인 것처럼, 행복스런 그리고 좋은 삶이란 그 누구에게든 사고(事故)나 우발에 의한 소품(小品)이 아니라, 자신의 일상에서 일어나고 변하며 작동하고 있는 삶살이들의 기다란 사연(事緣)이며, 작심(作心)이고, 기대(期待)의 작품일 수밖에 없는 노릇입니다.

사람들에게, 행복이란 즐김의 참살이가 빚어내는 삶의 여백일 수도 있고, 더 나아가 깨달음의 혼살이 여백이 될 수도 있음을 가르쳐 준 철학자가 바로 아리스토텔레스입니다. 그는 요즘 말로 말하면, 행복 혹은 행복감은 자신이 목표로 삼았던 일이 바라는 대로 제대로 성취되었을 때, 자신의 마음속에 자리 잡게 된다고 강조한 철학자입니다. 학생들에게는 흔한 예지만, 좋은 성적을 내기 위해 예습, 복습한 대로 시험문제가 나와 시험에서 좋은 성적을 냈다면, 그로 인해 그 학생은 행복감에 젖어들게 됩니다. 무슨 일에서든 처음에 마음먹은 대로, 생각한 대로, 목적한 대로 일이 잘 이루어지면 기쁘게 되고, 그 기쁨으로 인해 행복한 기분에 들게 됩니다. 이 말은 얼핏 들으면, 행복은 만족한 심리적인 상태를 말하는구나 라는 식으로 받아들일 수 있습니다만, 사실은 그런 것이 아닙니다. 아리스토텔레스는 『니코마코스 윤리학』에서, 행복을 부, 명예, 권력, 건강, 장수 등을 얻거나 그것을 소유하고 있는 일종의 심리적인 '상태'로 받아들이려는 사람들의 일반적인 욕심을 거부하며, 그런 일반적인 요구에 동의하지 않았습니다. 물론 그가 행복하기 위해 요구되는 외적인 조건들로서의 친구, 재물, 집, 외모, 건강 등을 완전히 반대하거나, 철저하게 거부한 것은 아닙니다. 삶을 살아가다 보면 쾌락, 명예, 부와 같은 것들의 즐김도 있게 마련입니다. 보통 사람들일수록 동물적인 본성에 합당한 쾌락적인 삶을 택하게 마련이고, 교양 있는 사람들일수록 단순한 쾌락을 넘어서는 명예를 행복이라 생각하며 그것에 매달리기도 합니다만, 모두가 쾌락 집착일 뿐입니다. 그러니까 삶을 살아가다 보면 쾌락적인 삶이 있는가 하면, 단순한 쾌락을 넘어선 영적인 삶도 있게 마련이지만, 아리스토텔레스는 그런 쾌락적인 삶이나 영적인 삶은 자신의 삶에서 나름대로의 유용성이 있어야 하며 다른 목적을 위한 또 다른 수단일 수도 있다고 본 것입니다. 그런 영적인 삶을 위해서는 그 어떤 인간적인 방법이 있어야 하는데, 아리스토텔레스는 그 방법으로 당시 삶의 현자들에게는 보편적이었던 개념인 테오리아(Theoria), 그러니까 깊은 사유로 상징되는 관상(觀想) 혹은 관조라는 방법론을 내세웠습니다. 자신의 삶에 대한 깊은 사유, 요즘 말로 관(觀)과 조(照)로서의 깊은 알아챔이 우선해야 한다는 것입니다. 자신의 삶이 참살이의 삶이 되든, 좋은 삶이 되든, 그 모든 것을 행복의 윤리에 합당한 것으로서 그것이 자신의 삶에서 가능한 것이 되려면 자신의 일상에 대한 알아차림으로서의 관상이 필요하다고 강조했습니다. 여기서는, 일단 아리스토텔레스가 말하는 '관상'의 개념을 제가 나중에 언급하는 '관행'의 개념 전 단계 개념으로 이해하시기 바랍니다.

일상적으로 우리 스스로 이 삶을 어떻게 살아야 하는가, 어떤 삶을 살아야 사람답게 사는 것인가라는 질문에 대답하려면 가장 먼저 우리 스스로 좋은 삶에 대해 나름대로의 정리와 이해가 먼저 필요합니다. 좋은 삶이 어떤 삶인지를 이해하려면 당연히 행복한 삶에 대한 개념 파악부터 해야 합니다. 좋은 삶은 흔히 행복한 삶과 같은 말로 이해되어 왔기 때문입니다. 좋은 삶으로서의 행복한 삶이 무엇인지에 대해서는 다행스럽게도 그 옛날부터 수많은 철학자들의 논의 주제였습니다. 그런 논의를 이어가도록 우리에게 나름대로 귀감이 되는 대답을 해 준 사람이 바로 고대 그리스의 아리스토텔레스 같은 철학자입니다. 그는 좋은 삶, 행복한 삶이라는 덕의 윤리에 따라 아크라시아(Akrasia), 그러니까 인간이 지닌 약점 중의 하나인 의지박약(意志薄弱)을 극복하는 일이라고 말한 바 있습니다. 아크라시아는 '자제불능'으로도 번역되는데, 아크라시아는 욕망에 정복당하고 쾌락에 굴복하는 자제불능 상황을 지칭하기도 합니다. 매일같이 욕망이나 유혹과 쾌락에 굴복당하는 매일의 일상 속에서 도대체 어떻게 살아야만 정말로 좋은 삶을 살아갈 수 있는가 하는 과제가 밀어닥치면 인간은 이내 무기력해질 수 있고, 좋은 삶살이 행복에 대해 막막해질 수 있게 될 수도 있습니다만, 일이 그렇게 될수록 더욱더 우리는 우리의 맑은 눈, 맑은 마음을 다져야 합니다. 그리고 이성적인 사유와 반성적인 실천으로 우리의 오늘과 그 현장을 음미하고, 거듭나는 삶을 살아야 할 것입니다. 어제와 내일, 그리고 지금이라는 현실을 냉철하게 바라볼 수 있는 자신의 힘을 길러야 하는데, 그런 힘이 바로 자신의 삶에 대한 자신의 의지박약을 제어하는 방법이라는 것이 아리스토텔레스의 논리입니다. 지금이나 2천 년의 그 옛날이나 사람들 그 자신 안에 자리를 틀어잡고 있는 의지박약을 극복하는 그 일이 일순간에, 단박에 이루어질 수 없는 것처럼, 좋은 삶, 행복한 삶이라는 것도 한 번에 이루어질 수 있는 것이 아닙니다. 그것을 체험적으로 알고 있는 아리스토텔레스는 좋은 삶이라는 것은 인간이 이 세상에 존재하는 동안 지속적으로 계속해서 평생에 걸쳐 인간 스스로 '덕' 있는 행동을 해감으로써 가능할 것이라고 말했던 것입니다.

다시 반복하겠지만, 사람에게 있어서 '덕' 있는 행동이란 사람으로서의 사람다움이 발휘되는 행동을 말하는 것이고, 그 사람다움이란 다시 하루를 살아가는 사람으로서의 존재 이유를 상징하는 것입니다. 그러니까 사람으로서 존재하는 올바른 이유를 위해 그것에 합당한 올바른 일을 해냄과 그렇게 해감으로써, 또 내일 역시 그렇게 해나갈 때 비로소 그에게 좋은 삶이 이루어진다는 것입니다. 저는 일단 그런 좋은 삶을 요즘 말로 말해서 참살이와 엇비슷한 개념으로 받아들이며 그렇게 풀어 나가겠습니다. 참살이는 자신의 삶에서 사람다움을 상실하고서는 거의 가능하지 않기 때문입니다. 행복, 행복한 삶, 참살이, 그러니까 에우다이모니아(Eudaimonia)라고 아리스토텔레스가 명명한 그 행복은, 그 누구든 그렇게 행복한 삶을 살아가려면 그의 삶 마지막 순간까지 지속적으로, 그리고 멈출 수 없는 부단한 삶의 과정입니다. 나중에 다시 이야기하겠지만, 좋은 삶, 행복한 삶으로서의 에우다이모니아는 평생교육의 과정으로서 배움 그 자체를 상징하고 있는 것과 다를 것이 없습니다. 저는 좋은 삶, 참살이, 행복의 윤리가 평생교육적인 배움의 과정이라고 보고 있지만, 그것을 미국 뉴욕시립 대학교 마시모 피글리우치 교수는 『번영과 풍요의 윤리학』에서 일상적으로 필요한 삶에 대한 분석적 과정이라고 보고 있습니다. 인간 스스로 우리가 누구인지 이해하고, 그로부터 더 좋은 삶을 살기 위해서 아리스토텔레스가 말한 '스키엔티아(Scientia)의 과정, 그러니까 분별과 사려의 일상적인 과정'이 바로 행복의 시작이라고 보고 있습니다. 피글리우치 교수가 말하는 스키엔티아라는 일상적 분석과정이나 제가 말하는 평생교육의 과정이라는 말은 서로 엇비슷한 의미를 담고 있기에 별다른 차이가 없습니다. 다만, 피글리우치 교수는 스키엔티아의 의미를 요즘 말로, 과학을 바탕으로 한 철학과 지혜를 찾아가는 사색으로서, 과학과 인문학을 아우르는, 보다 넓은 의미의 '지식', 더 나아가 삶의 슬기라는 의미로 쓰고 있습니다. 좋은 삶에 이를 수 있는지에 관련된 유용하고도 쓰임새 높은 지식이 필요하다고 본 피글리우치 교수는 그런 사유방법론으로 아리스토텔레스의 스키엔티아를, '사이파이(Sci-Phi, Science+Philosophy)', 그러니까 과학과 철학의 융합, 분석과 지혜의 융합으로 보완했던 것입니다. 좋은 삶을 위한 방법으로서 그가 말하는 사이파이나, 제가 말하는 평생교육적인 성찰, 그러니까 배움의 성찰 모두는 사람들의 일상에서 '반성적 평형(反省的平衡, Reflective Equilibrium)'을 요구합니다. 법철학에서 빈번하게 쓰이고 있는 개념인 반성적 평형 이라는 말은 특정한 윤리문제, 말하자면 행복이 무엇이어야만 하는지에 대해 사람들 마다 서로 다르게 지닐 법한 여러 가지 서로 다른 개념, 판단, 직관 사유들 간의 평형 을 얻어내기 위해 사람들 자신의 판단과 논리들을 끊임없이 수정되어 만들어 주는 사 유와 반성, 그리고 그로부터 얻어지는 결과를 뜻합니다. 인간은 일관된 반성적 평형 을 이룰 때까지 자신들의 사유를 계속하고 잇대어 반성하는 존재이기 때문에, 우리 스스로 잠정적으로 고정점이라고 생각해 온 그 어떤 판단도 반성적 사유에 의해, 결 국은 사람들의 분석과 슬기에 의해 나름대로 새롭게 수정될 수 있게 됩니다. 반성적 평형은, 좋은 삶, 행복의 윤리가 무엇이어야 하는지에 대한 합의를 위해서도 어김없 이 일상생활 속에서 작동합니다. 우리가 말하는 좋은 삶, 행복의 표준은, 모든 사람들 의 생활세계를 하나로 확정시키거나 대변할 만한 그 어떤 확정적인 삶의 경험이나 문 화적 인식의 합리적인 재구성 같은 것이 아닙니다. 동시에 우리의 일상적인 생활경험 과 정신적 경험의 진수(眞髓)라고 규정할 만한 것도 아니기 때문에, 우리가 잠정적으 로 합의해 놓고 있는 좋은 삶, 참살이, 행복이란 것도 끝내는 사람들 나름대로 자신의 일상적인 삶살이 속에서 수정, 보완되며 조절되어 갈 것입니다. 지금 우리가 합의해 놓은 것처럼 보이는 좋은 삶, 참살이, 행복의 윤리라는 것도 따지고 보면, 각자들의 일상생활에서 그 효용성과 쓰임새를 찾아내야 될 그런 유의 좋은 삶을 위한 처방으로 서 저들의 삶 속에서 반성적 평형을 시도하며, 기다릴 수밖에 없는 것일 뿐입니다. 그 반성적 평형은 우리의 일상에서 매일같이 일어나야 되는 것이며, 그런 반성적 평형이 일상적으로 일어나는 삶이 어쩌면 좋은 삶, 행복한 삶의 본보기가 되는 것입니다. 그 반성적 평형을 불러내는 일을 2천 년 전의 아리스토텔레스는 깊은 사유로서의 관상 (觀想)적인 삶으로 표현했던 것입니다. 오늘을 살아가는 마시모 피글리우치 교수에게 는 사이파이(Sci-Phi)로, 행복의 배움론을 제안하는 저에게는 관(觀)과 행(行)으로서의 관행(觀行)적 삶으로 정리된 것입니다. 그 관행을 일상적인 삶에서 하나의 습관으로 만들어 가는 과제가 배움의 역할입니다.

　아리스토텔레스에게 있어서, 자신의 일상을 관상적인 삶으로 살아가는 것은 2천 년 전 당시 아테네 공동체 사회에서는 일단 자신의 삶을 행복한 삶으로 이끌어 결정적인 역할을 했을 것입니다. 당시 관상적인 삶을 살아가기 위해 인간 스스로 자신 안에 지니고 있는 고유한 능력, 그러니까 자신의 합리적인 사유 능력인 이성(理性)이 탁월하게 발휘하도록 했을 것입니다. 이성의 탁월성을 매일같이 자신의 일상에서 드러내는 것이 바로 행복의 요체이며 행복의 본질이라고 본 아리스토텔레스는 사람들이 일반적으로 생각하듯이, 자기 스스로를 만족시켜 주는 그 무엇이나 그것을 즐기는 심리적인 상태만을 유지하는 것으로서는 결코 행복에 이를 수 없다고 보았기 때문에 관상의 중요성을 부각시켰을 것입니다. 일상에서 일어나는 잡다한 것의 이해관계에 매몰된 채, 자신의 일상에서 자신의 사람됨에 대한 깊은 생각 없이 그저 있는 그대로 탐닉하며 즐기는 것을 결코 행복으로 받아들일 수 없다고 본 아리스토텔레스는 인간 스스로 본래적으로 지닌 자신 스스로의 '탁월성', 그러니까 자신들이 각기 지니고 있는 자신의 이성적인 힘들을 최대한 탁월하게 발휘하는 것이 행복의 핵심이라고 파악했던 것입니다. 자신에게 선천적으로 내재된 능력을 가능한 탁월하게 드러내는 일을 가리켜, 아리스토텔레스는 그것을 인간의 덕(德, Virtue, Moral)스러운 일이라고 말합니다. 그러니까, 요즘 말로 말하면, 사는 대로 생각하는 것은 결코 덕스러운, 행복한 삶이 아닙니다. 생각한 대로 살아내는 것이 덕스러운, 행복한 삶이 된다는 것을 그 예전에 그는 우리에게 보여 준 것입니다.

　아리스토텔레스(BC 384~322)에게 있어서 덕(德), 혹은 인간됨의 극치, 더 나아가 인간됨의 도리(道理)로 이해될 수 있는 인간의 덕은 자신 안에 내재된 힘인 이성을 가능한 '탁월'하게 드러내는 일을 말합니다. 그것을 그는 아레테(Arete)라고 불렀습니다. 그에게 있어서 좋은 삶, 행복은 인간에게 내재된, 신이 인간에게 허락한 이성의 탁월성을 기반으로 매일같이 자신의 행위와 활동 그 자체를 탁월하도록 하는 일입니다. 그것이 좋은 삶으로서의 행복입니다. 행복을 만들어 내는, 행복을 만들어 내는, 행복을 나름대로 즐기는 일이 덕스러운 일입니다. 인간 본연의 능력인 이성, 합리성을 제대로 발휘해 가면, 그런 일 스스로가 자신을 행복한 상태로 만들어 낸다는 것입니다. 아리스토텔레스는 행복 그 자체를 드러내는 탁월함, 그러니까 그 덕(德)을 지적인 덕과 윤리적인 덕으로 나눴습니다. 예를 들어, 지혜, 지성, 통찰력 같은 것들은 지적인 덕으로서의 '지적 탁월함'에 속하는 것이고 절제, 배려, 봉사, 이타심 같은 것은 윤리적인 덕으로서의 '윤리적 탁월함'에 속하는 것으로 봤습니다. 물론 아리스토텔레스가 딱 부러지게 덕은 어떤 상황을 말한다고 그렇게 언급한 적은 없지만, 당시 아테네 도시 사람들의 일상으로 미루어 보면, 그가 말했던 덕은 절대적으로 '옳거나' 혹은 '그른' 상태를 나누거나 지칭하는 것이라기보다는, '좋은 삶, 혹은 '나쁜' 삶의 상태를 일컫는 기준으로 받아들였다고 보여집니다. 삶을 좋고 혹은 나쁜 상태를 가르는 것은 도덕 혹은 덕으로 본다면, 옳고, 그름을 가르는 것을 윤리(Ethic)로 나누어 볼 수도 있지만, 도덕이나 윤리는 서로가 상보적인 것이기에, '옳고, 그름'에도 '좋고, 나쁨'이라는 기준이 작용하는 것이며, 반대로 '좋고, 그름'에도 '옳고, 그름'의 기준이 하나의 판단척도로 작동하게 되는 것이니, 덕(Moral)과 윤리(Ethic)라는 개념을 한 통속으로 이해해도 큰 오해는 생기지 않게 됩니다. 아리스토텔레스 스스로는 행복의 상태인 덕의 경지를 이야기할 때, 그 기준으로 '옳고, 그름'보다는 '좋고, 나쁨'을 삶의 상태로 판단하고, 강조했던 것은 사실입니다. 당시 아리스토텔레스는 지적인 덕과 윤리적인 덕이 하나가 될 때, 그러니까, 지적인 합리성과 윤리적인 합리성이 융합되어 총체적인 하나가 되어 탁월함을 발휘하는 상태를 행복한 상태라고 생각했던 것입니다. 행복한 상태, 행복이라는 것은 인간에게 내재된 탁월함(덕)에 따른 활동(성)을 말하는 것이기에 행복은 인간에게만 가능한 본래적이고 고유한 정신의 활동을 말하게 됩니다. 인간은 식물이나 동물들처럼 똑같이 모두 생명을 갖고 있다는 사실을 부인할 수 없습니다만, 인간에게는 식물이나 일반 동물과는 달리 생명의 가치를 드러내는 힘이 내재되어 있습니다. 그 힘은 식물이나 동물에서 발견할 수 없는 힘인데, 그것을 합리성의 힘인 이성이라고 부릅니다. 인간의 이성, 인간 스스로 자신을 다스리는 힘인 합리성은 인간 스스로 자신이 지닌 자신의 정신(영혼)이 제대로 작동할 때 이성의 의미, 이성의 뜻을 겉으로 드러내게 됩니다. 이성이 겉으로 드러나면 인간의 '생명함', '생명됨' 그리고 '생명감' 그러니까 살아 있음과 살아냄, 그리고 살아감의 가치를 지시해 주고, 그로부터 인간의 정신 그 자체가 인간됨에서 어떤 부분을 차지하는지도 이내 알게 됩니다.

　아리스토텔레스는 인간의 정신을 인간 이성의 본체를 말하는 (이성적인) 능력과 활동을 지칭하는 (이성적인) 기능 두 부분으로 나눕니다. 이성적 능력은 자신의 정신적인 원리를 있는 그대로 따르는 힘을 말하는 것이며, 이성적인 기능은 이성의 지시대로 자신의 신체적인 능력을 발휘하는 활동이나 기량들을 의미합니다. 이성적인 가량의 발휘는 사람들에게 옳고, 그름보다는(보기에, 듣기에, 판단하기에) 좋고, 나쁜 것 같은 감정을 주게 됩니다. 예를 들어, 세계적인 골프선수들이란 골프운동에서 요구되는 규칙들에 따라 골프운동을 이어가기 위해 필요한 도구들을 활용하면서, 골프라는 운동을 탁월하게 수행할 수 있는 사람들입니다. 이들을 가리켜 골프의 덕이 있는 사람, 혹은 골프를 통해 행복한 상태에 이를 수 있는 사람들이라고 말할 수 있습니다. 이들의 골프기예는 옳고, 그른 기예로 판단하거나 그렇게 정해지는 것이라기보다는, 자기가 원하는 점수를 기록하기 위해 필요한 운동기술로서 나름대로 좋고, 나쁜 기예로 판단될 것입니다. 세계적인 골프선수라고 하는 것은, 그가 혹은 그녀가 골프라는 운동을 위해 요구되는 이성적인 능력을 가장 '좋게', 드러내 보일 수 있는 한 가장 좋게 드러내 보이는 상태, 그 골프운동을 위한 골프기예에 있어서 가장 탁월한 상태를 드러내 보이는 그 순간, 그 지점을 유지한 사람을 일컫는 것이고, 그런 그가 바로 바로 골프에서는 '덕'이라는 정신적 활동의 극치를 보여 주는 사람인 것입니다. 세계적인 골프운동선수들은 골프에 관해서는 행복 그 자체라고 보아야 되는 사람들인 셈입니다만, 저들이 골프에 있어서 행복 그 자체라고 지칭할 수 있는 것은 저들의 행복은, 아리스토텔레스의 논리대로 말하면, 신체의 탁월함을 단순히 이야기하는 것이 아니라, 골프운동을 통한 정신의 탁월함을 지칭하는 것입니다. 아리스토텔레스는 당시 시대적 상황 속에서 '정신'의 탁월성을 덕이라고 보았지만, 제 말로 한다면 그것을 정신만의 탁월성이라기보다는 제가 지어낸 말인 '몸', 그러니까 몸과 맘이 한통속임을 상징이라는 말인 '몸'의 탁월성 그 자체를 말하는 것과 하나도 다르지 않습니다. 아리스토텔레스가, 세계적인 골프선수 저들에게 정신의 탁월성이라는 행복이 있기 위해서는 당연히 골프라는 운동을 잘해 낼 수 있는 신체적 탁월성, 그러니까 골프운동기술과 골프기량 역시 탁월해야 한다는 것을 몰랐거나 그냥 무시했던 것이 아니라, 행복의 본질, 행복의 정수, 행복의 핵심은 인간이 이성의 탁월성을 드러내고 보여 주는 데 있다는 것을 극적으로 서술하기 위해 그렇게 이야기했던 것입니다.

　행복의 상태를 정신적인 탁월함의 발휘와 그 행동으로 확정시키고 있는 아리스토텔레스에게 있어서, 골프를 통한 행복은 저 같은 아마추어 골프애호가들에게 어림없을 것 같아 보입니다만 실제로는 그렇지 않습니다. 골프라는 운동에 대한 여러 가지 속성들을 이해하고 그런 이해들을 골프코스에서 이렇게 저렇게 하나의 행동으로 실천하다 보면, 저 같은 아마추어에게도 어느새 골프라는 운동이 주고 있는 나름대로의 행복감을 경험하게 됩니다. 행복의 상태, 그러니까 정신의 탁월성은, 요즘 말로 '몸'의 탁월성이라는 말은 저들 세계적인 골프선수들이나 저 같은 아마추어 골프애호가들에게나, 물론 형식에는 엄청난 차이가 있겠지만, 그 내용에서는 모두가 동일하다고 여겨집니다. 저들은 골프로 생계를 잇는 사람들이기에 여가로 골프를 즐기는 저와는 골프에 대한 접근이 본질적으로 다릅니다만, 골프라는 운동을 통해 얻어내는 행복은 모두 한 가지입니다. 골프운동에 대한 즐김과 기쁨, 다시 그 기쁨과 즐김의 행복이 슬며시 각각에게 스며들어 오기 때문입니다. 아마추어 골프애호가 자신들 스스로 골프운동을 하는 동안, 프로 선수 못지않게 자신의 기량을 발휘하려고 최대한 노력합니다. 다만, 저들 아마추어의 신체적인 기량과 정신적 마음가짐이 프로 선수들의 그것에 비해 떨어질 뿐입니다. 아마추어들 역시 골프라는 운동을 동행들과 하면서 한 홀, 한 홀마다 자신의 정신적 탁월성을 최대한 발휘하면 그것 역시 행복의 지극한 상태에 이르는 일이 될 것입니다. 골프운동을 자기 삶에서 마지막 놀이인 것처럼 골프에 대한 자신의 이성을 최대한 발휘하면 그것이 바로 정신적 탁월성을 유지하는 상태가 될 것입니다. 그 정신적 탁월함의 상태는 바로 행복한 상태라고 말할 수 있습니다. 예를 들어, 한국 연예계 최고수 아마추어 골퍼로 불리는 사람이 바로 허송이라는 대중가수입니다. 그는 162cm의 크지 않은 키에 10년 경력의 언더파 골퍼입니다. 자신의 전공인 음악과 골프 사이에는 유사성이 있다고 보는 그는, 음악에서 성공하려고 하든 골프에서 성공하려고 하든, 가창력(운동자질), 피나는 노력(연습), 그리고 주변의 지원(경제력)이 필요한데, 그중에서도 피나는 노력이 더 중요하다고 말합니다. 언더파를 치는 비결로 그는 이렇게 말합니다. "저는 동반자와 경쟁을 하지 않습니다. 코스 설계자와 대결한다는 마음으로 플레이하는데, 3가지 기술, 말하자면 맞히는 골프, 그러니까 안정성 위주로 실수 없는 플레이, 자신감 있는 플레이로서 때리는 골프, 그리고 버디나 이글을 노리는 공격적인 플레이인 까는 골프에 능해야 하는데, 이 모두는 피나는 연습과 즐기는 자세로 가능하다."라고 말합니다. 가수인 허송 씨는 골프를 즐기며 골프를 철학하고 있는 아마추어인 셈인데, 골프를 진정으로 '즐기는' 아마추어인 그는 골프의 즐김 자체가 정신적 탁월성을 말하는 것이기에, 그에게는 골프운동에 대한 덕(德)이 있다고 말할 수밖에 없습니다. 저 같은 초보 골프인에게는 어림없는 처방이니 더욱더 그렇기만 합니다.

아리스토텔레스에게 있어서, 행복은 단순히 개인적인 차원에 속한다기보다는 보다 공동체적인 것이었습니다. 당시 아테네는 공동체의 삶이 무엇보다도 중심이 되는 정치적이고도 군사적인 폴리스, 도시공동체의 문화 속에 있었기에 덕, 그러니까 정신적인 탁월성의 문제는 개인의 차원에 머무르지 않고, 개인의 차원을 넘어서야 비로소 참다운 의미가 있게 된다고 본 것입니다. 아리스토텔레스의 입장 역시, 요즘 말로 말하면, 혼자 잘 살면, 혼자 행복하면, 혼자 편하면 무슨 의미인가 하고 대중에게 반문했던 것입니다. 아리스토텔레스 역시 개인이 개인적으로 행복을 자신만의 것으로 만들어 자신만 혼자 즐기는 그것만으로는 행복, 그 자체라고 간주할 수 없다는 입장을 유지했던 것입니다. 행복의 진정성은 개인의 즐김을 넘어선 공동체적인 연대가 가능할 때 드러난다는 것입니다. 사회성과 연계되어 있는 행복이 제대로 된 행복이라고 보는 것입니다. 아리스토텔레스에게 있어서 행복은 개인적으로 즐김의 대상인 심리적인 상태를 말하는 것이 아니라, 도덕적인 상태여야 했습니다. 도덕적인 상태로서의 행복이 지닌 진면목은 그것이 사회적이며 공동체적으로 드러날 때 드러나게 되고, 그렇게 되어야 그때가 바로 행복의 상태에 이른다는 것입니다. 행복은 사회적 그리고 공동체적인 조건이나 규정과 되어 있을 때만 가능하다고 본 아리스토텔레스는 행복이 공동체관계 지향적이어야 함을 이렇게 선언합니다. "우리가 자족적이라 함은 어떤 한 개인만을 위하여 족함을 의미하는 것이 아니고, 또한 부모나 자녀와 아내와 일반적으로 친구들과 동포들을 위해서도 족함을 의미하는 것입니다. 인간은 본래 사회적인(정치적인) 존재로 태어났기 때문입니다."

행복에 대한 아리스토텔레스의 관점으로 보면, 저 혼자 좋은 음식 먹고, 좋은 집에서 자식 키우고, 저 혼자 좋은 옷 입고, 좋은 차타고, 사람들 부리며 남들에게 자신의 돈과 명예, 권력을 내세우며 자신이 지니고 있는 물질들을 가능한 최대한으로 즐기는 삶은 원초적으로 행복한 삶이 될 수 없습니다. 그것은 자신의 이성, 그러니까 자신 안에 내재된 정신력과 동시에 자신의 몸, 신체적 그리고 지적인 탁월성의 그 모두가 드러내 놓고 있는 그대로인 것, 설령 그것이 이성적인 탁월함을 드러낸 것이라고 해도, 개인적으로만 만족하는 정신적인 여백에는 원초적으로 공동체 지향성이 결여되어 있기 때문에, 그것만으로는 정신적 탁월함을 드러내는 바로서의 행복이라고 말할 수 없다는 것입니다. 자신 안의 이성을 최대한으로 발휘하는 여력, 그러니까 이성의 탁월함을 개인적으로만 즐기는 일이 행복 그 자체가 될 수 없다고 그가 그렇게 말했다고 해도 실망할 이유는 없습니다. 그렇게 자신의 이성을 최대한 탁월하게 드러내는 사람이 있다면, 아리스토텔레스의 관점으로는 행복한 상태에 제대로 도달한 것이 아니라고 해도, 그런 사람은 행복한 상태 가까이에 근접하는 사람이라고 대접해 줄 수는 있기 때문입니다. 자신 안에 자리 잡고 있는 이성의 탁월함을 제대로 발휘하거나 그것을 최대한 즐기는 사람들이 그리 흔하지 않습니다. 개인적으로 이성의 탁월함을 수행할 수 있는 사람, 그렇게 하고 있는 사람은 아리스토텔레스가 말하는 관상의 삶에 더욱더 근접하기만 하면 능히 공동체적으로도 자신이 지니고 있는 이성의 탁월함을 전환시킬 수 있기 때문입니다. 관건은 관상의 생활을 어느 정도로 해나갈 수 있느냐에 달려 있게 됩니다.

　아리스토텔레스가 내세우는 덕의 행복론, 깊은 사유(思惟)를 통한 행복론을 읽으면, 보통 사람들도 나름대로 위로를 얻게 되는 것이 있습니다. 아리스토텔레스 스스로 행복에 이르지 못한 삶이 꼭 불행한 삶이라고 말한 적이 없기 때문입니다. 저 혼자 잘 먹고, 잘 살고, 잘 부리고, 만족하는 삶이 아리스토텔레스의 기준으로 보면, 행복한 삶에 속하지 않을 수는 있지만, 결코 불행한 삶이라고 몰아붙일 수는 없게 됩니다. 즐김의 삶이라 그저 사람들이 살아가는 모습 중의 한 형태이기 때문입니다. 아리스토텔레스가 깊은 사유의 삶을 행복한 삶이라고 강조하고, 깊은 사유의 삶을 부각시키지만, 깊은 사유의 삶이라고 하더라도 그 삶 역시 즐기는 삶이어야 합니다. 깊은 사유, 깊은 생각이라는 것도 즐길 수 있을 때 삶의 의미가 만들어지는 것이기 때문입니다. 깊은 사유에서 사유를 무엇으로, 어떻게 정의하든 간에 그 사유를 음미하고, 자신의 삶에 즐기지 못하면, 그러니까 깊은 사유행위를 자신의 습관이나 버릇으로 체화시키지 못하면 지속적인 사유의 삶을, 사유의 생활을 이어나갈 수 없기 때문입니다. 사유의 삶은, 아리스토텔레스가 예시하는 것처럼, 인간에게 내재된 신의 능력과 같은 그 이성의 삶, 그러니까 이성의 탁월함, 이성을 인간됨의 절정상태에 이르도록 자신의 이성을 발휘해야 하는 삶이기 때문입니다. 이때 즐긴다는 말은 탐욕(貪慾)한다는 말이 아니라, 음미하고 기뻐하며 그것들과 더불어 마음의 여백을 늘려나가며 사람으로서 삶의 의미를 만들어 가며 사람답게 살아간다는 것의 뜻과 다르지 않습니다.

　좋은 삶, 참살이, 행복에 대한 제 나름대로의 논리를 지금까지 읽어 내려오는 동안 여러분의 마음속이 부글거렸다면, 이미 언급했었던 인물, 현대 중국에서는 도사쯤으로 평가받는 작가 쑤쑤가 자신의 책『멈추어야 할 때 나아가야 할 때 돌아봐야 할 때』

에 길게 열거한 목차라도 다시 한 번 훑어보십시오. 쑤쑤의 글을 읽다 보면 속이 쑥쑥 터지기까지는 아니어도, 나름대로 제 마음의 고삐를 저도 모르게 잡아당기고 있음을 알게 되기 때문입니다. 그의 책에 열거된 목차를 그냥 필요에 따라 나열하면 이렇게 나열됩니다. "삶이 피곤한 게 아니라 마음이 피곤한 것입니다. 완벽주의, 그것은 자기 무덤을 스스로 파는 일입니다. 이익에 눈먼 조급증이 자신뿐만 아니라 타인까지 괴롭힙니다. 마음속 빈 곳을 채우고, 밝은 빛으로 나아가십시오. 믿을 사람이 떠나면 머물 가지도 사라지고, 걱정해 주는 사람이 없으면 부귀영화를 누려도 무의미합니다. 경외심을 가져야 비로소 행복해집니다. 마음이 즐겁지 않으면 웃음도 하나의 표정에 불과합니다. 마음을 열면 행복하고, 마음을 닫으면 불행합니다. 모든 일은 마음먹기에 달렸습니다. 매 순간 인생과 풍경을 즐기십시오. 세상에 절대적 편안함은 없습니다. 타인을 부러워하지 말고, 자신의 삶을 사십시오. 완벽한 인생은 없습니다. 행복하면 아무리 힘들어도 웃을 수 있습니다. 내가 변해야 세상도 변합니다. 느리게 더 느리게, 삶의 향기를 맡으십시오. 걸어서 저 하늘까지 가듯이, 속도를 늦춰야 인생의 향기를 간직할 수 있습니다. 빨리 자란다고 좋은 나무로 성장하는 것은 아닙니다. 단순하게 사십시오. 욕망이 커질수록 즐거움은 줄어듭니다. 소유하는 것은 곧 소유를 당하는 것입니다. 물질적 욕망을 줄일수록 정신은 자유로워집니다. 내가 단순해지면 세상도 단순해집니다. 마음에 쌓인 먼지를 털어내십시오. 돈과 명예는 자유로워지기 위한 수단에 불과합니다. 우리는 모두 지나가는 나그네입니다. 가지가 적으면 열매가 많고, 가지가 많으면 열매가 적습니다. 행복은 가진 것에 비례하지 않습니다. 목숨보다 중요한 일은 없습니다. 옳은 방법을 찾으면 부담은 반으로 줄어듭니다. 모든 일은 하나씩 순서대로 하십시오. 내가 행복하면 세상이 아름답습니다. 나 자신을 사랑하고 그 안에서 답을 구하십시오. 대가를 바라지 않는 사랑이어야 세상이 아름다워집니다. 극단적인 관계는 번뇌를 불러오니, 홀로 있는 법을 배우십시오. 사람에게 미소 지으면 세상을 다 얻을 것입니다. 사랑에는 무게가 없습니다. 내가 대접한 대로 상대도 그렇게 해 주길 바라지 마십시오. 적당한 거리를 유지하십시오. 행복의 키를 남에게 넘기지 마십시오. 나를 괴롭히는 사람을 소중히 여기십시오. 내려놓으면 자유로워지니 용서하십시오. 즐거운 일은 기억하고, 슬픈 일은 잊어버리십시오. 때로는 모르는 게 약입니다. 나를 비우고 고요해지는 법을 배우십시오. 긍정적 생각은 내리던 비도 멈추게 합니다. 넓은 마음을 가지고 마음이 재앙을 끌어당기지 못하게 하십시오. 인생은 무상하고, 모든 것은 있어야 할 곳에 있습니다. 감정을 발산하여 마음을 해방시키려면 과거를 잊고, 현재를 소중히 여기며, 미래를 준비하십시오." 그렇습니다. 그것이 삶이며 그것이 살아감과 살아냄을 위한, 그래서 좋은 삶을 위한 매일이 새해 새날이 되는 인간의 삶이 되는 것입니다.

2) 배움학파의 행복론

행복은 익히고, 즐길 수 있어야 행복에 이를 수 있기에, 행복은 '배움'으로 가능해진다는 생각으로 자신들의 삶에서 의미를 만들어 가는 것을 실천하는 사람들을 저는 배움의 행복론이라고 부릅니다. 좋은 삶은 배움으로 하루를 의미로 만들어 가는 일이라는 생각을 따르며 행복, 그러니까 자신의 삶을 참살이로 즐기는 사람들을 배움학파라고 부르겠습니다. 고대 그리스 아테네 시대에서나 동양에서나 딱히 배움학파가 있어 왔거나, 배움학파라는 명칭은 없었지만, 제 식으로 말하는 배움학의 관점으로 보면, 삶에서 슬기로움을 찾았던 모두가 바로 배움학파의 논조였고, 행복의 실천이었습니다. 좋은 삶, 행복한 삶, 참살이를 행복의 윤리로 설파하던 철학자들의 사유들은 동서양 모두에게서 흔히 발견됩니다. 저들은 일관되게 삶의 윤리로서 생명에 대한 경외(敬畏)와 배려, 삶의 슬기를 다지기 위한 지속적인 학습(學習), 그리고 참살이를 위한 지속적인 자기 연단(鍊鍛)과 단련을 강조하며 자신의 일상에 그것들을 실천해 온 사람들이기 때문입니다. 그래서 저들 사상가들을 배움학파, 배움의 철학자들이라고 명명해도 이상할 것이 없습니다. 저들 사상가, 철학자들은 인간의 삶을 어떻게 살아야 진정한 삶의 의미를 만들어 내는 삶이 될 것인지, 사람들 마다 자신의 슬기를 어떻게 발휘해야 나름대로 사람처럼, 공동체를 지켜낼 수 있는지를 끊임없이 이야기하며 저들 대중들에게 삶의 지혜와 슬기를 강론한 안드라고구스(Andragogus), 말하자면 당시 공동체에서 살아가는 데 필요한 대중들의 지혜, 삶의 슬기를 이야기하며 저들을 이끌어 가던 당대의 인간교육자, 요즘 말로 말하면 당대의 평생교육사상가들이었습니다. 이런 생각, 관점들이 보다 분명하게 드러난 곳이 아테네였습니다. 고대 아테네에서 그런 안드라고구스들의 상징적인 인물들로서, 특별히 좋은 삶, 행복의 윤리에 대해 나름대로의 관점을 분명히 내세운 사람이 아리스토텔레스, 제논 그리고 에피쿠로스였습니다. 저는 이들을 행복의 배움학파라고 명명하고, 이들의 생각을 이 책에서 제 나름대로 정리하고 있는 것입니다. 제가 여기에서 말하는 행복의 윤리에 관한 배움학파 철학자들은, 행복에 관한 자신의 관점을 확실하게 독자적으로 내세운 당대의 인간교육, 평생교육자인 안드라고구스들입니다. 또 다른 류의 안드라고구스들도 있지만, 여기서는 아리스토텔레스(Aristoteles, BC 384~322)와 그의 생각을 따르는 아리스토텔레스학파, 제논(Zenon)과 그의 주종세력인 제논학파, 그리고 에피쿠로스(Epicurus)와 그를 따르는 에피쿠로스학파에게만 한정하고, 저들이 각기 다르게 내세운 좋은 삶에 대해 저들의 생각만을 논의하게 됩니다.

민중에게 삶의 지혜, 삶의 슬기를 가르쳐 주던 안드라고구스로서 당대의 현자(賢者)들인 아리스토텔레스, 제논 그리고 에피쿠로스 등등 그 모두는 생명에 대한 경외, 끊임없는 학습, 그리고 부단한 자기 수련과 연단을 중요시 여겼습니다. 각 학파들이 내세운 행복론과 그것들 간의 차이는 좋은 삶, 참살이, 행복의 윤리를 자신의 삶에서 어떤 방법으로 실천해야 하는가는 대목에 이르면, 조금씩 서로 다른 관점으로 갈라지게 됩니다. 좋은 삶을 위한 방법론의 차이가 행복에 대한 저들의 관점을 달리 만들어 놓은 것입니다. 저들은 좋은 삶을 위한 연단(鍊鍛)의 방법에서 확연히 다른 견해를 갖게 되고, 그로부터 서로가 사상적으로 대립하는 모습까지 보였습니다. 앞으로 더 이야기하겠지만, 아리스토텔레스는 행복에 이르기 위해 필요한 연단의 방법으로 테오리아(Theoria)로서의 깊은 사유인 관조(觀照)로서의 관상(觀想)을, 제논은 아파테이아

(Apatheia)로서의 무심(無心)을, 에피쿠로스는 아타락시아(Atarxia)로서의 평정심(平靜心)의 방법론을 내세웠습니다. 좋은 삶에 이르는 데 도움이 되는 서로 다른 생각, 그러니까 좋은 삶, 삶의 궁극적인 목적으로서 피력한 행복의 윤리와 방법론들은, 아리스토텔레스의 경우『니코마코스 윤리학』에서, 제논의 경우는 디오게네스 라에르티오스(Diogenes Laërtius)나 다른 로마 사상가들이 전해 오는 글 속에서, 그리고 에피쿠로스의 생각 역시 디오게네스 라에르티오스의 삶을 다룬 책 5권에 나오는 세 장의 편지와, 두 묶음의 인용문에서만 나타나고 있는 형편이라, 저들이 내세운 개념들에 대한 세세한 내용 설명은 현실적으로 제한적입니다.

좋은 삶, 혹은 행복의 윤리로서의 참살이에 관한 논지를 독단적으로 제시한 제논이나 에피쿠로스에 관한 이야기를 하려면 일단은, 아리스토텔레스의『니코마코스 윤리학』의 내용과, 제논이나 에피쿠로스에 대한 삶과 저들의 사상을 간략하게나마 언급한 디오게네스 라에르티오스의『유명한 철학자들의 생애와 사상』에서 저들에 관해 언급한 내용에 일차적으로 의존할 수밖에 없습니다. 좋은 삶, 참살이에 관한 수많은 학자들의, 수없는 쟁송들은 일차적으로 디오게네스 라에르티오스가 이야기한 저들에 관한 이야기에 대한 해설이나 주석(註釋)에 지나지 않기 때문입니다. 디오게네스 라에르티오스는 자신의 책『유명한 철학자들의 생애와 사상』에서, 철학의 시작, 엄밀하게 말해서 철학(哲學, Philosophy)이라는 말의 출발을 피타고라스(Pythagoras, BC 580?~500?)에 돌리고 있습니다. 피타고라스는 대중에게 말하기를, 이 세상에서 신(God) 이외에는 어느 누구도 지혜롭지 못한데, 철학자만이 보통 사람으로서는 감히 해낼 수 없는 그 지혜, 신의 지혜를 열심히 추구하면서 그것을 사랑할 수 있다고 말함으로써, 철학은 지혜를 사랑하는 사람, 신의 지혜를 추구하는 사람이라고 말했기 때문입니다. 피타고라스가 철학이라는 말을 할 당시에는 삶의 슬기를 논하던 필라소퍼(Philosopher)와 소피스트(Sophist) 간의 엄격한 개념적인 차별이나 사회적인 구별이 없었습니다. 모두가 지자(智者)로서 신만이 감당해낼 수 있는 지혜와 슬기를 사랑하는 사람들로 간주되었기 때문입니다.

당시 철학자들이 지혜를 사랑한다고 할 때에, 그들이 말하는 지혜는 3가지 방향으로 구분이 가능했었습니다. 첫 번째 분야는 우주와 만물을 논하며 사랑하는 일로서의 자연학, 두 번째 분야는 윤리학 분야로서, 사람들 사이의 관계와 삶의 문제를 다루는 윤리학, 마지막 세 번째 분야는 자연학과 윤리학이 어떤 것인지를 훈련하고 현장에서 다루는 논리학 분야가 있었는데, 사람들 사이의 관계와 삶살이의 문제를 가장 치열하게 다루면서 그 분야에서 두각을 드러낸 사람이 바로 소크라테스(Socrates)였습니다. 그래서인지, 소크라테스의 수제자들인 플라톤이나, 우리가 앞으로 다룰 좋은 삶, 그러니까 행복의 윤리과제를 제기했던 아리스토텔레스 같은 이들은 모두 윤리학에서 일가견을 드러내 놓은 철학자들입니다. 당시 아테네에는 이런 문제, 저런 과제를 놓고 자신들의 입장을 전개한 또 다른 10여 개의 학파가 있었습니다. 10개의 학파들은 서로가 주장하는 것들이 다르기는 했어도, 서로가 서로의 관점을 나름대로 조금씩은 차용하거나 포섭하고 있는 형편이었습니다. 그런 사상적 혼합 속에서 자신들의 특색을 내놓고 이야기하는 학파가 바로 독단론(獨斷論)자들이었고, 자신들의 견해를 내놓지는 않고 그냥 그렇게 세월을 보낸 학파는 회의론(懷疑論)들이었는데, 자신들의 견해를 확실하게 드러낸 10개의 학파들은 독단론자들이었던 셈입니다. 그런 독단론자들 중에서도 윤리학, 그러니까 좋은 삶에 대한 논리 전개에서 두각을 보여 준 세 학파가 있었는데, 그 하나가 플라톤과 그의 제자 아리스토텔레스가 이끌어 왔던 아카데미아, 제논이 이끌어 가고 있던 제논학파, 그리고 에피쿠로스가 이끌어 가고 있던 에피쿠로스학파입니다. 제가 제논학파라고 명명했지만, 디오게네스 라에르티오스의 글에는 제논학파라는 말이 등장하지 않습니다. 그는 제논학파 대신 스토아학파라고 명명했습니다만, 이 스토아학파의 사상적 생명은 그리스가 망한 후, 키케로, 세네카, 에픽테토스처럼 로마의 지성계를 이끌어 가고 있던 정치인들과 철학자들에게도 큰 영향을 끼치게 되기에, 스토아학파의 사상적 전통과 그 강조점을 이야기할 때에는 초기 스토아학파, 중기 스토아학파, 그리고 말기 스토아학파들로 구분해서 이야기하기도 합니다. 지금 논하고 있는 제논은 바로 초기 스토아학파에 속하게 되는데, 저는 제

1. 행복의 정체　73

논을 스토아학파에 넣고 이야기하기보다는, 이 책에서는 그냥 제논학파라고 따로 떼어내 에피쿠로스학파와 구별하면서 저들이 제시한 행복의 윤리, 좋은 삶에 대한 논리를 정리하려고 합니다. 그렇게 하는 이유가 있는데, 그런 첫 번째 이유는, 철학이라는 말을 처음 피타고라스 이후, 수많은 철학자들이 좋은 삶이 무엇인지, 좋은 삶을 어떻게 실현해낼 수 있는지에 대한 나름대로 자신들의 생각이나 관점이 서로 충돌하거나 엇갈리게 되는 상황이 벌어지는, 그러니까 서로 쟁송하는 학파들이 등장하기 때문입니다. 그 철학자들이 개괄적으로 보면, 바로 제논과 그의 추종자들과, 에피쿠로스와 그의 추종자들입니다. 좋은 삶에 대해 서로 다른 관점을 첨예하게 내놓은 제논과 에피쿠로스는 그들 스스로 사색의 출발이, 그러니까 사상적인 영향의 출발이 다릅니다.

　제논(Zenon)은 초기 아테네에서 자신의 견해를 이야기할 때, 사상적으로는 이오니아학파에 속해 있었고, 반대로 에피쿠로스(Epicurus)는 이탈리아학파에 속해 있었습니다. 제논이 사상적으로 추앙했던 이오니아학파는 주로 아테네에서 활동하면서, 우주의 본질을 하나의 근본 물질로 축약시키며 강론하는 자연학적 경향을 갖는 데 반해, 에피쿠로스가 자신의 철학의 배경으로 삼았던 이탈리아학파는 우주의 진실을 하나의 수(數)로 풀어 보려 하는 수학적 경향을 갖고 강론하는 경향이 강했습니다. 이오니아학파는 탈레스(Thales, BC 624~545), 그러니까 만물의 근원을 물(水)로 보며 세상을 물로 풀어 보려는 탈레스에 의해 지도되어 왔고, 반대로 이탈리아학파는 만물의 근원을 수(數)로 생각하였던 피타고라스(Pythagoras, BC 580?~500?)에 의해 이끌려 왔기에, 제논과 에피쿠로스는 처음부터 저들의 철학적 기반이 달랐던 것입니다. 게다가 이탈리아학파들은 저들의 학술적 논의와 토론을 아테네가 아니라, 주로 이탈리아로 삼아 전개해 왔기에 서로의 지성적 출연 무대도 달랐던 것입니다. 제가 제논을 처음부터 스토아학파에서 때어내 독자적으로, 제논학파라고 이야기한 두 번째 이유는 제논이 좋은 삶, 행복의 윤리에 대한 학문의 자세와 그 사상적이거나 정치적 성향 때문이었습니다. 제논은 상당히 절충적인 사상가로서, 자신의 관점에 도움이 되거나 필요하다고 생각하면, 가능한 다른 사상가들의 생각을 섭렵하며 저들의 이견도 과감하게 받아들였습니다. 과감함 그 이상으로 그는, 당시 대표적인 지성들인 소크라테스, 플라톤, 아리스토텔레스의 생각을 여과 없이 자신의 관점으로 받아들이며 자신의 관점에 융합시켜 새로운 자기의 관점을 되바꾸어 내는 사상가였습니다. 사실 당시 아테네 공동체의 분위기에서는 어느 관점이 당시 지성계를 사로잡고 있는 단 하나의 유일하고도 절대적인 관점이었다고 딱 잘라 정리하기가 어렵습니다. 사상가들은 좋은 삶, 행복의 윤리를 논하는 10여 개의 학파들은 서로의 관점을 돋보이기 위해 서로가 보충적이었기 때문에 고대 철학자들의 어느 하나의 관점을 특정 학파의 관점이라고 규정하는 것은, 저들의 사상을 이해하기 위해서 얻는 것보다는 오히려 잃은 것이 더 많게 됩니다. 당시의 아테네 거리를 활보하던 식자들, 그러니까 사상가들이라면 모두가 서로 다른 사람들의 생각들 중에서 자신의 논리에 유리하다 싶으면 가차없이 차용하고, 도용하고, 활용하며 자신의 것으로 삼기도 했고, 변용시켜 자기의 것으로 '되창조'했기 때문입니다. 다만, 여기서 특정 유파라고 이야기하는 것은, 저들 나름대로 자신의 논조가 나름대로 분명했었기 때문에 그렇게 간주한 것일 뿐입니다. 고대 철학자들의 생애와 사상을 간략하게 기술했던 디오게네스 라에르티오스는 『유명한 철학자들의 생애와 사상』에서 신의 논조를 분명히 드러낸 사람들은 독단론자, 그렇지 않고 머릿속으로만 간직한 사람들을 회의론자라고 명했던 것을 기억할 필요가 있습니다.

　제가 제논을 스토아학파에 넣지 않고 제논학파로 떼어낸 세 번째 이유는 당시 사상가들은 자신의 견해를 주로 거대한 건물의 주랑(柱廊), 그러니까 높고 기다란 기둥들인 스토아(Stoa) 사이의 공간에서 대중들에게 흉허물 없이 피력하고 자신들의 제자들과도 그렇게 논의하며 학습했기 때문입니다. 물론 각 학파는 나름대로 학당(學堂)을 갖고 있기도 했습니다만, 대부분의 사상가들은 자신의 견해를 일반 대중에게 소개하고 자신들의 견해를 보완할 수 있는 장소로서 공공장소의 큰 주랑을 활용했기에, 당시 초기 사상가들은 어쩌면 모두가 주랑학파(柱廊學派), 말하자면 스토아학파이라고 불러야 하겠기에, 스토아학파라는 말은 고유명사이기보다는 일반보통명사라고 이해하는 편이 더 타당합니다. 제논도 스토아학파이지만 그의 사상적 대선배인 소크라테스, 플라톤, 아리스토텔레스 그리고 제논과 사상적으로 갈등 긴장하며 일종의 정치적인 반감을 갖고 있던 에피쿠로스마저도 스토아학파라고 불러도 무방하고, 저들 역시 일반론적으로 말하면 현실적인 스토아학파였던 셈입니다.

좋은 삶, 행복에 관한 윤리, 그러니까 참살이에 대한 아리스토텔레스의 글이나 여러 사상사들이 남긴 글들을 모두 고전(古典)이라고 할 때, 고전에 대한 불필요한 심적인 오해가 생길 수 있습니다. 말하자면 요즘 사람들이 고전을 어느 정도로 읽어야 하는지, 그리고 어느 수준에 이르기까지 이해해야 하는지, 제대로 이해한 것인지 등등에 대해 나름대로 심적인 오해와 부담감이 생길 수 있습니다. 고전을 읽고 이렇게 저렇게 주석을 달며 이야기를 해내는 사람을 보면 그에게 지적인 주눅, 정신적인 위압감에 시달릴 때도 있게 됩니다만, 전혀 걱정하지 마십시오. 저들은 그냥 저들 나름대로 고전을 읽고, 이해한 것을 거침없이 이야기하는 것에 지나지 않기 때문입니다. 고전을 읽어나갈 때 잊지 말고 명심해둘 말이 있는데, 그 말은 아리스토텔레스의 전문가, 그러니까 아리스토텔레스가 남긴 저작물들을 남김없이 읽고, 주석을 달고, 그것을 새롭게 해석해 낸 전문가인 조녀선 반스(Barnes) 교수의 말을 가슴에 새기고 고전을 읽으면 되기 때문입니다. 그가 우리에게 고전은 최선을 다해서 읽으면 되는 것이지 정확하게 읽어 내거나 해석한다는 것은 있을 수 없는 일이라고 말하는데, 그것은 그들이 살았던 시대와 우리가 지금 살고 있는 시대는 서로 다른 조건과 환경을 갖고 있기에, 서로의 생각도 처신도, 행동도 서로 어긋날 수밖에 없기 때문입니다. 그러니 "고전을 오독하거나 대충 읽는 것이 오히려, 때로는 고전을 깊게, 정확하게 읽어내려는 것보다 더 철학적인 결실을 맺어 줄 있습니다."라는 반스 교수의 조언이 우리에게 고전을 자기 식으로 읽으면서 재해석해도 된다는 지적인 용기를 줍니다. 억지로 오독하려고 하기보다는, 아무리 귀한 글이라고 해도 그 저자와 내가 처한 조건과 환경, 그리고 지적인 상황과 일상적인 체험이 서로 달라서, 그의 글을 읽으면서도 어쩔 수 없이 생기고 말아버리는 오독(誤讀)이나 오석(誤釋), 그러니까 저자와는 다른 생각이나 해석이 새로운 지적인 모험의 장을 열어 줄 수 있다는 것입니다. 저자의 생각과는 다른, 어쩌면 그의 생각을 뛰어넘는 새로운 관점이 생기게 되면, 그것은 저자에 대한, 고전에 대한 오독이 아니라, 새로운 해석이 되는 것이고, 새로운 관점이 되는 것입니다. 고전을 읽을 적에 결코 두려워 마십시오. 그렇다고 억지로 엉뚱하게 읽으라는 말이 아닙니다. 무엇이든 읽기는 읽어야 합니다. 읽지 않고 말하기 시작하면 잡소리의 모음으로 끝나게 되기 때문입니다. 그냥 읽으며 가능한 자신의 처지를 생각하면서 자신의 생각으로 해석하십시오. '고전을 오독하거나 대충 읽는 것이 오히려, 때로는 고전을 깊게, 정확하게 읽어내려는 것보다 더 철학적인 결실을 맺어 줄 수 있기' 때문에 그렇게 하라는 것입니다. 읽어낸 고전의 내용이 오늘, 지금 전개되고 있는 자신의 삶살이를 위해 쓰임새가 있어야 하겠기 때문입니다. 저 역시, 좋은 삶, 행복의 윤리, 참살이의 논리에 관한 아리스토텔레스와 제논, 그리고 에피쿠로스의 생각을 읽어내기 위해 제가 원하는 좋은 삶, 참살이, 행복한 일상을 새롭게 관(觀)하고 행(行)하기 위해 그렇게 읽어내도록 하겠습니다. 저들의 생각을 억지로, 그리고 의도적으로 곡해하거나, 오독하기보다는 자연스럽게 읽어 가면서 혹여 제 머릿속에서 자연스럽게 일어난 저만의 해석을 전개하도록 하겠습니다.

　다시 강조하지만, 좋은 삶, 참살이, 행복의 윤리에 관한 제논학파와 에피쿠로스학파의 차이점을 이해하기 위해서는 디오게네스 라에르티오스의 『유명한 철학자들의 생애와 사상』이 중요한 교본입니다. 제논이나 에피쿠로스가 논하거나, 편한 책들이 남아 있지 않기 때문입니다. 좋은 삶에 관한 제논이나 에피쿠로스의 관점은 디오게네스 라에르티오스가 간략하게나마 자신의 책에 남긴 것이 전부라고 보아도 무방하기 때문입니다. 물론 에피쿠로스가 쓴 37권에 달하는 자연에 관한 책들이 헤르쿨라네움의 파피리의 빌라에서 발견된 일도 있었지만, 쾌락에 의한 좋은 삶을 강론한 행복의 윤리에 관해 에피쿠로스가 남긴 글들 중 유일하게 살아남은 것은 디오게네스 라에르티오스가 집필한 책 5권에 나오는 세 장의 편지와 두 묶음의 인용문뿐입니다. 사실 디오게네스 라에르티오스의 책도 저들의 생각에 관한 한 2차적인 자료에 속합니다.

후대의 학자들이 다룬 제논의 행복론이나 에피쿠로스의 행복론에 관한 수많은 글들은 디오게네스 라에르티오스의 『유명한 철학자들의 생애와 사상』의 글을 중심으로 전개한 것이기에, 실질적으로 제논이나 에피쿠로스의 행복론에 관한 3차적인 주석서에 지나지 않습니다.

3) 조리(調理)의 차이

좋은 삶, 행복의 윤리에 대한 제논과 에피쿠로스의 사상적 차이점을 설명하기 위해서 먼저 필요한 일이 있습니다. 행복의 윤리를 가장 먼저 강력하게 역설한 아리스토텔레스와 저들의 선, 후배관계를 선명하게 논의해둘 필요가 있습니다. 물론 행복에 관한 당대의 사상들은 독자적이기보다는 서로 상호보완적이었습니다. 아리스토텔레스는 기원전 384~322의 사람입니다. 그가 펴낸 『니코마코스 윤리학』 그리고 이와 비슷한 내용을 다룬 또 다른 윤리학서인 『에우데모스 윤리학』은 이미 아테네 시중에 널리 퍼져 있었습니다. 자신의 저서들을 자신이 세운 학당인 리케이온의 서재에 비치하고 사람들로 읽게 하였다는 증좌가 바로 그것입니다. 제논이나 에피쿠로스는 아리스토텔레스보다 후대인 기원전 334~253, 그리고 기원전 344~271을 살다간 사람들입니다. 에피쿠로스는 은사격의 아리스토텔레스 그리고 자신보다 10년이나 연상인 선배 철학자인 제논이 갖고 있는 생각, 그러니까 좋은 삶, 행복한 삶에 대해 저들이 아테네에서 강론한 행복론에 대해 모를 리가 없었습니다. 오히려 에피쿠로스 자신은 저들의 생각을 받아들이면서도 동시에 저들의 생각과 자신의 행복론을 내세워 저들과 차별화하기 위해 무엇인가 더 새롭고, 나름대로 대중들에게 설득력 있을 그런 행복론을 내세울 필요가 있었을 것입니다. 일단, 제논이나 에피쿠로스는 시간적 추이로 봐서, 은사격인 아리스토텔레스가 말한 행복론을 필수적으로 이해해야 했을 것입니다. 저들이 아리스토텔레스가 좋은 삶을 위해 강조했던 인간의 탁월성, 인간됨의 덕인 아레테(Arete)를 최고로, 그리고 절정에 이르게 하는 것이, 그리고 그 좋은 삶을 위해 분별지인 테오리아(Theoria), 즉 깊은 사유로서의 관상(觀想)이나 관조(觀照)를 늘 삶의 중심에 놓아야 한다는 것을 익히 알았을 것입니다만, 그렇게 강조하는 아리스토텔레스의 생각, 그러니까 인간됨의 탁월성인 아레테를 발휘한다는 그것만으로 좋은 삶, 행복한 삶에 이를 수 있을 것인가에 대해 나름대로 심각하게 의심했을 수 있습니다. 행복이, 좋은 삶이 삶의 목적이라고도 해도 그것이 자연적으로 이루어지는 것도 아닌 것이고, 인간이 신처럼 되는 것도 아니고, 신의 영역인 분별지를 갖는 것도 아닐 것이기에, 사람이 사람으로서 신처럼 행동함으로써 신에게 해당되는 좋은 삶, 행복한 삶에 이르게 해 줄 수 있는 방법이나 수단을 나름대로 가져야 할 필요성을 절감했을 수도 있습니다. 행복에 이르게 해 줄 수 있는, 그러니까 신이나 누릴수 있는 행복의 경지, 그 수준에 다다르게 해 줄 수 있는 인간적이며 가능한 현실적용한 방법론을 저들 나름대로 골몰한 후 그 어떤 방법론을 구상했을 것입니다.

그런 상황에서 제논(Zenon)은 마침내 금욕주의의 상징인 '아파테이아(Apatheia)', 그러니까 '무심(無心)'을 행복한 삶, 좋은 삶의 방법이라고 정했던 것입니다. 무심, 그것은 그야말로 매일같이 일상에서 갖게 되는 감정이나 정열, 특히 고통 · 공포 · 욕망 · 쾌락과 같은 정념에서 완전히 해방된 상태를 말합니다. 무심은 부대낌, 그리고 겪음으로부터의 벗어남과 자유를 말하는 것이지만 그런 일 자체가 상당히 이상적이기도 합니다. 예를 들어, 여성들과의 성적인 접촉을 해악이라고 보고, 결혼을 하지 않으면 여자와의 성적 접촉은 일어나지 않으니, 금욕이 성에 대한 무심입니다. 정욕을 참지 못하는 경우, 자위(自慰)를 함으로써 성적인 욕구를 충족시킬 수도 있습니다만, 보통 남자로서는 여성과 결혼을 하지 않을 수도 없는 노릇이니, 제논이 구안해 해놓은 무심, 아파테이아의 핵심은 금욕(禁慾)일 수밖에 없고, 그래서 금욕이라는 아파테이아는 인간에게 대단한 관점이 될 수밖에 없는 노릇입니다. 그러니까, 모두가 결혼하지 말라는 이야기가 아니라, 모든 일에 가능한 조심하고 금욕하듯 절제하라는 요구였던 셈이었던 것입니다. 자신의 일에 금욕적인 자세로 무심(無心)하기만 하면, 그때부터는 필요 없는 고통으로부터 벗어날 수 있다는 논리였던 셈입니다.

제논의 사상과 그의 활동이 무르익었을 때, 그러니까 행복의 윤리로서, 좋은 삶의 윤리로서, 참살이의 윤리로서 금욕을 내세우는 이들 제논학파가 아테네 대중을 주도적으로 선도할 그때, 저들 제논학파 앞에서, 좋은 삶에 대해서 저들과는 사유가 근본적으로 다르다는 듯이, 좋은 삶의 새로운 윤리를 내세우는 젊은 사상가가 등장합니다. 그가 에피쿠로스(Epicurus, BC 341~271)입니다. 아테네 아고라에 별처럼 등장한 그는 평정심(平靜心)을 상징하는 아타락시아(Ataraxia)가 인간의 고통을 피하게 도와주기에 좋은 삶, 제대로 된 일상을 살려면 평정심을 갖으라고 내세웁니다. 에피쿠로스 자신이 말하는 삶에 대한 좋은 삶, 참살이다운 삶의 자세를 보면, 그 역시 나름대로 당대의 철학가인 아리스토텔레스의 지적인 영향력과 무관했다고 보기는 어려워지기는 하지만, 그가 아리스토텔레스의 직계 제자이거나 그 무슨 학문적인 특별한 관계에 있는 사람이 아닌 것은 분명합니다. 에피쿠로스 역시 아리스토텔레스처럼 아테네 철학계에서는 비주류의 대열에 서 있던 당대의 사상가로서 대중에게 다가서려고 분투했던 인물이었습니다. 다시 말하지만, 아테네 당시, 당대의 사상가들은 자신의 생각에 다른 사상가들의 견해를 이렇게 저렇게 가미했습니다. 당시에 좋은 삶을 위한 슬기, 그러니까 행복의 윤리를 논하던 당대의 사상가로는 아리스토텔레스와 그의 생각이 저들 사상가들에게 커다란 영향을 끼쳤습니다. 제논은 이미 말한 것처럼, 좋은 삶을 위한 방법론, 그러니까 행복의 윤리를 지킬 수 있는 일상적인 방법으로 금욕과 무심인 아파테이아의 필요성에 대해 강론했고, 그의 생각에 아테네 대중이 큰 지지를 보냈습니다. 그런 제논과 제논학파 앞에, 후배인 에피쿠로스가 떠오르는 별처럼 튀어나와 자신의 행복론을 내세운 것입니다. 제논의 생각과는 다른 내용과 방식인 평정심, 평정심을 상징하는 아타락시아(Ataraxia)를 들고 나와, 제논학파와는 차별적으로 행복에 이르는 길을 가르쳤던 것입니다. 에피쿠로스와 그의 추종세력은 자연스럽게 제논학파의 비판 대상이 되었을 것입니다. 행복하려면 이성에 따르며 절제하고 금욕하라고 강력하게 설파하던 제논학파에게 에피쿠로스가 내세우는 행복론, 그러니까 행복하려면 무엇보다도 평정심과 평상심, 그러니까 매일같이 마음 건강 그리고 몸 건강의 '몸' 튼튼이 가능하도록 각자, 각자가 자신의 일상에서 절대적인 평정심을 지니라고 이야기하는 에피쿠로스의 강론은 저들의 눈에는 그저 단순한 이기주의적인 그리고 향락주의적인 행복론으로 비추어졌을 것입니다. 저들 제논학파에게는 후대인 에피쿠로스가 맹렬하게 자신들을 추격하는 그것에 대해 일종의 반감 같은 것이 생겼을 것이고 그런 것들이 저들의 정신을 동요시켰을 것입니다. 에피쿠로스를 비판하기 위해서라도 저들은 행복의 요체는 쾌락에 있다는 에피쿠로스의 강론을 피상적으로 듣는 척합니다. 순간적이고 감각적이며 육체적인 쾌락보다는 사람에게 영원한 정신적 기쁨과 즐거움을 주는 아타락시아, 그러니까 가능한 육체적인 건강과 정신적인 평정을 함께 유발해 주는 평정심을 갖으라고 역설한 에피쿠로스의 본심은 이내 매도당합니다. 제논학파는 그냥 저들의 귀에 들어온 쾌락이라는 말에 주목한 채, 에피쿠로스를 쾌락주의, 그리고 더 심하게는 향락주의자로 낙인합니다. 대중 선동에 나름대로 성공합니다. 그로부터 그에 대한 비난과 비판이 아테네에서 거세게 일어납니다. 실제로 서구철학이 일반적으로 에피쿠로스를 쾌락주의자들이라고 불러 오고 있는 이유이기도 합니다. 당시 절대적인 금욕을 내세운 저들 제논학파에게 있어서, 에피쿠로스가 말한 쾌락(快樂)이라는 말은, 요즘의 시류적인 언어로 말하면, 강남 또라이, 그 무슨 망나니, 난봉꾼쯤으로 간주되는 향락주의와 비슷한 말로 들렸을 법하기에, 그런 비판적인 언사로 에피쿠로스를 궁지에 넣는 것은 당시 아테네사회에서는 상당이 먹여 들어가는 전략이었습니다. 이야기는 그래도 사실과 다른 것이어서, 고대 철학사를 통해 전해지고 있는 에피쿠로스의 쾌락주의는 오늘의 쾌락현실과는 달라도 한참 달랐다는 것만큼은 부인할 수 없는 사실입니다.

젊은 연배이기는 했어도 에피쿠로스 스스로, 자신의 삶을 금욕적인 태도로 자제하는 것이 행복에 이르는 길이라고 강론하고 다닌 제논의 뜻을 전혀 몰랐을 리가 없습니다. 그는 다만, 제논이 좋은 삶, 행복한 삶의 방법으로 내세운 금욕주의의 한 방편인 무심, 즉 아파테이아에 대해 남다른 의심을 가졌을 법합니다. 제논이 말하는 무심, 아파테이아가 너무 현실과 동떨어진 방법이라고 의심했기 때문입니다. 에피쿠로스는 좋은 삶을 위해서 자신의 삶에 도움이 되지 않을 것 같은 일에 무심하고, 아파테이아하는 것이 도움을 줄 수 있기는 해도, 그 무심이 '비현실적'인 것이라는 것을 정확하게 파악했기 때문입니다. 실제로, 에피쿠로스를 따르는 사람들 중에는 저들 제논학파처럼 성적인 욕구충족을 자위로 해결하는 사람도 있었습니다만, 그것은 아무리 생각해도 저들에게 상당히 비현실적인 일로 간주되었을 것입니다. 에피쿠로스는 사람들이 좋은 삶을 살지 못하는 것은, 모든 일에 무심할 수도 없을뿐더러, 실제로 저들을 고통의 도가니로 몰아넣는 것은 마음의 혼란, 요즘 말로 말하면 '몸'의 혼란이고, 그 몸의 혼돈과 혼란이 바로 불행의 시작이기에, 그 몸의 혼란으로부터 벗어나게 하는 현실적이고도 실용적인 방법을 염두에 두었던 것입니다. 몸의 혼란으로부터 자유롭게 만들어 줄 수 있는 방법으로 에피쿠로스는 평정심(平靜心), 아타락시아(Ataraxia)를 제안했던 것입니다. 평정심으로 번역되는 아타락시아는 사람에게 절대적이고 커다란 평온과 평화를 가져다주며 모든 일이 길하게 일어나게 해 준다는 점에서 대안(大安)에 이르게 도와주는 방법이라고 말할 수도 있습니다. 그러니까, 아리스토텔레스가 행복에 이르는 길로 인간됨의 탁월성(卓越性), 아레테(Arete)를 제안했고, 그것에 대한 대안적인 방법론으로 제논은 무심(無心), 아파테이아(Apatheia)를, 제논의 무심에 대한 또 다른 현실적인 대안적인 방법론으로 에피쿠로스는 대안(大安)적인 삶을 위한 실용적인 수단으로서 평정심(平靜心), 아타락시아(Ataraxia)를 내세웠던 것입니다.

에피쿠로스는 처음부터 강력하게 '쾌락이 삶의 현실입니다.'라는 메시지를 아테네 지식인들에게 던졌습니다. 삶의 목적이 쾌락이기에, 정말로 쾌락을 얻으려면 자신의 삶에서 평정심, 아타락시아 하라고 요청합니다. 이때 에피쿠로스가 언급한 쾌락의 정체에 대해 정확하게 이해하고 있어야, 그가 말한 아타락시아, 평정심이 행복한 삶에서 무엇을 의미하는지를 제대로 파악할 수 있게 됩니다. 에피쿠로스가 추구한 쾌락은 일반적인 통념으로서의 육체적인 쾌락이나 향락을 말하는 것이 아니라, 오히려 '모든 정신적·육체적 고통으로부터의 해방'을 말하는 것이었습니다. 제논 역시 에피쿠로스가 말하려는 바의 그것을 몰랐을 리 없습니다. 당시 그리스 아테네 공동체에서 순간적이고 육체적인 향락적이며 동적인 쾌감을 추구했던 키레네학파와는 달리, 에피쿠로스는 지속적이고 정적인 쾌락을 추구했던 것을 제논학파 역시 잘 알고 있지만, 그런 것을 이해해 줄 저들이 아니었습니다. 에피쿠로스 자신 역시 동물적이며, 육체적이며 때로는 정치적인 향락들이 시장 곳곳에 즐비하게 퍼져 있다는 것을 몰랐던 것이 아닙니다. 오히려 그는 그것의 속됨을 너무 제대로 직시하고 있었기에, 그런 정념들을 제어할 수 있는 방법으로 '몸'의 '아타락시아', 평정심의 중요성을 주장했던 것입니다. 아타락시아란 바로 '마음이 동요되지 않고 평안한 상태'를 가리킵니다. 다시 말하지만, 에피쿠로스가 '쾌락이 삶의 현실입니다.'라고 했을 때, 그 말을 그냥 스치는 듯, 자칫 잘못 들으면, 방탕한 자들의 쾌락이나 육체적 쾌락을 떠올리기 십상입니다. 에피쿠로스가 말하는 쾌락은 그런 육체적인 환락 같은 것을 말하는 것이 아니라, 오히려 몸의 고통이나 마음의 혼란으로부터의 자기 자신을 바로 세우는 일로서의 자유와 해방, 그로부터 얻어지는 평정심으로서의 쾌락을 말했던 것입니다. 에피쿠로스에게 있어서 그의 삶을 즐겁게 만드는 것은 계속 술을 마시고 흥청거리는 일도 아니고, 성적으로 육체를 만족시키는 일도 아니었으며, 물고기를 마음껏 먹는 풍성한 식탁을 갖는 일도 아니었습니다. 에피쿠로스가 메노이케우스에게 보내는 편지에서 써놓은 글입니다만, 에피쿠로스는 부모에 대한 감사, 형제에 대한 선행, 집안 노예들에 대한 친절을 강조했으며, 실제로 노예들이 그와 함께 좋은 삶이 어떤지를 논한 것도 사실입니다. 디오게네스 라에르티오스의 『유명한 철학자들의 생애와 사상』에서 에피쿠로스에 대한 평을 읽게 되면, 에피쿠로스는 음탕한 탕자(蕩子)가 아니라 오히려 현자(賢者)였음을 단박에 알 수 있게 됩니다.

  에피쿠로스는 늘 강조했습니다. 인간의 욕망은 세 종류로 나뉘는데, 그 첫 번째는 자연적인 동시에 필연적인 욕망, 두 번째는 자연적이지만 필연적이지는 않은 욕망, 그리고 마지막 세 번째는 자연적이지도 필연적이지도 않은 욕망입니다. 이런 욕망들 가운데, 첫 번째 욕망, 그러니까 자연적이면서 필연적인 욕망은 인간으로서 당연히 고통을 제거하기 위해 필요한 욕구입니다. 사막에서 물을 찾는 것은 그 누구에게도 자연스러운 욕구입니다. 자연적이기는 하지만 필연적일 수는 없는 욕망은 끝내 인간의 고통을 없애지 못하는 욕망, 그러니까 무늬만 행복처럼 보이는 삿된 욕망입니다. 마치 배가 고프다고 건강하지 않은 음식들을 마구 먹으면 일단은 굶주림에서 벗어나는 것 같아 보여도 끝내는 비만으로 이어져 성인병을 얻는 불행 같은 것입니다. 옷은 명품이어야 한다고 우기며 사치의 극을 달리는 욕구는 그가 말하는 두 번째의 욕망과 쾌락인 자연적이기는 해도 필연적일 수는 없는 삿된 욕망이 됩니다. 세 번째 욕망, 그러니까 자연적인 것도 아니고 필연적인 것도 아닌 욕망은 이도 저도 아닌 욕망, 말하자면 정치인들이 자신의 공적을 기리기 위해 패가(敗家)하면서도, 끝내 아무도 읽어 주지 않은 자서전 내기에 연연하는 것 같은 그런 명예욕에 대한 삿된 욕구 같은 것입니다. 에피쿠로스는 세 가지 욕망 중 오로지 첫 번째 욕망만이 좋은 삶을 위해 필요한 것이라고 강조합니다. 그런데도 사람들이 헛된 욕망이 이끌어 내는 쾌락에 집착하는 것은 그 쾌락의 본성 때문에 그러는 것이 아니라, 사람들을 사로잡고 있는 삿되고 헛된 생각 때문에 그러는 것이라는 것입니다. 평정심을 잃은 탓이라는 것입니다. 사람으로서, 정말로 좋은 삶, 행복한 삶을 원한다면 해야 할 일은 행복으로 이끄는 쾌락을 추구해야 하는 일이고, 그런 쾌락이야말로 고통으로부터 자신을 지켜 주게 됩니다. 그래서 에피쿠로스는 "다른 사람들의 공격으로부터 자신의 안전을 지키려는 목적을 이룰 수 있게 하는 모든 것이 바로 자연적인 선" 이라고 단언합니다. 이 말은 좋은 삶, 행복한 삶에 이르려면 쾌락을 극대화하려고 하기보다는 오히려 그 쾌락마저도 최소화하라고 권하고 있는 것입니다.

　행복한 삶, 좋은 삶을 살아가기 원한다면 그 누구든 자신의 일상적인 삶에서 자신의 '맘'을 위해 아타락시아(Ataraxia) 하라는 에피쿠로스의 요청을 요즘 말로 정리하면, 행복한 삶을 살아가기 위해서는 금욕(禁慾)도 필요하기는 하지만, 삶에서 일어나는 모든 것들에 대해 무심(無心)하는 것은 비현실적이기에, 억지로 그렇게 하려고 하기보다는, 오히려 그런 혼탁함과 번뇌 속에서도 자신의 마음을 바로잡고, 스스로 평정심을 찾아가라는 것입니다. 그것이야말로 현명하고 현실적으로 좋은 삶에 이르는 길이라는 것입니다. 모든 잡된 것으로부터 무심하겠다고 서약한 목회자나 종교가들이 저들의 '출가'를 끝내 '가출'로 끝내는 것만 봐도, 무심이 삶에서 필요하기는 해도 절대적인 것이거나, 자신의 삶에서 그대로 실천하는 것은 쉽지 않은 일임을 알 수 있습니다. 행복하게 산다는 것은 지금, 이 순간 고통으로부터 자유롭다는 것이고 그 고통으로부터 해방된다는 것을 말하는 것이며, 그런 해방이나 자유가 쾌락으로 얻어지게 되어 있는데, 그 쾌락은 망나니들이 보여 주는 그런 향락 같은 것이 아니라, 오히려 향락을 제어함으로써 얻게 되는 '생명됨', '생명 있음'의 쾌감과 쾌락을 말하는 것입니다. 그런 쾌락은 저들 종교, 정치, 기업의 망나니들이 보여 주는 동적인 쾌감과는 다른 정적인 쾌락으로서 자신의 삶에 커다란 평안의 의미를 만들어 내는 일이 됩니다. 좋은 삶을 위한 쾌락을 추구할 적에 문제가 되는 것은 그 쾌락을 얻어내는 일상적인 수단들입니다. 예를 들어, 때로는 정적인 쾌락을 약물이나, 도박이나, 성적인 쾌감으로 만들어 낼 수 있다고 하더라도, 그것은 하나의 버릇과 습관이 되어 더 많은 쾌감을 위한 고통이 될 뿐입니다. 그러나 자신의 몸을 위해 쾌락을 만들어 내는 방법은 항상 현실 지향적이어야 하고, 생명 지향적이어야 합니다. 생명과 현실을 직시하려면, 오히려 제대로 살아가는 것을 진지하게 염려해야 합니다. 죽음 그 자체에 대해 연연하라는 것이 아니라, 죽음은 어차피 오는 것이기에 오히려 살아 있는 지금, 이 생명을 제대로 즐기라는 요청이기도 합니다. 삶은, 일상의 삶은 논리 밖의 문제입니다. 삶은 성격상 논리(論理)의 문제가 아니라 윤리(倫理)의 문제이기 때문입니다. 여기에서 윤(倫)자와 논(論)자 간의 문자적 차이를 구별함으로써, 인간의 관계는 윤리의 관계이어야 하지 논리의 관계가 아니어야 한다는 말의 의미를 살펴보겠습니다. 인륜 윤(倫)자는 人+侖로 구성된 글자입니다. 둥글 윤(侖)이라는 글자에서 위쪽의 세 직선이 만나는 모양은 바로 '모으다.'를 뜻하고, 아래쪽 책(冊)은 문자를 쓰는 대쪽을 뜻했기에, 둥글 윤(侖)자는 '기록을 적은 대쪽을 차례대로 모으다.'를 뜻하며, 여기서 '조리 있게 생각을 정리하다.'는 뜻을 지니게 되었습니다. 그러니까, 인륜 윤(倫)자는 사람들이 서로 살아가는 데 사람들 사이에서 필요한 여러 가지 순서, 도리, 조리들에 체계를 세워 놓은 것을 상징합니다. 인륜 윤에서는 이리저리 따지고 다그칠 일이 아니라 조심스럽게 헤아릴 일이 중요함을 상징합니다. 인륜 윤(倫)과는 달리, 둥글 윤(侖) 앞에 말씀 언(言)을 부친 글자인 말할 논(論 = 言(말씀) + 侖(생각하다))은 갈피 있게 말하다, 앞뒤가 맞게 말하다, 사리에 맞추어 헤아리다, 때로는 왈가불가하며 다투다는 의미를 지니기에, 논할 논(論)에서는 누가 더 옳은지를 따지는 일이 중요하게 됩니다. 그래서 예를 들어, 남편과 부인 간의 관계, 부부관계는 '윤(倫)'의 관계이지 '논(論)'의 관계가 아니라는 말은, 부부간의 관계는 서로 헤아리며 사랑해야만 하는 관계이지, 네가 옳은지 그른지를 따지며 상대방의 약점을 들춰내서 상대방에게 부끄러움이나 수치감을 안기는 관계가 아니라는 뜻입니다.

　삶은 항상 논리(論理) 밖의 과제이기에, 자신의 삶을 행복한 삶, 좋은 삶으로 이끌어 가기 위해서는 매일같이 자신에게 어떻게 아타락시아할 것인지를 질문하고 자신의 일상을 시작해야 될 것이라는 것이 에피쿠로스가 우리에게 요구하고 있는 평정심입니다. 그 어떤 욕구가 일어날 때마다, 만약 이 욕구가 충족된다면 내 일상에 무슨 일이 생기게 될까? 만약, 이 욕구가 충족되지 않으면, 내 일상에 무슨 일이 일어나게 될까에 대해 깊이 사려하고 그로부터 하루를 새해의 새날처럼 관행(觀行)하는 일, 하루의 일상을 그렇게 관행으로 시작하는 것이 바로 좋은 삶을 위해 자신됨을 추스르는 평정심의 시작입니다. 그것이 바로 하루의 일상을 행복의 나날로 이끌어 내는 실천적이며 쓰임새 있는 동력이 됩니다.

4) 눈에 덜 띄게

　에피쿠로스는 당대로서는 현실주의적인 그리고 '실용주의'적인 행복론자였습니다만, 그가 내세운 일상의 행복론은 그의 기대와는 달리, 당시 아테네 공동체에서 사회적인 주목을 받지 못했던 것 같습니다. 그의 행복론이 당대의 지성계에서 배척당했던 것은 그 자신의 배움터를 모든 이를 위한 배움터로 개방했던 것과 더불어, 당대의 정치적 권력자들에 대한 견제 혹은 그의 정치적 경원감(敬遠感) 때문에 그렇게 된 것입니다. 에피쿠로스는 그 스스로 공동체 생활에서 살아가려면 나름대로 저들의 권력과 정치위세를 무시할 수는 없었지만, 그 정치현장과 가능한 거리를 두는 삶을 강조했습니다. 그런 에피쿠로스는 당시 상당히 비현실주의자로 비추어졌던 것입니다. 제논 역시 사상적으로는 정치적인 것에 개입되는 것을 기피하는 성향이 강했었지만, 그가 죽은 후 그의 사상을 잇는 제논학파 중심이 된 초기 스토아학파는 스승인 제논의 생각과는 달리, 상당히 현실정치참여 지향으로 변하기 시작했습니다. 저들의 정치참여지향성은 로마시대에 이르면, 그러니까 제논학파가 스토아학파로 흡수되어 중기 스토아학파로 다시 전개된 그 로마시대에서는 절정에 다다릅니다. 중기 스토아학파 구성원들, 말하자면 노예 출신인 에픽테토스를 제외한 키케로, 세네카, 철현(哲賢) 아우렐리우스 황제에 이르기까지 저들 중기 스토아학파들, 그러니까 제논학파의 사상을 버리지 않은 중기 스토아학파의 중심에는 실질적인 권력자들이 서 있었고 그들은 로마의 현실정치에 깊게 관여하고 있었습니다. 저들에 대한 오해일 수도 있지만, 저들 중기 스토아학파, 그러니까 제논학파들은 자신의 정치적 처세와 권세를 더 유지하기 위한 사상적인 수단으로서 제논학파의 논리를 유용하게 활용하던 사람들일 수도 있었습니다. 어쩌면, 저들은 한결같이 더러운 현실정치에서 서로의 이해관계를 위해 교묘하게 서로를 견제하고, 죽이기를 일삼는 피비린내 나는 야합의 정치현장에서 정치적 거래를 밥 먹듯이 해내면서도, 저들의 표정만큼은 그 언제나 그 무슨 현자라는 가면으로 위장해야 하는 저들 스스로가 수치스럽고, 미웠을는지도 모릅니다. 겉과 속이 다른 모습으로 삶과 정치의 현장에서는, 저들 입으로 자신들이야말로 스토아학파가 가르치는 대로 정치적 권력에는 초연하며 자신의 삶들 역시 추악함과는 거리가 먼 금욕적인 삶을 추구한다고 자신의 입으로 되뇌는 양두구육(羊頭狗肉)의 정치권력가들이었습니다. 저들 정치권력자들의 복면으로는 제격인 제논학파의 금욕주의, 그러니까 그렇게 권력과 철학이 나름대로 야합하고 실리를 챙길 수 있게 나름대로 좋은 삶에 대하 논리를 제공하던 중기 스토아학파와는 사상적으로 그리고 정치적인 야심과는 대조적으로, 에피쿠로스학파는 당시 정치 참여에 흥미를 거의 보이지도 않았습니다. 저들의 논조인 평정심을 지키기 위해서는 오히려 저들은 정치현실에서 떨어져 있으려고 노력했습니다. 로마에서 활동하던 에피쿠로스학파들도 저들의 무대를 그리스로 옮기기 시작했습니다. 예를 들어, 에피쿠로스의 행복론을 충실하게 로마 이곳저곳에서 강론하던 에피쿠로스학파의 후계자 파이드로스는 그 어느 날 로마에서 철수하고 그리스로 귀향하게 됩니다. 파이드로스는 로마에서 당대의 권력자인 키케로와 절친했고, 그와 밤 세우며 토론하고, 그가 자문하던 사상가였습니다. 에피쿠로스학파는 로마에서 하드리아누스 황제, 그 역시 철학하는 황제로 추앙되는 그의 어머니 플로티나로 부터 전폭적인 지지와 지원을 얻었기도 했지만, 그런 일은 오히려 권력쟁취의 중심에 서 있던 당대의 권력자들로 하여금 정치적으로 에피쿠로스학파를 견제하게 만들어 준 조건이 되었을 법합니다. 이미 위에서 언급했던 에픽테토스(Epictetus, 55~135)는 이 당시 로마에서 활약하던 노예 출신 철학자였습니다. 그는 정치권력과는 거리가 멀었던 사람이지만, 삶에 대한 그의 슬기는 저들 권력자들이나 황제가 되기 전 야전장군으로 전쟁터에서 활약하던 하드리아누스에게도 나름대로 사상적인 영향을 주었습니다. 당시의 소크라테스로 추앙받던 에픽테토스는 소크라테스처럼 스스로 쓴 것이 아무것도 없습니다. 현재 우리에게 소개되는 것은 그의 제자인 아리아노스가 기록한 『강연』이고, 아리아노스는 다시 에픽테토스의 생각을 대중에게 맞추기 위해 『강연』을 요약판으로 만들어 『편람』이라고 명명했습니다. 에픽테토스의 제자라고 하지만, 아리아노스 그 역시 대단한 인물입니다. 니코메디아, 현 터키의 이즈미트에서 출생한 그는 2세기 로마의 정치·역사가로서 살다간 장군이기 때문입니다. 그는 황제 하드리아누스 치세 때 로마 시민권을 얻었으며, 131~137년 동안 카파도키아의 총독으로 있으면서 아람족을 격퇴하고, 147~148년에는 아테네의 집정관을 지냈습니다. 그가 쓴 『알렉산드로스 대왕의 출정기』는 대왕의 원정로(遠征路)를 신중하고 공정하게 기록한 역사기술로 정평이 나 있습니다만, 그 역시 정치인이었습니다.

에픽테토스는 소크라테스, 아리스토텔레스, 제논보다 더 윤리학, 그러니까 좋은 삶, 행복의 윤리를 내세우는 일에 집중했습니다. 자신 스스로 자신의 생각은 소크라테스의 것을 회고하거나 번안하는 것이라고 말하면서, 그는 인간의 궁극적인 목적은 스스로의 삶에서 주인이 되는 것이라고 역설했습니다. 삶의 슬기, 좋은 삶을 살아가는 데 도움이 될 수도 있는 선생이나 스승의 역할이란, 제자들에게 시시각각으로 변하거나 침범할 수 없는, 진실한 '사물의 본성'을 배우고 익히게 조력하는 것이라고 강조하며, 사물의 본성(Nature of things)이 무엇인지 이렇게 정리해 주고 있습니다. "(사물의 본성은)… 두 범주로 구분됩니다. 하나는 우리의 한정된 힘에 복종하는 것이고, 다른 하나는 우리의 한정된 힘에 복종하지 않는 것입니다. 첫 번째 범주에는 판단, 충동, 욕망, 혐오 등이 속하며, 두 번째 범주에는 소위 아디아포라(Adiaphora)라고 하는 것이 속하는데, 구체적으로 살피면 건강, 물질적인 부, 명성 등이 있습니다."라고 정리합니다. 이런 두 가지 범주 속에서 인간으로서 상기해야 될 두 가지 개념을 다시 강조했습니다. 그가 말한 두 가지 기본 개념 중의 하나는 프로하이레시스(Prohairesis)로서 선택 또는 사리판단이라는 개념이고, 다른 하나는 실천이라고 번역되는 디하이레시스(Dihairesis)라는 개념이었습니다. 프로하이레시스는 다른 모든 생물과 인간 사이의 차이를 구분하는 것으로서 인간의 고유능력을 말합니다. 사람들은 자신의 판단에 따라 무엇인가를 몹시 원하거나 피하고, 격한 감정에 휩싸이거나 동의하거나 반대합니다. 디하이레시스(Dihairesis)는 자신의 선택을 삶의 현장에서 해내는 실천력입니다. 인간은 자신의 한정된 힘으로, 스스로 발휘할 수 있는 것과 발휘할 수 없는 것을 구분하면서 실천에 들어가게 됩니다. 실천보다는 판단이 선행해야 한다는 뜻에서 에픽테토스는 반복해서 "우리 인간은 우리의 선택(Prohairesis)이다."라고 강조했습니다. 에픽테토스는 제자들에게 인간의 선과 악은 오직 자신의 선택에 의해 존재할 뿐, 결코 외부에 있는 것이 아님을 가르쳤던 것입니다.

에픽테토스가 보여 준 지혜에 비길 만큼, 우리에게는 아직 제대로 소개되지 않은 사람이 있습니다. 그가 14대 황제 하드리아누스 황제(Publius Aelius Trajanus Hadrianus, 76~138)입니다. 그는 그리스문명 예찬론자였습니다. 그리스어를 익히고, 그리스어로 대화를 하였다고 전해지는 그 역시, 그가 남긴 회상록에는 에피쿠로스학파의 지적 분위기가 한껏 풍겨집니다. 로마 5현제(賢帝)의 한 사람인 하드리아누스 황제가 불치병에 걸려 죽음을 직감하면서, 자신의 세손으로 책봉한 마르쿠스 아우렐리우스에게 자신의 인생을 회고한다는 내용을 다룬 프랑스 작가 마르그리트 유르스나르 (1903~1987)가 소설의 형식으로 쓴 『하드리아누스 황제의 회상록』은 흥미진진합니다. 그가 황제로서 살아가면서 인간됨의 일상을 이랬을 것이라고 방대한 고증을 거쳐 기록해 놓고 있기 때문입니다. 하드리아누스 황제가 회상록을 남겼다는 기록은 있으나, 그 회상록의 원본은 소실되었기에, 마르그리트 유르스나르는 소실돼 버린 하드리아누스 황제의 회상록을 여러 가지 관련 사료를 꼼꼼하게 참고하면서 되살립니다. 이 소설에서 황제 하드리아누스는 말합니다. '감동이 태어나거나 완결되는 것은 여전히 사람들 간의 진술한 접촉 가운데서 가능한 것입니다.'를 보여 주기 위해, 그는 이렇게 말합니다. "가장 지적이거나 가장 객관적인 관계들은 육체의 그 신호체계를 통해 이루어진다. 전투일 아침 작전을 설명 받는 사령관의 돌연 밝아지는 시선, 우리들이 지나칠 때에 복종의 자세로 굳어지는 부하의 규칙적인 경례, 음식 쟁반을 가져오는 노예에게 내가 감사를 표시할 때에 그가 보내는 정다운 시선, 혹은 오랜 친구에게 그리스의 옥석 조각품을 선사할 때에 그것을 평가하는 그의 입술을 내민 표정, 대부분의 인간들과의 관계에 있어서는 이와 같은 접촉들 가운데 가장 가볍고 가장 표면적인 것들로써 상대방에 대한 우리의 욕구는 충족되며, 심지어 이미 초과된다. 나는 거기에서 단순한 육체의 유희보다는 훨씬 더 정신에 의한 육체의 침입을 본다. 나는, 위인들이란 바로 그들의 극단적인 위치로서 특징지어지며, 그 극단적인 위치를 평생 견지하는 데에 그들의 영웅성이 존재하는 것이라고 생각되는 때가 있다. 나의 나날들을 이루는 풍경은 마구 뒤섞여 쌓여 있는 갖가지 요소들로 구성되어 있는 것 같다. 나는 거기에서 혼성적인, 균등한 비중의 본능과 교양으로 형성되어 있는 나의 본성을 만난다. 그 다양성 속에서, 그 무질서 속에서 나는 정녕 한 인격의 존재를 지각하지만, 그 형태는 거의 언제나 상황의 압력이 그려 놓은 것인 듯하다. 그 용모는 물 위에 반사된 그림자처럼 흐릿하다는 자기의 행동이 자기를 닮지 않는다고 말하는 그런 사람의 하나가 아니다. 나의 행동은 정녕 나를 닮아야 한다. 왜냐하면 나의 행동은 나를 재는 유일한 척도요, 사람들의 기억 속에, 혹은 심지어 나 자신의 기억 속에도 나를 묘사해 넣는 유일한 수단이기 때문이며, 죽음의 상태와 삶의 상태 사이의 차이를 이루는 것이 아마도 바로, 행동으로써 자신을 표현하고 변화시키기를 계속할 수 있는가 없는가의 여부이기 때문이다. 그러나 나와, 나를 이루고 있는 그 행위들 사이에는 규정할 수 없는 간극이 있다. 그 증거는, 그 행위들을 평가하고 설명하여 나 자신에게 알리고자 하는 욕구를 내가 끊임없이 느낀다는 사실이다. 오래 계속되지 않는 어떤 일들은 물론 무시될 만하지만, 그렇다고 전 생애에 걸쳐 있는 활동들 역시 의미를 가지는 것은 아니다. 예컨대, 이 글을 쓰고 있는 이 순간, 내가 황제였다는 사실이 나에게 가장 중요한 것으로는 거의 여겨지지 않는다. 인간의 정신은 자신이 우연의 손에 받아들여짐을, 그 자신은 말할 것도 없고 어떤 신도 주재하지 않는 운의 덧없는 산물에 지나지 않음을 달가워하지 않는다. 누구라도 삶의 일부분을, 심지어 그 삶이 주목할 가치가 아주 없는 것일지라도, 자신의 존재 이유를, 출발점을, 근원을 찾는 데서 흘려보낸다. 바로 그것들을 발견하지 못하는 나의 무력함 때문에, 나는 때로 주술적 설명으로 기울었고, 상식이 나에게 주지 못하는 것을 신비술의 열광 가운데서 찾으려고 했다. 모든 복잡한 계산이 그릇된 것으로 드러나고, 철학자들 자신도 우리들에게 더 이상 말해 줄 것이 아무것도 없을 때, 우리들이 새들의 우연한 지저귐이나 먼 별들의 평형적인 힘으로 몸을 돌리는 것은 용서될 만한 일일 것이다.” 라는 회상을 통해, 황제 스스로 자신의 마음을 추스림이 얼마나 중요한지를 토로하게 합니다.

로마의 현실 정치에 전혀 관여하지 말라고 이야기한 적은 없지만, 좋은 삶을 살아가려면 그 누구든지 정치문제에 개입하지 말고 살아 가라고 강권한 에피쿠로스의 논지대로, 저들 에피쿠로스학파는 정치 참여에 가능한 거리두기를, 행복 그리고 ‘좋은 삶'에 이르는 바른 길이며, 행복에 대한 지침이라고 강조하며 현실정치와의 거리두기를 일상적으로 실천했던 사람들입니다. 정치 참여는 결국 자신에게는 단 하나인 생명의 문제로 이어지고 말아버립니다. 피비린내 나는 정쟁에 빠져들어 가면 그 누구든 끝내 좋은 삶을 살아갈 수가 없다는 것을 뼈저리게 체험적으로 알았기 때문에 에피쿠로스 스스로 그렇게 일렀던 것입니다. 사상가든 현인이든 정치 권력에 관여하거나 개입했다가 자신의 생명을 단축하거나, 영원한 불행으로 이어진 것을, 소크라테스의 죽음과 아테네에서 아리스토텔레스의 추방을 통해, 정치 권력이 어떤 것인지를 현실적으로 목도했던 에피쿠로스이기 때문에, 그는 늘 정치 참여 대신 은둔과 자중을 요구했습니다. 좋은 삶, 참살이, 행복의 윤리를 지키겠다면 가능한 정치판으로부터 떨어져 운둔하라고 강론했던 그는 정치 참여 대신, 정치 권력과의 거리두기, 자중자애, 은둔을 평정심의 중심으로 삼았습니다. 에피쿠로스는 우리의 현대정치사에서 늘 2인자로서 자신의 정치적 생명을 이어갔던 김종필 국무총리, 5·16 군사정권의 주역이기도 했던 김종필 씨가 황혼의 인생길에서, 정치는 그 모습의 화려함에 관계없이 허업(虛業), 그러니까 허망하기도 하고 소용없기도 하고, 하여간 끝내 허망하기 그지없는 일, 속절없는 일이라고 깨달았던 그것을 이미 2천 년 전에 우리에게 넌지시 가르쳐 주었던 셈입니다. 정치 참여를 허업으로 간주한 에피쿠로스는 이미 오래전에 우리에게 좋은 삶을 살려면 가능한 '비밀스럽게 살라, 주목받게 하지 않는 삶을 살아라.'라고 강조했습니다. 그러니까, 권력이니, 부귀니, 영광이니, 명예니 하는 것을 속되게 추구하기보다는 자신의 일상에서 만나야 되는 친구들이나 건강한 음식 같은 소소한 것들을 즐기면서, 그 나름대로의 그런 자신의 강건한 일상에서 기쁨을 얻으며, 그런 소소한 기쁨을 즐기며 이름 없이, 마음 편하게 살라고 가르쳤던 것입니다. 에피쿠로스에게 있어서 좋은 삶, 행복한 삶은 부잡함을 최소화시키며 자신의 마음에 평정을 갖는 일이었습니다.

　행복한 삶에 이르기 위해서는 일상에서 아타락시아, 그러니까 평정심과 평정심을 갖으라는 에피쿠로스의 논리, 아타락시아의 논리가 엉뚱하게 그리고 정치적으로 비판받아야 될 이유가 없다는 점을 강력하게 주장한 사람은 로마시대의 세네카(Lucius Annaeus Seneca, BC 55~AD 39)입니다. 그 이전까지만 하더라도, 에피쿠로스학파 의 행복론은, 에피쿠로스학파가 태생적으로 지니고 있는 서민적이고, 대중적인 이 미지로 인해 로마의 귀족사회에서는 환영받지 못하고 있었습니다. 에피쿠로스학파 에 대한 대중적인 이미지에 나름대로의 반감을 지성적인 언사로 포장해, 대중에게 드러내 보인 사람 중의 한 정치인이 바로 키케로 같은 당대의 귀족이었습니다. 로마 당대의 지성인이며 정치가, 그리고 재산가로서, 스토아학파의 일원으로 자처한 키케 로(Marcus Tullius Cicero, BC 106~43)는 『최고선과 최고악』 1~2권에서, 쾌락을 최 고선(善)으로 내세우는 에피쿠로스의 주장을 소개하면서 에피쿠로스의 행복에 대한 윤리가 방법론상으로 틀렸을 뿐만 아니라, 내용상으로도 논리적 일관성을 결여하고 있다고 '비난'하는 입장에 섭니다. 로마 당대의 스토아학파로서 그는 에피쿠로스학 파가 말하는 쾌락이라는 개념이 모호한 개념이라고도 비판합니다. 당시, 에피쿠로스 는 스토아학파나 아카데미아학파처럼, 좋은 삶, 행복의 윤리를 어려운 용어로 설파 하는 대신, 간단명료하게 일상적인 철학으로 설명함으로써, 로마에서는 대중적인 인 기를 얻었습니다. 그러니까, '믿으면 구원받는다.'라고 종교적 교리를 내세우며 포교 하는 지하철이나 길거리 선교(宣敎)사들의 구호처럼, 저들 에피쿠로스 후예들 역시 로마 민중에게, '아타락시아가 좋은 삶을 위한 일상적인 처방입니다, 평정심이 행복 입니다, 초심으로 돌아가는 것이 행복이, 속편한 것이 행복입니다, 마음의 여유를 갖 는 것이, 세파로부터 거리를 두는 것이 행복입니다.'라는 식으로 대중들에게 경우, 경 우마다 쉽게, 쉽게 저들의 행복론을 전파했습니다. 자신의 행복론에 대해 조금 더 논 리적인 설명을 요구하는 사람들이 있다면 그들을 위해 저들 에피쿠로스학파들은 현 학적으로 저들에게 접근하기도 했습니다. 그리고 저들에게 조금 어렵게 이야기했을 듯합니다. 행복의 윤리를 실천하기 위해 쾌락이 무엇인지를 알아야 하는데, 일단 쾌 락에는 두 가지가 있습니다. 그 한 가지는 '동적인 쾌락'이고 다른 하나는 '정적인 쾌 락'으로서, 동적(動的)인 쾌락은 사람마다 자신 속에서 제거되지 않고 남아 있는 고통을 제거하려고 힘을 쓰는 그 노력과 정도에 따라 얻어지는 그 어떤 만족함의 정도를 말하는 것이고, 반대로 정적(靜的)인 쾌락은 고통이 없는 상태라고 말했을 것입니다. 그렇습니다. 사람으로서 하루를 살아가면서 정말로 행복하려면 정적인 쾌락상태에 이르러야 합니다. 동적인 쾌락에는 나름대로의 고통과 쾌락이 혼재된 상태인 데 반해 정적인 쾌락은 고통의 부재상태입니다. 고통 없음의 상태는 우리가 원하는 일상에서의 최고, 최상의 쾌락상태입니다. 삶에서의 고통 없음을 추구하는 일은 현자의 지혜입니다. 생명됨의 슬기입니다. 생명은 생명으로 가꾸는 일이야말로 놀랍게도 쾌락 없음의 절정에 이르렀음을 보여 주는 것이고, 그런 최고의 쾌락상태를 평정심, 아타락시아의 상태라고 말합니다. 그러니 그 누구든 좋은 삶을 원한다면 자신 스스로 평정심으로 쾌락절정, 다시 말하지만 그 쾌락 없음이라는 행복의 절정, 생명됨의 가치를 체험해 보라는 식으로 식자층 대중들을 설득할 수밖에 없었을 것입니다. 하여간, 저들 에피쿠로스학파의 말을 찬찬히 들어보면, 평정심으로 행복에 이르게 되는 일은 그 무슨 돈이 드는 일이 아닙니다. 신(神)을 찾아다니며 애원할 것도 없이 자신의 삶에서 자기 스스로 중심을 잡고, 자기 마음을 차려가며 자기 삶을 자기가 즐기는 일이니, 마음먹고 작정하면 일상에서 그리 어려울 것이 없어 보이는 지극히 평범하며 일상적인 일입니다. 그러니까 지속적으로 자신의 삶과 자신에 대해 관(觀)하고 행(行)하면, 나름대로 동적인 쾌락에서 정적인 쾌락으로 나아갈 수 있게 되는데, 그것이 바로 저들 에피쿠로스학파에게는 좋은 삶, 행복한 삶이 되는 셈이었던 것입니다.

에피쿠로스학파와 그들의 생각을 따르는 후예들이 말했던 그것, 그러니까 고통 없음이 바로 역설적으로 쾌락이라는 저들의 행복론에 마땅치 않았던 키케로는 저들 에피쿠로스학파의 논리를 받아들일 수가 없었습니다. 무고통의 상태에서 쾌락이 증진된다는 것에 의문을 제기한 키케로는 고통과 쾌락 사이에 그 어떤 경계, 고통의 상태에서 쾌락의 상태로 넘어가기 위해 거쳐야 될 그 어떤 중간 지대가 있어 주어야만 했는데, 저들 에피쿠로스의 행복론에서는 그런 중간 지점이나 경계를 찾아볼 수 없었습니다. 그래서 그는 고통 아니면 쾌락이라는 이분법에 의해 판가름 난다고 본 에피쿠로스의 행복론, 그러니까 좋은 삶의 본질을 선뜻 받아들일 수가 없었습니다. 상식적으로, 더군다나 고통의 반대는 '고통의 제거'로서의 쾌락 같은 것이어야 할 것 같았는데, 저들 에피쿠로스학파는 고통의 반대 축에 위치하고 있는 것이 결코 쾌락일 수가 없다고 보았기 때문입니다. 마지막으로, 키케로에게 '쾌락과 덕의 대결'이란 관점에서 보면, 각자마다 자신의 마음에 고삐를 당기어 초심으로 살아가는 것이 평정심이며 그것이 좋은 삶을 위한 쾌락이며 고통 없음이며, 행복이라고 설파했던 에피쿠로스의 생각이 너무 대중적이고 경우에 따라 경박(輕薄)한 것 같아 보였을 법합니다. 에피쿠로스를 추종하는 이들은 인간의 본성을 감각과 쾌락을 중심으로 파악하고 있고, 저들이 말하는 쾌락은 끝내 향락 같은 의미를 풍기고 있기 때문이었습니다. 귀족이며 당대의 재력가였던 키케로에게는 아무래도 대중 쪽으로 영합하는 듯한 에피쿠로스보다는 인간의 본성을 이성과 덕을 중심으로 파악하고 있는 제논학파의 견해가 나름대로의 현학성과 고귀함 같은 것을 갖고 있는 것 같아 보였을 것입니다.

 에피쿠로스학파들의 행복에 대한 논리가 이성의 중요성을 강조하는 스토아학파의 주장에 비해 무게감도 없고 경박하다고 생각한 키케로는 에피쿠로스학파에 대한 비난을 아테네 당시 제논학파가 보여 주었던 식으로 전개했던 것 같습니다. 당대 로마의 권력자로서 카이사르에 정치적으로 맞서기도 하고 때로는 그에게 고개를 숙이기도 하면서 자신의 정치적 권력을 유지하던 키케로는 말년에 이르러서는 정치적 판단 착오 때문에 정적에게 숙청당합니다. 일인 독재와 폭력 정치를 규탄하며 공화정치를 선호하던 키케로는 기원전 44년 카이사르가 암살된 후 정적인 안토니우스를 배척하기 위한 수단으로, 카이사르의 법적 상속자이자 양자인 젊은 옥타비아누스를 과소평가하여 정치적으로 기만하다가 마침내 저들의 살생부에 올라 제일 먼저 암살되고 맙니다. 카이사르가 살아 있을 때, 그의 독재를 비판한 적이 있었던 키케로는 그 자신에게 드리워질 것 같은 정치적 생명의 위험을 돌파하기 위해 카이사르를 위대한 지도자로 치켜세우는 편지를 썼던 노련한 정치인이었습니다. 그 편지의 내용은 밝혀지지 않았으나, 카이사르가 키케로에게 답장한 편지를 보면 그가 카이사르에게 꽤나 고개를 숙이며 카이사르를 경찬(敬讚)한 편지였던 것 같습니다. 카이사르가 내전에서 보여 준 관용을 칭찬한 키케로의 편지에 대해 카이사르는 그에게 이렇게 답장한 것으로 전해지고 있습니다. "나를 잘 이해해 주는 당신이 하는 말이니까, 내 행동에선 어떤 의미의 잔인성도 찾아볼 수 없다는 당신의 말은 믿어야 할 거요. 그렇게 행동한 것 자체로 나는 이미 만족하고 있지만 당신까지 그리 찬성해 주니 만족을 넘어 기쁘기 한량없소. 내가 석방한 사람들이 다시 나한테 칼을 들이댄다 해도, 나는 그런 일로 마음을 어지럽히고 싶지는 않소. 내가 무엇보다도 나 자신에게 요구하는 것은 내 생각에 충실하게 사는 거요. 따라서 남들도 자기 생각에 충실하게 사는 것이 당연하다고 생각하오…."

에피쿠로스가 설파한 행복의 윤리를 격하시켜 해석하고 비판했던 키케로와는 달리 세네카는 에피쿠로스를 옹호합니다. 키케로처럼 귀족이며 정치가, 그리고 스토아학파의 행복론을 따르고 있던 세네카는 당시, 그러니까 1세기 중엽 로마의 지도적 지성인으로서 네로의 스승이기도 했던 인물입니다. 네로 황제 재위 초기인 54~62년 동안 로마의 실질적인 통치자였고 권력자였습니다. 당시 기독교 전파자인 바울과도 편지를 주고받았던 것으로 알려진 그 역시 끝내 정치적 모함으로 자신의 제자였던 네로 황제로부터 자살하라는 명을 받고 죽어갈 수밖에 없었던 세네카였습니다만 그가 남긴 『인생론』에 의하면, 당대의 스토아학파들이 에피쿠로스학파의 행복론을 일고의 논할 가치도 없는 일종의 향락주의론이라고 치부하는 것은 근거 없는 비난이라고 강하게 지적합니다. 당대의 로마인들이, 행복한 삶에 대한 숭고함을 강조하는 에피쿠로스의 사유를 깊이 들여다보지 않고, 저들 에피쿠로스학파의 행복론을 누군가가 악의적으로 꾸며낸 것만 훑어보고 매도하는데, 그런 일이야말로 오히려 부도덕하고 비지성적인 일이라며 로마인들의 반성과 성찰을 요구합니다. 한때나마 그렇게 생각했던 자신마저도 자성적으로 후회하고 있습니다. 좋은 삶, 행복의 윤리에 대한 에피쿠로스의 심오한 생각을 새롭게 이해한 자기로서는 저들 에피쿠로스학파의 매력을 그러니까 저들이 참된 행복으로 주장하는 메시지를 제대로 파악했다는 것입니다. 그 메시지는 다른 것이 아니라, 참된 쾌락은 쾌락에 빠지라는 것이 아니라 오히려 쾌락을 경시하라는 데 있다고 밝히고 있습니다. 에피쿠로스는, 대중의 오해나 일부 제논학파, 그리고 로마시대의 스토아학파가 의도적으로 저지르고 있던 오해와는 전혀 다르게, 정도(正道)와 절도(節度)를 벗어난 격렬한 욕망을 단호하게 부정하라고 강론해왔기에, 에피쿠로스야말로 참된 삶살이의 본보기라는 것입니다. 좋은 삶, 행복의 윤리를 지켜나기기 위해서는 결코 에피쿠로스는 혐오의 대상이 아니라 도덕적으로 숭고의 대상이라고 평하면서 에피쿠로스를 오해와 비판의 늪에서 건져 냅니다. 세네카는 말합니다. "자유란 무엇이나 참지 않는다는 것이 아닙니다. 우리는 잘못 알고 있습니다. 자유란 마음을 모욕으로부터 초월시켜 마음 그 자체를 마음이 기쁨이 흘러나오는 유일한 원천으로 만들어 외적인 모든 잡일을 마음 자체로부터 떼놓는 것입니다."라고 에피쿠로스의 생각을 지지합니다. 저들 제논학파와 후대의 스토아학파가 자신들과의 관점이 다른 사람이나 학파에게 보여 준 정도에서 어긋났던 그 행위를 자유의 주제를 내세워 간접적으로 비판하고, 반추하는 장면입니다.

  다시 정리합니다. 에피쿠로스는, 세네카가 바르게 지적한 것처럼, 오늘날처럼 사회 곳곳에서 발견되는 것 같은 그런 통속적인 쾌감주의자나 향락주의를 예찬한 적이 없습니다. 쾌락주의자가 아니라, 오히려 인간중심적인 박애주의자로서의 에피쿠로스는 당대의 사상가들과는 달리 검소한 생활을 했던 채식주의자였습니다. 당대 지성계에서 비주류였던 그는 늘 자신의 주장을 조심스럽게, 그렇지만 시장에서 기득권을 행사하던 주류철학자들과는 상당하게 차별적인 방식으로 자신의 지혜를 대중에 전하기 위해 상당히 파격적인 언사로 강론하던 인물이기도 했습니다. 당시 아테네 철학의 중심에는 플라톤의 생각을 담고 있는 이데아론(Idea)자들이 상당한 영향력을 발휘하고 있었지만, 플라톤이 죽은 후, 그리고 아리스토텔레스가 아카데미아를 떠난 후, 그 아카데미아가 아테네 식자들에게 끼쳤던 위력은 상당히 위축되어 있었을 때 별처럼 등장한 인물이 바로 에피쿠로스였습니다. 아리스토텔레스가 플라톤이 세운 아카데미를 떠날 수밖에 없었던 이유가 바로 그가 아테네에서는 비주류 취급을 받는 외국인, 그러니까 알렉산더 대왕의 고향인 마케도니아 출신이었기 때문입니다. 그는 아카데미아에서 플라톤의 제자로서 열심히 학생들을 지도하고, 일종의 관리자로서 플라톤을 이을 후계자의 꿈을 키웠지만, 그는 끝내 아테네의 토박이들에게 이런저런 이유로 따돌림당했습니다. 고령인 플라톤이 죽고 나면, 아카데미아의 새로운 책임자가 될 수 있는 사람은 아리스토텔레스밖에 없었지만, 아카데미아는 끝내 플라톤의 조카에게로 넘겨집니다. 외국인이라는 이유로 아카데미아의 원장이 되지 못한 아리스토텔레스는 이런저런 경로를 거쳐 고향인 마케도니아로 돌아가 알렉산더의 스승으로서 가정교사 일을 합니다. 성장한 알렉산더가 인도 정벌을 위한 원정에 나서자, 아리스토텔레스는 아테네로 되돌아와 그 옛날 자신이 받았던 냉대를 상기하면서, 자신의 스승인 플라톤의 조카가 당시 관장하고 있던 아카데미아에 대적할 만한 학원으로 리케이온을 세우고 본격적으로 학생들을 가르칩니다. 이 당시 그가 가르친 강의 노트가 그의 후대에 이르기까지 보여 준 그의 사상과 삶에 대한 지혜가 지닌 전체적인 면모를 담고 있습니다만, 아리스토텔레스 본인 스스로는 아테네 지식인들 사이에서 그렇게 열렬한 환영을 받은 적이 없는 인물입니다. 그래서 그는 그저 변방, 비주류의 사상가로서 후일의 문제를 늘 그 스스로 점검하며, 선택하며, 그리고 다짐하던 사상가였던 것 같습니다. 어쩌거나 당시 아테네에서는 플라톤이 세운 아카데미아, 아리스토텔레스가 세운 리케이온, 그리고 제논이 세운 제논 학당은, 요즘 말로 비유하면, 당시 아테네 공동체의 시대정신생활을 지배하고 있는 대표적인 고등평생교육기관으로서 아테네인들의 지력을 충족시키고 있었던 셈입니다. 그 틈새에 에피쿠로스가 끼어든 것입니다.

아테네 철학계에서는 역시 변방의 철학자 신세였던 에피쿠로스 역시 다른 이들처럼 자신의 논지를 펼치기 위해 자신의 고등평생교육기관을 아테네에 세우게 됩니다. 아테네 도심에서 조금 떨어진 곳에 어렵사리 집 한 채를 구입한 후 학원으로 세우고, 그 이름을 호케포스, 즉 '정원'이라고 붙였습니다. 호케포스는 삶의 슬기를 학생들끼리 서로서로 논하는 평생교육기관이기도 했지만, 일종의 배움 공동체로서 여성이나 노예들에게도 참여할 수 있는 문호를 개방한 배움 공동체였습니다. 에피쿠로스는 당시, 요즘 말로 말하면 벽 없는 학원, 모든 이를 위한 평생교육을 선도하던 박애주의자였으며, 민중에게 삶의 슬기를 일깨워 주던 안드라고구스(Andragogus)였던 셈입니다. 안드라고구스라는 말은 당시, 귀족 집 자제들의 놀이와 보육을 책임지던 몸종으로서의 페다고구스(Pedagogus)와는 사회적 신분이나 지성적 열기를 달리한 철학자들을 일컫는 말이었습니다. 다시 말하지만, 요즘 말로 저들 안드라고구스들은 소크라테스, 플라톤, 아리스토텔레스와 같은 그러니까, 인간의 삶과 지혜를 논하고 익히는 당대의 '배움론자'였다고 이해하면 됩니다.

기원후 3세기 고대 그리스의 전기 작가로 알려진 디오게네스 라에르티오스의 『유명한 철학자들의 생애와 사상』에 나타난 기록에 의하면, 에피쿠로스의 학당인 호케포스는 당시 아테네에서는 상당히 개방적인 모든 이를 위한 배움터였습니다. 호케포스에서는 여성이든, 창녀이든, 노예이든, 어린아이든, 그 누구나 배우기를 원하는 사람에게는 배움의 문이 열려 있었습니다. 저들과 에피쿠로스는 흉허물 없이 서로에게 친절하며, 서로가 삶의 슬기를 서로에게 배웠습니다. 그런 박애주의자인 에피쿠로스를 못마땅해하는 비판자들이 전면에 나서기 시작했습니다. 자신의 배움터를 시중의 창녀들에게 개방하는 에피쿠로스를 사회계층의 관점에서 못마땅하게 여기는 당대의 비판자들은 에피쿠로스를 쾌락주의자라고 몰아갔습니다. 에피쿠로스는 바로 탐욕, 방탕, 음탕한 짓을 즐기며 쾌락을 만끽하는 향락주의자라고 해석하며 에피쿠로스를 비난했습니다만, 사실 에피쿠로스는 저들의 비난과는 전혀 다른 삶을 살았습니다.

에피쿠로스는 저들 제논학파나 아카데미학파가 멸시했던 노예나 창녀들의 인간애(愛)였습니다. 저들 하층민의 생명됨이나 귀족이나 높다란 이성을 논하는 철학자들의 생명됨이나 모두 마찬가지로 귀한 생명입니다. 그것만이 절대적인 가치입니다. 그 누구의 삶에서나 가장 중요한 것은 생명입니다. 생명이 없으면 그 어느 누구의 삶도 불가능하기 때문에, 생명은 그 누구의 삶에서도 절대적인 가치가 되는 것입니다.

생명이 없어지면 삶이 없어지는 것이기에, 삶, 그리고 삶의 본체인 생명을 바로 쾌락 그 자체라고 간주한 소크라테스의 제자인 아리스티푸스(Aristippus, BC 435~365)의 가르침대로, 에피쿠로스 역시 좋은 삶의 핵심은 생명이기에, 생명을 지닌 노예에게 도, 창녀에게도 저들에게 생명의 지혜인 배움을 열어 놓은 것입니다. 아리스티푸스 의 직계 제자인 에피쿠로스는, 자신의 스승인 아리스티푸스의 생각을 더 극단적으로 몰아갔던 키레네학파(Cyrenaics)와도 생각이 근본적으로 달랐습니다. 삶의 본질은 바로 '무심'이라고 강조하며 잡다한 일상살이에서 한발 물러서서, 지고한 이성(理性) 의 절대성과 그 중요성만을 강조했던 스토아학파나 그 스토아학파에서 파생하여 세 상을 냉소적으로 대하는 극단적인 이성의 중요성을 강조했던 견유학파, 즉 키니코스 (Cynics)학파와도 생각을 달리했던 것입니다. 에피쿠로스는 스승인 아리스티푸스 밑 에서 같이 수학했지만, 자신의 일상과 삶에 있어서는 서로 다른 지혜의 길을 택한 키 레네학파와도 결별했습니다. 키레네학파인 헤게시아스(Hegesias, 불명~BC 300) 같 은 이는, 좋은 삶은 감각적이며 육체적 그 쾌락 자체라고 설파하면서, 자신 스스로 아 무리 생각해 봐도 '세상은 고통으로 가득 차 있을 뿐이며, 기껏 해 봤자 자질구레한 작은 쾌락들만이 있을 뿐이기에, 차라리 죽는 것이 더 쾌락적이다.'라고 절규하며 끝 내 자살로 자신의 쾌락을 지킵니다. 에피쿠로스는 생명의 현실적인 가치를 우선했기 에 생명의 가치를 경시한 저들과는 다른 길을 택할 수밖에 없는 노릇이었습니다.

　저들 제논학파나, 아카데미학파들이 에피쿠로스학파를 비난한 이유는 학문적이라 기보다는 보다 '장사 속'에서 저들의 잇속을 챙기려고 나온 것들일 수도 있었습니다. 윌리엄 어빈 교수가 『직언』에서 지적하고 있듯이, 기원전 3세기경에는 이미 아카데 미학파나, 제논학파는 에피쿠로스학파에게 학생들을 빼앗기고 있는 형편이었습니 다. 상황이 어려워지자, 이들 아카데미학파나 스토아학파들은 학생들을 선제적으로 모집하기 위한 방법으로 공동의 목표를 세우고 서로 동맹을 맺은 후, 심지어 저들의 학파를 상징하는 이론마저도 그럴듯하게 수정, 보완하며, 저들끼리 상부상조했습니 다. 실제로, 스토아학파의 창시자인 제논 역시 키니코스학파의 전파자, 그러니까 소크라테스 제자로서 극단적인 금욕주의자, 어쩌면 당대의 노숙(露宿)주의 삶을 강조하는 안티스테네스와 또 그의 제자인 시노페의 디오게네스로 이어지는 그 금욕주의학파, 행복하기 위해서는 지혜와 덕만으로 충분하다는 사상을 강조하는 메가라학파, 그리고 당대의 학문주도세력인 아카데미학파를 오가면서 자기의 생각을 정리하는 데 필요한 이런저런 생각을 섭력했던 인물입니다. 그런 정황을 미루어 보아, 당대에는 에피쿠로스의 지력과 그의 생각이 아테네에서는 떠오르는 별이었던 것 같습니다. 에피쿠로스를 견제하기 위해 저들은 학문적인 동맹과 학문적 혼열주의를 시도했던 것입니다. 자신들과 경쟁관계에 있던 에피쿠로스의 약점을 가능한 부각시켜 저들의 학문적인 세력을 다시 잡아 보려고 노력했다고 보여집니다.

　사정은 그랬지만, 저들의 비판과는 전혀 다르게, 에피쿠로스 자신은 "즐겁게 살지 않고서 사려 깊고 아름답고 정의롭게 사는 것은 불가능하다."라고 강조하면서, 제논마저도 어쩔 수 없이 강조했던 것처럼, 삶에서의 절대적인 지혜와 슬기는 바로 자연스럽게 사는 것이라고 강조했던 것입니다. 자신을 찾는 사람들에게, "자신의 삶을 매일같이 슬기롭게, 정의롭게, 그리고 제대로 살아가지 않으면서 평온한 삶을 살아가겠다는 것은 처음부터 가당치 않습니다. 마찬가지로, 평온한 삶을 살지 않으면서 자신의 삶을 슬기롭게, 정의롭게 그리고 제대로 살아야겠다는 것 역시 가당치 않기는 마찬가집니다."라고 강론했던 에피쿠로스는 『메노이케우스에게 보내는 편지』에서처럼, 자신이 지칭하는 쾌락(快樂), 고통 없는 상태로서의 평정심이며 평상심인 아타락시아가 바로 선(善), 그 자체이며 덕(德)의 본체라고 말합니다. 그러니까 '평정심이 바로 좋은 삶으로서의 행복' 그 자체라는 것을 분명하게 밝힙니다. "우리가 '쾌락이 목적입니다.'라고 할 때, 이 말은 우리를 잘 모르거나 우리의 입장에 동의하지 않는 사람들이 생각했던 것처럼, 방탕한 자들의 쾌락이나 육체적 쾌락을 의미하는 것이 아니다. 내가 말하는 쾌락은, 몸의 고통이나 마음의 혼란으로부터의 자유다. 왜냐하면 삶을 즐겁게 만드는 것은 계속 술을 마시고 흥청거리는 일도 아니고, 육체를 만족시키는 일도 아니며, 물고기를 마음껏 먹는 풍성한 식탁을 갖는 일도 아니기 때문이다.”라고 말한 대목은 에피쿠로스가 말하던 쾌락은, 그를 시기하는 아카데미아학파나 제논학파가 비난하는 것 같은 그런 육감적인 것이 아니라, 정신적인 것임을 분명하게 드러내놓고 있습니다.

　다시 말하겠습니다. 에피쿠로스가 당시 말했던 쾌락이라는 관점은, 오늘 날에도 여전히 유효하지만, 그냥 보고, 맛보고, 들어서 느끼게 되는 것으로서의 오감(五感)만이 갖는 그런 것을 의미했던 것이 결코 아니었다는 것을 상기해야 합니다. 그렇다고 성적인 유희 같은 것도 아니었습니다. 삶에서 어쩌면 가장 지혜가 요구되는 일 가운데 하나가 남녀 사이의 성적 결합일 수도 있습니다. 『반지의 제왕』을 쓴 톨킨과 절친한 친구로서 『나니아 연대기』로 성인들까지 동화의 판타지 세계로 이끌어 간 작가 C. S. 루이스는 남녀 간의 육체적인 결합과 그로부터 오는 쾌감을 쾌락의 정수라고 잘라 말합니다. 그러니까 남과 여가 만나 서로 살을 맞대는 육체적인 관계, 그런 사랑의 즐거움을 신(神)이 인간에게 하사한 쾌락이라고 말하며, 육체적인 쾌락에 대해서 이렇게 예찬합니다. “쾌락은 하나님의 발명품이지 악마의 것이 아니다. 즐거움이 우리의 감정을 자극할 때, 영광의 한 줄기 광선이 된다. 그것을 경배의 통로로 만들라. 부부의 즐거움을 거룩한 경배의 통로로 바꿔라.”라며, 성적 결합을 예찬합니다. 남녀 간의 사랑, 그러니까 서로의 가슴이 뛸 때, 서로의 피부가 탄력이 남아 있을 때 주저하지 말고 더욱더 사랑해야 한다는 것이 그의 논지입니다. 그런 쾌락의 진수를 에피쿠로스나, 제논이 모를 일이 아니었습니다만, 당시 에피쿠로스를 못마땅하게 여기던 반대파 보수주의적인 철학자들, 말하자면 당대의 플라톤의 아카데미아와 필적할 수 있는 학파를 만들려는 욕망에 가득 찼던 제논학파는 에피쿠로스가 말하는 쾌락을 천박한 그 무슨 성적 결합이나 야합 같은 것으로 몰아갔습니다. 그러니까, 그 당시 키레네학파가 좋은 삶의 본보기로 한결같이 주장했던 쾌락, 말하자면 순간적이고 육체적인 쾌락을 에피쿠로스가 말하는 쾌락과 같은 것과 동일한 것으로 싸잡아 비판했습니다. 에피쿠로스는 저들의 비판에 아랑곳하지 않았습니다. 에피쿠로스는 오히려 제논학파가 자신의 철학적 관점으로 내세우던 그 관행(觀行), 그러니까 육체적인 동시에 정신적인 고통으로부터의 해방을 위한 관행이 바로 자신이 말하는 쾌락의 핵심이라고 맞서며 자신의 관점을 더욱더 밀고 나아갔습니다. 원래, 제논학파는 헤라클레이토스가 내세운 우주론, 그러니까 우주는 일종의 불인 로고스에서 만들어졌다고 믿으며 좋은 삶, 행복의 윤리는 '금욕주의'적 사유와 행동의 실천으로부터 가능하다고 말하던 도덕주의자들이었습니다. 초기 제논학파들의 사상을 도덕주의로 이해할 수밖에 없었던 것은, 저들 제논학파의 우주관이 에피쿠로스학파의 그것과는 사상적으로 달리, 상당히 결정론적이었기 때문입니다. 제논학파는, 세상만물이 신(神), 그러니까 제우스 같은 절대적인 신의 힘에 의해 미리 정해져 있기에, 인간들은 신의 섭리인 로고스에 따라 생활해야 되는 것이고, 인간의 이성은 바로 신의 섭리를 따르기 위해 준비되어 있는 것으로 간주했을 뿐입니다. 신의 섭리대로 살아내는 것, 그러니까 지금의 현실이 죽은 후의 신과의 제대로 된 만남이 되도록 살아가는 것이 행복에 이르는 길이라고 간주한 제논학파는, 좋은 삶, 행복한 삶에 이르기 위해서는 금욕주의를 실천해야 하고, 금욕주의를 위한 방법으로 아파테이아(Apatheia), 부동심으로서의 무심을 강조했습니다. 당대의 철학자인 플라톤이 내세운 이데아론이나 아리스토텔레스의 행복론과 저들의 금욕주의를 접목시켜 보려고 한 일부 제논학파는, 저들의 관점을 벗어나는 에피쿠로스학파의 평정심, 아타락시아(Ataraxia)를 선뜻 받아들일 수가 없었습니다. 에피쿠로스가 행복의 윤리로 요구한 그 평정심의 핵심은, 요즘 말로 말하면, '쾌락 없음'인데, 쾌락 없음이 오히려 더 좋은 삶, 행복의 본질이라는 에피쿠로스의 주장이 저들 제논학파에게는 어딘가 비논리, 탈(脫)논리적인 것 같아 보였기 때문일 것입니다. 쾌락 없음이라는 말은 쾌락의 원초적 거세를 상징합니다. 쾌락이 삶에서 원초적으로 거세되면, 쾌락이라는 말 자체가 필요하지 않게 됩니다. 쾌락이라는 말 자체가 거론될 수 없는 상황이 바로 쾌락 없음의 상태입니다. 그 쾌락 없음의 상태는 평정심의 상태에서 가능한 것이기에, 에피쿠로스는 역설적으로 쾌락의 실체로서 아타락시아, 평정심(平靜心), 지금 당장 각자에게 필요한 현실적인 마음의 평정을 행복의 요체로 내세운 것입니다. 그러니까 쾌락 없음의 상태가 쾌락의 절정이 되는 것인데, 그런 쾌락의 절정은 평정심, 아타락시아 상태를 유지함으로써 가능해진 다는 에피쿠로스의 현실 중심의 처세술이었던 셈입니다. 그런 평정심의 상태에 이르는 것이야말로 '인간에게 있어서 그의 지성이 최고도로 발휘되는 순간'으로서의 행복한 상태에 이르게 됩니다. '일생을 통해 발휘되는 지속적이고도 궁극적인 이성적인 힘으로서의 행복'이야말로 좋은 삶의 본보기라는 에피쿠로스의 생각을 제논학파는 선뜻 받아들이기가 쉽지 않았습니다. 에피쿠로스가 말하는 바의 쾌락 없음이 쾌락이고, 그것의 핵심이 평정심인 아타락시아를 받아들이면, 제논학파가 주장하는 금욕주의와 부동심으로서의 아파테이아야말로 설 곳이 없어진다고 여겨졌기 때문일 것입니다.

　다시 정리해서 말합니다. 에피쿠로스가 말하는 좋은 삶, 행복한 삶, 행복의 윤리는 '쾌락 없음'의 상태를 말하는 것이고, 그 쾌락 없음이 바로 쾌락의 핵심이라는 주장이 에피쿠로스가 말하는 행복론 그러니까 좋은 삶의 핵심입니다. 쾌락 없음의 쾌락으로 인도하게 해 주는 것이 일상에서의 아타락시아, 즉 평정심입니다. 그 평정심이 사람들에게 가능하기 위해서는 요즘 말로 '몸'이 건강해야 한다는 것입니다. 그가 말하는 마음의 평정으로 표현된 '쾌락'은 인간의 덕성이 최고조에 이르러야 되는 상황을 말하는 것이니까 인간 스스로 자신의 이성으로 이룰 수 있는 최고의 선, 최고의 쾌락 지점에 이른 상태를 말하는 것입니다. 이쯤 되면, 에피쿠로스나 제논이나 몇 마디의 문맥을 빼고는 다를 것이 하나도 없는 것인데, 저들 제논학파는 신생 에피쿠로스를 그 어떻든 간에 우선 기선을 제압하려고 일단은 욕부터 보인 것입니다. 행복을 위한 최고의 선은, 당시 용어로 말하면 인간 스스로 인간됨, 인간됨의 탁월성 그것에 이른 상태를 말하는 것입니다. 쾌락이 결코 육감적인 기쁨이나 즐김과 같은 쾌락이 아니라는 생각은 에피쿠로스 역시, 아테네 철학자들이 일반적으로 논하거나 합의하고 있던 생각에 동조하고 있음을 보여 줍니다. 이 점은, 아리스토텔레스의 이야기를 다시 찬찬히 읽어 보면 분명하게 드러납니다. 다시 말하지만, 아리스토텔레스는 그가 쓴 『니코마코스 윤리학』(1권 10장)에서, "행복은 탁월성에 따르는 활동이고, 그 반대의 활동은 불행을 불러올 것입니다. 인간적인 성취들 중에서 탁월성에 따르는 활동만큼 안 정성을 갖는 것도 없습니다. 탁월성에 따르는 활동들은 학문적 인식보다 더 지속적인 것처럼 보이는데, 이들 활동 중에서도 더 영예로운 활동이 더 오래 지속되는 이유는 어떤 활동에서 행복을 크게 느낀 사람은 그런 활동을 더 열심히 더 오래 지속하기 때 문입니다. 이런 활동들을 망각하지 않는 것도 그런 이유 때문입니다."라고 말한 것을 상기하면, 아리스토텔레스가 지적한 행복의 핵심은 에피쿠로스가 말하는 '마음의 평 정'과 그리 크게 다르지 않습니다.

행복의 본질, 그러니까 좋은 삶의 본보기, 행복의 윤리를 만들어 보기 위해 아리스 토텔레스의 『행복론』에 자신들의 금욕주의를 잘 섞어 보려는 제논학파와, 쾌락 없음 으로서의 쾌락이야말로 행복의 진수라고 본 현실주의적인 에피쿠로스학파 간에 피 치 못하게 생긴 갈등과 긴장은, 제가 보기에는, 그리 유별나게 서로 달라 보이지 않습 니다. 물론 당대에는 행복의 윤리, 그러니까 좋은 삶에 대해 어느 학파의 견해가 더 사람들에게 행복에 이르는 지혜와 슬기를 줄 수 있을지를 각기의 학파(學派), 학당(學 堂)의 이름을 걸고, 서로의 지력을 대중에게 시험하는 것이었기에, 서로가 한 치라도 뒤로 물러설 수 없는 위치였을 것입니다만, 수천 년이 지난 지금의 분위기로 보면 에 피쿠로스의 행복론이나 저들 비판자들의 행복론 간에는 그렇게 현격한 차이가 나는 것 같지가 않기 때문입니다. 제논학파의 금욕주의적인 아파테이아(Apatheia, 無心) 나, 에피쿠로스가 말하는 쾌락 없음으로서의 쾌락을 위한 평정심, 그러니까 아타락 시아(Ataraxia, 平靜心)로 상징되는 쾌락 없음의 상태 사이에는 서로가 영원히 척지 며 대결해야 될 그런 이론적인 간극이나 긴장감이 있어 보이지 않습니다. 물론, 제 논학파는 인간들이 신의 섭리대로 살기 위해, 신에 의해 정해진 질서와 그의 섭리를 지키기 위해 인간이 지켜야 될 일, 필요한 행위로서 아파테이아, 그러니까 부동심의 중요성을 내세웠던 것에 비해 에피쿠로스는 요즘 말로 하면, 양자적(量子的)인, 콴툼 (Quantum)적인 자아로서 지켜내야 할 덕목으로서, 자신이 살아가고 있는 지금 이 현 실에서 작동할 수 있는 심적인 안정으로서의 아타락시아, 평정심을 내세운 것입니다.

서로 간에는 미묘한 개념적인 차이가 있기는 합니다만, 그 차이는 무시할 수 있을 법한 차이입니다. 행복의 윤리에 관한 아리스토텔레스의 생각을 동조하고 있는 제논학파나 에피쿠로스학파 간의 이론적인 차이를 군이 가르려고 한다면, 이렇게 말할 수 있을 것입니다. 제논학파가 말하는 행복의 윤리, 좋은 삶의 윤리를 '참된 행복'론이라고 말할 수 있다면, 에피쿠로스가 말하는 행복의 윤리는 '완전 행복'론이라고 서로 다르게 구별의 관점으로 명명할 수는 있을 것입니다. 그러니까, 참된 행복에 이르기 위해서는 그 무엇이든 인간의 본성인 탁월성에 따르는 활동을 지속해야 한다는 점에서, 저들 제논학파는 사람들이 행복에 이르기 위한 인간의 그 탁월성을 신의 섭리대로 발휘하면서 살아내야 한다고 본 것이고, 반대로 에피쿠로스는 그 중심을 인간의 행위에 둔 것이라고 보면 됩니다.

인간의 길흉은, 고대 아테네 사회에서는 절대적인 힘으로 여겨지던 신(神)인 제우스의 은사에 따라 결정된다고 여기며, 그의 힘에 기대며 그것을 활용하려고 했던 제논학파들의 입장은 지금의 관점에서 보면, 상당히 전략적인 생활자세였습니다. 요즘의 심리실험 연구결과에 따르면, 미신에 매달리며 신의 은사에 호소하는 사람들일수록 놀랍게도 자신들의 일상사, 단기적인 과제수행에서, 신을 믿지 않거나, 그런 힘에 기대지 않는 사람들에 비해 자신의 효능감이 높은 편으로 나타나고 있기 때문입니다. 이런 사실을, 『번영과 풍요의 윤리학』을 쓴 마시모 피글리우치 교수가 행복의 문제를 다루면서 제공하고 있습니다. 미신과 인간의 과제수행력의 상관성에 관한 실험에 의하면, 미신으로 무장한 사람, 그러니까 그 어떤 절대적인 신의 은사 같은 것을 믿으면 그런 힘이 자신의 과제수행에 도움이 된다고 믿는, 미신적인 사람들일수록, 실험에서 정해 준 과제를 보다 더 효율적으로 완수할 수 있다는 나름대로의 자신감이 더 컸으며, 그런 자신감으로 인해 주어진 과제수행에서 높은 '자기 효능감'을 드러내 보였다는 것입니다. 미신으로 자신의 마음을 다진 사람들일수록, 대조군보다 훨씬 오랜 기간 자신의 목표를 향해, 묵묵히 그 일을 밀고 나감으로써 소기의 과제를 성공리에 끝냈고, 그런 공과를 신의 은사, 그러니까 미신의 힘으로 돌렸다는 것을 알아낸 피글리우치 교수는 이 실험을 통해 미신자(迷信者)들의 자기 효능감이 만들어지는 과정을 5단계로 정리합니다. 말하자면, 그는 미신을 믿는다, 그리고 미신적인 행위에 참여한다, 그러면 누군가 절대적인 힘이 자신의 뒷배가 되기에 자신감의 수준이 높아진다, 그런 믿음이 생기면 그 결과 오랫동안 과제에 매달리게 되며 자기에게 닥치는 어려움이나 고통도 견디어 낸다. 그런 상황에서 결국 다른 조건이 동일하다면, 자신의 뒷배가 되어 준다고 믿게 되는 신에게 읍소하며, 그 미신(迷信)의 힘에 의지하여 과제를 성공적으로 끝낼 가능성이 더 높아진다는 것입니다. 다시 말해서, 과제성공의 연쇄 고리가 미신을 믿는 사람들의 마음속에 손쉽게 만들어진다는 것입니다. 이 말은 미신의 효과가 있다는 것에 대한 직접적인 증거가 아니라, 자기 최면의 효과를 높이기 위해 신이나 절대적인 힘 같은 것에 인간은 무기력할 뿐이라는 것을 보여 주는 간접적인 증거입니다. 결국, 좋은 삶, 행복의 윤리에 관해, 제논학파는 미신적인 입장에서 자기들이 강조하는 아파테이아, 그러니까 무심(無心)을 신의 은사라고 호소하며 당시 스파르타와의 전쟁에서 패배한 후 극도의 좌절과 분노로 일그러져 있던 아테네 민중들에게 자신의 일상사에서 일종의 기댐이며 힘으로 작동하던 미신력(迷信力)을 최대한 활용하려고 했었을 법했고, 반대로, 에피쿠로스는 그런 미신에 기댐이 없이 인간 스스로 자신의 일상과 현실을 직시하는 자기 정화와 현실적인 자기 결단과 삶에 대한 실존적인 결단을 더 강조했다고도 볼 수 있습니다.

에피쿠로스는 자신의 일상에 주목하면서, 자신이 지금 밟고 있는 자신의 현실을 떠난 평정심은 실현 불가능하다고 봅니다. 그가 좋은 삶을 살려면 매일을 철학하라고 말한 그 이유입니다. 그는 말합니다. "다른 일들의 경우에는, 그 일이 끝났을 때 비로소 힘겹게 열매가 얻어지지만, 철학의 경우에는, 기쁨이 앎과 동반합니다. 왜냐하면 모두 배우고 나서야 비로소 즐거움이 오는 것이 아니라, 배움과 즐거움이 동시에 생기기 때문이다."라고 말합니다. 만약에, 여성 무기중개인으로서 한때 명성을 날렸던 린다 김, 유년시절 말 못할 가난과 고난의 아픔을 딛고 보란 듯이 일어나 일약 군사무기 시장에서 두각을 나타냈던 군사무기 중개상 린다 김, 그렇지만 말년에는 이런저런 일로 인해 비운의 길로 들어서버리게 된 린다 김이 자신의 자서전인『코코펠리는 쓸쓸하다』에서 실토하는 것처럼, "뜬구름 위에 꿈의 궁전을 짓는다고 남들이 아무리 비아냥거려도 머뭇거리거나 헛되다고 생각하지 말라. 구름 위에 궁전을 지어 놓은 다음 하늘에서 땅으로 내려오는 탄탄한 축대를 쌓을 수도 있다. 시작을 오로지 땅에서밖에 할 줄 모르는 사람은 결코 구름까지 닿는 집을 짓지 못한다."라고 에피쿠로스에게 말했다면, 그는 그녀가 겪었을 법한 삶에서의 분노를 오히려 이렇게 다독였을 것입니다. "우리는 가지고 있지 않은 것을 바라다가 지금 가지고 있는 것마저 망쳐서는 안 된다. 우리가 가지고 있는 것들도 행운의 선물이었다는 점을 기억하라."라고 그녀를 조용하게 다독였을 것입니다. 그렇습니다. 자기가 지금 지니고 있는, 자신의 마음속으로는 늘 작고, 적고, 아직도 형편없이 부족하다고 생각하며, 자신이 지닌 그것에 아무것도 만족하지 못하는 사람은, 자신에게 그 어떤 큰 것이 온다고 해도, 그는 끝내 그것에 만족하지 못하게 될 것입니다. 에피쿠로스는 오늘을 사는 우리에게 이렇게 일러줍니다. 내게 지금 없는 것, 아직 갖지 못한 것을 무턱대고 욕망하기만 함으로써 자신의 속을 태우지 말라고 일러줍니다. 지금 자기 자신이 지니고 있는 그것이야말로 자기 스스로 그 옛날부터 그토록 갈망하고, 욕망해 왔던 것임을 결코 잊지 말아야 하겠기 때문에 그것이 그럴 수밖에 없다는 것입니다. 정말로 자신의 삶을 즐기려면, 더도 덜도 말고, 자신의 일상생활에서 중용을 지켜야 하고, 그런 중용(中庸)의 삶이야말로 지혜로운 사람, 좋은 삶을 살아가는 사람, 행복한 사람의 자질이라는 에피쿠로스의 생각은 바로 아리스토텔레스가 강조했던 지혜의 힘을 닮았던 것입니다. 아리스토텔레스는, 지혜로운 사람은 쾌락을 즐기는 힘을 갖은 사람이 아니라, 고통을 피할 줄 아는 힘과 능력을 지닌 사람이라고 설파했는데, 그 말은 바로 지혜로움을 지닌 사람이 바로 행복한 삶, 좋은 삶을 맞이할 수 있다는 뜻이기도 합니다.

에피쿠로스는 하루의 시작을 제가 말하는 것처럼 새해, 새날처럼 시작하라고 말하는 듯합니다. 자신의 삶에서 요행이 있을 것이라는 것은 미신입니다. 저들 제논학파가 보여 준 생활자세와 저들이 내세우는 금욕의 수단인 아파테이아와는 정신적으로 다르게, 에피쿠로스는 인간됨의 현실적인 근저를 다지게 만들어 주는 아타락시아, 그러니까 그 평정심(平靜心)이 작동하는 생활이 바로 좋은 삶으로서의 완전한 행복상태이며, 그런 행복상태를 일상에서 만들어 가면 그것이 바로 고통이 제거된 상태라고 생각합니다. 사람들이 좋은 삶을 살아가려면 자신의 일상에서 그 평정심, 대안(大安)을 위한 아타락시아를 유지해야 한다고 강조한 것입니다. 개인마다 요구되는 '아타락시아, 고통이 제거된 상태로서의 평정심', 그러니까 '마음이 동요되지 않고 평안한 상태'처럼 지속적이고 정적인 쾌락으로서의 아타락시아에 이르는 것이 쾌락 없음으로서의 쾌락인 것이었습니다. 쾌락 없음으로서의 '쾌락 만들어 내기'가 일상적인 삶에서 결정적으로 중요함을 강조하면서도, 에피쿠로스는 인간이 매초적으로 누리는 오감의 쾌락을 무조건 무시할 수만은 없었습니다. 그는 인간이 각자적으로, 매일같이 일상적으로 누리고 있는 오감의 차이를 서로 다르게 받아들여야 한다고 생각합니다. 그는 말합니다. "맛의 즐거움, 사랑의 쾌락, 듣는 즐거움, 아름다운 모습을 보아서 생기는 즐거운 감정들을 모두 제외한다면, 과연 인간에게 진정한 의미에서의 선(善, Agathon), 그러니까 사람에게 '좋다는' 것을 무엇이라고 말해야 하는지를 모르겠다."고 저들 제논학파에게 오히려 반문(反問)했던 것입니다. 요즘 말로 말하면, 먹고, 마시고 자고, 싸고, 즐기고 있는 자신의 현실과 감각을 부정하는 제논, 당신 스스로가 바로 위선자가 아니냐고 곧바로 다그쳐 되물었던 것입니다. 그러니까 에피쿠로스는 '신됨'보다는 '인간됨'을, 생명 있음, 생명됨을 먼저 확인한 것입니다. 그가 말하는 쾌락이라는 것을 제 식으로 표현한다면, 그것은 인간의 오감덩어리인 육체, 몸과 그의 마음과 정신이 하나 됨인 '몸'의 해방, 고통으로부터 해방을 말하는 것이었습니다. 에피쿠로스는 인간의 몸과 마음을, 플라톤처럼 이데아와 현실로 나누어 이원적으로 가르지 않고, 그냥 일원론적인 생각인 '몸'으로 보고, 그 몸의 통합적 기능을 현실적으로 강조했던 셈입니다.

　사실, 행복의 윤리를 위해 제논학파가 내세운 부동심으로서의 무심(無心)이 삶에서 더 가치로운 개념인지, 에피쿠로스학파가 말하는 마음 평온함으로서의 평정심(平靜

心)인 아타락시아가 더 중요한지 어떤지를 따지는 것은 삶의 슬기라는 관점으로 저들의 가치를 논하기에는 그리 중요하지도 않고, 무의미하기까지 합니다. 서로의 개념들, 무심이나 평정심의 개념들은, 자신들의 강론이 상대방보다 더 설득력이 있다고 우기기 위해서, 그러니까 자기들만의 좋은 삶, 행복의 윤리를 위해서 절대로 양보할 수 없는 개념들이라고 서로 쟁송했을 법하지만, 그런 작은 충돌이 있은 후 어느 정도 시간이 흐르고, 흐르면 모든 것은 어느새 서로가 같아져 버립니다. 인간들이 매일같이 살아내야 하는 삶에 도움이 된다고 보는 개념들로 심각한 차이를 드러내지 않게 됩니다. 좋은 삶의 과정에서, 좋은 삶을 위해 도움이 된다고 하면, 서로서로, 나름대로 섞이고 융합될 수밖에 없기 때문입니다.

지금까지 제 스스로 행복의 윤리학에 대해 제논학파와 에피쿠로스학파의 생각들이 엄청나게 다른 것처럼 서로를 나누어 이야기했지만, 저들 모두는 그저 편하게 스토아학파라는 큰 이름 안에 하나로 포섭될 수 있는 견해들이었습니다. 저들의 생각이 출발점들은 분명히 달랐지만, 시간이 흐르면서 서로가 서로의 장점과 본받을 만한 것들을 서로가 포섭하고 차용했기 때문입니다. 에피쿠로스와 제논의 생각 차이를 드러내기 위해 서로의 이름으로 저들의 학문적 차이가 있는 것처럼 이야기했지만, 그 차이는 서로를 대척점에 놓고 보게 만들기보다는, 각기 다르게 내세우게 만드는 한두 개의 서로 다른 견해를 제거하면 오히려 저들의 생각들은 하나의 융합된 견해로 자연스럽게 통합될 수 있을 정도로 엇비슷해졌기 때문입니다. 서로 간의 논리적인 차이들이 거의 소거되는 시점이 바로 로마시대였습니다. 로마가 그리스를 정복하고, 저들의 정신적인 문화나 삶의 슬기를 있는 그대로 차용하면서 그것을 다시 로마인들을 위한 삶의 지혜로 만들어 낸 로마시대에는 굳이 에피쿠로스니, 제논이니, 아리스토텔레스니 하는 식으로 나누어, 분류하거나 각각의 독립적인 논리를 따져가기보다는 그저 로마인들의 삶을 위해 참고한 그리스철학이라는 하나의 커다란 논리적인 지주(支柱)로서, 혹은 좋은 삶을 위한 대명사적인 견해로서 스토아(Stoa)라는 이름으로 녹아들어 버렸습니다. 저들 그리스 철학자들은 본질적으로 저들의 철학, 저들이 바라는 좋은 삶에 대한 논리나 견해를 주로, 당시에는 저들에게 모든 시민을 위한 광장이고, 장사터이며, 뉴스 전달터로서의 아고라에서 전개했습니다. 아테네 공동체의 상징인 아크로폴리스(Acropolis) 그 바로 아래에 위치하고 있는 대중의 모임터인 아고라(Agora) 안에 위치한 여러 커다란 건물들과 그 주랑(柱廊)인 스토아 사이, 그리고 그 사이에 펼쳐진 넓은 공간에서 서로 간의 이야기를 주고받으며 자신의 소신을 피력했습니다. 좋은 삶에 관한 저들 그리스인들의 논리와 견해들이 아고라 광장의 주랑 사이에서 전개된 것을 주목한 로마의 학자들은 저들 아테네 철학자들의 생각들을 그냥 얼버무려 스토아학파라고 통째로 명명했습니다. 그런 과정에서 저들 로마의 지식인들은 에피쿠로스나 제논의 견해들을 그다지 차별화하지 않고 그냥 하나의 이름, 스토아학파 속에 융합시켜 놓은 것입니다. 그러니까, 로마에 이르면 제논이니, 에피쿠로스니 하는 차이는 소거되고, 저들의 공통된 생각을 그냥 하나의 큰 대명사로서 묶어 놓을 수 있는 그 단어, 스토아학파라는 말 속에, 에피쿠로스의 생각이나 제논의 생각이 모두가 하나로 녹아 버렸던 것입니다.

   에피쿠로스나, 제논이나 혹은 길거리 철학자들 모두, 날이 새도록 주랑에서 각자가 삶에서 가장 중요한 지혜로 자연스럽게 사는 삶을 내세웠는데, 그것은 요즘 말로 말하면, '행복주의 윤리에 관한 것'이었습니다. 행복주의라는 말은, 당시 유다모니즘(Eudaimonism)이라는 말로서, 그야말로, 행복한(Eu), 신(Daimon), 좋은 영혼을 뜻합니다. 저들이 당시 이야기했던 윤리는, 지금처럼, 인간의 행위에 국한시켜 옳고, 그른 행동이 어떤 것인지에 관해 그 어떤 절대적인 기준이나 논리를 내세우는 것에 관한 것이 아니라, 그저 일상에서 큰 어려움 없이, 그리고 그냥 그렇게 제대로, 잘 사는 법, 그러니까 삶의 지혜, 삶에서 늘 좋은 기분을 갖고 살아가는 것이 어떤 것이어야 하는 지침이나, 담론 같은 것을 의미했던 것입니다. 그래서 저들, 에피쿠로스나 제논이나 모두 한결같이 사람들이 좋은 삶, 지혜스러운 삶, 행복한 삶을 살려면 '덕이 있는 사람으로' 살아가라고 말했던 것입니다. 덕(德)이 있는 사람으로 일상을 살아가려면, 인간 본연의 능력, 혹은 인간적인 기능이라고 본 이성, 그 이성을 갖춘 사회인으로 살아가야 되는 것이고, 그런 이성을 발휘하는 사람으로 살아가는 일은, 자신의 일상을 관행적으로 살아내는 일인데, 그렇게 하는 사람은 바로 자기 삶에서 자신이 삶의 주인이 되는 사람을 말하는 것이고, 자기 삶에서, 자기가 삶의 주인으로 살아가려면 자기다움을, 도덕적으로나 사회적으로 수치스럽지 않고 부끄럽지 않은 삶을 드러낼 수 있어야 할 것입니다. 그러니까, 좋은 삶을 이야기하다 보면, 행복의 윤리를 이야기하다 보면 자연스럽게 공동체에서, 공동체 구성원으로서 요구받는 도덕적이며 윤리적인 기준에 부합되는 행동을 할 수밖에 없게 됩니다. 행복의 윤리가 자연스럽게 사회적인 도덕과 연결되게 되는 셈입니다. 말하자면, 매일같이 집에서든 밖에서든 폭력을 행사하거나, 도박중독자이면서 자기 스스로 좋은 삶, 행복한 삶, 그러니까 '유다모니아'적인 삶을 산다고 주장한다면, 그렇게 내세우는 사람의 삶을 윤리적이거나 도덕적이라고 볼 수는 없는 노릇이기에, 정말로 좋은 삶, 행복한 삶, 그러니까 스토아학파들이 한결같이 행복의 철칙으로 말한 자기 삶에서, '삶의 주인이 되고 싶다면 자신의 일상에서 자신이 원하는 것과 원하지 않는 것을 스스로 통제할 수 있어야 하고, 그렇게 통제하는 삶이 자신의 내면에서뿐만 아니라, 사회적으로 있는 그대로 드러나도록 해야 합니다.

그런 삶의 주인정신이 바로 행복주의 윤리학의 요체임을 보여 준 현자(賢者) 가운데 한 사람으로서 우리는 에픽테토스(Epictetos, AD 55~135?)를 기억해 낼 수 있습니다. "언제라도 사라질 수 있는 것이라면 소중히 생각하지 마십시오." "가난하다는 말은 너무 적게 가진 사람을 두고 하는 말이 아니라, 더 많은 것을 바라는 사람을 두고 하는 말입니다." 그리고 "당신이 자신에 대해 생각하는 것은 다른 사람들이 당신에 대해 생각하는 것보다 훨씬 중요합니다."와 같은 주옥같은 이야기로 로마 시민을 설득했던 당대의 현자인 세네카나, "현재만이 인간이 소유할 수 있는 유일한 것이니 가장 중요한 것은 내가 지금 소유한 현재를 어떻게 살아가는가입니다." "다른 사람 마음속에서 무슨 일이 일어나고 있는지 몰라 불행해지는 경우는 거의 없습니다. 그러나 스스로 마음의 움직임을 모르는 사람은 반드시 불행해질 것입니다." "바깥에서 도움을 구하지 말고 남들이 주는 안식도 구하지 마라. 스스로 바로 서야지, 세워져서는 안 된다."라고 말하며 전장(戰場)을 누빈 당대의 철인황제인 마르쿠스 아우렐리우스도 그리스의 에피쿠로스, 제논의 행복주의 윤리를 계승한 스토아학파였습니다만, 세네카나 마르쿠스 아우렐리우스는 귀족이며 황제로서 자신의 삶에서 어려움이나 격한 분노 같은 것은 겪을 일 없이 자신의 삶을 보낼 수 있었던 사람이었습니다. 저들에 비해 에픽테토스는 노예로서 후에는 현자로 불린 생활의 철학자였습니다. 기구한 삶을 살아가다가 그의 됨됨이를 보고 주인이 그를 노예의 신분에서 벗어나 자유인으로 풀어 주었기에, 좋은 삶에 대한 자신의 견해를 에피쿠로스나 제논의 생각에 흡수, 통합하여 행복의 윤리학을 나름대로 신선하게 전개할 수 있었던 사람이었기에, 그에 대한 제 자신의 애착이 강할 수밖에 없었습니다. 에픽테토스는 저들 로마의 자유인들, 좋은 삶을 추구하려는 사람, 자신의 일상을 행복주의 윤리로 살아내려고 작정하려고 하는 사람들에게 이렇게 주문했습니다." "당신이 원하지 않는 이상 다른 사람이 당신에게 상처를 주는 일은 없습니다. 당신이 상처를 받는 때는 자신이 상처를 받았다고 느끼는 바로 그 순간입니다." "행복은 자신 뜻대로 해낼 수 있는 것과 해낼 수 없는 것을 구분하는 능력에 비례하는 법입니다." 그리고 "정말로 자신의 삶에서 주인이 되고 싶다면, 자신이 원하는 것과 원하지 않는 것을 스스로 통제해야 합니다."라고 말하며 거리를 확보한 것으로 전해지고 있습니다.

자신이 원하는 것과 원하지 않는 것을 스스로 제어하고, 통제할 그때 비로소 자신의 삶에서 자신 주인이 될 수 있는 법입니다. 자신의 삶에서 자신이 주인이 된다는 말은 듣기에는 쉽지만 실제로는 그렇게 쉽지 않은 일입니다. 그래도 삶의 주인이 되도록 노력해야 합니다. 스스로 행복한 일상을 보내려면 그렇게 해야 합니다. 이것은 마치, 제아무리 노력해도 붓다처럼 예수처럼 될 수 없음에도 불구하고, 악착같이 붓다와 예수를 본받아 저들처럼 되려고 노력하는 선방의 스님들이나 수도원의 수사들처럼 그런 노력을 해야 저들 붓다나, 예수의 근처에서 서성댈 수 있게 될 듯합니다. 모든 것이 그렇기 마련이지만, 제아무리 현자, 성현들이라고 해도 조금씩은 자기의 학문적인 우월성을 내세우기 위해 서로 다투고, 조금씩은 서로의 장점에 대해 수긍하면서, 서로가 서로를 알고 있다면, 삶에 대한 저들의 깊은 사유들은 오랜 시간이 흐르면서 저들 자신도 모르게 의해 '갈라져' 버리게 되기 마련입니다. 그리스의 행복주의 윤리학도 마찬가지였습니다. 세월의 무게를 저 홀로 견뎌내는 절대적인 지혜는 없기 마련입니다. 저들 제논학파와 에피쿠로스학파들 역시 그랬습니다. 자신들의 조국인 그리스가 로마에 의해 멸망하고, 일정한 시간이 흐르자, 자신을 지배하는 정치세력은 그리스가 아니라 로마라는 것을 인정할 수밖에 없었습니다. 로마의 정신문화와 서로 공진화되는 동안, 저들은 그 누가 유별한 학파이며 유일한 학파라는 내세움도 더 이상 유효하지 않음을 알게 됩니다. 이제 저들은 자기 자신들의 행복을 위한 삶의 지혜로 제논학파들이 주장하던 무심(無心, 아파테이아, Apatheia), 그리고 에피쿠로스학파가 내세우던 평정심(平靜心, 아타락시아, Ataraxia). 그리고 로마의 속박에서 벗어나려는 자유와 해방으로서의 무애(無碍, 엘레우테리아, Eleutheria), 그러니까 어느 것에도 거침없이 해내는 행동으로서의 무애를 하나로 묶어서, 필요하다면 각각 나누어 좋은 삶을 위해 필요하다면 그렇게 때때로 무심하고, 평정심하고, 무애하며 자유하라고 강론하고 설득했습니다. 무심은 그 어느 것에도 필요 이상의 관심을 주지 않은 것을 말하는 것이며, 평정심은 그 어떤 경우에도 평온함을 유지하는 대안(大安)의 자세, 그리고 무애는 행동의 자유를 말하는 것이니, 이 3가지만 있으면 그야말로 일상에서 맥없이 불안해할 것도, 걱정할 것도 없었던 셈입니다.

　아리스토텔레스가 주장하는 관상(觀想)도, 제논이 말하는 무심(無心)도, 그리고 에피쿠로스가 내세우는 평정심(平靜心)도 모두가 좋은 삶을 위해 요구되는 방법론들이었는데, 좋은 삶은 궁극적으로 고대 로마인들의 삶에서는 자유스런 행위를 상징하는 무애(無碍), 즉 엘레우테리아와 연결되어야만 나름대로의 의미를 가질 수 있었습니다. 물론 저들 고대 그리스인들에게 있어서 자유를 뜻하는 단어는 3개나 더 있었는데, 저들은 자유에 대해 갈망하는 사람들이었기에, 자유를 그렇게 세분해서 자신들의 삶에 활용했던 것입니다. 자유를 말하는 단어 가운데 그 하나가 파레시아입니다. 두 번째는 아우타르키아, 그리고 마지막으로 엘레우테리아라는 말이 있습니다. 파레시아 (Parrhesia)는 언론의 자유, 그러니까, 진실을 다른 사람 앞에서 표현하고 그것을 보여 줄 때 쓰는 말이며, 아우타르키아(Autarkia)는 자치와 자율 같은 정치적 자유를 표현할 때 썼습니다. 아우타르키아는 특별히, 인간의 내면적 자유의 느낌, 말하자면 내 스스로 나를 위해 무엇을 선택하고, 결정하고, 결단해야 하는지와 같은 것과 관련된 인간적인 품위유지 같은 것을 말할 때 활용합니다. 지유를 상징하는 파레시아, 아우타르키아라는 말에 비해, 엘레우테리아라는 말은 행위의 자유를 말합니다. 마치 통일신라시대의 원효(元曉)대사가 보여 준 바와 같은 자신의 행동에 부자유가 없는 자유분방한 행위와 상통하기에, 무애(無碍)라고 부를 수 있습니다. 자신 스스로 옳다고 여기는 것을 자기 스스로 행할 수 있기에, 굳이 다른 사람이 만들어 놓은 규정과 기대나 억압에 강요당하지 않는 자기 책임이 앞선 거침없는 행위, 걸치거나 걸릴 것이 없는 자유를 상징하는 자유를 말하는 것입니다. 무애는 자유인의 자유, 그러니까 키토 교수가 『고대 그리스, 그리스인들』에서 밝혀 주는 것처럼, 당시 노예들에게 허용된 자유와는 성격이 전혀 다른 자기 의지로서의 절대적인 행동의 자유를 의미했습니다. 삶을 살아가는 데 그 어느 것에도 걸림이 없는 행위, 말하자면 말로는 그 모든 것을 형언하기 어려운 큰 깨달음으로, 그 무엇 하나에 걸림이나 거침이 없이 자유스런 삶의 궤적이 중요함을 끊임없이 강조했었습니다.

저들이 주장했던 행복한 삶에 이르는 길로서의 아파테이아, 아타락시아, 그리고 엘레우테리아, 그러니까 무심(無心), 평정심으로서의 대안(大安), 그리고 자유로운 행동인 무애(無碍)의 중요성을 로마의 황제들에게 잇대어 설파한 사람이, 이미 위 어딘가에서 언급했던 바의 철학자 에픽테토스였습니다. 삶의 개조가 어떤 것인지를 극명하게 드러내기 위해, 복습용으로 다시 노예 출신 철학자 에픽테토스를 논합니다만, '에픽테토스'라는 말 그 자체가 그리스어로는 '획득한'이란 뜻인데, 에픽테토스가 노예였기에 그런 이름을 갖게 된 것입니다. 그는 그냥 획득한 물건 같았습니다. 어린 시절부터 그는 노예 생활을 하며 평생을 로마에서 보냈습니다. 네로의 해방노예로서 당시 부유한 자유민이었던 에파프로디토스 밑에서 그를 위한 몸종으로 일했습니다. 노예인 에픽테토스는 무소니우스 루푸스 밑에서 고개 너머로, 현자들의 사상을 익혔습니다. 독습(獨習)과 평생학습으로 당대의 철학자들의 생각을 익히기는 했어도 그는 여전히 귀족 집의 재산 목록에 속했던 노예였을 뿐이었습니다. 노예의 신분, 그것은 자기의 개인적인 삶에서는 영원한 예속과 굴종의 낙인일 뿐이었습니다만 자신의 영혼만큼은 현자(賢者)의 그것이었습니다. 주인의 핍박으로 다리마저 부러진 채, 다리를 절면서 주인의 하루를 위해 시중을 들던 노예였지만, 그가 지닌 영혼의 품과 격은 귀족들 그 어느 누구에 비해서도 맑았습니다. 자신을 비관하고, 비관할 만한 그였지만, 에픽테토스는 결코 그렇지 않았습니다. 그의 인품에 감탄한 나머지, 주인은 그를 노예의 신분에서 자유인으로 풀어 줍니다. 그 순간 인간에게 있어서 자유가 무엇인지를 그보다 더 절감한 사람은 드물었을 것입니다. 그는 자기의 영혼마저 다스렸던 로마의 권력자들에게, 이제 자유인으로서 자신의 삶에 녹아 있던 제논학파와 에피쿠로스학파의 통합된 정신을 보여 줍니다. 에픽테토스가 보여 준 슬기로운 삶의 모습은 당시 세계를 호령하던 아우렐리우스 황제에게도 감명을 주게 되고, 황제는 그를 그의 곁에 가까이 두고 자신에게 필요한 삶의 지혜를 논하는 학문의 동행으로 삼게 됩니다.

에픽테토스, 로마 시민이었던 그는 무심과 무애, 그리고 평정심으로서의 대안이라는 개념들 사이의 차이와 유사성을 저들 그리스인처럼 유별나게 가르거나, 가리지 않았습니다. 저들의 이야기 모두가 당시 로마 사회에서는 행복한 삶을 위한 조언들이었기 때문입니다. 그는 늘 대중에게 나서서 이야기했습니다. "…여러분은, 이런 것들을 (가르는) 대신에, 무심과 무애, 그리고 무통(無痛)으로서의 대안을 정말로 얻기 원하는지 잘 살펴보십시오. 만일 그렇지 않다면 그것에 대해서조차 아예 생각하지도 마십시오. 마치 어린아이처럼 지금은 철학자가 되고, 나중에는 세금 수납원이 되고, 다음에는 수사학(웅변가)가 되고, 그다음에는 황제의 보좌관이 되듯이 행동하지 마십시오. 이런 것들은 함께 어울릴 수 없습니다. 당신은 선하든 악하든, 한 인간이어야만 합니다. 자신의 능력을 가지고 자신을 지배하는 원리에 매달리거나 혹은 외적인 것에 매달려 일해 나가야만 합니다. 내적인 것에 집중하거나 혹은 외적인 것에 집중해서 열심히 해나가야만 합니다. 철학자의 구실이든 혹은 평범한 사람의 구실이든 그 길을 수행해 나가야만 합니다."라고 말하곤 했습니다. 그는 제논학파와 에피쿠로스학파 들이 각기 다르게 내세웠던 것처럼, 행복이라는 솟을 바르게 세우게 만들어 주는 세 개의 다리와 같은 토대개념들로서, 로마의 대중들에게 무심, 무애, 그리고 대안의 삶을 어떻게 살아내며, 그것을 위해 어떻게 처신해야 하는지를 끊임없이 강조했던 당대의 현자였던 것입니다. 그는 다시 말합니다. "남의 비위를 맞추려다 인생의 목적을 잃을 수도 있습니다. 때로는 다른 사람의 비위를 맞추고자 자신의 뜻대로 할 수 없는 외적인 것에 눈을 돌릴 수도 있습니다. 그러다가 인생의 목적을 잃게 됩니다. 어떤 일에서나 삶의 지혜를 추구하는 것으로 만족해야 합니다. 남들의 눈에 지혜롭게 보이려고 하느니 스스로 지혜로운 사람이 되려고 노력하십시오. 노력하면 그렇게 할 수 있습니다."

다시, 좋은 삶을 원한다면 자신의 삶을 평정심으로 다스리라고 강조한 에피쿠로스로 되돌아와서 이야기하면, 그는 전쟁으로 피폐해진 당시 아테네인들을 달랠 수 있는 현실적인 대안을 찾기 시작했습니다. 그는 마음의 평정심을 지칭하는 아타락시아를 통해 전쟁에 대한 아테네 시민들이 진정한 정신적 위안을 얻을 수 있다고 보았던 것입니다. 개인의 덕성인 탁월함(德, Arete), 그러니까 단순히 옳고, 그름의 상태에서 얻어지는 성질이 아니라, 몸을 구성하고 있는 오감의 느낌의 가치로부터, 자신의 노력 여하에 따라 얻어질 수 있는 것이 아타락시아, 평정심이었기 때문입니다. 오감으로 그 어떤 좋고, 나쁨의 느낌을 얻지 못한다면, 그러니까 고통으로부터 해방되지 못하는 오감이 있다면, 그것은 아타락시아와는 무관한 것이기에, 그렇다면 그런 것들은 결국 삿된 것이니, 그것들을 가차 없이 폐기하거나, 포기하거나, 버려야 합니다."라고 경고합니다. 그는 평정심을 이루기 위해 삿된 오감을 버리고 새로운 오감으로 정신을 무장하라고 강조합니다. 인간이 지니게 되는 욕망들 중, 그 어떤 것은 자연적이고 다른 것은 공허하며, 자연적인 욕망들 중 어떤 것은 필연적이고 다른 것은 단순히 자연적이며, 필연적인 욕망들 중 어떤 것은 행복을 위해 필요하며 어떤 것은 몸의 휴식을 위해 필요하며 다른 것은 삶 자체를 위해 필요하기에 그렇게 해야 한다는 것입니다.

고통으로부터의 해방, 무지에 의한 공포심, 미혹된 일체의 감정으로부터 벗어나는 것이 이성적인 상태로서의 좋고, 나쁨을 느끼게 해 주는 쾌락인데, 그 쾌락은 신이나, 미신을 불러들임으로써 이루어 낼 수 있는 것이 아닙니다. 이 점은 에피쿠로스가 저들 제논학파를 비판한 대목으로 봐도 무방합니다. 그러니까 저들이 갈구하는 마음의 평정인 아타락시아가 신(神), 그러니까 당시 저들 제논학파에게는 절대적인 존재로 여겨지던 제우스와 같은 신에 의해 주어지는 것으로 믿던 저들 제논학파를 비판한 것과 다르지 않습니다. 고통으로부터의 해방은 저들 신으로부터 얻어지는 시혜(施惠)가 아니라고 본 에피쿠로스는 쾌락, 그러니까 고통으로부터 해방은 우주로부터 그리고 자기 자신으로부터 찾아내야 한다고 주장합니다. 쾌락은 우주와 자신의 본성을 명확히 인식할 때 가능하다고 본 에피쿠로스의 생각은 당시에는 그 어떤 철학자보다도 한 발 앞선 과학자적인 지혜와 삶에 대한 슬기였습니다. 에피쿠로스는 당대의 자연주의 철학자인 데모크리토스가 주장한 바 있는 원자론(原子論)을 확대하여 자신의 논지인 아타락시아, 그러니까 마음의 평정문제에 연결했습니다. 세상의 현상, 우주의 자연 현상은 우주의 생성 원리, 그러니까 태양과 달의 순환 등과 같은 자연의 원리와 그것을 받아들이는 인간의 마음에 따라 일어나는 것이지, 당시 그리스인들을 지배했던 신화 속의 절대적인 신인 제우스에 의해 만들어지는 것이 아니라고 본 것입니다. 에피쿠로스는 마음의 평정, 고통으로부터의 해방은 결코 저들 제논학파처럼 신(神), 그러니까 당시 고대 그리스인들의 정신세계를 지배하고 있던 제우스 같은 그런 절대적인 신들의 자비나 시혜(施惠)로 가능해질 수 있는 것이 아니라고 단정합니다. 마음의 평정은 결코 미신적으로 얻어질 수 있는 것이라 자기 자신으로부터 가능하다고 본 에피쿠로스는, 행복을 미신적으로 갈구하는 저들 제논학파에게 강한 문제제기를 하며,

사람들 스스로 좋은 삶을 살아가려면, 그렇게 나름대로 행복하려면 자신의 일상적인 삶에서 '자기 바름' 그리고 '자기 옳음'의 정신과 마음가짐, 마음조리가 필요하다고 그것의 중요성을 알려 준 것입니다.

5) 자신됨을 의시(疑視)

에피쿠로스는 사람마다 자신의 삶에서 평정을 이루어 나가기 위해서는 우선적으로 나름대로의 자신에 대한, 그리고 자신을 둘러싸고 있는 조건과 사물에 대한 현실적인 의시(疑視)와 의심이 필요하다고 요구합니다. 자신이 살아 있다는 것은 그것이 바로 현재이고 현실입니다. 현실을 피한다고 피할 수 있는 것이 아닙니다. 에피쿠로스가 제논학파의 금욕주의를 경계했던 것은 저들의 현실도피성 같은 것에 대한 의구심이었을 것입니다. 금욕은, 듣기에는 엄청나게 고결한 것 같기는 해도, 그 속에는 현실도피가 잠재되어 있기 마련입니다. 오늘을 사는 것은 현실이고 쓰임새이며 생산이며, 관계이며, 때때로 긴장과 갈등일 수 있습니다. 그것이 현실이고 지금입니다. 피한다고 피해질 수 있는 것이 아닙니다. 일을 하다 보면, 서로 다른 관계로 연결되는 것이고, 그 연결은 때때로 긴장, 때로는 희열, 때로는 스트레스입니다. 그것이 바로 서로 살아감과 살아냄의 과정이고, 그것으로 사회가 구성되는 것이며, 그것 또한 공동체의 운명이 되는 것입니다. 그런 부대낌 속에서 현명한 자의 처신은 엄격한 금욕(禁慾)만으로 지켜질 수 없습니다. 에피쿠로스는 긴장의 공동체 속에서, 갈등의 관계 속에서 현명하게 살아내는 방법으로, 저들 제논학파처럼 금욕을 택한 것이 아니라, 오히려 현실 속에서의 부대낌을 택했습니다. 부동심(不動心), 평상심(平常心), 마음 다스리기, 마음 내려놓기, 마음 알아챔으로서의 평정(平靜)심으로 부대낌을 통과하라고 요구했습니다. 사람들은 어차피 서로 지지고 볶고, 일하다고 놀고, 놀다가 일하면서 그렇게 살아내고들 있기 때문입니다. 그런 삶의 현장 속에서 축구하고, 술 마시며, 주먹질하며, 고함치다가도 서로 좋아 사랑하며, 애 낳고, 즐거워하며 그렇게 살아가는 것이 바로 삶이고 인생이라는 점을 결코 생략할 수 없습니다. 그 누구든 자신의 삶을 지나칠 수 없는 노릇입니다. 금욕이 일로부터, 긴장과 놀이로부터 가능한 한 멀어짐과 격리를 의미한다면, 평상심은 긴장과 갈등, 희열과 생산에의 참여 속에서의 '마음 차림', '정신 차림' 그리고 '나 다워지기'에 대한 결단입니다.

인간도 자연의 틀에서 보면 곤충에 지나지 않습니다. 지혜의 곤충이라고 봐도 될 듯합니다. 곤충 중에서도 노동집단성의 상징인 개미, 그 개미들의 연구로 유명한 일본 홋카이도(北海道) 대학교 하세가와 에이스케(長谷川英祐) 교수는, 일하는 개미와 노는 개미에 관한 연구결과가 인간사회에도 적용될 수 있음을 시사한 적이 있습니다. 우리가 익히 알고 있듯이, 개미나 벌 등 사회성 곤충 집단에는 그 언제나 20~30%의 일하지 않는 개체가 있게 마련이고, 그렇게 일하지 않는 개체만을 모아 놓으면 다시 그중 다시 20~30%는 빈둥거리고 나머지 개미는 열심히 일을 합니다. 쉽게 이해할 수 없는 개미들의 속성인데, 이번에는 하세가와 교수가 색다른 연구를 했습니다. 일본 전국에 서식하는 개미 한 종을 골라 구분할 수 있도록 한 마리마다 색을 입힌 8개 집단, 1,200마리를 한 달 이상에 걸쳐 사육하며 저들의 행동들을 관찰했습니다. 관찰 결과 처음에 일하던 개미가 쉬게 되면, 놀랍게도 그간 일하지 않던 개미가 다시 일을 하기 시작하는 것이 드러났습니다. 이어 연구진은, 75마리로 구성된 한 집단 모두가 일하다 일제히 지치는 경우와, 반대로 일하는 강도가 제각각인 개미들의 집단이 서로 어떻게 다른지를 컴퓨터 시뮬레이션을 통해 비교했더니, 전체가 열심히 일만 했던 집단은 이상한 형태를 드러내기 시작했습니다. 일만 하는 이들 집단은 그 어느 시점 모두가 일제히 피로해져 움직일 수 없게 되자, 모두가 알을 돌보지 않기 시작했습니다. 그에 반해 노는 개미가 있는 집단은 일하던 개미를 대신해서 그간 쉬거나 놀던 개미가 대신 일하기 시작했습니다. 결론은 간단합니다. 개미의 경우, 일만 하는 것으로 알려진 개미들도 쉬고, 노는 경우가 있으며, 일만 한다고 생산성이 오르는 것도 아니라는 점입니다. 노는 개미도 있고, 쉬는 개미도 있지만, 때가 되면 서로가 서로를 위해 쉬고, 다시 일함으로써 서로가 생산성을 높인다는 결론입니다. 모두가 열심히 일하는 개미집단보다는 빈둥거리며 쉬며, 놀고 있는 개미의 일정 비율을 유지하는 집단이 더 오래 존속하는 형태를 보인 것은 일하는 개미들이 지쳐 쉴 때 놀던 개미들이 알아서 대신 일해 주기 때문입니다. 부지런한 개미만 있는 일만 하는 조직은, 놀기만 하는 조직에 비해 오히려 쉽게 화해되고 붕괴될 위험이 높다는 점이 밝혀진 것입니다. 개미들의 사회성과 놀이성, 그리고 인간에게는 쉽게 설명되지 않는 저들 개미들의 협동심과 생산성을 높인다는 그 원리가 인간의 사회생활과 삶에도 응용하면 인간에게 있어서 일만이 능사도 아니고, 여가만이 능사가 아니라는 점부터 받아들이며, 이해해야 합니다. 개미와는 달리 인간 서로는 서로의 긴장과 갈등 속에서도 나름대로의 질서를 찾아 나가며 평형을 이루어 나갑니다. 그런 사람들의 공동체가 사회라고 할 때, 그 사회에서 각 개인들에게 나름대로의 질서를 찾게 만들어 주는 힘이 있어야 합니다. 그 힘은 결국 자신에 대한 반추와 결단에서 나옵니다. 자기 행동에 대한 반추와 결단이 평정심의 발로이고, 그 평정심은 자신에 대한 몸조리에서 나옵니다. 나중에 다시 이야기하겠지만, 몸조리는 관(觀)과 행(行)에서 시작됩니다.

에피쿠로스는 자신의 평정심을 위해 자신을 늘 의시하고, 의심하라고 일러주고 있습니다만, 의심이라는 말을 너무 심각하게 받아들이지는 마십시오. 그저 자기 자신에 대한 질문이라고 생각하면 되기 때문입니다. 그러니까 아침에 눈을 뜨면, 오늘도 내가 마음먹은 대로, 이렇게 하면 어떤 일이 이루어질까와 반대로, 그렇게 하지 않으면 어떤 일이 내게 벌어질까 질문하고, 그에 대한 대답을 하기 위해 다시 어제를 되돌아보고, 조금 후를 미리 짚어 보며 지금 나의 처지에 대해 무엇인가 반추하며 결단하고, 자신의 행위를 조금이라도 더 고쳐 나가는 일을 개시하라는 말이 바로 자기에 대한 의시와 의심이기 때문입니다. 자신의 일상에 대해 의심하라는 말은 스스로에게 경고하라는 뜻입니다. 자신의 일상에서 친숙한 것일수록, 그것이 사람이든 일이든 간에 관계없이, 자신의 삶에 때때로 위험을 초래할 수 있고, 그런 것일수록 우리가 쉽게 믿어버리게 되며 실수를 자주 범하기 때문입니다. 미국의 현직 검사인 웬디 패트릭은 『친밀한 범죄자』에서, 우리의 일상에서 친숙한 것일수록 겉보기만 보면 매력적이며 아무런 해도 끼치지 않을 것 같아 보인다고 합니다. 그것이 사람일 경우, '가장 위험한 사람들'은 변장을 능숙하게 할 만큼 영리해서 눈에 잘 띄지 않으며, 그런 변장을 위해 그들은 자신들의 외모, 권력, 지위, 다정함, 인맥, 사교성들을 십분 활용하며, 저들은 늘 우리에게 괜찮은 사람, 믿어도 좋을 만한 사람, 늘 가까이에서 도움을 줄 수 있을 만한 사람이라는 식으로 자신의 인상을 관리하는 데 뛰어납니다. 저들이, 그런 것들이 나의 일상에 들어와 나를 저들의 희생물로 만들어 버릴 수 있는 위험을 사전에 차단하려면, 내 주위에서 마주치게 되는 사람들이나 환경들에 대해 먼저 알아채는 수밖에 없는데, 그렇게 하기 위한 가장 기초적인 방법이 바로 의시(疑視)와 의심입니다. 패트릭 검사는 그 의시의 토대로, 자신 주변 사람들이나 환경들이 나름대로 드러내 보이는 플래그(Flag)를 먼저 면밀하게 살피라고 조언합니다. 플래그란 내 주위에 있는 사람들이나 환경들이 늘 드러내 놓고 있는 관심사(Focus), 저들의 일상적인 생활 방식(Life Style), 저들 가까이에 놓여 있는 주변 인물(Association), 저들이 궁극적으로 이루고자 하는 야심이나 목표(Goal)라는 영어 단어의 알파벳 앞 글자를 조합한 것인데, 저들을 자신의 삶에서 의식한다면, 내 스스로 오늘도 다른 사람들과 어느 정도의 거리와 관계를 맺어야 하는지에 대한 나름대로의 감(感)을 잡을 수 있게 됩니다. 예를 들어, 자기 도취증이 심하며, 삶의 궁극적인 목적이 재산이나 지위 같은 것을 위해 소위 인맥 만들기 같은 일에 골몰하는 모습이 현재 내가 알고 있는 사람의 플래그(Flag)라면, 그가 현재 나와 맺고 있는 관계 역시 그의 인맥 넓히기 위한 하나의 수단이 될 뿐입니다. 그런 사람과의 관계는, 그가 아무리 나에게 친밀감을 갖고 접근한다고 해도, 내 스스로 불가근불가원(不可近不可遠)의 관계로 마무리해야만 나의 일상이 그에 의해 더 이상 흔들리지 않게 될 것입니다.

에피쿠로스는 일상의 삶에서 평정심을 지켜가기 위해, 아타락시아(Ataraxia)를 위해 자신의 일거수일투족에 대해 냉철한 의시와 의심이 나름대로 필요하다고 주장하기는 했지만, 아테네에서 당대의 또 다른 철학자로 활약하던 피론(Pyrrhon, BC 360~270)이 내세우는 주장처럼, 오로지 회의(懷疑)와 의심의 방법만이 좋은 삶, 행복에 닿기 위한 지름길이라고 보지는 않았습니다. 삶을 살아가는 데 자신의 행위에 대한 의구와 의심을 해 보는 일이 필요한 것은 사실이지만, 의심 그 자체가 마음의 평정을 얻는 유일한 수단이라고 생각하지는 않았기 때문입니다. 평정을 위해 그 모든 것에 대해 의심하고, 판단을 무조건 중지해야만 한다고 강권하지는 않았음에도 불구하고, 나름대로 자신의 삶이 옳은 것인지 어떤지에 대한 자신의 경계가 필요하다고 본 것은 사실입니다. 장군 출신 철학자 피론, 그는 마케도니아의 왕인 알렉산더가 인도를 정복하기 위해 출정했을 때 그의 휘하 장군으로서 그를 따라 인도까지 갔다가 그곳에서 그리스인들과는 다른 삶을 살아가고 있는 인도인들의 삶과 저들의 깊은 사유에 깊은 감동을 받고 저들 인도인들의 일상적인 생활슬기를 체득한 후 아테네로 귀환했던 무인(武人)이었습니다. 아테네의 아고라 스토아에서 좋은 삶을 살아가려면 관행하라, 혹은 무심하라고 자신의 관점을 토로하던 당대의 철학자들과는 달리, 인도인의 사유에 심취해 있던 피론은 아테네 대중에게 그 스스로 행복하려면 그 모든 것을 철저하게 회의하고 의심하라고 강조했습니다. 그것은 자신의 주위에서 일어나는 현상에 대한 그 어떤 판단도 중지하고, 무관심해하는 길로 나아가라는 말과 같습니다. 모든 현상, 사물에 대해 판단을 중지하면, 일단 그것의 본체가 드러나게 되고, 그것의 정체를 알아채면, 그 후에는 어찌해야 할지를 가늠할 수 있고, 그로부터 일단 자기 스스로 마음의 평정을 얻을 수 있기 때문입니다. 피론이 일상의 삶에서 판단중지를 중히 여긴 이유가 있습니다. 세상을 살아가는데, 사람들은 다만 이것저것들을 알 수 있는 것에 지나지 않으니, 어떠한 주장, 그러니까 하나의 주장이 나오면 그것에 대해 동일한 강도로 반대설도 나와 서로가 옳다고 대치(對置)되기 때문입니다. 그것이 우리 앞에 전개되는 일상사이며 매일의 관계입니다. 어느 것이 절대적으로 옳은지, 그른지에 대한 모든 의견이나 결정을 삼가면 조건 없이 그냥 대치 속으로는 빠져들지 않습니다. 자신에게 다가오는 현상에 대해 엄격하게 판단을 중지하면 행복에 이르게 된다는 피론의 회의주의적 행복론을 접하게 된 에피쿠로스는 그의 생각에 동조하면서도, 자신의 삶에서 무조건적인 회의, 절대적인 의심과 의심에 터한 판단중지의 유용성을 그렇게 필요 이상으로 신봉하지는 않았습니다. 살아가기 위해서는 경우에 따라 의심도 필요하지만, 그 의심은 행복을 위한 선택과 결정을 위한 것이지, 의심을 위한 의심이어서는 곤란하다는 것이 그의 입장이었기 때문입니다.

에피쿠로스에게 있어서는, 자신의 일상을 무엇으로 시작할 것인지에 대한 올곧은 판단 그 자체가 '쾌락의 토대', 그러니까 마음의 평정을 위한 토대이고 출발점이었습니다. 올곧은 판단을 위해서는 자신에 대해 자신이 너그러우면 곤란합니다. 반성이 가능하려면 자신이 한 일에 대한 의시와 의심, 그리고 신중한 판단이 필요합니다. 의심은 그것을 위해 활용되어야 합니다. 자신의 삶을 위한 신중한 판단이 모든 것의 시작, 모든 사물의 본체인 아르케(Arche)이자 덕이며, 도덕적인 삶이며, 최고선에 이르게 만들어 주는 방법이 됩니다. 에피쿠로스에 있어서도 행복한 삶, 그러니까 가장 큰 선, 큰 덕에 이르기 위해 필요한 삶은, 아리스토텔레스와 마찬가지로, 사려 깊음, 그러니까 프로네시스(Phronesis)와 크게 다르지 않았습니다. 프로네시스는 '스스로의 의지나 행위를 어느 방향으로 향하고 어떻게 살아가는가에 관한 실천적인 지혜'를 의미하는 것으로서, 일상적인 사려 깊음 그 자체를 말하는데, 그것을 위해서는 건전한 의시와 의심도 뒤따라 주어야 합니다. 일반적인 의미에서의 덕을 상징하는 아레테들은 근본적으로 사려 깊음이라는 뜻의 프로네시스가 있어야 가능한 것인데, 사려 깊음이라는 삶에서의 슬기 없이는, 그러니까 아름답고 정의롭게 살아가게 해 주는 사려 깊음이 없이는, 즐겁게, 행복하게 사는 것은 그리 쉬운 일이 아니며, 반대로 즐겁게 살지 않고서는 사려 깊고 아름답고 정의롭게 사는 것도 불가능하다는 것이 에피쿠로스의 쾌락주의적 행복의 요체입니다. 여기서 그가 말하는 정의(正義)는 그저 편하게 사회적으로라는 말과 비슷하다고 보면 됩니다. 그러니까, 사람들이 사람마다 각자가 사려 깊게 살아가는 것이 바로 사회적으로 행복한 삶을 살아가는 것과 같다는 뜻이었습니다.

철학자 에피쿠로스가 자신의 삶에 대해 보여 주었던 삶의 자세와 마음가짐은, 지금의 우리네 사정으로 말하자면, 김수환 추기경, 한경직 목사, 성철 스님이나 법정 스님들이 보여 준 것 같은, 그 이상의 금욕적 삶이나 삶의 태도, 마음가짐들 같은 그런 것을 지칭하는 것이 아닙니다. 에피쿠로스가 '쾌락'을 추구한 것은 사실이지만, 그때 말하는 '쾌락'이란 다시 말하지만, 말초적인 즐거움 그 자체를 말하는 것이 아닙니다. 죽음에 맞선, 죽음에 이르는 거듭된 그 어떤 고통들이나 어려움에도 자신의 몸을 내놓은 채, 그 어떤 시류적인 유혹에 흔들림이나 동요됨이 없이 굳건하고 강건하게 자신됨을 알아채며, 마음의 여백을 키워 낼 수 있는 일상적인 기품과 즐김을 말하는 것일 뿐입니다. 에피쿠로스는 행복에 이루기 위한 자신의 정신근육 키우기로서의 기품을 즐기라고 강조했던 일상생활을 위한 참살이 행복론자였습니다. 에피쿠로스의 인물 됨됨이를 곁에서 지켜보았던 또 다른 철학자인 루크레티우스(Titus Lucretius Carus, BC 99~55)의 평가대로, 에피쿠로스는 그 어느 날 세상에 던져진 인간됨의 실존을 삶이라고 하는 수많은 폭풍과 암흑에서 끌어내어, 말로는 모두 표현할 수 없을 정도의 평온과 이루 헤아릴 수 없는 빛의 세계 속에 정착시키려고 무던히 노력했던 관행적 삶의 대변자였다고 보면 됩니다.

  에피쿠로스는 일상에서 요구되는 행복의 윤리를 이야기하면서, 사람들에게 있어서 죽음은 결코 두려워할 대상이 아니라고 가르쳤습니다. 그는 사람들에게 죽음을 두려워하지도 말고, 더 이상 심각하게 논하지도 말라고 권했습니다. 죽음을 미리, 혹은 지레 두려워하지 말라고 한 이유가 있습니다. 그것은, 사람이 죽었을 때, 그 죽은 사람은 더 이상 존재하지 않기 때문에, 그는 결코 죽음을 경험할 수가 없게 됩니다. 죽음을 결코 경험하지 못하니, 죽음에 대해 그 어떤 것도 느낄 수 없으며, 죽음의 고통 같은 것도 미리 체험해 볼 수 없는 노릇입니다. 죽으면, 그것 역시 마찬가지입니다. 이미 죽었기 때문에, 죽음이 무엇인지 혹은 죽음으로부터 체험해 보게 할 수 있을 것 같은 고통이 정말로 어떠한 것인지를 전혀 느낄 수 없게 됩니다. 죽으면 생명이 사라지는 것이니, 그 죽음의 체험을 죽은 자가 되돌려 말한다는 것은 불가능한 일입니다. 죽음은 그야말로 죽음일 뿐입니다. 죽어가는 사람 곁에서 그의 죽음을 바라보는 사람에게는 죽음에 대한 그 어떤 감을 가질 수는 있지만, 죽어가는 당사자에게는 죽어가는 마지막 순간까지라도 죽음의 실체가, 죽음이라는 것이 궁극적으로 '행복 없음' 혹은 '행복소거(幸福消去)'인 것인지, 아니면, 정반대로 행복 그 자체인지, 그 본체를 도저히 미리 알 수 없는 노릇입니다. 물론 생명이 없어지는 것 같은 것은 관념적으로 미리 생각해 볼 수는 있겠지만, 생명이 없어지는 것이 죽음의 본체인지는 아무도 알 수 없는 노릇인 까닭에, 에피쿠로스는 죽음은 우리 인간에게 아무것도 아니라고 가르쳤던 것입니다. 물론, 생명 그 자체가 행복이라는 저의 논지에서 보면, 죽음 그 자체는 죽은 사람에게는 불행이라고 봐야 합니다만, 이것 역시 체험에서 우러나온 것이 아니라, 미리 짐작이고, 욕심일 뿐입니다. 아마 에피쿠로스도 그 당시 저와 같은 생각에서, 자신의 묘비에 '나는 존재하지 않았습니다. 나는 존재했습니다. 나는 존재하지 않습니다. 나는 신경 쓰지 않습니다(I was not; I was; I am not; I do not care).'라고 쓰게 했는지도 모르겠습니다.

에피쿠로스는 우리에게 분명하게 말하고 있습니다. '우리가 살아, 존재할 때는 죽음은 그 어디에도 존재하지 않으며, 죽음이 존재할 때 우리는 이미 존재하지 않게 되는데, 그것은 죽음과 함께 모든 감각과 의식이 끝나기 때문에 죽음에는 그 어떤 쾌락이나 고통도 있을 수 없습니다. 죽음에 대한 두려움은 죽음에 대한 인식이 있을 것이라는 잘못된 믿음 때문에 생겨날 뿐입니다.'라고 말합니다. 죽음에 대한 그의 논지가 분명하게 드러난 대목입니다. 이 말은 사람들의 죽음에 대해 슬퍼할 감정이나 이유가 없다는 뜻은 아닐 것입니다. 자신의 친지들의 죽음을 보는 순간뿐만 아니라, 면대면의 관계가 빈번하지 않은 사람들의 죽음에 대해서도, 저들의 죽음을 보면 자신도 모르게 슬픈 감정이 일어나는 것은 어쩔 수 없는 노릇입니다. 제 스스로, 제 어머니의 죽음을 치르면서 오열한 것도 사실이고, 제 제자 교수의 어머니 수목장례에 참여했을 때도 마찬가지였습니다. 그의 어머니 유골분(遺骨粉)이 흙과 더불어 또 다른 흙이 되는 그 순간을 보고 있는 동안 내 눈에서 나도 모르게 저절로 흐르는 그 눈물은 어쩔 수 없었습니다. 며칠 전만 하더라도, 고인(故人)은 자녀들과 더불어 숨 쉬었고, 당신이 그토록 사랑하던 아들과 그 어떤 기쁨이나 고통도 호소하던 하나의 어엿한 생명체였으며, 인격체로서의 어머니였습니다. 그러던 그녀가 정말로 이제는 한 줌의 재가 되어 자연으로 되돌려지는 그 순간은 그것을 눈으로 마주하는 사람들에게 그 어떤 감정도 주지 않았다면, 인간적으로 슬퍼하지 않았다면, 그런 이들은 아마 외계인이거나 목석(木石)이나, 바람이었을 것입니다.

　에피쿠로스는 타인의 죽음, 생명체로서의 한 인간이 그리는 그 일에 대해 그 어떤 감정을 갖지도 말라고 말한 것이 아닙니다. 그가 말하는 것은, 죽음에 대해 미리 걱정할 이유가 전혀 없으며 사는 동안 살아가는 것이 중요할 뿐이니 삶에 대해 보다 더 현실적으로 결단하라는 것이었습니다. 죽으면 죽는 것이고, 죽은 것일 뿐입니다. 죽을 때쯤 되어 죽음이 무엇인지 생각해도 늦지 않을 것이니, 아예 죽음을 미리 걱정할 이유가 없다는 것입니다. 죽음에 정말로 태연한 자세를 갖는 것은 죽음을 미리 준비해 보는 것과 크게 다르지 않는 것 같습니다. 그러니, 오지도 않은 죽음에 대해 미리 공포를 느낄 일이 아닙니다. 그래도 정, 못 믿겠다면, 죽을 날이 내일 모레라고, 그렇게 작정하는 것이 조금 너무하다 싶으면, 한 2년 남았다고 작정해 보십시오. 아직 여유가 있을 것 같지만, 사정은 모두가 각자적입니다. 고통 속에서 살고 있을 법한 당사자에게는 경우에 따라 의미가 여러 가지로 달라질 것입니다. 실제로 암 선고를 받고 앞으로 살아 있을 날이 한 2년 남짓하다라는 의사의 말을 전해 들은 일본의 작가 사노 요코 여사는 그래서 『사는 게 뭐라고』에서, 이렇게 말합니다. "남은 날이 2년이라는 말을 듣자 십수 년 동안 나를 괴롭힌 우울증이 거의 사라졌습니다. 인간은 신기합니다. 인생이 갑자기 알차게 변했기 때문입니다. 매일 즐거워 견딜 수 없습니다. 죽는다는 사실을 아는 것은 자유의 획득이나 다름없습니다."라고 토로하고 있습니다. 사실, 죽음이 무엇인지 피상적으로 느껴 봐도 자신의 마음에 신통한 일은 일어나지 않으니, 에피쿠로스가 이야기한 대로, 죽음보다는 차라리 삶에 대한 슬기, 그러니까 철학의 목적, 삶에 대한 근본적인 슬기를 갖는 것이 더 중요합니다. 삶에 대한 슬기, 살아 있는 생명체의 살아감에 있어서 궁극적으로 행복하고 평온한 삶을 얻는 일이야말로 행복에 이르는 길이니, 지금 당장 평온해 보고, 마음을 평정해 보십시오. 행복이 그득해질 것입니다라고 이야기하는 좋은 삶을 위한 그의 행복윤리가, 일상을 위한 삶의 슬기가 될 수밖에 없었던 이치입니다.

에피쿠로스가 말하는 행복하고 평온한 일상살이의 추구는, 아리스토텔레스가 강조했던 행복을 위한 관상적인 삶, 그러니까 마음의 동요가 없는 평정, 평화, 공포로부터의 자유, 몸의 고통이 없는 무통인 아포니아(無痛, Aponia)를 알아채고 의식하는 삶과도 크게 다르지 않았습니다. 에피쿠로스, 그는 고통과 고통의 반대상태인 '쾌락'은 무엇이 좋고 악한지에 대한 척도가 된다고 보았습니다. 동시에 죽음은 몸과 영혼의 종말이지만, 행복한 사람은 그런 것들 때문에 두려워하지 말아야 한다고 보았습니다. 그는 신이란 인간에게 벌을 주거나 보상하는 그런 존재가 아니라고 보았습니다. 인간이 매일같이 숨 쉬고 있는 이 우주 역시 무한하고 영원하기만 한데, 그런 무한한 세상에 일어나는 갖가지 현상들은 궁극적으로 빈 공간을 움직이는 원자들의 움직임과 상호작용이기에 그런 세상에서 행복하게 살아가기 위해서는 금욕적이고도 더욱더 관행(觀行)적인 삶이 요구된다고 가르쳤던 것입니다. 에피쿠로스는 일상적인 삶에 대한 '제대로 된 즐김', 그러니까 행복에 대한 정신 줄을 놓치지 않고, 행복에 대한 마음의 여백을 넓히는 삶이 바로 관행의 삶입니다. 관(觀)과 행(行), 깊은 사유에 의한 알아챔과 날카로운 반성에 의한 새로운 실천의 삶이야말로 좋은 삶, 행복에 이르게 해 주는 지름길임을 그 옛날에 모두 일러준 것입니다. 행복을 즐길 줄 알아야 비로소 행복에 이르게 되는 셈인데, 그것이 바로 관행의 핵심입니다.

에피쿠로스의 좋은 삶, 행복한 삶에 대한 생활철학은 단순할 수밖에 없는데, 제 말로 그의 생활철학을 말하면, 그것은 이미 이야기한 바 있는 배움의 생활철학이며 관행의 철학이라고 볼 수 있습니다. 그는 사려 깊음을 일상생활에서의 칭찬하는 삶으로 강조합니다. 그는 말합니다. 사람들이 한 평생을 살아가기 위해서는 철학을 해야 한다는 것입니다. 철학, 별것 아닙니다. 슬기로운 삶이 철학의 삶이기 때문입니다. 일상적인 삶을 철학적으로, 철학의 삶, 그러니까 삶을 슬기로서 살아가야 한다는 것이 에피쿠로스가 말하는 참살이 생활론의 요지입니다. 그는 말합니다. 일반적인 경우, 일들의 결과나 열매는 그 일이 모두 끝났을 때 비로소 힘겹게 얻어지게 되지만, 철학, 그러니까, 지혜와 슬기로운 삶의 경우에는 그 시작이 다릅니다. 철학하는 그 때부터 기쁨이 앎과 동반하기 때문입니다. 모두 배우고 나서야 비로소 즐거움이 오는 것이 아니라, 배움과 즐거움이 동시에 생겨나기 때문입니다. 살아가면서 우리는 일상생활에서 철학을 하는 체하며 살아가야 되는 것이 아니라, 실제로 철학을 해야 합니다. 우리에게 필요한 것은 건강한 것처럼 보이는 그런 것이 아니라, 정말로 건강한 몸입니다. 건강함으로 삶을 살아가려면, 웃으면서 자신의 삶에 슬기를 발휘해야 합니다. 집안일도 그렇고, 밖의 일도 그렇습니다. 그렇게 철학하며 그 슬기로 생활해야 합니다. 철학하기 위해 우리의 다른 능력들을 사용해야 하며, 올바른 철학, 바른 지혜와 삶의 슬기에 대한 소리를 내 몸 속에 중단 없이 알려야 합니다. 그런 경우, 경우마다 자기 자신에 대한 자신의 칭찬이 필요합니다. 칭찬은 자기에게서든, 다른 사람들에게서든, 그 칭찬은 생활 속에서 저절로 따라 나와야 합니다. 칭찬은 우리 자신의 삶을 치유하는 데 도움이 되기 때문입니다. 다시 말하면, 에피쿠로스가 말하는 철학은, 현학적인 그 어떤 것을 말하는 것이 아니라, 마음의 평정이라는 쾌락을 위한 사려 깊음을 말하는 것입니다.

사람들 사이에 만들어지는 사려 깊음의 관계들은 쾌락, 그러니까 마음의 평정을 통한 사회정의를 세우는 데에도 필수적이라고 봅니다. 사회정의는, 에피쿠로스에게 있어서, 오로지 인간적인 덕목일 뿐입니다. 정의의 문제는 사람들 사이, 사람들의 관계에서만 성립될 수 있는 것들이기 때문입니다. 그는 말합니다. "서로를 해치지 않고 해침을 당하지 않도록 계약을 맺을 수 없는 짐승들에게 있어서는, 어떤 것도 정의롭거나 부정의하지 않습니다. 또한 해치지 않고 해침을 당하지 않도록 계약을 맺을 수 없거나, 그런 계약을 맺을 의사가 없는 인간 종족에 대해서도, 정의나 불의의 구별이 존재하지 않습니다. 사회정의란, 그 자체로 존재하는 것이 아니라, 언제든 어디서든 사람들의 상호 관계에 있어서 서로 해치지 않고 해침을 당하지 않으려는 계약입니다. 일반적인 관점에서 사회정의는 모두에게 동일합니다. 사회정의는 서로에 대한 관계에 있어서 서로에게 이득을 만들어 주기 때문입니다. 우리가 법을 제정했지만, 그 법이 인간의 상호 관계에 있어서 아무런 이득이 되지 않는다면, 그 법은 더 이상 사회정의의 의의를 가지지 못합니다."라고 말합니다.

아리스토텔레스, 에피쿠로스에게 큰 지적인 영향을 준 선배철학자인 그 아리스토텔레스는, 행복한 삶을 위해서는 각자의 삶에서 테오리아가 요구된다고 강조합니다. 테오리아라는 말이 바로 관상(觀想, Theoria)입니다. 그리스어로는 테오리아(Theoria), 로마시대에서는 컨템플라티오(Contemplatio), 영미권에서는 컨템플레이션(Contem-plation)으로 불리는 그 관상(觀想), 혹은 관조(觀照)로서의 깊은 사유가 아리스토텔레스에게는 좋은 삶의 요체였습니다. 앞으로 이 책 다른 곳에서 관상(觀想, Theoria)이라는 단어를 마주칠 경우, 제가 배움학의 행복론에서 쓰고 있는 관행(觀行)이라는 말로 대체해서 이해해도 무방합니다. 배움학에서 좋은 삶을 위한 관행이라는 말을 쓸 적에, 그 관행(觀行)이라는 말에는 아리스토텔레스가 깊은 사유를 상징하는 말로 쓴 테오리아로서의 관상(觀想)이라는 개념에 실천지(實踐知)를 상징하는 프로네시스의 의미가 보태진 것입니다. 아리스토텔레스 역시 좋은 삶에서 깊은 사유만이 중요하다고 본 것은 아닙니다. 물론 아리스토텔레스가 자기 스스로 깊은 사유를 뜻하는 관상(觀想)이라는 개념을 쓸 적에, 그것은 형이상학이나 수학과 같은 학문에서 말하는 진리, 그러니까 감각적인 지각으로 체험하거나, 그런 지각에는 도달할 수 없는 진리가 지닌 참뜻과 의미를 지긋하게 '바라보며 음미하는 일'을 뜻했습니다. 아리스토텔레스가 사용한 관상이라는 개념은 '바라본다. 조용히 관찰한다. 사유한다.'는 의미를 뿜어내고 있는 관상이라는 개념은, 실천(Praxis)이나 만듦(Poiēsis)과는 다른, 그리고 일상적인 삶에서 차별화되는 개념입니다. 물론 그것은 개념상의 가름이지 실생활에서는 그렇게 서로가 명확하게 구별되거나 차별화될 수는 없을 것입니다. 논리적인 사유나 알아챔을 바탕으로 하는 것이 관상의 본질이기는 하지만, 일상을 영위하기 위해서는 관상 역시 어쩔 수 없이 실천과 만듦이라는 개념과 접합되어 함께 갈 수밖에 없습니다. 다만, 관상의 본질은 요즘 말로 이론화(Theory)에 있다는 것만은 유념해야 할 것입니다. 다시 말하지만, 아리스토텔레스는 좋은 삶, 행복한 삶, 참살이의 동력이 바로 관상이라고 본 것입니다. 그에게 있어서, 관상적인 삶은, 쾌락을 목적으로 하는 향락적인 생활, 명예를 추구하는 정치적인 생활, 부(富)와 재물에 집착하는 영리적인 생활과는 달리 자신, 자신의 됨됨이를 치열하게 반추하는 일을 의미했습니다.

아리스토텔레스는 관상, 그러니까 테오리아(Theoria)를 진리에 대해 슬기롭게 '바라보는 일'로 보았습니다. 우리의 일상적인 삶에서 진리의 뜻을 찾아내고, 그것을 성찰해 내는 능력과 힘, 그리고 실천을 포함하고 있는 말로서의 테오리아를, 관상(觀想)이 아니라 관조의 삶이라고 이해해도 상관없습니다. 사람이 하루의 삶을 어떻게 살아가야 하는지를 곰곰이, 그리고 제대로 사유하는 일, 혹은 진리를 알아채는 일인 관상을 상징하는 테오리아라는 말은, 저들 서양에서는 신(神)을 지칭하는 데오스(Theos)와 뿌리를 같이하고 있습니다. 이론(Theory), 연극(Theatre), 신학(Theology)이라는 말과도 나름대로 그 뜻을 같이 나누고 있는 개념인 테오리아라는 말은 우리에게 '정관(靜觀)한다.' 혹은 슬기롭게 알아챈다는 뜻을 강하게 풍깁니다. 다시 강조하지만, 아리스토텔레스에게 있어서 테오리아, 즉 관상의 자세는 오감적인 쾌락에서 오는 기쁨을 목적으로 하는 향락적인 삶, 권력과 명예에 연연하며 그것을 목적으로 삼는 정치적인 삶과는 무관하려는 자세로서의 깊은 사유적인 삶을 상징합니다. 아리스토텔레스는 오로지 자신을 위해서 자신의 삶을 슬기롭게 바라보며 자신의 삶이 어떤지를 꾸준하게 알아채는 능력으로서의 관상적인 삶, 혹은 관조적인 삶을 행복의 진수, 행복의 핵심이라고 보았습니다. 자신 스스로 영원토록 행복하기 위해서는 신의 본성을 자신의 삶에서 실현해 내라는 뜻이었습니다.

영미사람들은, 이미 말한 것처럼, 테오리아를 컨템플레이션(Contemplation)으로 번역하고 있는데, 컨템플레이션이라는 말은, 다시 말하지만, 신이나 사원(寺院)과 관련된 일들을 상징하는 단어입니다. 저들 고대사회에서 일하는 신관(神官), 제사장들이 일상적으로 행하던 일이 바로 컨템플레이션입니다. 컨템플루스라는 말에서, 그러니까 사람들이 서로서로를 뜻하는 말인 콘(con)과 절이나 사원, 신전을 의미하는 템플루스(Templus)라는 말에서 풍기듯이, 사원에서 일하는 사람들로서 국가나 사람들에게 앞으로 나타날 수도 있는 여러 가지 징후나 전조(前兆)들을 깊이 헤아려 보는 일을 하는 사람들이 바로 신관들입니다. 저들 신관들은 늘 자신의 일을 사려 깊게 생각하고, 사유하며, 그런 생활을 천직으로 즐겨야 하는 사람들을 상징하기에, 컨템플레이션이라는 말은 우리가 쓰고 있는 관상, 혹은 관조라는 말의 의미와 그리 멀리 있지 않은 단어입니다. 관조, 관상 그리고 이제는 배움학에서 한 단계 업그레이드된 개념으로서의 관행(觀行)을 이성적인 힘으로만 이해한다면, 그것은 배움학에서 말하는 관행의 핵심이 아닙니다. 합리적인 생각이 관행에서 우선하지만, 합리적이라는 말에는 이미 오감, 정감이 개입하고 있기 때문입니다. 오감을 정돈하고, 정리하고, 추스른 결과, 그러니까 정제된 오감과 정감의 구체적인 표현이 바로 합리적이고, 이성적인 상태가 되는 것이기 때문입니다.

관행적인 삶, 그러니까 오감의 정화(淨化)야말로 최고의 선(善), 좋은 삶, 행복해야 될 삶에 이른 경지의 삶일 수 있습니다. 아리스토텔레스의 행복론에서 강조된 개념인 관상, 혹은 관조라는 개념은 불교나 힌두철학에서 말하는 다르사나(Darsana)라는 개념과도 그 맥을 같이합니다. 다르사나는 현실에 대한 통찰, 혹은 초월적 지혜, 혹은 요즘 말로 말하면 명상적인 삶이나 활동을 꿰뚫어 내는 힘을 말합니다. 인도인의 삶을 지배하는 힌두철학에서는, 다르사나를 일컬어 참나, 참세상을 꿰뚫어 보는 슬기로움이라고 일컫고 있습니다. 모든 사물의 참모습과 나아가 영원히 변하지 않는 진리를 비추어 보는 힘과 일을 상징하는 지혜로서의 다르사나는 바로 아리스토텔레스가 말하는 관상이나 관조의 맥이기도 합니다. 관상적인 삶을 그냥 보통 우리네의 일상적인 말로는 성찰적인 삶, 반추적인 삶, 스스로 자연인의 삶을 살아가려는 생활자세와 마음가짐이라고 말할 수 있습니다. 나라는 생명은 이 세상에 그 어떻게든 던져진 삶입니다. 그 삶과 일상의 주인공은 그 처음도, 그 중간도, 그 끝에도 항상, 그 언제나, 나입니다. 내가 주인공입니다. 삶이라는 한편의 대본을 펼치는 그 연극에서 내가 바로 제작이며 연출자이며, 감독이며, 대본이며, 주연이며, 조연이고 내가 무대장치입니다. 내가 그 연극의 그 모든 것임에 틀림없음에도 불구하고, 나는 어김없이 내 스스로 역시 그 연극을 감상하는 관객이 되어, 내 스스로 펼치는 삶의 연극을 지극한 마음으로 음미하게 됩니다. 내 스스로 관객이 되어 '나'라는 주연과 조연, 그리고 나라는 무대 속에서 함께 어울려 펼치는 '내 삶'이라는 한편의 연극, 그것은 때때로 희극, 혹은 비극, 장관(壯觀)이 될 수도 있습니다. 내 스스로 그 연극에 감동하여 눈물을 흘리기도 하고, 격노하기도 하고, 박장대소하기도 할 수 있습니다만 그 모두를 음미하는 이는 다른 이가 아니라 바로 나입니다. 그래서 나는 그 언제나 격분하면서도, 웃음을 터트리면서도 어김없이, 요즘 말로 말해서 '쿨'해야만 합니다. 웃고 때론 화내며, 아끼며 즐기는 식의 희로(憘怒)와 애락(愛樂)을 매일같이 드러내 보이기도 해도, 잇대어 펼쳐야 되는 내 삶이라는 대본의 다음 장을 전개하기 위해서는 한 치의 오차도 없이 슬기로워야 하며 냉철해야 하기 때문입니다. 그런 슬기와 냉철함은 늘 우리에게 가능해야 하고, 그렇게 작동해야 합니다. 인간에게는 그것을 위한 이성(理性)이 이미 내재되어 있습니다. 그것을 그냥 녹슬게 놔두면 우리 안에 있던 이성(理性)은 난폭하거나 별 볼 일 없이 막 나서거나, 막무가내로 성적인 쾌락이나 찾아 방황하며 희롱을 일삼는 망나니의 무지와 다름없는 야성(野性)적인 마음으로 변질됩니다.

합리적인 마음자세, 관상의 마음 혹은 관조의 마음으로 무장된, 요즘 말로 '쿨'한 자세와 마음가짐으로 바로 '나'라는 한 편의 드라마를 제대로 음미하고, 비판하며, 즐길 수 있는 제3자적인 위치에서 내가 나를 의시하고, 의심해야 합니다. 자신에 대해 깊숙하고도 침착하게 반(反)하고 추(芻)할 수 있는 여유와 여백 만들기의 삶을 사는 것이 바로 아리스토텔레스가 말한 관상적(Thoeria)인 삶의 전형입니다. 관상적인 삶을 살아간다면 지구상의 모든 인간들의 일상사를 있는 그대로 바라보며 그것에 대해 고개를 끄덕일 수 있는 신(神)스러운 삶의 자세를 갖추기 시작하는 것입니다. 굳이 종교적으로 언급되는 그런 신의 경지는 아니더라도, 타인에게 필요 이상으로 신경을 쓰지 않을 수 있는 삶이 될 것입니다. 산다는 것은 타인의 시선에 신경을 쓴다는 것을 말하는 것일 수도 있는데, 저들에게 신경을 쓰지 않는다는 것이 그렇게 말로 쉽사리

되는 것은 아닙니다. 게다가, 나를 향한 타인들의 시선을 아무에게도 말할 수 없고, 상담도 할 수 없는 그런 농도의 부정적인 감정이 사흘 이상 계속 이어진다면 그것은 정말로 위험천만한 일입니다. 그때 어떻게 해야 자신을 관상할 수 있는지를, 이미 언급한 나토리 호겐 스님, 일본에서는 행동하는 승려로 알려진 그는, 이렇게 조언합니다. 그런 타인, 그런 시선에 대해 부처님이라면 어떻게 반응하셨을까? 하고 먼저 자신에게 되물어 본다는 것입니다. 그렇게 하다 보면, 상대방은 왜 그런 언행을 했는지? 내가 왜 그런 감정을 끌어안고 있는 것인지? 내 마음에 무엇이 내키지 않는지? 무엇을 바라고 있는지? 나의 상황은 현재 어떤지? 등을 생각해 보며 자기 자신에게 아직도 부족한 것이 무엇인지를 알게 되고, 그런 것을 확인하면서 수정해가게 된다는 것입니다. 한참 그렇게 묻고, 되묻고, 답하는 일이 바로 관조이며, 관상인데, 그렇게 관상적인 물음과 답을 이어가면 상대방의 입장이나 사고방식도 저절로 내 마음 안에 융해되어, '그 사람이라면 그런 언행을 하는 것이 당연하다.'는 판단을 내리고 더 이상 그에게 나의 신경을 쓰지 않는다는 것입니다. 이해하면, 모든 것은 그곳에서 수증기처럼 사라진다는 것입니다.

　사람들은 매일같이 지금, 방금, 그리고 금방을 살아내야 하기에, 그 어떻든 살아가야 하기에 자신의 삶을 그 어떻든 즐기고 있는 것이어야 합니다. 즐긴다는 그 말에 이미 나름대로 아리스토텔레스가 일러준 관상과 관조의 여유가 스며들어 있습니다. 자기 자신의 일상적인 삶을 자기가 관상하거나 관행하기 위해서는 자신의 삶을 나름대로 '즐길 줄 알아야' 합니다. 관상적인 혹은 관행적인 삶이 따로 독립적으로 있는 것이 아니기에, 이제부터는 관상이나 관조라는 단어 대신 관행이라는 말을 본격적으로 쓰겠습니다. 자신의 일상적인 삶을 관행적으로 생활해야 하고, 그렇게 관행적인 생활을 자신의 삶에서 일상화하기 위해서는, 관행을 하나의 습관으로 만들어 그 자체를 나름대로 즐겨야 합니다. 관행의 핵심은 꿰뚫어봄, 알아챔이지만, 관행의 실제 활동들은 즐김입니다. 무엇이든 그것의 본질을 꿰뚫어보려면, 그것을 즐겨야 되고, 그것과 하나가 되어야 하지만, 그것을 즐기면, 그것과 하나가 되면 그것의 정체, 그것의 핵심이 무엇인지 이내 알아차리기 때문입니다. 그것은 마치, 베토벤과 같은 악성(樂聖)이나 우리들의 명창(名唱)은 자신과 음악이나 소리와 하나가 되는 순간, 소크라테스나 스피노자 같은 철학자들은 자신과 자신의 논리가 하나가 되는 순간 바로 새로운 자기로 거듭나게 된 이치와 같습니다.

　결론은 자명하고, 한 가지입니다. 그 누구든 그 스스로 행복하기에, 행복한 것일 뿐이라는 결론입니다. 좋은 삶으로서의 행복이 그에게 원인이고 결과이며, 그리고 과정입니다. 사람들은 죽음의 원인 같은 것으로 이해되고 있는 암을 꽤나 두려워합니다. 암의 정체를 알기 전까지는, 암 때문에 죽는다고 하기보다는, 그저 나쁜 병 때문에 죽는다고 말했습니다. 암의 정체를 몰랐기 때문에 그렇게 그냥 '병' 때문에 죽는다고 말했을 것입니다. 역사적인 사실로 미루어 보건대, 십자가형으로 죽어간 예수를 제외하고는, 붓다나 공자 같은 성현들도 병으로 죽었는데, 그 병명은 아무도 모릅니다. 아마 암이었을지도 모르는 일입니다. 소크라테스도 독약으로 죽지 않았다면, 그 역시 그 어떤 암으로 죽었을는지도 모르는 일이었을 것이니, 병이라는 말은 암을 포함해, 그 모든 죽음을 대변하는 대명사였던 셈입니다. 현재는 암이라고들 현재의 의학수준으로 규정해 놓고들 있지만, 암의 미세한 정체를 다시 의학적으로 더 밝혀내게 되면, 그때부터 사람들은 더 이상 암 때문에 죽는다고 이야기하지 않고, 새로 명명된 그 병명을 죽음의 원인으로 댈 것입니다. 지금의 병명이라는 것도, 병명의 과학적 정당성이라는 것도 죽음을 기다리고 있는 영원한 현재 진형형의 상태일 뿐입니다. 새로운 과학적 발견을 위해 대기하고 있는 시한부 생명이나 다를 것이 하나도 없습니다. 새로운 사실이 과학적으로 규명되기 전까지만 유효할 뿐입니다. 그러니, 차라리 암이니, 뭐니 하는 식으로, 병 때문에 죽는 것이 아니라, 사람은 죽기 때문에 죽는 것이라고 보아야 합니다. 물론 자질구레한 갖가지 이유들이 있을 수 있겠지만, 그런 자질구레한 것들을 모아 병의 원인이라고 부르는 것도 어리석기는 매한가지입니다. 그 어떤 것도 죽는다는 큰 원인 속에 흡수되어, 끝내 죽음이라는 과정과 결과로서 소멸되어 버리기 때문입니다. 그러니, 행복하려면 절대로 행복해야 합니다. 행복해야, 행복하기 때문입니다. 다시 말합니다. 삶에서 인과론은 자신이 만들어 가야 되는 좋은 삶을 위해 별다른 위력을 지니지 못합니다. 원인이 있기에 결과가 있는 것이 아니기 때문입니다. 원인이 결과이고 과정인 것처럼 이해되지만 알고 보면 과정이 바로 원인이고 결과이며, 결과가 과정이고 원인이 될 수도 있기 때문입니다. 사건에는 사건을 만들어 내는 일, 사건에 선행하는 것이 있기에, 사건이라는 결과가 나타나게 된다고 믿어지게 마련이지만, 가만히 보면, 그런 것은 없습니다. 밥을 먹었기에 소변이든 대변이든 변을 보게 됩니다. 밥을 먹는 것이 선행원인이고, 변을 보는 것이 결과라고 보는 일반적인 소화과정에 대한 예입니다만, 이 경우 우리는 몇 시간이라는 경과로서의 과정에 유의하게 됩니다. 밥을 먹었다는 것은 이미 지난 사건일 뿐이지 현재 사건이 아닙니다. 지금 변을 보고 있는 나에게는 아무런 원인도 아닙니다. 밥을 먹었다는 그 사건에 혼을 뺏길 이유가 없습니다. 이미 지나가 버린, 내가 이미 어쩌지 못하는, 내 의지를 이미 벗어난 것들일 뿐입니다. 그것을 문제시하려면 그때, 그러니까 밥을 먹을 당시 했었어야 할 그렇지만 이미 지난 일입니다. 변을 보고 있는 나에게 지금 결정적인 것은 바로 지금 변을 보고 있다라는 사실, 그 하나뿐입니다. 변을 보고 있기에, 변을 보는 것일 뿐입니다. 어떤 사건의 원인을 찾고 결과를 논하는 것은 좋은 삶, 행복한 삶을 찾는 이들에게는 부질없는 일일 뿐입니다. 그것은, 사람은 태어났기 때문에 죽는다는 것을 나에게 장황하게, 그리고 지루하게 설득하고 있는 것과 하나도 다르지 않기 때문입니다. 변을 보는 것도, 밥을 먹는 것도, 사랑을 하는 것도, 슬퍼하는 것도, 모두 내가 태어났기에 내게 아직도 생명 있기에, 내게 일어난 것이라는 것을 설명해 주는 것에 지나지 않을 뿐입니다. 이 말은, 그 어떤 사건이든 그 사건의 원인을 찾아내어, 그것에 모든 것을 걸듯이 집착하는 것은 커다란 의미가 없다는 뜻입니다. 원인이 바로 결과이며, 과정은 늘 그렇게 이해되는 일상사이기 때문입니다. 그러니, 그 사람 때문에, 그 돈 때문에, 그 자리 때문에, 그 실수 때문에, 그 병 때문에 아파하거나 슬퍼할 이유가 조금도 없는 것입니다.

사람들은 암(癌)만 걸리지 않았으면, 혹은 암 때문에 슬프다고, 우울하다고, 걱정이 된다고 말합니다. 당연한 말들이기는 하지만, 진정으로 좋은 삶, 행복에 이르는 삶을 원하는 행복의 배움학도로서는 그 말을 그냥은 받아들일 수 없습니다. 제가 당사자가 아니라 그렇다고 지적하는지도 모르지만, 제가 그 경우라고 하더라도 제게는 어쩔 수 없는 노릇입니다. 내가 당연히 싫어해야 될 그 암세포마저도 나라는 몸, 생명세포 안에서 나름대로 살아난, 살아가려고 하는 생명이기 때문에 하는 말입니다. 암전문가들에게 있어서 그 암세포 덩어리는 내가 조금이라도, 몇 년이라도 더 생명하기 위해서 당연히 도려내고, 잘라내야 될 그런 잘못된 생명으로서의 '오생명(惡生命)'일 뿐입니다만, 나라는 생명의 입장에서 그 암은, 마치 감기처럼 설령 퇴치해야 할 악의 하나라고 하더라도, 지금, 방금, 금방의 나라는 생명에게, 그 어떤 말, 그 어떤 뜻을 전달하는 메시지입니다. 나의 생명을 드러내는 몸이 주인인 내 '몸'에게 무엇인가 화급하게 아니면 이미 오래전부터 무엇인가를 전달해 온 말이기 때문입니다. 생명이 있기에 죽음도 있다는 메시지이기는 하지만, 그 메시지는 70평생 그토록 네 몸을 즐겼고, 그런 즐김과 행복에 대해, 이번부터는 내 자신의 온 '몸'으로 되새겨 보라고 자연이 내게 작성한 문자 메시지와 다를 것이 하나도 없습니다. 여러 가지 의료적인 요법을 활용해 치료한다고 할 때, 그 치료라는 것은 암이라는 메시지에 응답하는 것이고, 그 메시지의 응답 후 다시 전달받은 것은 그것이 쾌차든, 쾌유든, 아니면 죽음이든, 그 무엇이든 간에 관계없이, 그 후의 메시지는 일종의 치유(治癒), 혹은 힐링(Healing)이라고 말할 수 있을 것입니다. 그런 힐링은, 몸 상태의 여부에 관계없이, 자신의 '몸'에 책임을 다하는 것으로 받아들여야 합니다. 책임을 다했다는 말의 영어 표현은 레스폰스빌리티, 즉 Responsibility인데, 이 말은 '응답'한다는 뜻의 리스폰스(Response)와 할 수 있다는 말로서 능력을 표현하는 에빌리티(Ability)가 합성된 말입니다. 다시 응답한다는 리스폰스는 약속을 상징하는 레스폰드(Respond)라는 말의 변형이기에, 책임을 다한다는 레스폰스빌리티는 결국 확실하게 다시 약속하는 일을 뜻합니다. 그 어떤 질병, 그것이 감기이든, 골절이든, 암이든 뭐든 상관없이, 그 병으로부터의 회복, 치유, 혹은 힐링은, 그것이 살아남는 것으로 나타나든 아니면 죽는 것으로 나아가든 간에 관계없이, 병이 들기 전의 몸으로 나아가거나, 되돌아간다는 뜻을 갖는 말로 받아들여야 할 것이 아니라, 이제부터는 자신의 몸에 대해 자신의 '몸'이 새로운 관계를 맺어야 하겠다는 약속의 길로 들어서는 일로 받아들여야 합니다.

다시 말하겠습니다. 제가 저에게 다시 다짐하는 것이지만, 내가 지금 이 상태, 이 조건에 있는 것은, 지난 무엇, 무엇 때문에 그렇게 된 것이 아닙니다. 바로 지금 때문에 지금 이렇게 벌어지고 있는 것일 뿐입니다. 이 사실만 나의 삶에서 진실되게 유효합니다. 제게는 '지금'이, 바로 나의 '방금'이고, 나의 방금이 '금방'일 뿐입니다. 나라는 '몸'은 지금, 방금, 금방이라는 찰라의 이어짐들이며, 연속이며, 그저 그렇게 하나로 '뭉쳐져 있음'의 생명일 뿐이니, 그 몸에 일어나는 그 어떤 일에도, 그것을 남의 일처럼 화내고, 슬퍼하고, 우울해하고, 시무룩해하는 식으로, 이유를 대며 핑계를 만들어 가며 뭐고, 뭐고 할 일이 결코 아닙니다. 이글을 쓰고 있는 지금 저는 몹시 통증에 시달리고 있습니다. 감기 기운이 심해졌기 때문입니다. 교정을 보는 지금은 퇴행성 관절염의 증상으로 손가락 한쪽으로 모든 통증을 받아내고 있는 중입니다. 정신을 집중하고 글을 쓰거나 교정하기가 그리 쉽지 않습니다만, 그래도 저는 쓰고 있습니다. 글쓰기가 좋기 때문이고, 제가 가장 제 삶에서 잘 해낼 수 있는 일이며, 나의 오늘에 삶의 의미를 만들어 주고 있기 때문입니다. 내 몸을 압박하고 있는 이 격렬한 통증, 이것이야말로 내가 살아 있음을, 내게 생명 있음을 알려 주는 증표입니다. 그 누구나 통증 없는, 통증을 느끼지 않는 몸을 바랄 것입니다. 통증 없는 몸 그것을 사람들은 유소미아(Usomia), 그러니까 없습니다의 뜻인 유(U), 그리고 몸을 상징하는 소마(Soma)를 합성해서, 유토피아처럼 유소미아라고 만들어 본 것입니다만, 통증 없는 몸은 사실상 그 어떤 이에게든 재앙이나 다름없습니다. 물론 의학적으로 만성통증의 경우는 달리 설명해야 하지만, 일상적인 삶에서 겪는 통증들, 말하자면 감기나 설사 같은 병증에 수반되는 통증은 자신의 몸이 정상적임을 알려 주는 신호이기 때문입니다. 몸에 병균이 침입하거나 감염되면 몸은 스스로를 방어하기 위해 면역체계를 신속하게 발동시켜 침입한 병균과 싸움을 벌이게 됩니다. 이때 어쩔 수 없이 면역체계와 병균이 서로 전투 중임을, 그러니까 몸이 살아 있음을 알리는 신호로서 통증을 드러내 보이는 것입니다. 그러니, 통증은 생명을 지키는, 생명함을 유지하며 구해내는 정상적인 활동이며 살아냄, 살아 있음의 생명신호인 셈입니다. 통증이 있다는 것이 몸에게는 다행인 것이니, 통증에 대해 감사해하고, 그것을 즐겨야 하며, 그것이 바로 행복이라고 말해야 합니다. 모든 것은 내게 있어서 행복의 조짐이며 행복을 위한 징후들입니다. 그것들에 대해 그저 관행하며, 즐길 일거리들이나 마찬가지일 뿐입니다. 일거리 하나, 하나가 기쁨을 지니고 있기 때문입니다. 무슨 일이든, 그것들의 속내를 곰곰이 파고 들어가면, 그 어떤 슬픔 덩어리들도 끝내 기쁨들로 만들어질 수 있음을 알게 됩니다. 그 반대도 마찬가지가 되겠습니다만, 그 모든 것들은 내가 지금, 방금, 금방 살아 있기에, 생명이 있기에 오로지 가능한 일이라는 것 이외에는 그 어떤 것도 참이 될 수가 없는 노릇입니다. 살아 있다는 것, 동사로서 '생명한다.'는 것은 오로지 기쁨이고, 즐김이며, 행복입니다. 좋은 삶의 증표입니다. 살아내는 일은 끝나기 전까지는 결코 끝나지 않는 일일 뿐입니다. 사람들은 자신이 처한 자금, 방금, 금방에 맞추어 행복을 만들어 내고, 그것을 자신의 라이프 스타일, 혹은 일상적인 삶이라고 말할 수 있을 뿐이니, 그것을 알아채기 위해서 자신의 몸이 매일같이 자신에게 배우기를 멈추지 말고 자신의 삶에 '의미'를 만들어 가야 합니다.

Chapter 2

관행(觀行)의 힘

1. 관행(觀行)의 힘

관행은 이름씨가 아니라 움직씨입니다. 명사가 아니라 동사입니다. 배움도 명사가 아니라 동사입니다. 관행이나 배움이 동사로 작용하지 않으면, 그 모두 허사입니다. 동사가 아니라 명사로 머물러 있을 때, 관행은 '위선'이 되고 배움은 '학교'로 변질됩니다. 그때부터, 자기 자신은 이반 일리치가 『누가 나를 쓸모없게 만드는가』에서 지적한 것처럼, 무기력해져 버립니다. 내 스스로 움직씨가 되어야 합니다. 관행(觀行)이라는 말에서 관(觀)은 관찰하다, 행(行)은 우리가 실제로 겪으며 체험한다는 것을 뜻합니다. 관은 우리 인간의 오감으로 면밀하게 살피고 경험하며 느낌으로써 이것과 저것이 서로 다르고, 그것과 이것이 같지 않다는 것을 분별하며, 그것에 따라 우리의 서로 다른 대응이 나오도록 생각하며 의식하며 실천하는 행위를 말합니다. 관행의 힘을 다루는 이 장에서, 그리고 이 책 전반에서 배움학파들이 좋은 삶을 논하면서 이야기한 관행(觀行)이라는 개념은, 행복을 위해 좋은 삶을 위해 일상적인 삶에서 필요한 이론과 실천의 융합, 관조와 참여의 조화, 요즘 말로 말하면 명상과 활동의 조화로서 요구되는 몸의 일상적인 실천력이라고 이해하면 됩니다. 중세기 로마인들의 삶으로 표현하자면, 좋은 삶을 위해 요구되는 찬찬하고도 깊은 생각으로서의 사유지(思惟知), 그러니까 비타 컨템플라티바(Vita Contemplativa)의 생활과, 세상이 무너져도 흔들림 없이 자신의 마당에 사과나무를 심는 그런 실천과 행동을 상징하는 비타 악티바(Vita Activa)의 삶인 실천과 행동으로서의 실천행(實踐行)이 조화롭게 융합된 비타 믹스타(Vita Mixta)의 삶을 위한 슬기가 바로 배움학파가 주장하는 관행의 핵심이라고 이해하면 됩니다. 관행은 배움론의 방법이기도 합니다. 그러니까 배움의 3영역이기도 하고 3요소이기도 한 생명, 학습 그리고 연단을 위한 방법론이기도 합니다. 생명에 대한 경외나 배려를 위해서도 생명에 대한 관과 행이 요구되는 것이고, 학습을 위해서라도 깊은 사유와 실천의 조화인 관행이 요구되는 것이고, 마지막으로 자신의 몸조리용 연단을 위해서도 당연히 관과 행이 필요한 것입니다. 배우는 사람은 그 누구나 생명에 대한 배려를 하기 위해서, 학습을 하기 위해서, 자신을 단련시키기 위해서 일상적으로 자신의 삶을 관하고 행하는 사람입니다. 그러니까 배우는 사람으로서 그는 아침 눈을 뜨면 당연히 오늘 내가 만나는 다른 생명에 대한 배려를 위해 이 일을 하지 않으면, 내 삶에 어떤 일이 일어날까 그리고 반대로 그 생명에 대한 배려를 하지 않으면 내 삶에 어떤 일이 벌어질까에 관해 자기 스스로 관(觀)과 행(行)의 점검을 해야 할 것입니다. 마찬가지로, 자신의 탐구와 학습에 대해서도, 그리고 자신의 몸조리에 대해서도 마찬가지로 내가 오늘 이렇게 글 한 줄, 글 한 자도 쓰지 않은 채 저녁을 맞으면 내게 어떤 일이 생길까, 동시에 내가 오늘 이렇게 많이 먹기만 하고 운동을 하지 않으면 내게 어떤 일이 생기게 될까와 같은 질문에 자기 스스로 답하며, 스스로를 반추하며 자신의 몸과 삶을 개조해내는 일이 바로 배움의 일이며, 좋은 삶을 위한 인간다운 노력일 것입니다. 그래서 관행이 배움의 방법론이며 동시에 좋은 삶을 위한 방법론이라고 하는 것입니다.

삶을 위한 슬기가 어떤 형태로 나타나든 간에, 그 지혜가 어떻게 일상에서 드러나든 간에, 자기 스스로 좋은 삶을 살아가려면, 자기 스스로 참살이를 해내려면, 행복해지려면 자신의 일상에서 가장 중요한 것이 바로 관행의 일상적인 실천입니다. 삶의 일상에서 관행을 통해 얻은 슬기대로, 지혜의 가르침대로 자신의 일상을 그렇게 해내는 실(實)과 천(踐)이 무엇보다도 중요합니다. 그것이 바로 배움의 실천이며, 행복을 위한 실천입니다. 거대한 몸집의 코끼리가 나뭇잎을 뜯어먹다가도 가끔 목을 추스르며 잠시 쉬는 듯하는 표정을 짓는 것은, 자신이 뜯어먹는 풀잎의 양을 알기 위해, 풀을 얼마나 많이 먹었는지를 자랑하기 위해서가 아닙니다. 그것은 자신이 그토록 뜯어먹은 풀잎을 제대로 소화시키기 위해서입니다. 좋은 삶을 살아가려고 하는 사람도 마찬가지입니다. 삶에 대해 슬기를 이야기하고, 지혜를 논하는 것은 자신의 철학이나 슬기를 자랑하기 위해서가 아니라, 그 슬기대로, 그 철학대로 자기 삶에 매일같이 해 보고, 해내기 위해서 일뿐입니다. 철학자란 결코 삶의 슬기를 아는 사람이 아니라, 그것으로 자신의 삶을 맑게, 그리고 밝게 살아가는 사람을 말할 뿐입니다. 매일같이 자신의 삶을 위해 되돌아보고, 미리 짚어 보며, 지금 자신의 삶을 조금이라도 더 맑게, 그리고 밝게 살아내는 사람들이 바로 일상의 철학자들입니다. 관과 행을, 이러 저런 이유로 인해 만약 오늘의 아침, 오늘의 삶에서 슬쩍 건너뛰거나, 실천할 여유가 없었다면, 에픽테토스가 그 옛날 우리에게 일러 준 그 말을 다시 더 상기하십시오. "어떤 경우에도 너 자신을 철학자라고 부르지 말고, 또 철학자가 아닌 사람들 사이에서는 철학적 원리들에 관해 너무 많은 것을 말하지 마라…(자신 스스로 좋은 삶을 생각한다면) 철학적 원리들에서 따라 나오는 것들을 행하라. 예를 들면, 연회에서는 어떻게 먹어야만 하는지를 말하지 말고, 마땅히 해야만 하는 대로 먹어라. 그 이유는 이렇다. 사람들이 철학자들과 접촉할 수 있도록 데려가 주기를 바랐기 때문에 소크라테스, 그에게 왔었는데, 소크라테스는 (오히려) 자신을 내세우는 것을 완전히 내려놓고, (오히려) 그들을 자기보다 더 슬기로운 철학자들에게 데려다 주었다는 것을 기억하라. 이처럼 소크라테스는 자신을 내려놓음에 개의치 않았다."고 말하는 에픽테토스의 충고를 기억하시기 바랍니다.

　좋은 삶, 행복한 삶, 그러니까 '생명체인 사람이 자신의 일상에서 충족시키기 위해 깊은 사유와 실천으로 거듭나는 기쁨을 즐기기 위해 자신의 몸을 다듬어 가는 삶'을 위해 관행이 요구됩니다. 그 관행에서, 행(行)은 우리의 감각을 조절하며 실제로 그 무엇을 느낀다는 의미에서 인간적인 지식에 해당되는 데 비해, 관(觀)은 신(神)의 은사를 상징하는 개념입니다. 초자연, 귀신, 땅, 물건, 인물 등등, 인간들의 필요에 따라 그 무엇이라고 정의해놓든 간에 관계없이 인간과는 다른 능력을 지닌 채, 인간 위에서 인간에게 나름대로의 운명을 좌우할 수도 있다고 판단되(하)는 그 신성(神性)들이 지닌 슬기와 지혜를 상징하는 것이 바로 관(觀)인데, 인간적인 입장에서 알아챔으로 해석되어도 무방합니다. 행(行)은 실천적 지식, 인간적인 지식으로서의 의지를 상징합니다. 관(觀)을 신의 지식이라고 받아들인다면, 행은 인간의 의지와, 슬기를 상징합니다. 이런 관행이 인간의 삶에서 지니는 상징성을 논어(論語)식대로 표현하면, 그것은 인(仁)의 개념과 맥을 같이한다고 볼 수도 있습니다. 원래 인(仁)자는, 즉, 사람 옆에 위치하고 있는 하늘과 땅의 조화, 그러니까 사람과 하늘과 땅의 조화, 더 나아가 사람의 힘과 신의 힘이 서로 하나가 된 상황이 바로 인간의 어진 상태와 배려의 마음을 상징합니다. 인간의 어짐, 그러니까 사랑, 배려, 사람을 사랑하는 마음, 자신보다 남을 더 생각하는 마음을 표하는 인(仁)은 말로는 쉽지만, 삶살이에서는 실천하기가 어려운 일입니다. 원숭이처럼, 이기적이며 본능적으로 자기 중심적인 인간이 자신의 본성과 어긋나게 이타적인 생각을 갖고 다른 사람들에게, 배려 먼저, 사랑 먼저 하면서 매사를 어진 마음으로 실천해 가려면, 어짐을 위한 부단한 자기 연단, 자기 수양, 자기 조리가 선행되어야만 합니다. 인(仁)에 대한 문자적인 이해를 위해, 쓰기에 쉬워 보이는 그 인(仁)자를 파자해 보면, 인(仁)자의 모습은 사람 인(人) 변에 두 이(二)자가 있는 형상입니다. 인(仁)자에서 위의 一은 하늘이고 아래 一은 땅을 상징합니다. 인(仁)자는 원래 그 가운데에 한일(一)자가 더 있었던 글자로서, 가운데 글자인 한일(一)이 밖으로 나와 사람 인(人)이 된 글자입니다. 그러니까 인자의 원래 모습은 석 삼(三)이었거나 어쩌면 터럭삼(彡)자처럼 쓰였는지도 모릅니다. 석 삼(三)이라는 글자는 '주역(周易)'에서 양(陽)의 집합체인 건괘(乾卦), 그러니까 천인 하늘(天), 땅인 지(地), 그리고 사람을 상징하는 인(人)의 삼재(三才), 즉 세 기본을 상징합니다. 만약, 인이(仁)이 석 삼(三)의 모습이 아니라, 터럭삼(彡)의 모습이었다면, 그것은 표현 그대로 짐승이나 사람의 머리 위에 털이 난 모습을 본 따 만든 글자이기는 했어도, 그 터럭삼자에는 의외의 뜻도 담고 있습니다. 말하자면, 털(髮)이라는 의미 외에도, 붓의 털로 색칠하거나(彩) 무늬를 새겨 넣는다(彫), 또는 색을 칠해 꾸민다는 의미도 있고, 경우에 따라 빛이 나거나(修) 소리가 퍼져나가는 모습(彭)을 담아내기도 합니다. 어쩌거나 터럭삼(彡)자는 석 삼(三)자와는 달리 경사지게 생겼다는 것을 기억해 두실 필요가 있습니다.

관행(觀行)은 삶을 살아가는 데 필요한 알아챔과 실천의 기준과 방법으로 설명할 수도 있습니다. 관행의 문제를, 특별히 정치적 현장에서 요구되는 관찰의 기준과 방법으로 이해한 사람이 고대 중국의 한비자(韓非子, 기원전 280?~233) 같은 정치인이었습니다. 순자(荀子)의 제자로서 당시 법가(法家), 그러니까 중국 전국시대에서 도덕이나 윤리보다 법으로서 세상을 다스려야 세상이 더 바르게 된다고 본 한비자는 처음부터 인간의 본성은 삐뚤어져 있다고 간주하던 성악설을 믿고 있던 사람입니다. 한비자는 천하에 꼭 믿어야 할 이치로서 세 가지가 있다고 보았습니다. 그 첫째는 지혜만으로 성립시키지 못하는 일, 둘째는 힘만으로 들 수 없는 일, 마지막 셋째는 강한 것만으로 결코 이길 수 없는 일인데, 각각의 사건에서 일들을 잘 처리하려면 일들이 돌아가는 것을 스스로 관찰하고, 그에 터해 곧게 행동해야 한다고 주장했습니다. 그렇게 주위를 살피고 그에 따라 처신하는 것이 이치에 맞으며 법리적으로도 옳게 되는데, 그렇게 하기 위해서 필요한 것이 자기 자신과 자신의 삶에 대한 철저하고도 투철한 관행(觀行)이라고 보았습니다. 이때 그가 말하는 관행은 상당히 정치적인 함의를 갖고 있는 개념으로서, 현실주의적이고, 냉혹하기만 한 처세술이며 생존술의 한 방법이었습니다. 법가(法家)의 논리를 체계화한 한비자는 「관행(觀行)」 편에서 "옛사람이 제 눈으로는 스스로를 볼 수 없었기 때문에 거울로 얼굴을 보았으며, 지혜로 자신을 알기에 부족하였기 때문에 도로써 자신을 바로잡았습니다. 거울이 흠을 드러냈다고 해서 허물될 것이 없고, 도가 잘못을 밝혔다고 해서 미워할 것은 없습니다. 눈이 있어도 거울이 없으면 수염과 눈썹을 바로 다듬을 수 없고, 몸이 도에서 벗어나면 자신의 미혹을 알 수가 없습니다."라고 말함으로써, 늘 근신하고 경계하는 관행의 중요성과 삶의 관계를 강조했습니다.

　　제가 배움학적으로 활용하는 관행(觀行)의 개념은, 한비자가 당시에 활용했던 그것과는 성격이 다릅니다. 처신의 중요성을 강조한 한비자(韓非子)의 처신술이 오늘날에 쓰임새가 없는 것도 아니고 전혀 틀린 것도 아니지만, 제가 좋은 삶, 행복의 윤리를 지켜나가기 위해 요구된다고 본 관과 행은 아리스토텔레스가 『니코마코스 윤리학』에서 강조했던 테오리아(Theoria)와 프로네시스(Phronesis)의 각 개념을 하나로 조합하고 융합시켜 만든 새로운 개념으로서의 관행(觀行)입니다. 이것은 공교롭게도 불가(佛家)에서 말하는 관행(觀行), 그러니까 마음의 진리를 알아채며 알아챈 진리대로 실제로 자신의 몸을 기울이며 실행하는 일과 비슷한 의미를 지닙니다. 저들 불가에서는 관행을 영어로 컨템플레이션과 액션(Contemplation and Action)이라고 표현하는데, 그것은 아리스토텔레스가 우리에게 일러준 테오리아, 즉 관상(觀想)과 실천(實踐)으로서의 프로네시스를 결합한 것과 크게 다르지 않습니다. 저들 불가에서는, 관행에서보다 방점을 관(觀)에 놓고 있습니다만, 관행 중 그 어떤 것도 각기 100%로, 아니면 각기 50%가 되어 100%의 하나로 늘 같이 작동해야 하는 좋은 삶을 위한 동력이 됩니다. 그러니까 관하면 반듯이 행하고, 행하면 어김없이 관해야 한다는 뜻입니다. 배움학적으로 말하는 행복을 위한 관행적인 삶은, 중세시대에 통용되던 말로 말하면 이미 말한 바 있는 비타 컨템플라티바(Vita Contemplativa), 그러니까 숙고하는 삶과 행동하는 삶인 비타 악티바(Vita Activa)가 일상의 삶에서 하나로 조화롭게 나타난 상태로서 이론과 실천, 사유와 행동, 명상과 실행의 조합을 상징하는 삶으로서의 비타 믹스타(Vita Mixta)를 말하는 것입니다. 물론 일상에서 쉽지 않은 일이지만, 쉽지 않기에 그것을 해내는 삶이 좋은 삶이 되는 것이며, 행복한 삶이 되는 것입니다. 한평생을 살아가면서 열심히 죽어가기 위해 매일을 번다하게 사는 삶, 열심히 죽어가기 위해 매일 남을 속이며 자신의 뱃속을 채우는 일로 분주하다면, 그런 삶은 제아무리 권력이나 높은 신분으로 위장을 해도 시궁창 냄새가 진동하는 삶에 지나지 않을 것입니다. 행복은 그러니까 좋은 삶은 사람으로서 쉽게 해낼 수 없는 일들을 매일같이 자신에 해내가려고 노력하는 그 땀 냄새 때문에 신으로부터 내려 받는 은사(恩賜)와 다름 없습니다.

아리스토텔레스나 에피쿠로스학파가 활동하던 2천 년 전의 고대 그리스 아테네 공동체 당시, 당시 철학자들, 그러니까 아테네 대중에게 삶의 지혜와 슬기를 말해 주던 안드라고구스(Andragogus)들은 좋은 삶을 위해 요구되는 개념이며 수단들로서 테오리아와 프로네시스를 생각했었고, 안드라고구스마다 그 개념들에 대한 서로 다른 해석을 했던 것도 사실입니다. 후세의 학자들마다 서로 다르게 번역과 주석을 달고 있는 이유이기도 합니다. 배움학도인 저는 저들의 테오리아와 프로네시스라는 개념을 하나로 융합시킨 상태를 우리말로 '관(觀)과 행(行)의 결합으로서 관행(觀行)'이라고 부르고 있는 것입니다. 제가 이 글에서 처음부터 끝까지 일관되게 생각하며 쓰고 있는 개념인 관행(觀行)은 단순히 말로만, 머리로만 알았다는 식의 하나의 지식이거나 단순한 정보에 대한 익힘이나 앎을 말하는 것이 아닙니다. 그 누구든 자신의 삶에서 자신의 참살이, 자신의 좋은 삶, 행복의 윤리를 위해 쓰임새 있는 그 무엇인가를 알았다고 하면, 그 앎과 익힘을 자신의 일상적인 삶에서 매일같이 일상적으로 실천해 내는 일 모두를 뜻하는 말을 대변하는 개념으로서 관행(觀行)이라는 말을 쓴 것임을 기억해 둬야 합니다. 제가 관행이라는 말을 썼을 때 그 관행이라는 말에는, 철학적인 의미에서는 관(觀)과 행(行), 그러니까 천천히 관찰하고, 그 무엇인가를 알아채고, 그 알아챔을 바탕으로 새로운 결단을 보이며, 그로부터 자신의 삶을 위한 새로운 행동을 위한 실천에 들어간다는 뜻이 담겨 있습니다. 또다시 강조하지만, 중세 로마시대의 비타 믹스타(Vita Mixta)의 삶, 그러니까 깊은 생각을 상징하는 사유지(思惟知)로서의 비타 컨템플라티바와 실천행(實踐行)으로서의 비타 악티바(Vita Activa)가 하나로 융합된 삶을 위한 방법이 바로 제가 말하는 관행(觀行)의 핵심입니다. 독자들의 이해를 돕기 위해 자주 반복해서 이야기하겠지만, 관행에서 관(觀)이라는 말은, 인간의 절대적인 의지와 결단, 마치 태양이 흙을 향해 비추는 그런 신이나 자연의 위력 같은 그런 절대적인 힘을 상징하는 인간의 '신성(神性)'을 드러내 보이기 위한 단어입니다. 그런 인간의 신성이 없다면, 치열한 자기 되돌아봄과 그에 터한 과감한 반전적인 행동이나 실천적인 거듭남이 없다면, 그것은 관행(觀行)이 아니라, 그냥 옛것을 있는 그대로 답습하거나 따라가기만 하는 일상적인 버릇이나 습관 같은 관행(慣行)과 다를 것이 하나도 없게 됩니다. 관행(觀行)과 관행(慣行)은 엄청나게 다른 것임을 잊지 마시기 바랍니다.

　다시, 고대 철학자들이 당시에 자신의 관점을 설명하기 위해 활용하던 개념인 테오리아(Theoria)와 프로네시스(Phronesis)가 무엇을 의미했는지를 조금 더 풀이하면, 테오리아(Theoria)는 요즘 말로 분별지(分別智)라고 번역될 수도 있습니다. 보다, 해석하다, 세상만사를 주재(主宰)하는 힘을 지닌 절대적 위치에 군림하는 관찰자로서의 신(神, Theos)이라는 말에서 파생된 단어인 테오리아는, 현상과 사물에 대한 치밀한 관찰, 분석, 그리로 새로운 해석을 요구한다는 뜻을 지니고 있었습니다. 당시 저들이 말하는 프로네시스라는 분별지는, 제가 위에서 썼던 관행(觀行)의 개념과는 나름대로의 질적인 차이가 있습니다. 제가 말하는 관행에는 깊은 사유라는 뜻이 흡수되어 있기 때문인데, 당시 아리스토텔레스나 그의 생각을 따르는 사상가들은 초기에는 제가 말하는 관행이라는 개념보다는 관상(觀想)이라는 번역어가 더 어울리는 깊은 사유를 상징했습니다. 그래서 저는 아리스토텔레스의 『니코마코스 윤리학』에 나오는 테오리아라는 개념은 제가 말하는 관행(觀行)과는 그 의미하는 바가 조금은 질적으로 다르다는 것을 드러내 보이기 위해 관상(觀想)이라고 그냥 그렇게 번역해서 썼던 것입니다. 아리스토텔레스가 말했던 분별지의 한 구성요소인 관상력(觀想力)은 인간의 감각으로 직접 포착할 수 없는 그 어떤 힘이나, 진리를 그 어떻게든 인간의 분별로 파악하고, 알아내려는 절대적인 힘과 지혜를 말합니다. 나중에 다시 이야기하겠지만, 테오리아는 그리스가 망한 후, 모든 지성들이 통째로 모방되고 흡수된 로마시대의 지성계에서 중기, 그리고 말기 스토아학파들이 내세우는 소위 숙고(熟考)하는 삶으로서의 비타 컨템플라티바(Vita Contemplativa)의 성격을 갖고 있습니다. 숙고하는 삶은 자신의 삶에 대한 알아차림과 그에 더해서 분별과 개념(概念)이 살아 움직이는 삶, 분별하며 깊이 생각하는 삶을 말하는 것입니다. 왜 그렇게 살아야 되는지를 스스로 감지하고, 깨닫고, 그렇게 깨달은 대로 자신의 삶을 냉철하게 단속하는 삶이 바로 숙고하는 삶의 핵심이기 때문입니다.

숙고하는 삶의 다른 편에 위치하고 있는 듯한 개념으로 이해될 수 있는 '행동하는 삶으로서의 비타 악티바(Vita Activa)'를 대표하고 있는 개념이 바로 그리스 시대에서는 프로네시스(Phronesis)라는 개념이었습니다. 실천지(實踐知), 실용슬기, 쓰임새 있는 지혜라고도 번역될 수 있는 프로네시스는 로마시대에서는 비타 악티바(Vita Activa)라고 번역되어 쓰였고, 그것을 사람들은 자신의 삶에서 문제가 되거나 필요한 것을 제대로, 그리고 재빨리 현명하게 판단하고 결단하는 실천적인 모습을 상징하는 말로 받아들였습니다. 아리스토텔레스나 에피쿠로스는 사람들이 자기들이 원하는 좋은 삶을 위해서는 '신중함(Mesotes, 영어로는 Golden Mean)'을 지키는 것이 필요하다고 말했는데, 이때의 신중함을 표현하는 개념이 바로 프로네시스입니다. 이때의 프로네시스라고 일컬어지는 실천지혜로서의 신중함은 유교에서 말하는 중용(中庸)의 개념과는 그 의미하는 바가 다릅니다. 물론 일상에서 서로 유용하게 활용할 수 있는 일종의 유사함도 있기는 있습니다. 프로네시스로서의 신중(愼重)함은 우리의 일상에서 겪을 수도 있는 삶의 지혜를 말합니다. 말하자면, 공포에 대해서는 태연하며 용감하고, 쾌락과 고통에 대해서는 가능한 절제하고, 재물에 대해서는 후(厚)하며, 명예에 대해서는 긍지와 자부심을 지키고, 분노에 대해서는 온화하고, 사람들과의 관계와 교제에 있어서는 친애와 성실성 같은 삶에서 필요한 실천적인 슬기와 실천이 프로네시스입니다. 당시 고대 그리스사회 구성원들 각자가 사람다운 사람으로서 살아가려고 한다면, 당연히 지켜야 될 인간적인 품성으로서 프로네시스라는 신중성을 꼽았습니다. 일상적인 삶에서 신중한 처사를 지키게 도와주는 인간의 품성과 슬기를 통틀어 프로네시스(Phronesis)라고 불렀기에, 프로네시스를 사람들이 각자의 삶에서 지켜야 될 실천적이며 실용적인 도리나 실천적인 지혜라고 이해해도 무방합니다. 일상적인 삶에서, 그 무엇인가 자신의 삶을 위해 필요한 신중성과 그에 터한 인간의 과감한 결단성은, 인간 역시 신(神)처럼, 설령 그와는 똑같지 않더라도 그에 필적할 만한 의지와 결단을 내릴 수도 있음을 드러내 보이는 일입니다. 전쟁에서 나라와 전우(戰友)를 위해 자신의 몸을 희생하는 용기는 신(神)의 능력에 버금가는 것입니다. 물론 인간은 신이 아니기에 자신의 운명을 미리 예언하거나, 기적을 만들어 내지는 못합니다. 사람 스스로 자신의 죽음을 신들처럼 영원히 살 수 있도록 '운명화' 시키지는 못합니다. 다만 자신들도 다른 생명체처럼 일정 기간이 지나면 어김없이 죽는다는 것만을 오롯하게 알고 있을 뿐입니다. 인간은 죽는다는 그 운명을 거역하지 못한다는 뜻에서, 제 아무리 용맹한 인간이라고 해도 신의 뜻을 거역하지는 못한다는 뜻입니다. 아무리 신학을 공부하고 신을 찬양하는 목사라고 하더라도, 사람들을 다시 죽음에서 살려낼 수는 없는 노릇입니다. 부활은 마술이 아니라 기적이기 때문입니다. 2016년 새해 벽두에도 신학자이자 개신교 목사가 가출을 자주 하는 자신의 중학생 딸을 바로잡겠다고 계모와 더불어 매질을 하다가 죽여 놓은 사건이 언론에 보도된 적이 있었습니다. 죽은 사체(死體)인 딸을 미라처럼 몇 주일 동안을 방에 방치해 놓고, 경찰이나 학교에는 실종신고를 한 채 죽은 딸을 다시 살리겠다고 노력했던 괴이한 사건이었습니다. 경찰에 붙잡힌 목사는 자신의 딸을 방치해놓은 이유로, 기도하면 죽은 딸이 살아날 것으로 알고 그리했다고, 거짓으로든 혹은 진심으로든, 그렇게 진술했다고 합니다. 그 어떤 정신적인 결함도 발견되지 않았던 그들 목사 부부가 자행한 이 사건에서의 핵심은 기도의 효력 여부 문제가 아니라, 딸에 대한 계모의 사랑 없음과 딸에 대한 아버지로서의 사랑결핍 문제였던 것입니다. 죽은 사람을 되살아나게 할 수 없는 것은, 사람은 끝내 인간이지 결코 신(神)이 아닌 까닭입니다. 인간은 죽은 후 다시 살아날 수는 없는 대신, 자신 스스로 자신이 어떻게 죽을지를 결단할 수는 있습니다. 말하자면, 요즘처럼 우리나라에서 횡행하고 있는 '의료과잉소비중심문화'에서 저들에게 맥없이 희생되지 않기 위해 필요한 사전의료의향서(Advance Care Planning, 死前醫療意向書) 작성이 그런 결단에 속합니다. 그러니까 그 누구든 삶의 마지막 단계에서 불필요한 연명조치를 중단하고, 설령 죽어가는 사람이라고 하더라도 마지막 한순간까지 사람처럼 자신의 운명을 맞이하며 자신의 죽음을 존엄하게 지키겠다는 자신의 결단을 적어 의사나 가족에게 강력하게 표명하는 사전의료의향서는 인간 스스로 자신을 지켜내려는 용기의 문제로서 바로 아리스토텔레스가 말하는 실천적인 슬기인 프로네시스와 결코 무관하지 않습니다. 그렇습니다. 인간은 처음부터 끝까지 생명에 따라 자신의 운명이 판가름 나도록 되어 있는 생명체일 뿐이기에, 그 스스로 어떻게 죽을지는 자기 스스로 결단해야 합니다. 어떻게 자신이 죽을지를 알게 되면, 그러니까 자신의 죽음을 알고 그것에 대해 나름대로 생각하고 있으면, 그 스스로 자신의 일상적인 삶을 어떻게 살아가야, 그리고 지금, 당장, 방금 이 순간에 살아내야 할지도 동시에 알게 됩니다. 그렇게 자신의 삶을 자신이 꾸려 가는 데 도움을 주는 것이 바로 프로네시스, 행동하는 지혜로서의 신중성을 토대로 삼는 실천적인 지혜와 슬기덩어리인 프로네시스입니다.

테오리아(Theoria)가 불변(不變), 영원히 변하지 않는 속성을 지녔다는 것은 테오리아가 신과 같은 영역에서 신적인 기능을 발휘한다는 것을 상징하고 있다고 말한 바 있습니다. 신은 절대로 변하지 않는 그 무엇입니다. 미지의 신비함과 같은 그 무엇일 뿐입니다. 신은 아니지만, 인간에게도 그런 신의 영역과 권능 같은 것이 있을 수 있습니다. 그것은 죽음 같은 것에서 찾을 수 있습니다. 죽음은 인간에게는 절대적인 영역입니다. 죽음은 신이 가르쳐 주지 않더라도 인간 스스로 잘 알고 있습니다. 죽음을 실천하지는 못한다고 하더라도 죽음이 어김없이 자신에게도 다가오는 그런 변하지 않는 것임을 잘 알고 있습니다. 생명 있는 것들은 어김없이 죽습니다. 그것은 덕성이나 품성과도 무관합니다. 신성(神性)이 있는 생명체라고 하더라도 생명인 이상, 죽음에는 어찌 할 수 없는 노릇입니다. 붓다도 죽었고, 공자와 소크라테스도 죽었으며, 예수도 죽어갔을 뿐입니다. 그러니까 불변을 상징하는 테오리아는 보통 대문자 진리(Truth)라고 부를 수 있습니다. 인간의 일상적인 삶에서 헤아림과 생각을 깊게 하도록 만들어 주는 분별지(分別智)로서의 테오리아는 절대적인 진리, 그 언제든, 그 어느 곳에서든, 그 무엇이든 간에 관계없이 늘 우리의 일상적인 삶에서 작동하는 진리라는 뜻입니다. 테오리아, 즉 분별지에 비해 '실천적 슬기', 그냥 실천지(實踐智)라고 번역해도 무방한 프로네시스(Phronesis)는 조건에 따라 환경에 따라 어김없이 변합니다. 프로네시스의 장점은 가변(可變)성입니다. 상황에 따라 변할 수 있고 또 변해야만 하는 인간의 활동이 바로 프로네시스입니다. 실천은 오로지 인간의 영역이기 때문입니다. 조건에 따라 변하고 환경에 따라 그 쓰임새가 달라지는 것입니다. 생명체가 자신의 생명을 그대로 지속하려면 자기에게 다가온 새로운 환경과 조건에 가능한 빨리,

현명하게, 제대로 적응해야 합니다. 새로운 환경과 조건에 제대로 적응하지 못하면 그 생명은 이내 자신의 생명력을 잃어버리게 됩니다. 생명체가 언제, 어떻게 살아낼 수 있는지, 혹은 반대로 죽어갈 수밖에 없는지는 자신이 새롭게 처한 조건과 환경에 따라 결정될 뿐입니다. 붓다, 공자, 예수라고 하더라도, 북극(北極)의 빙하지역에서 살아가려면 그 무엇이든 먹고, 입고 버텨내야만 단 한 시간이라도 더 살아 낼 수 있습니다. 실천은 삶살이, 좋은 삶, 참살이, 행복의 윤리를 지탱해 주게 만들고 있는 또 다른 결정적인 변수입니다. 프로네시스, 실천의 지혜로서의 프로네시스는 그래서 좋은 삶을 위한 진리로서, 대문자 진리(Truth)인 테오리아와는 성격이 다를 수밖에 없는 소문자 진리(truth)가 되는 셈입니다. 테오리아, 즉 분별지로서의 관행력(觀想力)과 프로네시스, 즉 실용지식으로서의 실천력(實踐力)이 좋은 삶, 행복의 윤리, 참살이를 위해, 그것들의 일상적인 쓰임새는 조건에 따라 달라질 수밖에 없음에도 불구하고, 두 요소는 절대적으로 필요한, 그래서 테오리아와 프로네시스, 관행력(觀想力)과 실천력(實踐力), 그러니까 분별지(分別智)와 실천지(實踐智)를 하나로 융합시켜 그것을 자신의 일상에서 늘 행동으로 드러내보여야 합니다. 자신이 원하는 참살이, 행복에 이르게 되려면 그렇게 해야 합니다.

좋은 삶, 그러니까 사람인 생명체로서 충족스러운 일상을 살아가기 위해 깊은 사유와 실천으로 거듭나는 기쁨을 즐기는 삶의 핵심으로 관조, 혹은 관상 또는 관행을 중요시 여긴 아리스토텔레스나 에피쿠로스의 생활철학을 요즘 말로 정리한다면, 저들은 '상황적 실용론(Contextual Pragmatism)'이었습니다. 서두에서 밝혔지만, 저 역시 행복에 관해 실용론적인 입장에 서 있습니다. 저들은 요즘 말로 편하게 불러, 행복 실용주의자라고 불러도 무방할 그런 생활 속의 행복을 내세우며 실천하였던 철학자였습니다. 실용주의자, 아주 간단히 말하면, 자신의 삶에서 쓰임새가 없는 것은 그 어떤 위대한 것, 그 누가 진리이니, 참이라고 우겨도 그런 것을 결코 진리로 받아들이지 않는 사람입니다. 그런 사람을 실용주의자(Pragmatist)라고 지칭합니다. 일상적인 생활에 효과가 있는 지식을 진리라고 보고, 그에 따른 행동과 결과를 중시하는 주장을 믿고 따르기에, 불변의 진리라는 것도 의시, 의심하며 그 효용성을 따지며, 삶에서 작동되지 않는 지식에는 시답지 않게 반응하는 사람이 실용주의자인 셈입니다. 이 세상에 변하지 않는 진리는 없다고 말하기를 주저하지 않는 실용주의자들의 범주 속에 아리스토텔레스를 넣을 수 있을지, 어떨지는 그의 『니코마코스 윤리학』을 어떤 식, 어느 수준으로 읽어내는지에 따라 달라질 수 있습니다. 저는 아리스토텔레스가 좋은 삶의 조건, 참살이를 위한 조건, 그리고 행복의 윤리를 가능하게 만들어 주는 조건에서 '쾌락'의 문제를 결코 도외시하지 않았다는 점과, 모든 것은 좋은 삶을 추구하는 사람들 각자의 품성과 습관으로 번역되는 헥시스(Hexis), 그리고 인간의 일상적인 현실과 현실 속에서의 자신이 하고 있는 행동이나 일에 대한 성찰에 의해 일상적으로 고쳐질 수 있고, 새롭게 만들어질 수 있음을 결코 간과하지 않았다는 점에서, 그를 실용주의적 행복론자라고 부르는 것입니다.

　나중에 다시 이야기하겠지만, 자기가 처한 현실을 받아들이며, 그 속에서 '가능한 행복', 참살이를 추구한다는 점에서 에피쿠로스는 제논과는 다르게, 실용주의적 행복론자에 속한다고 결론지을 수 있습니다. 이 점을 조금 더 부각하기 위해, 장황하지만, 아리스토텔레스 스스로 『니코마코스 윤리학』에서 언급하고 있는 참살이, 좋은 삶, 행복의 윤리를 인용하도록 하겠습니다. "덕도 영혼의 이러한 차이에 따라서 구별됩니다. 왜냐하면 우리는 덕들 가운데 어떤 것을 사유의 덕들이라 부르고, 다른 어떤 것들을 품성의 덕들이라고 부릅니다. 철학적 지혜(Sophia), 이해(Synesis), 실천적 지혜(Phronesis)는 사유의 덕들이라 부르고, 관후함과 절제는 품성의 덕들이라고 부릅니다. 왜냐하면 우리가 어떤 사람의 품성에 관해서 말할 때, 우리는 그를 지혜롭다거나 혹은 이해력을 가지고 있다고 말하지 않고, 그는 온화하다거나 혹은 절제적이라고 말합니다. 하지만 우리는 또한 현자(Sophos)를 그의 [영혼의] 품성 상태(Hexis)에 따라서 칭찬합니다. 품성 상태들 중 칭찬받을 만한 것을 우리는 덕들이라고 부릅니다." "또 우리는 쾌락이 행복과 섞여 있어야만 한다고 생각합니다. 그리고 [철학적] 지혜에 따르는 활동이 덕에 따르는 활동들 가운데 가장 즐거운 것이라는 점은 일반적으로 받아들여지는 사실입니다. 여하튼 철학[지혜에 대한 사랑]은 그 순수함과 견실함에서 놀랄 만한 즐거움을 가지는 것처럼 보입니다. 그리고 앎을 가지고 있는 사람들이 그것을 추구하는 사람들보다도 더 즐겁게 세월을 보낼 수 있다는 것은 마땅한 일입니다."

"절제 있는 사람이나 용감한 사람이나 이 밖의 다른 어떤 덕의 소유자도 그 상대방을 필요로 하지만, 철학자는 혼자 있을 때에도 진리를 관상(觀想), 그러니까 깊게 깊게 사유할 수 있기 때문입니다. 그리고 지혜가 많을수록 그는 더욱 잘 관상합니다. 만일 그가 함께 철학하는 벗을 가지고 있다면 더욱 잘 관상할 수도 있으나 그래도 그는 여전히 가장 자족적입니다. 그리고 이 활동만이 그 자신 때문에 사랑을 받는 것으로 생각됩니다. 이 활동으로부터는 관상한다는 것 이외에는 아무것도 생기는 것이 없지만, 실제적인 활동으로부터는 다소간에 그 행동 이외의 다른 것을 얻게 됩니다."라는 언급들 모두는 아리스토텔레스가 행복을 실용주의적으로 설명하고 있다는 근거이기도 합니다.

참살이, 좋은 삶, 행복한 삶을 위한 윤리는 인간됨의 탁월성에 따르는 활동으로 나타나야 하기에, 참살이, 좋은 삶이라는 것도 당연히 인간의 탁월성이 드러나야 가능하다고 말하는 아리스토텔레스가 지칭하는 탁월성은, 장미꽃이 아름다운 것은 장미꽃 스스로 지니고 있는 그 아름다움을 드러내야 하는 것처럼, 그리고 꾀꼬리는 자신의 아름다움인 아름다운 소리를, 면도칼은 자신의 장기인 예리함과 날카로운 베어냄을 드러내야 자신의 탁월성을 드러낸 것처럼, 사람 역시 인간이 지니고 있는 인간다움을 드러내야 되는 최고의 경지를 말합니다. 인간만이 지니고 있는 그 인간다운 탁월성을 발휘해놓는 것이 바로 좋은 삶, 참살이, 행복에 이르는 일이기 때문입니다. 그의 이야기를 조금 더 성찰하면, 인간에게는 인간으로서 행복해질 그 무엇이 잠재되어 있는 것을 알게 됩니다. 장미꽃은 아름다움이, 꾀꼬리는 청아함이, 면도칼은 그 스스로의 예리함이 있어야, 각각의 아름다움과 최고임을 드러내 주는 '행복'함의 절정이 되는 것처럼, 사람에게도 다른 물질이나 동물과는 다른 차별화되게 만드는 행복의 요소가 있는 것입니다. 꾀꼬리가 아름답기는 하지만 그가 돼지의 소리를 낸다면, 그 누구도 꾀꼬리의 소리를 들으려고 하지 않을 것처럼, 사람에게서도 사람다움이 드러나야지, 그에게 원숭이스러운 행동만이 가득하다면 그는 사람이 아니라, 원숭이로서 자족해야 할 것입니다. 원숭이로서의 인간은, 사람으로서의 인간에 비해 결코 좋은 삶을 살아갈 수 있다고 보기 어렵습니다. 각각이 지닌 고유한 특성, 혹은 품성을 있는 그대로의 경지에 이르게 된 상태를 탁월성의 상태라고 말하는 이유입니다. 그리스인들은 그 탁월성을 아레테(Arete), 우리말로는 덕(德)이라고 번역하는데, 아레테는 자신의 잠재력에 부응하는 절정의 행위를 지칭하는 개념입니다. 다시 또 나중에 이야기하겠지만, 아리스토텔레스가 말하는 최고의 능력을 최고의 경지에, 최고의 탁월성은 최선의 것에 속하는 것은, 제가 앞으로 더 이야기 할 배움학에서의 '몸의 탁월성'과 결코 질적으로 다른 개념이 아닙니다. 몸에 대한 관(觀)의 활동과 행(行)의 활동이 하나가 될 때에 그것은 '완전한 행복', 참살이에 이르게 된다고 볼 수 있기 때문입니다. 아리스토텔레스나 에피쿠로스가 우리에게 참살이의 정체에 대해 말하려고 한 것은 설명으로 보면 복잡하기는 하지만 내용은 아주 단순합니다. 인간들에게는 다른 동물들과는 달리 인간에게만 있는 능력, 오로지 신(神)적인 대상을 인식하는 부분과 능력이 있는데, 그 능력은 인간 스스로 신(神)적인 위상을 가지는 부분입니다. 인간 스스로 그 신적인 위상에 다다를 때 얻게 되는 인간의 최선인 아레테, 그러니까 인간됨의 탁월함으로 좋은 삶을 누릴 수 있게 됩니다. 좋은 삶, 참살이, 행복한 삶을 약속하는 인간다움의 탁월함은 오로지 관행적인 활동을 통해서 실현될 수 있다고 정리되기 때문입니다. 인간만의 인간다움의 절정에 이르는 일, 그러니까 인간 스스로 자신이 지니고 있는 신성(神性)의 한 모습인 탁월성, 아레테의 절정에 이르게 되면 그것을 일러 참살이, 좋은 삶, 행복한 삶이라고 부를 수 있습니다. 그 행복한 삶은 관(觀)과 행(行)이라는 일상적인 노력, 그것이 일상을 위한 자신의 버릇이 되지 않고서는 결코 가능하지 않다는 것입니다.

  사람의 일상적인 인품, 사람의 진면목은 바로 관행에서 드러납니다. 자신의 삶에 대한 관행 능력이 어느 정도인지, 관행력이 어느 정도로 작동하는지를 알게 되면 그 사람의 삶살이가 어떤 것인지를 알아챌 수 있기 때문입니다. 요즘 한세상 살아가려면 짝퉁들과 어울리기도 해야 합니다. 그 누구든 자신이 만나는 사람의 속내를 단번에 알 수 있는 길은 없습니다. 대중가요의 그 어느 가사들처럼, 모두가 짝퉁이고 '짜가' 임에도 불구하고, 접근해오는 그 모습은 영락없이 진짜의 모습이며, 그렇게 착각될 수 있기 때문입니다. 사람의 인격(人格)은 자신 안의 속내를 말하는데, 그 인격, 혹은 인품을 영어로는 아이덴티티라고 부릅니다. 자신의 본래 모습으로서, 속내로서의 개인적 인격은 쉽게 겉으로 포착되지 않습니다. 인격이라는 아이덴티티에 비해 성격이라고 불리는 퍼스낼리티의 관계와 그것들 간의 차이는 마치 인상주의 화가들이 그려내는 그림처럼 순간적인 붓놀림처럼 나타납니다. 그러니까 빛의 추이에 따라 시시각각 변하는 자연풍경들의 다양한 모습처럼 인간의 성격도 그렇게 변합니다. 실체는 하나이지만, 하나인 그 실체가 시간대별로 달리 비추는 태양빛에 따라 매초 다르게 드러내는 여러 모습 사이의 관계와 엇비슷한 것이 사람들이 지닌 인격과 성격 간의 관계로 이해해도 큰 무리가 없습니다.

저는 프랑스 프로방스 지역을 여행하면서 아비뇽 부근의 아를, 빈센트 반 고흐가 몇 해 동안 살면서 강렬한 인상주의파의 풍경화를 그려냈던 아를이라는 곳에서 서너 밤을 인상 깊게 보낸 적이 있습니다. 고흐는 자기가 초청한 후 같은 방에서 같이 살아가면서 그림을 그리던 고갱에게 실망합니다. 날이 갈수록 그의 그림에 실망하는 것이 아니라, 그의 인간됨에 실망합니다. 고갱에게 인간적으로 실망하고, 좌절한 나머지 고흐는 자신의 귀를 잘라 버립니다. 고갱이 하는 말에 절망한 나머지, 그의 이야기를 자신의 두 귀로 듣기를 거부했던 것 같습니다. 고갱은 성격이 강했던 사람이라, 고흐 자신의 인격으로 고갱의 성격을 쉽게 받아들이기 어려웠을 것이라는 생각은, 고흐와 그의 동생 테오 사이의 편지나 회고담에서 읽을 수 있는 이야기가 아닙니다. 제가 고흐가 머물던 아를이라는 동네, 이곳저곳, 그리고 그가 입원했었던 셍레미 요양병원과 그 부근 이곳저곳을 거닐다가 불현듯 머리에서 일어난 생각일 뿐입니다. 개혁적인 목사가 되려는 노력이 보수주의적인 장로들에 의해 좌절되었기에 자신의 울분을 그림으로 표현해 보려던 고흐, 프랑스 아를 지방으로 내려가, 삶에서 좌절을 '랑글루아다리'라는 그림으로 표현해내려고 안간힘을 쓴 그곳에 가면, 그가 그림으로 그려낸 그 그림과 실제의 다리는 우리에게 풍기는 맛이 엄청 다르다는 것을 이내 알게 됩니다. 그 옛날 고흐가 봤던 그 다리는 철거되고, 지금은 현대판으로 만들어진 장사용 다리이기에, 그림으로 표현된 실물 다리와는 상당한 이질감이 있습니다. 그래도 한 가지 중요한 것은 다리든 사람이든 간에 그 모든 것은 빛에 의해 시간대가 서로 다른 감각을 갖는다는 점입니다. 고흐 역시 인상주의파의 선구자인 모네처럼, 강렬한 붓놀림으로 다리와 흐르는 물이 시시각각으로 변하는 빛을 따라 함께 변하는 모습을 포착하여 그림으로 그려냈습니다. 태양의 움직임 그리고 내리쬐는 빛의 움직임에 따라 다리와 강물 역시 자연스럽게 변하는 그 모습을 있는 그대로, 순간적인 붓놀림으로 찍어 그려냈습니다. 상당히 격한 그림이었는데, 그것은 인상주의파 화가의 시조라고 볼 수 있는 클로드 모네가 1872년 해가 막 뜨는 순간 받은 강렬한 인상을 묘사한 그림처럼 강렬하고도 인상적이었습니다. 모네는 자기가 그린 바닷가 풍경을 〈인상, 일출〉이라고 명명한 후 출품했지만, 그 그림을 보고 당시의 비평가들은 호되게 비난했습니다. 화가의 본분을 저버린 자격 없는 작품이라는 것이었습니다. 작가 스스로 경망스럽게 보이는 대로 그려낸 인상적인 그림이라고 조롱했습니다. 인상주의라는 말의 출발이었던 셈이었습니다. 모든 사물은 시간에 따라 비추는 빛에 따라 매번 다르게, 그리고 새롭게 자신의 모습을 드러냅니다. 그것을 있는 그대로 보여 주는 그림이 바로 모네의 〈수련(水蓮)〉 연작입니다. 수련이 빛을 받으면 수천 번이나 변하는 그 모습과 그렇게 변하게 만드는 자연의 비밀을 드러낸 명작입니다. 그의 그림은 그림시장에 얼마 전 385억 원에 팔려 나갔고, 앞으로도 주인이 바뀌면서 더 비싼 값으로 팔려 나갈 수 있겠지만, 그림의 주체인 수련은 아직도 프랑스 그 연못에 그대로를 간직하고 있을 뿐입니다. 인품과 성격의 관계를 또 다르게 비유한다면, 그것은 수련과 수련화 간의 관계와 엇비슷하다고 봐도 무방할 것 같습니다. 인품은 성격을 위한 일정한, 말하자면 인상주의 그림으로 표현된 꽃인 수련, 변하지 않는 수련 같은 주제이지만, 성격은 이 값, 저 값, 이 사람, 저 사람에게 팔려 나가기 위해 상황에 따라 이렇게 변하고, 저렇게 변하는 인상주의파 작가가 그린 수련화 그림 같은 것입니다. 수련 그림은 결코 수련이 아니라, 수련에 관한 그림일 뿐입니다.

사람의 인격은, 마치 바다를 떠도는 빙산의 가장 밑부분에 자리 잡고 있는 그 무엇과 같은 것입니다. 아주 깊은 곳에 자리 잡고 있는 그 어떤 본질적인 핵심, 그 사람의 중심축이라고 보면 될 것입니다. 쉽게 변하지 않는 한 인간의 인간적 속성이라고 보면 됩니다. 성격은 사람 됨됨이로서의 인격을 둘러싸고 있는 채, 사람들의 눈에 이내 포착되거나 쉽게 겉으로 조작이나 위장이 가능한 그 사람의 복면들이나 가리개 같은 것입니다. 다른 사람들의 눈에 쉽게 포착되는 것은 그가 마주하는 사람의 겉모습과 그 성질인데, 그것을 정신분석학자들은 그 사람의 페르소나, 그러니까 성격(性格)이라고 보았습니다. 페르소나는 자신을 마주하는 다른 사람들을 쉽게 속일 수 있는 갖가지 기량과 요령을 지니고 있습니다. 사람들의 인격은 겉으로 드러나는 성격과는 다릅니다. 성격 그 뒤에 혹은 그 밑에, 혹은 그 가운데에 자리 잡은 남에게 쉽사리 포착되지 않는 그 어떤 속성으로서, 수없이 반복해서 이야기합니다만, 그 사람의 사람 됨됨이와 그 사람의 품과 격을 드러내 주게 됩니다. 성격은 때때로 자신의 인격을 위장하고, 자신의 품과 격을 그럴듯하게 위장함으로써 자신의 쾌감의 농도와 빈도를 높이려고 합니다.

인격과 성격 간의 관계를 남에 대한 뒷담화를 예로 들어 비유적으로 서술한다면, 인격과 성격 간의 차이는 분명하게 드러납니다. 사람들 사이의 관계에서, 남으로부터 들은 험담이나 뒷이야기를 남에게 옮기지 않는 것을 인격이라고 한다면, 반대로 남으로부터 들은 험담을 남들에게 뒷담화하면서 살을 붙이거나 서로 즐기는 것은 성격이라고 간주할 수 있기 때문입니다. 인격은 한 사람의 척도로서 상대방의 단점보다는 장점을 더 보려고 하는 마음, 상대방의 좋은 점을 드러내 주는 힘과 같습니다. 상대방의 장점을 찾아내며 그가 훌륭하다고 얘기하는 것은 자기보다 없는 사람을 돕는 것이며, 그 노력이 그가 어떻게 살아가고 있는지를 드러내는 인격의 척도가 됩니다.

예를 들어, 아무도 보는 이 없으며 몰래카메라도 설치되어 있지 않은 한적한 길거리에 떨어져 있는 몇백 만 원의 현금을 자기 혼자만 보았을 때, 그것을 주워서 남몰래 쓰는 사람은 그 사람의 성격이 그렇게 작동해서 그렇게 하는 것입니다. 반면에 어떤 사람은 그 어느 누가 보지 않았다고 하더라도 그 돈을 주워서 경찰서에 신고하여 잃어버린 주인을 찾아줍니다. 그 사람은 그 사람의 인격 때문에 그렇게 하는 것입니다. 남몰래 돈을 주웠다고 해서, 그 주운 돈을 자기 것으로 쓰는 사람은 도둑성격이라는 가면이 작동해서 그렇게 한 것입니다. 도둑성격이 그 사람 안에 내재된 정직함과 연관된 사람다움의 인격을 가렸기 때문입니다. 주운 돈을 주인에게 되돌리는 사람은 그 사람의 정직한 인격이 그대로 자신의 성격으로 작동해서 그런 것입니다. 이 경우 인격과 성격은 하나가 된 것입니다. 정직함이라는 인품이 정직함이라는 성품과 하나가 된 것입니다. 정직이라는 인격 위에 정직이라는 복면이 또다시 쓰인 것이라고 볼 수 있습니다.

　인격과 성격 간의 차이를 장황하게 이야기하는 이유는, 자기 삶에서 관(觀)과 행(行)을 일상화하면 자신의 인격이 자신의 일상사의 중심에 서 있게 되기 때문입니다. 관행에게는 자신으로 하여금 더 이상 자신을 이상한 모습으로 위장하지 못하게 하는 힘이 있습니다. 자신의 인격으로 자신의 품과 격을 지키게 함으로써 남에게 허세를 부리고 싶어 하는 성격에게 더 이상 권한을 주지 않게 만들어 놓는 것이 관행의 힘이기 때문입니다. 자신됨이 있는 그대로 다른 사람과의 관계에서 드러나면, 더 이상 가면이나 복면은 필요하지 않습니다. 있는 그대로의 자신됨과 사람됨으로서의 품과 격을 드러낼 수밖에 없기 때문입니다. 일반적으로 사람들의 인품과 성품은 서로 다른 방향으로 서로의 모습을 드러낼 때가 많기에, 되지 않은 사람일수록 자신을 위장하도록 도와주는 가면에 의지하려고 합니다. 일반적으로 도덕군자의 그 무슨 표본처럼 언론들을 통해 선전되던 사람들이, 그 어느 때가 되면 마침내 치부와 부정의 화신으로 밝혀지는 것이 우리네 일상사입니다. 그 사람의 인품과 성품 간에 일그러진 균열이 마침내 겉으로 드러나는 순간입니다. 그 사람의 인품을 가리고 있었던 가면이 벗겨지는 순간입니다. 그 스스로 지니고 있던 그의 '도둑인격 위'에 자선가, 사회적 지도자라는 복면을 걸치고 있었던 것입니다. 천성적인 도둑성품을 지도자인품으로 위장하고 있었던 것입니다. 사람들이 자신의 인품을 위장하는 가면을 쓰면, 자기의 속내와는 어떤 식으로 다른 일들을 행할 수 있는지를 알려 주는 고대 그리스 신화가 한 편 있습니다. 그 신화가 바로 '기게스의 반지(Ring of Gyges)'라는 신화입니다.

'기게스의 반지'라는 신화는 고대 그리스의 철학자 플라톤이 리디아 왕국 헤라클레스(Heracles) 왕조의 마지막 왕인 칸다우레스(Candaules)와 그의 신하 기게스 간의 암투를 자신의 관점에서 조금 새롭게 각색해서 자신의 저서 『국가』 2권(2.359a~2.360d)에 소개한 이야입니다. '기게스의 반지'는 가공의 마법 반지, 그러니까 복면, 가면의 힘에 관한 이야기입니다. 자신의 욕심을 채울 수 있게 해 주는 것이 기게스의 반지입니다. 신화에 따르면, 기게스는 리디아의 왕인 칸다우레스의 신하로서 가축을 돌보는 일을 하는 충실한 목자였습니다. 그는 어느 날 갈라진 동굴 속에서 거인의 시체, 그것도 이상한 반지를 끼고 죽어 있는 거인의 시체를 발견하고, 호기심에서 그는 거인의 손가락에서 반지를 빼 자신이 낍니다. 이상하게도 자신이 끼고 있는 반지를 흠집이 난 곳으로 돌리면 자신 스스로가 투명인간이 되어버리는 것을 알게 됩니다. 동시에 반대로 돌리면 자신의 본모습이 다시 나타난다는 것도 알게 됩니다.

기게스는 이제부터 본격적으로 '보이지 않는 힘'을 이용하여 자신의 인품과는 다르게, 탐욕, 욕심을 크게 부리려고 합니다. 그는 원래 왕의 가축을 관리하는 일을 하는 사람입니다. 가축관리 상태를 왕에게 보고하는 전령으로 궁전에 들어간 그는 그 반지의 힘을 이용합니다. 투명인간으로 변신한 후 왕을 죽이고 마침내 나라를 차지합니다. 그 후, 그러니까 자신이라는 인격 위에 가면을 쓴 기게스는 복면의 힘을 활용하면서 왕을 암살하고, 왕비도 빼앗고, 나라도 빼앗습니다. 그가 자신을 위장하게 된 것은 반지의 힘이지만, 그 반지를 이용하여 변신하게 만들어 간 것은 그가 몰래 보았던 왕비의 아름다운 몸, 그녀의 벌거벗은 몸을 본 이후부터였습니다. 왕비에 대한 흑심이 그의 인품 위에 반역의 가면을 쓰게 만들었기 때문입니다. '기게스의 반지'라는 신화에서 이야기의 핵심은 반지의 위력이나 왕위찬탈이 아닙니다. 가면의 힘도 아닙니다. 인격을 누르는 성격의 속성, 그러니까 가면과 복면이 지니는 속성입니다. 가면을 하면, 자신의 인품을 한 번 위장하면, 위장한 사람들은 무한한 욕심 속에 빠져들어 간다는 것입니다. 자신의 인품이라는 본래적인 인격 위에 위장을 하면 자신의 실체를 숨길 수 있습니다. 가면이나 복면 같은 위장장치로 자신의 인품을 위장하는 데 성공하면, 그의 욕심은 자기 자신에 대한 자신을 지켜보는 관행의 힘에 개의치 않고, 욕망을 극대화시킬 수 있는 위험에 대한 경고와 경각심입니다. 자신의 욕심이 현실화되면, 자신의 쾌락 역시 극대화될 수 있는지에 대해서 기게스의 반지는 아무런 대답도 하고 있지 않습니다. 반지의 위력으로 왕위를 찬탈했던 기게스는 이미 정해진 신탁의 예언대로 파멸하게 됩니다. '기게스의 반지'라는 신화를 통해 플라톤은 사람들이 가면과 복면 후 취해야 할 자신의 행동에 대한 처신과 그에 대한 윤리적 대답은 각자의 몫임을 넌지시 알리고 있습니다. 기게스의 반지를 통해, 그는 우리들에게 자신이라는 가면과 복면 속에서, 다시 말해서 자신의 인품과 그것 위에 덧씌워질 성품 간의 관계에 대해 더욱더 진지하게 대처하라고, 그러니까 냉철하게 관(觀)하고 행(行)하라고 알려 준 것입니다. 한평생을 살아가면서, 자신이 취해야 될 윤리와 쾌락 사이의 관계를 유의미하게 설정하려면, 자신의 일상을 진지하게 관행하라고 플라톤과 그의 제자인 아리스토텔레스는 이미 2천 년 전에 우리에게 자세하게 가르쳤던 셈입니다.

2. 관행과 버릇

관행, 제 식의 표현으로 비유하면, 그것은 '마음 성형'의 능력이며, '마음 가지치기'의 능력이며, 마음 소제하기, 마음 설거지, 잘못된 버릇고치기의 능력, 그리고 단호한 결단의 능력을 말하는 것입니다. 관과 행은 하루를 살아갈, 살아낼 사람을 유연하게 행동하게 만들어 줍니다. 인간이 이토록 오래 지구상에서 살아내도록 만들어 준 것도 인간의 유연성에 기인합니다. 인간이 만물의 영장이라는 논리가 허구였음을 신랄하게 비판한 사회생물학자인 스티븐 제이 굴드 교수는 『인간에 대한 오해』에서, 인간의 진화를 이토록 보증한 인증서가 바로 인간의 유연성이라는 것인데, 이 유연성으로 인간은 늘, 영원한 아이로 살아낼 수가 있었다는 것입니다. 영원한 젊음, 영원한 아이를 뜻하는 말이 네오테니(Neoteny)인데, 이 네오테니 때문에 인간은 영원히 살지는 못해도 죽는 순간까지 젊을 수 있게 된다는 것입니다. 자기 안의 어린아이의 속성인 네오테니를 늘 되살리기만 한다면 인간은 죽는 순간까지 젊을 수 있게 됩니다. 행동의 유연함, 신체적 유연함과, 정신적 유연함은 인간과 달리, 인간 이외의 다 자란 성수(成獸)에게서는 극히 찾아보기 힘든 특징인데, 그 유연성을 보장하는 네오테니는 인간의, 인간만이 드러내 보이는 진화과정에서 자연선택이 증가시킨 기본과정이며, 진화의 혜택 그 자체라는 것입니다. 인간의 유연성과 그 네오테니는 인간이 바로 학습하고, 변형하며, 새롭게 만들어 가는 배움의 동물인 '호모 에루디티오(Homo Eruditio)'이기 때문에 가능했던 것입니다.

인간의 유연성과 네오테니를 지속시켜 줄 수 있는 일상적인 마음 성형에서부터 정신 설거지하기, 마음 결단에 이르기까지, 그것들을 여러 종류로 나누어 관행(觀行)이 무엇인지를, 그리고 관행(觀行)이 일상에서 어떻게 작동하는지를 이해해 보려고 하는 이유가 있습니다. 마음 성형은 매일같이 하거나, 1년에 한 번씩 정기적으로 하는 식의 그런 일이거나, 철따라 갈아입어야 되는 옷 갈아입기 같은 일이 아닙니다. 정신 설거지도 더러워진 정신을 그대로 방치했다가 1년에 한 번 하는 그런 일이 아닐 것입니다. 몸의 형태에 심각한 문제가 생겼을 때, 몸의 기능을 회복시키기 위해, 전문가의 신중한 권고에 따라 평생에 걸쳐 한 번 하면 족하는 그런 커다란 큰일 같은 것은 아마 모르기는 몰라도, 가슴 성형 같은 일이 될 것입니다. 마음 성형도, 그와 마찬가지로, 사람마다 자신의 마음을 그렇게 평생에 한 번 고쳐먹고, 그 후 다시는 뒤도 돌아보지 않을 수는 없는 노릇이기에, 마음 성형을 시도, 때도 없이 행하는 것은 아니어야 하기 때문입니다. 관행을 마음의 가지치기로 비유해도 마찬가지입니다. 가지치기에도 시기가 있고 횟수가 있게 마련입니다. 생각난다고 마음 내키는 대로, 즉흥적으로 시도 때도 없이 나무나 과일나무의 가지치기를 하면 나무의 모습이나 나무의 열매 맺기는 엉망이 될 것이기 때문입니다. 과수원에서는 과수들을 위한 가치치기 시기가 계절에 따라 엄격하게 정해져 있습니다. 정원의 관상수도 마찬가집니다. 정원사들이 공통적으로 하는 말이 있습니다. 나무는 정원사의 발자국 소리와 그의 손길을 따라 커 나간다는 말이 바로 그 말입니다. 관상수들은 처음에는 그저 그렇게 심어지지만, 정원사들의 발길과 손길, 그러니까 저들의 가지치기에 따라 모양이나 듬직함들이 달라지고, 그들을 찾는 사람들에게 서로 다른 유혹의 빛을 발하기 마련이지만, 손님을 끌기 위해 아무 때나 가지를 자르는 것은 아닙니다. 그렇게 하면 그것은 가지치기가 아니라, 가지를 분지르는 것이고 나무의 쓰임새를 망치는 것이나 다를 것이 없습니다.

　집안청소의 경우도 삶에 대한 관행에 속합니다. 집안청소를 매일같이 해야 집안이 깨끗합니다. 경우에 따라 한두 번 그냥 거를 수는 있지만, 마냥 미루어 둘 일은 아니기 때문입니다. 집안청소에 비해, 매일, 매끼 먹은 자신의 밥그릇은 매번 소제해야 합니다. 물로 깨끗하게 설거지하지 않은 밥그릇이나 수저를 다시 꺼내 다음 끼니를 해결할 때에도 그대로 쓰는 사람도 있을 수는 있겠지만, 그런 사람을 우리는 자기 삶에서 정돈된 사람이라고 부르지는 않을 것입니다. 아무리 하루 삶이 힘겨운 비렁뱅이들이라고 해도 자신들이 갖고 다니는 구걸통이나 수저들만큼은 매번 깨끗하게 닦아서 쓰게 마련입니다. 자신의 마음, 그것 역시 매번 자신의 수저처럼 매번 소제해야 합니다. 그렇게 소제하고, 닦아 써야 마음도 개운하고, 밥맛도 나게 마련입니다. 관행은 바로 자신의 마음을 매번, 경우, 경우마다 새롭게 쓰기 위해 마음을 소제하는 힘이고 방법입니다. 관행의 능력은 매일매일 마음을 청소한다는 그 마음가짐이라는 믿음 아래, 삶에서의 관행문제를 조금 확대시켜 마음 성형문제와 관련시켜 이야기해 보겠습니다. 우리나라에서는 이상하게도 의료선진국과는 달리 의료쇼핑을 마치 간이 가게에서 껌을 팔듯이 자유화시켜놓은 나라입니다. 큰 도시의 길거리마다, 시내를 가로지르는 대형공용 버스들도 그런 의료쇼핑호객용 광고들을 달고 다닙니다. 그 어느 날, 제 눈을 사로잡은 광고가 하나가 바로 성형광고였습니다. '가슴 성형, 저는 오늘도 최선을 다하겠습니다.'라는 광고였는데, 그저 필요하다면 자신의 젖가슴도 그렇게, 저렇게 부풀릴 수 있다는 그런 의료쇼핑 광고였습니다. 물론 의학적으로 가슴 성형이 필요한 사람에게는 필수적인 건강 되찾기 방법이기는 하지만, 자신의 젖가슴이 생리적으로 멀쩡함에도 불구하고, 심리적으로, 자기가 남들과 비교해서 그냥 생각하기에 아무래도 무엇인가 불편한 이들을 향해, 가슴 성형이란 것도 커피 한잔 사먹듯이 할 수 있는 것이라고 꼬드기고 있는 저질의 의료상업용 광고였습니다. 제 눈에 들어온 그 광고 글귀는 제가 이야기하고 있는 관행의 문제, 사람의 정신, 사람의 마음에도 적용될 법한 그런 글귀 같았습니다. 사람들에게 자신의 마음됨을, 자신의 사람됨을 드러내놓기 위해서는 자신의 마음을 성형해낼 수 있어야 합니다. 자기 자신이 바로 자신의 마음을 제대로 성형해내는 의사입니다. 자기가 자신의 마음을 제대로 성형해낼 수 있도록 오늘도 최선을 다해야 합니다. 자신의 마음을 성형해내는 의사로서의 자기가 아니라, 그저 장사치다운 잇속 차리기에 눈이 먼 그런 무자격 비전공, 엉터리 의사라면 자기 스스로 성형해내는 자신의 마음 역시 자기도 모르게 이미 엉터리일 것이 분명합니다.

　　마음을 매일같이 소제하는 능력, 그 마음 성형 능력이 바로 관행입니다. 그것은 자신의 조금 전, 어제의 행동을 되돌아보고, 앞으로의 행동을 나름대로 미리 짚어 보며 지금, 현재의 내가 어떻게 자기 자신을 추스르는 것이 최선인지를 알아채며, 그 믿음과 기대아래 자신의 행동을 고쳐먹으며 '뜸'의 여유를 갖고 자신의 행동을 거듭나게 만들어 주는 힘이라고 보면 됩니다. 삶에서 두 번은 없는 것이기는 해도, 자신이 저지를 과거마저 은폐되거나 자동적으로 소거되는 것은 아니기에, 어제 자신이 했던 행동의 옳고 그름으로부터 반추하는 자신을 되돌아볼 수는 있을 것입니다. 그것을 가슴에 담으면, 다음 일에서는 불필요하게 어제의 잘못이나 실수를 반복할 이유가 없습니다. 어제에 그저 발목이나 잡히고 있으라는 것이 아닙니다. 어제에 발목을 잡히지 않기 위해서라도, 다시 어제가 될 내일, 모레를 미리 준비해야 되고, 그것을 출발이 바로 지금이기에, 그 지금을 자신에게 가장 정당한, 가장 아름다운 일로 만들어 가라는 것입니다. 그것을 도와주는 것이, 여기에서 수없이 반복적으로 말하는 바의, 바로 자신의 삶에 대한 관(觀)과 행(行)으로서의 관행(觀行), 그러니까 깊은 사유와 그에 터한 과감한 실천입니다. 그 관행은 나의 사업에도, 내가 벌이는 갖가지 일에도 어김없이 필요합니다. 예를 들겠습니다. 우리의 먹거리 문화를 훼손하는 장사치들을 고발하고, 착한 식당 찾기 문화를 주도한 방송은 어쩌면 관행을 일상적인 삶뿐만 아니라, 기업이나 장사의 현장에서도 어김없이 요구되는 윤리적 잣대가 될 수 있음을 보여 준 바 있습니다. 착한 식당으로 선전된 식당의 주인들은 예외 없이 말합니다. 손님이 드실 먹거리를 갖고 장난을 치면, 그렇게 해서 자신의 뱃속을 불리는 것은 죄악이라고 말합니다. 저들 착한 식당의 주인들은 매끼의 음식을 만들 때에 자신이 만드는 음식이 사람에게 팔아도 되는 그런 정갈한 음식인지 어떤지를 늘 스스로 반추하고, 되돌아보며, 미리 짚어 보는 식으로 자신의 됨됨이부터 먼저 돌아본다고 합니다. 그렇게 자신뿐만 아니라, 자신의 영업의 됨됨이까지 매일같이 관행하는 정말로 장한, 칭찬받아 마땅한 주인공들이 저들 착한 식당의 주인들이었습니다. 자신이 먹어서, 자신의 자식이 먹어도 무방하다고 스스로 자신할 그런 음식을 만들어 손님들에게 제공해야 저들의 마음이 편하다는 것이 착한 식당으로 선정된 음식점 주인들의 한결같은, 그리고 소박한 마음의 풀이인 자신의 소회(所懷)들이었습니다.

관행이 마음 성형을 위한 생활의 슬기와 그 능력이기에, 관행은 개인의 일상이나 사회생활 현장에서 겪게 되는 '도덕적 부조화(道德的不調和)', 혹은 '윤리적 부조화(倫理的不調和)'가 발생하는 장면마다 이런, 저런 방식으로 개입하여 자신의 되됨이, 자신의 인간적인 품과 격을 되찾아 주도록 도와주게 됩니다. 관행은 사람으로서 지켜야 될 도리나, 윤리적 규범을 의도적으로 위반하면서, 그 어떻게든 자기 뱃속과 이해관계를 충족시키려는 자신을 반추하고, 반성하게 만들어 줌으로써 자신의 그릇된 마음을 바로잡아 주는 힘이 있기 때문입니다. 이 말을 조금 더 자세하게 풀이하기 위해, 이제부터는 도덕적 부조화, 혹은 윤리적 부조화의 실체가 무엇이고, 그런 윤리적 부조화의 상황이 어떤 상황인지를 서술합니다. 그러려면 미국의 심리학자인 레온 페스팅거(Leon Festinger) 교수가 논하는 인지 부조화(認知不調和, Cognitive Dissonance) 논리부터 이해해야 합니다. 페스팅거 교수의 인지 부조화 논리는 1956년 발간된 『예언이 틀렸을 때』라는 책에 등장합니다. 그는 사람들 사이에서 일어나는 인지 부조화가 무엇인지를 먼저 설명하기 위해 몇 가지 사례를 열거합니다. 그는 당시 미국 사회를 떠들썩하게 만든 특정 기독교종파의 기이한 소요, 소동을 사례로 들고 있습니다. 당시 미국에는, 자신을 신의 계시자라고 하면서 사람들을 홀리던 사이비 3단쯤 되는 종교집단의 교주가 있었습니다. 그는 뚱딴지같이 종말론과 심판론을 들고 나와 사람들의 혼을 빼놓기 시작했습니다. 당시 미국 사회에서 죄 많은 정치인, 부정으로 치부한 기업인들 스스로 자신의 양심가책 때문에 그의 말에 가슴이 찔리는 중이었습니다. 교주는 세상이 곧 자신들이 섬기는 신의 계시로 인해 종말에 이르게 되니, 가진 것, 축재한 것을 모두 내려놓고 회개하고, 속죄하며, 마지막 날을 기다리며 구원받기 위해 더욱더 속죄하라고 강권했습니다. 하나님에게 특별한 은사를 받았다는 그 교주의 교리적 감언이설에, 죄스러운 신도들일수록 더욱더 절망상태에 빠지게 됩니다. 신도들은 자신만 구원받기 위해 교주가 요구하는 대로 자신의 재산을 포기하고, 교주가 예기한 그날, 한곳에 모여 그들을 위한 신의 강림과 구원을 기다렸습니다. 그렇습니다. 마침내 세상이 종결된다는 그날, 이상하게 아무 일도 일어나지 않았습니다. 개벽도 천지도 모두 그대로였습니다. 사고나 기적 없이 그날이 그냥 넘어갔습니다. 종말된 것은 아무것도 나타나지 않아 무척이나 당황했을 법한 사람은 그 교주였을 것입니다. 꽤나 황당했을 법도 했던 신도들도 있었지만, 저들 교주나 신도들은 아무렇지도 않았습니다. 저들은 자기들의 믿음과 현실 사이에서 일어난 엄청난 괴리와 간극, 보통사람들 같으면 사기극을 나름대로 해소해야만 했습니다. 저들이 자신을 변명하고, 사회에서 저들이 아직도 살아남아 있음을 논리적으로 설명하기 마음의 머리를 짜냈습니다. 저들이 선택해야 될 '궁리들' 중 남은 것은 두 가지 중의 하나일 수밖에 없었습니다. 그 하나는, 그래도 좌우간 "세상은 (언젠가는) 종말할 것이다."와 "세상은 종

말하지 않았다(은사로다)."라는 두 개의 선택지 가운데, 그 어느 하나를 택한 후, 자신들의 행동이 은총임을 논리적으로 설명해야 하는 그런 일이었습니다. 두 가지 설득상황은 저들 교주와 신도들에게 바로 인지 부조화 상황이 되어 버린 것입니다. 인지 부조화, 그러니까 자신들의 믿음이나 설교대로, 종말이 온다는 그날 세상에 드디어 종말했거나, 그런 조짐쯤은 일어났어야 하는데도 실제로는 아무런 일도 일어나지 않아, 저들의 마음과 저들의 믿음에 위배되는 난처한 상황이 벌어진 것입니다. 마지막 종말이 일어날 것이라고 믿었던 신도들에게 당황스럽거나 혼란스러운 상황이 된 것입니다. 다시 말합니다. 인지 부조화란, 실제나 기대한 것과는 다른 정반대의 믿음, 생각, 가치, 상황이 동시에 나타날 때, 혹은 기존에 가지고 있던 것과 정말로 반대되는 그런 새로운 정보를 접했을 때, 사람들은 극도의 혼란상황에 빠져 심한 정신적 스트레스를 받게 되는데, 그런 불편한 경험이나 상황을 일러 인지 부조화 상황이라고 합니다. 인지 부조화 상황을 견디지 못한 신도들은 자신의 멍청함과 어리석음을 동시에 나름대로 탓하면서 그 교주를 떠납니다. 물론 저들의 모든 재산을 탕진한 채로 떠납니다. 저들과는 반대로, 신의 계시를 저 혼자 유별나게 받았다는 그 교주와 저들만을 구원할 것이라고 절대로 믿고 있는 추종자들은 인지 부조화 상황 속에서 새로운 마음자세를 가다듬어야 했습니다. 저들에게 일어난 그 엄청난 정신적이고 심리적인 인지 부조화를 그 어떻게든 감소시켜야만 했습니다. 그들이 택한 인지 부조화 해소 전략은 의외로 간단했습니다. 나타날 것 같은 종말은 저들의 기도가 절대로 부족했기에 일어나지 않았다고 밀어붙인 것입니다. 게다가 저들 스스로의 열렬한 기도와 신앙이 있어 세상이 그나마 이 정도라도 구원되었다는 믿음을 새롭게 내세우기 시작했습니다. 종말에 관한 인지 부조화를 그런 신앙으로 재무장하며 저들의 생명을 부지했던 그 일들은 벌써 오래전 미국에서 일어난 일이라, 그 후 어떻게 종말을 맞이하게 되었는지는 더 자세하게 알 길이 없습니다만, 한 가지 분명한 것은 그렇게 인지 부조화를 해소하려고 했던 저들 종교집단 구성원들도 어김없이 죽어 귀신이 되었을 것이라는 점만큼은 확실합니다. 생명의 세포들은 일정한 시간이 흐르면 어쩔 수 없이, 노화되고 부패되기에 저들 역시 어쩔 수 없이 이승을 달리했을 것은 분명합니다. 가는 세월은, 그 어떤 신(神)들도 거부하지 못하기 때문입니다. 그렇습니다. 모든 것은 지나가는 것입니다.

페스팅거 교수에 대한 논리적인 비판보다는 이상하게 인신공격이 일어나자, 그는 다시 제자들과 자신의 인지 부조화 논리를 대중과 정치인, 그리고 종교집단에게 설득하기 위해 두 번째 실험을 합니다. 이번 실험은 꽤나 지루하고 한심한, 실험참여자들의 평가에 관한 실험이었습니다. 그의 제자 교수 칼 스미스가 1959년에 행한 유명한 실험인데, 페스팅거 교수와 스미스 교수는 실험자들을 두 실험군으로 나눕니다. 각각의 실험군 참가자들에게 아주 단순하고 지루한 일을 반복하게 했습니다. 지루한 일을, 정말로 지루하게 반복시킨 뒤, 한 실험군 참가자들에게 자기들이 한 지루했던 일이 자신들에게 상당히 유익했었던 일이라고 말하고 그 점을 다른 실험군의 참가자들에게 전하도록 지시합니다. 지루한 일을 지루하지 않았다고 입을 다무는 대가로 그들은 각기 20달러씩을 받습니다. 1950년대 말 당시, 20달러는 돈은 상당히 가치 있는 금액이었기에 저들은 페스팅거 교수가 시키는 대로 입을 다물고 지시대로, 두 번째 실험군 참가자들에게 그들도 저들처럼 지루한 일을 했음에도 불구하고, 자신들이 한 일은 결코 지루한 일이 아니라 자신들에게 꽤나 유익한 일이었다는 식으로 전달했습니다. 20달러를 받은 첫 번째 실험군 참가자들과는 아무런 접촉이나 상관도 없는 두 번째 실험군, 그리고 첫 번째 실험군 참가들로부터 자기들이 한 일이 무척 유익했었다는 말만 전해 들을 그들에게는 그저 보통 참여사례비 액수대로 1달러만 주었습니다. 그런 후 그 두 번째 실험군, 그냥 1달러만 받은 실험군에게, 그들 각자가 참여했던 그 일이 자신들에게 어떠하였는지를 평가하도록 했습니다. 놀랍게도 1달러를 받은 실험군은 20달러를 받은 실험군에 비해, 자신들이 한 그 일에 대해 보다 더 긍정적으로 평가했습니다. 1달러만 받은 실험군들은 자신들 스스로 인지 부조화 상태에 빠졌던 실험군들입니다. 자신들에게도 역시 지루하기만 했던 그 뻔한 일에 대해 먼저 실험군의 이야기를 전달받은 후, 이상하게 인지 부조화 상황에 빠져버리게 된 것입니다. 그런 인지 부조화 상황을 빠져나오는, 그런 스트레스와 갈등상황을 돌파하는 논리로, 그러니까 인지 부조화된 상황에 빠져버린 제2의 실험군 참여자들은, 자신들이 빠져든 인지 부조화 상황에서 '슬기롭게' 빠져나오기 위해 적절한 구실을 찾을 수밖에 없었던 것입니다. 그들 스스로, 자신들이 한 일이 자신들에게 지루했다기보다는 오히려 그 일들이 자신들의 삶에 상당히 의미 있었던 일이라고 간주하면서 스스로 위로해 버렸던 것입니다. 인지 부조화론을 들고 요즘 세상이 돌아가는 것을 가만히 관행하면, 말하자면 언론이나, 정론이니, 평론이니 뭐니, 뭐니 하는 것들에 참여하는 사람들의 언변을 살피면, 저들은 그 어떻게든 자신들 스스로 자신들도 모르는 사이 빠져 버리게 된 인지 부조화에서 벗어나기 위한 '괴이한' 논리개발을 하거나, 반대로 그런 인지 부조화를 최대한 활용하거나 악용하는 것들로 가득하다는 것을 알게 됩니다.

인지 부조화 현상, 그 무슨 현상과 일에 대해 사람들의 태도와 행동이 일치하지 않을 경우, 사람들 사이에서 일어나는 긴장과 불안의 감정상태를 말하는 인지 부조화 상황에서는, 그러니까 자신들의 믿음이나 논리, 기대와 전적으로 어긋나거나 반대되는 것으로 밝혀질 때, 당사자들은 자신의 잘못된 믿음을 냉철하게 반추하며, 관행해 보려고 하기보다는, 오히려 그리고 악착같이 괴이한 논리를 만들어내, 현실적으로 잘못되어 있는 그 현실을 자신의 믿음과 일치시키거나 왜곡하는 쪽으로 자신의 정당성을 만들어 가며 자신의 모든 것을 걸어버립니다. 비현실적인 정당화나 왜곡현상의 인지 부조화 상황에 놓인 사람들은 자신에게 엄습하는 긴장과 불안을 감소시키려고 태도나 행동 중 하나를 바꿔, 자신의 행동과 태도에 정당성을 부여하려고 노력합니다. 그 태도변화에 의해, 일들이 더욱더 꼬이는지, 어떤지는 경우, 경우에 따라 달라질 수도 있으나, 대부분은 부정적인 결말로 끝나곤 합니다.

인지 부조화 상황은 윤리적 부조화 상황에도 대입되곤 합니다. 윤리적 부조화 상황은, 먹거리 X-파일과 착한 식당 주인들의 경험담을 통해 알게 된 것처럼, 사람들이 다른 사람, 말하자면 고객과의 관계에서, 이런 일, 이런 음식을 만들어 팔아도 사람으로서 할 일을 한다고 자부할 수 있겠는가 하는 상황 속에서도 드러나게 됩니다.

사람으로서 해도 '될 일'인지 아니면 사람으로 해서는 '안 될 짓' 간의 양자 사이에서 겪게 되는 정신적이거나 인간적인 고뇌와 스트레스 상황이 바로 윤리적 부조화 상황을 만들어 놓기 때문입니다. 사람들로서 마땅히 해야 될, 지켜야 될 도덕적이거나 윤리적인 상황에서 자연스럽게 표출되는 도덕적인 딜레마 상황은 일반적으로 도덕 부조화, 혹은 윤리 부조화 상황이 됩니다. 사람이 자신의 일을 도덕적으로 처리하며, 행해야 되는데, 그렇게 하지 못하고, 그러니까 비윤리적인 일을 했을 때, 그에게 생길수 있는 도덕적 부조화의 경우는 일반적으로 3가지 경우가 됩니다. 도덕적인 생각과 행동이 하나가 되었을 때, 도덕적으로 해야 될 일을 했다고 생각했고 실제로 그렇게한 것에 대한 결과 역시 도덕적인 것으로 나타난 경우가 첫 번째 경우, 두 번째 경우는 자기가 한 일이 타의 추종을 불허할 정도로 더 윤리적인 경우, 마지막 경우는 자기가 작정하고 한 일이 실제로는 비도덕적인 상황으로 나타난 3가지 경우입니다. 첫 번째, 두 번째 경우에는 도덕적 부조화가 일어나지 않습니다. 그에 비해 세 번째 경우, 그러니까 이런저런 이유로 인해 어떤 행동을 했지만, 그것이 처음부터 비윤리적인 경우 사람들은 그에게 일어나는 고뇌나 갈등, 긴장을 피하기 어렵습니다. 이 어려운 상황으로부터 빠져나오기 위해, 그러니까 나름대로 도덕적 부조화를 모면하기 위해 당사자는 다른 사람들을 설득할 수 있다고 보이는 특유한 나름대로의 논리나 변명, 혹은 그 어떤 행동을 취하게 됩니다.

도덕적 부조화 상황에서 벗어나기 위해 그가 취하는 행동이나 논리들을 방어적 정당화라고 부릅니다. 사람들이 취할 수 있는 방어적 정당화를 위한 첫 번째 방법은 자신에 대한 자책, 자해 혹은 찬양 같은 것입니다. 자기 스스로 자신을 궁지에 몰아넣고 심하게 자신을 문책하거나, 심한 경우 자살을 하기도 합니다. 어떤 경우는 자신의 비양심적인 행동을 정화하기 위해 종교적 제례행위나 찬양으로 씻어낼 수 있다고 생각하기도 합니다. 이런 것과는 달리, 도덕적 부조화를 벗어나기 위한 두 번째 방법으로 사람들은 타인에 대한 공격, 인신공격 같은 것을 과감하게 전개합니다. 자신의 비윤리적인 행동을 숨기기 위해 타인의 비리나 비윤리적인 행동들을 고발, 들추거나, 비난함으로써 자신만이 비윤리적인 것이 아니라는 것을 정당화합니다. 자신에 대한 비난 시선을 다른 이의 비윤리적인 행동에로 되돌려, 자신에 대한 비난이나 국면을 흐려 보려는 속셈에서 나오는 행동입니다. 마지막 방법은 자신의 권력을 최대한 행사함으로써 자신의 비윤리적인 행동을 알고 있거나, 그것을 빌미삼아 문제를 만들어 낼 수 있는 사람들을 권력으로 억압하거나, 아예 자신의 비리를 덮기 위해 저들에게 위해를 가합니다. 자신에 대한 비난을 원천적으로 봉쇄하려는 짓을 벌리는 것입니다. 야망이 큰 정치인들일수록 자신의 권력을 최대화시키면, 제왕적으로 권력을 키워내면, 자신의 도덕적 우월성이나 높은 도덕성을 갖는다는 생각과 그런 헛된 욕망이 그런 것들입니다.

일상을 살아가는 사람들에게 도덕적 부조화와 윤리적 부조화는 어쩔 수 없는 일로서 불편한 현실이고, 그것이 진실이기도 합니다. 사람들은 도덕적 부조화로부터 벗어나기 위해 여러 가지 방어기제들을 만들어 내는 것입니다. 그렇지만 자신의 삶을 관행의 힘으로 가꾸어 나가는 사람들이라면 애당초 도덕적 부조화 상태에 빠지는 일은 하지 않으려고 할 것입니다. 자신이 행한 옛날 일을 냉철하게 되돌아보고, 앞으로 해야 될 일을 미리 짚어 보기 때문에 가능한 도덕적 부조화 상황에 놓이지 않게 될 것입니다. 지금이라는 현실은 그 과거, 그 미래를 위해 설정되어 있는 것입니다. 방금, 지금(Now)이라는 현실은 되돌아보기(Feedback)와 미리보기(Feedforward) 그 사이, 그리고 그 경계와 그 공간지점일 뿐입니다. 지금이라는 그 경계가 방금이고 현실의 공간과 시간을 말하고 있는 것인데, 그 지금이라는 것은, 제 식대로 말하면, 신기하기만 하고(Novel), 짜릿하고(Orgasmic), 그리고 워매~(Wonderful), 그런 모든 것을 하나로 조화롭게 만든 융합의 단어 '나우(NOW)'가 됩니다. 오늘, 지금, 방금을 살아간다는 것은 바로 어제와 내일 그 사이를 생명하고 있는 신기함과 경외에 대한 관행 그 자체를 상징하게 됩니다. 관행을 하면 필요이상의 도덕적 부조화에 빠져 들어갈 이유들이 걸러지게 됩니다. 그 누구의 삶이든, 그 삶은 '지금'이라는 그 무수한 신기함과 짜릿함, 그리고 감명덩어리인 무수한 '찰나'의 연속입니다. 지나간 과거도 앞으로 다가올 미래도 아닌 여기, 그리고 지금입니다. 그래서 빈틈없이 살아가야 합니다. 누구 말대로, 오늘 하루 춤추듯 즐겁게 살면 그 자체로도 충분한데, 그것은 바로 자신이 원하는 삶을 살아가고 있는 것이기 때문입니다. 지금을 살아내는 것은 인생을 '선(線)'으로 여기면서, 남들이 저들을 향해 옳다, 그르다의 잣대로 만들어 놓은 선, 그 길을 따라 살아가는 것이 아닙니다. 인생을, 삶을 하나의 선이 아닌 '점(點)의 연속'으로 표현한다면, 그것은 옳은 점, 그른 점의 연속이 아니라, 조금 더 나은 점, 조금 더 나쁜 점 같은 것들의 연속일 뿐일 것입니다. 삶을 점의 연속이라고 보는 표현도 사실일 수가 없습니다. 점이라는 것은 기하학적으로 성립되는 것이 아니기 때문입니다. 그저 우리가 점(點)인 것처럼, 점인 체하고 합의하며, 그것을 점으로 받아들이고 있기에 점이라는 것이 관념적으로 가능한 것입니다. 삶도 마찬가지입니다. 삶도 그렇게 삶인 채, 삶인 것처럼 받아들이고 있는 것일 뿐입니다. 그래서 지금, 방금의 삶은 경이로움 그 덩어리가 되는 것입니다.

　관행의 삶을 살아가기만 하면, 자신의 일상생활을 해내기 위해 유별나게 가리거나 덧붙여야 될 가면이나 위장은 필요 없을 것입니다. 복면하지 않고 살아가는 삶, 그 자체가 관행의 삶으로 드러날 것이며, 그의 삶 그 자체에 관행적인 즐김이 충만할 것이기 때문입니다. 관행이라는 그 신중하고도 진중한 자기 성찰이 가능하기 때문입니다. 그러니까 자신의 지나온 삶을 되돌아보고, 살아가야 될 삶을 미리 짚어 보며, 지금 이 순간을 있는 그대로 받아들이며, 그 어떤 상황 속에서라도 굴하지 않고 초심(初心), 원래대로, 다시 제자리로 튀어 오르려는 그 바운싱(Bouncing)의 힘이 충만해지기 때문입니다. 자신의 일상을 더 이상 가리거나 숨기거나, 위장해야 될 여러 벌의 복면을 준비해둘 이유가 없어지기 때문입니다. 자신을 내놓고, 그리고 타인들과 더불어 살아가는 데 군이 복면을 해야 될 이유가 없어지기 때문입니다.

　저는 공중파 방송 프로그램 중에서 〈복면가왕〉이라는 예능 프로그램을 즐겨 본 적이 있습니다. 그 예능 프로그램을 시청하면서 삶에 대한 지혜를 얻은 것이 많이 있기 때문입니다. 예능 프로그램 〈복면가왕〉에는 상당한 실력을 지닌 수준급 예능인들이나 가수들이 가면을 쓰고 자신의 이름과 정체를 공개하지 않은 채, 무대에서 청중에게 자신의 노래 실력을 뽐내는 음악 버라이어티 프로그램입니다. 이 프로그램의 진행에서 주목하게 되는 것은 예능인들의 노래 실력 그 자체이기도 하지만, 더 중요한 것은 복면 속의 실제 인물에 대한 궁금증입니다. 시청자들은 복면의 기능이 청중들에게 파괴적인 힘을 발휘하는 장면, 장면을 사람들을 마음껏 즐기게 됩니다. 중요한 것은 복면 속의 예능인들이 보여 주는 여러 가지 태도들입니다. 방청객들 그리고 복면 속의 가수가 누구인지 저들의 노래 소리를 듣고 저들의 본명을 추론해내는 패널들에게 복면가수들이 던지는 일관된 증언들은 방청객들에게 시사하는 바가 크기만 합니다. 그들 복면가수들은 한결같이 흥분된 마음으로 저들의 심경을 토로하곤 합니다. 복면이라는 마스크 때문에 자신들의 본모습, 보여 주고 싶었던, 자신들이 평소에 남의 눈을 의식하지 않고 행하고 싶었던 행동이나 말들을 쉽게 할 수 있었다는 증언들이 바로 그것입니다. 물론 복면을 벗어던진 후 드러나는 저들의 가감 없는 증언들이, 비록 저들의 본명이 들어났기에 어쩔 수 없이 시청자들을 의식할 수밖에 없는 상황에서 나름대로 제한되고 억눌려 있는 말들이기는 하지만, 저들의 표정을 보면 확실히 저들의 증언이 사실에 가깝다는 것을 느끼기에 충분합니다.

　복면의 기능, 마스크의 기능은 인간이라면 어느 누구에게도 나름대로 자신들의 행동 하나하나에 숨겨 있게 마련입니다. 이것은 성격이론에 빗대어 말하면, 모든 사람은 각자마다 나름대로의 자신의 성격을 갖고 있는데, 그것이 바로 복면이며 가면입니다. 사람마다 지니고 있는 성격이나 성품, 그러니까 영어로 퍼스낼리티(Personality)라고 말하는 그것이 바로, 그 사람으로 하여금 대중 앞에서 용감하게 만들어 주는 가면입니다. 우리가 지인들을 평할 때, 그 사람의 성품이, 사람 됨됨이가 이렇다거나, 어떻다고 말할 때, 저들이 말하는 그 사람 됨됨이는 바로 그 사람의 퍼스낼리티를 말하는 것입니다. 퍼스낼리티를 뜻하는 페르소나(Persona)라는 말은 본래 연극배우가 쓰는 탈을 가리켰습니다만, 점차로 그 탈, 가면은 인간 개인을 가리키는 말로 변색되어 오늘에 이르게 된 것입니다. 그러니까 한 사람이, 한 인격이 가면을 쓴다는 것은, 자기 자신 그 자체를 말하는 인격(人格)인 아이덴티티(Identity)를 복면으로 철저히 가리거나 혹은 완전히 알아보지 못하게 위장한다는 뜻이 됩니다. 복면가왕의 탈락자들은 탈락 후, 대체로 한 가지 점에 공통적으로 동의하며 저들의 심정을 토로하곤 합니다. 가면으로 자기를 위장했을 때는 원래의 자기와는 달리, 어쩌면 최대한 다르게, 자기가 하고 싶은 대로, 마음대로 자기의 자세나 음색을 바꿀 수 있는 자유를 만끽했다고 말합니다. 그것은 가수 당사자, 개인 아무개라고 하는 그 가수 당사자가 이미 가수로서 자신의 인품을 위장하는 가면을 쓰고 있다는 사실을 스스로 의식했기에 가능했던 일입니다.

〈복면가왕〉에서 복면이 벗겨진 가수, 그들의 인품이 정말로 무엇인지는 아직도 수수께끼일 뿐입니다. 아직도 아무개, 아무개라는 그 가수의 인품이 어떤 것인지를 알 수 없는 것은 방송, 무대, 그 무대에 출연하고 있는 그 환경이 그에게는 복면의 역할을 하고 있기 때문입니다. 복면을 벗어봤자, 그를 가리고 있던 여러 가지 복면 중에서 가장 위장력이 떨어지는 복면 하나를 벗은 것에 지나지 않기 때문입니다. 자기 본래의 인품, 자신의 아이덴티티는, 여러 겹으로 감싸진 퍼스낼리티라는 가면들 속에 가려지고, 가려져 있을 뿐입니다. 이것은 마치 중국무예 공연인 변색 쇼처럼, 자신의 속마음을 여러 가지 모습으로 가리고 가린 채, 상황에 따라 요구되는 것들 하나씩 풀어내면서 끝내 자신의 진정한 속내와 속사정을 가리려는 연기행위와 거의 다를 것이 없습니다. 사람들이 각기 겉으로 드러내고 있는 성격, 즉 퍼스낼리티 속에는 어떤 가면들이 어느 정도로 철저하게 가림막을 하고 있는지는 어쩌면 본인 당사자마저도 모르는 것입니다.

현명하고 바르게, 잘 그리고 제대로 살지 않으면, 그 어떤 가면과 복면으로 자신을 위장한다고 해도 끝내 행복한 삶을 살기가 불가능합니다. 그리고 행복한 삶을 살지 않으면 현명하고 바르게, 잘 사는 것 역시 불가능하다는 것이 이 책에서 그렇게 중요한 인물로 등장시킨 행복의 주인공 에피쿠로스가 말하는 평정심입니다. 〈복면가왕〉의 예능과 쇼는 평정심인 아타락시아가 무엇인지를 또 다르게 알려 주는 비유적인 상황입니다. 평정심으로서의 아타락시아는 자신의 삶에서 관과 행을 거쳐 자신의 습관, 버릇이 되어야 합니다. 자신의 삶과 동일한 것이 되어야 비로소 그에게 좋은 삶, 행복한 삶을 즐길 수 있게 만들어 줍니다. 고대철학자들, 현자들은 우리에게 버릇의 위대함과 고약함이 어떤 것인지를 동시에 가르쳐 준 바 있습니다. 그중의 한 가지를 예로 들면, 자신의 삶을 좌지우지할 수 있는 가장 중요한 습관 중 그 어떤 나쁜 버릇 하나는, 그 버릇으로 인해 생기게 된 모든 고난들이 보다 행복한 미래를 위해서 자신이 꼭 알아야 할 무언가를 일러주기에 가장 적당한 그 순간에 자신에게 밀어닥치기 마련이라는 말입니다. 일이 잘못 돌아가는 것을 보고, 사람들은 흔히 안 되는 사람은 뒤로 자빠져도 코가 깨진다거나, 재수가 없다거나, 혹은 안 되는 날에는 안 되는 것만 일어난다는 식의 피터스 원리(Peter's Principle)를 언급하면서, 자신의 역경과 고난을 위로하지만, 그것은 이미 자신의 잘못된 습관 때문에 그 언젠가는 자신에게 일어날 일이었을 뿐입니다. 유별난 다른 것이 아닙니다. 그런 역경과 고난을 겪게 될 때는 이미, 어쩌면 때늦었다는 느낌이 자신을 엄습할 수도 있지만, 그렇게 자신에게 밀어닥친 나쁜, 잘못된 버릇의 힘에 굴복하면, 모든 자신의 삶은 무의미하게 끝나버리게 됩니다. 생명이 그날로 무너지게 될 수도 있습니다. 인간은 자신 스스로 자신의 삶을 살아내야만 되는 의미를 만들어 가도록 설계된 생명체입니다. 버릇에 무너지면, 생명의 의미를 상실하기 시작하게 됩니다. 제아무리 나쁜 버릇이라고 해도, 그것에 그냥, 제풀에 저버리거나 무너지지 마십시오. 그 나쁜 버릇이 자신을 마지막 순간에 이르게 하더라도, 오히려 자기 자신에게 백기를 들고 투항하도록 이겨내야만 합니다. 인간에게는 자신에게 고난을 주는 나쁜 버릇을 좋은 버릇으로 길들이게 만드는 개조의 능력이 있기 때문입니다. 버릇은 자기 자신이 만들어낸 자기 안의 좋은 신(神)이거나, 나쁜 신(神), 혹은 악마 같은 것일 뿐입니다. 자신 스스로 자신을 통제하도록 자신이 키워낸 자신 안의 이런저런 신(神)일 뿐이니, 자신을 살리려면 이제 그 신을 더 키우거나 죽여 버려야 하겠기에 일상에서의 행복은 사실 알고 보면, 별것이 아닌 것이 됩니다. 자신의 운명, 자신의 삶을 일격에 무너뜨리려는 나쁜 버릇, 잘못된 습관을 바로 잡는 일이 바로 행복, 좋은 삶의 새로운 시작이기 때문입니다. 이 세상에 늦은 것은 없습니다. 더 먼저였으면 더 좋았을 법하기는 해도, 지금도 절대로 늦지 않습니다. 생명이 있는 한 결코 늦지 않습니다. 조금 남보다 뒤처질 수 있기는 해도 결코 늦은 것은 아닙니다. 설령 다른 이에게 자신에게 남아 있는 생명의 길이가 뒤처져 봤자, 아마 30년 이상으로 뒤처지게 되는 것은 아닐 것입니다. 길어봤자 한 10년 안팎일 것입니다. 물론 10년의 차이가 엄청나게 소중하기는 해도, 영혼이라는 긴 안목, 높은 안목에서 보면 거기서 거기에 지나지 않는 그저 티끌 하나, 점 하나의 차이 정도일 뿐입니다.

사람들의 습관과 버릇은 자신의 행위를 옳고, 그름의 관점에서 판단하게 만드는 윤리(Ethics)나, 사람들의 행위를 좋고, 나쁨의 관점에서 판단하게 도와주는 도덕(Morality)에서도 작동합니다. 사람들의 일상적인 삶에서 자신이 하는 일이 제대로 작동하고, 제대로 기능하려면 모두가 인간의 일상적인 삶에서 그 사람의 생명과 버릇이 하나의 짝꿍이 되어야 합니다. 윤리라는 말, 도덕이라는 말에 의해 사람의 가치, 생명의 가치가 좌우되는데, 그것을 제대로 이끌어 가는 데 도움을 줄 수 있는 것이 자신의 버릇이고 습관이기 때문입니다. 고대 그리스의 철학자들은 도덕(Mores), 그리고 윤리라는 말을 에토스(Ethos)라는 말로 불렀는데, 에토스라는 말은 당시 저들에게 몇 가지 서로 다른 뜻을 담고 있었던 말이었습니다. 첫째, 에토스라는 말은 각자에게 익숙한 장소, 사는 곳, 고향 등의 뜻을 담고 있었고, 에토스라는 말은 둘째로, 그가 활동하는 집단에서 통용되는 관습이나 관행을 의미하는 말로 쓰였다가 마지막으로 그런 관습이나 관행들이 사회적으로 타당한 것으로 활용되면서부터, 공동체에 속한 사람들의 행동을 규제하는 하나의 지침 같은 것으로 활용되었습니다. 굳이 문자로 드러내거나 문자적인 표현이 없이도 사람들의 행동을 나름대로 제어할 수 있는 무언의 행동 제어의 틀로 받아들여졌습니다. 에토스란 결국 한 공동체에 소속한 사람들의 의식, 심정, 태도, 행동에 대한 제어력을 지니는 통제장치 같은 것을 상징하는 것입니다. 에토스는 사회구성원이 소속한 공동체의 관습에 관련되어 있기에, 에토스는 공동체에 따라 다를 수밖에 없습니다. 말하자면, 이스라엘에서 통용되는 저들의 에토스와 인도에서 인도사람들의 행동을 규제하는 저들의 에토스 간에는 서로 다를 수밖에 없습니다. 유대인들에게 옳지 못한 인간, 저들의 눈으로는 그른 인간으로 낙인된 사람이 우리나라 관습으로는 옳거나, 혹은 옳지 않거니와 아무런 상관도 없는 사람일 수 있습니다. 이스라엘 경비병을 종교적으로 모욕하고 그에게 돌을 던진 팔레스타인이 한국에서는 이스라엘 법정에서처럼 단죄받을 이유가 없는 이치입니다. 팔레스타인을 경멸한 이스라엘 유대교인이 우리에게 단죄받을 이유도 없는 것과 마찬가지입니다. 인도의 에토스로 유대인을 규제하려고 하거나, 반대의 경우도 마찬가지이겠지만, 서로 다른 에토스로 서로 다른 사람들의 인습을 규제하려고 들면, 그로부터 본원적인 갈등과 긴장이 생기게 됩니다. 그것의 가장 극단적인 표본이 바로 그 옛날 유럽의 십자군 전쟁이나 지금 이슬람 IS와 서구 강대국 간의 종교전쟁 같은 것에서 극명하게 드러나고 있습니다. 제가 말하려고 하는 에토스는 그런 옳고, 그름의 판단기준을 말하는 것이 아니라, 사람의 삶에서 보통 있을 수 있는 행동규제 장치로서의 관용문제입니다. 예를 들어, 사람들이 보지 않는 길거리에서는 침이나 자신의 코를 푼 종이를 아무런 거리낌, 그러니까 시민의식을 벗어나서 아무렇게나 뱉거나, 버리는 사람이라고 하더라도 자기 집의 안방이나 자신의 친지들이 보고 있는 안마당에서는 그렇게 하지 않을 것입니다. 자신과 친숙한 곳, 친숙한 사람들이 자신의 행동을 지켜보고 있기 때문에, 자신의 일상적인 버릇에 대해 일단 자기 스스로 제어하기 때문입니다. 제가 말하는 윤리나 도덕은 생명 숭배 위에 세워진 인간존엄성과 인간근엄성을 지키려는 행동의 제어력이며 통제력을 말하는 것입니다. 그러니까 옳고 그름의 절대적인 판단보다는 조금 조건을 달리해서 좋고, 나쁨의 판단으로서 타인의 행동뿐만 아니라, 자신의 행동도 제어할 수 있어야 한다는 말을 하고 싶었던 것입니다.

사람들이 마스크를 쓰면 자신의 행동에서 자유로워진다고 생각하기 때문에, 사람들은 부지불식간에 없는 가면이라도 하나 더 만들어 이미 자기 스스로 지니고 있는 자신의 가면 위에 또 다른 복면으로 자신을 위장하려고 합니다. 더 자유로워지기 위해, 더 탐닉하기 위해, 더 쾌락하기 위해 그런다고 합니다만, 그것은 착각입니다. 이미 그 자신됨, 그러니까 자신의 현재 인품됨, 성품됨, 바로 자신의 원초적인 가면 하나도 자기다운 자신을 버텨내기 위해서도 버겁기 때문입니다. 그 가면 위에 또 다른 복면, 말하자면 기게스의 반지와 같은 위장과 복면이라는 힘을 얹으면, 사람들은 필요 이상의, 주체할 수 없는 욕망 속에 빠져들어 버리게 됩니다. 자신에게 숨어 있던 것을 필요 이상으로 드러내거나 탐하려고 하기 때문입니다. 필요 이상의 욕망이 생기면 그간의 윤리나 도덕은 이내 자신이 쓴 가면 속에서 무기력해져 버립니다. 욕심의 또 다른 욕망들, 그것은 바로 자신의 생명에 대한 파괴로 이어집니다. 가면의 수가 늘어날수록 욕망의 가짓수와 농도도 깊어집니다만, 반대로 가면을 벗어 버리면 벗어 버릴수록, 욕망의 농도와 가짓수는 더욱더 줄어들고 단순해집니다. 생명만이, 살아 있음이라는 가장 단순하고, 고귀한 가치가 어떤 것인지를 매 순간 체험하게 됩니다. 삶의 가치, 생명의 가치를 음미하는 것이야말로 행복의 진수(眞髓)가 됩니다.

이미 에피쿠로스가 추구했던 관행적인 삶에 대한 이야기를 하면서, 쾌락이 무엇을 지칭하는지에 대해 정리한 바 있습니다만, 일반적으로 쾌락이라는 어감 자체가 한국인들에게는 조금 부정적입니다. 속물적인 느낌을 주고 있기 때문입니다. 쾌락을 그냥 향락이라는 단어와 같은 것으로 받아들이기 때문입니다. 인품과 성품, 인격과 성격, 일상을 살아가려면 어쩔 수 없이 자신만의 아이덴티티를 가리게 되는 일상적인 퍼스낼리티 사이를 매개하는 것은 쾌락과 즐김입니다. 쾌락과 즐김이 어떤 것이어야 하는지에 따라 인격과 성격 간의 관계, 아이덴티티와 퍼스낼리티 간의 관계가 제대로 설정될 수 있습니다. 그래서 쾌락의 속성을 다시 한 번 더 정리합니다. 제가 말하고 있는 쾌락은 에피쿠로스가 언급했던 쾌락처럼, 우리가 일상적으로 뜻하는 바의 그런 속물적인 것을 말하는 것이 아닙니다. 제가 말하는 쾌락의 본질은 아주 단순합니다. 몸의 평정이 제가 말하는 쾌락의 본체입니다. 몸은 자신의 버릇으로 가꾸어지는 쾌락의 결정체로서 기쁨이며 즐김을 상징합니다. 쾌락은 생명 있음에 대한 확인, 살아 있음에 대한 기쁨과 즐김, 그리고 감사함을 말하는 것이나 다르지 않습니다. 저는 아침에 잠자리에서 눈을 뜰 때부터 다시 잠자리에 들 때까지 그 모든 순간, 그 모든 일들로부터, 그러니까 먹고, 마시고, 놀고, 일하고, 잠자리에 들 때까지 그 모든 것 하나, 그리고 또 다른 하나에 모두 쾌락합니다. 혹은 그런 것들에 쾌락을 느끼는 일인데, 그 모두가 버릇에서 나오는 것이고 나의 습관에서 비롯됩니다. 이 말은 지금 이 순간 제가 살아 있다는 것 그것이 바로 쾌락이라는 뜻이고 습관의 결과라는 말입니다. 쾌락은 살아 있음을 느끼고 있다는 것입니다. 지금도 살아가고 있음을 드러내 주고 있는 것, 생명이 꿈틀거리고 있다는 그 사실이 바로 쾌락 그 자체이고, 쾌락하기 그 자체인 셈입니다. 그 어느 누구든 내일을 확신할 수는 없습니다. 그 어느 누구도 내일 일을 자랑하거나 예측할 수는 없습니다. 오늘 하루, 다음 그 순간에 무슨 일이 일어날지를 '도대체' 미리 알 수가 없기 때문입니다. 그러니 지금, 이 순간이, 아직 생명 있음이, 생명 있는 것들에게는 최고의 쾌락인 셈입니다. 쾌락은 삶에 대한 이 순간 느끼거나 즐김에 대한 고마움을 말하고 있는 것이니, 매 순간, 순간이 쾌락이며 고마움이 되는 것입니다. 생명됨, 생명감, 생명 있음에 대한 고마워함은 매초적이어야 하는데, 그것은 버릇으로 이어지는 시간이며 즐김일 뿐입니다. 고마워함 한 번으로 끝나는 것이 아닙니다. 고마워함, 감사함은, 아리스토텔레스의 말대로 표현하면, 버릇입니다. 그것은 '바로, 이내 낡아지는 것'이기는 하지만, 이내 낡아지는 것이 아니라, 매번 새로워지고, 매번 더 세련되어지는 것입니다. 감사하다고 말한 순간, 이미 감사함은 살아지고 마는 것이니, 또다시 고마워해야 하고, 또다시 이내 감사함을 표현해야만 하는데, 그 감사함은 버릇이어야 비로소 일상적으로 가능해지게 됩니다. 살아 있음, 살아감, 살아냄은 그렇게 매초마다 고마워해야 될 행복의 실체입니다. 생명, 살아냄은 생활습관, 버릇에서 가능한 성과이기 때문입니다.

쾌락, 그것을 영어 단어로 표현하면 플레저(Pleasure)가 되는데, 플레저라는 말의 어원과 구조는 평안/평이함을 의미하는 플리스[Pleas(=Please=Plain)+Ure(=Noun Suffix)]의 명사형을 갖추고 있습니다. 플리스(Pleas)는 말은, 일상적으로, 솔직하게, 평이하게, 담백하게, 아무쪼록 기쁜 상태를 뜻합니다. 마치 평야에서 숨을 쉬는 것처럼, 평온하고 안온하며, 소박한 상태에서 느끼게 되는 그런 담백한 기쁨과 즐김을 그려내고 있는 단어가 바로, 쾌락 플레저라는 단어입니다. 그래서 영어로 앳 원스 플레저(at One's Pleasure)라고 표현하면, 그 말은 그저 편하신 대로라는 뜻을 지니게 됩니다. 플레저라는 말은, 기쁨이나 기쁘다라는 의미를 담고 있는 조이(Joy)의 뜻도 함께 담고 있습니다. 플레저라는 말에는, 단순한 기쁨 그 자체보다는 오히려 즐기다, 즐겁다라는 의미가 더 많이 스며 있는 셈입니다. 쾌락은 자신의 몸이 평온한 상태에 이르러 있는 순간을 의미합니다. 평온한 상태가 쾌락인 것은 살아 있음, 생명됨 그리고 생명 있음의 그 상태이며 그 자체를 말하기 때문입니다. 그 생명 있음, 살아 있음을 제거하거나 생략하고서는 그 어떤 쾌락도 불가능합니다. 살아 있다는 그 자체가 바로 쾌락이기에, 쾌락은 한 인간에게 있어서 그가 태어나서 죽을 때까지 늘 동명사(動名詞)일 수밖에 없습니다. 동명사란 영어 등에서 자주 볼 수 있는 개념으로서, 한 단어가 동사와 명사의 기능을 아울러 가지는 품사를 일컫습니다. 동사의 명사형인 말이 동명사인데, 영어에서는 현재진행형을 의미하는 '−ing'라는 어미를 갖지만, 우리말에는, '−음', '−기'가 붙어 있는 말이 그런 동명사의 기능을 합니다. 그러니까 밥 먹음, 차 마시기와 같은 표현이 그런 예가 되기에, 제가 쾌락이라는 단순 명사를 동명사로 간주하는 것은 쾌락은 쾌락이라는 명사로 있는 것이 아니라 '쾌락함', '쾌락하기'의 뜻으로 지금 이 순간에도 내게, 나의 삶속에서 진행되고 있어야 한다는 뜻입니다. 쾌락의 모든 것들이 항상 진행형일 수밖에 없는 이유입니다. 쾌락이 현재진행형이라는 말은 항상 쾌락은 몸과 정신의 균형을 유지한다는 그런 뜻이기도 합니다. 몸과 마음 사이의 균형이 무너질 때 생에, 삶에 균열이 일어나기 시작합니다. 몸의 균형에 금이 생기기 시작할 때, 몸과 맘이 따로 놀기 시작할 때부터 자신의 '몸'에서 나오는 에너지가 뒤틀어지며, 이어 생명유지의 힘이 비틀어집니다. 그 상태는 쾌락상태에 금이 가기 시작하는 것이나 다를 것이 없습니다. 쾌락을 위한 바람직한 버릇이 망가지는 순간입니다.

사람이 오늘을 살아가면서, 나름대로(제대로) 먹고, 놀고, 즐기고, 일하며 살아가면서, 생명 있음에 고마워함은 바로 쾌락을 확인하는 것과 같습니다. 쾌락이라는 말

앞에 그 어떤 비교급 형용사도 불필요한 이유이기도 합니다. 생명 있음을 확인하는 데 진정한, 행복한, 말도 못할 것 같은 그런 형용사들은 불필요합니다. 쾌락은 '가능한' 어쩌면 고통이 '최대한' 소거된 삶, 살아 있음의 삶을 말하게 되는 것입니다. 무고통(無苦痛), 그러니까 인간에게 있어서 제로고통(Pain Free)이라는 상태는, 개인별로 상상해 볼 수는 있으나, 현실적으로는 손쉽게 가능하지 않을 것입니다. 붓다가 우리에게 그 옛날 일깨워 준 것이 바로 인생고(人生苦)였음을 상기하시기 바랍니다. 우리가 무고통을 원한다면, 고통부재를 원한다면, 무고통, 고통 없음에 가까워지도록 노력해야 하는 것이고, 그런 노력에는 그것이 그 어떤 것이든 나름대로의 고통을 수반하게 될 것입니다. 그래서 고통부재(Pain Free)라는 개념 자체가 성립하지 않게 됩니다만, 가능한 그 고통을 줄이기 위한 노력은 할 수 있습니다. 고통을 가능한 줄일 수는 있을 수 있습니다만, 고통부재에 이를 수 있는 가능한 방법은 한 가지입니다. 쾌락을 최소화시키면 논리적으로 그것이 가능해질 수도 있습니다. 쾌락의 크기, 쾌락의 농도를 최소화시키면, 그것에 이르기 위한 최소한의 고통이 요구될 것이기 때문입니다. 쾌락의 최소화, 고통의 극소화는 욕구, 욕망의 극소화와 최소화를 통해 가능해질 수도 있을 것입니다만, 욕망의 극소화는 살아냄을 거슬리게 됩니다. 가능한 적게, 작게 그리고 옅게 욕구하면, 쾌락은 가능한 극대화될 것이고, 동시에 할 것만 하되, 그것마저도 극도로 최소화시키고 또 극소화시키며, 동시에 극량화(極量化)시키면 최소한의 쾌락을 느끼며 살아갈 수 있게 됩니다. 극량화는 의약계에서 쓰는 말인데, 환자의 회복을 위해 의약물의 속성상 허용되는 범위 내의 최대한 투약조치를 말합니다. 욕망과 욕구의 최소화, 극소화 그리고 극량화는 행복한 삶을 위해 필요한 윤리의 최대화, 도덕의 극대화를 위한 마음가짐이나 생활의 조건이 되는 것이니, 그렇게 하려면 살아냄, 살아감을 최소화, 극소화시키는 수밖에 없습니다. 욕망하는 사람에게 그것은 사는 것이 아닌 것과 다를 바가 없게 됩니다. 인간이라는 동물 역시 다른 동물처럼 많이 먹어 배가 부르면, 그 어떤 달콤한 꿀이라도 싫어하고, 배를 주리고 나면 쓴 것이라도 달게 먹도록 되어 있는 생명체입니다. 자신의 삶에 대한 좋은 버릇이 되어 있는 사람에게는 항상 절제와 관행의 힘이 장전(裝塡)되어 있기 마련입니다. 관행이 버릇이 되어야, 습관이 되어야 그 누구든 좋은 삶을 살아갈 수 있기에, 그 관과 행은 어릴 때부터 하나의 버릇으로 길러질 필요가 있습니다. 관행이 자신의 일상에서 버릇이 되면, 그런 버릇을 지닌 어린아이들은 눈을 뜨자마자 자신의 어제와 내일을 되돌아보고, 짚어 보며 오늘 그가 자신을 더 가다듬을 새로운 질문과 새로운 답을 할 것이기 때문입니다. 그러니까 자신이 오늘 학교에 가서 공부를 하지 않으면 자기에게 어떤 일이 일어날까 같은 질문과 답을 하면, 그 스스로의 속소리에 귀를 기울이며 그 날 하루를 좋은 삶으로 보내게 될 것입니다. 이 책에서는 어린이도 좋은 삶을 위해 관행이 하나의 버릇이 되도록 어릴 때부터 추스를 수 있다는 것만 간단히 제안하고, 이후부터는 주로 성인들의 사례를 중심으로 저들의 일상에서 필요한 관(觀)과 행(行)의 중요성, 그러니까 '성공'만 저들의 머리와 가슴에 가득 품은 채, 그 무엇이라도 해서 자신의 욕망을 만족시켜야 한다는 생각만이 가득 찬, 몸으로는 '성숙'했지만 정신적으로는 제대로 '숙성'되지 못한 성인들에게 필요한 관과 행의 필요성을 더 설명하게 됩니다.

1) 회복탄력성

관행(觀行), 다시 말합니다만, 깊은 사유와 그에 터한 실천의 조화, 신이 갖는 듯한 그런 사유와 인간의 의지인 행동의 조합, 테오리아(Theoria)와 프로네시스(Phronesis)의 화합, 생각의 삶(Vita Contemplativa)과 행동의 삶(Vita Aciva)의 융합을 말하는 관행, 그것을 일상에서 자기 것이 되도록 하는 사람들에게는, 그에게 매일같이 기적이 일어납니다. 그 어떤 역경에도 오뚝이와 같은 마음가짐을 갖게 만들어 주기 때문입니다. 사람들에게 행복한 상태에 있게 해 주는 힘으로서의 관과 행은, 그러니까 관행은 사람들 스스로 자신이 살아온 과거를 되돌아봄으로써 무엇이 자신의 일상에서 후회스러운지, 차마 남에게 선뜻 털어놓지 못하는 부끄러움이나 과실들을 되돌아 곱씹

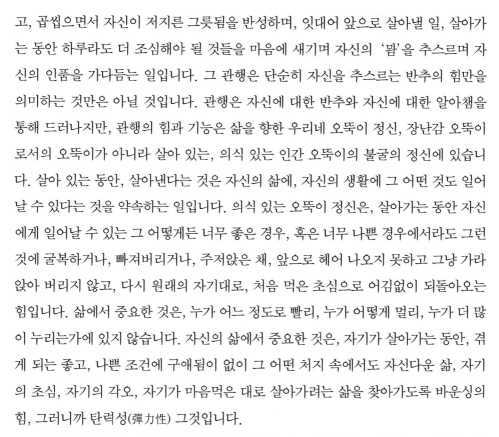

고, 곱씹으면서 자신이 저지른 그릇됨을 반성하며, 잇대어 앞으로 살아낼 일, 살아가는 동안 하루라도 더 조심해야 될 것들을 마음에 새기며 자신의 '몸'을 추스르며 자신의 인품을 가다듬는 일입니다. 그 관행은 단순히 자신을 추스르는 반추의 힘만을 의미하는 것만은 아닐 것입니다. 관행은 자신에 대한 반추와 자신에 대한 알아챔을 통해 드러나지만, 관행의 힘과 기능은 삶을 향한 우리네 오뚝이 정신, 장난감 오뚝이로서의 오뚝이가 아니라 살아 있는, 의식 있는 인간 오뚝이의 불굴의 정신에 있습니다. 살아 있는 동안, 살아낸다는 것은 자신의 삶에, 자신의 생활에 그 어떤 것도 일어날 수 있다는 것을 약속하는 일입니다. 의식 있는 오뚝이 정신은, 살아가는 동안 자신에게 일어날 수 있는 그 어떻게든 너무 좋은 경우, 혹은 너무 나쁜 경우에서라도 그런 것에 굴복하거나, 빠져버리거나, 주저앉은 채, 앞으로 헤어 나오지 못하고 그냥 가라앉아 버리지 않고, 다시 원래의 자기대로, 처음 먹은 초심으로 어김없이 되돌아오는 힘입니다. 삶에서 중요한 것은, 누가 어느 정도로 빨리, 누가 어떻게 멀리, 누가 더 많이 누리는가에 있지 않습니다. 자신의 삶에서 중요한 것은, 자기가 살아가는 동안, 겪게 되는 좋고, 나쁜 조건에 구애됨이 없이 그 어떤 처지 속에서도 자신다운 삶, 자기의 초심, 자기의 각오, 자기가 마음먹은 대로 살아가려는 삶을 찾아가도록 바운싱의 힘, 그러니까 탄력성(彈力性) 그것입니다.

요절한 김광석이 노래한 〈일어나〉에서처럼, 아무리 어려운 삶이라도, 내일을 다시 살아내려면 다시 일어나야 합니다. 다시 일어나는 것이 바로 사람만이 자기 자신에게 드러내 보일 수 있는 용기입니다. 다시 일어나려면 마치 고무줄이 지닌 그 탄력성을 자기 자신에게도 지니도록 해야 합니다. 김광석은 이렇게 일어나라고 노래합니다. "검은 밤의 가운데 서 있어 한치 앞도 보이질 않아 어디로 가야 하나 어디에 있을까 둘러봐도 소용없었지 인생이란 강물 위를 끝없이 부초처럼 떠다니다가 어느 고요한 호숫가에 닿으면 물과 함께 썩어가겠지 일어나 일어나 다시 한 번 해 보는 거야 일어나 일어나 봄의 새싹들처럼. 끝이 없는 말들 속에 나와 너는 지쳐가고 또 다른 행동으로 또 다른 말들로 스스로를 안심시키지 인정함이 많을수록 새로움은 점점 더 멀어지고 그저 왔다갔다 시계추와 같이 매일 매일 흔들리겠지 가볍게 산다는 건 결국은 스스로를 얽어매고 세상이 외면해도 나는 어차피 살아 살아 있는 걸 아름다운 꽃일수록 빨리 시들어 가고 햇살이 비치면 투명하던 이슬도 한순간에 말라 버리지 일어나 일어나 다시 한 번 해 보는 거야 일어나 일어나 봄의 새싹들처럼." 그렇습니다. 그렇게 제아무리 어려운 가운데에서라도 다시 바운싱해야 삶의 의미를 제대로 즐기게 됩니다.

용수철이나 고무줄이 지니고 있는 중요한 기능이 바로 탄력성인데, 그런 탄력성이 사람에게도 필요합니다. 외부의 힘에 의해 늘어났다가도 제자리로 이내 되돌아가는 기능이 용수철이나 고무줄이 지닌 탄력의 가치입니다. 저들에게서 탄력도가 제거되면, 용수철이나 고무줄의 쓰임새는 이내 무용지물이 됩니다. 자동차가 구덩이가 많은 비포장도로를 달릴 적에 승객들에게 커다란 충격을 주지 않는 것은 자동차 바퀴 부분에 설치된 완충기(緩衝器)가 작동하기 때문입니다. 쇼크 업소버(Shock Absorber)라고 불리는 완충기가 기본적으로 용수철의 회복탄력성을 이용하여 진동, 충격을 완화시키고 있기 때문입니다. 완충기는 자동차 등의 서스펜션에 채용됩니다. 사람들에게도 이런 완충기가 필요한데, 이 완충기를 관행이라고 할 수 있습니다. 완충기의 기능, 그러니까 관행의 기능은 탄력성에 있습니다. 완충기가 제 기능을 한다는 것은 외부의 충격에 대비한 완화력, 회복(回復)성이 제대로 작동하고 있다는 뜻입니다. 회복탄력성을 영어로는 레질리언스(Resilience)라고 부릅니다. 어딘가에서 다시 이야기하겠지만, 회복탄력성은 행복심리학자, HQ 행복론자들에게는 핵심 개념입니다. 긍정심리학에서 회복탄력성의 개념이 빠지면, 행복에 대한 논의가 성립되지 않을 정도입니다. 저들에게 있어서 행복은 회복탄력도의 증강문제이기 때문입니다. 저는 저들이 채용하는 회복탄력성이나 탄력도라는 말 대신, 우리에게 친숙한 오뚝이 정신, 오뚝이 마음이라고 달리 표현하겠습니다. 이때 오뚝이 정신은 저들 행복심리학자들이 말하는 회복탄력성, 즉 레질리언스라는 말이 뜻하는 내용들을 모두 포섭하고 있습니다. 오뚝이 정신, 그러니까 회복탄력성에서 중요한 것은 오뚝하며 다시 서는 정신으로서의 '바운싱'입니다.

미래학자들은 앞으로 미래를 살아가기 위해서는 사람들에게 최소한 8가지 정도의 능력이 있어야 한다고 말합니다. 변화가 요동치는 미래에 살아가려면 무엇보다도 유연성, 말하자면 항상 변할 준비가 있어야 한다는 것입니다. 두 번째로 필요한 능력은 의사소통능력으로서, 다른 이들과 교감할 수 있는 감성지능이 뛰어나야 한다는 것입니다. 정보의 정글 속에서 자신을 잃어버리지 않는 능력으로서의 미디어활용능력이 세 번째로 필요한 미래 능력입니다. 네 번째 미래 능력은 창의성으로서, 자신의 삶을 위해 일터에서 독특한 아이디어와 비전을 찾아내는 능력입니다. 혼자보다 여럿이 낫다는 것을 보여 주는 팀 정신 능력 역시 미래 능력에서 빼놓을 수 없는 다섯 번째의 미래 능력입니다. 여섯 번째 미래 능력은 갈등해결능력으로서 사람들과 타협이나 양보만이 능사는 아니기에, 제대로, 적절하게 싸우는 방법도 배워야 한다는 것입니다. 미래 능력으로서 일곱 번째로 필요한 능력은 계획 능력입니다. 일뿐만 아니라 자신의 삶도 제대로 계획하고 정리할 수 있는 능력입니다. 마지막 여덟 번째 미래 능력은 스트레스 관리 능력으로서, 자신의 삶에서 늘 겪을 수 있는 역경에 적절하게 대응하는 능력입니다.

이런 8가지 미래 능력들이 자신의 삶을 위해 유용하게 쓰일 수 있으려면, 우선 자신의 삶을 지탱할 수 있게 만들어 주는 회복탄력성이 뒷받침되어야 합니다. 자신의 삶에 대한, 자신이 매일같이 겪어내는 삶의 과정에서 회복탄력성이 뒷받침되지 않으면 이내 좌절하거나 무너져 버리게 됩니다. 유혹에 빠지거나, 자포자기가, 자신의 삶을 회복시키기보다 훨씬 쉽기 때문입니다. 회복탄력성이란, 살아가다 보면 겪을 수 있는 여러 가지 시련이나 고난 어려움들이 있을 수밖에 없는데, 그런 시련들을 나름대로 이겨내는 자신 나름대로의 긍정적인 힘이나 능력입니다. 우리말로는 자생력이라는 말이 더 어울리지만, 저들의 화법대로 그냥 회복탄력성, 혹은 탄력성이라는 말도 나름대로 설득력을 갖는 용어입니다. 물론 사람의 마음이 고무줄이나 철사 줄로 만든 용수철 같을 수는 없지만, 고무줄이 지니고 있는 그런 탄력회복성이 사람들 각자에게 내재하고 있다는 것은 간과할 수 없는 사실입니다. 사람들 각자마다 지니고 있는 정신적, 심리적 탄력회복성이 제대로 작동하면, 자신의 환경이나 조건이 달라졌기에 어쩔 수 없이 생기는 그런 문제에 이내 좌절하거나, 굴복하거나, 포기하지 않게 될 수 있습니다. 극한 경우, 자살문제도 마찬가지입니다. 어떤 경우에도 굴하지 않고, 사실은 굴복하지 않기보다는, 설령 자기 자신이 어쩔 수 없이 새로운 조건이나 환경에 무조건적으로 버틸 수 없이 자신의 입장을 조절할 수밖에 없었다손 치더라도, 이내 자기의 자신력을 회복하여 자신의 원 상태로 되돌려 놓으려면 회복탄력성은 필수적입니다. 회복탄력성이 제 기능을 발휘하면, 시험에서의 낙방, 강제퇴직, 실연(失戀) 등등과 같은 어려움이 닥치더라도, 그것을 일종의 자기 단련을 위한 연마의 한 자극으로 삼을 수 있습니다. 자신의 회복탄력성을 발휘하면 자살이나 범죄와 같은 자기 파괴, 자기 파멸에 이르는 극단적인 행동은 가능한 자제하거나, 극복할 수 있게 됩니다.

회복탄력성 문제는 사회심리학에서 중요한 화두 중의 하나입니다. 미국의 에미 워너와 루스 스미스 교수팀은 사회경제적으로 열악하기 그지없는 하와이의 카우아이 주민들의 삶에 대해 연구했습니다. 무려 40여 년 동안 저들의 삶을 면밀하게 추적했습니다. 1955년 태어난 아이 833명 모두의 삶살이를 추적했습니다. 물론 저들의 삶은 가난했습니다. 대부분의 가족 구성원들이 정신적으로 건강하지도 못했습니다. 가족 사이의 불화와 이혼은 물론, 알코올 중독, 정신질환 등으로 저들이 시달리는 동안, 이들 가정의 3분의 2가량 되는 아이들은 저들 환경의 희생자가 된 채 속수무책이었습니다. 저들의 자녀들도 저들의 부모들처럼 학교생활에 부적응으로, 중도탈락은 물론 약물중독에 빠졌고, 정신질환도 앓고 있었습니다. 사회부적응자들이 된 저들이 18세가 되었을 때에는 이미 미혼모 혹은 전과기록을 갖고 있었습니다. 에미 워너 교수는 그런 열악한 환경에서 자라온 사회부적응자들, 특별히 사회부적응 고위험군에 속하는 201명을 선택해서 저들의 일상생활과 성장과정을 다시 분석했습니다. 저들 고위험군에 속한 자녀들의 삶도 저들의 부모처럼 비정상적일 것이라는 일반적인 추측을 확인하기 위해서였습니다. '고위험군'에 속한 아이들 중 3분의 1인 72명은 놀랍게도 밝고 건강한 청년으로서 사회적응에 아무런 문제가 없었습니다. 놀라운 결과였습니다. 연구진의 관심은 저들이 공유하고 있던 열악한 가정이나 사회 환경에도 불구하고 건강하게 자라나게 만든 이유를 밝히기 시작했습니다. 말하자면, 어떤 요인들이 저들 고위험군의 아이들을 정신적으로 지켜주었는가를 알아내기 위해, 연구진을 다시 10년을 더 투자하여 저들 고위험군 자녀들의 성장을 종단적으로 면밀하게 연구하였습니다. 놀라운 사실 하나가 발견되었습니다. 저들에게는 저들을 격려하는 심리적, 정신적 지원자, 지지자가 있었다는 사실이었습니다. 저들이 청년으로 성장해나가는 동안, 저들의 어려운 처지나 입장을 조건 없이 이해해 주고 격려해 주는 주위 사람들이 한 사람 이상씩 있었습니다. 할머니든 할아버지든, 어머니든, 삼촌이든, 심지어는 학교교사든 그 어떤 관계든 상관없이 저들을 인간적으로 격려해 주고 용기를 갖게 만들어 주는 사람이 어김없이 한 명 이상씩 저들의 곁에 있었다는 사실입니다. 저들의 어려운 처지를 이해하고, 저들의 행동을 가까이서 지켜보며 저들에게 하나라도 잘하는 일이 있으면, 그것에 대해 조건 없는 인정과 사랑을 베풀어 주는 격려자가 있었습니다. 우리말로 말해, 저들이 어려울 때 기댈 수 있는 언덕, 저들이 울고 싶을 때 저들의 어깨를 토닥여 주는, 저들의 가슴을 품어 주는 어른이 한 사람 이상 있었습니다. 그런 사람이 저들의 곁에 있었기에 저들은 저들이 겪고 있는 역경을 이기는 내면의 힘을 갖게 되었습니다. 저들의 조력과 격려와 사랑, 그리고 칭찬이 저들 고위험군 아이들에게 자기의 길을 다시 걷게 만들어 주는 삶에서의 회복탄력성을 길러 주었던 것입니다.

회복탄력성은 희망한다고 그냥 생기는 것이 아닙니다. 물론 인간에게는 회복탄력성의 기질이, 마치 용수철이나 고무줄처럼 자기 안에 내재되어 있기는 해도 그 회복탄력성이 저절로 강력해지는 것이 아닙니다. 회복탄력성이 길러지도록 주위에서 무엇보다도 먼저, 자기 긍정성 혹은 자신의 효능감을 인정하고 격려해 주어야 합니다. 자기 스스로 자신감을 가져도 된다는 격려와 자신의 장점을 인정해 주는 일이 필요합니다. 말하자면, 부모나 친척들로부터 받는 칭찬 같은 것들이 청소년 자신에게 자긍심을 갖도록 만들어 줍니다. 자긍심이 있어야 자기 능력에 대한 자기 자신을 믿을 수 가 있습니다. 저는 어릴 적 어머니로부터, 제 태몽이야기를 자주 들었습니다. 자신의 꿈에 어느 신선이 지필묵을 건네주면서 네가 아들을 낳을 텐데, 이것을 나중에 주거 라 했다는 말씀을 하시면서, 내가 성장하여 성인이 되면 학자나 선생님이 될 것이라 는 말씀을 늘 하셨습니다. 학자는 군이 배불리 먹는 것에 탐닉하지 않는다는 말도 이 런저런 경로를 통해 늘 들어왔기에, 저 개인적으로 재물에도 그렇게 욕심을 낸 적이 없습니다. 교수생활을 하면서 늘 고마워했고, 자족한 것에 대해 저는 늘 어머님의 격 려를 기억하곤 합니다. 어린 저에게 주셨던 어머님의 말씀이 내 스스로에게 내 자신 의 자긍심을 기르는 데 크게 작용했다고 믿을 수밖에 없습니다.

회복탄력성을 길러주기 위해 두 번째로 필요한 것이 바로 대인관계능력입니다. 사 람은 태어나서 여러 사람을 만나게 됩니다. 대인 관계의 핵심은 다른 사람의 마음과 감정 상태를 재빨리 파악하고 저들을 깊이 이해하고 공감하는 데 있습니다. 어렸을 때에는 다른 이들과 크게 부딪칠 경우가 적기에 타인들과 원만한 관계가 무엇을 의미 하는지 잘 모르게 됩니다. 사회생활을 하면서부터는 대인 관계가 자신의 불행을 극복 하게 해 주는 자산이 된다는 것을 이내 알게 됩니다. 대인 관계를 잘하려면 상대의 호 감을 끌어내는 대화의 기술인 소통 능력, 자아확장성, 말하자면 자기 자신이 다른 사 람과 연결되어 있다는 느낌의 정도, 그리고 공감 능력이 필요합니다. 타인의 말에 경 청하며 그의 처지를 이해하는 능력이 높아야 합니다만, 제가 지금까지 살아온 경험에 의하면, 이런 대인관계능력은 그저 타인의 말을 열심히 듣고, 그러니까 귀는 열고, 말은 적게 하는, 즉 입은 가능한 닫은 채, 저들의 입장을 이해하려고 노력하면서 저들 에게 고마워하면 저절로 길러지는 것 같았습니다. 저들이 나에게 말동무, 벗이 되고 있다는 것에 늘 고마워하며 저들의 처지를 가능한 이해하려는 노력이 바로 공감 능력 이며 대인관계능력이기 때문입니다.

대인관계능력, 말하자면, 소통 능력, 공감 능력, 자아확장력과, 자기긍정성, 자아 낙관성, 생활만족도, 감사하기 등과 더불어 개인에게 회복탄력성을 길러내게 만드는 마지막 노력은 자기조절능력입니다. 자기조절능력이란 자신의 감정을 조절할 줄 알고, 자신의 충동을 통제할 수 있는 여력, 그리고 문제가 발생한 이유나 원인들을 면밀하게 분석해내는 능력의 총화입니다. 자기조절능력은 대인관계능력이나 자기자긍심과 밀접하게 연관되어 있게 마련입니다. 자기조절능력이 뛰어난 사람들이 그렇지 않은 사람에 비해 즉각적인 유혹이나 욕심을 잘 억누른다는 근거는 없지만, 한 가지 분명한 것은 자기조절능력이 높으면, 자신 스스로 자신을 자랑스럽게 내보일 수 있는 좋은 습관을 기를 수 있으며, 그로 인해 바람직한 행동을 실천할 수 있는 것만큼은 부인하기 어렵습니다. 자기조절능력과 좋은 습관 간의 상관관계를 밝히기 위해 약 2,000여 명을 6차례에 걸쳐 조사 연구한 미국 펜실베이니아 대학교의 공동 연구진은 한 가지 사실을 확인한 바 있습니다. 그것은 자기조절능력이 뛰어난 사람일수록 일상적으로 좋은 습관을 갖게 된다는 사실입니다. 이 사실은 많은 사람들이 생각하는 것처럼, 좋은 습관이 자기조절능력을 키울 것이라는 생각과 반대임을 보여 줍니다. 이 연구팀은 계속해서 운동, 건강식품 섭취, 수면, 학습, 명상 수행과 같은 바람직한 습관을 길들이면 자기조절능력이 늘어날 것이라는 전제 아래, 성인 500명을 대상으로 먼저 설문조사를 했었습니다. 나타난 일차적인 결과뿐만 아니라, 잇댄 후속 실험에도 한결같은 연구결과가 나타났습니다. 그것은 자기 조절을 잘할수록 좋은 습관이 형성된다는 사실이었습니다. 물론 자기조절능력과 좋은 습관 간에 상보적인 관계가 있는 것만큼은 사실이지만, 그러니까 좋은 습관이 만들어지면 당연히 또 다른 자기조절능력을 증진시키는 그런 상호보완 효과가 있음에도 불구하고, 자기조절능력이 먼저 선행되어야 좋은 습관을 길러낸다는 점만큼은 분명하게 상기할 필요가 있습니다. 중요한 것은, 좋은 습관으로 자기를 길들이기 시작한다는 것은 자기조절능력이 발휘되기 시작한다는 증거이기에, 자기조절능력을 과시하기 위해서라도 좋은 습관을 염두에 두어야 합니다. 좋은 습관, 그런 버릇이 있다는 증좌는 한 달 31일 안으로 결정되는 것이 아닙니다. 그것은 한 달 32날 되는 때에도 그 습관대로 행동하고 있어야 비로소 겉으로 드러나게 됩니다.

2) 돌아섬의 슬기

관행하면, 벼랑 끝에 서 있는 자신의 발을 되돌려 앞으로 나아가게 만들어 줄 수 있는 용기이며 슬기를 갖게 됩니다. 그 누구에게든 그의 삶에서 맞이하는 직업정년이 있게 됩니다. 그것은 어쩌면 자신을 더는 나아갈 수 없는 절벽과 같다고 생각하게 만들어 놓는 인생살이 과정과도 견줄 만합니다. 정년과 퇴직, 그것은 두말할 것 없이 현직에서 조건 없이 떠나는 일입니다. 그 어느 누구에게나 마찬가지이지만, 현직에 있을 때와 현직을 떠났을 때 삶에서 느끼게 되는 중압감에는 엄청난 차이가 있게 됩니다. 대학 행정직의 맨 위인 총장직 근처에도 가본 적이 없이 그냥 교수직에서 읽고, 쓰고, 생각하고, 말하던 생활을 하다가 때가 되어 자리를 떠난 저 같은 사람은, 고위 공무원이나, 그 무슨 정치인, 큰 기업인들이 누리던 그런 권력을 누려 본 적이 없습니다. 제 스스로 권력을 누려 본 적이 없다는 식으로 겸양을 부려 보지만, 보통 사람들 눈에 교수직은 엄청난 명예로서의 권력과 다르지 않게 보일 수도 있습니다. 저의 눈에 대통령직은 아무것도 아닌 것처럼 보일지라도, 보통 사람들에게 교수직은 대통령직 그런 것과 같다는 식으로 비쳐질 수도 있기에, 제 자신의 말에 제 스스로 조심해야 한다고 다짐합니다만, 제가 하려는 말은, 교수직이 권력에 속한다, 혹은 아니다, 그런 것을 토론하려는 것이 아닙니다. 제가 하고 싶은 말은 그 누구든, 직장을 떠나는 사람은, 더군다나 정년을 채우고 직을 떠나는 사람은 현직과 퇴직 후의 관계를 진지하게 반추해 보아야 한다는 데 있습니다. 현직에 있다라는 것은, 보는 사람에 따라 차이는 있기는 해도, 마치 높은 바위 벼랑 끝, 시푸른 파도가 넘실대는 벼랑 끝에 서 있는 것과 같을 수도 있습니다. 그런 생각을, 그렇게 자주 해 봐야 자신의 처신을 냉혹하게 되돌아볼 수 있고, 그로부터 자신의 정신 건강을 제대로 지킬 수 있기 때문입니다.

현직이 바로 자신의 삶을 위한 관행거리이며 관행의 기준이 될 수 있습니다. 현직을 떠나면, 그 모든 것을 내려놓아야 합니다. 그 모든 기대와 혜택, 그리고 자기를 우쭐하게 만들어 주던 모든 아부가 일시에 사라져버리는 순간입니다. 꿈에서 깨어나는

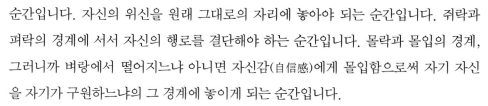

순간입니다. 자신의 위신을 원래 그대로의 자리에 놓아야 되는 순간입니다. 쥐락과 펴락의 경계에 서서 자신의 행로를 결단해야 하는 순간입니다. 몰락과 몰입의 경계, 그러니까 벼랑에서 떨어지느냐 아니면 자신감(自信感)에게 몰입함으로써 자기 자신을 자기가 구원하느냐의 그 경계에 놓이게 되는 순간입니다.

정년 후 현직을 떠나가게 되면, 그가 누렸던 그 현직은 영원히 되돌아오지 않습니다. 현직에서 나름대로 누리던 그 어떤 것에도 기대를 가져서는 곤란합니다. 그런 기대를 갖고 움직이는 순간 그것은 벼랑에서 검푸른 파도 아래로, 깎아지른 듯이 높다란 바위 위에서 땅으로 추락하는 것과 다르지 않습니다. 자신 스스로에게는 그렇지 않다고 하더라도, 그를 바라보는 사람들의 눈과 가슴에는 그렇게 비쳐지게 되기 때문입니다. 현직만이 일등입니다. 현직에서 이등은, 그러니까 2등 현직, 혹은 '현직 같은 퇴직'이라는 말은 현실적으로 공허한 소리일 뿐입니다. 현직은 선거전과 똑같습니다. 마라톤 경기에서 2등은 나름대로 상도 받게 되지만, 선거에서 2등은 공허합니다. 2등은 당선이 아니라 낙선일 뿐입니다. 2등 낙선이라는 말은 그저 위로용은 될 수 있어도, 그 언제나 그 모두에게 공허할 뿐입니다. 2등으로서 다음을 넘볼 수 있을지라도 현재로서는 아무것도 없는 것입니다. 그러니 일등인 현직에 있을 때 냉혹하게 물러났을 그때의 처지와 처신을 미리 생각해두어야 합니다.

현직에 있을 때에도 자신의 처신을 되돌아보고, 더욱더 관행해야 합니다. 현직에서 자신 스스로, 전문성을 드러내는 미명 아래 자기 아닌 다른 사람들에게 아픔이나 더 주지 않았는지 되새겨야 합니다. 교수라는 사람들은 다른 전문직 종사자들에 비해 더하면 더했지, 결코 덜하지 않은 사람들입니다. 한때 언론에서 크게 다뤘던 인문 교수 사건도 그랬습니다. 가르침이라는 미명 아래 학생들에게, 교수라는 신분으로서는 생각해내기 어려운 폭력을 가했거나, 반인권적인 행동을 했다가 법의 심판을 받은 교수의 경우, 그렇게 했었던 그 무슨 구구절절한 사정이 있을는지는 모르나, 그의 행위는 일반적으로 도덕 불감증적인 행동이었음을 부인하기 어렵습니다. 2015년 겨울에 있었던 표지갈이 교수 고발사건 역시 교수들의 도덕불감증을 단적으로 고발해 준 사건입니다. 자신의 승진이나 인세수입 올리기를 위해, 자신의 책을 이렇게, 저렇게 표지만 갈아 새로운 책의 출간으로 신고하다가 검찰에 적발된 사건이 그것입니다. 표지갈이 책들을 자신의 업적으로 삼아 승진에 활용했다는 소위 200여 명에 이르는 '표지갈이 교수' 사건 역시, 저들의 사정을 들어보나 마나 모두가 일상에서 악을 피워내는 부도덕한 사건들에 속합니다. 줄기세포 관련 사건 교수들이나, 기업의 입장을 옹호하기 위해 연구결과를 호도한 옥시 가습기 살균제 관련 교수들 역시 마찬가지였습니다.

폴란드 사회학자인 지그문트 바우만 교수는 『도덕적 불감증』에서, 우리 스스로 도덕적 불감증을 즐긴다고 비판합니다. 우리 스스로 우리의 일상에서 도덕 불감증을 즐기며, 매일같이 자신의 삶에서 키워 내고, 만들어 내는 놀이처럼 행하고 있다고 비판합니다. 우리의 삶에서, '악마는 이케아, 페이스북 같은 모습을 한 DIY이며, 악은 독재자가 아니라 익명의 가면을 쓰고 하루를 살아가는 우리네 삶의 부도덕을 키워 내고 있다고 고발합니다. 여기서 DIY는 '내 스스로 즐기십시오.'라는 말인데, 바우만 교수는 그 DIY의 변질을 꿰뚫어 본 것입니다. 악은 항상 선량한 모습을 지니고 우리에게 다가옵니다. 천사의 모습, 구원의 모습, 도덕군자의 모습을 하고 우리 곁에서 구원을, 행복을 약속하여 속삭입니다. 우리가 그토록 일상에서 싫어하거나 증오하는 악(惡), 그러니까 살인으로부터 폭력, 증오, 생명에 대한 무관심, 그리고 우리 두 눈에게 어린 생명들이 물속으로 가라앉는 그 모습을 보여 준 세월호 사건에서 모두가 느끼고 있는 것 같은 그런 생명경시현상 같은 악들은, 성격파탄 난 사람들이나 범죄자들이 저지르는 그런 유별나거나 특정한 악이거나 저들의 행동에서만 나타나는 유별한 이상 징후가 아닙니다. 그것들은 선량한 모습을 하고 살아가는 우리 모두에게서 매일같이 만들어지는, 차라리 우리들 스스로 살아가야 한다는 미명 아래 스스로 만들어 내는, 두 잇 유어셀프(Do It Yourself)와 같습니다. 우리는 세월호 사건과 관련된 유병언 목사의 사체에서도 그것을 읽어낸 바 있습니다.

이 사회에서 뭐깨나 한다는 사람들은, 그 모두가 장관이니, 의원이니, 회장이니,

교수니, 장사꾼이니 뭐니 하면서, 모두들 자신의 일상적인 일에서는 천사의 모습으로 서로서로에게 관심을 주고 있는 것 같아 보입니다. 속지 마십시오. 저들이 바로 선의 가면을 한 악일 수 있기 때문입니다. 실제로 저들이 하고 있는 천사의 모습은, 가면일 수 있습니다. 그저 한 껍질만 벗겨내면, 이내 서로가 죽거나, 말거나 관계없이 서로에게 아무런 관심도 없는 악마들의 모습으로 자신에게 가장 유리한 악들을 만들어 내고 있는 중인지도 모릅니다. 사회적 신분이 높은 사람일수록 그런 악들을 생존, 생활이라는 미명 아래 방관하거나, 심지어는 슬금슬금 즐기기까지 한다고 지적하는 바우만 교수는 그런 현실을 도덕 불감증이라고 말하는 것입니다. 도덕적 불감증으로 인해 우리 삶에 스며든 악은 이제 우리의 일상적인 삶에서 아디아포라(Adiaphora), 그러니까 도덕적으로는 아무렇지도 않은 그저 중립적인 것으로 치부되거나, 비본질적인 것으로 간주되고 있습니다.

'아디아포라(Adiaphora)'라는 말은 원래 '차이가 없음', 혹은 '무관함'의 의미를 지닌 단어로서, 그 자체로 옳지도 그르지도 않은 행위나, 권하지도 금하지도 않는 행위를 지칭하는 단어입니다. 아디아포라는 말은 일반적으로 도덕적으로 중립적인 상태를 일컫게 되기에 경우에 따라 비본질적인 상태를 지칭하는 뜻으로 쓰이기도 합니다. 본질적인 것을 상징할 때에는 디아포라(Diapora)라는 단어를 쓰는데, 이때는 '정해진, 규정된 것'이라는 의미를 갖습니다. 예를 들어, 살인하지 말라 했을 때, 사람을 죽이는 것은 디아포라를 어기는 것입니다. 살인(殺人)을 하지 말라는 규율에서 보면, 사람을 죽이지 않는 일은 살인금지에서 핵심적이며 본질이기 때문입니다. 이에 비해 생명을 해치지 말라고 했을 때, 물고기를 잡아먹어도 되는지 어떤지의 문제는 아디아포라의 문제에 해당됩니다. 물고기의 생명을 죽이는 것은 사람의 생명을 죽이는 일과는 달리 비본질적인 것이기 때문입니다. 매일같이, 이렇게 저렇게 폭력을 보면, 그것은 더 이상 사람들에게 경악이나 혐오를 불러일으키지 않습니다. 폭력이 우리에게서 자라나기에 세계에서 일어나는 폭력적인 일에 대해 무관심한 태도를 갖게 되고, 그로부터 마침내 도덕적 마비 상태, 아디아포라 상태를 갖게 된다는 것이 바우만 교수가 우리 일상 속에서 자라나는 악에 대한 경고입니다.

악의 일상성에 대한 우리의 도덕적 불감증, 그러니까 아디아포라적인 정신자세와 일상성은 매시간 언론을 통해 우리의 삶에 깊숙이 침투되고 있습니다. 악을 있는 그대로 연출하는 것은 아니라고 하더라도, 각종 방송편에서 시도하는 정치평론이나 사회평론을 보면, 그 누구도 그러니까 출연자도, 시청자도, 제작자도 모두 도덕적 불감증을 즐기고 있는것 같습니다. 그렇다 보니 그 악을 스스로 만들어 내고 있는 줄도 잊어 먹게 됩니다. 별안간 종편방송에 혜성처럼 등장한 평론가들이 일상의 정치동향이나 사회적 사건에 대해 나름대로 자신의 전문성이라는 미명 아래 내뱉는 거친 말, 정제되지 않은 논평들은, 그대로의 아디아포라라는 감성으로 위장된 악(惡), 악의 씨앗 뿌리기와 다르지 않습니다. 브라운관 앞에서 저들이 사회 평론이라는 이름으로 거침없이 크게 내뱉는 지적들도 끝내 악(惡)을 즐기기, 어쩌면 악을 키워내는 모판 만들기라는 도덕적인 불감증적인 증후일 수 있습니다. 그런 증후들을 바우만 교수는 『도덕적 불감증』에서 심각하게 지적하고 있습니다. "종종 우리는 서로 연결된, 게다가 서로의 조건이 되는 두 가지를 함께 보지 못하곤 합니다. 즉, 한편으로는 언어적으로나 회화적으로 묘사된 폭력과 잔혹 행위들이 대중매체에서 넘쳐나고 있고 다른 한편으로는 정치 논평들이 다른 사람이나 자기 자신을 비하할 목적으로 명백히 가학적이거나 피학적인 형태로 전개되고 있습니다. 다른 사람과 자기 자신을 쓰러뜨리는 잔인한 유형의 담론은, 다시 말해 자기 부정과 자기 파괴의 완만한 과정으로서 전개되는 사회정치적 논평은 실제로 비판적 태도와 아무런 공통점이 없습니다. 왜냐하면 참되고 훌륭한 비판은 대안을 제시하는 것, 어떤 사상을 펼치려고 시도하는 것, 어떤 논리에 입각하거나 다른 방식의 인식이나 사고에 입각해 행동하는 것 등이기 때문입니다. 언어적이고 정신적인 동족상잔 또는 도덕적인 상호 말살은 오직 한 가지를 의미합니다. 이것은 자유로운 토론이 시작되기도 전에 그것을 거부하고 질식시키는 행위입니다. 가학적인 언어는 보통 상대를 통제하고 괴롭힘으로써 상대를 예속시키려는 목표를 추구하는 반면에, 피학적인 언어는 자신이나 자기 나라의 실제 적들도 내뱉지 않을 만큼 심한 말들을 자신에게 내뱉는다는 특징을 지닙니다."

　전직에 있을 때와 퇴직했을 때, 모두 조심하라는 말이 자신에게 무슨 의미가 있는지를 보여 주는 살아 움직이는 사례를 하나 들겠습니다. 오바마 대통령의 자서전 속에는 엘 고어 부통령에 관한 이야기가 한두 번 정도 등장합니다. 엘 고어 부통령에 대한 인간적이며 사회적인 공헌도 그에게 공감한 기업인에 관한 이야기 속에 그를 언급하는 장면이 나옵니다. 그 기업인은 엘 고어의 사회적 감각에 매료된 나머지 대통령 선거에서 물심양면으로 그가 대통령이 되도록 도왔던 사람입니다. 충분히 대통령으로 당선될 수 있다고 보았기에, 그는 선거전에서 엘 고어를 적극 지원했습니다. 엘 고어에게 많은 시간과 돈을 투자한 것이지만, 그에게 투자했다는 마음만은 한 번도 없었습니다. 엘 고어는, 인기하락이던 조지 부시와 벌인 대통령 선거에서 기대와는 달리 낙선합니다. 얼마 되지 않는 표차로 대통령이 되지 못합니다. 6개월 정도, 낙선패배에 대한 마음을 추스르며 엘 고어는 새로운 사업계획을 세웁니다. 텔레비전 케이블 방송국 사업을 세웁니다. 그는 방송국 사업계획을 갖고 그를 적극적으로 지원했던 그 기업인의 뉴욕 사무소를 찾아갑니다. 맨해튼 전체가 내려다보이는 사무실에서 부통령이었던 엘 고어를 맞은 기업인은 자신의 마음속에 스며드는 묘한 마음을 어쩔 수 없이 감지합니다. 그 기업인의 마음을 파고들었던 전직 부통령 엘 고어에 대한 감정이 현직 오바마 대통령에게 사적인 자리에서 악의 없이 전해진 것입니다. 그 기업인은 자신의 심경을 토로합니다. 전직 부통령 엘 고어, 불과 몇 달 전만 해도 세상에서 가장 강력한 위치에 오를 뻔한 정치인 엘 고어가 자신을 찾아왔다는 것이 제대로 믿겨지지 않는 것이 아니라, 오히려 그의 방문이 자신에게는 왠지 낯설고, 서먹했다는 것입니다. 엘 고어 전직 부통령, 한때는 언제라도 엘 고어가 전화를 하면 기꺼이 전화를 받았고, 그가 만나자고 하면 이미 잡혀버린 일정이라도 쪼개서라도 만나야만 했던 그가 낙선 후 자기를 찾아왔을 때에는 그가 자신에게 무척 귀찮다라는 감정이 가슴에 일어났다는 것입니다. 그렇게 이야기하면서, 그것은 엘 고어 전 부통령이 잘못되어서 그런 것이 아니었다라고 말했던 것입니다. 오히려 그 기업인은 엘 고어를 인간적으로 아직도 좋아하는데도 그렇게 자기 가슴속에 스며드는 그런 자신의 마음을 도저히 자기 스스로가 이해할 수 없었다는 것이었습니다. 그를 떠나보내고, 가만히 생각해 보니, 자신의 마음에 전직 부통령인 엘 고어의 방문이 그에게는 일종의 성가심으로 스며들었던 이유가 아주 단순했음을 알게 되었습니다. 엘 고어가 그를 찾아온 것은 전직 부통령으로서가 아니라, 자신에게 투자를 요청하는 수많은 투자요청인들 가운데 한 사람이었기 때문이었습니다. 그런 생각을 기업인 스스로 가슴에 품고 있었습니다. 그 기업인을 찾은 전직 미국 부통령 엘 고어에게는, 그 어떤 이상한 감정이 들지 않았겠지만, 그 기업인의 마음에는 엘 고어의 방문이 전직 부통령 엘 고어의 추락으로 다시 비추어졌던 것입니다. 그 기업인은 어쩌면 북한산 인수봉 꼭대기처럼 깎아지른 거대한 절벽에서 추락하는 모습을 전직 부통령 엘 고어에게서 직감적으로 읽어낸 것입니다. 그 이야기를 들은 오바마 대통령은 가감 없이 엘 고어와 그 기업인의 마음에서 일어난 그 일을 생생하게 자신의 자서전에 풀어 놓았던 것입니다. 오바마는 말합니다. 고어는 그 사무실에 앉아 자신의 한심한 처지를 애써 외면했을는지도 모릅니다. 텔레비전 관련 사업에 대한 전망을 열심히 설명하면서 고어는 자신이 어쩌다가 이런 몰골을 하고 있는가라고 반문했을 수도 있다라고 말합니다. 버락 오바마 대통령 자신의 직접적인 감정적 표현이었습니다. 오바마는 냉혹하게 말합니다. 지금과 같은 정치판에서 두 번째 시도는 그 언제나 있을 수 있어도, 2위가 설 자리는 결코 없다고 냉혹하게 잘라 말합니다. 당신이 지금 그 자리, 이 자리를 물러났을 때, '물러난 사람인 당신을, 당신을 지금까지 알고 있다.'는 사람들이 당신을 어떻게 대하게 될 것인가를 미리 되새기고 또 되새겨 볼 필요가 있다는 오바마의 지적은 냉혹하기보다는 오히려 참신하기마저 합니다. 자신의 옛일을 되돌아보고, 앞으로의 일을 미리 짚어 보는 슬기로서의 관행이 자신의 삶에서 생활화되면, 벼랑 끝에 선 자신, 깎아지른 듯한 거대한 바위의 절벽 위에서 바람에 흔들린 채 그 아래로 떨어질 것 같은 자신의 발걸음을 거침없이 반대편으로 되돌릴 수가 있습니다.

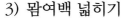

3) 맘여백 넓히기

관행은 매일같이 반복되는 삶에서 자신의 마음여백을 늘려가게 도와줍니다. 행복이란 것도 행복, 행복하며 행복에 치이게 되면, 그것은 마치 돈, 돈, 돈하면 돈 소리를 하고 다니는 사람들의 마음에 보이는 하나의 환상처럼, 하나의 물질이 되고, 삿된 꿈이 되어 버립니다. 그러니 행복을 정말로 더 원한다면, 행복, 행복하며, 행복을 헛되게 되뇌지 않도록 행복을 갈구하는 자신의 마음에 누름돌을 하나씩 눌러 놓고 행복이 자기 안에서 숙성되어 제대로 발효되도록 해야 할 것입니다. 불쑥불쑥 주체하지 못하고 튀어 오르는 그 행복에 대한 욕망을 지긋하게 눌러놓지 않으면, 이내 세상이 요구하는 대로 탐(貪)과 진(嗔), 그리고 치(痴)에 휘둘리고 말아버릴 것입니다. 그렇게 되면 행복이고 뭐고 순식간에 깨어져 버리고, 사방으로 헛되게 흩어져 버리게 될 것입니다. 마음을 다스리려면 마음의 누름돌을 하나씩 가지라는 지하철 역 벽면에 걸려 있던 최원현 수필가의 제안을 읽고 스스로 제 마음을 다시 한 번 더 달랜 적이 있습니다. 그 글이 눈에 들어오는 순간, 저는 한두 대의 전철을 그냥 지나쳐 보내며 잠시나마 자리를 떠나지 못하고 그 글 앞에서 제 자신의 오늘을 반추했었습니다. 내 마음을 고쳐먹도록 만들어 준 고마운 글이기도 했습니다. "어릴 적 할머니께서 냇가에 나가 누름돌을 한 개씩 주워 오시던 기억이 떠오릅니다. 누름돌은 반들반들 잘 깎인 돌로 김치가 수북한 독 위에 올려놓으면 그 무게로 숨을 죽여 김치 맛이 나게 해 주는 돌입니다. 처음엔 그 용도를 알지 못했지만 나중에는 할머니를 위해 종종 비슷한 모양의 돌들을 주워 드렸습니다. 생각해 보니 옛 어른들은 누름돌 하나씩은 품고 사셨던 것 같습니다. 누가 가르쳐 주지도 않았을 텐데 자신을 누르고, 희생과 사랑으로 그 아픈 시절을 견디어 냈으리라 생각됩니다. 요즘 내게 그런 누름돌이 하나쯤 있었으면 하는 생각이 듭니다. 스쳐 가는 말 한마디에도 쉽게 상처받고, 주제넘게 욕심내다 깨어진 감정들을 지그시 눌러주는 그런 돌 하나 품고 싶습니다. 이젠 나이가 들 만큼 들었는데도 팔딱거리는 성미며 여기저기 나서는 당돌함은 쉽게 다스려지지 않습니다. 이제라도 그런 못된 성질을 꾹 눌러 놓을 수 있도록 누름돌 하나 잘 닦아 가슴에 품어야겠습니다. 부부간에도 서로 누름돌이 되어 주면 좋겠고, 부모 자식 간이나 친구 사이에도 그렇게만 된다면 세상도 훨씬 밝아지고 마음 편하게 되지 않을까요? 정성껏 김장독을 어루만지시던 할머니의 모습이 유난히 그리운 시절입니다."

행복, 행복하며 행복에 목이 메기 시작하여 정작, 자기 마음에 누름돌을 올려놓지 못하면 영원히 자기 삶을 후회하게 됩니다. 누름돌, 그것은 거추장스러운 돌입니다. 자기를 누르며, 즐김을, 쾌락을 억제하는 그런 억압이 될 수도 있기 때문입니다. 그런 거추장스러움 때문에 한발 망설이면 만화가 이현세 씨가 중얼거리는 것처럼 끝내 천만 개의 후회로 남아버리게 됩니다. 만화가 이현세 씨는 〈남벌〉이라는 만화에서 천개의 후회에 대해 이렇게 이야기했습니다. "언제나 마지막 한 발, 그 한 발자국이 힘들어. 살아가는 것도 누군가와 싸움하는 것도 사랑을 하는 것도… 마지막 하나가 모자랄 때 천 개의 후회가 남게 된다."고 말하고 있습니다. 그렇습니다. 마음을 조리하기 위한 누름돌을 집기 위한 그 마지막 한 발 더, 그 마지막 용기, 그 마지막 반성을 하지 못해서 그 마지막 하나 모자람이 천만 개의 후회로 그냥 그렇게 마음속으로 퇴적하게 되면, 이제 행복은 아예 시야에서 사라져버리게 됩니다.

삶을 가만히 놓고 보면, 그렇게 기다리고, 자시고 할 것도 없습니다. 어쩌면, 우리네 삶이란 마치, 돌멩이에 떨어져 버리는 한 조각 빗방울 같기 때문입니다. 어쩌면 간밤, 풀잎에 맺힌 이슬 한 방울 같을 수도 있습니다. 동트는 아침 녘부터 빨리 떨어지려고 그럴 필요는 없습니다. 땅으로 떨어지는 순간 모든 것은 증발되어 버리게 될 한 방울이기 때문입니다. 남 볼세라 빨리 더 먼저 떨어지려고 성화할 일이 아닙니다. 가능한 더디게, 더디게, 그러니까 안단테, 안단테, 아니 더욱더 느리게 아다지오, 아다지오의 느낌으로 장렬하게 흙 속으로 스며들어 갈 일일 뿐입니다. 해가 오르면 어차피 모든 이슬들은 산화되고 말아버릴 것이기 때문입니다. 그때가 오는 그 순간, 그 찰나라도 알차게 견뎌야만 합니다. 그 어느 스님이 일러주었듯이, 살아 있는 것, 그것이 바로 행복이기 때문입니다. 그 견딤을 의젓하게 모양을 내기 위해 가슴마다 누름돌을 하나씩 놓고 살아가며, 삶이 숙성되도록 버텨내야 합니다. 삶의 절박함이 어떤 것인 줄을 스쳐 보기 위해서라도 시인 강인한 교수가 노래하는 〈어디서 왔을까, 네 이름은〉을 읽어 보겠습니다. "빗방울 하나가 돌멩이 위에 떨어진다. 가만히 돌 속으로 걸어가는 비의 혼, 보이지 않는 얼룩 하나, 햇볕 아래 마른 돌멩이 위에서 지워진다. 어디서 왔을까, 네 이름은 내 가슴속에 젖어 물빛 반짝이다가 얼룩처럼 지워져버린 네 이름은. 빗방울 하나가 돌멩이 위에 떨어진다. 내 한 생도 세상 속으로 떨어진다. 마른 돌멩이 위에서 내 삶의 한 끝이 가만히 지워진다." 그래요. 당신의 이름은 어디서 왔을까요. 곰곰히 관행해 봐야 될 일입니다.

　자기의 삶을 지루하게 느끼기 시작하면 자기 파괴의 환영이 자신을 괴롭히기 시작하게 됩니다. 퇴직 이후 죽을 때까지, 그 기간 동안은 지루하기 마련입니다. 누구에게나 엇비슷합니다. 저 혼자 100살까지 살아낸다고 해도, 자기를 알던 지인들이 모두 죽어버리면 어차피 고아가 되는 셈입니다. 삶, 원래 지루하고, 때때로 따분한 것입니다. 지루함은 따분하고 싫증이 난 상태라는 뜻이며, 지루함은 한가함에서 연유되는데, 그런 지루함은 여가로움, 여유로움을 자신에게 접합시키지 못하기에 생깁니다. 일본의 고쿠분 고이치로 교수가 『인간은 언제부터 지루해했을까?』에서 밝히듯이, 지루함이란 살아 있다는 감각의 결여, 살아 있다는 의미의 부재, 무엇을 해도 좋지만 딱히 뭘 해야 좋을지 모르는 상실감입니다. 어제와 다른 사건이 일어나기를 바라는 마음이 좌절된 상황의 지루함입니다. 지루함의 반대는 분주함이 아닙니다. 지루함은 쾌락으로 해소될 수 있는 것이 아닙니다. 지루함이나 한가함의 반대가 결코 쾌락은 아닙니다. 지루함을 이겨내게 만들려면 흥분해야 합니다.

　철학자인 하이데거도 지루함이 어떤 것인지 강론한 적이 있습니다. 그가 지적한 첫 번째 지루함은 어떤 것에 의해 지루해지는 수동적인 지루함입니다. 예를 들어, 기차역에서 4시간 후에 나오는 다음 기차를 하릴없이 기다려야 하는 사람이 갖는 지루함 같은 것입니다. 두 번째는 어떤 상황에 처해 있지만 그 곁에서 그냥 지루해지는 것입니다. 화려한 파티 속에서 즐겁게 시간을 보내면서도 한편으로 느끼는 지루함입니다. 대상에 완전 몰입하지 못해, 그 틈으로 스며든 지루함 같은 것으로서 여러 일을 동시에 진행하면서도 언제나 외로운 현대인이 갖는 지루함의 한 모습입니다. 예를 들어, 17세기 프랑스 사상가 파스칼이 지적한 사냥 속의 지루함 같은 것입니다. 토끼 사냥을 하러 가는 사람에게, 사냥의 목적이랄 수 있는 토끼를 미리 주면, 그는 사냥을 하러 가지 않을 것인지, 어떤지에 대해, 파스칼은 단호하게 말합니다. 그래도 사냥에 나선다고 말합니다. 토끼 사냥은 토끼를 잡기 위한 것이 아니라 지루함을 이겨낼 위한 것, 기분전환을 위한 것이기 때문이라는 것입니다. 한가함 속의 지루함이야말로 인간에게 지극히 정상적 상태인데 어떻게 그 지루함을 이겨낼 수 있는지가 궁금하게 됩니다. 지루함의 정체를 인지하는 것 자체가 지루함에서 벗어나는 첫걸음입니다. 지루함이 밀려오거든 헤밍웨이의 소설 『노인과 바다』를 읽어 보십시오. 저는 어니스트 헤밍웨이가 글을 쓰던 미국 플로리다 키웨스트를 방문한 적이 있습니다. 키웨스트, 그 바닷가 동네는 그야말로 쿠바 냄새가 가득한 곳입니다. 사람들의 일상적인 복장부터가 그렇습니다. 헐렁한 면바지, 흰색 면바지가 제격으로, 그냥 걷기에 좋은 동네입니다. 하릴없이 편히 앉아서 맥주나 그런 술을 하루 종일 마셔도 취하지 않을 그런 동네입니다. 그런 곳에서 하루 종일 『노인과 바다』를 읽으면, 지루할 시간이 없을 것입니다. 사실 그 동네 사람들에게는 『노인과 바다』가 저들의 약이라고 합니다. 저들은 산다는 것, 노력한다는 것은 결코 지루함이 아닌 것을 헤밍웨이의 소설 『노인과 바다』에서 읽어냅니다. 일상에서의 지루함을 멋있게 때려눕힌 사례가 바로 『노인과 바다』에서 나타나기 때문입니다. 노인의 집념을 통해 드러납니다. 노인은 84일 동안 배를 타고 나갔지만, 물고기를 한 마리도 잡지 못합니다. 결코 후회하지 않는 노인입니다. 기회란 언젠가 오는 것이기 때문입니다. 마침내 그는 큰 청새치 한 마리를 낚지만 그와 이틀 밤낮, 사투를 벌입니다. 해안에 도착했을 땐 그가 잡았던 청새치는 먹이를 쫓아 몰려든 상어 때문에 앙상한 뼈로만 남아 있습니다. 그것에 대해 실망도 분노도 하지 않는 노인을 그려 보면 화날 일이 없어집니다. 정말로 화날 때, 분노할 때, 혼란스러울 때, 복수하고 싶을 때 『노인과 바다』를 읽어 내려가십시오. 화가 사라집니다. 노인을 따라 바다를 바라보며 '이렇게 됐어야 했다.'는 후회가 뢈 속에서 사라지기 때문입니다. 대신 그 자리에 현실을 담담하게 받아들이는 고귀함이 채워지기 때문입니다. 그래도 오늘을 살아가는 것이 정말로 지루하거든, 카잔차키스의 소설 『희랍인 조르바』를 제대로 읽어 보시기 바랍니다. 그 책을 억지라도 한번 읽고, 잘 보이는 곳에 꽂아두고, 화가 날 때마다, 아니 화장실에 앉아서라도 조금씩 한두 쪽씩 뒤적여 보십시오. 그러면 이내 마음의 평화를 찾을 수 있을 것입니다. 당신에게 조르바는 이렇게 말할 것입니다. 살려면 잘난 자신부터 죽여 내라고 말할 것입니다. 그대로 주저앉지 말고 조르바처럼, 벌떡 일어나 음악을 틀고 몸을 흔들어 보십시오. 그러다 보면 당신도 "평생 온갖 일을 다 겪어 봤어, 하지만 아직도 여전히 아쉬워, 나 같은 사람은 100년은 더 살아야 하는데."라고 중얼거리게 될 것입니다. 아직도 마음이 산란하거든, 하던 일 다 집어치우고 걷기 시작하십시오. 한 시간이든, 세 시간이든 걷기를 통해 과감하게 지루함에서 탈주하시기 바랍니다. 걷기는 존재확인의 증표, 걷기가 '평정심시도(平常心是道), 그러니까 평상시의 마음으로 되돌려 주는 진정한 도와 같기 때문입니다. 무엇이든 하십시오. 무엇인가 꼼지락거리며 하는 일이 바로 평정심시도가 됩니다. 그중에서 걷기가 바로 평정심시도의 견본이나 마찬가지입니다. 자신의 삶에서 한가함을 빼앗기지 마시기 바랍니다. 한가로움을 빼앗기면 지루함이 대신 자리를 찾아 들어옵니다. 그 지루함이 시작되면 자신의 생명을 담보로 생명에게 빚을 지는 것과 다르지 않습니다.

삶살이에서 겪을 수 있는 한가함은, 지루함과는 질적으로 다른 일입니다. 결코 같은 뜻의 개념이 아닙니다. 한가함이 '여유'임에 반해 지루함은 '바쁨'이기 때문입니다. 자기 죽이기의 바쁨이 지루함입니다. 그러니 행복하려면 지루하게 살지 말고, 가능한 한가하게 살아내도록 하십시오. 자본주의 사회, 소비주의 사회에서 좋은 삶을 살아내려면 더욱더 그렇습니다. 소비주의 사회에는 그 무엇이든 소비됩니다. 옷과 음식이 소비되는 그 속도로 믿음도, 신앙도, 교회도 그렇게 소비됩니다. 그 옛날에는 노동자의 노동력이 착취되었다면, 지금의 디지털 사회에서는 노동자의 한가함이 착취되고 있기 때문입니다. '한가함의 착취는 자본주의를 이끌어가는 거대한 힘입니다.'라고 말하는 일본의 고쿠분 고이치로(國分功一郞) 교수는 『인간은 언제부터 지루해했을까?』에서, "음식과 집을 얻을 수 있는 수입, 신체 활동이 가능한 건강을 갖추고도 현대인은 불행합니다. 사치병이라 부를 수 있는 지루함 때문입니다. 지루함은 인류 최대의 아포리아(난제)입니다."라고 진단합니다. 물건이 넘쳐나고 기계문명이 인간의 노동력을 상당히 대체하면서 현대인들은 풍요로운 한가함을 얻었지만 이를, 어떻게 사용할지 몰라, 한가함은 지루함이 되고, 지루함의 공포에 제공된 즐거움, 준비된 쾌락이나 허겁지겁 소비하며 나름대로의 안도감을 느낀다는 것입니다. 지루함이란 살아 있다는 감각의 결여, 살아 있다는 의미의 부재, 무엇을 해도 좋지만 딱히 뭘해야 좋을지 모르는 상실감입니다. 어제와 다른 사건이 일어나기를 바라는 마음이 좌절된 상황을 말하는 것이기에 지루함의 반대는 쾌락이 아니라 '흥분'이 된다는 것입니다. 인류역사를 훑어보면, 지루함의 씨앗은 인간이 정착해 농경 생활을 시작하면서 본격적으로 싹텄는데, 그것은 시간적 경제적으로 여유가 생기고, 유목생활에 사용할 능력이 비축됐기 때문에 어쩔 수 없이 일어날 수밖에 없었습니다. 그로부터 예술이나 오락, 놀이의 에너지가 쌓이게 되는 유익한 일도 일어났지만 반대로 유한계급과 종교의 권력, 그리고 저들의 권력남용과 부정부패 역시 함께 자라게 되었습니다.

지루함은 당연히 인간적인 속성을 지니고 있습니다. 파스칼의 말대로 사냥꾼에게 사냥의 목적인 토끼나 사슴을 미리 준다고 해도 그는 사냥을 포기하지 않습니다. 사냥은 토끼를 잡기 위한 것이 아니고, 지루함을 이기기 위한 것이기 때문입니다. 기분을 전환하기 위한 노력이기 때문입니다. 도박 역시 마찬가지라는 것입니다. 도박을 포기하겠다는 조건으로 매일, 하루에 딸 수 있을 만큼, 혹은 잃을 만큼의 돈을 미리 준다고 해서 그 돈을 받은 그에게 나름대로의 행복감이 생기는 것이 아니기 때문입니다. 그래서 인간은 지루함보다는 차라리 괴로움을 택하기 마련입니다. 인간이 갖는 지루함의 틈을 파고들어 자신의 몸집을 크게 키운 것이 바로 소비주의와 그 속에서 화려하게 꽃을 피운 문화산업입니다. 저들은 사람들의 지루함을 물리친다는 이름으로 끝없이 새로운 소비를 만들어 냅니다. 새로운 물건을 소비하는 괴로움이, 옛것에 의해 생기는 지루함보다 훨씬 자극적이기 때문에 괴로움을 느낄 여유를 갖지 못합니다. 소비주의 사회를 살아가야 되는 현대인들의 지루함은 근대 이전 인류의 지루함과도 질적으로 다릅니다. 현대인들이 겪는 지루함은 대상에 완전 몰입하지 못해 생기는 정신적인 지루함입니다. 여러 가지 일을 하지만, 그 어느 것에도 제대로 몰입됨이 없이 그저 건성으로 일을 해가는 동안, 그 틈으로 지루함이 한가득 스며들기 때문입니다. 자기만의 자기 일과 몰입감의 부재로 인해 생기는 구조적인 지루함입니다.

이런 지루함에서 벗어나는 방법은 그리 복잡하지도, 어렵지도 않습니다. 고쿠분 교수가 권하는 방법, 지루함에서 벗어나는 방법은 '불법침입'과 '동물되기'입니다. 불법침입과 동물되기는, 어줍지 않게, 사고하는 인간, 이성으로 무장된 근대적 인간으로서 자신이 겪는 지루함을 벗어나라는 것이 아니고, 고정된 자기 존재의 문턱을 넘어서 다른 존재로 거듭나는 방식으로, 늘 새로운 활동과 감응을 향해 탈주하는 방식, 생생한 생활방식으로 지루함에서 벗어나게 만들어 주는 방법입니다. 불법침입은 이런 뜻입니다. 산이나 들에 나가 보면 늘 '출입금지, 이 울타리를 넘어서면 안 됩니다.'는 표지 말이 있기 마련인데, 그 말은 반대로 그런 경고판 너머로 땅에 새로움과 여유로움이 숨어 있다는 뜻입니다. 그러니, 자신의 일상적인 틀을 바꾸고, 탈을 벗어내는 방식으로 새로움을 찾아 나서면, 자신의 일에서 지루함으로 몰아내고 한가로움을 되찾을 수 있게 됩니다. 틀에 박힌, 탈을 쓴 그것에서 과감하게 어긋나게 행동하면 이내 새 일이 눈에 들어옵니다. 나름대로 자기만의 일, 자기를 한가롭게 만들어 주는 일을 만들어 내고, 그것에 몰입하는 실천의 삶이 자신에게 지루함을 몰아내고, 대신 한가로움과 여유로움을 갖게 해 주기 때문입니다. 동물 되기도 유별난 것이 아닙니다. 인간의 원형이 동물이니 동물의 천성에 충실하라는 뜻입니다. 그래서 저는, 그 동물되기의 한가로움, 자신의 몸에 자신 스스로 불법 침입함으로써 자신만의 여유로움을 찾을 수 있는 걷기를, 지루함을 걷어내는 일상적인 방법으로 추천했던 것입니다.

4) 웃는 여력

관행적인 삶을 살아가는 사람은, 그러니까 자신의 어제를 되돌아보고 앞을 미루어 짐작하며, 지금 나의 처지를 바꾸어 새로 나아갈 길을 궁리하면서 그것을 실천해내는 일을 하면, 그는 어김없이 하루에 한 번은 자신에게 웃음을 지어 보일 수 있게 됩니다. 사람들 앞에서 자신을 드러내놓고 웃을 수도 있겠지만, 그런 것보다는 자신이 자신을 향해 하루 그 언제라도 한 번쯤은, 하루를 정리하는 저녁이나 취침 전이라면 더 좋겠습니다만, 웃음을 지을 수 있는 사람입니다. 그러니까 오늘도 이만 하면 잘했어, 혹은 정말로 장해라고 말하는 식으로라도 자신을 도닥거리며 자신에게 웃음을 지어 보이며 편안한 잠을 잘 수 있는 사람이 행복한 사람입니다. 서양 사람들은 그 옛날부터 웃음을 내면의 조깅이라고 보고, 가능한 미소 짓는 얼굴, 미소가 섞인 생활을 중요시했습니다.

웃음의 중요성을 잘 알고 있었던 아테네 철학자 가운데의 한 사람이 바로 아리스토텔레스였습니다. 물론 희극작가들도 웃음의 중요성을 알고 있었지만, 아리스토텔레스만큼 웃음에 대해 논리적인 전개를 하지는 않았습니다. 아리스토텔레스가 웃음에 대해 내세운 전제가 있습니다. 인간은 웃을 수 있는 동물이라고 내세운 아리스토텔레스의 전제는, 인간의 웃음을 연구하는 학자들이 자신의 연구에서 늘 인용되는 명제입니다. 아리스토텔레스는, 웃음을 인간의 이성적 존재성을 드러내는 발로라고 인식하고, 웃음 자체를 수사학이나 미학과 관련해서 밝히려고 했었습니다. 그가 썼다고 추정되는 『시학(詩學)』 두 편 가운데, 한 편만 남아 있지만, 『시학』 첫째 편에서, 아리스토텔레스는 비극의 주제만을 중점적으로 다룹니다. 희극은 두 번째 편 『시학』에서 다루었을 것 같아 보이는데 아직도 그 진본은 나타나지 않고 있습니다. 아리스토텔레스의 시학을 연구하는 학자들은 여러 가지 방법으로 그가 썼을 법한 두 번째 편인 『시학』과 유사한 것을 만들어 놓는 과정에서 한 가지 점만큼은 부정하지 않습니다. 그것은 아리스토텔레스가 분명히 『시학』 두 번째 편에서 다룬 것은 희극이고, 그 희극에서 다룬 것은 웃음 같은 주제라는 것입니다. 웃음에 대한 아리스토텔레스의 생각을 정리하는 후대학자들은, 아리스토텔레스가 웃음을, 특별히 '우스꽝스러움에 대한 웃음'을 이렇게 정의했을 것이라고 봅니다. 사람들은 자신들 앞에 벌어진 일련의 사태들이 자신들에게 아무런 피해도 없을 때 자신들에게 고통이 없고 육감적으로 감지할 수 있는 그 어떤 결함이나 실수 같은 것이 전개될 때, 저들은 저절로 웃게 된다는 식으로 희극적 웃음을 정리합니다. '무해한 실수나 결점'에 대해 드러내 보이는 사람들의 환한 얼굴모습이 웃음이라는 것입니다. 아리스토텔레스의 『시학』 두 번째 편이 지금까지 세상에 그 모습을 나타내고 있지 않은 이유를 문학가의 상상력으로 추적해 놓은 것이, 움베르토 에코의 장편소설 『장미의 이름』입니다. 이것을 원작으로 만든 영화가 〈장미의 이름〉인데, 이 소설의 핵심은 아리스토텔레스의 『시학』 두 번째 편으로서, 이 시학이 다루고 있을 법한 희극과 진한 웃음유발 문제입니다. 소설 속에서의 이야기가 아니더라도 일반적으로, 수도승, 더군다나 베네딕트회 수도승들은 엄격하게 웃음을 제한합니다. 웃음을 저들의 수행과 일상에서 가장 부정적인 일로 간주합니다. 신이 자신들의 삶을 감시하고 기록하여 사후에 심판한다고 믿어야 되는 저들로서는, 자신들의 삶이 금욕적이고 경건한 빛을 띠어야만 합니다. 저들 수도승은 외면이든, 내면이든 그 어떤 웃음도 저들에게는 경망스러운 것입니다. 수도승의 규칙에는 웃음을 유발하는 그 어떤 언사도 입에 올리지 말지어다라는 조항이 있습니다. 웃음금지가 저들 삶에서 중심입니다. 서양인들이 봉송하는 성경에서도 웃음에 대한 예찬이나 언급이 없기는 마찬가지입니다. 성경책에서는 웃음 이야기들이 한 번도 나오지 않습니다. 신약성경 역시 웃는 모습의 예수를 이야기한 적이 한 번도 없습니다. 그가 웃었다는 모습을 묘사하거나 언급한 장면은 아예 없습니다. 웃거나, 미소를 짓는 사람들은 대체로 불경한 이방인이나 모자라는 사람들입니다. 웃는 자는 얼간이 아니면, 이교도들로 간주되고 있다고 보는 편이 보다 더 타당합니다.

어쩌거나, 수도승에게 필요한 것은 근엄함과 은총만이 있어야 할 뿐인데, 수도원 도서관에 웃음을 유발하는 책이 꽂혀져 있습니다. 그 책이 바로 아리스토텔레스가 쓴

두 번째 편 『시학』이라는 것입니다. 이 책은 희극과 웃음을 긍정적으로 서술하고 있는데, 수도승들은 수도원 도서관에 보존되어 있는 그 『시학』을 나름 읽어 보며, 서로서로에게 몰래나마, 일독을 권했을 것입니다. 수도원에서는 큰일 날 일입니다. 『시학』이 책으로서 도서관에 보존되어야 하기는 하되, 결코 수도승들이 읽게 놔둘 수 없는 금서나 다름없다고 결심한 원로 수도승이 있습니다. 그는 신의 이름으로 결단합니다. 『시학』을 몰래 읽는 수도승들이 있다면 그는 당연히 단죄받아야 되는데, 그 단죄는 죽음이어야 한다는 생각입니다. 근엄하기만 한 수도자였던 호르헤, 요즘 말로 도서관 사서이자 관장쯤 되는 호르헤가 바로 그 주인공입니다. 다른 수도사들이 아리스토텔레스의 『시학』을 탐독하거나 탐닉하는 자를 '절대적'으로 응징할 수 있는 방법을 그는 기묘하게 고안합니다. 그는 아무도 모르게 책의 오른쪽 아래 모서리에 독약을 묻혀 놓습니다. 누군가 오른손 손가락에 침을 묻혀 책장을 넘기면서 입을 가리며 웃음을 지을 때 이미 그는 불경스러운 웃음을 지은 것이니, 죽어도 무방합니다. 자신의 목숨을 웃음의 대가로 치르게 하면, 자기 목숨을 내놓고 도서관에 보관된 『시학』을 읽을 수도승이 없을 것이라는 것이 호르헤의 생각이었습니다만, 세상에 비밀은 없습니다. 마침내 모든 것이 밝혀지는 순간 호르헤는 도서관에 있던 아리스토텔레스의 『시학』을 불태워 버립니다. 『시학』 2권이 영원히 소실된다는 상상력이 움베르토 에코의 장편소설 『장미의 이름』에 넘실대는 순간입니다. 아리스토텔레스의 『시학』 두 번째 편이 지구상에서 영원히 발견되고 있지 않는 이유로서는 그럴듯한 상상입니다.

아리스토텔레스의 『시학』, 희극을 다루었을 법한 그 『시학』 두 번째 편에 실렸을 법한 이야기들이 어떤 것이었을 것인지에 주목해야 합니다. 수도승들의 목숨을 앗아갈 만한 내용이 실려 있을 법한 희학적인 내용이 아니고서는, 『시학』에 대한 경계와 죽음에 대한 경고가 무의미할 것이기 때문입니다. 『시학』에 실려 있을 법한 희극의 내용을 김헌 교수는 신문에 기고한 글「웃고 싶은가? 아리스토텔레스 '시학 2권'을 찾아라」에서 놀라운 상상력을 발휘합니다. 김 교수는 아리스토텔레스가 분명히 『시학』두 번째 책, 그러니까『시학』2권에서는 당대의 희극작가인 아리스토파네스(BC 445년경~388?)의 희극의 내용을 체계화했을 것이라고 가정합니다. 아리스토파네스는 지금 말로 말하면, '꼴통' 희극작가입니다. 그는 권위를 그대로 받아들이지 않는 당대의 희극작가입니다. 아리스토텔레스의 스승들, 그러니까 플라톤의 스승, 소크라테스를 그의 희극에서 마음껏 조롱한 희극작가이기도 합니다. 아리스토텔레스 역시 아리스토파네스의 희극『리시스트라테』같은 종류의 희극들을 읽었을 것이라고 생각됩니다. 기원전 411년에 무대에 올려진 아리스토파네스의 희극작품,『리시스트라테』는 전쟁에 지친 아녀자들이 전쟁을 멈출 묘안에 대한 기발한 희극입니다. 색정적인 희극입니다. 여자들이 섹스를 거부하면, 욕정을 견디다 못한 남자들은 전쟁을 멈추고 집으로 돌아오리라는 가정 아래, 아리스토파네스는 젊고 아름다운 아테네의 여성 리시스트라테(Lusistrate)라는 인물을 설정하고, 모든 아테네 여성이 단결하여, 요즘 말로 말하면, 일종의 섹스 스트라이크를 감행하게 합니다. 내용은 이렇습니다. "그 누구도, 애인이든 남편이든, 빳빳이 세우고 나에게 다가오지 못할 것이며, 난 집에선 황소처럼 씩씩대는 남정네와 몸을 섞지 않고 살면서도, 야시시한 빛깔 옷을 입고 요염하게 분칠하고 남자가 나에게 후끈 달아오르게 할 것이며, 절대로 내 남자에게로 자발적으론 안 넘어갈 것이며, 만약 내가 싫다는데도 힘으로 덤벼든다면, 정말 재미 하나도 없게 해 주고, 적극 호응하는 동작은 결코 취하지 않을 것이며, 천장을 향하여 다리를 들지도 않고, 강판에 새겨진 암사자처럼 엎드려서 엉덩이를 내밀지도 않을 것임을 엄숙히 맹세하며, 이에 이 술잔을 비우는 바입니다. 만약 이것을 어긴다면, 맹물이 이 술잔을 가득 채우리라." 이런 식의 대사가 줄줄이 이어지는데, 이 맹세의 주인공이 바로, 전장에 나가 있는 군대를 당장에 해산하라고 외친 희극작품 속의 주인공 리시스트라테(Lusistrate)였습니다. 이런 희극을 도서관에서 읽으며 속으로 터져 나오는 웃음을 막을 길 없는 젊은 수도승들은 아마, 저마다 저 몰래 나오는 웃음을 참느라고 꽤 킥킥거렸을 것입니다. 저들의 경망함을 훔쳐보고 있는 근엄하기만 한 원로 수도승으로서는 결코 참아낼 수 없는 노릇이었을 것이기에,『시학』을 읽는 저들 젊은 수도승들의 목숨을 아예 앗아가려고 했을 법합니다.

아리스토텔레스에게 있어서, 인간의 웃음이 그렇게 경박하게 생각되지는 않았을 것입니다. 생각하건대, 그는 인간이 지닌 이성의 발로로서, 그런 이성을 표현해내는 하나의 현상으로서 웃음을 생각했을 것입니다. 인간만이 웃을 수 있는 합리적인 동물이라고 본 그는, 인간의 웃음을 '이성적 웃음', 그러니까 에토스적인 웃음으로 간주했다고 보여집니다. 웃을 수 있는 사람은 나름대로 마음의 여유가 있는 사람, 마음의 여백이 있는 사람들일 것입니다. 마음의 여백을 넓혀가려는 사람들일수록 자신에게 웃음을 만들어 가려고 할 것입니다. 확실하지는 않지만, 웃음의 어원이 헬레(Hele)라는 말이고, 그 헬레의 의미는 건강(Health)에 있다라고 하는 것을 봐도, 동서양 모두 웃음을 나쁜 것으로 간주하지는 않았던 것 같습니다. 웃을 수 있다라는 것은, 그 정도의 일은 그 얼마든지 주위에서 볼 수 있는 일입니다. 그런 정도의 웃음은 그 얼마든지 즐겨도 좋은 것이니 웃음은 인간의 일상적인 일로 받아들여질 수밖에 없습니다.

사람들의 일상생활은 일상사적인 웃음이어도 무관하다는 것을 피터 맥그로우(Peter McGraw) 교수는 『나는 세계일주로 유머를 배웠다』에서 논합니다. 그는 사람들이 웃는 이유로서 '양성위반이론(良姓違反論)'을 내세웁니다. 사람들은, 무엇인가 상황이 잘못될 것 같고 불안하며 위협적으로 느껴짐에도 불구하고 그것을 받아들일 수 있습니다. 그렇게 해도 안전하다고 느낄 때에는 재미가 유발되며, 그렇게 자기도 모르게 생겨난 재미로 인해 웃음이 터져 나오게 됩니다. 그 웃음 터지는 논리가 양성위반론의 핵심입니다. 누구나 계단에서 굴러떨어지면, 그것은 삶에 '위반'되는 사건이기에 그 일에 안타까움이 생기게 됩니다. 그것은 부정적 감정이기에 결코 웃을 수 없는 상황입니다. 이에 반해, 계단에서 굴러떨어진 사람이 이상하게, 그리고 정말로 다행스럽게 하나도 다치지 않는 일이 생기면, 그렇게 굴러떨어진 것은 일상에서의 위반임에도 불구하고 다치지 않는, '위반' 상황이 '양성' 됩니다. 그러니까 부정적인 상황이, 부정적인 상황에서 변해 순간적으로, 극적으로 긍정적 상황이 되어 버리면, 웃어도 괜찮게 됩니다. 일상에 위반되는 상황이 긍정적인 상황으로 드러나면, 그런 긍정적인 상황에 대해 사람들은 기분이 전환됩니다. 그로부터 그 일을 재미있게 해석하거나, 천만 다행스러운 일로 받아들이는 식의 긍정적인 태도를 취하게 됩니다. 순간적으로는 부정적인 것처럼 보였던 그 일이 일순간 긍정적인 상황으로 바뀌는 그 찰나가 됩니다. 그런 찰나에서 웃거나, 긍정적으로 이야기하거나, 긍정적으로 수긍하는 3가지 일 가운데, 그 어떤 한 가지 행동을 해도, 계단에서 굴러떨어진 사람에게 큰 실례가 되지 않게 됩니다. 모두가 사람들의 그런 태도를 그냥 일상적인 일로 치부하게 됩니다. 이런 것은, 경우에 따라 소위 '와이담'이라는 음란한 농담에 적용될 수도 있습니다. 사회적으로 받아들이기 어려운 성(性)이 개입된 외설적 농담을 들었을 경우, 그 농담을 듣는 사람 스스로 자기에게 이 정도의 이야기는 괜찮다는 식으로 넉넉한 양성적 감정을 느낄 수도 있습니다. 그렇게 넉넉한 여유나 마음이 생길 때에, 그것을 듣는 사람이 자기도 모르게 웃음을 터트릴 수도 있습니다만, 그런 웃음은 때로는 천박하게 보이기 마련입니다. 와이담이 웃음을 일으킬 수 있는 양성위반이기는 하지만, 사람들의 양식(良識)을 위반하는 양성위반이기에 듣고도, 웃고도 기분이 나빠지게 되거나, 불쾌해지게 됩니다. 이럴 경우 성적 희롱이 되어 법적 조치를 받을 수도 있습니다. 그렇게 웃음을 유발시킨 당사자, 그러니까 와이담을 즐기는 그런 사람을 제대로 된 사람으로 여기기 어려워지게 됩니다.

이제 양성위반의 여력에 따라 서로 다른 웃음들을 유발시킬 수도 있는 유머 혹은 경우에 따라 심각해질 수 있는 이야기를 하나 들어 보겠습니다. "하나님이 여러 나라 통치자들과 모여 각 국가의 소원을 들어줄지 말지 결정하는 자리에서 일어난 일입니다. 각 나라 통치자들마다 구구절절하게 자신의 소원을 이야기했습니다. 그것을 모두 듣고 난 하나님은 통치자들에게 거의 비슷한 대답을 했습니다. 그 대답은, "네가 죽기 전에는 안 된다."라는 말씀이었습니다. 그런데 팔레스타인의 전 지도자에게는 다른 대답을 했습니다. 팔레스타인의 아라파트 역시 팔레스타인 사람들에게 자유를 달라고 요청하자, 하나님은 이번엔 이렇게 대답했습니다. "내가 죽기 전에는 안 된다."고 응답했습니다. 2015년 국회의원 선거에서도 이와 비슷한 일이 벌어졌습니다.

박근혜 대통령과 대구의 유승민 의원 간의 관계가 바로 네가 죽기 전, 내가 죽기 전까지의 진흙탕 싸움이었습니다. 이런 이야기에 대해 웃음이 나올지, 어떨지는 유대인과 팔레스타인의 관계에 대한 여러분의 이해와 감정에 따라 달라질 것입니다. 그 웃음은 여러분의 양성위반 정도에 달렸기 때문입니다. 삶을 살아가다 보면, 인생에는 내 스스로 미처 알지 못하는 더 많은 신기한 것들이 있게 마련이기 때문에 삶에 웃을 거리가 더 많이 생길 수도 있고, 반대로 더 오만상을 찡그릴 경우도 있을 수 있습니다. 그 갖가지 현상들이 자신의 삶에서 어느 정도로 자신의 삶에 위반이 되는지는 자신 스스로 판단해야 합니다. 가능하다면, 웃고 싶다면, 자신을 웃게 만드는 사람들과 사물들에 둘러싸여 지내는 것이 최선일 것입니다. 양성 위반하도록 만들어 주는 사람이나 사물들과 더불어 생활하면, 자신에게 일어나는 사건이나 사물, 혹은 관계에 대해 웃음을 띨 수 있게 됩니다. 누구에게든 그런 양성위반을 하게 결정적으로 도와주는 사람이 한 명은 있게 마련인데, 그 사람은 놀랍게도 바로 자기 자신이라는 사람입니다. 자기 자신만이 자기에게 웃음을 보낼 수 있습니다. 그만이 자신의 하루를 찰리 채플린의 말처럼, 낭비하지 않게 자신을 도와줄 수 있습니다. '웃음 없는 하루는 낭비한 하루'나 마찬가지인데, 웃음을 짓는 것, 자기 자신에게 웃는 것은 바로 어린아이로 되돌아가는 일이기도 합니다. 천진난만한 마음 그대로, 그때로 되돌아가는 순간이기도 합니다. 데즈먼드 모리스 교수는 『털 없는 원숭이』에서, 아기들은 태어난 지 5주일이 지나면 방긋 미소를 짓기 시작한다고 보고합니다. 소리 내어 웃거나 가볍게 역정을 내는 반응은 서너 달이 지난 뒤에야 나타납니다. 그것은 아기들이 자신을 바라보고 있는 자신의 엄마로부터 익힌 미소 때문이 아닙니다. 태어난 지 얼마 되지 않아, 그를 바라보고 있는 엄마 자신의 눈에, 제대로 보이지 않는 아이들이 미소를 짓고 웃고 있는 것은 엄마의 모성 때문입니다. 아기가 웃고 있는 것처럼 보이는 것은 엄마가 그렇게 받아들이고 있기 때문입니다. 물론 선천적으로 인간은 웃음을 가지고 태어납니다. 성인이 되어, 자기 자신에게 짓는 웃음의 모습 역시 바로 아기의 웃음과 같은 의미를 지니기에, 자기 스스로 웃음을 짓는 것은 자기 자신에게 짓는 인간됨의 원초적인 모습입니다.

　관행하는 사람일수록 자기 자신에게 나름대로, 웃음을 선사하는 슬기를 지니게 됩니다. 자신의 주위에서 매일같이 일어나는 그 어떤 일에도 '양성위반'할 수 있는 마음의 여백이 넓어지기 때문입니다. 지인이 내게 보내준 웃음에 관한 문자, 어느 좋은 글 중에서 뽑았다는 이 글귀를 읽는 순간, 나는 내 마음속 하나같이 웃음을 지으며 푸근해졌던 적이 있습니다. 오늘의 나를 다시 되돌아보고, 미리 짚어 볼 수 있는 마음의 여백이 넓어졌기 때문일 것입니다. "웃음의 뿌리는 마음입니다. 사람을 판단할 때 가장 중요한 것은 그 사람의 얼굴에 나타나는 빛깔과 느낌입니다. 얼굴이 밝게 빛나고 웃음이 가득한 사람은 성공할 수 있습니다. 얼굴이 어둡고 늘 찡그리는 사람은 쉽게 좌절합니다. 얼굴은 마음과 직결되며 마음이 어두우면 얼굴도 어둡습니다. 마음이 밝으면 얼굴도 밝습니다. 이는 행복하다는 증거입니다. 마음속에 꿈과 비전을 간직하면 행복에, 좋은 삶 만들어 가기에 익숙한 사람이 될 수 있습니다. 언제나 웃음이 얼굴에 가득한 사람은 다른 사람에게 편안함을 주기도 하지만 무엇보다 자신의 건강에 유익합니다. 목 위에서부터 출발하여 얼굴에 나타나는 미소나 웃음은 예외입니다. 그것은 뿌리 없는 나무와 같습니다. 얼굴의 뿌리, 웃음의 뿌리는 바로 마음입니다." 그러니, 매일 아침 잠자리에서 일어나거나, 매일 저녁 잠자리에 들기 전에 가장 먼저 자신에게 웃음을 지어 보이십시오. 자신에게 먼저 웃음을 보내십시오.

5) 결정장애 해소

　관행은, 세상을 살아가다 보면 자신의 삶을 위해 선택하고 결정해야 할 것들이 수없이 많은데, 그때마다 주저하거나 머뭇거림으로써 결정적인 기회를 놓쳐버리게 만드는 결정장애를 해소시키는 데 크게 작용합니다. 산다는 것은 선택한다는 것과 다르지 않습니다. 일상적인 선택의 갈림길에서 어느 한쪽을 고르지 못해 괴로워하는 심리가 바로 결정장애입니다. 소비중심 사회가 되어 갈수록 사람들은 결정장애 증후에 더욱더 시달리게 됩니다. 선택지가 늘어나기 때문에, 이상하게도 그만큼 더 현명한 선택 역시 어려워지기 때문입니다. 삶살이에서 결정 장애에 대해 남다른 어려움을 갖고 있다고 생각하는 사람들은 심리학자인 닉 태슬러가 쓴 『미스터 두(Mr. Do)』라는 책을 한번 훑어볼 여유를 갖기 바랍니다. 여유시간이 더 있으면 아예, 올리버 예게스(Oliver Jeges)가 쓴 『결정장애 세대: 기회의 홍수 속에서 길을 잃은 사람들』을 읽어 보십시오. 보다 더 도움을 얻을 수 있습니다.

　서양에서는 이 시대를 살아가는 사람들을 일반적으로 일컬어 결정장애 세대라고 부르고, 그것을 영어로는 제너레이션 메이비(Generation Maybe) 세대라고 명명합니다. 디지털의 마우스 한 번 클릭으로 필요한 정보를 찾아낼 수 있는 울트라모던 사회문화에 젖어들고 있기에, 올리버 예게스(Oliver Jeges)는 이런 디지털 시대를 살아가는 사람들을 결정장애 세대라고 명명합니다. 1982년생인 자기 자신 스스로가 바로 결정장애 세대의 표본이라고 고백합니다. 결정장애 세대란 혼자서는 아무것도 결정하지 못하는 사람들을 지칭하는 단어입니다. 자기 스스로 결정하지 못하고 미루며 기껏해야 글쎄요(Maybe)를 연발하는 사람들입니다. 결정해야 하거나 선택해야 할 때에도 결정을 내리고 싶지도 않고 어떻게 내려야 하는지도 잘 모르는 사람들을 가리키는 단어가 제너레이션 메이비입니다. 이들 미결정 세대는 자신들에게 필요한 모든 결정을, 병적으로 미루기에 저들을 가리켜 심리적으로 '지연행동(Procrastination)'자들이라고 부를 수밖에 없습니다. 이들이, 모든 것을 지연하며 결정하지 못하는 것은 사회가 하루가 멀다 하고 급변하는 바람에 생겨난 자연현상이기도 합니다. 뭐든, 클릭한 번이며 자신이 원하는 정보를 찾을 수 있다는 확신이 이미 머릿속에 내장되어 있기에, 자기 스스로 확고한 선택과 결정을 미루게 되는 것입니다. 이런 미루기 습관은 버릇이 되어 이제는 자기 자신 그 자체가 되어버렸습니다. 자신이 바라는 게 무엇이든 마우스 클릭 한 번이면 대체로 해결된다는 것은, 언제부터 믿게 되었는지도 확실히 알 수 없는 자신들 스스로 자기 자신의 그런 처지에 회의를 하면서도, 이내 다시 클릭에 의지해버리도록, 만들어 놓습니다.

결정을 하려면 결정해야 될 것에 대한 관점과 가치를 확실하게 지니고 있어야 합니다. 제대로 된 관점과 결정해야 될 것의 가치를 살피는 일은 결정장애를 극복하는 데 필요한 방법입니다. 예를 하나 들겠습니다. 1988년 8월 20일, 미국에서 몬타나 주에서 일어난 사건입니다. 100년 역사를 자랑하는 옐로스톤국립공원이 화염에 휩싸인 채 엄청난 면적을 불태웠습니다. 지난 100년 동안 그 공원에서 일어났던 화재로 피해를 본 면적을 모두 더한 것보다 더 넓은 면적이 단 하루 만에 검게 타버렸습니다. 끔찍한 일입니다만, 그곳을 방문하는 사람들은 어김없이 산불에 시커멓게 타들어간 그 검은 모습이 이상하게 밉거나 흉하기만 하지 않음을 알게 됩니다. 오히려 더 볼거리를 보여 주고 있다는 생각을 하게 됩니다. 산불이 났을 당시, 그때 방문했더라면 저들에게 그런 여유가 있었을 리 만무합니다. 옐로스톤 국립공원관계자들에게는 더 심각했을 것입니다. 당시 모든 비난은 미국 국립공원관리청장에게 쏟아졌습니다만, 윌리엄 모트 청장은 그런 비난여론에 흔들리지 않았습니다. 이미 6월부터 크고 작은 화재가 발생한 사실 모두를 알고 있었던 그는 아무런 조치도 취하지 않았기에 언론에서는 모트 청장을 더욱더 거세게 비판하며 죽일 놈처럼 한쪽으로 몰아쳤습니다. 작은 규모의 산불을 억제하면 오히려 큰 화재를 유발시킨다는 것을 알았던 그는 계속되는 산불을 유심히 관찰하기만 했던 것이지만, 언론은 작은 화재를 방치하다가 피해 규모를 더 키웠다고 비난했습니다. 결코 언론의 비판에 흔들리지 않았던 모트 청장의 결정은, 시간이 지나면서 옳았다는 것이 밝혀지기 시작했습니다. 국립공원의 건강을 유지하고 공원 주변의 주거지 및 산업체를 보호하기 위해서 산불 진화를 '포기'한 것이 오히려 옐로스톤국립공원을 생태학적으로 건강하게 만들어 놓았기 때문입니다. 모트 청장이 산불진화를 하지 말라는, 보통 사람이 보기에는 기상천외한 결정, 과감한 결정을 내릴 수 있었던 이유가 있었습니다. '자연적인 산불은 생태계를 정화하는 역할을 한다.'는 자연에 대한 그의 전문적인 관점이 있었습니다. 이런 전문적인 관점을 '결정의 맥', 그러니까 결정을 위한 전략적 방향성'이라고 부릅니다.

결정장애가 심하다는 것은 사람에게, 사회에 결정적인 맥이 결여되어 있다는 것을 시사합니다. 결정장애를 일상화하고 있는 사람들을 그래서 메이비 족(Maybe Children)이라고 부릅니다. 저들은 더 이상 신(神) 같은 것은 믿지 않습니다. 저들에게는 신앙이 없습니다. 그렇다고 종교가 없는 것은 아닙니다. 저들은 종교를 믿되, 특정한 신앙은 거부합니다. 교리로 말하는 그런 신의 존재만 받아들입니다. 마음 한구석에는 나름대로 허전하기도 한 그런 공간이 있습니다. 그 허전한 마음을 저들은 자신이 의지하는 종교와 '대안 종교'들로 채워놓고 있습니다. 저들에게 있어서 신앙을 대신하는 대안 종교란 현실성에 뿌리를 내린 마음놀이 같은 것들로서, 말하자면 각종 소셜미디어 도구 같은 것들입니다. 저들은, 예게스가 고백하듯이, "토요일마다 축구 경기장을 찾고, 아이패드 신제품이 출시될 때마다 실리콘밸리의 애플 본사 앞에 반원형으로 둘러서서 실시간 중계를 감상한다."고 자랑스럽게 말합니다. 저들의 삶에서, 지루함은 죄악과 같습니다. 긴 생각, 머리를 골몰해야 되는 사유나 이야깃거리에는 난색을 표합니다. 그러니까 저들에게 긴 이야기를 하나로 꿰맞추어야 되는 고전영화들, 말하자면 〈누구를 위하여 종은 울리나〉, 〈희랍인 조르바〉, 혹은 〈지옥의 묵시록(Apocalypse Now)〉 같은 영화나, 고전음악회 같은 것을 감상하도록 요구하는 것은 처음부터 무리입니다.

　저들이 애정을 갖고 두 시간 이상 우리가 집중해서 볼 수 있는 프로그램은 따로 있습니다. 가능한 단순하고 별다른 이유 없이도 웃음이 많아야 하는 그런 것들입니다. 무엇인가 몸을 후끈 달아오르게 만드는 각종 운동경기, 연예인에 대한 뒷담화, 밑도 끝도 없는 2박 3일, 혹은 삼시 세끼와 같은 각종 예능 프로그램 혹은 밑 빠진 이야기들인 토크쇼 같은 것들이 저들에게는 안성맞춤입니다. 그런 각종 예능 프로그램들은 긴 사유를 필요로 하거나, 깊은 성찰과 사유로 이어지는 스토리 작품들이 아닙니다. 저들은 생각을 하며 골몰하게 머리로 저들의 이야기나 행동을 굳이 따라가야 할 필요를 느끼지 않습니다. 그저 시청하다가 잠시 딴눈을 팔아도 별다른 지장이 없는, 화장실을 다녀와서 그냥 다시 봐도 언제든지 거기에서부터 다시 따라갈 수도 있고, 그렇게 즐길 수 있는 이야기 파편 덩어리이기 때문입니다. 그렇다고 저들이 모든 것을 포기한 것은 결코 아닙니다. 저들이 그 무슨 해탈자처럼 자신을 비우거나, 내려놓은 것은 아닙니다. 저들은 오히려 더 영악하게 모든 것을 원하고, 탐합니다. 누군가와 함께하고 싶어 하고, 자기들이 원하는 것을 강력하게 욕망하기도 합니다. 다만 저들은 그렇게 욕망하는 것을 취하기 위해서, 원하는 관계를 취하고는 싶지만, 그 관계는 어디까지나 쿨(Cool)해야 합니다. 말하자면 누군가와 함께 살고 싶기는 한데 방은 따로 써야 하기에, 그것을 결정하지 못하겠기에 일단 미뤄둬야 합니다. 마치, 자기가 원하는 음료를 마시고는 싶은데 맛만큼은 백 퍼센트 즐길 수 있는, 자신의 몸에 해로운 설탕은 들어 있지 않은 그런 음료를 그냥 원하고 있는 것입니다. 자기 자신을 완벽하게, 전체적으로 '최적화'해야 한다는 강박관념에 사로잡혀 있는데, 그 방법을 선택하지도, 결정하지도 못한 채, 한 번의 클릭이 해결해 줄 것이라고 기다리고만 있는 것입니다. 저들 제너레이션 메이비(Generation Maybe), 그러니까 미결정 세대들은 세상에는 공짜 점심이 없다는 것을 알면서도, 공짜를 마우스 클릭이 해결해 줄 것이라고 기대하고 있는 사람들과 별다른 차이가 없습니다.

현기증 나는 세대의 현실이며, 저들 제너레이션 메이비의 정신문화적 징후들입니다. 저들과는 달리 이미 나이가 든 세대도 저들과 점점 하나가 되어가고 있습니다. 나이가 들어가면 들어갈수록 갖가지 정보에서도 심지어 자신의 몸에서도 어지럼증이 덜 생기게 됩니다. 지루하겠지만 건강 이야기로 이어 나가겠습니다. 젊었을 때 매일같이 아침에 출근할 때에는 어지럼증이 있었던 사람들도 나이가 들어갈수록 오히려 어지럼증에서 해방되는 느낌을 갖게 되기도 합니다. 나이 들어 어지럼증이 없어지니 건강이 좋아졌다는 생각이 들만도 합니다만, 오히려 조심해야 될 것이 더 많아지는 것이라고 보아야 합니다. 오히려 더 조심하고 경계해야 한다는 조짐이 바로 그것이기 때문입니다. 건강해서 그런 것이 아니라 오히려 건강하지 않아서, 어지럼증을 느끼지 못하고 있다고 의심해 보면 됩니다. 그 의학적인 이유는 간단합니다. 나이가 들수록 동맥이 굳어지는 동맥경화가 오기 때문에, 혈압이 올라도 그것을 감지하지 못해 몸이 제대로 반응하지 못하기에, 어지러움을 덜 느끼게 된 것입니다. 이것은 이미 오래전부터 알려진 건강상식이기에, 나이 들어 어지럽지 않다고 방심하면 자신의 건강에 더 독이 될 수 있습니다. 젊었을 때에는 아침에 밥을 먹지 않으면 때때로 일종의 어지럼증을 느끼게 됩니다. 몸의 세포는 밤새 혈관 속 포도당을 사용하여 저혈당 상태로 지냅니다만, 아침이 되면 몸의 세포가 다시 활성화됩니다. 이때 두뇌에 산소를 옮기는 백혈구가 작동하는데, 백혈구에게 힘을 주는 것이 바로 포도당입니다. 포도당이 주요 에너지원이기에 아침식사를 하지 않으면 포도당이 부족하게 되고, 두뇌에 영양이 부족해집니다. 뇌를 작동시키는 영양이 바로 산소인데, 백혈구가 실어 나르는 그 산소가 결핍되게 되면, 뇌가 오작동을 하게 되어 자연히 어지럽게 됩니다. 어지럼증에는 수분도 한몫 거듭니다. 물을 자주 마시는 일 역시 가능한 거르지 말아야 하는 이유입니다. 물을 몸에 자주 보충해 주어야 어지럼증을 이겨낼 수 있습니다. 혈액의 90%는 수분으로 이루어져 있다는 것을 잊지 말아야 합니다. 수분이 혈액에 부족하면 혈압이 떨어지게 되고, 그렇게 되면 어지러움을 만들어 내는 저혈압 상태가 되기 때문입니다. 먼 길을 몇 시간씩 걷다 보면 어김없이 어지럼증과도 마주치게 됩니다. 그런 어지럼증이 오기 전에 미리, 미리 몸에 수분을 채워 주어야 하는 이유입니다.

사람들은 자신의 건강에 필요 이상으로 과신하는 경향이 있습니다. 매일같이 운동을 하거나 영양 보조물을 먹으며 건강에 유념하는 사람들은 늘 건강하다고 지레짐작하는 경향이 있습니다. 그러니 이 정도의 트레킹이나 운동은 아무렇지도 않아 하는 식의 자만심이 가득합니다. 문제는, 자기 건강에 필요 이상으로 과신하다가 엉뚱한 일로 인해 오히려 더 자기 자신이 이상하게 시달리게 될 수도 있습니다. 이런 경우를 '라이센싱 효과'라고 합니다. 긍정적인 행동이 오히려 또 다른 긍정적인 행동을 방해하는 영향을 일러, 라이센싱 효과라고 합니다. 사람들이 사전에 좋은 행동을 하면 나중에 좋지 않은 행동을 할 권리가 있다고 믿기 때문에 그렇게 된다는 것입니다. 예를 들어, 주중에 술을 한 번도 안 마셨으면 주말에 폭음을 할 권리를 얻었다고 여기고, 과음을 함으로써 오히려 건강을 해치게 되어버리는 경우가 그 경우입니다. 마찬가지로, 비타민을 매일같이 먹거나 하면 흡연해도 괜찮고, 암이나 기타 질병으로부터 상당하게 보호받게 된다는 식으로 자신의 행위를 과잉 포장하거나 자만하는 경우도, 라이센싱 효과의 경우가 됩니다.

　그러니, 젊은이들을 향해 아무것도 결정하지 못하고 미루는 메이비 세대라고 비아냥거릴 것도 없습니다. 나이를 먹으면 오히려 결정을 너무 똑 부러지게 잘하고, 그 결정을 마치 신의 한수인 것처럼 받아들이면서 자신을 과도하게 믿어버리는 행동 역시 문제가 되기는 마찬가지이기 때문입니다. 삶에서의 라이센싱 효과는 사람들의 소비 행동에서도 어김없이 나타납니다. 하버드 대학교 마케팅 담당 우마 카르마르카르 교수와 듀크 대학교 브라이언 볼린저 교수는 미국 캘리포니아 지역 쇼핑객 수천 명의 식료품 구입 영수증을 통해 라이센싱 효과를 밝혀낸 바 있습니다. 고객의 영수증에 표시된 할인 유무를 통해 자신의 장바구니를 사용한 고객과 나머지 고객의 구매 행태를 비교했던 연구진은, 장바구니를 본인 스스로 가져온 고객일수록 유기농 식품을 구매하는 경향이 더 높은 것을 발견했습니다. 하나의 친환경 행동이 또 다른 친환경 행동으로 이어진 것이지만, 연구진은 놀랍게도 유기농 식품을 구매한 고객들일수록 그렇지 않은 고객보다 더 고지방, 고열량의 즉석식품, 정크 푸드를 더 많이 구매하는 경향을 발견했습니다. 이것은 전형적인 자기 보상행위와 관련이 있는 것으로서, "어떤 상황에서 올바른 행동을 한 경우 그 상황과 관계없는 또 다른 상황에서는 올바르지 않은 행동을 해도 된다는 '권리'를 스스로에게 부여했기 때문에 일어난 부작용인 셈이었습니다. 그러니까 건강하다고 과신할수록, 자신의 건강에는 이상이 없을 것이라고 믿는 사람일수록 오히려 자신의 일상적인 행동거지에 조심하고, 또 조심해야 될 필요가 더 있습니다. 무리는 금물입니다. 과신 역시 금물입니다. 라이센싱 효과에서 읽은 것처럼, 오늘의 착한 행동이 내일에는 나쁘게 살아도 된다는 것을 허용하는 것이 아니기 때문입니다.

　『핑!』의 작가 스튜어트 에이버리 골드 씨가 이야기하는 것처럼, 매일같이 가슴 뛰는 삶, 남들과 다른 삶을 살려면 우리에겐 두 가지 자질이 필요합니다. 첫째는 주어진 대로, 운명대로 사는 삶이 아니라 내가 추구할 수 있는 가장 '최상의 삶'을 살고자 하는 '강렬한 열망'입니다. 그것 없이는 아무것도 시작할 수 없습니다. 두 번째로 필요한 자질은 바로 그 열망대로 매일, 매일을 살아갈 수 있도록 지탱해 주는 힘, 즉 '결단력'과 '자발적인 의지'입니다만, 자신이 진정 원하는 대로 사는 삶, 그것이 아무리 위대한 것이라 해도, 그 사람을 향한 발걸음 역시 오직 한 번에 한 걸음밖에 나아갈 수 없습니다. 한 걸음씩, 한 걸음씩, 그 발걸음들이 모여 진정한 위대함이 되는 것입니다. 그 사실을 받아들이고 이제 다시 걸음을 내딛고, 앞으로 나아가야 합니다. 용기를 너무 과신하거나, 되지 않는 객기를 부리면, 지금까지 한 걸음씩, 한 걸음씩 용기를 내어 걸어온 그 모든 것이 한순간에 수포가 될 수도 있기 때문입니다.

과신하지 않는 것이, 삶의 몫뿐만 아니라 삶의 나머지도 함께 챙기는 일이나 다름 없습니다. 인생살이에도 나눗셈에서 보는 것처럼 몫과 나머지가 있습니다. 사람들은 자기 몫에 먼저 주목합니다. 나머지 값은 시시한 것처럼 여겨 버립니다. 마치 수학 셈에서 몫만 챙기고 나머지는 반올림하거나, 반내림하여 무시하는 것과 같습니다. 나머지를 갖고 다니는 것은 번다하고, 귀찮기 때문에서인지 사람들은 자기 '몸'에도 그런 생각을 하곤 합니다. 사람이 살아가려면 심장, 간, 위와 같은 오장들 모두의 정상적인 활동이 필요합니다. 심장이 멎거나 혹은 간, 폐에 이상이 있으면 당장 괴로우니까 그럴 수 있겠습니다만, 피부에 난 종기나 머리칼이나 발가락이나 손가락 등, 아니 맹장 같은 것에는 상대적으로 소홀하거나 무심하기조차 합니다. 몸은 오묘합니다. 몸에서 쓸모가 없는 것은 하나도 없습니다. 인간의 생존을 위해서, 조물주는 인간에게 신은 불필요하거나 쓸모없는 것은 만들어 놓지 않았기 때문입니다. 생물의 진화를 보더라도, 생존에 불필요한 것들은 모조리 제거했거나, 퇴화된 것이 사실입니다. 몸의 모든 것은 생존을 위해 모두 필요합니다. 심장이 아파서 사람들은 고통스러워하기도 하지만, 치질 때문에 더 고통을 당하기도 합니다. 모든 고통은 같은 값어치일 뿐입니다. 그러니, 사람이 심장을 갖고 다니면 동시에 발톱, 손톱도 함께 달고 다니는 것입니다. 몸에는 몫도 있고, 몫과 함께 영원히 같이 가는 발톱, 손톱과 같은 나머지도 있기 마련입니다. 그런데 발톱이나 손톱은 나머지가 아닙니다. 그것 역시 몫일 뿐입니다. 이제 몸의, 그리고 삶의 몫과 나머지에 대해 다른 방식, 원주율의 방식을 예로 들어 설명해 보겠습니다.

수학의 가장 기본적인 숫자는 파이, 'π(원주율)'입니다. 초등 수학에도 나오는 파이, 원주율의 값은 3.141592653…입니다. 무한정 늘어나는 소수점의 값입니다. 파이 값이란 둘레의 길이를 지름으로 나눈 값인데, 그 값의 끝은 없습니다. 이 원주율로 세상을 이해하면 나름대로의 답을 얻을 수도 있습니다. 일단 이 우주를 이렇게 보면 됩니다. 우주가 의도적인 원이라고 보면 됩니다. 어떤 은하에 살더라도, 원의 둘레를 취해서 그 지름으로 나누고, 정확히 측정하여 불가사의를 벗겨내면 또 다른 원, 말하자면, 소수점 아래 수 킬로미터 늘어선 숫자들(3.141592653…)을 볼 수 있을 것입니다. 이 우주에 살며, 보통 정도의 수학적 재능만 지녔다면, 당신은 이내 그것을 발견할 것입니다고 칼 세이건 교수는 『접속』에서 말하고 있습니다. 그의 말대로 우주를 이해하면 인생살이를 위한 자신의 답이 나옵니다.

요즘 아이들에게는 식사대용과 같은 피자의 모양도 원처럼 둥글게 보이기는 마찬가지입니다. 이 피자를 원의 중심으로부터 일정한 모양으로 조각낸 것이 피자 파이인데, 피자 파이는 우리에게 한 가지 묘한 모습을 보여 줍니다. 피자를 똑같은 크기로 나누어 잘랐다면, 각각의 피자 파이는 각각의 면적이 모두 같게 됩니다. 피자 파이 조각들 가운데 두 조각만 골라 서로 반대로 맞추면, 즉, 하나는 바로 세우고 다른 하나는 거꾸로 놓으면 하나의 직사각형을 이루게 되는데, 네 모서리를 연결한 이 직사각형의 면적과 실제로 잰 파이 면적은 거의 같아지지만, 그래도 약간의 차이가 있게 됩니다. 이 약간의 차이가 바로 파이, 즉 원주율(π)의 값을 끝없이 수 킬로에 이르도록 종결되지 않고 하나로 연장시켜 주는 역할을 감당합니다. 몫과 나머지 값, 이 나머지 값을 어떻게 해 보려고 해도, 그 어찌해 볼 수 없는 무한한 값이 바로 원주율, 파이값입니다. 나는 이 원주율, 즉 파이값이 바로 '몸값', 말하자면, 살아가는 동안은 그 어떻든 '몸튼튼', '맘튼튼'해야 한다는 당위성을 요구하는 몸의 값이라고 생각합니다. 몫과 나머지가 따로 없다는 뜻입니다. 우리가 하나씩 지니고 있는 이 몸은 그렇게 늘 끊임없이 종결되지 않은 몫과 나머지로 연속되는 파이값처럼 인생에서 하나의 건강 값을 지니게 마련입니다. 부정할 수 없는, 인생을 살아가려면 끝내 지니고 같이 살아 가야 될 인생의 전체 값인 셈입니다. 그래서 인생이란 끊임없이, 배움과 의미를 만들어 내는 몸 건강과 마음 건강, 즉 몸 건강이 만들어 내는 파이 값과 같은 삶의 콤플렉스를 극복해 가는 과정이 됩니다. 무슨 일이든 모두 그렇지만, 그 일을 시작하도록, 한 발자국 더 다가가는 용기, 그것을 갖게 스스로를 설득하는 일이 가장 어려운 것 같습니다. 우리는 그런 기술을 인생의 기술이라고 부릅니다. 인생의 기술에서 가장 필요한 것은 자신이 직면하게 된 것들을 그것이 크건, 작건 간에 관계없이 그런 사건들을 '리프레임(Reframe)'해서 다시 자기의 현재 처지를 되씹어, 생각해 보는 일입니다. 리프레임, 그러니까 자신에 대해 관점을 바꿔 보는 일이 필요합니다. 자신에게는 결코 좋지 않은 상황이 일어났을 때, '그래도 이 정도는 정말 다행이야, 내가 죽었어 봐?! 아무것도 아닌 것이 될 뻔했잖아.' 하고 생각을 바꾸기만 해도 삶이 달라지게 됩니다. 죽었으면 아무것도 하지 못하게 되었겠지만, 지금 이 생명이 있어 그 무엇이든 다시 할 수 있게 된 것입니다. 그렇게 자신에게 닥친 상황이나 일들을 끊임없이 리프레임 시키는 방법이나 마음을 갖게 되면, 그런 생각을 하는 순간 이미 자신도 모르게 자신의 생명에 대한 감사와 지금까지 처량하게 생각했던 자신의 삶을 긍정적으로 바라보게 됩니다. 스트레스, 화, 분노, 격정, 짜증, 그런 것은 이미 흙 속에 묻어버리고 나의 생명은 새로 움직이게 됩니다. 흙에 묻어야 할 것은 내 생명이 아니라, 화, 짜증, 분노, 격정 그런 모든 스트레스일 뿐입니다. 자신의 삶에 대해 리프레임할 수 있는 용기, 한 발자국 더 다가가는 용기가 천만 개의 후회를 미연에 방지하는 행복의 조건입니다.

　삶을 제대로 살아가려면, 자신이 하는 일에 대해 일단 의심부터 해 보라는 조언을 일상적인 대인 관계에 적용하면, 스트레스를 줄이려면 자신의 일부터 먼저 되살피고, 미리 짚어 보라는 말과 다르지 않습니다. 사람들이 하는 일에 별안간 자신의 화가 치미는 경우가 있어 고함을 질러야 한다고 작정했다 칩시다. 고함을 지르기 전에 아주 잠깐만 멈추고 생각해 봅시다. 그 누군가에게 소리를 크게 내어 큰 고함을 치면, 그 소리가 그에게 더 크게 들리는 것도 아닐 것입니다. 그의 마음에 나의 고함이 크게 퍼지는 것도 아닐 것이고, 내 자신에게도 내 고함이 더 크게 들리는 것도 아닐 것입니다. 그저 내 자신의 화만 더 커지고, 내 속만 더 부글거릴 뿐입니다. 쓸데없이 화내면, 나만 손해라는 것만 분명하게 남아 있게 될 뿐입니다. 무조건 참으라는 것이 아니라, 화를 낼 이유가 없기에, 화를 내지 말라는 것입니다. 화를 내는 나 자신에 대해 분을 삭이거나, 식히지 못하는 지금의 자기가 정말로 자기스러운 것인지를 점검하고, 평가해 보면 이내 화가 줄어들고 말 것입니다. 그러니, 화를 내려고 하는 나 자신부터 제대로 된 마음을 갖고 있는지를 의심해 보라는 것입니다. 국민에게 충성하기 위해 자신에게 화를 낸 바람직한 정치인의 사례를 하나 들겠습니다. 그 주인공은 싱가포르의 국부(國父)로 추앙되는 리콴유 전 총리입니다. 그 역시 때가 되어 92세라는 천수를 누리다가 마침내 죽음에 이르렀습니다. 2015년 3월 23일입니다. 수십 년 전만 하더라도 고깃배가 드나들던 조그만 항구를 하나의 부국으로 만들어 낸 사람이 바로 리콴유 수상이었습니다. 250만 명이 경제적인 부를 누리며 살아가는 나라, 동남아시아의 아주 작은 나라인 싱가포르를 부패 없는 나라, 경제대국으로 성장시키기 위해 다소 억압적인 정책을 편 정치가이기는 했어도, 결코 부정과 부패, 수뢰 그런 것과는 본래적으로 결별했던 그였습니다. 죽기 전에 그가 주위의 친지와 각료들에게 화를 냈습니다. 유언이 바로 그의 화였습니다. 그 유언은 다른 것이 아니었습니다. 자신의 죽은 명줄을 늘리기 위해, 그 어떤 사회적인 치장도 하지 말라고 엄명을 내렸기 때문입니다. 그의 말에 머뭇거리는 가족들과 전직 각료들에게 화를 낸 것입니다. 죽기 전에 이미, 생명이 다된 자신의 생명을 억지로 더 살리겠다고, 유명 의사나 친지들이 억지로 자기에게 생명 연장술도 하지 말라는 것과, 자신이 죽으면 자신이 살던 집을 흔적도 남기지 말고 허물어 버리라는 말에 그의 친지들이 거부하는 듯한 언사를 표했기에, 그들에게 미리 화를 낸 것입니다. 자신의 집이 사후 그 무슨 국가성지로 지정되어 이웃들이 불필요하게 피해를 보지 않게 하라고 엄명을 내린 것입니다. 말만 들어도 그가 드러내는 그릇됨의 크기와 인간됨, 그리고 정치적인 현자의 모습을 떠올리게 만들어 놓기 충분한 그 다운 역정이었고 화냄이었습니다. 그는 자신의 삶을 끊임없이 리프레임 해 왔기에, 죽어서도 국민들로부터의 모든 존경을 한 몸에 받을 수밖에 없는 화쟁이었습니다. 그는 참 행복한 사람입니다. 그런 사람을 지도자로 갖고 있던 싱가포르 국민들도 참 행복한 국민들입니다. 저들은 살아 줄 만한 사회에서 살아갈 만한 삶을 누리고 있기 때문입니다. 살아 줄 만한 사회, 살아갈 만한 사회 속에서 살 수 있다라는 것은 국민으로서는 큰 행복입니다. 관행하면, 자신의 삶에 대한 마지막 결정도 어렵지 않게 해낼 수 있습니다. 우리 역시 리콴유 총리처럼 자신에게 먼저 화내는 정치지도자를 가져봤으면 합니다.

6) 손실회피의 정화

관행을 통해 하루, 일상생활을 해나가는 사람들에게는, 경제학에서 말하는 '한계효용의 법칙'이 그렇게 효력이 있어 보이지 않습니다. 관행적인 행위 그 자체가 한계효용의 논리를 무력화시키거나, 정화시켜 주기 때문입니다. 이 말을 이해하기 위해서는 경제학자들이 말하는 한계효용에 대한 나름대로의 설명이 필요합니다. 경제학자들이 말하는 한계효용의 원리에서, 한계라는 말은 '하나 더' 하며, 무엇인가 더 원하는 욕망을 말합니다. 효용은 소비자가 서비스나 물건들을 사용할 때 갖게 되는 주관적인 만족도(만족의 크기)를 말하기에, 한계효용이라는 말은 결국 하나 더 하고 싶은 소비자 나름대로의 주관적인 만족도라고 이해할 수 있게 됩니다. 일상적인 우리의 일상적인 삶에서, 생일선물로 아주 귀하다는 생수 한 통을 선물했을 때보다는, 중질이라고 하더라도 다이아몬드 반지를 받을 때 여자 친구가 더 기뻐하는 것은 다 이유가 있습니다. 세상에서 물은 구하기 쉽지만, 다이아몬드는 그렇게 쉽게 구하기 쉽지 않기 때문입니다. 물보다는 엄청난 비용을 들여야 구입할 수 있기 때문입니다. 하나 더 갖고 싶은 다이아몬드를 갖게 되면 개인적으로 만족도의 크기, 그러니까 기쁨이 엄청나게 커지게 되는 것은 다이아몬드의 한계 효용이 크기 때문이라는 뜻입니다. 하루를 살아가는 일상적인 현실에서 선택할 수 있는 여러 가지 가능성이 있다면, 인간에게 '하나 더' 하고 싶은 욕망이 크게 만들어 놓는 물건일수록, 그러니까 한계효용이 큰 물건일수록 가치가 큰 상품이 되는 것입니다. 다이아몬드가 물보다 가치가 큰 이유이지만, 제아무리 비싼 다이아몬드라고 하더라도, 그것을 지니고 있는 사람의 상태에 따라 달라집니다. 그가 무인도 다이아몬드 탄광에서 고립된 채 평생을 살아가야 한다면, 그 다이아몬드는 한 병의 생수만도 못할 뿐입니다. 다이아몬드에 대한 감각이 없어질 것입니다. 이것은 맛있는 음식이라고 해도 연달아, 질릴 정도로 매끼 먹으면, 그 음식에 대해 유별난 맛을 느끼지 못하는 이치와도 같습니다. 귀한 것도 흔해지면 그것에 대해 그 어떤 감사함도 느끼지 못하게 되는 경우를 설명해 주는 논리가 바로 '한계효용체감법칙'입니다. 인간의 욕망에 한계효용체감법칙을 적용해도 그것은 마찬가지입니다. 사람들이 부자가 되기를 꿈꾸지만, 막상 부자가 되면 만족감은 어느새 덩달아 줄어들게 됩니다. 돈을 많이 벌면 벌수록, 그 어느 시기에 이르게 되면 그때부터는 오히려 그만큼 만족도는 낮아지게 됩니다. 그렇게 되면 역설적으로, 그 스스로 자기 만족감에 도달하기 위해 더욱더 돈을 벌기 위해 죽기, 살기로 일을 해야 하는 이상한 국면으로 빠져들게 됩니다. 한계효용체감법칙에 의해, 불만이 오히려 쌓이고 그 불만과 불만족이 더욱더 자신을 허덕이게 만들어 버립니다. 한계효용체감의 법칙으로 행복문제를 설명하면, 행복하면, 행복에 이르면, 그렇게 행복에 이르러도 결국은 그 행복을 위해 불행으로 빠지게 된다는 모순에 놓이게 되어 버리게 된다는 느낌을 갖게 됩니다. 역설적으로, 행복을 위해 더욱더 행복으로 매진하게 하니까, 한계효용법칙은 역설적으로 행복에 이르는 길을 제시하고 있다는 식으로 이해할 수도 있겠지만, 그것은 한계효용체감에 대한 오해입니다. 행복하면 행복할수록, 더욱더 행복에 이르도록 노력하게 하는 것이 아니라, 행복하다고 느끼면 느낄수록 행복이라는 감옥에 갇힌 채, 머릿속으로만 행복, 행복하고 그 행복이라는 감옥으로부터 탈주만을 되뇌는 불행의 연속 속에 살게 되어버리기 때문입니다. 행복의 핵심이 만족이라고 보고, 개인적인 만족 그것에 자신의 몸을 매어 놓게 되면 그때부터가 바로 불행의 시작이 되는 것입니다. 자신의 몸을 가장 느긋하게 편안하게 만족시키려고 노력하다가 마침내, 그 방법으로 약물에 중독되면 그 중독으로부터 벗어나기가 쉽지 않게 되어 결국은 불행, 파탄에 이르게 되는 것이나 마찬가지입니다.

행복에 대한 한계효용체감을 제어해 주는 것이 바로 관행입니다. 관행이 자신의 삶에 개입하면, 한계효용에 따른 소비를 자제하게 됩니다. 그러니까 많은 사람들에게 하나 더 갖게 싶도록 만드는 다이아몬드처럼 한계효용의 재화나 서비스라고 하더라도, 그것의 소비를 자제하게 도와주기 때문입니다. 자신을 관행하기 시작하면, 다이아몬드 조각은 냇가에서 주은 조약돌이나 마찬가지의 값을 갖게 됩니다. 무인도, 깊은 산속 위에 다소곳이 서 있는 서낭당 돌무덤 위에 놓인 그 조약돌, 조약돌들이 지니는 가치와 별로 다를 것이 없어지게 되기 때문입니다. 무인도에서는, 다이아몬드가 삶에서 대단한 물건이 아닌 것과 같아집니다. 무인도라는 상징 그 자체가 이미 관행의 속성을 드러냅니다만, 어쩌거나, 관행하는 사람들은 재화의 소비에서도 합리적인 인간으로 살아가게 만들어 주기 때문에 그렇게 되는 것입니다. 경제학적으로 말하면, 합리적인 사람은 똑같은 효용을 주는 재화에 대해서는 '무차별'하게 반응합니다. 합리적인 사람에게는, 어쩌면 아주 깊은 산중 산속에 사는 자연인, 혹은 도사들에게는 다이아몬드 조각이나 조약돌 조각이나 하나의 돌멩이에 지나지 않습니다. 다이아몬드라고 해도, 심마니에게는 그것이 산삼을 캐기 위해 집을 나설 때, 안녕과 오늘의 운수를 기원하기 위해 쌓아 놓은 돌무덤을 위한 하나의 돌멩이에 지나지 않게 될 것이기 때문입니다.

이런 논리에 대해 행동경제학자, 말하자면 노벨경제학상을 수상한 대니얼 카너먼 교수는 『생각에 관한 생각』에서, 인간의 기준점을 무시하는 지나친 생각이라고 반박한 적이 있습니다. 그러니까 사람들은 자신들의 기준점에서 벗어나는 변화에 늘 두려워하기 마련인데, 그것은 사람들이 자신들이 지니고 있는 것들에 대해 필요 이상으로 집착하기 때문이라는 것입니다. 소유효과 때문에 그렇다는 것이 행동경제학자인 카너먼 교수의 설명인데, 그것은 사람들이 자신이 갖고 있던 것을 잃을 때 생길 수 있는 고통, 혹은 불행감이 새로운 것을 얻을 때 생기는 기쁨이나 행복감에 늘 크다고 생각하기 때문에, 자신이 갖고 있던 것을 선뜻 내놓지 못하거나, 내놓고도 후회하기 때문이라는 것입니다. 갖고 있던 것을 놓치는 것의 가치가, 새로 얻게 되는 것의 가치보다 항상 크다고 직관적으로 생각하기 때문에 자신이 지니고 있는 쓰레기마저 버린 후에는 그냥 후회하는 것입니다. 사람들은 새로운 변화에 의해 생기게 되는 장점보다는 그것이 불러올 수도 있는 단점에 더 큰 가중치를 두려고 합니다. 이런 것을 손실회피경향이라고 합니다. 사람들은 손실회피를 줄이려는 욕구가 강해 끝내 어리석은 일을 선택하기 마련이고, 그로 인해 더욱더 불행감을 맛보게 되는데, 그런 어리석음이 바로 인간이 보여 주는 일반적인 행동이라는 것입니다. 카너먼 교수는 합리적인 인간이란 현실에서는 쉽게 발견되지도 않고, 실제로도 허구투성이라고 말합니다. 사람들은 일반적으로 손실회피경향, 그리고 소유효과에 직관적인 집착을 갖고 있기에, 합리적인 생각이란 현실적으로 쉽지 않다는 것입니다. 카너먼 교수가 행동경제학적으로 말하는 인간의 일반적인 경향, 그러니까 소유효과와 손실회피경향을 부정할 수는 없습니다. 바로 그렇기 때문에 더욱더 좋은 삶을 살기 위해, 행복하기 위해서, 그리고 인간의 어리석음을 확인하게 해 주는 소유효과와 손실회피효과를 무력화시키기 위해서, 자신의 일상에서 관행이 더욱더 필요한 것입니다. 관행의 힘이 작동하면, 자신 안에서 늘 꿈틀거리며 자신을 조정하던 소유효과욕이나 손실회피욕망이 이내 정화(淨化)되기 때문입니다. 인간의 소비행동이, 인간의 마음이 기본적으로 비합리적임을 강조하는 카너먼 교수의 논지는 인간의 행동이 비합리적이기에 구제불능이라는 것을 주장하는 것이 아닙니다. 그가 『생각에 관한 생각』에서 우리에게 요구하는 것은, 우리 스스로 행복을 증진시키려면 어떻게 해야 하는가에 관한 것입니다. 그는 말합니다. 우리를 행복하게 만드는 데 도움을 주는 것은, 그것이 소비생활이든 그 무엇이든 간에 관계없이, 우리가 일상적으로 하는 '생각'에 달려 있으며, 가능하면 자신의 인생을 더욱 풍요롭게 하기 위한 생각이면 더욱더 좋다는 것입니다. 인간은 일반적으로 비합리적인 생각을 하기 마련인데, 그런 비합리적인 생각에서 벗어나 합리적인 생각을 하도록 자신을 단련시켜야 한다는 것인데 그 단련이 관행에서 시작됩니다.

　사람들이 자신의 소유효과에 어느 정도로 집착하는지, 사람들이 어느 정도로 자신의 일상적인 기준점, 자신이 생각하고 있는 관점이나, 자신이 지니고 있던 것에 대해 강한 집착욕을 갖고 있는지, 그것이 어느 정도로 인간의 소비활동에서 작동하는지를 카너먼 교수가 들고 있는 예를 조금 바꾸어서 설명해 보겠습니다. 김철수 씨는 삼성의 주식을 보유하고 있는데, 지난 1년 동안 그는 삼성의 주식을 팔고 현대자동차 주식으로 갈아탈까 고민했지만 그냥 그대로 있기로 했습니다만, 그가 만일 현대자동차의 주식으로 갈아탔다면 2백만 원을 더 벌 수 있었다는 걸 알게 됐습니다. 그에 비해 이영희 씨는 현재자동차의 주식을 보유하고 있었는데, 지난 1년 동안 그녀는 현대자동차의 주식을 팔고 삼성의 주식으로 갈아탔습니다. 그녀가 그냥 현대자동차의 주식을 그대로 보유했다면 2백만 원을 더 벌 수 있었다는 걸 알게 된 경우, 철수와 영희 가운데 누가 더 후회가 크겠습니까 하는 묻는 질문에, 응답자의 8%만이 철수를 꼽았고, 92%는 영희를 선택했습니다. 참 이상한 결과였습니다. 객관적으로 봤을 때, 철수나 영희나 두 사람 모두가 처한 상황은 동일했기 때문에 그랬습니다. 철수와 영희 모두 현재 삼성 주식을 보유하고 있으며, 현대자동차 주식을 보유했다면 똑같은 액수의 돈을 더 벌었을 것이지만, 그렇지 못했습니다. 두 사람 간에 차이가 있다면, 영희는 주식을 팔고 샀다는 그 거래라는 행동을 통해 지금 위치에 와 있고, 철수는 거래하지 않았기에 영희와 똑같은 위치에 있을 뿐입니다. 이 두 사람의 경우를 관찰한 제3자들은 결과가 똑같더라도, 아무런 행동도 하지 않았을 때 얻는 결과보다는 어떤 행동을 했기 때문에 생긴 결과에 대해 더 많은, 혹은 더 높은 농도의 후회를 한다는 것입니다. 그 어떤 행동에 따른 결과에 대해 사람들의 관심도 커지고, 그에 대한 보다 농도 깊은 감정들의 반응을 갖게 된다는 점은, 도박판에서 아주 극명하게 드러납니다. 도박을 해 본 사람들은 모두, 카지노에서 도박을 하지 않았기에 한 푼의 손해도 보지 않았을 때보다는, 카지노에 들어가 도박을 했음에도 불구하고 손해를 보지 않고 본전

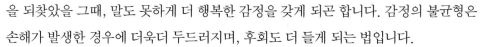

을 되찾았을 그때, 말도 못하게 더 행복한 감정을 갖게 되곤 합니다. 감정의 불균형은 손해가 발생한 경우에 더욱더 두드러지며, 후회도 더 들게 되는 법입니다.

이렇게 인간의 감정과 행동이 똑같은 경우에도, 사람들마다 그것을 서로 다르게 받아들이게 되는 것은 생각에 대한 인간의 서로 다른 생각 때문에 그렇게 되는 것입니다. 그런 생각은 이미 말한 재화나 서비스에 대한 한계효용 때문입니다. 한계효용의 체감법칙에 대한 생각 때문에 그렇게 달라지는 것입니다. 카너먼 교수는 경제학자답게 그저 간단하게, 인간의 모든 행동과 생활, 즉 인생의 근원인 생각을 크게 2가지로 구분합니다. 그 하나가 '빠르게 생각하기(Fast Thinking)'로서의 직관적인 생각이며, 다른 하나는 이성을 뜻하는 '느리게 생각하기(Slow Thinking)'입니다. 직관적인 생각이라는 것은 무심하게 길을 걷다가도 달려오는 자동차를 유심하게 피하는 동물적 감각으로서의 순발력 같은 것입니다. 혹은 9×9에 대한 정답 같은 것을 누가 묻는 즉시 머릿속에 떠올리는 것입니다. 어떤 문제에 대해 즉각적으로, 그리고 자동적으로 떠올리는 개념적인 작용과 기억이라는 정신활동들이 바로 직관이며 '빠르게 생각하기'입니다. 직관에 비해, 느리게 생각하기는 심사숙고하며 가능한 모든 경우의 수를 고려하는 생각입니다. 말하자면 10년 후 자신의 처지는, 혹은 123×456의 답이 얼마인지 물어보면 그것에 대한 답은 금방 떠오르지 않게 되는데, 이렇게 머릿속에 즉시 떠오르지 않는 해답들을 생각해내기 위해 심사숙고하는 사고방식이 바로 '느리게 생각하기'로서의 이성적인 사고라고 보면 됩니다. 빠르게 생각하기와 느리게 생각하기를 카너먼 교수는 '시스템 1'과 '시스템 2'라고 갈라 봅니다. 시스템 1로서의 빠른 생각과 시스템 2로서의 느린 생각은 한 인간 안에 동시에 작동하고 있는 것이지, 생물학적으로 분리되어 시스템 1인 인간, 시스템 2 인간으로 태어나는 것은 아니라는 것입니다. 인간이라면 그의 정신생활은 그렇게 직관, 혹은 이성이 섞여 있고, 그런 섞인 생각으로 매일을 살게 되는 것입니다. 직관적인 시스템 1적인 사고가 강하게 작동하는 쪽의 삶을 살아가는 사람은 실질적인 경험들이 그에게 제공하는 것보다는 자기가 생각하는 대로 그런 쪽의 삶을 살아내려는 데 보다 더 익숙해지게 되며,

반대로 느리기 생각하기에 익숙해진 사람은 보다 자신의 경험들을 중시하면서 자신의 행동을 결정하게 되는 경향이 크다는 차이가 있을 뿐입니다.

사람들에게는 각자에게 서로 다른 생각이 있어 각자의 행동에는 차이가 있습니다만, 그것은 단 두 개로 갈라져 서로 따로 독립되어 있는 것이 아닙니다. 인간은 직관적인 인간, 이성적인 인간 이렇게 갈라져 있는 것이 아닙니다. 그 어떤 사람들이든 그에게는 직관과 이성 모두가 함께 작동하기 마련입니다. 그런데도, 자기 자신 스스로 자기를 그저 편하게 자기는 직관적인 사람이라고 하든가, 아니면 경험 중시의 인간이라고 자기 스스로 자기를 판단하는 것입니다. 그렇게 한쪽으로 몰아가면서 낙인(烙印)해 가버리면, 만에 하나 자신이 저지를 수도 있는 실수나 과오에서 적당하게 빠져나갈 구실이나 변명을 미리 마련해 놓을 수 있지만, 그것은 간지(奸智)에 유혹을 크게 받았다는 것을 알려 줍니다. 사람 자체가 직관적인 사람, 이성적인 사람으로 갈라 태어나는 법은 없기에 자신의 생각버릇이 자신을 그렇게 만들어 놓은 것일 뿐입니다. 하루를 살아가다 보면, 모든 일에는 직관도 필요하지만, 느리게 생각해야 하는 것들도 마주치게 마련입니다. 점심을 위해 한 개의 라면을 구매하게 될 때에는, 라면 값을 이내 생각하고 돈을 지불해야 하지만, 돈을 벌기 위해서 자신 스스로 어떤 직종을 선택해야 하는지에 대해서는 가능한 더디게, 그리고 느리게 생각해 내야 합니다. 세상을 살아가려면, 빠르게 생각하면서도 느리게 생각하기, 느리게 생각하면서도 빠르게 생각하기 모두가 다 필요합니다. 빠르게 생각하든, 느리게 생각하든 '바르게' 생각하는 일이 필요합니다. 합리적으로 생각한다는 것은 관행적으로 생각한다는 것이고, 그것은 '빠르게 느리게', 반대로 '느리게 빠르게' 생각하기가 조합된 그러니까 '직관이성력' 혹은 '이성직관력' 그 모두를 필요로 합니다. 지금과 같은 광고와 소비중심 사회에서 한계효용에 따른 소비를 자제하기 위해서는, 손실회피효과에 무감각하게 대처하기 위해서는 재화나 서비스에 합리적인 사람이 되어야 합니다. 관행으로 자신의 생각을 다스리는 사람은 손실회피효과나 소유효과로부터 가능한 적게, 덜 영향을 받게 됩니다. 손실회피효과가 적게 나타날수록, 소유효과가 적게 작용할수록, 자신의 과거로부터, 자신의 소유로부터, 자신이 갖고 있는 것을 내려놓는 일에 상대적으로 어려움이 적은 사람입니다. 합리적인 사람일수록 자신에게 똑같은 효용을 주는 재화에 대해서 '무차별'하게 반응하기 때문입니다. 관행적인 사람은, 다른 이들에게는 엄청나게 서로 다른 한계효용을 갖고 있는 것처럼 보이는 것들을 그저 무심하게 한계효용이 거의 같은 것으로 간주하기에 그것들에 대해 무차별하게 반응하는 마음자세를 갖춘 사람들입니다. 그러니까 다이아몬드와 생수 한 통의 가치가 같은 것으로, 국회의원이나 홈리스의 가치가 동일한 것쯤으로 받아들이며 그런 것들에 무관심하기를 일상화하고 있는 사람이 바로 관행하는 사람입니다. 사람들 눈에는 서로 다른 한계효용이 있어 보이는 것들에 무관하게, 거의 같은 것으로 무차별하게 반응한다는 말은, 그 어떤 재화든 그것들의 효용과 그 크기가 같은 것으로 느낀다는 말입니다. 이것은 모든 물질들은 자신의 삶에서 모두 다 엇비슷한, 동일한 가치, 동일하고도 소중한 가치를 지니고 있는 것이라고 간주한 채, 그런 자세로 그런 것들을 마주하며 자신의 삶을 살아간다는 것을 뜻합니다. 다이아몬드, 국회의원, 회장 등등 저들에게는 엄청나게 다른 의미를 지니지만, 관행적인 삶을 살아가는 사람에게는 그 어떤 신분이든, 그 모든 것, 각각들 모두가 그저 그의 해우소(解憂所), 그러니까 그의 집 화장실 한구석에 늘 여유롭게 걸려 있는 휴지뭉치처럼 받아들여집니다. 그의 삶에서는 그 어떤 것도 다른 어느 것보다 더 유별나지도 않고, 더 가치롭지도 않은 채, 그저 그렇게 삶살이를 위해 있을 수 있는 것들로 간주하며, 그렇게 그것을 대하며 자신의 삶을 살아가는 사람이 바로 관행을 즐기는 사람입니다.

　관행력을 지닌 사람을 아리스토텔레스는, 자신의 삶을 살아가는데, 용기와 절제, 관대와 긍지 있는 자세로 살아가는 사람이라고 예찬한 적이 있습니다. 아리스토텔레스에게 있어서 용기(勇氣)란 결코 무모하지도 않고 겁을 먹지도 않는 상태를 뜻하며, 절제(節制)란 방종이나 무감각한 것을 자신 스스로 제어하는 상태를 말하며, 낭비나 인색을 넘어선 행동이 관대(寬大)함의 삶이며, 마지막으로 긍지(矜指)란 결코 비굴하지도 그렇다고 오만하지도 않은 상태를 의미했습니다. 관행적인 삶을 사는 사람은 동양의 지혜로 설명하면, 그것은 사람관계에 있어서, 특별히 이해관계에 있는 사람들 사이의 관계에서 불가근불가원(不可近不可遠)의 행동력으로 자신의 삶을 살아가는 사람이라고 볼 수 있습니다. 그러니까 자신과의 관계에서 있는 사람이 어려울 때는, 결코 멀리 떨어져 있지 않는 식으로 그와는 불가원하고, 그가 잘되어 세를 누리고 있을 때에는 그에게 너무 근접하지 않은 채, 그와 일정한 거리를 유지하는 불가근(不可近)의 지혜로서 자신의 삶을 살아가는 지혜가 바로 관행력으로 자신의 삶을 살아가는 사람이라고 보아도 무리가 없을 것입니다. 그렇습니다. 제아무리 아름답고, 웅대한 산이라고 해도 너무 가까이 가서 그 산을 보면 그 산의 전체가 눈에 들어오지 않는 법입니다. 욕심이 크면 실망도 커지기 마련입니다. 아무리 아름답다고 소개되는 산이라고 해도, 그곳에 너무 가까이 가면, 그곳에서도 어김없이 오글거리고 있는 벌레들이나 쓰레기들이 눈에 뜨일 것이기 때문에, 고승(高僧)들은 이미 그 옛날부터 우리에게, 명산의 위대함이나 장대함은 가능한 거리를 두어야 제대로 보인다고 그토록 일러 주었던 것입니다. 산을 제대로 음미하려면, 산의 이곳저곳을 둘러보고, 돌아보아야 제대로 음미할 수 있는 것처럼, 그 누구의 인생도 삶도 마찬가지일 것입니다. 삶을 살아간다는 것, 삶이 무엇인지 알기 위해서는 한쪽으로 쏠린 채 그것을 보려고 하기보다는, 삶의 전체를 돌아보는, 중심 잡힌 시각으로 전체를 돌아보는 자세가 필요합니다. 공자(孔子)는 그것을 일러, 경이원지(敬而遠之)의 능력이라고 불렀던 것 같습니다.

　경이원지(敬而遠之), 흔히, 경원(敬遠)이라는 말로 쓰이기도 하는 이 말을 사람들은 겉으로는 공경하는 체하면서 속으로는 멀리한다는 뜻처럼, 표리부동을 상징하는 말로 받아들이곤 합니다. 혹은 경이원지를 사람들 간의 관계에서 마치 불에 달아오른 난로 옆에 서 있을 경우처럼, 너무 가깝지도, 그렇다고 너무 멀지도 않게 서 있으라는 삶의 경구로도 쓰고들 있지만, 경이원지가 정말로 뜻하는 것은 원래 저들의 용법과는 조금 다릅니다. 경이원지, 그러니까 경원관계라는 말은, 정말로 안다는 것, 정말로 좋아한다는 것, 정말로 아낀다는 것은, 자기가 알고 있다고 생각하고 좋아하고 있는 물건이나 사람을 그 정도로 공경하고 좋아하기는 하되, 그렇게 좋아하고 공경하는 그 정도로 일정하게 그것과 거리를 두고 보는 일이라는 것을 뜻했습니다. 이 말의 원래 모습은 『논어』「옹야」 편에, 공자와 그의 제자 번지 간의 이야기에서 묘사되고 있습니다. 번지는 조금 모자라는 사람이기는 했지만 공자의 수레를 끄는 충실한 제자였습니다. 그가 공자에게 한번은 용기 있게 묻습니다. 안다는 것, 깨닫는 것이 무엇인지, 그러니까 지(知)의 본질이 무엇이냐고 물었습니다. 제자의 질문에, 공자는 답합니다. "자기 자신의 일을 열심으로 노력하고(務民之義), (귀)신을 공경하면서 동시에 그 신을 멀리하면(敬鬼神而遠之), 그것을 일러, 지(知)라고, 그러니까 안다는 일이라고 일컬을 수 있다(可謂知矣)."라고 넌지시 알려 주었습니다. '신을 공경하면서도 그 신을 동시에 멀리한다.'는 뜻의 경귀신이원지(敬鬼神而遠之)에서 경이원지라는 말이 일반화되어 후대에는 여러 갈래의 의미로 쓰이고 있는 것입니다. 자기가 좋아하는 사람이나 대상, 그러니까 신과 같은 대상을 정말로 공경하면서도, 공경하는 그 정도로, 그만큼, 진심 어리게 공경하는 그 대상과 거리를 두며 처지지 않은 채, 늘 관심을 갖는다는 것은 일반 사람들에게 있어서 결코 쉬운 일이 아닙니다. 범상(凡常)한 일이 아니라, 비상(非常)한 일이기에, 경이원지의 경지에 이르려면, 나름대로 훈련과 연단이 요구됩니다. 경이원지에서 핵심은 경(敬), 그러니까 좋아하고, 사랑하고, 매달리는 일에 있는 것이 아니라 원(遠)에 있습니다. 좋아하는 그만큼 떨어져서, 사랑하는 그만큼 멀리서, 더 매달리고 싶을 그 정도로 뒤로 물러나 있기는 하지만 결코 떨어져 있지 않은 채 그가 공경하는 사람이나 대상에 주목하는 떨어짐의 자세가 바로 경이원지에서 묘미입니다. 다시 말하지만, 경이원지에서의 묘는 경(敬)이 아니라, 원(遠)에 있습니다. 거리두기가 예술이고, 사랑이며, 관계 그 자체이어야 합니다. 경이원지는 관행의 힘과 관행 능력 없이는 일상생활에서 쉽지 않을 것입니다. 자신의 삶을 관행하며 살아가는 사람, 관행적인 삶을 즐기는 사람, 관행력으로 자신의 일상을 다스리는 사람들에게서 나타날 수 있는 삶에 대한 지혜나 슬기가 바로 경이원지(敬而遠之)의 방법에 녹아 있는 것입니다. 자신이 한일을 다시 생각하고, 미리 짚어 보며, 지금 자신을 곧추세우는 마음 다스리기, 마음 소제하기를 일상화하는 그런 사람들에게는 경이원지

(敬而遠之)의 능력이 오롯이 길러지게 됩니다.

7) 과(過)소유 제어

행복해지려면, 무소유하라는 담론이 우리의 삶과 정신세계에 자리를 잡은 지는 이미 오래되었습니다. 법정 스님이 유별난 의도 없이, 무소유(無所有)를 이야기한 후 부터 무소유라는 개념이 우리네 마음을 울리는 그런 말이 되어 버렸기 때문입니다. 저들 불가에서 무소유에 대한 경종이 먼저 울려나온 것도 저들의 삶에서는 꽤나 의미심장한 화두였을 것입니다. 불가에서는 무소유 정신이 당연한 것인데, 그 무소유가 저들에게 더 먼저 신경을 쓰게 만들어 놓은 것은 아마, 유별나게 필요 이상의 커다란 '몸' 에너지나 자동차 에너지를 소비하기만 하는 스님들의 행동에 신도들이 흘기는 눈과 눈빛이 꽤 따가웠을 것입니다. 보통 신도들에게는, 몸집 좋은 커다란 자동차에 몸을 기대고 자신의 건강을 염려하는 주지승보다는, 그냥 열심히 매일같이 걸어 다니는 탁발 스님들이 모습이 한결 더 신심이 있어 보였을 법했기 때문입니다. 어쨌거나, 현실적으로 어떤 사람들에게는 소유라는 그 말조차 건네기 미안하고, 어색하기만 한데, 어느 틈에 자신도 모르는 사이 스님들도, 목사님들도 과소비(過消費), 그리고 과소유(過所有)의 덫에 걸려들어 버렸습니다. 일상을 살아간다는 것은 무엇인가 소비하기 위해 일단은 소유부터 한다는 말입니다. 삶에서 소비나 소유를 제거할 수는 없습니다만, 문제는 절제되지 않은 소비, 건강하지 않은 소유에 있습니다. 매일을 살아가는 도시 사람들이 그냥 하는 소리로, 자신들에게 무엇인가 결핍되었다, 무엇이 부족하다, 무엇이 없다는 하소연을 듣다 보면, 그것은 사실이 아닌 경우가 허다합니다. 실제로 자신들의 집안 여기저기, 구석구석을 살펴보면 자신들의 삶은 무엇이 없어서 어려운 것이 아니라, 너무 많아서 걱정할 수밖에 없다는 것을 이내 알아차리게 되기 때문입니다. 우리보다 소비생활이 훨씬 앞서 있는 외국의 사례를 이야기하면서, 무소유 문제를 짚어 보겠습니다. 문화예측가인 제임스 월먼(James Wallman) 기자가

『과소유증후군』에서 하는 이야기입니다. 그가 면담한 미국인 니커디머스 씨는 연봉이 수십만 달러이기는 하지만, 자기 일상적인 삶에서는 무엇인가 늘 부족한 것을 많이 느끼는 사람입니다. 그런 불평 속에 살고 있는 그는 궁핍한 어린 시절을 잊을 수가 없었기에, 사업에 성공한 뒤 그는 자신이 원하는 물건을 실컷 사들였습니다. 집에 이렇게 저렇게 차려 놓고 살아도 그리 행복하지 않았습니다. 그런 그가 소유문제에 관한 이야기들을 친구들과 나누고 헤어진 후 집에 돌아와 자신의 일상적인 삶에서 한 가지 실험을 결행했습니다. 상자들을 만들어 자신의 집안 구석구석에 있는 모든 물건을 담아 놓은 후, 1개월 동안 그 자신에게 절실하게 필요한 물건만 꺼내 써봤습니다. 그러자 놀라운 결과를 발견하게 되었습니다. 그 스스로, 상자에서 꺼내 쓴 물건은 기껏 해서, 칫솔, 치약, 입을 옷, 포크, 접시 등 몇 개에 지나지 않았습니다. 그는 고백합니다. "삶에서 사용하는 물건은 몇 가지 안 된다는 것을 깨달은 순간, 나머지 물건들에 쓸데없이 돈을 쏟아온 것 자체가 비현실적이라는 생각이 들었어요."라고 자백하기에 이릅니다.

니커디머스 씨의 사례로 자신이 주장하는 과소유증후군의 문제를 시작하는 제임스 월먼 기자는, 미국과 같은 자본주의, 소비중심 사회에서 살아가는 사람들에게는 어쩔 수 없이 과도한 소유가 불안감, 스트레스가 내재되어 있다고 진단합니다. 그것을 '과(過)소유증후군', 영어로는 'Stuffocation' 이라고 합니다. 그러니까 스터퍼케이션, 물건을 뜻하는 스터프(Stuff)와 질식을 의미하는 서포케이션(Suffocation)을 합쳐 새로 만든 말로서, 지나친 물건이 사람의 목을 조른다는 뜻입니다. 자신에게 행복을 줄 것이라고 생각되었기에 구매했거나 가져다 놓은 주변의 모든 물건들이, 당사자에게 행복을 주기보다는 오히려 불행으로 몰아감으로써 자신에게 스트레스를 주는 현상을 과소유증후군, 스터퍼케이션이라고 이름붙인 것입니다. 행복을 원해 구매하고 쟁여 놓은 것인데, 그것이 행복 대신 오히려 빚, 스트레스, 불만만 쌓아가니, 그것은 불행의 늪이 되어버린 것입니다. 그런 과소유증후군에 시달리는 사람들은 어김없이 과소유 우울증에 시달리게 됩니다. 무엇인가 제대로 하려고 하면 할수록, 놀랍게도 자신에게 어깃장스럽게 바람직하지 않는 일들이 연속적으로 드러나는 것을 미국인들은 '스트라이샌드 효과(Streisand Effect)'라고 부릅니다. 긁어 부스럼이라는 뜻으로 쓰이는 스트라이샌드 효과라는 말은, 2003년 미국에서는 꽤나 저명한 가수이자 부자인 바브라 스트라이샌드가 사진작가 케네스 에덜먼과 픽토피아(Pictopia.com)에게 5,000만 달러를 청구한 손해배상에서 비롯된 말입니다. 애델만이 캘리포니아 해안이 침식 등으로 변해 가는 모습을 남기기 위해 1만 2,000장의 해안 사진을 촬영하다가 자연스럽게, 해안에 있는 가수 스트라이샌드의 저택을 포착하게 됩니다. 자연스럽게 그녀의 저택도 사진에 찍히게 됩니다. 이 일을 두고 스트라이샌드는 사생활 침해라고 주장하며 무려 우리 돈으로 500억 원에 가까운 소송을 냈던 것입니다. 이 같은 사실이 언론에 알려지면서, 스트라이샌드 저택 사진은 그녀가 바라던 정보차단과는 달리, 오히려 인터넷 곳곳, 우주 속으로 퍼져나가, 그녀가 어떤 집에서 어떻게 살아내고 있는지가 속속들이 밝혀집니다. 네티즌들이 바람 같은 채팅을 하는 바람에, 자신에 대한 잡스러운 정보를 차단하려고 하다가 오히려 자신에 관한 정보들이 삽시간에 확산되어 버렸던 것입니다. 스트라이샌드 효과를 행복과 소비문제에 대비하면, 행복하려고 소비했는데, 오히려 그 소비가 행복을 차단한다는 뜻이 되어 버립니다. 그러니, 무소유라는 말 역시, 그냥 실천 없이 빈말로만 하다가는 무소유라는 말 스스로 소유가 되어 자신의 삶에서 쓰레기 같은 말로 전락할 수도 있습니다.

월먼 기자가 과소유증후군을 통해, 우리에게 전달하려고 하는 메시지는 단순합니다. 사람들을 행복하게 만들어 주는 것은 '물질적 소유'에 있다는 것이 아닙니다. 누구나 다 아는 말입니다만, 그 말을 통해, 과소비를 부추기는 기업인들과 전문가들이 벌리는 소비에 대한 야합과 음모가 있다는 것을 알아차리는 것이 보다 더 중요합니다. 물질적인 소유는, 개인 스스로 현실적인 삶을 위해서 그렇게 되기도 하지만, 기업들과 소비관련 학자들에 의해 만들어지는 고약한 음모에 의해 그렇게 만들어지기도 하기 때문에, 그것도 모르고 저들의 음모에 빠져드는 소비자들일수록 더욱더 과소유증후군에 시달린다는 것입니다. 소비중심 경제학자들이 기업들과 공모하여 이 세상을 어떤 식으로 '과소유증후군' 에 시달리게 만들어 놓았는지를 알게 되면, 일반 소비자들은 깜짝 놀라게 됩니다. 소비경제학자들은 저들의 속성상 소비와 생산의 문제에 골똘하기 마련입니다. 저들은 지금 이 세상에서 문제가 되는 것은 과잉생산보다는 과소소비가 더 큰 문제라고 봅니다. 과소소비가 경제를 위축시킨다고 우려하는 저들 소비주의 경제학자들과 기업주들, 그리고 관료들은 자신도 모르게 하나가 되어 생산을 촉진시킬 수 있는 획기적인 발상에 동의합니다. 두 가지 발상이 저들의 획기적인 생각인데, 그 첫째는 오래 버틸 수 있는 물건이 아닌 일정한 기간만 사용하면 고장 나게 되어 있는 제품을 생산해놓는 생산전략입니다. 둘째는 그 어떤 근검한 소비자들에게라도 끝내 저들을 과시하기 좋아하는 소비자로 만들어 놓는 전략이 바로 그것입니다. 저들 소비중심 행동경제학자들과 광고인, 그리고 기업주들이 그런 생각을 하게 된 이유가 있습니다. 미국의 실용주의 소비자들마저도 자신들이 구매한 물건들이 닳아서, 기능을 다해서 새로운 물건을 구매하는 것이 아니라, 더 이상 새롭지 않기 때문에 구매한다는 사실을 잽싸게 알아차렸기 때문이었습니다. 남들에게 내놓고 자랑하기에는 구식이거나, 유행에 뒤처지거나, 철 지난 것이기에 더 이상 자기들의 마음에 들지 않기 때문에, 자신들의 자부심을 충족시켜 주지도 못하기 때문에 새로운 물건을 일단은 소비한다는 사실이었습니다. 저들의 예상은 적중했습니다. 획기적인 발상으로 소비자들의 충동구매를 부추길 소비판매전략을 생산과정에 맞추어 재정비한 미국의 제조업체들은 일정기간이 지나면 고장이 나게 되어 있는 제품을 대량생산합니다. 소비자들의 충동구매를 부추기기 위해서입니다. 소비자로 하여금 자신들이 구매한 물건을 일종의 일회용 소모품으로 사용하도록 제품의 용도와 기능을 조절했습니다. 소비자들에게 필요 이상의 소비를 부추긴 경제학자들과 광고기업, 그리고 기업들은 그간 평범하기만 했고, 튼실한 제품을 선호했던 실용주의적인 미국인들의 소비습관과 관습을 일회용소비문화 습관으로 변질시켜버렸습니다. 일회용소비문화가 습관처럼 저들 미국인의 마음에 자리 잡게 되고, 소비를 미덕으로 삼은 사회가 되어버려 그 어떤 방법으로도 미국인들의 일회용소비문화를 되돌리기가 쉽지 않게 되었습니다. 과

소소비와 과소생산 문제를 물질만능주의적 소비문화로 해결하려 했던 방법은 결국 미국인들이 지니고 있던 실용주의문화를 지상최악의 과소유증후군의 나라로 변질시켜 놓았습니다. 이점에서는 한국도, 한국인들도 결코 예외가 아닙니다. 이미, 우리 나라 국민들도 저들 과소비증후군에 코가 끼워진 지 오래 오래되었기 때문입니다.

그 어떤 소비이든, 그 어떤 정책이든, 그 어떤 일이든 일단 '관행적 소유'를 지키려면 저들 전문가나 기업인들이 만들어 내놓고 있는 생산물들이든 관계든, 소비정책이든 일단 건강하게 의시, 의심부터 해야 됩니다. 예를 들어, 어떤 사람들은 대중 앞에 나서서 돈을 많이 버는 재테크가 어떤 것인지를 열성적으로 가르쳐 줍니다만, 저들 재테크 달인들이 정말로 자신의 노후를 위해 준비하는 최고의 방법이 무엇인지 알게 된다면 놀라 자빠지게 됩니다. 저들 재(財)테크 전문가들이 겨냥하는 자신을 위한 최고의 노후준비는, 다른 것이 아닙니다. '30분 만의 재테크 비법'과 같은 책을 출간한 후, 그 책을 많이 팔아 가능한 인세를 많이 얻으려고 하는 방법이 저들 재테크 강연자들의 재테크 전략이기 때문입니다. 세상에 공짜는 없기에, 공짜가 있다고 그 누가 우기면, 일단 그런 정도의 이야기는 귀로 흘려야 나의 재테크가 작동하게 됩니다. 세상에 공짜는 없기에 공짜 이야기는 바로 의심부터 해 보아야 합니다. 은행에서 오랫동안 재테크 문제를 담담해 온 금융 전문가인 고득성 씨는 『돈에서 자유로워지는 시간』에서 소비를 줄이는 가장 좋은 방법, 그러니까 자신의 돈을, 현금을 관행하는 한 가지 유용한 방법으로 핵심자산을 소유하라고 조언하고 있습니다. 핵심자산의 기본은 자신감통장인데, 자신감통장이 있을수록 자신감을 회복시키며 빚을 지지 않습니다. 자신감통장은, 알고 보면 유별난 것이 아닙니다. 갑작스런 실직이나 폐업 등으로 수입이 끊기거나 위급한 질병, 사고 등으로 돈이 급히 필요한 경우를 상정하고, 2~3달치의 여유생활비 정도를 월급통장의 최소잔액으로 늘, 그리고 절대로 유지하는 것이 바로 자신감통장입니다. 한 달 생활비가 100만 원이라면, 그 어떻게든 200~300만 원 정도의 비상 목돈을 월급통장에서 유지하라는 것입니다. 월급이나 수입이 들어오는 자신감통장을 개설할 적에는, 가능하면이 아니라 절대적으로 수시 입출금이 가능하며, 금리도 높고, 수수료도 면제되는 통장으로 설계하는 것이 필수사항입니다. 자신감통장을 지니고, 그것을 활용하다 보면, 자기 스스로 과소비의 유혹에 빠져들지 않도록 자신의 경제적인 감각과 자산보호 버릇으로 바뀌게 되고, 그로부터 은퇴자산, 밑거름자산, 보장자산 등 핵심자산을 허물지 못하게 도와줍니다. 자신감통장은 마이너스통장과 신용대출로부터도 자유롭게 해 줍니다. 긴급한 돈이 필요할 때 그 돈이 어느 정도 나름대로 자신감통장에 남았기 때문입니다. 자신의 재테크를 위해서는 투자의 귀재로 알려진 미국인 투자가 워런 버핏이 가르쳐 준 이야기가, 보다 더 직감적입니다. 그러니까 노후에 그리 걱정하지 않으면서 제 끼니를 먹고 살려면, 젊었을 때부터, 소비한 뒤 남는 돈을 저축할 것이 아니라, 저축하고도 남는 돈이 있게 되면, 그 남는 돈으로 소비하라는 그의 조언이 더 직감적입니다. 그의 말대로 실천하면, 나름대로 노후는 확실히 마련될 수 있을 것입니다.

　소비, 소유, 그리고 과소유증후군으로부터 벗어나는 원초적인 길은 무소유에 있다는 말이 맞기는 하지만, 무소유라는 말이 아무것도 지니지 않는다는 말을 뜻하는 것은 아닙니다. 건강한 소비, 절제된 소비 같은 같을 상징하는 말이기 때문입니다. 소유에 관한 미니멀리스트(Minimalist)적인 관점이 무소유이기는 하지만, 사람들이 어차피 소비중심의 자본주의 사회에 살면서 소비와 절연하기는 어려운 일이기에, 강박적인 무소유보다는 건강한 소비, 절제된 소비로서의 건강한 무소유를 상징하는 '관행적 소유'가 필요합니다. 관행적 소유는 소비중심 사회에서 자신의 삶을 행복하게 그려 나갈 수 있는 방법입니다. 이미, 제임스 월먼 기자가 『과소유증후군』에서 논했지만, 그는 사람들을 행복하게 만들어 주는 것은 '물질적 소유'가 아니라 '체험적 소유'라고 말합니다. 소비와 소유에서 체험을 중시하는 체험주의자들은 소유문제에 있어서 미니멀리스트와는 그 길을 달리합니다. 과소유증후군을 느끼고 물건에 대한 필요 이상을 소비를 유보하거나 제거하는 것은 미니멀리스트의 모습과 유사하지만, 소유물 자체를 강박적으로 억제하거나 제거하는 일에 일차적인 목표를 두고 있지 않기에, 미니멀리스트와는 다릅니다. 저들 관행적인 소유자들에게 있어서 중요한 것은,

자본주의 사회, 소비주의 사회에서 스스로 지탱해야 될 자신의 일상적인 삶과 직업세계의 가치체계를 냉철하게 되짚어보며 살아가야 하는 일입니다. 일상의 필수품을 제공하는 슈퍼마켓에서 교회생활에 이르기까지 저들 현장에서 빈번하게 드러나는 과소비, 과소유증후군들이 역겹기는 하지만, 그들을 외면만 하거나, 현실적 삶의 양식을 포기하거나, 사회로부터 무작정 떨어져 살아갈 수만은 없기 때문에, 무엇보다도 먼저 자기 자신 스스로 현명한 소비자가 되어야 합니다. 현명한 소비자가 되기 위해서는 소비중심 사회가 강요하는 과소비, 과소유의 물질적 가치관은 단호하게 거부하면서도 동시에 사회에 대해 적극적으로 참여하는 길부터 찾아야 합니다. 그 길이 바로 관행적 소비, 관행적 소유의 길입니다.

관행적 소유를 일상에서 하나의 버릇으로 만들려면, 소비에 대한 체험자로, 소유에 대한 체험자로 자신을 거듭나게 해야 합니다. '관행적 소유'를 습관화시키기 위해 필요한 첫째 강령은 단순합니다. 물건을 사용하되 체험을 먼저 소유하라가 그 강령입니다. 이 마음가짐이 바로 체험주의 소비자로 나아가는 길이며, 관행적 소유를 실천하는 방법입니다. 그러니까 무조건 최소한의 물건으로 최소한의 삶을 추구하는 방법이 가능하다고 강박적으로 자신의 삶이나 옥죌 일이 아니라, 소비에 대한 현실적 해결책을 자신이 만들어 내는 일이 중요합니다. 실용적인 소비의 시작은, 아무것도 소유하지 않는 것이 자신을 위한 삶의 목표가 아니라, 자신의 일상적인 삶을 위한 '물질의 체험'으로 삶의 목표를 바꾸는 일입니다. 물질의 체험이라고 하면, 물질의 소비 그 자체를 말하는 것 같아 보이지만, 그것은 물질의 소비를 말하는 것이 아니라, 물질에 대한 정제되지 않은 소비를 경계하라는 말입니다. 물질의 체험이라는 말에서 강조되는 것은 물질이 아니라, 체험입니다. 과소비는 무엇보다도 물질, 그 자체를 강조하며 소비를 우선시합니다. 조건 없이 사놓게 하는 것이 과소비입니다. 그에 반해, 관행적 소유에서의 물질의 체험은, 소비에 앞선 구경, 점검, 시험, 시연, 따지기, 선별하기, 즐기기의 우선함을 강조합니다. 먼저 점검, 따지고, 심지어는 결점까지 즐겨보고 그래도 자신의 삶에 꼭 필요하다면 그때 가서 소비해도 괜찮다는 건강한 소비정신을 강조합니다.

체험주의 소비, 그러니까 관행적 소유에서는 물질의 체험뿐만 아니라, 감정의 체험, 관계의 체험 같은 것들 모두가 포함됩니다. 체험주의 소비론의 관점으로 직장을 조명하면, 직장은 그저 단순히 돈을 벌기 위한 장소가 아니라, 일을 체험하는 장소로 바뀝니다. 자신의 직장을 그렇게 관행하면, 직장일의 소비, 그러니까 자신의 직무에 대해서도 건강하게 즐기게 됩니다. 자신의 직무에서 더 이상 일에 치이거나 일 때문에 자신을 학대할 경우가 줄어들게 될 것입니다. 자신의 일을 자신이 지금 체험하고 있는, 그러니까 자신의 직무를 건강하게 소비하고, 소유하고 있는 중이기 때문입니다. 교회에 나가는 일 역시 마찬가지입니다. 그러니까 목회자의 설교나 스님의 설법을 자기 스스로 관하며 행, 그러니까 관행적으로 소유하면, 무지한 말을 일삼거나 폭력적인 언사를 쓰는 목회자나 스님에 크게 신경을 쓰지 않아도 될 것입니다. 그런 사람을 교회나 사찰의 중심에 놓고 소비하기보다는, 교회나 절을 신과 자신의 관계에서 자신의 영성을 체험하는 곳으로 관행할 수 있기 때문입니다. 그렇게 하면, 교리에 대한 과소유증후군에 시달릴 필요가 없어집니다. 부부간의 갈등과 긴장 문제 역시 마찬가지일 수 있습니다. 저들 관계에서 일어나는 긴장과 불화 역시 저들이 갖고 있는 저들에 대한 과소유증후들 때문에 유발되는 것이기 때문입니다. 결혼하면, 그 옛날 곱기만 했던 아내나, 그 옛날 핸섬했던 남편의 모습은 이내 자취를 감추게 됩니다. 결혼이라는 그 말은 바로 '추억 잊고 거듭나기'의 의식이라는 말과 같은 것인데, 모두들 그 옛날의 애인들 모습만을 과소유하고 있기에 세월이 흐르면서 남편과 부인들 서로가 서로에게 우울해질 수밖에 없습니다. 여가활동도 스포츠, 창작활동 등 체험 중심으로, 지역사회 역시 도서관, 거주지, 차량 등 공유 프로젝트를 확대하면 사람들은 소비중심 사회가 강요하는 과소유증후군으로부터 자유로워지게 됩니다. 인생을 물질의 소유 개념이 아닌 체험의 측면에서 바라보면, 자기가 원하는 것들을 얼마나 많이 가졌느냐보다는 얼마나 많이 그것을 체험했느냐에 더 큰 삶의 의미가 부여됩니다. 저 같은 사람은 책 읽기를 좋아하기에, 한때는 신간서적, 일단 제목이 나의 관심을 끌면 일단 구매해놓는 습관이 있었습니다. 일단 구입해놓고 나면, 읽지 않아도 마음이 놓이는 일종의 쾌감 같은 것을 느끼곤 했기 때문입니다. 그렇게 한두 번 훑어보기만 한 책이 서가에 수두룩하게 쌓여 갔습니다. 쌓였던 책들은 이사할 때마다 새로운 짐 이었고, 심지어 그 책들을 도서관에 기증하는 순간까지, 그것은 짐 덩어리였을 뿐입니다. 소유욕 때문에 자초한 병적인 쾌락이었다고 고백할 수밖에 없습니다. 이런 과소유증후군을 털어내는 길을 관행적인 소유로서의 건강한 소유, 절제된 소비이고, 그것의 시작은 책에 대한 체험을 늘리는 일로 시작될 수 있습니다. 그러니까 젊어 한동안은 새로 출간된 책을 무조건 사서 집에 재어놓는 일로 만족했다면, 이제부터는 서점이나 도서관에 자주 나가 자기가 읽어 보고 싶었던 그 책을 조금씩이라도 더 읽어 보거나, 아니면 서점구경이라도 자주 하면서 책과 독서에 대한 체험을 늘리는 일이 필요합니다. 조깅이나 트레킹을 하겠다는 의지나 계획 아래 트레킹에 관한 책이나 의류들을 사서 집에 싸놓기보다는, 당장 집 주위부터 둘러보는 걷기체험의 빈도수부터 늘려야 합니다. 지금 당장 자신의 서랍이나 선반, 곳간에 싸놓고 있는 옷들이나, 신발, 운동기구, 물건들을 한 번 쳐다보기만 해도 제가 하는 말이 무슨 뜻인지 이내 알아차리게 될 것입니다.

소비생활에서 체험주의 소비, 그러니까 관행적 소유를 위한 체험주의 소비가 확산하면 '적게 갖고 더 많이 활동함으로써 우리는 모든 면에서 전보다 더 행복해지고, 건강해지고 풍요로워질 것입니다. 소유를 위한 잡동사니들에 대한 후회, 불안감은 줄어들고 삶의 의미, 집중력, 내재적 즐거움은 더욱 커질 것입니다. 사람들 간의 관계도 마찬가지입니다. 서로 간의 대화와 소통이 향상되고, 자신의 처지나 지위에 대해서도 건전한 관점을 갖게 되고, 집이든 직장이든 그곳에 대한 소속감 역시 더욱 강해질 것입니다. 물건이든 관계이든 확고하게 체험주의 소유에 이르게 도와주는 3단계 방법이 있습니다. 제1단계는 더 이상 쓰지 않는 물건은 과감하게 버리기입니다. 인간관계에서도 이것은 어쩌면 마찬가지일 수 있습니다. 휴대폰 주소록에 끼어 있는 수많은 전화번호, 명함을 받을 때마다 별다른 느낌 없이 적어 놓은 전화번호들도 마찬가지입니다. 과감히 정리하면 주소록이 단단해지게 되는 이치입니다. 먼 훗날, 10년 후쯤 걸려올 수도 있는 전화는 그때 다시 새로운 마음과 새로운 관계로 정리해도 상관없습니다. 체험주의 소유를 돕는 2단계 방법은 버린 물건은 결코 다시 사지 않기입니다. 관계에서도 적용될 수 있는 관행적 소유의 원칙입니다. 마지막으로 관행적 소유를 확실하게 도와주는 제3단계는 그냥 구미당기는 물건에 돈을 쓰는 대신, 일단 체험을 위해 적은 돈 쓰기입니다. 아니면 먼저 간접적으로 체험하는 것을 일상화시켜 보는 일입니다. 새로 나온 책일 경우, 사재기부터 하기보다는 서점에 가서 먼저 읽어 보기 같은 일입니다. 신제품을 덜컥 구매하기보다는 꼼꼼히 살피며, 제품을 구매장에서 실제로 이렇게 저렇게 자신 스스로 시연(試演)해 보는 식의 간접적인 체험을 늘려나가면, 제품에 대한 광고에 대한 제어 능력이 생기고 제품에 대한 좋고, 나쁨, 불량의 정도를 알아채게 되어, 이전에 보였던 무절제한 과소비, 과소유를 사전에 막을 수 있게 됩니다.

물건이든, 관계이든, 감정이든, 그것에 대한 체험이 행복에 기여한다는 것을 이해시켜 주는 5가지 논리가 있습니다. 그 첫째 논리는 체험할수록 그것에 대한 긍정적인 재해석이 가능해진다는 논리입니다. 둘째로는 체험만이 체험의 지속성을 유지하기에, 체험하면 체험할수록 더욱더 그것에 친숙하게 만들어 준다는 논리입니다. 세 번째는 체험할수록 체험하는 대상들 간의 우열보다는 서로 다름의 앎과 아름다움을 느끼게 된다는 논리입니다. 체험하는 대상에 대한 비교의 불필요성과 더불어, 체험이 행복에 이르게 만들어 준다는 네 번째 논리는 체험을 노력하는 자기 자신의 주체성을 강조합니다. 마지막 논리는, 체험으로 타인과의 관계를 지속하게 함으로써 보다 더 나은 감정과 소속감을 갖게 도와준다는 논리입니다. 과소유증후군을 미리 막을 수 있는 방법으로서의 체험주의 소비를 진작하기 위해서 관행적 소유정신이 요구된다고 할 때, 그것의 핵심은 실천에 있습니다. 매일같이 자신의 삶에서 실천하기 위해서는 관행적 소유의 습관을 일상적 실천으로 즐겨야 합니다. 무엇보다도 먼저, 자신이 가지고 있는 물건을 파악하며, 그것이 좋아하는 것, 좋아하는 일인지 판단하며, 그 소유가 현재에 집중되는 것인지 바로 '지금'에 집중하며, 그 무엇이든 자기 자신을 위한 관객이 되게 하고, 무엇이든 소비할 것이 있으면 그것을 늘 건강하게 그리고 현명하게 소비하도록 해야 합니다. 관행적 소유정신을 그냥 앎이나 알았음으로 그쳐 버리기보다는 실천과 체험으로 일상생활에서 우선시켜야 하며, 끝까지 물건이나 일보다는, 사람을 최우선시해야 합니다. 소비고, 과소비고, 소유고, 무소유고, 뭐고 모두는 사람을 위해 있는 것이지, 물건 그것을 위해 생겨난 것이 아니기 때문에, 그렇게 해야 합니다.

8) 메타커뮤니케이션

일상적으로 관행적인 사람이 모든 일에서 완벽해야 하는 사람이, 그리고 완벽한 사람이 아닙니다. 그러니까 완벽하여 흠잡을 곳이 하나도 없는 사람이 되어야 하거나, 바늘로 찔러도 피 한 방울 나지 않을 것 같은 그런 사람이 되어야 한다는 것이 결코 아닙니다. 관행적인 사람은, 마치 이하석 시인이 〈지리산 소나무〉에서 노래하는 소나무 같은 사람, 바위틈에서도 자리를 잡아 곱게 하늘로 향하는 그런 존재를 상징한다고 보는 편이 오히려 더 타당합니다. '설 자리가 땅이 아니라면 바위틈의 흙에 뿌리를 묻고 물어 서서 가혹한 사랑의 물을 뽑아 올려 하늘로 향기 뿜는' 그런 지리산 바위틈 속의 소나무를 이하석 시인이 노래했는데, 제가 말하는 관행적인 삶을 살아내는 사람의 모습과 크게 다르지 않습니다. 그 어떤 어려움 속에서도 세상풍파에 이리저리 섣부르게 타협하지 않으며, 곧게 자신을 드러낸 채, 신의 향기를 잃지 않으며 살아가고 있는 사람이 제가 그려내는 관행적인 사람의 모습입니다. 세상을 살다 보면, 여러 유형의 사람들을 만나 보게 됩니다. 어떤 사람은 그야말로 찰스 디킨스의 소설 『크리스마스 캐럴』의 주인공인 스크루지 같은 행동을 거침없이 하기도 합니다. 스크루지, 그는 수전노(守錢奴)의 대명사와 같은, 소설 속의 인물입니다. 그는 그 무슨 삶에서의 악몽 때문인지 인색하기가 우리의 동화 주인공인 놀부보다 더 심보가 고약한 사람입니다. 아주 추운 날에도 자신의 사무원이 석탄 하나 이상 쓰는 것을 용납하지 않는 그는, 크리스마스 저녁 식사에 초대하러 온 그의 조카에게 크리스마스가 지상 최대의 사기극이라고 말합니다. 크리스마스가 속임수라고 생각하는 그는 가엾은 사람들을 위한 기부 요청에 퉁명스럽게 말합니다. 가난한 사람들은 죽어야 한다는 말까지 서슴지 않습니다. 도저히 뱉어내기 어려운 말까지 불사하는 스크루지, 그는 정말로 나쁜 사람의 대명사 같은 사람입니다만, 그 역시 우리처럼 하루를 살아내야 하는 사람입니다. 그 역시 세상에 태어날 적에는 너무 귀엽기만 한 아기로 태어나 세상을 시작했을 귀한 그 누구의 아들이었습니다. 생기 넘치고, 귀엽고 순수한 아이로 태어나서 그렇게 삶을 시작했습니다만, 돈이 어쩌면 주위 사람이, 불우한 환경이 그를 그렇게 몹쓸 인간으로 만들어 놓았을 것입니다. 돈이 그를 그렇게 못된 사람으로 만든 것이 아니라, 돈에 대한 그의 태도, 그의 마음가짐이 그를 그렇게 못되게 만들어 놓았다고 봐야 합니다. 스크루지 영감은 19세기 네덜란드에서 실존했던 가브리엘 데 후라프라는 사람입니다. 실화이기도 합니다. 스크루지는 크리스마스이브에 슬그머니 잠들어 꾼 꿈에서, 과거-현재-미래를 보여 주는 3번에 이르는 유령의 방문으로 인해, 돈에 대한 자신의 생각을 달리 갖게 됩니다. 자신이 거듭나게 됩니다. 미래여행에 관한 유령 때문에, 스크루지는 돈에 대한 집착과 돈을 다스리는 일에서 벗어납니다. 돈을 다스리는 것이 아니라, 자신의 마음을 다스리게 됩니다. 그 후부터 스크루지, 그러니까 후라프 영감은 죽기 전까지 '묘지의 흙을 퍼 올리는 일꾼'으로 일하다가 죽습니다. 그가 묘지 파는 일을 자신의 마지막 직업으로 선택한 것이 매우 상징적입니다. 그렇습니다. 부자니, 권력가니, 재력가니 뭐니 해도 모두는 끝내 한 줌의 흙으로 되돌아가는 것이니 그렇습니다. 삶에서 제아무리 돈이 매력을 갖는다고 해도 돈은 그저 돈일 뿐이라는 것을 먼저 깨닫는 사람이 현자(賢者)이며, 행복한 사람이라는 것을 반증하는 스크루지 영감의 깨달음 이야기인 셈입니다. 스크루지, 그러니까 후라프 영감은 젊어서 쪼들렸던 자신의 가난 때문에, 그는 돈을 벌면서 돈을 돈으로 받아들인 것이 아니라, 돈을 신주(神主)로, 자기 자신의 분신으로 받아들였던 것입니다. 에피쿠로스나 에픽테토스가 가르쳐 준 것처럼, '상황이 사람을 만드는 것이 아닙니다. 상황은 단지 자신이 어떤 사람인지를 스스로에게 드러내 보일 뿐'인데, 수전노 스크루지는 돈이라는 상황을 자신, 본인 그 자체로 신주화시켜 자신을 돈의 노예로 만들어 놓은 것입니다. 부자라는 상황은, 내가 부자로서 어떻게 살아가야 하는지를 되돌아보고, 또다시 되돌아보게 만들어 주는 그런 새로운, 어쩌면 자신을 거듭나게 만들어 주는 귀한 반추의 상황이 될 뿐이라는 것을 스크루지는 죽음에 임박해서야 깨달은 것입니다. '돈, 이것이 인생의 전부가 아니구나.'라고 스크루지는 자기 스스로 수없이 자기에게 되물으며, 그에 대해 자신 스스로 대답하고, 자신을 다독거렸을 것입니다. 반추하고, 자신을 도닥거리며 마침내 그는 그토록 애지중지했던 돈의 유령을 버리고, 자신이라는 자신의 거듭남을 따라나섰기 때문에, 스크루지 그에게 이제는 더 이상, 어제와 똑같은 지금의 상황이 어제와는 전혀 달라지게 되는 미래를 시작하게 된 것입니다. 세상에 달라진 것은 스크루지 그에게 단 하나도 없습니다. 세상이 그에게 달라진 것이 아니라, 자신이 그에게 그 세상에게 달라진 것일 뿐입니다. 달라진 것은 그 자신 이외에 아무것도 없었습니다.

　자신의 일상을 관행하는 삶을 살아가게 되면, 일상에서 자신과 자신 간의 내적인 대화 능력이 향상됩니다. 마치 수전노 스크루지가 자기 스스로를 거듭나게 만들어 준 자기와 자기 자신 간의 내언(內言) 능력과 기술이 향상되듯이, 다른 사람과의 관계에서 쓰는 자신의 일상적인 언어, 언사, 말에도 일종의 여과장치를 설정하는 능력도 덩달아 길러지게 됩니다. 일상을 살아간다는 것은 자기 스스로 자신의 이해관계를 도모하고, 때때로 다른 사람들 간의 이해관계를 자기도 모르는 사이에 저촉하며, 방해가 된 채 살아간다는 그런 말이기도 합니다. 이해관계에 대한 이해와 오해는 사람들 간의 말속에서 커집니다. 내가 그의 말을 무책임하다고 생각한 적이 있다면, 그 역시 나의 말을 무책임스럽다고 생각했을 것입니다. 그런 말의 주고, 그리고 받음 때문에 서로가 남모르게 상처를 받은 채 자신의 속내가 엉망이 된 적이 한두 번이 아닐 것입니다. 그것이 삶이고 그것이 일상이기는 하지만, 일상 속의 관계에서 이상이 생기면, 일상의 참사가 그것에서 비롯되게 됩니다. 아무렇지 않을 법한 그의 말에 내가 몹시 불쾌하고 마음에 상처를 받을 수 있는 것처럼 그도 그럴 것입니다. 그런데도 나는 그가 내 말에 받을 상처에는 무관심, 무심하기 마련입니다. 말은 항상 내 편이기 때문입니다. 그의 말도 그의 편에 서기는 마찬가지입니다.

　중국인들이 인간관계를 위해 경계로 삼는 격언이 있습니다. 그것은 '칼에는 두 개의 날이 있지만 혀에는 백 개의 날이 숨어 있습니다.'는 그런 격언입니다. 한때, 우리의 정치현장을 군부, 그러니까 무장(武將)들이 군림했을 때, 대학가 남자 교수들은 세 뿌리를 조심해야 한다고들 서로가 경계한 적이 있었습니다. 세 뿌리란 혀뿌리, 손뿌리, 그리고 또 하나가 있었습니다만, 그러니까 술집, 글, 말을 조심해야 한다는 군부 시절의 경고였습니다. 당시, 대학 안에 정보부 끄나풀들이 상주하던 때였습니다. 그러니 섣부르게 정권을 비판하는 원고를 쓰거나, 강연을 하거나, 술집 같은 곳에서 여자들과 헛된 짓을 하다가는 쥐도 새로 모르게 정보요원에게 끌려가곤 했으니, 교수들은 늘 조심하고, 조심했었습니다. 한마디로, 지식인들일수록 숨을 죽이고 살던 그런 때가 우리에게 있었습니다. 지금은 대학 내에서 그런 괴팍한 정보사찰경찰이 상주하는 일이 없어지기는 하지만, 세상 돌아가는 것은 그때보다 더 고약해지고 있는 듯합니다. 표현의 자유가 그렇습니다. 디지털정보사회에서 횡횡하는 무책임한 글과 말 때문에, 수많은 사람들이 마음고생을 하고 있습니다. 자유롭고 신속한 문자매체를 통해 시도 끝도 없이 시시각각으로 일어나고 있는 언어폭력 때문입니다. 우리 모두는 그저 평범한 사람들입니다. 그 무슨 악의를 갖고 다른 삶에게 피해를 주기 위한 작정을 하지는 않지만, 장난삼아 한 저들의 말과 글 때문에 당하는 사람은 영문도 모르게 그저 당하게 될 뿐입니다. 그런 언어폭력이 얼마나 무서운 것인지를 가르쳐 준, 어쩌면 말조심을 경고한 영화가 한편 있었습니다. 〈올드 보이〉라는 영화입니다. 주인공은 오대수입니다. 그는 조금 시시껄렁한 인물입니다. '오늘만 대충 수습하며 살자.'가 그의 인생좌우명입니다. 그렇다고 그가 그 무슨 대단한 사람은 아니고, 그저 평범한 직장인입니다. 오늘만 대충 살자던 그가 어느 날 별안간 그 누군가에 의해 납치됩니다. 그 후부터 15년 동안이나 누구도 모르게 갇혀 지냅니다. 오로지 이상한 음식이나 먹으면서 갇혀 살아가게 됩니다. 오대수는 아무리 생각해 봐도 자신의 처지가 이해되지 않습니다. 아내를 살해했다는 누명까지 써가며 그렇게 만두만 먹으며 갇혀 있을 만한 이유나, 잘못이 당최 떠오르지 않습니다. 어느 날, 그가 묘한 수를 써서 탈출한 후, 그제야 자신이 갇혀 있게 되었는지를 '아차' 하며 깨닫게 됩니다. 일상에서는 그야말로 어처구니없는, 껄렁껄렁한 자신의 '가벼운 뒷담화'가 화근이 되어, 자신이 그렇게 15년간을 남몰래 갇히게 된 것입니다. 사연은 그렇습니다. 오대수는 어느 날 남녀의 정사를 우연히 보게 되고 그것을 친구에게 말합니다. 정사의 주인공들은 남매 간이었습니다. 오대수가 발설한 그 정사 당사자인 누나는 그렇게 퍼진 이야기의 소문 때문에 끝내 자살하고 맙니다. 극단적인 죄의식 속에서 정사의 당사자인 남동생은 이 모든 일의 주범으로 오대수를 겨냥합니다. 그가 소문을 퍼뜨렸기 때문입니다. 치밀한 복수극을 꾸민 남동생은 오대수를 15년간이나 감금하고, 자신과 똑같은 고통 속에 몰아넣기 위해 그는 오대수 역시 '근친상간'의 함정으로 몰아넣습니다. 마침내 오대수는 모든 비극의 시작이 된 자신의 혀를 자르고, 남매정사의 주인공인 남동생 역시 자살로 자신의 삶을 마감합니다. 남녀정사사건에서 사건 그 자체는 그냥 사라져 버리고, 유포된 정사사건의 유포 그 '과정'만 떠돌아다니며, 사람들을 괴롭히는 중입니다.

오대수에게 일어난 모든 비극은 말로부터 시작한 것입니다. 그렇다고 사람들이 말 없이 살 수는 없습니다. 말은 밥보다 더 중요합니다. 말을 하다 보면, 불현듯, 말보다 더 중요한 것이 있다는 것을 자주 스스로 확인하게 됩니다. 사람들의 대화에서는 말 그 자체보다 말과 함께 전달되는 대화의 분위기가 더 중요하기 때문입니다. 어떤 사람들과의 말에서는 말보다는 그 사람의 태도가 더 미운 경우가 있습니다. 말보다는 그 사람이 보여 주는 말없는 행동이나 행위에 속이 더 상하는 경우가 있습니다. 그것은 사람들 사이의 대화에는 서로 주고받는 말보다, 말과 함께 전달되는 분위기가 있기 때문입니다. 대화의 과정이나 조건 전체를 일컬어 흔히 메타커뮤니케이션이라고 부릅니다. 메타커뮤니케이션은 언어적인 의사소통수단의 모든 과정과 조건을 통틀어 지칭하는 개념입니다. 사람들이 서로 자신의 의사를 상대방에게 전달할 때에 자신의 뜻을 말만을 통해 전달하지는 않습니다. 단순히 말뿐만 아니라, 얼굴표정, 손동작, 몸동작 같은 모든 제스처를 함께 활용해서 자신의 뜻을 전달합니다. 각양각색의 신체동작뿐만 아니라, 상대방에게 멀어지거나 가까워지거나 하는 모습, 눈을 마주보거나 회피하는 시각적 행위적인 행동, 악수나 포옹과 같은 신체접촉, 대화 가운데 자신도 모르게 드러내는 침묵의 횟수나 침묵의 정도 등등, 모두가 서로 간의 소통을 촉진하기도 하고, 방해하기도 하는데, 이렇게 드러내놓는 모든 소통방법들 그 모두를 통틀어서 메타커뮤니케이션이라고 부릅니다.

　메타커뮤니케이션(Meta Communication)이라는 말, 그 자체가 무슨 뜻인지에 대해 더 설명을 하겠습니다. 메타(Meta)라는 말은 '그 너머', '넘어서서', '통틀어서'라는 뜻을 갖고 있기에, 메타커뮤니케이션이라는 말은 커뮤니케이션 너머, 그러니까 소통을 통틀어라는 뜻이 되는 셈입니다. 메타커뮤니케이션이란 개념은, 말 그대로 커뮤니케이션에 대한 커뮤니케이션을 뜻하는 것입니다. 메타커뮤니케이션은 일상적으로 혹은 무의식적으로 행해왔던 우리의 일상생활, 사람들과의 관계, 대화행위 그 자체에 대해 다시 한 번 더 반성적으로 되돌아보게 만들어 줍니다. 우리는 항상 자기 위주로, 그리고 일방적으로 이야기를 합니다. 내가 하는 이야기를 상대방이 100% 이해해 줄 것이라는 기대를 갖고 이야기를 하고, 반대로 상대방의 이야기는 있는 그대로 그의 의사를 100% 있는 그대로 드러내놓은 것이라고 생각합니다만, 사실, 내가 상대방에게 진실이라고 이야기하는 것에는 이미 나의 진심과 속내가 함께 묘하게 묻혀 있을 뿐입니다. 내가 표현하는 손동작, 표정, 등등에 이미 그런 것이 묻혀 나가기 때문입니다. 반대로, 그가 나에게 '참'이라고, 진실이라고 이야기하는 것에도 그의 진심과 속내가 묻은 갖가지 표정과 음색들이 함께 실려 있을 뿐입니다. 그와 나 사이에 메타커뮤니케이션 환경이 설정되어 있기 마련입니다. 그러니 상대방의 그 모든 것을 살펴야 그와 제대로 대화를 나눌 수 있는 것입니다. 반대로 그 역시 나의 그 모든 표정을 함께 살펴야 나와의 대화를 제대로 나눌 수 있게 되는 것입니다. 한 사람이 이렇게, 그리고 저렇게 표현한 말에는 항상 그 어떤 숨겨진 '마음'이 있게 마련인데, 그것을 드러내는 방식은 다양하게 표현될 수밖에 없습니다. 말, 그리고 그 말과 더불어 드러나는 갖가지 행동들은 사람이 전달하고자 하는 의도를 이렇게, 저렇게 위장하는 것이기도 하고, 자신의 속마음을 표현하는 것이기도 합니다. 자신과 마주 보고 이야기하는 사람의 속에 들어 있는 마음을 제대로 파악하기 위해서는 그 사람이 전하는 말 이외의 다른 것들에 더 신경을 써야 한다는 점에서, 상대방의 말을 제대로 파악하기 위해서는 메타커뮤니케이션에 더 유념해야 되는 셈이 됩니다. 겉으로 드러내는 말이 그 사람의 겉마음이라면, 전달되는 말과 함께 표현되는 메타커뮤니케이션은 그 사람의 속마음을 드러내 놓고 있는 셈이기 때문입니다. 예를 들어, 그동안 편히 지내오던 사람이 별안간 만남을 중단하거나, 만나서도 전과 같은 대화를 하지 않는다면 그것은 누가 봐도 정상적인 관계는 아니기에 이내 상대방의 의도를 눈치 차리게 됩니다. 그와는 달리, 아예 자신의 속마음을 드러내지 않으며, 쉽사리 상대방의 의도를 파악하기 어렵게 그렇게 자신의 속내를 드러내지 않는 지인이라고 하더라도 분명히 어느 시점이나, 대화 중에 자신도 모르게 자신의 숨긴 마음을 드러낼 수밖에 없습니다. 그 메시지가 바로 그 사람의 말 이외에 표현된 동작 속에는 자신도 모르게 자신의 의도나 마음을 드러내곤 합니다.

"한 사람이 어떤 인물인지를 이해하려면 그가 말하지 않는 것을 따르며 관찰하라."는 칼릴 지브란의 이야기를 충실히 자신의 논리로 재활용하고 있는 독일의 토르스텐 하베너 교수는 『생각을 읽는다』에서, 메타커뮤니케이션의 일상적인 효용성을 증거합니다. "매일 약간의 관찰을 하는 것만으로도 연애도, 일도, 가족도 당신이 원하는 인생의 목적지에 도달할 수 있기"에, 그는 사람들과의 일상적인 만남과 대화에서 알아두면 좋을 신체언어 규칙도 열거합니다. 사람들이 입으로 말하는 언어보다 신체언어가 더 많은 곳에서 적용된다는 것을 공연 무대에서 배웠던 그는 우리에게 경고합니다. 데이트할 때, 부부나 연인관계에서, 직장에서, 교육 현장에서, 학교에서 호텔에서 체크인할 때, 엘리베이터에서, 공항에서 보안 검색할 때 등등 모든 곳에서 사람들은 자신의 신체언어로 자신의 마음을 드러내고 있으니, 저들이 말하고 싶어 하는 것을 포착하려면 저들의 신체적 언어부터 파악하라고 이릅니다. 미래의 사회, 디지털의 정보공유 사회에서는 더욱더 서로 소통하는 능력이 점점 더 중요해질 것이기에, 서로의 만남과 대화에서 서로의 공감 능력과 신체언어를 통한 의사소통 방법을 확실하게 익히게 되면 각자가 원하는 목표에 더 쉽게 도달할 수 있게 되고, 그로부터 자신이 원하는 삶의 만족도 역시 높아질 것입니다. 실제로 햄버거집이든 커피집이든 그런 곳의 계산대에 줄을 서 있을 때도 사람들의 신체언어를 잘 알고 행동하면 하루의 일상은 훨씬 더 쉬워질 수 있습니다. 그것은 사람들이 자신의 커뮤니케이션에서, 특히 신체언어를 사용할 때는, 의식적으로 하는 그런 신체적인 행동을 하지 않고 무의식적으로 드러내놓기 때문입니다. 사람들이 자신도 모르게 드러내는 신체언어는 무의식적으로 자연스럽게 흘러가게 마련이고, 그런 무의식적인 자세는 대부분 자신도 모르게 하는 행동이기 때문에 그렇습니다. 일상적인 대화에서 그 누구도 스스로 통제하기가 쉽지 않고 드러내는 신체언어는 말을 건네는 사람이 자신의 말에 실어 보내는 의미, 그런 언어적인 표현 방법보다 더 진실하고 진정성을 드러내기 마련입니다. 일상을 기분 좋은 나날로 만들려면 사람들의 그런 신체적인 언어를 이해하는 메타커뮤니케이션에 밝아야 하는 이유입니다. 사람들이 전달하려고 하는 의미들은 자신의 신체적인 언어뿐만 아니라, 심지어는 사람들의 복장이나 그들이 사람들과의 만남을 위해 입는 옷 색깔에서도 드러납니다. 하베너 교수는 그것을 설명해 주는 예를 듭니다. "옷을 선택함에 있어서도 붉은색은 저항할 수 없는 마력으로 상대방의 마음을 사로잡습니다. 예컨대, 여자가 붉은색 옷을 입고 차를 세우면 남자 운전자들이 태워 줄 확률이 더 높습니다. 또 붉은색 유니폼을 입은 여종원업이 남자 손님한테서 팁을 월등히 더 많이 받습니다. 프랑스 사회과학자 니콜라스 게겐의 실험에 따르면, 팁의 액수가 15~26% 포인트 더 많아진다고 합니다. 다른 색은 남자들을 그렇게까지 후하게 만들지 않습니다. 그리고 남자 손님들은 혼자 식사를 하고 있어야만 팁에 관대해진다.”라고 말합니다. 다시 강조하지만, 일상적인 생활에서 메타커뮤니케이션의 능력이 뛰어난 사람이 보다 더 효과적으로 자신의 삶을 관행적으로 되돌아보고, 미리 짚어갈 수 있습니다. 그 메타커뮤니케이션의 능력을 증진시키는 방법이 바로 관행입니다. 천천히, 그리고 조심스럽게 상대방의 신체적 언어를 관(觀), 그러니까 조용히 바라보며 생각하며, 비추어 보며 알아채는 행(行), 즉 관행(觀行) 능력으로부터 메타커뮤니케이션이 더 유연하게 길러지는 것입니다.

메타커뮤니케이션의 핵심 논리는, “모든 사람은 대화하고 있습니다.”에서 시작합니다. 그렇습니다. 사람들 간의 대화는 단순히 말로서, 말하는 그것만이 아니기 때문입니다. 침묵, 말 없음도 분명히 대화의 한 표현이니, 사람들의 표정 없음이나, 표정 만듦으로써의 얼굴모습, 손동작, 발동작 등 모든 신체동작과 상대방과의 거리, 눈 맞춤은 물론 악수를 비롯한 모든 행위가 이미 대화이며 의미전달인 것입니다. 관행은 상대방과의 관계나 의사소통에서 그의 속내까지를 이해하는 능력입니다. 그리스의 대문호, 카잔차키스가 중국을 방문했을 때, 그 자신 깊은 감명 속에서 자신의 마음 줄을 놓고 말았던 그 소리 없는 연주회가 있었습니다. 소리 없는 연주회에 모여 서로가 고개를 끄덕이며 서로를 음미하던 귀족들의 마음가짐들을 보고 카잔차키스는 형언할 수 없는 감명을 받았습니다. 소리 없는 연주에 청중들이 환호하는 장면을 잊을 수가 없었던 것입니다. 이 장면, 장면들이 바로 메타커뮤니케이션의 진수(眞髓)일 수도 있습니다. 그 옛날 중국의 귀족들은 귀한 손님을 초대한 후 저들에게 소리 없는 연주회를 베풀곤 했는데, 그 연주회에 참여한 사람들을 훈련된 악공(樂工)들이 현란한 손놀림으로 보여 주는 소리 내지 않는 절묘한 연주에, 그곳에 참석한 사람들이 그저 말없이 서로의 마음으로 서로의 마음을 녹여내는 절제된 대화는 그에게 압권이었던 것입니다. 소리 없는 연주회와 그곳에서 마음으로 서로를 교호하는 그 사람들의 절제된 대화 장면을 연상하면, 메타커뮤니케이션이 어떤 것인지를 상상할 수 있을 것입니다. 그 어디서든, 사람들이 각자 표현하는 소소한 개별적인 행동, 말과 더불어 그의 표정이나 행동에 드러내 놓고 있는, 그렇게 숨겨 놓을 수도 있는 숨겨진 마음들을 찾아내는 속도가 빨라질수록, 상대방에 대한 이해가 빨라지게 될 수밖에 없고, 그에 대한 자신의 대응 역시 더욱더 가라앉게 될 수 있습니다. 화가 나더라도 더 차분해질 수 있을 것입니다. 그렇게 되면, 할 일 없이 화낼 일은 줄어들고, 반대로 자신과 주위를 되돌아보거나 미리 짚어낼 여유는 더 커지기 때문에, 상대방의 속마음을 먼저 이해하고 치분하게 그리고 더 조리 있게 대응할 수 있게 됩니다. 관행을 통한 메타커뮤니케이션이 우리 의식 너머의 배후에서, 우리의 언어현상을 관장하고, 구조화하고 있는 그 '마음의 틀'을 넌지시 알아차리게 만들어 주기 때문입니다. 어차피 사람들 사이에서 '완벽한' 소통은 불가능하기 때문입니다. 서로 이야기하면서, 흔히 편한 말로, '이해'한다고 하지만 이해는 원초적으로 가능하지 않습니다. 우리는 상대방의 말을, 행동을 지켜보며 관찰하는 것일 뿐이지, 그의 체험마저도 내 스스로 겪어낼 수는 없기 때문입니다. 그래서 의사소통은 가능해도, 의식소통은 거의 불가능한 이유입니다.

9) 쾌락적응 거부

관행은 인간의 '쾌락적응'을 바로잡아 주도록 합니다. 쾌락적응이라는 것은, 사람들에게 기분을 좋게 해 주고 행복감을 높여 주는 새로운 환경을 맞게 되어도, 이내 그 같은 새롭고 흥분시키는 변화에 적응하게 되어버려, 그 어떤 새로운 쾌락에도 만족감은 점차로 떨어지게 되는 인간의 심리적 상태를 말하는 개념입니다. 그 어떤 쾌락도 시간이 지나면, 처음 격하게 느꼈던 그 기쁨이나 격정은 이내 그리고 서서히 시들해지게 되어, 새로운 만족을 위해 새로운 쾌락을 만들어 내려는 인간의 속된 요구 심리가 바로 쾌락적응의 심리입니다. 그러니까 엄청난 당첨금을 지불하는 복권에 당첨되어 물질적인 부가 증대되어도, 일류 직장에 취직해도, 자기가 그토록 바라던 애인과 결혼을 하더라도, 그 처음 당시 가졌던 그 기분이나, 그 경험은 시간이 지나면서 이내 시들어 버리게 됩니다. 그러니 기쁨이든, 행복이든 그 무엇이든 삶의 환경이나 조건을 바꿈으로써 행복해지려는 시도는 기대하는 것만큼 영구적인 효과가 없게 된다는 뜻입니다. 모든 것이 잠깐이고, 이내인 셈입니다. 그 모든 기쁨과 열정은 얼마 지나지 않아, 혹은 환경이 또다시 바뀌면 이내 그 옛날의 감정으로 되돌아가 버리게 되기 때문입니다. 인간의 일 중에서 부부생활만큼 신기한 것도 없습니다. 서로가 좋아할 적에는 물불을 가리지 않고 서로가 서로에게 필요한 절대적인 존재입니다만, 그 무슨 이유인지 서로가 서로를 싫어하게 되면, 마음속으로는 제일 먼저 죽어버렸으면 하는 생각까지 품게 만드는 고약한 인연관계가 부부관계입니다. 사랑으로 만날 적에는 그 어떤 따짐도 눈에 들어오지 않았으나, 시간이 흐르면 그 옛날 사랑은 어디로 가버리고 오로지 논리와 시시비비의 따짐의 주제만 눈에 들어오게 됩니다. 먹는 모습이 예뻐 결혼했는데 그 먹는 모습 때문에 이혼하는 것이 부부관계입니다. 불가(佛家)에서는 부부의 끈질기기도 묘한 인연을 설명하기 위해 겁(劫, Kalpa)이라는 말을 씁니다. 겁이라는 개념은 사방 길이와 높이가 약 10여km인 바위를 백 년에 한 번씩 고운 비단 천이 스치면서 자연적으로 닳아 없어지는 시간, 그러니까 천지가 한 번 개벽한 때부터 다음번에 개벽할 때까지의 정말로 상상할 수 없을 정도로 오랜 시간 동안, 귀한 기간을 일컫는 말입니다. 겁으로 사람들의 관계를 따지자면, 사람이 한 나라에 같이 태어남은 1천겁의 인연이 있어야 가능하고, 하루를 동행하는 것은 2천겁, 하룻밤의 동숙은 3천겁의 인연, 하룻밤의 동침은 6천겁의 인연, 부부의 연은 8천겁의 인연, 형제간의 연은 9천겁의 인연, 그리고 부모나 스승과의 연은 1만겁의 인연이 있어야 한다고 불가에서 일러주고 있습니다. 그만큼 부모나 자식 간의 관계, 스승과 제자 간의 인연, 그리고 부부의 인연은 정말로 소중하고 귀하다는 뜻입니다만, 요즘 세태는 전혀 저들의 겁과는 달리, 모두가 겁(怯)주고 겁(怯)먹는 이상한 그리고 천박한 관계들로 타락해버린 듯합니다. 그러니까 원래 부부간의 관계는 논리(論理)의 관계가 아니라 윤리(倫理)의 관계인데, 사랑이라는 그 윤리의 관계는 어느 날부터 파손될 대로 파손되고, 오로지 네가 옳네, 내가 옳네를 따지며, 그것으로 자신됨의 정당성을 판가름하려는 논리의 관계로만 남아 있는 셈입니다.

그처럼 논리관계로 타락한 것처럼 보이는 관계를 복원해 주게 하는 것도 내 속에,

그리고 그녀 속에서 일상적으로 작동해야 될 관행력입니다. 부부 가운데 그 누구라고 할 것도 없이 한쪽이 자신의 부부관계를 관행해 보기 시작하면, 파손된 부부관계는 다시 복구될 수 있기 때문에, 관행적인 삶은 부부관계에서도 매일같이 필요한 것입니다. 결혼생활이나 부부생활을 뒤돌아보고, 미리 짚어 보며, 지금의 부부관계가 어떠한지를 알아차리는 일로서의 관행적인 부부생활이 필요합니다. 결혼하면, 남녀 서로가 상대방에게 영원한 종속물이거나 소유물이 되는 것이라고 생각해버리면, 그런 부부생활은 단조로워지고, 때로는 위태로워질 수도 있습니다. 이미 말한 것처럼, 부부관계는 논리의 관계가 아니라 윤리의 관계이기 때문입니다. 부부 사이의 불화나 부부문제를 새로운 시각, 조금은 오해받을 수 있는 방법으로 해결하기 위한 처방으로 조금 급진주의적인 부부상담 전문가들은 '부부만의 외도'를 주문하고 있는데, '부부외도론'을 저는 부부생활의 관행적 삶을 위한 하나의 대안이 될 수 있다고 생각합니다. 다시 말합니다. '부부간의 외도', 혹은 '부부들의 외도'가 아니라, '부부만의 외도'라고 말한 것에 주목해야 합니다. 부부생활 중에서 부부들의 외도는 겉으로 드러내놓고 말하거나, 대중적으로 이야기하고 싶지 않은 단어입니다. 배우자가 외도할 때, 상대방이 받는 가장 큰 아픔은 말할 것도 없이 '거절감'과 '배신감'입니다. '믿었는데, 그럴 줄 몰랐다.'라는 충격은 쉽게 사라질 마음이 아닐 것이며, 그로부터 오는 증오감도 말로 형언하기 어려울 것이기 때문입니다. 반면, 유혹당하는 이면에는 '자신이 꽤 괜찮은 사람'이란 기본 전제가 깔려 있어서 그런 외도의 출발이 가능해지는 것입니다. 남자의 경우, 자신이 꽤나 괜찮은 사람이라는 전제가 늘 작동합니다. 처음부터 부인 이외의 여성에 대한 성적인 충족만을 위한 동물적인 충동이라기보다는, 새로운 여자가 자신하고 놀아 주는 대상이란 것을 상정하기에 남자의 외도가 가능하고, 그렇게 처음에 시작됩니다. 자신과 놀아 줄 것이라는 전제가 그녀와 자연적인 성적 결합의 현실로 이어진다는 것입니다. 부부만의 외도가 부부에게도 필요하다는 생각은, 외도에서 외도의 긍정적인 면, 그러니까 남자든, 여자든 자신이 상대방에게 상당히 그럴 듯한 사람이라는 인정받기와 놀아 주기에 대한 착각을, 그것이 착각이 아니라 진실이라는 것을 부부관계에서도 드러나도록 활용하자는 뜻입니다. 외도가 일종의 인간적인 특성 같은 것이라면 그것을 부부관계에서 양성화시켜 보자는 의도이기도 합니다. 부부관계를 늘 자극적인 연인의 관계로 만들어 가자는 의도에서 거론되는 것이 부부만의 외도론입니다. 외도의 근본 원인으로 심리학자들은 스트로크(Stroke), 그러니까 교류분석심리학자들이 말하는 '존재인지자극' 문제라고 거론합니다. 존재인지자극이란 자신이 아직도 살아 있음을 부추기는 자극을 말합니다. 내가 연인 같은 남성으로, 그리고 연인 같은 여성으로서 상대방에게 아직도 나름대로의 존재감을 준다는 그런 감정을 부인이 혹은 남편이 상대방에게 인정받으면, 각자가 아직도 '꼬셔 볼 만하고', 놀아 줄 만한 남자, 여자로서의 그 어떤 매력이나 존재감을 갖을 수 있게 된다는 것입니다. 그런 존재감 확인을 위한 자극이 바로 존재인지자극이라는 '스트로크'입니다. 사람들은 나이, 미모, 신분에 관계없이 자신의 존재를 인정받을 때 자신이 아직도 건재하다는, 아직도 살아 있다는 그런 존재감을 갖게 되는 법입니다. 절세미인인 '양귀비나 힘의 장사인 허큘리스도 3년만 데리고 살면 지겨워진다.'는 것이 요즘 부부생활의 현실이기에, 남편이든, 부인이든 자신의 몸매와 행동에 나름대로 묘한 그리고 상대방에게 자극을 줄 만한 산뜻한 변화를 주어야 합니다. 자신이 늘 입던 옷이든, 말이든, 행동이든 자신의 모습에 나름대로 상대방이 호감을 가질 수 있게 변화를 주어야 합니다. 행동도 마찬가지이겠기에, 부부끼리 마치 우연히 만나는 것처럼, 남편이든, 부인이든 먼저 그 어떤 곳에서 우연한 만남을 꾀하기도 하고, 기대치 않은 우호적인 행동을 할 필요도 있습니다. 그런 일을 일컬어 부부 외도론이라 부른 것입니다. 부부 가운데 그 어떤 여인도, 반대로 그 어떤 남자도, 자신이 가장 새로운 방식으로 대시해 볼 수 있고, 요즘 말로 '썸' 해 볼 수 있는 여자이고 남자입니다. 그 여인, 그 남성이 바로 자신과 신기한 외도를 해 볼 수 있는 가장 손쉬운 사람입니다. 그 여자, 그 남자를 오래된 새 여자, 새 남자로 만들어 내는 것이 부부만의 외도가 겨냥하는 이야기일 것입니다. 부부생활에서 부부만의 외도가 나름대로 작용하면, 부부는 나름대로 각기 자신의 존재감에 대해 그 어떤 쾌감이나 판타지나, 소소한 기쁨을 갖게 될 것입니다.

  인간의 쾌락적응은 이내 학습된 무기력으로 이어지게 마련입니다. 학습된 무기력은 상자에 개를 집어넣고 바닥에 전기 충격을 가하면, 충격이 일어나는 동안 개 스스로 아무리 발버둥 쳐도 그 전기 충격을 피할 수 없음을 경험하게 되고, 그때부터 좌절한 채 그 상황을 무기력하게 받아들이며 온몸으로 그 전기 충격을 견딥니다. 그런 전기충격에 익숙해진 개는 그 이후 안전한 곳으로 피할 수 있는 상황이 되어도 피하는 시도를 포기합니다. HQ 행복론의 대표격인 셀리그먼 교수가 실험을 통해 명명한 개념이 바로 학습된 무기력이라는 개념입니다. '아무리 해도 안 된다.' 뾰족한 수가 없으니 그냥 그대로 받아들이며 적응하자는 무력감을 내면화시킨 것이 학습된 무기력입니다만, 쾌락적응도 학습된 무기력의 메커니즘으로서 사람들의 일상생활에서 그런 식으로 작동됩니다. 그 어떤 쾌락이든 그 쾌락에 적응하기 시작하면, 그런 쾌락에 의해 일어날 만족에, 앞으로 죽이 되든, 밥이 되든 간에 관계없이 그냥 자신이 만족해 버리는 것 아니라, 그런 만족된 쾌감에는 더 이상 만족하지 못하고 그보다 더 새로운, 더 충격적인 쾌감과 쾌락을 찾아 나서는 행동이 바로 쾌락적응의 학습된 무기력 현상입니다. 현재, 지금 경험한 그 쾌락에 익숙해져 더 이상 그 쾌락에 만족하지 못하고 이내 새로운 쾌락을 추구하려고 발버둥을 치게 됩니다. 새로운 쾌락추구가 버릇이 되는 것입니다. 쾌락적응에 중독이 된 것입니다. 자신에게 가장 익숙하고, 편하기에 되돌아봐야 될 이유를 찾을 필요가 없어지게 된 것입니다. 쾌락의 무기력증, 무기력한 쾌락증세입니다. 이것은 사람으로 하여금 그냥 현재에 안주하지 못하도록, 새로운 것을 찾아나서는 추동력을 주기도 하지만, 그 목표가 오로지 쾌감, 쾌락, 향락이라면 문제는 심각해집니다. 이미 이야기했던 '부부간의 외도', '부부만의 외도'가 피폐해진 부부생활을 위해 활력소가 될 수 있다는 화두를 꺼낸 것도 바로 그런 이유 때문입니다. 사람들은 새로운 만족을 위해, 끊임없이 새로운 쾌락을 찾아 나서지만, 이내 그 쾌락에 적응해버리게 됩니다. 그것은 마치 산 위로 바위를 들어 올리는 그리스의 신화의 주인공 시시포스처럼, 그렇게 쾌락을 어깨에 짊어지고 들어 올리고는 이내 신의 저주에 의해 다시 밑으로 굴러 내린 그 쾌락을 다시 찾아 들어 올리기 위해 안간힘을 쓰는 그런 시시포스처럼 반복적으로 계속됩니다. 모두가 잘 알다시피, 이 세상에서 가장 확실하게 그리고 어김없이 현실적으로 작동하고 있는 절대 진리는 두 가지입니다. 그 하나는 모든 생명은 언젠가 죽지만, 반대로 그 어떤 생명도 죽는 것은 싫어한다는 진리입니다. 생명 있는 것은 그 어떤 것이든 쾌락을 원합니다. 쾌락은 대 잇기로부터 즐기기에 이르기까지 생명 있음의 연속 같은 것을 말합니다. 생명이 바로 쾌락인 이유입니다. 죽는 것은 쾌락소거입니다. 쾌락소거는 생명이 지니고 있는, 지녀야 될 그 쾌락을 억지로, 강제로 빼앗은 것이기에, 쾌락소거는 쾌락 없음과는 질적으로 다릅니다. 쾌락 없음은 인간에게 있어서 의지의 발로이며 의지의 소산이나 다름없기 때문입니다. 예를 들어, 일반인이 수도승이 되거나 중이 되거나 하는 것은, 그 옛날 왕궁 내밀한 곳에서 활동하던 남정네들로서 타의적으로 자신들의 생식기가 거세된 고자(鼓子) 내시(內侍)들이나 환관들과의 처지와는 전혀 다르게, 쾌락 없음 그것을 쾌락으로 받아들이겠다고 작정하는 것입니다. 인간으로서 쾌락 없음을 누리겠다는 것은 그의 강철 같은 의지 없이는 불가능한 것입니다. 생명 있는 것들 스스로 쾌락 없음을 경험할 수 있는 것은 그들, 생명 있는 것들의 강력한 의지에 의해서만 가능하게 됩니다. 그 어떤 것이든 생명 있는 것들은 나름대로의 쾌락을 강하게 욕망하기 때문입니다. 그러니까 쾌락 없음을 일순간에 무기력하게 만들어 놓을 수 있는 일, 쾌락 없음을 일격에 무너트리는 일은 쾌락소거(快樂消去) 같은 방법으로는 가능하지 않게 됩니다. 다른 방법이 필요한데, 그 방법이 바로 쾌락적응의 방법입니다. 쾌락에 이내 적응해 버리도록 만들어 버리면, 쾌락 없음에 대한 의지는 이내 무너지게 됩니다. 쾌락에 이내 적응하게 하여 새로운 쾌락을 만들어 내거나 그런 새로운 쾌락에 무참하게 무너지게 됩니다. 그렇게 되면 그 어떤 쾌락도 잠시뿐일 뿐이고, 그렇게 됨으로써 쾌락 그 자체에 무감각하게 됩니다. 왜 쾌락해야 되는지도 모르게 쾌락을 쫓아나서는, 그야말로 쾌락중독에 걸리게 되는 것입니다. 올림퍼스의 신들은 현명하고 슬기로 가득 찬 인간인 시시포스가 자신들의 권능에 도전하자, 도전에 대한 징벌로 시시포스의 생명이 아니라, 그의 쾌락거부 의지를 꺾어 놓은 것입니다. 형벌로서는 꽤 잔악하고 혹독한 형벌이었던 셈입니다. 다시 말하겠습니다. 삶을, 생명을, 삶이 주는 쾌락을 너무나 소중히 여겼던 현명한 인간이자 군주인 시시포스는 죽음을 관장하는 신인 하데스를 속여 장수를 누리기까지 했지만, 그의 삶을 관장하는 권력의 신인 제우스까지 기만할 수는 없었습니다. 그가 시시포스를 그냥 놔둘 리가 없습니다. 신들은 자신들을 교묘하게 속이고 자신의 생명을 더 누린 시시포스에게 높은 산의 꼭대기로 바위를 굴려 올리는 형벌을 내립니다. 억척스러운 그리고 강철 같은 의지와 힘으로 밀어 올린 바위는 정상에 이르자마자 가차 없이 아래로 굴러떨어집니다. 그래도 그런 일이 없었다는 듯이 다시 바위를 위로 올려야 합니다만, 그것에 그 어떤 불만이나 불평도 시시포스는 하지 않습니다. 모든 것에 적응했기 때문에 그 어떤 것도 새롭지도, 힘들지 않습니다. 바위가 다시 굴러떨어져 버린 후의 환경이나 조건들은 매번 바뀝니다. 시시포스에게 그 어떤 것도 같은 조건, 동일한 환경은 없습니다만, 그는 다시 내려가 그렇게 끝없이 바위를 위로 올려야 하는 조건은 늘 동일합니다. 그는 그 언제나 다시 시작을 마음에 준비하고 있는 중입니다. 쾌락하고 있기 때문에 어쩔 수 없는 노릇입니다. 쾌락에 이미 적응했기 때문에, 모든 것은 또다시 시작이어야 합니다. 지금 이 순간도 올림퍼스 그 어느 산에서 시시포스는 신이 내밀어 버린 그 바위를 위로, 위로 다시 올리고 있을 것입니다. 바위 올리기에 적응하지 않고서는, 바위 다시 올리기에 무감각하지 않고서는 도저히 영원히 그렇게 바위 산 위로 올리기를 반복할 수 없는 노릇이기 때문입니다.

　쾌락적응, 혹은 학습된 무기력을 감시할 수 있는 사람은 이 세상에 자기 자신밖에는 없습니다. 자신의 쾌락적응도, 자신의 학습된 무기력이 어떤 것인지, 어느 정도인지를 알 수 있는 것은 자기 자신입니다. 쾌락적응을 낯설게 할 수 있는 사람 역시 자기 자신밖에는 없습니다. 쾌락적응을 낯설게 도와줄 수 있는 것이 바로 자신의 일상적인 삶에 대한 관(觀)과 행(行)입니다. 자기가 자신을 자기 스스로 알아차리는 일은 자기 스스로 자기를 낯설게 하는 일과 다르지 않습니다. 자신이 자기에게 낯설어지면 그때부터 자신에게 또 다른 기적이 일어나고 있는 중일 것입니다. 그런 기적을 초심의 회복이라고 부를 수 있고, 그것을 처음 먹은 마음으로 되돌림이라고 부를 수 있고, 그것을 반추(反芻)의 힘이라고 말할 수 있습니다. 매일같이, 일상적으로 눈을 뜬 후 다시 잠자리에 들기 전까지 작동되는 내 마음 그 초심 다시 잡기, 그렇게 새로이 반추하기, 그렇게 쾌락적응 벗어나기, 그렇게 학습된 무기력을 타파하기의 중심에 바로 관(觀)과 행(行), 그러니까 깊은 생각과 그에 터한 반성적 행동으로서 신(神)에 한발 더 다가서려는 그 자신감(自信感), 그 신력(神力)다운 힘, 소크라테스나 공자, 붓다의 그 정신과 마음에 이르는 그 힘으로서의 관행력(觀行力)이 버티고 있는 것입니다. 그 관행력을 아침부터 내가 발휘하기 시작하면, 그 누구의 간섭에도 구애됨 없이 바로, 시시포스의 멍에인 쾌락적응을 벗어나 내 자신이 일상 속의 소크라테스, 생활 속의 공자, 오늘의 붓다가 되는 것입니다.

10) 간츠펠트(Gansfeld) 효과 제어

나는 2016년 설날 연휴에 집사람과 시간을 내어 서울에서 두 시간 거리인 박물관에 가서 미국의 제임스 터렐(James Turrell)의 빛과 공간을 즐기면서 그 무엇을 크게 깨달은 것이 있었습니다. 좋은 삶을 원하면 네 삶을 관상(觀想)하라는 아리스토텔레스(Aristoteles)의 테오리아(Theoria), 그 관상보다는 모든 일에 무심(無心)하며 금욕의 삶으로 아파테이아(Apatheia)하라는 제논(Zenon)의 충고, 일상을 살아가는 사람이 어떻게 현실을 도외시하면 살아갈 수 있겠는지를 의심하며 그렇게 하지 말고 자신의 몸을 곧추세우며 자신의 일상에 대한 아타락시아(Ataraxia), 그러니까 평정심(平靜心)하라는 그 모두를 하나의 단어인 관행(觀行)으로 묶어야 하는 순간이기도 했습니다. 좋은 삶, 오늘도 참살이 하려면 그냥 아침에 눈을 뜨면서부터 다시 잠에 들 때까지 자신이 한 일들 뒤돌아보고, 내일을 미리 짚어 보면서 지금의 자기 자신의 행동을 바로 세우며 자신을 위로해 주는 그 관행력을 자신의 버릇으로 만들라는 그 명제를 곱씹으면서, 2016년 설날을 시각 예술가인 제임스 터렐(James Turrell)의 2013년도 작품인 '간츠펠트(Ganzfeld)'를 감상한 적이 있습니다. 그 작품에 임하고서는 내 스스로 인간의 몸이 뇌신경학적으로 무기력하고, 나약할 수밖에 없음을 다시 한 번 더 놀람으로 알아차리게 되었습니다. 제임스 터렐은, 작품을 통해 직설적으로 말합니다. 우리가 매일같이 느끼듯이, "빛은 사물을 비추지만, 우리는 도처에서 그 빛을 보면서도 정작 빛 그 자체에는 좀처럼 주목하지 않습니다."라고 말합니다. 그의 말은 빛에 관련된 직접화법이었지만, 그가 보여 주는 함의는 정신적이며 심리적입니다. 그렇습니다. 빛은 사물에 반영됨으로써 자신의 모습을 드러내는데, 그는 우리에게 지금 내 앞에서 비추고 있는 이 빛이 정말로 빛인지 아닌지 의심이 들 만큼 유약하게 표현하기도 하고, 아주 강하고 위협적으로 나타내기도 합니다. 미술가인 그는 빛의 존재감이 어떤 것인지를 다양한 공간 안에서 우리에게 증명하려고 하는 듯했습니다만, 그의 작품 속에서 빛이 어떤 것인지를 체험한 나 스스로는 빛을 체험하기보다는 나의 두뇌, 나의 몸이 내게 어떤 것인지를 체험하고 말았던 것입니다. 빛과 공간의 예술가인 터렐의 작품을 체험하면서 한 가지 생각에 골똘하게 됩니다. 인간이 지닌, 그리고 인간이 늘 자랑하는 시각과 지각, 인식이라는 것이 끝내 별것 아니라는 것을 이내 알아차리게 됩니다. 특정 공간과 빛을 활용한 그의 작품 속에 들어가면, 평소 우리의 두 눈으로 보던 것이, 보고 있다라는 것이, 그리고 그것으로부터 무엇인가를 알았다고 자부하는 것이 얼마나 우스꽝스럽고 부실하기만 한 것인지를 이내 알아차리게 되기 때문입니다. 보는 것과 보이는 것들의 진실성은 항상 거짓과 진실의 경계를 따라 일어나는 것입니다. 그러니 세상은 사실이고 거짓입니다. 내 앞에서 웃음을 짓고 있는 그들의 웃음도 현실이며 허구일 수밖에 없는 이유는, 내 눈에 들어오는 그 어떤 것도 간츠펠트(Ganzfeld) 효과에 의해 영향을 받기 때문에 그렇습니다. 간츠펠트 효과는 인간에게 시각 자극을 박탈했을 때 그 인간에게 일어나는 환각현상을 말하는데, 1930년대 독일의 심리학자인 볼프강 메츠거(Wolfgang Metzger)의 실험에서 증명된 환상효과입니다. 그는 인간에게 시각 자극을 박탈했을 때, 시각 자극을 철저하게 박탈하면 인간은 이내 환각(Illusion), 그러니까 없는 것도 있어 보이는 그런 환각중에 빠져버리게 된다는 것을 알려 줍니다. 이런 환각현상을 '간츠펠트 효과(Ganzfeld Effect)'라고 하는데, 독일어로 간츠펠트(Ganzfeld)는, 영어로 토털필드(Total Field)라는 뜻을 지닙니다. 토털필드란 '전체시야', 혹은 '전체장'(場)의 이라는 뜻으로서, 이 간츠펠트는, 인간에게 전체 시야를 차단하고, 어떠한 시각 자극도 입력되지 않도록 만들어 버리면, 인간의 뇌는 제 스스로 그 어떻게든 그런 상황에 적응하고 나름대로의 작동하고 있음을 드러내기 위해 뇌 내부에서 급기야 거짓 신호를 만들어 냅니다. 이미 자기 앞에서 전개된 절대적인 감각박탈에서 살아남기 위해 자신을 무장시키는 일종의 위선적인 기만이며, 허위의식 같은 것입니다. 간츠펠트에 의하면, 시각이 박탈된 상황에서는 그 박탈된 상태가 현실로, 자신에게 완전한 시각박탈이 일어났다는 것을 일단 알아챈 후에는, 이미 그 시각박탈현상은 더 이상 현실이 아니라, 환상으로 바뀌어버린 후가 됩니다. 이런 간츠펠트 효과는 제가 지금까지 말해 온 좋은 삶, 행복의 윤리를 이해하고 실천하는 일에도 적용됩니다.

　우리의 일상생활은 그야말로 수많은 그리고 엄청난 감각 자극노출로 이루어집니다. 자극 없이 살아가는 사람은 없습니다. 환경 그 자체가 우리의 삶에서는 자극이고 감각이기 때문입니다. 수많은 자극과 감각, 때로는 인간에게 요즘 말로 스트레스 덩어리이기에, 사람들은 그것으로부터 벗어나는 것을 해방이라고, 혹은 좋은 삶의 시작이라고도 부릅니다. HQ 행복론자들이 그토록 행복이라는 개념에서 강조하는 부정적인 자극으로부터 해방은 그야말로 자극으로부터의 벗어남을 말하는 것과 다르지 않습니다. 그렇습니다. 행복을 위해 HQ 행복론자들이 처방해 주는 여가라는 것은 다른 말로 말하면, 단 한순간만이라도 자신의 감정이나 주의를 엉뚱한 곳으로 분산시키며 스트레스를 유발시키는 그런 자극으로부터 벗어나 가능한 안정과 그로부터 평화를 경험을 가지라는 말과 다르지 않습니다. 이미 제임스 터렐의 〈간츠펠트〉라는 작품이 보여 주고 있듯이, 일상을 살아가는 사람이라면 그 어떤 인간도 외부의 자극으로부터 완전히 해방될 수 없습니다. 게다가 인간의 뇌는 외부의 자극이 완전히 제거된 상태로서의 정막함이나 고요함 같은 것에 '잘', '제대로' 버텨내지를 못합니다. 실험결과들이 그것을 보여 주고 있습니다. 2006년 영국의 BBC가 보도한 것처럼, 완전한 감각을 박탈한 사람들은 환각이나 일종의 초감각인지 현상을 보임으로써 정상적인 삶의 태도와는 거리가 먼 태도를 보이기 마련입니다. BBC의 실험은 이렇습니다. 몸이 건강한 자원자들을 한데 모아, 그들을 빛과 소리가 완전히 차단된 독방에서 48시간을 지내도록 하였는데, 이들에게 의외의 현상이 나타났습니다. 원래 기대했던 독방체험, 말하자면 절대적 평화와 평온과 평온함 같은 경험이 아니라, 외부와의 그 모든 것이 철저하게 차단된 독방경험이 오히려 저들 건강한 피(被)실험자들에게 말로 형언할 수 없는 잔혹한 고문으로 받아들여졌기 때문입니다. 독방에서 지내는 동안 그것에 견디지 못한 일부 피실험자들에게는 줄무늬 등의 기하학적 패턴으로부터 살아 있는 뱀이나 용 같은 괴물의 모습들이 저들의 눈에 어른거렸다고도 합니다. 환각, 그러니까 없는 것을 있는 것으로 확실하게 봤다는 식의 환각적인 일루션(Illusion) 현상이 나타났습니다. 다양한 환각 때문에 저들 실험자들은 수면부족의 상황에서 마냥 불안에 떨어야 했습니다. 그렇게 48시간이 지난 후부터, 저들 피실험자들은 자기 자신에 대해 매우 혼란스러워했으며, 게다가 피암시성(被暗示性) 마저 높아져서 연구진들이 권하는 지시에 무조건 복종하려는 모습까지 보였습니다. 그러니까 저들에는 일종의 괴상한 초감각 능력까지 나타났던 것으로 보고되고 있습니다. 간츠펠트 상태에 들어간 사람이 쉽게 초감각 능력을 인지할 수 있다는 주장은 아직 제대로 증명된 것은 아닙니다. 계속해서 논증이 이어지고 있습니다만, 상당한 경우 간츠펠트 상태에 놓여 있는 사람들의 뇌파는 정상일 때와는 다른 양상을 보이기 때문에 저들에게는 그런 초감각 능력현상이 생길 여지는 충분합니다. 저들의 좌우반구가 좀 더 동조되는 모습은 좌뇌와 우뇌가 진정으로 협력하는 증거이기도 하고, 그런 증거들은 일상의 자극 과다 속에서 잃어버린 인간의 제6감의 출연으로도 해석될 수도 있기 때문입니다.

간츠펠트 효과를 좋은 삶, 행복의 윤리에 적용해 보면 이렇게 됩니다. 첫째로 인간의 오감, 그러니까 색(보고), 성(듣고), 향(냄새 맡고), 미(맛보고), 촉(느끼고)의 감각을 제아무리 완벽하게 차단할 수 있는 인간의 뇌라도 나름대로 끊임없이 작용하면서 우리의 오감이 느끼던 그 색, 성, 향, 미, 촉의 감각 대신에 나름대로의 환상을 만들어 낸다는 점입니다. 그 환상 속에서 살아간다는 것은 끝까지 환상일 뿐입니다. 행복이라는 것으로 인간의 오감을 완벽하게 차단해도, 인간의 몸은 그것에 견디지 못하고 그와 유사한 환상을 만들어 낼 것이기 때문입니다. 그러니 완벽한 행복은 처음부터 가당치 않은 것이나 마찬가지입니다. 어쩌면 행복, 좋은 삶으로 이끌어 가려는 그 태도와 마음가짐이 바로 행복일 수가 있다는 뜻입니다. 두 번째 함의는 요즘과 같은 디지털 정보 과잉시대에서 행복 찾아가기에 대한 처방문제입니다. 다시 말합니다. 간츠펠트 효과는 주어진 감각 자극이 없을 때, 인간의 뇌는 몸과 더불어 무언가 대체할 자극을 만들어 내는 현상을 의미합니다. 지금의 이 시대는 오히려 감각포화상태이기에, 뇌는 이 시대의 감각포화상태를 뇌 스스로 아무런 자극이 없는 그런 상태나 마찬가지로 받아들이고 있을 것입니다. 자극이 없는 것이 아니라, 자극 덩어리, 자극 전체이기에 무자극(無刺戟) 상태로 받아들인다는 것입니다. 이미 이야기한 것처럼, 세 살배기 아이에게도 그가 손만 뻗으면 쉽사리 닿는 스마트폰이나 정보기기로 인해 그는 늘 자극과다상태에 노출되게 됩니다. 스마트폰 하나만 갖고서도 옛날 같으면 수십 년간 듣고 봐야 될 정보들을 자신의 귀와 눈에 채워 넣다 보니 스마트폰 하나 없으면 사람들은 역설적으로 자신이 감각박탈상태에 놓인 것처럼 불안과 초조감에 시달리게 됩니다. 무료함 때문에 자신을 견뎌내지 못합니다. 이런 감각포화상태에서 살기 때문에, 인간은 이미 지적한 것처럼 자신마다 타고난 심리적 능력, 고유한 능력인 관행(觀行)력을 제대로 발휘하지 못한 채 살게 됩니다. 오늘 이 정보시대를 살아내야 하는 사람들에게 밀어닥치고 있는 불행의 이유입니다.

　무료함은 예로부터 사람들의 마음에 있어야 할 행복을 갉아먹는 어두운 힘으로 묘사되어 왔습니다. 초기 기독교 교부들은 무료함을 '아케디아(Acedia)'라고 불렀습니다. 아케디아, 무료함 혹은 나태함은 대낮에도 수도사의 마음을 점령하여 사물의 생동감을 말려버리는 악마에 비유되었습니다. 무료함에 빠진 사람은 자신이 처한 환경을 탓하고 더욱 자극적인 감각을 추구하지만, 인간의 마음의 한 속성인 쾌락적응소거증상 때문에 새로운 얻어낸 쾌락의 효과는 그리 오래가지 못하게 되고, 이내 또다시 무료함에 빠져버리게 됩니다. 현대 사회에서 풍미하고 있는 무차별적인 감각 포화는 인간으로 하여금 쉽게 무료함에 사로잡히게 만듭니다. 감각포화상태에 시달리고 있다고 말해도 좋을 것 같습니다. 간츠펠트 효과를 논의하면서, 좋은 삶, 행복의 윤리에 합당한 삶을 살아가기 위해 필요한 것이 관행(慣行)의 힘임을 다시 한 번 더 깨달은 것이 있다면 그것은 정보 과잉은 정보박탈과 다르지 않다는 것이며, 그로부터 해방되려면 관행(觀行)의 생활 자세를 지녀야 한다는 점입니다. 감각박탈이나 정보 과잉은 어쩌면 간츠펠트가 무엇인지를 드러내 주는 상징적인 예가 되는데, 이것은 사람을 늘 무료하고 나태하게 만드는 직접적인 원인으로 작동합니다. 일상에서의 무료로부터 벗어나게 만들어 주는 것이 바로 자신이 자신의 일상에서 취해야 될 관(觀)과 행(行)인데, 관행은 러시아 정교교회나 로마 가톨릭 교회에서 강조하는 것 같은 7가지의 대죄(大罪)에 대한 치유책으로서도 활용하고 있습니다. 저들 가톨릭 교부들은 신의 은사를 받지 못하게 만들어 놓는 인간의 7가지 대죄로서 교만(驕慢, Superbia), 탐욕(貪慾, Avaritia), 음욕(淫慾, Luxuria), 질투(嫉妬, Invidia), 탐식(貪食, Gula), 분노(憤怒, Ira), 나태(懶怠, Acedia)를 꼽고, 이런 대죄로부터 벗어나기 위해 저들 스스로 매일, 매일 자신의 삶에서 자신을 관행하기를 강력하게 요구했습니다. 7가지 대죄 중에서도 나태(懶怠), 혹은 무료함이라고 번역되는 '아케디아'는 단순히 몸이 느린 것이 아니라 마음이 움직이지 않고 의욕이 없으며 자기 외의 다른 것을 돌보거나 신경 쓰는 것을 귀찮아하는 평소답지 않는 자신의 이상한 마음과 행동을 말합니다. 이때의 게으름, 나태, 무료함은 몸의 게으름을 말하는 것이 아니라, 영적인 게으름을 말하는 것으로서, 신(神)과 이웃에 대해 돌려야 할 관심과 열정, 그리고 사랑을 자기 자신에게로 돌리는 이기적인 행위를 말합니다. 나태의 반대말은 저들에게 있어서 부지런함이 아닙니다. 자기 몸을 부지런하게 놀린다는 것이 나태에 대한 근본적인 처방이 아니라는 것입니다. 나태로서의 영적인 게으름과 무료함을 치유하는 방법은 자신의 인생에 대한 존재의미와 자신의 삶에 대한 목적이 무엇인가를 바르게 깨닫는 일, 그 무료함의 잘못으로부터 새롭게 일어나 자신을 개조하는 일입니다. 그것이 관행의 핵심입니다.

11) 운명에 대한 결단

'행복한 삶을 위해서 정말로 중요한 1%에, 100%로 집중합니다. 사람에게 중요한 그 1%는 바로 죽음이기에 그 죽음과 싸우지 않는 일입니다. 죽음은 그 누구에게나 똑같습니다. 죽음은 경영되는 것이 아닙니다. 죽음 앞에는 모든 것이 평등합니다.' 제가 이렇게 이 책 서문에 실고 싶었던 글입니다만, 이 글은 관행적인 삶의 본보기를 다루는 이 절에서, 그러니까 운명에 대한 결단의 문제, '존엄하게 죽기'를 논하는 이 절에 사용하기로 했습니다. 그 누구든 자신의 삶 가운데 그 어느 쯤에서든지 어김없이 들이닥칠 수 있는 죽음을 되돌아보고, 자신에게도 오고야 마는 그 죽음을 미리 짚어보며, 지금의 내 생명, 방금의 내 생명이 어떤지를 알아채는 일이야말로 좋은 삶을 위한 관행적인 삶의 본보기가 될 것입니다. 로마시대 노예 출신 철학자 에픽테토스가 이르기를, "죽음을 매일 눈앞에 두어라. 그것이 그대를 편협한 생각과 끝없는 탐욕에서 지켜줄 것입니다."라고 말했습니다. 성경의 시편 90편에서도 이렇게 우리를 가르치고 있습니다. '우리(인간)가 죽어야만 한다는 것은 깨닫게 우리를 가르치사 우리로 하여금 지혜롭게 하옵소서!' 종교를 갖는다는 것은 저 혼자 영생하기 위한 것이 아니라는 것을 뼈저리게 가르쳐 주고 있습니다. 티베트 불교에서 위대한 스승으로 추앙하고 있는 밀라레파(Milarepa, 1052~1135)는 그 옛날 우리를 향해 종교의 힘, 종교의 필요성을 이렇게 표현했었습니다. '종교는, 내게 있어서 임종침상에서 내 스스로 부끄러워하지 않기 위해 필요했던 것'이라고 말했습니다. '종교'한다는 것, '종교'로 신앙한다는 것은 한평생 살아 있는 동안, 살아가는 동안, 살아내는 동안, 결코 이웃에게, 그리고 자기가 믿는 신에게 수치스럽고, 부끄럽고, 민망하지 않게, 그리고 욕되지 않는 그런 삶을 드러내기 위한 수단이며 증표이어야 한다는 의미였습니다.

죽음은 그 누구에게나 때에 따라 들어가고 나올 수 있는 문이 없는 집이나 마찬가지입니다. 삶, 살아 있음이 대문이나 방문이 있는 집과 비슷하다면, 죽음은 대문과 방문이 없는 집과 같습니다. 죽음은 한번 들어가면 다시는 나올 수 없는 집입니다. 죽음의 집을 미리 방문하거나, 구경할 수도 없는 노릇입니다. 한번 들어가면 다시는 나올 수 없기에, 누구도 들어가기 원하지 않는 집입니다. 언젠가는 들어가야 될 그 집을 미리 머릿속으로나마, 마음으로나마 구경하고, 생각해 보는 일은 그 언젠가 들어가야 될 그곳 구경을 위해서 필요할 수도 있습니다. 마치, 설악산 나들이를 가려고 하는 사람이 설악산이 어떤 산인지, 그곳에 어떤 볼거리가 있는지를 미리 생각해 보는 것과 별반 다르지 않을 것이기 때문에 그랬던 것이 아닙니다. 제가 죽음을 미리 생각해 보자고 한 것은, 그곳이 어떤 곳인지를 세세히 살피자고 한 말이 아닙니다. 어느 누구도 죽음 후의 정황을 자세하고도 분명하게 살펴보고, 그것을 기록해놓은 것들이 흔하지 않아, 제대로 알 길은 없기 때문에 그런 말을 한 것 역시 아닙니다. 제가 죽음에 대해 이야기하려고 하는 것은, 죽음 그 자체에 관한 논의가 필요해서 그런 것이 결코 아닙니다. 에피쿠로스의 가르침대로 죽으면, 죽을 때면 그때 죽음을 생각해도 되는 것이고 또, 죽은 다음에는 그때 일이 있을 것이기에 죽음을 미리 염려할 필요가 없을 것입니다. 제가 죽음에 대해 말해야 한다는 것은, 인간만이 죽음에 대해 너무 '호들갑'을 떨며 죽어가고 있는 이유에 대해 너무 궁금하기 때문에 그랬던 것입니다. 여기서 제가 인간의 죽음에 대해 호들갑 떠는 죽음이라고 표현한 것을 불경한 언사라고 너무 다그치지 마십시오. 제가 신고 있는 신발은 소가죽 구두입니다. 어제까지도 음매하고 초원에서 풀을 뜯고 있던 그 생명을 죽여, 몸은 고기로, 가죽은 피혁(皮革)회사로 팔려 만들어진 구두입니다. 소가죽, 우피(牛皮)는 구두니, 가방이니, 혁대니, 뭐니 하는 것을 위한 우리의 일상품을 위한 가죽이라는 생각이 그 누구에게나 자연스럽습니다만, 사람가죽이라는 말은 그러니까 인피(人皮), 사람가죽은 상상하기도 힘든 말이고, 결코 사람에게 자연스러운 발상이나 그런 말도 아닙니다. 내 피부가 그 어떤 절대자의 신발을 위한 하나의 소품이라는 생각은 가능하지 않을 것입니다만, 겉으로 보이지 않아서 그렇지 그것은 그 얼마든지 심정적으로는 가능할 수도 있는 일입니다. 우리 인간을 소 다루듯이, 인간의 힘보다 훨씬 강력한 그 어떤 존재물이 사람들을 소 다루듯 다룰 수도 있다는 생각에 이르게 된다면, 주위의 사물을 보는 지금까지의 우리 관행은 이전과는 엄청나게 달라질 것임에 틀림없습니다. 인간의 생명이 귀한 것처럼, 저들의 생명 역시 귀하게 다루어질 것이며, 저들과의 관계 역시 사뭇 다르게 설정될 것이 분명합니다. 이렇게 더 넓게, 더 깊게, 더 높게 상상의 날개를 펼치다 보면, 우리의 죽음 역시 별것이 아닙니다. 그저 하나의 낙엽 같은 것에 지나지 않을 뿐입니다만, 사람들은 그것에 너무 안달하기만 합니다. 물론 그것이 또한 삶이기도 한 것입니다.

생명 있는 그 어떤 것들도 언젠가는 죽음에 이르게 될 것입니다. 사람도 예외가 아닙니다만 다른 동물에 비해 사람들의 죽어가는 과정은 엄청난 이야기들을 낳고 있습니다. 사람들이 죽어가는 과정은, 엘리자베스 퀴블러 로스 박사가 『죽음의 순간』에서 관찰하고 있는 것처럼, 죽음의 5단계는, 그러니까 부정-분노-타협-우울-수용의 단계로 정리될 수 있습니다. 그러니까 임종에 가까운 대부분의 환자가 자신의 병이 치유될 수 없는 것임을 알게 될 때 자신의 병을 강력하게 거부하는 부정(Denial) 단계에서 시작해서, 마지막으로 이제는 더 이상 자기 '운명'을 두고 분노하거나 우울해하지 않는 죽음에 대한 수용의 단계로 이어져 마침내 죽어가게 되는데, 이런 과정에서, 죽어가는 자들과 살아 있는 자들 간에 여러 가지 이해관계들이 미묘하게 교차되기 마련입니다. 핵심은 '고통'에 있습니다. 죽어가는 자들의 고통과 살아 있는 자들의 고통은 그 내용이나 질도 서로 다르기 마련입니다. 죽음을 이미 그리고 기꺼이 받아들이면, 죽음을 받아들인 자들의 고통은 '잘', '제대로' 죽으려는 고통으로 집약될 것입니다. 그것을 바라다보는 살아 있는 자들의 고통은 살아내려는 갖가지, 이해관계에 따라 다양하고 심각한 고통으로 번져 나갈 것입니다. 말하자면, 크게는 유산

싸움에서 시작해서 임종을 맞이하는 부모들의 죽음을 의사들과 어떻게 이야기해야 하는 것이 좋을지를 염려하는 세세한 것에 이르기까지의 고통들은 다양할 것입니다. 저는 제 죽음, 제가 죽어가는 과정에서 있을 수 있는 갖가지 고통만 미리, 염두에 두며 생각하겠습니다. 죽음만큼은 개인에게 이기적일 뿐입니다. 그 어느 누구도 죽음을 같이 나누고 싶어 하지 않기 때문에, 죽음 앞에서는 그 모두가 이기적입니다. 사실 이기적이라는 말도 무색해질 뿐입니다. 죽음이 이기적이라는 말은, 죽어가는 사람의 고통은 죽어가는 사람만이 몸으로 겪어야 될 고통만 있을 뿐이라는 말과도 다르지 않습니다. 죽어가는 사람들에게 있어서 고통 이외에 생각할 다른 것은 하나도 없을 것이기 때문입니다. 잘못 이해하면, 큰 오해가 생길 수 있기에 조심스럽습니다만, 여기에서 그리고 제 삶에 있어서, 제 죽음에 있어서 '잘', 혹은 '제대로' 죽어야 하겠다는 말은, 제 삶이 제 것이었듯이, 제 죽음도 제 죽음이어야 한다는 뜻입니다. 제 죽음이라는 것은 제 삶의 막바지에 있어서 의학적으로 대두되게 되는 연명조치(延命措置)에 있어서, 그 어느 누구도 제 뜻, 제 의사, 제 의지에 어긋나지 않게 내가 원하는 죽음을, 내 것이 되도록 존중해 달라는 요구이기도 합니다. 삶이 제 삶이듯이 죽음도 제 죽음입니다. 죽으면 제가 죽는 것이지 다른 이가 대신 죽는 것이 아닙니다. 자주적인 죽음을 원하는 것이 제 죽음에 대한 제 관행적 성찰입니다. 자주적인 죽음을 맞이하게 해달라는 것은, 제 죽음에 대해 그 어느 누구로부터의 압력이나 간섭 없이 내 죽음을 내 스스로 결정했다는 점, 내 죽음은 나의 삶에서, 내가 갖고 있던 삶의 가치관과 인생계획에 따른 것이라는 점, 내 삶에 대해 되돌아보고, 미리 하나, 하나씩 짚어 보면서 지금의 내 죽음에 대해 내 스스로 성찰하고 결단했다는 점, 그리고 내 죽음에 대한 나의 의사표시는 내 죽음에 대한 나만의 유일한 의지표명이며, 그것을 그 누구도 훼방할 수 없다는 것을 분명하게 밝혀 놓는 것입니다. 임종을 맞는 나 자신을 치료하는 의료진이나 나를 염려하는 가족, 지인들에게 나의 뜻을 알리고, 내 요구대로 나의 죽음을 진행해 달라는 인간적인 요청이기도 합니다. 이런 나 자신의 죽음에 대한 결단과 요청이 바로 살아 있는 자들의 고통을 줄여 주기 위한, 죽어가는 자들의 슬기와 지혜가 됩니다. 죽음에 대한 지혜가 바로 살아가는 자들을 위한 슬기이며 삶의 지혜가 되는 셈인데, 인간의 존엄사 문제를 심도 있게 다루고 있는 현직 의사인 지안 도메니코 보라시오 박사가 『스스로 선택하는 죽음』에서 다루고 있듯이, 삶에 대한 죽어가는 자의 지혜와 슬기, 그리고 의지가 가득 담긴 것이 바로 사전의료의향서(事前醫療意向書, ACP: Advance Care Planning)입니다.

사전의료의향서는 죽음을 맞이하는 환자나 그런 것을 염두에 둔 사람이, 정상적인 죽음의 과정에서 자신의 연명을 감당할 의료진과 가족에게 자신의 죽음문제를 미리 정해 두는 직접적인 지시서입니다. 사전의료의향서는 의학적으로는 응급상황이 왔을 때, 환자의 연명과 죽음에 대해 의사의 불필요한 개입과 불필요한 처치를 금지하게 도와줍니다. 사전의료의향서는 극한 상황에 이르렀을 때 내 자신의 죽음에 대한 의학적 조치에 대한 계획과 요구서입니다. 사체가 된 내 몸에 대한 처치는 사전의료의향서에 적어 놓은 대로 실행됩니다. 그것은 내 자신의 사체 처리에 대한 본인의 약속이기 때문입니다. 저 역시, 제 삶을 미리 생각하기에, 제 죽음에 대한 사전의료의향서를 적어 놓았습니다. 내용은 이렇습니다. 이미 오래전에 적어 놓은 것이지만, 2016년 1월 29일자로 다시 수정하고, 확인한 나의 사전의료의향서입니다. 모든 나의 죽음은 여기에 제가 적어 놓은 대로 지켜지기를 바랍니다. "한준상의 사전의료의향서: 연명치료는 절대 하지 말아 주십시오. 나는 오늘까지 자유롭게 살아왔습니다. 지금까지 나는 교수, 학자로서 좋아하는 일에 열중하며 행복한 인생을 살았습니다. 나는 이제 나답게 나의 생을 마감하고 싶습니다. 지금 나는 의식을 잃어가고 있거나, 누가 불러도 아주 미약하게 반응할 뿐이라고 생각합니다. 이미 자력으로는 호흡도 거의 불가능할지 모릅니다. 이대로 눈을 감아도 전혀 내게는 여한이 없으니, 구급차는 절대 부르지 말아 주십시오. 누군가의 도움으로 이미 병원에 실려 왔다면, 인공호흡기를 절대로 연결하지 마십시오. 심폐소생술도 하지 말아 주십시오. 혹여 인공호흡기를 연결했다면 즉시 떼 주십시오. 자력으로 먹거나 마실 수 없다면, 억지로 음식을 입에 넣지도 말아 주십시오. 수액도, 튜브 영양도, 승압제, 수혈, 인공투석 등을 포함해서 제 연명을 위한 그 어떤 치료도, 그 어떤 처치도 하지 말아 주십시오. 이미 하고 있다면 전부 중단해 주시기 바랍니다. 저는 이미 죽어가고 있는 것을 잘 알고 있습니다. 마지막 순간까지, 한준상으로서 존엄하게, 그리고 행복하게 살았기에, 그대로 행복하게 죽어가겠습니다. 내가 죽어가는 사람으로서, 심한 고통을 느끼고 있는 것 같다면, 아마 그럴 것입니다만, 하여간 모르핀과 같은 약물로 제가 감당하기 어려운 통증을 완화시키는 처치를 해 주십시오. 용량에 관계없이 의료법이 허용하는 최대한으로 내가 겪을 수 있는 통증을 강력하게 완화시켜 주십시오. 통증완화 처치는 감사히 받아들이겠습니다. 지금 제 생명을 연장하고자 전력을 다하고 계시는 분들께 진심으로 감사드립니다. 의학적으로 제 생명이 끝나는 순간, 새 생명으로 거듭나기 위해 제 장기를 필요로 하는 사람들에게는 의료법에 따라 기증해 주시기 바랍니다. 이에 관해 필요한 의술적 처치방법은 제가 쓴 책, 『생의 과(生의 過)』 124쪽에 적어 놓았습니다. 내용은 이렇습니다. "제가 죽은 후 화장된 제 분골(粉骨)은 수목장으로 처리해 주십시오. 장지는 가능하다면, 제 어머니가 묻혀 있는 유토피아 추모관(주소: 경기 안성시 일죽면 화곡리 213-1, 전화번호: 031-673-7904, 자연장위치/관리번호: UP-OH-77)으로 해 주십시오. 나는 이 사전의료의향서와 여기에 적힌 문장 하나, 하나를 냉정하게, 그리고 100% 나의 의지에 따라 작성했으며, 가족의 동의도 받았습니다. 다시 요청합니다. 모든 연명치료는 중단해 주십시오. 여러분의 의학적 조치를 결코 후회하지 않고 받아들인다는 것을 맹서합니다. 여기 쓰인 사전의료전향서 대로 제 소망을 들어주신 여러분에게 다시 한 번 더 내 생애 최고의 마지막 감사를 드립니다. 그리고 제 사전의료의향서는 제 죽음을 먼저 보는 사람, 말하자면 가족이라면 가족이, 가족이 없다면 제 가까이에서 저를 지켜보던 제자들, 지인들, 그들도 아니라면 제 마지막 조교 선생이었던 박진희 박사가 여기에 내가 요구했던 그대로 진행해 주시기 바랍니다. 2014년 04월 14일. 2016년 1월 29일 재확인과 수정함. 주소: 경기도 용인시 수지구 성복 2로 251 성복자이 2차 212-1601.자필 서명: 한준상(인)"

생각건대, 장수 사회, 초고령 사회를 현명하게 살아가기 위한 그 누구에게도 필요한 것이 바로 사전의료의향서입니다. 사전의료의향서를 사전에 작성하는 것은 우리들에게 평생교육적인 절차이며 과제이기도 합니다. 물론 사전의료의향서 말고도, 장수 사회를 살아내야 될 노인들, 누구나 그렇게 될 우리 노인들에게 필요한 것이 효도계약서작성과 유언장 작성입니다. '자녀가 부모의 노후를 책임지고 부양하는 조건'으로 재산을 물려받았을지라도 '부양 의무를 제대로 이행하지 않았을 때 증여가 무효'라는 내용과 구체적이 효도조건을 적은 계약서 등, 부모 부양의무 해태(懈怠) 시 자식에게 준 재산이 무효임을 자식과 부모가 합의했음을 법으로 확인한 그런 효도계약서도 필요합니다. 효도하지 않을 자식에게 자신의 재산을 물려줘야 될 이유가 없으며, 자기 자신은 자식보다는 자신을 먼저 고려해야 될 생명체이기에 그렇게 해야만 합니다. 너무 야박하다고 생각하지 마십시오. 그 누구든 자식이나 다른 이를 위해 자신을 희생할 수는 있으나, 결코 자신의 생명을 단 1초라도 꿔줄 수는 없기 때문입니다. 생명은 각자적이기에 죽는 그 순간까지 제 것이 되도록 해야 합니다. 장수 사회, 초고령 사회에서는 노인의 가족 또는 타인이 노인에게 신체 등 고통이나 장해를 주는 행위 또는 노인에 필요한 최소한의 적절한 보호조치가 필요한데, 그것의 일차적 책임자는 고령자 자신이라는 것을 서로가 익히고 배우게 해야 한다는 점에서, 효도계약서 작성 역시 평생교육적인 활동에서 빼놓을 수 없는 과제입니다.

효도계약서 못지않게 장수 사회를 살아내야 될 노인들에게 중요한 것이 위에서 논의했던, 다시 강조하지만, 바로 사전의료의향서 작성입니다. 죽음을 맞는 사람이, 아끼던 가족, 지인들, 그리고 자신의 죽음을 다루고 있는 의료계 모든 사람들에게 하나같이 말로든, 심정적으로든 숙지하고 논의함으로써 삶의 저편인 내 죽음의 문제를 의료 윤리에 맞도록 처리하게 도와줄 수 있는 것이 사전의료의향서이기 때문입니다. 사전의료의향서는 철학적으로 보면, 죽음에 임박한 환자들에게 의료진들이 무엇인가 조치를 취한다고 해서 그렇게 조치하는 모든 것이 죽어 가는 자에게 있어서 그 언제나 의미 있는 일은 아니라는 것을 분명하게 일깨워 주기도 합니다. 죽음에 이른 환자들에게 취하는 각종 의학적 생명연장조치는 생명과는 아무런 상관도 없이, 정말로 무관한 경우가 부지기수이기 때문입니다. 현대의학이 내세우는 치료행동주의, 말하자면 모든 생명은 살려낼 수 있다는 치료지상주의는 오만합니다. 현대의학이 가장 증오하는 것이 죽음이라고 내세우는 현대의학의 강론들이 바로 치료행동주의의 오만함입니다. 그런 오만함이 저들의 심오한 인류애에서 나올 수 있는 것이라고 해도, 진실의 한 꺼풀을 벗겨내면, 이내 저들의 속내와 의료업계의 진실이 드러나게 됩니다. 그것은 처음부터 끝까지 경제적 이해관계덩어리에서 계산된 것이기 때문입니다. 그렇습니다. 진실은 한 가지입니다. 보건업계, 제약업계, 의료업계의 일차적인 관심은 돈입니다. 두 번째 관심도 돈이고, 마지막 관심도 그저 돈일 뿐입니다. 나머지 이야기들은 돈을 중심으로 떨어지는 부스러기들일 뿐입니다. 살아 있는 자들, 말하자면 가족들의 의무감이나 저들의 정신적 면피(面皮)를 위해 취해지는 그런 불충(不忠) 가득한 의술적인 조치가 아니더라도, 죽어 가는 사람들을 위한 연명조치를 위해 투입되는 경비는 어김없이 그의 삶 전체 동안 들어간 의료비의 30%를 차지하고 있는 현실입니다. 그렇게 일순간에 투입되는 엄청난 의술적 조치와 그에 따른 막대한 경비, 그렇지만 죽어갈 사람은 끝내 의약적인 조치와는 무관하게 그냥 고통 속에서 죽어 갈 뿐입니다. 죽어가는 사람은 무슨 영문인지도 모른 채, 자신의 온몸에 이런저런 연명연장처치용 주사 줄을 주렁주렁 달고 죽어 버립니다. 말로 형언할 수 없는 고통을 호소할 틈도 없이, 자신의 피부로 찔러 들어오는 주사바늘을 의식할 겨를도 없이 그렇게 서서히 고통과 더불어 죽어 갈 뿐입니다. 사람들이 죽어 가는 그 마지막 고통을 너무나도 뼈저리게 알고 있기에, 현직 의사들 10명 가운데 9명은 자신이 죽을 때, 절대로 자기들 스스로 임종환자에게 행했던 그런 공격적인 연명조치, 말하자면 갈비뼈가 모조리 부러져 나가는 심폐소생술이나 기타 무수한 의공학적 장치를 자신의 몸에 주렁주렁 매달아 놓는 식의 공격적인 연명조치를 하지 말라고 가족이나 동료들에게 요청하고 있습니다. 미 의사협회의에서 공개한 내용이기에 믿지 않을 수 없습니다. 그러니까 저들 의사들은 자신들 스스로에게는 원치 않는 연명조치들을 생명존중이라는 미명 아래 임종환자들에게 이런저런 이유를 들어가며 '의술적'으로 행하고 있는 셈입니다.

그렇습니다. 사람들은 모두 더 살고 싶어 합니다. 건강을 위해, 오래 살기 위해 사람들은 좋은 음식, 좋은 약들을 찾습니다. 요즘은 천연 비타민, 유기농 비타민을 찾는 소비자가 늘어나고 있습니다. 천연 비타민이나 유기농 건강재료로 사업하는 건강 기업들이 문전성시를 이루고 있습니다. 더 오래, 더 건강하게 살고 싶은 욕망의 현실적인 표현이며 의지입니다만, 한 가지 분명한 사실은 천연 비타민, 유기농 비타민을 일상적으로 먹어도 그 언젠가, 죽을 때는 어김없이 죽어야 하고, 그렇게 죽는다는 사실입니다. 죽는다는 사실을 직시하지 않고서는 그 어떤 일상에서도 살아내야 되는 이치, 생의 의미를 만들어 내지 못합니다. 유기농 식품, 천연 비타민을 먹는 것이 건강에 도움이 되지 않는다는 것이 아닙니다. 정말로 몸이 건강해지려면 유기농, 천연 비타민을 찾아나서는 그 마음, 그 여력의 절반이라도 자기 자신 스스로 좋은 마음, 좋은 영혼 만들기에 투입해야 한다는 것입니다. 좋은 마음, 좋은 영혼을 만들기 위해서 필요한 것이 바로 죽음에 대한 알아챔입니다. 죽을 때 죽더라도, 자신의 죽음에 대해 되돌아보고, 미리 짚어 보며 현재 자신의 생명을 곰곰이 살피는 일이야말로 좋은 삶, 행복한 삶을 살려고 노력하는 관행적인 삶의 본보기가 될 것입니다. 삶은 자신을 속일지라도, 죽음은 결코 그 누구든 속이지 않기 때문에, 더욱더 그렇게 살아야 합니다. 자신의 삶에 대한 관(觀)과 행(行)을 하려고 작정한다면, 그런 사람일수록 그 누구든 자신의 죽음문제를 지금 이 순간부터라도 꼼꼼하게 살펴봐야 될 것입니다. 죽음은 내게, 자신에게 아직 오지도 않았기에, 그리고 죽음은 자신이 정말로 죽어봐야 알 수 있는 일임에는 틀림없지만, 그 죽음은 단순히 내 자신의 생명 없어짐을 지칭하고 있는 것이 아닙니다. 죽음은 그 누구에게나, '자기 자신'이라는 하나의 문명, 하나의 인생사가 대단원을 마감하고 이 세상에서 퇴장하는 문명사적인 소멸이기 때문에 그 소멸에 대한 책임과 절차 역시 살아 있는 동안 내 자신이 미리 알아가면서, 작정해 둬야 할 행복의 과제입니다.

Chapter 3

관행의 방법

1. 관행의 방법

　"바쁘게 살아가든가, 아님, 바쁘게 죽어가든가(Get busy living or get busy dying)." 그러니까 죽으려고 열심히 살아가든가, 아니면 살려고 열심히 살아내든가. 내가 가슴에 두고 새기는 이 말은 〈쇼생크 탈출(The Shawshank Redemption)〉이라는 영화의 주인공, 전직 은행지점장으로 일하다가 아내를 살인했다는 누명을 쓰고 억울하게 20년 동안이나 옥살이를 하던 앤디 듀플레인이 마침내 쇼생크 주립 교도소를 탈출하기 전날, 감옥에서 친구이자 같은 죄수이며 절친인 레드에게 탈출의사를 은근히 밝히며 자신의 심경을 토로하는 대목입니다. 그렇습니다. 인생을 이것, 그리고 저것 고려하지 않고 단 두 가지로만 정리하라고 한다면, 그것은 열심히 살아가기 위해 분주하든가, 아니면 열심히 죽어가기 위해 부잡스럽든가 하는 그 둘 중의 그 어느 하나일 것입니다. 저는 열심히 살아내기 위해 오늘 역시 분주하겠지만, 그 분주함을 아침부터 관행(觀行)의 삶, 그러니까 깊은 사유지(思惟知)로서의 비타 컨템플라티바(Vita Contemplativa)와 실천행(實踐行)으로서의 비타 악티바(Vita Activa)가 조화롭게 융합된 비타 믹스타(Vita Mixta)로서 다듬어 내려고 노력하겠습니다. 비타 믹스타는, 중세 로마인들에게는 이론과 실천, 관조와 참여가 조화를 이룬 삶, 요즘 말로 말하면 활동과 명상이 조화를 이룬 생활을 지칭한다고 보면 됩니다. 비타 믹스타로서의 일상적인 관(觀)과 행(行)은 그것을 행하는 사람에게는, 그가 누구이든 간에 관계없이 그에게 '몸'의 치유술로 작동할 것입니다. 삶의 치유술이기도 한 관행은, 그 누구에게든 옛 그리스 도시국가인 테베의 도서관에 크게 적혀 있었던 문구인 '메디신 휘 더 솔(Medicine For The Soul)'과 같은 효력을 지니게 될 것입니다. 도서관에서 책을 읽으면 정신이, 영혼이 치유된다는 뜻으로 쓰였을 법한 당시 도서관 앞의 이 문구는 자신의 삶을 되돌아보고, 미리 짚어보며 지금 그 어떤 삶을 실천하도록 만드는 힘을 주는 관행을 일상적으로 실천하기 위해서 어김없이 적용되는 문구입니다. 일상에서 자신의 삶살이를 관행하면 그의 영혼이 되살아나게 됩니다. 관행하면 오늘의 삶이 행복해지기 시작합니다. 관행은 자신의 됨됨이에 대한 일상적인 형상화(形象化)이기 때문입니다. 오늘을 살아갈 자기 자신이 도대체 어떤 사람이어야 하는지를 자신의 마음속으로 조각해내는 형상화 작업이 바로 자신에 대한 관(觀)과 행(行), 이것입니다. 관행적인 사람이란 어제의 자신을 되돌아보고, 내일의 자신을 미리 짚어 보며, 지금 이 공간에 두 발을 내리고 살아가고 있는 생명으로서의 자신이 지금 하고 있는 일이 자신의 삶에서는 단 한 번의, 그리고 유일한 일임을 겸허하게 받아들이며 행동하며, 그렇게 마음에 잡힌 평정심으로, 몸의 소소한 여유를 즐기는 그런 사람을 말하는 것입니다. 관행적인 삶이 어떠한 삶인지를, 조금 더 편한 방식으로 말하면, 매일같이 행복을 만들어 가는 관행적인 사람은 캣(CAT)하는 사람입니다. 그러니까 관행하기 시작하면(Contemplation), 평정심을 갖게 되고(Ataraxia), 평정심하게 되면 '몸'의 여유를 누리기 시작하며, 그 몸의 여유로 살아내는 기쁨들과 그 기쁨을 소소하게 즐기는 사람(Take Your Time)이라고 보시면 됩니다. 자신의 일상에서 관행이 결여된 삶은 결코 하루를 의미 있게, 그리고 제대로 살아가는 삶이 아닐 것입니다. 관행적인 삶을 살아가는 사람은 다른 이들의 욕망을 탐내지 않으며, 자신의 뜻대로, 자신의 시선대로, 자신의 의지대로, 다른 사람들과의 관계를 최적화시키는 메타커뮤니케이션의 능력으로 자신의 일상과 자신의 생명을 가꾸어 나가는 사람일 것입니다. 일상에서 요구되는 관행도 나름대로 연습하고, 연마해야 자신의 삶에서 쓰임새가 있게 됩니다. 관행은 집안 그 어느 구석에 붙여 놓고 가끔씩 바라만 봐도 그 무슨 효험이 있을 것 같은 느낌을 주는 그런 삶의 부적이 아니라, 일상적으로 자신이 삶에 개입하는 삶에 대한 용기와 실천의 과제인 것입니다. 관행은 어쩌면 일을 한 후 흘리게 되는 땀을 닦아 낼 때 손이 제일 먼저 가 닿게 되는 수건 같은 것일 수도 있습니다. 삶을 살아가는 데 있어서, 우리에게 필요한 용기는 그 어떤 영웅적인 일을 요구하는 그런 것이 아닙니다. 일상생활에서의 필요한 소소한 용기들일 뿐입니다. 솔직할 용기, 유혹에 저항할 용기, 사실을 말할 용기, 가식 없이 있는 그대로를 보여 줄 용기, 다른 사람의 부(富)나 돈에 부도덕하게 의존하지 않고 자신이 갖고 있는 것에 만족하며, 자신 스스로에게 정직하게 살아갈 용기 말입니다. 새뮤얼 스마일스가『인격론』에서 말하는 이 용기가 바로 자신의 관행적인 삶을 위한 용기입니다. 그가 말한 용기에 하나 더, 덧붙일 것이 있다면, 그것은 기도할 수 있는 용기일 것입니다. 세상의 그 모든 부정부패가 일시에 제거되게 해달라거나, 자기만 유별나게 병들지 않고 영생(永生)하게 해달라는 식의 삿되고 헛된 빎, 그 무슨 기적(奇蹟)을 바라는 그런 유의 허황된 '빎'이나 기도가 아니라, 그저 오늘 하루도 자기 자신을 시험에 들지 말도록 하고, 오로지 악(惡)한 행동으로부터 멀어지며, 그런 악에서 구해질 수 있도록 자신의 일거수일투족을 조심하고, 조심하게 해달라는 간절한 '참'을 간구하는 용기입니다. 그것 하나가 더 덧붙여진다면, 그의 일상을 위한 관행이 증폭되도록 새로운 화력을 보태는 일이 될 것입니다.

저는 대학에서 가르치면서 제자들에게 제 학문에 대해 시시콜콜하게 그 무엇을 설명하거나, 강요한 적이 별로 없다라는 생각을 하곤 합니다. 제자들에게 가르치는 일에 있어서는 교수학습심리학자들의 눈으로 보면, 제 스스로 참 불친절한 선생이었던 셈입니다. 저들은 저의 태도에 섭섭했을 법합니다만, 제 스스로 저들에게 그리했던 이유가 있습니다. 마치『논어(論語)』에 기록된 것처럼, '불분불계 불비불발(不憤不啓 不悱不發)'한 마음으로 제자들과 더불어 학문하려고 했던 이유가 있습니다. "불분불계 불비불발, 그러니까 제자 스스로 자신의 무지에 대해 분발하지 않으면 필요 이상으로 저들을 터주려고 저들을 강요하거나, 억지로 저들을 자신의 논리로 몰아세우지 않는다는 그 말은,『논어(論語)』의「술이(述而)」편에 나오는 공자(孔子)의 말씀이지만, 그 말의 핵심은 가르치는 사람일수록 제자들의 성장과 발달을 봐가며 기다리며 인내해야 한다는 데 있습니다. 공자는 일찍이, 자신을 따르는 제자들 스스로 자신의 무지, 자신이 알고 있지 못한 것을 부끄러워하며 분개하는 자세를 보이지 않으면 제자들에게 앞으로 갈 길을 터주지 않고, 그런 일에 답답해하며 질문하거나 안달하지 않으면 아예 처음부터 통겨 주지도 않았습니다. 한 모퉁이를 넌지시 알려 주었는데도 생각을 하지 않은 채, 더 계발된 자세를 지니고 세 모퉁이로 대답하려는 마음가짐을 갖지 않으면 더 이상 가르치지도 않으며, 더 이상 앞으로 나아가지 않는다."는 뜻으로 그는, '불분불계 불비불발 거일우 불이삼우반 즉불부(不憤不啓 不悱不發 擧一隅 不以三隅反 則不復)'라고 말하곤 했습니다. 공자는 제자들의 학습력을 의심하지 않았습니다. 자신이 가르치지 않는 한 아무것도 모를 것이라고 미리 상정하지 않았습니다. 물론 제자들이 공자가 이야기하는 것을 선뜻, 확실하게 알아들을 것이라고 오판하지도 않았지만, 공자가 중요시 여긴 것은 공부에 대한 제자의 마음가짐이었습니다. 제자들이 말로, 건성으로 자신의 말을 알았다고 하는 그런 자세가 결코 익힘에 이를 수 있는 길이 아니라고 생각했던 것 같습니다. 겉으로는 알았다고 하지만, 공자 자신이 말하는 그것이 정말로 무엇인지를 진지하게 되새김질하지 않고, 익힌 대로 자신의 행동에 그것을 드러내 보이지 않는 제자, 말로만 알았다고 응대하는 저들의 건성 마음가짐은 공부에 있어서 위험천만한 일이라는 것을 그 스스로 꿰뚫어 보고 있었던 것입니다. 제자들이 정말로 자신들 스스로 모르는 것에 대해 분개하며 화를 내고 새로운 각오로 더 알려고 할 때 비로소, 공자는 슬쩍 그것은 이렇게, 혹은 저렇게 해 보면 된다는 식으로 저들의 앎과 깨달음에 팁을 주고, 익힘으로의 길을 터 주며, 새롭게 저들의 마음을 열어 주고, 퉁겨 주어, 더욱더 앞으로 나아가도록 저들을 분발시켰던 것입니다. 공자가 제자들에게 불분불계, 불비불발 한 것은, 제자들이 만에 하나라도 '중도이폐(中道而廢)'할까 봐, 그러니까 무엇을 하다가 마무리 짓지 못하고 중간에 그만두어 일을 그르치며, 아예 처음부터 하지 않은 것만도 못한 꼴이 될 것 같아 끝까지 해냄과 그로부터 얻을 기쁨을 미리 생각해 보라고 일부러 그랬던 것입니다. 저 역시, 공자의 마음처럼 그렇게 불분불계 불비불발의 자세로 학생들에게 임했지만, 그들과 일부러 떨어져 있었다거나 홀대했다는 생각은 한 번도 해 본 적이 없었습니다. 저는 저들과 제 학문에 늘 동행했었을 뿐입니다. '불분불계 불비불발'에서도, 중요한 것은 역시 제자들 스스로의 생활자세, 마음가짐으로서의 관행이었기 때문입니다. 저들 스스로 대학원 공부에 들어서면서, 공부를 왜 하려는지, 왜 익히려는지, 왜 알아야 하는지에 대한 학문의지를 다지며, 그것으로 자신을 되돌아보고, 미리 짚어 보며, 지금의 현실에서 앞으로 더 나아가려는 학문에 대한 의욕과 다짐의 마음가짐이 결여된 채로는, 그에게 결코 커다란 깨달음이 일어나지 않는다는 것을 이미 잘 알고 있었기 때문입니다. 배출한 제자들 스스로 학계에서 보여 주는 후속적인 저들의 연구와 학문행동을 보고 학자로서의 관행하는 마음가짐이 얼마나 중요한지를 이미 오래전에 알아챘던 것도 사실입니다. 익힘과 연구중심의 대학원 공부에서도 학생들 스스로 자신을 관(觀)하고 행(行)하는 그 동력이 있어야 비로소 앞으로 나아감과 자신 스스로의 계발(啓發)이 가능했다는 점만큼은 부인할래야 부인할 수 없었던 사실이었습니다.

　나는, 2016년 1월 초 제자이자 동행인, 현재는 약국을 성실하게 운영하고 있는 제자와 함께 그의 어머니가 계시는 시골, 남도를 방문해 순천만 철새도래지며 순천시 지정 국가정원(國家庭園)을 둘러보고, 그곳에서 조금 떨어진 벌교 근처에 있는 그의 어머님 댁에서 하룻밤을 지낸 적이 있습니다. 아침을 맞은 우리에게 제자의 어머님은 자신의 불편한 몸도 아랑곳하지 않으시고, 서울서 멀리 내려온 아들과 저를 위해 아침을 한 상 가득 준비하셨습니다. 남도의 음식이라 맛있었습니다. 손수 보여 주신 정성 때문에 모든 것이 맛났습니다. 당신이 스스로 하루 이틀 전에 아들을 위해 준비한 생선이며, 자연산 굴이며, 굴비구이 등에 가슴이 뭉클해질 수밖에 없었습니다. 밥을 한술 뜨기 전에, 그의 어머님의 간절한 기도에 저는 한 번 더 숙연해졌었습니다. 이렇게 우리에게 생명을 주신 것에도 감사할 수밖에 없으며, 아들의 귀한 스승이 같이 당신의 집에서 밥 한술이라도 같이 뜨는 귀한 즐거움을 맛보는 것도 감사할 수밖에 없는 당신이 주신 행복이며, 더욱더 정진하여 세상의 소금이 되도록 격려해 달라는 말끝에, 이제 아침식사를 끝내고 다시 서울로 바삐 올라가기 위해 몇 시간 동안 운전해야 될 당신의 아들이 행여 조급한 나머지 난폭운전을 하지 않도록 아들의 마음을 잡아달라는 기도도 빼놓지 않으셨습니다. 그녀가 그날 아침에 바랐던 것은 '빈' 빔이 아니라, 오늘의 일상을 위한 '참' 기도였습니다. 그런 어머니의 기도 아래, 모처럼 저는 맛있는 집밖에서의 집밥을 먹었습니다. 기쁘고 즐거운 순간을 보내고, 그렇게 어머니와 헤어진 제자와 같이 서너 시간을 달리다가 휴게소에 잠깐 들릴 기회가 있었습니다. 커피를 한잔하면서, 내게 그가 물었습니다. '교수님, 제가 왜 가능한 서두르지 않고 천천히 운전하는지 아세요? 하고 묻더니 어머니가 아침에 기도하신 대로 제가 지키고 있기 때문입니다!'라고, 제 스스로 먼저 답했습니다. 이미 85세를 넘기신 제자의 어머니, 골절로 한 번 다리를 다치셔서 거동이 불편하신 그의 어머니는, 자신의 아들과 저에게 오늘도 우리의 자신을 되돌아보고, 오늘, 방금을 살아가라는 관과 행의 용기를 주신 것입니다. 저는 그와 그의 어머니, 그리고 아침이, 그리고 그와 가 본 아침 5일장, 서울로 올라오면서 그와 주고받은 이런저런 이야기에 내내 행복했습니다. 행복은 본질적으로 자기 자신에 대해, 깊은 약속의 짐을 지지 않는 그렇게 소박하고 소소한 것입니다. 그저 기쁘면 기쁜 것으로, 즐거우면 그저 즐거우면 되는 일이고, 행복하면 그저 행복하면 되는 일일 뿐입니다. 그 기쁨, 그 즐김, 그 행복이 어떤 것이어야 하는지에 대해 그 어떤 고상한 주석을 달아 그것이 무엇이어야 하는지를 길게 설명해야 할 이유가 없을 성싶습니다.

그렇습니다. 행복에는 유별난, 자기 혼자 숨겨 놓고 자기만이 비밀스럽게 즐길 수 있는 그런 유별난 샛길이나 자기만을 위한 비방은 없습니다. 모든 기쁨, 모든 즐김, 모든 행복은 본질적으로 일상적이며 소소한 것들로 시작할 뿐입니다. 인간의 행복에 대해 연구하는 대가들이 한결같이 동의하는 것이 있는데, 행복이라는 것은 사소하고 소소한 것에서부터 무럭무럭 키워진다는 견해입니다. 그 누구든 정말로 행복해지고 싶으면, 자신의 일상에서 소소한 기쁨을 자주 즐겨야 한다는 것이 저들의 지론입니다. 다른 사람들의 눈에는 시답지 않거나 시시한 것처럼 여겨지게 될는지는 모르지만, 내 스스로 그런 시답지 않은 것을 해내는 기쁨과 그것의 즐김이 바로 행복의 진수입니다. 일상에서 오는 소소한 기쁨과 즐김을 여러 가지 형태로 하루에도 수없이, 자주 느끼는 것이 행복일 것입니다. 행복은 작은 기쁨들의 모판이나 다를 것이 없습니다. 기쁨이라는 모종들이 매일같이 불쑥불쑥 고개를 쳐드는 그것을 즐길 수 있어야 그것이 바로 행복입니다. 그러니까 그 무슨 대통령이나 유명 영화배우와 식사를 같이하거나, 복권에 당첨되는 것처럼 일순간의 덩치 큰 기쁨을 경험하는 것도 중요하겠지만, 그런 것을 막연하게 기대하기보다는, 나 자신의 일상에서 필요한 것들이나 소망들, 말하자면 그동안 미루고 미루어 오던 걷기, 그 걷기, 그러니까 최소한도 10리, 4km 정도 걷기를 작정하고, 그것을 정말로 내 두 발로 해냈을 때, 자신도 모르게 내 자신에게 생겨나는 작고도 소소한 그 기쁨들이 그 어떤 것보다 더 나의 삶에서는 값진 것입니다. 내가 나에게 무엇인가 해내 보인 것이 바로 기쁨이고 즐김이며, 행복의 본질이기 때문입니다. 내 스스로 내 자신이 내게 장하다고 여겨지는 그 기쁨이 바로 행복이고, 좋은 삶의 원칙입니다. 행복은 남에게 자랑하기 위해, 드러내 보이기 위해 필요한 것이 아닙니다. 행복은 어린아이를 편안하게 해 주기 위해 도닥이는 어머니의 손길처럼 일상적이고 소소한 것들입니다. 기쁜 일, 그런 일을 한번에, 단숨에 경험하는 것보다는 그런 작은 기쁨, 작은 즐김들을 가능하다면 자주, 하루에도 여러 번씩 경험하는 사람이 자기 자신에게 자기 스스로 자랑스러운 사람이며 동시에 행복한 사람입니다. 그런 소소한 기쁨과 즐김, 그리고 그것을 통한 행복을 경험하는 일은 그리 어렵지 않습니다. 그저, 아내나 남편의 볼에 뽀뽀를 자주 하거나, 아내의 엉덩이나 남편의 허리를 편안하게 만져 주거나, 커피 한 잔이라도 맛있게 마시고, 평소에는 즐기지 않던 아이스크림이라도 아내나 남편, 혹은 가족들과, 처음 맛보는 그런 신기한 음식인 것처럼 기쁘게 나누는 그런 사소하고도 소소한 행동이 바로 기쁨을 즐기게 만들어 줍니다. 그렇게 사소하며 뻔한 것, 많은 시간이 들지 않지만 일상적으로 할 수 있는 것을 늘 그렇게 해내야 행복에 젖어들게 되는 것입니다. 속담에, 가랑비에 바지 젖는지 모르고 지낸다는 그 말대로, 행복 역시 가랑비처럼, 그렇게 그렇게 자신의 삶에 슬그머니, 슬그머니 젖어들어야 하는 것입니다.

자신의 일상적인 삶, 소소한 삶에서 기쁨을 받아들이며 즐길 수 있는 용기 있는 사람은, 그러니까 자신이 일상적으로 자신의 삶을 관행하는 사람은, 붓다가 제자들에게 일상을 어떻게 살아가야 하는지를 말하고, 자신 역시 자신의 일상을 어떤 식으로 살아가겠다고 했는지를 소상히 드러내고 있는 『숫타니파타』에서 일컬은 말처럼, '홀로 걸어가고, 게으르지 않으며, 비난과 칭찬에도 흔들리지 않고, 소리에 놀라지 않는 사자처럼, 그물에 걸리지 않는 바람처럼, 진흙에 더럽히지 않는 연꽃처럼, 남에게 이끌리지 않고 남을 이끄는 사람'들일 것입니다. '그런 사람을 현자로, 그런 현자가 바로 성인이라고 생각한다.'라는 말을 통해 지시하고 있는 붓다의 그 말의 핵심은 남에게 이끌리지 않고, 남을 이끄는 사람의 일상적인 삶, 관행적인 삶에서 드러나게 됩니다. 붓다가 살아생전 일상의 삶에서 어떤 일을 했는지를 알려 주고 있는 불교경전 중에서도 가장 초기 경전인 『숫타니파타』에 실린 이 말은, 어쩌면, 관행이 무엇이며, 관행이 어떤 기능을 갖는지를 보여 주고 있는 말인지도 모릅니다. 물론 관행에 대해 설명하다 보니, 그 의미가 조금 거창해졌습니다만, 관행이라는 개념을 그 무슨 항마성도(降魔成道)의 효력을 갖고 있는 개념이나 주문이나 주술(呪術)처럼 생각하거나 받아들일 필요까지는 없습니다. 항마성도라는 말은, 그러니까 일국의 왕자로 태어나 오랜 수행을 거쳐 큰 깨달음 끝에 성불(成佛)하여 중생구제자로 거듭난 붓다의 그 모든 행적을 일컫는 말입니다. 그 보통 사람들 스스로 항마성도를 자신의 삶을 관행하는 일이어야 한다고 받아들일 필요는 없습니다. 그 누구든 붓다가 될 수는 없어도 붓다처럼 행동하려고 노력할 수는 있었기 때문입니다. 다만, 항마성도라는 고사가 일러주듯이, 살아가면서 자신의 삶에서 만나는 그 마(魔)는 우리네 일상생활에서 매일같이 겪는 그 고통과 어려움을 상징하는 것이라고 받아들이면 됩니다. 우리의 눈에는 구체적으로 드러나지 않지만, 우리의 마음을 삿되게 만들고 있는 지금, 당장의 욕심덩어리들인 그 마(魔)들을 자기 스스로 제어하고 다스릴 수 있다는 것은, 보통 사람의 행동으로서는 붓다의 그것과 크게 다를 것이 없게 됩니다.

　관행의 철학, 관행적인 슬기로서 자신의 일상적인 삶을 살아가는 것은 자신의 삶을 나름대로 자기 스스로에게 소소한 기쁨을 만들어 가며 그것을 즐기는 것과 다르지 않습니다. 자신의 시간을 깨달을 수 있는 능력을 갖게 되고, 그로부터 자신의 삶을 삿되게 만드는 일에 가능한 무심하도록 도와주는 삶의 관행이라는 슬기는, 생각하건대, 인류 전체의 행복은 아니더라도, 적어도 그리고 최소한 오늘을 빠듯하게 살아가고 있는 제 자신, 그리고 저와 비슷한 생각을 갖고 있는 주위의 몇 사람들에게는 나름대로 행복에 이르는 지혜로 작용할 듯합니다. 사실, 저 같은 교수직에 있다가, 법이 정한 대로 나이에 맞게 정년을 맞은 사람이나, 높은 지위에 있다가 이런저런 일로 인해, 불현듯 자신의 직(職)을 그만둔 사람에게 있어서, 관행이 자신에게 어떤 의미를 주고 있는지를 피부에 가장 와 닿게 하는 말이 하나 있다면, 그 말은 바로『논어(論語)』「학이」편에서 공자(孔子)가 이야기한, '인부지이불온 불역군자호(人不知而不慍 不亦君子乎)'라는 구절입니다. '인부지불온이면 불역군자호', 그러니까 남이 알아주지 않아도 결코 원망하거나 서운해하지 않는 사람이 바로 어진 사람이라는 군자 됨의 슬기를 알려주는 그 말, 구구하게 알아줌에 연연함이 없이 일상을 살아가는 사람이 바로 현자(賢者)로서의 슬기 있는 사람의 처신이어야 한다는 공자(孔子)의 그 말에 공감한다면, 그것은 이미 자기 스스로 자기 몸을 관(款)하고 행(行)하고 있는 것과 같습니다. 사회에서, 제 나름대로의 명망가다운 직책을 누리면서, 한동안 나름대로 존경이든, 그 무엇이든 다른 사람들의 눈에 부러운, 혹은 그 이상의 시선을 받아 오며 살아왔던 사람들로서, 더 이상 세간의 주목을 받지 못하거나, 예전처럼 세상이 자기를 알아주지 않을 때 느낄 수 있는 공허감이나 상실감 같은 것이 있을 수도 있습니다. 사람들이 가질 수 있는 욕망 중에서도, 남들이 자신을 영원히 알아주었으면 하는 욕망이 저들에게는 무엇보다 클 것이기 때문입니다. 그 욕망이 그 어느 날 꺼져버리면, 크게 좌절할 것이 분명합니다. 그래서 붓다가 그런 이들에게 일찍이 말했습니다. "욕망은 등불의 기름처럼 사람들을 불태우기 마련입니다."라고 말했습니다. 그러니 누군가에 의해 삶의 욕망이 꺼져지기보다는, 내 스스로 먼저 나의 욕망의 기름불과 심지를 조절해야 할 것입니다. 욕망의 장작불에 기름을 더 이상 붓지 않으면, 기름이 떨어지면, 불꽃은 저절로 사그라들거나, 사라질 것이기 때문입니다.

공자의 말씀인, '인부지이불온 불역군자호'라는 글귀를 마음속에 저장해 놓고, 그 말의 뜻을 뇌기만 해도 마음이 이내 편해지고, 다시 자신의 삶을 관행하는 힘을 얻게 됩니다. 과거의 명성, 과거의 지위에 연연하는 것도 어쩌면, 이미 말한 손실회피효과 때문일 수 있습니다. 일상적인 삶에서는 그 누구나 집착하기 마련인 손실회피효과를 정화시키기 위한 조처로서, 마음 고쳐먹기로서의 마음 성형, 마음의 가지치기, 마음 설거지하는 일 같은 것을 머릿속으로 생각만 해도 그것은 관행의 시작이 됩니다. 온전한 인간으로 태어나 가능한 완전한 인간으로 살아가려는 그런 의지와 노력을 경주하는 사람의 모습이 관행적인 사람의 자세이며, 마음가짐입니다. 세상에 살면서 공자(孔子)가 일러준 대로 살다 보면 현자라고 하더라도, 사람들의 이런저런 말에 속을 수는 있을 수 있습니다. 그런 말들 때문에 어리석게 당하는 삶을 살아가지 않는 사람이 '정유인언(井有人焉)'의 사람, 그러니까 결코 헛된 것으로 자기 자신을 속이지 않는 사람입니다. 자기가 자기를 속이는 일을 가장 먼저 경계할 수 있는 사람이 바로 관행적인 사람이라는 점에서, 관행으로 일상을 살아내는 사람은 자기 스스로 자기 자신에게 먼저 정직하게 됩니다.

정유인언이라는 말에 조금 더 토를 달아가며, 그 말이 지닌 그 사정을 설명하겠습니다. 공자의 제자 중에는 여러 종류의 인물들, 성품이 고약한 인물도 있고, 그렇지 않은 인물도 있었습니다. 그중 한 명이 재아(宰我)라는 인물인데, 재아는 다른 제자들에 비해 불성실한 제자로서 사람들을 근거 없는 말로 현혹하기를 좋아하고, 전통을 부정하기를 좋아하는 그런 종류의 인물이었습니다. 공자 문하에 갓 들어온 그는, 공자에게 있어서는 아픈 손가락과 다름없었습니다. 제자 중에서는 나름대로 똑똑하기도 하고, 말도 잘하는 달변가이기도 했지만, 반대로 공자를 이렇게, 저렇게 시험해 가며 골려 먹으려고 했던 못된 제자였다는 양면의 모습을 지니고 있었습니다. 재아는 공자에게 성실하지 않았던 제자였습니다만, 똑똑하기는 이만저만이 아니었습니다. 하루는 그가 학당에 나타나지 않아, 모두가 그의 결석을 의아했었는데, 그는 점심이 되자 공자 앞에 불쑥 나타납니다. 그렇게라도 나타난 그를 반기며, 스승인 공자가 그와 겸상을 하게 됩니다. 스승 앞에서 재아는 당돌한 질문을 합니다. "선생님, 어진 사람이라고 하면, 우물에 사람이 빠지면 마땅히 뛰어들어 구해야 하는 거 아닙니까?(宰我問曰 仁者 雖告之曰 井有人焉 其從之也)"하고 묻습니다. 그는 스승에게 "어진 사람들,

그러니까 사랑을 앞세우며 사랑을 소중히 여기는 사람이 바로 인자인데, 그런 인자에게 누가 어려움에 빠졌다고 말하면 어진 사람이라고 한다면 그는 무조건 어려움에 빠진 사람을 구하기 위해 내달아 가야 하는 것이 아닙니까?"라고 묻습니다. 어진 사람이란 도대체 어떤 부류의 인간인지를 공자에게 시험해 보려는, 제자의 당돌한 질문이었던 것입니다. 어쩌면 이 질문을 마지막으로 재아는 공자학당을 그만두려는 심사를 가지고 있었는지도 모릅니다. 스승인 공자가 마음을 가다듬고 그에게 대답합니다. "어찌 그러랴. 군자를 우물까지 가게 할 수 있어도 그 속에 빠지게 할 수는 없다. 그럴듯한 말로 군자를 속일 수는 있지만, 군자가 끝내 망칠 수는 없다. 그러니까 아무리 현자의 마음을 지닌 사람이라고 하더라도, 세상의 이런저런 유혹이나 말에 찰나적이나마 속을 수는 있겠지만, 이내 그리고 끝내 그런 속임수를 간파하고, 속임수에 놀아나지 않을 뿐만 아니라, 세상 돌아가는 일에 그냥 멍청하게 당하거나, 자신을 망쳐버리지는 않는다."는 말로, 어진이 됨의 진실을, 거친 마음으로 자신에게 도발하는 제자 재아에게 말해 줍니다. 살아가면서 자기 자신을 다스릴 수 있는 관행의 힘을 제자인 재아부터 먼저 기르라고 그를 도닥여 줍니다. 그런 문답과 자기 다스림을 통해 크게 깨닫게 된 재아는 공자를 모시고 14년의 풍찬로숙(風餐露宿)을 견뎌냅니다. 재아가 공자와 더불어 익히며 배우면서 거듭난 모습을 보여 주었기에 재아는 후대 왕조에서는 공(公)으로 존중받는 인물로, 역사에 그 이름을 남기게 됩니다.

사람이 살아가면서 어찌해야, 관행을 하는 데 도움을 받을 수 있는지 그 방법에 대해 이야기를 하겠습니다. 아리스토텔레스나 에피쿠로스가 살아가던 당시 그들 스스로 자신의 환경에서 선택할 수 있었던 관행의 방법들은, 엄격하게 이야기하면 당시 아리스토텔레스는 관행이라는 말보다는 깊은 사유로서의 관상(觀想)이나 관조(觀照)라는 말을 썼고, 에피쿠로스는 평정심이라는 말을 썼지만, 지금의 우리의 삶에게도 크게 참고가 될 수 있습니다. 저들이 살던 그 시대나 지금의 이 시대나 인간의 정신이나 의식은 그렇게 엄청나게 달라지지 않았기 때문입니다. 물론, 물질문명과 정신문명의 발달 속도에는 엄청난 괴리와 지체(遲滯)가 있는 것은 사실이지만, 하루라는 일상을 살아가는 데 요구되는 인간의 의식과 양심은 우리가 그저, 그 정도로 참아낼 수 있을 정도의 간극만이 있을 뿐이기 때문입니다. 그때도 아침에는 밥 먹고, 밤에는 부부가 사랑했던 것처럼, 지금도 그것은 마찬가지일 뿐입니다. 아리스토텔레스는 당시, 자기 스스로 관행적인 삶을 살기 위해, 사유하며 이성적으로 살아가는 삶을 더욱 더 일상화하기 위해 그 스스로 4가지 방법을 구체적으로 강조한 바 있습니다. 아리스토텔레스가 권했던 4가지 방법 가운데 그 첫째는 자신의 삶에서 슬기로움, 그러니까 지혜를 가능한 많이 찾아내라는 요구였습니다. 자신의 삶에서 지혜가 많을수록, 슬기롭게 살아갈수록 자신의 하루를 관행적인 삶으로 더 알차게 살아갈 수 있다고 가르쳤습니다. 자신의 삶에서 슬기를 가져야 한다는 말은 성현들의 말에서는 어김없이 강조되는 말입니다. 저로서는 『명심보감』에서 일러주고 있는 심부부인 면무참색(心不負人 面無慙色)의 삶이 바로 슬기, 그리고 지혜의 관행적인 삶이라고 생각합니다. 그러니까 마음속으로 남을 배신하지 않으면, 남을 저버리지 않으면, 거짓됨이 없으면, 자신의 얼굴에 부끄러운 빛이 나타나지 않는다는 그 '심부부인 면불참색'의 삶이 슬기와 지혜의 삶이 됩니다. 이 말은 비단 남을 향해서만 해당되는 말이 아닙니다. 자기 자신, 자기 스스로에게도 어김없이 해당되는 말입니다. 자기 스스로 자기 자신을 배신하지 않는 삶을 살아간다면, 자기 자신에게 자기 스스로 거짓이 없으면 자신의 얼굴에 부끄러운 빛이 나타나지 않을 것이기 때문입니다. 면불참색, 그러니까 자기 자신의 얼굴이 부끄럽지 않기 위해서는 미리, 자기 자신의 몸에 대해 채비를 해야 하겠는데, 그렇게 하기 위해서 저는 예수가 가르쳐 준 기도문만 하루에 몇 번씩 되뇌기만 해도 가능할 것이라고 생각합니다. "…우리에게 죄지은 자를 용서해 준 것 같이 우리 죄를 용서해 주시고, 우리를 시험에 들지 말게 하옵시고, 다만 악에서 구하옵소서." 하고 읊조리기를 반복하기만 해도, 제대로 마음가짐이 된 사람이라면 제 스스로 자신을 되돌아보고, 앞 짚어 보면서 지금을 살아가게 될 것이기 때문입니다.

자신에게 면불참색하는 삶은 자신의 일상에서뿐만 아니라, 직무현장에서도 있는 그대로 요구되는 슬기입니다. 면불참색의 삶은, 직무현장에서도 행복한 직장인으로 살아가게 만드는 동력이 될 것입니다. 면불참색의 일상성이 관행적 삶의 토대가 되기 때문입니다. 면불참색, 자신에 비추어 보아 자신에게 스스로 부끄럽지 않을 일처리의 능력은 높은 생산성 정신과 연결될 것이기 때문입니다. 일본의 대표적인 인재개발 전략가인 아이하라 다카오 HR 어드밴티지 대표는 『왜 성공하는 사람만 성공할까』에서 자신의 일, 자신의 삶에서 성공하는 '하이퍼포머(High Performer)'들의 특징을 간추려 제시했는데, 그것의 핵심은 높고 일관된 관행력의 유지와 실천이었습니다. 아이하라 다카오가 대기업뿐만 아니라 중소기업들을 위한 컨설팅을 통해 수많은 하이퍼포머의 행동특성을 관찰, 연구한 결과에 의하면, 대부분의 하이퍼포머에게는 공통적으로 5가지 속성들이 내재되어 있었습니다. 그 첫째는, 성공하는 직원들은 입사 초기부터, 하는 일마다 성공한 것은 아니었습니다. 그들의 성공은 작은 실패를 통해 자신의 성공을 훈련함으로써 이루어졌습니다. 그러니 성공하려면 작은 실패로 자신을 철저하게 훈련해 두라는 것입니다. 두 번째로, 큰 행동, 거창한 일보다는 작은 행동을 지속적으로 실천함으로써 자신 스스로에게 작은 기쁨과 작은 즐김을 계속적으로 추구하는 속성이었습니다. 셋째로 모든 것을 자신 혼자 독식하려고 하지 말고, 동료들도 같이 성공하도록 제언하며, 도와줌으로써 같이 성공에 이르도록 하고, 넷째로, 우연한 성과를 지나치게 내세우거나 기뻐하지 않고, 오히려 그런 성과를 경계하며 자신의 일을 일관되게 밀어붙이고, 마지막으로, 자신의 환경이 바뀌면 그런 환경에 머뭇거리거나 저항하지 말고, 바뀐 환경이 요구하는 것이 무엇인지를 살피며 이내 그것에 적응하는 속성이었습니다. 이런 5가지 행동적인 속성들 가운데, 두 개 이상의 요인들이 조합되거나 결합됨으로써 보통 직원들을 고(高)성과자로 만들어 놓는 선순환의 기점을 만들어 주었고, 일단 그런 하이퍼포머의 선순환이 이루어지면, 성공을 위한 순환 구조의 특성상 자신의 일에서 높은 성과를 위한 일정한 패턴들이 강화되는 것이었습니다. 아이하라 다카오가 말하는 5가지 성공요소들 가운데 두세 개의 다른 요인의 결합이나 조합에 의한 선순환구조의 '패턴화'는 그냥 저절로 일어나는 것이 아니었습니다. 본인 스스로 본인의 과거를 되돌아보고, 미리 짚어 보며, 지금, 방금, 금방에 대한 자신의 확실한 점검 능력에 의해 가능해졌던 것입니다. 바로 이 점검 능력이 저들에게는 저들의 삶을 위한 직무상의 관행력을 지칭하는 것이나 다름없습니다. 아이하라 다카오의 '성공하는 사람만 성공한다.'는 그 말은 달리 표현하면, 관행하는 사람만 더 성공한다는 그 말과 하나도 다를 것이 없게 됩니다.

자신의 삶에서 지혜를 발휘하는 데 도움을 주는 관행적인 삶을 살기 위해서 필요한 두 번째 방법으로 아리스토텔레스가 추천했던 것이 바로 '한가(閑/閒暇)한' 삶에 대한 필요성과 중요성이었습니다. 그는 자신의 일상에서, 가능한 자신의 삶을 한가롭게 가져가라고 요구합니다. 일한답시고, 그냥 맥없이 번다함으로 자신의 삶을 속이기보다는, 어떻게든 부질없이 바쁘기만 한 삶에 그냥 빨려 들어가지 말라고 충고합니다. 그런 바쁜 삶을 마치 없어서는 안 되는 자신의 삶인 것처럼 받아들이지 말라는 것입니다. 자신의 바쁜 삶을 조금 더디게 가게 하라고 말합니다. 한가하게 살아야만 자신을 관행할 수 있다는 그의 말을, 결코 일을 하지 말라는 말이 아닙니다. 물론 여가만 즐기라는 말 역시 아닌 것은 마찬가지입니다. 기분 전환을 위해 여가도 필요하고 놀이도 필요합니다. 그런 여가, 그런 놀이를 하면서도 그중에서 한가함을 찾아내고 즐기라는 것이 아리스토텔레스가 말하는 한가함의 핵심입니다. 여가를 일이나, 작업으로 만들어 놓지 말라는 조언입니다. 일 가운데에서도 나름대로 한가함을 즐기기 위해서는, 그러니까 움직이면서도 동시에 움직이지 않는다는 뜻의 동중정(動中靜)이 필요합니다. 동중정의 묘미를 삶에서도 마음껏 즐기기 위해서는 각자가 자신의 일을 열심히 하면서도, 여가를 때때로 즐기면서도 불필요한 것, 그러니까 헛되고 삿된 분주함에 매달리거나, 그런 것들에 시달리지 말아야 한다는 뜻입니다. 아리스토텔레스가 우리에게 요구하는 한가로움은 옛날에 사람의 마음이 한가하게 되면 몸은 저절로 한가해진다(心閒身自閒)는 그 말이 풍기는 모든 여유로움, 그러니까 '몸'의 여유로움을 말하는 것입니다. 분주하다는 말의 반대어가 한가함이라는 말인데, 이때 한가로움을 뜻하는 한자로 우리의 선조들은 한가(閑暇)라는 단어를 썼습니다. 여기에서의 한(閑)자는 틈을 말하는 것입니다. 이때의 한(閑)자는 외양간에 빗장이 잠겨 있기에, 그 옛날 그 어느 집이든 농사하는 집이라면, 집에서 소나 말이 외양간에 갇혀 있을 때 생기는 여유로움, 그러니까 주인 역시 별다른 걱정 없이 쉴 여유, 쉴 틈이 있게 되어 자연스럽게 생기는 여유로움, 쉴 틈이나 쉴 짬을 말합니다. 굳이 억지로 서두르지 않아도 될, 너무 바쁘게 삶의 속도를 내지 않아도 되는 그런 여유로움을 말합니다. 한(閑)자의 뜻은 원래 외부의 침입이나 혹은 내부에서 밖으로 튀어나가는 것을 막는다는 말로서, 다른 무엇의 침입이나 방해를 자연스럽게 억제시킴으로써 생기게 되는 시간적 여유, 심리적인 여유를 말하게 됩니다. 이 글자와 비슷한 단어로서, 물론 조금 다른 뜻을 갖고 있는 단어인, 한가할 한자인 '閒'자를 들 수 있습니다만, 한(閑)자나 한(閒)자는 같은 의미로 써도 무방합니다. 한(閒)자 역시 한(閑)자처럼, 빈틈을 말하기는 하지만, 그 뜻은 대문의 두 문짝 사이로 달빛이 젖어올 때 생기는 여유로움과 같다는 뜻에서, 공간과 공간 사이에 틈이 나 있을 정도의 쉼을 말하는 것입니다. 같은 '틈'이라도 문(門) 안에 달(月)이 붙어 있게 되면 공간적인 틈, 공간적 여유를 말하지만, 나무(木)가 붙게 되면, 일이나 노동을 하다가 생기는 여유나, 시간적 틈을 말하게 됩니다. 아리스토텔레스가 우리에게 말하는 한가함은 시간적인 여유와 공간적인 틈 모두를 말하는 그런 여유와 한가로움입니다.

　쓸데없이 분주하지 않으려면, 일하면서도 더디 가려는 마음, 한가하려는 마음의 여백을 넓히려면, 마음 줄을 튼튼하게 단련해 내야 가능하게 됩니다. 일을 하면서도 자신의 일상을 되돌아봄으로써, 자신이 하고 있는 일이 일다운 일인지를 음미하는 삶을 습관으로 만들어 가는 것이 한가로운 삶을 만들어 냅니다. 왜 사는지도 모르며 살아가는 삶은, 그것이 제아무리 부귀공명을 약속하는 일이라고 하더라도, 그 속에서 한가로움이라는 여유가 자리를 잡고 있지 못하면, 그것은 번다함의 또 다른 도가니가 될 뿐입니다. 돈 통에 빠진 채 나오지 못하고 그곳에서 버둥거린다면, 그 허우적거림은 그에게는 기쁨이 아니라 고통이 될 것입니다. 돈더미 밖으로 헤어 나오지 못한 채 죽음을 떠올리게 만드는 공포이거나 불안과 크게 다르지 않을 것입니다. 그 어떤 일이든, 자신이 하고 있는 일에 특별한 고려 없이 이렇게, 저렇게 스며든 번다(煩多)함들은, 말하자면 권력자의 그것이든, 재력가의 그것이든, 명망가의 그것이든 간에 관계없이, 그냥 분주함이며 허망함이 될 뿐입니다. 삶의 향기나, 삶의 여백이 없는 활동들의 전시나 열거에 지나지 않게 됩니다. 관행의 힘을 알고 있었던 성현들은 오래전에 무위(無爲), 즉 한가함을 제대로 알기만 하면, 자신이 해야 할 혹은 하고 있는 현재의 수많은 일들 중에서도 정말로 해야 할 것, 하지 않아도 될 것, 하지 말아야 할 것이 어떤 것인지를 단박에 가려볼 수 있는 여백을 갖게 된다고 말했던 것입니다. 관행적인 삶을 위해 가능한 한가로워야 한다고 말한 아리스토텔레스의 그 조언은 요즘 말로 말하면, 관행의 삶을 즐기기 위해서는 자신의 삶에서 시간관리(Time Management)를 제대로 하라는 말과 크게 다르지 않습니다. 건강한 삶을 위해 늘 운동하며, 수험생인 경우 시험에 대비해서 필요한 것은 먼저 예습하고, 시답지 않은 일들은 가능한 뒤로, 멀리하는 것이 좋다는 그런 일상적인 시간관리만 제대로 해도 되는 일입니다. 자기가 그토록 매일같이 기름진 음식으로 불려놓은 복부비만을 단숨에 약으로 빼거나, 수술로 기름을 빼내려고 하면 그것은 자신의 몸에 관한 제대로 된 시간 관리가 아닌 셈입니다.

셋째로, 관행의 삶은 온 생애에 걸쳐 이어지며, 매일같이 자신의 몸을 위해 실천되어야 합니다. 관행의 삶, 관행의 능력은 삶의 그 어느 한 단계에서 필요한 것이 아니라, 살아가는 동안 그 모든 과정에서 이루어지도록 노력해야 한다는 것이 아리스토텔레스가 행복을 원하는 이들에게 가르쳐 준 세 번째 가르침입니다. 관행은 인생살이 가운데에서 그 어느 특정 시기에만 요청되는 노력이거나 활동이 아닙니다. 관행의 힘은 일생에서 가장 역동적인 모습으로 살아가는 청년시기, 그 후의 장년시기, 아니면 삶을 지긋이 내려다볼 수 있는 노년시기에 이르기까지, 삶의 그 어느 한 시기에서만 필요하거나 요구되는 그런 명사(名詞)적인 힘이 아니라는 것입니다. 관행은 태어나서 죽는 그 순간에 이르기까지 삶의 모든 생애, 그러니까 내 인생살이 전체에 걸친 온 생애적인 힘이며 동사적인 활동이어야 한다는 것입니다. 관행은 생의 요소이며, 삶의 여백이며 삶에서 뿜어나는 향기 같은 것이어야 한다는 것입니다. 행복한 삶을 살아가려면 한순간 자신의 삶을 성찰하며 반추해내는 잠정적인 힘으로서의 관행이 아니라, 자신의 온 생애에 걸쳐 일관되게 발휘되어야 하는 삶의 역동을 위한 하나의 동사(動詞)적인 방법이어야 한다는 것입니다. 삶의 옳은 방향을 이끌어내는 방향타로서 요구되는 힘이 바로 관행이라는 것입니다. 관행의 활동이나 방법은 삶의 발달단계에 따라 그 적용방식이나 펼쳐지는 모습이나 역할들이 조금씩은 조건에 따라 다를 수밖에 없지만, 관행의 핵심과 본질은 결코 변하는 것이 아닙니다. 삶 전체에 걸쳐 일관되게 나타나야 하는 관(觀)과 행(行)은 바로 인생의 발달단계상 온 생애적으로 작동되어야 하는 힘이며, 그런 일관되고 연속적인 활동이어야 하기 때문입니다. 예를 들어, 살아가면서 자기 스스로 자기 자신이나 남을 속이지 않는 정직한 삶이 필요한 것은 그 누구에게든 온 생애적인 요구입니다. 아동기에서나 죽음을 바라보는 노년기에서도 한결같이 정직한 삶은 모두 똑같습니다. 상황에 따라 그것의 양태가 달라질 수는 있어도 그 의미는 궁극적으로 똑같을 수밖에 없습니다. 관행은 한 사람에게 있어서 온 생애를 걸쳐 이루어져야 한다는 아리스토텔레스의 가르침은 요즘 말로 말하면, 관행이 생애에 걸친 배움의 과제이어야 한다는 말과 하나도 다르지 않습니다.

마지막으로, 관행하려면, 관행의 힘을 기르려면 가능한, 더욱더 신(神)적인 것에 다가서도록 노력해야 한다는 요청이 아리스토텔레스가 요구했던 네 번째 처방입니다. 관행하려면 관행의 삶을 살아가려면 더욱더 인간 스스로 신(神)의 능력과 신의 힘에 가까워야 한다는 말은, 결코 그 누구든 그 사람이 바로 하느님이거나, 제우스이거나, 예수이거나, 붓다라는 말이 아닙니다. 그들과 똑같으니 그들처럼 하라는 그런 명령도 아닙니다. 아리스토텔레스가 관행의 힘을 기르려면, 신적인 것에 다가서도록 노력하라는 가르침, 신적인 것에 더욱더 가깝게 다가가는 것이 관행의 지름길이라고 가르쳐 준 것은 인간 스스로 영성을 가지라는 말입니다. 당시 사정이 있습니다. 아리스토텔레스 역시 당대의 지성들처럼 하나의 우주관으로서 로고스 우주관을 받아들이고 있었습니다. 당시의 철학자들은 신과 우주의 관계를 하나의 합치된 합일된 관계로 간주했습니다. 우리가 살아가는 우주 전체에는 로고스(Logos), 그러니까 사물을 인식하고 파악하는 인간의 분별이나 이성과 같은 합리성을 담은 신(神)적인 원리가 충만해 있으며, 그런 합리성으로서의 로고스가 인간 개인에게도 내재되어 하나의 지성(Nous)으로 자리 잡고 있다고 본 것입니다. 사람마다 하나의 영혼마다 우주가 깃들어 있다고 보았던 것입니다. 사람마다 각자에게는 우주적인 마음, 우주적인 지성이 깃들어 있기에 사람의 영혼마다 깃들어 있는 우주의 지성을 더욱더 지성답게, 자신의 영혼을 더욱더 우주정신과 그것을 지배하는 신적인 원리에 부합되도록 하는 것이 로고스의 완성이라고 본 것입니다. 로고스의 완성이 궁극적인 신성(神性)의 발휘라고 본 것입니다. 신이 인간에 부여한, 인간 안에 이미 원초적으로 삼투(滲透)되어 있는 신성으로서의 로고스를 발휘하면, 발휘할수록 더욱더 신적인 것에 다가서는 일이 된다는 것입니다. 다시 말하지만, 아리스토텔레스가 말하는 관행으로서의 신성발휘는 네가 바로 신(神)입니다라고 이야기하거나, 특정 종교에서 떠받들고 있는 신(神)을 자신의 주인으로 모셔야 한다는 말이 결코 아닙니다. 행복에 이르기 위해 사람들이 더욱더 관행할 수 있는 능력을 기르기 위해서 가능한 신에 다가서라는 말은, 인간들 자신 안에 신성이 원초적으로 자리 잡고 있기 때문에, 자기 안의 신성이 자신에게 드러내 보이려고 하는 것처럼, 자신의 영성(靈性, Spirituality)으로 신이 보여 주는 것 같은 그런 이성의 관행력을 자신의 삶에서 기르라는 뜻일 뿐입니다. 그러니까 요즘 말로 말하면, 관행력을 기르기 위해서는 영성적이기는 해야 하지만, 굳이 특정 종교에 함몰되는 식으로 그렇게 종교적일 필요는 없다라는 소위 '에스비엔알(SBNR: spiritual but no religious)' 해야 한다는 뜻과 크게 다르지 않았던 것입니다. 행복을 위해서는, 자신의 삶을 행복으로 만들기 위해 더욱더 관행하기 위해서는, 더욱더 'SBNR'의 능력을 길러가야 합니다. 내가 필요로 하는 신은 특정 종교에서 말하는 위협적이며 고답적인 귀신 존재로서의 신이 아니라, 그저 나와 일상적으로 교류하는 사람다운 신, 자연으로서의 신, 그리고 영성을 주는 그런 신이어야 한다는 뜻이기도 합니다. 그러니까 사람들을 단죄하거나 사람을 공포에 떨게 만드는 그런 공포와 괴물로서의 신이 아니라, 그저 인간으로서의 신, 말하자면 나와 매일같이 영성적으로 교섭하는 예수,

붓다, 무함마드, 공자, 소크라테스들, 그러니까 고고학자들의 추정에 의하면 153cm 남짓한 키에 50여 kg의 몸무게를 가졌을 법한 인간 예수, 그 예수의 몸보다 더 야위었을 몸매로 자신의 영성을 그 누구든지 서로에게 주고 나누며 살았을 법한 사람으로서의 붓다, 숨을 쉬다 죽어간 생명체로서의 무함마드 같은 인간으로서 '신'처럼 받들어지는 그런 영성의 사나이들이어야 한다는 뜻입니다. 인간의 '몸'체를 떠난 신들은 내 마음이 아니더라도, 이미 산속, 바닷속, 전쟁터 갖가지 교리들 등등 그 어디서나 마주칠 수 있는 부지기수의 귀신들일 뿐입니다. 내게는 소용이 닿지 않는 잡동사니일 뿐입니다.

에스비엔알(SBNR)은, 신(神)이 이 세상의 삶들과 무관하다는 것을 의미하지 않습니다. 오히려 정반대의 입장입니다. 김용옥 교수가 『기독교 성서의 이해』나 『도마복음이야기』에서 반복적으로 내세우는 논리, 그러니까 하루를 살아내야 될 우리 인간들에게 신(God)이어야 함은, 인간과의 매일같이 끊임없는 만남을 통해 이 세상을 창의적으로 꾸려내는 존재이어야 한다는 그의 논리는 나름대로 타당합니다. 김용옥 교수는, 신이란 존재가 이 세상을 초월하는 존재라고 한다면, 사람 역시 그 신과 무관할 수밖에 없을 것이라고 주장합니다. 그러니까 신과 인간, 신의 존재와 세상의 현상은 서로가 초극과 공포의 관계가 아니라, 서로가 만나고, 서로가 진입하고, 서로가 동행하며, 서로가 웃고 즐기는 일대일의 관계라는 것입니다. 그 신과 나와의 진입관계, 동행관계에는 그 어떤 어줍지 않은 개인이나, 나와 아무런 관계도 없는 타인이 별안간 나를 대신해서 개입되어야 할 이유가 없습니다. 그와 나와의 관계는 은밀하고, 내밀한 영성의 관계일 수밖에 없습니다. 그것을 위한 중개인이나 뚜쟁이들은 필요 없습니다. 저들은 나와 신간의 영성을 위한다는 명분 아래 자신의 잇속을 챙기려고 노력하는 중개인들이기 때문입니다. 신은 내가 이 세상에서 살아야 될, 살아가야 될 의미를 나와 함께 찾고, 그것을 나와 함께 공유하는 나의 영성(靈性)의 본원입니다. 그러니까 에스비엔알은 전문적인 말로는 '수행신학(Performative Theology)', 일상적인 인간의 삶 속에서 일상적으로 작동되고 실천됨으로써 매일같이 거듭나는 영성의 신학을 뒷받침하는 논리인 것입니다. 영성적이기는 하지만 종교적일 필요는 없다는 그 SBNR에 대한 자신의 의지와 신앙적인 결단을 보여 준 위대한 사상가를 든다면 저는 당연히 화란의 스피노자(Baruch de Spinoza, 1632~1677)를 꼽겠습니다. 영원하고 무한한 존재인 신(神)을 향한 사랑이 참된 행복을 가져다준다고 믿은 스피노자에게 있어서, 신(神)은 기존 종교적 전통에서는 감히 넘볼 수 없는 초월적 존재, 인간을 처벌하고 보상하는 그런 길흉화복이나 기복(祈福)신앙에서 추앙하는 그런 신과는 성격이 전혀 다른 신(神)으로서의 영성체입니다. 더없는 행복이나 운수대통을 약속하는 그런 사후의 보상용으로서의 망상이 아니라, 오늘을 살아가는 데 더불어 살 수밖에 없는 상부상조 그 자체이고, 현재 삶의 일부인 자연의 힘 그 자체가 그에게 필요한 영성체였습니다. 그 신을 자기 삶에 놓으려면 인간 스스로 그 어떤 허구적이며 언어적 공포에게 수동적으로 예속되게 만드는 그런 정념(情念)으로서의 '저들만의 신'에 사로잡히지 말고, 처음부터 끝까지 자신의 능력과 자신의 일상적인 욕망을 긍정해야 하는데, 그것이 바로 인간을 위한 영성(靈性)의 요체라고 스피노자는, 우리에게 종교와 신앙의 참뜻을 새롭게 정리하며, 진술하게 가르쳐 준 적이 있습니다.

　에스비엔알(SBNR)의 강령, 그러니까 영성적이기는 하되 교리적이거나, 종교적일 필요는 없다라는 영성 우선의 논리, 그런 신앙의 정신문화가 세상에 자리를 잡게 되면, 그 위에서는 유별난 그 어떤 영리 위주의 특정 교리나 그런 사악한 신이나, 특정 교리로 무장된 종교기관, 그러니까 사회적 기관이나 제도로서의 특성화된 종교는 기대 이상, 필요 이상의 역할을 감당하거나 지탱되어야 할 토대를 상실하게 됩니다. 우리 스스로, 더 이상 특정 종교들 간의 전쟁에 끼어들 필요도 없어지고, 그런 종교들의 폭력에 시달릴 이유도 없어지게 되기 때문입니다. 영성은 필요하되 특정 교리에는 얽매일 필요가 없어지면, 요즘 식으로 서로 경쟁하는 교회나, 사찰도, 성당도, 모스크도 모두 통합되어 하나의 영성체로 하나가 될 것입니다. 저 혼자만에게 만복을 통째로 건네준다는 그런 신을 마케팅하며 저들의 뱃속을 채우고 있는 종교상(宗敎商)들은 더 이상, 에스비엔알의 정신문화 위에는 존재할 수가 없게 되고, 지금과 같은 피비린내 나는 저들 간의 종교전쟁이나 증오도 더 이상 만들어지지 않게 될 것입니다. 영성적이기는 하되 종교적일 필요가 없다는 영성의 문화에서는 하나의 특화된 교리만을 되뇌는 종교집단들의 이기심과, 그 교리의 절대성으로 자기들만이 구원받은 자들이라고 나서며, 다툼하는 종교싸움 역시 발붙일 수가 없어질 것입니다. 피부색이 달라 생기는 증오, 교리가 다르다고 서로 죽이는 신성을 빙자한 잡스러운 싸움 대신, 관용, 똘레랑스, 대화, 이해, 배려의 회복이 우리의 마음에 자리를 잡게 될 것입니다. 영성적이기는 하되, 종교기관적일 이유가 없다는 명제는 요즘 말로 말하면 모두가 영성의 주인들이 될 것을 미리 약속할 뿐입니다. 이제 남은 것은 하나, 자기 스스로 자신의 영성을 어느 수준으로 닦아 올리느냐입니다. 그 수준에 따라 자신의 영성의 질이 달라지게 됩니다. 사람 하나하나, 그 모두가 교회이며, 절(寺), 사원(寺院), 수도원이며, 모두가 하나같이 독립된 믿음이기에, 유별난 특정 종교의 교리는 필요하지 않을 뿐이라는 것은, 그야말로 예수가 도마복음을 통해 전하려고 했던 그 신국(神國), 하늘의 나라가 바로 자신 안에 있고 동시에 자신 밖에 함께 그리고 동시에 있기 때문에 그렇게 될 수밖에는 없는 노릇입니다.

　관행의 삶, 삶에서의 관행력은 공동체적인 삶에서도 유감없이 발휘됩니다. 그것의 위력은 '혼자 살면 무슨 재민겨'라는 불평등에 대한 흙수저들의 절규를 잠재울 수 있기 때문입니다. 각각, 사람들마다 자신의 '몸'으로 생명에 대한 경외와 배려를 하게 되면, 공동체로서의 삶살이는 강조하지 않아도 저절로 이루어지는 덕목과 같아지기 때문입니다. 공동체를 위한 이웃을 위한 배려는 그냥 우연히 나오는 것이거나, 적선(積善)이거나, 동냥 같은 것이 아닙니다. 그것은 생명에 대한 경외이며, 생명에 대한 아낌 같은 것으로 나타나야 합니다. 생명에 대한 경외는 배려하는 사람들 스스로 자신의 삶에 대한 배려에서 자연스럽게 묻어 나오는 지혜이며 슬기 같은 것이 없으면 불가능합니다. 제가 최근 이웃이 제게 그 어느 날 그런 관행력에 기초한 배려에 마음이 뭉클한 적이 있습니다. 2016년 들어 가장 추웠던, 영하 14도의 혹한의 1월 어느 날이었습니다. 저는 이름도 모르고, 그리고 얼굴도 기억이 나지 않는 생면부지(生面

不知)의 어느 젊은 자가용 운전사로부터 받은 정말로 말도 못할 감격과 감사함 때문에 기쁨이 가득한 적이 있었습니다. 내 마음속으로 여러 번에 걸쳐, 이 글을 쓰면서도 몇 번씩, '복 많이 받으세요! 복 많이 받으실 것입니다.'라고 중얼거리며, 지금도 한없이 복을 빌어 주며 그에게 무한한 고마움을 느끼고 있을 뿐입니다. 그날 아침 사정은 이랬습니다. 제가 살고 있는 동네는 경기도 용인시 수지구 광교산 자락, 용서고속도로가 길게 남북으로 뻗은 그곳 중간 지점입니다. 일이 있어 서울 시내로 가려면, 예외 없이 수지 IC 정류장에서 서울행 좌석버스를 타야만 합니다. 신분당지하철이 들어오기 전이기에, 더욱더 용인에서 서울로 이어 주는 교통편은 열악했습니다. 지금도 이곳 산간지역에서는 서울 4대문 안으로 들어가는 좌석버스를 놓치면, 대개는 그냥 그 자리에 서서 한 25분 정도를 서성거려야 그다음 버스를 탈 수 있습니다. 그렇기 때문에, 내 앞에 들어오는 차는 무조건 승차해야 합니다. 출근시간에는 승객들로 좌석이 꽉 차 있기에, 서서 갈 자리조차 없게 됩니다. 그래도 할 수 없습니다. 제시간 안에 서울로 가기 위해서는, 그냥 서서라도 한 45분 정도는 참아내야, 종로 근처까지 가게 됩니다. 여름에는 그나마라도 견딜 수 있지만, 칼바람이 불고, 땅이 얼어붙는 겨울에는 길거리에서 좌석버스를 기다리는 그 자체가 정말로 곤욕스러운 일입니다. 서서 가는 버스 길이라도 저는 그것에 대해 늘 고마워했습니다. 내게 생명 있어, 이런 입석이라고 타고 갈 수 있는 것이니, 이것도 제게는 은혜이고 축복이라는 생각이 들었기 때문입니다. 제가 서 있는, 용인과 서울을 잇는 고속도로로 진입하는 서수지 IC 입구 버스정류장은 광교산 자락, 그러니까 해발 250m 정도에 이르는 산허리에 위치하고 있기 때문에 오는 바람, 가는 추위 그 모든 것을 온몸으로 받아내는 곳입니다. 좌석버스를 기다리다 보면 그 누구도 단박에 알 수 있는 것이지만, 고속도로로 들어가는 자가용 승용차들 10대 중 9대는 그냥 혼자 몰고 가는 일인승 자가용들입니다. 그런 일인승 자가용들이 줄지어 고속도로 입구로 향하고 있었는데, 그중 어느 한 차가 잠시 내 앞에 정차했습니다. 창문을 열고 그 차 운전자인 젊은이가 별안간 "저 역삼역 갑니다. 타실래요?"라고 제게 외쳤습니다. 칼바람을 맞으며 좌석버스가 오기만을 기다리는 제가 꽤나 짠하게 보였을 법했기에, 그가 호의를 제게 베풀려고 했었을는지도 모르는 일이었습니다. 그런 그에게, 저는 제가 가는 곳은 광화문이라고 말하면서 죄송함과, 감사함을 함께 전했습니다. '아닙니다, 감사합니다.'라는 제 대답에, 그는 차창을 닫고 이내 고속도로 입구로 사라져 버렸습니다. 아주 몇십 초 사이에 일어난 일이지만, 저는 제게 천사가 내려온 것 같았습니다. 서양 사회에서 말하는 카풀(Car Pool)은, 혼자 타고 가는 자가운전 출근자들이 동네 사람들이나 지역사회 사람들을 자기가 가는 목적지까지 무료로 탑승시켜 주는 일종의 봉사이며 배려활동을 말합니다. 사람들이 서로 서로 도와가면서 살아가는 모습을 보여 주는 아름다운 봉사정신이 배어 나온 것이 카풀제도입니다. 물론 카풀이 쉽지 않습니다. 위험천만한 사람이 동승할 수도 있고, 목적지도 서로 다르고, 만약의 사고 발생이 일어날 경우 책임 문제 등등 때문에 결코 쉬운 일이 아니기에, 제가 살고 있는 서수지 IC 부근의 일인 자가용 출퇴근자들도 카풀을 쉽게 할 수 없었을 것입니다. 게다가 우리네 심성으로서는 카풀 같은 것이 심정적으로 쉽게 받아들여지는 것도 아닙니다. 저 홀로, 나 홀로 다니는 것이 더 편할 것이라 저 홀로 그렇게 출퇴근하고 있을 것입니다. 그런 여러 사정들이 있을 수 있기에 홀로 가는 자가용 출퇴근자들을 향해 뭐라고 이상한 뜻으로 저들의 일인 자가 출근을 판단할 것은 아닙니다만, 우리 사회가 그저 사람들이 저 좋아하는 말처럼, 그렇게 공동체중심, 이타주의적인 사회가 아니라는 것도 현실이기는 마찬가지입니다. 저는 그날 아침, 그 청년이야말로, 자신의 삶을 관행적으로 살아가는 사람 중의 한 사람이라는 생각을 하지 않을 수가 없었습니다. 그 젊은이 역시 그날 아침을 나름대로 관행하며 직장으로 출근했을 것입니다. 아마, 그는 자신 스스로, 다른 생명을 배려해야지, 오늘 하루라도 좋은 일을 해야지 하는 생각을 미리 했었을 것이고, 그것의 본보기로 길거리에서 버스를 기다리기 위해 떨고 있는 제게 큰 호의를 제안했을 것일 수도 있습니다. 그렇지 않고서야, 그 젊은이가 그 무슨 잘난 맛에 가던 차를 멈추고, 전혀 생면부지인 제게 그런 배려를 베풀어야만 했던 별다른 이유가 없었을 것이기 때문입니다. 젊은이 스스로, 생명에 대한 배려, 이웃에 대한 배려의 관행적인 삶을 살아가지 않고서는, 추운 그날 아침, 제게 자신의 차에 동승하자는 이야기를 건네지는 못했을 것입니다. 어쩌면, 그 역시 저처럼 그 어떤 때, 차 없이, 혹은 차 없던 그 어느 날 바쁜 출근을 위해 마냥 버스를 기다렸을 법한 그때를 가슴속에, 혹은 다른 이로부터 받았던 카풀에 대한 호의를 상기하고 있었을지도 모르는 일입니다만, 그는 무엇인가 그날 큰일, 아름다운 일을 해 냈던 것입니다. 그렇습니다. 받은 은혜를 갚는 것은 꼭 은혜를 준 사람에게 직접적으로 되돌려 주어야 하는 것만을 의미하지 않습니다. 자기가 모르는 사람들에게 조금씩이라도 형편 닿는 대로 다시 베푸는 것이 받은 은혜에 대한 되돌림이고 베품이라는 생각으로 자신을 관행했을 법한 그 젊은이는, 자신이 내게 한 일이 별로 큰일이 아닐 것이라고 생각했을 것입니다. 그것은 결코 그렇지 않습니다. 그 젊은이가 그날 아침 한 일은 정말로 큰 일, 위대한 일, 이웃에게 생명을 불어 내는 일을 했던 것입니다. 그런 젊은이, 그런 관행과 배려의 사람들이 점점 많아질 때에, 이 사회는 그냥 말로만 더불어 가는 사회가 아니라, 정말로 서로서로 살아줄 만한, 살아낼 만한, 살아보고 싶은 생명공동체가 될 것입니다. 2016년 1월 22일 그 아침, 처음 보는 그 어떤 이로부터 저는 아름다운 한 줄기 생명의 빛을 경험한 행복한 날이었습니다. 자신의 삶에서, 소소한 평정심, 아타락시아, 소소한 몸의 여백과 여유를 갖는다는 것은 그리 어려운 일이 아니라는 것을 미국 유학생활 이후 40년 만에 처음으로 다시 맛본, 잊을 수 없는 아름다운 아침, 행복했던 아침이었습니다.

그렇습니다. 아리스토텔레스나 에피쿠로스가 추천했던 행복에 이르는 수단으로서의 그 관상(觀想)과, 배움학자들이 활용하는 관행(觀行)은, 2천 년 전에도 마찬가지였을 것입니다. 자신의 일상에서 자신의 사람 됨됨이를 냉철하게 바라보며 음미하기 위해, 자신 스스로 내면의 소리에 귀를 기울이는 정신적인 자세, 올곧아야 할 인간으로서 원래 자신의 마음을 형상화(形象化)해 내는 마음가짐, 지금 오늘도 바로 그것, 그 자체일 뿐입니다. 내면의 소리에 귀를 기울이는 능력, 자신의 내면에 귀를 기울이는 힘이야말로, 자신의 삶을 '기쁨의 삶으로', 그러니까 행복한 삶, 좋은 삶, 참살이로 이끌어 가는 사람들이 지닌 일반적인 버릇들입니다. 자신을 제대로 관리하는 것이 리더십의 본질이라고 강조하는 스티븐 코비는 『성공하는 사람들의 8번째 습관』에서, 내면의 소리를 듣는 일이 리더십의 토대이고 그것은 바로 자신의 재능과 열정, 욕구, 양심의 모듬이라고 정리해 준 바 있습니다. 그가 말하는 내면의 소리는 바로 개인의 타고난 능력과 그것의 강점, 자신의 일에서 활력을 불어넣으며 동기를 불러일으키고, 세상이 필요로 하는 것을 향해, 어떤 것이 옳고, 그른지를 관찰하고 선택함으로써 옳음을 향해 자신 있게 나아가게 만들어 주는 동력을 말합니다. 1989년 『성공하는 사람들의 7가지 습관』에서, 리더십의 본질은 제도나 시스템과 같은 구조적인 것을 변화시키는 일에 앞서서, 리더들의 내면, 리더들의 품격, 리더들의 됨됨이를 스스로 점검할 수 있는 그 내면을 변화시킬 때 보다 더 강력하게 실현된다고 주장한 바 있는 코비는 모르몬교도입니다. 모르몬교도들은 성부, 성자, 성령이 서로 협력하는 삼신(三神), 그러니까 다른 교파들이 믿는 삼위일체론(三位一體論)을 따르지 않습니다. 즉, 신은 성부(聖父), 성자(聖子), 성령(聖靈)라는 삼위(3인격, 3Persons, 세분, 세 위격)로 존재하지만 질(Essence)은 오로지 하나의 신(神)이라는 교리를 따르지 않습니다. 모르몬교도는 삼위론(三位論)을 믿습니다. 그러니까 하나님을 하나님 아버지와 예수 그리스도 그리고 성신(聖神)이 서로 협력하는 개별적 존재로 간주하며, 인간도 신이 될 수 있다고 믿고 있는 기독교분파이기에 이들을 가리켜 '예수 그리스도 후기성도'라고 부릅니다. 이런 모르몬교도이기에 우리나라에서는 여지없이 이단(異端)으로 단죄시되었습니다만, 저들은 한국의 기독교가 단죄하는 이단소리에 무관하게 '예수' 중심, 예수의 가르침에 더 충실함으로써 저들에게 오히려 제발 사람처럼 검소하고 정직한 교회와 목회자들이 되라고 타이르는 듯한 목회활동을 전개해 왔습니다. 그 모르몬교에 충직한 채 9명의 자식을 둔 스티븐 코비 박사는 43명의 손자와 손녀의 유복한 할아버지로서 인적자원개발과 기업컨설팅에서는 아주 정직하고 윤리적인 리더로 정평이 나 있는 지도자입니다. 그는 참살이에 이르는 습관, 성공에 이르는 핵심적인 습관으로, '자신의 삶을 주도하라. 끝을 생각하며 시작하라. 소중한 것을 먼저 하라. 승-승(win/win)을 생각하라. 먼저 이해하고 다음에 이해시켜라. 시너지를 내라. 그리고 끊임없이 쇄신하라.'고 늘 강조합니다. 자신의 일상적인 삶살이도 자신의 강론과 결코 떨어져 있지 않습니다. 삶을 관행할 수 있는 7가지 생활원칙을 자신의 일상에서 실천하는 신앙방식으로 코비 박사는, 삶의 기쁨과 즐김으로 만들어 내기 위해 내면의 소리에 귀를 기울이며 마음의 소리(Voice of Mind), 그 내언에 따라 신조 있게 생활하는 사람입니다. 자신의 내면에 귀를 기울이는 사람이야말로 신앙에 충실한 삶, 성공하는 삶, 참살이를 실천하는 사람이라는 것이 코비 박사가 본 관행하는 사람의 모습이고, 그를 알고 지내던 한국인들도 코비 박사에게서 그런 관행력을 읽어 내곤 합니다.

사람에게서, 한평생을 살아가면서, 자신의 오래된 습관을 바꾸는 일이 결코 쉽지 않습니다. 버릇을 바꾸는 일이 쉬운 일이 아니라는 것은 누구나 공감하는 일입니다만 그 반대도 마찬가지입니다. 잘못된 습관을 일격에 바꿀 수 있는 것도 바로 사람, 그리고 그 자신일 뿐입니다. 자신의 삶에 도움이 되지 않는 버릇은 바꾸는 것이, 자신의 행복한 일상을 위해 필요한 것을 깨달을 수 있는 것도 사람입니다. 자신의 일상에서, 흡연, 도박, 약물중독, 비만하기, 게을러서 빈둥거리기 등등이 가장 잘하는, 가장 손쉬운, 기쁨을 자아내게 만들어 주는 일상이라고 한다면, 남에게 드러내 보일 만한 그런 좋은 생활습관은 아닐 것입니다. 그런 자신의 습관을 가차 없이 바꿔야, 조금 늦었기는 했어도 태어났을 그때의 초심, 그때의 초신(初身)인 처음 몸으로 되돌아갈 수도 있습니다. 나쁜 버릇, 잘못된 습관을 바꾸는 일에서, 결코 늦는 것은 없습니다. 지금 당장 바꾸는 것도, 내일에 바꾸는 것보다는 훨씬 빠르고 이른 일입니다. 자신 스스로 정말로 자신의 참살이를 원한다면 빨리, 당장, 지금 자신의 잘못된 습관부터 바로잡고 그것을 바꿔야 합니다. 지금까지 자신의 버릇으로 지켜온 버릇은 대부분 자신의 참살이, 좋은 삶, 행복의 윤리를 위해 결코 바람직하지 않은 것들이기 때문에 단숨에 바꿔야 합니다. 그렇게 하기 위해서 먼저 도움을 주는 것이 바로 자신의 일상을 되돌아보고, 앞을 미리 짚어 보며 지금 자신의 현재, 현실에게 나름대로의 여유를 갖게 만들어 주도록 만드는 관행입니다. 제가 아끼는 제자 교수들 중 그 어떤 교수는 젊었을 때 길들여진 자신의 흡연습관을 아직도 버리지 못하고 있습니다. 제 스스로는 남들이 눈치채지 않도록 가능한 모르게 다른 곳에서, 급하게 담배 한 모금을 피운 후 입을 물로 씻어내고 내 앞으로 돌아옵니다. 내 앞에 서서 담배를 피우지 않은 것처럼 말하지만, 그것은 부질없는 그만의 내숭입니다. 내가 이미 그가 담배를 한 모금 피고 나왔음을 알아챈 이후이기 때문입니다. 나 역시 모른 척 내숭을 떨어 주니까, 제자 교수는 그렇게 한 모금의 흡연에, 어쩌면 이번에도 나를 멋있게 속여 먹었다는 짜릿한 그러나 헛된 자기 기망(欺罔)에 갇혀 있을 수 있습니다. 스스로 흡연이라는 감옥에 갇혀 사는 수인(囚人)이나 별다를 것이 없을 뿐입니다. 내 앞에서 말한 그의 금연은 그저 늘 입으로만, 말로만 금연하겠다고 반복적으로 되뇌는 고장 난 카세트테이프의 소리와 다르지 않습니다. 자신의 '몸'이 흡연의 사슬, 흡연의 버릇에 묶여 있는 그의 못난 행동을 뻔히 알지만, 그가 행여 무안하고 무색할까 봐, 제 스스로 그의 흡연 이야기를 그에게 꺼내지 않고 그냥 못 본 체 넘어가는 것입니다. 한두 번 이야기했으면 되었지, 볼 때마다 그에게 금연 이야기를 하는 것도 내 버릇이 될까 두려워서입니다. 버릇, 모든 것은 제 스스로 자신에게 길들인 버릇, 습관에서 시작되는 자기 자신만의 자기 몫입니다. 모든 것은 저로부터 비롯되어, 자기 자신을 길들여 버린 것입니다. 옷에 물감이 배는 것처럼, 모든 행동들은 자기 자신의 몸에 밴 습관과 버릇에서 기인합니다. 버릇이 깃들지 않으면 아무것도 할 수가 없습니다. 우리 한국인이 김치를 즐겨 먹는 것도, 더운 여름날에도 땀을 뻘뻘 흘리면서 뜨겁고 맵기 그지없는 육개장 같은 음식을 먹는 것도, 반대로 추운 겨울에도 얼음 조각이 가득 찬 냉면을 먹고 시원하다고 감탄사를 연발하는 우리네 식성들도 모두 우리의 음식습관에서 기인한 것입니다. 된장에 길들여지지 않은 서양인들이 우리를 이해하지 못하는 것처럼, 곤충이나 벌레를 그냥 맛있게 먹는 파푸아 뉴기니 원주민의 식성을 우리는 쉽게 이해할 수 없습니다. 우리가 어릴 적부터 저들처럼 애벌레 맛에 길들여졌다면, 오히려 그것을 혐오하는 서양 사람들의 입맛을 이해할 수 없다고 말했을 것입니다. 습관, 버릇과 문명을 맞바꿀 수 있는 인간의 위대한 힘이 바로 버릇이고 습관이기에, 자신의 삶에 쓰임새 높은, 자신의 일상을 참살이로 만들어 갈 수 있는 습관을 기르도록 해야 할 것입니다. 자신의 참살이를 위해 결코 도움이 되지 못하는 버릇은 잘못된 습관입니다. 이런 습관, 그런 버릇이 얼마나 자신의 참살이, 좋은 삶, 행복의 나날을 해치는지를 알아채는 일, 잘못 든 버릇을 관찰하고, 그것으로부터 거듭나려면 자신의 내면부터 알아채고 고쳐내야 합니다.

자신의 일상을 되돌아보고, 미리 짚어감으로써 현재의 자기 자신을 냉철하게 알아채고 나쁜 버릇, 건강하지 못한 버릇을 고쳐야 합니다만, 한번 들어버린 버릇을 천지개벽하듯 일격에, 일시에 고치는 일은 결코 쉽지 않습니다. 일단 고치면 그때부터는 세상이 달라지게 되고, 자신이 달라지게 되어 새사람이 되는 것을 평생교육이나 배움학에서는 트랜스포메이션(Transformation), 혹은 리포매팅(Refomatting), 그러니까 개조(改造), 거듭남이라고 부릅니다. 저와 호형호제(呼兄呼弟)하는 박 교수의 버릇고침을 또 다른 사례로 들면서, 버릇을 고치면 자기 세상이 어느 정도로 새롭게 그들에게 다가오는지, 주위 사람들이 어느 정도로 평화로워질 수 있는지를 한번 말해 보겠습니다. 박 교수는 지인들이나 우리들과 술을 한잔 했다 하면 과음을 하던 사람입니다. 과음하면 모든 세상이, 자신 옆에 있는 그 모두가 모두 자신의 편이어야, 자기 속이 시원한 것처럼 살아내던 사람입니다. 평소에는 그의 성정(性情)이 꽤 온화한 편이지만, 과음 그리고 만취상태가 되면 자신의 이성이나 영성(靈性)은 별안간 자취를 감추고, 마치 평야에서 포효하는 그 어느 수사자처럼, 주위 사람들을 야성으로 호령하는 사람으로 변하곤 했던 사람입니다. 사람들은 박 교수의 평소 모습보다는, 고약한 술버릇 때문에 자기도 모르게 표출했던 그의 바람직하지 못한 버릇과 성질만을 부정적으로 기억해 두는 편입니다. 그러던 그가 어느 날부터, 그 어떤 자리에서든 일체 술을 입에 대지 않았습니다. 시험 삼아 이렇게, 저렇게 반주를 부추겨 봐도 그는 꿈적도 하지 않습니다. 금주(禁酒)의 일관된 자세를 취하면서 제게 기껏 대꾸하는 말이, '저는 한번 술을 입에 대면 폭음하기에…'라는 말로 주위 사람을 위로하며, 사양합니다. 사람이 하루아침에 바뀐 것입니다. 박 교수, 그는 참 대단한 사람입니다. 자신의 참살이를 해치던 나쁜 술버릇을 일격에, 단숨에 바로잡은 사람으로서의 모습을 보여 준 그의 관행적인 모습에 저는 그를 만날 때마다 그로부터 뿌듯한 행복함을 느낍니다. 그렇습니다. 모든 습관, 그 어떤 버릇도 자기 자신으로부터 비롯된 것입니다. 누가 강권해서 그리된 것이 아닙니다. 자신이 자신을 꾀어서 그런 잘못된 습관, 참살이를 해치는 나쁜 버릇에 길들고, 물들어 버린 것입니다. 그것으로부터 빠져나오는 것도, 그로부터 거듭나게 하는 것도 바로 자기 자신이어야 합니다. 자기 자신만이 그 일을 해낼 수 있습니다. 자기 자신만이 버릇으로부터 빠져나올 수 있기에 자신의 내면, 그 소리에 아주 진지하게 귀를 기울이고, 그로부터 자기 결단이 있어야 합니다. 결연한 의지로 못된 습관의 버르장머리를 바로잡고 자신을 거듭나게 해야, 참살이를 방해하는 고약한 버릇으로부터 자신을 해방시킬 수 있는 것입니다. 그것이 바로 나쁜 습관으로부터의 자유입니다. 습관으로부터의 자유, 버릇으로부터의 해방을 가능하게 하는 것이 바로 내면의 소리이고, 관행입니다.

　중요한 것은 버릇을 고친 후부터가 아니라, 고치기 바로 전, 버릇을 고치려고 결단한 바로 그 순간입니다. 그 순간이 자신의 삶에서 버릇 고치기에게 있어서 '가장', 그리고 '결정적'으로 어렵고, 중요합니다. 습관을 바꾸는 것은 불가능한 일이 아닙니다. 습관을 바꾸는 것은 그 얼마든지 가능합니다. 전처럼 적당한 삶을 지속하면 습관 고치기는 끝내 실패합니다. 작정하고 고치기 시작하면 능히 가능한 일입니다. 잘못된 습관 나쁜 버릇을 단숨에, 단번에, 자기 자신이 그 어떻든 간에 고쳐내야 합니다. 그렇게 하기 위해서는 자기가 자기 자신에게 스스로 엄격해져야 합니다. 자신의 버릇은 자신이 길들인 것이기에, 자신부터가 독해야 합니다. 버릇 고치기를 위해 독종이 되어야 합니다. 그것은 자신의 일이지, 그 어느 누구의 일도 아니기 때문입니다. 다시 말합니다. 버릇 고치기에서 가장 중요한 것은 고치려는 그 처음 순간, 작정한 순간, 고치기 시작한 그 순간의 마음과 결단, 그리고 일관적인 실행입니다. 모든 순간순간에 자신을 되돌아보고 앞으로 나아가는 데 도움을 주는 관행이 어김없이 작용합니다. 고치려는 순간의 마음을 알아채는 일, 결단하는 일을 조리하는 일, 실행하는 일을 알아채고 자신을 격려하는 일, 실행하면서 일어나는 자신에 대한 관찰과 조율, 이 모두가 관행에 의해서 가능해지기 때문입니다. 내면의 소리에 귀를 기울인 채, 자신의 버릇을 고치기 위해 자신을 관행하는 일과 버릇 고치기의 초기 국면이 얼마나 중요한지를 보여 주는 사례를, 스티븐 코비가 『성공하는 사람들의 8번째 습관』에 기술해놓은 적이 있습니다. 아폴로 11호 달 탐사 장면을 소개하는 영화평으로 시작한 그의 글을 있는 그대로 인용하겠습니다. "나는 그 장면을 보고 완전히 넋이 나갔다. 인간이 달 위를 걸어 다닌다는 것이 믿어지지 않았다. 우주를 탐사할 때 대부분의 힘과 에너지는 어디에 쓰인다고 생각하는가? 달까지 40만Km를 날아가는 데? 지구로 귀환하는 데? 달 궤도를 도는 데? 사령선에서 분리되었다가 도킹하는 데? 달을 이륙하는 데? 아니다. 그 모든 에너지를 다 합해도 지구에서 이륙하는 데 필요한 에너지보다 적게 든다. 며칠에 걸쳐 80만 Km를 항해하는 데 사용되는 것보다 더 많은 에너지가 지상을 떠난 몇 분 동안, 몇 Km를 날아가는 데 쓰인다. 지구를 벗어날 때 받는 중력은 엄청나다. 최종적으로 궤도에 진입하기 위해서는 중력과 대기권의 저항보다 더 강력한 내부의 추진력이 필요하다. 한 우주 비행사가 달착륙선이 사령선에서 분리되어 달에 착륙하여 탐사하는 데 어느 정도의 에너지가 사용되었느냐는 질문을 받자, "갓난아기가 숨 쉬는 것보다도 작았다."고 대답했다. "달 탐사는 낡은 습관을 버리고 새로운 습관을 갖는 것이 얼마나 어려운지 상징적으로 보여 준다. 유전, 환경, 부모, 중요한 인물 등에 의해 프로그램화된 뿌리 깊은 습관은 지구의 중력과 비교될 수 있다. 그리고 사회와 조직의 문화는 지구 대기권의 중력과 비교된다. 현재의 습관에서 벗어나기 위해서는 이 2가지의 힘보다 더 강력한 의지력을 가져야 한다. 우주선이 일단 지구에서 벗어나면, 놀라운 자유를 얻게 된다. 그 전까지는 자유도 힘을 갖지 못하고, 오직 프로그램만 실행할 수 있을 뿐이다. 그러나 지구의 중력과 대기권을 벗어나며, 믿을 수 없을 만큼 방대한 자유를 경험한다. 아주 많은 일을 할 수 있고, 여러 가지를 선택할 수 있다. 마찬가지로 자기 내면의 소리를 찾고 다른 사람들도 찾도록 고무한다면, 새로운 습관의 힘을 통해 도전과 복잡성과 기회의 세계에서 성장하고 변화할 수 있을 것이다."

2. 관행과 즐김

제 스스로 자신의 옛일을 돌아보고, 앞일은 미리 짚어 보며 지금 바로 나, 방금 나를 알아채며 거듭나게 도와주는 것이 관(觀)과 행(行)이라고 내 나름대로 새롭게 정의했습니다. 그 관행을 자신의 일상에서 늘 앞에 두고 일을 해나가는 것이 좋은 삶, 그러니까 '사람인 생명체로서 충족스럽게 일상을 살아가기 위해 깊은 사유와 실천으로 거듭나는 기쁨을 즐기는 삶'입니다. 일상에서의 최고의 선에 이르도록 나름대로 삶에서의 소소한 기쁨들을 그저 더도 말고, 덜도 말게, 그 관행으로 자신을 매일같이 곧추세우라고 지금까지 말해 왔습니다만, 일상에서 그 관행을 해나가기는 그리 쉬운 일이 아닙니다. 제 스스로 번번이 그 관행(觀行)과는 다르게, 아침부터 점검하기 시작하는 관행적인 삶과는 달리, 그것과 어긋나는 모습이 바로 현재의 자기 자신이기 때문입니다. 제 자신 스스로, 제게 부끄럽고 수치스럽기가 한두 번이 아닙니다. 이제는 정말로 그 수치의 감옥에서 자유로워지기 위해 제 자신의 민낯을 고백해야 되겠습니다. 저는 이 나이에 이르렀는데도 아직도 그 누군가가 이 세상에, 아니 제가 볼 수 있는 가시권에서 없어졌으면 하고 바랐던 생각을 아주 찰나적이나마, 마음에 품어 본 적이 있습니다. 없어졌으면 바람이 일어나게 만들었던 사람은 두 사람입니다. 그런 생각은 제 스스로 삶에서 관행이 무엇인지, 배움이 무엇인지도 모르던 아주 오래전에 품었던 일시적인 생각이었기에 더 이상 이야기하지 않겠습니다. 모든 것은 이미 지나간 기억이고 제 자신의 못났음일 뿐이기 때문입니다. 제 스스로 얼굴이 화끈거리고 수치스러워 더 이상 이야기할 것이 되지 못합니다만, 그런 생각을 품은 적이 있다는 것만큼은 아무리 지워 내려고 해도 그렇게 되지가 않습니다. 이미 내 마음속에 그려진 그림이라 단박에 지워질 리도 없습니다. 요즘도 그런 생각이 마음속에 든 적이 있어, 내 스스로 한심하다고 제 스스로를 다그쳤었습니다. 그런 제 스스로에게 역겹기 그지없던 생각 때문에 한 두 시간여 동안 개울 길을 걸으면서 제 스스로의 가슴을 속절없이 쥐어박았던 적이 있습니다. 아주 찰나적이나마 그렇게 제 마음속에 앙금을 남겼던 그 어벙벙한 분노와는 다르게, 그분들 모두 평화롭게 사시고 계시기에 그저 고맙기만 합니다. 순간적이나마 더 이상 보지 않았으면 하고 내 마음을 괴롭혔던 그 남성은 목회자였습니다. 그 목회자를 더 이상 보지 않았으면 하는 생각을, 물론 영화 〈완득이〉에서처럼 기도하는 식으로 갈구하지는 않았습니다. 마치 자신을 괴롭히는 담임선생이 제발 죽어버리게 해달라고 교회 십자가에 손을 얹으며 기도한 완득이처럼 그렇게 갈구하며, 기도한 것은 아니었습니다. 그냥 저런 목회자는 가능한 내 삶에서, 내 일상에서 앞으로 상면하지 않는 것이 좋겠다는 그런 생각을 품었던 적이 있다는 것을 고백하지 않을 수 없습니다. 제게는 그 목회자가 제가 한참 청년이었을 때 봤던 그 어느 개신교 돌팔이 부흥사에 관한 영화, 〈엘머 갠트리〉의 주인공과 하나도 다를 것이 없다고 연상되었기 때문입니다. 미국에서 공부하던 대학원 시절, 철학 과목 강의 시간에 봤던 그 영화, 그러니까 외판원으로 전국을 누비지만 제대로 세일즈가 되지 않아 나날이 주정뱅이로 보내던 신학교 중퇴자 장돌뱅이 엘머 갠트리가 어느 시골 부흥집회에서 들렀다가 한두 마디의 말로 저들의 환심을 사면서부터 사건이 진행됩니다. 자신도 모르게, 그 어느 날 갑자기 달변의 부흥사, 신의 목소리를 전달하는 충직한 목회자로 변색합니다. 그는 강단에 본격적으로 나섭니다. 모든 것이 자신과 신의 계획대로 되어 가는 것 같아 보이지만, 끝내 모든 것이 자연의 순리대로 패가(敗家) 되어 버리는 과정을 그려낸 영화가 바로 〈엘머 갠트리〉라는 영화입니다. 한 손에는 버젓하게 성경을 들고 엘머 갠트리가 세일즈맨 특유의 달변과 유머로 선량한 신도들에게 저들만의 천국을 약속하며 마음껏 신도들의 재물을 탐합니다. 그의 말이 신도들에게 먹혀들어가자, 더욱더 저들 순백한 신도들을 농락하는 엘머 갠트리의 위선에 내 스스로 마음의 상처를 깊게 받았던 적이 있었습니다. 그런 저로서는 저들 목회자들을 곱게 받아들이기가 어려웠습니다. 일단 저들을 의심의 대상으로 삼아야 한다는 생각에 이르게 되었습니다. 이번에는 한국판 엘머 갠트리의 꼬드김에 꼬여 제 집사람이 걸려든 것 같다는 생각까지 하게 되었습니다. 그녀가 한 해에 교회에 헌금한 액수가 보통 서민들에게는 집 한 채 값과 같았기 때문입니다. 그녀 스스로의 위안을 얻기 위해 그렇게 할 수밖에 없었던 이유가 있을 법했지만 그냥, 따져 묻지는 않았습니다. 다만 그것의 절반만이라도 길거리 집 없는 사람에게 주었더라면 저들은 이 독한 겨울 추위를 나름대로 이겨 낼 수 있었을 것이라고 되뇌어 본 적은 있습니다. 아직도 아녀자들의 헌금에 허기가 들었는지, 그 목회자는 설교에서 구약의 이 구절, 저 구절을 인용하고, 심지어는 작고한 교계 지도자 목사님의 이름을 거론해 가며, 더욱더 헌금해야 천국을 가게 될 것이니, 모두가 헌금중독자가 되라는 그의 강론에 나도 모르게 슬그머니 화가 났었던 것을 숨길 수는 없습니다. 제 스스로에게 부끄럽고 수치스러운 일이어서 오랫동안 가슴에 멍이 되었습니다. 그 스스로 알고 언급했는지는 모르나, 우리 은사이기도 한 한경직 목사, 2000년 4월 남한산성 자락 6평 남짓한 조그만 거처에서 조용히 숨을 거뒀던 한경직 목사, 그 스스로는 평생 통장 한 번 만들지 않고, 그 어떤 것도 제대로 소유하려 하지 않으려 하였던 분으로서 그가 남긴 것이라고는, 40여 년 동안 쓰던 일인용 유아용 침대와 안경이 전부였었던 그분의 이름을 저들의 헌금당위론에 끼워 넣는 것에 아마 제 스스로 부아가 치밀었나 봅니다. 한경직 목사 역시, 젊었을 때는 이 민족에게 빚진 것이 있었습니다. 조선총독부가 주동이 되어 이 땅 위에 만든 '국민정신총동원 조선예수교장로회 연맹 결성식'(1939. 9. 11.)에서 총독부를 위한 궁성요배, 국가봉창, 황국신민서사를 제창한 후 성경봉독(롬 13: 1-7)을 위한 성경봉독목사로서 예배에 나섰던 것입니다. 그 당시 신의주 제2교회의 담임목사이자 의산노회의 총대였기에 그 집회에 참석하지 않을 수 없었던 그는 신사참배의 그 멍에, 그러니까 신사참배 목회자로서의 낙인과 멍에로부터 한평생 벗어나지 못한 채 회개하고, 또 회개하며 청빈하게 살았습니다. 한경직 목사는 6·25가 터지자, 너나 할 것 없이 목회자들 스스로, 그리고 신도를 버리고 저 먼저 서울을 떠나는 것을 보고, "지난 일제시대에 목사들이 맥없이 신사참배를 하고 그 앞에서 한마디의 저항도 없이 무릎을 꿇었던 일들을 참회하는 의미에서도 우리는 양을 지키고 또한 수도를 지킬 순교적 각오를 가져야 한다."고 나섰던 목회자였습니다. 그렇게 증언되고 있는 귀한 목회자인 그는 마치 김수환 추기경이나 성철 스님 같은 분처럼 우리 모두에게 귀하게 기려지는 분입니다. "우리가 순교하지 못하면 면목도 없으려니와 과거 신사참배로 인한 죄과를 속죄할 길이 없을 것"이라고 부르짖었던 한경직 목사는 영락교회 담임목사로서 아무것도 가지지 않았고, 아무것도 남기지 않았던 청빈의 목회자였던 그분을 생각해 보고는, 이내 제 마음속에 비집고 들어섰던 어느 목회자에 대한 잡된 생각에 부끄럽기만 했습니다. 다시는 그런 생각을 제 마음에 담지 않겠다고 제 자신부터 관(觀)하고 행(行)하며, 그 부끄러움은 제가 죽을 때까지 짊어지고 가겠다고도 작심했습니다. 자신을 엄격하게 관하고 행하며, 내 스스로를 대안(大安), 아타락시아 하는 일은 그리 말처럼 쉬운 일이 아닙니다. 제 삶을 위한 관행, 좋은 삶을 위한 관행, 행복에 이르기 위한 관행은 결코 말이 아니라, 온 '몸'으로 해내며, 해 보고, 또 해 보고, 다시 해 보고, 또다시 실천해 보고, 잇대어 실행해 봐도, 아직도 또다시 해내야 될 그 무엇이 남아 있음을 알아, 스스로 부끄러움 속에서 또다시 이미 지나버린 것을 되돌아보고, 앞으로 미리 짚어 보며, 지금의 내가 다시 무엇을 더 해야 되는지를 결단하고 다시 일어나 실행해야 될 영원의 과제, 어쩌면 시시포스가 영원히 산 위로 바위를 들어 올려도 이내 굴러 내리기에, 또다시 위로 들어 올려야 하는 것 같은 영원한 바위 들어 올리기 같은 것임을 이번에 또 한 번 크게 깨달았습니다.

그렇습니다. "북극을 가리키는 지남철은 무엇이 두려운지 항상 그 바늘 끝을 떨고 있습니다. 여윈 바늘 끝이 떨고 있는 한, 그 지남철은 자기에게 주어진 사명을 완수하려는 의사를 잊지 않고 있음이 분명하며, 바늘이 가리키는 방향을 믿어도 좋습니다. 만일 그 바늘 끝이 불안스러워 보이는 전율을 멈추고 어느 한쪽에 고정될 때 우리는 그것을 버려야 합니다. 이미 지남철이 아니기 때문입니다." 이 글은 연세 대학교에서 봉직하셨던 민영규 교수님이 남기신 글인데, 당신이 그 옛날, 1960년대에 연세 대학교 교수로서 척박하기만 했던 이스라엘의 서울 예루살렘을 방문했을 때 갖게 되었던 소회(所懷)를 일기에 남겨 놓은 글 중의 한 구절입니다. 당시 연세 대학교 사학과 교수님이신 민 교수님은 매주 연세 대학교 신문인 「연세춘추」에 당신의 이슬라엘 방문기를 기고하셨습니다. '예루살렘 입성기'라는 제목 아래 당신의 이스라엘 여행담을 기고하고 계셨습니다. 저는 당시 연세춘추 기자였습니다만, 교수님의 글을 신문에 드러내는 편집기술을 갖고는 있었지만, 그가 전하려는 글의 의미를 제대로 씹어 맛볼 마음이나 여력은 제대로 갖고 있지 못했던 학생이었습니다. 그저 교수님의 글이나 학교소식들을 마감시간에 늦지 않게 「연세춘추」에 기계적으로 실어야만 하는 기자, 말하자면 얼치기 학생, 얼치기 기자였으니, 교수님들의 귀한 글을 옥고(玉稿)라고 말로만 했지 실제로 그 글들이 지닌 귀한 가치를 읽어낼 마음가짐이 형편없었던 학생 시절이었습니다. 그때 나이가 아직 20대였으니, 삶이 무엇인지를 도대체 가늠할 수 없을 그때였을 것입니다. 그저 기고된 교수님의 글을 기계적으로 교정 본 지 40년이 넘어 그 글을 아주 우연히 다시 읽게 된 것은, 제가 명예 교수가 된 지 2년도 더 지난 2016년 1월이었습니다. 집 동네 부근에 살고 있는 지인들과 신년인사 겸 해서 한국 듀퐁의 윤경로 회장 댁에 모여 와인 한잔을 나누게 되었습니다. 모임에 참석했던 이화여자대학교 경영학과의 윤정구 교수가 자신이 출간한 새 책, 『진성리더십』을 한 권씩 건넸습니다. 서로가 윤 교수가 펴낸 그의 새 책을 축하하며 서로 간의 이야기를 나누는 귀한 시간이었습니다. 이때 다시 제 눈을 사로잡은 것은 바로 민영규 교수님, 이제는 고인이 되신 그분이 한참 젊었을 때 쓰신 글인, 『예루살렘 입성기』에 나오는 바로 그 글, 지남철 이야기였습니다. 그 글을 윤 교수의 책에서 다시 접하게 되었던 것입니다. "북극을 가리키는 지남철은 무엇이 두려운지 항상 그 바늘 끝을 떨고 있습니다…" 늘, 자신의 마음속에 떠 있지만, 진북(眞北, True North)을 찾았다고 해서 그 자리에 그냥 안주하는 것이 아니라, 그것이 정말로 자신이 찾던 진북인지를 가늠하며 그 자리에서 늘 자신을 의시(疑視)하며 응시(凝視)하려는 그 모습… 그것이 바로 진성(眞性, Authentic) 리더십의 모습, 자신이 누구인지를 늘 염려하며 그것을 찾아나서는 진정한 자아의 모습일 수밖에 없습니다. 떨림이 없는 지남철, 그것은 이미 지남철이 아니니 버려야 한다는 민 교수님의 그 말씀, 그 말씀대로 살아내야만 오늘을 의미 있게 살아갈 수 있는 사람다운 사람이라고 숨 쉴 수 있을 것입니다.

저도 민 교수의 지적처럼 가감 없이, 그렇게 관행하라는 것은 바로 지남철처럼 북극을 향해 항상 원칙(原則), 항상 진성(眞性), 항상 자기됨, 항상 사람됨, 항상 생명됨을 향해 마지막 한 점의 순간까지도, 그것이 정말로 그것인지 확인하며 확신하기 위해 어쩔 수 없이 떨릴 수밖에는 없는 바로 그 마음가짐, 그 정신됨을 말하는 것이라고 생각합니다. 저에게도 그런 경험이 있습니다. 이미 말한 바 있는 제가 살고 있는 용인 수지구 광교산 끝자락 동네 성복동에는 지인들의 모임이 있습니다. 자주 모이는 모임은 아니지만, 철따라 한번 모여도 그저 행복하기만 한 모임입니다. 모이는 사람들 모두, 서로가 서로를 즐기는 모임입니다. 이 모임을 제 스스로 위로하는 말로 정리하면, 그저, 북유럽인들의 일상적인 '후가(Hygge, 영어식 표현은 Hooga)' 같은 모임입니다. 후가라는 것이 저들 북유럽인들에게 무엇을 의미하는지 조금 서술해야, 저의 성복동 모임이 어떤 것인지를 알 수 있습니다. 북유럽, 그중에서도 인구 550만 명 남짓한 작은 나라인 덴마크는 사회경제적 지표로 보면, 세계에서 제일 행복한 나라 중 한 나라입니다. 저들 덴마크인들은 저녁 때만 되면, 그 어디서든지 서너 명이 모여 이야기를 나눕니다. 모여서는 서로, 서로 소곤소곤, 조근, 조근거리며 서로를 즐기며 서로 행복해합니다. 저들의 작음 웃음이 흔들리는 촛불따라 음미하는 것은 그리 어렵지 않은 일들입니다. 그렇게 서로에게 기뻐하며, 서로가 즐기게 만들어 주는 저들의 행복한 비결은 '후가'라는 개념에서 찾을 수 있습니다. 후가라는 개념은 다른 것이 아니라, 서로 만나면 서로 잘났다고 드러내놓기, 서로 뒷담화하기, 서로 내보이기를 하는 것이 아니라, 그저 함께하는 '가식 없이 같이함(Hygge is essentially drama-free togetherness time)'의 정신을 담고 있습니다. 있는 그대로의 가족모임(Drama-free Family Gathering) 같은 것이 '후가'라고 보면 됩니다. 후가의 정신은 만나서는 서로에게 아는 척, 잘난 척, 젠 체하거나 으스대지 않으며, 서로를 공박하거나 비난하거나 불평하지 않으며, 경쟁하지도 않으며, 모임의 만남 그 순간은 서로가 있는 그대로 함께 이야기하며, 가져오거나 나온 음식을 나누며, 서로를 배려하는 상호 부조에 있습니다. 목적은 먹는 데 있는 것이 아니라, 서로의 말을 나누며, 서로에게 만족하는

데 있습니다. 이 순간, 지금 우리, 지금의 음식, 지금의 대화, 지금 함께 있음에 만족하기에, 저들의 만남은 늘 화평주입니다. 다시 말하겠습니다. 저들의 '후가' 정신에서 모두가 동의하는 것은 나 자신을 있는 그대로 드러내 보인다는 것입니다. 뭔가를 과시하려 애쓰는 것에서 벗어나, 경계 태세를 허물고, 가면을 벗어던지고, 껄끄러운 문제들은 제쳐 놓지 않고 서로 진솔하게 토론합니다. 논쟁은 없습니다. 상호 이해가 우선합니다. 경쟁, 과시, 가식들은 그 언제나 우리들뿐만 아니라 세상을 피곤하게 만들 뿐입니다. 논란은 피합니다. 너무 심각하거나 분열을 초래하는 사안에는 서로 다투지 않습니다. 헐뜯는 발언, 불평은 금기로 하는 것이 저들의 모임에서는 불문율입니다. 삶에 대한 태도가, 서로에 대한 태도가 바로 기쁨이고, 즐김이며, 행복입니다. 태도라는 말인 애티튜드(Attitude)는 서로에게 알맞게 적응된 상태라는 의미를 갖고 있는데 후가에서는 상호 존중의 태도가 중요합니다. 애티튜드는 원래 준비, 적응을 의미하는 앱투스(Aptus)와 연관된 단어로서, 상대방에게 알맞게 맞추는 일, 적합한 상태가 되어주는 일을 상징합니다. 이것은 저들 마음속에 자리 잡고 있는 '후가'의 불문율인데, 억지로 가르쳐서 익힌 것이 아니라, 후가를 통해 저절로 자신들의 습관이나 버릇으로 자리 잡힌 하나의 의식인, '컨처스네스(Consciousness)'입니다. 서로가 서로에게 도움이 되는 일, 나는 항상 다른 사람들과 연계되어 있다고 느끼고 살아가는 그런 사회적 유대감이 일상을 살아가는 저들의 삶 전체에서 작용합니다 그런 후가의 분위기 속에는 그 어떤 스트레스도 무력해지게 됩니다. 서로가 서로를 위해 격려하는 그 분위기 속에서 서로는 서로에게 삶의 안전한 공간이 될 수 있을 뿐만 아니라, 서로의 정신 건강도 증진됩니다. 웃음과 격려로 서로의 면역체계가 강화되기 때문입니다. 아이들은 어려서부터 저들 어버이, 친지로부터 후가의 정서를 있는 그대로 받아들입니다. 그래서 저들은 성숙한 시민공동체를 어릴 적부터 익히게 됩니다.

저들 북유럽인들에게는 일상적인 '후가'의 사회적 분위기, 후가의 모럴(Moral), 후가의 윤리(Ethic)에 한 가지 원칙이 있다면, 그것은 공동체에 속한 사람들을 자신의 팀원으로 있는 그대로 수용하며 받아들이는 것입니다. 서로는 서로에게 짐이 되는 것이 아니라, 서로에게 도움이 되는 존재들입니다. 서로가 서로에게 도와줄 것, 득이 될 것을 대화를 통해, 소통을 통해 찾아가기 때문입니다. 저들은 우리들처럼 가족이나 친지, 친구들과의 시간나누기를 소중하게 여깁니다만 저들이 향하는 방향은 우리들의 그것과는 조금 다릅니다. 저들의 대화에서는 출세 노력, 인맥 형성, 경쟁, 물질주의는 그렇게 부각되지 않습니다. 저들의 모임은 누가 먼저 시작한다고 하는 것 없이 그저 서로가 그런 물질주의 경쟁으로부터 가능한 벗어나게 해 주는 시간이 되기 때문입니다. 지인들과의 건설적인 만남과 서로 행복해지기를 위한 이야기 나누기가 바로 저들의 정신적 피난처이기도 합니다. 삶에서, 인생살이에서 크로노스(Kronos)로서의 물리적이고도 기계적인 시간은 그 언제나 한정적입니다. 하루 24시간인 한정된 시간을 서로가 나누며, 서로가 그 시간의 유한성을 명심하기에, 서로에게 조금 더 잘나 보이려 하거나, 과시하려 하거나, 불평하는 일은 삶의 낭비일 뿐입니다. 삶을 허비하는 것은 바로 죽는 것이나 다를 것이 없다는 것을 저들 모두가 공감하기에, 저들은 소중한 사람들과의 지금, 방금, 금방을 귀히 여깁니다. 저들은 후가를 통해 물리적인 시간을 의미의 시간, 기회와 질적인 시간으로서의 카이로스(Kairos)로 바꾸는 것입니다. 모든 순간, 순간이 기쁨이며, 즐김이며, 행복인 이유입니다. 저들 후가정신을 관통하는 것도 어쩌면 제가 지금까지 강조하고 있는 '관행'의 일상적인 즐김과 크게 다르지 않습니다. 관행적인 사람들이 만나 즐기는 모임에는 어김없이 저들 북유럽인들에게는 일상적인, 기회의 시간, 의미의 시간을 만들어 내는 그 '후가' 정신이 깃들기 마련이기 때문입니다.

관행의 삶을, 관행으로 매일같이 자신의 삶을 살아내라는 것은 관행을 즐기라는 말과 다르지 않습니다. 관행하라는 것은 좋은 삶, 행복한 삶을 위한 깊은 성찰과 그에 따른 실천을 매일같이 자기 것으로 생활화하라는 것이고, 관행을 자신의 생활로 만들라는 요청입니다. 관행을 즐기려면, 관행하려면, 즐김으로써 관행하려면, 관행의 능력을, 관행의 기량을 자신의 삶에서 강력하게 길러내라는 말과 하나도 다르지 않습니다. 관행하는 기량을 자신의 일상적인 삶에서 기르라는 요청은, 관행적인 삶을 자기 스스로 자기 것으로 만들어 가라는 명령입니다. 관행적인 삶을 즐기는 일이 일상적으로 가능하려면, 자신의 일상적인 삶을 관(觀)과 행(行)의 힘으로 자신의 삶을 조절해야 합니다. 관행의 힘으로 자신의 삶을 조절하려면, 자신의 삶에서 관행이 차지하는 크기와 힘을 가능한 크게 해야 합니다. 자신의 삶에서 관행의 크기를 크게 하기 위해 자신의 삶에서 관행의 최적화, 최대화, 그리고 극대화하라는 말이기도 합니다. 관행의 힘이 자신의 삶에서 절대적인 의미를 갖게 만드는 것이 바로 자신의 삶을 관행의 삶으로 만들어 가는 것입니다. 그렇게 되면 관행을 즐기게 되는 것이고, 그로 인해 자신 스스로 행복의 상태로 이르게 되는 것입니다. 관행은 자기 스스로 자신의 삶에서 자신의 품과 격을 쌓아 감으로써 드러나는 삶의 연륜이기도 합니다. 법륜 스님은 『법륜 스님의 행복』에서, '산에 어디를 둘러봐도 베어다가 바로 기둥으로 쓰기에 좋은 나무는 없습니다. 아무리 튼튼하고 색깔이 좋아도 손질하고 다듬어야 사용할 수 있어요. 그러니 잘 맞추어 같이 지내볼 생각을 하면 누구와도 인연을 맺을 수 있지만, 한눈에 딱 맞는 사람을 찾으면, 천하를 둘러봐도 찾기가 어렵습니다.'라고 하며 나무의 용도는 쓰기 나름으로 사람의 관계도 자기 하기 나름이며, 그 나름에 따라 자신의 행복의 결이 달라진다고 일갈(一喝)하고 있습니다. 관행 역시 그렇습니다. 그 누구든 태어나자마자 자신을 관행하는 사람은 없습니다. 나무가 자라기 위해서는 이런저런 온갖 풍상을 겪어내야 하듯이, 사람 역시 성장하기 위해서는 이런저런 쓸 경험, 경우에 따라서는 못쓸 경험들까지도 자신 모르게 겪어 내면서 나름대로 자신에게 때를 묻히며, 다듬어지기 마련입니다. 그 어느 때, 그 즈음 때 묻은 자신을 되돌아보고, 미리 짚어 보며 자신의 지금을 생각하게 될 그때가, 바로 관행이 시작되는 것입니다. 그때부터 자기 자신을 자신의 삶에서 자기에게 어떤 쓰임새를 갖게 만들어 놓는지에 따라 자신의 모습이 달라지게 되는 것입니다. 관행, 그렇게 어렵거나, 힘들거나, 생뚱맞은 일이 아니라, 자기 자신에게 매일같이 일어나는 일임에도 불구하고, 보통 사람을 그것을 그냥 지나치기만 할 뿐입니다.

1) 관행유지의 3원칙

정신 건강학자들이 흔히 말하기를, 대인 관계에서 공격적인 성향이 강한 사람들에게는 자신의 분노 감정을 제대로 조절하지 못하는 분노조절장애(Anger Disorder)가 있기 마련이고, 우울증에 시달리는 사람들에게는 동기의 상실이 있기 마련인데, 그 동기 상실이라는 것은 학습된 무기력 때문에 생기는 자신에 대한 고립된 분노의 한 형태가 표출된 것이라고도 합니다. 이런 마음의 병들인 우울증이나 분노를 벗어나게 해 주는 심리적이거나 정신의학적인 방법이나 치료들로서 저들은 각기, 다양한 처치와 조치를 취합니다. 인지행동치료, 말하자면 상황에 맞도록 자신의 분노를 조절하는 기술을 학습하게 조력해 주는 인지행동치료, 대인관계를 도와주는 의사소통기술 증진이나 정신사회적 치료, 병의 조건이나 환경이 될 수 있는 가족들이 참여하는 가족치료, 우울증으로부터 벗어나게 만드는 혈관수축 및 신경전달물질인 세라토닌(Seratonin) 같은 약물치료 등이 저들이 선택하는 대표적인 화병이나 우울증의 치료기술이 됩니다. 이런 정신의학적인 심리기술이 약물들이 저들 환자들에게 도움을 주는 것은 사실이지만, 그런 기술이 있다고 해서 화병이나 우울병이 완전히 치료될 수 있는 것은 아닙니다. 조금 현학적인 말이기는 하지만, 세상에 온전한 치료, 완전한 치료는 있을 수가 없기 때문입니다. 현대의학의 오만함은 '치료행동주의', 그러니까 죽음을 증오하는 저들의 오만함에서 기인합니다. 제아무리, 생명을 연장하려고 해도, 모든 것은 죽음으로 귀결되기 마련이기에, 100% 치료를 외치며 죽음을 증오하는 저들 의사들부터가 그들이 정신 건강을 다루든 신체 건강을 다루든 간에 관계없이, 정신질환자들의 마음을 닮았을는지도 모르는 일일 수도 있습니다.

제아무리 인간의 질환을 고치는 만병통치스러운 의료기술이 있다고 해도 그 기술을 제대로 활용하지 못하면, 모든 것은 부질없는 짓에 지나지 않을 일입니다. 제아무리 고급차가 있다고 해도, 그것을 운전하는 사람의 운전기술이 형편없으면 모든 것은 일순간에 물거품이 되는 이치입니다. 자동차가 고급이고, 좋다고 사고가 나지 않는 것이 아니기 때문입니다. 동시에 제아무리 운전기술이 뛰어나서 운전을 잘한다고 해도 결과는 마찬가지일 수 있습니다. 물론 교통사고를 다른 운전사에 비해 덜 낼 수는 있을 수 있어도, 사고를 완전히 피할 수는 없습니다. 자동차의 질, 운전기술보다 앞서야 하는 것은 사람입니다. 그의 인간 됨됨이입니다. 사람 됨됨이, 그러니까 그의 품과 격이 원숭이의 그것과 크게 다를 것이 없다면, 자기 자신 스스로 제아무리 이 나무, 저 나무를 자유자재로 그리고 유연한 동작으로 타고 넘나드는 원숭이처럼, 이 사람, 이 관계, 저 관계를 맺어 가며 저들을 자신의 이익을 위해 활용한다고 해도, 결국 그의 인간적인 품과 격은 원숭이의 질(質)에 지나지 않을 뿐이기 때문입니다. 정신적인 병 혹은 정신 건강의 이상적 징후들은, 정신적인 이상 징후의 당사자 자기 자신이 직면하고 있는 현실을, 자기 스스로 잘 속여 자신을 나름대로 그 현실로부터 보호하기 위해 자신이 만들어 가는 마음의 조작일 수도 있습니다. 그러니까 정신 건강이 튼튼한 사람은 자기 자신의 현실을 조작하거나 왜곡시키지 않고, 있는 그대로를 직시하게 되는 것이고 반대로, 정신 건강이 튼튼하지 않은 사람은 자기 자신을 보호하기 위해 끊임없이 자신의 현실을 왜곡시키고 조작시키는 일을 끊어 내지 못하는 사람이기 때문에 그럴 수도 있다는 것입니다. 정신의학을 반대하는 실존주의 정신치료학자인 로널드 랭(R. D. Laing) 같은 학자들의 일관된 지적입니다. 그의 눈에는 환자들이나 의사들의 사람 됨됨이가 자신에게 걸림돌이 되기도 하고, 비약을 위한 디딤돌이 되기도 하는 것으로 여겨졌던 것입니다.

사람에게 있어서 행복도 그렇고, 치유도 그렇지만, 행복하려면 뭔가를 치유하려고 하려면, 내가 먼저, 내가 우선 행복하고 내가 우선 나부터 치유할 수 있어야 타인의 행복도 타인의 치유도 조력할 수 있을 것입니다. 일전에 언론에서, 치매상태 그리고 간염환자인 병원장 의사가 환자를 진료하고 주사처방과 약처방을 하다가 대량 환자들을 만들어 낸 의료사고와 사건을 상세하게 보도한 적이 있습니다. 그 병원에서는 병원장이 경비를 절감하기 위해 일회용 주사바늘을 폐기하지 않고, 수차례에 걸쳐 다른 환자들에게도 재활용하는 바람에 감염전염환자들이 늘어나기도 하고, 엉뚱한 약

처방으로 노인들의 치매증상이 더욱더 악화되기도 했습니다. 끔찍한 보도내용이었습니다. 건강한 사회라면 생각하기 싫은, 말도 안 되는, 있을 수 없는, 의료사고입니다. 사건이 너무 비상식적이기에 예외적인 의료사고라고 치부할 수도 있겠지만, 문제는 내가 먼저 내 생명의 건강부터 온전하게 챙길 수 있는 사람이 남의 생명과 남의 정신적인 건강도 챙길 수 있다는 사실 만큼은 예외로 볼 수 없습니다. 그렇습니다. 행복도 마찬가지입니다. 내가 우선 행복해야, 내가 행복할 줄 알아야, 내가 타인에게 나의 행복을 드러내 보여도 될 정도나 그 수준이 되어야, 타인의 행복, 타인의 정신 건강 역시 제대로 받아들일 수 있게 된다는 점입니다. 내가 청렴하지 못하면, 내가 정직하지 못하면, 내 인간 됨됨이가 제대로 되어 있지 않은 사람이 타인의 청렴을, 타인의 정직을, 타인의 인간 됨됨이를 이렇게, 저렇게, 이런 기술, 저런 기술로 가르쳐 준다는 것은 위험천만한 짓입니다. 청렴이나 정직, 행복은 그래서 인간의 됨됨이, 인간의 품격에 속하게 되는 것입니다. 그 모두가 인간 됨됨이의 능력들이기에, 청렴, 정직, 행복을 이끌어 내게 만드는 관행 역시 인간 자신의 인간 됨됨이가 어느 수준인지를 드러내게 만드는 능력에 속하는 것입니다.

행복이, 요즘 현대인들에게는 우울증의 반대현상으로 회자되는 행복이 오늘을 사는 사람들에게는 능력과 같은 것이 되는데 죽음을 앞둔 사람들이 공통적으로 하는 후회를 보면, 그 이유를 알게 됩니다. 특히, 죽음을 앞둔 노인들이 가장 많이 하는 후회에는 몇 가지 공통점이 있습니다. 호스피스 병동관계자들의 증언에 따르면, 부자, 재물, 돈에 대한 원망이나 후회를 하는 임종환자들은 찾아보기 어렵습니다. 저들이 하는 후회들을 종합해 보면, 그 특징에 충직한 삶의 부재, 성실한 관계의 부재, 그리고 고독 키우기라는 3가지 내용입니다. 저들의 후회 가운데 가장 빈도수가 높은 그 하나는 자기 스스로에게 충직한 삶을 살아내지 못한 것에 관한 것입니다. 자기 자신을 그 어딘가에 내팽겨쳐 놓고, 그저 남들이 원하는 삶, 남들에게 드러내 보이는 삶을 살려고 안간힘이나 썼다는 후회가 대표적입니다. 두 번째 후회는 자신의 주변 사람들을 제대로, 인간적으로 챙기지 못했다는 후회가 그것입니다. 자기는 나름대로 가족을 위해 살아왔다고 했지만, 실제로는 아이들이나 배우자와의 관계는 늘 그저 그렇고, 그런 먹먹한 관계에 지나지 않았다는 것입니다. 가족 이외의 관계도 소홀히 해 온 것은 어쩔 수 없으나, 자기 자신의 일하나 제대로 해놓지 못한 채, 타인과의 관계도 엉망이 된 것이 정말로 후회가 된다는 것입니다. 세 번째 유형의 후회는 혼자 산다는 것의 고통을 너무 많이, 너무 일찍 감내했다는 후회입니다. 나 홀로의 고독이 저들에게 어쩔 수 없이 꽤 일찍부터 시작됩니다. 가족구조나 인구조류로 보아, 지금과 같은 자본주의, 소비주의산업화사회에서는 무덤에 들어가기 이미 한참 전부터, 어쩌면 젊었던 그 싱글 그때부터 고독과 죽음이 시작되었는지도 모릅니다. 화려한 싱글에는 리얼리티가 없으며, 독거노인에게는 삶의 판타지가 없다고 『혼자 산다는 것에 대하여』에서 노명우 교수가 잘라 말하고 있는 것처럼, 자신의 삶에 탐닉한 채 고독을 너무 방치해 버린 후, 그 고독의 껍질을 뚫고 나오지 못한 것이 끝내 저들에게 후환이 된다는 후회는 우리 모두를 처절하게 엄습하고 있는 중입니다. 자신에게 충직한 삶을 살려고 했다면, 가장 먼저 자기 자신을 일상적으로 관행했어야 합니다. 마찬가지로, 사람과의 관계를 제대로 하려고 했다면, 그 역시 자신의 일상을 제대로 관행했어야 하는 일입니다. 마지막으로 자신의 삶에서 자신에게서 무절제하게 자라난 고독에 가지치기를 했어야 했다는 그 후회 역시 자기 자신의 일상에 대한 관행이 부족했다는 푸념과 크게 다를 것이 없었기 때문입니다. 인간은, 인생이라는 것은 살아 내다 보면, 그 누구나 때때로 자신의 삶에서 휘청거리며, 때로는 헛발을 디딜 때가 있기 마련입니다. 때로는 불안하고, 때로는 불안정스럽고, 휘청거리는 몸짓을 그 누구든 바로잡으려고 애쓰기 마련입니다. 관행적인 사람은 그렇게 애쓰는 과정에 있는 자신의 삶을 객관적으로 되돌아보면서 그것에 나름대로의 아름다움이 있음을 알아냅니다.

　관행을 자신의 삶에서 제대로 유지함으로써, 일상에서의 행복감을 즐기기 위해서, 관행력의 유지를 위한 3가지 점검의 원칙에 유념해야 합니다. 관행의 능력이 사람 됨됨이의 능력, 좋은 삶을 위한 능력, 행복으로 이끌어 내는 윤리적인 조건과 능력이기에, 그 능력을 자신이 어느 정도로 갈고, 닦느냐에 따라 자신의 삶이 달라지기 마련이기 때문입니다. 관행의 능력도, 배움을 위한 능력처럼, 수확체증(收穫遞增), 그러니까 쓰면 쓸수록, 다듬어 놓으면 다듬어 놓을수록 더욱더 자신을 사람답게, 행복하게 만들어 놓는 효능을 갖고 있습니다. 인간 됨됨이, 그리고 좋은 삶, 행복의 윤리, 참살이 에로의 초대를 약속하는 능력으로서의 관행을 증진하기 위한 첫 번째 원칙은, 관행 자체가 지니고 있는 그 유효도를 점검하기, 두 번째 원칙은 관행의 농도 점검하기, 그리고 마지막 원칙은 관행의 조건 점검하기입니다. 첫째로, 자신의 일상에서 관행력을 유지하려면 자신의 관행력이 일상적으로 유효하게, 일상에서 늘 작동하도록 만들어야 합니다. 관행의 유효성, 그러니까 관행력에도, 마치 모든 약에 기입되어 있는 약성의 유효기간과 같은 그 유효도가 있다는 말입니다. 행복을 위해 관행이 필요한 것은 사실이지만, 그 행복감은 관행력의 유효도, 그러니까 관행력의 유효기간에 따라 느껴지는 강도가 달라지게 됩니다. 관행이 행복을 위한 전제라는 데에서는 그 어떤 의문도 없지만, 행복감을 유지하기 위해 관행력도 지속적으로 충전시켜야 합니다. 마치, 스마트폰에 내장되어 있는 전지를 늘 충전해야 스마트폰이 정상적으로 작동하듯이, 행복을 위한 관행력도 일정기간 후에는 새롭게, 혹은 잇대어 충전시켜야 한다는 뜻입니다. 행복하려면 영원히 관행하는 자세, 관행의 마음가짐을 가져야 한다는 논리에는 그 어떤 이론도 없지만, 관행력이 제대로 작동하기 위해서는 자신의 관행력의 유효도를 자기 스스로 점검하며, 자신 스스로 다시 충전해야 한다는 뜻입니다. 말로는 관행력이라고 뇌이지만, 행동으로 관행하지 않는다면, 그것은 관행에 대한 말과 마음과, 그리고 실천 간의 괴리가 생긴 것입니다. 관행이 방전(放電)된 것이나 마찬가지라는 뜻입니다. 관행의 방전 여부를 확인하기 위해서는 자신의 일상, 그 일상 중에서도 지금, 방금, 금방을 먼저 살피십시오. 자신이 지금 한 일이 정말로 자신을 뒤돌아보고, 미리 짚어 보고, 지금의 자신에 대한 알아차림이 있는 것인지를 스스로 평가하면, 이내 자신의 관행이 어느 정도인지를 확인할 수 있게 됩니다. 일상적인 삶에서의 가능한 행복감을 경험하기를 원한다면 관행을 포기하지 않는 것이 현명한 일이 됩니다. 관행을 자신의 습관, 자신의 버릇으로 만들어 놓으면 결코 자신의 삶을 불행하게 만들어 놓지 않을 것이기 때문입니다.

　둘째로, 자신의 일상에서 관행력을 일관되게 발휘하려면, 자신이 늘 활용하고 있는 관행의 수준, 관행의 농도가 어느 정도인지를 알아차려야 합니다. 이것은 마치, 체온을 36.5도로 유지해야 건강에 이상이 없는 것처럼, 관행의 농도 역시 일정한 수준을 유지해야 하는 까닭입니다. 행복에 이르기 위해 자신 스스로 관행을 어느 정도, 그리고 어느 수준에 이르기까지 유지해야 하는가를 따지는 일은, 곧바로 자신의 삶에서 자신이 유념해야 될 관행력이 제대로 작동하도록 늘 관행의 수준에 유념하고, 관행의 능력을 필요 이상으로 과신하거나 업신여기지 않는 태도를 지니는 일입니다. 일상적인 삶에서 자신이 행사하는 관행력의 빈도가 높을수록, 그리고 관행의 타이밍이 제대로 맞추어졌을 때, 관행에 의한 행복감 역시 적정수준을 유지할 수 있습니다. 자신의 일상에서, 언제 관행을 해야 하느냐 하는 관행의 시의성 역시 행복감을 유발해 주기에, 관행의 농도를 일정수준 유지하는 것이 필요합니다. 차를 한 잔 마시면서 집중하는 관행과 자동차를 몰고 고속도로를 달리면서 자동차 주행을 위해 운전하는 자신을 관행하려는 마음가짐 사이에서 발견될 관행의 농도나 수준은 서로 다를 수밖에 없습니다. 자신의 일상을 행복하게 만들기 위해, 관행적인 마음가짐으로 자신의 일상을 해나가야 하는 것은 필수적이지만, 자신의 일상에서 요구되는 관행의 수준이나 농도는 사안에 따라 달라져야 합니다. 자신의 일상에서 자신의 관행력을 어느 정도, 어느 수준으로 조절하느냐에 따라 자신 스스로 느끼거나 체험하게 될 행복감의 농도나 수준이 달라질 수밖에 없기 때문입니다. 마지막으로, 일상에서 행복감을 만끽하기 위해서는, 자신이 누리는 관행의 조건이나 상황을 가능한 다변화, 다양하게 만들어야 합니다. 관행 역시 조건이나 상황에 따라 달라지기에, 관행의 내구성을 살펴야 합니다. 관행 역시 사람의 마음가짐과 관련되어 있기에, 자신이 겪거나 경험하는 조건이나 상황에 따라 관행의 농도가 달라지게 마련입니다. 아무리 사람들이 자신의 일상에서 관행력을 투입한다고 해도, 그것을 마치 고무줄 당기듯이 늘, 마냥 100%로 늘려 놓을 수는 없습니다. 그렇게 되면 어느 순간 오히려 탄력성 그 자체를 잃어버릴 수 있기 때문입니다. 잠자리에서 상황에서 요구되는 관행감각과 강의 외나무다리를 건널 때 자신 스스로 그 상황에 맞추어 관행하는 감각은 서로 다를 수밖에 없습니다. 일상생활의 조건과 상황의 차이에 따라 관행의 정도가 달라진다는 말은, 반대로 자신의 일상을 다양한 상황으로 만들어 놓으면 다른 관행력이 필요하게 된다는 뜻이기도 합니다. 상황과 조건에 따라 관행의 형태와 관행의 농도, 수준이 달라지게 됩니다. 이 말은 자신의 일상에 변화를 주면 그렇게 달라지는 상황과 조건에 따라, 관행의 수준이나 농도 역시 그 새로운 조건과 상황에 맞추어져야 합니다. 달라진 일상들에 따라 취해야 될 행동들의 양태도 달라질 것이기에, 그 조건이 요구하는 관행의 수준이나 양태가 달라지게 될 것이고, 그렇게 달라지는 형편에 따라 부수되는 행복감의 수준이나 농도 역시 달라질 것입니다.

2) 관행력의 공식

행복을 위한 관행력을 점검하는 일이 매일같이, 그리고 체계적으로 실천되어야 합니다. 매일같이 자신의 일상에서 작동해야 하기에, 그것은 결국 살아내는, 살아가는, 즐기는 일들이 관행적이어야 합니다라는 말과 결코 다르지 않습니다. 그렇게 하기만 하면, 자신의 마음 스스로 자신을 참살이로 이끌어내 주게 됩니다. 그렇습니다. 관행의 결과가 마음의 평화라면, 그 자신에게 있어서 마음의 평화와 자유보다 더 나은 것은 이 세상에 아무것도 없습니다. 마음의 평화야말로, 바로 자기 자신의 주인이자 왕자이고, 왕이며 군주로 만들어 주기 때문입니다. 관행의 성자(聖者)로 일컬어지는 발타자르 그라시안이 『내일을 여는 지혜』에서 우리에게 가르쳐 준 삶의 지혜가 바로 그 관행이었습니다.

자신의 일상에서 관행을 유지하기 위한 이론적 틀거리를, 제 나름대로 간결하게 표현하라고 하면, 저는 'E=mC²'이라는 배움의 공식으로 답할 수밖에 없습니다. 배움이란 '각자 지니고 있는 몸에게 의미를 만들어 가기'라는 뜻의 E=mC²에서, E는 배움(E=Erudition), m은 의미 만들기(m=making a meaning), C^2은 쫌(Corporal=몸, Consciousness=맘, 혹은 의식)을 상징합니다. 다시 말하지만, $E=mC^2$에서 배움의 핵심은 쫌에게 의미를 만들어 내기인 동시에 의미를 만들어 가기라는 것을 상징합니다. 배움의 공식, '$E=mC^2$에서 배움이 무엇인지를 더 설명하기 위해서' 의미, 그러니까 미닝(Meaning)이라는 말, 우리말로는 '뜻'이라는 말이 무엇을 상징하는지를 먼저 이해해야 합니다. 급하게 말하면, 배움의 공식에서 말하는 의미, 미닝(Meaning)은, 고대 그리스 아테네 시대 당시 아리스토텔레스, 제논, 에피쿠로스, 그러니까 저들을 통째로 묶어 한마디로 표현하면 배움의 행복론자들의 생각을 따르는 저들 철학자들이 우리에게 요구하고 있는 바의, 관행을 상징하는 말과 크게 다르지 않다고 이해하면 됩니다. $E=mC^2$에서 쫌을 상징하는 C^2은 행복의 주체인 나, 내가 사람으로 가능하기 위한 생명됨과 생명 있음, 생명 즐김과 그 주체인 나, 인격인 바로 나 자신, 그러니까 몸과 마음의 융합인 '쫌'을 상징합니다. 나라는 존재는 이 우주상에 단 하나밖에 없는 유일한 존재입니다. 내가 죽으면, 이 우주에서는 유일한 존재인 나의 생명이 끝나 버리는 것입니다. 나라는 생명이 죽어 버리면, 생명을 잃어 버리면 그때부터는 지금까지 있어 왔던 나라는 존재로는 되돌아올 수 없는 유일한 존재일 뿐입니다. 내가 행복을 갈구하는 것은, 내가 있기에 그런 것이고, 나를 위해서 그런 것입니다. 내게 소중한 타인이라고 해도 그것은 내 생명보전 이후의 존재일 뿐입니다. 나라는 존재의(가) 삶의 의미를 끝없이 만들어 가기, 의미를 만들어 내며 살아가기를 말하는 것입니다. 그것을 줄여서 그냥 배움은, 의미를 만들어 가는 과정과 활동이라고 말하는 것입니다. 내가 중요한 것처럼, 너도, 그도, 모두 귀합니다. 이 세상에 귀하지 않은 사람은 없습니다. 모든 사람들 각각이, 각자, 각자가 귀하고, 유일하고, 각자는 모두에게 동일한 생명이라는 점에서, 자신들의 쫌은 모두에게 동일하기에 배움의 공식에서, 쫌, C^2은 수학적으로 절대값을 갖게 됩니다. 영어로는 앱설루트 밸류(Absolute Value), 한자로는 절대치(絕對値), 절대값인데, 글자대로 해석하면 절대치라는 말은 끊을 절(絕)과 마주 볼 대(對)로 구성되며, 그것은 '둘 이상이 서로 마주 보거나 견주는 것을 끊어 버린다.'는 뜻을 지닙니다. 절대값이란 오직 하나(Only One)의 값이란 뜻입니다. 배움의 공식에서, 몸을 절대값으로 정리한다는 말은 그 어떤 사람이든, 각자는 하나의 몸을 갖게 되기에, 그 누구의 몸이든, 그 몸은 모든 사람에게 그렇게 '절대적으로', 그리고 같은 값으로 모두가 모두에게 오직 하나라는 뜻을 지닙니다. 몸은 그 누구에게든 하나밖에 없는 숨이며, 생명이며, 가치이기에 다른 사람에 의해 부질없이 훼손당할 수 없습니다.

배움의 공식, $E=mC^2$에서 C^2인 몸이 수학적으로 절대값을 갖는 $|C^2|$이 되어 그 어떤 사람에게는 오로지 하나로서 모두 같기에, $E=mC^2$은 결국 $E=m$처럼 정리됩니다. 이렇게 되면, 배움은 의미 만들기, 의미 만들어 가기, 뜻 세우기, 뜻 만들어 내기가 되는 것입니다. 배움은 모든 인간에게 있어서 각자적으로 그의 출생과 시작하는 일종의 본능이기에, 배움은 삶, 생활과 마찬가지가 됩니다. 삶은 배움, 그 자체입니다. 배움이 삶과 삶살이 그 자체입니다. 삶살이를 행복하게 하는 것이 관행의 능력, 관행의 힘이기 때문에, 배움의 힘과 배움의 능력을 크게 만들어 주는 것도 관행의 일이 되는 것입니다. 이렇게 보면, 배움의 힘이 삶의 힘이 되는 것이고, 배움의 힘이 행복의 힘이 되는 것인데, 이 행복의 배움을 보장해 주는 것이 관행이 되는 셈이어서, '삶=배움=관행'이라고 보아도 큰 무리가 없게 됩니다. 관행을 삶에서 뜻있는 일로 만들어 가는 것이 행복을 위한 배움이 됩니다. 배움의 공식에서, 배움의 크기가, 배움의 힘이 커지면 삶의 크기도, 삶의 힘도 따라서 커지는 것이고, 그것은 다른 말로 하면, 관행의 힘도 그만큼 커지는 것을 의미합니다. 배움은 몸을 위한 의미 만들어 가기, 의미를 키워 가기라는 배움의 공식에 따르면, 행복을 위한 의미화, 행복에 대한 뜻을 키우라는 것은 행복에 대한 길들이기, 행복의 버릇을 키우고 관리하라는 말과도 무관하지 않습니다. 행복에 대한 버릇이 나쁘면 행복을 낚아챌 수 없는 노릇입니다. 이 점을 피천득 선생은 오래전에 우리에게 알려 왔습니다. 피천득 선생이 이야기한 행복론은, 버트런드 러셀이 말한 바의 행복에 대한 강론보다, 훨씬 더 진지합니다. 피천득 선생은 행복에 관해 이렇게 말하고 훌쩍 세상을 떠났습니다. "영속적인 행복을

자신의 외부에서 구하는 것은 무의미한 짓입니다. 이는 마치 다른 사람이 운동하는 것을 구경하면 날씬해질 것이라고 바라는 것과 같습니다. 1년 수확을 원하면 옥수수를 심으십시오. 10년 수확을 원하면 나무를 심으십시오. 100년 수확을 원하면 사람을 교육하십시오. 자신에게 힘을 실어 주십시오. 늘 같은 사람이 되기는 쉽습니다. 변화도, 반성도, 성장도 필요 없기 때문입니다. 자신을 변화시킨다는 것은 뭔가를 포기해야 하는 것처럼 보일지도 모릅니다…. 사실은 아무것도 포기할 필요가 없습니다. 이미 있던 것에 더해 주기만 하면 됩니다." 행복하려면 행복을 자신의 몸과 마음에 더하면 된다는 그 쉬운 이치를 가르쳐 준 것입니다. 행복에 대한 뜻을 키워 나가려면, 그러니까 누구든 행복을 즐기려면 행복을 느끼고 즐길 수 있는 도구를 제대로 활용할 줄 알아야 합니다. 누구든 자기마다 행복의 수단, 행복의 도구를 갖고 있습니다. 태어날 때 조물주가 나름대로 각자에게 허용한 행복에 이르기 위한 도구입니다. 부족하면 부족한 대로 행복을 즐길 수단을 조물주는 우리 인간들 각자에게 주었습니다. 그것이 바로 목숨, 생명입니다. 생명이 있는 한, 숨을 쉬고 있는 한 행복한 것입니다. 그리고 생명이 있는 한 그 어떻게든 행복해질 수 있습니다. 생명이 있다라는 말은 자신에게 자신의 몸과 마음이 있다는 말이 됩니다. 몸과 마음, 그러니까 몸과 마음이 하나가 된 자신의 몸이 있다는 말이 됩니다. 바로 자신의 행복을 느끼고 즐길 수 있는 수단이며 도구가 있다는 말이 됩니다.

그 누구의 몸이든, 나중에 다시 이야기하겠지만, 자신의 몸이 자신을 행복을 타고 다니게 만드는 행복운전자이며, 조절자입니다. 말하자면 '해피네스 서모스탯(Happiness Thermostat)', 즉 행복 조절기와 엇비슷합니다. 자기를 드러내는 몸은 행복의 조절자이고 행복의 도구입니다. 행복하려면 그 누구든 자신의 몸을 튼실하게 가꾸면서 살아야 합니다. 튼실한 몸이 행복을 보장하기 때문입니다. 자신의 현재 몸, 그 몸의 상태를 보면 그 스스로 지금 당장 어느 정도로 행복한지, 불행한지를 알 수 있습니다. 몸의 정상적인 상태란, 우선 자신의 육체의 기능이 정상적이라는 말입니다. 동시에 마음의 작동도 정상적이라는 뜻입니다. 마음의 작동이 정상적이라는 말은, 마음에 동요가 생기더라도 그것을 어느 정도로 끌어안고 가는지, 마음의 여백이 어느 정도로 넓은지에 따라 달라집니다. 몸의 상태, 육체의 상태를 논하기 전에, 우리가 말하는 정신 건강의 지표가 마음이기 때문에 마음 건강부터 이야기하겠습니다. 마음이 튼실한지 어떤지의 여부는 자신의 스트레스를 쉽게 극복하는지 어떤지에 관련된 그런 것을 말하는 것이 아닙니다. 말하자면 배우자의 죽음, 가까운 가족의 죽음, 이혼, 부부간 별거, 해고(직)나 각종 암(癌)과 같은 위급한 질병의 확인으로부터 오는 스트레스들로부터 해방되는 그런 초인적인 대처 능력을 말하는 것이 아닙니다. 물론 한국인들에게 가장 무거운 심리적인 짐인 여섯 종류의 스트레스들은 누구에게든 오래갑니다. 배우자의 죽음, 가까운 가족의 죽음, 이혼, 부부간 별거, 해고(직), 혹은 암과 같은 질병을 확인받는 일에서 생기는 스트레스가 사람에게 주는 충격은 의외로 오래가기 마련입니다. 스트레스에 대한 원초적인 대처방법, 말하자면 직업적으로 특별한 훈련을 받은 사람들, 말하자면 처자식 없는 승려, 신부, 수녀, 아니면 도사(道士) 같은 이들은 예외가 될 수 있지만, 그 외의 사람들에게는 별수 없는 노릇의 인생사에 관련된 스트레스들이기 때문입니다.

그저 보통 사람이, 보통 상황 혹은 그것보다 조금 더 심한 부정적인 스트레스 상황을 어느 정도로 끌어안고 가는지를 알게 되면 그가 지닌 마음의 튼실함이 어느 수준인지를 알아낼 수 있습니다. 마음이 튼실하다는 것은 한번 난 화를 얼마나 끌어안고 가는지를 보면 그 화의 종류가 어떤 것인지도 알 수 있지만, 동시에 그 사람의 정신 건강 정도 역시 이내 알아볼 수 있기 때문입니다. 말하자면 일반적인 스트레스 상황에서 일어나는 화나 분노와 같은 감정조절을 어느 정도로서 끌고 가느냐 하는 그 시간의 정도로서 마음의 튼실함이 어떤지를 알아보는 것입니다. 예를 들어, 친구나 부부간의 싸움이나 불화, 직장상사와의 불화, 조직 안에서의 갈등과 긴장, 주식투자에서 입은 손실 같은 것을 어떻게, 어느 기간까지 끌고 가느냐로 정신 건강의 정도를 판단하는 것입니다. 부부나 친구 간의 싸움이나 불화는 하루를 넘기지 않는다면 그것은 당사자들의 마음이 아주 튼실한 것입니다. 보통 2일 정도면 튼실한 마음입니다. 직장상사와의 갈등이나 긴장, 조직 안에서의 자기 갈등, 혹은 조금만 금전적 손실들에 대한 화나 자기 학대의 생각이 일주일을 넘어서도록 끈질기게 자신을 괴롭히고 있다면, 그의 마음은 튼실한 마음이 아니라 상처 깊은, 그리고 꽤 허한 마음이라고 봐도 무리가 없습니다. 정신 건강에 커다란 이상 징후가 감지되는 상황이라고 보시면 되기 때문입니다. 무엇인가 빠르게 잊혀지지 않는다면, 그것은 마음을 잃어버리고 있는 중이라고 보시면 됩니다. 마음의 건강, 정신 건강은 육체의 건강, 몸의 강건함과 늘 함께합니다. 마음과 몸이 하나가 되어 자신의 몸이 되고 있기 때문입니다. 일단 육체, 몸이 먼저 구성되고, 그로부터 마음도 만들어지는 것 같지만, 실제로 두 개는 어머니의 자궁 안에서 생물학적인 법칙에 따라 정해진 순서대로, 순차적으로, 그러나 모두 한꺼번에 만들어집니다. 발생학적으로 순서가 있다고 해도 그것은 같은 발달순서에 따른 시간 차이일 뿐이지, 질적인 차이를 가르는 시간의 차이는 아닙니다. 모든 것은 어머니 몸 안에도 질적으로 동일한 기간 동안 절묘하게 이루어지는 것입니다. 그것은, 자동차를 자동차 공장에서 조립할 적에 차대, 즉 차의 뼈대를 자동차 조립선반에 먼저 올려놨다고 해서, 그 차대가 차대 설치 후에 올려진 자동차 엔진보다 더 중요하다고 말하거나, 엔진보다 그 값어치가 우선해야 한다고 우길 수 없는 것이나 마찬가지입니다.

　몸의 건강, 육체가 건강하다는 것은 한마디로 말한다면, 숨쉬기, 밥 먹기, 배변(排便)하기 등등, 속된 말로 한다면 쉬고, 먹고, 싸고 하는 일의 작동이 정상적인지 어떤지를 보면 금방 알 수 있습니다. 쉬고, 먹고, 싸는 일을 정상적으로 할 수 없다면 일단 그 몸은 정상적이라고 말할 수 없을 것입니다. 숨을 고르게 쉬는 일이 불편하다면 몸에 무엇인가 이상이 있다는 증표입니다. 운동을 하지도 않았는데, 숨을 가쁘게 몰아쉬는 것은 건강에 이상 징후가 포착되고 있다는 뜻입니다. 어쨌거나 일상을 살아가는 사람들에게 먹는 일과 소화, 배변하는 일에 이상이 있다면, 그것은 건강에 문제가 있다는 것을 보여 주는 것입니다. 몸, 육체의 건강, 말하자면 쉬고, 먹고, 마시고, 싸는 일이 정상적인지 어떤지를 하나의 집약해서 보여 주는 육체의 활동이 있다면, 그것의 표본이 바로 걷기입니다. 사람의 걷기를 보면 그 사람의 건강상태를 알아낼 수 있습니다. 걸을 수 있는 한, 건강한 것이기 때문입니다. 걸을 수 없다면, 걷기 위해 두 발로 일어설 수 없는 그런 육체적인 상태로 병질(病疾)되었다면, 그것은 생명에 이상이 있다는 증후이기도 합니다. 걸을 수 있으면 생명이 아직은 약동적인 것이라고 보면 됩니다. 사람이 두 발로 걸을 수 있다는 것은 그가 아직도 생명의 약동성을 갖고 있음을 겉으로 드러내 보이는 증거입니다. 여기에서 우리가 말하는 육체의 건강지표인 걷기는 단순히 집안을 걸어 다니거나 소, 대변을 볼 수 있을 정도로 걸을 수 있는 정도의 걷기를 말하는 것은 아닙니다. 물론 그 정도의 걷기 역시도 살아 있다는 증거이고 생명이 유지되고 있다는 다행한 증거이기는 합니다만, 그 정도의 걷기는 우리가 말하는 튼실한 몸의 상태가 어떤지를 알려 주는 것은 아닙니다. 튼실한 몸의 상태, 즉 숨 쉬고, 마시고 먹고, 그리고 배변이 정상적임을 알려 주는 지표로서 활용할 수 있는 몸 건강, 육체 건강의 지표로서 활용하는 걷기는 바로 운동으로서의 걷기입니다. 말하자면 하루, 최소한 4~8km 정도를 별다른 어려움 없이 걸어 다닐 수 있는 그 걸음과 걷기활동 같은 것을 말하는 것입니다. 그런 걷기가 가능하다면 그의 몸은 튼실한 몸으로서, 몸과 마음이 육체 그리고 마음을 즐기고 있다고 생각해도 무리가 없습니다.

몸의 상태가 행복의 상태를 알려 주는 지표이며 자신의 행복을 알려 주는 표시입니다. 몸의 상태는 또 다른 말로 말해서 스트레스 조절자, 스트레스 서모스탯(Thermostat)과 같습니다. 자동차에는 자동차의 정상적인 작동을 위해 서모스탯이라는 장치가 가동합니다. 온도조절기라고 불리는 서모스탯은 엔진과열 조절장치입니다. 저온에서는 냉각수의 흐름을 막아 엔진 내의 온도를 적정온도까지 올려 줍니다. 적정온도에 도달하게 되면 바이메탈 원리로 마개가 열려서 냉각수가 라디에이터로 흐르게 합니다. 냉각수 온도가 더 이상 올라가지 않게 하여 엔진과열을 차단합니다. 엔진이 과열되면 자동차에는 큰 이상이 생겨 버리게 됩니다. 자동차 운행이 중지되어 버리게 됩니다. 조금 더 자세하게 설명하겠습니다. 자동차의 정상적인 운행을 위해 필요한 상식이기도 하기 때문입니다. 자동차의 엔진이 가장 좋은 효율로 운행될 수 있는 냉각수 온도는 80∼90℃입니다. 엔진 시동을 한 후 되도록 빨리 적정온도로 상승시켜야 자동차의 엔진이 정상적으로 작동하게 됩니다. 날이 춥거나 내리막길을 오래 주행할 때는 오버쿨(Over Cool), 그러니까 엔진에 필요 이상의 차가움을 방지할 필요가 있습니다. 라디에이터에 있는 냉각수의 온도가 낮으면 서모스탯은 닫히게 됩니다. 냉각수는 라디에이터를 순환하지 않고 엔진 내에만 순환하기 때문에 빨리 워밍업이 됩니다. 이렇게 되면 조기에 엔진이 더워집니다. 반대로 냉각수 온도가 상승하여 78∼88℃에 달하면 엔진에 과열이 됩니다. 이때는 서모스탯이 열리기 시작하여 냉각수의 온도를 적정온도로 낮추어 줍니다. 95℃ 이상이 되면 서모스탯은 완전 개방되어 냉각수를 라디에이터로 순환시켜 냉각수의 온도 상승을 방지합니다.

자동차의 온도조절기를 사람에 비유하면, 사람의 몸은 각자에게 생기는 스트레스를 조절해 주는 스트레스 조절기와도 엇비슷합니다. 스트레스는 무조건 나쁜 것만은 아닙니다. 스트레스는 자동차 라디에이터의 물처럼 중립적입니다. 사람들에게도 나름대로의 스트레스가 매일같이 흐르게 됩니다. 스트레스로 과열되지 않으면, 일상을 제대로 살아가는 데 별다른 불편이 없습니다. 스트레스가 지나치면, 그 성향이 부정적이면, 그때부터 마음과 몸이 이상한 징후에 시달리게 됩니다. 그 어떤 일에 부정적인 스트레스가 작용하여 사람에게 일종의 화가 나기 전의 상태는 유스트레스 상태(Ustress)입니다. 유스트레스 상태는 그것의 반대 상태인 디스트레스(Distress)에 비해 정상적인 상태입니다. 이런 상태를 행복 상태라고 볼 수 있습니다. 스트레스라는 말은 원래 어떤 문제를 떠맡을 마음의 준비가 되어 있다는 그 준비 상태를 일컫는 말입니다. 다만 그 방향성이 긍정적으로 떠맡을 준비태세인지 아니면 부정적으로 그것을 떠맡을 것인지에 따라 스트레스의 작용이 달라집니다. 긍정적으로 떠맡으면 그것은 유스트레스 상황으로 가는 것이고, 부정적으로 그 스트레스를 떠맡게 되면 그것은 디스트레스 상황이 됩니다. 스트레스를 떠맡으려고 하기보다는 스트레스를 최대한 회피하려는 상태가 되어 더욱더 디스트레스 상태로 변질되어 버립니다. 유스트레스는 스트레스가 일어나는 동안 그것을 그 어떻게든 긍정적으로 활용할 수 있다는 계산 아래 생기는 마음의 떨림, 긴장, 흥분이 사람에게 숫구칩니다. 나름대로 스트레스가 일어난 상황까지 받아들일 수 있는, 어쩌면 그것을 즐길 수 있을 것 같은 마음의 여백이 생기게 됩니다. 그 상태가 바로 행복의 상태입니다. 예를 들면, 결혼, 첫 해외여행, 입학, 첫 취업, 첫사랑의 상황에서 생기는 이상야릇한 감정이나 긴장 흥분, 자극 같은 것이 유스트레스의 상황입니다. 행복한 상황, 행복한 스트레스 상황입니다. 어쨌거나 기분이 나쁘지 않은 상황이며, 즐기는 상황이기에 행복한 상황입니다. 그와는 반대로 은근히 화가 치미는, 짜증이, 긴장이 일어나 마음이 산란해지기 시작하면 그것은 부정적 스트레스, 말하자면 디스트레스 상황입니다. 그러니까 유스트레스의 상황에서는 행복의 상태가 되고, 디스트레스는 조금 덜 행복한 상태, 불행까지는 아니더라도 하여간 행복하다고 말할 수는 없는 상태가 되는 것입니다. 행복을 그냥 중립적인 용어, 가치를 배제한 상태의 용어로 본다면, 유스트레스는 긍정적인 플러스(+)적인 행복 상태를 말하는 것이고, 반대로 디스트레스, 즉 일반적으로 스트레스라고 말하는 스트레스는 부정적인 마이너스(−)적인 행복 상태를 가리킵니다. 지인이나 친지의 죽음, 이혼, 왕따, 주식실패, 실직 등과 같은 일이 생기면 그로부터 일어나는 심리적 감정은 디스트레스, 부정적 스트레스 상황입니다. 우리가 보통 말하는 스트레스 상황입니다. 부정적인 스트레스가 상승하면 그대로 놔둘 수가 없습니다. 그대로 놔뒀다가는 몸과 맘이 더 상하기 때문입니다. 가능한 회피하려고 합니다. 회피하려는 마음이 잘못된 선택과 행동으로 이어지면 더욱더 마음과 몸을 상하게 만들어 버립니다. 회피하려고 하면 할수록 피하기보다는 오히려 어려움 속으로 더 꼬여 버리거나, 아니면 그 속으로 더 빠져 버리게 되기 때문입니다. 마치 수렁이나 늪지처럼, 빠진 발목이 쉽게 빠지지 않는 상황에 이르게 됩니다. 의사들이 흔히 드는 예가 있습니다. 의사를 찾아간 환자들은 대부분 "나는 왜 이렇게 민감한지 모르겠습니다. 나는 정말 민감하지 않고 싶은데 조금한 것에도 크게 민감해져서 그것 때문에 제 몸이 너무 힘듭니다."라고 말하는 것이 일반적이라고 합니다. 뇌신경학적으로 환자들이 그렇게 말하는 것은 의학적으로 옳은 하소연입니다. 사람들은 그 누구나 모두 유스트레

스든, 디스트레스든 스트레스를 받으면 그의 몸에서 그 스트레스를 다룰 수 있게 도
와주는 신경전달물질인, 호르몬이 나오고 그 호르몬이 우리 몸에 여러 가지 좋거나,
좋지 않은 반응을 일으킵니다. 이를테면, 자율신경을 자극하여 소화에 지장을 주게
하거나, 또는 근육을 수축시켜 두통이 오게 만든다든가 하여 끝내 면역력도 떨어트려
놓습니다. 그렇게 만드는 것은, 밖에서 오는 스트레스의 정도 차이가 아니라, 내 몸
입니다. 내 몸이 내게 생긴 스트레스에게 어떤 식으로, 그리고 얼마나 반응하느냐에
따라 스트레스가 내게 줄 수 있는 영향이 달라집니다.

　스트레스에 대해 민감하고 둔감한 차이, 말하자면, 스트레스에 따라 서로 다르게
갈라지는 행복의 차이는 그것을 맡아 처리하는 사람들의 몸의 상태에 따라 서로 달
라지게 됩니다. 몸이 튼실하면 스트레스 상황을 그렇게 심각하게 받아들이지 않게
됩니다. 어쩌면 역지사지로 생각하면서 그 디스트레스를 유스트레스 상황으로 바꾸
어 놓을 수도 있습니다. 조금은 몸이 흔들리며 생각에 파장이 있겠지만, 이내 부정적
인 상태를 긍정의 상태로 바꾸어 놓을 수 있기 때문입니다. 말하자면 '자살'의 상황
을 '살자', 살아내자의 상황으로, 위기의 상황을 위험보다는 기회의 상태로 환전시킨
후 그 힘으로 부정적인 상태의 삶을 오히려 긍정적인 삶으로 전환시킬 수 있기 때문
입니다. 몸과 마음이 더욱더 하나가 되어 튼실한 몸으로 만들 수 있습니다. 반대로
몸이 튼실하지 못하면 몸과 마음이 각기 갈라집니다. 마음의 여유, 마음의 여백이 좁
아지기 때문에 스트레스 상황이 더 강하게 와 닿게 됩니다. 마음이 아파지면 몸이 아
파지게 되고, 몸이 아파지면 마음에 더욱더 강한 통증이 생기게 되기 때문입니다. 몸
따로, 마음 따로 서로 놀다가는 마침내 나라는 몸은 처절하게 분열되고 맙니다. 그렇
게 되면 자신이 바라던 몸 건강도 정신 건강도 모두 물거품이 되어 버립니다. 불행의
수렁으로 깊숙하게 빠져 들어가는 그런 느낌이 들 그때는 이미 늦은 것입니다. 어떤
사람들은 몸과 마음이, 그러니까 몸이 외부로부터 스트레스를 받을 때, 폭식이나 폭
음, 혹은 도박 같은 것으로 풀어내려고 합니다. 오히려 건강이나 해치게 됩니다. 음식
으로 건강에 밀어닥친 스트레스를 조절하는 데 도움을 줄 수 있는 식품으로 의사들이

권하는 것이 있습니다. 말하자면, 엽산이 풍부한 녹색 채소(아스파라거스, 시금치, 배추, 브로콜리 등등), 비타민 B나 C가 풍부한 과일이나 열매(아보카도, 귤, 오렌지, 레몬 등등), 마그네슘이 많은 견과류, 비타민 B2, B1이 풍성한 우유, 오메가 3가 풍부한 생선류, 뇌를 편안하게 해 주는 성분이 풍성한 차(녹차, 캐머마일, 멘톨 등등), 항산화물질이 풍부한 와인, 그리고 경우에 따라 칠면조나 검정 초콜릿을 권하기도 합니다만, 나는 이런 식품에 의존하기보다는 태양, 걷기, 그리고 물을 권하고 싶습니다. 무엇이든 필요 이상으로 먹으면 쌓이게 되고, 쌓이면 찌게 되고, 찌면 몸이 거북살스럽고, 거추장스러워지기 때문입니다. 먹는 것만 갖고는 스트레스를 멀리 날려 보내지 못합니다. 외부의 힘을 빌려 스트레스를 조절하다가는 오히려 몸의 내부가 서서히 스트레스에 의해 무너지게 만들어 놓을 위험성이 커지게 됩니다. 외부로부터 들어오는 스트레스는 내 몸의 내부에서 마음과 몸이 협력하여 깔끔하게 태워 없애야 합니다. 태워 없애려면 몸의 세포, 마음의 세포를 움직이게 하는 수밖에는 없을 듯합니다. 몸의 근력과 마음의 근력을 키워내는 일이 스트레스를 날려 보내는 토대입니다. 그래서 운동으로서는 가장 기초적이면서 인간 생존의 토대인 걷기를 추천하는 것입니다.

3) 의미화

사람인 생명체로서, 일상을 충족스럽게 살아가기 위해 깊은 사유와 실천으로 거듭나는 기쁨을 즐기는 삶으로서의 좋은 삶, 그것을 가능하게 해 주는 일상에서의 행복과 좋은 삶은 자신의 일상을 어느 정도로 자신의 삶에서 의미롭게 만들어 가느냐에 따라 크게 달라지게 마련입니다. 일상의 가치는, 자신 스스로 자신의 일에 어떤 의미를 부여하는지에 따라 달라지기 때문입니다. 자신의 일상에 나름대로의 의미를 부여하기 위해, 의미를 만들어 가려면, 자신의 삶이나 자신의 일상을 관행하는 일은 필수적입니다. 자신의 삶에 끊임없이 의미를 부여해 가면, 그 의미를 매일같이 하나의 작은 기쁨들로, 그리고 소소한 기쁨들로 만들어 가며, 그 소소한 기쁨들을 있는 그대로 즐기는 그 빈도수를 높여야 합니다. 자신의 일상에서 그런 빈도수를 높여 가는 일을 좋은 삶, 행복한 삶이라고 부를 수 있습니다. 좋은 삶, 참살이로서의 행복한 삶은, 그러니까 행복의 윤리 지키기와 행복의 일상은 그 사람의 배움에서 길러집니다. 사람들의 일상적인 배움은 사람됨으로서의 살아가기에 대한 '의미 키워 가기', '의미 키워 내기', '의미 만들어 내기'와 다르지 않습니다. 중국에서 회자된 바 있는 이야기, 즉 거지가 부자라는 역설의 사례를 들어, 제가 말하고자 하는 참살이를 위한 '의미 키워 내기'가 무엇을 뜻하는지를 말하겠습니다. 농부였던 샤오라오다 씨는 자신의 천직이었던 농사를 그만두고 길거리로 나와 구걸을 시작했습니다. 구걸로 10년 동안 무려 우리 돈으로 12억 원을 모았는데, 그는 현재 40억 원 정도를 은행에 예치해 두었다고 합니다. 샤오라오다 씨는 농사보다는 구걸에서 자신의 천부적인 재능과 적성을 찾았던 것입니다. 구걸로, 자신의 그 어떤 친구도 꿈꿔 보지 못한 부자가 되었으니, 자신이 꽤나 대견하고 행복했을 것입니다. 구걸로 부자가 된 그는 유명해졌습니다. 여기저기서 구걸로 부자가 되는 법을 알려달라는 요청이 쇄도하자, 그는 길거리에서 전문적으로 구걸을 하면서, 다른 사람들에게 구걸로 부자가 되는 방법을 강의하기 시작했습니다. 그가 알려 준 구걸로 부자가 되는 방법 중의 하나는 거지로서의 행색을 지켜야 하는 조건이 있었습니다. 아무리 추운 날이나 더운 날이라고 해도 어김없이, 길거리에서 잠을 자야 한다는 것, 아무리 몸이 더러워도 1년에 목욕은 최대한 두 번 이상 하지 않아야 하고, 자신의 몸에 상처가 났을 경우 상처가 곪을 때까지는 절대로 약을 사용하지 않고 참을 줄 알아야만 '부자 거지'로서 참살이를 할 수도 있다며, 자신이 제시한 조건을 충분히 감당할 수 있는 사람이라면 그를 수제자로 삼아 '천만 부자 거지'의 목표를 향해 구걸을 계속할 것이라고 말했다고 합니다. 김찬호 교수가 『돈의 인문학』에서 전했던 이야기입니다. 부자가 된 부자 거지인 샤오라오다 씨가 자신 역시, 돈을 벌기 위해 자신의 삶을 관행하며 소소한 기쁨을 즐기며, 자신의 삶에 대한 의미를 극대화한 사람이라고 자부했는지 어떤지는 알 수 없지만, 설령 그가 그렇게 주장했다고 해도 저는 그의 의견에 동의할 수 없습니다. 자신이 부자가 되기 위해, 구걸용으로 목욕도 하지 않고, 길거리에서 자며, 몸에 상처가 나도 그대로 놔두는 일이 참살이를 위한 의미 키우기로는 받아들일 수 없습니다. 그런 일이, 자신의 목표인 부자가 되는 방법일 수는 있지만, 그것이 자신의 삶에 의미를 키워 내거나, 의미를 또 다르게 틔워 내는 관행적인 방법일 수는 없기 때문입니다. 그가 자신의 삶에서 궁극적인 목표로 삼고 있는 것은 돈이었지, 삶이 아니었기 때문입니다. 그가 의지하고 끝까지 믿는 것은 돈이었지, 자기 자신, 자신의 삶은 아니었기 때문입니다.

삶에서 의미를 키워 내는 것은 자신의 삶에서 자신을 배우는 일로부터 가능해집니다. 여러 번 상기시켰습니다만, 저는 배움의 공식을 『생의 유』에서, $E=mC^2$라고 말한 바 있습니다. 제가 말한 $E=mC^2$ 배움의 공식에서 보면, 일상에서의 의미화는 바로 관행력을 키워 내는 일과 결코 다르지 않습니다. 각자의 일상적인 삶에서 자신의 몸을 위해, 그 어떤 일이든 그 일에서 가치로운 의미를 키워 내는 것이 일상적인 생활의 요체이고, 그런 일상과 삶이 바로 좋은 삶, 기쁨의 삶, 즐기는 삶으로서의 행복한 삶의 상태인데, 그 행복한 상태에 이르게 도와주는 것이 관행인 이상, 의미 키우기는 바로 자신의 관행력이 됩니다. 그 관행력의 크기와 관행력의 작용 여부에 따라 자신의 일상에 대한 의미화의 효력도 달라지게 됩니다. 배움에서, 배움을 통해서 일상의 의미, 살아가는 의미를 크게, 그리고 제대로 만들어 내는 일이 커지면, 관행의 힘도 커지게 될 수밖에 없습니다. 관행력이 일상에서 제대로 작동하게 되면, 자신의 일상 하나, 하나가 소소한 기쁨이 되어 자신에게 되돌아오게 됩니다. 제가 오랫동안 동행으로서 그리고 가까운 지인으로서 사귀어 온 동료 교수가 있습니다. 그저 편하게 그의 이름을 일우 선생이라고 하겠습니다. 일우 선생은 자신의 어머님에 대한 사모의 정이 깊은 친구입니다. 어머니의 사랑과 은혜를 잊을 길 없어, 서울에서 서너 시간 거리에 떨어져 있는 호숫가에 널찍한 터를 잡아 어머니의 사랑을 기리기 위한 정원을 가꾸고 있습니다. 정원을 가꾸는 일이 결코 손쉽거나 쉬운 일이 아닙니다. 자신이 집에 늘 있지 않는 이상, 이상한 객도 들 수 있고, 집도 파손될 위험이 있을 수 있습니다. 염려가 깊은 그는 어머니의 정원을 제대로 지키기 위해, 정원 사방에 진돗개를 키웁니다. 영악한 진돗개를 관리하는 것도 결코 작은 일이 아니라고 합니다. 저들도 생명이고, 어머니의 정원을 지키는 소중한 파수꾼들이라 저들에게 때맞추어 삼시 세끼를 줘야 하고, 저들도 저들 나름대로 새끼를 갖게 해 줘야 하기에, 일우 선생은 이제 그 어느 수의사 못지않게, '개박사', 개아빠가 되었습니다. 저들 강아지의 습성에 대해 이제는 모르는 것이 없습니다. 출산한 개어미에게는 미역국, 아니 요즘은 북엇국을 끓여 저들의 건강을 지킵니다. 웬만하면 피곤하기도 하고, 짜증이 나기도 할 것 같은데, 그는 한 번도 내게 그런 소리를, 빈말이라도 내뱉은 적이 없습니다. 그저 어머니 정원을 지켜 주는 강아지에게 그저 감사하며, 그런 일로 소일하는 자신의 일상에 대해 무한한, 그리고 소소한 기쁨을 즐기고 있습니다. 그는 참 자신의 일상을 관행하며 소소한 기쁨을 즐기는 행복한 학자입니다. 쉽지 않은 일을 쉽게 해내는 사람이기 때문입니다.

　사람에게 있어서 의미 키워 내기는 각자적이고 상황적입니다. 인간이라고 했을 때, 그 인간은 그 누구에게나 동일하며 귀한 절대적인 존재이기는 하지만, 그 인간들 각자는, 각각의 인간들은 항상 미시적인 존재입니다. 물리학에서 말하는 바의 콴툼 자아(Quantum Self), 양자자아(量子自我)들입니다. 미국의 조하(Zohar) 박사는 『양자자아(Quantum Self)』에서, 양자자아란 항상 움직이며 변하는 유동적인 자아라고 정리합니다. 유동적인 자아의 모습은 어쩌면, '여기에 있습니다. 그리고 없습니다.'의 이상한 현상으로 관찰자의 눈앞에 나타났다 사라지는 양태의 모습을 하는, 어쩌면 종잡을 수 없는, 쉽게 포착되기 어려운 모습의 의식 덩어리입니다. 양자자아라는 말은 양자물리학의 양자론에서 차용한 개념인데, 양자 개념의 출현은 독일의 물리학자 막스 플랑크(Max Planck) 같은 이들이, 모든 방사물은, 그것이 빛이든 열이든 간에 관계없이, 지속적으로 발산되는 것이 아니라, 에너지 패킷으로 나타난다고 본 그 가정으로부터 전개되기 시작합니다. 그 가정을 받아들인 아인슈타인은 그러한 에너지 덩어리를 그냥 양자(Quanta)라고 불렀습니다. 양자가 지닌 이상하기도 하지만 사람들에게 매력을 주는 것은, 양자가 에너지의 파장들인지 아니면 입자들인지, 동시에, 이들이 한정된 시간에 한정된 장소에서만 존재하는 것인지 아닌지도 제대로 포착하기 어려울 뿐만 아니라, 그것들이 그 어떤 파장으로서 존재하는지, 어떤지를 그 누구도 확정하거나 확언할 수 없게 만드는 성질을 갖고 있습니다. 양자물리학자들의 실험에 의하면, 에너지의 미립자 존재는 여기 있다고 말하는 순간, 바로 저기에도 있게 됩니다. 그것을 관찰자가 보는 순간, 그 입자는 그 어디에도 있지만, 관찰되었다고 생각하는 순간 그 입자는 이내 사라져 다른 곳에 나타나 존재하는 것입니다. 어쩌면 존재하는 것처럼 존재하다가 이내 다른 곳에서 존재하기에, 그것은 마치 여기 있습니다, 그리고 없습니다와 같은 이상한 상황의 존재가 되어 버립니다. 입자들이 여러 개가 있어 그렇게 마술을 부리는 것 같아 보여도, 그 입자는 여러 개가 아니라, 단 하나일 뿐입니다. 그 하나의 입자는 하나, 혹은 두 개처럼 개수로 포착되는 것이 아니라, 오로지 있었다고 보여 주는 흔적, 어쩌면 양(量)의 흔적으로만 헤아리게 만들어 놓을 뿐입니다. 관찰자에 의한 헤아림, 혹은 깨달음에 의해서만 존재하기에, 그것의 흔적을 콴튬(Quantum), 즉 양자(量子)적으로 존재한다고 말하고 있는 것입니다. 에너지의 미립자들이 실제로는 입자, 파동으로 존재하면서, 흔적을 남기지만, 그것의 존재는 관찰자에게 포착되는 순간 이내 그곳에 흔적을 남긴 채 사라져 다른 곳에 존재하기 때문에, 미립자의 실체는 묘하게도 '허상다운 실체', 혹은 '실체다운 허상'의 흔적으로 존재하게 됩니다. 미립자의 존재는 손쉽게 확정시킬래야, 확정시킬 수 없는 실체로서 존재하기에, 사람들의 눈에는 다면(多面)/다공(多空)/다시(多時)/다처(多處)로서의 흔적 모습만을 남기게 되는 셈입니다.

사람들의 자아가 움직이는 모습 역시 양자자아의 흔적 그것과 엇비슷합니다. 사람들이 지니고 있는 미시적인 의식을 확정시키거나, 확인하는 것은 마치 양자의 움직임을 확정시키는 것과 같습니다. 사람들의 의식은 유동적이며, 조건과 상황에 따라 미시적으로 끊임없이 변하고 바뀌기에, 그 어느 하나로 확정시켜 놓기 쉽지 않습니다. 모두가 하나씩, 양자의식(Quantum Consciousness)을 지니고 있는 것과 다르지 않습니다. 각자가 모두 양자의식을 지니고 있기에, 통일되고 확정적인 그 어떤 것 하나로,

자신의 관행력을 기르라고 확정하기가 쉽지 않습니다만, 각자가 자신의 관행력을 키우기 원한다면 배움의 공식에서 말하는 바의 의미를 각자 나름대로, 각각의 양자적 의식에 합당하게 의미를 만들어 가고, 키워 가야 할 것입니다. 관행력은 배움의 작용, 기능을 말하는 것이기에, 배움력이 관행의 힘이 되는 셈입니다. 배움이 제대로 작동하는 사람은 자신의 일상을 관행하는 사람이나 마찬가지입니다. 관행의 힘이나 배움의 힘은 배움의 공식 E=m│C²│에서, 실제로는 E=mC²의 공식이지만, 이 공식에서 m이 즉, 의미 키우기, 의미 만들어 내기가 바로 관행의 속성을 비유적으로 상징하고 있습니다. 일상에서 의미 키우기, 의미 만들어 가기, 뜻을 만들어 가기, 뜻을 틔워 가기를 상징하는 m, 그 의미를 지속적으로 키워 내는 것이 관행력을 기르는 일이나 마찬가지입니다. 사람들이 살아내는 일상적인 삶은 애매하기 그지없습니다. 서로 만나는 사람들의 관계들은 양자의식들의 상호교섭이며 상호작용과 엇비슷하기 때문입니다. 세상일이, 일상들이 애매하기에, 그렇게 애매한 세상일, 그러니까 양자의식으로서의 사람들이 만들어 내는 일들이나 사건들을 가능한 이해하기 위해 사람들은 자기가 목도하는 사건에 의미를 만들어 냅니다. 사건을 구성하는 갖가지 현상들과 양자적 의식으로 서로가 서로에게 맺어 가는 관계들을 특정한 방식으로 묘사하거나 해석하기 위해 그들의 사건이나 관계에 특정한 의미를 만들어 냅니다. 애매한 것들을 가능한 명료하게 만들어 가기 위해, 자신 앞에서 벌어지는 사건들의 구성 요소들에게 의미를 부여하는 것입니다.

배움의 공식 E=mC²의 공식에서 저는 의미 키워 내기의 상징인 엠(m)이 가지는 가치를 센스(Sense)와 뜻(Meaning), 두 개념 모두를 포함하는 것으로 받아들입니다. 심리학적으로 센스(Sense)라는 말은 의식에서 발생하는 심리적 현상들의 집합으로서 유동적인 현상으로 풀이하는데, 그것을 어문학에서는 일반적으로 말뜻, 혹은 어의(語義)로 번역하고 있습니다. 어의, 혹은 말뜻이라는 말로서의 센스(Sense)라는 말은 의미와 뜻을 표하는 미닝(Meaning) 속에 내포됩니다. 예를 들어, It does not make a meaning라는 표현은 의미가 없다라는 말이지만, 그 속에는, 말이 되지 않기에 의미도, 뜻도 없다라는 것이 녹아 있습니다. 그 말에서 보듯이, 미닝(Meaning)이라는 말은, 뜻있음을 상징하는 것으로서, 다양한 맥락 속에서도 변하지 않는 현상, 개인들을 강제하는 외부적인 힘이 있다는 것을 알려 줍니다. '뜻 만들어 내기', '의미 만들기'로서의 미닝(Meaning)의 상징성을 조금 더 확실하게 하기 위해 듣기에 조금 부정적인 사례를 들어 보면 생명을 재촉하는 방법들에는 여러 가지가 있을 수 있습니다. 공부를 너무 열심히 해서 죽는 방법, 연애를 해서 죽는 방법, 아예 쥐약 같은 독약을 먹고 죽는 방법 등등 여러 가지이지만, 그중에서 독약을 먹고 죽는 방법은 생명을 재촉하는 방법들 중에서는 확실히 말이 되는 방법입니다. 이때 죽음이라는 말은 생명을 재촉하는 일로서의 의미(Meaning) 있는 일이고, 죽는 방법으로 쥐약을 선택한다면, 그 방법은 말이 되는 방법이며 소리이기에, 쥐약을 먹고 죽는다는 그 말은 어의(Sense)가 있는 말입니다. 이처럼 미닝(Meaning)은 뜻을 갖고 있는 말, 뜻을 모으는 말, 뜻을 같이하는 말, 뜻의 지평을 넓혀 주는 말, 뜻을 만들어 내는 그런 말이 됩니다.

아리스토텔레스나 에피쿠로스는 우리에게 다시 말합니다. 그 누구든 일상의 삶에서 자신의 몸에게 나름대로의 의미를 만들어 가려면, 자신의 몸을 조리하고 몸을 다듬어 가는 과정이 있어야 하는데, 그것이 가능하기 위해서는 자신의 삶에 대해 관행적이어야 한다고 말합니다. 자신의 삶에서 의미를 만들어 내기, 뜻을 키워 가기로서의 관행은, 옛사람들이 즐기던 말로 표현하면, 신증심오(身證心悟), 그러니까 몸으로 증(證)하고 마음으로 깨닫는다는 말과 다르지 않습니다. 마음으로 깨친 것이 있으면, 자신의 몸놀림, 자신의 삶에서 반드시 그렇다는 것이 증명되어야 하는 것을 강조하는 옛사람들의 가르침입니다. 그래서 신증심오라는 말에서의 핵심은, 마음으로 깨우침이라는 그 말을 뜻하는 증심(證心)에 있습니다. 증심(證心)은 옛사람들, 특별히 초기 불교를 만들어 갔던 저들이 염원했던 것 같은 붓다의 마음을 말합니다. 불성(佛性)으로서의 '마음바탕'을 갖는 일과 다르지 않은 것이 관과 행입니다. 붓다의 신격(神格)을 일컫는 말로 쓰였던 뜻으로서의 무등등(無等等), 즉 높고 낮음이 없이 모두가 한결같다는 말에서 풍기는 그런 지극한 마음가짐을 갖기 위해 노력해야 한다는 것이 바로 중심의 핵심이고, 관행의 비유입니다. 감히 우주에 감히 견줄 이가 없는 그런 사람의 마음가짐을 빗대어 말한 것이 중심입니다. 불교를 신봉하는 사람들은, 이 세상에 한 번 태어난 사람은 그 모두가 붓다인 것처럼 살아가기 위해, 모두가 절대적으로 무등 등한 마음가짐을 갖기를 원합니다. 한 사람, 한 사람들이 모두가 한결같이 유아독(唯 我獨), 그러니까 모두가 유별나고 독특한, 한 번 세상을 등지고 나면 되돌아 나올 수 없는 유일하고 각자적인 본실적(本實的)인 존재이니까, 당연히 각자의 마음가짐이 무 등등해야 하고 중심해야 한다는 뜻입니다. 그러니까 사람 하나하나가 각자적으로 본 질적인 삶과, 실존적인 삶을 살아내야 하는 그런 생명체로서의 인격과 자존감을 갖 게 됩니다. 본실적인 존재, 본실적인 생명으로 살아가려면, 옛사람들이 그토록 갈구 했던 대로 자신 스스로 자신의 몸을 매일같이 관행해야 합니다. 자신의 몸을 증득 (證得)하고 증심(證心)하는 일은, 그러니까 요즘 말로 말해서, 업그레이드하거나 리포 매팅(Reformatting)한다는 말로서의 '깨닫고 다듬어 감'을 상징합니다. 이 우주 안에 서는 오로지 그리고 단 하나인 자신의 몸을 다듬고 조리해 나가기 위해서, 자신의 몸 을 업그레이드하기 위해 해야 될 일은 단 한 가지입니다. 바로 자신의 몸을 맑히고, 밝혀가는 일입니다. 자신의 몸을 증득하고, 증심하기 위해 굳이 머리 깎고, 뭐하며 깊은 산에 들어갈 일도 아닙니다. 한 시대를 그렇게 이야기하며 그렇게 살다간 유명 한 선사(禪師)들도 그랬고, 얼마 전까지만 해도 우리 옆에서 친숙했던 성철 스님이나, 김수환 추기경, 한경직 목사의 경우만 해도 그랬습니다. 저들의 말을 되새긴다면, 아 마 이쯤 될 것입니다. 그저 인터넷에서 보통 사람들이 쓴 이야기대로, 저들 선사들의 이야기는 '밥을 먹고 똥을 누고 남과 이야기하고, 사랑을 하고 애 낳고, 서로 틀리면 때때로 지지고 볶으며, 밭에 나가 일하다 오줌 싸고 싶으면 오줌 싸고, 낮잠 자고 싶 으면 한잠 자고 일어나 다시 일터로 나가는 그런 일상사들에 삼매 아님이 없는 것이 며, 반가운 친구들을 만나 이놈, 저놈 하고 이름을 부르며 화답하며 막걸리 한 사발 서로 나눠 마시는 일상사들 중 어느 하나도 선(禪)이 아닌 것이 없는 것이거늘… 그저 그런 일거리, 짓거리 가운데에서도 자신의 정신 줄, 마음 줄을 놓치지 않고 무심하고 대안(大安)하게 살아가면, 그 모두가 곧 깨달음이고 해탈임을 저들 스스로 각기 다른 모습으로 보여 준 것입니다. 저들이 죽은 후, 저들의 몸에서 그 무슨 보석이 나온 것도 아니고, 그 무슨 광채가 뿌려진 것도 아닙니다. 그저 저들은 그렇게 살다가 그렇게 흙으로 다시 되돌아간 것뿐입니다. 신의 섭리를 오롯하게 따른 것일 뿐입니다.

저들이 그렇게 우리에게 보여 준 것처럼, 가능한 우리 역시 우리 자신의 몸을 맑히고, 밝히기만 하면, 다시 말해서 증득하고 중심하려고 노력만 하면, 굳이 그 누구와 구차하게 견줄 필요도 없고, 굳이 내세울 것도 없고, 필히 말로 드러내 설명할 이유가 없는 그런 불사의(不思議)한 존재로 거듭나게 되는 것입니다. 저들처럼 세간의 화제가 된 사람이면 죽은 후 며칠간은 더 매스컴을 탈 것이고, 그렇지 않은 사람이면 그저 신문의 부고(訃告)란에, 아니면 전화기 문자판에, 아니면 전화에 전화로 이어져 한 번 이름을 올리는 그런 차이만이 다를 뿐입니다. 다시 확신하지만, 각자가 자신의 몸을 각자가 증득하고, 중심하기만 하면 그 후 자신의 상태, 몸의 상태는 너무나 엄청나거나, 기가 막힐 정도가 될 것입니다. 그것은 굳이 말로서 나타낼 필요가 없는 언어도단(言語道斷)의 상태로, 자신 스스로 벌써 바뀌어져 있을 것입니다. 배움이 자신의 몸을 의미화시킨다는 것은, 그래서 바로 자신의 몸을 자기 자신뿐만 아니라, 타인의 눈에도 불가사의, 혹은 언어도단의 경지에 이르도록 자기 자신의 몸과 마음에 의미를 키워 나간다는 뜻이 되는 것입니다. 자신에게 단 하나인, 유일한 각자적인 몸의 의미를 최적화한다고 해도, 그것은 모두가 잠깐 사이이고, 찰나적일 뿐입니다. 자아는 삶의 경로에서 늘 불확정적하기 때문입니다. 어떤 상태인지, 무슨 생각을 하고 있는지, 그 크기나 모양이 어느 정도인지 모든 것이 불확정한 상태이기에, 그 누구의 자리나 위치도 분명한 것은 아무것도 없습니다. 존재가 없다는 말이 아닙니다. 다만 잘난 것은 못난 것이고, 유명한 것은 무명한 것이고, 공자가 너고 너가 소크라테스이며, 예수가 붓다이며, 붓다가 이미 예수가 되는 것이나 다를 것이 없다는 것입니다. 인간, 각자 모두는 각자가 양자(量子)적이기 때문이기에, 더욱더 연단이 끊임없어야 하는 이유입니다. 그렇습니다. 모든 것은 잠깐 사이의 위치이며, 순간적인 흔적이나 될 뿐입니다.

마치 수술실에서 환자가 수술 전에 수술을 위해 전신에 마취를 당할 때, 몸에 대한 자신의 감각처럼 그저 모든 것은 잠깐 사이에 일어나고, 이내 사라질 뿐입니다. 우리는 그저 흔적만을 기억할 뿐입니다. 삶이 길어 보여도 실제로는 그렇게 순간적이고, 찰나적이며, 잠깐 사이일 뿐이니, 그 잠깐 사이의 시간이 자신에게 이내 오더라도 당황하지 말고 자신을 증득하고 증심(證心)할 수 있도록 자신부터 먼저 관(觀)하고 행(行)해야 합니다.

Chapter 4

관행과 호모 에루디티오

1. 관행과 배움

자신의 삶을 관행적으로 살아가는 사람은 무엇이든 배울 자세가 되어 있는 사람들입니다. 겸손한 자세로 말입니다. 관행적인 사람은 자신의 일상에서 참살이를 즐기려는 사람입니다. 자신의 삶을 휘청거리게 내버려 둘 가능성이 적어지기 때문입니다. 밖을 향한 자신의 욕구를 정제할 줄 알 뿐만 아니라 자신의 내적인 마음가짐 사이의 균형을 최적화시키려고 노력할 것이기 때문입니다. 환경을 가능한 자신에게 맞추려고 노력하고, 그러니까 자신이 환경에 적응하도록 노력하면서 자신의 평온을 자신의 일상에서 찾아내려고 노력할 것이기 때문입니다. 평온과 무심, 부동심을 통해 자신됨의 인성, 그러니까 자신 스스로 자신의 품격(品格)을 가다듬을 것이기 때문입니다. 이 세상에 태어나는 사람은 그 누구나 인간으로서의 인성과 품, 그러니까 인격을 갖습니다. 그 인격은 인간으로서 다른 동물과는 다른 품(品)이 됩니다. 각자는 사람으로서의 품을 갖지만, 그 품은 살아가면서 제각각 달라집니다. 그렇게 달라진 인성을 품격이라고 부르는 것입니다. 모든 사람은 사람으로서의 품(品)은 지니지만, 격(格)은 서로가 다를 수밖에 없습니다. 품이라는 사람으로서의 질료는 다듬어지고, 다듬어져야 하나의 격으로 바뀝니다. 마치 원석(原石)으로서의 대리석이 제대로 다듬어지면 하나의 조각품이 되지만, 그대로 방치하면 돌 조각으로 길거리에 뒹굴게 되는 것과 같은 것입니다. 그러니 사람이라는 질료로서의 조각이 하나의 작품으로, 쓰임새 있는 작품으로 완성되려면 나름대로의 압박과 다듬어짐이 필요하게 됩니다. 원래의 질료가 거칠다면, 그 거친 표면이나 속사정들은 쪼아지고, 밀어지고, 깎아지고, 쳐내져야 합니다. 그래야 하나의 제대로 된 품과 격이 만들어지게 될 것입니다. 사람으로서의 품과 격으로 다듬어지게 되는 과정은 세상의 치열한 자신의 일상생활과 직접 대면하면서, 자신에 의해 이루어져야 할 자기만의 일입니다. 매일같이 일어나는 치열한 일상, 그러니까 투지, 탄력성, 끈기 등이 일상적으로 요구되는 그런 세속적인 상황 속에서, 그런 일상생활에서 자신 스스로 자신을 마주 보면서 자신 안에서 자신 스스로 다듬어 내야 할 일들입니다. 자기 다듬기는, 치열한 일상에서 수백 리 멀리 물러서 있는 현장들, 말하자면 교도소나, 동굴이나, 그 무슨 사찰이나, 수도원이나, 기도원 등등 그런 외딴 곳에서 저절로 이루어질 수 있는 일이 결코 아닙니다.

관행적인 사람은 어쩌면 자신의 일상생활에서 이기적일 수도 있습니다. 매일같이 자신의 일이, 정말로 윤리적이며 도덕적인가를 점검하고, 반추하면서 그것에 기반하여 저 홀로 선택하고, 결단하고, 결행해야 되겠기에 저들은 '본실적(本實的)'이며, 이기적일 수밖에 없을 것입니다. 본실적이라는 말이 철학적으로 무엇을 의미하는지는 나중에 설명하겠습니다만, 여기서는 그저 자기 존재가 우선하기에, 그것은 늘 선택과 결단해야 하는 인간의 조건 정도로 이해하시기 바랍니다. 저들은 자신 스스로 사회에 도움이 되기를 작정하지만, 반대로 크게는 사회가 작게는 정치나, 경제나 행정기관들이 저들에게 짐이 되는 것을 원초적으로 거부하는 사람이기 때문에 저들은 이지적(理智的)이며 때로는 고독할 수밖에 없습니다. 이기적인 그리고 이지적인 사람들일수록, 자신의 일상적인 일처리에서 단순화를 선호하게 됩니다. 단순화를 좋아하는 사람들일수록, 일들을 단순화시킬수록 자신의 일상에서 보다 더 나은 결과를 얻을 수 있다는 것을 체험적으로 잘 알기 때문에 그러는 것입니다. 일상에서의 단순화는 자신의 삶에서 생겨날 수 있는 갖가지 오욕(汚辱)의 종류나 그 가짓수를 최대한 줄여 줄 것입니다. 자신의 삶을 유혹하는 갖가지 오욕들에 강력하게 대항할 수 있는 최선의 무기는 그 옛날부터 현자들이 일러준 그대로, 자신만의 용기와 사랑, 그리고 인내일 것입니다. 용기, 사랑 그리고 인내는 일상을 단순화시키는 요인들입니다. 용기는 자기에 닥친 문제해결을 위해 자신의 힘을 북돋아, 강하게 만들어 주고, 사랑은 자기가 자신을 향해 가능한 웃도록 해 주고, 인내는 자신을 평온하게 만들어 주어 일상에게 안정감을 불어넣어 주기 때문입니다.

일상에서의 단순화는 일처리를 보다, 경영의 관점으로 말하면, 시스템의 맥락으로 파악하고 그에 따라 생산성을 높이는 문제해결전략에 속합니다. 단순 시스템의 문제해결전략은 기업에서 초기의 성공경험과 초기 성공 확률을 높이기 위한 전략입니다. 단순한 문제해결 시스템을 유지했을 때 문제해결확률이 보다 높아지기 때문입니다. 일단 성공을 경험한 이후에는 성공을 거듭 경험하기 위해, 지금까지 도움을 주었던 문제해결의 단순 시스템을 조금 더 상향적으로 최적화시킬 필요가 있습니다. 그것은 성공을 지속적으로 경험하기 위해서입니다. 새로운 사업에 착수한 사람들일수록, 처음에는 100%의 성공보다는 그저 한 80% 정도의 성공을 기대하는 이유입니다. 100% 완성된 상품을 내놓고 대중들의 완벽한 반응을 살피기보다는, 한 80% 정도 완성된 상품을 내놓고 고객들의 일반적인 반응을 일단 떠보곤 합니다. 제품에 대해 고객들의 관심이 높아지면, 그러니까 고객의 호응도가 기대대로, 어느 정도 일어난다면, 출시된 제품의 100%를 위한 지속적인 개선에 박차를 가합니다. 그 후부터 새로운 일의 순서에 맞도록 제품의 완성도를 지속적으로 최적화시켜도 크게 늦지는 않을 것이기 때문입니다.

이런 단순화 전략은 일상생활에 필요한 관행 능력을 사람들 스스로 연단하는 데에도 어김없이 적용됩니다. 처음부터 100%의 관행을 고집하기보다는, 그저 70~80% 정도로 관행을 시작하여 그것을 자기의 버릇으로 만들어 가며, 그것이 어느 정도 성공했다 싶으면 늦추지 않고 100%의 관행적 삶을 목표로 삼는 것이 중요합니다. 자기 스스로 자기의 관행적인 생활에 일단, 어느 정도 만족하는 경험을 하는 것이 먼저 필요합니다. 일단 관행에 대한 성공경험을 자기 자신에게 늘려가면서, 그 어느 수준에 이르게 되면 그때부터 관행의 최적화된 삶, 그러니까 100%의 관행적인 삶이 되도록 만들어 가는 것이 필요하다는 뜻입니다. 처음부터 100%의 관행적인 삶은 가능하지 않기에, 자신의 일상적인 삶에서 100% 관행을 욕심하는 것에는 무리가 따를 수밖에 없는 노릇입니다. 무리하면 성공경험은 작아지게 마련이고, 그렇게 되면 관행이라는 그 자체에 질릴 수도 있습니다. 그러니 무리하지 말고, 자신의 삶이 점점 더, 더욱더 관행적인 삶이 되어 가도록, 자신의 일상적인 생활에서 관과 행을 습관화시키는 것이 중요합니다. 습관화를 위해서는 시간과 에너지가 필요합니다. 사람들이 무슨 일을 할 때 열정이 중요하다고 말하곤 하는데, 열정을 이끌어 내는 것은 말이 아닙니다. 초기 성공경험이 그 열정을 이끌어 갑니다. 열정은 성공경험의 정도에 따라 그 농도가 달라집니다. 열정이 성공을 이끌어 내는 것이 아니라, 성공의 경험이 열정을 이끌어 내기 때문입니다. 관행적인 일상생활을 원한다면, 관행에 대한 열정부터 먼저 이야기해야 할 것이 아니라, 관행적인 삶의 초기경험과 그 성공담부터 먼저 경험하도록 해야 합니다. 관행적인 삶의 경험을 위해서는 열정 그 자체보다는 관행적인 생활을 하려는 에너지가 더 많이 필요합니다. 실천하려는 에너지가 바로 일을 추진하게 만들어 주는 동력이자 힘입니다. 에너지는 곧 시간입니다. 관행을 자신의 삶에서 일상화시키기 위해서는, 관행적인 삶을 실천하기 위해 필요한 시간과 그것을 실제로 해내는 시간관리의 에너지가 필요합니다. 에너지를 투입하기 위해서는 자기 스스로 자신의 훈련의지가 어느 정도인지를 정확하게 점검해야 합니다. 사람들은 이 세상에 태어날 적에, 그 무슨 음악가, 미술가, 정치가 등등, 그런 인물됨으로 태어나는 것이 아니라, 그런 것들을 해낼 수 있는 가능성과 훈련에너지만을 갖고 태어날 뿐입니다. 훈련하지 않으면, 에너지는 그 어떤 그릇도 만들어 내지 못할 뿐입니다.

그 어떤 훈련도 배움의 틀 바깥에서는 불가능합니다. 훈련은 관행의 배움을 위한 하나의 수단입니다. 배움의 틀 안에서 작동하는 훈련이어야, 훈련은 그릇을 만들어 내는 에너지로 쓰이게 됩니다. 사람만이 배움을 만들어 갈 수 있습니다. 사람만이 배움을 만들어 낼 수 있습니다. 배움을 만들어 가고, 배움을 만들어 내는 동물을 가리켜 우리는 호모 에루디티오(Homo Eruditio)라고 부릅니다. 배우는 동물은 관행을 훈련해 낼 수 있는 동물이기도 합니다. 배우는 사람은 관행하는 사람의 상징이기도 합니다. 관행의 동물로서 호모 에루티티오는 자신의 삶을 행복하게 만들어 가기 위해, 세상에서는 손쉽게 찾아볼 수 없는 그런 의미를 만들어 내기도 하고, 있던 의미를 다르게 바꾸기도 하고, 뒤틀어 새로운 의미로서의 쓰임새를 늘리는 일도 필요하다면, 기꺼이 그렇게 해내기를 즐기는 사람을 일컫는 말입니다. 그런 모든 것을 즐기는 사람을 한마디로 줄여서 배우는 동물이라고 말하고 싶어, 학명으로는 제 스스로, 사장된 라틴어의 문법에 어깃장을 부리며 '호모 에루디티오'로 붙이고, 그 이름으로 하나의 책으로 출간했었습니다. 제가 대학 교수로 일하기 시작한 이 후 처음 출간한 책이 『새로운 교육학』입니다. 이 책을 출간한 이래 학계에서 새롭게 주목받았다고 일컬어지는 책이 바로 『호모 에루디티오』였습니다. 그 책을 출간한 후 몇 년의 시간이 흘렀습니다. 어느 누가 『호모 에루디티오』라는 책 이름에 그 무슨 흠이 있다고 지적하며, 자신들의 학문성을 자랑한다는 것을 풍문으로 접한 바 있습니다.

학문적으로 비판한 공식적인 글도 아니였기에, 『호모 에루디티오』에 대한 개인적인 소감을 그냥 점잖게, 그렇게 이야기한다는 사람에게, 혹여 도움이 될 듯싶어 인편으로 알아들을 수 있도록, 어쩌면 더 쉽게 알아들으라는 뜻으로 대중 강연을 한 적도 있습니다. 저들에게 넌지시 그 옛날 미국의 레이건 대통령이 후보 시절 자신의 대통령 캠페인 당시 상대방에게 유머 넘치는 이야기로 토론을 종결시킨 예를 비유로 들어 주었던 적이 있었습니다. 1984년 당시 레이건은 나이가 지긋한 상태였기에, 같은 당 반대쪽에서는 '대통령이 되기엔 너무 늙었다.'는 것을 한껏 부풀리고 있었습니다. 경쟁자인 먼데일 후보가 바로 레이건의 상대자였습니다. 먼데일 후보는 레이건의 나이, 그러니까 그의 '고령(高齡)'을 들먹이며 은근슬쩍 레이건이 무능할 수 있다는 것을 엿봤습니다. 시청자들에게 대통령 직무에 고령자인 레이건이 적합하지도 않을 것이며, 그런 나이로는 실제로 업무수행을 하는 데 있어서 무리일 것이라는 것을 은연중 호소하고 있었습니다. 그런 마음가짐으로 패기가 넘치는 모습의 먼데일 후보가 레이건에게 먼저 말문을 열었습니다. 레이건 대통령 스스로 '고령에 대해 어떻게 생각하십니까?'라는 질문이 기다렸다는 듯이 먼데일로부터 먼저 나왔습니다. 먼데일의 집요한 공격에 당황해진 그리고 자신의 나이를 들먹이는 먼데일 후보가 조금은 고깝기까지 한 레이건 후보는 "나는 이번 선거에서 먼데일 후보의 나이를 대통령 후보 경쟁에서 절대로 문제 삼지 않겠습니다."라고 한발 비껴나가는 듯이, 그리고 먼데일 후보 역시 양해해 줄 것으로 기대한다는 듯이 응수했습니다. 레이건으로서는 자신에게 약점이 될 수도 있는 그런 문제에 무심한 척하는 식으로 표정을 정리하는 편이 후보 경쟁토론에서 보다 유리할 수도 있었기 때문입니다. 그것을 모를 리 없는 먼데일 후보였습니다. 레이건의 후퇴를 알리는 소리를 듣자, 결정적인 기회를 잡았다 싶은 먼데일은 다시 그리고 집요하게 '그게 무슨 뜻입니까?'라고 여유만만하게 레이건을 다시 공격했습니다. 평정을 찾아 가는 듯한 레이건은 이내, 안쓰럽다는 듯이 먼데일 얼굴을 후보를 쳐다보며 이렇게, 이번에는 아주 퉁명스럽게 응대했습니다. "먼데일 후보, 당신이 너무 젊기에 대통령을 하기에는 아직 경험이 너무 없다는 점을 경험 많은 내 스스로 점잖지 못하게, 이번 대통령 후보 경쟁이나 정치적 목적에 절대로 이용하지 않겠다는 뜻입니다."라고 응수했습니다. 모든 토론은 레이건의 그 한마디로 끝나 버렸습니다. 그리고 이 토론은 레이건 대통령이 오랜만에 모든 국민에게 큰 웃음보따리를 선물한 귀한 시간으로 역사의 한 장을 기록하게 되었습니다.

저도 호모 에루디티오라는 말의 문법이탈에 대해 이런저런 이야기를 하는 패기만만한 교육학자들에게 저들이 지닌 여린 학문적인 자세를 더 이상 거론하지 않겠다는 것을 이런저런 방식으로 알아들으라고 사적으로 흘려보낸 적이 있습니다. 호모 에루디티오에 대한 제 입장도 레이건 후보의 그 심정과 별로 다르지 않았기 때문입니다. 학문의 내공이 얕은 이들로부터 아직도 설익은 소리가 들린다는 소리를 제자 편으로 전해 듣고 있던 저에게, 제 학문적인 사정을 잘 알고 있는 영문학자인 친구 교수가 한 소리 거들었습니다. "미띵크 도우 아트 더 원 풀 오브 터스(Methinks thou art the one full of turds)"라고 하면서 셰익스피어가 한 말을 슬쩍 인용하며, 저들을 가르쳐 주라고 조언했습니다. 그의 말을 나름대로 번역하면, "그대, 그대는 어디선가 다 낡은 잣대 하나를 주워 우주의 치수를 재려고 나서는 사람이외다."라는 식으로 의역(意譯)될 수도 있을 듯싶은 말입니다. 셰익스피어 자신의 필력을 야유하려고 했던 당대의 비판자들, 어쩌면 당대의 다양한 성격들, 퍼스낼리티들, 복면꾼들, 단편적인 지식으로 세상을 모두 안다는 식으로 삐기고 있지만, 겉으로 나서지는 못하고 뒷 무대에서 움칠대는 당대의 그 인사들, 그러니까 그 당시 희곡, 연극계에서 자신을 필요 이상

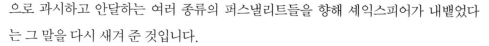

으로 과시하고 안달하는 여러 종류의 퍼스널리트들을 향해 셰익스피어가 내뱉었다는 그 말을 다시 새겨 준 것입니다.

　정황은 그렇다 치더라도, 다른 한편으로 가만히 생각해 보면, 저들을 탓할 만한 일은 아닙니다. 저들은, '학교교육화' 된 사람들이고, 무엇이든 가르친 대로만 되뇌어야 직성이 풀리는 소위 호모 에두칸두스(Homo Educandus)이기 때문입니다. 게다가 그렇게 할 수 있도록 빌미를 남긴 책임도 제게 있기 때문입니다. 내가 알고 있는 것은 상대방도 당연히 알고 있을 것이라고 생각하며, 전문적인 학술용어나 개념, 이론 설명을 생략하곤 하는 전문가들이 흔히 범하는 '지식의 저주(The Curse of Knowledge)'의 덫에 걸려 있을 수도 있기 때문입니다. 그러니 학자들에게 불친절만이 답이 되는 것은 아닐 것입니다. 오해가 있다면 자세하게 풀어 줄 필요도 있습니다. 저들은 다시 뒷담화를 계속합니다. 『생의 가(痂)』『생의 과(過)』 그리고 『생의 유(癒)』 등 생에 관한 것을 평생교육현상과 연결시키면서, 평생교육에 관련된 개념이나 이론들을 일목요연하게 서술하기보다는, 삶에 대한 여러 가지 이야기나 삽화를 그려내며, 평생교육을 논하는 저의 학문적인 심사를 도대체 모르겠다는 뒷담화 같은 것이었습니다. 저들의 이야기에 나름대로 타당성이 있기는 해도, 보기에는 저들의 지력이 너무 개론서에 묶여 있는 것 같다는 생각에는 변함이 없습니다. 우리 한국교육학계의 학문적 병폐이며 고질적인 풍토인 '교육개론학' 구조에서 헤어 나오지 못한 것 같았습니다. 세상에, 다른 학문도 그렇지만, 교육학의 이론들이, 1, 2, 3, 4, 하나, 둘, 셋, 넷 식으로 파편화되어 있다는 생각이나, 발상 자체에 이미 식상할 뿐입니다. 제가 대학원 시절 이래 공부하기에는 잡다한 사회현상들 속에서 비슷한 유목들이 추려지고, 추려진 유목들이 다시 추려지고 응집하여 하나의 개념들을 만들어 내고, 그런 개념들이 또 다르게 경합하면서 융합되어 하나의 이론들로 구성되거나, 혹은 그 반대의 방식으로 하나의 학문이 틀을 잡아가면서 전개되는 것이기에, 제대로 그리고 본격적으로 공부하려면 잡다한, 그리고 수많은 사회현상, 삶의 현상에 대한 친숙도를 보다 더 높여야 할 것 같습니다. 그러려면 학습하려고 하는 사람은 먼저 사회현상들을 수없이 접하고,

읽고, 생각하고, 새롭게 의미화하면서 그것들을 다시 써내는 일부터 제대로 해야 됩니다. 초등학생에게 논리학을 가르치면서 교사들이 가장 먼저 강조하는 것이 바로, '논리를 모르면 웃을 수도 없습니다.'는 생각인데, 교육학을 연구하는 교수들 스스로, 그 뜻이 무엇인지를 가슴에 새겨 둬야 합니다. 말과 글의 핵심은 관계입니다. 아무리 멋있는 단어나 개념이라고 해도, 앞과 뒤, 전과 뒤의 문맥과 상관없는 문장들을 나열한다고 해서 글이 되는 것은 아닌 것처럼, 삶에서 보이는 수많은 현상들과 현상들 간의 관계를 이해하지 못한 상태에서는 그럴듯한 교육학의 그 어떤 이론들도 설득력을 가질 수가 없는 노릇입니다. 문자를 눈으로 본다고 해서 글이 그냥 자동적으로 이해되는 것이 아니듯이, 평생교육에 대한 이해를 위해서도 마찬가지일 뿐입니다.

대보름이 되면, 공중에서 환하게 비추는 달에 대해 감탄하곤 합니다. 달에 감탄하는 순간, 그것은 내가 달빛, 달에서 비추는, 제가 지어낸 말로 말하면, 그 '달살', 그러니까 지금은 나타나지 않고 있는, 지금 당장 볼 수 없는 '햇살'에 대해 더 고마움을 느끼기 때문일 것입니다. 햇살이 없으면 '달살'은 아예 가능하지 않기 때문입니다. 달은 그저 해의 반사체입니다. 별들이 해의 반사체입니다. 달이나 별 모두가, 그리고 내가 살고 있는 이 지구 역시 그 누군가에 아름답게 보인다면 그것은 이 모두가 태양의 반사체이기 때문에 그렇다는 것에 대한 일차적인 '관념화'가 있어야 합니다. 그 관념화가 바로 탐구이며, 학습의 정체이고, 그로부터 일어나는 것입니다. 관념화가 먼저 생기지 않는다면 학습은 끝내 허사입니다. 학습이 일어나고 있지 않는 것이나 다름이 없기 때문입니다. 마찬가지로, 평생교육은 그저 보름달의 '달살'처럼, 햇살과 같은 인간들이 매일같이 경험하는 삶의 반사체입니다. 평생교육의 본질을 이해하려면 삶의 현상을 먼저 이해해야 한다는 뜻입니다. 그러니까 읽는 이들의 눈에는 익숙하지 않은 삶에 관한 이런 삽화, 저런 이야기, 또 그런 담화들을 서술하고, 차용하고, 개념화하고, 다시 의미화하기 위해 저 스스로 『생의 가』『생의 과』그리고 『생의 유』와 같은 삶에 관한 이야기를 하나의 시리즈로 내걸고 잇대어 집필했던 것입니다. 제가 아무리 부정해도, 삶 덩어리가 바로 평생교육의 사건이며 배움의 현상임을 거부할 수 없어, 평생교육의 흐름을 생(生)의 시리즈로 정리하려 했던 것입니다. 우리가 산에 올라가면 마주치는 숲은 단지 몇 그루의 나무로 만들어지지는 않습니다. 숲이 되려면, 아름답고 울창한 숲이 되려면, 우리가 한 번도 보지 못하거나 알 수 없는 이끼, 곤충, 이름 없는 꽃들, 심지어는, 몹쓸 관광객이 버리고 간 소주병, 화장지 조각도 함께 어울려 있어야 합니다. 설령 나에게는 그 어떤 이름도 없지만 저들에게는 찬란한 생명이며 삶 그 자체들이 옹기, 그리고 종기, 나름대로 저들의 생을 만들어 내는 곳이 바로 숲이기 때문입니다. 어느 것도 소중하지 않은 것은 없습니다. 숲 그 자체가 저들의 모임과 관계 때문에, 아름다움이며 신기함이며 오묘함을 드러내놓는 것입니다. 모두가 하나로 어울리고, 아울려 하나의 숲이 되는 것이며, 저들이 있기에, 태초에 힘입어 비로소 내가 태어나게 되었던 것입니다. 그렇게 태어난 저들을 보면, 저들의 생명에 대해 경외가 생겨나는 것이 당연한 것입니다. 경외, 생명에 대한 경외인데, 그것은 다른 생명에 대한 배려, 삶에 대한 철저함과 삶에 대한 냉혹함 모두를 포함합니다. 생명에 대한 경외를 알려 주는 일이 평생교육이며, 배움의 요체입니다. 배움이, 우리의 삶에 대한 냉혹함과 철저함 모두를 꿰뚫어 보는 힘을 길러 주는 것은 관행의 능력 때문입니다. 그런 배움의 동물, 있는 세상을 철저하게 바라볼 줄 알며, 자신을 끊임없이 새로 만들어 갈 수 있는 힘으로서의 관행력을 길러낼 수 있는 인간을, 저는 호모 에루디티오라고 불렀던 것입니다.

제가 쓴 책인 『호모 에루디티오(Homo Eruditio)』에 대해 관심을 갖는 사람들 간에 이런저런 뒷담화가 있었던 이유는 알고 보면, 실제로 별것은 아닙니다. 그저 그런 간단한 뒷담화 같은 것이었을 뿐입니다. 저들의 눈에, 호모 에루티티오라는 제목이, 라틴어의 문법을 벗어난 것이기 때문에, 한번 해 본 소리라는 것이었습니다. 저들에게 있어서는, 호모 에루디티오가 아니라 호모 에루디투스(Homo Eruditus)가 되었어야 마땅했던 것인데, 그것을 제 스스로 호모 에루디티오라고 문법에 어긋나게 비틀어 버렸기에, 의아했던 것입니다. 라틴어 문법을 거스르면서, 책의 제목을 호모 에루디티오라고 붙였던 이유가 있습니다. 제가 책 제목으로 붙인 호모 에루디티오, 배우는 동물을 상징하는 호모 에루디티오는 무엇인가 규격이나 문법 밖에 존재하는 존재를 상징해야만 그 모습이 연상되는 그런 새로운 존재입니다. 말하자면, 자신의 삶을 살아가기 위해, 필요하다면, 그리고 과감히 옛것을 바꾸는 용기, 더 나아가 사회적인 악이나 정치적 권력을 항상 의시(疑視)함으로써 그 언제든 전복시키는 '디벙킹(Debunking)'의 자세, 그러니까 얼굴을 숨기고 있는 상대방의 가면을 벗길 수 있는 용기를 갖는 존재이어야 했습니다. 죽어 있는 문법, 어쩌면 규칙동사로만 모든 것을 설명하려는 답답한 존재가 아니라, 살아 움직이는, 필요한 것을 만들어 가는, 불규칙 동사의 존재가 필요했습니다. 그런 자기 개조, 개혁을 해내는 존재를 만들어 가는 일이 평생교육의 본질이기 때문입니다. 그런 배움의 존재를 상징화하기 위해 라틴어 사전 속에서는 거의 사장되다시피한 '호모 에루디투스'라는 말을 '호모 에루디티오'로 바꾸어 버린 것입니다.

호모 에루디티오 구성의 사연을 위해, 조금 지루하겠지만, 학부 시절 제가 대학에서 익힌 라틴어의 문법을 다시 상기해 보겠습니다. 그 사정은 이렇습니다. 고대 라틴어에서 모든 형용사는 그 자체로 명사가 될 수 있으며, 남성/여성 어미는 '~하는 사람', 중성 어미는 '~하는 것'의 뜻을 나타낼 수 있게 되어 있습니다. 에루디투스(Eruditus)라는 라틴어는 제1형 형용사 제1식에 속하며, 남성 어미 우스(us), 여성어미 아(a). 중성어미가 움(um)으로 고정된 형용사에 속하는 단어로서, 그 뜻은 정제된 배운, 깨우친이라는 뜻을 담고 있는 형용사입니다. 제가 선택한 '배우다.'라는 뜻과 뜻으로 견줄 수 있는 단어인 에루디투스는, 제가 또 한편으로 선호하는 바의 '영리하다, 혹은 깨우친다.'라는 뜻을 지닌 사피엔스(Sapiens)라는 형용사와는 그 격과 성(性)을 달리하는 단어입니다. 에루디투스라는 형용사는 그 어떤 규칙에 따라 변하도록 만들어진 형용인 데 반해, 사피엔스라는 형용사는 라틴어에서는 제2형 형용사의 변종에 속하기에, 사피엔스라는 말은 남성, 여성, 중성의 주격 어미가 같고 속격 어미가 따로 존재하는 형용사 그룹에 속해 있게 됩니다.

사람들은 그런 변종 형용사를 남성을 지칭하는 호모라는 말 뒤에 붙여, 그냥 호모 사피엔스(Homo Sapiens)라고 부르고, 그 호모 사피엔스를 '이성적인, 슬기로운, 똑똑한, 현명한' 인간으로 번역합니다. 이때의 호모 사피엔스는 남성인지 여성인지 구별할 이유가 없기에, 그냥 인간으로 불러도 무방한 것입니다. 저도 배움을 상징하는 라틴어 형용사가, 마치 사피엔스, 그러니까 같은 남성, 여성, 중성의 주격 어미가 같은 변종의 형용사인 사피엔스(Sapiens)처럼, 처음부터 에루디투스가 변종 형용사이었으면 하는 바람도 있었습니다. 인간, 그렇게 부르면 되는 것이지, 사람을 억지로 남녀로 구분해 각각에 따른 그 어떤 규칙을 만들어 낼 필요가 없다고 생각하기 때문이었습니다. 그러나 배우다라는 형용사는 라틴어 경우 남성, 여성, 중성의 격이 다르게 고정되어, 저들의 일상적인 삶에서 그렇게 각기 구분된 채 활용되어 왔습니다. 우리말의 어법과 달리, 격과 성을 구분해놓고 있는 저들의 문법이 별로 달갑지 않았던 것도 사실이었습니다만 저들이 그렇게 해온 것은 저들의 정신과 의식 속에 그 무슨 사정이 있어서 그리되었을 것입니다. 그 옛날 저들 라틴어를 쓰던 사람들의 문화에서는 인간을, 그냥 배우는 동물로서의 인간 그 자체를 지칭하는 것이 아니라, 저들의 무의식에서는 '배우는 남자동물' '배우는 여자동물' 같은 식으로 분명하게 서로 구분해 써야 저들의 속이 시원했었나 봅니다. 마치 제우스가, '남/남/여/여'의 한 몸체로 되어 있던 인간의 위력이 두려워, 양성의 몸체인 인간의 반을 나누어 남자, 여자로 나누어 놓아 놓고 인간의 힘을 약화시킨 것 같은 그런 생각이 저들 로마인들의 의식을 지배했었을 법합니다. 어쨌든 그런 저들의 일상적인 삶의 관습대로, 라틴어 문법학자들은 습관적으로, 성(Gender)을 남성이나 여성과 같은 자연적 성 혹은 문법적 성(Sex)에 기초하지 않고, 주격의 스펠링이나 단어의 분류에 의거해서 그렇게 나눠 왔던 것입니다. 다시 말하겠습니다. 라틴어 문법에서 호모(Homo)는 남자를 상징하는 단어로서의 맨(Man)을 가리킵니다. 여성은 페미나(Femina)으로서 워먼(Woman)을 가리키는 명사입니다. 여기에, 성에 따라 달라지는 '형용사'로 분류된 에루디투스라는 형용사가 맨(Man), 즉 남성인 경우는 호모 에루디투스(Homo Eruditus)로, 여성인 경우는 페미나 에루디타(Femina Erudita)로 쓰도록 관습화시키고, 사회적으로, 문화적으로, 그리고 정치권력으로 그렇게 엄격하게 구별해 왔던 것입니다. 이런 저들의 문법은 제가 원하고, 제가 지향하는 배우는 동물의 속성과는 맞지 않을 뿐만 아니라, 현실적으로는 더욱더 상극으로 배치되는 것이었습니다. 배우는 동물은, 그 존재가 여성이든 남성이든 하나이어야 한다는 제 생각에 어긋나는 저들의 문법이었던 것입니다. 그러니까 제가 호모 에루디투스라고 써놓고, 그것을 배우는 동물, 혹은 배움의 인간이라고 이야기해 봐도, 라틴어의 용법대로 말하면 그것은 제가 생각하기에, 끝내 그것은 성차별적으로 배우는 남자만을 지칭하는 것과 다를 것이 하나도 없는 셈이었기 때문입니다. 배움의 인간을 굳이 그 가부장적이며 제왕적인 틀로 억누르던 관행들, 말하자면 여성, 남성으로 나누어, 표현하는 방식이나 그런 문법적인 구분들은 내가 원하는 배움의 인간, 배우는 동물에 대한 본질이나 그 의미를 통째로 지칭하는 대표적인 단어로서는 함량 미달이었을 뿐입니다. 내가 원하는 것은, 배우는 인간 전체이지 배움의 남자, 배움의 여자 등등, 그렇게 가리고, 나누고 그리고 차별하고자 하는 것이 아니었기 때문입니다.

지금 되돌아 생각해 봐도, 호모 에루디투스가 아니라, 호모 에루디티오(Homo Eruditio)를 책제목으로 붙이고 그것을 일상화시킨 것은 잘한 일입니다. 다시 이야기하지만 저들 문법에 따르는 말인 호모 에루디투스는 성차별적인 용어에 가깝다고 여겨지기 때문입니다. 배운 사람, 즉, 여성과 남성을 가리지 않고 하나로 인간 전체를 통칭하는 단어로서의 배움의 인간을 상징하는 그런 단어를 원했지만, 그런 단어는 라틴어에는 없었기에, 그 한계를 넘어서고 싶었습니다. 학문에 있어서 현실적으로 자신의 지적 호기심을 충족시키지 못하는 상황에서는, 자신의 생각을 드러낼 수 있는 새로운 조어나 개념의 창조는 불가피합니다. 지적으로 궁핍한 경우를 탈피하는 방법은, 연구자 스스로 나름대로 새로운 개념이나 단어 그리고 새로운 이론을 구상하며, 그것을 새롭게 만들어 낼 수밖에 없습니다. 기다린다고 이루어질 일이 아니기 때문입니다. 배우는 동물을 굳이 그 옛날 라틴계 사람들처럼 남성으로만 표현해야 한다는 것 그 자체가 제 성격으로는 꽤나 못마땅한 일이라고 여겨져, 나름대로, 변형을 시도

한 것입니다. 벨기에 출신의 초현실주의파 화풍으로 자기의 생각을 그려 내는 르네 마그리트(René Magritte)처럼, 그런 변형을 라틴어로, 배우는 인간이라는 용어에 접목시켜 본 것입니다. 마그리트 그는 어린애가 봐도 아주 분명한 담배 파이프를 그려 놓고 그 밑에 '이것은 파이프가 아니다(Ceci n'est pas une pipe).'라고 적어 놓았습니다. 상식에 어긋나고, 일반의 판단을 무참하게 만들어 늘 기존의 생각에 사로잡혀 있는 사람들에게 도발하고 있습니다. 그 그림을 본 해설가들의 표현들은 저자와는 달리 엉뚱하기도 하고, 경우, 경우마다 신기하기도 합니다. 저들은, 그 그림이야말로 파이프를 드러내 보이는 일종의 기호일 뿐이지, 파이프 자체는 아니라며, 화가가 마음속에 지닌 속마음을 보여 주는 것이라고 적어 놓고 있습니다만, 화가인 마그리트는 당사자 입장에서 말합니다. 그림은 눈에 보이는 것을 재현하는 것이 아니라, 눈에 보이지 않는 것, 즉 숨겨진 것을 드러내는 일이라고 응대했습니다.

　마찬가지로, 배우는 동물의 저력을 보여 주기 위해, 저 역시 새로운 지적인 도발을 시도한 것입니다. 호모(Homo)라는 명사 뒤에 다시 명사인 에루디티오(Eruditio)를 붙여 내 나름대로 붙여 배움의 인간, 배우는 동물을 호모 에루디티오라고 만들어 낸 것입니다. 배움을 상징하는 이름씨인 명사(名詞) 에루디티오(Eruditio)를, 내 식대로 호모라는 명사 뒤에 붙여 이름씨인 에루디티오를 에루디투스처럼 꾸밈씨, 그러니까 형용사화(形容詞化)시켜 본 것입니다. 명사 에루디티오를 형용사화해서, 형용사식으로 그 쓰임새를 변용시켜 본 것입니다. 이제는 지구상에서 효용성이 거의 소멸된 것이나 다름없는 라틴어 문법을 한번 내 나름대로 해체해서 재구성해서, 제 학문을 위해 응용해 본 것입니다. 한때는 지구문명에서 절대적인 언어로 군림했던 라틴어가 이제는 로마의 트레비 분수 옆 가게에서 파는 아이스크림만큼도 주목받지 못하는 언어로 퇴화된 것입니다. 이 세상에서 변하지 않는 것, 소멸되지 않는 것은 없다는 이 소박한 진리, 세상의 그 모든 것을 일관되게 제어하는 절대적이며 보편적인 규칙은 있을 수 없다는 것이 세상의 법칙입니다. 그렇습니다. 규칙이나 원리는 중요하지만, 규칙은 정해진 틀 안에서만 유용할 뿐입니다. 규칙은 만들어지고, 삶의 필요를 위해 사람들이 시시각각으로 만들어 내는 것이기 때문입니다. 규칙은 한때의 권력이기에 권력이 사라지는 날, 저들의 만들어 낸 규칙도 변하게 됩니다. 그때부터 '미규칙'이 솟아나게 됩니다. 그러니까 불규칙 혹은 아직 만들어지지 않았다는 뜻의 미규칙(未規則)이라는 것 안에 새로운 규칙이 한 부분을 차지하고 있는 셈입니다. 규칙이 삶의 원형(原形)이 아니라, 불규칙이 그것의 원형인 셈입니다. 지식사회학의 안목을 갖고 있으면, 세상의 그 모든 것은, 절대적이라고 우기는 것, 원형이라고 우기는 것 그 모두가 의시(疑視)와 의심(疑心)의 대상이 되어 버립니다. 그 틀 안에서는 제 자신도, 제 자신의 이야기도, 제 자신이 내세우는 그 어떤 것도 검증의 대상이 될 뿐입니다. 지식사회학의 안목을 갖고 있으면 내가 스스로 하는 말, 내가 내세우는 지식이나 관점에 대한 다시 발견, 재발견, 거듭남이 비교적 용이해집니다. 내가 바로 내가 지닌 내 지식과 관점에 대한 의심의 첫 번째 대상이 되어야 하기 때문입니다. 사실, 문장을 구성하는 법칙은 다양합니다. 예를 들어, 영어문법에는 규칙동사만 있는 것이 아닙니다. 먹다(Eat), 마시다(Drink), 자다(Sleep), 오다(Come), 가다(Go), 자르다(Cut), 주다(Give), 하다(Do), 물다(Bite), 태어나다(Born)라는 동사에서 보는 것처럼 삶에서 일상을 움직이는 중요한 동사들은, 그 시제상 주로 불규칙 동사들입니다. 모든 삶을 결정하는 중요한 동사인 죽다(Die)라는 동사는 시제의 변화가 규칙적입니다. 죽는 것에는 예외가 없다는 것을 상징하는 것 같기도 합니다.

언어는 살아 움직여야 하고, 언어의 쓰임새가 높아지도록, 시대가 요구하면 그렇게 바뀌어야 합니다. 표준말이라는 것은 하늘에서 떨어지거나 정해진 것이 아니라, 사회적 쓰임새를 위해 사람들 사이에서 합의된 일종의 약속일 뿐입니다. 훈민정음의 창제는, 당시 조선 사람들의 국어를 표기하기에 불완전한 이두를 보다 쓰임새 있게 하기 위해 정음으로 대체하고자 한 것입니다. 세종 자신은 훈민정음 창제 후 이과(吏科)의 인재를 뽑을 때 정음을 시험으로 보게 하기도 하고, 행정관리들의 죄를 의금부와 승정원에 알릴 경우에 정음으로 써서 보낸 일도 있었습니다. 세종의 노력에도 불구하고, 실록에 나타난 기록들을 보면, 세상은 그렇게 세종의 뜻대로 되어 간 것 같지는 않습니다. 훈민정음이 창제된 후, 한문·이두·정음이 공존하게 되자 그것들 간의 차별적 사용이 바로 사회계층적인 차이를 보여 주는 신분어로 변질되었기 때문입니다. 자신들의 신분과 지적 교만을 드러내기 위해, 선비들일수록 자신들은 한문을, 중인(中人)들은 이두를, 부녀자나 서민들은 정음을 쓰는 식으로 변해 갔습니다. 언어가 사회계층을 드러내는 신분어가 된 것입니다. 임진왜란이 일어났을 때 다급했던 왕은 자신이 서울을 포기하는 이유를 백성들이 알아듣게 하기 위해 자신의 교서(敎書)를 백성에게 내립니다. 선비들에게는 한문인 원문 그대로 보내어 알리게 하고, 일반 백성들에게는 이두를 넣어 방문을 만들어 붙이거나 다시 정음으로 번역하여 촌민(村民)들에게 알립니다. 언어의 쓰임새를 고려한 왕의 다급하고도 현실적인 조치였던 것입니다.

이제는 내 자신의 학문적 경과를 조용히 반(反)하고 추(芻)하면서 내 자신의 숨 고르기를 위해 아르헨티나의 문학적 상징인 호르헤 루이스 보르헤스가 보여 준 그 삶의 가짐을 다시 생각해 보려고 합니다. 그는 여든의 나이, 그리고 시력을 거의 잃어 앞을 볼 수 없는 그 건강으로 1980년 미국 여행길에 오릅니다. 관광이 아니었습니다. 그를 환호하는 미국의 지성들과 대담을 위한 그의 마지막 여로였습니다. 뉴욕, 시카고, 보스턴을 여행하면서 그의 문학적 지력에 환호하는 미국의 지성들에게 그는 담담하게 말합니다. "군중이라는 것은 환상입니다. 그런 것은 존재하지도 않습니다. 저는 여러분에게 그저 홀로 속삭이고 있는 것일 뿐입니다." 시력을 모두 잃어 청중을 알아볼 수 없었던 그가 저들과 무엇인가 공유할 수 있는 유일한 소통방식은 오로지 '말'이었습니다. 이제 글쓰기는 그에게 힘에 겨운 일이 되었습니다. 자신을 드러낼 수 있는 것은 글쓰기가 아니라, 말하기였고 그래서 말하기가 그에게는 이제 자신의 한계였습니다. 보르헤스는 누구보다도 언어를 통해 예술을 탐구했던 학자이며 문학가였습니다. 글쓰기를 더 이상 할 수가 없게 된 그에게 있어서 유일한 일은 그가 그동안의 글쓰기를 통해 얻어낸 언어학적, 그리고 문학적 통찰은 참 단어를 찾는 것이 아닙니다. 더 이상 그로서는 하기 어려운 문법구조를 쓰기를 통해 이런저런 단어의 의미를 찾는 것이 아니라 있는 그대로 자신이 겪는 좌절 속에서도 지켜야 할 생(生)의 의지(意志)를 찾는 것입니다. 그것이 삶의 참 단어이기 때문입니다. 보르헤스는 자신의 생의 의지를, 이렇게 『보르헤스의 말』에서 다시 청중들에게 꺼내들었습니다. "참 단어를 발견하는 유일한 방법은 오히려 그걸 찾지 않는 거예요. 우리는 현재의 순간을 살아야 해요. 그러면 나중에 그 단어들이 우리에게 주어질 수도 있어요. 물론 주어지지 않을 수도 있고요. 우리는 시행착오를 통해 계속 앞으로 나아가야 해요. 우리는 실수를 저질러야 하고, 실수를 이겨내야 합니다. 그건 평생 해야 하는 일이지요." 잇대어, 그는 말합니다. "난 사람이 늘 죽는다고 생각해요. 우리가 단순히 뭔가를 기계적으로 반복하고 있을 때 우리는 뭔가를 느끼지 않고 뭔가를 발견하지 않는 것이나 마찬가지이지요. 그 순간 우리는 죽은 것이에요. 물론 삶은 어느 순간에나 돌아올 수 있어요." "나는 이 문제를 풀기 위해 계속 노력할 거예요. 나의 모든 시도가 쓸데없으리란 것을 알지만, 기쁨은 해답이 아니라 수수께끼에 있으니까요."

'모든 언어가 모두 의미에 이르는 길'이라고 끈질기게 강조하는 보르헤스는, 아마 언어철학자 루트비히 비트겐슈타인(Ludwig Wittgenstein, 1989~1951)이 오래전에 했던 그 말, 그러니까 "자신이 지니고 있는 언어의 한계가 바로 자신의 한계"라는 그 명제를 다시 한 번 더 떠올리게 만들어 주려고 했던 것일 수도 있습니다. 그렇습니다. 자신이 지닌 언어의 한계가 바로 그가 알고 있는 세상에 대한 한계나 마찬가지입니다. 자신이 지닌 단어가 단지 두 단어라면, 그가 알고 있는 세상 역시 단 두 단어로만 표현될 것입니다. 세상에 대한 지식이 단 두 단어로만 표현해야 되니까, 세상은 이것, 아니면 저것으로 제한될 수밖에 없는 노릇입니다. 내 안의 언어 그것을 확장하면, 세상도 세계에 대한 이해도 넓어지게 되는 것입니다. 세상에 대한 이해의 한계는 자신이 지닌 언어라는 수단의 한계를 의미하게 되니, 그런 한계를 지닌 사람 앞에서 참이 '어떠느니?', 내 의도가 '저떠느니?', 표준이 '어떠느니?' 문법이 '어떠느니?' 하는 식으로 다양하게 오만 가지 서로 다른 류의 의문부호와 옳음과 틀림을 열거해 가면서 그를 설득시키려고 하는 것은 오히려 그 사람을 모독하는 것이나 마찬가지일 뿐입니다. 맞습니다. 보르헤스가 그토록 진중하게 스스로 삼키고 있는 그 말처럼, 참 단어를 찾으려고 하기보다는 그냥 지금, 이 순간 숨 쉬고 있다는 그것을 깨달아야 할 일입니다. 살아 움직이는 그 참 단어를 찾는 것이 바로 배움에서 말하는 생명에 대한 경외(敬畏)이며 동시에 삶의 지식에 대한 관행(觀行)이라고 말하고 싶습니다.

　삶의 지식은 나의 체험에서 묻어 나오게 마련입니다. 살아 움직이는 생명의 지식이기도 합니다. 삶의 일상에서 묻어 나오는 지식은 때로는 대부분의 사람들이 동의하거나 따르는 저들의 표준을 벗어나기도 하고, 어깃장을 놓듯 그런 표준과 다른 의미론적으로 대치할 수도 있습니다만, 세상은 표준에 때때로 어긋나는 입장을 취하는 체험적인 지식에는 아랑곳하지 않고, 오로지 '표준'에 의해 '표준'을 향해 그대로 굴러나가기 마련입니다. 그런 표준은 어느 곳에서나 우리의 삶을 감시합니다. 표준에 길들어진 우리이기에, 그 표준에서 조금이라도 벗어나는 것 같으면 이상하게 두려움부터 생기기 시작합니다. 표준으로부터 벗어나는 것이 무척이나 어색해지기도 하며, 때로는 남몰래 민망해지기까지 합니다. 모든 일상이 표준에 맞추어진 채, 표준에 주눅 들어 있기 때문입니다. 표준을 벗어난 그것은 무엇인가 어색하게 느껴지는 모양들입니다. 표준을 벗어나 있는 것은 그저 '교육적으로', 잘못된 것, 불량한 것, 거세되어야 할 것, 당연히 교정되어야 할 것이기에 당연히 사회적으로 잘못된 것으로 낙인(烙印)되곤 합니다. 체험지식에 대한 낙인 현상은 지식을 다루는 교육현장에서 더 심하게 돌출하곤 합니다. 표준을 벗어나면, 일단 무지(無知)의 소치로 간주되는 것이 우리 지식사회에서의 일반적인 관행입니다만, 표준이라는 것은 그 당시, 그 시대적 간판어에 지나지 않는다는 것을 저들은 미처 알고 있지 못합니다. "다시십하을속수곳금지람사혼안지잇러드에적호". 이 선전글은 1960년대만 하더라도 당시 흔하던 우리 관공서 알림글이었습니다. 글도 지금처럼 왼쪽에서 오른쪽으로 글을 쓴 것이 아니라, 오른편에서 왼편으로 썼었습니다. 이 광고에는 지금에는 쓰지 않는 단어들인, '곧' 대신 '곳'을, '않은' 대신 '안흔'을, '있' 대신 '잇' 같은 단어를 썼으며 철저하게 띄어쓰기를 하는 대신 처절하게 잇대어쓰기를 '표준'으로 삼았던 것입니다. 윗글은 '호적

에 들어 있지 않은 사람 지금 곧 수속을 하십시다.'라는 1960년대 우리 관공서 알림
글이었습니다.

　시인 중의 한 명인 정일근 시인은 표준의 잣대로 모든 것을 이리 재고, 저리 재며
유식, 무식, 잘난 체, 우쭐대는 저들, 소위 표준식자들에게 하나의 살아 있는 체험적
인 노래로 저들의 안면을 찡그리게 만들어 놓고 있습니다. 하기야 시인만큼 표준어를
지켜야 할 사람도 없는 것 같습니다만, 정일근 시인은 표준어를 벗어나는 것이 죄가
되거나 악은 아니라는 것을 그 자신의 어머니의 일상에서 생생하게 찾아냅니다. 시인
의 어머니는 표준어인 '그릇'이라는 말을 두고, 그것을 그저 '그륵'이라고 말합니다.
아무리해도 고쳐지지 않는 그녀의 체험적 지식인 그 그륵은 그녀만의, 그 시대 그렇
게 익혔던 사람들의 체험적인 표준어입니다. 시인은 표준어를 벗어난 자신의 어머니
를 탓하는 것이 아니라, 그릇을 벗어난 그 모든 것은 잘못된 것이라고 단죄하는 저들
표준쟁이 식자들을 향해 손가락질을 합니다. 자신의 어머니가 그저 일상에서 스스럽
지 않게 쓰는 말인 '그륵' 앞에서는 시인으로서 자신이 꼭 써야 될 말인 그릇이 오히
려 왠지 모르게 초라하고 부끄럽기만 했기 때문입니다. 사실, "시인으로서 대학교에
서 문법을 배운 자기로서, 아니, 두툼한 개정판 국어사전을 자랑처럼 옆에 두고 서정
시를 쓰는 자신이 이상하게도 부끄러워진다."고 고백합니다. 온몸으로 세상과 부대
끼며, 하루하루를 살아낸 삶의 단어, 체험의 언어를 학교지식으로 습득한 자신의 단
어로는 삶에서 숨 쉬는 그 체험의 단어를 당최 감당해 낼 수가 없기 때문입니다. "어
머니는 그륵이라 쓰고 읽으신다. 그륵이 아니라 그릇이 바른 말이지만 어머니에게 그
릇은 그륵이다. 물을 담아 오신 어머니의 그륵을 앞에 두고 그륵, 그륵 중얼거려 보면
그륵에 담긴 물이 편안한 수평을 찾고 어머니의 그륵에 담겨졌던 모든 것들이 사람의
체온처럼 따뜻했다는 것을 깨닫는다. 나는 학교에서 그릇이라 배웠지만 어머니는 인
생을 통해 그륵이라 배웠다. 그래서 내가 담는 한 그륵의 물과 어머니가 담는 한 그
륵의 물은 다르다. 말 하나가 살아남아 빛나기 위해서는 말과 하나가 되는 사랑이 있
어야 하는데 어머니는 어머니의 삶을 통해 말을 만드셨고 나는 사전을 통해 쉽게 말

을 찾았다. 무릇 시인이라면 하찮은 것들의 이름이라도 뜨겁게 살아 있도록 불러주어야 하는데 두툼한 개정판 국어사전을 자랑처럼 옆에 두고 서정시를 쓰는 내가 부끄러워진다." 그렇습니다. 삶살이에는 표준이라는 말 자체가 처음부터 가당치 않을 뿐입니다.

1) 관행의 여백

어떤 사람이든, 사람에게는 배움의 능력, 배움의 힘이 있습니다. 배움의 능력, 배움의 힘이 나름대로 커지면 자신을 되돌아보는 여력이 생기게 됩니다. 그것이 행복에로의 여정이기는 하나, 조금 더 행복, 그러니까 좋은 삶으로 나아가기 위해서는 자신의 모습을 더욱더 신성(神性)으로 다가서도록 하라는 에피쿠로스의 주문대로 하려면 일상적으로 자신을 되돌아보며, 동시에 앞서보는 미리슬기(Feedforward)의 여백을 넓혀 나가야 됩니다. 자신의 삶을 되돌아보고(Feedback)하고, 미리슬기해 보는 능력이 바로 관행이라고 했을 때, 관행의 역량은 배움의 역량과 비례하게 됩니다. 배우면 배울수록, 자신의 삶을 되돌아보고 미리슬기하는 역량으로서의 관행력이 커지게 되는 것이고, 그로부터 관행의 여백도 넓어지게 되는 것입니다. 인간에게 배움의 힘이 있다는 것은 관행의 능력과 여력이 있다는 것을 강조하는 것이며, 행복에로의 힘과 의지가 있다는 것을 상징하는 것이기에, 관행의 여백이 넓어지면 배움의 역량은 그만큼 더 커지게 되는 것입니다. 사람과 가장 모습이 비슷한 동물들이 침팬지나 보노보 같은 유인원들인데, 저들에게는 학습의 능력은 있지만, 인간에게는 공통적으로 발견되는 힘인, 배움의 역량은 결여되어 있습니다. 생물학적으로 그리고 사회적으로 배움의 역량이 저들 침팬지나 유인원들의 몸에 배선화(配線化)되어 있지 않기 때문입니다. 저들에게는 배움의 역량이 유전자 안에 원초적으로 깔려 있지는 않다는 뜻입니다. 대신 저들에게도, 태어날 때부터 저들의 인간에게서 나타나는 것 같은 학습 능력, 일종의 생존을 위해 필요한 인지 능력들은 몸에 배선화되어 있습니다. 저는, 전에도 그랬지만, 앞으로도 배움이라는 것은 학습과는 다르다는 것을 강조하겠습니다. 인간에게만 배움력이 있기 때문입니다. 일반 동물에게도 학습 능력이 있음에도 불구하고 저들에게 결여된 것은 총체적인 배움 능력입니다. 저들에게, 인간이 지닌 배움 능력 같은 것은 원초적으로 결여되어 있습니다.

　저는 배움과 학습은 개념적으로 서로 다르다는 것을 앞으로도 엄격하게 가르겠습니다. 일반 교육학자들처럼, 배움이나 학습이나 모두 같은 개념이라는 일반적인 생각을 따르지 않고, 배움과 학습이라는 두 개념을 분리하여 사용하고 구별합니다. 미리 강조하지만 배움은 학습과 동일한 개념이 아닙니다. 학습은 배움을 위한 하나의 하부수단이며, 하부도구일 뿐입니다. 저는 앞으로, 이 책에서 배움은 인간의 본능으로서, 배움을 위해서 인간에게 학습행위는 어쩔 수 없이 따라다니는 수단임을 서술하겠습니다. 학습이 배움을 위한 수단임을 이야기하면서, 배움이 우리의 삶과 우리의 의식에서 어떤 위치에 있는지를 새롭게 밝혀 보려고 합니다. 우리가 집에서 기르는 개도 그렇지만, 우리가 집에서 키우고 싶지 않은 쥐들 역시 나름대로 학습을 하고 있음을 잘 알고 있습니다. 쥐와 인간의 유전자는 99%가 동일합니다. 1%의 차이가 쥐를 학습만의 동물로, 인간을 배움의 동물로 나누어 놓고 있습니다. 포유류 동물들에게는 모두 나름대로의 학습 능력, 말하자면 먹이를 찾거나 생존을 위해 동원할 수 있는 각각의 서로 다른 학습 능력이 있습니다. 저들을 무엇인가 반복적으로 익히게 하면, 저들 역시 그렇게 익힌 대로 자기들이 원하는 것을 성취해 냅니다. 그래서 닭도 학습한다고 말하는 것입니다. 흔히 말하길 잘 잊어먹는 사람을 가리켜, 닭 대가리라고 냉대하지만, 닭도 나름대로 학습의 능력이 있습니다. 학습의 원초적 모습이 어쩌면 닭이 보여 주는 모이 쪼기에서 드러나고 있는지도 모르겠습니다. 학습이라는 말이 모든 동물에게 일반화되어 쓰이지만, 닭이 배운다는 말은 보통 사람들도 여간해서는 잘 쓰지 않습니다. 닭이 배운다는 말을 쓰는 사람을 보면, 어딘가 조금은 전체적으로 헐렁하게 보일 수도 있는 사람 측에 속할 수도 있게 됩니다.

　물론 사람들이 원숭이도 배운다고 말하기도 하지만, 그런 표현보다는 원숭이에게도 학습 능력이 있다는 식의 표현이 더 어울리게 됩니다. 저들 원숭이, 개, 닭, 쥐에 대해 배운다는 말을 쓰기보다는, '학습'한다고 써야 됩니다. 배움이라는 말은 오로지 사람에게 써야 어울려 보이는 말입니다. 사람은 배우는 존재입니다. 사람은 배우는 동물입니다. 저는 인간이 배우는 존재, 배우는 동물이라는 뜻으로 호모 에루디티오(Homo Eruditio)라는 단어를 썼습니다. 배우는 동물은 새롭게 무엇인가를 만들어 낸다는 뜻에서, 인간은 자신의 필요에 따라 사물이나 현상을 파격(破格)하는 존재라는 뜻을 담고 있는 말입니다. 기존의 것과는 달리 새로운 것을 만들어 내기 위해, 늘 하던 대로 고집하고 있는 격식과 인습에서 과감하게 벗어나 새로운 것, 새로운 방법, 새로운 길을 만들어 낼 줄 안다는 뜻이기도 합니다. 원숭이가 인간처럼 파격적인 짓을 흉내 낼 수는 있을지 모르지만, 원숭이는 끝내 '학습할 수 있는' 원숭이에 머물게 됩니다. 저들은 인간처럼 결코 파격이나 새로운 것을 창조해내지는 못하기 때문입니다. 기존의 것을 따르고, 흉내 낼 수 있다는 뜻에서 원숭이를 학습가능한 동물이라고 표현할 수는 있어도, 결코, 저들을 보고 파격과 창조를 해내는 그런 배움의 동물이라고 말할 수는 없는 이치입니다. 인간만이 규격화되었거나 표준화된 학습활동을 벗어나는 파격과 창조의 활동을 해내어 자기를 창조해낼 수 있는 동물입니다. 학습에서는 절차탁마(切磋琢磨)하는 실(實)과 천(踐)의 익힘과 체험이 철저하게 요구됩니다. 학습심리학자들은 이런 절차탁마의 실과 천을 반복이나 훈련이라는 용어로 표현합니다만, 모두 같은 비유이고 환유적인 표현일 뿐입니다. 학습에서 체험과 경험, 그리고 그것을 위한 반복과 훈련의 과정이 없으면, 벨기에 루뱅가톨릭 대학교 소속의 벤베르메르케와 그의 동료들이 밝혀낸 것처럼, 인간의 인지 능력은 쥐의 학습 능력에 비해 결코 더 월등하다고 이야기할 수 없게 되고 말아버립니다. 생존전략으로만 본다면, 쥐의 정보통합능력은 인간의 그것보다 우월하다는 것을 부인하기 어렵습니다. 저들이 인간보다 생존 능력을 위한 잡기술 발휘에는 한 수 위에 서 있기 때문입니다. 쥐가 자신의 생존을 위해, 인간보다 정보통합능력에서 훨씬 철저하고 전략적으로 매우 미시적입니다. 이런 것을 입증하는 실험결과가 있습니다. 벨기에 루뱅가톨릭 대학교 소속의 벤 베르메르케와 그의 동료들이 바로 그들입니다. 이들 연구팀은 인간과 쥐의 인지학습능력을 비교하는 실험을 한 적이 있습니다. 최근의 일입니다. 저들 연구팀은 실험실에서 쥐들과 실험에 참가한 학생들에게 두 가지 과제를 부여했습니다. 연구팀은 먼저 '좋은' 패턴과 '나쁜' 패턴을 구별하도록 쥐와 학생들을 훈련시켰습니다. 이 연습을 통해 습득한 노하우를 새로운 패턴에 적용하는 능력을 각각 측정했습니다. 첫 번째 실험과제는 일정한 패턴을 쥐와 학생들에게 제시하는 과제였습니다. '방향'이든 '간격'이든 패턴이 한 가지 측면에서만 바뀌는 과제였습니다. 방향이 일정한 패턴이 나오고 그 후 간격이 똑같은 패턴이 번갈아 나오는 식의 과제인데, 이 실험에서 중요한 것은 패턴이 일정하게 나오는 과제라는 점입니다. 이 경우, 쥐와 사람은 임무를 똑같이 잘 수행했습니다. 일정한 규칙, 즉 방향이 먼저 나오든, 간격이 먼저 나오든 일정한 규칙이 있고, 그 규칙에 따라 패턴이 제시되는 경우에는 인간이나 쥐나 모두 제대로 그 과제를 식별했던 것입니다. 두 번째 과제는 첫 번째와 달랐습니다. 두 번째 제시된 과제는 전과 달리, 일정한 규칙에 다라 일정한 패턴이 제시되는 실험이 아니었습니다. 일정한 규칙을 따르지 않는 과제였습니다. 패턴의 변화가 번갈아 나타나지 않고, 방향과 간격 두 가지 측면 모두에서 각각 나타나게 했던 과제, 그러니까 정해진 규칙을 따르지 않는 상황이 제시된 새로운 실험과제에서는, 인간의 학습과 쥐의 학습양상이 달라졌습니다. 첫 번째 실험과제에서의 기대와는 달리, 쥐가 인간보다 과제를 보다 더 잘 수행해낸 것입니다. 쥐가 보여 주는 학습 능력과 학습 성과가, 인간의 그것보다 월등히 좋게, 탁월한 실력, 우수한 성과로 나타났던 것입니다.

　물론, 이 실험결과만을 토대로 성급한 결론을 내릴 수는 없습니다. 쥐와 같은 설치류(齧齒類)들의 동물들이 인간보다 인지적으로 더 똑똑하다는 것을 입증하고 있다는 식의 결론을 내릴 수는 없습니다만, 쥐의 학습 능력에 대해 한 가지 점은 꼭 짚고 넘어가야만 하겠습니다. 저들의 실험을 통해서 우리 인간에게 말하고자 하는 요지는, 쥐의 학습 능력과 학습 성과가 '경우에 따라서는' 인간의 그것에 비해 우월할 수 있다는 점입니다. '경우와 상황에 따라' 쥐가 보여 주는 인지 능력이 인간의 그것에 비해 우월하게 작동할 수 있다는 점입니다. 연구팀이 쥐와 학생에게 제시한 학습과제는 성격이 달랐습니다. 첫 번째 학습실험 과제는 규칙을 찾는 실험이었는 데 반해 두 번째 실험은 정보를 통합하는 정보통합능력을 알아보는 데 그 초점이 맞추어진 실험이었습니다. 이 실험은 쥐의 학습 능력이 인간의 학습 능력을 능가한다는 것을 확증하려는 실험이 아닙니다. 그것과는 무관하게, 인간의 학습 능력, 인간의 탐구 능력, 그러니까 인간이 새로운 것을 찾아내기 위해 익히고 또 익힘으로써 무엇인가 새로운 것을 만들어 내는 인간의 학습 능력과 학습체계의 원형은 '규칙에 따라'라는 것이고, 그것으로부터 인간의 학습 능력이 지금의 그것에 이르도록 진화했다는 점을 알려 주는 실험이라는 점입니다. 정해진 틀, 규칙이 있어야 인간은 인간의 능력을 제대로 발휘한다는 사실 확인이 중요합니다. 인간의 학습 능력은 쥐의 인지 능력과는 달리, 규칙에 기반을 두고 사물 간의 다름이나 같음에 대한 일차적인 판단을 내리는 그것을 기초로 해서 거듭, 거듭 진화된 것임을 다시 한 번 더 확인해 준 실험입니다.

인간이라는 인류는 지구상에 등장하면서 생존을 위해 맨 처음 익힌 능력, 그러니까 학습 능력은 보기에 따라, 현명하기는 하지만 상당히 위험천만한 인지 능력이었습니다. 생존하려면 수많은 나무와 열매 가운데, 어떤 열매는 먹어도 되는지, 말아야 되는지 등을 체계적으로 구별하는 데 도움을 주는 일련의 '규칙'을 먼저 알아내야 했습니다. 그런 방식으로 생존을 익히는 것은, 보기에는 현명하기는 하지만, 일정기간의 시간, 생각, 경험이 필요하기 때문에 그 시간의 지연으로 인해 상위포식자들에게 자신의 목숨을 노출시키게 됩니다. 자칫 잘못하면 죽음이라는 위험도 동시에 수반하게 됩니다. 생존이 급박한, 생존이 초 단위 시간으로 결정되는 위급하고도 복잡한 상황에서는 규칙보다는 본능적인 정보통합과 결정이 필요합니다. 규칙이 없는 곳에서도 규칙을 먼저 찾으려는 인간 특유의 인지적 습성이 인지생물학적으로 뿌리 깊이 강하기 때문에 인간은 경우와 상황에 따라 생존에 있어서 쥐보다 더 큰 어려움을 겪었던 것입니다. 예를 들어, 경험적으로, 처음 가보는 낯선 땅, 산이나 사막, 정글, 오지(奧

地)의 트레킹 같은 것을 단독으로 행할 때에는 생존을 위해 집에서 활용하던 규칙은 거추장스럽기만 합니다. 살아남으려면 자기 나름대로, 특유의 본능적인 정보통합활용의 익힘과 쓰임새가 요구됩니다. 정보규칙을 따르기보다는 정보통합활용능력입니다. 이 점은 지금 우리가 살고 있는 사회, 직장을 정글로 간주하시면 정보통합활용능력이 무엇을 의미하는지에 대한 대답은 더욱더 간결해집니다.

이 시대를 살아가는 우리 인간들을 위한 학습은 학습심리학자들이 말하는 정보배열과 정보습득을 위한 규칙 만들기와 정보통합의 두 가지 방식 모두를 통해 이루어집니다. 인간은 그런 학습 능력을 진화시켜가면서도 한 가지 버릇을 끝내 버리지 못하고 있습니다. 그것은 학습 능력을 진화시키면서도, 처음 경험하는 환경에서 생존을 위해 생존에 가장 유리할 것이라고 판단되거나 도움이 될 수 있는 그런 (생명) 규칙을 먼저 모색하고, 그것을 익히는 일을 본능적으로 선호하는 버릇입니다. 인간의 선천적 버릇, 말하자면 집히는 것은 먼저 입에 집어넣을 수 있는지 어떤지를 본능적으로 하나의 규칙을 만들어 내는 일 같은 것을 결코 버리지 못하고 있다는 사실입니다. 그래서 쥐와 인간의 학습 능력을 비교 실험한 베르메르케 교수는 이렇게 결론을 내립니다. "인간이 규칙을 찾으려는 성향에서 벗어나 정보통합을 더 잘하려면 규칙에 기반을 둔 뇌의 학습 시스템을 다른 과제로 더욱더 바쁘게 만드는 게 필요하다."고 정리합니다. 그것은 그가 잇대어 실험한 과제를 통해 더욱더 현실적으로 강조됩니다. 그는 자기들이 행한 유사한 실험과제에서 단순히 제1실험 후, 2실험으로 그냥 넘어가는 실험으로 끝나는 것이 아니고, 실험에서 1, 2단계 실험 중간에 새로운 과제, 말하자면 숫자를 기억하는 과제를 더 넣었을 경우, 인간의 학습 능력은 쥐의 인지 능력보다 좋아지는 것을 확인했기 때문입니다. 그러니까 숫자기억하기 과제를 새롭게 더 부여했을 때, 인간의 정보통합인지능력이 이전에 비해 크게 향상된다는 것을 확인해 준 것입니다. 이 말은, 인간의 학습 능력을 향상시키기 위해서는 끊임없는 익힘과 익힘, 그리고 새로운 익힘과 만듦의 탐구가 필수적이라는 사실입니다. 인간에게는 그 어떤 동물에 비해서도 뒤떨어지지 않는 인지 능력이 있다는 그것에 만족하지 않고, 끊임없이 익히고, 또 익히며, 그것에 터해 새로운 과제를 풀어가고 만들어 낼 때 인간의 학습 능력이 향상되고, 그것이 인간의 생명을, 인간의 생존능력을 향상시켜준다는 점입니다. 그것을 공자는 온고지신(溫故知新)이라고 불렀던 것이라고 보면, 저들의 학(學)이 강조하는 것은 익힘, 또 익힘 그리고 만들어 냄이라는 습작(習作)에 대한 강조에 지나지 않을 뿐입니다.

　사실, 인간의 배움, 그러니까 학습능력향상을 포함한 그 모두의 통합적인 행위로서의 배움은 일차적으로는 자기 자신을 위한 것이지, 남의 생존을 위한 것이 아닙니다. 자신의 생명을 위한, 생존을 위한 서로 버릇 만들기로서의 행복 찾기, 좋은 삶 만들어 가기의 활동이 배움입니다. 생존, 생명보존이 바로 행복입니다. 그것이 배움의 목적이기도 합니다. 생존을 위한 버릇의 유효성은 생존을 위해 도움이 된다고 익힌 규칙이 어느 정도로 작동하느냐에 따라 결정됩니다. 생존에 도움이 되지 않는 버릇은 버릇이랄 것도 없습니다. 그것은 끝내 자신의 생명을 위해 불행을 초래하기 때문입니다. 예를 들어, 아침에 일어나자마자 담배 한 대 피우기와 같은 규칙은 지키면 지킬수록, 자기 건강에 해가 되기 때문입니다. 그런 규칙이나 그런 규칙에서 벗어나지 못하게 만드는 버릇은 버려야 합니다. 그런 규칙과 버릇을 버리려면 새로운 정보통합능력이 향상되어야 합니다. 흡연과 생명 간의 위험을 알리는 과학적 지식이나 의학적 결과나 자기 주위에서 흡연하는 사람들이 겪어 내는 몸의 고통 같은 것을 정확히, 빨리 인지한 사람의 금연에 대한 정보통합능력과 흡연버릇을 버리지 못한 사람의 정보통합능력 사이에는 자신의 생명보전에 대한 질적인 차이가 있기 마련입니다. 흡연을 고집하던 흡연자와 금연주의자들 간의 건강에는 나름대로의 결정적인 차이가 있었을 수밖에 없습니다. 생명보전에 대한 질적인 차이는, 그러니까 건강에 대한 정보통합능력의 차이는 자신의 삶, 자신의 행복에 대한 의미를 달리하게 만들어 놓게 됩니다.

　학습의 본질은 공자(孔子)가 말한 스승론, 즉 공자 자신이 제자들을 가르치는 데 그 어떤 원칙을 갖고 있었는지를 밝힌 바 있는 그 교수론(敎授論)을 닮았습니다. 그 점에서, 제가 말하는 배움과 유학자들의 학습은 그 궤적을 달리합니다. 배움은 그 누가 가르치지 않더라도 어머니 배 안에서 이미 짜여진 생존 능력의 총화입니다. 학습은 익혀야 되는 절차나 방법 같은 것을 중요시하고, 정해진 것을 그대로 따를 때 그 무엇을 얻으려는 인지적 활동입니다. 그래서 학습은, 억지로 가르친다고 해서 익혀지는 것은 아니라는 공자의 가르침이 맞아 들어가는 행위가 됩니다. 공자는 일찍이 『논어』 「술이」 편에서 이렇게 일러준 바 있습니다. "(가르치는 일에 있어서) 분발치 아니 하는 학생을 억지로 계도하려고 하지 않으며, 의심하며 고뇌하지 않으면 굳이 말해 주지 않으며, 한 꼭지를 들어 말해 줬는데도 스스로 세 꼭지로써 되새길 줄 모르면 굳이 더 반복지 않는다(不憤不啓, 不悱不發, 擧一隅不以三隅反, 則不復也)."라고 가르쳤던 것입니다. 그러니까 학습은 학습자 스스로 먼저 분발하지 않으면 일어나지 않으며, 제 스스로 무엇인가 익히려고 고뇌하지 않으면 익히는 것이 아무것도 없게 되는 것이며, 마지막으로 학습자 스스로 익힌 것을 응용하며 조금 더 새롭게 나아가지 않으면, 끝내 아무것도 익히지 못하게 되는 인지적인 활동인 것입니다. 배움은, 공자(孔子)가 말한 습작 활동으로서의 학습 활동이나 공부로서의 학(學)과는 개념적으로 성격이 다릅니다. 배움은 가르치지 않아도 인간이라는 생명체로서 세상에 나타날 때 이미 지니고 있게 되는 삶의 원리인데, 습작 활동으로서의 학습은 배움을 위한 지침이나 세부 활동으로 제한되기 때문입니다. 생존 능력이 바로 배움이기 때문에, 배움을 일컬어 본능이라고 부르는 것입니다. 생존할 수 없으면 배움은 처음부터 없는 것입니다. 생명논리와 생명윤리가 배움을 위한 논리이며 토대입니다. 생존한다는 것은 생명이 있어야 한다는 뜻에서 인간에게는 생명이 우선입니다. 생명이 있기에 생존이라는 말이 비로소 가능해집니다. 배움이 있기에 생존이 있는 것이며, 생존할 수 있기에 배움이 가능하기 때문입니다. 생존과 배움은 상호 순환적입니다. 어느 것이 어느 것보다 먼저랄 수 없습니다. 배움은 삶의 원동력이지만, 삶은 다시 배움의 추진력이 되는 이유이기도 합니다. 배움이 생명이며, 생명의 방편이 배움의 원리가 되는 셈입니다. 생명은 사전적으로 유기체가 태어나서 죽을 때까지의 살아 있는 상태를 말하는 것이니 생명은 생존과 동의어이기도 합니다. 제가 따르는 이 사전적인 생명에 대한 개념에서의 핵심은 항상성에 대한 강조입니다. 다른 말로 말하면, 생명의 핵심은 자기유지기능에 있습니다. 30년간 꽃만 연구해 온 이일하 교수는 『이일하 교수의 생물학 산책』에서, 제가 사전적으로 말하는 생명을 조금 학문적으로 풀어내고 있습니다. 생명이라고 하면, 그 생명은 생명으로서의 흐름과 적응, 반복과 생식, 그리고 진화를 해나가는 물질이라고 설명합니다. 그러니까 생명을 갖고 있는 생명체는 성장을 하고 이를 위해 물질대사를 하며, 주변 환경의 자극에 대해 적응하고, 생식을 통해 자손을 남기고, 그런 진화 과정을 끊임없이 반복하는 물질이라는 것입니다. 사람이 생명체라고 하면, 인간 역시 환경에 반응할 수 있어야 하고, 스스로의 시스템이 항상성을 가져야 하며, 자신의 체내 질서를 유지하기 위한 에너지를 물질대사로 해결해야 하고, 마지막으로 생식을 통해 자손을 남겨야 합니다. 사람이 생명체가 되기 위해서는 살아 있어야만 한다는 사실만큼을 불변입니다. 살아 움직임을 대변하는 말이 바로 항상성, 자기 유지성입니다. 배움은 결국 자기 유지성을 이루어 가기 위한 활동입니다. 생존을 위해 자신의 내부 환경을 일정하게 안정적으로 유지하는 노력과 활동이 항상성이라는 개념입니다.

　돌고래, 인간, '아홀로틀(Axolotl)', '미스타케우스(Mystaceus)', '제노피오포어(Xenophyophore)'에서 '이리도고르기아(Iridogorgia)' 등등 이상하기 그지없는 명명들은 바로 우리가 미처 알지 못했던 생명체들의 이름입니다. 사실 저들이 지닌 고유한 그 어떤 이름이기보다는 과학자들이 자신들의 학문적인 분류나 편의를 위해 붙여 놓은 작명들입니다. 아직도 이 우주에는 인간들이 미처 발견하지 못한 생명체들이 수없이 산재해 있습니다. 미스타케우스, 저는 한 번도 본 적이 없어 머릿속으로 그려내기도 쉽지 않은 생명체인데, 그것은 식충거미의 일종이라고 합니다. 열거한 생명체들의 이름에서 우리들이 이내 친숙하게 알 수 있는 것은 돌고래, 인간 같은 것일 뿐입니다. 나머지 생명체들은 쉽게 상상하기가 만만치 않은 생명체들입니다. 모두가 자기 유지와 항상성을 갖고 살아 움직이는 생명체입니다만, 그렇게 밝혀지지 않은 생명체들이 세상에는 우리 인간 주위에서 버글거리고 있습니다. 환경운동가 캐스파 헨더슨(Caspar Henderson)은 『상상하기 어려운 존재에 관한 책』에서, 지구-인간 시스템을 전부 인간이 알고 있다라고 하는 것은 피상적일 뿐이라고 잘라 말합니다. 지구와 인간의 시스템은 신의 구상대로 복잡성, 그 자체이기 때문입니다. 인간이 제아무리 애를 쓰고 노력해도 알아낼 수 없는 것이 아직도 많이 남아 있을 수밖에 없다는 뜻이기도 합니다. 우리는 인간이나 돌고래의 정체는 이내 압니다만, '이리도고르기아'라는 것은 무엇인지, 그것이 도대체 생물인지 어떤지는 알지 못합니다. 이리도고르기아는 환상 속에서나 존재하는 것처럼 여겨지는 생물처럼 쉽게 믿기 어려울 정도의 생명체를 말합니다. 산호의 일종인 이리도고르기아는 작은 폴립이 모인 형태로서 뿔 같은 물질로 된 가느다란 중심 줄기의 꼭대기에 부채꼴 구조를 형성하고 있는 생명체입니다. 설명만 듣고서는 어떻게 생겼는지 제대로 가늠이 되지 않는 생명체입니다. 다른 예를 들겠습니다. 우리는 수천 년 동안 도룡뇽이 어떤 동물인지 알아 왔다고 자부합니다. 중세시대부터 사람들은 도룡뇽을 불과 관련시키며, 그의 존재를 이해했다고 자부했습니다. 불에 타지도 않고 고통도 느끼지 못하는 생물로 인식했기 때문입니다. 도룡뇽의 실체를 그렇게 알고 있는 인간의 지식은 과학적 사실 근처에도 가지 못하는 잘못된 정보일 뿐이었습니다. 그 불은 도룡뇽이 아니라, 도룡뇽의 일종인 '아홀로틀'의 모습이었기 때문입니다. 아홀로틀을 이용하면 사람들의 잘린 팔다리를 재생할 수 있는 단서를 줄 수 있을는지도 모른다고 요즘 의공학자들은 기쁨에 들떠 있습니다. 어쩌거나, 세상에는 우리가 알고 있는 생명체보다는 아직도 알 수 없는, 알려지지 않은 생명체가 더 많이 산재하고 있기 때문에, 자연 안에 산재한 그 무엇들을 조금이라도 인간이 조금 더 알려고 한다면, 저들의 생명체의 존재들에 대해 정말로 겸손해야 합니다. 다른 생명체들에 대해 먼저 겸손함을 회복한 후 다른 생명체들과 공존하려는 인간에게만 다른 새로운 생명체들이 드러나 제대로 보이게 됩니다. 다른 존재들, 다른 생명체에 대해 이해하고 설명하려고 노력할 때 세계에 대한 인식은 훨씬 더 폭이 넓어질 수 있습니다. 다른 생명체와 공존하려는 노력은, 인간 스스로 그동안 다른 생명체들을 향해 저질러 온 잔인한 살육과 파괴를 넘어설 때 가능해집니다. 인간 스스로 자신들에게 다른 생명체들과 생물들이 지닌 자체의 고유성을 있는 그대로 인정할 때 저들 역시 저들의 모습을 있는 그대로 인간에게 보여 줄 것이기 때문입니다. 설령 서로의 필요에 의해 한 생명체에 대한 다른 생명체의 훼손행위가 어느 정도 불가피하다고 하더라도, 그것은 생명체로서 서로에게 보여 주어야 할 경외를 전제로 할 때 가능할 뿐입니다. 마치 슈바이처 박사가, 아프리카에서 원주민의 생명을 살리기 위해 병원균을 죽여야 하는 마지막 순간까지 그 생명체의 생명에 대해 고뇌한 그 생명정신, 말하자면 생명에 대한 경외(Reverance for Life)가 요구됩니다.

　학습이라는 활동, 그러니까 정보수집에서 정보활용에 이르기까지의 습작 활동은 생명경외를 우선시 하는 배움을 위한 하나의 세부적인 기능이며 활동에 지나지 않습니다. 배움은 인간의 생존을 위한 본능이기에 그 누구에게나 배움의 힘, 배움력이 있게 마련입니다. 배움력을 더 돋보이게 만들어 주는 활동이 바로 지금의 학교나 교육기관에서 그토록 강조하는 활동으로서의 익히고 만들어 내는 학습 활동입니다. 배움력은 인간에게 원초적이기에, 배움은 그 누구에게나 동일합니다. 그 누가 가르쳐 주지 않는다고 해서 배우지 못하거나 배우지 않는 것이 아닙니다. 제가 말하는 배움이란 개념에서 그 모호함을 떨쳐내기 위해서, 이 지구상에 처음 태어난 인간을 한번 상상해 보시면 됩니다. 그는 인간으로 탈바꿈한 후, 그러니까 두 발로 일어서서, 머리를 들어 두 눈으로 세상의 이것, 그리고 저것을 더 멀리 보기 시작한 그 순간 그가 느꼈을 법한 것은, 그 전처럼 생(生)하고 존(存)에 대한 기이함과 두려움이었을 것입니다. 두 다리로 서는 일은 불안정하고, 불안한 일입니다. 네 발로 걸어 다니던 그때에 비해 무엇인가 불안하기만 한 상황이었을 것입니다. 그 불안과 불안정에서 벗어나는 일이 그에게는 우선 급했을 것입니다. 그것이 생존의 새로운 시작이었을 것입니다. 그것을 나름대로 극복했기에 바로 지금의 내가, 당신이 스마트폰을 움켜쥐고 다른 이들과 소통할 수 있게 된 것이고, 다른 이들과 찻집에서 커피도 홀짝거리며 담소(談笑)하게 될 수 있었던 것입니다. 그가 배운 것이라고는 살아남, 그러니까 생존이라는 두 단어에 대한 학습이었고, 그것이 그에게는 절체절명의 일이었을 것입니다. 배움, 한마디로 집약하면 살아냄과 살아감, 그리고 살아줌의 대명사입니다. 살아냄, 살아감, 그리고 살아줌이라는 배움을 위한 하나의 기능이며 수단인 익힘이 학습이라는 인지적 활동인 것입니다.

2) 생명됨의 관행

배우는 동물, 그러니까 좋은 삶을 만들어 갈 수 있는, 행복할 수 있는 사람은 원초적으로 '본실적(本實的)'인 존재입니다. 좋은 삶, 행복의 윤리, 그리고 참살이를 위한 관행적인 삶을 이야기하면서 제가 유별나게 '본실적'이라는 개념을 이야기하는 이유가 있습니다. 인간의 존재에 대한 나름대로의 철학적 규정이 결여되면, 좋은 삶, 참살이, 행복의 윤리를 위한 전체적인 토대가 흔들리기 때문입니다. 집을 짓는데, 토대를 튼튼히 고르지 않고서는 그 위에 기둥과 지붕을 올릴 수 없는 것이나 마찬가지입니다. 관행으로서의 생명됨이 바로 사람의 운명이라는 것을 말하기 위해, 제가 여기에서 말하는 본실이라는 말은, 영어로 번역한다면, 그것은 '에센셜익지스텐스(Essentialexistence)'라고 적어야 할 것입니다. 배우는 인간의 참된 속성을 표현하기 위해 새롭게 만들어 본 말이 본실이라는 말인데, 본실(本實)은 철학적으로는 본질과 실존의 내용이 조합된 것입니다. 본실에서 가장 중요한 것은 생명입니다. 생명됨의 존재가 필수적입니다. 사람은 생명됨입니다. 생명이 없으면 본질이니, 실존이니, 존재 같은 것이 처음부터 성립되지 않기 때문입니다. 그 누구든 목숨이, 생명이 일단 붙어 있어야 실존도 가능하고 본질도 가능할 수 있기 때문입니다. 신약성경, 마태복음에서 말하듯이 온 세상, 그 모든 것을 얻고도 제 생명을 잃어버리면 그것은 아무 짝에도 소용없는 일이라는 그 경고를 상기하면, 생명됨의 우선성이 무엇을 말하는지 알게 됩니다.

삶이 본실적이어야 한다는 말에서 실존이니, 본질이니 하는 말들을 이해하려면 우선 본질(Essence)이 무엇을 말하는지를 알 필요가 있습니다. 본질은 그대로 '존재한다.'에서 온 말입니다. '참으로 그것인 것'이라는 뜻으로서, 어떤 사물이 다른 사물과는 구별되고 그렇게 하나의 사물로서 성립하게 만들어 주는 고유의 상태와 상황을 일컫는 말입니다. 사물 '본래의 성립'으로서 사물의 '지속성', '본래성'을 표현하는 단어인 본질이라는 개념이 인간이라는 존재에 적용되면, 그것은 생명입니다. 인간의 참됨이 생명에 있는 이유입니다. 인간의 참된 뜻, 본래의 그 됨을 무엇으로 규정하느냐에 따라 서로 다른 견해와 입장이 생겨납니다. 인간의 존재됨을 가장 뚜렷하게 제시해 주는 철학사조 중의 하나가 실존주의입니다. 실존주의는 인간의 존재됨을 의지로 보고 있습니다. 인간의 의지와 선택이 인간 존재됨 그 자체라고 보는 실존주의는, 인간의 본래, 참뜻을 신의 섭리라고 간주했던 서구중심의 기독교적인 사고에 반기를 든 시대적 조류입니다. 그동안 인간의 참뜻이 인간의 의지인지, 아니면 신의 의지인지에 대한 논쟁들은, 나름대로 의미 있는 논쟁이기는 했지만, 제가 보기에는 오늘을 살아가는 나에게는 부차적인 것일 수밖에 없습니다.

실존을 하든, 신의 섭리를 받아들이든 어떻든 간에 그런 것들이 가능하기 위해서는 지금 이 순간 나라는 생명체에게 숨과 맥이 뛰어야만 가능합니다. 그것을 숨을 내리쉬고, 들이쉬면서 수천 번도 더 느껴 왔지만, 그러면서 제 스스로 잊어 먹은 것은 제가 숨을 쉬고 있다는 사실이었습니다. 그것을 이제야 실감나게 깨닫고 있습니다. 앞으로 다시 이야기하겠지만, 내 몸에 숨과 맥이 붙어 있지 않으면, 그 어느 것도 내 삶에 의미를 만들어 내지 못합니다. 그리고 보니, 생명 있음에 감사하게 만드는 나의 존재됨도 고맙고, 나의 숨결대로 내 선택을 드러내 보이는 나름대로의 실존도 모두 내 생명됨을 위해 하나같이 중요합니다. 실존은 그래서 생명이고 배움입니다. 배움이 실존을 세워 놓기 때문입니다. 실존하기에 배우는 것이 아니라, 배우기에 실존하는 것입니다. 그래서 인간됨의 참뜻은 '본실적'이라는 새로운 제 견해가 가능했던 것입니다.

실존이 본질에 우선한다는 말은 1960~1970년대를 살았던 청년들을 매혹으로 빠트렸던 철학적 깃발이었습니다. 사르트르가 절규한 이 실존주의 강령이 인간됨에 대해 무엇을 의미하는지 조금 더 설명하겠습니다. 실존이 본질에 우선한다는 말은 우선 인간에게만 해당합니다. 우리에게 친숙한 책이니 스마트폰이니 하는 사물들은 인간이 의도를 가지고 만들어 낸 것들입니다. 책은 읽을 의도로, 마이크는 음성을 증폭시킬 의도로, 차는 사람이 이동할 의도로 만들어진 것입니다. 사물은 본질이 먼저 정해진 후 실제로 만들어집니다. 의도라는 관념이 우선하고, 제작을 마친 후에야 이 세상에 존재하게 되지만, 인간은 물건과는 다릅니다. 인간은 자신이 어떤 목적을 위해 태어나지는 않습니다. 단지 인간은 '기투(企投)된' 존재, 말하자면 현재를 초월하여 미래로 내던져진 존재일 뿐입니다. 인간은 어느 날 갑자기 이 세상에 던져질 뿐입니다. 그 후의 일은 던져진 다음에 자신의 선택과 의지로 결정될 뿐입니다. 자신이 무엇이 될지는 자신의 선택으로 결정되는 것이기에, 자기가 자신에게 무슨 의미인지를 제대로 파악할 때, 자신도 그렇게 존재하게 되는 것이니 인간에게는 실존이 본질보다 우선한다는 것이 실존주의자들의 논리였습니다. 요리사는 음식을 만들 때, 미리 그 음식의 용도나 쓰임새라는 음식의 본질을 결정한 후 요리를 하게 됩니다. 그런 시각으로 사람의 출생을 이해할 수는 없습니다. 지금 태어난 너는 이런, 그런 목적 아래 만들어진 존재이며 그것을 수행하기 위해 존재하는 것입니다라고, 어느 누구도 그렇게 규정할 수 없는 노릇입니다. 그러니 모든 인간은 자유, 의지 그리고 선택 그 자체입니다. 이에 비해, 종교는 본질이 실존에 우선한다고 믿습니다. 어떤 종교든, 그중에서도 기독교가 더 그렇지만, 종교는 본질이 실존에 우선해야 한다고 주장합니다. 본질이 실존에 우선하지 않으면 종교, 그 자체가 제대로 성립하기가 어렵기 때문입니다. 종교는 신을 향한 영성문제를 제도화시키고, 기관화시킨 하나의 신앙체제이니, 그럴 수밖에 없습니다. 기독교는 신이 인간의 본질을 규정한다고 처절하게 강조하고, 그렇게 믿습니다. 인간은 태어날 때에, 이미 신의 형상대로 신의 형상을 닮았기에 신의 의지를 벗어날 수가 없습니다. 태어날 그때부터 인간은 신의 계율과 은총 아래 신의 모조물, 신의 기계, 신의 요리로서 그 쓰임새를 다해야 되는 근거입니다. 교황이나 성직자들은 성경의 수많은 어귀를 인용해 가면서, 본질이 실존을 우선한다는 것을 교리화시키며, 그 한마디로 사람들을 수백 년간 조정해 올 수가 있었습니다. 중세기 암흑의 감옥은 인간 존엄, 인간에게 다시 빛을 강조한 르네상스에 의해 빗장이 풀리기 시작했습니다. 본질이 실존에 우선한다는 그 강령이 잔혹한 수많은 전쟁이나 폭력의 현장에서 거짓임이 드러났기 대문입니다.

실존주의 문학의 백미라고 일컬어지는 알베르 카뮈의 소설 『이방인』에 감동하지 않은 사람은 없을 것입니다. 알베르 카뮈(1913~1960년)의 노벨문학상 수상작 『이방인』은 101개 국가에서 번역돼 수천 만 부가 팔린 이 시대 최고의 소설입니다. 실존주의 문학의 백미입니다만 국내 독자들에게는 이 소설만큼 난해한 소설도 드물었습니다. 확실히 『이방인』은 인간이 겪는 '실존의 진공상태(Existential Vaccum)'라는 개념을 이해하지 못하는 독자들에게는 이방인 같은 소설이었습니다. 태양빛에 눈이 부셔지자, 반사적으로 타인에게 자신도 모르게 총을 쐈다는 『이방인』의 주인공 뫼르소의 살인동기를 그냥 쉽게 받아들이기가 쉽지 않기 때문입니다. 이방인의 소설적 의미를 알든, 모르든 간에 관계없이 카뮈와 『이방인』이라는 소설의 관계는 떼려야 뗄 수 없는 것들입니다. 『이방인』이라는 소설은 한 번 읽고는 쉽게 감동에 사로잡히기 쉽지 않은 그런 현학적인 소설입니다. 작가 카뮈는 실존주의자라고 합니다. 그의 소설인 『이방인』도 실존주의에 갖혀버린 소설입니다. 그래서인지 그의 소설, 『이방인』을 두 번 읽어도 그가 이야기하는 요지가 만화책을 보듯이 쉽게 드러나지 않기는 마찬가지입니다. 읽는 이들이, 서로 자기의 행간 읽기 능력에 따라, 주인공 젊은이 뫼르소가 보여 준 행동을 서로 다르게 해석할 수 있기 때문입니다. 이해가 되지 않으면 그저 실존주의, 그러니까 실존이 본질보다 우선한다는 그 실존주의, 또다시 말해서, 인간은 그 무슨 목적을 위해 만들어지는 것이 아니라는 생각만 해도 그냥 이해된 척하며 적당히 넘어갈 수 있습니다.

카뮈가 그린 『이방인』의 이야기는 일단 이렇습니다. 평범한 월급쟁이 뫼르소는 어머니가 돌아가신 다음 날도 여느 날과 다르지 않았습니다. 그날 역시 여자 친구와 해수욕을 하며, 우스개 영화를 본 뒤 하룻밤을 같이 지내며 살아가다가, 어느 날 바닷가에서 친구와 말다툼을 하고 있던 아라비아 사람을 권총으로 사살합니다. 이내 경찰에 의해 체포되어 재판에 회부된 뫼르소는 살인동기를 묻는 재판관의 질문에 '태양 때문'이라고 대답합니다. 그는 재판관에게도, 검사에게도, 변호사에게도, 나아가서는 모든 일상사에 대해서까지 자비와 은혜를 거부하며 무관심한 태도를 보입니다. 사형이 선고됩니다. 그는 재판도, 세상도 얼마나 부조리하고 우스꽝스런 것인가를 느끼고 교화신부(敎化神父)도 거부합니다. 그냥 사형집행일을 기다립니다. 사형집행의 전날 밤 '과거에도 행복했지만 지금도 역시 행복하다.'고 말합니다. 그런 자기에게 '증오심을 발하여 자기의 사형집행을 보기 위하여' 단두대 둘레에 많은 군중이 모여 줄 것을 원합니다. 독방의 창으로 내려다보이는 별빛 찬란한 하늘이, 인간에 대해 무관심한 것처럼 보입니다. 그것이 그의 인생에 대한 무관심과 일치한다고 생각됩니다. 그래서 죽어야 되는 그 전날도 스스로 행복하다고 느끼고 있습니다.

그러니까 『이방인』에 나오는 뫼르소는 철저히 자기 눈에 보이는 것과 자신이 느끼는 것만을 말하는 젊은이입니다. 자기가 선택한 대로, 선택한 것만을 응시하고 선택한 것만을 실천합니다. 그에게는, 늙은 세대들이 일상적으로 푸념하던 것 같은 자조감(自嘲感), 말하자면 젊은이의 야망, 이상, 격정, 그 무슨 강력한 의지 같은 것은 더 이상 찾아볼 수가 없습니다. 그야말로, 비누와 같은 것으로 소독되고 표백된 것 같은 그런 앙상한 응시와 의시, 그리고 자기 자신에 대한 절대인식과 선택만이 그의 뇌리를 사로잡고 있습니다. 그에게는 그 무슨 잡동사니 생각과 잡념 같은 것은 없습니다. 그저 순간을 선택하며 지금을 누릴 뿐입니다. 뫼르소는 자기 나름대로의 선택을 했습니다만, 생명을 거세당하면, 뫼르소에게는 더 이상 자기 선택은 없고, 자유도 제거됩니다. 사형을 당하면, 약을 마시고 죽어가든, 교수형을 당하든 간에 관계없이 목숨이 끊기면, 이 세상에서 그는 영원히 지워지는 것이기 때문입니다. 목숨이 지워지면, 표백된 인식이든 신의 은총이든 모두가 무게감을 상실합니다. 저들에게 반항하며 자신의 의미를 만들어 가는 일을 더 이상 할 수도 없습니다. 자신을, 하루의 시작을 관행하는 저 같은 사람에게 뫼르소의 살인은 무의미한 일입니다. 타인의 생명을 해하면, 자신의 생명도 해하여만 한다는 생명존중, 절대자유의 의미를 소거시키는 일이었기 때문입니다. 『이방인』의 주인공인 뫼르소는 이 시대의 사람이 아니라, 저 시대의 사람입니다. 그 스스로 실존하기 위해서라도, 자유하기 위해서라도 실존 이전에 그는 먼저 '생명'해야 했었습니다. 뫼르소는 배운 사람, 배우는 사람은 아니었던 모양입니다.

1900년, 오스트리아 빈에서 태어나 아들러의 제자로서 35세에 요절한 비운의 심리학자인 베란 울프(W. Beran Wolfe)는 『어떻게 행복해질 수 있을까』에서, 행복해지려면 그 누구든 자신에게 자신을 빚어내는 예술가로서 자부해야 한다고 일러준 적이 있습니다. 그에 따르면, 행복한 인간이 되는 과정은 창조적인 자기 조각의 과정에 참여하는 것이나 다를 것이 하나도 없다는 것입니다. 그러니 뫼르소처럼 빨리 생명을 폐기시키지 말고, 자기는 자기라는 소재를 조각하는 예술가로서 건강하게 살아가는 일이 중요한 셈입니다. 인간이라면 그 누구든 자기의 조상으로부터 인간이라는 예술을 위한 소재를 물려받기 마련입니다. 사람이 된다는 것은, 자신이라는 바위를 혼자 힘으로 조각해 나간다는 것을 의미합니다. 그러니 자신을 빚어내는 예술가로 자부하며, 자신의 생명을 조각해내는 일이 실존의 목적이 될 수 있습니다. 존재라는 본질이 실존보다 앞서는 이유입니다. 예술가로서 자신을 조각하지 않으면, 그것은 타인이 나를 조각해 버리도록 방치해버리는 것입니다. 그것이 바로 불행의 시작입니다. 그런 불행을 자초하기 위해 자신을 그냥 타인에 넘기거나 양도하지 마십시오. 예술가처럼, 행복해질 수 있을 '것처럼' 행동하면서 자신을 조각하십시오. 용감하게 자신을 벼르며, 자신을 조각해가기 시작하면 훌륭하고 멋진 인생이 손이 닿는 곳에 있을 것입니다. 자신에게 자신을 조각해낼 공정한 기회를 자신에게 먼저 주시기 바랍니다.

조각가로서 자신이라는 소재를 한없이 그냥 깎아 버리거나, 부숴버리면 자기 작품은 결코 만들어질 수 없습니다. 소재 전체가 끝내 사라지고 말아버릴 것이기 때문입니다. 당신이 지금 두려워하거나, 화를 내거나 한다면, 그것은 자기 스스로 자기라는 작품에 손상을 가하는 것이나 마찬가지입니다. 이 세상에서 자신을 두려워하거나 화를 낼 사람은 당신뿐이니, 당신이 화를 내지 않으면 그 어느 것도 당신에게 소용없는 것들이 될 뿐입니다. 당신이 두려워하고 있는 일이 자신의 삶에서 실제로 일어날 수 있는 가능성은 겨우 1%뿐입니다. 99% 일어나지 않습니다. 그런 것을 생각하는 순간 그 누구든 자기 마음으로, 자기 머리로 이렇게, 저렇게 생명을 위해 대비하기 때문입니다. 설령 기대치 않게 1%가 일어난다고 해도, 그것은 인간으로서 어떻게 해 볼 수 없는 자연의 섭리 같은 것이니 걱정할 필요가 없습니다. 지구가 깨지지는 않을 것입니다. 지구가 깨지는 날은 나도 신도 똑같은 신세가 될 것입니다. 일어나지도 않을, 예측할 수도 없는 것에 대해 미리 걱정하거나 고민할 이유가 없습니다. 그렇게 불안하거나 자신의 삶에서 전전긍긍하는 것이 오히려 문제입니다. 자기 스스로 잘난 체, 혹은 못난 체해서 타인의 동정심을 유발해 보려는 일종의 허영심의 발로입니다. 100kg의 무게로 절망하며 전전하고 긍긍하기보다는 차라리 10g이라도 낙관주의가 되는 것이 자신의 생명을 위해 도움이 될 뿐입니다. 허접하게 깊은 슬픔에 잠긴다거나, 필요 이상의 자책에 자신을 포로로 내줄 이유가 없습니다. 죄라는 것도 보기에 따라 다를 뿐입니다. 살인죄, 사기 같은 것이 아니라면 굳이 결백한 체하며 억지로 자신을 학대하는 것은, 자기 스스로 자신의 정신 건강을 좀먹는 것입니다. 일어나지도 않을 절망적인 열등감에 자신을 한탄하며 슬퍼하는 것 등은 성자인 체하려는 겁쟁이들의 구슬픈 변명이거나 연극에 지나지 않습니다. 삶은 하나의 예술작품과 다를 것이 없습니다. 지금 그 누구든 자신이라는 소재로 예술작품을 조각하고 있는 중입니다. 세상에 내놓을 작품은 이것이냐, 저것이냐와 같은 둘 중의 하나를 선택하거나, 그렇게 선택한 것을 남에게 전시하는 것이 아닙니다. 세상에 내놓을 수 있는 작품은 이것도, 저것도 그것도 모두 가능할 뿐입니다. 자신은 이것도 될 수 있고, 저것도 될 수 있습니다. 그 어떤 것도 나라는 생명, 단 하나의 예술품일 뿐입니다. 동남아시아 여러 곳에서 발견되는 바위에 비스듬히 누워 있는 붓다는, 사실은 바위를 정(釘)으로 쪼아 조각해놓은 것이지만, 세상에 다시없는 영성의 걸작품입니다. 십자가 위에 달려 있는 예수 역시 인류를 위한 유일하고 무이한 영혼의 작품이며, 감옥에서 한 사발의 독약으로 목을 축인 후, 곁에 있던 지인들에게 안녕을 이야기하며 죽어가던 소크라테스의 그 모습 역시 그 어디에서도 다시 볼 수 없는 생명의 걸작품입니다. 당신도 마찬가지입니다. 당신의 모습, 당신에게 담긴 그 모습이 바로 세상이라는 전시장에 걸려 있는 유일

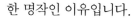

한 명작인 이유입니다.

2. 즐김의 원칙

　그 누구든 행복하면 행복한 것입니다만, 그 행복하면에 이르기까지는 그 누구에게 든 쉽지 않은 것입니다. 좋은 삶, 그러니까 사람인 생명체로서 충족스럽게 일상을 살아가기 위해 깊은 사유와 실천으로 거듭나는 기쁨을 즐기는 삶이 행복한 삶, 좋은 삶입니다. 저는 그것에 이르게 도와주는, 일상의 행복으로 이끌어 내주는 힘으로써 관행의 중요성을 반복적으로 강조해 왔습니다만, 관행의 정체를 더 쉽게 풀어 본다면, 그것은 종교계 권력자들이 그 옛날 구약과 신약을 정리하면서, 어쩌면 지구상에서 영원히 없어져 다시는 나오지 말았으면 했을 법한 복음인『도마복음서』에서 예수가 우리에게 가르친 것과 다를 것이 하나도 없다고 여겨집니다. 『도마복음서(Gospel of Thomas)』는 기독교 신약성서 외경의 하나로서, 서문에서 예수의 12사도 중 한 명인 디디모스 유다 도마(Didymos Judas Thomas)가 쓴 영지주의 문서로 저들 교회권력자들에 의해 배척되어 왔던 경전입니다. 고대 그리스어 원문을 콥트어로 번역한 것으로 보이는 완전한 콥트어 판본인『도마복음서』는 1945년 이집트 나그함마디에서 발견되었습니다. 『도마복음서』는 지금의 성경책에 번듯하게 자리를 잡고 있는 4대 복음서와는 성격이 참 다릅니다. 『도마복음서』는 예수의 삶이나 전기에 대한 내용은 아무것도 없으며, 오로지 예수의 가르침, 예수 자신이 한 말만을 다루고 있습니다. 우리에게 친숙한 소위 겨자씨의 비유도 이『도마복음서』에서 제대로 다루고 있는데, 예수의 가르침만을 담고 있는 '어록 복음서'인『도마복음서』는 그것의 첫 장을 이렇게 시작합니다. "이것은 살아 있는 예수께서 했던 비밀의 말씀이며, 그것을 디디모스 유다 도마가 기록한 것입니다. 그가 말씀하셨습니다. "누구든지 이 말들의 뜻을 밝히는 자는 죽음을 맛보지 않을 것입니다."" "예수께서 말씀하시니라. 만약 너희 인도자들이 너희에게 말하길, '보라 아버지의 나라가 하늘에 있노라.'고 한다면 공중의 새들이 너희를 앞설 것이요, 만일 그들이 너희에게 말하길, '아버지의 나라가 바다에 있노라.'고 한다면 물고기들이 너희를 앞설 것이라. 차라리 그 나라는 너희 안에 있으며 또 너희 바깥에 있느니라. 너희가 자신을 안즉 알려진 바 될 것이요, 너희가 살아계신 아버지의 자녀임을 깨달으리라. 그러나 만약 너희가 자신을 모른다면 빈곤 가운데 사는 것이며 또 너희는 빈곤이니라." 예수가 우리에게, 자기 자신, 자기 내부로부터의 자각을 주장하는 이 구절은 『누가복음서』 17:20-25의 어귀와 거의 유사합니다.

『도마복음서』에 대한 신학적 쟁송과는 무관하게, 오늘도 살아 움직이는 수많은 영성의 신학자들에게 저들의 성정(性情)을 곧추세우며 또 한 번 새롭게 일깨워 준 『도마복음서』 67절에 나오는 그 말대로, 제가 말하는 관(觀)과 행(行)은 자기 자신이 어떤 사람인지를 제대로 알게 만들어 주는 힘이며, 방법입니다. "모든 것을 알되 자기 자신을 아는 데 실패한 사람은 완전히 결핍된 사람입니다."라고 『도마복음서』를 통해 말하고 있는 예수의 말이 드러내 보이고 있는 것처럼, 관행의 핵심은 자신의 삶을 되돌아보고, 미리 짚어 보며 자신의 현재를 알아차림의 '미리슬기(Feedfoward)'를 일상에서 실천하는 데 있습니다. 관행하기 위한 기예는 자기 자신의 삶에서 진정성을 찾아내는, 그리고 자기 자신이 누구인지, 어떻게 자신을 살아내야 하는지를 찾아가면서 얻어내는 있는 그대로의 일상적인 삶에서의 즐김 그 자체입니다. 이때 즐긴다는 말을 기계적으로 이야기하면, 즐겼을 때 나름대로의 기쁨(Joy)을 먼저 체험해야 한다는 말입니다. 마치 소설을 한 권 다 읽었을 때 자기도 모르게 자신 안에 스며드는 읽기에 대한 기쁨, 악기를 처음 익힐 때, 자신을 악맹(樂盲), 악기에 대한 까막눈으로 여기던 자신을 단박에 지워내게 만드는 기쁨, 자신이 만들어 낸 악기의 소리에 자신 스스로 소스라치게 되는 순간 자신도 모르게 자신 안에 생기는 그 어떤 기쁨이 있게 마련입니다. 그런 기쁨이 악기를 익힘으로써 더욱더 빈번하게, 기쁨의 빈도가 잇대어 나타나 그 기쁨이 자신의 삶에서 하나의 연속으로 이어질 때, 우리는 그가 악기를 즐기고 있다고 말하게 됩니다. 그러니까 기쁨, 기쁨, 기쁨, 희(喜), 희, 희, 조이(Joy),

조이(Joy), 조이(Joy)의 연속이 즐김, 즐기기라는 현재 진행형의 인조잉(Enjoying)으로 나아가는 셈입니다. 인조잉, 즐김이라는 말은 기쁨, 기쁨, 기쁨이 연속적으로 일어나고 있는 상태를 드러내고 있습니다.

삶을 관행한다는 말이나 삶을 즐긴다는 말도 형태상으로 보면 기쁨과 즐김의 관계와 크게 다르지 않은 것 같이 보입니다. 자신의 삶을 되돌아보고, 미리 짚어 보는, 알아차림의 연속과 지속적 일어남, 그러니까 관행, 관행, 그리고 관행의 연속이 바로 관행의 즐김, 그러니까 즐김으로써의 관행이라는 현재진행형적인 활동과 다르지 않다는 뜻입니다. 관행의 즐김은 관행을 통한, 관행이라는 것을 자신의 삶에 행함으로써 얻어지는 결과로 볼 수도 있지만, 삶을 즐기는 과정이기도 합니다. 자세히 보면, 관행으로 어제를 뒤돌아보고 미래를 짚어 보며 지금 현재의 나의 행동을 성찰하며 그것으로부터 거듭나려는 그 행위 자체가 바로 관행의 버릇이고 그것이 사람들에게 기쁨 그 자체라는 것을 알려 주고 있습니다. 각기 지칭하는 것과 뜻은 다르지만, 여기에서 관행이라는 말과 기쁨이라는 말은 한통속인 것입니다. 관행의 힘은 깊은 사유와 성찰 그리고 거듭남이라는 생활의 즐김에서 드러나는 것이기에, 관행과 관행, 그리고 관행의 연속이, 그러니까 자신의 삶을 되짚어보고, '미리슬기' 하며, 다시 자신의 삶을 되짚어보고, '미리슬기' 하며 거듭나는 일상을 연속적으로 이어가는 삶이 바로 행복의 상태, 좋은 삶의 상태, 그러니까 사람인 생명체로서 일상을 충족하며, 나름대로 살아가기 위해 깊은 사유와 실천으로 거듭나는 기쁨을 즐기는 삶이 되는 것입니다.

행복의 상태는 살아 있음, 생명 있음의 상태가 유지되어야 가능한 것입니다. 그러니 좋은 삶을 살아내려면 일단 죽지 말고 살아 있어야 합니다. 생명체인 우리 인간들에게 있어서는 죽음 전까지의 그 모든 생명됨, 그러니까 지금, 방금, 금방까지의 '생명 있음의 상태'가 행복의 상태일 것입니다. 미국의 예일 대학교 셸리 케이건(Shelly Kagan) 교수는 『죽음이란 무엇인가』에서, 그 누구이든 그가 사람이라면, 그에게 '삶은 죽음이 있기 때문에 비로소 완성되는 위대한 목적'이기에, 자기 스스로 자신의 "죽음에 본질을 이해하면 가치 있는 삶을 살 수 있습니다."고 말합니다. 다른 곳에서 다시 이야기하겠지만, 관념적으로 말하면, 인간에게는 바로 피할 수 없는 그 죽음 때문에, 죽음 전까지 완성되는 삶의 목적으로서 그 삶이 바로 기쁨이고, 즐김이며, 행복이 되는 것인 셈입니다. 죽음을 하나의 생명현상, 사회현상으로 바라볼 때, 죽음에는 4가지 원칙이 있습니다. 필연의 원칙, 가변성의 원칙, 예측 불능성, 그리고 편재성의 원칙이 있습니다. 그러니까 그 어떤 생명이든 반드시 죽는다, 얼마나 살지 모른다, 언제 죽을지 모른다, 그리고 어디서 어떻게 죽을지 모른다는 4가지 원칙이 작동합니다. 그래서 죽음은 살아 있음보다는 원초적으로 무겁게 들릴 수 있으나, 그 무게 때문에 지금, 방금, 금방 살아 있음에 대해 오히려 더 커다란 기쁨을 즐기게 만들어 주는 것입니다. 관행은 바로 그 생명됨, 생명함 위에서만 가능한 일입니다. 무덤에서 그 어떤 백골이 관행한다는 것은 있을 수 없는 일이기에, 관행은 살아 있는 동안 필사적으로, 단 한 번만으로 끝나거나, 그렇게 하자는 것이 아니라, 끊임없이, 지속적으로, 일상적으로 노력해내는 일이어야 하는 이유입니다. 그런 지속적인 생명됨의 노력을, 관행함의 그 노력을 일컬어 삶의 즐김이라고 말하게 되는 것입니다.

1) 즐김의 지혜

사회진화론의 시조(始祖)로 간주되는 허버트 스펜서(Herbert Spencer, 1820~1903)의 저술인 『진보의 법칙과 원인(Progress: Its Law and Cause)』을 읽다 보면, 그가 찰스 로버트 다윈(Charles Robert Darwin, 1809~1882년)보다 한발 앞서, 진화론을 언급했음을 알 수 있습니다. 스펜서는 모든 생물은 나아간다고 말했습니다. 모든 것은 진화한다는 말을 그렇게 나아간다고 표현했습니다. 말하자면, 씨가 나무가 되고 수정란이 성체가 되고 물고기는 인간이 되고 하나의 먼지 덩어리가 태양과 행성과 위성이 되었다는 그런 논리입니다. 모든 것이 나아가는 원칙은, 생명에서 문화에 이르기까지 공통적인데, 그것은 단순성에서 복잡성으로라는 원칙을 지킨다는 것입니다. 단순한 모든 것은 배태된 그 후부터 점점 더 복잡한 것으로 개량된다는 그 개량의 법칙을 그는 진화(Evolution)라고 말했습니다. 물론, 진화에 대한 그의 생각이 지나친 것은 사실입니다. 게다가 진화는 직선적인 한 방향에서 일정하게 모든 종에게 적용된다는 신념을 버릴 수가 없어서, 그는 인간이라는 종(種)도 그렇게 진화한 것이라고 우기는 잘못도 범했습니다. 인간 역시 미개인에서 문명인으로 진화되었다는 논리야말로 그의 오산이었고 오판이었습니다. 그가 활약하던 19세기 당시 유럽을 문명의 표준으로 보고, 유럽인을 진화된 문명인으로 간주했던 잘못이 드러난 것입니다. 문명화된 유럽인을 당시의 아프리카나 아시아인들에 비해 진화된 인종으로 간주한 것입니다. 유럽인들의 생물학적인 기능, 말하자면 뇌의 기능이나 신경의 반응 능력이 미개인들로 간주된 아프리카 혹은 아시아인들에 비해, 넓고, 다양하며, 복잡하고 그리고 정교하게 진화된 것이라고 보았습니다. 인간의 종(種)을 그런 식의 진화론적으로 본 그의 생각은 완전하게 잘못된 생각이고, 온전하게 부당하고도 거짓의 지식이었지만, 당시 유럽인들은 스펜서처럼 인종의 진화를 그렇게 믿었던 것도 사실이었습니다.

(1) 복잡에서 단순입니다

무슨 일이든, 즐기려고 하거든, 그것을 삶에서든, 자신이 하는 일에서든, 죽음에 이르기까지 가능하면 단순화하라는 이야기를 하기 위해, 스펜서의 진화론 이야기를 다시 거론하겠습니다. 그는 모든 유기체적인 진보의 법칙이 모든 것의 법칙임을 주장합니다. 모든 유기체들이 연속된 분화를 통해 간단한 것에서 복잡한 것으로 이어간다는 그의 진화(Evolution)론은, 지구의 발전에서 생명의 발전, 혹은 사회, 정부, 공업, 상업, 언어, 문학, 과학, 예술의 발전에 이르기까지 모두 동일하게 적용됩니다. 태초까지 거슬러 올라가는 우주적 변화부터 최근에 나타난 문명의 결과까지, 단순한 것들이 복잡한 것으로 변화하는 것에서 진보가 본질적으로 존재한다는 것을 알 수 있다라고 그는 말했습니다. 그의 사회진화론적인 사유로부터, 사회적인, '적자생존(Survival of the Fittest)', '자유방임(Laissez-Faire)', '각자도생(各自圖生)'과 같은 사상들이 더 진화되어 나왔습니다. 적자생존은 말 그대로, 생물의 생존 경쟁의 결과에 따른다는 논리인데, 환경에 적응하는 것만 살아남고 그렇지 못한 것은 도태된다는 견해입니다. 종의 생존 경쟁에서 환경에 적응한 것이 생존하여 자손을 남기게 된다는 자연선택의 논리를 한 번 더 비틀어 놓은 생각이 바로 그가 생각해낸 적자생존의 논리였던 것입니다. 자유방임은 내 멋대로, 하고 싶은 대로 하게 놔두는 것을 의미하지 않습니다. 적자생존의 원래 의미는 간섭의 최소화입니다. 영어로 표현하면 렛잇두(Let it do) 정도가 될 것입니다. 사람들이 알아서 제 역량이 허락하는 만큼, 그렇게 할 수 있도록 하게 하되 그에 대한 책임은 어김없이 지게 하라는 것이 바로 자유방임의 논리입니다. 세상에 공짜는 없다는 논리이기도 합니다. 각자도생(各自圖生)의 논리 역시 자유방임론에서 방출된 또 다른 생명보존의 논리입니다. 각자도생은 제 생명은 제 스스로에게 일차적인 책임이 있는 것이기에, 제각각 우선적으로 제각기 살아나갈 방도와 방법을 찾아내야만 일단 생존할 가능성이 높아진다는 생각입니다. 사회진화론을 통해 사출(射出)된 적자생존이니, 자유방임이니, 각자도생이니 하는 논리나 개념들은 지금처럼 커다란 사회문제들이 불거지는 사회현상을 설명하는 데 적합하기도 합니다. 말자하면, 세월호 참사는 우리에게 각자도생이 얼마나 중요한지를 알려 준 바 있습니다. 고위급 권력자들의 생존전략은 그야말로 적자생존의 기술활용과 적용 그 자체입니다. 말하자면, 고위공직자들, 말하자면 검사, 판사, 국회의원, 장관 출신의 권력자가 갖가지 비리사건의 와중에서도 교묘하게 살아남았다는 것은 적자생존의 비화가 되기에 충분합니다.

스펜서가 말하는 사회진화론에 따르면, 세상에는 세상만물을 움직이는 진보의 보편적인 법칙이 존재합니다. 보편적인 법칙이 성립하는 것은, 모든 현상을 아우르는 제1원인(First Cause)이 존재하기 때문입니다. 모는 현상을 포괄하는 제1원인이란 다른 것이 아니라, 자연과학적 현상의 배후를 움직이는 절대적이며 형이상학적인 힘을 말합니다. 인간의 지성이나 인지 능력을 넘어서는 절대적인 작용으로서 진화의 힘이 바로 제1원인입니다. 제1원인으로 만들어 지는 진화의 법칙은 자연과 인문, 사회를 공통으로 관통하는 불변의 법칙입니다. 스펜서의 사회진화론을 길게 이야기한 이유가 있습니다. 사회의 진화를 단순에서 복잡성, 그러니까 모든 생물은 진화하려면 단순에서 복잡으로 나아가는 것이고, 그렇게 나아가야 한다는 것이 스펜서가 사회의 진보를 바로 보았던 핵심인데, 나아간다는 것은 복잡해진다는 것이고, 더하거나 곱하거나 하는 방식으로 더욱더 다기(多技)스럽게 혹은 정교하게 만들어 간다는 그런 뜻입니다. 이 지점에서 저는 스펜서와 다른 생각을 하게 됩니다. 사람처럼 살려면, 사람처럼 깨달은 사람으로 살려면 스펜서가 쓴 그 용어대로 나아가야 가능해질 것입니다만, 그 나아감의 방향은 단순에서 복잡이 아니라, 복잡에서 단순이어야 하겠기 때문입니다. 단순에서 복잡에로의 변화는 그 누구에게나 공통적으로 적용됩니다만 복잡에서 단순으로의 방향 전환은 사정이 크게 달라지는 일입니다. 복잡에서 단순성으로 나아가려면 깨달음이 우선해야 합니다. 복잡에서 단순으로 방향을 다시 잡는 그 자체가 이미 깨달음의 시작입니다. 깨달음, 복잡에서 단순으로의 깨달음이 바로 일상을 사람처럼 살도록 조력하는 지름길입니다. 복잡에서 단순성으로 나아가려면 가(加)하고 승(乘)하는, 다시 말해서 더하고 곱하는 방식으로 단순을 복잡화시키는 것이 아니라, 감(減)하고 제(除), 즉 빼고 나눔으로 복잡함을 단순화시켜야 합니다. 복잡이 단순화하기 시작하면, 겉으로 드러나는 모양이나 기능이 때로는 거칠어질 수도 있고, 힘에 겨워 보일 수도 있습니다. 거칠어진 것, 힘에 겨운 것, 한 발자국 더 내딛는 것, 씁쓸한 것을 달콤한 것으로 즐기는 재미와 그로부터 새로운 기쁨을 얻고, 그것을 더욱더 즐기는 여력을 기르는 것이 복잡성에서 단순성으로 나아가는 일입니다. 그것이, 깨달은 자들에게 밀어닥치게 되는 행복입니다. 행복은 기쁨을 만들어 내고, 기쁨을 즐기는 일입니다. 행복의 반대는 불행이 아닙니다. 행복의 반대는 '즐김 없음'이어야 합니다. 기쁨이 없는 것, 즐길 줄 모르는 것을 모두 일컬어 불행, 어쩌면 불행의 느낌이라고 부르는 것입니다.

　세상에, 인간에게 원초적으로 고상한 욕망이란 있을 수 없습니다. 어쩌면 모든 것이 인간에게는 고상한 욕망일 수도 있습니다. 욕망은 그 어떤 모습이든 인간 존재의 본질적인 삶에 대한 욕망을 채우기 위해 발휘하는 개인적인 기질이지만, 그것을 타인에게 겉으로 드러내 놓을 때에는 사정이 달라집니다. 모두를 그럴듯하게 드러내 보이기에 위해 고상한 욕구로 포장해 놓아야 하기 때문입니다. 그 옛날도 그랬지만 지금도 우리 같은 보통사람들에도 행복의 과제는 여전히 중요합니다. 그 옛날이든 지금이든 사람들은 행복을 보장해 주는 최소한의 요인들로서 5가지 정도를 꼽아냈습니다. 사랑, 일, 친구, 여가, 건강 같은 것이 행복의 요소라는 것쯤은 누구나 다 알고 있는 사실입니다. 부인이나 남편, 그리고 가족으로부터 주고받는 사랑이 행복을 만들어 내는 핵심요소 중의 하나입니다. 사람이 살면서 갖게 되는 스트레스 중에서 가장 큰 스트레스가 바로 가족이 죽거나 병을 앓거나 해서, 그들을 잃는 일이라는 것을 생각하면, 가족 사이의 사랑은 행복을 위한 절대요소가 되기에 충분합니다. 둘째로, 하루를 살아가려면 그 어떤 식으로든 그 무엇을 소비해야 하는데, 소비의 중심에는 돈과 시간이 자리를 잡고 있습니다. 소비를 위해 최소한의 돈은 늘 필요하지만, 시간을 선용할 줄 아는 것 역시 중요합니다. 급료를 받든, 받지 않든 간에 관계없이 어디에서든가 하루를 의미 있게 소비하게 만드는 노동이나 봉사활동도 행복을 만들어 가는 데 중요한 역할을 하게 마련입니다. 일거리가 있다는 것은 집에서 언제 나와야 하는지, 집을 언제 들어가야 하는지를 알려 주는 이정표가 됩니다. 셋째로 친구나 지인들, 혹은 이런 이유로 만들어지는 인간관계나 우정 역시 행복을 위해 빼놓을 수 없습니다. 사람이 나이를 먹어간다는 것은 친구 수가, 지인의 수가 줄어든다는 것을 의미하기에 삶의 동행을 유지하는 것은 행복을 간주하는 데 긴요합니다. 행복의 네 번째 요소로 꼽을 수 있는 것이 바로 여가입니다. 자신에게 남는 시간을 어떤 방식으로 소비하고 즐기는가에 따라 행복이 달라지게 됩니다. 그 사람이 하루를 어느 곳에서 소비하는지를 알면 그 사람의 행복도를 가늠할 수 있습니다. 하루를 술과 도박으로 보낸다면 그 사람의 하루 행복이 어떤 것인지를 단박에 알아낼 수 있을 것입니다. 여가를 선용하는 것은 자신의 사회적 폐활량을 늘리는 일이나 마찬가지입니다. 사람들이 물속에 들어갔을 때, 폐활량이 적은 사람은 물속을 오래 구경할 수 없는 것처럼, 여가를 즐기지 못하는 사람은 사회적 구경거리에 재미를 제대로 맛보기가 쉽지 않을 것입니다. 마지막으로 몸이 건강하지 않으면, 그 어떤 것도 그를 행복하게 만들어 주지 못하기에, 건강이 행복의 핵심요소라는 지적에도 찬성할 수밖에 없습니다. 그 누구든, 그 어떤 신분이나 지위에 있든 간에 관계없이, 자신의 몸이 건강해야 마음이 건강하게 되고, 몸과 마음이 건강해야 세상이 아름답게 보이기 마련입니다. 행복하다고 말할 수 있는 사람은 궁극적으로 '몸', 그러니까 쓸 만한 몸과 건사할 만한 마음의 총합인 자신의 '몸'을 제대로 건사하는 사람인 것입니다. 몸이 건강한 사람은 늘 가족의 사랑, 일거리, 친구와의 관계, 두 다리와 긍정적인 마음으로 늘 기쁨과 자기 안의 자기만의 미소로 자신과 타인을 즐기는 사람입니다. 이런 사람일수록, 다른 사람들을 편안하게 만들어 주는 데에 결코 인색하지 않을 것입니다.

　자신 스스로 자신을 즐기고, 타인으로 하여금 자신을 즐기게 만드는 사람은 행복할 줄 아는 사람임에 틀림없습니다. 행복한 사람은 죽어 있는 사람이 아니라, 살아 있는, 생명 있는 생명됨의 사람입니다. 원래 행복이라는 한자에서 행, 그러니까 幸자는, 저들 중국인들에게는 어린 나이로 요절하지 않고 살아 있음을, 그리고 그렇게 살아서 자기 일터에서 열심히 일하면서 제 먹거리 만들어 먹고 있음을 하늘에게 감사하다고 뇌이고 있는 모습을 상징하고 있습니다. 그러니까 다행하다는 그 행자는 행복의 시작은 삶을 위한 수단임을 알려 주고 있는 셈입니다. 사람은 행복을 위해 사는 것이 아니라, 살기 위해서 행복해야만 한다는 뜻입니다. 삶이 우선이어야 합니다. 행복이 삶을 우선할 수 없기 때문입니다. 살아가다 보니까 행복한 것이지, 행복하기 때문에 살아가는 것이 아니기 때문입니다. 살다 보면 행복한 시간도 있고, 우울한 시간도 있을 수 있습니다. 행복하다 보면, 더 살아낼 수 있는 삶도 있습니다. 더 살아내기 어려운 삶이 따로, 따로 있는 것이 아닐 것입니다. 행복은 그 언제나 삶을 위한 형용사일 뿐입니다. 살다 보니 행복한 삶도 있고, 불행한 삶도 있을 수 있는 것이기에 결과적으로 행복, 불행이라는 형용사는 삶의 본질을 수식하는 장식일 뿐입니다. 사람들에게는 그 어떤 삶도 그에게는 절대적인 삶의 한 형태일 뿐입니다. 삶은 그 누구에게든 절대적으로 귀한 삶이며, 삶 그 자체입니다. 행복은 물질이나, 그 무슨 실체 같은 것이 아닙니다. 마치 사과 한 알, 고기 1kg, 돈 백만 원, 이런 식으로 표출되는 물질이나, 물건이 결코 아니며, 행복은 그렇다고 삶의 목표 그 자체로 사람을 인도해 주는 그런 표지도 아닙니다. 삶이 행복 그것을 위해 존재하는 것은 아니기 때문입니다. 행복은 삶 앞에 붙어 다니려고 하는 형용사일 뿐입니다. 삶은 그 언제나 그냥 삶일 뿐입니다. 사람이 삶에 대해 어떤 느낌을 갖느냐에 따라 형용사가 달라질 수 있습니다. 말하자면, 행복한 삶, 불행한 삶, 비참한 삶, 위대한 삶이라는 말처럼, 형용사이고 느낌일 뿐입니다.

남 보기에 부자의 삶, 그 삶이 행복한지 어떤지는 그 사람만의 느낌에 따라 달라집니다. 가난한 삶, 남 보기에는 경제적으로 풍요롭지 못하게 보이지만, 그 삶이 덜 행복한 삶이라고 말할 수는 없습니다. 미국인보다 경제적으로 가난하고, 한국인보다도 물질적으로 가난하다고 치부되는 부탄의 국민은 저들 미국인보다도 행복하고, 한국인들보다도 평화로움을 갖는 이유입니다. 물론, 억지로 가난을 자초할 이유는 없지만, 물질을 조금 더 얻겠다고 사기를 치거나, 절도 끝에 도망을 가다가 길거리에서 죽어 버리거나, 재물을 위한 비리행각으로 감옥에 갇힐 이유는 조금도 없습니다. 그러니, 행복이란 살다 보니 행복해지는 느낌의 총화라는 것입니다. 행복은 그 어떤 삶이든 그 삶에서 얻어내는 기쁜 느낌의 즐김 그 자체입니다. 기쁜 느낌이 지속되면 행복하다고 말할 수 있습니다. 지옥에서도 감옥에서도 늘 기쁘다면 그것은 그에게 행복한 일입니다. 여행을 했을 때나, 남녀가 만날 때 서로에게 기분이 좋으면, 그리고 그 좋은 기분을 즐길 수 있으면 서로가 행복하다고 말할 수 있습니다. 아무리 돈이 많아도, 기쁘지 않으면, 돈 많은 것의 기쁨을 즐기지 못하면 그것은 행복한 것이 아닙니다. 기쁨을 즐기지 못하기 때문입니다. 정치적인 모임도 마찬가지입니다. 정치적 모임에 나갔는데, 그 모임에 참석한 내가 마치 일회용 반창고 같은 느낌을 지속적으로 받는다면, 자신을 초대한 정치인이나 정치 모임은 결코 자신에게 기쁨을 준 모임도 아니며, 즐거운 모임도 아니며, 따라서 행복한 모임은 결코 아닙니다. 행복한지 어떤지를 점검하게 해 주는 결정적인 요소는 기쁨의 여부와 기쁨의 즐김을 지속할 수 있는지 여부에 따라 달라집니다. 재산, 명예, 그 무엇이든 그것 때문에 살아가는 데 있어서 기쁨이 있고, 그 기쁨을 지속적으로 즐길 수 있다면 그것이 바로 행복인 까닭입니다. 기쁨이 있기는 하지만, 즐김의 연속성은 오래가지 못하고, 일회성에 그치면 그것은 행복이라고 말할 수 없습니다. 기쁨과 즐김, 이 두 가지가 행복을 만들어 낼 수 있는 도구이며 방법입니다. 다만, 기쁨과 즐김이 행복에 이르는 길이며, 토대이며, 요인이라고 말하기 위해서는 몇 가지 단서가 더 필요합니다.

　행복이 무엇인지, 행복에 이르는 길이 어떤 것인지를 연구하는 것은 심리학자나 사회학자들이라면 한번 해 볼 만한 일입니다. 행복에 관한 연구들이 수없이 많은데, 그 많은 연구결과들을 하나로 모으면 결론은 당신이 생각하는 것 그 이상을 넘어서고 있지 못합니다. 행복은 적당히 웃음으로 때운다고, 저절로 따라 들어오는 것이 아니기 때문입니다. 행복이 무엇인지에 대한 조금 어려운, 그러니까 전문가들이 쓰는 공식이 있습니다. 그 공식은 이렇습니다. 행복=개인적 기질+생존의 욕구+고상한 욕구 덩어리가 그것입니다. 이런 공식은 행복에 대한 겉 포장지에 쓰인 선전구일 것입니다. 행복은 일단 사람 나름에 따라 다르게 느껴지기 마련입니다. 성질이 괴팍해서, 현금 10억을 갖고 있어도 만족하지 못하고 자신을 늘 볶으며 돈, 돈 하며 전전긍긍하는 사람과, 물 한 잔에도 만족하며 감사하는 사람은 자신의 삶에 대한 느낌이 서로 다를 것입니다. 사람들의 이런 서로 다른 기질이 행복을 받아들이는 마음가짐과 태도를 결정합니다. 둘째로, 아무리 가난을 즐긴다고 해도 생명을 유지하기 위해 하루의 목숨을 이어갈 수는 있어야 합니다. 생과 명의 줄이 그대로 붙어 있어야, 살아 있는 것이기 때문입니다. 그러니 살아갈 수 있게 만들어 주는 최소한의 먹거리, 잘 거리, 입을 거리들이 있어야 행복이고, 뭐고를 이야기할 수 있습니다. 이것이 바로 생존의 최저 욕구를 말하는 것입니다. 마지막으로 고상한 욕구는 바로 사람이 무엇을 정신적으로 무엇을 추구하느냐를 결정하게 만들어 줍니다. 저 혼자, 제 식구만 잘 먹고 잘 사는, 저 홀로만의 돈(豚)과 같은 삶이 그 사람의 삶의 최종목표인지, 아니면 혼자 살면 무슨 '재미가 있겠는가!' 하면서, 나누며 사는 관계의 삶이 그 사람의 처세인지에 따라 행복에 대한 사람들의 관점이나 느낌은 다를 수밖에 없습니다. 행복의 유무와 정도, 수준은 일단 그렇게 판가름 나게 됩니다. 물론, 위에서 말한 공식은 행복에 대한 최소한의 느낌을 정리해 주는 논리입니다. 행복해지려면, 그러니까 행복을 삶의 느낌으로 만들려면, 다른 노력도 필요합니다. 말하자면, 첫째로, 사람들과 좋은, 바람직한, 건강한 관계를 지니도록 노력해야 합니다. 서로가 칼을 품고서는 서로에게 친절할 수도 행복한 느낌을 전달할 수도 없기 때문입니다. 둘째로, 자신의 삶에 정신적 여백을 늘리기 위해 여가를 나름대로 가능한 즐기는 노력도 필요합니다. 무엇인가 채우려면 쉬는 일이 필수적이기 때문입니다. 셋째로, 자기 몸을 단련시키기 위해 사랑이나 운동 같은 것도 게을리 하면 곤란합니다. 영양섭취도 소홀하면 건강이 부실하도록 되어 있습니다. 마지막으로 자신에게 자신이 각성제가 되도록 자신을 일깨우는 공부를 해야 합니다. 새로운 것을 익히거나, 자기 것으로 만드는 일이 필요합니다. 이렇게 정리하다 보니, 행복하려면 필요하지 않은 것은 하나도 없는 셈입니다.

행복하려면, 몸 튼튼, 마음 튼튼, 관계 튼튼이 있어야 되는 셈입니다. 더 줄이면, 자신의 몸, 그러니까 몸과 맘을 하나로 만들어 그 몸에, 행복의 느낌을 끊임없이 만들어 내는 일이 바로 행복이 될 것입니다. 그렇게 하려면, 자기의 몸에 우선 기쁨을 만들어 주어야 합니다. 그 기쁨은 자신만이 만들어 내어야 하는 것입니다. 다시 말합니다. 행복한 감정을 갖게 만들어 주는 데 필요한 웬만한 수준의 욕구조건들이 채워지면, 행복을 위한 전조로서 기쁨이 유발됩니다. 그 어떤 일이든 하는 일에 기쁨이 먼저 동반되어야 그 어떤 행복감을 불러일으키게 됩니다. 설령, 죽을 때라도 그 죽음으로 기쁨이 따라나선다면, 그것은 행복일 것입니다만, 일단 죽은 다음에는 살아나옴이 있을 수 없기에, 그것에 대해서는 그 어떤 답도 불가능합니다. 그 옛날, 소크라테스는 독배를 마시고 죽어가면서도, 독배를 들도록 선고한 군중들에게 그 어떤 불평도 하지 않았습니다. 기꺼이 저들이 내린 죽음을 받아들였고, 자신이 죽음에 대해 자신이 있다는 표정이었습니다. 그의 죽음은 그에게 행복이었을 것입니다. 죽은 후 소크라테스로부터 그 어떤 이야기도 들어본 적이 없기에, 그가 그랬을 것이라고 그렇게라도 상상해 보는 것입니다. 석가 역시 마찬가지였을 것입니다. 기록에 의하면, 붓다가 죽어가면서 불평을 했다거나, 노여워했다는 기록은 없습니다. 생로병사를 늘 이야기 하던 그였기에, 그로서도 자신의 죽음은 기쁨이었을 것입니다. 기쁜 죽음이라는 말은 듣기에도, 읽기에도 상당히 이상한 표현입니다. 그 사람이, 저 사람이 죽어서 다른 사람들이 기뻐할 수는 있지만, 자신이 죽으면서 자신이 기쁨에 놓인다는 표현은 쉽게 받아들이기 어렵습니다. 소크라테스나, 붓다의 죽음에서는 그런 기쁨, 보통 사람들로서는 쉽게 접근하기 어려운 그런 기쁨이 그들의 죽음에서 있었다고 여겨집니다. 그래서 저들의 죽음을 그냥 죽음이라고 하지 않고, 열반(涅槃), 즉 깨달음의 극치라고 그렇게 말하는 것입니다.

　영국 런던 대학교의 심리학자인 토니 크랩 교수는 사람들이 정말로 행복해지려면, 자신 안에 자리 잡고 있는 침팬지 기질부터 먼저 길들여 놓으라고 조언합니다. 『내 안의 침팬지 길들이기』에서 그는, 우리 안에 있는 침팬지 기질은 다른 것이 아니라, 우리가 사람이지만 사람 같지 않은 판단과 결정을 반복적으로 내리기를 좋아하는 인간의 '변연계뇌(Limbic)' 기질을 갖고 있기 때문에 그렇게 부를 수 있다는 것입니다. 인간의 변연계는 뇌의 발달단계상 인간이 이성적인 동물이기는 하지만, 그에 조금 덜 미치는 침팬지 뇌와 같은 기능을 하는 뇌를 일컫습니다. 말하자면, 인간적인 기준으로 보면, 조금 덜된 뇌기능을 발휘하도록 되어 있는 뇌를 지칭합니다. 이런 뇌를 갖고 있으면, 무엇이든 닥치면, 쉽게 결론을 내리고, 비이성적이며, 흑과 백 아니면 선과 악 등 이분법적으로 사고하는 경향이 강한 '침팬지'처럼 행동하게 됩니다. 이런 뇌는 최악의 결과를 걱정하면서도 끝내 재앙을 부를 사고를 반복하기만 하게 됩니다. '침팬지'는 안전이나 지위를 위태롭게 할 위협들을 지속적으로 찾아내는 식의 편집증을 보이며, 그저 분주하고 번다한 생활을 보내는 일에 익숙한 동물입니다. 침팬지의 경우, 그가 나무에서 바나나 하나를 따 먹는 것도 변연계 뇌의 입장에서 보면 이상한 일에 속합니다. 자신의 삶을 즐기기 위해 바나나를 따는 것이 아니라, 그저 이유 없이 그냥, 본능적으로, 바빠야 하기에 바나나를 따야만 하는 그런 일에 불과하기 때문입니다.

　자신의 하루를 그저 왜 사는지에 대해 생각할 여유도 없이, 그저 바삐 살아가고 있는 중인지도 모르겠다면, 그 삶은 침팬지의 삶과 다를 것이 하나도 없는 것이나 마찬가지입니다. 그저 무슨 일이든 동시다발적으로 여러 일을 한꺼번에 모두 만족스럽게 처리하려고 하면 그의 삶은 늘 과부하 상태가 되기 마련입니다. 그렇게 사는 것은 그저 바쁜 삶입니다. 결코 즐기는 삶이거나 제대로 사는 삶이 아닙니다. 제대로 살려면, 그냥 번다하기만 한 삶의 분주함에서 벗어나는 방법을 찾아야 합니다. 바쁘다는 말을 입에 달고 사는 사람의 경우, 그가 진짜 바쁜 이유는 일이 정말로 많아서가 아니라, 그 일을 즐기는 요령이나 방법을 익히지 못해서일 뿐입니다. 그냥, "바쁜 것은 정말로 나쁜 것이며, 너무 바쁘다면 그것은 정말로 잘못 살고 있는 것입니다." 침팬지와 인간의 삶을 면밀하게 비교하면서 토니 크랩 교수가 인간에게 던진 말입니다. "인간 모두는 결함을 안고 있습니다. 인간됨과 그 자신감은 그 결함을 바로잡는 데서 오는 것이 아니라 결함을 받아들이는 것에서 비롯되니, 결함이 당신이라는 존재의 근본적인 한 요소라는 점을 인정하는 것이 매우 중요합니다. 당신에게 필요한 것은 강철 같은 의지가 아니라 훌륭한 습관입니다."라고 말하며, 그는 인간 스스로 삶의 통제권을 장악하는 가장 좋은 수단은 '강철 같은 의지' 같은 것이 아니라, 자신을 즐길 수 있는 '훌륭한 습관'이라고 잘라 말합니다. 즐기려면 침팬지처럼 이유도 없이, 맥도 없이 그냥 복잡해져야 하는 것이 아니라, 아기처럼 자기의 삶에서 단순해져야 하며, 성자들처럼 자기 스스로 현명해져야 한다는 말입니다.

　즐기는 방법을 모르면 결코 행복할 수 없습니다. 괜히 목표 없이, 목적 없이 바쁜 것은 그저 바쁜 것일 뿐입니다. 즐길 줄 알면 바빠야 할 일이 없습니다. 그 자체가 즐김이며, 그 자체가 바쁨이며, 그 자체가 일거리이고, 그 자체가 자기 삶이나 마찬가지이기 때문입니다. 자기 삶이 바로 자기의 습관이며 버릇입니다. 무엇이든 즐기면, 즐기는 법을 알고 즐기면, 그 삶이 바로 즐기는 삶이 되는 것입니다. 그것이 단순함의 정수(精髓)이며, 그렇게 단순히 즐기는 삶이 바로 행복인 것입니다. 침팬지가 지니고 있

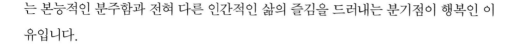

는 본능적인 분주함과 전혀 다른 인간적인 삶의 즐김을 드러내는 분기점이 행복인 이유입니다.

(2) 방향, 옳아야 합니다

행복의 출발은 기쁨에서 시작합니다. 하는 일마다 그 어떤 기쁨이 생기게 되면, 재미도 서서히 생기기 시작합니다. 왜 그 일을 해야 되는지에 대한 의미가 만들어지기 때문입니다. 기쁨이 생기니까 더 그 일을 하게 되는 것입니다. 기쁨이 생기면 재미가 솟아나게 되고, 재미가 있게 되면 그 일을 즐기게 됩니다. 즐기게 되면 그것을 누가 시키지 않아도 제 스스로 하게 됩니다. 누가 시키지 않아도 제 스스로 재미를 느끼게 되면 자기 스스로 행복에 빠지게 됩니다. 예를 들어, 탄자니아 잔지바르 섬의 주민들은 7월을 명절로 시작하는데, 그때 축제가 바나나 줄기를 잘라 양편이 되어 서로 때리기를 하는 날입니다. 이때 내가 상대방을 때리면 행복하다고 합니다. 바나나 줄기로 때려봐야 아프지는 않지만, 그런 행위 자체에서 기쁨을 경험하기 때문입니다. 상대방이 나를 때리면 그가 행복합니다. 서로 응어리진 것을 풀어내면 서로에게 기쁨이 생기는 모양입니다. 사람들이 운동을 할 때는 기쁨이 샘솟는다고 합니다. 골프도 그렇습니다. 골프를 반강제적으로 누가 시켜서 한다면 골프는 재미없는 그런 운동에 속할 것입니다. 그런 골프는 운동이 아니라, 일이 되기 때문입니다. 제 자신 스스로 골프가 좋아, 골프라는 운동에 맛을 들이면, 풀밭 위에 나 있는 모든 구멍이 골프공이 들어갈 수 있는 홀로 보이고, 모든 공들은 모두 골프 공으로 보이게 될 수 도 있습니다. 골프가 그에게 큰 기쁨과 재미를 주었기 때문입니다. 골프를 하다가 버디(Birdie)를 하게 되면, 버디를 하게 된 골퍼의 기쁨은 말도 못하게 큽니다. 반대로 동반자들은 버디를 한 동료의 기쁨에 별로 흥이 날 수가 없지만, 억지라도 기뻐해 줍니다. 다시, 더 하지 말라는 기대도 숨기며, 그렇게 기뻐해 줍니다. 골프라는 운동에서 버디를 한 골퍼가 바로 기쁨이라는 조이(Joy)를 맛보았기 때문에 계속 실수하지 않고 파를 하거나, 다시 버디를 하게 되면 골프에서 더욱더 조이(Joy), 그러니까 기쁨은 배가 됩니다. 골프의 기쁨을 연속적으로 경험하게 되어, 야구, 축구, 족구가 아닌 골프를 더 선호하게 됩니다. 골프를 즐기기 때문에 골프라는 운동을 선택하는 것입니다. 그렇게 골프의 기쁨을 연속적으로 선택하는 것을 즐긴다고, 즉 인조이(Enjoy)한다고 비로소 말하는 것입니다. 인조이는 단 한 번의 행위가 아니라 연속적으로 일어나는 현재진행형이기에 즐김을 인조잉(Enjoying)한다고 표현하는 것입니다. 즐김을 즐기는 일을 버릇, 혹은 습관이라고 부르는 이유입니다.

행복의 속성은 제일 먼저 기쁨으로 시작하여, 그것이 하나의 버릇으로 자기 몸에 깃들어 가는 현재진행형이라는 데 있습니다. 행복이라는 말 자체를 해피니스(Happiness)라고 부르는 이유입니다. 행복은 지금, 현재 일어나는 일로서, 그것이 바로 바람과 희망을 위한 해프닝(Heppening)이 되는 이유입니다. 현재 자신을 진정으로 기쁘게 만들어 주는 일들은 일시적인 해프닝으로 표출되지만, 그것을 즐길 수 있으려면 그것의 토대는 버릇이나 습관이 되어야 합니다. 그런 해프닝이 단순한 찰나적인, 하나의 순간적인 사건으로 끝난다면, 그것은 진정한 의미에서의 행복으로 이어질 수 없습니다. 행복은 자신이 즐기고 있는 자기 몸에 하나의 습관이나 버릇이어야 하겠기 때문입니다. 하나의 버릇으로 자리 잡지 않은 일은, 자신에게 단순한 기쁨을 줄 수는 있지만, 지속적인 즐김을 주지는 못하기에, 진정한 의미에서의 행복이라고 할 수는 없습니다. 행복은 연속적인 기쁨으로 가득 차 있어야 하며, 동시에 그 기쁨들을 즐기도록 되어 있어야 합니다. 설령 기쁨들이 겉으로 표출되지 않는다고 하더라도, 그 어떤 행복이든 행복에는 나름대로의 기쁨들이 있게 마련이고, 그런 기쁨들을 행복한 사람 스스로 즐기도록 되어 있기 마련입니다.

기쁘지 않은 것, 즐김이 아닌 것은 일단 행복한 것이라고 말할 수는 없습니다. 그렇다고 기쁨의 느낌, 그런 기쁨을 즐기지 못하는 상황 모두가 불행일 수는 없습니다. 그런 것들이 행복한 것이 아닌 것임에는 틀림이 없지만, 그것이 불행인 것은 아닙니다. 자기가 한 일에 대해 그 어떻든 간에 후회가 따르는 일들이 반드시 불행한 일일 수는 없습니다. 작든 크든 후회가 따르게 마련인 일들은 자기가 선택한 일에 대해 반성을 두 번 이상 하게 만들곤 합니다. 그런 일들은 결코 기쁜 일로 시작된 것이 아닙니다. 행복한 일로 시작된 것도 아닙니다. 제게 일어났던 '행복한 바로 그 순간 불행했던' 한 가지 해프닝이 있었습니다. 내 일상에서 두고두고 후회하는 일 중의 하나입니다. 어느 날이었습니다. 우연히 집사람과 함께 TV에서 맛집 자랑을 보았습니다. 일순간 이지만, 강렬한 욕구와 충동을 받았습니다. 가격이 너무 저렴했고, 무엇인가 제대로 된 맛집인 것 같은 유혹이 생겨났기 때문입니다. 찾아가서 시식하고 싶은 강한 충동을 이기지 못하고 마침내, 그곳을 찾아 나섰습니다. 주소를 찾아 2시간 정도나 달려가 그 고깃집을 찾아냈습니다. 꽤나 손님으로 붐볐기에, 한 시간 정도 기다리다가 겨우 얻은 자리에서 지인들과 고기를 시켰습니다. 일정 금액의 식사를 주문하면, 질 좋은 육회가 무료로 따라 나왔기에, 한 접시부터 우선 맛을 보았는데, 맛도 좋았습니다. 160g 한 접시를 별도로 사먹으려면 어김없이 1만 7천 원 정도를 지불해야 했는데, 육회는 무료로 따라 나왔기에, 무려 4접시를 비웠습니다. 속으로 기뻤고 겉으로도 지인들에게 그렇게 표현하기를 주저하지 않았습니다. 오랜만에 참 잘한 선택 같았기 때문입니다. 본전을 충분히 빼낸 시식이었습니다만, 그런 생각은 잠시였습니다. 포만감 그 자체가 문제였습니다. 포만하게 된 이유는 공짜에 있었습니다. 필요하지도 않은 육회를 그냥 무료로 제공받았기에, 그냥 마음 그 이상으로 받아먹었던 것입니다. 몸이 받아들이지 않은 것이 아니라, 마음이 그것을 참아 내지를 못했습니다. 반성하게 되었습니다. 한 번이라면 되었을 텐데, 자꾸만 후회가 되었습니다. 포만감, 그 자체가 후회를 불러일으켰습니다. 너무 많이 먹었던 것입니다. 대단히 어리석었습니다. 잠깐 동안 행복했지만 끝내 나에게는 좋지 않았던 시간이었습니다. 상업주의, 소비주의 선전에 놀아난 나를, 내 스스로 내 안에서, 물끄러미 나를 쳐다보며, 스스로에게 실망의 혀를 찼었던 그 어느 날이었습니다.

자기가 한 일을 자기가 생각해 봐도 그리 잘한 것 같지 않은 것들이 일상에서 즐비하기 마련입니다. 그런데도 그것을 선뜻 받아들이기가 쉽지 않습니다. 받아들이기보다는 오히려 자기가 한 일이 정당했다고 믿고 싶을 뿐입니다. 사람들은 자기가 한 일을 정당화하기 위해 회피논리를 이리저리 만들어 내기 마련이지만, 그런 일에 그 무슨 기쁨이나 재미가 있을 수는 없습니다. 제가 하는 일에 기쁨이 거세되었으니, 이미 그 일로 인해 행복한 느낌을 갖는다는 것은 틀린 일입니다. 교수생활을 하다 보면 이런 경우를 자주 접하게 마련입니다. 그런 일 중의 한 가지가 바로 박사학위 심사에 참여하는 일입니다. 교수생활을 한참 하다 보면, 이런 대학, 저런 대학에서 박사학위논문 심사위원으로 일하게 되는 경우가 자주 있습니다. 석사든, 박사든 학위자를 배출해 내는 일이 교수가 하는 일 중의 하나이기에, 교수생활은 박사 배출과 더불어 한평생을 보내는 일이기도 합니다. 매번 겪는 학위심사장의에서의 일이지만, 학위자의 논문을 심사할 때마다 겪는 일임에도 불구하고 학위논문 심사에 대한 생각은 매번, 해가 지날수록 다르기만 합니다. 박사학위논문 청구 심사논문에서 제출된 논문을 읽다 보면, 그 학위청구논문의 질에 대해 분노 같은 것도 생깁니다. 마음 같아서는 그냥 불합격처리를 해버릴까 하는 묘한 생각에 빠져 버리는 때가 한두 번이 아닙니다. 모든 심사위원의 학문적인 성향이나 학문의 크기가 달라, 같은 논문에 대해서 서로 다른 마음을 드러내기 마련이지만, 어떤 심사위원이든 훌륭한 학위논문을 써낸 사람을 박사로 배출하고 싶어 하기는 마찬가지입니다. 학위청구논문을 읽다 보면 교수로서의 내 개인의 의지, 희망과 현실이 여지없이 어긋나곤 하는 경우가 흔합니다. 종심 마지막 순간에는 박사학위논문 통과, 아니면 불가를 결정해야 합니다. 보통, 원칙은 5명 중 3명이 찬성하고 2명이 반대해도 논문은 규정상 통과됩니다. 심사위원들의 견해차이가 있음에도 불구하고, 학위논문으로서 통과됩니다. 학위심사의 마지막 순간마다 어김없이 자조(自嘲)의 궁지에 몰리게 되는 제 자신에 대해 일종의 앙금이나 분노가 생기게 됩니다. 자신의 내면에서는 끊임없이 마지막까지 반대하고, 반대합니다만 다른 위원들이 모두 찬성하면 나 자신만 비정한 사람, 아니 미련한 사람으로 낙인된다는 것을 이내 깨닫게 되기 때문입니다. 그럴 바에야 먼저 선수를 치는 것이 오히려 보기에 좋아 보일 것이라는 생각이, 내면에서 꿈틀거립니다. 마침내 반대나 거부의 강력한 지적보다는 허접한 가능성의 칭찬으로 끝내고 말아 버립니다. 속으로는 반대,

겉으로는 통과라는 말을 하고 말아 버립니다. 그런 일을 치른 후 귀가하는 날은 박사를 배출했던 그날의 일이 내게 기쁘고, 즐겁고 내 스스로 행복했던 날이기보다는, 오히려 그 일에 대해 생각을 고쳐먹어 버리는 날로 변해 버리곤 합니다. 놀라운 것은, 그 결론에 이르기까지 제 스스로 저와 수없이 반복하고, 타협하며, 보완하고, 배려했다는 사실입니다. 그런 후회를 예방하기 위해, 이제는 학위논문 청구자에게 지도교수 같은 일을 하기도 합니다만 모두가 한계가 있기는 마찬가지입니다.

무엇이든, 그 일로 인해 기쁘고, 그 기쁨을 연속적으로 즐기게 된다면 그것은 행복한 것입니다. 행복하다고 믿기 때문에 그렇게 되는 것입니다. 기쁨에 영혼이 생기기 때문입니다. 탄자니아 사람들은 영혼을 우리처럼 어렵게 생각하지 않고 아주 편하게 풀어 이해하고 있습니다. 마음의 믿음이 바로 영혼이라고 믿기 때문입니다. 내가 매일같이 먹는 바나나가 내 생명을 살려주는 음식이라고 내 마음을 주면, 그 바나나는 나에게 식량이라는 영혼이 생긴 것이라는 뜻입니다. 사람도 마찬가지입니다. 마음이 가면, 그 사람이 바로 나에게 영혼이 된 것입니다. 기쁨은 마음이 가는 일이고, 마음을 주기 때문에 그런 느낌이 드는 것입니다. 그러니까 기쁨은 영혼이 작동하는 순간적인 쾌락인 셈입니다. 기쁨의 즐김 여부에 따라 행복의 여부도 판가름납니다. 기쁨이 있지만, 그 기쁨을 오래 즐길 수 없다면, 그것을 불행이라고 그냥 단정짓기는 어렵더라도, 한 가지 점은 확실하고, 분명합니다. 그것을 일러 행복입니다, 혹은 행복하다고 그렇게는 결코 말할 수는 없기 때문입니다. 그 옛날 인도의 고승이 말했듯이, 행복의 본질은 느낌과 기분의 드러냄과 드러남입니다. 마치, "꽃이 나를 보고 웃듯 그대가 나를 보고 미소 지을 수 있어야 하는 그런 기쁜 느낌의 드러냄과 드러남의 관계이어야 행복이라는 것입니다. 성전 스님은 『행복하게 미소 짓는 법』 중에서, 내가 미소를 짓고, 그대가 미소를 짓기 위해서는 내 안의 이기와 슬픔을 버려야 한다고 말합니다. 그래야 그것이 행복이 되어 내게로 온다는 것입니다. 행복은, 미소의 나눔을 서로가 기뻐할 때 비로소 자기의 모습을 드러낸다고 하니, 우리 모두 가능한 단순해야 합니다. 무엇이든 자신이 하는 일에 즐길 줄 아는 사람 그것을 드러내는 사람은 행복한 사람입니다. 즐기는 습관이 있기에 드러낼 수 있기 때문입니다. 즐기는 습관이 행복을 만들어 냅니다. 즐기는 버릇을 갖고 있으면 삶의 뒤끝이 좋기 마련입니다. 뒤끝이 좋으려면 방향부터 옳아야 합니다. 비행기를 타기 위해 인천공항을 가야 하는데, 서울역에서 부산행 열차에 올랐다면 그것은 원래의 여행을 위해 옳은 방향으로 향한 것이 아닙니다. 목표를 향하고 있는 것과 방향이 다르다면 그곳에서 단 한 발자국도 다른 곳을 향해 옮기지 않는 것이 최선입니다. 바르지 못한 방향으로 한 발자국이라도 더 옮기면 그것은, 더 잘못된 길을 한 발 더 가게 된 것이기 때문입니다. 남쪽이 목표인데 북쪽을 향해 나아가려고 한다면 그것은 처음부터 잘못된 발걸음일 뿐입니다.

설령 방향이 옳았더라도, 좋은 결과를 원한다면 뒤끝이 좋아야 합니다. 아무리 방향이 옳더라고 하더라도, 도달하려고 하는 목표에 접근해야만 하는 이치입니다. 서울시내 관광의 목표로 광화문의 경복궁을 잡았는데, 그곳으로 오다 말고 덕수궁으로 가버리는 일에 만족해 버린다면 그것은 뒤끝이 좋은 일이 아닙니다. 목표에 도달하려면 방향이 좋고, 뒤끝도 좋아야 하는 이유입니다. 방향과 속도, 그 어느 한 가지만을 고집하거나, 한 가지만을 선택하고 그것에 끌리어 밀어붙이는 것은 바른 삶이라고 말할 수 없습니다. 제대로 된 삶은, 방향과 속도 두 가지에 모두 만족할 수준에 이른 삶입니다. 방향도 좋고 속도도 알맞아야 합니다. 양자택일만 해야 하는 삶은 우울할 수도 있습니다. 양자택일이 아니라, 다자다택(多者多擇), 그러니까 여러 가지 중에서 자기가 필요한 여러 개를 선택할 수 있는 삶이어야 합니다. 선택은 내가 해야 합니다. 다른 사람이 강권하는 선택은, 선택이 아니라 강요일 뿐입니다. 다자다택의 삶은 자신의 일상을 보다 유연하게 만들어 줍니다. 자기의 삶에 맞는 속도로, 자기가 원하는 방향으로 나아가는 삶으로 이끌어 주기 때문입니다. 다자다택의 삶에서 바른 선택을 하기 위해서는 자신의 삶을 가다듬고 고르는 데 도움을 주기 위해 일상적인 관(觀)과 행(行)이 필요한 이유입니다. "쉬운 것이 바른 것입니다. 올바르게 시작하면 모든 것이 쉬워집니다. 쉽게 앞으로 나아가십시오. 그게 올바른 것입니다." 이 언명이 바로 장자(莊子)가 오래전에 이미 우리에게 일러준 일상을 살아가는 데 도움이 될 삶의 슬기였습니다. 자신의 일상에서 방향과 속도 모두를 중요시 여기는 사람일수록, 쉽다고 덤비지 않고, 어렵다고 피하지 않습니다. 쉬운 일일수록 그것에 더욱더 정성을 쏟기 마련입니다. 쉬운 일을 제대로 끝내야 어려운 일도 쉽게 대할 수 있는 요령을 얻게 되기 때문일 것입니다. 100년이라는 삶의 경주에서 그 누구도, 걷지 않고, 그냥 뛰기만 할 수는 없는 노릇입니다. 그 어느 누구도 숨 쉬지 않고, 살아갈 수 없는 이치와 다르지 않습니다.

성현들은 일찍이 말했는데, 『중용』 23장에 적힌 글귀가 바로 그것입니다. "작은 일도 무시하지 않고 최선을 다해야 합니다. 작은 일에도 최선을 다하면 정성스럽게 됩니다. 정성스럽게 되면 겉에 배어 나오고, 겉에 배어 나오면 겉으로 드러나고, 겉으로 드러나면 이내 밝아지고, 밝아지면 남을 감동시키고 남을 감동시키면, 이내 변하게 되고 변하면 생육됩니다. 그러니 오직 세상에서 지극히 정성을 다하는 사람만이 나와 세상을 변하게 할 수 있는 것입니다." 아무리 뜯어봐도, 새겨들어야 할 성현들의 슬기이며, 삶의 지혜입니다. 그 무엇이든 끝이 좋아야 행복하다는 소리는 결코 우스갯소리가 아닙니다. 설령 우스갯소리로 그렇게 했다손 치더라도, 일상을 살아가는 사람들이 흘려들을 수 없는 조언입니다. 끝이 좋아야 한다는 소리는 일상에서 지혜가 가득한 소리입니다. 예를 들어, 골퍼들은 운동을 하면서 가슴속으로 늘 자신에게 담금질하는 구절이 있는데, 그것이 바로 끝이 좋아야 한다는 말입니다. 다른 운동도 마찬가지입니다. 축구선수가 골대를 향해 힘차게 찬 공이 골대 앞에서 이상하게 휘어져버린다면 그것은 골인과는 무관한 것이 되는 것처럼, 골퍼들 역시 티 박스에서 공을 치려고 할 때, 늘 똑바로, 그리고 멀리 쳐내기를 생각하게 됩니다. 그런 생각으로 힘을 다해 친 공이 처음에는 똑바로 날아가는 것처럼 보여도 결과는 그 기대와 달라지는 경우가 한두 번이 아닙니다. 공이 실제로 페어웨이에 떨어져 나가는 상태는 골퍼의 의지나 기대, 혹은 바람과는 달라지는 경우가 비일비재하기만 합니다. 하늘을 향해 날아가던 공이 오른쪽이나, 왼쪽으로 휘어가는 경우를 전문적이고도 기술적인 용어로서 드로우니 슬라이스니 하는 용어로 기술하지만, 골퍼가 처음부터 의도하지 않왔던 방향으로 공이 휘어 버린다면 그것은 골퍼에게는 낭패입니다. 공이 페어웨이에 떨어져서도 상황은 경우에 따라 달라집니다. 기대하지 않은 물체를 맞아 공이 튕기는 방향이 달라지기 때문입니다. 그래서 골퍼들이 친 공은 어떻든 간에 끝이 좋아야 한다는 말을 되뇌일 수밖에 없게 됩니다. 무엇이든 끝이 좋아야 한다는 말은, 인생살이에서도 마찬가지입니다. 인생은 어쩌면 격투기에 비유될 수도 있습니다. 사회라는 링에서 벌어지는 격투기와 엇비슷합니다. 사각의 링에서 일어나는 일이지만, 시합 전반부에서 상대방을 세차게 몰아치던 선수들이 후반부에서 상대방의 일격에 맥없이 쓰러지는 경우도 허다합니다. 처음 라운드에서 제아무리 잘했어도, 마지막 라운드에서 상대방의 주먹 한 방에 그냥 주저앉아 버린다면, 처음 잘했다는 평가는 모두가 부질없는, 일순간에 소용없는 짓이 되어 버립니다.

끝이 좋아야 한다는 말은 삶의 모든 부분에 적용됩니다. 제아무리 처음에 잘나간다, 혹은 잘나갔다 하더라도 인생의 후반부가 제대로 정리되지 않으면, 그 인생은 망친 것이나 거의 다름없게 됩니다. 일상에서 소소한 기쁨을 얻어내기 위해서도 끝이 좋아야 합니다. 그것은 걷기에서도 마찬가지입니다. 걷기에서도 끝이 좋아야, 끝까지 걸었던 전체가 자신의 삶에 의미를 주기 마련입니다. 끝이 좋다는 것은 무엇인가를 해낸다, 해냈다는 것을 의미하기 때문에, 성취에 대한 기쁨이 생기는 것이고, 그 기쁨을 온몸으로 즐겨야 비로소 걷기의 의미가 성립되는 것이기에, 우리의 인생길에서 결코 잊지 말아야 될 경구(警句)는 바로, 끝이 좋아야 한다는 말이 될 것입니다. 경구라는 단어, 그 자체를 잘 기억해두는 것 역시 자신의 일상에서 모든 것의 끝을 좋게 만들 수 있는 자신의 삶에 대한 관행의 기회가 됩니다. 경구라는 말에서, 경계할 경(警)자의 모습을 살피면, 두 가지 모습이 드러남을 알 수 있습니다. 경(警)자는, 공경할 경(敬)과 말씀 언(言)으로 나누어집니다. 공경할 경(敬)은 원래 '타이르다.' '세세하게, 조심스럽게 살피다.'의 뜻을 담는 글자입니다. 그러니까 경계할 경자는 '다른 사람의 말씀을 공경하며 두루 살피며 그것에 집중한다.'는 뜻을 지니고 있는 단어입니다. 동시에 경(警)자에서 경(敬)자는 '삼가다(be cautious).'는 뜻을 나타내도록 만들어진 단어인데, 그 경자는 진실로 구(苟)와 칠 복(攴=攵)이라는 두 의미요소가 합쳐서 만들어진 글자입니다. 구(苟)자는 풀(艸→艹)과 '굽을 구(句)'로 된 형성자인데, '굽을 구', 혹은 '구절 구(句)'자는 '무엇인가를 구부려 아래위로 감싸는 모습', 혹은 '아래위를 구부려 한 매듭을 짓는 모습'을 상징합니다. 그러니 구(苟)자는 풀(艹)이 누르면, 굽었다가도(句), 조금만, 지나도 다시, 버젓하게 펴지기에 사람들은 그것을 참으로, '진실로(苟)'라는 의미로 받아들인 것입니다. 칠 복(攴=攵)이라는 말은, 손에 막대기나 연장을 들고 무엇인가를 내리치는 모습, 혹은 그렇게 내쳐질 때 나는 조화로운 소리를 상징합니다. 혹은 말이나 소를 나아가게 하기 위해 채로 다스리는 모습을 드러내기도 합니다. 이 모든 것을 조합해 보면, 공경할 경(敬)자는 말 그대로 진실로, 꾸밈이 없이 자기를 다스려 상대방을 높이는 그런 모습을 상징하는 글자입니다. 영어로는 그 경(敬)자를 리스펙트(Respect)라고 하는데, 이 말은 다시 쳐다보고, 되돌아본다는 뜻을 담고 있습니다. 경(警)자에서 핵심인 공경할 경(敬)은, 자기 스스로 자신에 대한 경계와 반추가 있어야 가능하기에, 경은 자신에 대한 냉철한 되돌아봄을 요구하는 관행이 있어야 가능하다는 것을 요구하고 있는 단어입니다.

일찍이, 공자는 우리에게 수기이경(修己以敬), 즉 자기를 먼저 다스림으로써 자기가 접하는 모든 것들을 경건하게 받아들이라고 말했는데, 이것은 사람 사이에도 서로 간의 뒤끝이 좋으려면 무엇이든 조심스럽게 받들어야 한다는 뜻입니다. 그러니까 사람의 관계는 경(敬)의 방식으로 맺어지고 관계되어야 한다는 것을 알려 주고 있습니다. 무슨 일이든, 수기이경의 방식으로 처리하면 서로 간의 뒤끝이 나빠질 리가 없습니다. 수기이경의 핵심은 노력과 연단, 그러니까 자신의 다스림에 있기 때문입니다. 예를 들어, 학자가 학자로서 다른 학자들과 제대로 된 관계를 맺으려면, 우선 학자됨의 연마, 그러니까 읽고, 쓰고, 생각하고, 다시 읽고, 다시 쓰고, 다시 생각하기를 자신의 일상으로 삼는 모습을 보여 주어야 합니다. 그래야 서로 간에 경(警)이 생기어, 서로를 진실로 경(敬)하게 됩니다. 이것은 운동에서도 마찬가지입니다. 골프에서 기쁨을 얻어내려면, 그 누구든 공치는 연습을 게을리 하지 말아야 합니다. 연습 없이는 끝이 좋을 수가 없기 때문입니다. 연습을 열심히 해서 실수를 줄이는 것, 실수를 줄임으로써 기쁨을 만끽하려는 노력은 자신을 경계하겠다는 의지 표명입니다. 무엇을 하든 자신을 닦아 가는 일을 통해 기뻐하고, 그 기쁨을 연속적으로 즐기게 된다면 그것은 자신에게 행복한 일이 됩니다. 기쁨의 즐김 여부에 따라 행복의 여부도 판가름이 나기 때문입니다. 기쁨은 있으나 그 기쁨을 제대로 즐길 수 없다면, 그것을 불행한 일이라고 단정적으로 말하기는 어렵더라도, 한 가지 점은 분명합니다. 그것을 일러 행복하다 혹은 기쁨에 차 있다고 그렇게는 결코 말할 수는 없습니다. 세상의 이치가 그렇듯이, 좋은 삶, 기쁜 삶, 즐기는 삶으로서의 행복이란 바로 기분 좋은 자신의 느낌에 대한 드러냄과 드러남입니다. 마치, 꽃이 나를 보고 웃듯 그대가 나를 보고 미소 지을 수 있어야 하는 그런 기쁜 느낌의 드러냄과 드러남의 관계가 바로 좋은 삶, 기쁜 삶, 그리고 행복한 나날이 되는 것입니다. 성전 스님은 『행복하게 미소 짓는 법』 중에서, 내가 내게 처음부터 미소를 짓고, 그대가 미소를 짓기 위해서는 내 안의 이기와 슬픔을 버려야 하는데, 그렇게 해야 비로소 그것이 내게로 오기 때문에 그렇게 하라고 당부합니다. 그렇습니다. 그 무슨 일이든 방향과 끝이 좋아야, 기쁨이 오게 되고, 그 기쁨을 마음껏 즐길 수 있어야, 기쁨이 드러나는 것입니다.

(3) 즐겨야 합니다

좋은 삶, 행복의 윤리를 논한 고대 그리스 철학자 가운데 아리스토텔레스만큼 오해와 비난을 동시에 받은 철학자도 그리 흔치 않을 듯싶습니다. 그렇게 된 이유가 있습니다. 그가 행복이 바로 삶의 목적이라고 말했기 때문에 그렇게 되었던 것입니다. 아리스토텔레스를 오해하게 만든 것은 그가 쓴 그 유명한 책, 『니코마코스 윤리학』인데, 그 책에서 그가 행복이 인생 최고의 목적이라고 말했던 것은 사실입니다만, 그 이유를 제대로 살펴야만 합니다. 그는 그 책에서 행복이 인간의 삶에서 가장 좋은 것, 인간이 추구해야 될 최고의 선(善)이라고 보았습니다. '최고선은 그 어떤 다른 것을 위한 것이 아닌, 그 자체로서 목적이 되는 것입니다.'라고 말했는데, 그러니까 그는 행복이야말로 인간이 추구해야 될 최고선이며, 동시에 삶의 목적이라고 보았기에 그런 말을 한 것입니다. 후대의 사상가들은 그가 한 말 중에서, 행복을 설명하는 기다란 문맥은 자기 편하게 제거해 버리고, 그가 그 책에 기록한 말인 '삶의 목적이 행복입니다.' 라는 말에만 집착한 채, 아리스토텔레스를 비판했습니다. 인생의 목적이 바로 행복에 있다고 쓴 아리스토텔레스야말로, 삶이 무엇인지도 모른 채 행복을 우선시했다는 식으로 비판해 왔지만, 나는 아리스토텔레스가 전적으로 틀렸다고 단언하는 사람들에게 다시 말하고 싶은 것이 있습니다. 그를 비판하기 전에 그가 행복에 대해 한 여러 이야기와 전제들을 다시 한 번 더 깊게 음미하며 뜯어보고 자신의 학문적인 행위를 제대로 관행부터 해 보라고 권하고 싶습니다. 그렇게 해 볼 마음의 여백을 늘리면, 행복에 관한 아리스토텔레스의 생각이 그리 크게 틀리지 않았음을 이내 알게 되기 때문입니다. 아리스토텔레스가 행복이 삶의 궁극적인 목적이 아니라, 삶의 목적에 이르는 한 가지 방편이라고 이야기하고 있다는 사실을 이내 확인할 수 있기 때문입니다.

　다시 기억을 가다듬기 위해, 복습하겠습니다만, 아리스토텔레스는『니코마코스 윤리학』에서 무엇보다도 먼저 행복이 삶의 목적이라고 단언하기 전에, 몇 가지 행복에 대한 전제들을 내세웠음을 행복의 전제로서 상기할 필요가 있습니다. 그것을 제대로 이해하면, 아리스토텔레스의 행복론을 필요 이상으로 비판하거나 오해하지 않게 될 수 있습니다. 간단히 이야기하면, 그는, 첫째로, 행복이 무엇인지 알기 위해서는 인간의 기능과 인간마다 지니고 있는 기능을 이해해야 하며, 둘째로, 인간마다 지니고 있는 기능은 각기의 이성으로 표출됩니다. 그 이성으로 잘해내는 것을 아레테(Arete), 즉 탁월성이라고 부르는데, 사람마다 인간됨의 탁월성이 드러나도록 해야 하며, 셋째로, 탁월성이 제대로 잘, 그리고 좋게 발휘된 상태가 관상(觀想), 혹은 관조(觀照)로서의 깊은 사유 상태입니다. 인간됨의 탁월성은 깊은 사유의 삶으로 가능한 것이기에, 넷째로, 깊은 사유의 삶은 인간 최고의 활동인 바로 좋은 삶이 되는 것입니다라는 식으로 정리될 수 있습니다. 고대 아테네 당시 아리스토텔레스뿐만 아니라 당대의 철학자들이 강조한 깊은 사유의 삶이란 지혜와 즐김, 그리고 자족하며 살아가는 상태였습니다. 사실, 깊은 사유와 지혜의 삶은 그렇게 단순한 삶이 아닐 수도 있습니다만, 인간 스스로 도달할 수 없는 삶이 아닌 것도 사실입니다. 깊은 사유의 삶이 쉽지 않다는 것은 사람이 인간적인 평범한 삶을 초월하는 삶으로서의 신적인 삶과 같은 삶을 살기는 쉽지 않다는 것입니다. 신적인 삶이란 신적인 존재감, 말하자면 훌륭한 영적 존재감을 지닌 상태를 말합니다. 아리스토텔레스가 정말로 말하고자 했던 행복, 좋은 삶은 물질적인 충만을 즐기는 그런 삶이 아니라 그 삶 너머의 삶, 인간 스스로 영적 존재감을 경험하는 영성의 삶, 혹은 이성의 삶을 말하는 것이었습니다. 인간으로서 영적인 상태를 유지하는 삶, 그런 상태를 그는 참살이, 좋은 상태의 삶, 기쁨의 일상이라고 본 것인데, 요즘 말로 좋은 삶, 혹은 참살이라는 말은 당시에 에우다이모니아(Eudaimonia)로 표현되었습니다. 물론 일반 아테네 대중에게는 그 참살이가 쉽지가 않았던 것입니다. 고대 아테네 저잣거리에서 유행하던 에우다이모니아라는 말을, 단순하게 행복이라는 말로 번역해 쓰기보다는 차라리 참살이라는 우리말로 번역하는 것이 보다 의미를 만들어 내는 것 같아 보입니다. 이때 말하는 참살이는 좋은 삶, 기쁨의 삶, 기쁨을 즐기는 소소한 삶으로서의 행복의 일상, 행복의 윤리적인 삶, 그러니까 제가 처음부터 강조해 온 좋은 삶, '생명체인 사람이 자신의 일상을 충족스럽게 살아가기 위해 깊은 사유와 실천으로 거듭나는 기쁨을 즐기는 삶'을 말합니다.

아테네 공동체에서 아리스토텔레스가 강조했던, 행복, 좋은 삶은 그 어떤 도구적 목적에 의해 성취되는 목표나 목적을 말하는 것이 아니었던 것은 확실합니다. 도구적 목적과는 무관한 인간 본래의 기능인 영성적인 기능, 그러니까 깊은 사유를 지칭하는 이성의 목적에 의해 스스로 이루어진, 이루어낸 영적인 상태를, 그는 참살이 상태라고 보았습니다. 아리스토텔레스는 그런 참살이 상태를 일러, 바로 인간됨의 극치인 인간의 탁월성이 드러나는 상태라고 말하고 있습니다. 당시 아테네인의 삶에서는 신적인 영적 상태를 지니는 삶이 에우다이모니아이고, 신적으로 영적인 상태를 유지하는 것이 참살이의 핵심이었습니다. 그것에 이르기 위해서, 그러니까 행복을 성취하려면 무엇보다도 첫째로, 최소한 무엇인가, 아니 행복이 무엇인지 끊임없이 익히고 만들어 보라고 권했던 사람이 바로 아리스토텔레스였습니다. 그것만 갖고는 참살이가 어림도 없을 것이기에, 그는 참살이에 이르게 도와주는 두 번째 방법을 제안했습니다. 그것은 참살이를 일상에서 하나의 습관으로 만들어 가라는 요청이었습니다. 마치 가랑비에 옷이 적셔지듯이 참살이가 슬그머니 자신의 일상에 스며들게 하라는 것이었습니다. 행복을 자신의 것으로 단련(鍛鍊)시키라는 주문 이외에 그가 아테네 대중에게 요구했던 마지막 처방은 행복에 대해 너무 조바심내지 말라는 처방이었습니다. 행복을 그냥 자연의 섭리로, 신의 명령으로, 우연하게 다가오는 행운 같은 것으로 받아들이라고 요청했던 것입니다. 행복, 행복하고 입으로 뇌이거나 억지로 그것을 만든다고, 행복이 저절로 오는 것이 아니라는 뜻입니다. 제아무리 돈을 많이 벌었거나, 제왕적인 권력을 누리는 그런 지위를 얻었다고 해도, 그날로 급사하거나, 죽어버리게 되면 그가 얻은 행복은 행복이 아닙니다. 그러니, 그저 자연스럽게 행복을 받아들이라는 것입니다. 오면 오는 대로 감사하면 되는 일이라는 것입니다. 행복, 행복하고 행복에 목을 맬 것이 아니라, 행복이 제 하는 대로 따르며 기다리면 되는 일입니다. 그렇게 자연스럽게 평온하면 행복은 마치 백마를 탄 왕자처럼 자기에게 다가올지도 모릅니다.

인간은 다른 동물들이 지닐 수 없는 신의 영혼을 지닌 영성적인 존재들입니다. 프랑스 신학자인 피에르 테야르 드샤르댕의 말입니다만, 인간의 경험은 인간의 행동에서 우선적으로 작동합니다. 인간이 결코 신이 아닌 이유입니다. 서양의 종교적 입장으로 보면, 인간은 신의 이미지를 닮아 만들어진 피조물입니다. 신의 이미지가 구체적으로 무엇인지 정의하기는 어렵지만, 전지전능이 신의 특성이라면, 인간 역시 그 전지전능의 이미지를 갖고 있습니다. 신이 잔악하다면 그 잔악성을 인간 역시 닮았다고 볼 수 있습니다. 신이 선량하다면, 그 선량함은 인간도 지니고 있을 것입니다. 그런데 그런 신의 전지전능함을 발휘하기 이전에 인간은 생물스러운, 게다가 동물스러운 특성으로 인해 신의 능력을 늘 제한당하게 됩니다. 신성을 발휘하기 이전에 먼저 나오는 것이 바로 동물적인 감각일 수밖에 없습니다. 먹고, 마시고, 숨 쉬고, 배설하는 문제를 매일같이 체험하지 않고서는, 절대로 신이 지닌 그 신성을 발휘할 수 없는 노릇이기 때문입니다.

인간이 매일같이 경험하는 그 경험들로서의 영성을 지녔다면, 인간은 매일같이 더욱더 신의 모습을 닮아가는 것이나 마찬가지입니다. 그런 것을 신성화(神性化), 그러니까 신처럼 신의 성질을 지녀가는 일이라고 부를 수 있습니다. 신성화의 조짐이나 징조는 인간에 대한 인간의 생명배려와 동정과 같은 측은지심(惻隱之心)처럼, 일상적인 삶에서 겉으로 드러납니다. 일상에서 신만이 능히 가질 수 있는 속성을 인간 스스로 발휘하고 있기 때문에 그 인간에게 신성화가 가능해지는 것입니다. 물론 인간이 매일같이 체험하는 것들은 어김없이 동물의 그 야성(野性)입니다. 신성의 반대말일 수도 있는 야성은, 또 다른 말로 말하면 신이 지닌 잔혹성을 상징하는 것이기도 합니다. 신은 절대로 참지를 못합니다. 필요하다면 인간의 생명도 당장에 거두곤 하기 때문입니다. 신의 성질은 거룩하기도 하지만, 말없이 난폭하기도 합니다. 신성의 다른 쪽에는 어김없이 냉혈한의 그 잔혹성이 감추어져 있는 셈입니다. 신은 우리 인간에게 신처럼 살지 말고, 사람처럼 살라고 요구하고 있습니다. 인간에게 참살이를 요구하고 있습니다. 그것은 신의 영성을 닮는 일이나 마찬가지입니다. 참살이가 신이 인간에게 요구하는 신의 이미지이기 때문입니다. 그래서 그 옛날 고대 아테네 사람들은 지금 말로 참살이와 같은 개념을 바로 행복의 진수라고 여겼고, 그 참살이가 신에 더욱더 다가가는 수단이라고 보았습니다. 인간의 고양된 능력, 즉 '품위감', 인간다움의 자존감을 유지하는 일이 신을 닮는 일입니다. 인간이 지닌 품위(Dignity), 그가 지닌 품과 격을 지켜내는 일이 신을 닮아가는 일이며, 인간 스스로의 품위를 지켜가는 일이 바로 행복입니다. 인간의 품위감을 유지하는 것은 바로 신적인 존재감을 지니는 일이나 마찬가지이기에 인간 스스로 비록 몸은 동물의 그것을 떠날 수 없지만, 마음은 신처럼, 신으로서 살아갈 수 있는 것입니다.

행복하려면 미소가 내 속에 먼저 자리 잡고 있어야 합니다. 웃음은 겉으로 드러날 수도 있고, 내면의 기쁨처럼 안으로 들어가 있는 상태에서 작동할 수도 있습니다. 베르나르 베르베르라는 작가, 우리에게는 꽤나 친숙한 프랑스 작가인 그는 우리에게 썰렁한 개그를 하나 던졌던 적이 있습니다. 그가 물었습니다. 왜 하나님은 남자를 먼저 만드시고 후에 여잘 만드셨나요. 답은 간단해요. 걸작을 만들려면 실습이 필요해서 그랬던 것입니다. 그가 던진 썰렁한 개그였습니다. 그의 말에 여러분은 폭소를 터트렸는지 모르겠으나 저는 쓴웃음이 나왔습니다. 그의 말에 따르면 여자가 걸작이고, 남자는 졸작이라는 뜻이 풍기지만, 그가 말하려는 것은 그것이 아닐 것입니다. 그가 남자를 비하하려고 하지는 않았을 것입니다. 베르나르 베르베르의 농담과는 정반대로, 미국에서 상당한 인기를 얻고 있는 개그맨 크리스 록(Chris Rock)은 성(性)에 관한 개그를 해댐으로써 자신의 명성을 유지하려는 고약한 인물이기도 합니다. 여성을 상대로 개그를 하기 시작해서 나름대로의 악명과 유명세를 탄 그가 한번은 별안간 기상천외의 말을 내뱉었습니다. 남자들이 여자랑 말싸움하면 절대로 이길 수 없는 이유로 그는 이런 개그를 던졌습니다. "남자들이 여자랑 말싸움하면 절대로 안 돼요! 왜냐고요??!! 절대로 이길 수가 없거든요. 이기는 건 불가능하단 말이에요. 절대로 이길 수 없는 이유요? 그것은, 남자들이 말싸움할 때는 논리적이어야 한다는 핸디캡을 지니고 있거든요."라고 썰렁하게 말했습니다. 그 말을 듣고 있던 사람들은 폭소로 답했습니다. 물론 그의 개그가 시사하는 바가 아주 없는 것도 아니지만, 여성을 처절하게 비하하는 뜻을 담고 있어, 더 이상의 해석이나 비유는 부자연스럽기만 합니다. 한 가지 분명한 것은, 그나저나, 그가 남성이나 여성을 비하하려는 목적으로 그렇게 말했다면 그것은 개그도 아니고, 농담도 아니라는 점입니다. 여성이나 남성의 본질에 대한 논리를 벗어난 개그이기 때문입니다. 웃음을 짓게 하려고 한 저들의 의도는 짐작하겠으나, 남자가 여자보다 능력이나 재능에 있어서 못할 리도 없고, 여자가 남자보다 결코 못할 리가 없기 때문입니다. 남자나 여자는 모두 신의 형상대로 만들어진 피조물일일 뿐이며, 모두가 신의 기질을 갖고 있습니다. 신이 만들어낸 피조물들의 생명적 가치 역시 모두 같을 것입니다. 저는 결코 돼지의 생명이 인간의 생명보다 비천하다고 생각하지 않습니다. 동물의 속성에 따라 저들이 죽이고, 죽고는 있지만, 저들 생명의 가치는 인간의 그것과 같을 수밖에 없습니다. 다만, 인간은 신의 형상대로 신의 영성을 닮은 동물들이기에 인간은 동물처럼 행위하다가도, 경우에 따라 신(神)처럼 생각하는 것이 돼지나 파리와 조금씩 다를 뿐입니다. 하기야, 신이 파리도 생각하고, 돼지도 생각할 줄 알게 해 놨더라면, 인간은 저들의 등쌀 때문에 이토록 오래 살아남지 못했을 것입니다. 유대인 랍비가 말했습니다. "사람들은 대개 자신의 물질적인 풍요와 이웃의 영혼에 대해 걱정합니다. 그러나 오히려 이제는 이웃의 물질적인 풍요와 자신의 영혼에 대해 걱정해야 합니다."라고 말했습니다. 행복한 사람은 자신의 영혼에 대해 걱정하며 타인에게 관용하고, 타인에게 배려하는 사람이라는 뜻입니다. 행복은 자기 자신 밖에 저 홀로 있는 것이 아닙니다. 행복은 자신이 만들어 가는 것이기 때문에, 행복은 그 언제나 자신의 마음을 바꾸는 그 속에 함께 살아 있는 것입니다. 자신의 틀바꿈, 그 과정 속에서 자신에게 지혜와 평안, 그리고 열정을 샘솟게 합니다. 행복이라는 것이 자기 자신에 대한 특정한 감정이나 느낌 덩어리와 같다는 점은, 행복한 사람에 비해 불행을 자초하는 사람들의 일반적인 속성들을 보면 이내 알 수 있습니다. 사람들이 행복하려면 가능한 피해야 할 것이 있습니다. 그것은 자기도 모르게 스스로 불행으로 몰아가는 감정이나 행위 같은 것을 즐기는 일입니다. 어느 생활 건강 매체가 불행한 사람들이 일상적으로 보여 주는 10가지 속성들을 열거한 바 있습니다. 불행을 자초하는 것들 가운데 그 첫 번째는, 불행한 사람일수록 변화시킬 수 없는 것에 대해 지나치게 걱정한다는 것입니다. 불행한 사람들일수록 '할 수 있었을 텐데', '했었을 텐데', '했어야 하는데' 등의 말을 자신에게 입버릇처럼 되뇌거나, 자신에게 화를 내는 경향이 빈번하다는 점입니다. 두 번째로 저들은 도전을 쉽게 포기하고 물러서는 성향이 강합니다. 셋째로, 불행한 사람들일수록 몸을 움직이거나 걷는 것 같은 운동을 거의 하지 않습니다. 몸 근육의 에너지를 태우지 않기에, 늘 몸이 굼뜨는 성향이 짙다는 것입니다. 넷째로, 이들이 자신에게 필요한 삶의 목표를 세우기는 하지만, 거의 성취 불가능한 목표를 세워 놓고 그 목표달성이 불가능하다고 자신을 향해 끙끙거리곤 합니다. 목표달성이 시작부터 어려운 이유입니다. 다섯째로,

불행한 느낌을 갖고 살아가는 사람일수록 자신의 건강에 좋지 않은 음식, 말하자면 단 음식이나 비만을 유도하는 음식을 더 자주 먹습니다. 불행한 감정에 많이 노출되어 있을수록 수면이 부족하거나 잠을 충분이 자지 못한다는 것 역시 저들이 지니고 있는 여섯 번째 속성입니다. 일곱 번째로, 저들은 자신이 갖고 있는 장점보다는 단점, 자신의 약점에 스스로를 묶어 놓는 성향이 강합니다. 여덟 번째, 자신이 다른 사람들에게 어떻게 비쳐질 것인가에 대해 너무 사로잡혀 있어서 하지 않아도 될 걱정으로 전전긍긍하기만 합니다. 남에 대해 험담을 하거나 부정적인 말을 자주 하는 것도 저들에게서 공통적으로 발견되는 아홉 번째 속성입니다. 마지막 열 번째는, 불행한 감정으로 살아가는 사람일수록, 자신의 과거나 타인에 대해 용서하기를 거부하는 성향이 강한 편입니다.

다시 강조하지만, 행복은 삶을 위한 삶에서의 드러나는 느낌이지, 그 자체가 목적이 될 수는 없습니다. 행복하기 위해 살아가는 것이 아니라, 살다 보니 행복해지는 것입니다. 살아가면서 행복해야 합니다. 행복하기 위해 사는 것이 아니기 때문입니다. 살다 보니 좋은 삶에 이르게 됩니다. 처음부터 나쁜 삶을 꿈꾸었는데, 그것에 어긋나게 좋은 삶이 저절로 오는 것은 아닐 것입니다. 좋은 삶, 그러니까 생명을 지닌 사람으로서 자신의 하루를 충족스럽게 살아가기 위해 깊은 사유와 실천으로 거듭나는 기쁨을 즐기는 삶을 처음부터 생각해 보고, 그것에 이르도록 노력도 해 봐야 할 것입니다. 행복이라는 것은 삶을 위한 수식어일 뿐이지, 삶이 행복을 위한 수식어가 될 수는 없습니다. 삶, 자체에 행복이니, 불행이니 하는 단어가 미리 붙어 있는 것이 아니기 때문입니다. 행복한 삶이라는 말은 의미가 통해도, '삶스러운 행복' 이란 말은 삶 속에서 통용될 수 없는 이유입니다. 사람이 살기 위해서 밥을 먹는 것이지, 밥을 먹기 위해 삶을 사는 것이 아닌 이치와 같습니다. 예를 들어, 아직 제대로 세상에 소개되지 않은 산을 오르려는 등산가가 있다고 치면, 그가 원하는 것은 그 산의 정상에 올라가 서보는 일입니다. 자기가 원하는 산을 올라가려면 등산용 장비들이 필요합니다. 장비를 준비하는 것보다 더 먼저 준비해야 할 것이 있습니다. 오르려는 산이 어느 곳에 있는지, 산의 정상은 어느 방향에 있는지를 먼저 알아야 합니다. 등산이 목적이기에, 제일 높은 봉우리가 어느 쪽에 있는지를 모른다면 정상에 오르기는 어렵습니다. 정상의 방향을 알기 위해 나침반이 필요합니다. 나침판은 방향만 알려 줄 뿐입니다. 정상에 이르는 데 도움을 주는 것은 정상에 이를 수 있는 지도입니다. 나침판은 지도가 아닙니다. 나침판은 앞으로 등산가가 거쳐야 될 강이 어떤 강인지, 강 속에는 어떤 괴물고기가 살고 있는지에 대해서는 아무것도 알려 주지 않습니다. 산속에 어떤 동물이, 어떤 뱀이 어떻게 살고 있는지도 알려 주지 않습니다. 바위나, 계곡이 어느 정도로 험악한지도 전혀 알려 주지 않습니다. 나침반은 있는데 지도가 없다면 어떻게든 그 지도는 자신 스스로 만들어야 합니다.

　수없이 반복해서 이야기하지만, 기쁨의 즐김이 바로 행복의 시작입니다. 기쁨을 즐기는 일은 그 어떤 사건이나 상황에 대한 긍정적인 마음가짐과 적극적인 행위입니다. 긍정적인 마음가짐을 가지려면 자신의 일, 자신의 사건에 대해 일단은 긍정적인 해석이 우선해야 합니다. 그래야 마음속의 미소근육이 웃을 여백을 넓혀 놓기 때문입니다. 그래서 꽤나 딱딱하고, 보수적일 것 같은 그 옛날 선비나 유학자(儒學者)들도 행복을 즐길 낙(樂)이라고 해석했던 것입니다. 락(樂)은 가야금 등의 현악기를 나무받침 위에 올려놓고 음악을 즐기는 모습을 본떠서 만든 한자로서 '풍류 악'으로도 풀이합니다. 지지자 불여호지자 호지자 불여낙지자(知之者 不如好之者 好之者 不如樂之者), 유교에서 강조하는 글귀입니다. 『논어』에 나오는 내용으로서 겉보기에는 흔하지만, 행하기에 쉽지 않은 글귀입니다. 아는 것은 좋아하는 것만 못하고, 좋아하는 것은 즐기는 것만 못하다는 『논어』의 한 구절인데 안다(知)는 것은 대상의 인식을 말합니다. 그의 앎에 비해 좋아(好)함은 대상과의 이해를 말합니다. 더 나아가 즐김(樂)은 대상과 주체가 일체됨을 말합니다. 그러니, 즐기는 일, 기쁨을 나누는 일로서의 낙(樂)은, 사람과 사람, 사람과 자연, 그 어떤 관계이든 사람이 접하며 만들어 내는 관계와 관계에서 얻어지는 최상의 만족함을 말하는 것입니다. 즐거움과 그 즐거움에 얻어지는 기쁨은 어쩌면 일시적이며 찰나적일 수도 있기에 사람들은 그 기쁨을 얻기 위해, 그 즐거움을 누리기 위해 끊임없이 안절부절못하고 있는지도 모릅니다. 행복하려면 즐기는 것만으로는 부족할 뿐입니다. 즐김, 그 자체를 의식하지 않는 상태를 만들어 내야, 행복 그 자체에 연연하지 않게 될 것이기 때문입니다. 아무리 기뻐도, 아무리 그 기쁨을 즐긴다고 해도, 모든 것은 이내 과거가 되고, 추억으로 변해 버립니다. 모든 것은, 그 옛날 유대라는 나라를 다스렸던 지혜의 통치자인 솔로몬이 자신의 아버지의 반지에 새겨 넣을 경구로 택했다는 그 말, "이 또한 지나가리라."가 될 것이기 분명하기 때문입니다. '이 또한 지나가리라.' 라는 사연은 전쟁에서 승리한 이스라엘의 다윗 왕이 반지 세공자를 불러 자신이 낄 반지를 만들라고 명했던 그 일에서 연유합니다. 그 반지에는 자신이 승리를 거두고 너무 기쁠 때에도, 그런 기쁨에 취하지 않고, 교만하지 않게 하고, 반대로 시련에 처했을 때 용기를 줄 수 있는 글귀를 새겨 넣으라고 명했습니다. 목숨이 경각에 달린 세공사는 고뇌 끝에 다윗 왕의 왕자인 솔로몬에게 찾아가서 드의 조언을 구했습니다. 그 말이 바로 '이 또한 지나가리라(This too, shall pass away).'였습니다. '이 또한 지나가리라.'라는 어귀가 새겨진 반지를 자기의 손가락에 꼈던 다윗 왕이나, 그 말을 부왕의 반지에 새기라고 반지 세공자에게 조언했던 다윗의 왕자 솔로몬 모두가 끝내 자신들이 자신들을 경계하기 위해 새겨 놓은 그 문구대로 살아내지 못했습니다. "이 또한 지나가리라."를 상기하면서 자신들의 삶을 살아내지 못한 저들은 그저 그런 속된 인물들이었습니다. 말로만 자신의 삶을 번지르르하게 포장한 속된 인물이었던 저들 모두가 승리에 도취한 채, 음흉과 방탕한 삶을 살았던 그러 그렇고 그런 인물들일 뿐이었습니다. 다윗이나 솔로몬이나 모두 승리와 지배의 쾌감과 행복에 겨워, 자신들이 모질게 겪었던 그 어려웠을 때를 잊었고, 자신들이 진정으로 섬겨야 될 신을 기억하지 않은 채 방탕한 삶으로 자신의 목숨을 마감한 인물들이었기 때문입니다. 그들 역시, 이 또한 지나가리라의 한 애증과 예증의 사례가 되어 버렸습니다. 자신을 되돌아보기를 약속했던 저들도 끝내 그렇게 역사 속으로 산화한 것을 보면 한 가지 사실은 분명해 보입니다. 행복을 습관으로 만들지 않는 한 모든 것은 그저 그렇게, 지나가 버리게 되고 말아 버린다는 사실입니다.

저들처럼, 우리 역시 그저 행복에 연연하기만 하면, 자신이 움켜잡을 수 있는 그 이상의 육체적인 쾌락과 기쁨을 두 팔 벌려 잡기 위해 그 어떤 짓도 거리낌 없이 저지를 것이 분명합니다. 이쯤 해서, '이 또한 지나가리라(This too, shall pass away).'를 한 번 다시 음미하겠습니다. 시인 랜터 윌슨 스미스는 '이 또한 지나가리라.'를 이렇게 노래하고 있습니다. "큰 슬픔이 거센 강물처럼 네 삶에 밀려와 마음의 평화를 산산조각내고 가장 소중한 것들을 네 눈에서 영원히 앗아갈 때면 네 가슴에 대고 말하라. 이것 또한 지나가리라. 끝없는 힘든 일들이 네 감사의 노래를 멈추게 하고 기도하기에도 너무 지칠 때면 이 진실의 말로 하여금 네 마음에서 슬픔을 사라지게 하고 힘겨운 하루의 무거운 짐을 벗어나게 하라. '이것 또한 지나가리라.' 행운이 너에게 미소 짓고 하루하루가 환희와 기쁨으로 가득 차 근심 걱정 없는 날들이 스쳐갈 때면 세속의 기쁨에 젖어 안식하지 않도록 이 말을 깊이 생각하고 가슴에 품어라. '이것 또한 지나가리라.' 너의 진실한 노력이 명예와 영광, 그리고 지상의 모든 귀한 것들을 네게 가져와 웃음을 선사할 때면 인생에서 가장 오래 지속된 일도, 가장 웅대한 일도 지상에서 잠깐 스쳐가는 한순간에 불과함을 기억하라. '이것 또한 지나가리라.'

그렇습니다. 행복, 이것 또한 그 누구에게든 지나가리라일 것입니다. 그렇기에, 그런 것마저도 뛰어넘을 수 있는 것이 행복의 원형이 되어야 합니다. 그것을 벗어난 행복의 원초는 있을 수가 없기에, 차라리 행복을 극복하는 것이 행복의 원형이 될 수 있을 것입니다. 그렇게 근접하려면 한순간의 행복이 아니라, 일상적인 행복, 늘 곁에 있는 행복, 마치 스위치만 올리면 전깃불이 들어오는 식으로 행복을 일상에서 그렇게 만들어 가야 할 것입니다. 행복이 하나의 버릇, 늘 일상적으로 만들어지는 습관이 되어야 한다는 뜻입니다. 행복, 행복하고 행복에 필요 이상으로 연연하지 않는 방법으로서의 행복버릇, 행복습관이 되어야 합니다. 그러니, 진정한 행복을 위해서는 기쁨이나 즐김만으로는 부족할 뿐입니다. 행복하려면, 논어에서 말하는 지지자, 불여호지자, 호지자 불여낙지자에서 그칠 일이 아닙니다. 말하자면, 아는 것은 좋아하는 것만 못하고, 좋아하는 것은 즐기는 것만 못하지만, 즐기는 것조차도 '질긴 것만 못합니다.'라고 다시 고쳐 써야 하겠기에 행복 역시 질기게 만들어야 합니다. 행복은 버릇이나 습관이 되어야 하겠기 때문에 그런 화두가 필요했던 것입니다. 그러니, 지지자는 불여호지자이고, 호지자는 불여낙지자이며, 낙지자는 불여관지자(知之者 不如好之者 好之者 不如樂之者 樂之者 不如慣之者), 그러니까 즐기는 자라고 해도 결코 그것을 버릇, 자기의 습관으로 만들어 가는 사람을 결코 이길 수 없게 되는 법입니다.

2) 행복의 효험

에피쿠로스와 같은 고대의 배움학파 철학자들에게 있어서 행복은, 요즘 HQ 행복론자들이 강조하는 식의 심리적인 만족상태를 말하는 것이 아니었습니다. 저들에게 있어서 행복은 도덕철학과 윤리, 그러니까 사람들이 한평생, 사람으로서 살아가야 되는, 살아내기 위해 요구되는 바른 삶의 모습에 관한 것이었습니다. 요즘의 HQ 행복론학에서 말하는 바의 정서적 변화, 그러니까 일시적으로 긍정적인 감정을 유지하거나 육체적으로 건강한 상태를 유지하면 행복한 것이라고 보는 식이 아니었습니다. 저들 고대 사상가들에게 있어서 행복은, 행복한 감정이나 정서라기보다는 좋은 삶, 행복을 위한 윤리여야 했고, 그 윤리대로 살아가는 것이야말로 인간의 궁극적인 선(The Ultimate Good)이고, 그것이 행복의 요체였습니다. 삶에 있어서 궁극적인 선은 그 누구든 그가 드러내 보일 수 있는 인간됨의 탁월성, 신이 인간에게 부여한 그 인간됨의 탁월성을 발휘할 때 가능한 것이고, 그것이 바로 사람이 원숭이나 소, 돼지와 근본적으로 다를 수밖에 없는 이유가 됩니다. 인간은 결코 강아지처럼 신(神)의 뒤나 졸졸 따라다니는 애완인(愛玩人)이 아니라, 인간 그 자체로서의 그 생명됨을 드러내야 되는 존재입니다. 인간은 그런 생명됨의 아름다움을 드러내기 위해, 원숭이나 강아지에게서는 볼 수 없는, 인간됨의 증표가 있어야 하는데 아리스토텔레스는 그것을 관상(觀想)인 테오리아(Theoria), 제논은 무심(無心)인 아파테이아(Apatheia)를, 그리고 에피쿠로스는 평정심(平靜心)인 아타락시아(Ataraxia)를 내세웠던 것입니다. 아리스토텔레스의 관상, 제논의 무심, 그리고 에피쿠로스의 평정심을 하나로 융합해서 저는 관행(觀行)이라고 집약, 정리했던 것입니다.

　관행하면 좋은 삶을 시작하는 것이고, 행복의 윤리대로 살아가기 시작하는 것과 다를 것이 없습니다. 일상에서 관상의 중요성을 내세웠던 아리스토텔레스는 극단적으로 말하면, 우리를 향해, 그 옛날 제우스 신(神)처럼 일상을 사유하라고 요청하고 있는 것과 마찬가지이고, 제논은 우리 모두에게 결혼혐오자가 되라고 요구하고 있는 것과 다를 것이 없으며, 에피쿠로스는 우리에게 통일신라시대의 원효(元曉)대사처럼 아무것도 걸리지 말고 무애(無碍)하며 평정심으로 길거리를 활보하며 대안(大安)하라고 요구하고 있는 것이나 마찬가지였습니다. 이 시대를 살아가면서 우리들이 제우스처럼 사유하고, 모두가 고자(鼓子)가 되거나, 우리 모두가 깊은 산속으로 들어가 도라지와 고사리만 먹으며 살아갈 수 없는 노릇입니다. 좋은 삶의 원형을 이야기하는 저들 행복론자들의 요청들은 일상을 살아가는 사람들이 자신의 삶에서 일상적으로 실천해내기가 쉽지 않은 무리한 요구처럼 여겨집니다만, 저들이 요구하는 대로 하기만 하면 그것은 이미 좋은 삶을 살기 시작한 것과 다름이 없습니다. 사람처럼 한번 살아보겠다는 각오가 선 사람이라면 설령 실패하더라도 저들의 처방대로 시도해 볼만합니다. 실패는 인간의 일이고, 실패로부터 거듭나며 다시 시도하는 것도 인간만이 해낼 수 있는 인간다운 일이기 때문에, 시도해 볼 만한 일은 성패에 관계없이 추구해 보아야 합니다. 우리 인간이, 이 시대에서 즉각적으로 우리의 피부에 와 닿지 않는 붓다와 그 어려운 그의 가르침을 이야기하고, 공자와 그의 고고한 논리를 논하며, 예수와 그의 탈(脫)인간적인 행적을 되돌아보는 것은, 우리가 그들처럼 될 수도, 그렇게 살아갈 수 없음에도 불구하고, 그들의 생각과 행동을 내가 살아가는 동안 나의 삶을 위해 필요한 지표로 삼으면, 삼는 만큼 자기 자신의 삶이 보다 더 의젓해지고, 보다 더 무엇인가 있어 보이기에 그렇게 시도해 보라고 권하는 것입니다. 도저히 도달할 수 없는 목표이지만, 그런 목표를 자신의 삶에 설정할 수 있다는 그 자체에 마음 뿌듯, 정신이 건강해지기 때문에 그렇게 해 보라는 것입니다. 우리가 자신보다 더 위대하거나, 자신이 닮았으면 하는 사람들을 사표로 삼는 것은 모두 다 그런 이유에서입니다. 어쩌거나, 아리스토텔레스가 말한 대로, 신처럼 사유하기 시작하면, 제논이 말한 것처럼 세상만사에 무심하며 금욕(禁慾)하면, 에피쿠로스의 처방대로 지구가 당장 깨지더라도 평정심으로 결코 동요치 말고, 절제하고, 마음을 곧추세우면 그때부터는 이미 좋은 삶이 시작된 것이고, 행복이 삶을 위해 작동되기 시작한 것입니다. 관상, 무심, 평정심의 융합인 관행(觀行)을 자신의 일상에서 한 번 했다고 그 효과가 즉시 나타나는 것은 아닙니다. 인간에게 있어서 그 어떤 것도 시효가 있고, 약효가 있습니다만, 단 한 번으로 큰 효과를 얻기에는 역부족일 뿐입니다. 한번으로 삶에서 의미를 만들어 내지 못한다면, 천 번 아니라 만 번으로도 그것을 만들어 내도록 노력해야 합니다. 마치 흡연자들이 밤낮 남 앞에서 내뱉는 말, '건강을 위해 이제 담배 피우지 않을 거야.'라는 식의 입에 발린 말은 억만 번 되뇌어 봐도 자신의 삶에서는 늘 공허할 수밖에 없습니다. 그러니 자신에게 도움이 되는 것이 버릇이 되고, 습관이 되려면 한 번이 아니라, 늘이어야 하고, 항상이어야 하고, 또다시 새로운 시작이어야 합니다. 인간은 자기가 편하면 자주 잊어버리고, 자기 욕심대로 이렇게, 저렇게 바꾸기를 좋아하기에, 설령 원래대로 되바뀔 수 있다는 것을 인정하더라도, 그것에 굴하지 말고, 노력들이 버릇이 되도록 해야 합니다. 습관이 되도록 해야 합니다. 이렇게 버릇 이야기를 하다 보면, 행복의 버릇은 그 어디서든 버튼만 누르면 그 기능이 작동되도록 그렇게 자동화되어야 합니다. 행복의 윤리, 좋은 삶을 원한다면, 자신의 삶의 되돌아보고, 미리 짚어 보며 지금 자신의 행동에 대해 되돌리려는 반(反)과 다시 음미하려는 추(芻)를 반복하는 버릇이 되어야 합니다. 버릇이 되면, 어제와는 조금 더 다른 행동으로 거듭나게 도와주는 관행(觀行) 역시 습관이 될 것입니다.

행복에 이르는 길, 좋은 삶, 참살이, 행복의 윤리에 관한 관행(觀行)과는 달리, 긍정심리학, 인간의 삶에서, 행복의 지속적 효능을 굳게 신봉하는 학자들이나 긍정심리학(肯定心理學, Positive Psychology)자들, 혹은 이미 언급했던 HQ 행복론자들은 그 옛날 배움학파들이 지녔던 좋은 삶을 위한 행복논리들, 말하자면 아리스토텔레스나,

제논, 그리고 에피쿠로스가 생각했던 행복논리와는 다른 방식으로, 행복이 무엇인지를 전개합니다. 저들 HQ 행복론자들에게 있어서 행복은, 사람들이 살아가면서 느끼게 되는 기쁨, 만족 또는 참살이에 대한 감각처럼, 자신의 삶에서 자신에게 의미 있으며 가치 있다라고 만족스럽게 만들어 주는 심리적인 상태일 뿐입니다. 그러니까 깊은 사유로서의 관행(觀行), 무심으로서의 관행, 평정심으로서의 관행이 저들 배움학파 행복론자들인 아리스토텔레스, 제논, 그리고 에피쿠로스에게 좋은 삶, 행복의 윤리를 위한 방법론이었다면, 이들 HQ 행복론자들에게는 긍정으로서의 만족이 행복의 핵심입니다. HQ 행복론자들은 행복이 윤리적으로 무엇을 의미하는지에 대해서 별다른 관심이 없습니다. 저들은 사람들이 행복해지려고 노력하면 노력할수록, 행복해지려고 하는 과정에서 나름대로 그 어떤 기쁨, 만족, 사랑, 경외감, 자부심을 보다 더 많이 느끼게 되고, 그것을 통해 자신감과 자존감도 강화됨을 알게 됩니다. 타인으로부터 자신이 존중받을 자격이 있고 가치 있는 인간으로서의 자부심마저 갖게 됩니다. 직장에서도 마찬가지입니다. 생산성을 위한 에너지와 창의성이 향상되며, 자신의 정신이나 육체적인 건강을 위한 면역체계도 개선되고, 그로부터 인간관계도 더 좋아지며, 건강하게 그리고 오래 살 수 있게 된다고 말합니다. 자신이 행복해지면 나와 연결되어 있는 배우자와 가족, 지역 공동체, 그리고 사회 전체에까지도 행복을 위한 긍정적인 힘이 전달되기에, 사람마다 그 누구든 행복해지겠다고 결심하고 노력하면 그 누구에게나 행복의 증진이 가능하다는 것입니다. 행복을 만들어 가며 그것을 제대로 유지하려면, 평생 계획이 필요한데, 그렇게 행복해지려는 노력이나 활동은 자신의 흥미, 가치관, 욕구에 맞아야 합니다. 행복해지기 위해서는 어떤 영구적인 변화를 일으켜야 합니다. 행복은 하나의 능력이기 때문에 그렇다는 것입니다. 행복을 하나의 능력, 인간이 지니고 있는 능력이라고 보는 것이 저들의 일관된 견해입니다. 행복이라는 것도 기술이고, 기량이고, 측정 가능한 것이기에 그 행복도 기술적으로, 그 얼마든지 개량할 수 있다라는 생각입니다. 행복 역시 골프실력처럼 하나의 기술이나 재주로 개발될 수 있다라고 보는 저들 HQ 행복론자들의 주장은 에피쿠로스나 아리스토텔레스와 같은 철학자들의 주장과는 다르게, 나름대로 돋보이는 저들만의 장점이기도 합니다. 행복 역시 건강처럼 자신이 가꾸기 마련이라는 것입니다. 행복이 능력개발의 문제라고 보는 저들의 생각에 부정적인 입장을 취하는 사람들도 있게 마련입니다. 행복의 효능, 행복의 효과를 이론적으로 의심하는 사람들은 한결같이 '행복해지려는 것은 키 크려고 하는 것만큼 부질없습니다.'라고 잘라 말하곤 합니다. 그렇지만 HQ 행복론자들은 정말로 행복을 원한다면, 철학자들이 이야기하는 것처럼 행복을 부정하는 논리를 믿지 말라고 강력하게 말합니다. 그런 자신의 주장을 긍정심리학으로 풀어내는 HQ 행복론자가 바로 류보미르스키 교수 같은 사람입니다. 그녀는 행복을 부정하면 행복에 이르지 못한다고 주장합니다. 긍정심리학이 일상에서 행복을 만들어 내는 일이 로켓을 만드는 그런 과학처럼 정교한 것은 아니더라도, 일상에서는 충분히 가능하다는 것입니다. 자신들이 주장하는 여러 가지 행복 수칙들은, 삶의 현장에서, 얼토당토않은 그리고 실제로 작동하지 않는 그런 공허한 이야기가 아니라는 것이 그녀의 지론입니다. 매일같이 살아내야 되는 실제 삶의 현장에서는 그 어느 곳이든, 그 언제든 행복에 이르는 소소한 일상적인 사실들이 있게 마련인데, 그것들을 하나로 모아 논리체계를 세우면 어엿한 행복과학의 설정이 가능합니다. 행복도 하나의 과학이 될 수 있다는 논리로 무장된 저들은 일상에 적용할 수 있는 여러 행복의 수칙들을 제시합니다. 오스트레일리아 시드니의 '행복연구소(Happiness Institute)'는 세상에 떠돌아다니는 행복의 사례들을 모아 행복의 수칙을 만들어 낸 바 있습니다. 대부분의 이야기들은 사람들이 매일같이 겪는 무기력, 우울증, 공황장애 같은 정신적 어려움에서 탈출해 긍정적이고 만족감 있는 생활을 하도록 도와줄 수 있다고 믿게 되는 일상적인 방법들입니다. 일상에서 늘 할 수 있는 방법들이지만, 알고 있다는 그것만으로는 결코 행복에 다가설 수 없기에, 실천이 요구되는 현실적인 수칙들입니다. 소소하고, 세세하며, 미세하게 보이더라도 그것들의 효능을 믿고 매일같이 실천해야 그 효과를 나름대로 체험할 수 있는 수칙들입니다. 그런 것을 모아, 자기의 것으로 만들어 가는 것이 행복이라고 전도하는 HQ 행복론자들에게 있어서, 행복이란 끝내 자기 긍정이고, 그 긍정은 만족에 의해 가능한 것이기에, 행복은 만족의 정도에 따라 달라진다는 논리를 뒷받침하는 것들입니다. 만족을 얻는 데 있어서 어떤 행동이 인간적으로 더 고상하고 저급한지, 어느 행동이 개인적으로나 사회적으로 더 윤리적인지 어떤지를 따지는 일은 부차적입니다. 많은 사람들에게 더 많은 만족을 주는지 어떤지에 따라, 행복의 정도, 행복의 농도가 달라지게 됩니다. 행복은 잔에 물이 채워질 수 있듯이, 채워지기도 하고 고갈되기도 하는데, 행복은 질이라기보다는 양(量)적이기 때문에 그럴 수밖에 없습니다. 그렇게 자신들의 행복론을 설명하는 저들 긍정심리학자들은, 그야말로 행복에서 쾌락의 양적인 충족을 중시했던 벤담의 공리주의를 향해 동료들이 비난조로 명명했던 '돼지철학'론자들의 견해와 입장이 엇비슷합니다. 그러니까 행복의 본질은 만족인데, 그 만족이라는 것은 계산할 수 있고 채울 수 있는 물질과 같은 것이기에, 많이 채울수록 더 만족한 것이고, 더 만족하면 더욱더 행복한 것이라고 볼 수 있다는 논리, 그것은 '돼지에게나 어울리는 철학'을 하는 자들의 논리이며 철학이라는 비난을 모면키 어려울 수도 있었습니다.

행복에 대한 저들 HQ 행복론자들의 기대는, 놀랍게도 저들의 소망과는 달리, 설령 사람들이 저들이 원하는 대로 자신들의 행복지수를 파악했다고 하더라도, 이내 각각 알게 된 자신들의 행복지수에 대해 마치 '웨어러블' 전자상품처럼 이내 질리거나 피곤해질 수도 있습니다. 예를 들어, 애플, 삼성전자, LG전자가 시장을 선점하기 위해 입거나 손목에 차는 전자기기인 '웨어러블(Wearable)'을 선보였는데, 저들 회사의 연구결과에 의하면, 그런 웨어러블 기기를 산 사람 중 30% 정도가 6개월 안에 그것의 사용을 그만두었다고 합니다. 저들 회사로서는 난감한 일이었지만, 사용자들이 웨어러블 기기를 거부하는 이유는 단순했습니다. 간편하기만 한 웨어러블 기기에 질려서, 혹은 타인과 비교되는 게 싫어서 그랬다는 것입니다. 자신의 운동량이나 활동을 측정하는 행위를 자동적으로 알려 주는 각종 편이기계가 그 활동 자체의 즐거움을 떨어뜨리기 때문에 그것을 일상적으로 활용하는 사용자들은 이내 그 기계의 사용을 중지한다는 사실이 이미 오래전에 밝혀진 바 있습니다. 미국 듀크 대학교 경영학과 조던 엣킨 교수의 실험에 의하면, 걷기나 전자책 읽기에서도 그런 현상이 강하게, 그리고 두드러지게 드러났습니다. 그는 학생들을 두 무리로 나눈 후, 한 무리의 학생들에겐 일반적인 만보계를 줬고, 다른 무리의 학생들에게는 숫자를 볼 수 없는 만보계를 준 후 걷게 했더니, 걸음 수를 늘 볼 수 있었던 학생들이 평균적으로 더 많이 걸었던 것으로 나타났습니다. 그런데 '걷는 것이 즐거웠느냐.'는 질문에 대해서는 응답이 달랐습니다. 걸음 수를 몰랐던 학생들이 걸음의 수를 알려 주는 기계를 지니고 걸었던 학생들에 비해 더 긍정적으로 답했기 때문입니다. 전자책 읽기에서도 마찬가지로, 페이지를 넘길 때마다 '지금까지 몇 페이지를 읽었다.'는 메시지를 알려 준 한 무리의 학생들과 그렇지 않은 학생들 사이에는 페이지 수를 확인할 수 있었던 조건을 가진 학생들이 읽기는 더 많이 읽었지만, 페이지 수를 모르고 읽은 그룹에 비해 책 읽기가 즐거웠는지에 대해서는 덜 긍정적이었습니다. 걷기 실험에서 88%의 학생들은 만보계를 계속 차고 걷고 싶다고 응답했고, 전자책 읽기 실험에서도 74%가 페이지 수를 알고 싶다고 말하기는 했지만, 측정에 대한 집착이 행위 그 자체의 즐거움을 오히려 박탈한다는 점에 대해서는 둔감한 것으로 나타났습니다. 이와 마찬가지로, 행복의 지수를 알려 주면, 그것을 알고 있는 사람들이 오래 못 가 자신들의 행복지수에 질려 버리거나, 흥미로움을 상실할 수 있는 가능성이 높아질 수도 있습니다. 인간은 활동을 측정하려는 집착이 있으나 그런 집착이 즐거움을 빼앗아갈 것이라는 예상을 하지는 않습니다. 그 무엇이든 그것을 재거나, 측정하거나, 수치로 표현하는 일 그 자체가 하나의 즐거움이 되는 것이 아니라, 오히려 사람들을 조바심내게 만들어 놓은 하나의 과제, 일, 비교거리 같은 것이 되어 사람들의 평온한 마음을 성과지향, 측정지향으로 압박해 들어가기 때문에 그렇다는 것입니다.

3) 만족으로서의 행복

HQ 행복론자들인 마틴 셀리그먼 교수나 소냐 류보미르스키 교수 같은 긍정심리학자들은 행복을 결정하는 요소와 비율이 있다고 봅니다. 행복의 50%는 유전적인 요소, 10%는 환경적인 요소, 그리고 나머지 40%의 요인은 개인의 의지, 그러니까 행복해지겠다는 개인의 의지와 실천에 있기에 그 누구든 행복하려면 일단 개인적인 요소인 40%를 최대한으로 실현할 수 있게 해야 한다고 주장합니다. 그것을 위해 행복연습이 필요하다고 강조합니다. 어쩌거나, 행복의 40%는 자기하기 나름이고, 그로부터 사람마다 행복이 판이하게 달라집니다. 어떤 사람들은 저들의 주장이 설령 맞는다고 해도 행복의 50%는 개인이 통제할 수 없는 것이고, 나머지 40%에도 수많은 변수가 작용하는 것이기에, 행복은 양적으로 충족하기가 쉽지 않은 것이라고 말하지만, 저들 HQ 행복론자들은 정반대입니다. 그 나머지 40%만이라도 자기를 위한 행복으로 만들어 가면, 그 사람을 정말로 행복한 사람이 될 수 있다고 말하는데, 저들의 주장에도 수긍할 만한 것들이 있습니다. 가만히 앉아 있는다고 하늘에서 행복이 감나무에서 감 떨어지듯 떨어져 주는 것은 아니기 때문입니다. 셀리그먼(Seligman) 교수는 자신이 누릴 수 있는 행복의 수준은 이미 설정된 행복의 범위 안에서, 행복에 영향을 미치는 외적 환경을 잘 조절하고, 자신 스스로 통제할 수 있는 행복에 관한 자율성을 제대로 조절하는 것에 의해 결정된다고 주장한 바 있습니다. 이 공식을 가만히 뜯어 보면, 행복은 끝내 어려운 일이 아니라는 결론에 이르게 됩니다만, 행복해지도록 만들어 주는 모든 요인들을 결합한다고 해도 제가 스스로 행복에 대해 제어하지 못하면 결코 행복에 이를 수 없게 됨을 알 수 있습니다. 어쩌거나, 셀리그먼 교수는, 그 누구든 행복하려면 페르마(Perma)로 행복연습에 모든 것을 걸라고 조언합니다. 페르마는 긍정적 정서(Positive Emotion), 그러니까 기쁨, 희열, 따뜻함, 자신감, 낙관성을 말하는 것이고, 몰입(Engagement)은 시간 가는 줄 모르는 것, 어떤 활동에 빠져든 동안 자각하지 못하는 것, 자발적으로 업무에 헌신하는 것을 말하며, 관계(Relationship)는 타인과의 말할 수 없이 기뻤던 순간, 자신의 성취에 엄청난 자긍심을 느꼈을 때와 같은 타인과의 그런 관계를 지칭하며, 의미(Meaning)는 자신보다 더 중요하다고 믿는 어떤 것에 소속되고 거기에 기여하는 것을 말하며, 남에게 이기기 위해서이거나 돈을 벌기 위해서가 아니라 그 자체가 좋아서 추구하는 것으로서의 성취(Acomplishment)로서, 이런 조건들만 충족시키며 연습하면 행복이 호박 덩굴 채 굴러오듯 자신에게 찾아 들어온다고 강조합니다. 행복하려면, 자기 스스로 긍정적인 마음으로 다른 사람들과 좋은 관계를 맺어가며 서로가 몰입할 수 있는 일을 하면서 나름대로 의미를 찾아내는 그런 성취감을 갖게 되면 그 어느 누구라도 자신의 삶에 대해 크게 만족하게 되고, 그로부터 행복감에 사로잡히게 됨을 알려 주는 페르마(Perma)가 아리스토텔레스니, 제논이니, 에피쿠로스가 주장하는 깊은 사고, 무심, 그리고 평정심의 논리와 다른 것은, 사람들이 특별한 이유 없이 '그 자체가 좋아서' 하는 행위들을 자신의 삶에서 행복하기 위한 필요조건으로 설정하고, 그것이 자신의 일상에서 채워지도록 노력하면 행복해진다고 설파하고 있기 때문입니다. 행복 그 자체가 좋다는 것이 사람들의 삶에서 무엇인지 설명하기 위해 셀리그먼 교수는 사람들이 춤출 때 드러나는 그런 우아함에 비유합니다. 우아함은 춤의 결과로 얻어지는 어떤 보상이 아니라 훌륭한 춤의 일부이기에 그 자체로서 중요하다고 말합니다. 그것은 어떤 일이든 같습니다. 명상이나 골프의 즐거움에 대해 말한다는 것은 명상하는 행위, 골프운동에 관한 그 자체를 말하는 것이지, 명상이나 골프운동에 수반되는 그 어떤 정서를 의미하는 게 아니기에, 사람들이 명상을 즐기고 골프를 즐기는 것은 다른 그 어떤 것이 아니라, 그 자체를 즐기기 때문에 행복하게 된다는 것입니다.

저들은, 행복해지기 위해 행복연습이 필요한데, 그 행복연습을 위한 레시피, 그러니까 요령들을 잘 숙지하고 그 요령대로 따라 하라고 이릅니다. 셀리그먼 교수처럼, 류보미르스키 교수 역시 행복을 위한 일상의 실천으로 12가지 행복연습요령을 추천합니다. 행복가능성의 40%, 자신 스스로 해낼 수 있는 행복기량을 위한 12가지 행복연습으로, 행복의 완성도를 높일 수 있기 때문입니다. 40%의 잠재된 가능성을 최대한으로 개발해 줄 수 있다고 그녀가 강력하게 추천하는 행복연습의 목록에서 그녀는 의외로 삶의 목표에 헌신하라는 주문부터 합니다. 자신의 삶의 목표가 무엇인지를 확실하게 알고 그것에 매진하라는 것이 그녀의 첫 번째 주문입니다. 이 주문은 상당히 철학적입니다. 이어 둘째로 행복을 내일로 미루지 않기 위해 몰입 체험을 늘려라, 셋째로 삶의 기쁨을 음미하라, 넷째로, 감사를 표현하라, 다섯째로 낙관주의를 길러라, 여섯째로 과도한 생각과 사회적 비교를 피하라, 일곱 번째로 친절을 실천하라, 여덟 번째로 인간관계를 돈독히 하라, 아홉 번째로, 삶에서의 스트레스를 관리하기 위해 대응 전략을 개발하라, 열 번째로, 용서를 배워라, 열한 번째로 몸과 영혼의 건강을 돌보기 위해 종교 생활과 영성 훈련을 하라, 마지막 열두 번째로 몸을 보살펴라, 그리고 행복한 사람처럼 행동하라입니다. 이렇게 12가지 행복연습을 하면 '행복 끝'이라는 것입니다. 행복이 저절로 온다는 것입니다만, 세상은 류보미르스키 교수가 내린 처방처럼 그렇게 되는 것이 아닙니다. 저는 이미 그녀가 이야기한 12가지 행복연습을 눈으로, 마음으로 모두 인지했습니다. 그냥 그녀가 주문한 12가지 행복연습을 하나의 정보, 하나의 행복에 관한 지식으로 알아버린 것입니다. 그렇다고, 제 삶이 앞으로 행복의 보자기에 쌓일 것 같지는 않습니다. HQ 행복론자인 소냐 류보미르스키 교수가 열거한 행복연습목록에 비해, 우리나라 한국심리학회에서 중앙일보와 함께 만든 한국식 행복 십계명도 눈여겨봐야 합니다. 저들이 내세운 행복연습목록 역시, 행복은 만족이고, 채울 수 있는, 기를 수 있는 기량으로 본 결과입니다. 2010년 한국심리학회는 중앙일보와 함께 성인 남녀 1,000명을 대상으로 한국인들이 그리는 행복에 대해 조사한 결과를 토대로 한 것입니다. 중요한 것은 저들이 만들어낸 행복연습목록의 내용보다는 그 조사의 결과였는데, 이유는 한국인들이 바라는 행복이 상당히 추상적이었기 때문입니다. 한국인들이 행복에 대해 무엇인가, 그토록 갈구하기는 하지만, 행복이 도대체 무엇인지에 대해서는 잘 알지 못하고 있었기 때문이었습니다. 행복에 대한 철학의 부재에서 나올 수밖에 없었던 그런 공허함 같은 것으로서, 한국인들이 HQ 행복론자들의 전제나 기대와는 달리, 그저 '배부른 돼지'로 만족하려고 하기보다는, '배고픈 소크라테스'로 살아가기를 원하는 그 잠재의식이 저들의 무의식 속에 짙게 깔려 있는 대목이기도 했습니다. 류보미르스키 교수의 행복연습목록보다는 보다 더 친근하게 우리 한국인들의 피부에 와 닿고 있는 행복목록, 행복해지기 요령으로서 저들이 만든 한국식 행복 십계명의 첫째는, 물질주의에서 벗어나라입니다. 맹목적으로 물질을 추구하는 것은 행복에서 멀어지는 지름길이기 때문에 그렇다는 것입니다. 둘째로 삶은 생각하기 나름이라는 것입니다. 많이 가진 사람이 행복한 것이 아니라, 많다고 느끼는 사람이 행복하기 때문이라는 것입니다. 셋째로, 사촌이 땅을 사면 함께 웃으라고 말합니다. 남이 행복다고 시기하면 자신부터 괴로워지는 법이며, 행복은 나눌수록 커지기 때문입니다. 넷째로, 자기 삶의 주인이 되는 것이 중요하다는 것입니다. 다른 사람의 시선에 얽매이지 말고 원하는 것을 행하는 사람이 행복하기 때문입니다. 다섯째로, 감사하는 마음을 가져야 되는데, 그것은 행복해서 감사하는 것이 아니라 감사해서 행복해지기 때문입니다. 여섯째로, 긍정적 정서를 표현해야 하는데, 긍정적 정서의 표현은 기쁨을 키울 수 있는 가장 쉽고 확실한 방법이기 때문입니다. 일곱째로, 가족과 친구가 자신의 삶에서 우선이어야 하는데, 그것은 행복의 절대적 원천은 친구와 가족이기 때문입니다. 이들을 희생하면서까지 추구해야 할 좋은 삶의 가치는 어쩌면 삶에서 무의미할 수도 있는 법입니다. 여덟째로, 적극적으로 살아야만 합니다. 행복은 축구의 골과 같아서 수비만 해서도 곤란합니다. 공이 골에 들어가지 않더라도 슈팅을 계속해야 축구의 맛을 즐길 수 있기 때문입니다. 아홉째로, 자기 삶에서 실현가능한 현실적인 목표에 몰입해야 행복해질 수 있는데, 그것은 사람이라면 그 누구에게나 고유한 강점과 재능이 있게 마련이고, 그런 것을 차별화하고 그것을 드러내는 데 전념하는 것이 자신의 고유한 장점을 드러내 보이는 행복한 일이 되기 때문입니다. 마지막 열 번째로, 좋은 삶을 원하면 늘, 지금 여기에서 시작해야 합니다. 행복은 삶에서의 최종 정착지가 아니라 과정에서 경험하는 소소한 기쁨과 즐김의 총합이기 때문입니다.

　좋은 삶, 그러니까 생명체인 인간이 자신의 삶을 충족스럽게 살아가기 위해 깊은 사유와 실천으로 자신의 일상에서 거듭나는 기쁨을 즐기는 삶인 행복에서, 저들 HQ 행복론자들이 강조점을 두고 있는 부분은 '충족'이라는 심리 부분입니다. 만족이라는 개념이 저들의 행복론에서 핵심이기에, 저들은 행복이 측정가능하고, 채울 수 있고, 길러낼 수 있다라고 보는 것입니다. 저들 긍정심리학파가 내세우는 만족행복론에는 유별난 현학성이 없어 이해하기가 훨씬 쉽습니다. 그것이 바로 저들 HQ 행복론자들의 행복론이 지니고 있는 장점입니다. 저들은 말합니다. 행복은 사람에게 '거짓하지' 않으며, 행복은 변하지 않습니다. 행복은 '늘 행복한 것일 뿐입니다.'라고 말합니다. 사람이 변하고, 사람이 거짓말을 하고, 사람이 행복하지 않을 뿐입니다. 행복이 작동하려면 행복의 연료가 필요합니다. 행복은 단순히 앎이 아니라 연습이며, 즐김이라는 것이라는 것이 저들 만족행복론자들의 핵심입니다. 만족하면 긍정하는 것이고 긍정하면 행복한 것입니다. 행복에 겨워지면 사람의 몸에서 행복감이 일어나도록 몸이 화학적으로, 생물학적으로 작동된다는 것입니다. 만족행복론이 상당히 행동과학적인 이유이기도 합니다. 행복은 연습이고 실천이니 행복하려면 행복을 버릇으로 만들어 가도록 연습하라는 조언도 저들은 잊지 않습니다. 행복을 즐기려면 행복을 연습부터 하라는 것입니다. 모든 운동도 마찬가지입니다. 연습 없이 그냥 저절로 따라 들어오는 것은 없습니다. 한 번의 행복은 하나의 기쁨이기에, 기쁨을 늘리려면 행복을 늘려야 하고, 행복을 늘리다 보면, 기쁨이 늘어나게 되기 마련인데, 그런 기쁨의 연속이 즐김이 되듯이 행복의 연속은 행복이 되는 것이고, 즐김이 된다는 저들의 논리는 좋은 삶, 행복의 윤리를 배움의 관점인 관(觀)과 행(行), 그러니까 아리스토텔레스가 말하는 관상(觀想), 제논의 무심(無心), 에피쿠로스의 평정심(平靜心)을 하나로 모아 놓은 관행이 행복에 이르게 만드는 지름길이라고 믿는 배움학자들에게도 유용한 생각거리를 줍니다만, 그 지점에서 한 가지는 분명하게 짚고 넘어가야 합니다. 바버라 에런라이크가 『긍정의 배신』에서 주장하는 것처럼, 무턱댄 긍정이나 바람은 저들 자기개발서 저자들의 먹이가 될 뿐이라는 점입니다. 필요한 것은, 허풍쟁이 목사 조엘 오스틴이 요구하는 식으로 솜사탕 복음처럼 행복, 행복 하며 그것을 갈구하거나 '기복' 하는 일이 아니라, 사물을, 사람을 있는 그대로 보고, 관계하며, 노력하는 일입니다.

삶이 기쁨의 연속으로 매일같이 진행되면 저절로 삶을 즐기는 것이 되는 것처럼,

행복이 연속적으로 삶에서 일어나면 삶이 바로 행복 그자체로 이어질 수 있습니다. 관행(觀行)이 제아무리 중요하다고 해도, 실천과 행동 없는 빈말로는 모두가 부질없는 짓에 지나지 않게 될 뿐입니다. 단순히 앎보다, 정보보다, 긍정보다 일상적인 실천과 해봄, 해냄, 그리고 해감으로써의 일상적 실행이 중요한 이유입니다. 행복하려면 행복이 그 무엇이든 행복을 하나의 도구로 보고, 그것을 일상적으로 반복적으로 연습하면서 때로는 실패도 해 보고, 어려움도 겪어 가면서, 그 행복의 도구인 만족을 자기 것으로, 자기의 일상적인 버릇으로 만들어야, 행복의 윤리, 좋은 삶을 위해 필요한 관(觀)과 행(行)이 행복을 위한 자신의 됨됨이 만들기를 위한 효율적인 수단으로 작용하게 될 것입니다. 이것은 마치, 프로 골퍼들에게는 골프클럽이 바로 그 자신이 되는 것처럼, 어떤 일이든 최고의 선이 되려면, 최고의 경지에 들어서 있는 사람은 도구와 자신이 하나가 되어야 하는 이치입니다. 그 누구의 삶이든 그 삶에 행복이라는 기쁨들이 연속적으로 일어나 즐김이 될 때, 그러니까 행복, 행복, 행복, 행복이 연속적으로 이어져 즐김으로써의 행복이 현재 일어나는 것이니, 그러니까 지금 당장 해픈(Happened)하는 것이니, 행복은 사람들이 열면 열리게 되어 있는 하나의 문(門)인 것입니다. 그 행복의 문을 열고 들어서면 행복에 들어서는 것입니다. 행복은 늘 그대로입니다. 행복은 변하지 않지만 사람만이 변합니다. 행복은 사람을 따라다니지 않습니다. 사람이 행복을 부려야 합니다. 행복을 말로만 되뇐다면 결코 행복해질 수 없습니다. 행복이라는 당나귀를 몰 줄 알아야, 행복을 부릴 수 있게 됩니다. 행복이라는 자동차는 내가 몰고 가는 대로 나의 행선지에 이르게 도와주도록 되어 있습니다. 행복을 부릴 줄 알아야 행복이 나를 태우고 다니게 됩니다. 내가 행복을 이고 다닐 수는 없는 노릇입니다.

행복은 그래서 즐김을 실어 나르는 자동차나, 나귀와 다를 것이 없는 셈입니다. 행복은 삶에 대한 즐김의 운전기술입니다. 즐김을 잘하면 행복하게 되는 것이고, 즐김을 제대로 하지 못하면, 그러니까 행복이 사고를 내면 행복은 더뎌진다는 논리입니다. 행복은 현재의 행복한 움직임과 다를 것이 없다라고 본 것입니다. 자동차가 앞으

로 나아가야 그것을 부리는 운전사도 함께 나아가며, 움직이고 있는 것처럼, 행복 역
시 진행형입니다. 행복해야 행복한 것입니다. 지금 행복을 운전하며 행복을 느끼고
있어야 행복한 것입니다. 행복이 나의 몸과 마음을 태우고 움직이고 있어야 내가 행
복한 것입니다. 그래서 행복과학에서 주장하는 제일 원칙은 행복이 결코 미래형일 이
유가 없다는 원칙입니다. 현재진행형인 행복은 미래에 경험하도록 그렇게 사람을 기
다리고 있는 것이 아닙니다. 물론 행복을 기다리는 그 마음도 행복의 하나이기는 하
지만, 그것이 행복이 될 수 있는 이유가 있습니다. 그런 행복의 느낌이 바로 지금, 현
재 경험할 수 있기 때문에 그렇게 가능한 것입니다. 행복을 제대로 운전하려면, 행복
을 제대로 몰고 다니려면 행복운전에 대한 수칙이 필요합니다. 나는 행복을 몰고 다
닐 수 있다는 확신과 감정과 기술이 요구됩니다. 행복을 몰 수 없다면 그 누구든 행복
에 동승할 수가 없게 됩니다. 행복을 몰 수 있다는 확신은, 행복을 타고 자신이 원하
는 그 어느 곳이라도, 자기의 목적지대로 나아갈 수 있다는 확신입니다. 행복의 운전
수칙은 어렵지 않습니다. 그저 하나, 둘, 셋, 넷 하면 되고, 그 행복을 살아 움직이게
만들면, 매일같이 행복이 어떤 경로로 나아가는지를 알려 주게 됩니다. 저들 HQ 행
복론자에게 있어서, 행복은 수준(水準)이나 정도(定度)가 아니라, 빈도(頻度)라는 것
인데, 자신의 삶에서 행복해서 느껴지는 기쁨, 그러니까 행복한 느낌이 자주 자신에
게 일어나고, 그것을 즐길 때에 행복해진다는 것입니다. 행복하기, 좋은 삶을 위해 일
상적인 관과 행이 필요합니다만, 그 관행은 지속적이며 연속적이어야 합니다. 그러
니까 일상에서 관행의 빈도를 높여야 하고, 그렇게 높여진 관행의 높은 빈도를 통해
자신의 삶을 되돌아보고 '미리슬기'하는 기쁨을 연속적으로 느끼게 될 때, 행복감을
체험하게 되고, 그때 비로소 '행복하다'라고 말할 수 있게 되는 것입니다. 좋은 삶을
살아가는 사람에게는 이런 과정이 자신의 몸 안에서 화학적으로 늘 일어납니다. 자신
을 기쁘게 하는 만족감이, 자신을 행복하게 하는 만족감을 만들어 내는 생물학적이고
도 화학적 반응이 몸 안에서 자동적으로 일어나기에, 행복한 몸은 생화학적으로 이
미 행복할 수밖에 없는 것입니다.

　HQ 행복론자들이 말하는 행복한 사람들이란 자신의 삶에서 자신들이 일상적으로 겪어내는 여러 가지 스트레스를 나름대로 관리할 줄 아는 사람들입니다. 스트레스를 제대로 관리하는 사람은 스트레스에 대한 믿음이 남다른 사람인데, 저들은 스트레스마저도 긍정적으로 받아들이기에 그 스트레스가 불행의 연료로 쓰이지 않고 오히려 저들에게 있어서는 그 스트레스가 새로운 삶을 위한 삶에 긍정적인 요소로 쓰이고 있는 것입니다. 의학자들의 연구결과에 따르면, 스트레스가 사람들의 몸에 해로운 이유는, 스트레스 그 자체에 있는 것이 아니라, 스트레스는 무조건 몸에 해롭다고 생각해버리며, 그 기세에 압도당하게 만드는 자신 안의 이상한 '믿음'에 있습니다. 스트레스에 지레 겁먹거나, 그것에 조건 없이 항복해 버리면, 스트레스에게 자신 스스로 그냥 꺾여 버린다는 것입니다. 모든 것에는 쓰임새가 있기 마련인데, 그 쓰임새를 제대로 찾아 쓰면, 사람의 건강을 위해서는 개똥도 약이 되고, 독도 약이 될 수 있다는 논리입니다. 사실 이 세상에 존재하는 모든 약은 반대로 독이기도 합니다. 약이라는 말에는 독이라는 말이 포함되어 있기에, 그 어떤 것이든 잘, 제대로 쓰면 약이 되고, 제대로 쓰지 못하면 독이 되어 버리는 것입니다. 스트레스 역시 몸에게는 약이며 동시에 독으로 작용할 수 있습니다. 사람의 몸은 생존을 위해 그 어떤 독이든, 일단 약으로 만들어 놓으려는 노력부터 합니다. 몸을 지탱하는 생명은 살려고 있는 것이지, 죽으려고 있는 것이 아니기 때문입니다. 스트레스를 받으면 그 누구의 몸이든 그것을 극복하기 위해 다양한 변화를 일으킵니다. 말하자면 몸 안의 모든 독성물질을 해독하는 간(肝)은 스트레스에 대항하기 위한 연료를 만들기 위해 일단 몸 안에 쌓아놓은 지방과 당을 혈류로 보냅니다. 동시에, 심장에 더 많은 산소가 공급될 수 있도록, 호흡은 깊어지고 심장박동이 빨라지면서 산소와 지방과 당이 근육과 뇌로 전달됩니다. 스트레스에 대처하기 위해 일상적인 신체 기능과 소화 기능은 상대적으로 느려지는 순간, 스트레스를 받고 있는 사람의 뇌에서는 스트레스 대처를 위해, 뇌하수체에서 신경전달물질인 '옥시토신'을 분비합니다. 옥시토신은 스트레스를 제대로 수용하게 해주고 공감 능력을 높여 주며 타인과의 바람직한 관계 형성을 도와주는 호르몬인데,

우리가 누군가에게 도움을 요청하거나 누군가를 돕고자 손을 내밀 때 활발하게 분비되는 그런 신경전달물질입니다. 옥시토신 말고도, 인간의 뇌 안에는 여러 가지의 감정을 유발시키게 하는 물질인 '뇌내물질', '신경전달물질'이 분비되고 있습니다. 뇌의 신경세포(뉴런)들이 분비하는 50여 종류의 신경전달물질 중에는 옥시토신 이외에 도파민, 엔도르핀, 노르에피네프린, 세로토닌, 멜라토닌, 바소프레신 같은 것이 있습니다. 도파민이나 노르에페네프린, 세로토닌과 같은 신경전달물질은 우리의 정신이나 감정을 지배하는 신경전달물질입니다. 이 중 스트레스를 받는 당사자가 어떤 호르몬의 지배를 받느냐에 따라 그에게는 다양한 감정의 상태가 나타나게 됩니다. 옥시토신과 단짝이 되는 것처럼 알려진 세로토닌이라는 신경전달물질은, 분노하거나 우울한 감정을 만들어 내는 시상하부를 제어하며, 필요 이상의 극단적인 감정들을 조절해 줍니다. 기분이 어느 한순간 극도로 좋아졌을 그때는 도파민이라는 신경전달물질이 전두엽을 자극했기 때문입니다. 격렬한 운동이나 신체를 가해 오는 물리적인 압박으로 생기는 고통에 제대로 버티게 만들어 주는 힘과 그 인내는 엔도르핀이 작용한 결과입니다. 밤사이에 편안하게 잠을 잘 수 있게 만들어 주는 신경전달물질은 멜라토닌입니다. 분노나 생명의 위협을 느끼게 만들어 놓은 공포가 몸 안에서 일어날 때는 에피네프린이라는 호르몬이 시상하부를 자극했기 때문입니다. 신경전달물질의 분비량은 늘 문제가 됩니다. 에피네프린의 과도분비 같은 것이 그런 사례입니다. 분주하게 살아가는 사람들에게는 스트레스가 많아지고, 그때마다 격투-도주 반응을 유발시키는 에피네프린이 그들에게 자주 분비되는데, 이렇게 에피네프린이 과다하게 빈번하게 분비되면 몸이 극히 비정상적인 상태에 놓이게 됩니다. 요즘 도로상에서 빈번하게 일어나는 운전자들 사이의 다툼도 에피네프린을 남용 때문에 생기는 일이라고 이해하면 됩니다. 빌려준 돈을 제때에 갚지 않는다고 살인을 저지르는 사건의 당사자들에게도 에피네프린의 과도분비가 나타납니다. 에피네프린은 마치 사자가 달려들 때 피해 달아나는 사슴의 경우처럼, 자신의 생명이 위급할 때에만 작동시켜야 할 약과 독이 함께 든 신경전달물질입니다. 화를 잘 내는 사람에게는 노르에피네프린이 필요 이상으로 분비되곤 합니다. 그 분노는 자신이 받은 상처를 감추는 가면에 지나지 않는데, 그 가면용으로 노르에피네프린이 과도하게 분비되는 것입니다. 그래서 무조건 화를 내면 내 몸부터 망가지는 것입니다. 화를 내는 것은 자신의 자존심에 상처가 났을 때 그것을 보호하려는 본능적인 행동입니다. 상대가 분노하는 이유를 알았다면, 그를 달래는 일도 쉬워지며, 자신 스스로 분노했다면, 그것을 가만히 살피면 이내 자신의 상처가 어떤 것이었는지를 이내 알게 됩니다. 그러니 필요 이상으로 흥분함으로써 자신의 몸을 망치며 자신의 신체적 균형을 깨어 버리는 데 작용하는 신경물질의 과다 분비를 자기 자신 스스로 조절해야 합니다. 그렇게 하면 이내 자신의 몸은 행복의 균형을 잡게 됩니다.

　도파민, 세로토닌 같은 마음의 평화를 불러일으키는 신경전달물질의 분비를 촉진시키는 일은 어떻게 보면 아주 손쉬운 일입니다. 일상에서 그 언제나 가능한 일입니다. 배움학자인 제가 권하는 대로, 자신의 어제를 뒤돌아보고, 내일을 미리 짚어 보고, 지금의 자신을 헤아리며, 나아갈 길을 선택하고 실천하게 해 주는 관행(觀行)을 매일같이 하기만 하면 이내 내 몸 안에서 저절로 도파민이나, 세로토닌이 분비되기 때문입니다. 차 한 잔을 제대로, 음악 하나를 제대로, 읽던 책을 다시 손에 들고 읽기 시작해도, 사랑하는 사람과 손을 한번 잡아도, 밝은 햇빛과 맑은 바람을 쏘이며 한 시간 정도 걷기만 해도 자신의 몸 안에서는 자신을 평온하게 해 주는 도파민이나, 세로토닌이 분비되기 때문입니다. 건전한 사고방식, 올바른 생활습관, 삶에 대한 뚜렷한 목적의식 등이 세로토닌을 분비시켜, 자신의 정신과 신체를 건강할 수 있도록 해 주기 때문입니다. 각자의 '몸'이 바로 제약회사이고, 각종 보약들이기 때문입니다. 인간의 마음은 하루에도 몇 번씩이나 변하기에, 수시로 변하는 마음을 제대로 다스려서 항상 같은 마음을 유지시키는 것은 자신을 좋은 삶으로 인도하는, 그러니까 자신의 몸 안에서 자신을 위한 긍정신경전달물질을 분비하게 만드는 긍정적인 일입니다. '긍정'은 그렇게 실천적으로 내 몸을 위해 쓰여야 하지, 그냥 말로만 쓰여서는 곤란합니다. 말로만 하는 행복연습은, 제아무리 자기 개발서를 읽어도 자기 개발이 되지 않는 자기 개발 연습과 다를 것이 하나도 없게 됩니다.

4) 만족의 기술

좋은 삶으로서의 행복, 그러니까 사람 스스로 자신의 일상을 충족스럽게 살아가기 위해 깊은 사유와 실천으로 거듭나는 기쁨을 즐기는 삶을 강론했던 아리스토텔레스나 제논, 그리고 에피쿠로스와 같은 배움학파의 행복윤리론자들도, 요즘과 같은 세상에서 나름대로 행복하려면 저들 HQ 행복론자들이 제안하는 행복의 기술 익히기에 대해 나름대로 귀를 기울여야 합니다. 저들의 조언들은, 배움학파가 행복의 윤리에 필요한 관행(觀行)의 빈도를 자신의 일상적인 삶에서 어떻게 높이고 어떻게 강화할 수 있는지에 대한 정보와 기술들을 제공하기 때문입니다. 긍정주의 심리학, HQ 행복론에서 추천하는 행복하기 위한 기술들은, 종류나 절차로 보아 상대적으로 단순합니다. 그 기술은 영어로 'ABCD' 안에 모두 담겨 있기 때문입니다. 저들 HQ 행복론자들이 추천하는 행복의 첫 번째 A기술, 그것은 움직이고, 그리고 만나라라는 명령의 기술입니다. 사회는 관계이고, 삶도 관계이며 행복 역시 관계임을 표시하는 직설적인 명령으로서, 사람이라면 그 누구든 움직이지 않으면 행복해질 수 없다는 것입니다. 만나지 않으면 아무것도 행복할 수 없는 것이 되니, 가능하면 '활동하라(Keep Active)'가 바로 저들이 말하는 행복의 A기술입니다. 무슨 일이든 일을 하거나, 운동하거나 함으로써 자신의 몸을 자신의 세포에 자극을 주라는 것입니다. 운동을 하면, 밥맛이 나게 되어 있습니다. 밥맛을 느껴야 활동이 무엇인지를 알게 됩니다. 건강수칙이 노동의 수칙이고, 노동의 수칙이 행복의 수칙이 되는 것입니다. "밖으로 나가면 그것이 활동과 관계 맺음의 시작입니다." 밖으로 나가면 인체는 햇볕에 노출되어 인체가 햇빛 노출에 대응하면 기분을 즐겁게 해 주는 데 도움을 주는 비타민 디(D)의 생성을 촉진하게 됩니다.

사회봉사 활동을 할 수 있으면, 봉사하는 것도 사회와 다른 사람들과 좋은 관계 맺기 활동입니다. 사람은 만나는 일로 살아가는 존재입니다. 무언가를 갖는다는 것은 언제나 좋은 감정을 자아내나, 사회적 차원에서 그런 활동은 더욱 그렇습니다. 특히, 사회 기부나 사회봉사도 대상을 특정해서 하면 만족감과 행복감이 더욱 커집니다. 기부활동을 할 때, 기부자 스스로가 자신이 아는 사람이나 대상에게 직접 기부를 할 때가 익명의 기부를 해서 타인에게 선택권을 주는 것보다 만족감과 행복감이 더 커진다고 합니다. 물론, 자신을 드러내지 않는 익명의 기부나 봉사도 좋겠지만, 자기가 주도적으로 사회봉사 활동을 해서 그 결과를 지켜보는 것도 바람직합니다. 사람들이 자신의 몸을 꼼지락거리는 데 유별난 비용이 들어가지 않는 움직임이 있다면, 그것은 걷기입니다. 인간에게는 본능이며, 경제적으로 가장 저렴한 운동인 걷기입니다. 걷기는 운동이 아니라 생존이고 삶이었는데, 자동차 문명으로 인해 이제 걷기가 운동으로 변질되었습니다. 걷기에 대해서는 앞으로 지속적으로 더 이야기할 것이기에 여기서는 걷기에 대해 더 이상 많은 이야기는 하지 않습니다만, 걷는다는 것, 걸을 수 있다는 것은 포유류 동물에게는 살아 있다는 증표, 그 자체라는 것만을 잊지 않는 것이 중요합니다. 움직이는 동물들은 움직이다 보면, 무엇인가와의 만남이 있게 됩니다. 모든 만남은 위험한 것, 위험하지 않은 것 같은 것들로 구분될 수 있습니다. 적자생존을 위한 먹이사슬에 관계에 있는 것들 간의 만남은 위험하기 마련입니다. 초원에서 사자와 사슴 간의 만남은 위험천만한 만남입니다. 전투 중에서 적군과 아군 간의 만남도 위험천만하기는 마찬가지입니다. 반대의 경우도 허다합니다. 결혼할 연령대의 남녀가 만나는 것은 아름다운 만남입니다. 오지에서 트레킹을 하다가 만나, 같이 걸어가게 만드는 동행 역시 아름다운 만남이 됩니다. 어떤 만남이든, 만남은 좋은, 유익한 만남이어야 합니다. 서로에게 끌리고, 서로를 편안하게 만들어 주는 이로운 만남, 좋은 만남이 필요합니다. 그가 내게 좋은 만남이어야 하듯이, 나도 그에게 좋은 만남과 동행이어야 합니다. 정채봉 선생은 『처음의 마음으로 돌아가라』에서 만남에 대하여 이렇게 조언합니다. "가장 잘못된 만남은 생선과 같은 만남입니다. 만날수록 비린내가 묻어 오니까. 가장 조심해야 할 만남은 꽃송이 같은 만남입니다. 피어 있을 때 환호하다가 시들면 버리니까, 가장 아름다운 만남은 손수건 같은 만남입니다. 힘이 들 때 땀을 닦아 주고, 슬플 때는 눈물을 닦아 주니까." 그런 만남이 우리에게 더 필요하다는 것입니다. 서로가 서로에게 좋은 만남, 땀을 닦아 주고, 눈물을 닦아 줄 수 있는 좋은 만남들을 만들어 가야 합니다. 행복, 뭐 별것이 아니기 때문입니다.

행복의 둘째 기술인 B의 기술로서, 저들 HQ 행복론자들이 배움학의 행복론자들에게 주는 조언은 '긍정적이어라(Be Optimistic).'입니다. 일상을 살아가는 사람들의 행복을 위해 HQ 행복론자들이 가장 강력하게 조언하는 기술입니다. 절대로 우울해하지 말며, 모든 것은 끝내 당신에게 득이 되도록 되어 있으니 그것을 굳게 믿으라는 것입니다. 우울을 생각하면 우울해지고, 비관부터 생각하면 자신이 먼저 비극의 주인공이 되어버리는 법이니, 자기 자신부터 자신을 긍정적으로 최면하라는 것입니다. 긍정적인 마음가짐과 그 자세를 자신의 삶에서 유지하려면, 긍정적인 생각, 행복한 생각에 자신을 넣어 보라는 것입니다. 어쩌면 생각을 행복하게 하라가 더 옳은 말일 수 있습니다. 이는 '바라던 일을 이룩할 때까지 이룩한 것처럼 가정하십시오.'라는 오래된 격언과 관련이 있습니다. 예를 들어, 실험대상자들에게 각각 '행복한' 음악을 들려줬었을 때, 행복감을 더 적극적으로 느끼려고 노력한 그룹은 같은 음악을 들었어도, 자기 자신과 타인들에게 더 좋은 감정 상태를 보였던 것을 보면, 기회가 닿는 대로 가능하다면, 누군가가 서로 사랑하기를 원한다면 큐피드 역할을 하는 것이 스스로를 행복하게 만드는 일이 되는 셈입니다. '싸움은 말리고 흥정은 붙이라.'는 격언처럼 그저 남에게 좋은 일만 하십시오. 하기야 세상일을 따지고 보면, 인생은 사람과의 관계를 맺는 과정이니 물질이 아니라 사람에게 먼저 집중하는 것이 사람이 해야 할 일이 됩니다.

행복의 세 번째 기술은 C기술로서, 저들이 우리에게 추천하는 것은 바로 시간의 중요성입니다. 그것은 무엇이든 지금 결정하라입니다. '자신의 삶을 통제하는 결정권을 가져라(Decide to take control of your life).'가 바로 세 번째 C의 기술이고 원칙입니다. 행복에 이르기 위해 필요한 이 세 번째 C의 기술은 보기는 딱딱해 보여도 알고 보면 실생활에서는 행하기에 아주 쉬운 원칙입니다. 자신의 삶을 포기하지 않는 것이 C기술의 핵심이기 때문입니다. 다시 말하겠지만, 설령 나이 들어 직장을 그만두게 되었다고 해도, 아서 밀러의 희곡『세일즈맨의 죽음』의 주인공처럼 늙었다고, 해고되었다고 우울하다라고 되뇌이면서 자신의 삶을 포기하면 자신의 행복을 자신 스스로 폐기하는 것이나 다름없습니다. 자신의 운명은 딱 하나, 자신만의 그것 딱 한 가지입니다. 그 누가 대신해 줄 수 있는 것이 운명이 아닙니다. 자신의 운과 명은 단 한번, 딱 하나라는 것을 모르겠다면 지금 당장 자신의 목을 한번 만져 보십시오. 목을 두 개씩 갖고 있는 사람은 없습니다. 그런 사람이 있다면, 그는 사람이 아니라, 괴물입니다. 자신의 생과 명, 그것이 명하는 운명도 하나이기에 함부로 할 것이 아닙니다. 그렇습니다. 삶에서, 생각하는 대로 살려고 애쓰지 않으면, 사는 대로 생각해버리고 맙니다. 자신의 삶은 자신이 제어해야 합니다. 자신의 삶을 통제할 줄, 슬기롭게 제어하는 사람일수록 행복을 제대로 몰아가면서, 행복의 삶을 느긋하게 드라이브하며 행복을 즐길 줄 아는 사람들입니다. 기업인 중에서는 꽤나 행복에 겨워했던 사람이 G.E.의 잭 웰치(Welch) 회장이었는데, 일선에서 그가 늘 즐기던 말이 바로, '컨트롤 유어 데스티니 오어 섬원 엘스 윌(Control your destiny, or someone else will)'이었습니다. 제 삶은 자기가 책임져야 한다는 의지표명의 말입니다. 그렇지 않으면, 다른 이가 대신 당신의 운명을 좌지우지할 것이기 때문입니다. 행복도 좋은 삶 역시 마찬가지입니다. 자신의 행복은, 그것을 무엇이라고 부르든 간에, 제 스스로 관리해야 하겠기에, 저는 자신을 뒤돌아보고, 미리 짚어 보며 현재를 조절해가는 방법으로써 관행(觀行)을 제안했던 것입니다. 그 무엇이든 다 그렇지만, 제 삶을 제 스스로 제대로 관리하지 못하면, 남이 대신 내 행복에 콩 놔라, 팥 놔라 하며 내 삶의 구도를 대신 짜주도록 되어 있습니다. 남이 짜놓은 행복의 구도대로 살아갈 수도 없지만, 자신의 삶을 타인의 의도에 맡겨버리는 사람은 자신을 위해 결코 좋은 삶을 산다고 말할 수는 없는 것입니다. 누구든 제 몸부터 제대로 가꾸어야 합니다. 이 세상에서 자기 몸을 가장 잘 알고 있는 사람은 자기이기 때문입니다. 의사가, 현대 의학기계가 제아무리 내 몸을 과학적으로 진단한다고 해도, 그것은 아주 잠깐 동안의 일일 뿐입니다. 의사들의 진료시간은 아무리 길어도 10분을 넘기지 않으며, 의료 기계가 내 몸 안을 구석구석을 살핀다고 해도, 그것은 그렇다는 것을 보여 줄 뿐이지, 내가 느끼는 통증, 내가 겪는 그 아픔이 어떠한 정도인지를 설명해 주는 것은 아닙니다. 하루 24시간 온종일 내내, 몸과 마음을 달고 다니며, 그것으로부터 오만 가지를 느끼고, 겪으며 관찰하는 사람은 나, 바로 자기 자신입니다. 내 자신이 나의 주인입니다. 내가 내 몸의 주인이고, 동시에 내 몸의 노예가 되는 것이니, 몸에 관한 한 내성외망(內省外望), 즉, 안으로는 끊임없이 관찰해야 하며 밖으로는 열성적으로 건강하기를 주문하고, 그렇게 기대해야 합니다. 내 스스로 내 몸을 위해 할 수 있는 몸조리, 몸의 단속이니 그 몸에 대해 결정권을 내 자신이 가져야 됩니다. 자기를 위한 시간관리가 행복의 세 번째 원칙인 C의 진수(眞髓)인 것입니다. 시간관리를 제대로 하면 마음의 여백을 늘릴 수 있기 때문에, 좋은 삶을 살아가려는 사람에게는 나침판 같은 원리입니다. 요즘 같은 정보중심사회에서는, "페이스북이든 카톡이든 문자메시지를 현명하게 제어하는 것도 자신의 삶을 여유롭게 하는 일에 속하게 됩니다. 저 역시 한때는 뭣도 모르고, 호기심으로 페이스북에 매달려 본 적이 있습니다만, 알고 보면 그것은 여러 관계들의 쓰레기 수거장, 혹은 시궁창이나 다름이 없었습니다. 내 스스로 한때는 나의 네트워크망이 넓음을 보여 주기 위해 기업의 회장이니, 국회의원이니, 문학가니 하는 소위 유명인들의 이름을 페이스북에 넣었던 적이 있었습니다. 한동안 저들의 이야기에 나름대로의 유혹과 시달림을 받다가, 그 어느 날 내가 왜 대기업 회장이 오늘 점심으로 그가 무엇을 먹었는지, 그가 어디로 가고 있는지를 기억해 둬야만 하는지에 대해 의심이 가기 시작했습니다. 그냥 저들이 심심풀이로 보내는 저들의 메시지를 나는 영문도 모르고, 진실 되게, 그리고 그것이 내 삶에 그 어떤 의미를 만들어 내도록 읽어 줘야만 했기 때문입니다. 한번은 어느 소설가, 이 뭐라 하는 작가가 보낸, 그 어느 곳에서 강연과 더불어 팬 행사를 한다는 그 광고 문자까지 받아야 했었는데, 그때 그것은 내게 충격 같은 것이었습니다. 그 소설가라는 작자의 마케팅에 내가 어처구니없이 희생되어 가고 있는 것에 내 스스로를 꽤 한심하게 쳐다본 적이 있습니다. 그저 내가 저들의 개인적인 장삿속 정보에 속았던 것입니다. 모든 정보가 이해관계, 장삿속, 쓰레기장처럼 이용하려는 사람들을 위한 광고들이었고, 내 스마트폰은 저들을 위한 난장판이었던 셈입니다. 100여 명의 젊은 성인들을 대상으로 한 통신매체 활용과 삶 간의 관계에 대해 미국 미시간 대학교 연구결과는, 우리가 무엇을 경계해야 되는지를 알려 주고 있습니다. 실험 2주 동안 나타난 것은, 페이스북을 많이 사용하면 사용할수록 저들의 삶에 대한 만족감도, 질도 떨어진다는 사실이었습니다. 그에 비해 반면, 전화나 대면 등 직접적인 접촉을 많이 사람들은 상대방에게 그 시간 동안 더 좋은 감정을 느끼게 했다고 보고하고 있습니다. 이 연구결과에 따르면, 스마트폰처럼, 범람하는 각종 기계적인 소셜 네트워크 통신망은 결국 사람과 사람 간의 관계를 오히려 소원하게 하고 심지어 고립시키기까지 한다는 것입니다. 그러니 카톡보다는 가능한 전화를, 전화보다는 가능한 만남을, 그리고 그냥 단순한 만남보다는, 서로 자신의 이야기를 터놓고 이야기하고, 서로 몸을 움직이며 에너지를 발산시키는 관계의 만남이 서로의 행복감을 높이는 길이 되는 것입니다. 스팸 문자는 무조건 수신 거부 문자로 등록해버리는 것도 자신의 시간을 자신이 관리하려는 의지표명이 될 것입니다. 자신이 원하지 않는 저들의 문자에 내 자신의 시간과 에너지, 그러니까 내 자신의 행복을 빼앗길 이유가 없기 때문입니다. 저들 스팸 문자나, 내가 원하지 않았는데 일방적으로 호객하는 광고를 뿌리는 저들은 돼지들의 분뇨(糞尿)에 지나지 않은 것이니, 조건 없이 피하면 될 일입니다.

　행복의 네 번째 기술인 D(Delete)의 원칙이 있는데, 그것은 '필요하더라도 불필요하게' 느껴지면 가차 없이 버리라는 원칙입니다. 이미 이야기했던 어느 소설가의 소설작품 마케팅 문자 소식을 접하면서, 이내 그의 이름마저 내 명단에서 소거시키는 것 같은 결단이 매일같이 결단되어야 한다는 뜻입니다. 버리기 시작하면 털어 버려지고, 가벼워집니다. 가만히 보면, 세상에서 필요하다고 강조하는 것일수록 대개는 불필요한 것들입니다. 자신의 삶에서 불필요한 것은 가차 없이 그렇게 소거시켜 버려야 합니다. 다만 자신의 생명을 털어 버리는 일은 삼가고, 마지막까지 삼가야 될 일입니다. 살아 있는 그 자체를 버리면 모든 것은 끝나게 되고, 그것은 행복의 원리에 어긋나는 일이 되고 맙니다. 생명은 살아 있을 때 비로소 의미가 있는 것이고, 그때 비로소 행복이 무엇인지도 알게 되는 것입니다. 살려고 털어내는 것이지, 죽으려고 털어내는 것은 아니기 때문입니다. 붓다라고 해도, 소크라테스도, 공자도, 예수 역시도 자신의 목숨을 버리고서는 그 자신에게, 더 이상 더 유익한, 더 필요한 그 어떤 깨달음도 바랄 수 없겠기 때문입니다. 남에게 깨달음은 줄 수 있을지 몰라도, 자신 스스로에게는 그 어떤 더 새로운, 더 진중한 깨달음은 불가합니다. 삶은 살아감, 살아냄의 현재진행형일 뿐이니, 버리는 것도 살아냄의 그 테두리 안에서 과감하게 해야 될 일입니다. 그 어떤 스님이나 도사도 제 목숨을 버리고 행복을 이어 갔다는 소리를 아직 듣지 못했습니다. 버리라는 말은 무소유니, 혹은 무소욕(無所慾) 같은 것이기는 하지만, 그것이 생명에도 해당되는 것은 아닙니다. 생명에 대한 무소유를 말해야겠다면 아예 태어나지 말았어야 할 일입니다. 무소유, 물질에 대한 필요 이상의 탐욕을 제어하라는 말이며, 버리라는 말의 핵심은 진정으로 '~척 하라.'는 그것의 소거와 동시에 유지에서 찾아야 할 것입니다. 그러니까 잘난 척, 아는 척 등등, 자기 이해관계를 충족시키기 위한 욕망의 표현으로서의 '~척'이나 '체'가 아니라, 자신의 맘조리를 위해, 자신의 맘을 철저하게 단속하라는 의미에서의 '척'을 말하는 것입니다. 말하자면, 행복하려면 살아 있으면서도 죽어 있는 '척' 알아도 모르는 '체', 잘났어도 못난 이처럼 겸손하고 조용하게 자기를 낮추는 행동이 바로 자신의 맘조리, 단속에 해당될 것입니다. 세상은 모두에게 척, 체라는 단어가 있어서 살아낼 만합니다. 척과 체는 각자가 지니고 있는 쇼윈도이지만, 지나쳐야 될 쇼윈도와 쳐다보며 즐겨야 될 쇼윈도는 따로 있는 법입니다.

  욕심을 모르는 척하고 지나가는 것은 어쩌면 욕심을 버리려는 마음가짐의 시작일 수 있습니다. 욕심을 지나치기만 하면 당장 그 욕심으로부터 자유로워질 수가 있습니다. 욕심을 버리지 않으면 욕심의 교도소에 갇히게 됩니다. 물리적으로 사람의 몸을

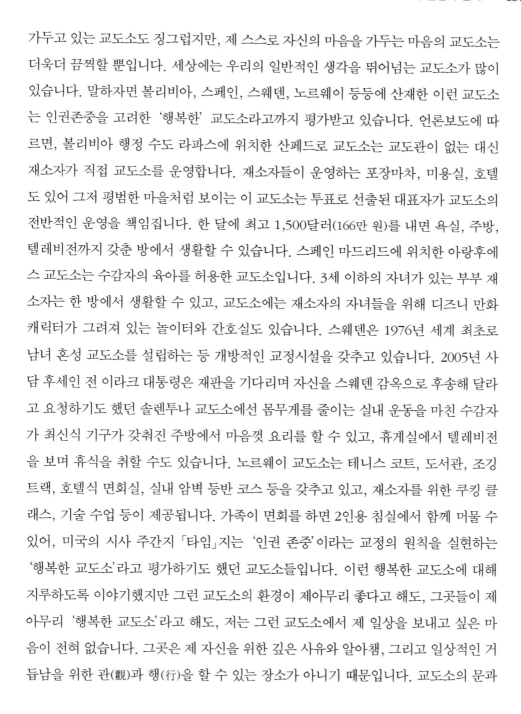

가두고 있는 교도소도 징그럽지만, 제 스스로 자신의 마음을 가두는 마음의 교도소는 더욱더 끔찍할 뿐입니다. 세상에는 우리의 일반적인 생각을 뛰어넘는 교도소가 많이 있습니다. 말하자면 볼리비아, 스페인, 스웨덴, 노르웨이 등등에 산재한 이런 교도소는 인권존중을 고려한 '행복한' 교도소라고까지 평가받고 있습니다. 언론보도에 따르면, 볼리비아 행정 수도 라파스에 위치한 산페드로 교도소는 교도관이 없는 대신 재소자가 직접 교도소를 운영합니다. 재소자들이 운영하는 포장마차, 미용실, 호텔도 있어 그저 평범한 마을처럼 보이는 이 교도소는 투표로 선출된 대표자가 교도소의 전반적인 운영을 책임집니다. 한 달에 최고 1,500달러(166만 원)를 내면 욕실, 주방, 텔레비전까지 갖춘 방에서 생활할 수 있습니다. 스페인 마드리드에 위치한 아랑후에스 교도소는 수감자의 육아를 허용한 교도소입니다. 3세 이하의 자녀가 있는 부부 재소자는 한 방에서 생활할 수 있고, 교도소에는 재소자의 자녀들을 위해 디즈니 만화 캐릭터가 그려져 있는 놀이터와 간호실도 있습니다. 스웨덴은 1976년 세계 최초로 남녀 혼성 교도소를 설립하는 등 개방적인 교정시설을 갖추고 있습니다. 2005년 사담 후세인 전 이라크 대통령은 재판을 기다리며 자신을 스웨덴 감옥으로 후송해 달라고 요청하기도 했던 솔렌투나 교도소에선 몸무게를 줄이는 실내 운동을 마친 수감자가 최신식 기구가 갖춰진 주방에서 마음껏 요리를 할 수 있고, 휴게실에서 텔레비전을 보며 휴식을 취할 수도 있습니다. 노르웨이 교도소는 테니스 코트, 도서관, 조깅 트랙, 호텔식 면회실, 실내 암벽 등반 코스 등을 갖추고 있고, 재소자를 위한 쿠킹 클래스, 기술 수업 등이 제공됩니다. 가족이 면회를 하면 2인용 침실에서 함께 머물 수 있어, 미국의 시사 주간지 「타임」지는 '인권 존중'이라는 교정의 원칙을 실현하는 '행복한 교도소'라고 평가하기도 했던 교도소들입니다. 이런 행복한 교도소에 대해 지루하도록 이야기했지만 그런 교도소의 환경이 제아무리 좋다고 해도, 그곳들이 제아무리 '행복한 교도소'라고 해도, 저는 그런 교도소에서 제 일상을 보내고 싶은 마음이 전혀 없습니다. 그곳은 제 자신을 위한 깊은 사유와 알아챔, 그리고 일상적인 거듭남을 위한 관(觀)과 행(行)을 할 수 있는 장소가 아니기 때문입니다. 교도소의 문과 벽은 이미 모든 인간에게 구속이며, 억압이 되고 있기 때문입니다. 그저 저들이 시키는 대로 먹고, 자고, 거닐며, 절대로 교도소 벽 밖으로 탈출만 하지 않으면 모든 것이 충족되고 만족스럽게 채워지는 삶은 나를 위한 자유로운 삶이 아닙니다. 법무, 교도행정기관을 위한 억압된 삶일 뿐입니다. 제 삶에서 중요한 것은 잘 먹는 것이 아니라, 제대로 사는 것이어야 하겠기에, 행복한 교도소는 관심 밖의 일이 될 수밖에 없습니다. 제대로 살아가기 위해서는 자신의 몸에 대한 관행과 자유가 모두 있어야 합니다. 그 자유는 자기가 하고 싶은 것을 마음대로 하게 해 주는 권한이양의 공간 사용 같은 것이 아니라, 내가 내 몸을 마음대로 부릴 수 있는 나의 시공간과 의식의 여백을 늘릴 수 있는 힘의 구사를 의미하기 때문입니다. 교도소의 자유는 그것이 그 어떤 자유라고 하더라도, 그것은 교도소라고 하는 공간, 그리고 교도소라고 하는 선(線) 안에서 허용되는 것이며, 그 선을 벗어날 수는 없기에, 그것은 갇히는 그날부터 출소하는 그날에 이르기까지 구속이며 억압이고, 부자유, 그 자체일 뿐입니다.

　마지막으로 저는 저들 HQ 행복론자들의 처방이 배움학자들의 행복론과도 유용하게 접목되도록, 그리고 좋은 삶을 위해 유용하게 쓰이도록 하기 위해, 행복의 원칙이며 마지막 기술 같은 E를 더 덧붙이겠습니다. 배움학파의 상징이기도 한 이 E원칙은 약방의 감초 같은 처방으로서 영어로는 에버그린(Evergreen)과 에루디션(Erudition)입니다. 그러니까 늘 희망하고, 소망하며 늘 상록수처럼 행복의 싱그러움과 푸르름을 그대로 유지하는 것을 늘 배우라는 원칙입니다. 좋은 삶, 행복의 윤리에 대한 생각을 한시라도 잊지 않고, 늘 청아하게 갖기 위해서는 미래에 대한 소망을 버리지 않는 퓨처마인드(Future Mind)가 필요하고, 그것을 자신의 일상적인 삶이 되도록 익히고 배워야 합니다. 미래학자인 리처드 왓슨(Richard Watson)은 『퓨처마인드』에서, 아날로그 시대와 선을 긋는 디지털 시대에서 필요한 자세를 퓨처마인드라고 부릅니다. 미래마인드의 디지털 시대는 우리의 기대와는 달리 오히려 인간의 사고력과 결정력, 그리고 대인 관계의 질을 떨어뜨려 놓을 가능성도 내포하고 있습니다. 내게 매초 쏟아져 들어오는 잡다한 정보들, 마치 삶을 위해 쓰임새가 있는 소중한 지식이나 삶을 인도해 주는 가치와 슬기의 지혜인 것처럼 우리의 일상으로 위장해 들어오는 그런 쓰레기 정보 읽어 주기와 찾기에 매달리다 보면 우리들 스스로 영혼을 그 어딘가에 버리고 사는 얼빠진 사람이 된다는 것입니다. 마우스 클릭 한 번으로 온갖 종류의 정보를 얻을 수 있기에, 사람들은 굳이 노력을 기울여 뭔가를 깊이 있게, 심각하게 탐구하거나 익힐 필요를 느끼지도 않게 됩니다. 자신들이 실제로 하고 있는 일이나, 나아갈 방향에 대해 깊이 사고하지 않은 채 하루 종일 자판과 모니터를 들여다보며 시간을 보내며, 그것을 좋은 삶을 위한 지혜나 슬기로 착각하게 됩니다. 그렇다고 이미 우리가 발 딛고 있는 디지털 사회에서, 다시 아날로그 사회로 퇴행할 수는 없습니다. 디지털 사회에서 나름대로 현명하게 새로운 정보를 익히고 더 새롭게 만들기 위해서는 디지털 문화에 현명하게 참여해야 합니다. 은유적으로 말해, 인간의 생각을 배추 한 포기와 같은 식물로 비유하기 시작하면 디지털 사회에서 쓰임새를 높일 인간의 생각에 대한 기존의 사고방식을 바꿀 수 있을 것입니다. 배추를 키우기 위해서는 준비된 밭을 일구고 고랑을 내고 그 흙 위에 배추 씨를 뿌리듯이, 삶에서도 생각 하나하나씩을 정성스레 심어야 하고, 뿌려놓은 생각의 씨앗에 물도 주고, 잡풀도 뽑아 버리며 자신의 생각이 점점 커나가는 것을 지켜봐야 합니다. 그러면서 한 가지는 늘 상기하면서 여유를 지녀야 합니다. 정원 손질을 하는 사람은 누구나 미리 알고 있듯이, 땅에 뿌려놓은 생각의 절반은 제대로 자라지 못하기에, 뿌린 생각을 모조리 다, 100% 모두 다 추수하지는 못할 것도 미리 생각해 둬야 합니다. 그 옛날 농부들은 늘 "하나는 찌르레기가 먹고, 하나는 까마귀가 먹고, 하나는 벌레가 먹지만, 나머지 하나만큼은 튼실하게 자라 내 몫이 된다고 말하며 자신의 마음을 추스렸던 그 생각을 오늘 이 디지털 정보시대에도 사람들의 마음에 담아둬야 합니다. 그렇습니다. 생각하나라도 크게 제대로 자라면 되는 일이니, 너무 욕심을 낼 일이 아닙니다. 제대로 된 생각은, 사상가에게나 필요할 듯한 큰 사유(思惟)는 아니더라도, 자신을 추스르는 데 필요합니다. 자신의 관점을 키우기 위해 나름대로의 그런 사유들이 필요합니다. 그것이 바로 좋은 삶을 위한 관행(觀行)의 토양이 되기 때문입니다. 때로는 모든 것으로부터 자신을 고립시키는 것도 정신의 생산성을 높이는 방법 중 하나가 됩니다. 생각을 키우는 또 다른 방법도 있는데, 그중 더 좋은 방법은 바로 제 스스로 행복해지는 것입니다. 기쁜 일이 자신에게 가득하도록 하기 위해서, 자신의 사유의 토양을, 밭고랑 일구듯이, 고르고 또 골라야 합니다. 그렇게 하는 일이 바로 자신의 기분을 북돋우는 일입니다. 기분이 좋으면, 자신 스스로 기쁨 속에 있게 될 때, 인간의 두뇌는 보다 더 잘 작동되게 되고, 그로부터 깊이 있는 사고도 가능해집니다. 인간의 기분은 어떻게, 그리고 무엇을, 어떻게 생각하느냐에 따라 달라집니다. 그것에 자신의 건강도 함께 반응합니다. 수없이 반복해서 하는 말입니다만, 행복한 경험을 많이, 자주 하는 사람들은 일반적으로 몸 튼튼, 마음 튼튼, 몸 튼튼합니다. 믿거나 말거나 한 일들이지만, 미국에서 올해의 영화와 최고의 주연배우들로 뽑힌 사람들은, 그렇지 않은 사람들에 비해 상당히 건강한 것으로 밝혀졌는데, 오스카상 후보에 오른 배우 750명을 대상으로 한 조사결과에 따르면, 수상자들일 경우, 그들이 수상자로 결정되기 전의 건강은 모두가 평균적으로 엇비슷한 수준이었지만, 일단 오스카상을 받으면, 그들 수상자들은 비수상자들에 비해 평균수명이 무려 4년이나 더 늘어났다고 합니다. 그 이유는 간단합니다. 그해 최고의 영화배우라는 명성을 얻게 되는 오스카상을 받은 후, 수상자들은 이루 말할 수 없는 기쁨과 즐거운 기분 속에서 자신의 일상생활과 배우생활을 해나갔기 때문이라는 것입니다. 제 개인적으로도 비슷한 느낌이 있음을 자인할 수밖에 없습니다. 저 역시 명예 교수가 되기 전 초년 교수 시절에 교육학회 학술상, 연세 대학교 학술상 2회, 학술원이나 여러 번에 걸친 문공부 추천 우수학술도서 선정 학자, 대통령으로부터 황조근정훈장 등을 받았었는데, 그런 상을 받을 때마다, 겉으로 결코 내색한 적은 없지만, 속으로는 제 자신도 모르는 격한 기쁨들이 있었습니다. 그다음 내가 다시 해야 할 것 같은 학문적인 일에 대한 각오들이 내 마음을 잔잔하게 적셔 들어오면서, 내 스스로를 기쁨과 즐김 그리고 엄연한 관(觀)과 행(行)으로 내 자신을 다스리며 다시 연구생활로 지내게 했던 기억들을 잊을 수가 없습니다. 행복한 사람들은 불필요한 정보 찾기와 정보 얻기에 자신을 몰입하지 않습니다. 잡동사니 정보들은 오히려 사람의 마음을 우울하게 만들어 놓기 때문입니다. 쓰레기를 뒤지는 일은 결코 행복한 일이 아닐 것입니다. 쓰임새 없는 일에 매달리다 보면 머리만 아프기 마련이고, 자기 스스로 무슨 일을 하고 있는지도 모르게 만들어 놓을 뿐입니다. 불행은 아니더라도, 의미 없는 일을 억지로 의미 있도록 만들어야 하는 일은 그 누구에게도 행복한 일이 아닌 것만은 틀림없습니다. 갖가지 정보, 삶의 깊이를 더해 주지 못하는 정보들로 꽉 막힌 우리의 두뇌를 청소하고 창의적이고 폭넓은 사고를 촉진시켜 주려면 디지털 정보와 디지털 문화에 적응하는 방법을 달리해야 합니다.

『퓨처마인드』의 저자인 왓슨 교수는 각자에게 필요한 디지털 사회에서의 처세법, 디지털 사회에서 좋은 삶, 좋은 마음을 지니기 위한 서너 가지 방법들을 제안합니다. 그는 무엇보다도 미래마음을 갖으라고 말하는데, 그 미래마음 갖기는 바로 배움을 위한 탐구와 익힘의 자세이고 자신을 늘 시대적 문명에 뒤떨어지지 않게 하려는 역지체(逆遲滯), 그러니까 시대 문명적 조류에 뒤지지 않게 자신의 학습력을 채워나가는 배움의 마음이며, 늘 푸른 상록수의 마음을 말합니다. 배움과 상록수의 학습자세인 퓨처마인드를 갖기 위해서는 자신의 배움을 위한 시간과 공간을 창조해야 한다는 것이 왓슨 교수의 조언입니다. 마음을 비우고 생각을 멈출 때마다 좋은 생각이 떠오르기 때문에 그렇게 하라는 것입니다. 이 말은 아리스토텔레스나 에피쿠로스가 우리에게 그 옛날 처방해 준 깊게 사유(思惟)하라는 그 말인 관행과 같은 뜻으로 봐도 무방합니다. 둘째로, 일상에서 벗어나 새로운 생각과 경험을 받아들이며 생각일기를 적으라는 것도 왓슨 교수의 미래마음을 위한 처방입니다. 기억에 의존하지 말고 흥미로운 생각은 무엇이든 기록해 두면 도움이 될 것입니다. 개방적 사고를 유지하라가 그의 세 번째 처방인데, 세상에 정답이 하나밖에 없다는 고정관점에서 벗어나면, 세상이 달라지기 시작한다는 것입니다. 넷째로, 목욕실, 샤워실 공간을 최대한 활용하기 시작하면, 그러니까 샤워를 하는 동안에는 부정적인 생각과 스트레스가 사라지기 때문에 그렇다는 것입니다. 다섯째, 독창적인 생각을 하는 데는 오랜 시간이 걸리기 때문에 침착해야 하지만, 스스로를 억제하지 말라고도 강권합니다. 편안한 환경은 깊은 사고를 자극하기 때문이라는 것입니다. 여섯 번째, 실패를 두려워하면 중요한 기회를 놓칠 수 있기 때문에, 실패를 수용해야 하고, 일곱 번째 동행하는 사람들과 문제를 공유하면서 아이디어의 양과 질을 제한하지 말고, 문제가 무엇인지를 서로 공유해야 하며, 마지막으로 생산적이며 창의적인 생각을 하기 위해서는 일부러 핑계를 대고 직장에 빠지면서라도 '나 홀로' 시간을 즐기라고도 말하지만, 이것은 우리나라 직업 환경에서 쉽게 응용할 수 있는 처방이 아닙니다. 어쩌거나 그는 그렇게 하는 것이 휴식에 대한 죄책감을 떨구어 주면서 깊이 있는 생각으로 들어가는 현실적인 방법이니, 가능하면 저 홀로 시간을 가지라는 조언이라고 다시 해석하면 됩니다.

사실, 퓨처마인드 중앙처리장치인 씨피유(CPU)의 생명은 '속도'가 아니라 '깊이'인 것을 생각하면, 창의적이고도 생산적인 사고를 위해서는 결코 사람이 지니는 생각의 깊이를 포기할 수 있는 일이 아닙니다. 퓨처마인드에서 속도 게임은 이미 그 옛날 추억이며 신화 속 이야기일 뿐입니다. 생각할 거리를 주지 못하는 속도, 의식과 소통하지 못하는 속도는 고장 난 자동차가 목적 없이 질주하는 것처럼 위험천만한 속도일 뿐입니다. 사람들 간의 의식을 자극하고 공유하려면 깊은 사고를 유발할 수 있는 또 다른 그 무엇이 있어야 합니다. 사람들의 삶에도 마찬가지입니다. 자기 행복은 자기의 삶과 관련되어 있을 때 유효하기에 자기 삶에 도움을 주지 않는, 일방적으로 외부에서 강권하는 그런 잡다한 정보 쪼가리, 필요하지 않은 지식 덩어리들은 나의 독창적인 생각을 위해서는 그저 쓰레기일 뿐입니다. 그런 쓰레기를 한없이 줍다 보면 자신의 두뇌는 쓰레기 처리 두뇌가 되는 것입니다. 전자기기에 익숙해져 있기에, 자신의 마음이나 머리마저 필요하다면, 과감히 그리고 손쉽게 초기화하려고 하지만, 그러니까 스마트폰을 다시 초기 값에 따라 조작하듯이 디폴트(Default) 하려고 하지만, 그런 생각은 처음부터 잘못된 생각일 뿐입니다. 인간의 마음은 전자기기와 같은 구조나 기능을 미리 갖고 있지 않기에, 생각처럼 그렇게 쉽게 디폴팅하거나 리세팅(Resetting)할 수가 없습니다. 사람의 마음에는 스마트폰처럼 미리 정해진 기본 값이나 초기 구동을 위한 기초 값이 미리 설정되어 있지 않기 때문입니다. 스마트폰을 고치려면 고장 난 부품을 갈아 끼우면 되겠지만, 마음이나 내 마음 모두는 고장 난 스마트폰처럼 회로 모두를 남에게 드러내 보일 수가 없습니다. 굳이 인간의 초기 값을 신(神)의 입김 안에서 찾으려고 한다면, 그 초기 값은 태어남이 아니라 죽음, 그것 하나로 귀결될 뿐입니다. 신이 인간의 몸에게 미리 장치해 놓은 것은, 오해하지 마십시오, 태어남이 아니라 바로 죽음이라는 현실입니다. 그런데 죽었다가 되살아나는 것은 있을 수 없습니다. 인간의 몸에게 생물학적으로 부활은 가당치 않는 일입니다. 인간은 스마트폰처럼 만들어진, 부품의 조립이 아니기 때문입니다. 되살아남, 모든 것 지우고 새롭게 작동할 수 있는 그런 초기 값은 인간에게 미리 설정되어 있지 않습니다. 그러니까 인간은 그렇게, 저렇게 그 어떻게든 죽는 그날, 그 순간까지 살아가야만 할 뿐입니다. 처음 마음에 이렇게, 저렇게 기록되고 기억되었다면, 그것에 대해 끊임없이 성찰하고 되돌아보며 반(反)하고 추(芻)하는 수밖에는 없습니다. 반추하는 마음, 그것을 도와주는 관행(觀行), 그러니까 그 옛날 에피쿠로스 같은 철학자들이 말한 사유와 철저한 실천의 조화, 사유의 삶인 비타 컨템플라티바(Vita Contemplativa)와 실천의 삶인 비타 악티바(Vita Activa)가 융합된 그 관(觀)과 행(行)이 미래마음을 건사하도록 도와주는 핵심 기능입니다. 관행력이 자신의 삶에서 제대로 작동하지 않는 미래마인드는 모래 위에 쌓아 놓는 조약돌처럼 언제 무너질지 모르게 될 뿐입니다.

Chapter 5

관행의 일상

1. 관행의 일상들

언어학자인 워프(B. L. Whorf)와 사피어(E. Sapir)에 따르면, 인간은 객관적 세계에서 살고 있는 것이 아니라, 언어의 세계에서 살고 있는 것입니다. 언어는 자신이 속해 있는 세상 그 모든 것을 그에게 있는 그대로 반영하고 표현합니다. 현실이 언어에 의해 구성되기 때문에 그 언어가 그 현실에 대한 의식(意識)이 됩니다. 그러니까 은행에 강도가 들어와서 손을 주머니에 넣은 채 고객들에게 '손들어, 손들지 않으면 죽는다!'라고 외치면, 한국 사람들은 손을 들겠지만, 한국어를 모르는 외국인은 손을 들지 않을 것입니다. 반대로 그 강도가 총을 들고 손짓으로 위협을 하기만 해도 그것을 본 외국인이든 한국인이든 누구든 관계없이 두 손을 들 것입니다. 이는 언어가 인간의 사고를 가능하게 할 뿐 아니라, 지각 과정과 사고의 패턴에 영향을 미친다는 것을 보여 준 예에 지나지 않습니다. 언어를 통해 세상을 다르게 표현해 놓으면, 그때부터 다른 현실이 그에게 드러납니다. 다른 가치관을 받아들이게 되게 되고 그로 인해 다른 행동이 촉발됩니다. 사회현상을 바라보는 시각이 달라지게 됩니다. 언어가 인간의 사고에 영향을 주기 때문입니다. 우리가 세계를 인식하는 방식은 어느 정도까지는 언어의 구조가 결정하는데, 그것은 언어가 인간의 사고에 영향을 미치기 때문입니다. 사용하는 언어가 다르면, 그에 대응하여 사고방식이나 세계관도 달라지게 되는 이유입니다. 우리의 생각은 언어 속에 표현되어 있기에 언어는 우리의 사고와 크게 다르지 않기 때문입니다. 물론 이 논리를 끝까지 밀고 가면 인간의 생각, 인간의 사유라는 것은 언어의 흔적이라는 결론에까지 이르고 맙니다. 언어는 생각 그 자체는 아닙니다. 언어가 생각의 흔적이지, 생각이 언어의 흔적은 결코 아니기 때문입니다. 그럼에도 불구하고, 한 가지 분명한 것은 한 사람이 세상을 이해하는 방법과 행동은 그 사람이 일상적으로 쓰는 언어의 문법적 체계를 떠날 수 없다는 점입니다. 언어는 사회적 결합의 수단이며, 타인에게 영향을 주는 수단이고, 자기 자신에게 영향을 주는 수단이라는 것을 부인할 수 없습니다. 우리는 언어를 통해 세계를 인식합니다. 현실세계와 일상은 언어세계로 구조화되어 있습니다만, 우리의 언어세계는 항상 우리의 의식 너머에서 그 어떤 틀을, 쉽게 드러나지 않는 그 어떤 틀로서 구조화되어 있기 마련입니다. 인간이 제아무리 객관적 세계에서 살고 있다고 하더라도, 실제로 그의 삶은 언어의 세계에서 벗어나지 못한다는 언어학자들이 주장하는 그런저런 언설(言說)을 처음부터 시작한 이유가 있습니다. 그것은 행복하기 위해 우리의 일상에서 관행적인 삶이 요구된다면, 우리 스스로에게 관행에 대한 이야기를 자주 해 줘야 하겠기 때문입니다. 관행이라는 말을 자주 우리의 이야기로, 우리의 일상적인 화제로 삼아야, 비로소 관행이라는 것이 우리의 사유와 생각에서 벗어나지 않게 되기 때문입니다. 관행이라는 말을 우리의 삶에서 일상화해야, 우리 자신의 삶을 일상적으로 관행적인 삶이나, 생활이나 우화로 적셔 가면서 우리의 삶을 관행의 성찰과 개조의 삶으로 만들어 가면서, 우리의 의식세계가 관행의 틀로 다시 짜이게 된다는 것을 강조하기 위해서입니다. 관행적인 사람은 당연히 관행에 대한 이야기를 즐길 것인데, 그것은 마치, 노름꾼들이 저들의 일상적인 삶을 도박 이야기로 시작하는 것과 마찬가지입니다. 그 옛날 영화에서는 흔한 장면이었지만, 술집의 작부(酌婦)들이, 그녀들의 그날 재수를 점치기 위해 아침을 심심풀이 화투로 시작하는 것처럼, 관행력을 자신의 삶에서 중요한 화두로 삼는 사람, 그러니까 관행을 행복의 화두로 삼는 사람은 당연히 자신의 일상생활의 시작을 관행에 관련된 이야기나 행동으로 자신의 삶을 만들어 가야 할 것입니다.

관행이 자신의 삶을 좌우하는 일, 자신의 삶에 기쁨을 주며, 그 기쁨을 즐김으로써 행복에 이르게 하기 위해서는 관행적인 삶을 실천하는 일상적인 생활뿐만 아니라, 관행에 대한 자신의 믿음도 분명해야 할 것입니다. 믿음이 있어야 소망이 생기는 것이고, 소망이 생겨야 일들을 추진할 것입니다. 자기의 소망을 지속적으로, 신실하게 표현하면 바라는 대로 이루어진다는 것을 소위 피그말리온 효과라고 부릅니다. 정말로,

바라고, 바라면, 그리고 바라는 대로 자신의 몸을 기울여 그것을 자신의 일상에서 실천하면 기대대로, 기대만큼 그대로 이루어진다는 이야기를 피그말리온 효과라고 부릅니다. 피그말리온 효과는 교실현장에서도 나름대로 검증된 이론입니다. 미국의 어느 초등학교 교실에서, 하버드 대학교 연구진이 교사에게 자신들의 사전조사결과 출석부에 점찍어 놓은 학생들은 천부적인 재능이 있는 영재급 아이들이라는 명부를 건넨 후 6개월이 지났습니다. 그렇게 호명된 아이들의 학력은 정말로 학급평균을 웃도는 실력을 드러냈습니만, 사실 하버드 대학교 연구진은 저들 학생들의 능력을 미리 조사한 적이 없었습니다. 연구진들이 미리, 그냥 무선적으로 찍어 놨던 학생이었지만, 그렇게 무선적으로 점찍혀진 저들 학생들은 자신들의 실력을 월등하게 드러낸 것입니다. 그렇게 된 가장 큰 이유는 저들의 능력보다는, 저들에 대한 교사의 기대, 말하자면 하버드 대학교 연구팀의 조사에 의해 판명된 영재라는 사실에 대한 교사들의 기대였습니다. 저들 학생에 대한 교사들의 기대가 교실현장에서 저들을 가르치면서 음으로, 양으로 저들에게 작용한 결과로 판명된 것입니다.

피그말리온에 대한 이야기는 그리스 신화로 거슬러 올라갑니다. 그리스 신화에 나오는 명조각가가 바로 피그말리온(Pygmalion)입니다. 그는 키프로스의 왕이기도 했지만, 유명한 당대의 총각 조각가이기도 했습니다. 그는 세상 그 어디에도 비길 수 없는 대리석을 구한 적이 있습니다. 그 대리석 위에 세상에 둘도 없는 아름다운 여성을 조각해 놓았습니다. 자기가 조각한 그 여인상에 대해 자기 자신도 놀랐습니다. 너무나 아름다웠기 때문입니다. 매일같이 그 조각을 보면서 그는 그 여성 조각상이 자신의 아내가 되기를 간절히 바라고 원했습니다. 그의 진심을 아무도 들어줄 리가 없습니다. 다만 신들만이 알 뿐이었습니다. 여신 중에서는 친정이 바로 피그말리온이 왕으로 있는 키프로스였던 미(美)의 여신 아프로디테가 피그말리온의 아픈 마음을 가장 잘 알고 있었습니다. 그녀는 마침내 다른 신들의 마음을 움직여 피그말리온의 소원대로 아름답게 빚어 놓은 조각에게 생명을 불어넣었습니다. 그렇게 대리석에서 태어난 그녀는 마침내 그의 아내가 되었습니다. 이 신화가 바로 피그말리온의 이야기입니다.

간절히 원하면 원하는 대로 일들이 이루어진다는 것을 후대에서는 피그말리온의 효과라고 불렀습니다. 피그말리온 효과는 임상적으로도 나름대로의 의미를 지니고 있는 것으로 알려지고 있습니다. 그러니, 관행을 간절히 바라면, 관행을 믿으면, 믿는 그대로 관행력이 자신의 삶에서 드러날 수 있게 됩니다. 뇌신경학자들은 피그말리온의 효과를 신경언어 프로그래밍(NLP: Neuro Linguistic Programming)으로 입증, 가능한 논리라고 설명합니다. 예를 들어, 대학입학시험 준비생이 나는 이번의 대학시험에 붙는다라는 대신, 나는 이번에 떨어진다라는 구호를 매일같이 뇌이거나 그런 것을 써서 책상 앞에 붙였다면, 그런 그가 대학에 붙을 가능성은 아무래도 적다는 것이 신경언어 프로그램밍을 연구하는 사람들의 견해입니다. 그러니, 빈말이라도 자신에게 혹은 타인에게 가능합니다, 할 수 있습니다, 고맙습니다, 감사합니다, 은혜롭습니다라는 언어를, 그런 말을 쓰는 것이 좋다는 것입니다. 말 못지않게 그렇게 감사하는 시간을 가지는 것이 필요합니다. 중요한 것은 그때 당신이 느끼는 감정의 언어, 감(感)의 말입니다. 감사함을 실어 나르는 그 말, 그 언어는 강력하고 긍정적인 진동을 만들어 내기 때문입니다. 이런 것을 설명해 주는 원리가 엔엘피(NLP), 그러니까 신경언어 프로그래밍의 효과입니다. 신경언어 프로그램은 우리말로, 말이 씨가 된다는 말이 왜 사람들의 마음속에서 쉽게 지울 수 없는 상식처럼 작용하는지를 논리적으로 설명해 주는 원리이기도 합니다. 자신의 잠재자원을 효과적으로 동원하여 정서에 불리한 기억은 무의식에서 분리시키고, 좋았던 경험과 감정들은 생생하게 기억해 낼 수 있도록 돕는 원리가 신경언어 프로그램의 원리이기 때문입니다. 오감, 그러니까 우리의 시각, 청각, 후각, 미각, 촉각을 통해 받아들인 정보들을 말이나 언어를 통해 자신의 마음속에 무의식적으로 프로그래밍하여 저장해 두었다가 다시 자기의 내적인 언어를 통해 신체반응으로 이끌어 내는 기법입니다. 여기에서 제가 주목하는 것은 긍정의 언어, 확신과 기대의 말입니다. 단어, 한두 개 그 자체로서는 아무런 힘을 발휘하지 못하지만, 그것이 실어 나르는 의미는 한 사람의 행동을 움직이거나 이끌어 낸다는 그것이 언어의 의미 파악에서 중요하기 때문에, 제가 가능한 영어든, 한자든, 그 말의 의미를 조각내어 그 단어가 정말로 실어 나르고자 하는 의지와 의미를 파악하려고 하는 것입니다.

　행복, 즐거움, 자기가 진실로 바라는 것들과 연관된 말들에게도 그런 긍정의 힘이 있을 수 있습니다. 긍정과 관련된 감정을 적극적으로 그리고 겉으로 표현하면, 자신의 몸에서 실제로 긍정적인 변화가 일어난다는 것이 의학적인 견해이기도 합니다. 뇌가 그렇게 작동한다는 것입니다. 과거의 즐거운 기억을 저장하는 뇌의 해마, 감정을 조절하는 뇌 전두엽이 자극을 하고 그 자극에 따라 신경전달물질인 세라토닌이 보다 더 많이 몸에서 분비돼 행복한 감정을 바라는 사람에게 행복한 감정이 증폭된다는 것입니다. 그러니까 '행복합니다.'라는 말을, 행복합니다라는 표현과 더불어 관행적인 삶에 관련된 이런저런 감정이나 표현을 하면, 할수록 사람들의 뇌에서 행복감을 조절하는 데 기여하는 '행복 호르몬'이 더 많이 생성되어, 행복에 이르는 데 도움이 되는 관행적인 기분을 갖게 만들어 줄 수 있다는 것입니다. 설령 그렇게 되지 않더라도 손해날 것은 없습니다. 일상에서 부정적인 언어를 많이 쓰는 것보다는 긍정적인 언어를 더 많이 쓰는 것이, 보기에도 듣기에도 좋기 때문입니다. 행복한 감정을 더욱더 갖도록 행복하기에 관련된 관행적인 행위나 관행적인 것들을 자신의 일상생활에 표현하면, 표현할수록, 행복과 같은 일련의 암시 효과가 더욱더 강력하게 작동할 것입니다. 지금까지의 이야기를 하나로 집약하면, 자신의 일상에서 관행이라는 것을 일상의 화두로 삼아야, 자신의 삶이 행복으로 이어진다는 결론입니다. 자신의 일상을 기쁨으로 만들기 위해, 그 기쁨을 즐기기 위해서는, 그 즐김이 행복에 이르기 위해서는 자신의 일상을 깊게 사유하는 관(觀), 성찰한 것을 일상에서 실천하는 행(行)이 있어야 자기다움을 오늘도, 그리고 그 날도 간직할 수 있게 됩니다. 관행이 자신의 삶에서 일상이 되고, 습관이 되기 위해서는 자신의 일상에서 관행에 관한 언어나 이야기를 일상화하고, 그 관행에 대한 기대와 믿음, 그러니까 관행에 대한 피그말리온의 효과와 신경언어 프로그래밍을 지속적으로 일상화시켜야 합니다. 자신의 일상을 관행의 화두와 일화로 즐겨야 자신의 일상이 행복으로 이어질 것입니다. 이제부터는 우선순위 없이 행복에 이르게 되는 데 도움을 줄 수 있는 관행적인 일들을 자신의 일상에서 화제가 되는 일들을 열거하려고 합니다. 살아가는 동안 여러 가지 형식으로 표현될 수 있는, 동시에 이런저런 일들 속에서 갖가지 모습으로 표현되거나 드러나는 일상생활 속에서의 관행적인 행위들이 많아지면 많아질수록, 그 빈도가 많아질수록, 그 농도가 짙어질수록 나름대로 행복의 총량도 커질 것이기 때문입니다.

관행적인 일상은 배움의 삶과 결코 떨어져 있지 않습니다. 관행적인 일상에 대한 바람, 희망, 소망을 표현하면 표현할수록, 관행적인 삶을 기대하려면 우선, 먼저, 가장 빈번하게, 마치 피그말리온의 효과가 일상에서도 드러나도록 하는 것처럼, 관행을 소망하는 사람들의 일상에서 빈번하게, 그리고 맘을 다해 자신의 맘에서, 그리고 일상적인 생활 속에서 있는 그대로 표현되어야 합니다. 자신의 맘으로 자신이 바라는 것을 기도하면 기도할수록, 자기 스스로 자신에게 말하며 약속하는 그런 나만의 속소리, 나만의 다짐으로써 그런 내언(內言)을 하면 할수록, 그러니까 바라며 기도하며 갈구하며 그것을 자기 자신과 끊임없이 소통하면, 자기가 바라는 대로 점점 그것에 가까워지게 되고, 그것처럼 행동하게 됩니다. 내언이라는 그저 편하게 내 마음의 소리, 그러니까 '보이스 오브 마인드(Voice of Mind)'가 되는데, 나중에 다시 더 설명하겠지만, 원래 내 마음이라는 것은 내 스스로 먹은 나의 목소리라기보다는, 외부의 조건에게 내가 반응하는 내 속의 성찰된 다짐이거나 속소리입니다. 내가 그냥 바랐기 때문에 그렇게 되는 느낌을 갖는 나의 결단 같은 것이 아니라, 다른 사람이 보내는 눈빛, 말, 태도에 따라 내 자신이 그렇게 반응하며 행동하고 실천해야만 되겠다고 작정한, 내 자신이 나에게 단호하게 바라던 그것에 가까운 속내와 같습니다. 그러니까 일상적으로 내 스스로 가능한 행복한 감정에 이르고 싶으면, 내가 원하는 그 행복에 대한 형상이나, 영상을 자신의 일상에서 드러내놓고 표현하며, 되뇌이며, 그렇게 해 보는 수밖에는 없는 노릇입니다. 마찬가지로, 행복감에 자신을 잠기게 하려면, 삶의 관행을 위한 일상거리들을 자신의 삶에서 기도하며 바라며, 되뇌고 되뇌며, 실천하면서 자신의 일상적인 삶을 관행적으로 드러내 놓아야 할 것입니다.

지금으로부터 2천 년 전, 보통 사람들의 삶은 과연 지금에 비해 어느 정도나 같았거나 혹은 어느 정도 달랐을 것인지 상당히 궁금할 때가 많이 있습니다. 왕들의 통치에 관한 것들은 기록으로 남아 있어 저들의 삶을 나름대로 살필 수 있었습니다만 그에 비해, 평민들의 삶에 관해서는 그저 짐작만 하지, 구체적인 정황은 잘 알 수 없어 늘 궁금했습니다. 남아 있는 자료들이 너무 제한적이라 쉽사리 저들의 삶을 알아내기가 쉽지 않았기에, 그저 손쉬운 결론은 저들의 삶이 지금과 달라봐야 크게 다르지 않을 것이라고 그냥 짐작하게 될 뿐입니다. 그래도 제한된 자료이기는 하지만, 드러난 바에 따르면, '사냥하기, 목욕하기, 놀기, 웃기, 그것이 바로 인생', 이런 삶이 바로 기원 115년, 그러니까 지금으로부터 2천 년 전 어느 날 로마인이 보낸 하루의 삶으로 드러났습니다. 프랑스 알베르토 앤절라(Alberto Angela) 박사가 『고대 로마인의 성과 사랑』에서, 저들 고대 로마인들의 일상생활을 추적해낸 일기에서 드러난 것들인데, 저들의 삶이나, 지금의 삶이나 그리 크게 달라진 것이 없음을 보여 주는 증거이기도 합니다. 물론 지금과는 현저하게 다른 장면도 있었습니다. 말하자면, 로마 사회에서, 남편은 아내가 날마다 자신에게 키스를 하도록 요구할 '법적인 권리'가 있었습니다. 남편뿐만 아니라 처음 만나는 6촌 내 친척도 그런 권리를 가졌었다고 합니다. 부부 간, 혹은 혈육 간에 생긴 특별히 도타운 정 때문에 그랬던 것이 아닙니다. 남편들에게 하나의 권리로 보장된 키스는 아내, 즉 여성의 음주 여부를 검사하는 수단이었습니다. 여성은 포도주를 마실 수 없었습니다. 술을 마시면 방자해지기 쉽고, 다른 남정네와 불륜에 빠질 위험성이 있다고 생각한 모양입니다. 그런 낌새를 아예 없애기 위해 술을 마신 아내를, 남편이 죽여도 법적으로 문제가 없었다고 합니다. 지금으로서는 상상할 수 없는 일이지만, 이런저런 것을 살펴보면, 저들 역시, 하루를 살아가면서 꽤나 자신의 삶에 대해 나름대로의 슬기와 관행적인 표현들을 자신의 일상에서 자신의 하루의 과업으로 즐겼을 것이 분명합니다. '정직함은 최고의 처세술입니다.'라는 정직에 관한 세르반테스의 명언이나, 셰익스피어가 말한 바 있는, '정직이라는 것만큼 더 부유한 재산은 없습니다.'라는 경구나, 노 페인 노 게인(No pain, No gain)과 같은 도덕적인 경구를 일상적으로 마음에 새기거나, 그런 경구를 매일같이 쳐다보거나, 자신의 입에 달고 사는 내언(內言)자들은 남을 속여 내 뱃속을 채우는 식의 비윤리적 행위에 가담할 가능성이 상대적으로 낮습니다. 내 마음속의 소리를 가다듬어 줄 그런 경구들을 마음속으로 형상화(形象化)하기 때문에, 남을 해치는 대가로 자신의 이익을 극대화하는 일은 상대적으로 그렇게 살지 않는 다른 삶에 비해 상대적으로 적을 것입니다. 자신이 바라는 것을 자신의 마음속으로 형상화한다는 것은, 자신이 감동하는 그런 경구들을 머릿속으로 되뇌며, 그런 경구들이 주는 의미를 자신 역시 따라가야 목표로 삼고 있기 때문에, 자신의 행동 역시 그렇게 따라갈 것이기 때문입니다. 그것을 되뇌이며 생각하며 그것에 근접하게 자신의 행동을 점검할 기회가 높아지기 때문입니다. 도덕적이거나 윤리적인 경구나 주문(呪文)을 일상적으로 되뇌는 사람이 비윤리적인 일에 가담할 확률이 적고, 상대적으로 자신이 읽은, 자신이 매일같이 되뇌는 경구대로 살아가야겠다고 자신의 마음을 추스르게 될 확률이 높다는 사실은, 기업현장에서의 연구를 통해서도 참고가 될 만한 사실로 드러나고 있습니다. 예들 들어, 미국 키넌 플래글러 경영대학원의 스리드하리 데사이 교수는 자신의 실험 대상자들과 신분을 밝히지 않은 연구진들을 모아 가상 팀을 만들고, 서로가 일원이 되어 게임에 참가하도록 한 후, 팀 동료들에게 거짓말을 퍼뜨리게 만들면 그 팀이 돈을 더 많이 벌게 된다고 알려 주었습니다. 그리고 팀원으로 가장한 연구진은 연구에 참여한 일반 피험자들에게 3가지 서로 다른 유형의 이(e)메일을 보냈습니다. 각자에게 보낸 이(e)메일의 서명란에는 하나의 경구를 넣었습니다. 말하자면, '명예롭지 않은 성공은 속임수보다 더 나쁘다.'와 같은 윤리적 경구를 붙였거나, 혹은 '성공과 행운은 불가분의 관계다.'와 같은 가치중립적 경구를 쓰거나, 아예 아무런 경구도 넣지 않은 이(e)메일이었습니다. 실험 결과, 상당히 놀라운 사실이 밝혀졌습니다. 거짓말을 퍼트리면 돈을 더 많이 번다는 말을 들었던 피험자들이지만, 그들 스스로 도덕적 경구가 들어 있는 이(e)메일 메시지를 보낸 팀 동료에게는 연구진의 요청과는 어긋나게, 비윤리적 행동을 하도록 요청하지 않았습니다. 그러니까 자기 스스로 정직함이 최고의 처세술입니다는 경구를 달아 보낸 그 메일을 읽게 될 사람에게는 놀랍게도 속임수를 권하지 않았습니다. 메일을 보낸 그 사람 스스로 정직함이 최고의 처세술임을 상기하고 있었던 것입니다. 이와 유사한 결과는 이(e)메일 메시지 대신 디지털 아바타를 사용한 실험에서도 마찬가지로 드러났습니다. 아바타들이 입은 셔츠에는 'YourMorals.org'처럼 이름에서부터 도덕성과 윤리성을 강조하는 브랜드가 있었거나, 반대로 아무런 브랜드도 없는 것이었는데, 실험 참가자들은 도덕성을 나타내는 아바타가 새겨진 셔츠를 입은 팀 동료에게는 가능한 부정행위에 가담시키려 하지 않았습니다. 이 실험결과가 우리에게 알려 주는 것이 있다면, 그것은 바로, 자신의 감정, 자신의 의식, 자신의 마음이 그 무엇인가 자신의 삶에 경종을 울려 줄 수 있는 윤리적이거나, 정신적이거나, 의식적인 글이나, 경구, 주문 같은 것을 매일같이 접하게 되면, 자신이 접하는 윤리적 경구나 도덕적 주문에 따라 자신의 몸을 그래도 바로 세울 수 있다는 확신입니다. '부자가 되는 한 가지 방법이 있다. 내일 할 일을 오늘 하고, 오늘 먹을 것을 내일 먹어라.'라는 유대 속담도 그런 사례입니다. 그 속담을 매일 아침 읽으며 출근하는 사람이라면, 그 사람이 배곯지 않은 삶을 살 확률은 거의 90% 이상이라는 것입니다. 부자가 되려면 어떻게 해야 하는지를 매일같이 되뇌이며 자신의 삶을 살아갈 것이기 때문입니다. 실제로, 그렇게 자기 자신을 달래면서 자신의 삶을 살아간 사람들의 사례가 역사의 장면, 장면마다 등장합니다. 예를 들어, "인간은 이기적이며 간사한 지혜에 차 있기 때문에 믿을 수 없고, 오직 상과 벌로써만 다스릴 수 있습니다."고 보며 법가(法家)사상을 체계화한 한비자(韓非子)는 살아가면서 가장 경계해야 할 것은 바로 자기 자신이라고 말하며, 자신의 마음을 늘 경계하면서 살아간 사람의 예를 자신의 책에 들고 있습니다. 그런 예의 대상이 바로 위나라의 관리 서문표(西門豹)라는 사람인데, 그는 백성들의 재물을 탐하기 위해 탐관오리들이 무당들과 결탁하여 괴롭히는 것을 알았습니다. 그 고을에 부임한 그는, 저들이 백성들을 괴롭힌 그 방법대로 그대로 실시하며 저들에게 죄과를 물은 후 저들 오리(汚吏)들을 수장(水葬)시키고, 그 강물을 메말라 있는 논밭으로 끌어들이는 관개사업을 펼쳐 선정을 베풀며 농업생산력을 올렸던 일로 명성이 자자했던 인물이었지만, 그 스스로는 자신의 성미가 급함을 잘 알았기 때문에, 그것을 경계하기 위해 그는 자신의 허리에 부드러운 가죽을 차고 다니면서 스스로 마음을 누그러트렸다고 합니다. 그 어떤 진나라의 가신(家臣)은, 그 자신 스스로 마음이 너무 완만하였기 때문에 아예 자신 스스로 활시위를 차고 다니면서 스스로의 마음을 늘 긴장시키며 매사에 임했다고도 합니다.

무엇이든, 자기의 일은 자신으로부터 비롯되는 것이고, 자신의 소망도 자신의 믿음과 그것을 취한 행실로부터 드러나도록 되어 있기에, 지금부터는, 삶을 살아가면서 자신의 삶을 뒤돌아보고, 앞으로 짚어 보며 바로 지금, 이 시간의 자기의 삶을 슬기롭게 보내기 위해 사람들이 서로서로 자신들의 이야기들을 나누며 즐김으로써, 조금이라도 자신의 삶에 도움을 주거나 받았을 법한 일상적인 지혜와 행동들로서의, 관행력을 기르는 데 도움이 될 만한 일상적인 일화에 대해 이야기하려고 합니다. 그런 이야기들을 하나의 경구, 그러니까 좋은 삶, 참살이, 행복한 삶을 위한 일상적인 경구(警句)나 주문(呪文)처럼, 자신 스스로 친숙하게 하거나 되뇌이면, 참살이에 도움이 되는 환경에 더욱더 친근하게 되고, 그로부터 그 참살이 방식이나 행동들을 소소하게 즐길 수 있을 것이기 때문입니다. 다시 말하지만, 그 누구든 행복한 일상을 보내려고 하는데, 그 길이 아리스토텔레스가 말하는 '참된 행복'에 이르는 길이 되든, 에피쿠로스가 말하는 '완전한 행복'에 이르는 데 도움을 주든 간에 관계없이, 자신의 삶에 행복한 느낌을 갖는 데 도움이 될 수 있는 삶의 자세로 관행의 실천이 중요하다고 할 때, 그 관행은 다른 것이 아닙니다. 제 식으로 이야기하면, 자신의 일상을 살펴보고, 다시 자신에게 비추며, 자신의 일상에 의미를 만들어 내는 일이 관(觀)과 행(行)입니다. 아침에 일어나 오늘 이 일을 하면 나에게 어떤 일이 일어날까, 반대로 이 일을 하지 않으면 내게 어떤 일이 생길까를 미리 짚어 보기 위해 어제 일을 다시 되돌아보고, 지금 나의, 현재의 나를 알아챔으로써 새로운 길로 나아가게 만들어 주는 깊은 사유와 그에 바탕을 둔 행동을 위한 내 자신의 노력이 바로 관행입니다. 자신의 일상적인 삶이 무엇인지 알아채고, 그렇게 고쳐가는 관행과 실천이 나의 일상에서 중요합니다.

관하고 행하는 삶은 삶에서 지혜, 삶의 슬기를 즐기는 사람의 마음가짐이고 생활자세입니다. 삶의 슬기로서의 철학이라는 것은 유별난 것이 아닙니다. 삶을 밝게 만들어가는 일이 철학인데, 그 철학은, 바로 소크라테스의 제자인 플라톤과는 사상의 방향이 다른, 말하자면 급진주의적인 제자라고 볼 수 있는 안티스테네스가 말한 것처럼, 철학은 바로 자기 자신과 사귀는 능력이며, 그런 슬기를 말합니다. 자기 자신과 사귀는 능력, 자기 자신의 삶과 사귀는 능력이 슬기이고 철학이라면, 그 철학은 관행으로 시작되는 것입니다. 관행은 자기가 원하는 삶을 형상화시키는 일입니다. 그러니까 자신이 원하는 삶을 자신의 마음으로 그려 내고, 깎아 내며 하나의 구체적인 형상(形象)으로 조각해내는 일입니다. 자신의 삶을 되돌아보게 하고, 미리 짚어 보게 만드는 삶의 지혜와 슬기는 참살이를 원하는 그 누구의 일상생활에서도 필수적인 것입니다. 삶이 바로 철학이며 슬기를 요구하기 때문입니다. 고대 철학자들의 삶을 정리해서 우리에게 들려준 디오게네스 라에르티오스의 말을 빌려 말하면, 자신의 삶에 대한 철학은 "다른 방법이 없는 상황에서 적어도 모든 돌발 상황에 대처할 수 있는 힘"입니다. 제가 보건대, 세상에 관행하지 못하는 사람은 없습니다. 다만 피하는 사람만 있을 뿐입니다. 자신이 하루를 살아간다는 것은 바로 관행한다는 말이며, 자신의 삶을 관하고 조하는 그런 우화 속에 던져 씻어 내고, 헹구어 내고, 바람에 말린다는 것과 다르지 않습니다. 제가 지금부터 이 장에서 말하게 되는 관행적인 이야기들은 바로 우리의 찌든 삶을 씻어 내고, 헹구어 낸 후, 말리는 데 도움을 줄 수 있는 경구로서, 혹은 바람들로 작동할 것입니다.

　이 장을 읽어 내려가는 사람, 그러니까 독서에 대한 또 다른 표현으로써 이 책, 이 장을 읽어 내려가는 사람이 단 한 명이라도, 제대로 제가 하는 이야기들을 독책(讀冊)하고 있다면 그것만으로도 저는 행복하며, 좋은 삶을 살고 있다고 생각을 하지 않을 수 없습니다. 독책은, 책을 쓴 저자의 글을 사랑하는 일, 글에 애정을 갖는 정신적인 일이기에, 그 아무나 손쉽게 할 수 있는 일은 아니기 때문입니다. 저자에 대한 애정이 없으면 해낼 수 없는 사랑의 열정을 겉으로 드러내는 일이 독책입니다. 사랑하지 않겠다는 사람에게 사랑을 강요한다고 해서 사랑받을 수 있는 것이 결코 아닌 것처럼, 독책도 강요해서 되는 일이 아닙니다. 책을 사랑하는 마음은, 저자를 사랑하는 마음은, 저절로 마음에서 우러나와야 되는 애정입니다. 행복에 이르는 길은 책을 읽어 내는 길과 크게 다르지 않습니다. 책을 사랑하지 않으면 책을 읽어 낼 수 없는 것처럼, 행복을 원하지 않으면 행복이 사람들의 삶에 드러나지 않을 것입니다. 자신의 삶에서 행복하기 위해 관행적인 삶을 살아가려고 하면 어김없이 자신의 삶에서 행복에 대한, 그리고 행복에 이르기 위한 관행적인 표현이나 마음가짐이 일상적이어야 합니다. 행복에 대한 표현이나 행복에 이르도록 도와주는 관행적인 삶에 대한 표현에 친숙해져야 할 것입니다. 행복을 원하지도 않는데, 관행적인 삶을 원하지도 않으면서 관행적인 삶의 자세를 갖기는 어렵습니다. 행복의 당사자인 자기 스스로 행복에 대한 표현을 억누르면서, 자기 스스로 관행적인 삶에 대한 표현을 억제하는데도 불구하고 행복한 마음가짐이 겉으로 드러날 수는 없기에, 행복하려면 행복해지기를 도와주는 것들을 있는 그대로 표현해야 합니다. 저는 이미, 관행은 사람들의 배움을 촉진하며 배움에 매개하는 힘이며 즐김의 기능이라고 정리했었기에, 배움의 요소나 배움의 활동들을 자신의 삶에서 일상거리로 드러내며, 바라며, 기도하며, 되새겨 보고, 앞서 짚어 보며 오늘이 어떤지를 점검해 보는 슬기로운 일상적인 표현과 행함을 통해 드러내 자기의 버릇으로, 자신의 습관으로, 자기의 처신으로, 자신의 철학으로 만들어 가는 일들이 바로 자신의 관행 능력을 자신의 일상거리로 표현해놓는 것과 같다고 말한 바 있습니다. 관행이 동사이어야 한다는 뜻이었습니다. 배움 역시 움직씨로서 매일같이 내 삶에서 작동되어야 합니다. 이제부터는 관행을 배움과 관련시켜 논의하면서, 삶의 관행적 일상거리를 스스럼없이 겉으로 드러내고 표현해 보겠습니다. 이렇게 표현되는 삶의 관행적 일상거리들을 읽어 내고 생각하며, 내 몸에 다시 써내려가는 길이 바로 배움을 동사로 만드는 일이며, 동시에, 움직씨로서의 관행, 관행적 행위가 되기 때문입니다. 관행이 배움의 매개체이며 동력이라는 것을 다시 한 번 더 배움의 핵심을 설명하면서 관행 즐기기와 배움 사이의 연계성을 말해 보겠습니다. 배움의 핵심은, 이 책 이곳, 저곳에서 빈번하게 서술했던 것처럼, 첫째는 생명, 둘째는 학습, 셋째는 조리로 만들어져 있습니다. 생명은 삶에서 창조적인 능력과 사회적 관계 능력을 일깨워 줍니다. 생명은 이웃에 대한 배려를 강조합니다. 남의 처지를 살펴 대하는 맹자(孟子)의 측은지심(惻隱之心)의 역량이나, 사람들 간의 소통(疏通) 능력 역시 배움의 첫 번째 핵심내용인 생명과 깊게 연관되어 있습니다. 신앙, 영성의 문제도 생명과는 무관하지 않습니다. 죽음의 문제 역시 생명과 한 짝이기에, 죽음의 문제는 배움에서 절대로 배제되거나 소거될 수 없습니다. 배움의 두 번째 요소인 학습은 탐구, 앎과 연관되어 있습니다. 모르는 것, 모르고 있던 것을 알려고 하는 태도, 무지의 상태에서 지(知)의 상태로 나아가려는 마음가짐들이 학습에 연관됩니다. 학습은, 말 그대로, 자신의 일상에서 쓰임새를 찾아가는 일이기에 지속적으로 익히며, 탐구하며 만들어 가는 습(習)과 작(作)의 자세가 개입됩니다. 지속적인 습작을 위해 읽기, 쓰기, 셈하기, 만들기, 생각하기와 같은 일들이 필요합니다. 마지막으로 배움의 세 번째 요소인 조리(調理)는 자신의 몸과 마음, 그러니까 자신의 맘은 자기가 지켜내는 일을 말합니다. 삶은 살아가는 것이고, 삶을 살아내는 것이기에, 학습 없이도 삶은 원초적으로 진행됩니다. 학습 없는 삶이 가능하다라는 뜻입니다만, 생활 자체에서 이미 학습이 묻어나고 있다는 것은 잊지 마시기 바랍니다. 글을 몰라도, 디지털 정보에 관해 무식해도, 무지해도 생명으로서의 나는 오늘도 살아가야 하고, 살아내야 하기 때문입니다. 생명을 지키기 위해 학습을 포기할 수도 있습니다. 생과 명을 자기 것으로 지켜내는 일이 생명을 갖고 있는 생명체에게는 절대적이며 필수적이기 때문입니다. 살아내는 일은 자신의 맘을 제대로 간수하는 일입니다. 섭생을 제대로 하는 일, 자신의 맘을 강건하게 지키는 일, 정신 줄을 제대로 잡는 일, 몸 근육뿐만 아니라 마음 근육을 튼튼하게 하는 일, 자신의 뜻과 다르다고 세상사에 미쳐버리거나 미치지 않는 일, 허튼 이들의 말에 속지 않거나, 남들을 속이지 않는 일 같은 것들이 모두 맘조리를 위해 연관된 일들입니다. 배움의 세 요소, 그러니까 생명, 학습, 그리고 연단, 혹은 조리라는 배움의 세 가지 핵심 요소 이외에 배움을 위해 필요한 부수적인 티핑 포인트

(Tiping Points)들이 있습니다. 티핑 포인트란 맬컴 글래드웰(Malcolm Gladwell)이 자신의 책 『티핑 포인트』에서 말하는 것처럼, 말 그대로 '갑자기 뒤집히는 점'이라는 뜻인데, 그것은 어떤 상황이 처음에는 미미하게 진행되다가 어느 순간 모든 것이 한 순간에 극적으로 변화하는 순간을 말하는 것입니다. 수학에서의 '변곡점(變曲點)'이나 물리학에서 말하는 바의 예, 그러니까 물이 갑자기 끓어오르는 비등점(Boiling Point)과도 유사합니다. 제가 말하는 배움을 위한 티핑 포인트는, 저들이 말하고 있는 것과는 조금 달리, 배움을 더 잘할 수 있도록 용기를 북돋우는 추임새들 정도를 말합니다. 배움을 위해 저도 모르게 작동하는 티핑 포인트 같은 것들은, 배움을 보다 더 관행하며, 즐기게 도와줄 수도 있는 삶의 추임새와 같습니다. 원래 추임새라는 말은 판소리에서, 고수(鼓手)가 창의 중간중간에 소리꾼의 가락에 흥을 돋우기 위해 좋다', '으이', '얼씨구' 하는 식으로 삽입하는 일종의 감탄사스러운 탄성을 말합니다. 사람이 한 세상을 살아보면, 쌀로만 밥만 먹는 것이 아니고, 빵도 먹고, 고기도 먹고, 굶기도 하는 것처럼, 상황에 따라 필요한 이런 것, 그리고 저런 것도 그냥 따라붙게 마련입니다.

우리네 일상적인 삶에서 그런 추임새적인 일들은, 잘 모르고 지나가서 그렇지, 매일같이 빈번하게 일어납니다. 예를 들어, 사람들이 강원도 태백에 있는 강원랜드에 간 김에 한두 번 노름기계를 돌렸다가 몇만 원, 급기야는 몇십만 원을 털렸다고 해서 자신의 삶이 별안간 곤두박질하는 것은 아닐 것입니다. 저도 집사람과 다른 일이 있어 그곳에서 서너 밤을 숙박하다가 급기야 한 10만 원 정도를 고스란히 잃은 적이 있습니다만, 그 경험은 이내 나의 일상에서 지워지고 오히려 나의 일상을 바로 세우기 위한 아주 귀한 관행이 된 적이 있었습니다. 원래는 잃지 않고 공짜로 남의 돈을 따려고 했던 나의 계획되지 않은 '뽐뽀', 그러니까 기계 몇 번 돌려 돈을 공짜로 벌려고 했던 정제되지 않았던, 관행(觀行)의 제어 밖에서 내뒹굴던 내 몸의 욕심들이 더 문제였던 것을 미처 알아채지 못했던 것을 이내 알아챘기 때문입니다. 그곳 노름장에 들어서는 순간, 이 세상에 공짜 점심은 없다는 말, 그리고 제가 학생들에게 즐겨 경고했던 말인 불한당(不漢黨)이라는 말을 제 자신을 위해서는 이내 쓰레기통에 처박아 버렸던 것이 나의 잘못입니다. 그동안 내 스스로를 달랬던 관행력이 무참하게, 그리고 삽시간에 박살나는 순간이 될 것이라는 것을 내 스스로 잊어버린 채, 나만은 예외이며, 나만은 오늘 운수대통일 것이라고 스스로를 멋지게 속여 버린 것입니다. 그러니까 땀을 흘리지 않고, 일하지 않고 남의 재물을 갈취하는 그런 무리들이 권력자들이나 사기꾼들의 무리에게 많이 있다고 말했던 그 말을 내 스스로에게는 예외로 돌리고, 나 홀로 그곳에서 공짜로 그 엄청난 무엇을 탐했던 것입니다. 내 스스로 나만의 도둑심보를 즐기다가, 그것으로 몇 푼의 돈이라도 저들에게 털리고 만 것입니다. 그 돈이 나처럼 엉뚱한 사람에게 돌아갔으면 그나마 좋겠지만, 백의 구십구는 저들 노름판을 합법적으로 열고, 장사하는 저들의 뱃속으로 들어갔을 것입니다. 국가니 정부니, 참 황당한 사기꾼심보를 지닌 괴물입니다. 흡연이 만병의 근원, 심지어 독약이라고 비난하는 광고를 해대면서, 다른 한편으로는 담뱃세를 더 받아 교육세로 쓰고 있는 괴기(怪機)의 제도, 이해할 수 없는 노릇입니다. 아이들이 묻습니다. 담배 만드는 연초 공장을 폐쇄하면 흡연이라는 사회문제가 해결되지 않겠느냐고 그저 단순하게 묻습니다만, 현실의 국가정책은 저들의 요구처럼 쉽지 않은 것도 사실입니다.

그런, 날 불한당 도박장에 내 스스로, 그날 나만은 예외라고 자신을 속이며, 나뭙의 인품 위에, 대박이라는 복면을 하고 노름판에 나섰던 것입니다. 결과는 당연히 쪽박이었습니다. 그곳에서 공짜 점심은 없다는 것을 다시 확인받은 후, 얼른 자리를 나와 그곳 부근에 설치된 그 무슨 중독관리센터 같은 곳을 들렀습니다. 그곳에 비치된 저들의 문건을 하나 집어 들게 되었습니다. 그 문건은, 돈을 들여 저들이 만든 것인데, 제목은 책임도박, '레스폰시블 갬블링(Responsible Gambling)'이라는 책자였습니다. 도박을 하는 사람 스스로 도박에 쓸 돈과 시간의 한도를 정하고 이를 지키며, 돈을 잃거나 따면서 생기는 감정을 스스로 통제하면서, 특별히 기대했던 것과는 달리 돈을 잃었을 때 자신의 신체에 부정적인 영향을 주는 행동이나 상황을 피하면서, 도박을 레크리에이션의 일환으로 생각하며 즐기는 도박이 '책임 있는 도박'이며, 그런 책임 도박은 자신에게 즐거운 일이 된다는 요지의 내용을 담은 것이었습니다. 마약도 책임 지고 소량만 즐기면 건강에 좋다는 식으로 들릴 수도 있는 그런 책자였습니다. 그러 니까 도박은 잃거나, 따거나에 관계없이 도박은 자신 스스로의 책임이니, 결과는 자 신에 묻고 그에 대한 모든 책임을 지라는 것이 그 책의 핵심이었던 것이었습니다. 도 박 역시 사람답게 하려면 도박하면서도 자신을 관행하라는 것이, 도박장인 강원랜드 가 내세우는 책임 도박론의 핵심이라는 것을 알고, 다시 한 번 더 제 일상을 되돌아보 고 미리슬기하는 관행력의 힘과 그 기능을 다시 되새겨본 적이 있습니다. 그날의 도 박은, 그날의 돈 잃음이 내게 없었다면 한 번도 눈길을 주지 않았을 것 같은 '책임도 박' 선전지에 눈길을 주고, 그 어떤 깨달음과 알아챔의 관행을 단박에 다시 하게 된 고마운, 귀한 시간이었고, 그로부터 가벼운 발걸음으로 강원랜드 산정을 트레킹할 수 있었던 즐거운 시간이었습니다. 게다가 내 자신의 삶을 또 한 번 새롭게 관(觀)하 며, 행(行)하며 어제까지 행했던 내 자신의 일상을 개조하며 새롭게 내딛는 일상을 다 시 시작한 귀한 순간이었습니다.

2. 생명거리의 일상

관행은 좋은 삶, 참살이, 행복한 삶을 원하는 사람들이 지니고 지녀야 할 삶의 수단 입니다. 좋은 삶을 원하는 사람이라면 당연히 자신의 어제를 뒤돌아보고, 매일을 미 리 짚어 보며, 지금의 나에게 앞으로 나아가게 깊이 생각하고, 과감하게 앞으로 나아 가도록 만들어 주는 관(觀)과 행(行)으로 자신의 아침을 시작해야 합니다. 관행하려는 사람은 눈을 뜨면 그 아침을 두 가지 질문과 그에 대한 자기만의 속 소리, 내언(內言) 으로 그 아침을 맞이해야 합니다. 오늘 지금 이 시간부터 이렇게 하면 나에게 어떤 일 이 일어날 것인가와, 그렇게 하지 않으면 어떤 일이 일어날 것인가라는 질문에 답해야 합니다. 그런 질문과 대답에 대한 나만의 내언이, 아주 짧은 시간 안에 이루어져도 무관합니다. 중요한 것은 그런 질문과 대답으로 관행을 열어간다는 것이 중요합니다. 좋은 삶을 위한 생명의 일상이 오늘도 내게 있어 주려면, 이렇게 생명을 배려하면 내게 오늘 어떤 일이 생길까, 반대로 그렇게 생명에 대한 경외를 하지 않으면 오늘이 어떻게 될까에 대해 스스로 내언의 질문과 다짐을 해야 합니다. 그러니까 다음 절에서 다룰 '자기 자신입니다.'를 읽으면서, 오늘 내가 그 무엇이든 '자기'가 아니라면 내게 어떤 일이 생길 것인가, 오늘 내가 '자기라면' 내게 어떤 일이 일어날 것인가에 대해 질문하고 답하며, 내 자신만의 속소리에 터해 지금, 오늘의 나를 위한 좋은 삶, 행복의 윤리, 그리고 참살이를 만들어 가야 합니다.

1) 자기 자신입니다

행복에 대해 생각하고, 행복에 대해 성찰하며, 행복을 진정으로 바라기만 해도 행복해질 수 있다는 프랑스의 프레데리크 르누아르 교수는 『행복을 철학하다』에서 사람들 스스로가 행복 그 자체라고 말합니다. 사람들 스스로 행복이기에, 스스로 행복을 만들어 낼 수 있는 것입니다. 행복이란 매일매일 행복에 주의를 기울이는 노력과 그것에 대한 현명한 판단, 그리고 자기 스스로 행복한 움직임과 지속적인 실천의 결실이기 때문에, 그렇다는 것입니다. 자신의 행복한 생각이 자신을 행복한 사람으로 만들기 때문에, 우리는 먼저, 행복의 이전 단계이며 조짐인 기쁨이라는 것이 자신 안에 이미 충분히 저장되어 있기에, 그것을 샘물처럼 솟아 나오게 할 수 있는 방법을 찾아야만 한다는 것입니다. 각자의 마음속에는 행복을 키워 내는 자신만의 내면적 평화와 행복을 이끌어 가는 동력인 자유가 있는데, 그것을 막거나 훼방하는 장애물만 적절히 정리하거나 관리하면 행복은 그 누구에게나 가능하다는 논리입니다. 행복은 손쉽게 잡히지 않습니다만 그렇다고 그것을 잡을 수 없는 것이 결코 아닙니다. 행복을 잡으려면 행복을 잡을 수 있는 역량, 그러니까 행복해질 수 있게 만들어 주는 능력을 각자 키워내야 합니다. 행복을 일구어 낼 수 있는 그 어떤 것도 미리 정해진 것은 없습니다. 행복을 잡을 수 있는 능력과 역량을 키워 내려면, 행복과 관련된 이성과 자시의 의지를 단단히 훈련해야 합니다. 그런 행복을 자기 것으로 만들어 낼 수 있는 여러 가지 단서나 근거를 수없이 많은 철학자들이 제공해 왔는데, 우리는 그들의 지혜를 내 자신의 것으로 만들어 활용하기만 하면 우리 역시 행복해질 수 있습니다. 저들 현자들, 행복을 여러 가지 형식으로 논해 왔던 철학자들, 말하자면 아리스토텔레스, 제논, 에피쿠로스들과 공자, 노자, 장자, 붓다에 이르기까지 동서양의 현자들이, 우리에게 행복에 대해 말하고 있는 것은 단 한 가지입니다. 자신의 삶에 대해 열심히 성찰한 사람만 행복에 이를 수 있다는 그 점 하나만큼은 절대적입니다. 그러니까 행복이란 자신의 삶을 사랑하는 것이며, 행복합니다는 것은 인생의 사계절을 전부 사랑하는 것이라는 것이 저들 현자들의 충고입니다. 우리 존재가 갈망하는 것을 충족시키는 것이 행복이기에, 행복하기 위해서는 먼저 우리 존재가 필요로 하는 것, 갈망하는 것을 먼저 충족시켜야만 합니다. 그것은 마치 새들이 하늘을 날아다니고 물고기들이 물에서 사는 것처럼, 사람들 각자는 자신에게 어울리는 분위기 속에서 살 수 있어야 행복으로 다가갈 수 있기 때문입니다. 저들 현자들은 무엇보다도 자신들의 일상에서 자신의 마음을 늘 챙겨가며 살았는데, 그를 통해 행복은 자기 안에, 자기의 의지로, 자기의 역량으로 가능하다는 것을 알아냈고, 그것을 우리에게 전하고 있는 것입니다.

행복 찾기에 대해, 소설가 코엘류가 이렇게 적은 적이 있습니다. "어떤 상인이 행복의 비밀을 배워 오라며 자기 아들을 세상에서 가장 뛰어난 현자에게 보냈다네. 그 젊은이는 사십 일 동안 사막을 걸어 산꼭대기에 있는 아름다운 성에 이르렀지. 그곳 저택에는 젊은이가 찾는 현자가 살고 있었어. 그런데 현자의 저택, 큼직한 거실에서는 아주 정신없는 광경이 벌어지고 있었어. 장사꾼들이 들락거리고, 한쪽 구석에서는 사람들이 와자지껄 이야기를 나누고, 식탁에는 산해진미가 그득 차려져 있더란 말일세. 감미로운 음악을 연주하는 악단까지 있었지. 현자는 이 사람 저 사람과 이야기를 하고 있었어. 젊은이는 자기 차례가 올 때까지 두 시간을 기다려야 했지. 마침내 젊은이의 차례가 되었어. 현자는 젊은이의 말을 주의 깊게 들어주긴 했지만, 지금 당장은 행복의 비밀에 대해 설명할 시간이 없다고 했어. 우선 자신의 저택을 구경하고 두 시간 후에 다시 오라고 했지. 그리고는 덧붙였어. 그런데 그 전에 지켜야 할 일이 있소. 현자는 이렇게 말하더니 기름 두 방울이 담긴 찻숟가락을 건넸다네. 이곳에서 걸어 다니는 동안 이 찻숟갈의 기름을 한 방울도 흘려서는 안 되오. 젊은이는 계단을 오르내릴 때도 찻숟가락에서 눈을 뗄 수 없었어. 두 시간 후에 그는 다시 현자 앞으로 돌아왔지. "자, 어디⋯." 현자는 젊은이에게 물었습니다. "그대는 내 집에 식당에 있는 정교한 페르시아 양탄자를 보았소?" 정원사가 십 년 걸려 가꿔 놓은 아름다운 정원은? 서재에 꽂혀 있는 양피지로 된 훌륭한 책들도 좀 살펴보았소? 젊은이는 당황했네. 그는 아무것도 보지 못했노라고 고백했네. 당연한 일이었지. 그의 관심은 오로지 기름을 한 방울도 흘리지 않는 것이었으니 말이야. "그렇다면 다시 가서 내 집의 아름다운 것들을 좀 살펴보고 오시오." 그리고 현자는 이렇게 덧붙였지. "살고 있는 집에 대해 모르면서 사람을 신용할 수는 없는 법이라오." 이제 젊은이는 편안해진 마음으로 찻숟가락을 들고 다시 저택을 구경했지. 이번에는 저택의 천장과 벽에 걸린 모든 예술품들을 자세히 살펴볼 수 있었어. 정원과 주변의 산들, 화려한 꽃들, 저마다 제자리에 꼭 맞게 놓여 있는 예술품들의 고요한 조화까지 모두 볼 수 있었다네. 다시 현자를 찾은 젊은이는 자기가 본 것들을 자세히 설명했지. "그런데 내가 그대에게 맡긴 기름 두 방울은 어디로 갔소?" 현자가 물었네. 그제야 숟가락을 살핀 젊은이는 기름이 흘러 없어진 것을 알아차렸다네. "내가 그대에게 줄 가르침은 이것뿐이오." 현자 중의 현자는 말했지. "행복의 비밀은 이 세상 모든 아름다움을 보는 것, 그리고 동시에 숟가락 속에 담긴 기름 두 방울을 잊지 않는 데 있도. 양치기는 말없이 가만히 있었다. 그는 늙은 왕의 이야기를 이해했던 것이다. 그는 방랑을 좋아하지만 결코 자신의 양들을 잊지 않았다네⋯."

행복하려면 행복한 개인주의자가 먼저 되는 것이 순서라고 말하는 코엘류의 삶과 행복에 대한 나름대로의 진솔한 가르침이었습니다. 행복한 개인주의자라고 해서, 그의 삶이 다른 사람의 그것에 비해 그리 유별나지는 않습니다. 자기 사랑을 자기의 일 상생활의 현장에서 매일같이 실천에 옮기는 사람이 행복한 개인주의자, 개인주의적 행복론자이기 때문입니다. 행복을 추구하는 사람은 개인주의적이며 각자주의적일 수밖에 없습니다. 그것은 자신의 가치는 다른 사람에 의해 검증될 수 없기 때문이며, 자신이 자신에게 소중한 이유는 자신이 그렇다고 믿기 때문에 그럴 수밖에 없습니다. 다른 사람의 행동이나 태도에서 자기 자신의 가치를 구하려 든다면, 그것은 자신의 가치가 아니라 다른 사람의 가치를 달고 다니는 일입니다. 그래서 코엘류는 단호하게 말합니다. 행복하는 데 있어서 "눈치 보지 마라, 의무에 매이지 마라, 정의의 덫에 빠지 마라!"라고 단호하게 말합니다. 이유가 있습니다. 사람들이 말하는 흔히 말하는 정의는 존재하지 않기 때문입니다. 그런 것은 지금껏 존재한 적도 없고 앞으로도 존재 하지 않을 것입니다. 세상은 애초부터 그렇게 만들어져 있지 않습니다. 벌레는 벌레 를 잡아먹지 못합니다. 벌레에게는 공평치 않은 일입니다. 파리는 거미를 잡아먹지 못합니다. 파리에게 공평치 않은 일입니다. 정의라고 하는 것은 비현실적인 개념입 니다. 이 세상과 이 세상을 살아가는 사람들은 언제나 늘 불공평합니다. 하나 행복을 택하고 불행을 택하는 것은 정의의 부재와는 아무 상관이 없습니다."라는 것이 그의 지론이기 때문입니다.

행복하려면 조금은 이기주의자가 되어야 합니다. 말하자면 이기주의적 행복론자 가 되어야 합니다. 행복한 각자주의자가 되어야 합니다. 그렇게 하기 위해서는 지켜 야 될 것이 있습니다. 그것은 절대로 사소한 것이나, 오늘 행복해야 될 것을 결코 뒤 로 미루지 말아야 한다는 조건입니다. 행복해지는 일이든, 무엇이든 그런 것을 미루 는 데에는 유별난 노력이 들어가지 않습니다. 땀 한 방울은커녕, 그 어떤 사유도 필요 하지 않습니다. 행복을 미룬다는 말 자체가 성립하지 않기 때문입니다. 행복하겠다고 하면 당장 지금 행복해야 하는 것이고, 행복하지 않는 것은, 행복하지 않은 것일 뿐입 니다. 나중이나 뒤로 미루는 것이 아니라 지금 하지 않는 것일 뿐입니다. 미루기는, 하는 일이 아니라 미루는 일뿐입니다. 지금, 당장, 자신이라는 현실로부터의 도망이며 도피일 뿐입니다.

　자기 앞에 놓여 있는 현실을 도피하는 사람치고, 행복한 사람을 본 적이 없습니다. 사소한 것이든, 큰 것이든 현실은 지금 바로, 당장 자기 자신의 드러남과 드러냄일 뿐이기 때문입니다. 자기 자신이 바로, 지금이고, 당장이며, 현실이기에, 그 어떤 것도 자기 자신에게 사소해져야만 하는 것은 없습니다. 설령, 일처리 과정에 있어서 우선순위로 보아 경하고, 중한 것이 있을 수는 있지만, 사소하다고 판단하기만 하면서 미루고 기피하는 사람치고 행복해지기는 쉽지 않습니다. 아주 작은 일, 아주 사소한 일이라고 하더라도, 그것을 7일간 해내면 자기 자신이 자랑스럽게 여겨질 것이고, 30일을 지속한다면, 자신 스스로 자신에게 믿음이 생기게 됩니다. 365일, 매일 그렇게 사소한 것을 자기 것으로 만들어 가면 자신의 일상생활이 달라집니다. 10년을 지속한다면 자신의 운명이 바뀔 수밖에 없습니다. 축구선수가 되려면 뛰기부터 준비해야 되지만, 그렇게 준비하는 일은 지루하며 재미가 없을 수도 있습니다. 재미없는 일들이라도 불평 없이 그 속에서 기쁨을 뽑아내고, 그 기쁨을 즐길 줄 알게 되면 행복에 자신도 모르게 이르게 됩니다. 행복이 버릇이고, 습관인 이유입니다. 자기 자신에게 작은 일, 사소한 일을 지치지 않고 계속해 내는 것을 버릇이라고 하고, 습관이라고들 부릅니다. 습관이나 버릇은 거창한 것을 말하는 것이 아닙니다. 남들에게 혹은 자신에게 아주 사소한 일, 작은 일을 한 달 31일째 잇대어 자기 일로 해 내고, 잇대어 32일부터는 자기 것으로 즐기기 시작하는 일이 바로 습관이고 버릇이기 때문입니다. 삶을 바꾸는, 인생을 바꾸는 습관은 아주 작은 일을 계속하며 즐기는 것에서 비롯되기에, 행복한 이기주의자는 사소한 일을 지금, 당장, 자기 것으로 즐기는 사람들인 것입니다. 행복이 이기주의적인 것이기에, 행복을 즐기려면 행복이 요구하는 행복한 이기주의자가 되어야 합니다.

　개인주의적 혹은 이기주의적 행복론자들은 무엇이든 배우는 일에 배고파 하는 사람입니다. 공부 전문가로 자처하는 일본의 메이지 대학교 사이토 다카시 교수는 『내가 공부하는 이유』라는 책에서, 삶의 내공을 쌓는 공부 방법으로 독서를 꼽습니다.

책 읽는 사람은 늙지 않는데, 그럴 만한 이유가 있다는 것입니다. 책 읽기는, 당장 써먹기 위한 공부가 아니라 공부 그 자체를 즐기는, 그럼으로써 '삶의 호흡이 깊어지는 공부'이기 때문이라는 것입니다. 그는 일본에서는 괴짜 교수로 알려진 사람입니다. 여러 사회문제에 이것저것, 다방면에 걸쳐 나름대로의 관심을 드러내놓는 사람이기 때문입니다. 배움은, 사람이 고독하지 않는 사람이 되는 지름길이라고 다카시 교수가 말한 것은 젊은 나이에 일찍 은퇴를 한 사람들을 위로하겠다는 뜻에서 한 말입니다. 그렇게 이야기한 그의 심적 정황이 어떤 것이었는지에 대해서는 나 나름대로 짚이는 구석이 있었기는 했지만, 그렇게 운을 떼어놓고 자신의 생각을 전개시킨 내용들에 대해서는 곤욕스럽기까지 합니다. 이어지는 그의 말이 초점을 잃은 채 공허하게 들렸기 때문입니다. 그가 정년이나 은퇴가 무엇인지를 바라보기는 했어도, 아직 정년이나 은퇴의 정체를 제대로 알아보지는 못했다는 생각이 들었기 때문입니다. 그에게 은퇴나 정년에 대한 이해가 부족하다는 것이나, 정년의 의미를 만들어 내지 못했다는 것을 지적하려는 것도 아닙니다. 끝내, 그 스스로 배움이 무엇인지, 배움의 기쁨, 배움의 즐거움이 무엇인지를 제대로 알아보지 못했다는 것이 그의 논지에 대한 제 지적입니다. 사람들은 시력을 잃으면 흔히 환상을 만들어 내곤 합니다. 본다는 것과 보지 못한다는 것 간의 구별이 그에게서 지워져 버렸기 때문입니다. 본다는 것은 구별을 시작하는 일입니다. 분석하는 일입니다. 커다란 하나가 여러 조각으로 나누어지면 현실이 되는 것처럼, 현실은 여러분이 지금 본 하나의 조각일 뿐입니다. 보는 동안 창조는 중지되기에, 차라리 보이지 않아야, 보지 않고 시작해야 새롭게 창조할 수 있습니다. 보이지 않아야 새로운 것을 생각할 수 있습니다. 환상이 마음에 자리 잡게 놔두는 한, 현실은 이내 중지되고 말아버립니다. 하늘을 날아다니는 물고기는 환각에서 보이는 모습이지, 현실에서 볼 수 있는 그림이 아닌 것처럼, 창조는 현실에 머물면 그저 쓰레기가 되는 법입니다. 정년을 한 사람이 배움의 기쁨을 경험하게 되면, 허무와 고독으로부터 벗어나게 된다는 생각은 그저 말하기 좋아하는 사람들 그저 하기 좋아하는 말입니다. 아직도 환상이고, 환각일 뿐입니다. 배움에는 원래 기쁨 같은 것은 없습니다. 배움은 처음부터 자연적이고 본능적입니다. 매초 호흡하며, 그것을 숨쉬기하는 것을 기쁨이라고 말하지 않는 이치가 배움에도 그대로 적용되기 때문입니다. 숨쉬기를 기쁨으로 느끼는 극한 경우가 사람에게 전혀 없다는 뜻이 아닙니다. 숨쉬기는 원래 인간에게 삶이기에, 사람들은 숨쉬기를 격앙된 기쁨으로 받아들이지는 않는다는 뜻입니다. 물 마시기, 밥 먹기와 같은 것은 인간의 생존을 위한 원초적인 조건이기에, 그런 것의 행위에 기쁨이라는 설명을 붙이는 일은 그저 사족일 뿐이라는 뜻입니다. 공부하고, 익혔다고 해도, 바라던 모든 것을 일순간에 성취할 수 있는 것은 아닙니다. 공부나 익히는 일은 삶에서 모든 것을 낚아채기 위해 하는 일이 아니기 때문입니다. 공부하는 것은 삶에서 미처 몰랐던 것, 자기도 모르게 지나쳐버렸던 것, 오늘 다하지 못했던 것이 어떤 것인지를 깨우치는 과정이기 때문입니다. 공부가 무엇인지, 익히는 일의 핵심이 무엇인지를 샤를 드 푸코(Charles de Foucauld, 1858~1916) 신부가 말했던 것처럼, 배움은 제아무리 두 사람이 아무리 한 가지를 바라본다고 해도 두 사람이 보는 것은 서로 완전히 다를 수 있다는 그 현실을 담담하게 받아들이는 일과 같습니다. 배움을 통해 현실과 이상, 그리고 그 둘 사이의 간극과 긴장 모두를 소화시키는 일입니다. 타인의 마음에 상처를 주지 않는 것과 내가 믿는 것을 위해 내 입장을 분명히 하는 것, 이 두 가지를 엄격하게 구분하는 일이 얼마나 어려운가를 알며, 익히는 일이 배움의 정수입니다. 그 배움으로부터 관용이 나오고, 그로부터 사랑이 나오고, 그로부터 생명이 움트게 됩니다. 일명, 예수의 작은 형제로 일컬어지는 샤를 드 푸코는 원래 귀족 장교였습니다. 수도사의 길과는 먼 사람이었습니다. 막대한 유산을 물려받은 그는 수도사가 되기 전에는 탐험가이기도 했습니다. 샤를 드 푸코는 모로코를 여행하던 중 저들 주민들 때문에 회심을 하게 됩니다. 그곳의 굶주린 사람, 헐벗은 사람들을 보고 사랑이 무엇인지 새롭게 공부하며 익힙니다. 그에게 가장 깊은 인상을 심어 준 것은 저들 이슬람교도들의 헌신적인 신앙심이었습니다. 신의 자비를 향한 저들의 경건심과 헌신에 깊은 감화를 받은 청년장교는 마침내 종교에 회심합니다. 회심한 그는 마침내 그곳 헐벗은 주민들의 삶 속으로 묻어 들어갑니다. 저들을 위해 헌신하던 그는 1916년 아프리카 사막 외진 곳에서 살해당합니다. 저들 원주민에 의해 살해된 것입니다. 침묵 가운데 신의 은총대로 어느 날 홀연히 몸을 버린 푸코 신부는 살아 있는 동안 〈나는 배웠다〉라는 시에서, 자신의 어리석음과 신의 은총에 대해 이렇게 말했습니다. "다른 사람으로 하여금 나를 사랑하게 만들 수 없다는 것을 나는 배웠습니다. 내가 할 수 있는 일이 있다면 사랑받을 만한 사람이 되는 것뿐입니다. 사랑은 사랑하는 사람의 선택입니다. 내가 아무리 마음을 쏟아 다른 사람을 돌보아도 그들은 때로 보답도, 반응도 하지 않는다는 것을 나는 배웠습니다. 신뢰를 쌓는 데는 여러 해가 걸려도 무너지는 것은 순식간이라는 것을 배웠습니다. 우리의 매력이라는 것은 15분을 넘지 못하고 그다음은 무엇을 알고 있느냐가 문제인지도 나는 배웠습니다. 다른 사람의 최대치에 나를 비교하기보다는 내 자신의 최대치에 나를 비교해야 한다는 것을 나는 배웠습니다. 그리고 또 나는 배웠습니다. 인생은 무슨 사건이 일어났는가에 달린 것이 아니라 일어난 사건에 어떻게 반응하고 대처하느냐에 달려 있다는 것을 무엇을 아무리 얇게 베어낸다 해도 언제나 양면이 있다는 것을 나는 배웠습니다. 나는 배웠습니다. 사랑하는 사람들에게는 언제나 사랑의 말을 남겨 놓아야 한다는 것을. 어느 순간이 우리의 마지막 만남이 될지 아는 사람은 아무도 없습니다. 사랑을 가슴속에 넘치게 담고 있으면서도 이를 나타낼 줄 모르는 사람들이 있음을 나는 배웠습니다. 나에게도 분노할 권리는 있으나 타인에 대해 몰인정하고 잔인하게 대할 권리는 없다는 것을 나는 배웠습니다. 우리가 아무리 멀리 떨어져 있어도 진정한 우정은 끊임없이 두터워진다는 것을 나는 배웠습니다. 그리고 사랑도 이와 같다는 것을 내가 바라는 방식대로 나를 사랑하지 않는다 해서 나의 모든 것을 다해 당신을 사랑하지 않아도 좋다는 것이 아님을 나는 배웠습니다. 또 나는 배웠습니다. 아무리 좋은 친구라고 해도 때때로 그들이 나를 아프게 하고 그렇다고 하더라도 그들을 용서해야 한다는 것을 나는 배웠습니다. 아무리 내 마음이 아프다고 하더라도 이 세상은 내 슬픔 때문에 운행을 중단하지 않는다는 것을 나는 배웠습니다. 환경이 영향을 미친다고 하더라도 내가 어떤 사람이 되는가 하는 것은 오로지 나 자신의 책임인 것을 나는 배웠습니다. 나는 배웠습니다. 우리 둘이 서로 다툰다고 해서 서로가 사랑하지 않는 게 아님을, 다투지 않는다고 해서 서로 사랑하는 게 아니라는 것도 나는 배웠습니다. 그리고 나는 또 배웠습니다. 앞과 뒤를 계산하지 않고 자신에게 정직한 사람이 결국은 살아가는 데서 앞선다는 것을 내가 알지도 보지도 못한 사람에 의하여 내 인생의 진로가 변할 수도 있다는 것을 나는 배웠습니다. 나는 배웠습니다. 글을 쓰는 일이 대화를 하는 것과 마찬가지로 내 마음의 아픔을 덜어 준다는 것을 나는 배웠습니다. 그리고 정말 나는 배웠습니다. 타인의 마음을 상하게 하지 않는다는 것과 나의 믿는 바를 위해 내 입장을 분명히 한다는 것 이 두 가지 일을 엄격하게 구분하는 것이 얼마나 어렵다는 것을."

내 일상생활에서 조금은 이기주의적으로 좋은 삶을, 행복을 유지하려면, 일단은 그리고 우선은 '생명도둑'이 내 삶에 스며 들어오지 못하게 해야 합니다. 그렇게 하기 위해서는 일상 속에서 생명을 위한 용기가 무엇보다도 먼저 필요합니다. 새뮤얼 스마일스는 『인격론』에서 일찍이 이런 말을 했습니다. "우리에게 필요한 용기는 영웅적인 것이 아니다. 일상생활에서의 용기다. 솔직할 용기, 유혹에 저항할 용기, 사실을 말할 용기, 가식 없이 있는 그대로를 보여 줄 용기, 다른 사람의 부에 부도덕하게 의존하지 않고 갖고 있는 것 내에서 정직하게 살아갈 용기 말입니다."라고 말했습니다. 작가, 정치개혁가, 저널리스트, 의사, 도덕주의자로서 한 시대의 표본으로 살았던 새뮤얼 스마일스(Samuel Smiles, 1812~1904)가 우리를 향해 제시했던 일상에서의 용기에 저는 한 가지를 더함으로써 생명도둑으로부터 자신을 지켜낼 수 있는 방법을 이야기하려고 합니다. 생명도둑을 미리 막고, 내 생명을 내가 지켜내기 위해 필요한 일상에서의 용기는 다름 아니라, 걸을 수 있는 용기입니다. 그렇게 시계의 분침과 시침이 가리키는 대로 살아가다 보면, 이런저런 일에, 화나는 일, 스트레스 받는 일 때문에 안절부절못하기 마련입니다. 그렇게 하지 말고, 그런 마음이 서서히 고개를 들 때는 두말할 것 없이 그냥 저리에서 일어나, 궁둥이에 묻은 먼지부터 훌훌 털고 걸어야 합니다. 걷기 시작하면 자기 몸에, 자기의 마음 담을 타고 들어오려고 벼르고 있던 생명도둑이, 죽음의 전령이 질겁을 하고 뒤로 물러설 것입니다. 걷기가 바로 명상이며, 치유이기 때문입니다. 걷기는, 스마트폰과는 달리, 시간탐닉적입니다. 시간을 내지 않으면 걸을 수 없기 때문입니다. 걷기는 자기와 자기 간의 소통을 촉진합니다. 걷기와는 달리 스마트폰은 디지털 사회의 세대적인 모습을 한마디로 대변하는 상징물입니다. 스마트폰은 사람들 간의 소통을 저렴하게, 짧은 시간 내에 할 수 있도록 도와주는 영리하고 현명한 기계 중의 하나입니다. 그냥 시간절약 도구라고 해도 무방할 것입니다만, 가만히 따져 보면, 스마트폰이 스마트한 것만은 아닙니다. 스마트폰은 시간절약을 위한 도구라기보다는 시간도둑의 도구와 같은 상징, 그런 것일 수밖에 없습니다. 요즘 지하철이나 공공장소에 가면 일상적으로 눈에 띄는 것들이 있습니다. 대부분의 사람들이 자신의 스마트폰에서 눈을 떼고 있지 않은 사실입니다. 아예 고개를 박고 다른 것에 전혀 신경을 쓰지 않는 사람도 부지기수입니다. 2014년경, 한국인의 스마트폰 이용 시간은 하루 평균 3시간 39분이었습니다. 스마트폰에 그 무슨 소식이 들어왔는지 어떤지를 마지막까지 확인하기 위해 아니면 잠들기 전, 아예 요를 깔아 놓고 누운 상태에서도 스마트폰을 보고서야 잠을 청하는 사람들이 점점 늘고 있습니다. 스마트폰에 저들이 중독된 것입니다. 지내고 보니, 스마트폰이 시간을 절약해 주는 줄 알았더니 오히려 정반대가 되었습니다. 스마트폰 때문에 오히려 사람들의 일상적인 삶을 위한 자기 시간이 줄어들고 있다는 것이 확인되는 순간입니다. 시간지킴이로 알고 있던 스마트폰이 이제는 자기 자신의 시간도둑이 된 것입니다. 처음에는 부자들도, 가난한 자들도 이런 것을 모르고 살았습니다. 모두 스마트폰에 자신들의 시간을 꽤나 벌고 있는 줄 알았습니다만, 요즘 사정은 점점 달라지고 있습니다. 부자들일수록 스마트폰을 정말로 스마트하게 씀으로써 자신의 삶을 스마트하게 만들어 가고 있지만, 반대로 경제적으로 부유하지 못한 사람들은 오히려 스마트폰에 더욱더 노예가 되어 가고 있습니다. 부자일수록, 영리한 사람일수록 시간도둑에 자신의 시간을 털리지 않는 법을 익히기 시작했기 때문에 그렇게 시간을 선용할 수 있게 된 것입니다. 저들 부자들은 스마트폰의 요구에 거역하는 그렇게 저들의 마음을 굳혀, 더욱더 마음의 부자까지 되어 가고 있습니다. 스마트폰이 처음 우리 생활에 등장하자 모두가 그것을 신기하게 생각하고 그것에 마음을 빼앗기다 보니, 스마트폰은 단순히 자신들의 시간을 빼앗는 시간도둑으로만 그치는 것이 아니라, 저들의 생명까지 위협해 오는 생명도둑으로 진화 중입니다. 자신들의 일상적인 삶에서 자신들만이 누려야 될 그 시간을 도둑맞는 것은 그야말로 자신의 생명을 단축시키는 일이나 다를 것이 없기 때문에, 스마트폰이 저들에게 생명도둑처럼 다가온다는 것입니다.

미국의 각종 유명 매체들이 조사를 해 보니 놀라운 결과가 드러났습니다. 스마트폰에 무심할수록, 힘이 강한 사람, 지위가 높은 사람, 자신을 위해 자신의 몸을 꾸준히 가꾸는 사람들로 나타났습니다. 필요한 경우에만 스마트폰을 활용하는 저들 가진 자들에 반해, 직급이 낮은 직원, 거래처와 관계에서 업무상 '을'의 입장에 서 있는 사람인 사람들은 중요한 전화를 받지 않으면 타격이 클 수밖에 없는 사람들로서, 더욱 더 스마트폰 소리에 귀를 기울이거나 고개를 박고 스마트폰의 정보를 수집해야 하는 형편이었습니다. 할 일 없는 사람, 무료하게 일상을 보내는 사람, 그냥 면접 결과를 기다리는 구직자들일수록 스마트폰의 갖가지 우스개 정보에 매달립니다만, 그것 역시 제 시간을 갉아먹고, 제 생명을 단축시키는 일입니다. 조금 경제학적으로 말하면, 약자들, 피고용자들, 단순한 노동현장에서 낮은 임금을 위해 몸부림치는 사람들일수록, 누가 시키지 않아도 제 스스로 자기만의 귀한 시간을 스마트폰에 자신을 헌납해 가며, 헌신적으로 스마트폰 사용료를 내게 됩니다. 그러는 동안, 가진 자, 여유 있는 자, 힘 있는 자들은 여유 있게 스마트폰 제조회사의 주식을 삽니다. 저들은 결국 약자들이 봉헌(奉獻)한 그 시간과 돈을 거둬들입니다. 저들 약자들이 죽어라 스마트폰에 머리를 박고, 귀를 기울이며, 손가락을 분주히 움직이는 동안, 그들 강자들은 공원을, 호숫가를, 해안가를 거닐거나 그런 곳에서 책을 읽으면서 자신들의 부와 재력을 만지작거리고 있는 것입니다.

2) 숨, 쉼입니다

배움의 세 요소, 그러니까 생명, 학습, 그리고 연단에서 마지막 요소인 연단이라는 요소는 사전적으로는 두 가지 의미를 담고 있는 말입니다. 사람들에게 소중한 것이 생명입니다. 그것이 매일같이 생명으로서 작동하며 자신의 삶에게 의미를 주기 위해서, 생명이 생명으로 작동하고 있어야 합니다. 생명이 생명으로 작동하게 만들어 주는 방법이 바로 조리(調理)와 건사로서의 연단입니다. 건사한다는 말은 한자가 아니라 우리네 말로서, "나한테 있는 것을 잘 두다."와 "어떤 물건이나 사람을 잘 맡아서 다루다." 혹은 "잘 돌보거나 다스리거나 가꾸다."라는 뜻을 담고 있는 토박이 말입니다. 자신의 생명을 자신이 제대로 건사해야 생명이 생명으로서 작동하게 됩니다. 나중에 다시 말하겠지만, 생명의 연단문제는 생명됨의 상징인 자신의 몸과 맘, 그러니까 자신의 뫔을 조리(調理)해가는 일입니다. 그 뫔조리를 연단이라고 표현했을 때 그말은, 말 그대로 쇠붙이를 강하게 만들어 놓기 위하여 불에 달구고, 그 후에 두드리고 있는 것을 상징합니다. 그런 상징으로서 연단이 인간에 주는 의미는, 사람 스스로 제가 알고 있거나 해야 하겠다는 것들을 제 뫔으로 체험, 실천 등을 통해 자신의 몸과 마음을 닦고 길러 굳세게 만드는 일을 뜻합니다. 제가 말하는 연단은 두 가지 모두를 융합한 상태를 말합니다. 제가 연단에서 가장 중요하게 강조하는 것은 '뫔의' 행함입니다. 아무리 연단이 무엇인지 알았다고 혹은 안다고 고개를 끄덕거렸어도, 매일같이 그것을 자기 것, 그러니까 자신의 '뫔'으로 행(行)하고 동(動)하지 않으면 아무것도 하지 않는 것일 뿐입니다. 다이아몬드를 1,000개 갖고 있다고 해도 그것을 보기 좋게 다듬어 실에 꿰어 놓음 없이는, 결코 자신의 몸을 위해 치장할 수 없는 이치입니다. 연단에서 중요한 것은 소박한 일과 진솔하게 해냄입니다. 소박은 행함에서 오는 것입니다. 연단은 자신의 '자신의 뫔을 자기의 뫔'으로 만들어 내어 건사하는 그런 일상적인 소박함입니다. 오늘의 내가 나로 서 있으려면, '뫔생명'이 있어야 합니다. 그러니까 숨과 맥이 조금도 쉬지 않고 뛰어야 생명이 있는 것입니다만 삶살이는 생물학적인 생명만으로는 부족합니다. 생물학적인 생명이 인간으로서의 의미를 갖기 위해서는, 숨과 맥과 같이하는 몸의 제대로 된 작동이 있어야 합니다. 몸은 사람으로 태어난 나를 나답게 만드는 생명력입니다. 몸은 연단으로 만들어집니다. 사람에게 연단이 빠져 있으면 그 사람은 사람으로서의 생명을 누리는 것이 아니라, 동물원 우리 속에 갇혀 있는 원숭이로서 생명을 이어가고 있는 것과 다를 것이 없습니다.

이제 연단이 우리에게 무엇을 의미하는지 옛사람들의 이야기를 들어가면서, 조금 더 풀어 보겠습니다. 쇠붙이를 강하게 만들기 위해 불에 달구는 일로서의 지속적인 노력이 연단의 모습이라고 했을 때 그 연단의 모습은 공자(孔子)가 말했던 학(學)의 뜻을 더 풀어내기 위해 주자(朱子)가 『주자어류』에서 말한 연단(煉丹)을 뜻하기도 합니다. 주자가 말하는 연단은 원래는 도가(道家)에서 말하는 연금술, 그러니까 그 옛날 도사(道士)들이 단사, 그러니까 수은과 황의 화합으로 만들어진 광물을 녹여, 황금이나 선약 같은 것을 만들려고 했었던 그 연금술(鍊金術)을 상징합니다. 연단(鍊丹)이라는 말과도 혼용될 수 있는 연단(煉丹)에서, 그 연단(鍊丹)은, 말 그대로 불의 근원인 '단(丹)'을 제련한다는 뜻입니다. 세월과 같이 흘러가면서 그 뜻이 변하기는 했으나, 연단의 핵심은 인체를 본래의 순수한 상태로 되돌리기 위한 지극한 노력에 있습니다. 그래서 주자(朱子)는 자신의 책 『주자어류』에서, 연단을 일러, '학(學)하는 사람이 공부하는 것은 연단(煉丹)하는 것에 비유할 수 있으니, 반드시 먼저 100여 근의 숯불로 한꺼번에 달구고 나서 바야흐로 약한 불로써 잘 달여야 완성할 수 있는 엄청난 노력과 참아냄이라고 말했던 것입니다. "요즘 사람들은 100여 근의 숯불로 달구지도 않고 바로 약한 불로 달이려고 하니, 어떻게 이룰 수 있겠는가?"라는 자기 스스로에 묻는 질문이 바로 그것이었습니다. 연단하기 위해서는 그저 제 몸을 제 것으로 간수, 지키기 위해 오로지 용(勇)으로 과감하게, 그리고 발분(發憤)으로 오늘도 밥만 축내는 식충이로 지내지는 않았나 하는 그런 마음과 제대로 해내지 못했음에 대해 자신 스스로 괴로워하는 마음으로, 자신을 채근하라는 것이 바로 주자의 가르침이었습니다. 우리에게 연단의 정신을 강조한 주자는 마음만 그렇게 먹어서는 소용없다고 봅니다. 연단을 위해 마음과 더불어 자신의 몸을 그렇게 움직여야 움직이는 것이기 때문입니다.

　그래서 저들이 말하는 연단(鍊/煉丹)은 일상적인 실과 천으로 자신을 완성시키기 위해 저들이 말하는 연금술로서의 연단(鍊丹)은 몸에 대한 혹독한 담금질로서의 연단(鍊鍛)이 되어야 한다는 것이 제 생각입니다. 연단은 말 그대로 쇠를 불에 넣어 달구 듯이 매일같이, 처음에는 조금 엉성하게 시작했다고 하더라도, 지속적으로 연습하고, 연습하여 그 연습을 자기의 삶이 되도록, 그리고 그것을 통해 자신의 존재함을 확인할 수 있게, 자신의 기쁨이 되게, 그것을 통해 자신의 행복이 되도록 자신의 몸을 곧추세우며 관행하는 몸의 담금질이어야 합니다. 행하여 변하고 변함으로써 즐기고, 즐김으로써 행복함을 매일같이 맛보게 한다는 뜻으로서의 연단(鍊鍛)은 단순한 단련에 그치는 것이 아니라 '자신을 자기'로 거듭나게 만들어 가는 일, 그러니까 매일같이 늙어가는 자신을, 마치 처음 자신이 이 세상에 태어났을 때 보았던 그 몸의 그 순백한 상태로, 그때 그 모습의 자기 것으로 되돌려 내려는 노력을 말합니다. 무슨, 어떤 노력이든, 노력의 형태나 모습이 중요한 것이 아니라, 노력함 그 자체가 중요한 것이며 노력한다는 말은 항상 현재진행형입니다. 진행형이라는 말이 중요합니다. 세상이 당장 종말이 난다고 해도, 해야 할 것은 그 시간, 그때 그렇게 해내야 합니다. 그것이 버릇이고, 습관이며 그것이 바로 지금 자신의 모습이어야 합니다. 옛사람들은, 연단이라는 말에서 단은 1,000일의 실천을 상징하고, 연은 10,000일의 실천을 상징한다고 믿고, 따르며, 행했습니다. 조금도 쉬지 않고 노력한다는 말이 바로 연(鍊)과 단(鍛)이기에 연단(鍊鍛)이라는 말은 훈련과 연습, 그리고 다시 연습과 훈련의 연속을 상징합니다. 자신을 그렇게 연단해야 비로소 자기 것으로 가꾸어진다는 뜻입니다.

　원래 한자 연단(鍊鍛)에서 연(鍊)자는 연(練), 혹은 연(煉)자와 같이, 모두 하나의 의미가 통용됩니다. 연(鍊)은 '불에 달군 쇠를 두드려 뜻하는 대로 만드는 것'을 의미하고, 단(鍛) 역시 '쇠를 불에 달구어 망치나 몽둥이 같은 것으로 계속적으로 치고(攴), 불리는 것'을 뜻하니, 연단은 그야말로 끊임없이 자신을 다듬고 다듬어 자신 스스로 자신에게 당당한 모습으로 나설 수 있게 하는 일종의 자기 만들기인데 연자에서 핵심은 가릴 간(柬)의 모습에 있습니다. 가릴 간자 앞에 화(火)자, 즉 불이 붙는지, 쇠금(金)자 붙는지, 혹은 실사(糸)자가 붙는지에 따라, 뜻은 조금씩 달라지기는 하지만 대개는 서로 하나로 어울리기에 서로 혼용되는 글자들입니다. 가릴 간(柬)자가 뜻하는 것은, 그 무엇을 묶어 놓았던 것이 풀어헤친 듯한 그런 모습과 그것을 고르는 모습을 상징합니다. 마치 콩 한 자루를 풀어 그 속에서 쓸 것과 쓰지 못할 것을 가리듯이, '묶어(束) 놓은 물건을 풀어헤쳐(八), 그중에서 쓸 만한 것들을 하나하나 가려내는 일과 같은 조심스럽고 신경을 써야 한다는 것을 상징하는 글자가 바로 간(柬)자입니다. 그 간자에서 보듯이, 쇠를 달구는 일이나, 불을 간수하는 일이나, 실을 뽑아내는 일이나 모두가 동일하게 어렵고 조심스럽고, 세심한 노력을 한시라도 중지해서는 아무것도 되지 않게 됩니다. 조금도 방심하거나 늦출 수 없는 일입니다. 쇠는 불에 넣어 달구지 않으면 연장으로 만들어 쓸 수 없습니다. 이때 불을 제대로 간수하지 않으면 아무것도 만들어 내지 못합니다. 성냥개비 하나가 큰 불을 키워낼 수는 있지만, 그 성냥개비 하나의 화력으로는 밥을 지을 수는 없기에 물건을 만들어 내기 위해서는 성냥개비 하나가 만들어 준 그 불로 큰 불을 키우고, 그렇게 키운 불을 제대로 간수해야 합니다. 불을 간수하는 일은 삶을 간수하는 일에 비유할 수 있습니다. 목화에서 누에고치로 실을 뽑아내는 일도 마찬가지입니다. 실을 제대로 뽑아내지 못하면 그 어떤 피륙도 만들 수가 없습니다. 피륙이 만들어지지 않으면 옷을 만들어 입을 수 없습니다. 옷을 만드는 일보다 실을 뽑아내는 일이 더 어려운 일입니다. 조심과 부단한 노력이 필요한 일이기 때문입니다. 조금이라도 방심할 수 없는 일이며 중단할 수 없는 일이기에, 연단의 활동에서 그 어떤 연(鍊/練/煉)자든 그 연자는 익힘과 행함의 반복을 상징합니다. 단련(鍛鍊)과 연단의 대상은 바로 맘입니다. 맘은 연단의 결과이기에, 맘을 그냥 연단 그 자체로 받아들여도 크게 무리가 없습니다. 맘은 그냥 놔두면 무디어집니다. 숫돌에 칼을 벼리듯이 맘도 늘 쓸 수 있도록 벼려야 합니다. 실을 뽑기 전의 목화나 누에고치가 바로 무딘 맘 같은 것입니다. 물건으로 만들어지기 전의 무쇠 같은 것이 맘이기에, 그것을 필요한 물건으로 만들어 쓰기 위해서는, 끊임없이 가려내고, 뽑아내고, 벼루고, 두들겨 새로운 쓰임새를 만들어 내야 하는 이치입니다.

　생명을 이어주는 숨이나 맥은 내 뫔의 의지와 관계없이, 그리고 쉴 수 없이 돌아가기에, 자기 스스로 그것을 인위적으로 통제하지 않아도 내 생명이 있는 한 그때까지는 살 수 있습니다. 뫔은 그렇지가 않습니다. 그냥 놔두면 고삐 풀린 망아지가 되고 마는 것이 바로 뫔입니다. 아무리 입기에 편하고, 입기 좋은 옷을 만들어 내는 원료가 목화라고 하더라도 그 목화를 정련(精練)하지 않고 그냥 놔두면, 목화는 더 이상 직물의 원료가 되지 못합니다. 그냥 썩어 버리게 되고, 일단 썩어 버리면 그 목화에서 그 어떤 실을 뽑아낼 수가 없기 때문입니다. 쇠를 그냥 달구지 않고 놔두면 이내 녹이 슬어버립니다. 녹이 완전히 슬면 그 쇠로부터 아무것도 만들어 낼 수 없게 됩니다. 뫔도 다를 것도 없습니다. 그냥 놔두면 그렇게 녹이 슬어버리는 것이 바로 뫔입니다. 사람으로, 한평생 살아가려면 숨을 쉴 수 있어야 하고, 피가 온몸으로 맥을 쳐야 하고, 숨과 맥이 뛰는 것이 나에게 의미를 만들어지도록 뫔이 되어야 합니다. 숨/맥/뫔, 그러니까 '숨맥뫔'이 바로 자기 자신 됨을 말합니다. 숨과 맥은 활기차게 뛰고 있는데, 뫔이 같이 가고 있지 않다면 그러니까 자신을 부단하게 연단하지 않는다면, 이것을 읽고 있는 지금의 당신이라고 하더라도 끝내 동물원 우리에 갇혀 있는 원숭이와 다를 것이 거의 없습니다.

　제가 말하는 뫔조리, 그러니까 뫔을 연단(鍊鍛)하는 과제는 동서양의 여러 학파(學派)에서 나름대로 끊임없이 논의되어 왔던 주제들이기도 합니다. 아리스토텔레스나 제논, 그리고 에피쿠로스 역시 좋은 삶, 행복의 윤리를 지켜나가기 위해 뫔조리가 중요하다고 거론했습니다. 저들은 흔히 뫔조리를 자신 스스로 내키지 않거나 하고 싶지 않음에도 불구하고, 자신의 삶을 윤택하게 하기 위해서는 다른 일을 제치고 해야만 되는 일이라고 보았습니다. 뫔조리는 결코 돈으로는 어찌 해 볼 수 없는 삶의 가치라고 본 것입니다. 뫔조리가 그만큼 저들에게도 중요했기 때문입니다. 저들 못지않게 동양의 도가(道家)나 불가(佛家)도 뫔조리를 중요시했고, 그 점은 유가(儒家)에서도 마찬가지였습니다. 유학자들은 뫔조리를 수신(修身)의 이름으로 강조해 왔습니다만, 제가 말하는 몸의 조리 문제는 저들의 입장과는 조금 성격이 다릅니다. 저들은 몸조리의 궁극적인 목적을 성인(聖人)이 되는 일에 두었습니다만, 제가 말하는 몸조리 문제는 그런 현자나, 현인 혹은 도를 깨친 그런 성인을 위한 과제가 아니기 때문입니다. 몸조리는 생명이 있는 존재에게는 어김없이 필요, 말하자면 모든 이를 위한 몸 튼튼, 그리고 마음 튼튼의 일상적인 과제이기 때문입니다. 2010년 경희대에서, 몸과 문명 사이의 관계에 대한 국제회의를 연 적이 있습니다. 그 회의에 참여한 투웨이밍 교수, 현대 유학(儒學)의 대가로 꼽히는 미국 하버드 대학교의 투웨이밍(Tu Weiming, 杜維明) 교수는 '몸과 문화'의 관계를 설명하기 위해, 맹자(孟子)의 수신론을 현대적으로 해석해 준 적이 있습니다. 투웨이밍 교수는 맹자의 언명 중에서도, "사람의 형체와 안색은 하늘이 준 것입니다. 성인만이 사람의 형체(몸)를 완전히 실현할 수 있습니다(形色 天性也. 惟聖人然後可以踐形)."를 강조하면서, 몸이 마음과 밀접함을 말합니다. 투웨이밍 교수는 인간이 사람으로 태어났으면, 사람다움의 이치를 선천적으로 가지고 있을 것인데, 그것을 완전히 실현할 수 있는 사람을 성인(聖人)이라고 일컫는다는 맹자의 말을 현대적으로 그렇게 해석했습니다. 그는 몸은 자기 실현의 근본이며 문화적 성취의 기반인데, 몸은 선천적으로 주어진 것이면서도 또한 자기가 만들어 가는 것이기도 하다는 유학의 수신(修身)개념에 주목합니다. 수신은 정신적인 훈련뿐만 아니라 육체적인 훈련도 포함하는데, 그것을 바로 원시 유학의 핵심 과목인 육예(六藝: 禮, 樂, 射, 御, 書, 數)와 맹자의 사단(四端)에서 찾아낼 수 있다는 것이 그의 논지였습니다. 육예가 마음의 감각과 의지를 통한 신체적 수련들을 말하는 것이라면, 맹자가 말한 사단(四端)들의 내용, 말하자면 측은지심(惻隱之心)은 동정심이나 배려심을 느끼는 것, 도덕적으로 살고자 하는 의지로서의 수오지심(羞惡之心), 사회질서에 대한 분별력인 사양지심(辭讓之心), 옳고 그름을 아는 것인 시비지심(是非之心) 등등은 인간의 정신적 작용 이전에 이미 사람의 몸에 깃들게 되는 신체적 작용의 결과라는 것입니다. 이런 육예나 사단들은 바로 인간의 세련된 문화적 성취들이며, 그것은 신체적인 것들의 변형, 그러니까 몸을 출발점으로 삼아 만들어진 윤리, 미학, 철학 같은 것들이라고 말하는 투웨이밍 교수의 주장은 간단합니다. 모든 인류의 문화적인 성취와 그 중심에는 수신(修身), 즉 몸의 변형이나 확대를 포함하고 있게 되는데, 인간은 바로 수신을 통하여 자신의 몸을 우주로까지 확대할 수 있다고 본 것입니다. 투웨이밍 교수는, 그런 것이 바로 맹자가 말한 천인합일(天人合一)이라고 할 수 있고, 그런 천일합일, 천일합일을 위한 수신을 완성하는 사람을 바로 성인(聖人)이라고 볼 수 있다고 결론짓고 있습니다. 수신(修身)은, 마음과 몸을 조리하는 일, 즉 수신(修身)은 그 옛날부터 유가에서는 성인(聖人)이 되고자 하는 하나의 목표였다는 그의 견해에는 이의가 없습니다만, 제가 말하는 배우는 사람의 연단(鍊鍛) 문제는, 그러니까 몸조리의 과제는 성인(聖人)이 되고자 하는 욕망이나 목표와는 무관합니다. 성인이 되기 위해 자신의 몸을 제 스스로 연단하고 조리해야 하는 것이 아닙니다. 그 누구든 제 생명을 더 의미 있는 생명으로 만들기 위한 일상적인 삶의 일이기 때문에 그 수신은 매일같이 자기 삶에서 실천되어야 한다는 뜻입니다. 하루에 두세 끼의 식사를 하는 것은 생명을 위한 것이지 그 무슨 성인이 되기 위해서 그러는 것이 아닌 것과 같은 이치입니다. 사람이라면, 자기 생명됨을 소중하다고 여기는 사람이라면, 당연히 제 몸은 제 스스로 조리해야 오늘을 더 건강하게 보낼 수 있습니다. 제 몸을 제 스스로 매일같이, 틈날 때마다 잊지 말고 연단해야, 그것이 바로 내 스스로 내 몸을 조린다는 의미를 만들어 낼 수 있게 됩니다.

3) 사랑만입니다

수많은 어린 학생을 생수장시킨 세월호 사건, 그리고 그 사건 한가운데 있다가 자기 혼자 생명하려고 피신하다가 결국은 길거리 위에서 백골이 되어버린 목회자 유병언 씨로 인해 이런저런 기독교 신앙에 대해 한국인들은 상당히 어둡기만 합니다. 저는 제 평생 처음으로 살아 있는 맑은 눈빛으로 우리를 응시하고 있던 수많은 아이들이 그냥 속절없이 물속으로 가라앉는 수장(水葬)의 장면을 그냥 멍하게 두 눈 뜨고 지켜보았던 국민 중의 한 사람이며, 죄인과 다를 바 없는 어른입니다. 심청이가 인당수에 뛰어들었다는 이야기는 교과서로 익혔어도, 살아 있는 생명들이 물속으로 그냥 가라앉게 만드는 장면은 아예 생각도 해 본 적이 없었습니다. 그날, 저는 한국의 양심이, 한국인됨이 저들과 함께 바닷속 깊이 수장되는 것 같은 느낌을 갖게 되었습니다. 함께 경험했습니다. 서로 사랑하자는 저들, 아이들을 사랑하자는 저들, 모두 위선자이며 탈선자처럼 여겨졌던 장면이었습니다. 한없이 부끄러운 어른들입니다. 이제는 더 이상 우리니, 공동체니, 뭐니 하는 그런 말조차 부끄러운 짓들일 수 있게 되었습니다. 세월호 참사가 이 땅 위의 기독교인들, 성직자들에게 던지는 질문은 예수를 다시 읽어야 할지, 어떤지에 관련된 것입니다. 어쩌면, 세월호 참사에 눈만 껌벅거리는 자들이 저들이라면, 저들은 예수의 가르침, 그러니까 마태복음 24절 4절에 기록되어 있듯이, 현재를 살아가는 사람 그리고 예수를 갈망하는 사람이라며 강단에 서는 사람들일수록 더욱더, 조심하고 경계해야 될 일이 있음을 알게 될 것입니다. 세월호 참사는 자기들이 구세주로 받아들였지만 그 예수 자신을 돈 몇 푼에 팔아넘기는 가룟 유다와 같은 사람이라는 것을 스스로 자인하는 사건으로 해석될 수도 있기 때문입니다. 예수는 지금도 이렇게 우리들에게 그리고 저들에게 말하는 것입니다. "너희가 사람의 미혹을 받지 않도록 주의하라. 많은 사람이 내 이름으로 와서 이르되 나는 그리스도라 하여 많은 사람을 미혹케 하리라(마태 24:4-5)…." "거짓 선지자가 많이 일어나 많은 사람을 미혹하게 하겠으며 불법이 성함으로 많은 사람의 사랑이 식어지리라…(마태 24:11-12)."라는 그의 가르침을 곤고하게 상기해야 합니다. 예수가 나에게 가르친 사랑이란 유별난 것이 아니었습니다. 예배를 볼 때마다, 그저 말로만 살아 있는 우리 주 예수 그리스도를 위해 경배하자라고 말할 것이 아니라, 예수 그리스도를 살아 있게 하도록 하라는 예수의 목소리를 잊지 않고 행하는 일이 사랑이라는 그의 가르침이었습니다. 그렇습니다. 예수는 그 누구에게든, 그 누군가를, 그 무엇을 사랑한다는 것은 자신의 가슴에서 떼어낼 수 없는 상대방에 대한 혼이며 얼이라고 가르쳤던 것입니다. 떼어낼 수 있고, 버릴 수 있는 것은 끝내 사랑이 아닙니다. 제아무리 애뜻하거나, 애틋했더라도 자신의 가슴에서 지워낼 수 있는 것은 끝내 사랑이 아닙니다. 마치 자식을 가슴에 지워낼 수 없는 엄마의 마음처럼, 사랑한다는 것은, 말은 한마디 하지 않더라도 가슴에서 조각내 버릴 수 없는 그 무엇, 그를 향한 배려의 얼이며 혼입니다. 사랑에 대한 이런 저의 심정을 용혜원 시인은 〈그대를 사랑한 뒤로는〉이라는 시에서 그대의 가슴을 이렇게 도닥거릴 것입니다. '그대를 사랑한 뒤로는 내 마음이 그리도 달라질 수 있을까요. 보이는 것마다 만나는 것마다 어찌 그리도 좋을까요. 사랑이 병이라면 오래도록 앓아도 좋겠습니다. 그대를 사랑한 뒤로는 내 영혼이 그리도 달라질 수 있을까요. 온 세상 모두 아름다워 보이는 것마다 만나는 것마다 어찌 그리도 좋을까요. 사랑이 불꽃이라면 온 영혼을 사두어도 좋겠습니다.' 그렇습니다. 사랑하는 것은, 그를 향한 나의 영혼이 달라지는 일이라고 보면, 세월호 사건을 통해 우리가 저들 어린아이들을 결코 사랑하고 있지 않았다는 것을 드러낸 것과 다르지 않습니다.

　세월호와 더불어 물속 깊이 수장되던 아이들의 목소리와 그들의 재잘거림을 그토록 잊지 못한다는 저들은 이미 그 언제부터인지, 저들 새싹 생명들을 저들의 가슴에서 떼어놓고 있습니다. 그저 저들의 주검을 기념행사로만 치부하면, 자신들의 소임은 끝난 것이라고 마음속으로 우기는 것입니다. 그저 길거리에서 벌어진 하나의 대형 자동차사고 같은 것의 하나였다는 생각이, 저들의 영혼들을 갉아먹어 버렸기 때문에, 그런 생각이 가능한 것입니다. 교회에서도, 절에서도, 학교에서도 저들의 죽음은 이제 하나의 보험용 사고처리건수로 기록되고 있습니다. 이 땅에서 스스로 자신을 교사라고, 교육행정관료라고, 정치인이라고, 목사라고, 스님이라고, 신부라고, 성직자들이라고, 어른, 아니 어른이라고 부르고 싶다면, 세월호 참사 이후 자신들 스스로 어떻게 교육에 대해, 인간스러운 삶에 대해 말할 수 있을지를 성찰하면서, 자기 자신이 정말로 사람다운 사람인가라는 질문과 자성에서 결코 자유로울 수가 없습니다. 『니체, 세월호 성인교육을 논하다』에서 그렇게 신랄하고도 통렬하게 지적하는 이관춘 교수의 말대로, 우리 어른들 모두는 그리 쉽게, 어쩌면 결코 저들로부터 용서받을 수 없는 어른들일는지도 모릅니다. 저들의 주검들이 바로 말로만 토해내는 사랑이라는 말의 헛되고, 삿된 저들 어른들의 화법을 훤하게 꿰뚫어 보고 있기 때문입니다.

　인도, 아니 우리 삶에서의 성자(聖者)라고 일컬어지는 간디의 이야기를 하면서 우리 가슴속의 영성문제와 종교문제를 논하겠습니다. 나이가 지극한 간디는 그 어느 날 군중에게 이렇게 말했습니다. '신(神, God)에게는 그 어떤 종교(Religion)도 있을 리가 없습니다.'고 말했습니다. 신은 종교를 만들어 내지 않습니다. 저들을 앞세워 자신의 잇속을 채우려는 인간들이 종교도 만들고, 건물도 만들고, 교리도 만들어 내는 것이라는 뜻입니다. 그가 그런 말을 당시 인도를 지배하던 영국 개신교들을 향해 말했는지, 아니면 힌두교도들을 겨냥해서 그렇게 말했는지, 어떤지는 분명하지 않습니다만, '나는 예수를 사랑하지만 크리스천은 싫어합니다. 그들은 예수를 닮지 않았기 때문입니다.'라고 말한 것만큼은 사실인 것으로 미루어 보아, 신은 그 어떤 종교도 만들어 내지 않았다는 그의 통찰력은 '귀먹지 않은 기독교도라면 내 말을 들어라.'라고 직선적으로 뱉어낸 말 같아 보이기는 합니다. 저들 스스로 유일신을 믿는다면서, 저들만이 옳다는 독선과 공격적인 포교나 선교에 그가 역정을 냈던 것 같습니다. 간디 스스로, 경우마다 예수를 수없이 언급하면서, 예수를 들먹이는 기독교신도 자신들은 결코, 예수가 가르쳐 주고, 자신을 따라 그런 행동을 하며 하루를 살라고 보여 준 예수의 행동대로 실천하지 않고, 그냥 빈말로만 예수, 예수하며 예수 찬양하는 저들에 대한 간디 자신의 역겨움일 수 있습니다. 그보다 한 발 더 나아가, 간디 스스로 기독교도인들이라면 가장 먼저 그들의 신앙적인 푯대로 내세우는 그 신(神), 그 신은 결코 자신의 사적인 이해를 위해 그 어떤 종교도 만들지 않았다는 뜻에서, 신에게는 종교가 없다는 식으로 말했고, 그때 그가 지칭했던 그 종교는 신(God), 혹은 하나님 그 자체에 대한 부정이 아닌 것임이 분명합니다. 그러니까 그 하나님, 그 신(神)은 오로지 기독교인들을 위한 신이 아니라, 서양인, 동양인, 중동인, 아프리카인 등등, 모든 이를 신이라는 뜻이었습니다. 그것이 아니라 신의 존재가 특정 인종을 위한 신이거나 하나님이라면, 그것은 결코 신의 모습이 아니라는 그런 뜻을 담고 있는 것입니다. 그러니까 간디 스스로 신과 종교 간의 관계에 대해 직시하고 의시(疑視)하고 있었던 것은, 신의 이름을 빙자한, 신이라는 이름 아래 전개되는 종교기업의 폐해 문제였습니다. 잡(雜)세력들이 자신들의 경제적인, 혹은 정치적인, 그런 사적인 이해관계들을 그런 종교라는 이름으로 포장해 놓고 있다는 것을 직시했던 것입니다. 개인적이고도 이기적인 조잡스런 이해관계를 하나의 종교적 제도나 기관의 보호 아래 끊임없이 만들어 내고, 포장해서 저들의 이해관계를 추구하고 있는 저들 종교인들의 욕심에 대한 경종이었을 것입니다. 자신들의 속(俗)스러운 욕심을 취하기 위한 권력과 술수의 발판을 종교라는 이름으로 위장하여 자신의 속내를 감추고 있는 종교세력에 대한 날카로운 사회적인 지적과 정신적인 경종이라고 볼 수 있습니다. "마음이 가난한 사람은 복이 있습니다. 하늘나라가 그들의 것입니다. 슬퍼하는 사람은 복이 있습니다. 그들이 위로를 받을 것입니다. 온유한 사람은 복이 있습니다. 그들이 땅을 차지할 것입니다. 의에 주리고 목마른 사람은 복이 있습니다. 그들이 배부를 것입니다. 자비한 사람은 복이 있습니다. 그들이 자비함을 입을 것입니다. 마음이 깨끗한 사람은 복이 있습니다. 그들이 하나님을 볼 것입니다. 평화를 이루는 사람은 복이 있습니다. 그들이 하나님의 자녀라고 불릴 것입니다. 의를 위하여 박해를 받은 사람은 복이 있습니다. 하늘나라가 그들의 것입니다. 너희가 나 때문에 모욕을 당하고, 박해를 받고, 터무니없는 말로 온갖 비난을 받으면, 너희에게 복이 있습니다. 너희는 기뻐하고 즐거워하여라. 하늘에서 받을 너희의 상이 크기 때문입니다. 너희보다 먼저 온 예언자들도 이와 같이 박해를 받았기 때문입니다." 기독교를 신봉하는 사람들이라면 피할 수 없이 매일같이 지켜가야 될 주옥같은 예수의 교훈이 담겨 있는 신약성경의 귀절입니다. 마태복음 5장 1~12절의 내용을 표준 새 번역어 방식으로 적어 그 핵심만 집약시켜 옮겨 놓은 글입니다.

한 세상 살아가는 동안 정말로 행복해지려면 스스로 여덟 가지 일을 매일같이 자신의 삶에서 실천하라는 예수의 당부를 기억해두어야 합니다. 행복해지려면, 첫째로, 신에게 의지하며 자신의 심령이 가난한 사람임을 매일같이 깨달으라는 당부, 둘째로, 자신의 죄를 깨닫고 매일같이 통회하며 애통하는 사람이 되라는 당부, 셋째로, 온유

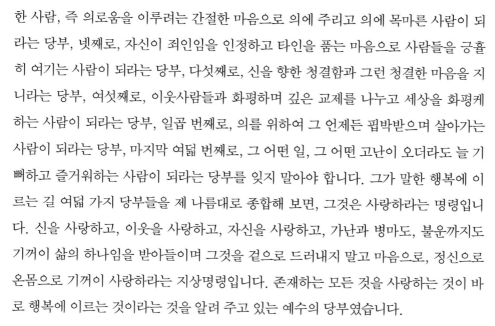

한 사람, 즉 의로움을 이루려는 간절한 마음으로 의에 주리고 의에 목마른 사람이 되라는 당부, 넷째로, 자신이 죄인임을 인정하고 타인을 품는 마음으로 사람들을 긍휼히 여기는 사람이 되라는 당부, 다섯째로, 신을 향한 청결함과 그런 청결한 마음을 지니라는 당부, 여섯째로, 이웃사람들과 화평하며 깊은 교제를 나누고 세상을 화평케 하는 사람이 되라는 당부, 일곱 번째로, 의를 위하여 그 언제든 핍박받으며 살아가는 사람이 되라는 당부, 마지막 여덟 번째로, 그 어떤 일, 그 어떤 고난이 오더라도 늘 기뻐하고 즐거워하는 사람이 되라는 당부를 잊지 말아야 합니다. 그가 말한 행복에 이르는 길 여덟 가지 당부들을 제 나름대로 종합해 보면, 그것은 사랑하라는 명령입니다. 신을 사랑하고, 이웃을 사랑하고, 자신을 사랑하고, 가난과 병마도, 불운까지도 기꺼이 삶의 하나임을 받아들이며 그것을 겉으로 드러내지 말고 마음으로, 정신으로 온몸으로 기꺼이 사랑하라는 지상명령입니다. 존재하는 모든 것을 사랑하는 것이 바로 행복에 이르는 것이라는 것을 알려 주고 있는 예수의 당부였습니다.

　30세 젊은 나이의 예수가 나와 같은 지금의 늙은이들에게도 어김없이 요구되는 행복에 이르는 8가지 방법을 가르쳐 주는 장면이 바로 그의 산상수훈입니다. 산상수훈을 통해 예수가 우리에게 일러준 그 내용을 진복팔단(眞福八端, Beatitudes)이라고 부릅니다. 진복팔단, 조금 생소하고 이해가 쉽지 않은 단어이지만, 그 말은 행복에 이르는 8가지 방법이라는 뜻입니다. 진복팔단을 영어로는 비에티튜드라고 합니다. 비에티튜드는, 예수의 설교 가운데 가장 포괄적인 설교입니다. 예수가 가버나움 근처의 언덕에서 군중에게 들려주었던 가르침의 내용입니다. 진복팔단의 전체 내용은 마태복음의 5~7장에 담겨 있습니다. 그것의 요약이 누가복음 6장 20~26절에 다시 기록되어 있습니다만 누가복음의 내용은 마태복음의 산상수훈의 내용과 비슷하기는 하지만, 느낌에서는 조금 차이가 납니다. 예수가 산상에서 내려와 평지에서 다시 설교한 것으로서, 환경이 바뀌었기에 내용도 조금 다릅니다. 평지주민들의 상황에 맞게 이야기한 설교의 내용이기에 느낌이 산상에서의 가르침과 뉘앙스가 조금 다른 것이 사실입니다. 산상에서 설교한 내용을 조금 수정하여 평지 주민들의 조건과 입장에서 맞추어, 산상수훈의 내용을 다시, 정리하여 주변상황에 맞추어 새롭게 이야기했던 것이기 때문입니다. 아마 누가복음의 저자인 누가가 마태의 이야기를 조금 다르게, 혹은 그 반대로 그렇게 자기 식으로 정리하면서 생긴 해석과 주석의 차이일 수도 있습니다.

예수가 가르쳐 준 산상수훈의 진복팔단의 내용에 대한 해석이 신학자나 목회자들 사이에서는 구구합니다만, 저는 예수가 이야기한 그대로 따르면, 그 누구든 그가 말하는 행복에 이를 것이라고 생각합니다. 저는 예수가 당시 가난하고, 병들고, 권력 아래 신음하는 자들에게 행복에 이를 수 있는 방법을 가르쳐 준 것이라고 믿지 않아야 될 이유를 발견하지 못했기 때문입니다. 산상수훈을 행복에 이르는 방법이라고 받아들이는 것에 대해 반감을 갖고 있는 사람들도 있습니다만, 저는 그들의 또 다른 해석과 강요에 아랑곳하지 않고, 그리 생각하고 있습니다. 예수의 산상수훈을 새로운 시각으로 해석하는 목회자들은 주장합니다. 예수가 말한 진복팔단은 복을 받는 조건과 자격을 언급하고 있는 것이 아니라, 단지 자기 앞에 나와 그의 이야기를 듣는 이들에게 너희는 '복되다.'를 선언한 것일 뿐이라고 주장합니다. 예수는 그 앞에 나와 있는 무리들에게 결코 복을 받으려면 이렇게, 이렇게 하라고 그 방법론을 가르쳐 준 것이 아니고, 너희는 내 앞에 나와 있으니 복되다라고 말하기 위한 것이 저들의 새로운 해석입니다. 그렇게 해석하는 목회자들의 의견이 예수의 설교를 이해하는 데 도움을 줄 수 있을 수는 있겠지만, 저들처럼 식견이 높지 않은 저로서는 저들의 성경해석이나 저들의 설명에 동의할 수 없습니다. 그것은 글자 하나 제대로 읽지 못하며 굶주림과 병마에 시달리는 채 혹시나 해서 예수의 기적이 혹시 자신에게도 드러날 수 있지 않을까 하고 그를 찾아온 이들을 향해, 이제 내가 너희에게 삶의 철학을 하나씩 가르쳐 줄 터이니, 그것을 잘 듣고 가슴에 새기면, 지금 겪고 있는 굶주림과 병마에서 벌떡 일어날 것이니 그리 알고 있으라 하고 예수가 그렇게 이야기한 것 같지는 않기 때문입니다. 저들 무리 앞에 선 30세 청년 예수는 지금의 목회자처럼 잡다한 쪼가리 정보로 무장한 박식함과 시건방짐으로 치장하고 있었다라고 볼 수 있는 근거가 없기 때문이기도 합니다. 저 역시 하루를 어렵게 살아가는 사람으로서, 행복에 이를 수 있는 방법을 간절히 찾고 있으며, 그렇게 그런 방법을 하나라도 더 알고 싶어 합니다. 그 심정으로 예수의 산상설교를 다시 읽고 있습니다만, 예수가 산상수훈에서 가르쳐 준 대로 하기만 하면 정말로 그의 말대로 행복해질 수 있다는 생각에 나도 모르게 새롭게 전율하기도 합니다. 물론 그가 말하는 비에티튜드는 예수를 따라 기도교인으로서 하나님의 나라에 들어가기 위해 이 세상에서 사는 동안 생활화해야 될 것을 알려 주는 이야기이기도 합니다만, 그의 말대로 진복팔단의 비에티튜드를 자신의 삶에서 매일같이 실천하는 사람은 그리 많지 않을 것 같습니다. 매일같이 교회에서, 혹은 예수를 믿고 따른다는 사람들이 저질러 놓은 사회적이거나 정치적인 사건들, 말하자면 세월호 사건 같은 것을 보면 더욱더 그런 생각이 듭니다. 하여간 예수가 가르쳐 준 대로, 그의 말대로 하면 틀림없이 행복에 이르고 말 것이라는 생각만큼은 지워낼 수가 없습니다. 예수가 제시해 준 비에티튜드를 따르며 매일같이 그것을 자신의 삶에 실천하는 사람들이 있다면, 그 사람들은 예수가 그토록 당부한 세상의 소금이 되고야 마는 사람들로서, 정말로 행복한 사람들일 수밖에 없기 때문입니다. 마태복음 5장 39절부터 조금 더 읽어내라면, 그 무슨 기독교신자에게만 해당되는 이야기가 아님을 일순간에 알아차리게 됩니다. "또 눈은 눈으로, 이는 이로 갚으라 하였다는 것을 너희가 들었으나, 나는 너희에게 이르노니 악한 자를 대적하지 말라. 누구든지 네 오른편 뺨을 치거든 왼편도 돌려 대며 또 너를 고발하여 속옷을 가지고자 하는 자에게 겉옷까지도 가지게 하며 또 누구든지 너로 억지로 오 리를 가게 하거든 그 사람과 십 리를 동행하고 네게 구하는 자에게 주며 네게 꾸고자 하는 자에게 거절하지 말라. 또 네 이웃을 사랑하고 네 원수를 미워하라 하였다는 것을 너희가 들었으나 나는 너희에게 이르노니 너희 원수를 사랑하며 너희를 박해하는 자를 위하여 기도하라." 이렇게 매일같이 하는 사람이 있으면, 나는 그가 바로 신의 형상대로 만들어진 사람으로서 신처럼 생활하는 사람, 복 받고 있는 사람이라고 말할 수밖에 없습니다. 예수가 말한 행복은, 행운이나 재수로서의 운세(運世)나 운수 같은 것이 아닙니다. 예수는 그런 운수를 말한 적이 한 번도 없습니다. 그는 인간이 지켜야 될 인간의 윤리를 말했고, 그 윤리 때문에 행복해질 수 있다고 유대 종교의 틀로서 말한 것일 뿐입니다. 사람들과의 부대낌 속에서 속내가 깨끗하고, 담백한 사람들이 행복에 이를 수 있음을 이야기한 것입니다. 속내가 담백한 사람들에게는 영혼이 숨 쉬기 마련입니다. 더 이상 억지로 취할 것도, 욕심낼 것도 없는 삶을 살아가는 사람들이 현명한 사람이며 삶살이에서 중심을 잡고 살아가는 사람입니다. 힘들고, 욕된 삶 속에서라도 중심을 잡고 더불어 살아가는 지혜와 신앙을 지니라는 것이 예수가 산상수훈을 통해 가르쳐 주고 있는 교훈이기도 합니다.

요즘 말로 말해, 재수나 행운을 맛보는 사람이 행복한 사람이라고 볼 수는 없습니다. 재수가 좋은 사람은 어쩌다 그런 즐거움을 맛본 사람일 뿐입니다. 복권에 당첨되면 재수가 있어 행복에 겨울 수는 있지만, 행복했기에 재수가 있게 된 사람이라고 말할 수는 없습니다. 행운에게는 비운도 따라다니기 마련이기 때문입니다. 그런 이야기는 나라마다 조금씩은 다르지만 수없이 발견되곤 합니다. 꿈에 돼지를 보거나 변을 밟으면 행운이 따라온다는 우리네 민담처럼, 러시아 사람들은 한 발로 뛰어가는 참새를 보는 그 순간부터 행운이 따라온다는 이야기를 그냥 그렇게 즐겨 이야기하며, 그렇게 믿고 있습니다. 참새는 원래 두 발을 모아 종종 뛰어가는 조류(鳥類)입니다. 그런 참새가 한 발로 종종거리고 뛰어가는 것을 보면 본 사람에게 행운이 떨어진다는 것입니다. 한 걸음을 내딛는 것을 보면 횡재수가, 두 걸음 뛰어가는 것을 보면 관운이, 세 걸음, 네 걸음, 그렇게 내디디는 것을 보면 여복을… 열두 걸음을 내디디는 것을 보면 차례차례로 갖가지 횡재를 한다고 합니다만, 한 가지 주의가 필요합니다. 그렇게 한 발로 뛰어가는 참새의 열세 번째 걸음부터는 보면 안 됩니다. 열세 걸음부터는 앞서 얻었던 모든 행운이 놀랍게도 모두 곱절의 악운으로 뒤바뀌어 버린다는 것입니다. 사람들은 행운을 가져다주는 참새의 외발뛰기 보기를 열두 번째에 무참하게 그치지 못하기에 끝내 악운에 허덕이게 된다는 것입니다. 2012년도 노벨문학상 수상작가인 중국의 모옌의 소설 『열세 걸음』에 나오는 이야기입니다. 저는 모옌의 소설을 읽고, 참새가 뛰어가는 모습을 보기 위해 꽤나 열심히 저들을 찾았습니다. 딱 저들의 열두 걸음만 보고 싶었기 때문입니다. 아파트 주변이 산이고 숲이라 많은 새들이 지저귀곤 했기에 더욱더 그랬습니다. 아침 산책에서 거의 빠짐없이 대나무 가지에 앉아 지저귀는 까치나 참새를 보곤 합니다. 정말로 다행이었습니다. 게다가 때로는 이름 모를 산새들도 저들과 한패가 되어 재잘거림의 모임을 열곤 합니다. 저들에게도 우리네처럼 조찬모임이 있는가 봅니다. 저들을 볼 때마다 저들의 걸음걸이에 온 신경을 기울이기는 했지만, 저들이 한 번도 걸어 나가는 모습을 제게 보여 준 적은 없습니다. 그리고 보면 그때부터 지금까지, 저는 재물 운과는 담을 쌓은 사람 같습니다. 저들이 외다리로 걷는 것을 보면 재물이 그저 소나기처럼 쏟아질 텐데, 저들이 당최 그런 것을 보여 주지를 않습니다. 그렇다고 악운으로 가득 찬 삶을 살아가고 있는 것도 아닙니다. 그저 매일이 똑같을 뿐입니다.

그렇다고 저들의 외다리 한 걸음 보기를 포기한 것은 아닙니다. 행운도 악운도 기대 밖으로 쏟아진 적이 없기는 해도, 저들의 아침모임에서 저는 나름대로 저들의 모임을 엿보고 있습니다. 하루 종일 잊고 살다가 다시 일깨워지는 아침의 교훈을 얻는 순간이기도 합니다. 저들은 연약한 대나무 가지에 앉아 한 마디씩 재잘거리곤 합니다. 바람이 불어 대나무 가지가 흔들려도 아랑곳하지 않습니다. 바람의 흐름에 따라 같이 흔들리는 대나무 가지처럼, 어김없이 그대로 흔들거리면서도 서로가 서로에게 무엇인가 조잘대고, 재잘댑니다. 대나무 가지가 두껍거나 굵은 것도 아닌데, 저들은 가지 위에서 대나무 가지를 타고 놉니다. 저들은, 억지로 균형을 잡는 것이 아니라 가지처럼 함께 저들 역시 움직거릴 뿐입니다. 그것은 저들이 제게 매일같이 보여 주는 삶의 기술, 삶의 자세에 대한 표본 같았습니다. 흔들리면 흔들리는 대로, 서 있으면 서 있는 대로 그대로 대나무 가지가 되어 같이 움직이면 되는 노릇입니다. 서로에게 예리한 각을 세우거나 날을 세우지 않고, 서로가 같이 움직이면 되는 일입니다. 대나무 가지에 서 있으려면 우선 몸이 가벼워야 합니다. 저들 역시 제 앉을 만한 가지를 골라 앉을 뿐입니다. 저들은 그 무슨 스마트폰 하나 갖고 있지 않고서도 서로에게 잘

들 조잘, 재잘거립니다. 행복에 겨워하는 모습입니다. 바람에 흔들리는 대나무 가지 위에서도 중심을 잡고, 대나무 가지처럼 서로 움직일 수 있는 그 모습을 보고 있노라면 저들이 바람 한 점까지 사랑하고 있음을 알게 됩니다. 사랑은 자기 조정술이며 행복입니다. 바람 하나, 이슬 하나라도 사랑하지 않으면 그렇게 대나무 가지 위에 올라 탈 수가 없기 때문입니다.

4) 배려입니다

한평생, 삶이라는 직조물을 매일같이 구성하는 여러 가지 실들에서 한 올, 한 올 걸어내기 시작하면 그것이 그리, 뭐 대단한 것이 아니라는 것을 이내 알게 됩니다만, 그래도 그것들을 곰곰이 따져보기 시작하면, 그것이 얼마나 대단한 일인지를 다시 알아내게 됩니다. 산다는 것은 자신의 길을 걸으며 자신의 마음과 다정하게 이야기를 나누는 것입니다. 이런 일은 쉬울 것 같이 보이기는 해도, 당최 그렇게 해내기 쉽지 않아 결코 당신의 삶에서도 그리 쉬운 일이 되지는 않을 것입니다. 그 누가 말했습니다. '잘 산다는 것은 내 마음이 아프고 슬프다고 할 때 스스로를 다독여 주는 그것입니다. 못 산다는 것은 정반대로 하는 자신 스스로 자신에게 다정하지 못하게 대하는 일입니다.' 『그대는 그대가 가야 할 길을 알고 있는가』에서 선묵혜자 스님이 우리에게 던진 삶에 대한 화두였습니다.

행복감을 자주 느끼는 사람들은 대체로 자신의 일에서 무엇이든 자기 자신을 배우는 사람들이었습니다. "모든 것에서 무엇이든 배우는 사람이 바로 현자입니다. 강자는 자기 자신을 이기는 사람입니다." 김수환 추기경이 살아 있을 때 한 말입니다. 그는 법정 스님의 책을 화장실 갈 때마다 들고 가 탐독했습니다. 법정 스님의 책이 그의 화장실용이라는 말이 아닙니다. 화장실 가는 시간마저도 아까워하는 식으로 시간을 쪼개 살던 추기경은 정말로 삶이 무엇인지 알고 싶었다는 욕심이 있었다는 뜻이었습니다. 화장실 시간은 어느 누구에게도 애지중지하는 시간이며 은밀한 시간입니다.

그렇게 내밀한 시간에도 김 추기경은 가만히 있지를 않았습니다. 그는 법정 스님의 책을 읽고 또 읽었습니다. 지적 열등감을 극복하려는 노력도 아니었습니다. 법정 스님이 말하는 삶이 정말로 무엇인지 실제로 그의 삶을 깊게 생각해 보려는 의도였습니다. 추기경은 틈나면 신자들에게 개그 하나를 던졌던 것으로 유명합니다. 삶이 무엇이냐고요? 그의 질문이 뜻하는 바를 잘 모르는 사람들이 당황하면, 그는 '삶은계란'입니다라고, '삶은과 계란'을 하나의 단어로 명사화시켜 이야기하곤 했다고 합니다. 보통 사람들에게는 '삶은 계란'은 하나의 명사처럼 쓰여, 삶은 삶아진 '닭알' 같은 것이라는 뜻이라는 것을 말하는 것이기도 했지만, 삶에 대해 무엇인가 조금 심각하게 찾아나서는 것 같은 사람들에게는 추기경 스스로 조금 더 심각한 말을 하고 싶었을 것입니다. 물론 제가 더 미루어 본 생각입니다만, 김 추기경 스스로 굳이 자신이 하고 싶은 이야기를 사람들이 몰라도 크게 개의할 일은 아니었기 때문에, '삶은 계란'이라는 말에 사람들이 웃으면 그저 자신도 덩달아 웃어 보였을 것입니다. 하기야 계란을 물에 삶으면, 모든 것이 하나로 굳어지는 것이기에, 굳어지기 전에 그것으로 튀겨 먹기도, 부쳐 먹기도 해야, 아니 생으로 날로 먹기도 해야 할 것입니다. '삶은계란'이 아니라, '삶은 계란'이라는 띄어쓰기로 표기해야 삶은 주어가 되고, 계란은 술어가 되는데, 그때의 삶은계란은 복잡한 뜻을 지니게 됩니다. '삶은 계란'이라는 말이 조금 해학적으로 들리기는 하지만, 그 말에서 풍기는 삶이라는 말은 결코 우스운 단어가 아닙니다. 삶이라는 말이 우리에게 어떤 뜻인지를 알면, 다시 놀라실 것이기 때문입니다. 한글학자 유창돈 교수가 오래전에 『조선어사전』에서 밝혀 놓은 바에 따르면, 삶이라는 말은 조선조 말까지도 '사룸', 혹은 '사룸'으로 표기되었던 것에서도 확인됩니다. 삶이라는 말을 조금 더 풀어 보면, 사람의 옛말인 사룸 에서, 모음인 '·'는 'ㅏ'나, 'ㅡ'로도 될 수 있어 별 차이가 없게 되기에, '사룸'이라는 말은 한자로 사람 '인(人)'을 말하는 '살음'도 될 수 있고, 생(生)을 말하는 '살음'이 될 수도 있습니다. 원래 '사룸'이라는 말의 뿌리는 '살'입니다. '사룸'은 '살'의 명사형이어서 그것은 살암, 살음이라 해야 한다는 것이 국어학자 양주동 교수가 『고가연구(古歌研究)』에서 밝힌 바 있습니다. 삶이라는 말의 핵심인 '살'이라는 말은 여러 의미를 담고 있습니다. 그런 의미 가운데 가장 중요한 것은 살의 명사적 쓰임새인 쌀(米), 살(肉), 기(氣) 말하자면 물살이나 햇살, 빛살이라는 말에서 드러내는 솟구치는 힘, 내뿜는 기운 같은 것을 상징합니다. 우리가 일상적으로 쓰고 있는 말인 부챗살, 창살, 연살, 빗살, 바큇살, 화살과 같은 말이 보여 주는 그런 뼈대나 근간 같은 것이 살, 그러니까 삶의 핵심입니다. 살을 명사가 아니라 동사적으로는 살펴보면, 불을 사르다, 살리다, 살려 주다 같은 타동사의 어근이 되기도 하지만, 목숨을 이어가다, 생존하다, 생활하다, 거주하다, 지내다, 누리다, 견디어 내다, 어떤 가치를 목숨을 걸 만큼 중요하게 여기다 등의 뜻을 지닌 자동사로 쓰이기도 합니다. 자동사로서 쓰이면, '살다.'의 어근이 변형되어, 지금처럼 삶이라는 말의 뜻을 강조하는 명사로 굳어집니다. 물론 살이라는 말은 부사적으로 쓰이기도 하는데, 이때는 살살, 설설, 슬슬, 슬금슬금, 살금살금, 살짝, 슬쩍, 살랑살랑, 설렁설렁 같은 움직임이나 변화의 묘사에서 보이는 것 같이 살아감의 융통성을 드러냅니다. 삶이라는 것은 사람들의 여러 행위들의 총합이라는 것이고, 그것의 핵심이 사람이라는 점입니다. 그러니 삶은 계란은 사람의 계란, 살의 계란이라는 말이 되어, 사람과 계란은 서로의 뜻을 함축시키며 연결되어 있는 다함의적(多含意的)인 말로서, 우리에게 뜻하는 바가 한두 가지가 아니라는 것을 추기경이 알고 있었는지는 모릅니다만, 삶이라는 말은 원래 '사람'이라는 말에서 나온 말이기에, '삶은 계란'이라는 말은 '사람계란'이라는 뜻으로 받아들여서는 곤란할 것입니다. 사람은 결코 계란 같은 삶을 살아가야 되는 것이 아니라, 사람 같은 삶을 살아야 한다는 것을 김 추기경이 역설적으로 이야기하려고 했을 것입니다. 살아가면서, 일상을 살아내면서 삶이 '삶은계란'이 되어서는 곤란하다라는 것을 알고 있는 추기경은, 넌지시 삶이 무엇이 되어야 하는지를 새롭게 신자들에게 깨닫게 해 주기 위해 마침내 학승(學僧)인 법정 스님을 명동성당으로 모셨습니다. 저들 가톨릭 성당에서 놀라운 일이 벌어진 것입니다. 승려가 하나님 앞에 나서서, 가톨릭 신자들을 선도하는 것입니다. 붓다를 예수 앞에 아니면 예수를 붓다와 대질시킨 것입니다. 종교 간의 이 대질이 바로 배려이고 관용이었으며, 옛말로 예(禮)인 것입니다. 김 추기경은 천주교 안에서 불교를 사랑으로 맞이한 것이고, 법정 스님은 불교 안에서 천주교를 배려로 받아들인 것입니다. 신도들에게, 하나님이 정말로 원하는 것이 무엇인지를 보여 주려고 했던 김 추기경의 의도를 알고 있다는 듯이 법정 스님은 성당에 빼곡하게 앉아 있던 가톨릭 신도들에게 말했습니다. "마음이 가난한 자에게 복이 있다는 예수님의 말씀은 바로 『반야심경』이 전하려는 그 메시지입니다." 라고 말하며, 천주교니 불교니 무엇이니 하며 서로 가르며 호들갑 떨지 말라는 메시지를 던졌습니다. 성경이 불경과 소통하는 순간이었습니다. 성당과 불당이 서로 화답하며, 하늘에 동음(同音)하며, 화음(和音)하는 순간이기도 했습니다. 성당에서 『반야심경』의 메시지가 스님의 입을 통해 신자들에게 전달되는 동안 수많은 신부와 수녀들이 귀를 기울였습니다. 그들 가운데의 한 사람도 추기경이었습니다. 전혀 어울리지 않을 것 같은 장면들이 우아하게 조화를 이루었던 장면이었습니다. 종교에서 말하는 관용, 말하자면 똘레랑스가 배려가, 예(禮)가 어떤 것인지를 보여 주는 잊지 못할 장면이었습니다. 신앙하는 자들에게 필요한 종교적 관용의 진면목이 법정과 김 추기경을 통해 드러났던 아름다운, 그리고 영원히 잊지 못할 장면이었습니다. 법정 스님은 매일같이 타박대며 산허리를 걸어 다니는 출가자이고 김 추기경 역시 매일같이 성당 안팎을 걷는 출가자입니다. 저들은 읽고, 틈나면 써내려갔던 출가자입니다. 그가 제일 잘하는 것은 제일 자기에게 충실했던 것은 바로 그런 일상적인 일들이었습니다. 걷고, 읽고, 쓰고, 생각하는 것은, 불교의 '스님'인 법정과 천주교의 '중'인 김 추기경 두 사람이 자신의 일상에서 매일같이 만들어 내는 삶의 의미였습니다. 두 사람 모두가 각자의 삶에서는 모두 무정란의 날 닭알의 총각으로 한평생을 살았던 사람들이었습니다. 삶이 정말로 무엇을 말하는지를 낮간지럽게 체험할 수는 없었던 사람들이었습니다. 결혼을 해 보지 못했고, 자식도 길러 보지 못했기에 해 본 소리였습니다. 두 사람은 부부싸움도 해 본 적이 없었습니다. 부부생활의 철학을 음미할 줄도 모르는 사람들이었습니다. 사람들이 결혼하여 애를 낳고 티격태격하다 보면 모두가 저절로 삶의 철학을 갖습니다. 두 사람은 그런 것을 경험해 보지 못했던 숫총각들이었습니다. 저녁밥을 먹으러 어디로 갈까, 무엇을 먹을까, 무엇을 살까, 어떻게 키울까, 어디를 어떻게 건드려야 상대방이 자지러지는지를 전혀 체험해 보지 못한 저들이었습니다. 완숙의 삶이라고 볼 수 없는 삶을 살다 간 원숙한 사람들이었습니다. 성숙이 아니라 숙성된 사람들이었습니다.

　삶의 철학자가 되어 보지 못한 생 계란의 삶, 그러니까 그러다가 저절로 산화된 곤 계란의 삶이었습니다. 우리가 저들의 말에 진지하게 귀를 기울이는 이유가 있습니다. 저들이 나름대로 자신들의 개조된 삶을 우리에게 보여 주었기 때문입니다. 저들은 구태의연한 삶으로부터 탈각한 현자들입니다. 저들은 송충이가 나비가 되기 위해 껍질을 벗어버리듯, 저절로 저들의 굴레를 탈피한 삶들이 아니라 사람은 이렇게 살아야 한다는 신조를 갖고 구태의연한 삶의 굴레를 벗어던졌던 탈각의 존재들이었습니다. 인간은 잘못된 생각이나 나쁜 상황에서 벗어나는 탈각(脫却)의 존재로 거듭날 때 비로소 사람의 형상을 지니게 됩니다. 이런 탈각을 배움학자들은 개조(Reformatting)라고 부르고 거듭남, 그리고 삶에 대한 의미 만들어 내기라고 부릅니다. 법정 스님과 김수환 추기경은 바로 우리에게 탈각의 참모습이 어떠한 것인지 보여 줬던 것입니다. 저들의 일생은 우리들에게는 마치 김치처럼 저들의 삶에 삶을 위한 효소가 가득했던 숙성된 일생이었습니다. 삶을 살아간다는 말, 인생을 완숙하게 살아간다는 말을 이해하려면 마치 우리네 김치를 쉽게 연상하면 될 듯합니다. 배추는 5번 이상을 소위 '죽어서야' 비로소 김치로 변할 수 있습니다. 그렇게 죽어야, 그렇게 숙성해야 비로소 김치의 품과 격을 갖게 됩니다. 배추는 땅에서 뽑힐 때 일단 뿌리를 뽑으며 일단, 죽습니다. 이어 배추의 배가 칼에 의해 갈라질 때 배추는 그의 속살이 맨 낯으로 드러나는 장렬한 죽음을 맞이합니다. 이어 소금에 절여질 때 팔팔했던 배추는 이내 몸의 심줄 모두가 풀리고 말아버립니다. 또다시 죽게 됩니다. 매운 고추와 젓갈로 된 마늘의 양념에 버무려질 때 배추의 온몸은 선혈로 낭자해집니다. 또다시 죽게 됩니다. 아직도 멀었습니다. 마지막 한 가지 과정이 더 남아 있습니다. 절여지고 익은 그 김치가 다시 도마 위에서 난도질 당한 후 밥상에 올려집니다. 젓가락에 하나씩 집혀져 사람들의 입 안에서 자근자근 씹힐 때, 비로소 배추는 김치라는 새 생명을 부여받게 됩니다. 그것도 잠시입니다. 그 맛은 이내 오물로 사라져야 김치의 일생은 끝이 납니다. 그렇습니다. 배추가 김치가 되려면 뽑히고 갈라지고, 발효하고, 소화되어야 하듯이 삶도 그렇게 완숙하게 발효되고, 숙성되어 소화되어야 합니다.

　우리는 우리보다 삶을 앞서 걷고 있는, 그렇게 걸어 나갔던 사람들의 행보에 주목합니다. 그 행보들이 우리에게 격려가 되며, 깨달음이 되기 때문입니다. 저들의 발걸음이 닿는 곳에서 일어난 여러 가지 삶의 이야기와 에피소드들 때문에, 제대로 살아가려는 사람들에게 커다란 깨달음이 생겼던 것입니다. 마치 천주교의 교종(敎宗)인 프란시스코(Pope Francis)가 자신의 목에 무쇠로 된 십자가를 걸고 한국 땅을 밟았을 때 우리 눈으로 영성을 보았습니다. 그가 보여 주었던 그의 목에 걸려 있던 무쇠 십자가가 발하는 그 아우라를, 찬송가 부르는 목회자도, 작두 타는 샤먼도, 목탁 두드리는 스님도, 어김없이 때만 되면 메카를 향해 경배하는 회교신자들의 눈으로도 어김없이 지켜보았던 것입니다. 그때 우리가 그를 통해 본 것은 '종교'가 아니라 '영성'이었습니다. 그것을 우리는 기적이라 부를 수 있습니다. 그의 이름은 원래 호르헤 마리오 베르고글리오(Jorge Mario Bergoglio)였습니다. 아르헨티나 추기경이었던 그가 전 세계 추기경들의 만장일치로 제266대 로마 가톨릭의 교종이 되었습니다. 세계 천주교의 우두머리로 선출된 그는 아르헨티나 철도 노동자였던 이탈리아 이민 가정 출신이었습니다. 다섯 형제 중 막내로 태어난 호르헤는 아르헨티나의 부에노스아이레스에 있는 빌리야-데보토 신학원에 들어가 신학을 공부하고, 이내 제수이트 교단에 들어갑니다. 그 후 이웃나라 칠레로 가서 인문학을 더 공부하고, 고향 부에노스아이레스로 돌아와서는 성 요셉 칼리지에서 철학 학위를 받은 학자이기도 했습니다.

　청년 호르헤는 결코 인문학과 자신의 종교가 갈라질 수 없다는 사실을 그의 영혼에 심게 됩니다. 그 어느 날 그는 고백합니다. "내가 사람들을 교회로 이끌 능력이 있다라는 걸 알기 전에는 아르헨티나의 야간 클럽에서 취객이나 깡패들을 두들겨 내쫓는 주먹꾼 일도 마다하지 않았지요. 청소부도 하고 실험실 조교도 하고…." 그러던 호르혜는 인문학을 통해 사람과 의심과 확신의 힘을, 신학을 통해 사랑과 믿음과 헌신의 힘이 무엇인지를 알게 됩니다. 그 힘으로 그는 부에노스아이레스 산 미구엘 칼리지에서 신학 교수로 일하며, 강단에서 자신의 예수를 경험하고, 그 예수를 사람들에게 전하게 됩니다. 그는 예수가 짊어졌던 십자가가 황금장식의 액세서리가 아니라는 것을 확실히 알고 있었던 신자이자 수도자였습니다. 예수가 예루살렘으로 입성할 때 타고 간 나귀가, 결코 방탄유리로 감싸진 값비싼 리무진이 아니라는 것을 확신한 추기경이었기에, 교종 프란시스코로 변신한 뒤에도 그는 결코 조그만 자동차와 무쇠십자가를 그의 목에서 끌러 내릴 수가 없었습니다. 그의 목에 걸린 무쇠십자가는 예수의 고통, 그리고 인류에 대한 사랑과 자비, 바로 그것을 상징하는 약속이었기 때문이었습니다. 그는 말합니다. "거리로 나가 가난한 사람을 구하라." "문 밖에서 백성들이 굶주릴 때, 예수께선 끊임없이 '어서 저들에게 먹을 것을 내어 주라.'고 가르칩니다. 안온한 성전 안에만 머물며 고립된 교회가 아니라, 거리로 뛰쳐나가 멍들고 상처받고 더러워진 교회를 원합니다." "그 누구도 개인의 특별한 사생활(동성애)을 물리적으로 간섭할 권한은 가지고 있지 않습니다. 하느님이 위험을 무릅쓰고 우리를 자유로운 사람으로 창조했다면 지금 그 자유인을 간섭하려는 자는 도대체 누구란 말입니까?"라고 외치기도 하는 인본주의자이기도 합니다.

　명동성당에서, 출가자 법정 스님은 의연하게, 공부하는 중이란 존재가 도대체 어떤 품격의 소유자인지를 넌지시 우리에게 보여 줍니다. 천주학 신자들이 법정 스님의 강학(講學)에 놀랍니다. 『금강경』에 대한 김수환 추기경의 열독(熱讀)에는 공부깨나 한다는 스님들도 새롭게 경청해야 하기는 마찬가지였습니다. 서로가 서로의 삶에 관여하고, 서로 다른 서로의 종교에 관통하는 한 가지 그 무엇이 있었기에, 사람들이 법정이나 김수환에게 열광했던 것입니다. 그것은 예수가 짊어지고 걸었던 그 십자가는 목수였던 자신이 평소 생계를 위해 만들었던 나무십자가였다는 사실, 붓다의 마음속에는 그 언제나 똘레랑스와 사랑이 가득했다는 사실을 증거하는 것 이외에 다른 것이 없었다는 것을 보여 준 것입니다. 어쩌면 저들이 보여 준 삶은, 얼핏 보기에는 그저 장가 한번 가보지 못한 곯은 계란, 상한 계란들의 절규처럼 들릴 수도 있습니다. 저들의 삶이 소크라테스, 붓다, 공자, 예수가 인간적으로 우리에게 보여 준 거룩한 삶에 견주기 어려울 수도 있습니다. 저들이 보여 준 삶은 보다 더 잘 삶아진 곤 계란의 삶들이라고 볼 수 있습니다. 곯은 계란들은, 한참 배고팠던 그 옛날 우리나라 보릿고개 시절 당시에는, 그냥 먹을 수 있는 계란이 아니었습니다. 삶아야만, 삶아 놔야만 그나마 허기라도 채울 수 있게 해 주었던 고마운 구황(救荒)식량이었습니다. 그 사실을 김 추기경은 누구보다도 더 잘 알고 있었기에, 삶은 계란 이야기를 했었을 것입니다. 저들, 법정 스님이나 김수환 추기경이 지금 이 세상에 더 이상 없음을 아쉬워하는 것은, 몽테뉴가 했다는 그 말, "남들에 대해 인정을 받는 것이 목적인 경우, 세상의 시선과 두려움에서 벗어나기는 어렵다."는 그 말에서 훨씬 벗어나 있었기 때문일 것입니다. 저들은 그 어려웠던 시절 우리에게 도덕적인 허기를 채워 주었던 구황식품과 같은 귀한 사람들이었습니다. 법정 스님이나, 김수환 추기경 모두는 사람들이 하루를 산다는 것이 그리 유별난 일이 아니라는 것을 보여 주었습니다. 그렇게 제자리에서 그럭, 그리고 저럭, 티내지 않고, 무탈하게 사는 것이 바로 자기들에게 충실한 삶이고, 나름대로 행복한 삶이라는 것을 알려 준 셈입니다. 새파란 나이의 젊은이가 인간의 삶에 크게 아는 것처럼 부른 노래, 즉 〈산다는 건〉이라는 노래는 삶이란 모두 다 그런 것임을 보여 줍니다. 홍진영은 간드러지게 그녀의 노래로 산다는 건 이런 것이라고 산전수전 모두 겪어 본 어른들에게 한 수 가르칩니다. 아직 그녀가 노인네들에 비해 짙은 피눈물을 쏟아 본 적은 없겠지만, 노래로는 그 이상으로 나이 든 척합니다. "그래요. 산다는 건 다 그런 거래요. 힘들고 아픈 날도 많지만 산다는 건 참 좋은 거래요. 오늘도 수고 많으셨어요. 어떻게 지내셨나요. 오늘도 한잔 걸치셨나요. 뜻대로 되는 일 없어 한숨이 나도 슬퍼 마세요. 어느 구름에 비가 들었는지 누가 알아 살다 보면 나에게도 좋은 날이 온답니다. 산다는 건 다 그런 거래요. 힘들고 아픈 날도 많지만 산다는 건 참 좋은 거래요. 오늘도 수고 많으셨어요. 옆집이 부러운가요. 친구가 요즘 잘 나가나요. 남들은 다 좋아 보여 속상해져도 슬퍼 마세요. 사람마다 알고 보면 말 못할 사연도 많아 인생이 별거 있나요. 거기서 거기인 거지 산다는 건 다 그런 거래요. 힘들고 아픈 날도 많지만 산다는 건 참 좋은 거래요. 오늘도 수고 많으셨어요. 산다는 건 다 그런 거래요. 세상일이란 알 수 없지만 산다는 건 참 멋진 거래요. 모두가 내일도 힘내세요."

5) 살자입니다

행복하다는 것은 당신의 삶에 기적이 일어났다는 뜻이나 마찬가지입니다. 행복은 바로 생명을 누리고 있다는 것을 확인하고 있는 일이기 때문입니다. 자신에게 생명이 꿈틀거리고 있다는 그 사실을 하나의 삶의 기쁨으로 받아들이고 즐기는 일이 바로 행복입니다. 생명, 기쁨, 그리고 즐김, 그것이 행복, 그리고 좋은 삶에서의 삼박자입니다. 우선 생명은 느긋해야 합니다. 제아무리 바빠 봐도 정해진 생명을 단 1초라도 더 늘릴 수는 없기 때문입니다. 때가 오면, 때가 되면 흙이 부르고, 땅이 부르도록 되어 있습니다. 그때까지는 가능한 느긋해야 합니다. 느긋하라는 말은 일을 제때제때 하지 말고 미루라는 말이 아닙니다. 맥없이 서두르지 말라는 말입니다. 우리 한국인은 걱정이 꽤나 많은 민족입니다. 온 세상일을 모두 우리가 해내야 직성이 풀리는 민족입니다. 이 말은 준비하지 말라는 말이 아닙니다. 준비는 해야 합니다. 미리미리 살펴야 걱정이 줄어들기 때문입니다. 우환을 대비해서 미리 준비하지 말라는 말이 아니라, 필요 이상 걱정하지 않아도 될 일을 걱정하지 말라는 말입니다. 지구는 너, 나 없이 그렇게 돌아가도록 되어 있습니다. 지구가 정지하면 내 집이 무너질 것이라는 그런 망상을 하지 말라는 말입니다. 지구에 이상이 생겨서 문제가 일어난다면, 나보다 더 급한 사람은 나의 대통령일 것입니다. 국민의 생명을 책임지고 있는 책임자이기 때문입니다. 아니, 나를 주관하는 완전자, 온전자인 신이 더 불안할 것입니다. 이대로 나를, 이 땅에 내버린다면 나보다는 온전자 자신 스스로에게 당장 즐길 것이 없어지는 것이고, 그렇게 되면 그는 따분해질 것이기 때문입니다. 행복이라는 것은 행복에 대한 믿음과 행복에 대한 실천을 말하는 것입니다. 그러니 그 누구든 자신이 좋은 삶을 살아간다고, 그리고 행복한 것이라고, 행복하다고 믿어 보는 일이 필요합니다. 살아 있는 것, 생명이 붙어 있는 것, 지금 당장 숨을 쉬고 있는 것 이런 일이 모두 내가 행복하기에 일어나는 기쁨입니다. 지금 수술실에서 수술을 해야 되는 자신의 몸을 잠깐 그려 보면 숨을 쉬고 있는 지금 얼마나 다행스러운 순간인지를 알게 됩니다. 숨을 쉬는 지금 이 생명이 행복한 생명입니다. 자신이 행복을 믿으면 행복한 것입니다. 행복을 믿지 않아도 다행한 삶입니다. 행복을 믿지 않는 것일 뿐이기 때문입니다. 행복을 믿지 않는다고 불행한 것은 결코 아닙니다. 행복이라는 것은 사고팔 수 있는 그런 물질이나 물건은 아니기 때문입니다. 행복을 사과처럼 만져 본 사람, 빵처럼 먹어 본 사람, 물처럼 마셔 본 사람, 아니, 바람처럼 스쳐 본 사람은 없습니다. 그렇게 만져 본 것 같고, 먹어 본 것 같고, 마셔 본 것 같고, 스쳐 본 것 같은 느낌을 받았을 뿐이기에 행복이란 그렇게 늘 아지랑이 같고, 공기 같은 것입니다.

한국인들이 먹고사는 게 그리 녹녹하지 않았던 1960년대, 그때 일어났던 일이 잘 살고, 행복하게 살아보자는 욕망들이었습니다. 모두가 물질의 풍요와 행복에 대해 갈망이 조금은 충족되었을 2000년대는, 이곳, 그리고 저곳에 행복에 관해 이야기하는 분들의 강의가 인기를 끌던 그 시대였습니다. 행복을 그토록 끈질기게 이야기하던 분 중에 유명한 강사 한 분이 계셨습니다. 최윤희라는 분이라고 기억합니다. 텔레비전 아침방송 시간에는 자주 나왔습니다. 그분 스스로 행복 전도사라고 자처하며 시청자들에게 행복감을 주려고 꽤나 노력했었습니다. 그분의 말을 들으면 잠시라도 웃음 속에서 행복했었던 분들도 많습니다. 그분이 자신 있게 말한 적이 있었습니다. "그 행복, 만나 본 사람 있으면 손들어 보세요!"라고 청중에게 반복하면서 지금부터라도 행복해 보라고 격려하곤 했습니다. 행복의 전도사, 행복 디자이너라고 자처하던 그녀는 자살을 극도로 혐오했었습니다. 자살을 시도했던, 혹은 그런 생각을 하고 있던 사람들에게 '자살'을, 반대로 '살자'로 고쳐먹고 행복한 삶을 살라고 강력히 주문했었던 그였습니다. 그러던 그녀가 덜컥 남편과 함께 자살로 그녀의 삶을 끝내버렸습니다. 그 소식을 접한 모두가 어안이 벙벙해졌습니다. 세상일은 참 모를 일이었습니다. 안타까운 그녀의 속내 사정을 모르는 사람들에게 가혹했던 현실이나 마찬가지였습니다. 세상은 그리고 사람의 삶은 원래 그런 것인가 봅니다. 행복은 행복에 대한 믿음을 믿는 일로 시작합니다. 행복하다면 행복한 것이고, 불행하다면 다행한 것일 뿐입니다. 행복은 인간에게는 하나의 신(神)과 같은 믿음일 뿐입니다. 행복을 믿으면, 행복을 자신의 영혼에 받아들이는 것입니다. 행복하려면 행복이라는 믿음을 먼저 받아들여야 합니다. 행복은 신앙과 같습니다. 그 어떤 신이든 그 신을 자신이 받아들여야 그 신을 믿는 것입니다. 자신을 기독교신자라고 말하거나, 불교신자라고 말하거나, 다신교도라고 말하거나, 무신론자라고 말하는 것은, 자신 스스로 기독교에서 말하는 하나님, 불교에서 말하는 부처, 다신교들이 말하는 초자연적인 힘을 논리화시킨 저들의 교리를 믿는다는 뜻입니다. 무신론자는, 신에 관한 그 어떤 교리도 자기 스스로 믿지 않는다는 뜻입니다. 마찬가지로, 행복을 믿으면 행복을 일단 받아들이는 것입니다. 아무 교리도 믿지 않으면서, 해당 종교의 신앙인이라고 말하는 것이 어감상 이상하듯이, 행복을 믿지 않으면서 행복한 사람이라고 말하는 것 역시 이상하기는 마찬가지입니다. 행복한 사람이라고 말하려면 일단은 행복을 하나의 영성으로 영(靈)처럼, 믿고 봐야 합니다. 인간에게는 믿음이 먼저 오고 그 믿음에 대한 설명이 나중에 오기 때문입니다. 인간이 겉으로 보기에는 굉장히 분석적이고 논리적인 것 같지만, 실제로 그 삶이나 그 논리는 정반대입니다. 먼저 믿어버리는 것이 인간의 속성입니다. 인간 스스로 감당하지 못하거나, 인간의 능력을 넘어서는 일은 조목조목 따지기보다는, 일단 믿고 보는 것이 인간의 속성입니다. 일단 믿어 놓고, 제정신 차리면 그 후에 그것이 왜 그런지, 어떤지를 설명하거나 분석합니다. 그래서 인간의 분석력은 그 언제나 믿음보다 한발 늦습니다.

인간에게 있어서, 절대적인 종교는 그렇게 만들어졌던 것입니다. 따짐없이 먼저 믿고 그 후에 후회하는 식으로 만들어졌던 것입니다. 뇌 인지과학자인 마이클 셔머 교수뿐만 아니라, 웬만한 인지과학자들이 한결같이 내세우는 주장입니다. 셔머 교수는 그 점을 확실히 하기 위해, 『믿음의 탄생』이라는 책에서 인간의 믿음이라는 것은 그 어딘가에 따로 있는 하나의 분명한 실체가 아니라고 말합니다. 믿음의 교리, 그러니까 그 어떤 종교든 그 종교의 모태가 바로 인간의 뇌라고 주장합니다. 인간의 뇌가 바로 믿음의 엔진, 종교의 토대이며 모태이니, 종교의 기원을, 신앙의 기초를 다른 그 어떤 것에서 유별나게 찾지 말라는 당부이기도 합니다. 서머 교수는 무신론자는 아닙니다. 그러나 무지몽매한 다신의 종교도(宗敎徒)이거나, 상식을 벗어나는 기복(祈福)에 매달리는 기독교도도 역시 아니기에, 신학자에게 혼날 만한 소리를 하는 것입니다. 서머 교수는 계속 말합니다. 인간의 뇌는 불안해서 저 혼자, 조금도 가만 있지를 못하기에 늘 사고를 친다고 말합니다. 감각을 통해 들어온 감각 데이터를 사용해 뇌는 자연스레 일정한 패턴을 찾아다니고 찾아냅니다. 인간이 패턴을 만들어 내는 데 이골이 나 있다는 말은, 7, 8천 미터가 넘는 네팔의 깊은 산속에 저 홀로 들어가 있거나, 넓고 넓은 바다 한가운데 외로운 섬으로 저 혼자 표류하게 되었을 때를 가정하면 금세 알 수 있게 됩니다. 추위와 더위, 아무도 없는 극한 생활조건 속에서 살아남으려면, 인간은 당장 자신의 환경들에 대해 적응해야 합니다. 적응하려면 환경에 대한 나름대로의 속성을 살펴 그것을 이용하기 편하게 하나의 패턴들로 조직해야 합니다. 그 패턴을 만들기 전, 이미 그는 나는 이제 죽었구나, 아니면 살았구나 하는 결정으로써 나름대로의 믿음이 필요합니다. 다행히 살았구나, 앞으로 더 살아야겠구나라는 믿음이 일단 만들어지면, 그것에 나름대로 의미를 부여하며, 생존에 도움을 줄 환경패턴들을 다시 정비하며 새롭게 만들어 내야 합니다. 자기가 모은 것들은 소중한 것입니다. 그냥 쓰레기로 폐기할 수 있는 것들이 아닙니다. 자세히 분석하고, 따지고 하는 것은 나중 일입니다. 일단 생존에 필요한 것들을 모으고, 나름대로 분류하여 생존을 위한 하나의 패턴을 만들어야 합니다. 그렇게 만들어진 패턴들에게 인간은 나름대로의 믿음을 찾습니다. 일단 믿음이 형성되면, 인간의 뇌는 다시 믿음의 정당성을 이끌어 낼 설명거리를 찾습니다. 믿음의 설명거리를 지원해 줄 수 있는 나름대로의 증거들을 추구하고, 그것은 사실이며 절대적이며, 진실이라고 우깁니다. 믿기 위해 일단 우깁니다. 그렇게 뇌는 자기가 한 것이 옳다고 판단하고, 그 옳음을 지속적으로 강화합니다. 그렇게 긍정적인 피드백 루프, 즉 그것은 옳은 일이야, 그것은 장한 일이야, 정말로 그렇지, 신은 위대해 하는 식으로 긍정적으로 그것을 받아들이는 과정이 계속 순환됩니다. 그런 생각을 모아 여러 사람이, 오랫동안 하나의 체계를 세우고, 그것을 집단적으로 받아들이며 그것을 조직화하면, 신의 성향과 종교적 성격에 따라, 사찰도 생기고, 교회도 생기며, 성당도 만들어지고, 성황당으로도 지속된다는 것이 서머 교수의 지론입니다. 저항하기 어려운 '종교화'의 논리가 그의 지론속에 담겨 있습니다.

모든 것이 하나에서 그렇게, 저렇게 갈라진 것이라는 뜻이기도 합니다. 그러니, 이제는 다시 하나로 되돌아와야 된다는 뜻이기도 합니다. 성서에서 말하는 바벨탑의 곤욕은 언어의 분화가 아니라, 종교의 분화였을 것입니다. 서양인들에게 정신적인 지주인 성경에서는 이렇게 말합니다. 노아의 홍수 이후에 사람들은 "어서 도시를 세우고 그 가운데 꼭대기가 하늘에 닿게 탑을 쌓아 우리 이름을 날려 사방으로 흩어지지 않도록 하자."(창세기 11장 4절)라고 하면서 바벨탑을 세우기 시작합니다… 성읍과 탑을 건설하여 그 탑 꼭대기를 하늘에 닿게 하여 우리 이름을 내고 온 지면에 흩어짐을 면하자 하였더니… "우리가(여호와) 내려가서 거기서 그들의 언어를 혼잡하게 하여 그들이 서로 알아듣지 못하게 하자 하시고…." "여호와께서 거기서 그들을 온 지면에 흩으셨으므로 그들이 그 도시를 건설하기를 그쳤더라…." "그러므로 그 이름을 바벨이라 하니 이는 여호와께서 거기서 온 땅의 언어를 혼잡하게 하셨음이니." 아름답고 장엄한 한 편의 신화문학이 만들어지는 장면입니다. 바벨탑을 지어 저들의 우수함을 보이려고 했던 것은 노아의 후손들입니다. 하나님은 저들만이 하나님을 독점하겠다는 노아 족속들의 오만을 두고 더 이상 볼 수가 없었던 것입니다. 신은 저들의 언어를 '혼잡'하게 하심으로써 그들의 계획을 원초적으로 불가능하게 만들어 버렸습니다. '바벨'이라는 말의 의미는 '신의 문' 또는 '신께로 가는 관문'이라는 뜻입니다. 신께로 저들만 홀로 나아가겠다는 노아족속의 욕망을 하나님은 '혼잡'이

되게 하셨습니다. 히브리어로 '혼잡'이 '바벨'과 발음이 비슷합니다. 바벨탑 사건은 사람들이 한 가지 말을 하며 모여서 힘을 집중하고 약자를 억압하는 도시 구조와 지배력 때문이라는 해석을 내리는 미국 버지니아 유니언 대학교의 김영석 교수는 『성서에 던지는 물음표』에서, 하느님이 저들의 언어를 다르게 한 것은 다양한 문화와 사고 속에서 다양한 말을 하며 살아가게 하기 위한 자구책이었다고 주장합니다. 그렇게 새로 읽어야, 바벨탑의 의미가 창세기의 전체 맥락과 어울리는 자연스러운 해석이라는 것입니다.

　저들 사회에서 끊이지 않고 일어나는 문명의 대결이라는 종기(腫氣)의 뿌리는 종교적 권력에 뿌리박고 있습니다. 그저 쉽게 이야기하면 그 옛날 전쟁은 모두 종교전쟁이었습니다. 종교권력을 팽창하려는 무력의 확장과 대결이었다는 것입니다. 그 옛날 종교의 시작은 하나였는데, 그것을 저들 편하게 이리저리 갈라놓은 서로 다른 종교적 이해관계들로부터 권력투쟁으로 잇대어 번진 것입니다. 서로 다르다고, 서로 우월합니다라고 각기 내세우는 이교(異教)들의 뿌리는 결국은 하나, 말하자면 자(自)와 연(然)이라고 하는 그 하나의 위대함을 저들 스스로 이리 가르고, 저리 갈라 자신의 권력으로 삼은 것입니다. 서로 갈라진 서로 다른 종교적 언어들이 갈등과 긴장의 현장들이 바로, 바벨탑을 중심으로 만들어진 서로 다른 문명들입니다. 그렇게 해석하면 새로운 문명의 생성과 확장문제와 갈등의 실제로 바벨탑 사건을 다시 만들어 낼 수도 있을 것입니다. 부서지고, 갈라지고, 찢어진 종교들의 파편을 하나로 이어 줄 수 있는 것이 관용(寬容)의 새로운 모습을 볼 수 있게 됩니다. 즉, 똘레랑스가 곳곳에서 갈라지고 떠진 틈을 메우면, 하나의 변할 수 있는 믿음, 특정한 하나의 신을 만들어 그것에 마냥 기댄 채 저 혼자만의 복을 갈구하는 그런 신앙(神仰)이 아니라, 자연과 자기 자신과의 하나됨을 기도하는 서로 다른 보편적인 신(信)과 앙(仰)이 생겨날 것이기 때문입니다. 개별믿음으로서의 특정 종교가 아니라, 전체적인 믿음으로서의 신앙도 생겨날 것입니다. 그렇게 되면, 지금까지 하나만을 받아들였던 절이나, 교회, 성당, 모스크들이 전체가 아우러지는 신앙당(信仰堂), 마치 뉴욕 유니온 신학교의 제임스 메모리얼 채플처럼 만인 신앙당으로서의 새로운 신앙도 태어날 것입니다. 뉴욕 유니온 신학교 제임스 메모리얼 채플처럼 그 누군가가 새롭게 시작하기만 하면 되는 일입니다. 편견과 오만, 그러니까 저 혼자 살겠다고 저 혼자 큰 배 만들고, 저 혼자 저만의 신을 독차지하겠다고 바벨탑을 쌓았던 노아족속의 신화처럼 하지 않으면 세계는 관용하는 것이고, 서로가 평화롭게 살아가게 됩니다.

필 쿠지노 교수는『순례, 영혼의 고향을 찾아 떠난 사람들』에서, 새로운 영성의 시대가 필요로 하는 새로운 융합적인 동시에 똘레랑스적인 신앙과 종교의 한 사례로 뉴욕 유니온 제임스 메모리얼 채플을 들고 있습니다. 제임스 메모리얼은 중세적 분위기를 풍기는 고딕 건축물입니다. 그 안에서 이루어지는 종교 활동들은 진보적이며 융합적이고 통합적입니다. 현대성을 넘어 급진적, 미래적이기까지 합니다. 이곳에선 다양한 이유로 차별받고 소외되고 배제당해 온 이들의 고통이, 있는 그대로 표현되며, 그들에 대한 신앙적, 신학적 지지와 연대도 거침없이 선포됩니다. 더 나아가 그곳은 기독교 예배 공간으로서의 배타적 장소라는 그 이미지마저 해체된 지 오래입니다. 그곳에서는 개신교와는 같은 뿌리인 유대교와 가톨릭 전통은 물론, 불교 전통의 예불도 행해지곤 합니다. 이에 대한 반감의 이야기를 들어본 적은 없습니다. 이처럼 제임스 채플은 기독교만이 아닌 이웃 종교의 세계까지도 경험할 수 있게 하는 열린 공간에서 우리가 말하는 신(神)이라는 것은, 신이라는 실체를 말하기보다는 그냥 일상적인 우리에 믿음을 일컫는 일이라는 것이 서머 교수의 견해입니다. 사람의 뇌가 스스로를 위해 신이라고 만들어 낸 일종의 신(神)스러운 패턴과 성향에 영(靈)이라는 것을 붙이고, 신(神)이라는 것으로 의미화시키면 그것은 일상에서 신으로 가동하기 시작한다는 논리입니다. 인간은 궁극적인 패턴을 만들어 내기를 좋아하기에 신도 그렇게 만들어졌다는 뜻입니다. 하나의 신을 만들어 내기 위해, 인간은 우주의 시작에서 시간의 끝까지, 그리고 특히 인류의 운명을 포함해서 그 중간에 일어나는 모든 일을 하나로 모아냈던 것입니다. 종교의 탄생은 신이라는 하나의 궁극적인 패턴으로 만들어진 것입니다. 신이라는 패턴이 만들어지면, 이내 그것에 우주에 의미를 부여하고 삶의 목적을 의도적으로 제시해 주는 의도적인 행위자로 간주합니다. 모두 인간의 뇌가 제 편하라고 하는 짓입니다. 궁극적인 혼합물로서의 패턴성과 행위유도체들은 인간에게 특정한 행위를 이끌어 내도록 만드는 힘을 발휘합니다. 그런 절대적인 힘으로 만들어진 패턴성은 모든 종교적인 것들에게서 공통적으로 발견됩니다. 정령을 믿는 원시종교든, 다신론적인 초급종교든, 일신론적인 고급종교든 간에 관계없이 모든 종교에서 하나같이 발견되는 강신론적인 인지적 근간이 바로 그런 인간 스스로 만들어 낸 패턴성입니다. 인간의 뇌가 스스로 하나의 절대적인 행위패턴을 만들어 내놓고, 그것에게 신적인 강령의 의미를 부여 하며 그것을 신으로 받아들인 것이 바로 신이라는 뜻입니다.

인간의 뇌가 무엇인가를 믿고, 믿음에 대한 나름대로의 패턴을 만들어 내는 것은 인간이라는 전체 덩어리인 몸이 하는 일입니다. 인간의 뇌 속에 흘러 다니는 신경전달물질이 화학적 작용을 일으켜서 만들어낸 일이 바로 그 일이기 때문입니다. 여러 신경전달물질 중에서도 도파민이라는 물질이 그런 일을 담당합니다. 도파민은 인간에게 믿음과 가장 직접 관련이 있는 신경전달물질입니다. 도파민의 성질은 단순합니다. 인간 스스로 강화하고 싶은, 혹은 강화되는 행동은 그것이 옳고, 그르든 간에 상관없이 일단 반복하게 만들어 줍니다. 심리학자들의 용어로 말하면, 조작적 조건화를 하는 성질이 있습니다. 즉, 어떤 반응에 대해서 잘했나, 혹은 잘못했다를 선택적으로 고르고, 그런 행동을 선택적으로 보상함으로써 전에 일어났던 것 같은 반응이 다시 일어나도록 그 확률을 강화시킵니다. 강화(Reinforcement)란 말은 유기체에 주어지는 보상이라는 뜻입니다. 인간의 뇌는 긍정적인 보상을 얻기 위해 그 행동을 반복하도록 신체에 끊임없이 강화를 지시합니다. 행복이라는 것을 바로 믿고, 그러니까 좋은 삶이라는 것이 있다고 믿고, 그 행복을 자신의 일상적인 삶에서 소망하는 사람이 되도록 자기 자신을 믿게 만듭니다. 그 삶을 일컬어 행복교도(幸福教徒)라고 말할 수 있습니다. 행복을 그 무엇으로 정의하든 간에, 행복이 있고 없고를 떠나서, 행복을 일단 믿고 나서야, 행복이라는 것이 어딘가에서 나를 감싸고 있다고 믿어야, 행복을 나름대로 이야기할 수 있는 것입니다. 행복을 믿지 않고, 행복을 말하는 것은, 마치 스님이 미사를 집전하겠다고 하는 것이나, 아니면 목사가 샤먼처럼 푸닥거리를 하는 것처럼, 말도 되지 않는 일일 뿐입니다. 박용재 시인은 〈사람은 사랑한 만큼 산다〉라는 시에서 말합니다. 그의 이야기는 이렇습니다. "사람은 사랑한 만큼 산다. 저 향기로운 꽃들을 사랑한 만큼 산다. 저 아름다운 목소리의 새들을 사랑한 만큼 산다. 숲을 온통 싱그러움으로 채우는 나무들을 사랑한 만큼 산다. 사람은 사랑한 만큼 산다. 이글거리는 붉은 태양을 사랑한 만큼 산다. 외로움에 젖은 낮달을 사랑한 만큼 산다. 밤하늘의 별들을 사랑한 만큼 산다. 홀로 저문 길을 아스라이 걸어가는 봄, 여름, 가을, 겨울의 나그네를 사랑한 만큼 산다. 예기치 않은 운명에 몸부림치는 생애를 사랑한 만큼 산다. 사람은 그 무언가를 사랑한 부피와 넓이와 깊이만큼 산다. 그만큼이 인생이다." 박 시인이 노래한 시처럼 흉내 내어 행복을 말한다면, 사람은 행복한 만큼 행복하게 산다라고 고쳐 말할 수 있습니다. 그러니까 '저 향기로운 꽃들에게 행복한 만큼 산다. 저 아름다운 목소리의 새들에게 행복한 만큼 산다. 숲을 온통 싱그러움으로 채우는 나무들에게 행복한 만큼 산다. 이글거리는 붉은 태양에 행복한 만큼 산다. 외로움에 젖은 낮달에 행복한 만큼 산다. 밤하늘의 별들에게 행복한 만큼 산다. 홀로 저문 길을 아스라이 걸어가는 봄, 여름, 가을, 겨울의 나그네에게 행복한 만큼 산다. 예기치 않은 운명에 몸부림치는 생애에 행복한 만큼 산다. 사람은 그 무언가에 행복한 부피와 넓이와 깊이만큼 산다. 그만큼이 행복한 인생이다.'라고 고쳐 부를 수 있습니다.

좋은 삶, 참살이, 행복의 윤리는 내가 자유롭게 타고 다닐 탈것으로 만들어 놓아야만 그때 비로소 내 것이 됩니다. 내가 그것을 끙끙거리며 밀어야만, 비로소 그리고 겨우 움직이게 되는 그런 밀 것으로 쳐박아 두면, 나라는 사람은 행복 때문에 평생 고생이나 하게 되고 맙니다. 행복은 타고 다녀야지, 내가 억지로 힘들게 밀고 다닐 그런 일이 아닙니다. 행복을 평생 밀고 다니려면 평생 고생이나 하게 되고 맙니다. 행복을 불러내는 수많은 처방전들은, 동양에서는 고전적인 것들의 재탕으로 재현되곤 합니다. 한 번씩은 이미 글이든, 말이든 우려먹은 것들입니다. 공자는 '인(仁)이 바로 사람(人)입니다'라고 했던 바 있습니다. 그의 생각을 따르던 조선조의 사대부들도 인(仁)을 가감 없이 공자의 가르침대로 받아들였습니다만 사람이라는 뜻의 인(人)은 원래 두 사람이 기대고 있는 그런 모습을 말하는 것이 아니라, 몸을 구부리고 글을 쓰고 있는 글월 문(文)을 상징한다고 합니다. 그러니, 옛 현자들은 어진 것을 글월에서 찾았던 것 같습니다. 글월, 그러니까 옛 사람이 말한 정신적인 것들을 본받는 일이 바로 어짐의 방법으로 생각했던 것 같습니다. 공자(孔子)를 사생아(私生兒)라고 비하하면서도, 역으로 그의 뜻을 크게 높이는 학자가 있습니다. 그가 중국 북경 대학교의 자오스린 교수입니다. 공자가 사생아이든 아니든 그것은 공자의 생각을 이해하는 데 그리 중요한 것이 아닙니다. 그가 어떻게 살았는지, 어떤 사람으로 살았는지가 중요합니다. 자오스린 교수는 『사람답게 산다는 것』에서, 중국의 역사에서 공자(孔子)만큼 '사람처럼' 살다간 사람은 없다고 치켜세웁니다. 공자는 출신도 미천하고 외모도 볼품없었습니다. 게다가 어머니가 불분명한 사생아였습니다. 그의 할머니마저도 그를 그리 탐탁하게 여기지 않았다고 합니다. 누구라도 공자와 같은 상황에서는 자포자기하기 쉽습니다. 공자는 그렇게 하지 않았습니다. 그는 아무것도 포기하지 않았습니다. 그의 출생은 자기가 택한 것이 아닙니다. 그런 신분으로 타인들이 만들어 놓은 것입니다. 자신과는 상관이 하나도 없는 부질없는 일들이었습니다. 정자와 난자를 제 마음대로 선택할 사람은 아무도 없기 때문입니다. 공자는 미천한 신분 때문에 남의 집 연회에서 쫓겨났고, 겨우 얻은 벼슬도 주변의 모함과 음해로 오래지 않아 내놓아야 했습니다. 쓰일 곳을 찾지 못해 천하를 떠돌아다닌 기간이 무려 14년이나 되었습니다. 하루에 한 끼를 먹는 것은 예삿일이었고, 간신들의 시기와 질투로 생명에 위협을 받기도 했습니다. 공자는 권력에 아첨하지 않았지만, 반드시 그래야 할 때는 경의를 표하는 것을 잊지 않았고, 그보다 미천한 사람이라도 그의 현재보다는 장래에 주목해 가르침을 주는 것을 주저하지 않았습니다. 공자는 과정뿐 아니라 결과도 중요하게 생각했고, 분수에 맞지 않는 선행을 경계했으며 분명한 일처리가 중요함을 역설하기도 했습니다. 공자는 제자들에게 끊임없이 삶살이에 도움이 되는 처신과 처세를 강조했습니다. 지금 처해 있는 상황이 어렵기에 낙담과 원망, 상심은 모두 정상적인 것입니다. 그럴수록 더 높은 기준과 필요를 지켜야 하며, 송백처럼, 풍상이 몰아칠수록 어려움을 견뎌내야 한다고 제자들에게 일렀습니다. 심산유곡에서 나고 자란 난초는 알아주는 사람이 없다고 해서 향기를 내지 않는 게 아니니 그는 제자에게 몸뿐만 아니라, 마음도 늘 준비하라고 이르곤 했습니다. 내가 만들어 낸 말인, '몸'을 지키라는 말로 그는 제자들에게 문무(文武)를 강조했습니다. 즉, 문(文)을 섬기더라도 무(武)를 준비해야 하는 것처럼 일을 할 때는 도리와 기술이라는 두 측면을 구분해야 한다고도 했습니다. 강함과 부드러움이라는 수단은 모두 기술의 표현인데, 삶에서는 일을 하는 수단과 방식에서는 둘 모두를 갖추어야 하고, 둘 모두를 중시해야 한다고도 가르쳤습니다. 부드러워야 할 때는 부드러워야 하고, 강해야 할 때는 강해야 하는 것, 그것이 바로 삶의 지혜이기 때문이라는 것이었습니다.

지혜로운 사람은 미혹되지 않고, 어진 사람은 근심하지 않으며, 용기 있는 사람은 두려워하지 않는다고 말한 공자는, 난세에 처해서 인심이 험하기가 산천보다 깊으니 어떤 일을 하더라도, 그것이 설령 좋은 일이라 해도 다른 사람들에게 어떤 인상을 남기게 될지 각별히 중요하게 생각해야 한다고 일렀습니다. 그것은 오해를 불러일으키지 않고, 특히 좋지 않은 뜻을 품고 있는 사람에게 이용을 당하는 일이 없게 하기 위해서라도 이렇게 해야 한다는 것이 있습니다. 아무리 세상이 자신을 환대하고 치켜세우더라도, 결코 자신에게 관대해서는 안 된다는 것이 공자 자신의 연단술입니다. 그는 제자들에게 한결같이 자신을 다듬으라고 말합니다. '마음이 바르지 않으면 삶 또한 바르지 않은 것이니, 어찌 내 자신을 경계하지 않을 수 있겠느냐!'라고 일렀습니다. 이제 내면의 수련에 더욱 힘써야 하는데 그렇지 않으면 앞으로 나아가기는커녕 나도 모르는 사이에 퇴보할 것이기에 그렇다고 공자가 말한 그 대목이 수기치인(修己治人), 즉 자신부터 먼저 다스린 연후에 다른 사람을 지도하며 다스리라는 그의 처세술이었습니다. 반복해서 강조합니다만, 자신의 신분과 처지가 어떤 것인지를 잘 알

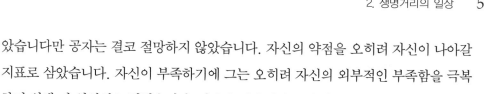

았습니다만 공자는 결코 절망하지 않았습니다. 자신의 약점을 오히려 자신이 나아갈 지표로 삼았습니다. 자신이 부족하기에 그는 오히려 자신의 외부적인 부족함을 극복하기 위해 더 열심히 노력했습니다. 마음을 단속했다는 말입니다. 자신의 부족함을 채우기 위해 자기 개발에 더욱더 나섰습니다. 그 수단이 바로 유학이라는 학문의 수단이었던 것입니다. 그는 유학을 자신의 개발 도구로 삼았습니다. 그 유학을 자기 개발의 수단으로 삼아, 공자는 중국 최고의 성인이 되었고, 현자 중의 현자가 되었습니다.

좋은 삶을 살아내려는 사람들, 행복의 윤리로 자신의 하루를 시작하는 사람들 스스로 자신의 마음을 단속하는 일은 유가(儒家)에서만 강조하던 일만이 아닙니다. 유가(儒家)에서보다는 오히려 선가(禪家)에서 더 마음의 단속을 중요하게 여겼습니다. 선가는 불교의 한 종파인 선종도 아니고, 그렇다고 불가(佛家)라고 쉽게 이야기할 수도 없습니다. 그러니까 저들은 중도 아니고, 학자도 아닌 상태에서 도사(道士)의 길로 나가려고 하던 사람들이었습니다. 마음의 단속을 중요시 여기던 저들 도사(道士), 유학자(儒學者), 스님(佛家)들은 오랜 세월을 거치는 동안 서로들의 생각을 섞고, 배척하고, 또다시 분리하고 융합하고, 또다시 갈라섰습니다. 사실은 모두가 한통속인데도 그랬습니다. 모두가 밥 먹고 변보는 존재들이라 별수 없는 노릇입니다. 그 도사들이 수컷들이었기에, 그런 긴장과 갈등, 나름대로의 섞임은 더욱더 피할 수 없는 노릇이었을 것입니다. 그런 와중에서 종교와 철학을 넘어 선종이든, 불가이든, 유가이든 마음을 단속하는 데 도움이 된다고 본 여러 가지 학설과 실천들이 하나가 되기 시작했습니다. 생활을 꾸려가는 방식과 일반 지침으로서의 생활철학 같은 것으로 자리를 잡았습니다. 이들은 기본적으로 불가에서 강조하는 그 부처의 마음을 중요시합니다만, 꼭 붓다의 그것은 아닙니다. 성현이나 성인들의 훌륭한 삶을 닮으면 된다고 이해하는 것이 옳은 태도입니다. 저들 성현들이 보여 준 삶의 교훈들을 닮아 자기 것으로 만들어 가면, 그런 교훈들이 자신을 행복한 삶으로 이끌어 준다고 믿었습니다. 그렇게 섞이고, 거절되고, 융합되어 하나의 생활철학으로 자리 잡은 선가(仙家)의 가르침이 선(禪)입니다. 저들의 생활철학인 참선(禪)은 붓다와 같은 성현들의 마음입니다. 성현들의 마음이란 평정심, 청정심, 자유심, 자연심입니다. 그것을 일상생활에 실천해야 한다는 것이 선가(仙家)의 생활철학입니다. 평정심, 청정심, 자유심, 자연심을 기본적으로 인간의 자비심 위에서 가능한 것입니다. 자비심이란 다른 사람에 대한 따뜻한 마음, 배려, 인내심 같은 것을 말합니다. 선한 인간다움의 마음, 마음의 단속을 하기 위해 그 무슨 거창한 실천이 필요한 것이 아닙니다. 자신을 살려내는 힘, 자신의 삶을 이끌어 가는 지표는 먼 곳에 있는 게 아니라 바로 여기 자신의 삶살이와 매일같이 겪는 평범함 속에 있기 때문입니다. 선가를 추종하는 사람들은 일상적으로 자신에게 되뇌이는 말이 있습니다. 세상의 이치, 붓다나 성현, 현자에 이르는 이치는 세상 속, 삶살이 속에 있다는 되뇜입니다. 그 이치를 찾겠다고 세상을 떠나지 말아야 한다는 것이 저들의 의지입니다. 그저 깨달으면, 자신의 마음과 정신을 단속하면 되는 것인데, 굳이 삶을 떠나서, 자신을 벗어나서, 세상을 떠나서 그 무엇인가 거창한 이치를 깨닫거나, 그 무슨 유별한 도를 구하겠다고 하는 바다에서 산삼을 찾겠다는 것과 크게 다를 바가 없다고 말합니다.

내가 살아가고 있는 이곳이, 내가 만나는 그 사람이, 내가 하는 일 하나, 하나가 바로 삶의 원리이며, 이치이고, 마음의 단속을 위한 단서일 뿐입니다. 삶의 철학, 뭐 그런 것은 결혼생활을 통해서 매일같이 수백 쪽씩 읽어내는 일입니다. 다만, 그것이 삶의 원리라는 것을 모르고 지나칠 뿐입니다. 결혼생활이 매일같이 가르쳐 주는 삶의 원리를 사람들은 늘 있는 것이니까, 그냥 제대로 읽지 않고, 흘려보낼 뿐입니다. 마음이, 정신이 단속될 수 없는 이유입니다. 가장 평범하게 보이는 일상적인 일들 속에는 언제나 깨달음의 오묘한 이치가 숨어 있는데도 사람들은 그 중요한 이치를 깨닫지 못할 뿐입니다. 선(禪)철학이 일상적으로 강조하는 삶의 정신과 생활을 위한 마음 갖추기들은, 왜 사람들이 걷기를 중요시하는지에 대한 그 이유 찾기에도 도움을 줍니다. 선은 걷기의 철학이기도 합니다. 걷기는 평정심이기 때문입니다. 평정심만 있으면 담백한 그리고 아담한 인생이 가능하기 때문입니다. 담백한 삶을 온몸으로 실천하면서 걷는 것이 바로 걷기의 핵심입니다. 평정심을 가지면 마음이 거울처럼 고요하고 맑아진다고 저들은 말합니다. 걷기에서 가장 중요한 것이 평정심을 가슴에 지니는 일입니다. 자유심을 가지면 무엇에도 구애받지 않고 자유롭게 살 수 있다라고 저들은 생각했습니다. 자유롭게 살 수 있음을 보여 주며 일상을 살아나가는 일이 바로 걷기의 핵심입니다. 걷기에서 강조하는 것은 자연심을 지니는 일입니다. 저들 중국인들은 자연심을 가지면 천지와 통하고 생명의 근원으로 돌아가 가장 아름다운 안식을 얻을 수 있다고 생각했습니다. 걷기는 바로 자연심을 갖고 풀잎 하나, 돌 하나, 구름 하나, 하나하나를 대하는 일입니다. 평정심, 청정심, 자유심, 그리고 자연심을 가진다면 인생의 여정에서 자욱한 안개가 걷히고 자유롭고 행복한 인생을 누릴 것이라는 것이 저들 중국인들의 생각이었는데, 걷기에 그런 슬기가 있다고 보았습니다. 그런 마음을 각기 갖으면서 자신의 마음을 단도리하며 걸으면, 세상일이 편해질 것이 틀림없습니다.

다시 공자의 생각으로 돌아가서, 그가 어질 인(仁)이라는 글자가 바로 사람을 지칭한다고 말했을 때 그 이유는 간단했습니다. 그가 말하는 사람은 단순한 목숨으로서의 사람이 아니라, 사람간의 관계에서 다듬어지는 사람으로서 서로 필요한 사랑이었던 것입니다. 그 무슨 육체적인 관계라기보다는 아낌, 배려, 향하는 마음으로서의 관계였습니다. 그는 말했습니다. 사람이 사람을 다스리니, 이는 두 사람이고, 그래서 두 사람의 어울림이 곧 인이 되는 것이기 때문에, 두 사람의 어울림은 그냥 만나고 헤어지는 그런 것이 아니라, 사람 사이의 정을 주고받는 그런 관계라는 것이었습니다. 인에 대한 공자의 생각을 집대성한 사람이 주자입니다. 주자는 인의 핵심을 아예 마음의 덕, 즉 심지덕(心之德)이라고 말합니다. 마음의 덕이 없으면 사랑의 이치에 어긋난다는 것입니다." 그는 『논어집주』에 그렇게 썼습니다. 유학을 따르기는 했지만, 조선의 선비들 가운데에는 저들과 생각이 다른 분도 있었습니다. 실학자인 다산 정약용 선생이었습니다. 그는 주자와 생각이 달랐는데 그는 인의 핵심을 마음에서 일어나는 사랑의 이치라고 정리한 주자와는 생각을 달리했습니다. 정약용은 단순히 마음에서 생각해 보는 그런 것을 인으로 받아들일 수 없었습니다. 사랑하는 마음보다는, 사랑의 실천이 인의 요지라고 보았다. 즉, 인(仁)이라는 글자는 사람(人)이 둘(二)이라는 모양으로 되어 있기에, 그것은 두 사람 사이에서 일어나는 바른 일의 실천과 바른 관계의 실천을 의미한다는 것이 다산의 생각이었습니다. 물론 사람 인(人)은 두 사람 혹은 사람이 서로 기대어 있다는 말이 아니라, 사람이 무엇인가를 쓰고 있다는 글월 문(文)을 상징한다는 것이 원론이지만, 그냥 편하게 사람 인(人)을 두 사람이라고 부르는 우리네 관행도 그리 틀려 보이지는 않습니다. 그렇기에 다산 선생의 해석을 받아들이기로 하면, 모든 인간들에게는 나름대로 서로서로에 대한 정이 있게 마련입니다. 가까운 혈연이나 학연으로 만들어지는 스승과 제자 사이 간의 관계 역시 핵심은 실천에 있습니다. 부모와 자식, 선생과 학생 사이에 서로 사랑하는 마음만 있고, 그것을 바르게 실천하는 행동이 없다면 그것을 인이라고 보기 어렵다는 것이 다산 선생의 생각이었습니다. 바로 인(人)과 인(仁)에 대한 다산의 생각과 꼭 같은 뜻이라고는 볼 수 없지만, 정신분석학자인 에리히 프롬 역시 『사랑의 기술(The Art of Loving)』에서, 우리말의 어짐이나 사랑에 비유되는 인(仁)의 핵심을 이렇게 설명한 적이 있습니다. "꽃을 사랑한다 말하면서도 꽃에 물을 주는 것을 잊어버린 여자를 본다면 우리는 그녀가 꽃을 사랑한다고 믿지 않을 것입니다. 사랑은, 사랑하고 있는 자의 생명과 성장에 대한 우리들의 적극적 관심인 것입니다. 이러한 적극적 관심이 없으면 사랑도 없습니다."고 말했던 적이 있습니다. 사랑은 관념이 아니라, 행동이며 실천이라는 그의 생각을 드러낸 대목입니다. 사랑에 대한 프롬의 논지는 간단합니다. 사랑은 사람들이 흔히 말하는 것 같이 그냥 즐거운 감정을 말하는 것이 아니라는 것입니다. 사랑은 실천이며 사람마다 익혀야 될 일종의 기술이기도 하다는 것입니다. 사랑은 하나의 사람과 사람을 이어 주는 관계의 기술이기에, 그 기술을 제대로 익혀야만 사람들을 사랑할 줄 알게 된다는 것이 프롬의 주장입니다. 자동차 운전기술을 익히지 않으면 제아무리 고급 자동차라고 하더라도 그것을 몰며, 즐길 수 없는 이치와 같다는 것입니다. 기술을 익히려면 연습도 필요하고, 때로는 실수도 있을 수 있습니다. 사랑 역시 마찬가지입니다. 단 한 번으로 모든 것을 익힐 수 없듯이, 사랑 역시 실패를 통한 지속적인 개선으로 그것을 원숙하게 만들어 가야 합니다만, 사람들은 사랑은 적당히 해도 되는 것이라고 여기고 사랑보다는 일, 성공, 위신, 돈, 권력에 더 집착합니다. 사랑을 익히지 않고 그냥 취하려고만 하기에, 사랑은 그로부터 마침내 멀리 달아나버리고 맙니다.

옛날에 유학자들은 사람 사이에 있어야 될 인(仁)을 기술로 보기보다는 하나의 관념으로 본 것도 사실입니다. 인은 사람 사이에서 주고 그리고 받고, 나타나야 되고, 매일같이 삶의 현장에서 실천해야 될 윤리의 토대이며 관계의 기술이어야 합니다. 제 아무리 말로 인의 중요성을 말하거나, 알았다고 하더라도 그것이 일상생활에서 하나의 행동으로 드러나지 않으면 모두가 끝내 소용없는 일입니다. 금연(禁煙)하겠다고 말하고, 담배를 머릿속으로 늘 생각하는 것은 흡연일 뿐입니다. 의지와 행동, 그리고 습관이 서로 하나가 되지 않으면 그것은 자기 기만일 뿐입니다. 자기가 자기를 속이는 일입니다. 자기 배신, 자기 위선이기에, 우쭐대며 자신을 과신하는 이들에게 성철 스님은 늘 불가자심(不欺自心), 다시 말해서 자기 스스로 속이지 말라, 자기가 자기 자신에게 사기 치지 말라고 말하곤 했습니다. 자기의 삶에서 필요한 것이 무엇이든 자기가 생각하는 그것을 하나의 버릇으로 만들려면 매일같이 실천과 실행해야만 합니다. 인(仁)도 마찬가지입니다. 그것을 어짊이라는 단어로 말하든, 사랑이라는 말로 표현하든, 아니면 배려로 간주하든, 그 어떤 것으로 그 뜻을 드러내든 간에 관계없이 그것은 사람 간의 관계를 이어가는 제대로 된 버릇이며 습관이어야 합니다. 사람 사이에 사랑, 어쩌면 배려와 측은지심으로서의 바른 관계와 올곧은 실천이 없다면 그것은 인(仁)을 빙자한 허위에 지나지 않습니다. 그 논지가 바로 다산 정약용 선생의 핵심 생각이었습니다. 그렇게 사람 사이에서 일어나는 인을 공자, 맹자, 주자를 따르는 유학자들은 윤상(倫常)이라고 불렀습니다. 윤상이란 일상생활에서 항상 지켜야 하는 인륜(人倫)상의 도덕(道德) 같은 것을 말합니다. 조선에서는 그것을 지금 말로 사랑의 그 뜻으로 받아들였다기보다는 통치이념으로 삼았습니다. 삼강오륜에서는 인을 윤상의 핵심덕목으로 삼았는데, 누리는 자, 가진 자들의 권력유지용 충성과 복종, 강요를 위한 통치기술로 남용했던 것도 부인할 수는 없습니다. 그것은 인(仁)에 대한 바른 쓰임은 아니었기에, 부패는 필연적이었습니다.

인도의 고승이나 현자들은 일찍이, 지금도 마찬가지이지만, 불행이란 탐내고, 화내며, 무지함에서 나오는 것이라고 보았습니다. 탐진치의 핵심은 마음, 즉 치타(Citta)를 바로잡지 못해서 생기고 그것이 바로 불행의 원천이라고 보았습니다. 마음〔心〕의 욕망 때문에 화내고, 무지함 때문에 탐진치(貪瞋癡)가 생기는 것입니다. 마음인 치타가 탐진치에 오염되기 시작하면 몸과 말, 그리고 의(意)가 덩달아 썩어버리며, 그것은 끝내 사람의 정신 속에서 부패되어 악취를 진동시키게 됩니다. 인간의 뜻(意)이란 마음의 뒷면과 같은데, 그것 역시 탐진치에 오염되면 어김없이 악취를 풍깁니다. 우린 그것을 오늘날의 정치현장의 부정부패사건을 보면서 매일같이 경험하고 있습니다. 거울에 뒷면이 없듯이, 마음에도 뒷면은 없습니다만, 사람들은 마음에 뒷면이 있을 것이라고 생각하면서 그것을 숨기려고 하고 있습니다. 그래서 그런 인간의 마음 뒤에 있는 뜻과 의지를 티베트 사람들은 마노(Mano)라고 불렀습니다. 마노, 그러니까 사람의 뜻과 인간의 의지〔意〕가 더러움으로 오염되면 끝내 그것을 만들어 내는 결과는 어려움입니다. 사람들에게 괴로움인 고(苦)가 만들어지는 이치이기도 합니다. 이렇게 괴로움을 만들어 내는 것은 저들이 위냐나〔Vinnana, 식(識)〕, 그러니까 저들의 잘못된, 오염된 앎, 분별이라는 판단 때문입니다. 앎이 인간의 마음을 잘못 이끌어 만들어 내는 오염된 행위를 취(取)라고 하는데, 이때 취는 집착, 움켜쥠을 말합니다. 무엇이든 갖고 말겠다는 욕심이 바로 집착이고 움켜쥠이고 그것이 마음인 치타(Citta)를 탐진치에 빠지게 만듭니다. 그런 욕심과 움켜쥠을 극복할 수 있어야 해방이 있고, 그 무슨 한 조각의 기쁨이라도 생기게 된다는 저들의 생각은 옳습니다. 자기의 마음이 움켜쥠으로부터 벗어나야 몸과 말은 청정한 뜻을 갖게 됩니다. 맑은 마음, 맑은 치타로부터, 맑은 마노가 만들어지고, 그로부터 맑은 행동이 나오게 됩니다. 맑은 행동이란 옳은 행동인 의(義)를 말합니다. 맑은 의지, 맑은 행동, 즉 의의(意義)로운 행동이 바로 좋은 삶의 시작입니다. 맑은 의지와 맑은 행동으로 이루어내는 행복은 불가에서는 흔히 고멸(苦滅), 즉 움켜쥠으로부터 벗어나는 해탈, 깨달음이라고 말하는 것입니다. 그리고 보면, 붓다는 행복이라는 맑은 의지를 가지려고 출가했던 것입니다.

　마음과 뜻 사이의 관계를 말하면서, 그것을 나름대로 상징적으로 드러내기 위해 뜻(意)이니 옳음(義)이니 하는 한자(漢字)들을 썼습니다. 각각의 한자들이 무엇을 뜻하는지를 알면, 마음과 의지가 어떤 것인지도 쉽게 알 수 있습니다. 뜻이라는 것을 상징하는 한자인 의(意)를 파자해 보면, 의(意)자는 설 립(立)자와 가로되 '왈(曰)'자의 밑에 마음 '심(心)'이 자리 잡고 있는, 즉 두 개 이상의 한자를 뜻으로 결합시켜 만든 새 글자입니다. 그런 글자를 회의자(會意字)라고 부릅니다. 설 립, 가로 왈, 그리고 마음 심의 결합은 의미하는 바가 단순합니다. 사람의 말에 진정성이 있고, 진솔 되며, 꾸밈이 없는 마음에서부터 우러나와야 그 사람의 뜻이 제대로 서게 된다는 것을 의미하기 때문입니다. 함석헌 선생님이 『뜻으로 본 한국역사』에서, 인간의 뜻(意)을 그렇게 풀이한 것입니다. 의(意)자의 경우, '마음 심(心)'과 '소리 음(音)' 둘 다가 의미요소이고 '뜻'이 저것들의 본질이기에, 사람의 의지가 곧 '마음의 소리'라는 것입니다. 이렇게 시작된 의(意)자는 후에는 '생각합니다(Think of).', '마음먹다(Determine).' 등의 의미를 갖는 것으로 확대되었습니다. 그것은 의(意)를 소리의 심장(音+心), 마음속에서 들려 오는 소리, 마음의 소리, 마음의 진동 같은 것으로 해석했기 때문에 가능했던 뜻풀이입니다. 한자로 의(義)자를 파자해 보면, 그것은 양(羊)과 나(我)의 결합입니다. 양은 옛날에는 상서로운, 길조로서 좋은 것, 유익한 것을 상징했습니다. 나를 상징하는 아(我) 자는 그 옛날에는 무서운 살상무기인 창 자루를 상징합니다. 전쟁에서 상대방을 살상하기 유리한 긴 창을 더 날카롭게 개발해서 만들어 낸, 그래서 살상력이 엄청난 창인 모(矛)에게 더 한 층의 살상력을 가미시킨 새로운 창을 상징합니다. 살상력이 엄청날 수 있는 뜻으로 쓰이는 나 자신이라는 아(我)가 바로 자기라는 사람이며, 나라는 존재입니다. 그러니까 옳을 의(義)자는 내 스스로 상서로운 일을 아주 무섭도록 해 나가는, 그래서 누가 봐도 대의명분이 분명한 그런 논증적인 결과를 말하고 있는 것입니다. 옳을 의라는 단어에서 가장 중요한 것은, 드러나지 않는 나의 마음속, 의중이 아니라, 겉으로 분명하게 드러난 결과와 분명한 행동의 표출입니다. 옳음은 항상 겉으로 드러내야 하는 이치입니다. 마음(心)은 버릇입니다. 뜻(意)도 버릇입니다. 옳음(義) 역시 버릇입니다. 마음에서 행동에 이르기까지 모두가 버릇입니다. 행복은 길들이기 버릇이며, 그것의 뜻입니다. 행복은 행복하기라는 버릇에서 비롯된다는 뜻입니다. 정말로 행복해지고 싶다면 행복해야 한다는 것을 스스로 결단하고, 행복을 버릇 들여야 스스로 행복해질 수 있습니다. 행복하려면 자기의 마음(Citta), 자기의 뜻(Mano), 자신의 행동도 행복으로 물들여야 합니다. 행복은 버릇이기 때문입니다.

　행복의 수준이나 기쁨의 정도는 누구에게도 그 언제나 주관적일 뿐입니다. 불행이나 고통의 정도 역시 그 누구에게나 주관적입니다. 남들에겐 별일도 아닌 일이 본인에게는 이기지 못할 만큼 힘이 들기도 하는 법입니다. 남에게는 고통처럼 보이는 일이 당사자에게는 깨달음이 되기도 하고, 불굴의 의지가 되기도 하며, 절대적인 희망으로 작동하기도 합니다. 불행이니 행복이니, 고통이니 기쁨이니 하는 것들은 정말로 마음 잡기, 마음 먹기, 마음 다스리기, 마음 버릇, 마음 습관에서 비롯되는 것입니다. 여러분은 중국에서 발생한 원촨 대지진의 참담함을 기억할 것입니다. 아주 비참한 재해였습니다. 자연의 힘은 그 누구도 거역할 수 없다는 것을 한순간에 보여 준 참사였습니다. 2008년 5월 12일 중국 쓰촨성 원촨 현에서 일어난 대지진이었습니다. 지역 모든 주민들의 삶을 한순간에 처절하게 파괴했습니다. 당시 구사일생으로 구조된 20대의 여성이 있었습니다. 당시 원촨 현 멘주 시의 7층짜리 아파트 붕괴 현장에서 유일하게 생존한 여성이 바로 랴오즈입니다. 스물세 살의 평범한 무용교사였던 랴오즈는 콘크리트 더미 아래 매몰됐었습니다. 26시간 동안이었습니다. 그녀의 옆에는 돌이 채 지나지 않은 딸과 시어머니도 있었습니다. 그녀 혼자만 살아남았습니다. 무용교사였던 그녀는 생명을 위해 두 다리를 자르기에 이릅니다. 콘크리트 더미에 눌려 있던 다리에서 패혈증이 나타났기 때문에 도리가 없었습니다. 가정은 풍비박산되었고, 남편도 그녀를 떠났습니다. 모든 것이 분노였고, 불행처럼 보였습니다. 모든 것이 좌절이었고 고통이었습니다만, 랴오즈는 침통과 부정, 그리고 분노를 버리고 희망을 택했습니다. 마침내 무대에 올라 대중 앞에서 북춤을 선보였습니다. 다리를 절단한 지 두 달 만의 희망이었습니다. 장애인예술단을 만들었습니다. 홍콩, 캐나다 등 해외 공연도 펼쳤습니다. 자원봉사의 선봉에 서기도 했습니다. 또다시 쓰촨성 야안 시에서 지진이 일어났을 때, 그녀는 재해지역에서 자원봉사를 했습니다. 그녀는 "지진 때문에 모든 것을 잃어 원망스럽지 않느냐."는 친구의 질문에 『랴오즈』라는 수기집에서 이렇게 답했습니다. "이건 다 하늘의 뜻이야. 나는 그저 묵묵히 따르기만 하면 돼. 원망하면 내 삶만 더 암담해질 뿐이니까. 아무리 울어도 현실을 바꿀 수는 없으니까 침착할 수밖에 없다라는 것을."

6) 도피는 없습니다

우리나라의 자살 문제는 심각합니다. 우리나라는, 경제협력개발기구(OECD) 회원국 중 자살률 1위 자리를 10년째 이어가고 있습니다. 매일 40명꼴로 극단적 선택을 한다는 것입니다. 지난 2010년 기준 25~34세 경제활동인구의 자살률은 10년 전보다 2.3배나 높아졌는데, 선진국의 대열에 들어선 나라치고는 자살률이 너무 높습니다. 자살의 주요 원인도 따지고 보면 과잉소비사회가 지니고 있는 그 병폐를 따르고 있는데, 지나친 목표 지향적 문화가 자살의 주원인입니다. 목표 지향적, 사실 그 목표는 부귀영화, 성공이라는 말로 집약되는데, 그런 성공중심사회에서 실패자는 낙오자라는 낙인이 찍히고 서둘러 배제됩니다. 가령 실직생활 끝에 선택한 직업에 대해 '나 같으면 그런 일 안 하고 말겠다.'는 식의 야유나 낙인 같은 것이 일상화된 사회에서 실패에 대한 불안은 개인에 대한 분노로 이어지게 됩니다. 자살하고 싶으면 먼저 쇼펜하우어의 얼굴을 생각하십시오. 그의 책을 한 쪽이라도 한번 읽어 보십시오. 쇼펜하우어는 지금 죽으려고 작정한 당신보다 몇 배나 더 세상을 비관하며 우울해하던 염세주의자(厭世主義者)였습니다. 그의 책을 한 쪽이라도 제대로 넘기면, 자살하려는 당신에게 도움을 줄 것이 분명합니다. 어쩌면, 당신에게 어떻게, 어떤 방법으로 자살해야 하는지를 잘 이해하도록 도와줄 수 있을 것입니다. 살아내는 것이야말로 자살보다 몇 배나 더 쉬운 일이기에, 그는 자살한다는 것을 삶에서의 도피라고 단정합니다. 인생비관론자이며 허무주의자였던 쇼펜하우어(1788~1860)는 '잎새에 이는 바람에도 괴로워' 했던 사람이었습니다. 그가 세상을 비관하기는 했어도, 자살은 단호하게 거부하는 것입니다. 그의 눈에 비친 이 세상은 온통 '눈물의 골짜기'였으며 모든 것은 고통에 희생되는 제물로 보였습니다. 도대체 어떻게 살아야 할 것인가에 고뇌하며 잠을 이룰 수 없었던 쇼펜하우어는 세상에서 이렇게 저렇게 내미는 구원들을, 종교적 구원까지도 그것을 '참된 구원'이 아니라 '외관적 구원'으로 치부했습니다. 서른하나의 나이에, 그는 『의지와 표상으로서의 세계』에서 당대 독일 최고의 영웅이었던 헤겔(1770~1831)을 '정신적인 괴물', '벌레'라고 심하게 비판합니다. 헤겔이 말하는 낭만주의 철학, 말하자면, 인간의 사고가 세계정신 자체라고 주장했던 헤겔의 생각을 한마디로 부정했던 것입니다. 니체는 헌책방에서 쇼펜하우어의의 책을 사서 2주일 동안 하루 4시간씩만 자며, 읽고 또 읽고 난 후 마침내 나는 '쇼펜하우어의 아들과 제자가 되었노라.'고 선언하기까지에 이릅니다. 니체의 인생 선배인 쇼펜하우어는 우리에게 말합니다. 고통을 직시하라고 말합니다. 고통의 뿌리인 욕망의 싹을 잘라 내라고도 말합니다. 세상은 완전하게 오롯이 건재하는데, 그곳에는 거짓도 없고 가상도 없으며, 당신이 믿고 의지하는 이성은 그야말로 허구라고 잘라 말합니다. 그렇습니다. 고통은 망상이고 허상입니다. 고통이 없다는 것이 아니라, 고통이 있기에 그것은 허상이라는 것입니다. '세상도 허상이니 어떤 사물이나 일에 대해서 눈곱만치도 기대하지 마십시오.'라는 것이 그의 조언입니다. 왜냐하면 체념이 곧 지혜요, 깨달음이 되기 때문입니다. 일단 체념해 보십시오. 세상이 달리 당신에게 접근할 것입니다. 희망이니 뭐니 그 따위 쓸데없는 삶의 의지를 버리십시오. 자발적인 단념이 참된 평정을 가져오며, '완전한 무의지의 상태'에 이르도록 도와줄 것입니다. 그러려면 뼈가 시리도록 제 스스로 고독해져 보라고 말합니다. 아모르 파티! 아모르

파티(Amor Fati), 이 말은 운명애(運命愛)를 말하는 단어입니다. 라틴어로 '네 운명을 사랑하라.'는 말입니다. 쇼펜하우어가 다시 말합니다. 운명을 사랑하려면 먼저 무심하라고 말합니다. 마치 구름이 흐르듯, 물이 흘러가듯, 바람이 불 듯 세상을 물끄러미 바라보며 스치라고 말합니다. 그 순간, 광야의 거친 '돌'이 저 밤하늘에 반짝이는 '별'이 될 것이라고 말하는 쇼펜하우어에게 깊은 감명을 받은 니체는 말 그대로 아모르 파티를 외치며 그의 삶을 살아냈던 또 다른 사상가였습니다. 운명은 필연적인 것인데, 그것을 그냥 받아들이는 것은 인간답지 않은 것입니다. 운명을 사랑하라는 것은 운명의 필연성을 적극적으로 긍정하고 자기의 것으로 받아들이라는 뜻입니다. 그렇게 적극적으로 자신의 삶을 받아들일 때 비로소 사람은 자신의 운명을 인간 본연의 독창성과 창조성으로 새롭게 개척할 수 있다는 것입니다. 왜냐고요? "행복이든 불행이든, 어떤 상황이든 가장 중요한 것은 그 모든 것이 자기 안에 있으며, 모든 것은 내 안에서 기인한다는 것이 틀림없는 사실이기 때문입니다. 행복이나 불행은 내적 요소인 감각, 의욕, 사고작용으로 나타난 결과이며, 외적인 요소는 간접적으로만 작용하기에, 제아무리 똑같은 환경이라도 사람에 따라 다르게 인식하도록 되어 있습니다. 인간은 누구나 독자적인 표상, 감각, 의욕의 변화에 따라 행동을 취하며, 이것들이 변하지 않는다면 외적 사건과 환경은 인간에게 어떤 영향도 미칠 수 없다는 것이 쇼펜하우어의 생각이었습니다.

쇼펜하우어는 인간 스스로가 가진 여러 가지 주관적인 재산 중, 명랑함을 제1의 행복의 원천이라 말합니다. 그의 글을 길게 인용하겠습니다. "이러한 모든 재산 중에서 가장 직접적으로 우리를 행복하게 해 주는 것은 마음의 명랑함입니다. 왜냐하면 명랑함은 다른 무엇을 기다릴 것도 없이 그 자체의 장점으로부터 보상을 받을 수 있기 때문입니다. 명랑한 사람에게는 언제나 명랑하게 지낼 수 있는 원인이 있습니다. 그 원인이란 다름 아닌 그가 명랑하다는 사실입니다. 다른 어떠한 재산도 완전히 대신할 수 있다는 점에서 이보다 뛰어난 장점은 없습니다. 그리고 성질 그 자체를 대신할 수 있는 것은 어디에도 없습니다. 젊고 미남인 데다가 부자로 세상의 존경을 받는 사람을 떠올려보라. 이 남자가 행복한지를 판단하려면 그 외에도 그가 명랑한 사람인가를 따져봐야 할 것입니다. 반대로 이 사람이 명랑한 사람이라면, 젊은지 나이를 먹었는지, 몸이 곧게 펴져 있는지 꼽추인지, 가난한지 부자인지 등은 문제가 되지 않습니다. 이 남자는 말할 것도 없이 행복할 것입니다. …… 현재에 직접적으로 행복을 줄 수 있는 것은 명랑함 이외에 아무것도 없기 때문에 명랑함만이 행복의 참된 실체, 행복의 진짜 화폐이지 다른 것들처럼 불완전한 어음은 아닌 것입니다. …… 이러한 점에서 보더라도 우리는 이 재산의 획득과 증진을 위한 노력을 다른 어떠한 노력보다도 더 중요하게 여겨야 할 것입니다." 그는 놀랍게도 우리에게, 명랑함을 증진하고 유지시키는 데 건강만큼 유익한 것도 없다라고 말합니다. 인간의 행복을 위협하는 2대 적수로 고통과 무료함을 들고 있는 그는, 명랑할 수 없으면 외로워지기 시작한다고 우려하며, 이렇게 그의 말을 이어갑니다. "우리는 무엇보다도 먼저 높은 수준의 완전한 건강을 얻고 거기서부터 명랑함이 꽃처럼 피어날 수 있도록 노력해야 할 것입니다. 이를 위한 방법으로는 잘 알려진 바와 같이, 상식에서 벗어난 마구잡이 행동이나, 격렬하고 불쾌한 감정의 발동, 극단적이고 지속적인 정신의 긴장 등은 일체 피하고, 매일 두 시간씩 실외에서 활발한 운동을 하고 냉수욕을 자주 하는 등 건강관리에 힘써야 합니다. 나날이 적당한 운동을 하지 않으면 건강을 유지할 수 없습니다. …… 우리의 행복이 명랑한 기분에 어느 정도 영향을 받는지, 그리고 명랑한 기분이 건강 상태에 어느 정도 영향을 받는지는 외부적 사정이 좋거나 몸이 건강하고 원기왕성한 날과 병으로 마음이 초조하고 차분하지 못한 날의 인상을 비교해 보면 알 수 있을 것입니다. 사물의 객관적, 현실적 모습이 우리의 행, 불행을 좌우하는 것이 아니라 우리가 사물을 받아들이는 모습, 우리의 마음에 비친 사람의 모습이 우리를 행복하게도 하고 불행하게도 만드는 것입니다. 바로 이러한 의미를 드러내는 것이 그리스 철학자 에픽테토스의 "인간을 불안하게 만드는 것은 사물이 아니라 사물에 대한 의견입니다."라는 말입니다. 그가 언급한 것 중에 에픽테토스를 로마인이 아니라 그리스인으로 잘못 적은 것 이외에는 거의 옳은 이야기입니다. 전반적으로 봐서 행복의 90%까지는 건강에 기반을 두고 있는 그는 건강하기만 하다면 모든 것이 즐거움이 된다고 봅니다. 건강하지 못하면 그 어떤 외부적 재산도 즐길 수 없게 됩니다. 재산이나 정신, 기질 같은 개인의 주관적 특성조차도 육체적 나약함이 생기면 위축되게 되는 것이니, 자신의 행동 중 가장 어리석은 행동은 자신의 건강을 희생하는 것입니다. 눈앞의 이득, 출세, 학문, 명예, 나아가 찰나적인 향락이든, 건강을 희생하면, 어리석은 일일 뿐입니다. 죽으면 모든 것은 그 순간 같이 죽습니다. 그러니 건강보다는 오히려 다른 모든 것들을 가볍게 봐야 합니다.

　쇼펜하우어의 강론에 만족하지 못하는 사람들도 있을 것입니다. 사람들에게는 생명의 욕구만큼 자기 파괴의 욕망도 그득하기에 때때로 그것이 자살로 표출되곤 합니다. 자살하면 모든 것이 풀린다는 단순한 생각 때문에 그러는 것일 것입니다. 자살이 행복의 단서라고 믿고들 있는 것입니다. 수치심에서 벗어나려는 욕망으로 자살을 택하기도 합니다. 나는 내 스스로에게 화가 치밀 때면, 이제하 시인이 짓고, 노래한 〈모란동백〉이라는 노래를 흥얼거립니다. 이유는 아주 간단합니다. 모란의 마지막 꽃잎이 꺼멓게 타들어 가다 쓰러지는 그때를 생각하면, 나라고 하는 존재는 역시, 그리고 끝내 '외로움에 지나지 않는다.'는 사실을 내 자신에게 매번 확인하고 또 확인해 주기 때문에 그렇습니다. '모란은 벌써 지고 없는데'로 시작하는 〈모란동백〉은 이렇게 흘러갑니다. '모란은 벌써 지고 없는데 먼 산에 뻐꾸기 울면 상냥한 얼굴 모란 아가씨 꿈속에 찾아오네 세상은 바람 불고 고달파라 나 어느 변방에 떠돌다 떠돌다 어느 나무 그늘에 고요히 고요히 잠든다 해도 또 한 번 모란이 필 때까지 나를 잊지 말아요. 동백은 벌써 지고 없는데 들녘에 눈이 내리면 상냥한 얼굴 동백 아가씨 꿈속에 웃고 오네 세상은 바람 불고 덧없어라 나 어느 바다에 떠돌다 떠돌다 어느 모랫벌에 외로이 외로이 잠든다 해도 또 한 번 동백이 필 때까지 나를 잊지 말아요. 또 한 번 모란이 필 때까지 나를 잊지 말아요.' 일본의 천태종의 승려들은 〈장수가(長壽歌)〉란 노래로 사람들을 바른 길로 이끌어 내려고 했습니다. 저들이 즐겨 부른 장수가는 기장〔氣〕, 심광〔心〕, 색박〔色〕, 그리고 근고〔勤〕를 강조합니다. 기장, 즉 사람을 살아 움직이게 만드는 기는 길게 가지고, '심광' 즉, 마음은 넓게, '색박' 성욕은 절제, 마지막으로 '근고', 일은 절도 있게 그리고 조리에 맞도록 규모 있게 하라고 일러줍니다. 그렇게 하면서 가능한 음식은 기름지지 않게, 욕심을 내지 않고, 게걸스럽게 먹지 말라고 가르쳤습니다. 한마디로 거친 음식을 먹으면서 안빈낙도(安貧樂道)하라고 일렀습니다만 그것은 인간에게 그리 쉽지 않습니다. 따지고 보면 사람의 욕심은 밑도 끝도 없는 것입니다. 인간의 욕심을 압축해 보면, 그것은 4가지입니다. 무엇이든 먹는 것, 무엇이든 부리는 것, 무엇이든 취하는 것, 그리고 마지막으로 무엇이든 자기 것으로 만드는 것, 그러니까 식욕(食慾), 권력(權力), 탐욕(貪慾), 성욕(性慾)이라는 4가지가 인간의 욕심을 집약하고 있습니다. 이 4가지 욕심이 끝내 자신을 괴롭히고, 자신을 망가트리게 만드는 욕망, 탐진치입니다. 그토록 욕망하던 성(性)에너지를 발산하기 위해 아내를 맞이한 후, 우리들 모두 조금씩 붓다의 출가, 붓다가 탐진치를 경계한 그의 심성을 이해하기도 하지만 아직도 멀기만 합니다. 붓다가 일러준 탐진치(貪瞋癡)를 경계하고 옛 성현들이 그토록 경계한 색욕(色慾)을 조심하지 않으면, 그런 욕심은 끝내 사람들에게 욕(辱)을 보이고 만다는 것을 깨닫기 위해서는 오랜 시간이 걸리지 않습니다. 인간과 유사한 행동을 보이는 동물들, 말하자면 원숭이, 침팬지들에게도 인간 비슷한 욕심들이 그득합니다만, 저들은 인간과 그것의 농도가 조금 다릅니다. 저들에게는 욕심들이 어느 정도, 혹은 일단 채워지면, 더 이상 욕심을 부리지 않습니다. 사람들은 동물들과 그 점에서 크게 갈라집니다. 인간이라는 종(種)은 식욕, 성욕, 지배욕, 그리고 물욕에 계속 매달리다가 끝내는, 자기도 모르게 자신을 파토(破土)나게 만들어 버립니다. 저들 침팬지들에게 욕심이 제아무리 많아도 자신을 해하는 자기 파괴의 욕심은 없습니다. 저들에게 자살의 욕망이 있다는 것을 아직 듣지도 그리고 확인하지도 못했습니다. 인간은, 그 욕심으로만 인간을 비춰 보면, 인간은 결국 쥐, 황구(黃狗), 궁둥이가 빨갛다고 놀림 받는 원숭이만도 못한 셈입니다. 인간의 가슴은 모두가 한밤중처럼 시커멓기 때문입니다.

　자기 속에서 풍겨내는 구린내를 씻어내기 위해 어떻게 해야 하는지에 대해 수없이

많은 처방들이 그 옛날부터 내려졌습니다. 요즘은 자기 개발서들이 나름대로 한 처방
씩 합니다만, 그 교훈성은 그 옛날부터 내려온 원리적인 처방들만큼은 못한 처지입니
다. 반찬에 양념을 더 친다고 해서 음식의 질이 더 좋아지는 것은 아닌 이치입니다.
옛날의 처방들, 말하자면 유명한 처방들 중의 그 하나는 붓다나 노자가 알려 준 대로,
그 어떤 욕심이든 욕심은 끝내 헛되고 희망 없이 무망(無望)한 것이라고 자기 마음을
달랠 줄 알면, 위안이 된다는 처방입니다. 아니면 공자가 가르쳐 준 대로 자기를 자기
조리(調理)할 줄 알면 그것 역시 자신에게 도움이 될 것이 분명합니다. 삶이 무망하다
는 것이나 자신을 조리해야 하는 것을 익히기 위한 수단으로 매일같이 어딘가로 흘러
가는 물을 닮으려고 노력하면 그것 역시 효험이 있습니다. 물은 아무리 높은 곳에서
떨어져도 부서지지 않습니다. 부서지지 않는 것이 무망할 줄 아는 것이며, 조리할 줄
아는 것입니다. 바다와 강은 결코 비에 젖지 않는 것입니다. 무망이니 조리니 하는 것
들로 나를 건사하고 다스린다고 해도, 사람은 사람이기에 다른 이들과의 관계로부터
벗어날 수는 없습니다. 사람들의 인생은, 관계, 그러니까 인연으로 인생이 만들어지
는 것이기 때문입니다. 관계로부터 완전히 벗어나기 어려운 것은 인간이 맺는 그 모
든 것이 결국은 외로움으로 남아버리기 때문입니다. 마치 윤후명 시인이 시집『먼지
같은 사랑』중 〈관계〉에서 노래하듯이, '하늘은 무겁고 관계는 질겨지기 때문입니
다.' 관계로부터, 인연으로부터 마치 녹차처럼 우려지는 외로움을 달래려면, 관계의
철학자인 레비나스가 일러준 것처럼 탈출하면 됩니다. 무엇인가 길이 보일 수도 있습
니다. 자살은 아무래도 수치심으로부터 나를 벗어나게도 하지 못하며, 결코 자신을
행복하게 만들어 주지도 못하니, 그 자살로부터, 탈주하십시오. 살자의 세계로 탈출
하십시오. 자살의 주체를 자기 자신이라고 생각하니까 자살을 그렇게 주체적인 행위
라고 생각하는 모양입니다만, 자살의 주체는 내가 아니라, 내 속의 나일 뿐입니다. 그
가 나를 살인하도록 방조하는 것은 자살이 아니라 타살일 뿐입니다. 나로부터 벗어나
게 만드는 탈출의 주체는 항상 나라고 하는 인간인 것이 사실입니다만, 나라고 하는
인간은 아무리 발버둥 쳐봐도 존재의 구조에 갇힌 인간일 뿐입니다. 리투아니아 출신

의 유대계 프랑스 철학자 에마뉘엘 레비나스가 말하는 『탈출에 관해서』를 중심으로, 존재의 탈출과 자살에 대해 조금 심각하게 논해 보겠습니다. 레비나스는 나라고 부르는 존재의 구조는 다른 것이 아니고 밑도 끝도 없이 그 무엇인가 절대적 자기 만족, 완전성의 이념을 추구하게 만드는 나의 관념이라고 말합니다. 나를 지탱하게 만드는 것이 바로 나와의 인연, 나와의 관계입니다. 나와 부모, 나와 아내, 나와 아이, 나와 지인 등등으로 넓혀지는 관계가 나를 지금까지 지탱해 온 인연입니다. 관계라는 것도 따지고 보면 끝내 자기 만족이며 자기 만족을 위한 대상일 뿐입니다. 그 자기 만족에서 탈출해야 하는 이유는, 자기 만족이 허위이자 감금 상태이기 때문입니다. 자아는 완전한 자유를 누리며 스스로 충만한 존재가 되려 합니다. 자기 만족을 위해 자아는 타자를 배제하고 자신의 존재를 침해받지 않으려는 '내적 평화'를 추구합니다. 그러다 자기 만족을 성취할 수 없음을 알게 되고 탈출할 수밖에 없는 상태에 이릅니다. 이것은 기본적으로 수동적 체험입니다.

자기 만족이 자기에게 끝내 허위라는 것은, 내가 매 순간 탐하는 욕구, 욕구를 탐하면서 불현듯 자기를 스치는 수치심, 그런 수치심에 때때로 연연하면서, 오열하는 자기 자신에 대한 구역질 같은 것이니, 자기 만족이 얼마나 허황된 것인지를 이내 알아채게 됩니다. 인간에게 욕구는 영원합니다만, 욕구는 한순간 충족한다고 해서 충족되는 것이 아닙니다. 욕구의 고통은 채워진 것에 대한 결여를 결코 나타내지 않기 때문입니다. 욕구는 결코 종말을 예고하지 않습니다. 욕구는 늘 미래의 문턱에서 나타나는 현재에 지독스럽게 매달려 있기에, 애절한 욕구는 도래하지 않는 죽음에 대한 절망을 향해 질주합니다. 욕구를 일단 충족하면 나름대로의 쾌락이 생깁니다. 그 쾌락이 일종의 행복감을 주기 때문에, 그 쾌락을 욕구의 최종, 궁극적인 목적으로 착각합니다. 쾌락은 끝이 없습니다. 그래서 욕구의 목적도 아니고 목표가 될 수 없습니다. 그런 욕구를 덧없이 충족하려고 발버둥 치면서도 그것을 알아채지 못하니 욕구충족과 쾌락, 그리고 그것으로부터 생기는 일종의 행복감은 자신에 대해 영원한 "기만적 탈출이며 기만적 해방이며 잘못된 자유일 수밖에 없습니다. 한마디로 그것들은 끝내 탈출기도 미수로 끝납니다. 존재의 구조에 갇혀져 있는 자기 탈출의 실패이며 좌절일 수밖에 없습니다. 레비나스가 말한 것처럼, '탈출은 자기 자신에게서 벗어날 것을, 다시 말해, 가장 근원적이면서도 용서할 수 없는 결박상태, 나아가 자기 자신이라는 사실의 결박상태를 깨트릴 것을 요구하기 때문에', 존재에 갇힌 자들의 삶을 걸어놓고 하는 결단이 요구됩니다. 그래서 탈출은 목숨을 건 결단이어야 하기에 탈출이 결코 쉽지 않은 것입니다.

실패와 좌절을 무수히 경험하면서 자기는 자기에 대한 일종의 부끄러움과 수치심을 갖게 됩니다. 무엇인가 된 것 같은데, 실제로는 자신의 무력감을 반복적으로 느낄 때 수치심은 더 깊어집니다. 자기 스스로 무력하다는 것, 자기의 한계가 일시에 드러나는, 자신의 벌거벗음이 드러날 때, 수치심이 생깁니다. 마치 성인 남자가 자신과의 관계가 원만하지 못한 부인을 대할 때마다 느끼는 그런 심리적 임포텐스(Psychological Impotence), 말하자면 심리적 발기부전이 드러나면 이내 나도 모르게 부끄러워지는 것과 같은 것입니다. 누군가 감추고 싶은 것, 그것을 감추지 못했을 때 수치심이 솟구칩니다. 타자에게 감추고 싶어 한다는 것만이 아니라 자기 자신으로부터도 감추고 싶은 것이 있는 자아는 자기 자신을 감추고 싶어도 도저히 감출 수 없다는 그것을 알기 시작하면, 수치심의 또 다른 행동적 표현인 극단적인 불쾌감과 구역질의 충동을 갖게 됩니다. 구역질을 느낀 인간은 '그저 거기에 서 있는 막대기 같은' 존재입니다. '더 이상 아무것도 해 볼 것이 없는' 무력감이기 때문입니다. 마치, '내가 당신 앞에 무엇입니까'를 절규하는 자기의 벌거벗음을 확인하게 됩니다. '내가 당신 앞에 무엇입니까'에 대한 질문을 할 수 있게 되면, 그때부터 그는 순수한 존재에 대한 경험을 자기 스스로 하게 되는 것입니다. 그때부터 자신은 존재에 갇힌 자기로부터 탈출을 감행하게 됩니다. 탈출은 자기 자신을 끊임없이 넘어서는 것으로 나타나며, 그것은 절정에 도달한 차원에서 더 화려해져버린 약속의 증대와 함께 확장되지만, 약속들은 절대로 쉽게 지켜지지 않습니다. 탈출은 말과 행동을 늘 분리시키지만, 이것은 탈출에 성공하면 한순간에 사라질 허황된 것이기도 합니다만, 그 탈출에 대한 말과 행동의 분리

욕구는 존재에 갇힌 자기, 그러니까 허위의 자기에서 탈출해야만 하는 궁극적인 이유를 마련하고 있습니다. 탈출하면 이내 도달하게 되는 곳은 새로운 삶입니다. 어떤 사람들은 탈출의 목적지로 자살과 죽음 같은 것을 상상합니다만 죽음은 탈출의 입구가 아닙니다. 탈출의 출구도 아닙니다. 죽음은 죽음으로만 나타날 뿐이기 때문입니다. 존재에 갇힌 자아가 택하는 자살은 결코 죽음이 아닙니다. 그것은 타살이고 살인일 뿐입니다. 존재에 갇힌 자기가 자신을 무참하게 난도질한 살인일 뿐입니다. 그것이 오히려 자신에 대한 구역질일 뿐입니다. 그런 구역질은 그 충만함과 완전히 맹목적인 현전 속에서 존재의 벌거벗음만을 발견하려는 일탈이며 그것 역시 욕망입니다. 존재에 갇힌 인간으로서는 일탈할 여유조차 없습니다. 모든 것은 허위와 욕망, 그리고 수치일 뿐이기 때문입니다.

새로운 삶이란 존재에 갇힌 내가 더 이상 아무것도 해 볼 것이 없음을 통절하게 경험함으로써 솟구친 용기이며 깨우침입니다. 도대체, 내가 당신 앞에 누구입니까라는 질문과 절규에 대한 자신의 결단과 자신의 대답이기도 합니다. 어떤 행위도 쓸모없어진 한계상황을 나타낼 뿐만 아니라, 보다 자세히 말해 우리에게 남겨진 선택은 오로지 이 상황에서 탈출하는 것뿐이라는, 바로 그 최상의 순간에서 분출된 삶의 용기입니다. 존재에 대한 순수한 경험이기도 합니다. 새로운 삶, 존재에 갇혔던 내가 새롭게 만들어 내야 될 새로운 삶이란 이 세상에서 궁극적으로 나와 다른 이, 타자와의 관계 그것일 뿐입니다. 그것은 '자살'이 아니라 정말로 '살자.'로 새롭게 거듭나게 만들어 줍니다. 그때부터 나라고 하는 단순한 존재를 넘어서게 되는 나라는 인간은 무한한 타인의 얼굴, 타자의 음성에 마주하게 됩니다. 타자의 음성에 귀를 기울이며 그와 소통, 말하자면 의식소통할 수 있게 된다는 것은 그 전에 존재에 갇혀 있던 나를 훌쩍 벗어나는 일종의 자기 초월이기도 합니다. 자살에서 벗어나면 그때부터 새로운 삶의 새로운 출발입니다. 그런 일이 시작되면 억지로라도 웃으시기 바랍니다. 억지로라도 타인과의 좋은 관계, 좋은 인연을 맺기 바랍니다. 새로운 삶이 아니라, 덤의 삶이기 때문에 그렇게 하는 일이 결코 낭비가 아닙니다. 자살을 생각해 봤으면 이미 한 번은 자기가 자신을 살인해 본 것이나 마찬가지입니다. 더 죽어 봤자 더 행복하지는 않습니다. 이미 한 번 죽은 것으로 모든 불행도 죽여 버린 것입니다. 좋은 관계, 바람직한 인연은 별다른 관계를 말하는 것이 아니라, 웃는 관계, 웃음 짓는 인연, 어쩌면 그냥 허허 대는 관계입니다. 타인의 축복을 기려주는 삶의 관계입니다. 그 관계들의 이어짐이 좋은 인연이라는 것입니다. 우리가 타인에게 할 수 있는 일이라고는 웃어 주는 일, 축복해 주는 일 그런 것밖에는 없습니다. 현자들은 말합니다. 하루라도 사람을 만나 웃지 못했다면, 그날이야말로 가장 불행한 날이라고 말합니다. 행복을 원한다면 사람들과 명품관계를 맺으라고도 말합니다. 명품관계는 상대방에게 자신이 바라는 그 무엇을 기대하지 말고, 오히려 있는 그대로 받아들일 때 만들어집니다. 무언가를 기대하고 그것에 집착하면 행복은 그 순간부터 저만큼 떨어져 가버리고 맙니다. 좋은 인간관계를 맺는 것이 바로 사람들 사이의 인연입니다. 인생, 삶살이는 별것 아닙니다. 좋은 인연이 모여 내 인생을 만들어 놓기 때문입니다.

내 손을 필요로 하는 이들에게 내 손, 내 어깨를 내미는 일, 그를 향해 웃어 주려면 내 스스로 감정의 언어, 사회적 언어에 조금은 친숙해야 합니다. 예를 하나 들겠습니다. 어쩌면 제2차 세계 대전은 영국의 천재적 수학자인 앨런 튜링이 없었더라면 더 오래갈 수도 있었을 것입니다. 튜링이 독일군의 암호를 풀어낼 수 있었기 때문에 전쟁이 빨리 종식될 수 있었기 때문입니다. 그는 지금 우리가 일상생활에서 없어서는 안 될 기계인 컴퓨터의 원조를 만들어 냈던 장본인입니다. 그는 컴퓨터 언어인 2진법의 언어로서 독일군들이 군사작전에 활용한 암호를 해독한 제2차 세계 대전 종식의 일등 공신입니다. 그는 수학의 천재입니다. 그는 수학의 언어에는 그 누구보다도 강했지만, 사회의 언어에는 꽤나 약했던 인물입니다. 동성연애자였던 그는 전쟁이 끝난 후 당시 범죄의 하나로 금기시했던 동성연애라는 죄목으로 남성성을 거세당하고 이어 자살로 자신의 삶을 마감한 천재였습니다. 그가 동성연애에 빠진 것도 그 스스로 수학의 언어에는 자신이 있었지만, 사회생활에서는 절대적인 관계의 언어, 말하자면 사회의 언어에는 약했기 때문입니다. 튜링은 은유와 상징, 압축과 유(換喩), 축약과 비약으로 이루어진 '인간의 관계' 언어에는 상당히 허약했기에, 사람들과의 대인 관계가 좋지 못했던 인물입니다. 그는 환유(換喩, Metonym), 그러니까 '박 대통령' 대신 '청와대', 혹은 'BH'와 같은 말을 대신해서 쓰는 식의 표현 같은 것에는 너무나 취약했습니다. 수학적인, 명료한 표현의 대화를 바랐던 그에게 그에 대한 사람들의 다양한 감성적인 표현은 그에게 마음의 상처를 주곤 했습니다. 모든 것을 직설적으로, 명료하게, 수식으로, 수학적 언어로 직선적으로 표현하기를 원했던 그로서는 복잡한, 미묘한 대인 관계가 꽤나 어려울 수밖에 없었습니다. 세상에, 남녀 간의 섹스를 2+2, 혹은 2−2 식으로 명료하게 이해하고 싶었던 그는 애인과의 대화에도 그녀와의 관계에도 실수, 실패연발이었습니다. 다른 사람들과의 인간관계는 기대 이하였기에, 다른 사람들의 출현이 그에게는 불행의 시작과 같았을 것입니다. 좋은 대인 관계, 원만한 사회적 관계가 자신의 삶을 보다 기쁘게 해 준다는 사실에 그 스스로 나약했기에, 그는 천재였기는 해도 좋은 삶, 행복한 삶은 살아내지를 못했습니다. 세상은 컴퓨터 언어처럼 2진법의 언어로 구성되어 있지 않습니다. 세상은 욕으로 구성되어 있습니다. 인생 역시, 살자와 자살이라는 두 개의 단어로만 이끌어 낼 수 있는 것이 아닌 이유입니다.

7) 영성(靈性)입니다

좋은 삶, 행복의 윤리를 지켜내기 위한 관행력을 기르기 위해서는 내 삶이 영성적이어야 합니다. 이 말은 '자연'이 내 생명과 연결되어 있다는 것을 있는 그대로 받아들이려고 노력해야 한다는 말과 다를 것이 없습니다. 기존의 학문들, 말하자면 기존의 과학적 관점이나 심지어 예술적인 관점을 넘어서는 자세로, 자연의 모습, 자연의 말을 있는 그대로 받아들이거나, 그것을 되표현해낼 수 있는 영성이 있어야 한다는 뜻입니다. 예술가들, 말하자면 음악인들이나 미술인들이 자연의 모습을 있는 그대로 표현해낼 수 있다라고들 하지만, 그것은 그럴듯한 말뿐이지, 실제로는 그럴 수 없습니다. 음악은 일정한 선율과 박자로서 자연의 소리를 있는 그대로 표현한다고 생각하곤 합니다만, 악보 위에, 오선지 위에 일정한 음표와 박자로서 자연의 소리를 재현한다는 것은 참일 수가 없습니다. 자연의 소리를 음표로 박자로 표현한다는 것은 자연의 소리, 말하자면 강이나 산, 나무나 숲에서 나는 소리를 일정한 음표로 그리고 박자로 분절(分節)한다는 말이며, 자연의 소리를 분절시킨다는 말은 일정한 공간 안에 자연의 소리, 자연의 모습을 인위적으로 자르고, 늘려 일정한 표준을 제시한다는 말이나 다를 것이 없습니다. 자연의 소리, 모습과 유사할 수는 있어도, 그것과 똑같을 수는 없습니다. 물론 기존의 예술적인 한계를 극복하려는 대안예술가들이 있습니다. 저들을 미니멀리즘, 즉 최소주의(Minimalism)라고들 합니다. 최소한의 표현을 추구하는 예술 및 문화 사조를 강조하는 저들은 자연을 표현하기 위해 가능한 기존의 모든 기교를 벗어나, 근본적인 것을 표현하려, 새로운 시도를 하는 예술가들입니다. 미니멀리스트 음악가들은 기존의 음악적 한계를 뛰어넘기 위해 바람소리, 물소리 같은 자연의 소리를 있는 그대로 표현하려고 한 음을 세게 내리치는 방식으로 표현하기도 합니다만, 그 역시 인위적이며 작위적이기는 마찬가지입니다. 자연의 모습, 자연의 소리를 있는 그대로 표현하려는 미니멀리스트 예술가들의 처절한 노력들마저도 그러한 것을 고려하면, 자연의 소리, 어쩌면 신의 소리, 신의 의도, 편하게 자연의 소리를 있는 그대로 전달한다는 말하는 사람들, 특별히 종교적 영감이 뛰어난 저들 종교인들의 이야기는 허무맹랑의 수준일 뿐입니다. 자연이, 조물주가 저들을 용서하고 있다고 보면 됩니다. 자연의 소리, 자연의 모습, 신의 모습, 신의 소리, 신의 의지를 개념이나 관념, 아니면 숫자로 계량화하거나, 저들 스스로의 그러한 모습을 공간화(空間化)시키거나, 시간의 개념으로 짧게 끊거나 늘리는 방식으로 시간화(時間化)시키거나, 의인화시켜 사람들에게 위협적인 존재로 만들어 가는 일은, 처음부터 자연의 법칙에 어긋나고 거슬리는 것일 뿐입니다. 자연의 힘, 그러니까 신의 에너지를 받아들이는 일, 신과 교감하는 일, 신은 인간을 자신을 좇아 자신처럼, 자신의 의미대로 만들었기에 그와 교감하려면 있는 그대로 신의 에너지를 받아들일 수밖에 없습니다. 마치 인간은 흙으로 만들어졌기에, 흙의 힘, 흙의 에너지를 벗어나서는 살 수가 없기에, 늘 흙과 교감하며 흙으로 돌아갈 그 의지를 벗어나서 살 수가 없는 것이나 마찬가지입니다. 그런 뜻으로 각종 종교에서 말하는 신과 인간 간의 문제를 해석하자면, 특별히 기독교 성경에서 말하는 영성적이어야 한다는 말은 결국 신이 지닌 영성을 갖겠다는 것이나 마찬가지입니다. 성경에서 '영'으로 번역되는 히브리어 단어 '루아흐'는 그리스어 단어인 프뉴마에서 파생된 말입니다. 대부분의 경우 이 단어들은 성령을 가리킵니다. 창세기(창 1:2)를 읽다 보면, 신의 영성은 신의 활동력, 능력을 가리키는 단어로 변형되는데, 이는 다시 바람(창세기 8:1), 호흡(하박국 2:19), 태도(민수기 14:24), 활력(욥기 34:14), 신의 손가락(시편 8:3; 19:1)으로 묘사되기도 합니다. 그래서 바인 교수는 『신약 단어 해설 사전(An Expository Dictionary of New Testament Words)』에서, '바람처럼 눈에 보이지 않는 비물질로서의 힘'을 성령과 같은 것이라고 정리해놓고 있습니다. 자연의 에너지, 신의 에너지가 저들 기독교인들에게는 바로 영성을 지칭하는 것입니다. 자연을 닮아가려는 노력, 신을 닮아가려는 노력이 바로 영성인 셈입니다. 그런데 자연이 무엇인지 구체적으로 정의 내릴 수 없기에, 신이 무엇인지도 구체적으로 정리해 놓을 수가 없습니다. 자연을 훼손하면, 그러니까 자연을 이미 위에서 말한 대로 인간의 필요에 따라 일정한 모습으로 분절해 놓거나 인간의 욕구대로 일정한 틀 속으로 시간화시키거나, 공간화 시키거나, 의인화시키거나, 과학화시키면 자연의 본디 모습은 이내 사라져버리고 말 것이기 때문입니다.

인간의 육체, 인간의 몸, 인간의 세포를 화학적으로 분석해 보면, 인간의 몸은 자연계에 존재하는 92개의 원소 중에서 10여 개의 원소로 만들어져 있음을 알 수 있습니다. 산소, 탄소, 수소, 질소, 칼슘, 인, 유황, 칼륨, 나트륨, 염소, 마그네슘, 철, 구리, 망간, 요오드와 같은 10여 개의 원소로 결합되어 있습니다. 이런 원소를 한번에 결합시켰다고 인간이 만들어지는 것은 아닙니다만, 인간의 몸은 이런 10개의 원소가 결합하여 구성된 것만은 사실입니다. 이중 산소의 구성비율이 제일 많아 무려 65%를 점유합니다. 10개의 원소결합에 자연의 알려지지 않은, 알려질 수 없는 자연의 힘인 생존을 위한 신비한 알파(α)의 힘이 작용하여 지금의 나와 같은 생명체가 된 것입니다. 그 자연의 알파적인 힘을 저는 신의 힘, 신의 섭리라고 말할 수밖에 없습니다. 그의 힘이, 자연의 힘이 내 생명에 작용했기에, 나의 몸은 자연의 몸이며 신의 몸이기도 합니다. 자연의 92개 원소 가운데 10여 개만으로 구성되어 신의 힘을 받아 생명체가 된 나라는 존재는, 하루를 살아가기 위해 어김없이 몸, 맘, 그리고 에너지로 구성되어 움직거리게 됩니다. 인간의 몸, 마음, 그리고 몸과 마음이 작동하는 데 필요한 생의 에너지를 다루는 학문을 의학이라고 한다면, 의학은 대체로 3가지 분야로 발전되어 왔습니다. 일단 인체를 구성하는 세 가지 요소인 몸, 마음, 그리고 에너지 간의 관계에서 일단 눈에 보이는 육체, 그러니까 세포의 문제를 중점적으로 다루는 의학을 생의학(Biomedicine)이라고 부릅니다. 마음을 다루는 의학은 심성의학(Mind Medicine)이라고 부릅니다. 눈에 보이지 않는 육체와 마음의 에너지를 다루는 의학을 정보−에너지 의학(Information-Energy Medicine)이라고 부르는데, 요즘에는 지금까지 각기 발전해 온 세 가지 의학 중 어느 하나도 소홀함이 없이 모두 중요하게 다루는 통합 의학적 노력이 발전되어 왔습니다. 그 통합의학이 바로 양자의학입니다. 내 몸, 그러니까 한 인간이 된다는 것을 양자의학적으로 말하면, 그것은 육체, 마음, 그리고 에너지의 흐름으로 구성되어 있다는 말입니다. 지금까지 의학적 주도권은, 인체가 오로지 물질적 구조(몸)로 구성돼 있다고 보는 생의학이 잡고 있었습니다. 저들에게, 마음이나 생체에너지 같은 것은 뇌의 전기적 혹은 생화학적 부산물인 것에 지나지 않았습니다만, 몸과 마음, 그러니까 맘, 양자파동의 장(場)처럼 3중의 구조로 돼 있는 인체는 오늘을 살아내기 위해서는 그 어느 하나도 소홀히 다룰 수 없는 소중한 생명의 요소들입니다. '맘'의 작용, 그러니까 몸과 마음, 에너지 사이의 연결이 자연스러운 현상입니다. 맘과 에너지의 정상적인 연결과 교류가 있어야 인체의 정상성이 증명되는 것입니다. 맘과 에너지 사이에 정상적인 연결과 교류가 가능한 것은 몸 안의 기운, 생명기운들이 양자파동장처럼 작동하고 있기 때문입니다. 양자파동장은 맘에서 방출하는 에너지, 파동이나 입자로서 방출되는 에너지라고 이해하면 됩니다. 인간의 몸, 그러니까 인체를 구성하는 뇌와 각양의 장기, 세포들이 방출하고 이는 각각의 파동에너지들이 모여 이루어진 에너지장이 양자파동장입니다. 몸에서 방출하는 각양의 양자파동장은 물 흐르듯이 계속 흐르면서, 각 조직 및 장기의 건강을 유지하게 됩니다. 몸의 양자파동장이 유연하다는 것은 장기와 뇌 세포들 간에 원활한 정보 전달뿐만 아니라 다른 사람이나 물체들과의 제대로 된 교감을 할 수 있는 능력이 월등하게 됩니다. 동시에 내 몸에 영향을 주는 환경이나 공간 에너지를 제대로 흡수하여 내 몸에서 생기는 양자파동장 에너지를 일정 적정수준으로 유지시키는 기능도 합니다. 무엇보다도 내 몸의 양자파동장은 내 몸을 위한 자연 치유 능력과 더불어 적정한 수준에서 몸의 항상성을 유지시켜나가게 만들어 줍니다.

몸에서 어김없이 일정하게 매초 작동하는 양자파동장의 기능을 설명하기 위해 다른 이야기를 해 보겠습니다. 그 누구든 다른 사람들 앞에 겉으로 드러나는 것은 나의 몸, 몸 중에서도 몸이 먼저입니다. 겉으로 드러나는 몸은 형체가 일정합니다. 누구에게나 눈에 들어오며, 그것으로 그 사람의 모습을 판단합니다. 그 몸에 비해 그가 행하는 몸의 움직임, 그러니까 그가 자신됨을 드러내는 양태로서의 '겉태'는 다른 사람들의 눈에 쉽게 포착되지만, 그의 속태, 말하자면 그의 내적인 움직임인 속내들을 쉽게 드러나지 않습니다. 그것은 그의 속태, 속내가 때로는 마음으로, 때로는 에너지로 표출되기 때문입니다. 예를 들어, 내가 이런저런 이유로 인해 한 사람을 싫어하거나 증오할 수도 있습니다만, 내가 증오하는 대상인 그 사람이 나에게 영향력을 행사하는 권력자라고 쳤을 때, 그를 싫어하거나 기피하는 모습을 그에게 드러내면, 그때는 파국입니다. 그 파국을 피하기 위해, 그에게 자신의 낯빛이나 몸짓은 늘 공손한 듯 보여야 합니다. 증오하는 마음을 절대로 그에게 들켜서는 곤란합니다. 그런 나를 그는 진정한 동반자로서 그의 측근으로 받아들일 수도 있습니다. 그가 나를 신임하면 할수록, 나에게 일이 더 많아지기에 더욱더 그를 증오하게 됩니다. 그를 싫어하는 내 마음을 들키지 않기 위해 자신의 자세를 낮추고 있는 그 순간에도 내 몸 안에서 꿈틀대는 내 자신의 에너지, 그러니까 흔히 기(氣)라고 불리는 몸의 양자파동장은 증오와 미움의 기운으로 그에게 '아니요.'를 말하게 됩니다. 그러니까 저는 당신의 부름을 받을 때마다, 당신을 겉으로 "사랑합니다. 속으로 증오합니다."라는 이중의 마음을 하나로 혼재시킨 상태, 그러니까 극도의 혐오와 사랑이라는 서로 대립된 마음가짐을 섞어가며 행동하고 있는 것이나 다를 것이 하나도 없습니다.

　사람과 사람 사이의 관계라는 것은, 나의 양자파동장과 그의 양자파동장이 서로 교류한다는 것을 말합니다. 말은 없지만 그가 접하는 사람에게 자신의 몸에서 나오는 에너지의 파동과 그 흐름은 있기 마련입니다. 그와의 관계에서 몸의 에너지가 뿜어내는 양자파동이 0이라면 그것은, 그와 아무런 관계도 형성되어 있지 않은 것입니다. 설령 어느 정도의 관계가 형성되어 있다라고 하더라도, 만날 때마다 그 어떤 친밀성이나 긴밀성이 없다면, 그를 향한 내 몸의 양자파동치는 매우 낮을 것입니다. 관계는 만남이고, 만남은 양자파동의 주고받음이라는 사실을 영국 옥스퍼드 대학교 진화심리학자인 로빈 던바 교수가 제기한 '던바의 법칙'으로 설명하면 조금 더 분명해집니다. 살아가면서, 자신이 타인에게 의미 있는 양자파동장을 주고받을 수 있는 사람은 아무리 많아도 줄잡아 150명 이내입니다. 더 많아지면, 인간은 제대로 사회관계를 유지하기가 어려워집니다. 그런 사람들이라도 직접 만나서 이야기를 나누지 않는다면, 그와의 우정 어린 관계는 최소 18개월에서 최대 7년 안에 모두 사라지게 됩니다. 던바의 법칙에 따르면, 사람과 다른 사람 간의 대면 접촉이 없을 경우 감정적인 친밀감은 1년에 15%씩 줄어들게 되니, 억지로 관계를 만든다고, 원하는 대로 만들어지는 것도 아닙니다. 사람들이 서로 좋아하고 친밀감을 높이는 관계를 유지해야 서로의 몸에서 양자파동장을 교류할 수 있기에, 서로가 일정 거리, 일정한 기간 안에 자주 의미 있는 교류를 해야 합니다. 양자파동장의 원만한 교류는 좋아함이고, 즐김이며, 사랑입니다. 사랑하려면 친밀한 관계 맺음이 우선해야 하는 이유입니다. 어느 누구도, 사람이라는 생명체를 갖고 있는 사람은 아직 신의 모습을 본 적은 없습니다. 신의 이야기를 가장 설득력 있게 이야기하는 성경에서도, 신의 모습은 결코 알아보게 드러나지 않습니다. 신의 형상을 그린다는 그 자체가 상상이기 때문입니다. 굳이 신의 모습을 서술해야 한다면, 실제로 그것이 삼라만상 속에 존재한다면, 그것은 틀림없이 '에너지'의 형태로 존재할 것이라는 것이 영성가들의 대체적인 공상들입니다. 이런 공상은 막연한 공상이 아니라, 실체가능한 공상입니다. 인간이 살아간다는 것은 세상, 삼라만상과 매일같이 교류한다는 말이고, 교류라는 말은 서로가 나름대로의 에너지를 주고받는 것을 의미하기 때문입니다. 에너지를 주고받는다면, 그것은 '의식'의 형태로 전달될 것이라는 것이 정신물리학자들의 생각입니다. 정신물리학의 지평을 여는 데 크게 공헌한 이츠하크 벤토프(Itzhak Bentov, 1923~1979) 박사는 『우주심과 정신물리학』에서, 세상에 존재하는 그 모든 것들은 서로 '의식'을 소통하고 있다고 주장한 바 있습니다. 모든 존재물들이 서로 의식을 소통하고는 있지만, 서로가 서로의 소통을 감지하는 능력은 각기 다르기에 소통의 농도나 빈도는 각기 다르다는 것입니다. 소통하는 능력을 각각의 의식포착에 알맞게 다듬으면, 그러니까 소통의 양식과 소통의 방법, 소통의 채널과 소통할 수 있는 주파수대를 서로에게 맞추면, 서로가 서로에게 감청할 수 있게 되는 것입니다. 사람의 몸에서 일정한 양자파동을 뿜어내고 있다면, 사람의 양자파동을 감지해내는 생물체의 존재 가능성이 있습니다. 그 가능성을 믿는다면, 우리 인간 역시 다른 생명체, 생물체의 몸, 혹은 저들의 몸을 통해 뿜어내는 일정의 양자파동을 감지하고 있는 중일 수도 있습니다. 다만, 현재의 과학수준으로는 다른 생물체의 양자파동들을 구체적으로 기술해내거나 감지해낼 수 있는 역량이 미약할 뿐일 수도 있습니다. 자연의 소리, 신의 소리를 접할 수 있는 논리적 지식이나 수단이 부족하기에, 이번에는 생명체들 간에 주고받을 수 있는 의식과 그 의식소통의 가능성에 대해 의미 있는 논리를 제공한 이츠하크 벤토프 박사의 이야기를 반복적으로 설명하면서, 그것에 나름대로의 주석도 붙이려고 합니다. 생물체 간의 의식소통 가능성을 진단하기 위해 먼저 가능한 한 가장 간단한 말로 의식(意識)이 무엇인지를 정리해 보겠습니다. 이후에, 다시 사회학적인 관점에서도 의식소통이 무엇인지를 이야기하겠습니다만, 여기에서 말하는 의식에 대한 정의는 벤토프 박사의 논리를 중심으로 정리된 것입니다. 그는 의식이란 어떤 자극에 대한 조직체의 반응

능력으로서의 '생명력'이라고 말합니다. 대단히 간결한 정의이기는 하지만, 매우 생물행동심리학적인 정의입니다. 생명체, 혹은 조직체란 하나의 신경조직도 될 수 있고, 아무리 단순하게 생긴 것이라고 하더라도 무관합니다. 생명이 의식이고, 자극에 대한 반응 능력이 바로 생명력으로서의 의식이라고 정리하고 있는 벤토프 박사의 논리는 인간의 의식(意識)과 인간의 직감(直感)력 간의 차이를 혼동하게 만들어 줍니다. 직감, 사전적으로 말하면, 사물이나 상황을 접했을 때, 그 실체나 진상에 대하여 그 자리에서 순간적으로 느끼어 알게 되는 그런 상태를 말합니다. 직감은 생명력 있는 물체들이 보이는 상대방에 대한 반응 능력이라는 것입니다. 물론 어느 대상이나 사물이 전달하는 그 어떤 자극에 대한 반응이라는 점에서 직감 역시 생명 있음의 한 수준에 속하기는 합니다만 직감은 자극에 대한 일방적인 반응과 알아차림의 한 가지 기술이나 능력이라는 점에서, 사물이나 현상과 그것에 반응하는 나 사이에 일어나는 지속적인 자극반응능력으로서의 생명력과는 차이가 있습니다. 직감 능력이 뛰어난 사람이 상대방의 반응에 대해 정교하거나 높은 정도의 의식수준에 있다고 할 수는 있으나, 생명체에서 드러나는 의식은, 직감처럼 일회에 끝나는 것이 아니라, 지속적이며 적극적인 개입 능력이라는 점에서 직감과는 질적인 차이가 있습니다. 다시 정리하겠습니다. 의식은 생명을 말하는 것이고, 직감은 생명이 지닐 수 있는 한 가지 사물인식 능력일 뿐입니다.

　직감의 속성이 어떤 것인지를, 어느 언론 기자의 경험이야기로 대신해 보겠습니다. 내용은 이렇습니다. '회사 가족 동반 체육대회에 함께 다녀오던 아내가 뜬금없이 물었습니다. "당신네 팀 여자 대리랑 막내 남자 사원, 그 둘이 사귀는 것 아니야?" 남편이 코웃음을 쳤습니다. "그럴 리가 없지. 사수랑 부사수, 고양이 앞의 쥐 신세인데…. 이성으로 보이기나 하겠어?" 하지만 남편은 며칠 만에 '눈 뜬 장님'이 되고 말았습니다. 두 사람이 사귀는 사이임을 공개한 것입니다. 대체 아내는 잠깐 보고도 그걸 어떻게 알아챈 것일까. "직감이지." 그러나 아내의 얘기를 들어보면 막연한 감만도 아닙니다. "체육대회 하는 내내 서로 눈짓을 하던데? 남들 의식해서 안 그런 척하는 게 더 우습더라." 남편은 아무리 생각해도 그런 걸 봤던 기억이 없습니다. 게다가 사람들로 북적대 정신없는 와중에 둘이서 은밀하게 사인을 주고받는 것까지 어떻게 눈여겨볼 수 있다라는 말인지, 그것을 알아채는 일은 여자들에게는 가능한 일입니다. 여성은 탁월한 멀티태스킹 능력을 가지고 있습니다. 동시에 두세 가지 일을 하면서도, 여러 사람 간에 오가는 이야기를 하나도 빼놓지 않고 듣습니다. 다른 사람들의 표정 변화만 보고도 무슨 일이 벌어지는지 짐작할 수 있습니다. 하버드 대학교 심리학과 연구팀은 남녀의 반응 차이를 살피기 위해 영화의 짧은 대화 장면을 소리 없이 영상만 보여 주었습니다. 그리고 참가자들에게 배우의 얼굴 표정만으로 어떤 대화가 오갔는지 파악하도록 했습니다. 실험 결과 현격한 차이가 드러났습니다. 여성 참가자의 정확도가 87%에 달한 반면 남성은 42%에 불과했습니다. 특히 자녀 양육 경험이 있는 여성의 정확도가 가장 뛰어난 것으로 나타났습니다. 이 기사에서 읽은 것처럼, 여자는 상대방의 마음이나 현상을 알아내는 능력이 뛰어납니다. 상대방의 상황이나 느낌을 알아채는 능력이 의식의 하나라고 치자면, 가장 낮은 단계에 속할 수는 있겠습니다만, 의식 그 자체는 아닙니다. 예를 들어, 물은 100도가 되면 어김없이 끓습니다. 90도가 되어도 물이 끓고 있다는 그 조짐을 알 수 있습니다. 수증기가 나오는 그 수준을 보면, 물이 끓어가고 있음을 알 수 있기 때문입니다. 수증기가 나온다고 해도 물이 끓으려면 엄밀하게 말해 100도가 되어야 합니다. 100도가 되어야 물이 끓어오르는 그 점을 임계점(Threshold)이라고 합니다. 자극에 대해 반응이 나타나기 시작하는 지점인 역치(閾値)가 되면, 누가 봐도 물이 끓어오름을 알 수 있습니다. 직감은 물이 끓어오르게 되는 임계점에 도달하기 전에, 물이 끓어오르게 되는 역치가 되기 전에 물의 끓음을 알아채는 능력을 말합니다. 의식은 그것과 무관합니다. 역치를 이루기 전부터 서로 주고받는 자극과 반응의 능력이거나 소통 혹은 그것의 매개이기 때문입니다. 제가 생물체, 그러니까 사람과 사람이 아닌 다른 조직체나 생물체들이 서로 주고받는 양자파동의 흐름으로서의 의식이 생명을 주고받는 일이기에, 직감과는 속성이 다른 것이라는 전제 속에서, 벤토프 박사가 말하는 영성체들의 의식교통이 무엇인지를 계속해나겠습니다. 일반적으로 물리세계에서는 자외선이나 다른 전자파를 이용하여 원자에 자극을 주면, 자극을 받은 원자 속의 전자 한두 개 혹은 여러 개가 원자핵에서 멀리 떨어진 궤도로 뛰쳐나가는 반응을 보이게 됩니다. 자극을 멈추면, 뛰쳐나갔던 전자들은 원래의 궤도로 되돌아오며, 그러한 과정 중에 일정한 양이 에너지 또는 일정한 진동수를 가진 광자(光子)를 방출하는데, 이 현상을 생명체에게 적용해서 설명해 보겠습니다. 바이러스 병원체를 하나 가져다 놓고 자극을 주면, 바이러스는 다양한 반응을 나타낼 것입니다. 박테리아를 콕콕 찌르면, 박테리아는 바이러스보다 한결 다양한 반응을 나타내면서 박테리아 스스로 섬모 등을 꿈틀거리기도 할 것입니다. 보다 복잡한 구도를 가진 조직체일수록 자극에 대한 반응이 더욱 활발해지고 다양해질 것이 분명해집니다. 바이러스라는 생명체부터 점점 위로 올라가면 포유동물이 나오고, 마침내 인간에 이르면, 인간들이 뿜어내는 반응의 종류 수는 엄청나게 증가하게 될 것입니다. 이런 생물체들이 뿜어내는 자극과 반응, 그러니까 각각의 몸에서 방출되는 양자파동의 에너지들, 그리고 그것들이 드러내는 종류 수와 서로 다른 에너지의 종류 수를 '의식의 양'이라고 정의할 수 있습니다. 자극에 대한 반작용으로서 조직체의 반응종류 수가 의식의 양을 지칭하는 것입니다. 그러니까 원자, 바이러스, 식물, 개, 인간들은 서로 다른 에너지의 종류 수이기에 각기는 서로 다른 의식의 양이 됩니다. 이런 에너지 종류 수의 차이를 내며 존재하는 원자, 바이러스, 식물, 개, 인간 같은 모든 차원의 존재들을 상대계라고 부릅니다. 우주 만물은 두 개의 성분, 즉 절대계와 상대계로 나눌 수 있습니다. 절대계는 고정되어 있으며, 영원하며, 눈에 보이지 않습니다만 반대로 상대계는 볼 수 있고, 현상으로 나타나 있으며, 늘 변화하는 속성을 가지고 있습니다. 상대계에는 거친 것도, 세련된 것도 있으며, 단명하는 것도 장수하는 것도 있지만, 이들 상대계에 존재하는 생명들은 언제나 절대계에 기초를 두고 있습니다. 이렇게 보면, 지금 이야기하는 것처럼, 생명체, 그러니까 바이러스나 고등생물들에게서 뿜어 나오는 자극과 반응을 의식이라고 하는 것은 세상에 존재하는 물질의 의식이나 생명을 이해하는 데 오히려 방해가 됩니다. 무생명체, 바위나 원자 같은 의식의 양에서도 서로 다른 농도의 자극과 반응이라는 의식이 뿜어 나온다는 생각도 가능하고, 실제로 그렇게 봐야 하기 때문입니다. 그 어떤 조직체가 자극에 대해 나타 내는 반응의 총량(總量)을 '의식'이라고 했을 때, 바이러스에서 나오는 자극과 반응 을 1이라고 가정한다면, 바위에서 뿜어 나오는 자극과 반응을 0으로 볼 수 있게 됩니 다. 양적으로 표시해서 0이라고 말해지는 의식도, 엄밀하게 말하면, 하나의 생명상태 로서, 자극에 대한 반응입니다. 다른 생명체를 향해 뿜어내고 있는 의식의 그 수준과 정도가 아주 낮은 0의 정도라는 것을 말해 주고 있는 것입니다. 이럴 경우, 인간은 자 극과 반응수준이 0인 물체를 죽어 있는 것으로 치부합니다. 그러니까 외부자극에 대 해 낮은 반응을 보이는 모기는 살아 있는 생명임에 비해, 0 수준의 반응을 드러내 보 이는 바위는 죽어 있는 '생명'이라고 볼 수 있는 것입니다. 그런 것을 생명이라는 말 대신 무생물이라고 부르는 것입니다. 생명은 살아 있음, 움직거림을 표현하는 단어이 고, 반대로 죽어 있음은 무생명, 비생명, 혹은 탈생명임을 말하기에, '죽어 있는 생 명'이라는 말은 성립될 수 없는 것 같아 보이지만, 무반응도 반응의 한 수준이나 종류 라는 점에서, 죽어 있는 생명 역시 나름대로 그것의 자극을 내뿜고 있는 생명이라고 봐야 합니다. 물론 의식이라고 하면 흔하게 생명체의 그 어떤 작용과 활동을 연상하 게 되지만, 그런 생각은 인간이 지니고 있는 고정관념이나 편견에서 나온 견해일 뿐 입니다. 이 말은, 이렇게 바꿔 생각하면 조금 이해가 쉬워질 것입니다. 사람은 그가 현재 지니고 있는 인식기관 자체만으로서는 바위가 뿜어내는 양자파동, 그러니까 바 위라고 하는 죽어 있는 생명체가 뿜어내고 있는 의식을 받아들이거나 이해하기가 쉽 지 않습니다. 설령 그것을 인지한다고 해도, 그것에 대한 인지활동이 쉽지 않은 활동 이 될 것입니다. 그와 마찬가지로, 바위 역시 인간의 의식을 받아들이느라고 꽤 '바 위의 머리'를 쓰고 있는지도 모르는 일입니다. 이렇게 입장을 바꿔 이해하면, 서로가 서로에 대해 불감하는 이유에 대해 나름대로 이해가 될 것입니다. 인간은 세상의 물 체와 생명체들을 항상 인간중심적인 관점으로 이해하거나, 그런 범주 속에서 받아들 이고 있습니다. 인간에게 있어서 생명체라는 개념은, 그때 말하는 생명체는 오로지 재생산, 즉 자기복제능력이 있는 존재나 생명체로 한정시키고 있음을 의미합니다. 그러니까 인간은 모기, 인삼과 같은 동식물처럼 자기 복제를 해서 종족을 번식시켜 나가는 조직들에게만 생명체라는 용어를 부여하는 것입니다. 바위나, 원자처럼 자기 복제가 현재의 상태로서는 가능하지 않은 물체나 조직체는 생명체로 받아들이지도, 또 그렇게 명명하지도 않습니다. 사실 생명체에 대한 이런 인간적인 견해는 편협한 견해입니다. 인간과 같은 생명체는 원래 원자에서 시작한 것이기 때문입니다. 원자에서 출발해서, 보다 큰 집합체로 진행될 때까지는 그것에 생명이 없습니다. 그런 죽어 있는 생명체로서의 무생물체들이 여러 복잡한 변이와 변화를 거쳐 오늘의 생명이 된 것을 생각하면, 인간이 그렇게 대단한 존재는 아닙니다. 다시 말해서 일정한 원자들이 하나로 모이고, 그런 원자의 집합체가 일정한 단계의 조직력을 갖추면 갑자기 생명을 갖게 된 것들이 진화된 결과, 나름대로 그 정점에 인간이 위치하고 있는 것입니다. 생명들은 우리 인간처럼 생명운동을 전개합니다. 생명자극, 생명반응과 같은 생명운동을 발휘할 때 비로소, 그것을 향해 인간은 생명이 있다고 이야기하는데, 이런 생각은 생명체의 의식을 이해하는 데에는 그릇된 인간의 관점이라는 것이 벤토프 박사의 견해입니다. 다른 조직체의 생명력과 그 살아 움직이고 있는 미지의 운동력을 오로지 인간 자신의 행동방식이라는 기준에 놓고 판단하는 생명체에 대한 인간들의 편협한 생각이라는 뜻입니다. 인간은 인간적인 방식으로, 죽어 있는 생명체들을 인간의 관점에서 다루는 일을 과학의 기술이라고 부릅니다. 그러니까 죽어 있는 생명체로서의 바위나 쇠를 인간의 욕구에 맞도록 부수고, 깎아내고, 변형시키는 능력을 과학이라고 하고 기술이라고 부릅니다. 인간은 바위나 쇠와 관계를 갖는 것이 아니라, 그들을 부리고 있습니다. 그런 물체들을 인간의 욕구에 맞도록 이런저런 기술로 인간의 용도에 맞도록 이리저리 다룰 뿐입니다. 그에 비해 생명력, 의식을 주고받는 생명체에 대해서, 인간은 저들을 기술로 다룬다기보다는 저들과 관계를 갖게 됩니다. 인간과 인간이 서로 관계로서 서로의 문제를 풀어가듯이, 인간은 다른 생명체들과 관계를 이어감으로써 저들 생명체들과 공진하고 동시에 공생합니다. 생명들 사이에 맺어지는 관계는 생태계의 구조를 이루게 됩니다. 저들은 관계 속에서 서로 간의 의식을 자극하고 반응합니다.

원자이든 생명체이든 그런 것들에 대한 벤토프 박사의 입장은 확실합니다. 어떤 의식이든 의식은 물질 속에 내재하고 있다는 점입니다. 모든 질량, 그러니까 세상에 존재하는 모든 물질은 의식을 가지고 있습니다. 물론 의식을 드러내는 그것의 수준과 정도 차이는 있지만, 부인할 수 없는 것은 모든 것에 나름대로의 의식이 존재한다는 것입니다. 다만 인간에게는 그런 모든 의식들을 제대로 감지하는 능력과 수단이 부족하거나 미숙할 뿐이기에, 저들의 의식을 감지하지 못하는 것입니다. 각기의 의식, 즉 각각의 생명은 세련된 것으로 드러나 보일 수도 있고, 원시적인 것으로 무시될 수도 있습니다만, 중요한 사실은 지금과 다른 방법을 활용하면 그런 생명력의 의식을 감지할 수 있다는 점입니다. 인간들이 다른 생명체의 의식, 생명, 그러니까 저들의 양자파동을 감지할 수 있는 방법을 훈련받기만 하면, 어떠한 의식 수준의 피조물과도 서로 상호작용을 하고, 소통을 할 수 있습니다. 인간이라는 생명체에게는 원래부터 그런 능력이 설계되어 있다는 것이, 벤토프 박사가 주장하는 인간 능력에 대한 전제입니다. 성경에서 그렇게 강조되는 초인간적인 능력은 그것이 현실적으로 가능하다면, 그 능력은 결코 유별난 초인간적인 특수 능력을 말하는 것이 아니라, 인간에게 원래부터 내재된 것이지만, 진화하면서 점차로 상실된 기능입니다. 모든 원자, 모든 생물/무생물체는 자극에 나름대로 반응할 수 있기에, 각각은 생명으로서의 의식, 그러니까 양자파동을 지니고 있습니다. 모든 물체는 작건 크건 간에 관계없이 원자의 집합체로 구성되어 있다는 것을 부인할 수 없기에 어떤 물체든 어느 정도의, 나름대로의 의식을 가지고 있습니다. 각각의 생명과 의식은 진화의 차원과 수준의 차이에 따라 질적인 면과 양적인 면에서 서로 다를 것입니다. 그렇게 진화해 왔기 때문입니다. 그러니까 모든 생물체들은, 물질의 원자들은 외부의 자극에 대한 반응의 종류 수를 나타내는 의식의 양과, 의식의 수준을 나타내는 의식의 질이 다를 것입니다. 그렇지만, 각기 다른 물질들이 지니고 있는 의식의 양과 의식의 질 사이에는 밀접한 관계가 있기에,

서로가 서로를 감지하는, 다른 물질과 소통하는 관계와 정도는 다를 것이지만, 그 어떻게든 서로를 감지하고 있다는 것만은 부정할 수가 없습니다. 각각의 물질 의식의 질은 진동수 반응(Frequency Response), 그러니까 주파수 응답으로 나타낼 수 있을 것입니다. 의식의 질이 높을수록, 즉 생명력의 강도가 높은 물체일수록, 그 조직체의 진동수 반응 범위는 높아지게 마련입니다. 인간의 청력, 인간의 귀는 기껏 해서 30 헤르츠로부터 2만 헤르츠 사이 정도로 나타나는 자극에 대해서만 반응합니다. 인간이 지닌 청력의 한계입니다. 인간이라는 생명체의 청각기관은 30 헤르츠에서 2만 헤르츠 범위의 진동수에 대한 자극과 반응력을 갖고 있기 때문인데 그것 역시 진화의 결과일 것입니다. 그것보다 높거나 낮은 범위의 진동수에는 인간의 청력이 제대로 반응을 할 수 없습니다. 실제로 세상의 물질, 그 어떤 생명체는 인간의 청력범위를 넘어서는 자극을 하지만, 그렇게 낮거나 높은 자극에는 무기력하고 무관하게 반응할 뿐입니다. 인간 이외의 물체가 보내는 자극 대한 인간의 감지 능력의 한계를 보여 주는 대목입니다. 인간의 시각기관 역시 한정된 진동수 반응을 갖고 있으며, 다른 감각기관들 역시 모두 마찬가지입니다. 인간은 외계의 자극들에게 대해 100% 완벽하게 감지하지도 못하며, 그런 자극에 제대로 반응하지 못합니다. 인간의 능력에는 여러 가지 한계가 있다는 것을 드러내는 대목입니다. 모든 물질, 모든 생명체가 지니고 있는 의식의 질, 그러니까 다른 물질의 자극에 대한 진동수 반응(Frequency Response), 주파수의 응답은 생명체가 내보내는 반응의 섬세한 정도가 어느 수준에 있는지를 알려면, 각각의 반응 수준의 범위를 알면 그것을 알 수 있습니다. 동시에 반응의 질, 그러니까 지능 수준으로도 다른 생명체가 지니고 있는 의식의 질이 어떤지에 대해 판단할 수 있습니다. 의식의 질, 진동수반응, 주파수의 응답과는 달리, 의식의 양, 그러니까 반응 종류의 수, 생명체에게서 뿜어져 나오는 양자파동의 에너지 종류의 수는 그 물체의 크기나 부피와는 아무런 관계가 없다는 점입니다. 다시 말해서, 의식의 질과 의식의 양은 서로 상관관계가 있지만, 그것이 코끼리처럼 몸집이 크다고 해서, 혹은 모기처럼 크기가 작다고 해서, 서로 의식의 질과 의식의 양간의 관계가 달라지지는 않습니다. 의식의 양은 단지 가능한 반응의 종류 수만을 나타낼 뿐이며, 모든 물체는 나름대로 의식의 질과 의식의 양을 갖고 있을 뿐이기 때문입니다. 다시 정리하겠습니다. 모든 물체가 지닌 의식의 양은 자극에 대한 반작용으로서 조직체의 반응종류 수에 의해 결정되는 것이고, 모든 물체가 반응하는 의식의 질은 물체가 지닌 진동수 반응으로 나타나는 반응의 정도와 그 영역을 말한다는 사실입니다.

이제 마음속으로 모든 물체가 지닌 의식의 양과 의식의 질 간의 관계를 알아보기 위해, 수평축에 의식의 양을 표시하고, 수직축에는 의식의 질을 표시하겠습니다. 원자를 의식의 토대인 기본 단위로 삼아, 각각의 물질이 지니는 의식의 단계별로 적당한 수의 등급을 매겨 존재의 다양한 범주를 정해 나갑니다. 이렇게 되면 물질의 기본인 원자의 진동수 반응을 f1이라는 반응, 즉 원자가 지니는 의식의 질로 정합니다. 그다음은 원자보다 의식의 질이 높은 바이러스에 대해 f2, 식물에 대하여 f3, 동물인 개에 대하여 f4, 마지막으로 개나 소보다 의식의 질이 높은, 진동수 반응의 수가 많은 인간에 대해서는 f5로 정할 수가 있습니다. 인간들 중에서도 의식의 질이 높은, 지성이 고도로 발달한, 어쩌면 다른 생명체의 의식을 보다 의미 있게 감지할 수 있는 능력을 지닌 그런 인간에 대해서는 그가 지닐 수 있는 의식의 질을 f6에 놓을 수 있습니다. 이렇게 되면 외부 물체가 보내는 자극, 그러니까 저들의 의식을 감지하는 능력의 차이가 인간에게도 있는 셈입니다. 즉, f5로 다른 생명체가 보내는 의식의 질을 감지하는 인간과 f6으로 저들의 자극에 반응하는 인간 사이의 차이가 있게 되는 것입니다. 그러니까 어느 사람은 외부물질이 보내는 자극에 대해 무감각하지만, 어떤 사람은 그런 외부물질의 생명과 의식에 민감하게 반응할 수 있는 것입니다. 의식의 질 차이, 그러니까 f5와 f6 사이의 차이를 이루는 공간과 의식의 질이 지니는 차이와 그 공간이 바로 인간에게는 세상이 되는 것입니다. 이 f5와 f6 사이의 부분은 감각기관을 통해 전달되는 모든 자극에 대해 인간의 신경계가 반응하는 영역으로서 보통 세상세계라고 부르게 됩니다. 그 세상은 바로 의식의 질의 차이를 말하는 것이며, 사람들 간의 차이를 말하는 것이며, 동시에 인간이 지닌 지각영역의 한계이기도 합니다. 인간은

f5와 f6 사이를 오가는 의식의 질, 자극, 의식에만 반응할 수 있지 그 이상이나 그 이하의 자극에는 무기력할 수밖에 없기 때문입니다. 사람은 세상의 일, 그러니까 f5 이하의 소리, 혹은 f6 이상의 소리에는 서로 교감할 수 없기에, f5의 의식에게는 무생물 혹은 무시해도 좋은 그런 생물체의 자극으로, f6 이상의 자극에는 외계인, 귀신같은 말로 저들의 자극에 반응하게 되는 것입니다. 그러니까 인간이 현 단계로서는 어찌해 볼 수 없는 f7, f8, f9, 그 이상에 이르는 의식의 질이 있을 수 있습니다만, 인간은 그런 의식의 질을 감지할 수 없기에 그것을 그저 편하게 영계(靈界)에서 일어나는 불가사의한 일로 처리하거나, 아니면 그런 범주로 묶어 저들의 정체를 모호하게 처리하고 있는 형편입니다. f의 양, 그러니까 생명체가 내보내거나 반응하는 의식의 질, 그 수준과 정도가 최대가 되는 지점은 의식의 양과 의식의 질이 곡선의 관계로서 서로 만나는 마지막 지점입니다. 말하자면, 원자, 바이러스, 식물, 개, 인간 등등과 같은 반응의 종류가 반응하는 진동수로서의 f의 양이 높아져서 극대화되어 서로가 만나게 되는 지점에서 형성되는 공간이 바로 절대계입니다. 절대계에서는 우주와의 에너지 교환이 최대를 이루게 됩니다. 절대계는 인간뿐만 아니라 모든 생명의 근원이며 의식의 근원인데, 이것을 우리는 자연, 혹은 신이라고 부르고 있는 것입니다. 신이, 의식의 관점에서 어떤 것인지를 알게 해 준 벤토프 박사의 노력에 감사할 뿐입니다.

절대계, 그것을 조금 우리 피부에 와닿게 알아듣기 쉬운 말로 표현하면, 아마 전체학이나 물리학에서 쓰는 용어인 슈퍼노바(Supernova), 그러니까 초신성(超新星)이라고 해야 할 듯합니다. 초신성이라는 말은 태양보다도 더 엄청난 광채를 발하는 별들을 말합니다. 태양보다 더 뜨겁고 커다란 별과 그것의 폭발현상을 묘사하기 위해 1931년 발터 바데와 프리츠 츠비키라는 과학자가 만들어 낸 단어입니다. 초신성(Supernova)은 일반신성(Nova)보다 에너지가 큰 항성의 폭발을 의미합니다. 폭발할 때 초신성의 광도는 극도로 높으며, 방사선을 발사합니다. 수 주 또는 수개월에 걸쳐 한 개 은하 전체에 필적하는 밝기로 빛을 발하게 되는 초신성은, 태양이 평생에 걸쳐 발산할 것으로 추측되는 에너지만큼의 방사선 복사를 방출합니다. 이때 중요한 것은 폭발의 결과 항성은 구성 물질의 대부분 또는 전체를 토해내게 되는데, 그 속도는 무려 30,000km/s, 그러니까 광속의 10%에 이르기까지 가속되며, 주위 위성 사이의 매질에 충격파를 일으킨다는 사실입니다. 충격파가 휩쓸고 간 자리에는 팽창하는 가스와 먼지의 껍질이 남게 됩니다. 이런 가스와 먼지들을 초신성 잔해라고 부릅니다. 지금의 지구 상에서 발견되는 92개의 원소, 인간이라는 생명체를 만들어 낸 원소들이 바로 초신성의 잔해들입니다. 우주를, 그건 자연을 신으로 받아들이게 만드는 이유입니다.

8) 거듭남입니다

크리슈나무르티가 쓴 『그런 깨달음은 없다』라는 책을 읽은 후, 저는 이상하게도 가슴이 뛰고, 야릇한 쾌감 같은 것으로 놀란 적이 있었습니다. 맥박이 뛰게 만드는 책이었기 때문입니다. 안티 구루(Anti Guru)의 대명사와 같은 그런 격으로 한세상을 살다 간 사람의 책이었습니다. 안티 구루, 위대한 스승이니, 최고의 명상가니, 이 시대 성자이니 하면서 우리네의 연약한 의식을 주무르며 우리네 영혼을 일순간에 치유해 줄 수 있는 스승이라고 나서는 사람들을 한마디로 '짜가', 혹은 '헛됨이'로 몰아붙이는 사람을 안티 구루라고 부르는데 그런 안티 구루 가운데에서도 가장 최전선에 섰다가 명이 다 되어 죽은 크리슈나무르티(Uppaluri Gopala Krishnamurti)라는 사람이 쓴 책입니다. 그는 자기가 누구인지를 알기 위해 자기를 꽤나 찾아다녔던 삶의 철학자로 알려졌고, 그렇게 그것을 실천하다가 때가 되어 죽어간 영성가였습니다. 스위스 그 무슨 호숫가를 걸어가다가, 그는 한 가지를 확신합니다. 깨달음도 알고 보면 그 어떤 깨달음이라는 것에 허기진 사회가 만들어 낸 하나의 도구나 물건 같은 것이라는 깨달음이었습니다.

그의 설명을, 내 나름대로 해석하면, 마치 아날로그 시대에는 그 나름대로 잘 통하던 전화기도 지금처럼 새로운 시대, 디지털 시대에서는 무엇인가 서로 구색이 맞지 않아, 그것보다 더 좋은 스마트폰으로 대체하고 싶은 시대적 욕심이 있게 마련이고,

그런 욕심을 충족시킨 그 무엇 같다는 것입니다. 깨달음이라는 화두 역시 그런 시대적이며 문화적인 산물이라는 것입니다. 붓다가 살아 있던 그 시대에도 당시라는 사회는 나름대로 저들에게 통용되던 아날로그 시대였습니다. 그 시대를 살아가고 있던 붓다는, 그것보다는 더 나은 시대적 디지털 용품으로, 깨달음을 원했을 법하다는 것입니다. 그러니까 모든 시대에는 그 나름대로의 그 시대를 풍미하는 아날로그와, 그것을 넘어서고 싶은 충동을 자극하는 디지털이 공존하는데, 아날로그에 불만족한 사람은 디지털 기계를 찾아 나서게 되고, 그런 결과로 무엇인가 디지털 시대에 적합한 그 무엇을 만들어 내어 저들의 욕구를 나름대로 충족시킨다는 것입니다. 지금이 디지털 사회지만, 이내 이 디지털을 넘어서는 그런 문화적인 욕망과 정신적인 욕구가 사람들로 하여금 그것에 적합한 현실을 만들어 낸다는 논리입니다. 정신이나 마음을 공허하게 만들어 놓는 이런 극단적인 소비주의 시대에서는, 그것을 도닥거려 줄 수 있는 방법들이 수없이 요구됩니다. 약이든 뭐든 그런 것들이 사람들의 마음을 도닥거려 준다면, 기꺼이 그것을 찾아 나서게 되는데 이 사회에서 요구된 화두가 바로 깨달음이라는 화두라는 것입니다. 깨달음만 있으면, 사람들의 마음이 치유된다고 느끼기 때문에 그렇다는 것입니다. 깨달음을 이루어 내게 해 줄 법한 도구나 방편들이, 소비주의가 극심한 나라에서, 기승을 부리는 이유가 그것입니다. 그런 사회적 증상을 용의주도하게 꿰뚫어 본 그에게, 깨달음이란 것은 저들의 소비주의 감각으로 보면, 별다르게 유별난 것이 아니라, 이 시대에서 요청된 문화적 산물, 어쩌면 소비재로서의 깨달음으로 파악된 것입니다. 그는 단호합니다. 그가 강조하는 언설, 말하자면 깨달음도 알고 보면 하나의 소비품에 지나지 않는 하나의 물질이라는 그의 생각은 참으로 설득적입니다. 스마트폰에서 나온 이런 것, 자동차에서 파생된 저런 것들 모두는 이 사회를 살아가게 도와주는 물질이고 소모품인데, 이제는 깨달음이니 영혼이니, 말씀이니 뭐니 하는 것들 역시 모두가 가만히 따져 보면, 끝내 장삿속, 잇속 챙기기를 위한 미끼이거나 먹이로서의 소비품이라는 것입니다. 깨달음과 영성 같은 것을 굉장한 것으로 내세우던 일체의 종교를 단숨에 까부수는 그의 논설에 이르면, 천지가 개벽하는 느낌을 갖게 만들어 줍니다. 그런 그의 말에 놀라고 있는 우리는 그가 우려했던 그만큼 우리가 이미 저들의 논(論)과 설(說)에 교화되었거나, 찌들어버린 것임을 드러내 주는 반증(反證)이기도 합니다. 형식화된 모든 종교들과 수행방편들에 대해 강렬한 반론을 쏟아내며, 마침내 그 반론이 붓다가 말하는 그 깨달음 속에까지 다다르고 있습니다. 붓다가 말하는 그 깨달음에도 어김없이 들어 있을 법한 오만 가지 잔상을 단숨에 뛰어넘겠다는 듯이, 크리슈나무르티는 자기의 책머리에 이렇게 적어 놓고 있습니다. "내 가르침에는 저작권이 설정되어 있지 않습니다. 그러니 누구든 마음대로 이것을 찍어서 배포해도 좋습니다. 제 마음대로 전하거나 잘못 전해도 좋고, 멋대로 왜곡하거나 뜯어고쳐도 좋습니다. 뭐든 마음 내키는 대로 하십시오. 내 동의나 다른 누구의 허락 없이 이것을 자신이 말한 것이라고 주장해도 상관없습니다." 그의 말대로 이제는 그의 말에 내 나름대로 살을 붙여 가면서, 깨달음을 신주처럼 모시는 갖가지 종교나 저들의 논리가, 깨달음의 주체인 나 자신을 떠나버리면, 어째서 장삿속의 나락으로 떨어지는지를 풀어 보겠습니다. 깨달음은 어떤 상태일까? 깨달은 사람의 공통적인 특징은 무엇일까? 라는 본질적인 의문을 시작으로, 그런 깨달음에 대한 나름대로의 답을 찾아, 이곳으로 저곳으로 나서는 사람들에게, 일단 그는 이렇게 말문을 뗍니다. 깨달음이 정말로 무엇인지 궁금해서 이곳에, 아니면 그런 영성가들을 찾아왔다면 분명히 "여러분은 모두 호기심에서 이곳에 왔을 겁니다. 여러분은 어떤 즐거움을 위해 여기 왔겠지요. 즐거움이 나쁜 것이라고 얘기하는 게 아닙니다. 그러나 남자들이 창녀에게 가는 것과 똑같은 이유로 여러분이 여기 왔다는 사실을 인정한다면, 그것은 여러분에게 엄청난 충격이 될 겁니다. 그 둘 사이에는 아무런 차이가 없습니다." 평생을 바쳐 '깨달음'이 무엇인지를 알려고 해도 모두가 부질없고 소용없다는 그의 쓴소리입니다. 깨달음이란, 돌 속의 금속물처럼 하나의 물질 같은 것이 아니라, 하나의 상태를 말하는 것인데, 그런 깨달음의 상태는 그 어딘가에서 못난 인간들을 굽어보는 신(神)의 상태, 유별나게 깨달은 사람의 상태, 혹은 남다른 변화를 이룬 그런 사람의 상태가 아니라, 바로 여러분의 상태를 일컫는다는 것입니다. 그렇습니다.

지금 숨을 쉬고 있는 여러분 자신의 자연스러운 상태가 바로 깨달음의 상태라는 것입니다. 그 상태는 지금 여러분이 지니고 있는 그 자연스러운 상태를 말합니다. 이것을 하찮은 것으로 치부하고, 그것보다 더 숭고한 그 무엇이 그 어딘가에 있다고 믿으면서 그 뭔가를 얻으려고 안간힘을 쓰면, 그것이 억지가 되는 것입니다. 그냥 있는 그대로의 자기가 아니라 다른 무엇인가가 되려고 애쓴다면 그것이 허망한 상태가 되는 것입니다. 자기를 넘어서는 그런 순진하게, 그리고 자연스러운 상태는 없습니다. 자기를 넘어, 자신의 자연스러운 상태를 넘어 그 무엇을 억지로 찾으려고 한다면, 그것이야말로 깨달음이라는 자연스러운 상태가 자신 안에서 저절로 드러나는 것을 오히려 방해하는 짓이 되는 것입니다.

　깨달음의 상태, 즉 자연스러운 자신의 자기 상태는 이른바 지복, 희열, 초월, 영혼, 천당, 지옥 같은 종교적인 상태들과는 아무 관계도 없습니다. 깨달음이라는 상태는 희열, 영혼, 천당, 지옥과는 무관하게 내 자신에서, 내가 나를 체험하는 그런 체험의 장 속에 있게 마련입니다. 이것은 단순하게 사람들이 말하는 일종의 심리적인 변화를 말하는 것이 아닙니다. 그냥 어느 날 들어갔다가 그 이튿날 빠져나올 수 있는 그런 마음 상태 같은 것을 말하는 것이 아닙니다. 한순간의 행동변화를 말하는 것도 아닙니다. 하나의 충격이나 자극, 혹은 조건에 의해 일어나는 일순간의 행동변화는 위험하기 조차합니다. 그것은 그 언제나 그 어느 일순간에 새로운 자극이 주어지면 당장에 다른 것으로 변해버리기 때문입니다. 깨달음, 그러니까 내안에서 일어나는 자연스러운 상태는, 굳이 다른 이에게 설명을 해야 하거나, 서술을 해야만 하는 물질 같은 것이 아닙니다. 깨달음은 타인에 대한 설득을 전제로 하는 것이 아닙니다. 그런 것이 필수적이어야 한다면 그것은 장사이며, 광고이고, 잇속놀음에 지나지 않습니다. 깨달음은 마음을 성형하는 일이 아닙니다. 성형된 마음을 드러내 보이는 것이 깨달음이 아닙니다. 어쩌면 자기 설득과 자기 확신이 더 긴밀해져야 할, 그런 자연스런 상태일 수는 있습니다. 깨달음의 상태는 그냥 자연스러운 상태이니까, 그저 그런 상태일 뿐입니다. 예를 들어, 밥을 먹은 후 때가 되면 소화가 되기 마련입니다. 그렇게 되면 똥을 누어야 되는 상황이 있게 됩니다. 배설하는 상태라면, 그것은 그냥 자신들에게 아주 자연스러운 상태일 뿐입니다. 똥을 누고, 똥을 눴다는 것을 안 상태 그것이 바로 깨달은 상태입니다. 누구든지, 남에게 알릴 필요조차 없는 아주 자연스런 상태입니다. 자연스러운 상태라고 해서 생각이 없는 상태는 아닙니다. 자연스러운 상태에서는 오히려 생각이 여러분을 짓누르지 않고, 그냥 자체의 자연스러운 리듬을 따라, 리듬대로 흘러갑니다. 강물은 물이 흘러가야 강물이 됩니다. 물이 흘러가면서 흘러간다고 설득하거나, 설명하지 않는 이치와 같습니다. 자연스러운 상태에서는, 억지로 굳이 생각을 판독하고, 생각을 '나의 것'이라고 우기는 그런 '나'는 더 이상 존재하지 않습니다. 그런 존재가 존재해야 될 이유도 없습니다. 자기가 사랑하는 부인과 사랑을 나눈 후, 나는 사랑을 했다 혹은 나는 배설을 했다라고 떠들거나, 뇌이고 다니지는 않는다는 그런 뜻입니다. 내 안의 자연스러운 상태를 있는 그대로 유지하는 것이 깨달음이라고 믿는 크리슈나무르티는, 자신의 상태를 바꾸려고 욕망을 다스리는 것이 깨달음이라고 간주하는 영성가들과는 깨달음과 영성에 대하여 궤적을 달리하고 있습니다. 그는 독특하게도 자신에게 일어나는 그 욕심들과 무지들, 말하자면 탐진치(貪瞋癡)를 '있는 그대로 자기 안의 진실과 욕망'으로 인정합니다. 그렇습니다. 아름다운 여자를 보면 여성에 대한 욕심이 나름대로 슬그머니 일어나게 마련입니다. 이성과는 잠자리를 하지 않겠다고 약속한 승려들이나 신부, 수녀들과의 처지와는 보통 사람들의 처지는 교리적으로 다릅니다. 보통 사람들은, 목회자들이 목회자 자격을 받을 때 그들이 믿는 신들과의 교리에 따른 그 무슨 서약을 저들의 기관과 한 적이 없으니 교리에 입각한 저들의 신에 대한 저들과는 행동이나 생각의 시작점부터가 다른 것입니다. 그렇게 약속한 저들과는 달리, 보통 사람들은 자신에게 일어나는 욕망을 억지로 끊지도, 그렇다고 그 욕망에 좌우되지도 않은 채, '자기 자신이 되는' 길을 선택하는 것이 더 현명하고 더 옳은 일이 됩니다. 저들 교리에 자신을 약속한 사람들은 직업인이고, 그런 것을 약속하지 않은 우리네는 생활인들이기 때문입니다. 저들이나 우리네가 죽으면 모두 하나같이 흙으로 돌아가겠지만, 저들이 죽은 후 저들의 직업적

수행 능력을 또 다르게 저들의 교리와 저들의 신에 의해, 엄격하게 평가를 받을는지 어떤지 그것은 알 수 없는 노릇입니다. 크리슈나무르티는 다시 우리에게 말합니다. 한 인간으로서 그는 자기 자신을 덮어온 그 스스로의 위선에 대한 솔직한 고백을 시작합니다. 자신에게 덧씌운 모든 거룩한 것들, 종교라는 이름으로 덧씌우는 모든 미신과 신화를 거부하는 것을 고백하는 것으로 자신의 깨달음을 시작합니다. 그 스스로 자신을 설득합니다. "나는 거짓된 삶을 살고 싶지 않아. 나는 탐욕스러운데 그 사람들은 무욕(無慾)을 이야기해. 그러니 뭔가 잘못된 거야. 내 안의 탐욕은 아주 생생하고 자연스러워 보이는 데 반해서 그들이 이야기하는 내용은 부자연스러워 보여. 그러니 뭔가 잘못된 거야. 무욕의 상태에 이르기 위해서 나 자신을 변화시키거나 오도하고 싶지 않아. 나한테는 내 탐욕이 있는 그대로의 진실이야."라고 자신을 설득합니다. 그는 무엇이 아직도 부족하다는 듯이 잇대어 말합니다. "여러분이 진리나 궁극적인 실체 등 무엇을 추구하든 간에, 그런 것을 찾아 나서는 모든 노력은, 늘 있는 그대로의 아주 자연스러운 상태에서 벗어나게 만듭니다. 그것은 여러분이 노력한 결과로 얻거나 도달하거나 성취할 수 있는 것이 아닙니다. 내가 '인과와는 무관한, 즉 어코우설(Acausal)'이라는 말을 쓰는 이유는 바로 거기에 있어요. 그것은 어떤 원인의 작용에 의해서 일어나는 것이 아니며, 아무튼 일단 일어나면 찾아다니는 일은 끝납니다." "여러분은 자신의 내면에 항상 존재하는 놀라운 평화, 곧 여러분의 자연스러운 상태를 결코 이해하지 못합니다. 여러분이 마음의 평화로운 상태를 조성하려고 애쓰는 것은 사실, 내면에 동요와 혼란을 빚어내는 짓입니다. 여러분은 평화에 관해서 얘기할 수 있고, 어떤 마음상태를 빚어 놓고는 자기 마음이 아주 평화롭다고 얘기할 수 있습니다. 하지만 그것은 평화가 아니라 폭력입니다. 그러므로 평화로워지는 연습을 하고 고요해지는 훈련을 하는 것은 전혀 쓸데없는 짓입니다."라고 잘라 말합니다. 그가 그렇게 강하게 자신의 견해를 밝히는 데에는 나름대로의 이유가 있습니다. 그가 보기에, 깨달음의 상태, 자연스러운 상태는 정말로 고요하고 조용한 상태입니다. 적정한 정의 상태입니다. 참된 고요한, 적정(寂靜)한 상태는 그냥 가만히 있는 상태가 아닙니다. 보이지 않게, 쉬지 않고 움직이는 상태입니다. 쉬지 않음이 끊임없이 분출하는 그런 폭발적인 상태입니다. 적정한 상태는 관과 행으로 이루어진 평정심의 상태일 것입니다. 적정한 상태는 영적인 추구자들이 생각하는 죽은 마음 상태 같은 것이 아닙니다. 자연스러운 상태에 있는 사람들은 그 누구에게 드러남이나 눈에 드러남이 없이, 자기 안으로는 끊임없는 고요함의 끊이지 않는 폭발과 분출이 일어나고 있는 상태입니다. 예를 들어, 저는 폭포에 설 때마다 그것을 느끼며 감탄하곤 합니다. 여러 차례 가 보았지만 나이아가라 폭포에서도 마찬가지였습니다. 끊임없는 물줄기의 끊이지 않는 흘러내림이 그 모든 것을 삼키고 있는 폭포의 그 장면을 연상하면, 당신 안에서 일어나는 자연스런 상태가 어떤 것인지, 자연 상태로 있다는 것이 어떻게 작동하는지는 마음속으로 충분히 연상해낼 수 있습니다. 이것은 자신 안에서 자연스러운 상태란, 바로 깨달음과 깨어남이 마치 마음의 폭포를 이루고 있는 것과 같다는 것을 직감할 수 있게 만들어 줍니다. 깨달음이란 생명이 에너지임을 느끼는 일입니다. 에너지가 바로 깨달음입니다. 생명이 깨달음이니, 그 어디선가 깨달음을 찾으려고 하지 마십시오. 이미 당신 안에 그 깨달음이 있는 것입니다. 그것을 놔두고 다른 곳에서 깨달음을 찾는다는 것이 허구입니다. 그 허구를 직시해야 합니다. 어떤 영성가들은 깨달음의 한 방편으로 자신의 생각을 주시하라고 하거나 마음챙김(Mindfulness)을 하라고들 합니다. 대다수 종교나 수행단체에서는 '생각(잡념)'을 없애기 위한 많은 방법을 가르치고 있는데, 그런 방법을 가르쳐 주는 일이 저들에게 크게 돈벌이가 되기 때문입니다. 크리슈나무르티는 저들이 당신을 향해 꼬드기는 그런 말에는 일단 숨을 쉬고, 가만히 생각해 보라고 일러줍니다. "여러분이 생각을 주시하는 게 가능할까요? 가능하지 않습니다. 주시하는 또 다른 생각이 있습니다. 그 문제의 교묘한 측면이 바로 그겁니다. 생각은 그 자체를 둘로 나눕니다. 그렇게 하지 않으면 여러분은 생각을 주시할 수 없습니다. 한 생각이 또 다른 생각을 주시할 때, 두 생각이 있는 게 아니라 한 생각만 있습니다. 그런 주시는 두 개의 생각이 있다는 느낌을 안겨주지만, 사실은 하나의 움직임만 있을 따름입니다. 어떤 레벨에서 어떤 방향으로 어떤 행동을 하든 간에 여러분이 하는 모든 것은 생각의 구조에 지속성을 부여해 줍니다. 정신과 육체의 분리 상태는 끝장나야 합니다. 사실 정신(Mind)과 육체는 전혀 분리되어 있지 않는데도 말입니다." 제 생각도 크리슈나무르티와 그리 다르지 않습니다. 저는 마음과 몸이 분리 불가함을 알려 주기 위해, 이미 '몸과 맘'의 하나됨을 '맘'이라는 말로 집약시켜 하나의 단어로 표현한 바 있기 때문입니다. 크리슈나무르티는, 각종 교리로 무장한 영성가들에게는 보배와 같은 말인, 알아차림에 대해서도 이렇게 말합니다. "여러분과 알아차림(Mindfulness)은 공존할 수 없습니다. 만일 여러분이 평생 단 한 번, 1초라도 알아차림의 상태에 있을 수 있다면, '나'라는 연속성은 끊어질 겁니다." 하고 말합니다. 저는 폭포의 예를 다시 들겠습니다. 폭포에서 물이 흘러내리면서, 물 스스로 내가 흘러내리고 있지를 알아차리면, 흘러내리던 물은 별안간 끊기어 버리는 것과 같은 것입니다. 이런 일은 있을 수 없습니다. 그러니 알아차림이라는 것은 생각해 볼 수 있는 단어이거나 의식의 단편이기는 하지만, 결코 체험될 수가 없는 일인 것입니다. 사랑하는 남녀가 사랑에 겨운 나머지 입을 맞추면서 내가 입을 맞추고 있구나를 지속적으로 의식하면서 입을 맞춘다고 우긴다면, 그것은 억지에 지나지 않습니다. 이미 사랑의 흐름은 입맞춤 그 어디에서 끝나버린 것이나 마찬가지입니다. 자연스런 상태, 그것이 알아차림이라면 그것은 이미 나라는 체험구조가 빚어낼 수 있는 그런 망상, 곧 '나'라고 하는 것은 부서져버리고 모든 것이 자연스러운 리듬에 따라 흘러가는 그런 상태를 말하는 것일 뿐입니다. 자연스러운 상태에서는 자신이 뭘 보고 있는지 알지 못하기 때문입니다. 그것이 바로 알아차림이고 알아차림의 핵심입니다. 만일 자신이 뭘 보고 있는지 알고 있다면, 여러분은 존재하게 되고, 다시 자신이 이미 알고 있는 낡은 것을 체험하고 있다는 말일 뿐입니다. 이 세상에서, 깨달음과 알아차림이 무슨 소용이 된다면, 그것은 자기가 먼저 진정한 자기 자신이 된다는 것을 말하는 것입니다. 자기가 끊임없이 자기로서 거듭나기 위한 방편으로 그런 깨달음이나 알아차림의 쓰임새가 있게 되는 것입니다. 그런 깨달음의 극치는, 자기의 생명을 귀하게 다시 쳐다보면 일순간에 이루어질 수 있는 일일 뿐입니다. 자기의 생명됨, 자기 생명의 살아 있음에 경탄을 하는 순간, 자기는 자기됨으로 되돌아간 것입니다. 자기에게로 되돌아감, 그것이 바로 용기입니다. 크리슈나무르티가 끝내는 말로 그의 생각을 한 번 더 다듬겠습니다. "당신들이 비참하고 불행한 신세가 되는 것은 바로, 당신들이 누군가로부터 무엇인가를 얻고 싶어 하기 때문입니다. 환상의 종말은 곧 '나, 자신'의 종말입니다. 그러니 당신들은 환상 없이는 존재할 수 없습니다. 기껏 할 수 있는 일이라고는 하나의 환상을 또 다른 환상으로 바꿔 놓는 것뿐입니다." "어째서 여러분은 세상을 바꾸고 싶어 하죠? 이 세상은 놀랍도록 아름다워요! 여러분은 자신의 관념으로 지어낸 세상에서 살고 싶어서 이 세상을 바꾸고 싶어 하는 겁니다. 진짜 문제는 여러분이 자기 자신을 바꾸고 싶어 하는데 그렇게 하는 것이 불가능하다는 것을 알고서, 세상을 자기가 원하는 틀에 맞출 수 있게 하기 위해 세상을 변화시키고 싶어 하는 데 있습니다." "그런 헛된 욕망 때문에 당신은 끊임없이 영성을 불어넣어 주겠다는 종교가들, 영혼을 약속해 주겠다는 목회자들, 먼저 깨달았다는 명상가들, 마음챙김의 도사들이라는 장사치들한테 끊임없이 여러분의 마음을 시달리게 만들어 놓고 있는 것입니다." 이제 그런 일들에서 벗어나는 용기를 가지라는 것이 그의 마지막 제언입니다. "용기는 여러분의 이전 사람들이 느끼고 체험한 모든 것을 쓸어내 버리는 것을 뜻합니다. 여러분 각자는 유일무이한 존재이자 과거의 모든 것보다 더 위대한 존재입니다. 제아무리 거룩하고 성스러운 전통들일지라도 모든 전통을 쓸어내 버려야 합니다. 그렇게 하고 나서야 비로소 여러분은 자기 자신이 될 수 있습니다." "당신은 자기 자신한테로 돌아오며, 참으로 모르는 상태가 됩니다. 진정한 길은 자기 자신의 길이어야 합니다. 그러므로 모든 길을 다 버려야 합니다. 다른 누군가의 길을 따라가는 한 그 길은 생각의 소산이며, 따라서 사실은 새 길이 아닙니다. 그것은 전에 늘 다니던 옛길입니다. 전에 하던 게임을 새로운 방식으로 하는 것뿐입니다." 그의 말은, 어쩌면 우리에게 '준비된 우연'으로 살아가라고 일러주는지도 모릅니다.

미국의 하버드 대학교에서 경영학을 가르치는 필립 코틀러 교수는 『준비된 우연』

이라는 책에서 말합니다. 세계적인 석학 78명들이 현재의 자신이 있게 된 결정적인 계기, 말하자면 저들의 인생에서 삶의 전환점을 마련하게 만든 결정적인 그리고 공통적인 요소를 알아보니, 그것은 3가지였다는 것입니다. 말하자면 첫째는, 인생의 전환점(Turning Point)에 대한 기회를 제대로 자기 것으로 잡았다는 것입니다. 자기가 경험하고 있던 것을 제대로 자기 것으로 만들었다는 말입니다. 똑같은 경험이라도 그것에 대해 어떤 의미를 붙이는지에 따라 삶이 달라진다는 교훈이기도 합니다. 둘째는, 그 전환점을 잡을 준비를 미리 갖추고 있었다는 점입니다. 미리 준비하고 있지 않으면 실제로 그런 기회가 와도 그냥 바라보기만 할 뿐입니다. 기회가 오면 기회는 신화 속의 카이로스(Kairos)와 같기에 머리부터 잡아야 합니다. 꽁지, 그러니까 기회의 꽁무니를 졸졸 따라다녀서는 놓치고 말아버립니다. 꽁무니를 잡으면 기회는 슬그머니, 스스로 빠져나가 버리기 마련입니다. 마지막으로, 저들은 그런 기회를 준비된 대로, 그렇게 주저하지 않고 행동에 옮겼다는 것입니다. 실천 없는 인생의 전환은 그 언제든 불가능합니다. 구슬이 서 말이라도 당장 실에 꿰어야 목걸이로 걸 수 있는 이치입니다. 기회, 준비, 그리고 실천 이 3가지가 바로 저들의 삶을 바꾼 인생의 전환점이었습니다. 그 이상, 더 필요한 것은 없었습니다. 깨달은 삶은, 우연히 준비되는 것이 아니라, 준비되면 우연이라도 따라붙어 주는 것입니다.

　인간은 거의 모두 사이코패스(Psychopath)적인, 그러니까 나름대로의 반사회성 인격장애스러운 정신병질을 지니고 있습니다. 여러분 옆의 자리를 앉아 있다가 방금 떠난 그 도덕군자라고 해서 예외가 아닙니다. 학자도, 교사도, 목회자도, 스님도 예외가 아닙니다. 정치가들이나 사업가들에 비해 정도 차이는 있지만, 저들의 뇌 속에는 정신병질, 사이코패스의 기질이 어김없이 흐르고 있습니다. 사람들은 매일같이 서로서로 그런 반사회성 인격장애 정신병자들과 밥을 나누고, 차를 나누고, 그들의 이야기에 귀를 내주고, 그들에게 공감하고, 그들을 친근하기 그지없는 지인으로 받아들이며 저들과 희희낙락하며 시간을 보내는 것입니다. 그런 관계의 모임이 사회입니다. 저들의 행색들을 각종 언론매체를 통해 쳐다보며 사람들은 저들과 한 패거리가 되는 것입니다. 사이코패스의 뇌는 신경생물학적으로 분석하면, 유전자와 호르몬 사이의 이상하고도 복잡한 연결구조로 나타납니다. 모든 인간의 뇌에는 그런 사이코패스적인 요소들이 가득 차 있게 마련입니다. 인간은 서로 그 모두에게 어김없이 사이코패스적이기도 합니다. 사이코패스의 증상이 어느 정도로 나타나느냐는 별개의 문제입니다. 남들이 보기에, 자신은 온화한 가정에 잘 자라서 저명한 의대 교수가 된 사람으로서 어느 누구보다 친구가 많아 늘 행복에 겨운 신경과학계의 권위자로 오늘도 교단에 서고 있는 제임스 팰런 박사가 『괴물의 심연』에서 주장한 말입니다. 자기 역시 그런 사이코패스라고 스스로 자백합니다. 자기만큼은 그런 줄 몰랐다고 했습니다. 자기만큼은 예외인 줄 알았다고 했습니다. 자기는 정신병과는 무관할 것이라고 믿고 있었다가 자기 자신도 모르게 자신의 연구, 분석자료 속에 끼인 자신의 뇌 사진과 자신의 가족들의 뇌 사진인 것도 모르고 그냥 평상시처럼 다른 이의 뇌 사진인 줄 알고 그것을 분석합니다. 그런데 우연하게 발견한 사실에, 자기 스스로 소스라치게 놀라게 됩니다. 자기의 뇌 사진을 들여다보고 있는 자기 자신뿐만 아니라 자기 가족들의 뇌에서도 반사회적인 장애, 그러니까 사이코패스의 기질이 다분히 자리 잡고 있음을 발견하게 되었기 때문입니다. 그의 마음은 벌써 기절해 버린 후였습니다. 사이코패스의 상징처럼 등장하는 주인공이 바로 영화 〈배트맨〉에서는 늘 조연인 조커입니다. 세상의 그 모든 악한 일을 도맡아 하지만, 얼굴은 입이 찢어져 늘 웃는 모습으로 등장하는 그리고 영원히 죽지 않는 인물인 조커(Joker)가 바로 사이코패스의 상징입니다. 우리네 실상에서는 끔찍한 살인범죄자들이 그들 조커와 같은 사이코패스와 일맥상통할 것입니다. 저들 영화 속의 인물들과는 달리, 이 사회에서 상당한 사회적 지위와 부를 축적하며 자신을 과시했던 정치인 종교인, 교수, 법률가 등등, 그런 사람들도 그 의식에 있어서는 사이코패스이며 조커의 사례가 될 수 있습니다. 살인청부를 하면서도 태연하게 정치현장에서 입법의원으로 활동하던 김 아무개 같은 사람도 이들 사이코패스의 상징입니다. 적절치 못한 방법으로 권력을 차지하는 정치인들 역시 조커이고, 사이코패스입니다. 그런데 사이코패스는 저들만의 문제가 아닙니다. 일상에서는 아주 제대로 된 정상인처럼, 엘리트처럼 행세하는 소위 정상인이라는 우리네들의 뇌를 자세히 분석해 보면 결코 사이코패스적인 기질을 공유하기는 결코 예외가 아닐 성싶습니다. 팰런 교수는, 사이코패스가 세계적으로 아직도 존재하는 것은 의생물학적으로 말해, 사이코패스가 인간 사회에 미치는 긍정적인 부분이 있기 때문이라고 주장합니다. 그런 전제 아래, 그는 사이코패스 기질이 가질 수 있는 긍정적인 특성이 무엇인지를 밝히는 데 골몰합니다. 그는 놀랍게도 사이코패스의 기질을 갖고 있는 사람들에게는 타인에 대한 공감 능력이 선천적으로 결여된 탓에 냉철한 결단력을 가질 수 있다는 것을 알아냅니다. 동시에 사이코패스 기질의 소유자들은, 스트레스에는 선천적으로 무감각한 특성 때문에, 어지간히 급박한 상황에서도 굴하지 않고 오히려 과감하게, 용기를 내는 특성이 있다는 것도 알아냅니다. 그러니까 국민들로부터 섹스 스캔들 때문에 시달릴 때로 시달렸음에도 자신의 정신적 목숨을 부지하며 살아남아 자신의 가치를 세계적으로 되돌린 바 있는 빌 클린턴 전 미국 대통령 같은 사람이 바로 사이코패스의 성공적인 사례, 아니 그가 바로 '성공적인' 사이코패스일 가능성이 높다는 것이 팰런 교수의 견해입니다. 팰런 교수의 견해를 우리네 정치권에 대입하면, 우리 현실에서도 예외가 아닙니다. 여지없이 그런 사이코패스적인 인물들이 정치현장, 기업현장, 종교현장, 학교현장에서 활개를 치고 다닌다는 것을 이내 알게 됩니다. 자기의 온 재산이 29만 원밖에 없다고 거침없이 이야기해서 국민들을 더욱더 화나게 만든 부정축재의 대명사 같은 전직 대통령이나, 국무위원 청문회에 나서서 자신들이 저지른 갖가지 범법 사실에 대해 사과와 위증으로 슬그머니 그리고 구차하게 자신의 정신적 목숨을 구걸하는 각양, 각종 그리고 각색의 국무위원들, 가짜 박사학위 취득이나 각종 금전적 이해관계의 오명으로 얼룩진 대형교회의 목회자들 역시, 팰런 교수의 판단으로 보면, '성공적인' 사이코패스들과 크게 다르지 않을 것입니다. 이런 사례로 비추어 보면, 가족에게 짐이 되지 않기 위해 자살로, 자신의 삶을 마감한 노무현 전 대통령은 상당히 정상적인, 어쩌면 상당히 양심적인 정치인이었던 셈입니다. 그의 어눌했던 삶이 다른 정치인들에 비해 더 돋보이는 이유이기도 합니다. 팰런 교수 당사자, 본인 역시 뇌 과학적으로 그 자신을 분석하면, 자신의 유전자에 사이코패스의 특질이 가득한 사람이었습니다. 그의 조상, 친척들을 중심으로 본 가계(家系)와 혈통을 봐도 그런 사이코패스들이 수두룩한 사람입니다만 지금의 그는 사이코패스가 아닙니다. 미국의 대통령이었던 빌 클린턴이 범죄자적인 사이코패스가 아니라, 성공적인' 사이코패스로 거듭날 수 있었던 것은 어머니의 사랑스런 보육과 어려운 가족생활에서도 자신에 대한 끊임없는 자성과 성찰, 그리고 자신에 대한 자신의 연단(鍊鍊) 때문이었습니다. 팰런 교수도 그런 점에서 자신을 잘 보육해 준 어머니와 자기 자신에 대해 거듭나려는 자신의 노력에 감사하고 있습니다. 그가 남들처럼 밖으로 나서지 않고, 다소곳이 그렇게 35년 동안 연구실에서 자기 스스로 사람됨을 연단한 것입니다. 그러니, 사이코패스적인 기질을 갖고 있다고 지레 걱정하는 정치인들이나 목회자들, 혹은 우리네 같은 보통 사람들도 결코 실의에 빠져 있을 일이 아닙니다. 팰런 교수의 잣대로 보면, 붓다니, 예수니, 공자니, 소크라테스니, 원효니, 스티브 잡스니 하는 사람들 모두에게 사이코패스의 기질이 없었다고 단정할 수도 없는 노릇이기 때문입니다. 저들도 사람으로 태어났기 때문입니다. 결국, 태어나면서도 현자, 성인, 깨우친 사람들, 그런 사람은 없다는 뜻입니다. 성공적인 사이코패스들은 하나같이 자기에 닥친 국면을 돌파해 나가기 위해 '현실왜곡장(Reality Distortion Field)'을 최대한 활용하거나 악용하는 데 나름대로의 '고상한, 그리고 인간적인' 괴력을 발휘한 사람들입니다. 말하자면, 저들은 자신에 대한 현실왜곡장이 컸던 사람들입니다. 자기에게 닥친 최대의 위기를 피하거나 극복하기 위해 보통 사람들로서는 해낼 수 없는 광기와 예측할 수 없는 분노를 결합시켜 자기의 현실을 왜곡하거나 피해나가는 그런 괴력과 힘을 일컬어 '현실왜곡장'이라고 부르기 때문입니다. 현실을 자기의 확신을 실어 자기에게 최대한 유리하게 비틀어 놓거나, 다르게 이야기함으로써 그 어떻게든 자신에 닥친 위기를 돌파함으로써, 자신의 욕망을 나름대로 만족할 수준으로 충족시켰고, 그것을 나름대로 자기연단과 깨달음으로 이어갔기 때문입니다.

21세기 들어 기업현장에서 현실왜곡장을 최대한 활용한 사람이 바로 첨단기술산업의 최첨단에 섰었던 스티브 잡스였습니다. 그는 전기기술자는 아니었습니다만 컴퓨터공학에 인문학적 지식이 어떻게 접목되어야 하는지를 보여 준 장사의 광인(狂人)이나 마찬가지였습니다. 그는 집념과 광기로 기업이 어떤 것인지도 우리에게 보여 주었습니다. 잡스의 전기를 쓴 월터 아이작슨은 『스티브 잡스』에서 잡스 스스로 동업자들을 압도할 만한 열정과 집중력이 있었지만, 저들에게 일상적으로 거짓말을 했다고 쓰고 있습니다. 잡스 스스로 그에게 진솔하게 이야기한 것이니, 더 붙이고 빼고 할 사실이 아닙니다. 그에게는 자신의 사업을 일구어 가면서 거짓말보다 더 쉬운 것은 없는 듯했습니다. 그의 눈에 띄는 직원들은 어김없이 예술가 아니면 쓰레기들로 양분되었으며, 저들을 향해 그는 인격살인에 가까운 인격모독의 언사를 해댔던 인물로도 악명이 높았습니다. 이미 다 알려진 사실입니다만, 그는 미국에서는 엘리트들이 진학하는 스탠퍼드 대학원에서 공부하던 부모들에게서 태어난 후 이런저런 사정으로 인해, 다른 부모들에게 입양되어 길러졌던 인물이기도 합니다. 그래도 그는 잘 커서, '현실왜곡장'의 힘으로 자기 자신의 능력을 온 세상에 펼쳐 보였습니다.

라인하르트 할러 박사는 『평범했던 그는 왜 범죄자가 되었을까』에서, 보통 사람들이 범죄자가 되어 가는 과정이나 그렇게 만들어 놓는 동인을 함축적으로, 그러나 조금 장황하게 설명합니다. 그는 300명이 넘는 살인 범죄자의 범죄동기를 분석하여, 악의 근원을 찾아내려고 노력했습니다. 할러 박사의 결론에 의하면, 범죄자로 만드는 요인들은 그 어느 한 가지가 아니었습니다. 우선 범죄자 스스로 지니고 있는 병적인 기질과 힘겨운 생활환경이 결정적이었습니다. 어린 시절의 비참한 경험과 악몽에 가까운 사회적인 비극 속에서, 바람직하지 못한 친구들과의 교제에 의한 정신적 오염, 가까워진 범죄 집단의 강압, 알코올이나 마약 같은 약물 중독으로 인한 혼돈, 그리고 그 속에서 반복되는 상처받은 자기 자신의 반복적 경험의 총합이 바로 범죄자를 만들어 가는 동인입니다. 그러니까 범죄자로 태어나는 것이 아니라 범죄자로 만들어지는 것인데, 자신이 처한 환경을 자기 자신이 강력하게 제어하는 데 몸으로나 마음으로나 보통 사람들보다 상대적으로 취약하거나 나약한 사람들이 더 범죄의 덫에 갇혀 범죄자가 되어 간다고 이해하면 됩니다. 할러 박사의 연구결과는 사이코패스가 되는 이유에 응용하면 거의 비슷한 결론을 얻어낼 수 있을 것 같습니다. 물론 병질에 따라 다르기는 하지만, 사이코패스가 자칫, 잘못하면, 즉 성공적인 사이코패스로 거듭나는 것이 아니라 부정적인 사이코패스로 변질되어 추락하면, 그들은 영락없이 그 변질로 인해 범죄의 길로 진입된다는 것입니다. 모든 사람들에게 설령 사이코패스적인 기질들이 잠재되어 있다고 하더라도, 그들 스스로 자기 자신 안의 사이코패스적인 기질을 자기 자신이 강력하게 제어하는 데 몸으로나 마음으로나 보통 사람들보다 강력하거나 자기 자신을 제대로 다스릴 수 있으면, 부정적인 사이코패스나 그로 인한 범죄자의 덫을 피해 나갈 수 있다고 이해하면 됩니다. 그러니, 만약 몸이 자신을 거부하면 몸을 초월해야 하고, 맘이 자신을 거부하면 맘을 초월해야 하는데, 몸과 맘을 분리시키면 늘 불안정하기 때문에 몸과 맘을 하나로 붙여 굳건한 맘을 유지하도록 해야 합니다. 현실왜곡장을 최대한 악용하면 성공적인 사이코패스의 길로 갈 수 있을는지는 모르나 '사람다운 사람', 말하자면 소크라테스나 붓다처럼 깨우친 사람으로서의 성인(聖人)이나 현자(賢者)가 지녔던 그런 마음을 가질 수는 없습니다. 빌 클린턴 대통령은 자신 스스로 겪어야만 했던 부하직원 르윈스키와의 섹스 추문이라는 시련 속에서 겪었던 엄청난 불행감으로 인해, 자신의 맘을 깎아 먹었을 것이 분명합니다. 그가 겪었을 법한 개인적인 불행의 농도를 가늠할 수는 없으나, 이 시대의 남자라면 충분히 그의 아픔을 헤아릴 수 있었을 것입니다. 그가 불행을 이겨 냈지만, 그는 현자로 기억되기보다는 '참 그렇고 그랬던 대통령'이라는 추문(醜聞)으로 추억될 것 같다는 사실만은 부정할 길이 없습니다. 어쨌거나, 자의든 타의든 범죄자의 길을 걷게 된 사이코패스들은 공통적으로 어린 시절 학대를 당한 경험이 있었지만, 그 아프거나 쓰라린 경험들을 자기 자신이 어떻게 다스리느냐에 따라 달라집니다. 깨우침과 자기 개조, 그리고 배움이 저들에게도 중요했습니다. 스티브 잡스나, 빌 클린턴 대통령은 자기 안의 사이코패스적인 기질을 나름대로 제대로 다스려 거듭난 성공적인 사이코패스이었을는지도 모르는 일입니다. 자기 스스로의 자기됨, 자기 수양, 자기 맘에 대한 자기 책임과 단련으로 자신을 거듭나게 했던 것은, 제 용어로 말하면 저들에게 자신을 거듭 내려는 배움력이 있었기 때문입니다. 우리 모두가 자기 뇌, 자기 몸 안에 사이코패스의 기질을 충분히 갖고 있습니다만, 그 범죄자적인 사이코패스의 길로 삐뚤어지게 나아가지 않으려면, 자기 자신을 자기가 다스릴 수 있는 배움력을 배양해야 합니다. 세상에는 지금까지 보아 왔던 엘리트층의 사이코패스만 있는 것이 아닙니다. 일상적인 삶에서의 사이코패스들도 여전합니다. 내 옆에서 조잘대던 그 사람이 내 지인이고 내 동료이지만 그가 바로 사이코패스일 수 있습니다. 무엇인가 음침하고 어떻든 간에 대면하기 싫지 않은 그런 사람이 바로 그일 수 있습니다. 다정하게 차를 마시고, 밥을 나누며 다정한 이야기를 나눈 그 여자, 그 남자, 그 사장, 그 교수, 그 목회자, 그 스님이 바로 반사회적 인격장애가 그득한 사람일 수 있습니다. 나를 호시탐탐 엿보다가 비수를 내 가슴에 꽂으려고 하거나, 나에게 독약을 몰래 먹이려고 하거나, 내 앞에서는 그렇게 나를 칭찬하다가도 내 바로 뒤에서 나를 맥없이 비난하며 궁지로 몰아넣는 사람이 바로 방금 내 앞에서 웃음을 짓던 그 지인일 수 있습니다. 이제 알겠습니다. 그가 왜 그토록 나를 경계하고, 나에게 무례했는지를 이제 알겠습니다. 그가 그런 인간인 것도 모르고 지금까지 그와 더불어 온 나는 정말로 사람을 제대로 파악할 줄 모르고 제 잘난 척만 하던 헛똑똑이였는지도 모릅니다. 삶을 헛살아 온 것입니다. 경륜이고 내공이고 뭐고, 모두가 허당인 셈이었습니다. 그렇습니다. 그 무슨 대중가요의 가사처럼, 나는 그저 바보였습니다. 헛똑똑이였습니다. 그러나 오해하지 마십시오. 이렇게 자백하고 있는 나 역시 바로 당신에게 사이코패스일 수 있습니다.

인간이라면 누구나 모두 사이코패스적인 기질을 버릴 수 없는 노릇입니다. 우리 인간들의 뇌에는 우리 인간과의 속성이 가장 비슷한 동물인 보노보, 침팬지, 오랑우탄의 기질들이 골고루 섞여 있습니다. 인간과 유전자가 단 1.3% 정도밖에는 다른 차이가 없다고 알려진 보노보(Bonobo)는 친사회적인 행동을 하는 동물로서 성적으로 상당히 개방적입니다. 이들 보노보는 화해의 수단으로 성적 교섭을 사용하기도 합니다. 보기에 따라 인간의 눈에는 매춘 같은 것이 저들의 생존 수단같이 보이기도 합니다. 보노보에 비해 침팬지(Chimpanzee)는 상당히 반사회적인 행동을 합니다. 틈나면 상대방을 공격하며 상대방의 먹이를 뺏어 먹는 것을 당연히 여기는 그런 기질을 지니고 있습니다. 오랑우탄(Orangutan)은 저들 보노보나 침팬지와는 달리, 늘 저만치 떨어져, 홀로 자신들의 먹이와 생활을 꾸려가는 개성과 독립성이 강한 포유류입니다. 인간의 뇌는 저들의 속성들을 골고루 섞어 놓은 짬뽕뇌입니다. 그저 자신의 필요에 따라 제 편한 기질대로 이렇게, 저렇게 행동해 놓고 시침을 떼곤 하는 그런 동물이라고 보면 되는 일입니다. 왜 그와, 그녀와 문제가 오늘도 이렇게 꼬여 가는지를 알게 만들어 주는 결정적인 단서이기도 합니다. 그것 역시 사이코패스의 일면을 닮았습니다. 사이코패스의 뇌에서는 뇌활성화의 소실이 보이는데, 그 뇌활성화의 소실은 뇌 속에서 복잡한 과정을 거치면서 일어납니다. 즉, 뇌활성화가 안와피질에서 복내측 전전두피질을 거쳐 대상피질(帶狀皮質), 띠겉질(Cingulate Cortex)의 앞부분인 전대상 피질(Anterior Cingulate)로 연장된 다음, 계속해서 대상피질을 따라서 가는 띠 모양으로 뇌의 뒤쪽에 다다른 다음에, 고리를 그리며 측두엽의 아래쪽으로 내려갔다가 측두엽의 맨 끝과 편도체로 들어가면서 발생합니다. 뇌활성화가 소실된 이들 영역 모두로 구성되는 뇌의 주요 덩어리를 변연피질(Limbic Cortex), 또는 감정을 조절하는 주된 영역이라는 이유에서 감정피질이라 부르고, 이 피질 기능 소실의 고리가 완전한 원 모양으로 나타납니다. 이때 안와피질, 대상피질과 측두피질(Temporal Cortex)의 '연결장치' 역할을 하는 피질 조각인 뇌섬엽대뇌섬(Insula)의 기능저하나 손상의 징후를 드러내 보일 때, 그 상황을 사이코패스의 상황이라고 정리합니다. 이렇게 이야기하면, 사이코패스가 도대체 무엇인지 알 길이 없습니다. 솔직히 말해, 사이코패스 기질의 뇌신경학적 상태를 '우리' 같은 보통 사람들은 자세히 알 이유도 없습니다. 그저 저들의 뇌기능이 '우리'와는 굉장히 다르다는 것만 알면 됩니다만, 문제는 '우리'도 저들과 다를 것이 하나도 없다는 점입니다. 우리가 바로 저들의 또 다른 모습일 수 있기 때문입니다.

　중요한 것은, 사이코패스의 뇌를 가진 사람, 사이코패스적인 기질을 드러내는 사람들은 대체로 다른 사람에 대한 '공감' 능력은 없지만, 그것을 교묘하게 '가장'할 수 있다는 사실입니다. 저들은, 극한의 경우 쾌락을 위한 살인자들의 경우에서 읽을 수 있는 것처럼, 히틀러나, 연쇄살인범 유영철의 행동이나 혹은 부정부패로 치부에 성공한 법조인들, 세월호 참사와 연루된 기업종교인의 모습에서 드러난 것처럼, 윤리나 도덕에 대한 기준이 없거나, 그것이 있다 해도 일반인들과 완전히 다른 것이 사실입니다. 저들은 그런 사이코패스적인 기질과 모습을 교묘히 감추고 사회현장에서는 정상인들로서 생활할 수 있는 능력을 갖추고 있습니다. 사이코패스적인 기질의 병질자들을 접한 후에 내리는 정신의학자들의 결론은 늘 한결같습니다. 그것은 사이코패스 환자나 그런 사람들에게서 공통적으로 발견되는 특성이 바로 '대인 공감의 부재'라는 점입니다. 저들에게는 감정의 기폭이 없이, 한 가지 목표를 위해 저들의 감정이 그저 평평하다고 보면 된다는 것입니다. 사람들의 대부분은 사랑하고 사랑받기를 원하지만, 사이코패스는 그런 욕구가 대인 관계에서 별로 없다는 것입니다. 사람들을 기계적으로 대합니다. 저들은 사람을 능숙하게 조종하며 늘 거짓말을 입에 달고 산다는 점입니다. 말재주가 상당하고 상대가 경계심을 풀 만큼 매력적일 수 있는데, 저들은 일반사람들과는 달리 저들 스스로 결과를 두려워하지 않기 때문에 그렇습니다. 저들이 거짓말이나 폭력적인 행위를 하는 동안은, 그것이 탄로 나거나, 혹은 붙잡힐까 봐 긴장하기도 하지만, 의외로 기대 이상의 침착함과 냉정함을 유지하기도 합니다. 저들 사이코패스는 때로는 엉뚱하게 명랑하고, 그 어떤 근심이나 걱정도 없이 상당히 사교적인 모습을 보이기까지 합니다. 그렇기는 해도, 자신의 이해관계를 위해 별안간 태도를 돌변하여 주위 사람들에 대해 소리 없는 냉담함, 타인에 대한 무관심을 드러내 놓곤 합니다. 사이코패스는 충동적입니다만 그렇다고 그 어떤 죄책감과 양심의 가책 같은 것은 느끼지 않습니다. 저들은 무모하고 위험한 일에 누군가를 끌어들여 놓고는 그에 대해 책임을 지지 않습니다. 그저 언제 그랬냐는 듯이 그 일을 부정하고 거부하면서 자기 일이 아니라는 듯이, 자기는 예외이며, 상처를 입은 사람 그 사람 스스로의 잘못이거나 실수라고 밀어붙이거나 거침없이 책임을 남에게 전가하곤 합니다.

이제야 알겠습니다. 이 땅에 처음으로 미니스커트를 입고 와 뭇 남성들의 가슴을 태웠던 윤복희 씨가 부른 노래의 뜻을 이제야 알겠습니다. 〈웃는 얼굴 다정해도〉였습니다. 가사는 이렇습니다. "눈짓 몸짓 다정해도 믿을 수 없어요. 날이 가면 변할 줄 알았으니까 웃는 얼굴 다정해도 믿을 수 없어요. 해가 가면 변할 줄 알았으니까 만나서 하는 이야기 즐겁다 해도 돌아서면 잊어버리는 쑥스러운 속삭임 그러니까 당신을 믿을 수 없어요. 헤어지면 아픈 가슴 슬프긴 해도 돌아서면 잊어버리는 쑥스러운 속삭임 그러니까 당신을 믿을 수 없어요." 오늘도 내 옆에서 이런 사이코패스적인 군상과의 면대면 일상이 일어나고 있습니다만, 그에게 다만 그가 누군지 알아채기를 조금 늦게 할 뿐입니다. 그렇습니다. 그가 나의 배반자였듯이 내가 그에게 그럴 수 있습니다. 이렇게 살아가면 사람 만나는 재미도, 그런 행복도 있을 수 없는 것이 분명합니다. 그렇다고 너무 자책하지 마십시오. 우리를 만들어낸 신(神)은 우리에게 삶의 비밀을 알려 줍니다. 지옥을 벗어나기 위해 밀어야만 열리는 문 하나를 닫아 놓으면, 틀림없이 그 어딘가에는 잡아당겨야 비로소 열리는 문 하나를 다시 마련해 놓는다고 했습니다. 문을 열고 닫는 방식의 차이만 알아차리면, 우리 안에 있는 지옥으로부터 자유로워지는 것이 시간문제입니다. 그런데 우리는 늘 밀던 문을 생각하면 아무것이나 밀어젖히려고 하기에 문은 열리지 않고 있는 것입니다. 사이코패스적인 병질을 내 스스로 치유하며 행복해지는 방법이 아주 없는 것은 아닙니다. 세계 인구 중에서 유전학적으로 사이코패스의 유전자를 타고나는 사람은 모든 문화권에서 2% 정도로 발견된다고 합니다. 정신의학자들의 추산인데, 사이코패스가 구체적으로 몇 명인지를 알려는 것은 무의미할 뿐입니다. 그저 한 문화권에 한 2% 정도의 인구가 사이코패스적인 병질의 소유자로 나타난다고 하니까, 우리나라에도 약 만 명 정도가 확실한 사이코패스인 셈입니다만, 실질적으로는 인구 5천만 명 모두가 사이코패스적일 수도 있습니다. 특정한 문화권에서는 그들의 반사회적 인격장애로 인한 폭력성이 더욱더 뚜렷하게 관찰되기도 합니다. 반사회적인 성향이 짙은 문화권에서는 저들 사이코패스의 병질은 어김없이 흉악한 '범죄자'로 분출되어 공공의 적이 됩니다. 사이코패스들이 많은 사회에서는 인구 대부분이 그와 유사한 사이코패스적인 분위기 속에서 서로가 서로에게 폭력자가 되어 가고 있습니다. 저들 사이코패스적인 문화권과는 달리, 자기 안에서 발견되는 반사회적 인격장애의 사이코패스적인 기질을 알아채고, 그것을 제대로 관리하는 환경에서는 다른 상황이 나타납니다. 그 어떤 사이코패스의 기질을 가진 사람이라도 온전한 사회인으로 자라 사람다운 사회인들로서 교수, 사장, 정치인, 목회자 등등으로 당당하게 활동하게 됩니다. 예를 들어, 티베트나, 네팔, 부탄 같은 나라에서는 사이코패스들이 쉽사리 발견되지 않습니다. 그런 증후조차 제대로 감지되지 않습니다. 저들 인구의 2% 정도는 어김없이 사이코패스적인 기질을 갖고 태어나는데도, 여간해서 그런 사이코패스들의 광란들이 사회적으로 드러나지 않습니다. 저들 문화권에는 끊임없이 자기 정화, 자기 다스림의 정신적 기류와 분위기가 저들의 몸을 감싸고 있기 때문에, 그런 사이코패스의 징후들이 정화되는 것입니다. 그에 반해 경제적 선진국들, 특별히 소비주의가 극을 떨치고 있는 미국이나 일본 같은 나라에서는 어김없이, 저들 사이코패스들은 기회만 있으면 사회문제로 나타나곤 합니다. 이제는 우리나라도 저들을 닮고 있습니다. 묻지 마 살인, 성폭행, 부정부패들이 저들을 닮은 것들입니다. 요즘은 경제발전이 눈부신 중국의 대도시에서도 사이코패스의 병질이 점점 일반화되고 있다고 합니다. 한국을 방문해 우리의 젊은이들에게 앞날을 개척하기 위해서는 노력하고, 노력하라고 당부했던 알리바바의 마윈 회장의 말이 쉽사리 사라지지 않고 있습니다. 그는 말합니다. 중국에서 발견되는 짝퉁, 거짓, 반사회적인 말하자면 사이코패스적인 병질의 심각성을 우회적으로 표현하기 위해 그는 이렇게 말했습니다. 한국의 젊은이 여러분, 저는 정말로 'Made in China', 즉 중국제입니다. 그런 중국제가 여러분 앞에 서서 이야기를 합니다고 운을 뗀 적이 있습니다. 그가, 그렇게 운을 뗀 것은, 중국제라고 하면 모두가 거짓, 모방, 짝퉁의 속임수라는 사이코패스적인 오명(汚名)을 의식한 말이었습니다. 저들의 문화가 사이코패스적인 속성을 지니고 있다는 것을 어쩔 수 없이 고백하는 순간이기도 했습니다. 한국 사회, 결코 사이코패스적인 문화와 떨어져 있다고 볼 수 있는 사회가 아닙니다. 불량식품, 가짜 약품, 청탁과 부정부패로 떼돈을 버는 사람이나 벌려는 사람이 한둘이 아닙니다. 기업에서도, 관료들도 정치인들도, 법조인들도 모두가 그 모양새들입니다. 우리 사회가, 공짜로 주는 것은 무엇이나 일단 먹고 보는 뇌물 사회라는, 오명을 벗어나기도 아직은 쉽지 않은 문화가 우리 안에 자리 잡고 있습니다. 사이코패스의 지옥문을 나서기 위해서는 신이 만들어 준 문, 안으로 잡아당겨야 열리는 문고리를 찾아내는 방법이 있습니다. 그것은 내가 행복하기 위해 무엇이든 하려고 하기보다는 타인을 먼저, 그리고 진정으로 행복하게 만들어 주는 일을 자신의 습관으로 만들면, 안으로 잡아당겨야 열리는 문고리를 찾아낼 수 있습니다. 남을 진정으로 기쁘게, 행복하게 해 주기 위해서 꼭 돈 같은 물질이 있어야만 하는 것은 아닙니다. 물질이 없이도 그저 불가(佛家)에서 그 일찍이 가르쳐 주는 무재칠시대로 하기만 해도, 사람들은 서로 행복해질 수 있습니다. 기독교적으로 말하면, 그 누가 왼쪽 뺨을 때리면 오른쪽 뺨까지 내밀어 주는 그 사랑의 모습은 아니더라도, 그 근처에 다가갈 수 있는 사랑과 배려면 충분한 일입니다. 무재칠시(無財七施), 말하자면 무엇보다도 먼저, 자기가 만난 사람이, 설사 처음 보는 사람이라고 하더라도 그를 호의가 담긴 눈으로 바라보고, 부드럽게 웃는 얼굴로 대하며, 따뜻하고 어진 마음으로 배려하고, 공손하게 말하며, 친절한 행동으로 도와주고, 자리를 양보하고, 편안하게 쉴 공간을 제공하기만 해도 서로 서로 복을 받고 있는 일이 됩니다. 군이 종교적 교리나 종교적 이편, 저편을 갈라 이야기할 것 없이, 그저 그렇게 타인을 배려하며 도움의 손길을 펼치면 그 손을 닿는 순간 타인은 행복에 겨워하게 될 것입니다.

우리에게도 노숙자들을 위한 쉼터가 있어, 저들이 어려움 속에 있음에도 그나마 조금은 나름대로 행복한 순간을 가질 수 있는 것처럼, 외국에서도 마찬가집니다. 예를 들어, 그리스 아테네에는 노숙인 쉼터, 무료 진료소, 배식소 등을 둘러보는 뒷골목 투어가 인기를 끌고 있습니다. 아테네 뒷골목을 돌다 보면 수많은 카페를 만날 수 있고, 그곳에서 차를 즐길 수도 있는데, 눈에 띄는 것은 카페 카운터마다 걸려 있는 작은 칠판입니다. 그 칠판에는 어김없이 무수한 사선 표시가 되어 있게 마련입니다.

칠판에 그려진 사선표는 다른 것이 아니라, 카페에서 차를 마신 손님이 자신의 커피 값 외에 다른 사람을 위해 커피를 기부했다는 커피기부 표시입니다. 그 기부 표시 때문에 돈이 없는 실직자나 노숙인도 당당하게 카페에서 커피를 무료로 마실 수 있습니다. 손님이 기부한 커피를 달라고 요구할 수 있고, 그런 요구에 카페 주인은 차를 주문하는 사람의 행색의 높고, 낮음에 관계없이 그 어떤 음료든, 술을 제외하고, 그에게 무료로 제공합니다. 실직자들이나 노숙자들이 손님들의 커피 보시 때문에, 카페에 나와 친구도 만나고 사회생활을 다시 시작할 수 있는 힘도 갖게 됩니다. 일종의 커피 보시운동은 그 누구에게 선뜻 손을 내밀 수 없는 사람들에게 만남의 용기와 행복을 줄 수 있는 착한 일임에 틀림없습니다. 우리 사회도 본받아 해 볼 만한 음료 기부운동입니다.

9) 죽음도 디자인해야

일본의 스나다 마미 감독 작품인 다큐멘터리 영화 〈엔딩 노트(Ending Note)〉가 있습니다. 신인 감독인 스나다 마미가, 자신의 아버지이자 주인공인 스나다 도모아키의 죽어가는 과정을 직접 촬영하여 기록한 작품으로서 스나다 마미가 내레이션을 맡았던 실화인 이 기록영화입니다. 정년퇴직 후 제2의 인생을 준비하던 스나다 도모아키는 건강검진을 통해 말기암 판정을 받게 되고, 그 후부터 자신이 자신의 마지막 삶의 순간까지 자신을 준비해가는 과정들을 치밀하게 보여 주고 있는 영화입니다. 주인공 도모아키 씨는 꼼꼼한 그의 성격대로 죽음에 이르기 전까지 자신이 해야 할 일과 장례 절차, 장례식에 초청할 사람들 명단, 가족들에게 남기는 유언 등을 기입한 '엔딩 노트'를 작성하며 자신의 죽음을 정리하며, 남은 시간을 보냅니다. 그는 그 스스로의 마지막 삶이 유지되는 동안, 자신이 자신의 생명을 다할 때까지 꼭 해 보고 싶은 일거리, 그러니까 일본인 특유의 버킷 리스트를 만들어 봅니다. 평생 믿지 않았던 신을 한번 믿어 보기, 손녀들을 위한 머슴노릇 실컷 해 주기, 평생 찍어 주지 않았

던 야당에 투표하기, 꼼꼼하게 장례식 초청자 명단 작성하기, 소홀했던 가족과 행복
한 여행하기, 빈틈이 없는지 장례식장 사전 답사하기, 손녀들과 한 번 더 힘껏 놀기,
자신을 닮아 꼼꼼한 아들에게 모든 장례 일정을 인수인계하기, 이왕 믿기로 한 신에
게 세례 받기, 그리고 마지막으로 쑥스럽지만 아내에게 사랑한다는 말하기 등과 같
은 자신의 엔딩 노트를 성실하고 꼼꼼하게 준비합니다. 그렇게 자신의 '엔딩 노트'
가 진하게, 하나둘씩 삶 가득 채워질수록 가족들과 어차피 해야 될 긴 이별, 영원한
작별의 시간은 점점 가까워집니다. 그의 〈엔딩 노트〉를 보면서, 나 역시 나의 장례
식에 초청할 지인들의 명단을 마음속으로 슬쩍 만들어 보고, 내 장례식에 온 저들의
모습을 하나하나 어루만져 본 적이 있습니다. 참 행복한, 잠시나마 아주 좋은 내 삶
의 한 장면이었습니다. 강의시간에 이 영화를 나이 먹은 대학원생들에게 보여 주면,
자신의 죽음과 엔딩 노트 작성에 대한 저들의 반응은 사뭇 진지합니다. 나이가 적은
학생들에 비해 자신의 삶에 반추하면 각기 다르게 반응합니다. 주경야독하는 특수대
학원생들이기에 자신이 걸어온 삶에 따라 다양한 표정을 지음에도 불구하고, 한 가
지는 분명합니다. 엔딩 노트가 저들의 감정을 하나로 묶어 놓고 있다는 것을 포착하
게 됩니다. 그것은, 영화 속에 나오는 자신의 마지막 장례식에 참석해야 될 지인들의
명단을 만든다든가, 가족과 더 친밀하게 마지막 시간을 보내야 한다든가 하는 그런
것이라기보다는, 삶에서 결정적으로 중요한 것은 자신의 삶에 대해 자신 스스로가
책임이 있는데, 그 책임을 확인하는 결정적인 질문을 해야 한다는 자기 자신에 대한
확인과 확신입니다. 그 질문이란 바로 자기가 자신에게 '위대한 질문'을 해야 한다
는 것입니다. 자신의 장례식에 누구를 초청할 것인지, 죽기 전에 해 봐야 될 버킷 리
스트(Bucket Lists)에 무엇을 넣어야 하는지, 자식들에게 유산을 어떻게 분배해야 하
는지 등등과 같은 질문들에게도 죽기 전에 자기가 용의주도하게 대답해야 하겠지만,
그런 질문들은 자신의 마지막 삶을 위해 있을 수 있는 '좋은 질문'들일 뿐입니다. 그
런 좋은 질문에 명쾌한 답을 할수록, 자신의 삶에 기쁨과 즐김이라는 행복이 잇대어
깃들 수 있습니다. 그런 기쁨과 나름대로의 행복이 깃들어 온다고 해서 그 옛날로 돌

아갈 수 있거나 되살아날 수 있는 것은 아닙니다. 죽음은 현재진행형으로 더욱더 박
진감 있게 다가옵니다. 생명을 지탱하던 세포들을 하나둘씩 죽음의 무사들에게 저들
의 목숨을 내놓게 됩니다. 생명 있는 것들은 언젠가, 어김없이 죽습니다. 죽음이란
삶의 한 과정이기 때문에 죽음 자체에는 사실 별다른 의미가 없습니다. 언젠가 죽어
야 한다는 것은 사물의 자연스러운 질서일 뿐이기는 하지만, 인간에게 죽음이 특별
하고 중대한 일일 수밖에 없는 이유가 있다면 그것은, 죽음 안에 개개인의 삶에 대한
진솔한 이야기가 녹아 있기 때문일 것입니다. 그 이야기가 죽기도 전에 헛되이 흩어
져버리게 할 수는 없습니다. 그것의 한 톨이라도 기억하기를 원한다면, 마지막까지
추억하며 숨을 거두는 그 순간까지 존엄하고 인간답게 살다가 세상을 달리하는 삶을
살아야 합니다. 그러니 죽음에 대한 지금까지의 관행과는 다른 삶과 죽음에 대한 새
로운 관점이 필요합니다.

　　현대 의학이 제아무리 과학적인 첨단기술로 인간의 생명을 연장시킬 수 있다고 해
도, 생명을 영원히 살릴 수는 없습니다. 현대 의학의 최대 약점이 바로 생명의 유한성
이고, 영원히 그것을 극복할 수 없다는 점입니다. 의사 자신도 언젠가 이내 죽을 몸이
기 때문입니다. 철학자이며 의사인 아툴 가완디 교수가 『어떻게 죽을 것인가』에서 지
적하는 것처럼, 현대 의학은 아주 작은 영역에 초점을 맞추어 왔을 뿐입니다. 의료 전
문가들은 마음과 영혼을 유지하는 게 아니라, 신체적인 건강을 복구하는 데 집중해
왔습니다. 그것에 고마운 나머지, 우리는 저들의 의학적 기술과 변화에 너무 엄청난
것들을 기대해 왔습니다. 그런 기대와 희망이 바로 인간의 삶에게 고통스러움을 더
안겨주고 있는 것입니다. 무시하자니 두렵고, 기대하자니 사실은 별것이 아닌 현대
의 의학적 발전이라는 역설 속에서, 우리가 어떻게 살 것인지를 결정할 권한이 누구
의 것이어야 하는지를 다시 판단해야 할 때입니다. 자신의 생명에 대한 권한을 의료
전문가들에게 맡겨 버리는 것이 인간을 위해 현명한 것인지를 다시 점검해야 합니다.
반세기 넘는 세월 동안 질병, 노화, 죽음에 따르는 여러 가지 시련들이 의학적인 관심
사로 다루어져 왔지만, 저들 의학자들은 끝내 인간의 욕구에 대한 깊은 이해보다는

건강유지라는 기술적인 전문성에 더 가치를 두어 왔습니다. 저들에게 사람들은 자신의 운명을 맡기는 실험에 그 커다란 기대를 걸었었지만, 저들의 '사회의료공학적 실험'은 끝내 실패할 수밖에 없었습니다. 죽음과 싸움을 벌여 봤자, 먼저 죽는 것은 의사이고, 의학자들일 수밖에 없는 노릇이기 때문입니다. 그 이상일 수가 없는 노릇일 뿐입니다.

우리의 운명은 자기 자신이 일차적으로 결단해야 합니다. 우리는 태어날 때부터 자신의 뜻대로 자신의 일을 선택하고 결정해 본 적은 없습니다. 출생 후 맞은 첫돌에서도 그랬고, 심지어 결혼식마저도 그랬습니다. 물론 결혼 당사자인 자신들이 주인공으로서 자신의 미래를 결정한 것 같았지만, 실제로는, 얼결에 결혼식 주인공들로 그 자리에 서 있었을 뿐입니다. 이제, 자신들에게는 자신의 죽음을 치르는 장례식의 주인공이 되는 일이 남아 있지만, 장례식의 주인공이 되기도 이미 틀렸습니다. 내가 죽으면 모든 것이 소거되는 것이나 마찬가지가 되기 때문입니다. 그러니, 설령 장례식의 주인공은 될 수 없겠지만, 자신의 죽음에 대해, 자신이 주인공이 되어야 할 기회와 결단을 해야 합니다. 장례식의 절차까지는 아니더라도, 자신의 죽음에 대해, 자기 자신 나름대로의 주문과 선택을 지인들이나 친지, 가족에게 요구할 수 있어야 합니다. 자신의 삶을 지탱하는 마지막 생명세포가 죽음의 무사들에게 항복하기 전에, 내 삶에서 자신에게 필요한 질문은 그냥 '좋은 질문'이 아니라, 오로지 '위대한 질문'이어야 합니다. 내 삶에서 마지막 질문이기 때문입니다. 내일 어떤 식사를, 약은 어떤 약을, 누구에게 전화를 걸까, 어디를 걸어 볼까 하는 등등의 질문은 삶을 위한 그저 좋은 질문들입니다. 그런 유의 좋은 질문들은 이제는 자신의 마지막 삶에서 더 이상 쓰임새가 없습니다. 내 마지막 삶에서 내가 해야 될 위대한 질문은 '이제 어떻게 죽을 것인가?' 하는 질문입니다. 이때 '어떻게'는 자신의 존재감, 자신의 인격을 결정하는 방법이며 수단입니다. 속된 말로, 사람으로 태어났기에 사람처럼 죽어야 합니다. 그저 하는 말로, 개처럼, 혹은 애처롭게 죽을 수는 없는 노릇입니다. 죽음이라는 말 그 자체에 일종의 혐오감을 갖는 사람들은 말합니다. 삶의 사라짐, 죽음, 즉

'엔딩(Ending)'으로서의 죽음은 삶의 종착점이 아닌 새로운 시작이 될 수 있으니, 그리 비관할 이유가 없다고 말합니다만, 그것은 제가 아무리 양보하려 해도, 사실이 아닙니다. 죽음은 죽음이고, 죽음은 내 삶에서 끝일 뿐입니다. 그저, 스티브 잡스가 이야기한 것처럼, "누구도 죽기를 바라지 않습니다." "천국에 가고 싶어 하는 사람도 거길 가려고 죽고 싶어 하진 않아요. 하지만 죽음은 우리 모두의 종착역입니다. 누구도 피할 수 없어요. 이게 멋진 일입니다."라고 그가 말했지만, 죽음이 멋진 일일 수는 없는 노릇입니다. 그렇게 말하면, 조금은 멋져 보이기도, 아니 무엇인가 있어 보일 것 같기는 하지만, 죽음은 그저 죽음일 뿐입니다. 그 앞에 '근사한'이니, '의젓한'이니, '참된'이니 하는 형용사는 마냥 어색할 뿐입니다. 살아 있는 동안에는 그 어떤 형용사도, 다 멋있게 보이지만, 죽음, 그 현실 앞에서는 모두가 무색해지고 퇴색될 뿐입니다. 요즘 시중에 퍼져 있는 '웰다잉(Well Dying)'이라는 개념 자체가 사실 그리 탐탁하지 않게 되는 이유이기도 합니다만 그래도 죽을 바에야 편안하게 죽어야 합니다. 참살이, 그러니까 웰비잉(Well Being)은 내가 숨을 쉬고 있으니, 참살이 그 자체가 나의 삶에 의미를 주지만, 죽은 다음의 문제는 야박하게 들릴지는 몰라도, 나와는 무관한 일이니, 나에게 아무런 뜻도 가질 수 없습니다. 내가 죽는다는 것은, 하나의 생명이 그냥 풀잎처럼 그렇게 스러지는 것이 아니라, 나라는 하나의 문명이, 하나의 문화가, 하나의 인격이 사라지는 것이나 다를 것이 하나도 없기 때문입니다. 웰다잉이 사후의 문제가 아니라 현재의 문제를 다루는 것이라고 해도, 상황은 마찬가지입니다. 멋있게 죽기, '참'스럽게 죽어가기 그런 것은 남에게 보일 수 있는 그 어떤 것이 될 수는 있겠지만, 죽어가는 당사자에는 그런 참이니 멋있는 것이니 하는 죽음은 가당치 않을 뿐입니다. 그러니, 죽음의 문턱에 서 있는 당사자조차 선뜻 죽음을 받아들이려고 하지 않게 됩니다.

〈엔딩 노트〉라는 영화가 일본인들의 심금을 울리자, 일본의 지자체에서는 나름대로의 엔딩 노트 작성, 꼭 영화에서 보여 주는 엔딩 노트와 같은 장면은 아니지만, 죽음 일보 직전에 자신의 연명을 어떻게 할 것인가를 미리 준비해 두는 것도 나쁘지 않을 것 같다고 생각한 일본 정부가 연명 치료 여부를 서면으로 해두는 운동을 전개했습니다. 예를 들어, 도쿄도(都) 하치오지(八王子) 시가 고령자에게 배포한 '응급의료정보' 카드에는 죽음을 맞이한 사람 스스로 연명 치료 여부를 기재할 수 있도록 했습니다. 의식을 잃고 병원에 옮겨졌을 때에 대비한 '응급의료정보'에는 나이, 복용하는 약, 병원·가족 연락처와 함께 연명 치료 희망, 고통을 줄이는 치료 희망, 자연 상태에서 간병 등을 선택할 수 있는 항목을 넣어 기록하도록 하고 이를 보고 의사들이 적절하게 환자에게 의료적 처치를 하도록 했습니다. 실제로 연명 치료 그것에 대해 나름대로의 결정이나 작정을 한 노년층은 아직도 소수일 뿐입니다. 아사히(朝日) 신문에 따르면, 60세 이상 1,000명을 대상으로 한 조사에서 연명 치료 여부를 서면으로 작성하는 데 64%가 찬성했음에도 불구하고 실제로 작성한 응답자는 6%에 그쳤습니다. 물론 일본 정부도 연명 치료 실시 여부는 기본적으로 환자의 뜻을 존중하는 입장에서 결정되어야 한다고 보고 있습니다. 의료진이 연명 치료하다가 환자의 동의 없이 중단할 경우, 존엄사 등 법적 논란이 벌어질 수 있기는 하지만, 의료진이 회복 가능성과 환자 의사를 종합적으로 그리고 신중하게 법의학적으로 판단해서, 연명 치료를 처음부터 하지 않는 것에 대해서는 일본 정부 나름대로 양해하고 있는 것도 사실입니다. 한 발 더 나아가 일본 미야자키 현 미야자키(宮崎) 시는 '내 마음을 전하는 노트'를 고령자들에게 나누어 주고 있습니다. 영화 개봉 이후, 일본 노년층에서 유행하는 '엔딩 노트(Ending Note)'의 하나로서, 고령자가 혼수상태에 빠지거나 사망했을 때를 대비해 미리 작성하는 문서로 보통 가족에게 전하는 말, 주치의와 가족 연락처, 장례 절차 등을 기록하게 합니다. '내 마음을 전하는 노트'는 일반 엔딩 노트와 달리, 연명 치료 여부에 초점을 맞춰져 있는 미야자키 시의 내 마음을 전하는 엔딩 노트는 작성자가 의식이 없어, 판단이 불가능하고 회복 가능성이 없을 때를 대비, 의사에게 치료 범위를 제시하는 것으로 시작합니다. 엔딩 노트 작성자는 인공호흡기, 심장마사지 등 최대한 치료를 희망 여부, 인공호흡은 희망하지 않지만, 위에 인공장치를 달아 영양(營養)을 공급하는 위루술(胃瘻術)을 통한 영양 공급 희망 여부, 수분(水分) 공급만 희망 등을 선택할 수 있도록 했습니다. 의사로부터 병명과 여명(餘命)을 통보받을지 여부, 혼수상태에 빠졌을 때, 대신 판단을 내릴 가족 연락처도 기재하도록 했습니다. 고령자, 그리고 죽음을 앞두고 있는 환자들과의 면담결과를 토대로, 미야자키 시 당국은 자신이 판단할 수 없을 때의 연명 치료는 가족과 의사가 결정하겠지만, 환자인 자신의 생명을 주위 사람들이 최대한 존중할 수 있도록 엔딩 노트를 작성하도록 했습니다." 당장 결정을 내리기보다는, 연명 치료 여부에 대한 엔딩 노트를 성급하게 작성하기보다는 가족과 충분히 상의하는 것이 중요합니다. 엔딩 노트 작성에서 가장 중요한 것은 무엇보다도 삶과 죽음에 대한 본인 당사자의 의지입니다. 삶에 대한, 죽음에 대한 자신의 해석과 의지가 무엇보다 중요하기에, 아무리 멋있는 여생을 보낸 것처럼 보이는 삶도, 아무리 비참하게 삶으로 보이는 삶도 죽음 앞에서는 무기력한 것이니 죽음을 맞이한 당사자의 의지가 중요합니다. 그 어느 누구의 삶이든 그의 삶을 한마디로 압축하면 그것은 '해석'에 따라 달라질 뿐입니다. 자신의 삶에 대한 자신만의 해석은 자신의 삶에 대한 자신만의 의미입니다. 자신의 삶, 자신의 죽음에 대한 자신의 해석과 의미가 자신의 엔딩 노트의 내용이 되어야 합니다. 더 이상 두려울 것도, 숨길 것도, 복면할 것도 없습니다. 자신의 삶에 대한 의미가 분명한 사람은, 자신의 삶을 행복하게 살아온 사람이라고 미루어 짐작해도 큰 무리가 없을 듯합니다. 자신의 죽음에 대한 엔딩 노트를 기꺼이 작성할 수 있는 사람은, 자신의 삶에 대해 나름대로의 해석과 의미를 만들어 놓은 사람이라고 볼 수도 있습니다.

자살에는 반대합니다만 저는 존엄사에 대해서는 찬성하는 편입니다. 우리나라 국회에서도 의료계와 법조계의 의견을 받아들여 '연명의료 결정법안'이라는 이름의 웰다잉에 동의하는 법안을 공포했습니다. 죽음에 관한 그 어떤 법안이 새롭게 나오고 개정되더라도 그런 것에 아랑곳하지 않고, 존엄사에 찬성의 표를 던지는 이유는 나의 생명은 내 것이고, 내 죽음 역시 내 생명의 일부이기에, 그 생명은 내가 마지막까지 결단해야 하기 때문입니다. 원래 존엄사(尊嚴死, Euthanasia), 사람으로서 사람답게 자신의 의지로 자신의 죽음을 맞이하게 한다는 뜻으로 쓰이고 있는 존엄사란 중병 등등, 중병에 걸려 더 이상 회생이 불가능하다고 의학적인 판단이 내려진 사람, 그러니까 현대의학적 기술로도 더 이상 회복에 대한 치료와 생명 유지가 '무의미'하다고 판단되는 사람이나 생명체에 대하여 직간접적 방법으로 고통 없이 죽음에 이르게 만드는 의술적인 행위를 말합니다. 인간의 생명을 마지막까지 존엄하게 받아들이며, 그 생명체의 생명의지를 기린다는 의미에서 존엄사(Death with Dignity)라는 말을 쓰고 있지만, 존엄사는 인간의 생명을 생명답게 마감하게 하는 인간생명에 대한 마지막 윤리적인 행위에 속합니다. 자신의 마지막 생명이 얼마 남지 않았다는 사실을 엄연히, 그리고 아주 분명하게 직시하는 말기환자들의 삶, 자신의 삶에 대한 의미를 더 이상 만들어 내지 못하는 삶, 자신의 삶을 더 이상 삶으로 삶답게 만들어 갈 수 없는 삶은 당사자에게는 결코 의미 있는 삶이라고 보기 어렵습니다. 자신에게는 전혀 의미 없는 삶을 억지로 타인에 의해 의미 있는 것이라고 인정받는다고 해서, 그에게 이미 거세된 의미가 복원될 수 있는 것이 아닙니다. 누가 봐도, 이렇게, 저렇게 봐도 삶의 의미가 종결되어 가는 자기 삶에 대한 판단은 자기 몫이 되어야 합니다. 자신이 겪는 극심한 고통을 의사가, 국가행정이, 더군다나 그를 사랑하는 가족조차도 대신하지는 못하기 때문입니다. 생명의 한 부분으로서의 죽음에 대한 결론은 하나입니다. 자기 생명에 대한 최대의 관심은 자기의 몫이며, 자기 통제 아래 있어야 하는 것이기에, 자기 마지막 생명에 대한 결단은 자신의 의지로, 자신의 선택에 따라야 한다고 생각합니다. 그래서 저는 존엄사를 거부할 이유가 없다라고 생각합니다. 오해하지 마십시오. 존엄사는 자살이 아닙니다. 존엄사에 대한 지지를 자살방조라고 몰아붙이지 마십시오. 존엄사를 지지하는 것은, 우리나라의 노인 자살률이 세계 제일이라는 것을 몰라서 하는 이야기가 아닙니다. 우리나라 경제협력개발기구(OECD)가 발표하는 '건강통계 2015'에서 2013년 기준 인구 10만 명당 한국의 자살 사망률은 29.1명으로 회원국 평균 12.0명의 두 배를 넘는다는 것을 잘 알고 있습니다. 게다가 노인 자살이 우리의 자살률을 견인하고 있습니다. 노인 자살률이 인구 10만 명당 81.9명(2012년)으로 세계 최고입니다. 대가족 제도에서 성장해 핵가족 시대에서 인생의 황혼을 맞은 사람들이 바로 지금의 노인세대들인데 이들은 평생 가족을 위해 살았으나, 정작 자신을 위한 노후 대비를 못한 처지입니다. 그런저런 이유로 빈곤하게 되었고, 게다가 빠르게 일어나고 있는 가족 해체현상들로 인해 자식들의 돌봄을 받지 못하는 세대가 바로 지금의 이들 노인세대입니다. 이들을 자살로 이끌어 가는 데에는 무엇보다도 가난, 고독, 그리고 질병이라는 3중고(三重苦)가 결정적으로 작용하고 있습니다. 이들 노인들 중에는 고독사나 무연고사, 말하자면 어느 누구도 저들의 자연사나 병사를 알지 못한 채 그냥 죽음을 맞이하는 사람들이나, 자신이 죽어도 그 어느 하나 연고자로 나서지 않기에 방치된 채 자신의 마지막 몸이 행정적으로 그리고 기계적으로 처리되는 사례가 점차로 늘고 있는 추세입니다. 사회의 안전망이 허술하고 미비하다고 해서 저들의 자살을 미화하거나, 빈말이라고 그것이 허용되어야 한다는 식의 생각은 말도 되지 않습니다. 오히려 저들의 자살을 예방하기 위해, 사회적인 조치들이 보다 더 강화되고, 체계화될 필요가 있습니다. 저들이 지금의 이 사회를 가꾸어 온 주인공이고, 역군들이기에, 국가로부터 냉대받아야 될 이유가 없습니다.

　노인 자살과는 달리, 생을 순조롭게 마감하게 되는 순간을 맞이하는 노인들의 존엄사 문제는 성격이 전혀 다릅니다. 아직 한국은 존엄사를 허용하지 않고 있습니다. 존엄사를 인정하는 법률이 단시일 내에 만들어질 가능성 역시 희박합니다. 우리나라에서 존엄사 문제가 처음 사회적으로 대두된 것은 1997년 보라매 병원 사건 때문입니다. 1997년 12월 4일, 오후 술에 취해 화장실에 가다 넘어져 머리를 다친 김 모 씨가 서울 시립 보라매 병원에서 응급 뇌수술을 받고 인공호흡기에 의존해 생명을 유지하고 있었는데, 가족인 부인 이 모 씨는 계속 치료를 해도 회생 가능성이 거의 없을 것 같다는 의사의 말을 듣고 퇴원을 요구했습니다. 치료비를 감당할 수 있는 경제적 여력도 없었던 부인의 요구에 의사 양 모 씨는 극구 만류했지만, 부인의 주장을 꺾지 못했습니다. 끝내 퇴원을 고집하는 가족의 요청에 따라 병원은 퇴원한 환자가 사망하더라도 이의를 제기하지 않겠다는 서약서를 받은 뒤 퇴원시켰습니다. 구급차를 이용해 환자를 집으로 옮겨 인공호흡장치를 제거하자 환자는 5분쯤 뒤 호흡 곤란으로 사망했습니다. 이 소식을 접한 검찰은 1998년 1월 의사 양 씨 등에 대해 "의학적 판단에 따라 치료해야 할 중환자를 보호자의 퇴원 요구만으로 집에 돌려보내 죽게 한 것은 살인행위"라고 해석하며 사법사상 처음으로 의사인 이 모 씨에게 살인죄를 적용해 불구속 기소했습니다. 이 사건에서 쟁점은 두 가지였습니다. 첫째는 환자를 계속 치료했으면 회복할 가능성이 있었는지, 둘째는 회복 가능성이 있는 환자를 퇴원시켰다면 의사의 행위가 살인죄에 해당하는지 하는 문제였습니다. 무려 7년여 동안 검찰과 변호인 측 사이에 치열한 법리논쟁이 벌어지는 동안 1심을 맡은 서울지법은 살인죄를 적용했습니다. 이어 서울고법은 살인방조죄를 인정했고, 대법원에서는 원심의 판결을 확정했습니다. 이 판결을 계기로 전국의 병원에서는 살인방조죄 기소를 면하는 조치를 철저하게 고수해 왔습니다. 관례적으로 회생가능성이 없는 환자들을 퇴원시켜 왔던 관행을 거부하고, 환자가 죽을 때까지 입원시켜놓는 일을 의술이라는 이름으로 강행하게 된 이유입니다. 한국에는 아직 존엄사를 허용하는 법률도 없고, 존엄사도 허용하지 않은 상태이지만 세계의 나른 나라에서는 사정이 다릅니다. 네덜란드는 존엄사 관련 법률을 도입하며 적극적으로 존엄사를 허용하고 있습니다. 스위스를 필두로, 현재 존엄사가 허용된 국가는 1998년 미국 오리건 주, 2002년 네덜란드와 벨기에, 2008년 미국 워싱턴 주, 2009년 룩셈부르크와 미국 몬태나 주, 2013년 미국 버몬트 주, 2014년 캐나다 퀘벡 주와 미국 워싱턴 주 등이 있습니다. 미국 캘리포니아 주 등 20여 개 주와 영국과 프랑스 등에서 말기환자들의 존엄한 죽음을 맞이하도록 허용하고 있습니다. 생명이 가물가물하는 생명말기환자들에게 진정제 투입과 함께 인공호흡기 등 연명 치료, 음식 및 수분 공급을 모두 중단해, 생명을 자연스럽게 끊을 수 있도록 하는 법안 제정을 추진 중이거나 통과시킨 상태입니다. 「이코노미스트」가 여론조사기관 입소스에 의뢰해, 의사가 환자의 죽음을 돕는 것을 허용해야 할지 어떤지를 조사한 결과, 15개국 중 러시아와 포르투갈을 제외한 13개국에서는 존엄사에 대한 찬성이 우세했습니다. 찬성률은 벨기에와 프랑스, 네덜란드, 스페인, 캐나다, 독일, 호주, 영국, 스웨덴, 이탈리아, 미국, 헝가리, 일본 순으로 높았는데, 이들 나라가 사람들의 생명을 경시하는 나라들이 아닙니다. 오히려 인권이나 인간의 생명에 대해 더 높은 가치를 인정하는 나라들입니다만, 이들 국가가 인간의 존엄사를 허용한 것은 한 가지 사실 때문입니다. 자기의 생명에 대한 자기의 자결권(自決權)이 우선해야 한다는 사실 때문입니다. 존엄사가 허용되지 않은 나라의 시민들은 자신의 고국을 떠나 존엄사, 존엄사를 허용하는 나라인 스위스, 그러니까 시민들에게 죽을 권리를 행사할 수 있게 허용한 스위스에 와서 존엄사를 결단하기도 합니다. 1942년부터 이미 존엄사와 이를 지원하는 행위를 허용한 스위스에서는 존엄사를 결단한 사람이 자신의 생명에 대해 이 어떤 결정을 내렸는지 정확하게 이해하고 있는지, 그 결단이 자결권의 행사였는지, 존엄사에 대한 제3자의 압력이 없었는지 등에 대한 확인과 더불어 죽음에 대한 자결권을 통해, 존엄사를 원했던 사람의 죽음을 의사가 돕는 행위를 합법적으로 인정하고 있습니다. 스위스에서는 매년 약 1,400건의 존엄사가 시행되고 있는데, 스위스 국적이 아닌 외국인들에게는 디그니타스 병원이 그 일을 하기에 그 이름이 세계적으로 잘 알려져 있습니다. 이 병원은 스위스의 존엄사 지원 전문병원 4곳 가운데 유일하게 외국인을 받아 주는 병원입니다. 다그니타스 병원의 보고에 따르면 1998년 병원 설립 이후 작년까지 모두 1,905명이 존엄사를 결단한 것으로 나타나고 있습니다. 존엄사한 이들 중 스위스 거주자 156명을 제외한 다른 국적 소지자는 1,749명이었습니다. 존엄사에 이르는 과정은 의외로 담담합니다. 의사가 환자에게 수면제와 생명을 제거하는 약물을 처방해 주면, 존엄사를 결행하는 사람은 그 처방전대로 약물을 투여받고 조용히 수면상태에 이르렀다가 자신의 생명줄을 놓아 버립니다. 그런 절차에 따라 존엄사를 택한 사람이 1998년 6명, 2003년 100명을 넘어선 이후 2013년 205명, 2014년 204명으로 늘어나고 있습니다. 존엄사를 선택한 사람들의 국적은 다양한데, 독일 출신이 48.29%인 920명으로 가장 많았고, 영국인이 14.33%인 273명, 프랑스인이 10.18%인 194명으로 뒤를 이었습니다. 이어 스위스(156명), 이탈리아(79명), 미국(51명), 오스트리아(39명), 캐나다(36명), 이스라엘·스페인(24명), 스웨덴(17명), 네덜란드(10명) 출신도 이 병원에서 존엄사를 택했고, 싱가포르(1명)와 홍콩(1명) 출신도 있었습니다.

나라마다 존엄사에 대한 찬반논란이 가열되고 있는 것도 사실이고, 존엄사를 정책적으로 다루는 정치인들의 입장이 곤욕스럽기는 마찬가집니다. 최근 미국에서도 이런 일이 정치권에서 발생한 바 있습니다. 2015년 10월 다섯 번째로 존엄사를 허용한 주가 된 캘리포니아 주는 '죽을 권리 법안(Right To Die Bill)'이라고 불리는 존엄사 법안을 정치적 우여곡절 속에서 통과, 선포했습니다. 이제 이 지역의 병원과 의사들은 죽음에 이른 채 고통만을 호소하는 임종말기의 환자의 삶을 평온하게 끝낼 수 있는 약을 처방할 수 있게 됨으로써, 법의학적인 측면에서 정신적 압박감에서 벗어나게 되었고 동시에, 환자에게 나름대로 자신의 인간적인 인격과 존격을 지닌 죽음을 맞이하게 되었습니다. 미국의 캘리포니아 주에서 이 존엄사 법안을 다루는 데 가장 넘기 힘들었던 장애는 바로 법안을 선포해야 될 제리 브라운 주지사였었습니다. 제리 브라운 캘리포니아 주지사는 정치를 시작하기 전에는 예수회 신학생이었고, 지금도 독실한 가톨릭 신자입니다. 존엄사를 종교적으로, 그리고 신앙적으로 반대해 오던 정치인인 그가 마침내 존엄사 법안에 서명한 것은 이유가 있었습니다. 정치적인 의도는 없었습니다. 개인적인 문제였습니다. 그는 법안을 넘겨받기 전부터 존엄사 법안에 대해 종교적 반대 의견과 정신적 거부권을 행사하고 있었습니다. 많은 사람들을 만나 저들의 이야기를 경청하기를 거듭한 후 그 스스로 '내가 죽음과 맞닥뜨렸을 때 무엇을 원할 것인가.'에 대해 깊게 고민하게 되었습니다. 그 후에 가까스로 자신의 답을 찾게 되었습니다. 캘리포니아 주 의회는 격론 끝에 시행 기간 10년을 조건으로 존엄사 법안을 가결했는데, 법안에 따르면 존엄사를 원하는 환자는 의사 두 명의 동의를 받아야 하며, 시한부 생존 기간은 6개월 이하여야 합니다. 존엄사를 받아들이는 사람 스스로 투약할 수 있는 신체 상태를 갖고 결정할 수 있어야 하며, 투약할 때도 두 명의 증인이 참석하되 그중 한 명은 가족이 아닌 사람이 포함돼야 한다고 규정함으로써, 다른 나라의 존엄사 법안과는 달리, 존엄사의 필요충분조건을 법의학적으로 한층 더 강화시켜 놓았습니다. 당장 삶의 마지막 관문인 죽음을 넘어서고 있는 사람들의 입장에서 보면 존엄사에 대한 답은 오히려 단순, 간단할 수 있습니다. 어차피 이내, 곧 올 죽음인데, 그 죽음이 죽어가는 사람 스스로 그 모든 것을 통째로 짊어져야 될 모든 고통을 일순간에 제거해 주는 유일한 조치라고 한다면, 그 조치는 죽어가는 사람의 인격을 위해서 필요할 수밖에 없기 때문입니다. 타들어가는 사막에서 마지막 숨을 헐떡이는 사람에게 물 한 모금을 주는 것이 죄악이 아닌 것과 같기 때문입니다. 2015년 8월 20일 보고된 영국 일간지 「가디언」에 따르면, 석면으로 인한 폐암의 한 종류인 중피종(中皮腫) 진단을 받은 영국인 남성 밥 콜(68)은 이 병원에서 존엄사를 택했는데, 그는 친구들이 지켜보는 가운데 숨을 거두기 직전 "집에서 이렇게 존엄사할 수 있어야 했다."며 영국에서 존엄사가 허용되어야 한다는 것을 유언처럼 남겼습니다. 파킨슨병을 앓던 그의 부인 역시 그 남편에 이어 18개월 후에 이 병원에서 자신의 남편처럼 존엄사를 맞이했습니다. 자신을 매초, 매초 괴롭히며 자신을 압박해 들어오는 그 고통에 대해 얼마나 몸서리를 쳤으면, 그가 그런 유언을 남겼겠는가 하는 생각에 이르면, 그의 유언에 깊은 동정을 보내지 않을 수 없게 됩니다.

존엄사가 윤리적으로 옳은지, 어떤지에 대한 찬반의 토론과 수용과 거부의 여지가 그 얼마든지 가능합니다. 귀한 생명을 의사가 의도적으로 끊는 것 자체가 비윤리적이라는 주장들도 설득력이 있습니다. 존엄사가 허용되면, 자칫 취약계층 환자나 완치약이 없이 연명하는 환자에 대한 압박으로 작용할 수도 있기 때문입니다. 견딜 수 없는 통증과 고통, 비참함에 몰아넣으며 인간 존엄을 추상적으로 어쩌면 의술적이거나 행정을 위한 면피용으로 옹호하는 것도 온당하지 않기는 마찬가지입니다. 생명이 말 그대로 신성(神性)하기 위해서는 생명 그 자체에 대한 의미가, 살아 있음의 의미가, 생명됨으로써의 살아 움직임이 있어야 합니다. 의학적으로 보아 마지막 불꽃이라는 것을, 그리고 그것이 엄연한 사실이라는 것을 이미 뻔히 알고 있으면서도 존엄사를 생명의 신성성을 내세우며, 어쭙잖게 기피하기만 하면 그때는, 오히려 원정안락, 원정존엄사의 사례가 생기지 않을 것이라고 말하기도 어렵게 될 것입니다. 존엄사를 무조건 추상적인 논리와 윤리적인 포장으로서 금지한다면 법이 생명의 가치를 우롱하는 것이며, 법이 현실을 따라가지 못하게 되는 것이기에, 우리나라에서도 법제화한 웰다잉법의 의미는 생명에 대한 배려의 관점에서 새롭게 평가받을 만합니다. 인간의 경우, 그 어떤 이의 삶도 그것은 현실적으로 생명됨에 대한 의미를 만들어 가는 일인데, 자신의 삶에 대해 그 어떤 의미도 스스로 만들어 내지 못하는 삶은 이미 정지된 생명이나 마찬가지입니다. 생명됨에 대한 무의미가 끝내 죽음으로 이어지게 되는 그런 사람에게 이어지는 고통을 일거에 최소화시켜 주며 그의 사람됨을 의연하게 만들어 주는 의학적 조치, 마지막 삶에 대한 의미를 되찾아 주는 것이 바로 존엄사라고 볼 수 있습니다. 자신의 생명에 대해, 살아 움직인다는 그리고 살아 있는 것이 자신에게 행복을 만들어 주고 있다는 그런 생명에 대한 본질적이고도 실존적인 의미 부여가 있어야 합니다. 삶에서 내 생명에 대한 '본실(本實)적인' 의미를 만들어 내지 못하는 의학적인 조치는 내 생명을 의술의 기계적 장치에 가둬 놓고 고사시키고 있는 것이나 마찬가지입니다. 이때 생명에 대한 본실적인 행위라고 하는 말은, 살아 있음 그것이 바로 나의 생명이고 나의 삶이구나에 대한 본연의 감격과 기쁨을 즐기는 힘을 말합니다. 살아 있다는 그 자체가 생명됨에 대한 무의미의 총합이라고 한다면, 그것은 자신의 삶에 대한 고통이고 그런 고통은 자신의 삶에 대한 본실적인 의미일 수가 없습니다. 죽음에 이르고 있는 고통, 죽음마저도 엄숙하게 받아들일 수 없게 만들어 놓는 고통은, 마지막 순간을 맞이하는 사람들에게는 의미 없는 고통이며, 그의 삶에 있어서 인생 최대의 마지막 고문이나 다를 것이 하나도 없습니다. 죽음에 이르는 고문으로 삶에 새로운 의미가 만들어지지는 않습니다. 삶의 마지막 순간에 겪는 그들의 고통을 국가가, 병원이, 의사가 해결해 줄 수 있는 것이 아니기 때문입니다. 냉혹하게 저들의 의료행정적인 절차를 파헤치면, 저들이 말하는 생명존중은 마지막 호흡으로 자신의 생명을 억지로, 억지로 구걸하고 있음을 그 누구든지 뻔히 알면서도 모르는 채, 저들에게 살아 움직이는 처절한 고통을 의학적 완화라는 핑계로 저들의 잇속이나, 아니면 저들의 책임을 고통당하는 이들에게 그럴듯하게 전가시키고 있는 것에 지나지 않는다는 비난을 피하기 어렵게 됩니다. 내 생명이 저들의 손에 그 무슨 구슬처럼 놀아나게 하거나, 내 생명이 저들의 전문성을 보장하는 담보물이 될 수는 없는 노릇입니다. 내 생명은 오로지 내 것이며, 나의 마지막 결단과 선택일 뿐입니다. 사람답게 자신의 마지막 죽음도 자기 것이 되도록 해야 그것이 그에게는 최후의 행복이 될 것입니다.

10) 환생(幻生)도 가능합니다만

어느 누구도 자신의 죽음을 좋아할 리가 없습니다만, 한 가지 사실은 부정할 수 없습니다. 인간으로서는 어쩔 수 없이 받아들여만 하는 삶이 바로 죽음이라는 것은 부정할 길이 없습니다. 누구든 인간은 한 번은 죽도록 되어 있습니다. 사람들은 그것을 거부하고 싶은 것입니다. 죽은 자들마저도 산 자들처럼, 죽는다는 것이 싫기에 살아나기를 발버둥 친다는 것입니다. 죽은 자가 살아나겠다는 것은 말도 되지 않습니다. 죽은 자는 죽어 있어야 죽음이라는 것이 말이 됩니다. 귀신 씻나락 까먹는 소리가 아닙니다. 그래서 그들은 방법을 찾아냈습니다. 죽은 자들을 향해 죽음을 받아들이고 죽어 있으라고 강권하기에 이르렀습니다. 저들은 죽은 자를 향해 이렇게 말합니다. "들어보세요! 그대는 이제 길을 찾아야 하는 시점에 도달했습니다. 그대는 이제 막 호흡이 멈추었고 근원의 눈부신 빛을 보기 시작했습니다. 그대가 살아 있을 때, 스승에게서 배웠듯이 이것은 죽음의 첫 번째 단계입니다. 이 빛은 실재 그 자체이며 허공과 같아서 어떤 꾸밈도 없습니다. 이것은 그대의 근원적인 마음이며, 비어서 빛나는 그 마음은 결백하고 어떤 꾸밈도 없으며 중심도 경계도 없습니다. 이런 일이 발생할 때 그것의 실체를 인지하라! 그 속으로 들어가라! 그런 일이 발생할 때 나는 그대가 이해하도록 도울 것입니다."라고 저들 죽은 망자(亡者), 정확하게는 망자가 변해 있을 법한 저들의 혼, 저들의 넋, 저들의 망령들에게, 그렇지만 죽음을 강력하게 거부하며, 망설이며, 저항하는 저들을 잘 달래 죽음을 죽음으로 받아들이도록 했습니다. 저들 망자들의 혼, 저들의 넋을 달래어 저들이 갈 곳으로 가도록 해 주는 일을 자세히 가르쳐 주는 지혜들을, 티베트인들은 서구인들과는 다르게 적어 놓고, 그것을 대대로 망자의 넋 앞에서 암송하기에 이른 것입니다. 그런 지혜들을 적어 놓은 책이 바로 『티베트 사자의 서(書)』입니다. 죽음에 대한 지혜가 부실해서, 이 책을 처음 읽을 때는 제 스스로 상당히 곤욕스러웠었습니다만, 지금은 이 책을 읽을 때마다 마음이 오히려 더 편해지기만 합니다. 나이를 한두 살 더 먹기 시작하고, 지인이나 친척, 아니 제 어머님이 세상과의 살아 있음의 명을 달리하시는 마지막 순간을 지켜본 지금에는 『티베트 사자의 서』의 글이 그냥 마음에 들어오기만 합니다. 『티베트 사자의 서』는 지금 죽어가거나 방금 죽은 사람이 생사윤회를 초월해 해탈을 얻도록 돕고, 해탈하지 못하더라도 평안한 죽음을 맞고 안정된 다음 생을 얻도록 돕는 데 목적을 둔 퇴돌 (Thos-Grol)서입니다. 망자들이 제자리를 찾도록 도와주는 살아 있는 자들의 조력과 그 도움의 바람을 주문(呪文)으로 만든 것을 '퇴돌(Thos-Grol)'이라고 하는데, 퇴돌에서 퇴는 티베트 말로 말은 '듣는 것으로(Thos), 그리고 돌은 영원한 자유에 이르기 (Grol)라는 말로서, 영원한 자유에 이르도록 듣는 말이라는 뜻입니다. 『티베트 사자의 서』는 티베트 불교의 위대한 스승인 인도의 고승 '파드마삼바바'가 8세기에 남긴 경전입니다. 죽음에서 삶을, 삶에서 죽음을 익히도록 만들어 준다고 판단된 교훈들이 가득한 『티베트 사자의 서』는 티베트 불교에서, 문수·관음·금강수 등 세 보살이 합일된 화신으로, 석가모니 붓다에 이은 제2붓다로 일컬어지는 파드마삼바바가 남긴 것으로 알려지고 있는 경전입니다. 그는 현 파키스탄 동북부 스와트 계곡에서 태어나 크게 배우고 히말라야와 현 미얀마와 아프가니스탄을 순례하며 크게 깨달음을 얻은 후, 티송데첸왕의 초청으로 티베트에 입국해 티베트 무속인 뵌교(본교)를 제압하고 라싸에 삼예사를 건립한 티베트 불교의 태두로 알려진 인물입니다. 『티베트 사자의 서』는 죽어나간 망자가 사후세계에서 49일간 겪게 될 상황들을 생생하게 묘사하고 있는데, 그것의 핵심은 이렇습니다. 죽어나간 망자의 영혼들의 대부분은, 살아생전 자신의 업이 지어낸 무수한 환영에 이끌려 차츰 낮은 의식의 단계로 하강하게 되고, 그 하강의 도달은 망자의 넋이 다른 몸을 받아 또다시 윤회를 하게 되는 일로 귀착됨

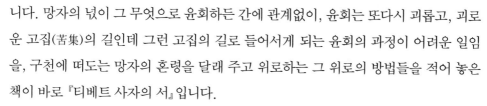

니다. 망자의 넋이 그 무엇으로 윤회하든 간에 관계없이, 윤회는 또다시 괴롭고, 괴로운 고집(苦集)의 길인데 그런 고집의 길로 들어서게 되는 윤회의 과정이 어려운 일임을, 구천에 떠도는 망자의 혼령을 달래 주고 위로하는 그 위로의 방법들을 적어 놓은 책이 바로『티베트 사자의 서』입니다.

'파드마삼바바'는, '퇴돌서' 외에도 100여 권을 경전을 더 기록한 후 모두 각기 다른 동굴에 숨겨 놓았는데, 후대에 계시를 받은 자들이 그 일부를 찾아냈습니다. 그 경전들이 서구 정신분석학계에 소개되었을 때 그것을 접한 서구의 정신분석학자들이 받은 충격은 엄청났습니다. 1927년 영국 옥스퍼드 대학교에서『티베트 사자의 서』최초의 영역본이 발간되었습니다. 정신분석학자나 심리학자, 혹은 혼령과학자들이 그것을 접했을 때, 저들이 받은 충격은 대단했었습니다. 그것은 서양인들은 생각해 보지 못한 망자의 사후 세계를 체계적이고 세밀하게 다루고 있었기 때문입니다. 당시『티베트 사자의 서』의 편집 책임자는 미국의 에번스 웬츠 박사였습니다. 그도 놀라기는 마찬가지였지만, 그 책의 진가에 대해 정말로 놀란 것은 집단무의식의 정신분석학자인 카를 구스타프 융(Jung)이었습니다. 그는『티베트 사자의 서』를 읽은 후, 감탄을 금치 못하며,『티베트 사자의 서』는 "불교심리학의 핵심으로서 서구의 그 어떤 것과도 비교할 수 없는 탁월한 책"이라고 극찬했습니다.『티베트 사자의 서』라는 책의 원래 제목은 이미 말한 바 있는 '바르도 퇴돌'입니다. '바르도'는 사람이 죽어서 다시 환생할 때까지의 중간 단계를 가리키는 말이며, '퇴돌'은 '듣는 것을 통한 영원한 해탈'을 뜻합니다. '바르도(Bardo)'는 둘(Do) 사이(Bar)라는 말로서 중간 상태, 이 세계와 저 세계 사이의 틈새를 상징합니다. 티베트에서는 사람이 죽은 다음에 다시 환생하기까지 머무는 사후의 중간 상태를 바르도라고 부릅니다. 그 중간 상태, 그러니까 살아 있는 것도 아니고 완전히 사라져버린 것도 아닌 그 중간 상태에 머무는 기간이 49일이라는 것입니다. 왜 49일인지는 저들 티베트인의 셈법으로 결정된 것이 아니라, 사람이 어머니 자궁에 들어와 비로소 신경망을 형성하기 시작하는 날짜가 바로 임신 후 49일째부터이기 때문입니다. 불교에서 임신을 축하하는 날이 바로 임신 49일째인 이유입니다. 우리에게는 49제로 기억되는 그 바르도 기간 동안 허공에 떠 있는 넋은 다시, 제 몸으로 돌아가려고 안간힘을 기울인다는 것입니다. 그런데 이미 자기의 혼이 빠져나온 후 육신은 없어졌습니다. 썩어졌거나 사라져 가거나 하는 몸체 소실이 분명하게 일어났습니다. 그것을 확실히 인지하고 체념하고, 혼 스스로 마음을 고쳐먹는 기간이 49일이 됩니다. 그동안 망자의 넋은 정신이 나간 그런 상태로 경황 없이, 다시 제 육신으로 되돌아가 살려고 발버둥 치는 그 안쓰러운 모습을 보이는데, 그것은 정말로 고통스런 모습이라는 것입니다. 그러니 살아 있는 저들이, 무엇인가 깨달음이 먼저 와 있는 저들이 저들 망자의 넋과 혼을 가능한 보듬고, 위로하여 저들에 안정을 찾아가게 만들어 주어야 합니다. 그것이 바로 퇴돌의 기능입니다. 망자에게 주는 안심의 위로와 격려, 그리고 치유의 말이 퇴돌입니다. 물론, 평소에 많은 수행을 하여, 임종의 순간 소위 정광명(淨光明, Cear Light), 그러니까 영원불멸의 빛 속으로 들어간 망자의 혼, 넋에게는 망자를 위한 위로의 퇴돌을 굳이 읽어 줄 필요가 없습니다. 저들 불가(佛家)에서, 정광명이란 존재하는 모든 것들의 근본 실체를 이루고 있는 순수의 빛, 원초의 빛을 말하는데, 명상이나 정선(定禪)을 통해 영혼이 맑아지면 능히 들어갈 수 있는 빛입니다만, 보통 사람으로는 들어가기가 쉽지 않은 곳입니다. 붓다처럼 큰 스님이나 큰 깨달음을 얻은 수행자들, 그러니까 정심과 정선의 존재들만이 그런 빛이 됩니다. 저들은 죽어도 그 어떤 바르도를 겪지 않게 됩니다. 그것 역시 저들의 오만입니다만, 그렇게 수행이 대단한 인물들은 죽으면, 육신을 벗어난 넋은 그냥 정광명의 빛 속으로 빨려 들어가 버리면 그만입니다. 그런 저들의 행위를 저들은 열반이라고 불렀지만, 보통 사람들에게 열반은 없습니다. 큰 깨달음을 얻은 망자, 사자(死者)의 넋은 맑고 밝은 빛과 화합하며, 망자의 의식이 중유(中有), 그러니까 49일의 바르도의 과정을 거치지 않고, 빛 속으로 들어가 니르바나, 즉 대자유(大自由), 해탈, 열반합니다. 열반, 대자유, 해탈은 망자의 넋이 티베트인의 말로 포와(Phowa), 즉 의식전이에 성공했다는 것을 상징합니다. 저들이 열반으로 드는 것은, 사람이 죽음에 이를 때 자기를 가득 채우고 있던 지혜의 에너지가 대자유의 세계로 전이되기 때문에 그렇게 되는 것입니다. 요가 수행자들이나 선사들이 임종 때 거치는 8단계를 미리 수행하는 것도 그 투명한 빛, 정광명을 미리 체험하기 위해서입니다. 맑고 밝은 빛을 티베트어로 '우세르'라고 하는데, 우세르는 그냥 너와 내가 분리된 이분법적인 의식이 아닙니다. 그렇다고 마음을 말하는 것도 아닙니다. 우세르는 그냥 맑은 의식이 사는 동안 나타나는 원초적인 빛입니다. 우세르는 사람들이 재채기할 때도, 하품을 할 때도, 음식을 먹을 때도, 오줌을 눌 때에도 불현듯 나타날 수 있습니다. 남녀가 섹스를 할 때에도 어김없이 나타날 수 있습니다. 다만, 그것들을 제대로, 마치 하나의 도(道)로서, 깨우침으로써 할 때 우세르가 가능합니다. 섹스를 통해 느끼는 성적 쾌감을 오르가슴이라고 말하는데, 이 오르가슴을 임사체험, 그러니까 반쯤 죽었다가 깨어나는 감정이라고 부르는 것은 그 오르가슴이 바로 우세르의 느낌인 까닭입니다. 그런 심오한 느낌을 우세르로 이해하지 못하는 것은, 보통의 사람들일수록 그냥 육체의 쾌감에 매달리기 때문에, 섹스가 그냥 동물적인 행위로 끝나버리는 것입니다. 오르가슴이 중요한 이유입니다. 그냥 보통의 쾌감이나 쾌락으로는 결코 우세르, 맑은 빛, 정광명을 알아차릴 수가 없습니다. 죽는 그 순간에도 명상을 통해 정염을 떠나 완전한 삼매, 그러니까 오르가슴에 들 수 있다면, 그것은 광명에 들어간 것과 같습니다.

죽었을 때도 망자 앞에 그런 우세르로서의 광명, 맑은 빛이 나타납니다. 그것이 죽음인데, 근원의 빛, 원초적 빛, 우세르는 깨달음의 있고 없음, 높고 낮음에 관계없이 누구에게나 나타나기 마련입니다. 그것은 이 빛이 넋, 혼의 본래 상태이기 때문입니다. 원래 생명의 시작은 빛입니다. 빛이 몸으로 살아나는 것입니다. 이 빛이 꺼짐은 생명에서 이 빛이 떠나는 것이며, 몸에서 빛이 떠나면, 그것으로 인해 한 생명의 마지막을 보는 것입니다. 생명의 시작과 끝은 빛이 오고 가는 것을 말하는 것입니다. 우리네 말로 사람에게서 '혼불'이 나갔다고 말하는 것은, 사람이 이제는 죽었다는 것을 말하는 것입니다. 망자의 넋이 생명의 근본 빛을 깨닫게 되거나 우세르를 경험하지 못하면, 그러니까 맑은 빛으로 들어가지 못하면, 열반에 들지 못하면, 맑은 빛으로의 의식 전이가 제대로 이루어지지 않았으면, 그렇게 하도록 살아 있는 사람들이 수없이 주문을 해서라도 그렇게 되도록 저들 망자의 넋을 위로해야 합니다. 『티베트 사자의 서』를 망자의 시신 곁에서, 분명한 발음으로 또렷하게 명확하게, 3번 또는 7번을 읽어주면서, 구천에 떠도는 저들 망자의 넋을 빛 속으로 들어가도록 유도해 주는 이유입니다. 그러나 망자들의 넋 가운데 대부분은 그 맑은 빛으로 끌려 들어가지 못했기 때문입니다. 다시 말해서 의식체를 몸과 영혼으로 깔끔하게 분리하는 '포와(Phowa)' 과정을 겪지 못했기 때문입니다. 그렇게 되면 망자의 넋은 더욱더 방황하고, 혼돈에 이르게 되고 말아버립니다. 갈 곳을 알지도, 찾지도 못한 떠돌이 나그네 넋이 되고 말아버립니다. 방황하는 저승 속의 나그네 같은 넋에게 돌아갈 집을 안내해 주는 역할이 바로 퇴돌입니다. 포와 의식을 제대로 거행하는 스승이 포와를 성공했다고 하더라도, 망자의 넋은 4일이 지나야 비로소 육체로부터 완전히 떠나게 됩니다. 그때 비로소 망자의 넋은 스스로 알게 됩니다. 허공에 떠도는 망자의 넋이 되돌아갈 곳은 자신의 육신이 아님을 확실히 알게 되고, 자신의 육신으로 되돌아가려는 욕망을 완전히 놓아버리고, 다시 제 갈 길을 찾아 나서게 되는데, 그것이 바로 환생의 길입니다.

결국, 망자의 사후 49일 간의 바르도 과정은 죽음에서 환생에 이르기까지의 과정입니다. 이 과정을 저들은 3단계로 나누고, 그것을 치카이 바르도, 초에니 바르도, 그리고 시드파 바르도라고 나누어 부릅니다. 저들 티베트인들은 망자의 사후 3일간의 기간을 치카이 바르도라고 부릅니다. 치카이 바르도(Hchi-Khahi)는 임종 순간의 상태를 말합니다. 그 후의 단계인 초에니 바르도는 사후 4일부터 17일까지, 즉 14일 간을 말하는데, 초에니 바르도(Chos-nyid) 존재의 근원을 확실하게 체험하는 기간입니다. 마지막으로 사후 18일부터 49일까지의 32일간을 루용 시드파 바르도(Lugs-hbyung Srid-pahi)라고 합니다. 흔히 시드파 바르도라고 말하는 이 기간은 환생을 찾는 상태를 말합니다. 저는 『티베트 사자의 서』에서 말하는 환생이라는 말을 소나 말, 그런 축생물로 태어나는 것이 아니라 오로지 사람으로 되돌아감, 혹은 되돌아남만으로만 제한하여 받아들이고, 또 그런 뜻으로 국한해서 받아들입니다. 그래서 제게 있어서 환생의 개념은, 사람의 생명으로 되돌아감이나 찾아감을 의미하는 것입니다. 이때의 환생은 기독교에서 말하는 부활과는 전혀 성격이 다른 것입니다. 썩어, 부패한 몸을 구성하는 세포와 신경, 그리고 혈관이 며칠이 지난 후에도 다시 있는 그대로 재생한다는 것은 생물학적으로나 의학적으로는 받아들일 수 없는 설명이기에, 환생의 개념과 부활의 개념은 전혀 다른 생각이며, 관념입니다. 최악의 경우, 하나는 인간의 생각으로 상상이 가능한 거짓 이야기로 들릴 수 있는 데 반해 다른 하나는 상상을 벗어나는 날조의 이야기로 치부될 것입니다. 그런 구분이나 구별과는 관계없이, 『티베트 사자의 서』에서 환생을 찾아 나서는 망자의 넋은 처절합니다. 어쩌면 환생은 태어남이라는 것이, 새 생명이라는 것이 우연의 극치이고 그 우연의 최극점을 경험하게 되는 순간이, 환생의 순간임을 알게 만들어 줍니다. 망자의 넋을 그의 육신이 썩어 없어지는 17일 동안 최선을 다해 인도한다고 해도, 망자의 넋에게는 화나는 일입니다. 도저히 받아들이기 어려운 일입니다. 그 망자의 넋이 그때까지도 자신의 참 본성을 깨닫지 못하면서, 몸부림칩니다. 죽어 썩어간 자신의 육신으로 되돌아가려고 안간힘을 씁니다. 이미 없어진 육신이라는 것을 받아들이지 못하고, 그 육신으로 다시 되돌아가려고 '넋부림'을 부립니다. 넋의 고통과 갈등 속에서 생기는 긴장과 두려움으로 망자의 넋은, 더욱더 그 무엇인가에 안착하려고 안절부절못합니다. 일종의 환생에 대한 원망과 두려움 같이 일어나는 기간이 그 기간입니다. 망자의 넋 스스로 그렇게 좌절하며 고집(苦集)하다가 어느 순간 그 모든 것이 부질없는 것임을 알게 됩니다. 자신이 되돌아갈 육신이 이제는 썩어 없어졌기에 되돌아갈 곳이 없음을 확실하게 받아들이게 됩니다. 그때부터 망자의 넋은 영계에서 이제는 육계, 다른 몸을 찾게 됩니다. 영계를 떠나 이제는 더 아래쪽으로 방황해 들어가고 그 어떤 육체든 자신이 찾아들어갈 그곳을 찾게 됩니다. 자기가 머물, 그런 육체를 소유하려는 강렬한 욕망에 사로잡히게 시작합니다. 그것이 바로 환생의 본능입니다. 환생의 본능, 자신의 집을 찾으려는 귀소본능 때문에, 망자의 넋은 자신의 가까운 곳에 그 어떤 자궁이 보이면 찾아 들어갑니다. 그것이 동물이든 사람이든 가릴 여유도 갖지 못하게 됩니다. 저는 이 지점에서 인간의 영이 갈 곳은 사람의 몸이어야 하지 동물의 몸은 아닐 것이라고 믿습니다. 유전자상으로 그렇다는 저의 상상입니다. 몸을 찾게 되고 환생의 길을 찾는 세 번째 바르도인 시드파 바르도의 상태에서 망자의 넋은 마침내, 어쩌면 아주 우연히, 아니 아주 운명적으로 그 어느 순간을 경험하게 됩니다. 그 어느 순간 망자의 넋은, 그 어느 곳에서든 남녀의 벌거벗은 사랑의 원초적인 순간순간 모두를 여과 없이 모두 지켜보게 됩니다. 열반하지 못하고 그 지점에 이른 망자의 넋으로서는 자신의 새로운 부모가 될 남녀가 보여 주는 사랑의 모습은 부끄럽고, 수치스러운 일이 아닙니다. 자신을 위해서는 피할 수 없는, 기다리고 고대하던 그런 결정적인 순간입니다. 어쩌거나 환생을 대기하며 안간힘을 쓰고 있던 망자의 넋은, 부모의 성적 교섭 그 순간, 그곳으로 들어가 자리를 잡아 버립니다. 예비 부모들은 그것을 잉태라고 합니다만, 망자의 넋으로서는 그 순간이 망자의 넋 스스로 자기 육신의 집으로 선택하여 자리 잡는 순간이 됩니다. 그 자리 잡음을 통해 새 생명으로 다시 태어남의 찰나가 되는 것이며, 그것이 바로 환생의 경이로운 순간, 지금이 자신의 모습을 드러내 보이기 시작하는 일생 최대, 최고의 결단이 되는 일입니다. 생명잉태의 순간에 대해, 티베트인들의 생각으로는 망자의 넋이 자신의 자리를 잡은 그 순간인 환생의 찰나에 대해 카를 융은 감탄합니다. 집단무의식의 정신분석학자인 융(Jung)은 개인무의식을 강조하는 프로이트와 다른 해석을 가합니다. 동양인들에게는 리비도(Libido), 말하자며 성적 에너지의 불균형으로 인한 신경증이나, 정신병 같은 것은 원초적으로 있을 수 없다고 본 것이 바로 그런 관점입니다. 카를 융의 위대한 관찰이고, 해석입니다. 환생하기 위해서는 어머니와 아버지의 성적 교접현상을 이미 관찰하고, 체험할 수밖에 없습니다. 망자의 넋이 환생하기 위해 예비부모들의 성적 교섭을 지켜보는 지점과 순간을 서양인들 자신들의 정신으로는 애당초 가당치도, 그렇게 상정될 수 없는 장면입니다. 적나라한 성적 교섭이 일어나는 상황을 상정할 수가 없기에, 프로이트 같은 정신분석학자는 남근 콤플렉스니, 오이디푸스 콤플렉스(Oedipus Complex) 같은 개념으로 인간의 성적 에너지의 불균형과 꼬임의 문제를 설명하려고 했던 것입니다. 그런 분위기는 구약성경, 창세기 9장 24~27절에 기록된 노아의 저주와도 맥을 같이한 바 있습니

다. 기록에 따르면 아버지 노아가 술에 취해 벌거벗은 채 잠들었을 때, 아들인 '함'은 벌거벗은 아버지 노아의 몸을 보고 형제들에게 그 사실을 이야기했습니다. 그 이야기를 들은 다른 아들인 셈과 야벳은 뒷걸음쳐 들어가 옷으로 아버지의 부끄러움을 가려 주었습니다. 이 사실을 알게 된 아버지 노아는 자기 부끄러움을 이기지 못하고 자기의 벌거벗은 모습을 본 아들 '함'을 다른 형제들의 종이 되도록 저주했습니다. 말도 안 되는 장면을 저들은 당연함, 그리고 감시함과 은혜로 받아들이고 있습니다. 벌거벗고 잔 자신의 처신에 대해 아버지인 노아가 먼저 자신에 대해 되돌아 봤어야 할 대목이고, 실제로 그 당시 그것이 그리 큰 대수가 될 일도 아니었을 것입니다. 자기가 낳은 아들을 형제의 종으로 삼게 했다는 대목 역시 노아의 이야기가 신화의 한 장면임을 암시케 하는 대목이기도 합니다. 물론 노아의 이 장면에 대한 더 많은 설명이 필요하겠지만, 한 가지 분명한 것이 있습니다. 부모의 성에 대한 금기(禁忌) 같은 것이 저들 서양인들의 의식 깊이 자리 잡고 있다는 점이 분명하게 확인되는 장면입니다. 그로부터 저들은 성 혹은 성에너지의 불균형, 혹은 꼬임을 저들의 무의식을 억압하거나 정신적 질환의 주요 원인으로 보고 그것에 대해 심각하게 대처하고 있는 것도 어김없는 사실입니다. 성에 대한 금기가 저들에게는 아주 혹독하지만, 우리네 동양인들의 의식, 무의식에게는 저들이 반응하는 그 정도로 혹독하지는 않습니다. 그 옛날에는 대수롭지 않았던 장면이기도 합니다. 예를 들어, 그런 것은 저들과 우리네 목욕문화의 차이에서도 분명하게 드러납니다. 저들 서양인들은 개인중심의 샤워문화를 즐기지만, 우리는 서로 벗고 들어가 즐기는 공중목욕탕문화 중심의 삶을 즐깁니다. 공중목욕탕이나 온천에서는 할아버지, 아버지, 내 스스로 자기 신체의 그 모든 것을 서로에게 드러내 보이며 목욕을 즐깁니다. 저들의 몸에 달린 여러 가지 기관들이 처음에는 조금 이상하게 보였을 수도 있지만, 자주 접하게 되면 그렇게 신기롭지도, 자신의 아버지에 달린 신체들을 그 누구에게 고자질해야 되는 그런 것도 아닌, 그저 대수롭지 않은 것들로 여겨집니다. 그저 나도 크면, 저렇게 되어 가겠구나를 어릴 적부터 무의식에 담게 되는 일상적인 일일 뿐입니다. 손가락과 발가락에 대해 신비함이나 수치스러움을 느끼지 않듯이, 서로 다른 크기로 달려 있는 성에 대해 그 무슨 엄청난 비밀이나 신비함 같은 것도 있을 수 없습니다. 성장에 따라 몸의 속성도 달라지는 것이기에 성이나 그런 기관에 대한 수치스러움이나 공포는 이미 원초적으로 제거되고, 소거되어 버린 것입니다. 그러니 환생을 대기하며, 절실히 고대하고 있는 망자의 넋으로서는 부모가 은밀하게 벌리고 있는 사랑이니 뭐니는 이미 다 알고 있는 일상적인 일이며, 오히려 저들의 사랑이 더 잘되기를 바랄 뿐입니다. 모든 것이 순조로워야 자기가 새 생명으로 잉태되고, 축복받는 몸이 되어 새로운 몸으로 되돌아 세상에 나올 수가 있기 때문입니다. 환생하는 그들 생명에게 남근에 대한 콤플렉스나 여근에 대한 그 무슨 원망 같은 것이 있을 리 없습니다. 그러니까 사람들의 마음이라는 것은 선조 대대로, 인류 대대로 갖고 있던 마음 위에 마음이 지속적으로 덧씌워져 있는 그런 것을 상징하게 됩니다. 마음의 본질은 융이 말하는 것처럼 집단의식, 집단무의식의 결과가 되는 셈입니다. 한 세상 살다가 죽어간 사람의 그 마음이 다시 다른 사람의 자손으로 태어나는 순간 그 마음 위에 덧씌운 결과물로 이해되기 때문입니다. 사람들을 요리조리 요리하는 마음, 그 마음이 죽으면 넋이라고 불리고, 넋은 환생되어 열반에 이를 때까지 지속적으로 이어지는 마음의 누적물 같은 셈입니다. 곰곰이 따져 들어가면, 넋은 마음 위에 마음이, 그 마음에 새로운 마음이 다시 덧씌운 상태를 말하는 것이니, 믿기지 않겠지만, 지금 내 마음은 나의 조상인 단군의 그 마음이나 다를 것이 없는 셈입니다. 그렇게 의아해하는 당신의 마음 역시 아담의 그 마음에 내 것이 조금 덧씌운 것인 셈입니다. 새로 태어난 아이를 그냥 아이라고 부를 일이 아닌 것입니다. 그가 나의 조상의 조상, 그 영혼을 눌러 포갠 지금일 수 있기 때문입니다.

　티베트인들이 간직하고 있는 정신의식과 같은 형식으로 의식을 같이하는 동양인들의 마음의 병을 진단하거나 치료하기 위해서는, 마음에 대한 집단의식적인 해석이 필요합니다. 서구식의 성적 에너지 불균형이나 꼬임에 따른 정신적 질환의 틀로서는 그 언제나 실패할 수밖에 없을 것이라고 보고 집단무의식에 대한 이해를 강조한 정신분석학자인 융의 생각에 저 역시 크게 동의하는 입장입니다. 동양인들이 겪는 정신적

이상성 같은 것은 성적 에너지의 뒤틀림 때문에 생기는 것이 아닙니다. 그들을 위한 치료는 성적 에너지의 균형을 논하는 것으로는 그 언제나 부족할 것입니다. 그런 성적 에너지를 조절하는 것으로는 그 무슨 치료가 가능할 것 같지 않습니다. 저들 정신적 긴장과 갈등을 심하게 겪고 있는 이들에게 필요한 것은 치료가 아니나 그 스스로의 치유이어야 될 것입니다. 내 몸이라는 것에는 다른 이의 넋이 깃들어 있는 것을 깨닫고, 그것을 바르게 알아채고, 그로부터 내가 나를 다스릴 수 있어야 하기 때문입니다. 그 넋이라는 것은 단순한 넋이 아니라, 한 넋에 다른 넋들이 켜켜이 쌓여진 상태의 조상 넋일 것입니다. 열반에 들지 못한 그만큼의 윤회와 환생의 침전들이 나이테처럼 쌓여진 결과로서의 넋이 될 것입니다. 지금 환생을 기다리는 넋은 자기보다 먼저 살다 간 그와, 그녀, 그들의 넋이 섞이고 섞여 내 몸이라는 생명으로 잠시 동안을 위해 거듭난 임시적인 넋일 수밖에 없기 때문입니다. 내 몸이라는 것은 다른 이들과의 깊은 인연 그 자체일 뿐입니다. 인연들의 총체가 지금의 나라는 몸으로 변한 것입니다. 인연들을 만들어 온 사슬들과 고리들은 사람뿐만 아니라, 크게, 그리고 넓게 다시 생각하면 생명을 가능하게 만들어 준 먹거리 식물과 동물들, 그리고 자연 그 모두들이 포함되어 있기 마련입니다. 그래서 사람의 해방뿐만 아니라 동물의 해방도 필요한 것입니다. 모든 동물은 평등하기 때문입니다. 사람이 쥐보다 더 우월해야 될 정신의식적 이유가 없습니다. 피터 싱어 교수의 『동물 해방』을 읽으면 그것을 이내 알아차리게 됩니다. 이 몸은 그 언제 또다시 다른 몸이 되어 자연 속에서 서로에게 필요한 하나의 인연을 이루게 될 것이기에 성적 에너지 불균형을 다루는 서양인들의 프로이트식 정신분석학적인 이론과 그 틀거리의 심리치료기법으로서는, 나라는 존재가 겪고 있는 여러 가지 정신적인 어려움이나 문제에 대해 의미 있는 진단이나 의미를 만들어 내며 제 자신에 대한 치유를 제대로 제시할 수 없을 것입니다. 내 몸이라는 것은 바로 수많은 인연들의 집합이라는 집단무의식의 결과이니, 내 몸에 그 무슨 문제가 있어 그것을 해소하기 위해서는 집단무의식과 자연과의 인연이 가미된 이해가 먼저 필요할 것이기 때문입니다. 그 이해는 나로부터 시작되는 나에 대한 나의 치유이어야 할 것입니다. 그래서 관과 행을 그것의 방법으로 처방하는 것입니다.

『티베트 사자의 서』에서 보여 준 환생의 묘(妙), 즉 인간됨의 근거, 정신분석학적으로, 말하자면 남근선호니 여근원망이니 하는 것을 극복하고 있는 동양인들의 인간됨에 대한 융의 해석이 동양의 지혜가 프로이트가 전제로 하고 있는 성에너지의 불균형 문제, 즉 리비도 문제를 해결하였다고 보고 있는 근거이기도 합니다. 융이 『티베트 사자의 서』와 동양의 민담, 죽음의식을 면밀히 관찰하고 내린 결론이 그것이었습니다. 신들과 영들의 세계라는 것은 사실 내 안, 자기 자신 안에 살아 움직이고 있는 '집단무의식'이라는 것이었습니다. 나라는 존재에 관한 무의식, 그것에 대한 융의 집단무의식적 해석은, 프로이트가 말하는 개인적인 무의식과는 성격이 다릅니다. 프로이트가 바라보는 무의식은 개인이 유아기에 경험한 내용이 의식에 억압되어 형성된 것일 뿐입니다. 그때의 억압은 어김없이 리비도 문제, 즉 성적 에너지의 불균형에 의해 생기는 억압을 말합니다. 그에 비해, 융이 말하는 집단무의식의 원형은 모든 개인의 경험을 초월하며, 개인의 국소적인 경험에 앞서 존재하는 초인격적 본질로서, 모든 개체, 각각의 개체 안에 내재하면서도 동시에 개체를 항상 넘어서는 무의식입니다. 융은 단호합니다. 인간의 무의식에는 프로이트가 말하는 바의 개인적인 차원의 무의식도 있을 수 있지만, 그것보다는 인류의 조상, 인류 이전의 선행 인류, 그리고 더 나아가 동물의 조상이나 그 어떤 초자연적인 현상에 의해 습득된 이미지로 구성되는 집단무의식이 더 중요하다고 봅니다. 인간에게 있어서 집단무의식은 본능과 마찬가지입니다. 그 집단무의식은 세대로 이어집니다. 계기가 되면, 그런 집단무의식은 의식의 층으로 솟구치면서 하나의 형태, 구체적인 현상으로 나타납니다. 집단무의식은 인류의 먼 과거에 대한 기억이 되기도 하지만, 미래를 알려 주는 새로운 의식의 단서가 될 수도 있습니다. 한 나라, 한 문화의 신화, 종교, 철학에 집단 무의식이 상징적인 형태로 표현되고 있다고 보는 융은, 그런 신화를 제대로 읽을 수 있을 때 인간 스스로 자기 이해에 바르게 도달할 수 있다고 봅니다. 융은 집단무의식의 성격을 건축에 비유하며, "집단무의식 구조 안에는 인간 심리의 원형적 건축자재들이 저장되어 있으며, 인류 전체에 집합적 기억이 축적되어 있습니다. 각기 다른 문화와 시대에 있었던 상징물, 이미지, 신화, 신 등이 놀랍도록 비슷할뿐더러 환자의 꿈에 나타난 이미지들과도 비슷하다는 사실은 그 점을 증명해 줍니다."라고 말합니다. 우리들 모두는 인간심리의 원형이라는 각각의 벽돌로 지어진 집단무의식이라는 집 속에서 살고 있기에, 그 집 속에서 제대로 생활하기 위해서는, 살아가는 사람 모두가 집의 구조, 형편을 제대로 알고 그 집을 최대한 활용해야 한다는 것입니다. 개별 무의식은 꿈이나 농담, 실언 등에서 징후를 드러내지만 집단무의식은 꿈이나 신화와 종교 등, 개별 인간의 생산물이 아닌 모든 영역에 침투합니다. 집단무의식은 인간의 예술, 신화, 종교에 기록된 모든 이미지들의 원천이며 마르지 않는 저수지와 같고 그 언제 들어와도 편히 쉴 수 있는 생활공간과 같습니다. 집단무의식이라는 집은 일시적으로 거처해야 하는 장소가 아니라, 그가 살아가는 동안 그에게 지속적으로 영향을 주는 장소이기 때문입니다.

　『티베트 사자의 서』에서 다루는 환생의 문제, 그러니까 한 주검을 통한 새 생명됨의 중요성을 나름대로 이해하기 위해 융이 말하는 집단무의식과 관련시켜 장황하게 이야기했습니다만, 요지는 간단합니다. 개인무의식을 놓고 이야기하면, 프로이트의 처방대로, 신경증이니 뭐니 하는 것이 성적 에너지의 불균형, 성에 대한 불안으로 생긴 것으로 파악하게 되지만, 티베트인들의 무의식과 그 나름대로의 궤적을 같이 하는 정신적 문화권의 사람들에게는 그런 것들이 무관할 수밖에 없다는 점입니다. 집단무의식으로 이야기하면, 그런 성적 리비도의 불균형과 꼬임 같은 것으로 생긴다고 가정하는 마음의 병은 우리네 동양권과는 무관하다는 것입니다. 성적 불균형을 억지로 내세워 성적 균형을 만들어 가며 저들의 마음병을 고치려고 하기보다는, 자연이나 관계들로 이어지는 인연들의 바른 배열과 이해로 저들의 마음을 저들 스스로 치유해 가려고 해야 될 것이기 때문입니다. 마음이 꼬이고, 마음이 허한 사람들일수록 자연을 벗해 몇 시간씩 걷고, 또 걸으며, 생각하고, 또 생각을 거듭하면 고집(苦集)하기보다는 멸도(滅道)에 이르게 되는 것이 바로 우리네들이기 때문입니다. 불가(佛

家)에서는 환생을 그리 탐탁하게 여기지 않는 듯합니다. 환생 이후의 장(場), 그러니까 삶살이를 바로 고집(苦集)의 근원이며, 시작으로 간주하고 있기 때문에, 태어나지 않는 것이 오히려 행복일 수 있는 셈입니다. 나는 저들의 그런 생각에 대해서도 조금은 생각을 달리합니다. 태어나는 것이 고집의 시작이라는 것에도 다른 생각이 있기 때문입니다. 극단적으로 말해, 이 지구상의 모든 사람이 차례차례 죽어가서, 어느 하나라도 환생하지 않으면, 그런 텅 빈 세상에는 그 어떤 선승도 도사도, 불가도, 뭐도 소용없는 짓이며, 그 모든 것이 불가능해질 뿐이기 때문입니다. 그러니, 다시 태어나고, 또 태어나야 합니다. 고집의 존재가 아니라, 멸도해야 될 존재들이기에 태어나는 것이 두려운 것이 아니라, 살아가는 것이 두려울 뿐입니다. 멸도가 쉬운 일이 아니기 때문입니다. 아무도, 한 사람도 존재하지 않는 세상에서는 니르바나도, 열반도 무용할 뿐입니다.

생명은 그 언제나 희망이며 빛입니다. 생명은 창조이며 기쁨입니다. 『티베트 사자의 서』에서 보이는 마지막 단계의 바르도, 즉 시드파 바르도, 말하자면 환생을 찾아 극도로 방황하는 그 단계는 하나의 생명을 탄생하는 단계입니다. 새로운 생명으로 태어나기 위해 새 생명은 이미 그런 성적 에너지의 문제, 남근의 문제, 여근의 문제 같은 것을 이미 모두 다 포섭하고, 경험하고, 이해했기 때문에 가능해진 창조입니다. 물론, 환생은 티베트인의 입장에서는 민망한 일입니다. 첫째로는 죽는 순간 망자가 하나의 빛 속으로 나아가, 열반하지 못한 일종의 우울한 결과이기 때문입니다. 그것보다는 둘째로, 망자의 넋이 부모로 선택한 저들 부모의 모든 성적 유희를 있는 그대로 지켜보고 선택하고, 결단한 결과로 생겨진 생명이기 때문입니다. 살아 있는 동안의 열반은 저들 티베트인들에게 최고로 간주되지만, 반대로 죽어서의 열반은 살아 있는 생명에게는 무의미한 일일 수도 있습니다. 생명은 살아 있는 한, 살아 움직이는 한 의미와 그 가치가 있는 것이기 때문입니다. 살아 있는 동안 살아 있음을 확인해 주는 열반이어야 열반으로서의 의미를 더 가질 수 있습니다. 다행스럽게, 생명에게는 살아 있는 동안 열반의 경험을 할 수 있는 장치가 있습니다. 그것이 바로 임사체험, 그러니까 열반, 순순한 빛으로의 들어감, 니르바나로 표현되는 남녀 사이의 성적 교섭입니다. 남녀가 서로의 성적 교섭을 통해 가능한 더 많은 열반을 체험해야 합니다. 그것을 통해 우세르, 맑은 빛, 밝은 빛을 자신들 각자에게 발해야 합니다. 물론, 명상이나 선정을 통해 이르는 열반과 성적 교섭을 통해 얻어내는 오르가슴으로서의 열반에는 질적인 차이가 있겠습니다만, 모두가 임사체험(臨死體驗)적인 것은 부정하기 어렵습니다. 그러니까 너무 좋아 거의 죽었다 다시 깨어난 것 같은 평안함의 체험과 같다는 점에서 오르가슴이나 열반은 방향이 조금은 다를 수는 있지만, 그 내용이나 질적으로 엇비슷할 수밖에 없습니다. 오르가슴은 살아 있는 자들의 우세르이지만 열반은 죽은 자들에게서 드러나는 우세르일 뿐이기에, 살아 있는자는 살아 있음의 우세르를 택할 수밖에 없습니다. 남녀 간의 섹스라는 활동과 과정이 자기 정화의 수단이며 산물이어야 하는 이유입니다. 이 점을, 스물세 살에 쓴『왜 나는 너를 사랑하는가』로 일약 세계적인 작가로 인정받은 프랑스의 알랭 드 보통은『인생학교: 섹스―섹스에 대해 더 깊이 생각해보는 법』에서 잘 드러내 주고 있습니다. 그는 이성 간의 섹스는, 섹스하는 사람들 자신 각각을 정화해 주는 기묘한 방법이라고 단호하게 묘사합니다. "섹스는 고통스러운 이분법, 즉 우리 모두가 유년기 이후에 익숙해지는 '불결함'과 '순수함'의 이분법에서 잠시 벗어나게 해 줍니다. 섹스는 우리의 자아 중에서 가장 명백하게 더럽혀진 측면을 그 과정에 끌어들이고, 그럼으로써 그 불결한 측면을 가치 있는 것으로 거듭나게 해 주며, 결국 우리의 자아를 정화시켜 줍니다. 그런데 여기서 자아를 정화시켜 준다는 말은 대체 무슨 뜻일까? 구체적인 사례를 하나 들어보자면 이렇습니다. 얼굴, 그러니까 우리 몸에서 가장 공개적이고 고상한 부분인 얼굴을 연인의 가장 은밀하고 '불결한' 부분에 가져다 대고 열정적으로 키스하고 빨고 혀를 집어넣으면서, 상징적으로 연인의 자아 전체를 받아들여 줄 때가 바로 그런 정화의 순간인 셈입니다. 가톨릭 사제가 죄를 참회하는 수많은 고해자의 머리에 순결한 입맞춤을 해 줌으로써 그를 가톨릭교회의 품 안으로 다시 받아들이는 것처럼…."

　물론, 오르가슴은 섹스의 목표입니다. 오르가슴을 느끼기 위해, 남녀가 섹스를 하는 것입니다. 오르가슴을 느끼기 시작하면, 신경의학적으로 여성이나 남성 모두 정신의 연결회로가 닫힌 것을 느끼게 되고 신경계에 과부하가 걸리게 됩니다. 일종의 혼미감이 생기도록 의식을 잡아매고 있던 연결고리들이 급격히 풀리게 되어 자신도 모르게 몽롱한 상태에 빠집니다. 순간적이지만 심장박동 수는 1분당 거의 160회 이상으로 급격히 올라갑니다. 혈압이 두 배 가까이 상승하면서 모세혈관들이 온몸에서 터져나갈 듯한 기분에서 자신 스스로를 주체하기 어려운 지경에 도달합니다. 찌릿찌릿한 쾌감이 온몸을 휩쓸고 지나갈 동안 무의식에 빠져 버립니다. 무의식으로 빠져버리는, 빠져들어 가는 그런 순간이 바로 살아 있는 사람에게는 임사체험의 순간이고, 맑은 빛이 드러나는 순간, 기쁨의 극치를 맛보는 찰나가 되는 순간입니다. 『티베트 사자의 서』에서는 환생을 열반의 기회로 설정하고 있지는 않지만, 우리네 속담대로 죽어서 천당보다는 돌밭 이승에서라도 사는 것이 나을 수밖에 없는 이치입니다. 사람으로 환생하여 부부의 연을 만들어 간다는 것은 신이 부여한 일상적인 섹스의 기능을 통해, 열반의 감정을 느끼게 된다는 그런 뜻이기도 합니다. 그것을 도덕적으로 비난해야 될 이유가 없습니다. 섹스는 생명이지 도덕이 아니기 때문입니다. 새로운 생명의 탄생, 말하자면 환생을 통한 새로운 생명의 잉태는 그런 섹스의 열반을 통해야만 가능해지게 되어 있습니다. 그러니까 남녀 간의 사랑은 서로가 제대로 그것의 의미를 의식하고 즐기면, 그것은 항상 사람에게 살아 있음과 죽음이라는 이중적인 기쁨을 주는 순간이 될 수밖에 없습니다. 살아 있는 자들에게는 순수한 빛인 열반을 얻어낼 수 있는 생명됨의 기회와 희열의 순간이 되는 것이고, 어차피 죽은 자들에게는 새롭게 살아감을 위한 환생과 탄생의 유일무이한 절대적인 기회가 되는 것입니다. 『티베트 사자의 서』는 죽은 자들을 위로하라는 단순한 의미만을 담고 있는 그 무슨 장의용 주문서 그 이상으로 새롭게 읽혀져야 합니다. 이 책은 오히려 산자들을 위한 책, 살아 움직이는 생명과 저들의 삶에 대한 지혜서로 읽혀져야 합니다. 『티베트 사자의 서』가 살아 있는 생명인 우리에게 시사하는 한 가지 점은 아주 뚜렷하고 분명합니다. 살아 있는 동안 그 누구든 미리 죽음을 제대로 준비하지 못하면 죽어서도 똑같은 혼돈과 어려움에 빠지고 만다는 점입니다. 그렇게 되면 이미 죽어간 넋, 그러니까 지상에서는 생명을 잃은 영혼들은 자신이 죽었습니다는 사실을 차마, 기꺼이 받아들이지 못하고 그냥 미망에서 헤매게 될 뿐입니다. 죽어서조차도, 살아 있는 동안 그렇게 버둥거리던 그 삶에 대한 헤맴이, 죽어서도 그대로 지속되어 무명(無明)과 암흑의 혼돈 속에서 한없이 헤매게 된다는 점입니다. 그것은 어디에 살든지 그저 혼돈과 혼란의 연속이 될 뿐입니다. 사후세계와 이승의 삶은 서로 의식의 형태만 변했을 뿐, 헤맴과 혼돈, 그러니까 고집(苦集)의 본질은 다르지 않게 되고, 그로부터 죽음을 생각하지 않은, 죽음을 미리 준비하지 않은 삶은 끝내 온전할 수 없게 됩니다. 『티베트 사자의 서』가 우리에게 말하고 있는 것은 죽음에 대해 아직도 그렇게 깨닫지 못한 사람들에게는 죽음의 순간이야말로 열반과 환생의 순환고리에서 영적으로 해방될 수 있는 마지막이며 유일한 기회라는 교훈입니다. 맑은 빛으로 이끌려 가면 열반이 되는 것이지만, 그렇지 못하면 다음 생(生)이 결정되는 순간이 되는데, 저들 티베트인의 심성에는 환생은 바로 고집의 새로운 시작일 뿐입니다. 그렇기에 바르도, 즉 죽음과 삶 사이의 중유(中有)적인 체험, 그러니까 삶도 아니고 소멸이라는 죽음도 아닌 그 경계선상의 중간적 체험은 육신을 가지고 살던 때보다 더 중요하게 자신의 운명을 결단해야 될 단계가 될 수밖에 없습니다. 그런데 이 단계에 이르면 망자의 넋이 자기가 원하는 대로 이룰 수 있는 것은 한 가지 이외에는 없습니다. 열반으로 가는 것을 제 힘으로는 어찌 해 볼 수도, 그렇다고 살아서 해 보았던 것처럼 꾀를 써서 해낼 수도 없기 때문입니다. 자신이 제아무리 그렇게 하고 싶어도 망자의 힘으로는 열반에 들어갈 수가 없는 노릇입니다. 육신으로 이승에서 이렇게 저렇게 살아갈 때부터 제 온몸에 배인 삶의 얼룩이며, 혼탁할 대로 혼탁해진 마음이기 때문입니다. 망자의 넋은 다만 환생의 기회를 갖게 될 뿐입니다. 그러니, 다시 환생한다면 열반하기 위해 결단코 맑은 빛, 순수의 빛으로 끌려 들어갈 수 있는 준비를 해둬야 합니다. 살아 있는 동안 더 열심히 고집(苦集)보다는 멸도(滅道)의 길로 들어설 수 있도록 자신을 연단해야 합니다. 자신을 제대로 끊임없이 닦아내는 일이 필요합니다만, 그것이 세상현실 속에서는 결코 쉬운 일이 아닙니다. 그러니 열반을 욕심내는 망자에게는 열반이, 맑은 빛으로 끌려 들어가려는 노력이 언제나 무망(無望)하고 덧없는 일처럼 여겨질 뿐입니다. 그렇다고 멸도하지 못해 맑은 빛으로 이끌려 가지 못한 것에, 열반에 들지 못하는 것에 그리 크게 낙담하거나 화를 낼 이유는 없을 듯합니다. 환생을 통한 새로운 또 한 번의 기회가 이제 자신 앞에 놓여 있기 때문입니다. 선택과 결단을 잘해야 합니다. 더 중요한 것은 생명으로 다시 태어나서 자신이 해내야 될 자기관리능력입니다. 사랑할 수 있는 사람과의 더 짙고 깊으며 기쁨을 주는 사랑을 통해 열반이 살아 움직이는 현실임을 체험하며 온몸으로 깨달아야 하는 이유이기도 합니다. 자기가 새롭게 만나야 될 다른 사람들, 다른 것들과의 의미 있는 새로운 관계들을 행복의 인연으로 받아들일 수도 있습니다. 그것들을 통한 멸도의 길을 준비하는 새로운 삶의 여행을 준비해 볼 수 있는 새로운 기회가 환생의 출발점입니다. 그러니 죽음은 끝이 아니라 시작인 셈입니다. 다시 살아볼 만한, 다시 살아갈 만한 일이 될 수밖에 없게 되니, 저는 『티베트 사자의 서』가 쓰일 그 당시의 암울했던 티베트인들의 가슴에 담겨 있던 그 심정과는 달리, 망자들의 환생은 비운이 아니라, 또 다르게 시작되어야 할 행운이며 행복의 원초라고 생각합니다. 또다시 시작하는 생명과 삶, 그것을 의미 있게 시작해야 되는 이유이기도 합니다.

다시 주장하지만, 『티베트 사자의 서』의 내용에 정신문화적으로 친숙한 동양 사람들, 그러니까 저들과 종족상 무의식을 공유하는 한국인인 저는 한평생 살아오면서 성적 에너지의 불균형이나 꼬임에 대한 콤플렉스를 가졌던 적이 없습니다. 우랄 알타이 인종의 피와 무의식을 그 어떻든 간에 공유하는 동양인들은, 프로이트의 견해와는 전적으로 달리, 원초적으로 환생에 대한 콤플렉스(Reincarnation Complex)를 갖게 될 수밖에 없습니다. 말하자면, 사람으로 다시 태어난다면, 또다시 저승에서 지금처럼 열반에 들 수 없을 정도로 사악해지지나 않을까 하는 데 대한 두려움이나 회의, 혹은 미리 겁먹음을 갖고 이 세상으로 다시 출현하는 것입니다. 사람의 한평생, 그리고 사람의 운명은 그 어떤 유일무이한 신의 명령이나 그의 뜻으로 결정되는 것이 아닙니다. 인간의 한평생에 숙명 같은 것은 없습니다. 그런 것도 필요하지 않습니다. 우연도 있을 수 없습니다. 우연처럼 보이기는 하지만 그것의 속내는 끝내 인연이고 필연입니다. 일하지 않고 놀고 있으면 굶게 되는 것이고, 굶으면 배가 고프게 되는 것처럼, 모든 것은 인간의 행위, 내가 벌여 놓은 카르마(Karma), 그러니까 업(業)에 의해 빚어진 것일 뿐입니다. 그러니, 환생의 순간 저승, 영계(靈界)에서 열반에 들기 위해, 아니면 죽어 없어진 자신의 몸으로 다시 되돌아가려고 몸부림깨나 쳐봤던 망자의 혼(魂)으로서는 나름대로 불안할 수밖에 없습니다. 다시 태어나 지난번의 이승에서의 삶과는 다른 삶, 그러니까 열반으로 나아갈 수 있는 올바른 삶, 그것을 위해 자신을 위한 자신만의 연단(鍊鍛)을 어떻게 해낼 수 있을 것인가에 대한 원초적인 불안감을 지닐 수밖에 없습니다. 또다시 겪어야 하는 깊고도 원초적인 불안일 수 있습니다.

　윤회사상은 물론 깨달음의 경지 또는 구원된 상태에 도달하지 못한 사람일수록 그 깨달음을 통한 구원된 상태에 도달할 때까지 계속하여 이 세상으로 다시 탄생해야 한다는 불교적인 교의입니다. 윤회와 환생의 가능성과 절연, 그것의 핵심을 요즘 말로 말하면, 한평생 이 세상에서 겪어내는 자신의 삶과 생활 속의 경험이 자신의 발전에 있어서 더 이상 필요치 않는 경지에 도달하게 되면 이 세상으로의 윤회는 일어나지도, 또다시 반복되지도 않게 됩니다. 그런 열반의 경지에 도달하지 못하면 하는 수 없이 다시 이 세상으로 몸을 바꾸어 출현하게 되는데, 그렇게 다시 시작하는 생명의 시작, 말하자면 환생은 새로운 무언가로서 처음 생겨나는 것을 말하는 것이 아닙니다. 그것은 자신을 둘러싸고 있던 것들과의 연결을 새롭게 경신하는 것이며, 그런 인연을 통해 자신을 다시 한 번 더 깨달음의 세계로 나아갈 기회를 얻는 일입니다. 그러니 죽음이라는 것은 몸의 완전한 소멸이나 파괴, 혹은 살아짐이 아닙니다. 그것은 몸이 몸과 마음, 육체와 영혼이 분리되는 것일 뿐입니다. 환생하면, 다시 분리되었던 몸과 마음이 하나가 되어 몸으로 거듭나는 일인데, 그때의 환생은 지난 평생 동안 한 번에 그리고 단박에 이루지 못했던 깨달음에 도달하기 위해 해야 될 자신의 마음 닦기를 의미하게 됩니다. 거듭나는 것은 몸이라는 육체나, 다시 새롭게 거듭나야 될 것은 마음이라는 넋입니다. 몸은 죽으면 흔적도 없이 사라져버리지만, 맘은 영원히 넋이 되어 열반하기 전까지는 무궁하게 이어지고, 이어지게 됩니다. 배움의 공식에서는 말하지 않았지만, 인간이라는 것은 살아 있을 적에는, 몸과 마음으로서의 '맘'을 이루지만, 죽어버리면 육체는 소멸되고 마음, 한마디로 '맘'만 남게 됩니다. 그렇게 홀로 남아 열반하려고 준비하거나 환생하려고 준비하는 상태의 마음을 영어로는 스피릿(Spirit), 한자로는 혼(魂), 혹은 영(靈), 우리네 말로는 넋이라고 부르는 것입니다. 일상적으로는 마음이나 넋이나 모두 엇비슷한 말로 쓰일 수 있습니다. 다시 말해서, 넋은 환생되어 열반에 이를 때까지 지속적으로 이어지는 마음의 누적물 같은 것이나, 마음은 환생 후 새롭게 생겨나는 것입니다. 넋은 마음 위에 마음이, 그 마음에 새로운 마음이 다시 덧씌운 상태를 말하는 것입니다. 여기서 중요한 것은, 망자의 넋이 열반에 들지 못하고 윤회의 순리에 따라 환생할 수밖에 없다는 것입니다. 자신의 넋이 다시 생명을 받아 몸으로 되살아나 사람으로서 호흡하고 활동한다고 해도, 그 몸의 원초적인 짝꿍인 자신의 그 넋이 죽기 이전의 맘과 똑같은 행실을 한다면, 그러니까 환생으로 통한 새로운 생명을 받기 이전, 훨씬 그 이전의 그 과거의 맘처럼 혼탁하고 어지럽히는 일에 물들여지면, 그가 다시 죽어서 열반의 빛으로 들어가기는 영원히 불가능할 수밖에 없을 뿐입니다. 그전과 똑같이 육체라고 하는 몸이 환생 이전의 넋에 의해 더럽혀져 또다시 고집(苦集)덩어리로 되어버렸기 때문입니다.

환생의 의미를 일상으로 받아들이며 살아가는 사람들이 체득해야 될 것이 무엇인지를 알아차리기 위해서는, 설악산 신흥사의 큰 어른인 오현 스님이 우리에게 건네는 강론이 크게 도움이 될 수 있습니다. 『팔만대장경』의 핵심내용을 몇 마디로 요약하면 '남의 눈에서 눈물 나게 하지 마라.' '사람 차별하지 마라.'는 것이라고 촌철살인의 혼기를 보여 주는 오현 스님은, 요즘 같은 세상을 어떻게 살아야 제대로 살아가는 것일 수 있느냐는 질문에 그의 답은 단순합니다. 그저 매일같이 윤회하는 삶을 살라는 권유이기 때문입니다. 윤회의 삶이 무슨, 어떤 삶이어야 하는지를 그는 이렇게 가르칩니다. "난 윤회라는 게 죽어서가 아니라 살아서 윤회(輪回)를 받는다고 생각해. 그러니 살아 있는 한순간 한순간이 중요한 거지. 일일일야 만사만생(一日一夜 萬死萬生), 하루 사이에 만 번 죽고 만 번 사니, 얼마나 열심히 살아야 되겠어?!" 윤회 그러니까 이런 삶, 저런 삶의 생명으로 되돌아 나온다는 그 환생, 환생한다는 것은 다시 죄짓기 위해 태어나는 것이 아니라, 매일을 부처같이 열심히 살아야 한다는 삶에 대한 제 말로 말하면, '본실(本實)'적인 처방인 셈입니다. 이렇게 나라는 존재, 열반에 들기 전까지 끊임없이 새 생명과 또 다른 새 생명으로 이어질 수는 있는 환생과 환생을 거치게 될 수도 있는 나라는 존재는, 오해의 덩어리가 될 수도 있습니다. '나'라는 것이 존재한다는 것은 이미 오해 또는 잘못된 관념일 수 있기 때문입니다. 나라는 것은 환생과 환생의 침전물이기에 나라는 것은 항상 임시방편이었을 뿐입니다. 새 생명으로 환생 후 잠시 살다 간 생명이기에, 원초적으로 '나'라는 것은 '나'에 대한 잠시 동안의 생각일 뿐일 수도 있습니다. 그렇게 나의 생명됨을 추적해 들어가면, 마침내 영적 신비주의가 좋은 삶을 위해 필요하다고 내세우는 니르말라(Nirmala)가 『나는 없다』에서 말하는 것처럼, '나'는 한마디로 거짓이고 환상에 지나지 않게 됩니다. 그러니 이런 '나'를 붙들고 뭔가를 한다거나 더 낫게 만들려 애써 봤자 헛수고일 따름입니다. 어떤 것을 느끼거나 생각하거나 욕망하는 것도 '내'가 아니기는 마찬가지입니다. 심지어 고통도 '내 것'이 아니며, 심오한 영적 깨달음조차 '내 것'이 아닙니다는 말에 공감하게 됩니다. 그는 다시, "'나'라는 것은 진실과 정반대되는 모든 특성을 가지고 있습니다. '나'는 한마디로 거짓입니다. 우리는 '나'라고 부르는 이 정교한 건축물을 자신이 생각하고 느끼고 욕망하고 지각하는 것으로 짓습니다만, 그것은 모두 만들어낸 것입니다."라고 말합니다. 환생으로 새 생명을 받은 내가 나를 보게 되는 것은 틀림없이 내가 맞이해야 될 일이지만, 나라는 존재의 연원을 파고 들어가면, '나' 또는 개별 자아가 존재한다는 것 역시 환상입니다. 없는 것을 있는 것처럼 내 스스로 나를 속이고 있는 일일 뿐입니다. 인연의 끈으로 만들어진 생명이 바로 지금의 나라는 존재이지만, 그 존재는 지금 있는 내 생명에 관해서만 입니다. 나라는 존재환상에서 깨어날 때 우리는 비로소 고통에서 벗어나 온전한 자유를 누리게 될 수 있는 것이니, 내게 필요한 것은 역설적으로 '참나'에 대한 바른 앎 하나일 뿐입니다. 참나가 되기 위해, 참나를 만들어 내는, 참나에게 의미를 부여하며 그것이 내 생명이 되어야 하는 일이 필요합니다. 참나를 만들어 가기 위해서는, '우리 자신이 바로 모든 것의 근원', 그리고 생명됨의 힘임을 깨달아야 합니다. '나'라는 존재는 내 스스로 내 이미지라고 부르는 것을 만들기 위해, 나에게 덧씌운 수많은 기억들일 뿐입니다. 그렇습니다. '나'라는 것이 하나의 이미지일 뿐이라는 것이 정확한 표현인데, 그 '이미지'라는 말은, '나'란 '나에 관한 생각들'일 뿐이라는 사실을 잘 나타내주고 있습니다. 내가 생명 있음을 알기 위해서는 모든 나의 기억을 고운 추억으로 만들어 가야 합니다. 나에 대한 추억을 만들어 가기 위해서는 모두가 그 무슨 나라는 존재에 대한 정답을 찾기를 바라는 식으로, 자신만이 영성적인 길을 걸어왔다는 그 생각부터 버려야합니다. '참나'를 찾기 위해서는 답을 찾는 일이 중요한 것이 아니라, 매일같이 내 자신에게, 내 생명됨에게 의미 있는 질문을 해야 하는 일이기 때문입니다. 그 질문, 말하자면 나는 누구인가와 같은 질문과 더불어 어떻게 살아낼 수가 있는가 하는 질문과 그에 대한 신중한 답이어야 참 나를 찾아 나아갈 수 있습니다. 이 질문에서 중요한 것은 내가 그간 열심히 산다는 명목 아래 저질러 온 잘못된 행동, 아직까지 자신 스스로에게 떠올려지거나, 그렇게 자신을 때때로 심리적으로 괴롭히는, 남에게는 공개되지 않은 그런 것들입니다. 자기안의 자신만의 비밀이나 기억들입니다. 중요한 것은 그것을 회상하는 것이 아니라, 그것과 더불어 일상적 삶에서의 반(反)과 추(芻)입니다. 앎이나 기억이나 회상이 아니라 실천, 행동, 그리고 해냄으로써의 성찰과 개조입니다. 어떤 것도 뇌에 기록되는 순간, 기록되는 그 모든 것은 순간적으로 낡은 정보로 바뀝니다. 그것이 앎의 본질이며, 운명입니다. 인간의 뇌는 늘 새로운 정보를 찾습니다. 새로운 자극을 원합니다. 그래서 인간에서 앎이란 언제나 과거에 대한 것이며 과거에 대한 기억일 뿐입니다. 필요한 것, 중요한 것은 지금, 나에게 움직이는 그 추억일 뿐입니다만, 생명은 늘 앎을 초월해서 앎을 앞으로 인도해 주는 힘이어야 됩니다.

3. 학습(學習)거리의 일상

관행은 좋은 삶, 참살이, 행복한 삶을 원하는 사람들이 지니고 다녀야 할 삶의 수단입니다. 좋은 삶을 원하는 사람이라면 당연히 자신의 어제를 뒤돌아보고, 매일을 미리 짚어 보며, 지금의 나에게 앞으로 나아가게 깊이 생각하고, 과감하게 나아가도록 만들어 주는 관(觀)과 행(行)으로 자신의 아침을 시작해야 합니다. 관행하려는 사람은 눈을 뜨면 그 아침을 두 가지 질문과 그에 대한 자기만의 속소리, 내언(內言)으로 그 아침을 맞이해야 합니다. '오늘 지금 이 시간부터 이렇게 하면 나에게 어떤 일이 일어날 것인가?'와 '그렇게 하지 않으면 어떤 일이 일어날 것인가?'라는 질문과 대답에 답해야 합니다. 그런 질문과 대답의 내언, 속마음의 소리가 아주 짧은 시간 안에 이루어져도 무관합니다. 중요한 것은 그런 질문과 대답으로 나의 삶에 필요한 관행을 열어간다는 것이 중요합니다. 좋은 삶을 위한 학습의 일상이 오늘도 내게 있어 주려면, 이렇게 탐구하면 내게 오늘 어떤 일이 생길까, 반대로 이렇게 학습하지 않으면 오늘 내 스스로가 어떻게 될까에 대해 스스로 내언의 질문과 다짐을 해야 합니다. 그러니까 다음 절에서 다룰 '철저해야 합니다.'를 읽으면서, 오늘 내가 그 무엇이든 철저하면 내게 어떤 일이 생길 것인가? 오늘 내가 내 스스로의 일상을 위해 철저하지 않으면 내게 어떤 일이 일어날 것인가에 대해 질문하고 답하며, 내 자신만의 속소리에 터해 지금, 오늘의 나를 위한 좋은 삶, 행복의 윤리, 그리고 참살이의 일상을 만들어 가야 합니다.

1) 철저해야 합니다

배움은 '나'에 대한 의미를 끊임없이 만들어 감으로써, '나' 밖에 있는 나를 '나' 안으로 가져오는 생명 만들어 가기의 활동입니다. 이렇게 정의 되는 배움은, 『논어』에서 이야기하는 학(學)의 개념과는 상당한 거리가 있습니다. 제가 배움이 무엇인지에 대해 관심을 갖게 된 것은, 『논어』의 첫 시작인 학이시습지 불역열호라는 어귀에 감탄함과 동시에 그것에 대한 내 마음에 파고들기 시작한 원론적인 의문 때문이었습니다. 이미 제가 발표한 『생(生)의 가(痂)』『생의 과(過)』그리고『생의 유(癒)』에서 잇대어 설명했지만, 학(學)의 중요성을 강조한 저들 성현들이 한결같이 학(學)의 중요성, 학의 당위성, 학의 현실성에 대하여 주옥같은 생각들을 펼치고는 있지만, 실제로, 학(學)이라는 것이 무엇이며, 다시 말해서 학의 정체가 무엇인지에 대해 구체적인 설명은 없었습니다. 학의 당위성이나 중요성이 어떠하든 간에, 학에 대한 분명한 파악이 제게 더 절실했었습니다. 개념 파악이 제대로 되어 있지 않은 상황에서 학(學)의 본질을 파악하거나 이해했다고 이야기할 수가 없었기 때문입니다. 공자가 말한 학(學)에 대해 수많은 현대 연구자들이 학(學)이란 무엇인가를 연구하겠다고 하고 나선 후에는, 학에 대한 공자와 그를 쫓는 유학자들의 주옥같은 말씀들에 짓눌려, 끝내 학(學)이란 굉장한 것입니다라는 식의 다단계 감탄사로 끝나는 보고서들을 만족하는 현실이 오늘의 우리 학계입니다. 이미 수천 년을 그렇게 지내왔던 것이니, 학에 대해 문제를 제기하는 그 자체가 이상하게 보일 법도 했을 일입니다. 그런 것을 목도한 저로서는 서너 가지 의심을 더 갖기 시작했습니다. 먼저, 저들이 말하는 학(學)을 우리네 말로 배움이라고 번역하는 것이 정말로 정당한 것인지에 대한 의구심이 들었습니다. 저들이 쓴 한자인 학(學)을 어째서 우리는 배움이라고 불러왔는지에 대한 궁금증이 먼저 일었습니다. 한 나라의 말이 다른 나라 말로 번역될 때에는 그럴 만한 사정이 있게 마련인데, 학(學)에 대한 번역사정이 무엇일까 하는 의심에 제 생각이 미쳤습니다. 이 문제를 풀어나가기 위해서는 제 지력의 역량에 한계가 있어서 그만두는 수밖에 없었습니다. 대신, 우리가 그 옛날부터 배움이라는 말을 자연스럽게 일상적으로 써왔는데, 그런 배움이라는 단어는 우리의 의식을 결정하는 문명적인 조건이나, 환경과 무관할 것 같지가 않았습니다. 그것을 파헤치려면, 우리의 조상들이 지녔던 여러 가지 문명과 역사적 조건들을 차근차근 따져 봐야 될 것 같았습니다. 그것을 따져 보려면,

우리 문명에 대한 문화인류학적인 고찰이 필요한데, 그러려면 우리 한국인의 무의식 말하자면, 무속의 원류를 따지는 일도 필요할 것 같고, 몽골이 고구려의 후예라고 이야기하는 전원철 박사의 『고구려—발해인 칭기스 칸』 같은 책도 온전하게 이해해야 하는데, 현재의 제 지력으로는 무리수였습니다. 그런 일은 나중에 더해야 할 과제로 남겨 두고, 학(學)에 대한 본질을 파헤치기 위해 필요하다고 생각되는 이것, 저것과 그것에 대한 한계를 고려하다 보니, 끝내 다시 내게 가장 큰 의문은 도대체 학(學)이란 무엇인가? 학을 강조한 공자의 생각에서 그가 말한 학은 정말로 무엇을 말하는 것인가에 대한 의문으로 되돌아오고 말았습니다. 이것은 『논어』의 이런저런 내용을 이야기하면서, 정자(程子) 선생이 언급한 '논어무이해사정'과도 무관하지 않습니다. 즉, 사람들이, 학자들이 『논어』를 읽었다고는 하지만 아직껏, 그것을 읽지 않은 사람과 다를 것이 없고, 읽은 후라고 하더라도 그 역시 아무것도 깨닫지 못하고 있다는 그의 진솔한 깨우침에서 다시 한 번 더, 공자가 말한 학(學)이 무엇인지를 내 나름대로 곱씹어 보게 만들었습니다. 공자가 『논어』를 통해 말했던 학이란 무엇인가라는 설명에서 제가 원하는 것은 일반적인 답들과는 다른 그 무엇이었습니다. 학(學)하고 습(習)하면 즐겁다든가, '사람이 되려면 학(學)이 필요하다.'라든가 하는 그런 서술어 같은 것이 필요했던 것이 아닙니다. '학이란 이런저런 것입니다.'라는 일반적인 서술이 필요로 했던 것이 아니라, '학(學)의 본질은 이런 것입니다.'라는 학의 핵심을 파헤쳐 주기를 바라는 마음이었습니다. 그러니까 원숭이 궁둥이는 빨개, 빨가면 사과, 사과는 맛있어, 맛있으면 바나나, 바나나는 길어, 길으니 기차, 기차는 빨라, 빠르니 비행기, 비행기는 높아, 높으니 그런 식으로 말놀이를 원했던 것이 아닙니다. 제가 원했던 것은 어쩌면, 철학이 무엇인지에 대해, 길거리 관상쟁이들에게 열거해 보며 그들의 잡스러운 이야기로 철학의 본질을 이해하라고 설명해 주는 것보다는, 차라리 철학은 삶살이를 밝게 해 주는 학문입니다라는 식으로 정의해 주는 것이 더 났다고 생각했던 사람입니다. 그러니까 제가 동양철학자들의 입을 통해 학(學)의 본질이 무엇인지에 대한 개념 파악을 원했던 것은, 마치 철학자들에게 철학이 무엇인지에 대한 개념 파악을 기다렸던 것과 크게 다를 것이 없었습니다. 철학자들에게, "철학이라는 말은 일본인들이 서양인들이 쓰던 단어인 필로소피(Philosophy)를, 자기들의 사회적이고도 지적인 사정을 고려하여 번역한 것으로 원래는 고대 희랍어 필레인, 즉 사랑합니다와 소피아인 혜의 합성어로서, 직역하면 '지혜를 사랑한다.'라는 의미를 지니고 있습니다. 지혜를 사랑하는 것은 철학이라는 말을 처음 썼다는 피타고라스의 말처럼, 신(神)의 행동처럼 고상하며, 자유로운 행동을 말합니다. 사람들이야 신과 다르기에, 인간들에게 있어서의 지혜는 자신의 삶, 일상생활에서 필요한 실용지식을 포괄하는 넓은 의미에서의 세상을 관하고, 행하는 데 요구되는 알아챔과 일구어 나감의 슬기와 용기 같은 것을 지칭합니다. 이런 슬기는 앎과 깨달음을 두려워하지 않고 사랑하는 관행의 출발점이 되며 앎과 깨달음에 대한 슬기는 문자가 없는 사회에서도 어김없이 발견되는 것으로서 저들의 인생관, 가치관, 세계관의 토대로 작용한다는 식의 개념 파악 같은 깊은 지혜가 발견된다."라는 식의 그 누구와 같은 개념 파악처럼, 학(學)을 논하는 저들에게 학(學)에 대한 그런 개념 파악을 기대했던 것이 사실입니다만, 저는 안타깝게도 저들로부터 그런 답, 그러니까 학(學)의 본질에 대한 명료한 설명이나 지적으로 만족할 만한 답을 얻어내지 못했습니다.

일이 이렇게 되면, 제게 돌아올 질문은 뻔합니다. 학(學)을 당신은 무엇으로 파악하고 있느냐고 제게 물어 올 것이 뻔합니다. 저는 일단, 저들이 말했던 학(學)은 설령 배움이라는 우리네 말로 번역이 되고 있기는 하지만, 그것은 끝내 우리가 말하는 배움을 구성하는 한 가지 요소일 뿐이라는 생각에 이르게 됩니다. 제가 말하는 배움이란, 수없이 반복해서 이야기하지만 생존을 위해 필요한 생명존중, 탐구력, 자기 연단의 (총합적인) 힘을 말하기에, 저들이 이야기하는 식의 학(學)에 관한 생각을 넘어섭니다. 교육의 핵심은 배움인데, 그 배움은 각자의 생존을 위해 활용되는 생명/탐구/연단의 총화를 의미합니다. 배움의 한 요소로 작동하는 탐구는 바로 익힘과 만듦, 즉 습(習)과 작(作)으로서의 습작을 의미하는데, 이 습작 활동을 우리는 그동안 학습(學習, Learning)이라고 그냥 편하게 불러 왔던 것입니다. 그러니까 저로서는 학습은 결코 우리가 말하는 배움을 대표하는 통(通) 개념, 혹은 본질적인 핵심개념이 될 수 없다고 본 것입니다. 그래서 저는 제가 말하는 배움은 저들이 말하는 소위 인지 발달(認知發達, Cognitive Development), 인지개발수단으로서의 습(習)과는 개념적으로 다르다고 본 것입니다. 저들은 저들이 말하는 학(學)을 영어로 표현한다면 러닝(Learning)과 같은 말로 쓰지만, 저는 저들이 말하는 러닝(Learning)과 제가 말하는 배움은 속성이 다른 것이기에, 배움을 영어로 군이 써야 한다면 저는 에루디션(Erudition)이라고 쓰고, 학습을 상징하는 러닝(Learning)이라는 단어와는 본질적으로 그 뜻이 달라야 한다고 본 것입니다. 이미 알아차리셨겠지만, 학습으로서의 러닝(Learning)은 배움을 상징하는 것이 아니라, 배움을 위한 하나의 아래 영역이며 배움을 위한 하나의 사소한 방법인 습작활동에 속할 뿐입니다.

　학(學)을 습작이라는 개념으로 정리하고서도, 아무런 불편을 느끼지 않은 저들은 배움과 학(學)을 동일시하고, 배움을 서양식의 러닝(Learning)으로 제한해서 받아들이는 사람일 것 같습니다. 저는 다시 강조하지만, 배움과 학습은 서로 다른 개념이라고 봅니다. 영어로 구분하자면 배움은 에루디션(Erudition), 학습은 러닝(Learning)으로 갈라집니다. 사실, 배움을 에루디션이라고 간주한 것은 그렇게 하게 된 사연이 있습니다. 흔히 외국, 특히 영미권에서 학위를 하고 귀국한 사람들은 그곳에서 깊은 반추 없이 가르쳐 주는 대로, 그리고 익힌 대로 영어나 외국어 개념을 우리의 관습에 가장 적합한 단어를 골라 번역을 해서 소개하는 것이 일반적인 일입니다. 말하자면, 스쿨(School)을 학교로, 에듀케이션(Education)을 교육이라고 우리말로 번역하곤 합니다만, 에루디션의 경우는 정반대였습니다. 배움이라는 우리 토박이 개념을 외국인들에게 이해시키기 위해, 우리가 생각하는 배움의 개념에 가장 근접한다고 판단한 외국어로서 에루디션(Erudition)을 선택한 것입니다. 제가 배움의 외국 번역어로서 에루디션이라는 단어에 집착하게 된 것은 서양의 고전을 읽다가 그 고전들로부터 그 어떤 감과 의미를 받게 되었기 때문입니다. 서양의 중세 암흑기 이전, 인문학의 한 장을 장식한 생활의 철학자, 삶의 철학자들은 모두가 자기 스스로 자신을 도닥거리며 새로운 지혜를 얻어내기 위해 요즘 말로 말하면 자기 지향적인 깨우침과 자기 주도적인 학습의 달인들이었습니다. 어쩌면, 소크라테스가, 제가 말하는 배움의 원형이며 배움의 멘토라고 볼 수도 있습니다. 제정 로마시대의 세네카에 이르면 생명의 경외, 지속적인 탐구, 그리고 자기 단련에 대한 열망으로서의 에루디션에 대한 실천은 최고조에 달합니다. "아무도 오랫동안 가면을 쓰고 있을 수는 없습니다. 위장을 벗어버리는 일이 곧 자기의 자연으로 돌아가는 법입니다."라고 『인생론』에서 절규하는 세네카가 지닌 일상의 예지와 철학은 자신의 마음을 진정하여 죽음을 생각하고, 인간의 일상에서 일어나는 것들을 피하지 않고 과감하게 받아들여, 끊임없이 자신과 대화하며 자신의 영혼을 고결함으로 채우는 것이었습니다. 이것을 위해 그 스스로 현학적인 좁은 윤리학을 넘어서 넓은 철학, 즉 자연학도 포함하는 배움이, 삶의 길이라고 피력한 바 있습니다. 그는 자신의 목숨까지 자기의 제자이며 동시에 주군인 폭군 네로에게 건네주며 말합니다. 모든 종교적 원칙이나 신조, 일정한 틀 속에 갇혀 융통성이 없고 사리에 어두워 헛수고가 되지 않게 자기를 연마하는 것이 삶의 길이며, 그런 지혜의 깊이를 더해 가는 것이 자신의 배움을 완성해 나가는 길이라고 타이르고 있습니다. 그는 제논이나 에피쿠로스의 생각을 따르는 스토아 철학자답게, 이 세상 사람들이 열광하는 그런 명성이나 영예, 지위나 재산 등에 매달리는 덧없는 욕망으로부터 벗어나라고 충고하며, 사람마다 자신이 단련해 온 올바른 운명을 달게 받아들이려면, 자기 스스로 자신의 운명에 대한 강렬한 사랑이 없이는 불가능하다고 말한 바 있습니다. 저는 그런 세네카의 인생에 대한 예지를 통해, 내가 원했던 우리네 배움의 또 다른 형식이 저들 세계에서 선각자들이 보여 주었던 '에루디션'과 크게 다르지 않다고 보았기에, 우리들에게 일상인 배움을 저들처럼 에루디션이라고 번역했던 것입니다. 그리고 제가 배우는 인간이라는 『호모 에루디티오(Homo Eruditio)』라는 책을 1999년에 출간했는데, 마침내 2012년에는 미국 세계 예술 및 과학 아카데미(The World Academy of Art & Science)에서, 세계 처음으로 전문학술지로서 「에루디티오(Eruditio)」를 발행합니다. 이 학술지는 세계 각국에서 올라오는 배움에 관한 다학문적인 학술논문을 취급하는 전문학술지입니다. 제게도 초간본을 보내주어 소장하고 있습니다. 그러고 보면, 저들이 그 옛날부터 자기 주도적인 자신의 인생을 개척해나가는 방식으로 활용해 온 배움으로써의 에루디션이라는 개념은, 단순히 기계적으로 갖가지 정보를 익히거나 받아들이는 방식의 학습, 즉 러닝(Learning)과는 서로 다르게 일상생활에서 써온 것으로 볼 수 있습니다. 급히 말하지만, 러닝(Learning)으로서의 학습은 인간의 의식을 총합적으로 지배하고 있는 개념으로서의 배움인 에루디션(Erudition)을 위한 하나의 아래 영역이며, 배움을 위한 구체적인 기술과 기능일 뿐입니다. 러닝, 그러니까 학습의 쓰임새를 기형적으로 강조하고 그것의 작용을 기대 이상으로 부풀리면 바로 오늘날의 기형적인 학교현장과 같이하게 되는 것입니다. 입시를 위한 학교교육, 이것을 한마디로 정리하라고 하면 입시훈련이 되는데, 입시훈련은 배움을 말하는 개념이 아니라, 학습의 부작용을 상징하는 개념일 뿐입니다. 학교교육은 입시훈련이 아니어야 합니다. 입시는 학교교육의 한 형편일 뿐이지, 학교교육을 대표하는 기능이 아닙니다. 학교교육의 핵심은 배움에 있습니다. 배움은 입시를 위한 학습훈련이 아닙니다. 오늘날 우리 교육현장을 이토록 혼탁하게 만들어 놓게 된 것은 학교가 우리네 의식을 지배하는 배움이 아니라, 배움의 한 수단인 학습, 그러니까 무엇이든 익히고 만들어 봐야 한다는 학습으로써의 습작에 과잉했던 결과이며 그것의 부작용이라고 보여지기도 합니다.

　제가 보기에 유가(儒家)들이 한결같이 말하고 있던 학(學), 그러니까 『논어(論語)』의 「학이(學而)」편을 통해 드러나 보였던 그 학이시습(學而時習)의 장면, 그 웅대한 학습(學習)과 습작(習作)의 장면은 우리말에서 말하고 있는 배움과 같은 뜻을 지닌 말이 아니라고 생각합니다. 저들이 말하는 학(學)은, 관념적으로는 자신의 심성과 학문이 하늘에 닿을 정도로 훌륭한 사람으로서의 성자(聖者)와 같은 이들에 이르는 익힘 같은 것을 강조하는 것입니다. 보통 사람들이 범접할 수 없는 특수한, 특별난 행위로서의 학(學)은 보통 사람들을 포함한 모든 이들을 위한 보편적인 배움을 말하는 것이 아니라는 것이 제 생각입니다. 저들의 학은 저들을 위한 특수한 범위와 특별난 조건을 충족시키기 위한 강론(講論)으로서의 익힘을 말하는 것일 뿐입니다. 동시에, 저들이 말하는 학(學)은 우리에게는 친숙한 지적인 수월성, 그러니까 인지적(認知的) 기능을 개발하는 수단을 말하는 것이기도 합니다. 당시 저들 유생들이 말하던 학(學)과 제가 말하는 배움 간의 개념적인 구별이나 차이는 학(學)에 대한 공자(孔子)의 생각과 노자(老子)가 생각하는 학(學)이 서로 다른 궤적을 그리고 있기에, 학(學)의 성향에 대한 두 사람의 입장은 서로 엇갈릴 수밖에 없습니다. 노자(老子)는 『도덕경』(20장)에서 절학무우(絶學無憂)를 단호하게 이야기합니다. 절학무우는 공자의 입장으로서는 전혀 이해가 되지도 않을 뿐만 아니라, 그것 자체가 성립될 수 없는 노릇입니다. 이때 노자가 말한 학(學), 그러니까 학을 끊는다는 말의 뜻에서 드러난 절학(絶學)에서의 학(學)이 지니는 뜻은, 공자가 말하는 성인(聖人)에 이르는 강론의 그것과는 상당한 거리감이 있습니다. 문자 그대로, '학'을 끊으면 근심이 없어진다라고 흔히 해석되는 절학무우라는 노자의 말은 해석하는 사람에 따라 이해가 달라집니다. '학(學)'을 그만두면, 근심이 없어질 것이다라고도 해석하거나, 어떤 이들은 '학'을 끊다라는 말은 도덕경 다른 장, 즉 48장에서 이어지는 문장, 즉 위학일익(爲學日益), 그러니까 배움은 날마다 채워가는 것이고, 위도일손(爲道日損), 도는 날마다 비워 가는 것입니다라는 것과 연관되어, 결국 '학'을 끊다라는 말은 다른 말로 말해 도를 닦아가다라는 것을 달리 표현한 말이라도 의역되기도 합니다. 어떤 사람은 공자는 『논어』에서 '학(學)'의 즐거움을 이야기하는 데 반해, 노자는 학(學)의 괴로움을 역설한 것이라고 해석하고 있는 형편입니다. 저는, 저들 식자들의 논쟁에 끼어들 수 있을 정도로 노자(老子)나 공자(孔子)의 글과 생각에 대한 익힘과 만듦에 대한 식견은 없습니다. 실제로 저들이 현학적으로 하는 어려운 내용들에 대해서는 잘 알지도 못합니다만, 그저 작은 소견으로 판단하면, 노자(老子)가 말하는 절학무우(絶學無憂)에서의 학 역시, 그냥 우리말로 배움으로 받아들일 수 없게 만든다는 점만큼은 확신합니다. 제가 반복해서 말하지만, 제가 말하는 배움은 단순히 익힘과 만듦을 지칭하는 학습을 총칭하는 것이 아니라는 점입니다. 배움이란 생명경외/습작학습/연단훈련을 전체로 묶어 주고 있는 개념이라고 말한 바 있기 때문에, 그 배움은 끊으면 제가 생각하는 배움의 입장에서는 위교/학/일익(爲敎/學/日益)이나 위도일손(爲道日損) 그 자체가 불가능하기 때문입니다. 그러니까 학(學) 다시 말해서, 가르치거나 익히는 것을 많이 하면, 그래서 분별이 늘어나면, 나날이 지식이 늘고, 반대로 도를 닦으면 나날이 줄어든다라는 말이 성립되지 않기 때문입니다. 생명이 없는데, 내가 이미 죽어버리면, 그 어떤 익힘도 가능하지 않으며, 그 무슨 도(道)도 가능하지 않을 뿐만 아니라, 그런 것들이 모두 소용없는 것들이 되어버리기 때문입니다. 결국, 노자가 말하는 절학(絶學), 즉 학을 끊어내다라는 그 말에서 학(學)은 우리말로 배움, 혹은 배우다라는 것을 지칭한다기보다는 그냥 지식이나 정보를 익히(習)고, 그리고 잇대어 무엇인가 소용되는 것으로 만드는(作) 일로서의 온고지신(溫故知新), 그러니까 옛것을 익히고 미루어 새것을 만들어 내는 그런 학습이나 탐구를 지칭하는 말이라고 볼 수밖에 없습니다. 이 점은 위학일익, 위도일손(爲學日益 爲道日損)이라고 노자(老子)가 말한 지식추구로서의 학습과 같은 맥락의 말이 됩니다. 사람이 도를 체득하려는 공부를 위도(爲道)라 하고, 지식을 추구하는 것을 위학(爲學)이라 정리해 놓은 노자의 학습론이나 공자의 학습론이나 다 같은 것이라는 뜻입니다. 그러니까 노자에게 있어서 '위학'은 외계사물(外界事物)에 대한 정보들이나 지식을 말하는 것이고, '위도'는 자기의 본성에 대한 앎과 깨침을 말하고 있는 것 같습니다. 위학을 정보획득, 정보습득과 더 많이 만들어 내는 행위로 보는 것은 노자나 공자나 모두 같은 생각이었던 같습니다. 노자가 공자와 갈라지는 것은 위학(爲學)이 아니라, 위도(爲道)의 문제입니다. 다시 말하지만, 노자는 공자와는 달리 단호하게 "위학은 끊임없이 지식을 축적하는 것이고, 위도는 끊임없이 욕망과 사려를 제거하는 것(爲學日益 爲道日損)"(『老子』 48章)이라고 말한 것이 바로 그것입니다. 지식과 욕망을 제거하여 무(無)의 경지에 이를 때 밝은 지혜가 드러난다고 생각하는 것이 노자(老子)의 토대 생각이고 보면, 그는 지식의 추구보다는 인간의 본성을 깨치는 예지(叡智)를 더욱더 중시하며, 그것을 위한 수기(修己)를 강조했던 것이라 보입니다. 자기 몸을 닦아내기 위한, 그러니까 마음조리를 위한 수단으로 노자는 비워내기(虛)로서의 '치허(致虛)'와 고요히 하기(靜)로서의 '수정(守靜)'을 강조한 것입니다. 노자가 말하는 위학의 위험을 경계하며 절학무우(絕學無憂)라고 가르친 것은 지금 말로 말하면, 쓸모없는 쓰레기 정보나 지식을 많이 찾고 그것을 뇌로 익힌다고 사람이 사람처럼 되어 살아가는 데 그 무슨 도움도 되지 않을 것이라고 되물어 보려고 한 말이나 마찬가지입니다. 그러니, 노자(老子)의 절학무우(絕學無憂)를 읽고, "걱정이 싫어? 걱정 없이 살고 싶어? 그럼 공부를 하지 마. 잡다한 것을 그렇게 많이 공부 하는 놈이 어찌 걱정이 없겠니? 잡다한 것을 많이 아는 게 많을수록, 보이는 것이 더 많아지고, 그런 것들을 통해 보이는 것이 많아질수록 걱정은 더욱더 늘어나게 될 것인데, 뭐 어쩔 수 없는 일이지."라고 말하는 요즘 젊은이들의 해석에 보다 더 많은 공감이 갈 수도 있게 됩니다. 주자(朱子)의 생각에 이르면, 더욱더 저들이 말하는 학(學)은 우리네가 지칭하고 있는 일상적인 개념으로서의 배움이라는 말과 그 의미에 있어서 거리를 두고 있으며, 일종의 이질감도 있게 됩니다. 주자가 말하는 학(學)의 전체적인 방법은 습(習)과 작(作)의 중요성을 관념적으로 예시하고 있음을 알 수 있습니다. 그것은, 우리말로 학습(學習)하자라고 할 때, 사람들은 그 뜻이 무엇인지 알고 듣고 응하게 됩니다. 그런데 학습합시다라는 말 대신, 학(學)합시다고 하면 아무래도 우리네 정서상 어감도 이상하고, 무엇인가 혼란스럽게 되어 버리고 맙니다. 마찬가지로 학습자(學習者)와 학자(學者)가 같은 말이라고 우겨도 어색하기는 마찬가지입니다. 학습자도 배우는 사람을 말하는 것이고, 학자도 배우는 자이니 우리말로는 같은 것을 지칭한다고 해도, 실제로 한자(漢子)로서의 학습자와 학자는, 그들이 각기 뜻하는 바가 엄연하게 구별될 수밖에 없습니다. 요즘은 학교교육의 한계를 벗어나자는 뜻으로 '배움 너머'라는 말이 시중에 회자되고 있습니다. 배움 너머라는 말을 '학습 너머'라고 표현해도 그 뜻은 그대로 남게 됩니다만, 그것을 '학(學) 너머'라는 식으로 표현하면 어색하기 마련입니다. 학습이라는 말에서 학(學)은 습(習), 즉 익힘을 강조하는 접두어의 역할을 하고 있다는 것이 제 생각입니다. 학습이라는 말은 실질적으로는 습습(習習), 그러니까 익히고 또 익히는 일을 통해 그 무엇을 만들어 본다는 습작(習作)과 쓰임새를 강조하는 습용(習用)의 의미에서, 학습에서 학(學)이라는 말은, 경우에 따라 익힘으로써의 습(習)과 쓰임으로써의 용(用)을 강조하는 접두어 역할을 충실히 해내는 단어라는 것이 제 생각입니다. 학습에서 중심은 학(學)이 아니라 익힘과 쓰임새라는 습(習)과 용(用)에 있습니다. 다시 이야기하겠지만, 공자의 논에서 말하는 학의 개념은 우리의 일상 개념인 배움을 총칭한다기보다는 저들의 궁극적인 목적이나 목표인 치국평천하(治國平天下)를 위한 특정한 학문, 특정한 기술에 대한 연마에 염두를 두고 있다고 여겨집니다. 당시 사정으로 보면 당연했던 저들의 처세입니다. 『논어』의 학이시습(學而時習)은 배우고 때로 익히면, 혹은 배우고 때마다 익혀 가면이라고 그렇게 일반론으로 해석되기보다는 차라리, (자신의 학파가 가르쳐 준 정치권력기술을 일단) 익혀 놓고 때때로 익히면, 혹은 (그것을) 익혀 놓고, 때마다 다시 익혀 가면 하는 식으로 해석하는 것이 더 좋거나, 아니면 그냥 익히고 다시 때때로 익혀 가게 되면 이라는 식의 일반론으로 해석되는 편이 더 좋을 법하기도 합니다. 학(學)이 그렇게 중요하고 절대적인 것이라면, 학이시습, 즉 때때로 익힐 일이 아니라, 늘, 언제나, 항시 익혀 그 쓰임새를 일용화해야 될 일이기 때문입니다. 사람이 생존하려면 숨을 때때로 쉴 수는 없는 노릇입니다. 숨을 늘 쉬어야 생명을 부지하며, 지금 당장 살아 있게 되는 이치이기 때문입니다. 마찬가지로 학이시습은 시습(時習), 즉 때로 혹은 때때로 익힐 일이 아니라 늘 익혀야 될 일로서 상습(常習)이 되어야 할 것입니다. 학습은 늘 일어나야 한다는 뜻에서, 차갑부 교수는 『평생학습자본의 인문학적 통찰』에서 학이상습(學而常習)의 중요성을 역설합니다. 그러니까 공자가 말한 학이시습지 불역열호(學而時習之 不亦悅乎)는 실제적으로는 학이상습지 불역열호(學而常習之 不亦悅乎)라는 식으로 고쳐 써야 될 법하다는 의견을 개진한 바 있습니다. 물론, 때로, 때때로 혹은 때에 맞추라는 뜻으로 쓰이고 있는 시(時)가 항시, 불변, 늘과 같은 뜻을 상징하는 상(常)자와 같은 것이라고 다시 고쳐서 말하면 할 말은 없지만, 얼핏 보기에 시(時)자와 상(常)자는 각기 상징하는 뜻이 달라 그렇게 할 수 있을 것 같지는 않습니다.

　저들 유가는, 저들이 말하는 학의 목표가 처음부터 분명했습니다. 그것은 저들의 학(學)이 겨냥하는 궁극적인 목표는 성인(聖人), 혹은 군자(君子), 세세하게는 권력을 잡은 군자되기에 그 목표가 맞추어져 있었기 때문입니다. 무엇을 익히든, 언제 익히든 간에 관계없이, 그들이 그렇게 익힌 것은 요즘 말로 말하면 부귀공명을 위한 출세, 권력장악, 신분 높이기 같은 것에 있었습니다. 그래서 저들이 말하는 현자니 성인이니 하는 것들도 끝내, 권력자가 되는 일로 종결되곤 합니다. 저들이 말하는 학은 다스리는 자, 즉 다스릴 수 있는 치자(治者)에 이르기 위해 요긴하게 쓰일 수 있는 갖가지 기술(技術)들을 익히는 일을 위한 그리고 그런 일에 대한 논리체계에 지나지 않게 되는 것입니다. 그러니까 학(學)은 국가를 다스리는 자, 사람 위에 권력을 갖고 군림하는 자가 되기 위한 가장 현실적인 방법론입니다. 처세술, 성공술, 출세방법을 학(學), 그러니까 읽고, 쓰고, 암송하는 방법으로서의 학습 안에 넣어둔 것이나 다를 것이 하나도 없는 것입니다. 주자는 그것, 즉 치자(治者), 권력자가 되기 위한 방법을 나중에는 독책(讀冊), 독서(讀書), 관서(觀書), 간서(看書), 간문자(看文字)와 같은 글 읽기와 강력하게 일관되게 연관시킵니다. 독책의 목표가 우리네 일상적인 생각인 생명존중, 탐구 그리고 자기 다스림의 통합적인 활동으로서의 배움에 있었다기보다는, 정치적 지배로서의 치국(治國), 요즘 말로 말하면 정권장악, 그러니까 권력장악에 있었던 것이라고 봐야 합니다. 주자(朱子)는 자신이 말하는 학(學)의 방법론이, 자기를 다스리든, 타인을 다스리든 그 다스린다는 의미에서의 치국(治國)을 위한 수단으로 중요하다는 것을 한시도 잊지 않습니다. 그의 생각을 따르던 조선조 성리학자들은 주자보다 한발 나아가, 유학의 목적을 출세에 두었습니다. 출세론으로서의 학을 강조하던 주자는 일견 자신이 제기하는 학의 방법론이 너무 관념론적이라는 생각에도 이르게 됩니다. 방법론적 관념론이 지니는 약점을 알아차리고 주자는 스스로, 『주자어류』(학 2, 총론위학지방, 8-29)에서, 학습의 방법, 익힘의 방법을 조금 현실적인 방법으로 풀어냅니다. 즉, 익힘에서는 그 누가 그 어떤 옳은 말을 한다고 해도 먼저 실천과 실행이 중요하다고 강조합니다. 실천이 없는 말은 하나 마나 한 것임을 본인도 잘 알기 때문입니다. 자기 몸을 닦는 수기(修己)는 실천이지 관념이 아니기 때문입니다. 실천과 빈말간의 그 차이가 바로 성인(聖人)과 세속의 차이, 저들 엘리트 집단이 필요로 하는 익힘과 세속(世俗)의 익힘 사이에서 나타나는 구별이며 차이라고 본 것입니다. 설령 치자의 덕목을 위해 유학이 변질되어 온 아픔이 있기는 해도, 저들의 가르침이 아주 틀린 것은 아닙니다. 그래서 우리들이 아직도 저들의 논리에 눈길을 주고 있는 것입니다.

유가가 바라는 성인(聖人) 현자와 보통 사람의 익힘과 인격적 차이와 구별은, 말이나 논설에서의 차이나 구별이 아닙니다. 익힌 것을 실제로 자신의 삶에서 어느 정도로 실천하느냐의 그 여부에 따라 사람의 됨됨이가 달라지게 된다는 것을 주자는 누누이 이렇게 강하게 피력하고 있습니다. "요즘 무엇인가 학(學)하는 사람은 정심(正心)을 말하면서, 다만 정심을 입으로 잠깐 동안 읊조리기만 합니다. 수신(修身)을 말하면서 또 성현이 수신에 대해 수많은 말들을 암송만 할뿐입니다."라고 소인지학(小人之學), 그러니까 눈앞의 이익이나 출세, 공명 같은 것에 안달복달하는 그런 한심한 작태를 비판하고 있습니다. 실천하지 않고 입으로 과시하는 자들을 경계하기로 유명한 공자(孔子)가 이미 『논어』 '헌문(憲問)'(14-25)에 이르기를, 정말로 학(學)하고자 했던 옛날의 사람들은 그 학(學)을 자신에게 얻고자(爲己) 했는데, 요즘 것들은 남에게 과시하기 위해(爲人) 익힌다고 말한 바 있었던 것을 주자 스스로 그가 살던 그 당대의 시대에서 자신이 체험으로 다시 증거하면서 소인지학자들의 처세를 비판하면서, 다시한 번 더 군자지학(君子之學)의 당위성을 강조한 것입니다.

어쩌거나, 위인(爲人)을 위한 학(學), 그러니까 남에게 과시하기 위한 공부로서의 학(學), 당장의 눈앞의 이익에 눈이 먼 익힘과 익힘, 아니면 익힘(習)과 만듦(作)은 공자가 『헌문』(14-24)에서 언급한 바, 즉 밑에서 분탕질을 즐기는 일에 통달하기 위한 아랫것(小人)의 행동인 것입니다. 아랫것들의 익힘과 만듦의 길은 정심(正心)을 향한 도(道)로서의 학(學)을 행하는 성인(聖人)의 익힘과는 전혀 다른 길이었기에 공자 역시 아랫것들이 자신들을 뽐내며 익힌다는 것의 허구와 잘못을 경계하기 위해 제자들에게 실(實)과 천(踐)을 강조하곤 했던 것입니다. 군자가 되기 위한 학이 중요하다는 것을 말로만 입에 발린 채, 되뇌기만 하는 것은 군자의 학이 아니고, 소인의 학이라는 생각 아래, 공자는 그 무엇이든 하나라도 제대로 그리고 매일의 삶에서 구체적인 실천(實踐)과 독행(篤行)으로서의 익힘(習)과 만듦(作)에 정진하라고 일렀습니다. 그런 정진이 없으면 그것은 끝내 아무것도 익힌 것이 없는 것이나 마찬가지인 미치광이 학(學)으로서의 익힘(狂習)이 될 것이라고 경계한 바 있습니다. 공자는 그런 미치광이용 학습과 습작활동을 『논어』「양화(陽貨)」편에서 육언육폐(六言六蔽)라고 일컬으면서, 제자인 자로(子路)에게 제대로 학(學)을 하기 위해서는 모름지기 그 육언육폐를 경계하며 군자의 학(學)으로 나아가라고 가르친 바 있습니다. 공자에 이어 주자 역시 그것을 강조했습니다. "인(仁)을 좋아한다고는 하나, 끊임없이 익히고 만들기를 행하지 않으면 그 폐단은 어리석음(愚)으로 나타나고, 지(知)를 좋아한다고는 하나 끊임없이 학(學)하지 않고 멀리하면, 저는 이후부터 이 글에서는 저들이 말하는 학(學)이라는 글자는 모두 익힘, 즉 익히고 만들기라는 말로 새로 번역했습니다만, 그런 소인지학의 폐단은 방종(蕩)으로 이어지는 것이며, 믿음(信)을 좋아한다고는 하나 끊임없이 익히고 만들기를 행하지 않으면 그 폐단은, 과격해지는 것(賊)으로 드러나는 것이고, 정직함만(直) 좋아한다고는 하나 끊임없이 익히고 만들어 가지 않으면 그 폐단은 조급함(絞)로 나타나는 것이며 과감함을 좋아한다고는 하나(勇), 줄기차게 그것을 익히고 만들어 가기를 실행하지 않으면 그 폐단은 어지럽힘(亂)으로 끝나게 될 것이며, 굳셈을 좋아한다고는 하나 늘 익히고 그렇게 만들어 가기를 실천하지 않으면 끝내 그 폐단은 거만하고 경솔함(狂)을 이어지고 마는 것입니다." 그 폐단이 바로 말로만 '학'하는 자들에 의해 매일같이 부정부패로 폭로되고 있는 것입니다.

주자(朱子)는 아주 분명하게, 보통 사람들의 익힘과 성인(聖人)의 취하는 학(學)의 익힘 간에는 현격한 방법론적인 차이가 있다고 보았습니다. 말하자면 보통 사람의 익힘, 즉 "상인학문(常人之學)은 흔히 부분적인 한 가지 이치에 치우치고 하나의 설을 주로 하기 때문에 사방을 제대로 보지 못하여 논쟁이 생깁니다. 성인(聖人)은 중용적이고 바르며 조화롭고 공평하니(中正和平), 치우치는 바가 없습니다."라는 『주자어류』(학 2, 총론위학지방, 8-10)의 말이 그것입니다. 이것은 중용에서도 반복되어 나타납니다. 즉, 성자(聖者), 즉 성인은 하늘의 도요, 성실하려는 것은(聖之者) 사람의 도다. 성자(聖者)는 힘쓰지 않고도 도에 맞으며, 생각하지 않고도 얻고, 자연스럽게 도에 맞으니 곧 성인(聖人)이다. 성실하려는 자는 선을 택하여 굳게 지키는 자다. 널리 익히고(博學), 자세히 물으며, 신중히 생각하고, 밝게 분별하며, 독실하게 실행하는 사람이다."라는 『중용』(20장)의 말이 그것입니다. 그런데 그 모든 것을 철저히 하는 그런 일을 경(敬)이라고 부릅니다. 경(敬)으로 하는 모든 일을 실천해 나가는 사람이 바로 현자이며, 성인들입니다. 그 철저함이 결여되어 있으면 석사나, 박사니 뭐니 하는 학위나 증명서 같은 것은 그냥 허접스러운 과시물에 지나지 않는 것입니다. 공자(孔子)의 생각을 이어받는 주자(朱子)는 성인(聖人)과 상인(常人) 간에는 익힘의 목적이 다르기는 하지만, 그것에 도달하는 방법론에는 차이가 있거나, 구별된다는 이야기를 하지는 않습니다. 그렇게 확실히 구분되는 공부방법의 구분보다는 오히려 모두에게 통용되는 익힘의 방법론을 제시하고 있습니다. 말하자면, 무엇인가 제대로 익히려면, 제대로 해야 하는 법인데, 제대로 독행하기 위한 정신적인 마음가짐의 방법론이 있다는 것입니다. 그것이 바로 경(敬)이라고 주자는 말하고 있습니다. 그가 말한 경(敬)이, 어떤 성격을 지녔는지를 그의 말을 이곳, 저곳에서 인용하면서 풀이하면, "익힘에는, 즉 인지위학(人之爲學)에는 천 가지, 만 가지 단서가 있기는 하지만, 그것에도 본령이 있습니다. 경(敬)을 지녀야 한다고 말한 이치입니다"(『주자어류』, 학 6, 지수, 12-81). 그러면 '경(敬)이라는 것은 무엇을 말하는 것입니까?'라고 묻는 이들에게 주자는 다시 설명합니다. "경(敬)은 온갖 일을 손 놓고 아무것도 하지 않는 것을 말하지 않습니다. 단지 일에 따라 전일하며, 삼가고 조심하며, 제멋대로 하지 않는 것입니다. 즉, 전일(專一), 근외(謹畏), 부방일(不放逸) 하는 것이 경(敬)입니다."(『주자어류』, 학 6, 지수, 12-99). 이어 "경(敬)을 지키는 것이 이(理)를 궁구(窮究)하는 일의 근본이며, 이를 밝게 궁구하는 것이 또한 마음을 기르는 일을 조력하는 것입니다."(『주자어류』, 학 3, 논지행, 9-21). "이(理)를 궁구하는 것은, 마음을 비우고 고요하게 생각하는 것을 근본으로 한다."(『주자어류』, 학 3, 9-46)는 것입니다. 그러니까 인륜의 이치, 세상의 이치, 그리고 삶살이의 결을 알아내고 깨달아 자신의 마음조리를 잘하도록 늘 하는 일에 몰입하고, 조심하고 함부로 경망되지 않게 행동하는 것, 옳은 것, 바른 것, 해야 할 것을 철저하게 해내는 일이 바로 경(敬)이 되는 셈입니다. 경(敬)은, 다시 강조하지만, 무엇이든 자기해야 될 옳고, 바르고, 제대로, 그리고 철저하게 하는 것을 강조하는 말입니다. 사람의 일에서, 경(敬)이 빠지면, 경이 결여되면 저들이 말하는 마음 다스리기에서, 학(學)은 허접하거나, 쓸데없는 쓰레기 같은 일이 되어 버립니다. 학의 목표가 무엇이든 그것은 경(敬)의 수준과 정도에 의해 완성되게 되어야만 하기 때문입니다. 그러고 보면, 경에 대한 마음가짐이 바로 그 사람의 버릇을 보여 주는 것이며, 습관이 되는 것이며, 사람 됨됨이를 보여 주는 지표와 같게 됩니다. 철저함의 정도나 수준이 어느 지경인지에 따라 그 사람의 학(學)의 급과 수준이 가늠되는 이치입니다. 저들이 말하는 학(學)에서의 핵심 방법론인 경(敬)이 무엇이며, 어떻게 해야 하는지를 설명하는 공자에 의하면, 경이란, 마음을 비운다든가, 자신을 수양함으로써 자기 자신에 대해 걱정하지 않으며 두려워하지 않는(不憂不懼), 그런 철저한 경지에 이르는 일을 말합니다. 공자의 가르침에 대해 반문하고 싶어 했던 제자 사마우는, 그냥 걱정하지 않고 두려워하지 않으면 군자가 되는 거냐고 다시 반문합니다. 이에 공자는 자신을 돌이켜 보아 부끄러울 것이 없다면, 어찌 염려하고 두려워하겠는가? (內省不疚, 夫何憂何懼, 안연/4)라고 가르칩니다. 바로 내성불구(內省不求), 즉 자신 스스로 자기를 돌이켜 보아 부끄러울 것이 없을 정도로 수기지경(修己之敬), 마음과 정신을 집중하여 하나가 되도록 철저하게 자기를 가다듬은 상태를 바로 경(敬)의 상태이기 때문입니다. 제자인 자로 역시 공자가 말하는 사람다운 사람, 군자다운 사람이 어떻게 하면 될 수 있는지에 무척이나 관심이 많았습니다. 사람다운 사람이 어찌하면 되겠느냐고 묻는 그의 질문에 공자가 이르길, 자기를 먼저 닦되 어떤 것이든 제대로 끝까지 철저하게 해야만 한다고, 즉, 수기이경(修己以敬)으로 응대하였습니다. 자신을 닦는 것 그것이 가능하기 위해서는, 무엇보다도 경(敬)해야 한다는 논리, 말하자면 철저함, 빈틈없이 제대로 행하는 그 실천력이 바로 학(學)의 핵심인 것이었습니다.

'경'은 자신이 궁구(窮究)하는 것에 몰입하고 집중하여 다른 것에 한눈을 팔지도, 마음을 쓰지도 않고 자신이 하고 싶은 것을 오롯이 파고드는 일종의 공부하는 방법 같은 것입니다. 무엇이든 경(敬)하려면, 말부터 먼저 늘어놓거나, 말을 많이 할 일이 결코 아닙니다. 이 점을 공자는 다시 한 번 더 강조합니다. 말보다는 행동과 실천, 그러니까 자신부터 더 철저하게 관리하고 조리해야, 비로소 다른 사람들을 편안하게 해줄 수 있는 사람(修己安人)이 될 수 있다는 논리, 그렇게 자기 도야에 철저한 마음으로 학(學)을 경(敬)하는 사람이라야 비로소 사람다운 사람, 군자다운 사람이 될 수 있다는 것이 인간됨에 이른다는 공자의 생각이었습니다. 그런 익힘과 만듦으로써 자기를 만들어 낸 성인(聖人)이 되었다고 해도, 모든 것이 끝나는 것은 아닙니다. 도(道)를 깨치고 난 후 그때부터 더 새롭게 하는 것이 아니라는 생각이 주자의 주장입니다. 그가 말합니다. "사람이 구습을 완전히 깨끗이 씻어버린 다음에 도리를 이해하려 한다면, 그런 이치는 없습니다. 다만 흩어진 마음을 수습해서 이 속에 붙잡아 지키기만 한다면 반드시 하나의 참된 마음이 발현될 것이니 여기서부터 도리를 궁구해 나가야 합니다(『주자어류』, 학 6, 지수, 12-31)는 말이 바로 그것입니다." 그래서 주자는 다시 말합니다. "내가 보기에 큰 요체가 되는 공부는, 다만 불러 일깨우는 것에 있습니다. 그러나 이와 같은 곳에서 반드시 몸소 체험해서 스스로 분명해지도록 해야 합니다(『주자어류』, 학 6, 지수, 12-16)라는 것입니다." 다음 장에서 이야기할 학습방법, 그러니까 습(習)과 작(作)의 문제도 생명과 따로 가는 것이 아닙니다. 같이 가는 한 짝의 개념이기에, 상학(上學)에 통달하려는 성인(聖人)과 하학(下學)에 익숙한 상인(常人)이라고 하더라도, 저들이 자신을 철저하게 닦아가는 수기(修己)의 과정에서 생명에 대한 경외와 자신을 만들어 가는 연단에서는 그 어떤 방법론상의 차이가 있을 수가 없습니다. 아무리 많이 알았다고 하더라도 생명이 없으면, 그때부터는 군자도, 성인도 있을 수 없기 때문입니다. 무엇이든 일단 자기가 마음먹은 것, 그렇게 작정한 것이 있으면 머뭇거리지 말고 실천하고 행동으로 옮겨 익힌 대로 자신의 삶에서 드러나도록 해야 합니다. 구슬이 서 말이 있다고 하더라도 줄에 꿰어야 목걸이로 치장하고 남 앞에 나설 수 있는 법입니다. 입으로 말만 그럴듯하게 하지 말고, 알았다고 말로만 하면 그는 군자도, 뭐도 아니기 때문입니다. 옳은 것을 익히고, 그것을 익힌 대로 자신의 생명과 자신의 삶에서 실천하고 실행하는 것이 바로 소크라테스든, 공자든, 노자든, 예수든 붓다든 저들이 당부한 익힘과 다시 익힘에 이를 수 있는 길이기 때문입니다. 그것이 배움에 이르는 일상적인 길이기 때문입니다. 공자니, 주자니, 예수니, 붓다니, 소크라테스니 이 점에서는 모두가 다르지 않습니다. 제아무리 영양가 있는 밥이라도 목 안으로 집어넣어야 몸에 힘을 주는 것이며, 제아무리 생명수라도 목으로 마셔야 목숨을 부지하게 할 것이기 때문입니다.

붓다를 따르겠다는 수많은 제자들이 얼마나 말로만 자신의 이야기를 따르겠다고 했었는지는 알 수 없지만, 말로만 따르겠다는 그것을 경계하기 위해 붓다는 아예 유훈(遺訓)으로 자신의 말을 실천하며 살아가는 삶이 바로 자신을 따르는 삶이라고 제자들에게 강조했던 것을 상기할 필요가 있습니다. 삶의 마지막에 남기는 말로 그는 자신을 따르겠다는 이들을 향해 게으르지 말고 행하라고 말했습니다. 게으르지 않고 행하려면 말은 그만하고 매일같이 자기 스스로 자기 자신에게 해 보여야 하는 일, 그렇게 하기 위해 자신의 생과 명에 귀를 기울여야 합니다. 공자가 논한 학이시습(學而時習)의 뜻도 알고 보면, 생명이 우선해야 가능한 학습론입니다. 그가 말한 학이시습, 그것의 핵심은 제가 말하는 배움의 한 방법인, 그러니까 생명 있음의 토대에서 가능한 익힘과 만듦 그 이상은 아닌 것 같아 보이기 때문입니다. 자기가 자신 스스로에게 당당해지는 것은 그렇게 쉬운 일이 아닙니다. 자기에게 당당해지려면 자신에게 늘, 일상적으로 부끄럽지 않아야 합니다. 그렇게 하기 위해서는, 늘 무엇이든 배움을 일상적으로 매일같이 천(踐)해야 합니다. 학습 능력에서 익힘이 중요하다는 것은 현대의 학습심리에서도 어김없이 강조하는 중요한 활동이며 과제입니다. 익히려면 무엇인가 먼저 습득해야 하고 습득하려면 참여해야 합니다. 익힘의 핵심은 습득과 참여입니다. 습득과 참여의 반복이 바로 탐구입니다. 제가 이미 말했듯이 우리네 배움에서 배움을 위한 두 번째 기능이며 영역인 학습, 그러니까 익힘과 만듦의 능력인 학습 능력은 무엇인가를 끊임없이 새롭게 익히고 만들어 내어 자신의 생존에 유하한 국면을 만들어 내려는 탐구 능력으로서의 인지 능력을 말하는 것에 지나지 않는다는 것이 현대 학습심리에서도 확인되고 있습니다. 인간의 학습 능력은 지속적으로 갈고, 닦고, 만들어 내야 비로소 향상된다는 것이 현대학습심리의 원리입니다. 익히고, 또 익혀 새로운 능력을 자기 것으로 만들어야 쓰임새가 높아질 수 있기 때문입니다. 익히고, 다시 익히고, 새롭게 만들어 내지 않으면 인간의 학습 능력은 다른 동물에 비해 뒤처질 수도 있습니다. 그런 뜻에서 공자의 말을 따르는 후대 유생(儒生)들이 그토록 강조한 때때로 익힘의 시습(時習), 때마다 익힘의 시습(時習), 혹은 언제나 익힘의 시습(時習)이 나름대로 의미를 갖게 되지만, 그것은 생명에 대한 경외와 배려 속에서 매일같이, '철저하게' 어쩌면 처절하게 실행되어야 하는 것입니다.

2) 읽기입니다

관행하려면 매일같이 조금씩이라도 무엇이든 읽어내야 합니다. 읽기를 중단하면 생명을 폐기하는 것이나 다를 바 없습니다. 읽어낸다는 것은 '몸'을 작동시키는 것이고, 생각한다는 것이고, 종이에든 가슴에든, 그 어딘가에 나름대로 그렇게 읽은 것을 써내려간다는 것을 뜻합니다. 자기 자신의 눈으로, 그리고 손에 뻗칠 만한 거리에서, 손에 이내 잡히고, 눈에 이내 들어오는 것들 중에서 자신의 삶에 나름대로의 뜻을 주며 자신의 오늘과 내일을 키워낼 수 있는 것들이 있으면 부지런히 읽어야 좋은 삶을 위한 관행적인 삶에 친숙해지게 됩니다. 읽기에 관한 지혜를 옛사람들이 가르친 방식대로 소개하겠습니다. 공자의 생각을 정리해 준 중국 송대 주자(朱子) 선생이 우리에게 보여 준 독책에 관한 비법을 말하려고 합니다. 독서(讀書), 그러니까 독책(讀冊)의 의미는 그 옛날 조선의 유생(儒生)들에게는 영원한 선생인 주자(朱子)가 이야기했던 독서삼도(讀書三到)에서 보다 분명히 알아낼 수 있습니다. 주자는 『훈학재규(訓學齋規)』에서 책을 읽을 때 사람들에게 무엇보다도 먼저 마음이 이르러야 한다고 강조합니다. "나는 일찍이 말한 적이 있습니다. 독서에는 삼도가 있는데, 심도(心到), 안도(眼到), 구도(口到)입니다. 마음이 여기에 있지 않으면 눈이 자세히 볼 수가 없습니다. 마음이 집중되지 않으면 그저 대충 읽기만 할 뿐입니다. 그러면 기억할 수가 없으며 기억하더라도 오래가지 않습니다. 삼도 가운데 마음이 가장 중요합니다. 마음이 집중되면 눈과 입이 어찌 집중되지 않겠는가?"가 바로 그것입니다. 주자 선생이 말한 심도(心到)는 다른 뜻이 아닙니다. 글을 읽을 적에는 자기가 읽으려는 글 이외에 다른 것에는 신경을 쓰지 않는다는 뜻이기 때문입니다. 심도라고 하는 이 방법은 아무리 중요한 글이라고 해도, 먼저 글 읽는 사람의 마음집중을 강조합니다. 글에 집중하지 않으면 독서는 처음부터 어그러질 수밖에 없기 때문입니다. 요즘 젊은이들에게는 다반사인 멀티태스킹(Multi Tasking), 말하자면 밥 먹으면서 책 보고, 동시에 음악장단에 맞추어 발가락을 동시다발로 움직이는 식의 일타삼피(一打三皮)의 요령은 독책에서는 불가하다는 것이 주자의 생각이었습니다. 그가 독책의 두 번째 방법으로 제시한 것이 바로 안도(眼到), 즉 책에서 눈을 떼지 않는 일입니다. 그는 글에 눈이 초점을 맞추어 제대로 이르러야 한다고 강조한 것입니다. 안도라고 하는 이 방법은 글을 보거나, 읽을 때 눈이 글에 하나하나, 또박또박 그 문자와 전하려는 뜻에 마음이 미치지 않으면 글을 읽을 수 없다라는 뜻입니다. 그러니까 개념과 개념을 이어가기 위해 단어에 눈알을 번뜩거리는 식의 빠르게 읽기인 속독(速讀)의 가치를 부정한 것입니다. 마지막으로 주자는 입으로 되뇌는 방법, 즉 구도(口到)가 따라야 독서가 가능하다고 보았습니다. 구도란, 글을 읽을 때 말을 하지 않고 글만 따라 읽어야 한다는 뜻이기도 하지만, 저는 다르게 생각합니다. 주자가 말하는 구도(口到)란 글을 읽을 때는 속으로 그 글에 대해 중얼거리는 식의 자기 내언(內言), 내 마음의 속소리가 중요합니다라고 일러주는 방법이라고 믿고 싶습니다. 글의 내용을 속으로 중얼거리면 나름대로 이해가 쉽게 되기 때문입니다. 주자(朱子)가 강조한 독서삼도(讀書三到)인 심도(心到), 안도(眼到), 그리고 구도(口到)는 암기교육, 암송교육의 기본입니다. 옛날의 선비들은 책 한 권을 그렇게 통독하고, 해독했습니다. 지금도 유효한 독책의 방법입니다만, 저는 주자의 독서삼도의 방법을 달리 풀어야 한다고 봅니다. 그가 강조한 심도, 안도 그리고 구도는, 제 식대로 배열하면 심도(心到), 안도(眼到), 그리고 뇌도(腦到)라는 개념으로 다시 배열할 수 있습니다. 여기서 말하는 뇌도란 머리로서 글을 쓴 저자의 글을 나의 마음, 남의 이해, 나의 관점으로 해석하여 마침내 저자의 의도를 내 나름대로 내 언어로 내 뇌에 간직하는 일입니다.

 독책에서 뇌도(腦到)란, 저자의 글이 당장은 무슨 말인지 들어오지 않더라도, 이해가 되지 않더라도, 일단은 이해가 되었다고 자기가 자신의 뇌를 세뇌하고, 속이는 일이기도 합니다. 무슨 글이든 자신이 이해했다고 말할 수 있을 때, 그 글이 나름대로 이해가 되기 시작하는 것이기 때문입니다. 완전이해, 완전정복, 그런 것은 처음부터 끝까지 있을 수 없습니다. 이해한 것 같은, 이해될 것 같은 그런 것이 있을 뿐입니다. 독책에서도 마찬가지입니다. 자기 스스로 이해가 되지 않는다고 자신의 뇌에 빗장을 걸어놓거나, 자신의 뇌를 단단히 우습게 보면 그 어떤 책의 글도 자신에게 들어갈 수 없습니다. 글이 자신을 우습게 보기 시작하기 때문입니다. 세상에 이해하지 못할 것은 없습니다. 다만 익숙하지 않을 뿐입니다. 시간이 걸릴 뿐입니다. 익숙하지 않고, 친숙하지 않은 것에 대해 사람들은 자기 스스로, 자신을 가볍게 취급할 뿐입니다. 듣기에는 좀 그렇기도 한 말이지만, 이해하지 못한다는 것 역시 이해의 한 유형일 뿐입니다. 이해의 제일 밑바닥에 있는 이해의 정도가 바로 이해가 되지 않는다는 일입니다. 이해의 시작은 이해하지 못한다, 이해할 수 없다는 그 용감한 마음에서 확장됩니다. 이해는 연인들 간의 사랑과 거의 같습니다. 맨 처음 보는 순간 가슴 뛰는 일이 있기는 하지만, 두 사람 사이의 사랑은 자주 만나고, 자주 이야기하고, 자주 살피고, 자주 염려하고, 자주 생각해 주는 그런 일이 반복되고서야 깊어집니다. 이것이 사랑의 길입니다. 사랑의 길은 자신을 속이는 길이기도 합니다. 사랑하면 그녀의 모든 것, 그 남자의 모든 것이 다 아름답게 보입니다. 사랑하면 그 여자의 콧등에 있는 점 하나까지 아름답게 보입니다만, 싫어지면, 그 남자의 훤칠한 큰 키마저 흉이 되고 싫어지기 시작합니다. 그녀가, 그 남자가 이해가 안 된다고 처음부터 생각하거나 결정하면 두 사람 간의 사랑은 불가능한 것처럼, 독책에서 제가 말하는 뇌도(腦到)는 바로 그런 것이나 마찬가지입니다. 제 머릿속에서 되새기는 독책에서의 뇌도란 두 가지의 의미를 담고 있습니다. 그 첫째 의미는 이미 주자(朱子)께서 주장하던 독책, 그러니까 그가 즐겨 쓰던 독책의 다른 표현 말하자면 글을 읽는 일인 독서(讀書), 문자를 눈으로 보는 일인 간문자(看文字), 다시 말해서 글을 자세히 살피는 일인 관서(觀書)는, 글을 이해해야 하겠다는 강한 의지를 드러내는 일입니다. 뇌도란 자신이 읽어내려고 작정한 글에 대해 독한 의지를 실리며 문자를 읽어내는 일입니다. 주자 선생께서『주자어류』에서 풀어낸 한두 줄의 문자로 표현하면 이렇습니다. 그에게는 성현의 말씀으로 제한되나, 제게는 그냥 모든 글 쓰는 이들이 드러내려고 하는 생각들 같은, 그의 글은 이렇게 시작합니다…. "한 겹에 또 다른 한 겹이 있으니, 반드시 깊이 들어가서 그 겹을 보아야 합니다. 만약 단지 표현만 보려고 한다면 곧 착오가 있게 되니, 반드시 깊이 침잠해야 비로소 얻음이 있습니다."라는 그 글입니다. 그러니까 독책은 깊은 생각, 사색을 하는 것인데, "사색하는 것은 우물을 파는 것에 비유할 수 있으니, (그렇게 파 놓은 우물에서는) 곧바로 맑은 물을 얻을 수는 없습니다. 처음에는 역시 반드시 탁하며, (그렇게) 점점 파가다 보면 자연이 맑아지게 되기 때문입니다." 그러니, "글을 읽을 때는 반드시 글자마다 더 이상 갈 곳이 없을 때까지 보아야 합니다. 비유하자면, 앞뒤의 문이 꽉 막혀서 더 이상 갈 수 없는 것처럼 되어야 한다."는 것이 주자가 우리 글 읽는 사람에게 일러준 독책의 비법입니다. 주자는 독책의 방법으로, 마음에 쐐기를 박아 놓습니다. "글을 볼 때, 간문자(看文字)는 반드시 용맹한 장수가 병사를 부릴 때, 그야말로 한바탕 죽고 살기로 밀어붙이고, 관리가 가혹하게 옥사를 다스릴 때 그야말로, 끝까지 심문하고 조사해서 결코 죄인을 용서하지 않는 것처럼 해야 한다."라는 말이 그것입니다. 제가 말한 뇌도(腦到), 정말로 그런 것이 있기는 한지도 사실 확실하지는 않지만, 그래도 제가 말하려는 뇌도(腦到)라는 말의 뜻은 간단합니다. 그 어떤 글이나 책이든 그것에 관심을 갖고 읽어나가려고 했다면, 저자의 의도, 저자가 뜻하는 바를 내 언어로 받아들이고, 그렇게 내 뜻으로 해석해야 한다는 생각을 뇌도라고 표현한 것입니다. 남의 글은 내 마음, 내 조건으로 읽어내야지, 그 어느 타인의 눈과 마음, 식견으로 보는 일이 아닙니다. 나는 저자의 앵무새가 아닙니다. 저자를 위한 복사기도 아닙니다. 나는 지금까지 그런 틀에서, 그렇게 자신 나름대로의 자신의 식(識)과 견(見)을 다져온 하나의 인격체일 뿐입니다. 편견(偏見)이 나름대로 없다고 할수는 없겠지만, 좋은 의견들인 탁견(卓見)이 더 많을 수도 있습니다. 그러니, 저자의 그 어떤 글이라고 해도 자신의 언어, 자기의 생각으로 저자의 생각을 일단 어림잡아 해석해 낼 수 있는 근거가 있게 되는 것입니다. 소고기를 구워 먹어야 고기의 제 맛이 난다고 우기는 조폭과 논쟁하면 끝내는 칼부림으로 끝나게 될 가능성이나 높이는 일이니, 그런 사람을 만나면 차라리 불통(不通)하는 편이 오히려 더 편할 수 있습니다. 괜한 논쟁으로 잘못하면 칼부림이 일어날 수도 있기 때문입니다.

어쨌거나, 저자의 심중을 자신의 언어로 표현해내는 일이 독서의 핵심으로서 제가 말하는 뇌도(腦到)입니다. 일단 그렇게 자신의 생각으로 저자의 심중을 어림생각해내기만 하면 일단 내 마음이 뿌듯해집니다. 그리고 또다시 그 어림생각을 내 생각으로 굳히는 일입니다. 내 자신의 언어로 표현해 내는 일입니다. 절대적으로 옳은 해석, 바른 해석이라고 볼 수 없을 수는 있지만 그렇다고 손해나는 일도 아닙니다. 글쓴이인 저자 자신도, 자신의 글이 정말로 자기가 의중한 뜻을 100% 지니고 있는지 확신하지 못하기는 마찬가지일 수 있기 때문입니다. 공자의 말씀도 그렇고, 소크라테스의 표현도, 책이란 매체를 통해 나타날 적에는 모두가 그랬던 같습니다. 예수의 표현도 예외일 수가 없습니다. 자신이 자신의 생각을 드러낸 그 어떤 표현도, 장면이 바뀌거나 상황이 바뀌거나 하면 표현의 방식이 조금씩 달라지곤 하기 때문입니다. 그의 말도 달라졌겠지만 그것을 간접적으로, 다시 적어내는 제삼자의 경우에는 더욱더 그랬을 것입니다. 그러니까 성경 중 신약은 예수의 이야기라기보다는 다른 이들의 해석이며, 자기들의 주장일 수도 있는 셈입니다. 붓다가 집 떠난 초기, 자신의 생각들이 잘 모아진 경전이라고 하는 『숫타니파타』에서도 그런 것이 드러납니다. 나는 그가 말하는 무소뿔로 나아가라는 말에 매료되곤 합니다만, 무소뿔로 나아가라는 그 말 역시 여기저기, 상황이 달라지는 장면마다 다르게 표현되고 있는 것에 주목하곤 합니다. 예수 역시, 달라지는 자신의 표현에 놀랐을 수도 있을 것입니다. 말하자면, 예수는 자신의 어머니인 마리아의 존재됨에 대해 여기저기서 다르게 표현합니다. 즉, "내 어머니와 내 동생들은 곧 하나님의 말씀을 듣고 행하는 이 사람들이라고(누가복음 8:21)", 어머니의 존재됨을 그 어느 날은 강하게 인정하지만, "누가 내 어머니이며 동생들이냐고 의아해하면서, 누구든지 하나님의 뜻대로 행하는 자가 내 형제요, 어머니이니라(마가복음 3:35)"라고 별안간 말을 바꾸고 있는 장면이 있습니다. 예수의 말을 구전으로 듣고 그것을 글로 기록하던 저자들의 기억력이나 사정이 달라졌기 때문일 수도 있습니다. 그것보다, 정말로 우리가 진지하게 생각해야 될 것은, 예수 스스로 자신의 어머니에 대한 생각이 동일한 의중이라고 했어도, 어머니에 대한 생각을 다른 이들에게 알아듣기 쉽게 하기 위해, 사람들을 만나는 장면마다 사정에 따라 여기저기에서 정말로 다르게 표현했을 수도 있었을 것입니다. 예수의 말을 조심스럽게 독책해야 되는 이유이기도 합니다만, 제가 이 책에서 성경 이야기와 인간 예수 이야기를 자주 하는 것은, 이해하고 깨우쳤다고 해도 겨우 이해될까 말까 한 불경(佛經)에 비해, 그저 믿고 따르기만 하면 되는 기독교 성경(聖經)인데도, 그것이 제 삶에서 결코 쉽지 않을 뿐이기 때문입니다. 게다가 청년 예수의 언행과 삶이 제 본보기가 되었으면 하는데도 불구하고, 그것이 내 삶에서는 결코 쉽지 않고 그저 안타깝기만 해서 자주 그를 대신 인용하는 것일 뿐입니다. 성경을 어릴 적부터 읽었다고는 하나, 정년을 맞이하고서도 아직 성경을 제대로 독책하지 못했음을 자백하지 않을 수 없습니다. 독서, 독책은 책을 관광여행하듯 이것저것 주마간산 식으로 훔쳐보는 일이 아닙니다. 책장을 구성하는 문자의 조합을 통해 저자의 의중을 읽어 가며, 그의 생각을 확장시키는 일입니다. 읽는다는 것은 우리가 상대방의 마음을 읽다는 말에서 느끼듯이, 상대방의 의중을 살핀다는 뜻입니다. 남의 마음에 새겨진 그 뜻글을 제대로 가늠하기는 쉽지 않습니다만, 그래도 그 뜻을 자신의 의중에서 다시 되살려, 그것에 적절하게 나의 행동을 조절하면 다른 이의 마음에 새겨진 의미가 내 자신에게도 되살아나곤 합니다.

목회자가 예수의 마음을 읽었다는 것은 예수의 뜻대로 살아가고 있다는 것과 같은 이치입니다. 상대방의 의중을 살피는 일, 상대방의 마음을 읽어내는 것 같은 것이 바로 뇌도(腦到)입니다. 뇌도는 마치 상대방의 마음을 읽는 일과 같은 것이기 때문에 독책을 한다는 것 역시, 저자의 의중을 살펴 자신의 생각을 저자의 생각에 조응(照應)해 나가는 일이 됩니다. 저자의 뜻을 모른다고 해도 전혀 겁낼 일도 아니고, 그렇다고 무시할 일도 아닙니다. 독책은 그 책을 자주, 자꾸 접하면, 그렇게 해서 그 책에 대한 내 마음, 내 뇌의 온도가 높아지기만 하면 이내 녹아버리는 글로 된 아이스크림과 같기 때문입니다.

제가 매일같이 글을 쓴다는 것은 내 자신을 즐겁게 만드는 일이기에 그렇게 하는 것입니다. 다른 누구도 아닌 바로 제 자신을 즐겁게 만드는 일이 글쓰기입니다. 저는 새벽이든 아침이든 저녁이든 그저 틈나고 생각나면 글을 씁니다. 그것이 저를 행복하게 해 주기 때문입니다. 글을 쓰기 시작하면 기쁘고 즐겁고 그저 행복합니다. 내가 살아 있구나 하는 것을 스스로 체험하게 만들어 주기 때문입니다. 살아 있음을 확인하는 길이 제겐 바로 글쓰기입니다. 제가 지금까지 글쓰기라고 말했습니다만, 사실 제게 있어서 글쓰기란 그저 글 그리기와 같은 일이었습니다. 이 책, 그러니까 행복에 관한 이 책 역시 글로 그려진 그림책, 혹은 문자그림, 글 그림인 화서(畵書)나 마찬가지입니다. 자신이 그린 추상화를 사람들이 이해하지 못한다고 해서, 피카소가 자신의 그림을 포기하지 않은 것처럼, 저 역시 '글 그리기'를 폐기하지 않을 것입니다. 나의 글그리기는 어쩌면 미술사조로는 신조형주의자인 몬드리안(Monddrian)의 그림을 닮고 싶었는지도 모르겠습니다. 삼라만상은 하나의 원천에서 비롯되며, 정신과 물질은 불가분하게 통합되어 있다라는 철학을 드러내는 몬드리안의 그림, 주제의 외적 형태를 완전히 없애버리는 표현양식으로 사물에서 가장 기본적인 요소인 수직선과 수평선 사용, 3원색, 그리고 3가지 기본적인 무채색으로 회화의 언어를 삼아 자신의 생각을 단순한 선과 원색의 물감으로 캔버스에 그려낸 몬드리안의 그림을 오래 보고 있노라면, 하나의 선, 하나의 면적으로 집약된 그의 그림 속에서 붓다도, 예수도, 소크라테스도, 공자의 모습도 겹치어 드러나고, 육체파 여배우 메릴린 먼로의 모습도 겹치어 나타나고, 재벌들이 모락모락 자신의 속내를 피워내고 있는 그런 모습도 알게 됩니다. 제 글 그리기에도, 곰곰이 들여다보면, 각각의 꼭지에서 그런 묘한 냄새들이 모락모락 피어오름을 알 수 있을 것입니다. 모든 것은 글로, 그림으로, 선으로, 상상으로 압축되고, 압축된 것은 다시 원형으로 되피어나게 될 수 있는 것입니다.

저는 사람들에게 마구 팔리는 그런 장난감이나, 팔아먹기 위한 책 같은 것이나, 남의 눈을 의식하는 그렇게 꽤나 친절한 글을 그려 본 적이 별로 없습니다. 남이 제 글 그림을 읽는다기보다는 그저 보고, 그것을 그 어떻게 생각하는지 어떤지를 의식하거나, 의심해 본 적도 솔직히 없었습니다. 그런 일은 제 관심 밖의 일이었습니다. 그냥 제 생각, 제 마음을 정리해 보는 일이 제겐 '글 그리기'였기 때문입니다. 그러니, 남이 내 글을 읽고 감탄할 만한, 혹은 저들에게 마음 깊게 남겨야겠다는 그런 글 줄기를 깊이 생각해 보거나 염두에 둔 적도 없습니다. 글을 쓰는 동안 저는 제 자신을 나름대로 반추하고, 반성하고 제 자신을 다시 발견하는 것이 제게는 더 소중했기 때문입니다. 처음부터 팔리는 책, 팔릴 책 같은 것은 마음에 둬본 적이 없습니다. 그렇기에 다른 사람 보기에 멋있는 말, 밑줄을 칠 만한 글을 남기려고 억지로, 멋있게 그 무엇을 작정해 본 적도 없습니다. 글을 읽듯이, 제 삶을 그냥 읽어 보기 위해 글을 써왔던 것일 뿐입니다.

3) 사정(事情), 살펴야 합니다

제가 한동안 몸담았던 교육학 분야에는, 교육학자들 스스로에게는 마음 편치 않게 불리는 '교육학 전공자'들이 있습니다. 그들을 일컬어, 교육(학)개론학자(教育學概論學者)들이라고 쑤군대지만, 그것도 그리 옳은 자세는 아닙니다. 교육(학)개론학자들은, 교육학 일반에서부터, 그러니까 가나다순으로 나열해 보면 교육공학개론에서 교육사회학개론을 거쳐 교육철학개론, 마지막으로 평생교육학개론에 이르기까지 개론학(概論學) 영역을 개척해 온 식자 일반을 통틀어 지칭하는 일종의 비속어 같은 말로 쓰이고 있는 단어입니다. 저들의 학문적 성격상, 저들의 저서에는 개론이라는 제목을 어김없이 붙이곤 합니다. 교육학개론, 교육사회학개론, 평생교육학개론 등등을 붙이고, 그 제목이 자신의 학문적인 식견을 드러내지 못한다고 생각될 경우, 신(新), 최신(最新), 혹은 총론(總論)이라는 글자를 붙이곤 합니다. 이들 개론학자들이 하는 일은 해당 학문에 대한 이해의 길잡이를 한다는 점에서 처음 그런 학문을 익히는 사람이나 가르치는 사람에게 도움이 되는 일입니다. 저들을 일러 교육학개론학자라는 새로운 영역에 넣는 일부 교수들의 버릇은 일종의 학문적인 야유, 그러니까 각종 교육학론서들이 교육에 대한 의미를 만들어 내지 못하기 때문이라는 비판을 담고 있는 야유입니다만, 사실 그들이나 저들이나 모두 거기에서 거기일 뿐입니다. 교수들이 매달리는 정부 홍보용 프로젝트로 연명하는 것도 우리 교육학의 전진을 위해서는 크게 기대할 만한 것은 아니기 때문입니다. 저들 개론학자들은 자신이 저술한 책의 제목을 붙일 적에, 커다란 고뇌가 있을 수 없습니다. 그냥 제목이 자동적으로 따라오고, 그 뒤에 개론이라는 말로 마감하면 되기 때문입니다. 그런 것에 고뇌했던 제 경우는, 조금 사정이 다릅니다. 제가 교수생활을 할 때 펴낸 편저서인『새로운 교육학』이라는 제목은 제 스스로 생각해서 붙인 책 제목이 아니었습니다. 당시 교육학계의 사정에 공격적으로 익숙한 출판사가 저들 나름대로 돈 냄새를 맡고, 작정한 책 제목이었습니다. 당시 초년 교수이기에, 학계 사정과 출판계 사정에 어리바리하던, 그러니까 학계가 어떤 곳인지에 대해 정신적 지도가 없었던 신참내기 조교수인 저로서는 그저 저들의 지배적인 의견을 받아들일 수밖에 없었습니다. 학생들에게 제 학문을 본격적으로 소개하기 위한 용도의 책이었기에, 저는 출판해 주겠다는 저들의 이야기에 감사하며 더 솔깃했었기 때문입니다. 출판사도 당시에는 꽤나 이름 있는 곳이었기에 저들의 책 제목을 거부할 이유도 없었습니다만, 책이 출판된 후에는, 제목에 대해 후회막급이었습니다. 세상에 새로운 것은 없기에 그랬다기보다는, 제 의지가 책 제목에 반영되지 않았기 때문입니다. 그런 일은 겪은 다음부터, 저는 책 제목을 아주 신중하게 정하기 시작했습니다. 그다음 책인, 『한국대학교육의 희생』이라는 제목은 그런 나의 생각을 반영한 것이었습니다. 군이 책 제목 끝에 '희생'이란 제목을 거세하고, 그냥 지인의 조언대로 '한국고등교육 이해' 이렇게 정했더라면 좋았을 법했지만, 저는 그것을 강하게 거부했습니다. 한국대학교육의 희생에서 희생이라는 말을 거세하면, 그것은 암퇘지 곁을 멀뚱거리며 돌아다니게 될 것 같은 수퇘지, 그것의 존재감으로 드러내는 '붕알'을 거세당한 수퇘지 같은 그런 교육학자를 연상시키는 대목과 다를 것이 없을 것 같았기 때문입니다. 그래서 『한국대학교육의 희생(犧牲)』이라고 붙여 제 연구의 결론을 확실하게 드러냈습니다. 그런 의도를 『국가과외(國家課外)』라는 책에서도 어김없이 드러냈던 바가 있습니다. 제 생각엔, 교육학이라는 학문 분야에서 평생교육, 성인교육, 교육사회학, 인적자원개발학 같은 학문에 대한 제 나름대로의 틀을 바꾸고, 그것의 핵심에 배움, 그러니까 '학(學)' 해야만 한다는 생각이 한동안 저를 괴롭혔습니다. '학(學)' 하면 좋다는 식의 선언적인 외침에 만족하는 중국식, 그러니까 남송(南宋)의 주회(朱熹) 선생의 학(學)이라는 개념이 아닌 우리 한국인의 얼을 표현하는 개념인 배움이라는 생각으로 교육학의 틀을 새롭게 이해할 수 있었으면 하는 생각도 했었습니다. 그런 학문적인 의지를 드러내고자 했던 저서가 바로 호모 에루디티오(Homo Eruditio)라는 제목을 붙인 저술이었습니다. 이 책의 제목을, 호모 에루디티오라고 달았던 제목 달기 사정을 이미 이야기했지만, 그렇게 붙였던 것은 배움에 대한 원초적인 이해를 원했기 때문입니다. 배우는 동물, 배우는 인간을 그냥 '학습인간'으로 제한하기 싫어서였습니다. 수없이 반복하지만, 학(學)이라는 한자를 우리는 '배움'이라는 말로 대신 풀어 쓰는데, 그러니까 우리는 커다란 저항 없이 학(學)자를 배울 학자로 풀어 쓰고 있는데, 저들 중국인의 문자로서 학(學, xué), '쉐에'라는 저들의 말을 배움이라고 번역한 것이 과연 옳은 것인지, 어떤지에 대해서는 아직까지 만족할 수 있는 형편은 아닙니다. 그냥 지식의 체계나, 학문이라는 뜻을 드러내는 말로서는, 저들 한자 소리글처럼 학(學)자를 써서 표현해도 될 것 같은데, 보통의 뜻으로 우리 내 일상에서 쓰고 있는 배움이라는 말을 학(學)자로 받아들이고 있는 것에는 늘 그런 의구심이 들었기 때문입니다. 사실, 한자인 학(學)을 어떤 연유로 배움이라는 말로 번역해서 쓰고 있는 것인지, 한자인 학(學)을 배움으로 풀어 쓴 번역어 사정은 어떤 것이었는지, 그 순서 역시 한자 번역어 사정으로 훑어보는 것은 복습을 위해 다시 필요할 듯합니다. 한자를 우리말로 풀어낸 것을 옛말로 써낸 향찰(鄕札) 같은 것을 보면 크게 도움이 됩니다. 말하자면 1281년에 편찬된 『삼국유사』에 수록된 신라 시대 향가 14수, 1075년에 간행된 『균여전』에 수록된 고려시대 향가 11수에서 드러나는 것처럼, 향찰(鄕札)은 한자를 이용한 한국어 표기법의 하나입니다. 예를 들어, 〈처용가〉의 동경명기월량야입이유행여가(東京明期月良夜入伊遊行如可)에 대한 한글 해석은 '東京 볼기ㅣ 드라 밤드리 놀니다가'입니다. 일반적으로 그렇게 표기되고 있습니다만, 향찰에서는 명(明)을 '볼기'라고 표현했습니다. 그런데 그 표현의 정당성에 대한 학문적인 정설을 세우기는 어느 국어학자든 어려운 형편이라고들 합니다. 향가를 연구하는 학자들의 연구에 의하면, 볼기에 대한 어형의 타당성(중세 한국어 관형형 '-ㄴ'), 처격 '良'의 독법(중세 한국어 처격 '-애/-에'), '유행여가(遊行如可)'는 '놀니다가'로 아니면, 현대어처럼 '노니다가'로 보아야 할 것인가 등등도 아직은 분명하지 않지만, 그런 풀이는 해석에 대한 정당성의 논란에도 불구하고, 그대로 그런 정도의 의미를 지니는 것으로 받아들여지고 있습니다. 향찰은 주로 향가의 표기에 사용되었으며 고대 한국어를 분석하기 위한 자료로써 중요한 위치를 차지하는데, 그 이유는 향찰이 한자의 음(소리)과 새김(뜻)을 이용하여 우리말로 적었기 때문입니다. 향찰은 그 자체로 한국어 문장을 완벽하게 표기한 것이지만, 제가 밝히고 싶은 한자 학(學)에 대한 그 사례는 아직도 드러나 있지 않기에, 학(學)을 배움이라고 적었는지, 그렇게 적을 수 있겠는지에 대해서는 뭐라고 단정할 수 있는 입장이 아닙니다. 그렇다고 과학적으로 그것의 정당성이 입증될 때까지 그냥 유보해놓을 수만은 없습니다. 가능한 대로, 그 쓰임새를 높이는 방식으로 따지고, 해석하는 것이 보다 더 현명한 일이 될 것입니다. 그렇습니다. 배움이라는 우리네 말이 정말로 중국의 한자로서 학(學)의 번역어인지, 아닌지, 만약 그렇다고 하면, 그것이 어떻게 그리 되었는지 그 사연과 이치를 따져 보려면, 배움이라는 말에 대한 보다 더 치밀한 언어학인 연구가 필요합니다. 제 개인적인 지식과 능력으로는 그런 것을 감당할 수가 없어 언어학자의 도움을 빌리면 그것이 가능하기는 할 것입니다. 그럼에도 불구하고, 저들 역시 배움이라는 말에 대한 정태언어학적인 분석이나 진화언어학적인 탐구 결과를 제대로 해 놓은 적이 없습니다. 배움이라는 말의 시대적 쓰임새와 그것의 함의를 제대로 파악할 길이 없습니다. 여기서 우리가 쉽게 이해하지 못하게 만들어 주는 개념이 바로 정태언어학과 진화언어학이라는 말입니다. 두 개념을 설명하기 위해 언어학자들의 도움을 받으면, 정태언어학은 어떤 특정한 시기의 언어의 양상을 체계적으로 연구하는 언어학을 말하는 것이고, 진화언어학은 어떤 언어가 시간의 흐름에 따라 변화하는 모습을 연구하는 언어학을 말합니다. 한자의 학(學)이라는 말을 오늘날도 그냥 배움이라고 불러 오는 데 별다른 문제제기가 없으니까, 그저 그렇게 불러도 된다는 입장은 배움에 대한 정태적 이해의 결과일 뿐입니다. 즉, 배움이라는 말이 오늘날도 그렇게 쓰인다고 하는 그 정지된 상태를 그대로 받아들이는 정태적 언어학적인 입장일 뿐입니다. 시대와 시간에 따른 강압적 변화나 자연적인 변천, 장소와 사회에 따라서 변화된 배움이라는 말의 변이를 고려하지 않는 공시언어학 태도일 뿐입니다. 그러니까 배움이라는 말의 의미를 우리네 쓰임새와 그것에 대한 우리의 의식을 제대로 파악하라면, 배움이라는 말의 역사적 변이, 말하자면 배움이라는 말이 향찰에서 쓰였다면, 그 말이 통일신라시대, 고려시대, 조선시대를 거치면서, 그리고 현대 한국사회에 어떻게 정착되고 진화되었는지를 시대별로 파악해서, 그 말의 의미와 쓰임새의 변화를 제대로 파악해야, 한자로서 학(學)이라는 말의 한국적인 사용의 사연을 알 수 있게 됩니다. 사실 향찰로는 부족합니다. 그 이전의 글, 말, 그러니까 고구려나 고구려를 둘러싼 당시 변방민족의 언어에까지 소급되어야만 합니다만 저로서는 그저 무리일 뿐입니다. 제 말은,이렇게 말, 그 쓰임새를 일반 언어 대중의 관점에서뿐만 아니라, 학문적으로도 정신문명사적으로 넓게 파악해야 말의 쓰임새에 대한 전모를 파악할 수 있게 된다는 뜻입니다. 일반 대중은 자기가 매일같이 쓰고 있는 말의 시대적 흐름을 알지 못한다고 하더라도 그 말을 늘 쓰게 되며 무의식적으로 그것을 자기 것으로 받아들이게 되기에, 말이 지닌 의미의 변화를 굳이 따지려고 하지 않기에, 배움이라는 말에 대해 조근조근, 차근차근 정태적으로 그리고 진화적으로 배움이라는 말의 변이를 파악하고, 따져둬야 배움이라는 우리네 말로 자연스럽게, 혹은 억지로 번역, 확장되거나 축소되어 쓰이는지를 제대로 알 수 있게 된다는 뜻입니다. 배움이라는 말의 의미를 제대로 더 파악하기 위해서는 말을 둘러싼 정신의학적인 검토가 필요합니다. 말은 그냥 하늘에서 떨어져 쓰고 있는 것이 아니라, 한 문화권, 한 문명권의 문명적 절류와 의식의 형성과 무관하지 않기 때문입니다. 저는 '배움요법'에서 아직 책으로 나오지는 않았지만 이 책에 잇대어 글을 쓴다면 책 이름으로 붙일 그 '배움요법'에서 다룰 배움이라는 말은 불함문화권(不咸)에서 배태된 말, 그러니까 박달, 밝음을 숭상하는 곰족의 문화에서 배태된 말이라고 생각합니다. 배움이라는 말은 배달문화라는 말에서 읽어낼 수 있듯이, 밝다, 혹은 빛을 상징하는 배달이라는 단어나 그것을 형성하는 우리네 집단무의식과 분리될 수 없다고 생각합니다. 그러니까 배움이라는 말은 불함문화권을 따라 서로 교호해 온 티베트, 시베리아, 몽골 등등의 동북아시아 지역으로 이어지는 문명과 그 의식구조와 연관이 깊은 개념이며 저들의 의식이며, 언어라고 생각합니다. 배움에 관심을 두고 있는 학자들이 앞으로 더 밝혀낼 것이라고 믿지만, 저는 일단 여기는 배움이라는 말은 밝음, 빛이라는 말과 밀접하게 연관되었거나 그것에서 분화된 우리네 의식을 담을 말이라고 생각합니다. 배움이라는 말이 빛이나 밝음이라는 개념과 깊게 집단의식적으로 연관되어 있다는 말과는 달리, 배움이라고 번역된 한자어에서 학(學)이라는 말은 상당히 인간의 인지적인 기능이나 인간의 탐구 작용을 강조하는 개념인 것 같습니다. 우리네에게 배움이라는 말이 빛이나 밝음을 상징하는 것과는 달리, 한자로서의 학(學)이라는 말은 다시 이야기하지만 인간의 지력(知力), 말하자면 인간의 인지능력배양을 강조하고 있습니다. 제가 이렇게 말하는 것은 공자나 공자의 제자들 스스로 저들이 말하는 학(學)이 구체적으로 무엇을 말하는 것인지에 대해 제대로 된 해석이나 주석을 단 적이 없기 때문에 그렇게 생각하는 것입니다.

저들 스스로 학(學)의 본질이나 본체에 대해 명쾌하게 정의한 적이 없습니다. 언제는 한번 동료 교수의 별장에 제자 교수와 동행한 후, 같이 하룻밤을 같이 지낸 적이 있습니다. 그는 자신의 신간 『학(學)이란 무엇인가』를 제게 건넸습니다. 상당한 정도의 고전 실력이 있는 그가 힘들여 집필한 것이기에, 조바심으로 그리고 호기심 반으로 새벽에 일어나 그가 어제 건넨 그 책을 달게 읽었습니다. 많은 것을 또 한 번 새로 익히게 된 순간이었습니다. 주자의 글을 읽어가면서도, 그동안 미처 눈여겨보지 않았던 부분에 대한 새로운 그의 이해로부터, 그러니까 주자의 독책 부문에 대해서도 새로운 깨달음이 있었던 귀한 시간이었고, 그로부터 제자 교수의 학문적 성취에 한 번 더 고마움을 갖게 되었던 순간이기도 했습니다. 저는 대학원 시절, 한국에서도 그랬지만, 미국에서 공부하는 동안 지식사회학에 매료되었던 사람입니다. 라이트 밀스 교수의 『사회학적 상상력』에 이끌려, 세상의 그 모든 지식들은 만들어진다는 생각으로 제 학문적 토대를 일구었던 사람입니다. 모든 것은 사회적 구성물이기에, 그것들의 정체를 파악하기 위해서는, 의심과 의시는 당연한 것이었습니다. 심지어 내 자신도 그렇게 의심하고, 의시함으로써 나의 정체가 정말로 무엇인지를 파헤쳐야 한다고 생각한 사람입니다. 이 세상에는 진리가 있다면, 그것은 딱 두 가지라는 생각으로 대학원 시절을 보낸 적이 있습니다. 그것은 모든 생명은 죽는다는 것이고, 자연은 그 어느 힘에도 꿈적하지 않고 그 모든 것을 받아들인다는 두 가지 진리뿐인데, 그것을 알기 위해서는 의시와 의심이라고 생각해둔 적이 있습니다. 그건 의시와 의심이 바로 신(神)의 모습이라고 제 자신 속에 넣어 그렇게 정리해 놓은 적이 있습니다. 나머지 모두는 죽음과 자연을 위한 보조물일 뿐이니, 그것들의 정체와 본체는 끊임없이 의시와 의심의 대상일 뿐입니다. '사람이 무엇인가'라는 질문에 대해, 독일의 철학자 헤겔은 인간은 생각하는 존재이고, 그가 생각한다는 그것은 자신 앞에 바로 주어진 것에 대해 일단은 의심하고 부정하는 것입니다."라고 말한 적이 있습니다. 이 말이 바로 지식사회학의 철학적 근거가 되고, 제 스스로의 학문함의 방법론이 되기도 합니다. 모든 것은 그 이치나 사연을 따져보면, 진실이 제 스스로 드러난다는 뜻입니다. 그가 말하는 의심,

그리고 부정은 우리의 삶을 그 어떻게든 지배하려고 하는 사람들이 제시하고 있는 수치와 통계치의 허구와 궤변, 속임수, 관심과 책임을 다른 사람, 다른 곳으로 돌리려는 권력과 언론의 공모와 갖가지 사회적 이벤트와, 저들이 늘 저들의 업적으로 치장하는 허구를 꿰뚫어 볼 수 있는 능력을 말하는 것입니다. 헤겔이 제시해 준 것처럼, 사람들마다 지식사회적인 안목(眼目)을 갖고 사물의 본질과 실체가 정말로 무엇인지에 대해 고뇌하고 의심하는 나름대로의 눈과 자세를 갖게 되면, 소위 사회를 저들 권력자들이, 혹은 학문적으로 지배하려는 집단이 윽박지르는 대로, 그냥 따르기만 하는 그런 비학문적인 구조맹(構造盲)의 마음에서 벗어날 수가 있습니다. 구조맹은 정치권력의 욕심을 알아차리지 못하는 맹종(盲從)의 무기력과 복종을 말합니다. 그것을 능력이라고 말한 것은 그저 잘 따르는 것 역시 능력은 능력이기 때문입니다. 다만 사회를 살아가는 데에는 결코 바람직하지 않은 능력이기에 별로 언급하고 싶지 않은 그런 것일 뿐입니다. 예를 들어, 한글을 모르면 한글로 쓰인 신문이나 책을 읽을 수 없듯이, 권력자들의 지배수법을 모르면 저들 권력자들의 지배욕과 정치놀음이나 저들의 권력구조가 정말로 어떤 것인지를 알 수가 없습니다. 저들이 우리에게 천당을 약속하면서, 속으로는 저들의 천당을 만들기 위해 저들끼리 치부하며, 우리의 세상을 지옥으로 만들어 놓은 사례가 역사적으로는 즐비합니다. 히틀러가 독일국민에게 약속했던 천당은 끝내 지옥이었으며, 후세인이 약속했던 이라크 땅도 마찬가지였습니다. 이것은 앞으로도 그리 되어갈 것입니다. 수천 년 후의 미국이나 지금의 한국이라고 예외가 되는 것은 아닙니다. 저들이 약속했던 천국의 실체를 하나둘씩 제대로 뒤지면, 그 후에는 우리의 기대와는 다른 오물천지의 세상이 나타날는지도 모르는 일이기 때문입니다.

　세상을 지배하는 그렇지만 쉽사리 드러나지도 않고 눈에 보이지도 않아 보통 사람으로서는 잘 알 수 없는 것을 구조하고 부르고, 그 구조가 어떻게 작동되는지를 전혀 이해하지 못하는 상태를 구조에 대한 까막눈, 그러니까 구조맹이라고 부르는 것입니다. 사회를 지배하는, 그러니까 내 목과 숨을 이리 부리고, 저리 요리하는 그렇지만 눈에 보이지 않는 것을 구조라고 부르는 것입니다. 권력자들, 저들이 정치인이든, 관료든, 엘리트집단들, 하여간 목회자든 스님이든 무엇이든 보통 사람들의 일상을 지배하려고 우리의 삶에 파고들어 영향력을 행사하는 사람들, 그러니까 우리의 일상생활을 자기식대로 부리려는 저들은 저들의 속셈이 쉽게 드러나지 않도록 조심하고, 조바심내기 마련입니다. 저들은 권력욕심의 틀이나 구조가 쉽게 포착되지 않게 하기 위해서 수많은 통치 구조를 이리저리 만들어 내고, 포착하기 힘든 갖가지 틀을 부려가면서 우리의 일상을 효과적으로 관리합니다. 언론들이 저들을 위한 도구입니다. 저들은 언론들과 유착하여 그럴듯한 수사(修辭), 멋있게 보이고 고개를 끄덕거리게 만들 만한 말과 글, 그리고 선언으로 사회현실을 호도하기 마련입니다. 저들이 자신 있게 퍼트리는 '오염된' 언어 속에 자리 잡고 있는 권력욕과 그것을 위장하기 위해 수시로 바꾸고 있는 권력양태를 비판적으로 읽을 수 있으려면, 일단 저들의 언어, 저들의 손짓, 저들의 제스처를 의심하고 한 번 더 뒤집어 보는 능력이 필요합니다. 그런 능력의 첫 단계가 바로 의심입니다. 의심하려고 한다는 말, 그것이 미리 염두에 두는 전제는 딱 한 가지입니다. 세상은 누군가에 의해, 그 어떤 의도대로 만들어진 것이라는 전제입니다. 그 의도는 그의 의도로서 나의 바람과는 아무런 상관도 없을 수 있습니다. 그의 의도가 나를 그의 틀 속에 가두어둘 수도 있습니다. 내가 원치 않는다고 해도 그의 욕심 때문에 그의 틀 속에서 허우적거릴 수도 있습니다. 그러니, 그의 의도대로 내가 속박당하지 않는 것이, 나의 자유이며 해방이고, 행복의 전제가 될 수 있습니다. 내가 원하는 것은 점의 세상인데, 그의 의도로 만들어진 세상은 세모가 될 수도 있지만, 반대로 세모로, 아니 원형으로도 만들어질 수도 있습니다. 네모로 세상이 만들어 져야 한다는 저들의 생각은 나의 행복을 위해 꼭 필요한 것도 아니고, 절대적인 생각이 아닐 수도 있습니다. 그런 생각이 우리를 구원하는 유일한 생각이 될 수도 없다는 생각은 정당합니다. 그러니 저들의 생각은 일단 의심되어야 하는 것입니다. 그런 생각을 할, 그때부터 세상은 달라지게 되는 것이며, 그때부터 달라진 세상이 내게 새롭게 열리기 시작하게 되는 것입니다. 그런 의심의 생각, 의심할 수 있는 능력이 생

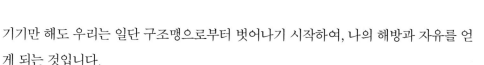

기기만 해도 우리는 일단 구조맹으로부터 벗어나기 시작하여, 나의 해방과 자유를 얻게 되는 것입니다.

4) 아름다움입니다

세상의 아름다움은 크게 가르자면, 부드러움의 아름다움과 단단함의 아름다움으로 갈라질 수 있을 것입니다. 부드러움의 아름다움은 공간의 아름다움을, 단단함의 아름다움은 시간의 아름다움을 그리고 다시 정(靜)의 아름다움과 동(動)의 아름다움, 맘의 아름다움과 몸의 아름다움, 영(靈)의 아름다움과 기(氣)의 아름다움을 대변합니다. 그러니까 아름다움은 한쪽은 연성(軟性)적인 아름다움이고 다른 한쪽은 경성(硬性)적인 아름다움입니다. 연성적인 아름다움은 감성의 아름다움을 추구하는 소위 '감각충동'에서 생겨나는 것이고, 경성적인 아름다움은 이성의 아름다움으로서 소위 '형식충동'에서 생겨나는 것입니다. 형식충동은 현실을 통해 여러 가지 모습으로 나타나는 양태와 상태를 가능한 제어 가능한 그리고 형식에 맞도록 하나의 존재 안으로 통합하려는 충동과 하나의 법칙을 말하는 것이고, 감각충동은 자신됨을 현실 속에 나타나도록 만들어 보려는 충동으로서 순간적이고도 유동적 상태를 말하게 됩니다. 이런 감각적 충동과 형식적 충동이라는 서로 다르며 대립적으로 보이는 두 개의 충동을 하나로 이어주며 융합해 해낼 수 있는 것이 바로 인간이 지니고 있는 유희충동입니다. 유희충동으로 자기 자신을 제대로 조절할 수 있는 사람이 바로 미적인 인간입니다. 그러니까 미학의 과제는 미적 인간의 완성에 있는 것이고, 미적 인간의 완성은 유희충동의 완성에 있게 되는 셈입니다. 유희충동의 실현으로 미적 인간의 완성이 가능하다고 보는 것은 독일의 낭만주의적 미학자로 이름을 남긴 프리드리히 실러의 견해입니다만, 그의 논지를 이 시대 상황에 맞게 풀어쓰자면 마음과 몸, 그러니까 자신의 '몸'을 제대로 추스르도록 놀 줄 아는 사람이 바로 미적 인간인 셈입니다. 이런 생각은 미학의 본래적인 목적이 그 무슨 감각적 아름다움이라는 그 자체가 무엇인지를 캐

묻는 학문이 아니라, 이성과 감성이 어떻게 서로를 매개하며, 어떻게 서로 기리며, 어떻게 서로에게 길들이는지를 묻는 학문이라는 점을 다시 한 번 더 새롭게 상기시켜 주고 있습니다. 『프리드리히 실러의 미적 교육론』을 논하는 윤선구 교수나 한진 박사들의 논의에서 드러나는 것처럼, 이 시대에서 요구되는 미적 인간의 핵심 역시 유희충동의 실현에 있습니다. 그것은, 이 현실에서도 제대로 그리고 잘, 자신의 삶에 살아가야 되는 의미를 만들어내 주도록, 유희할 줄 아는 사람에서 찾아야 합니다. 그것이 바로 '미적 인간'의 과제입니다. 미적 인간, 그리고 미적인 공동체란 인간들 사이에 완전한 자유와 평등을 실현해 주는 조건입니다. 미적 인간과 미적 국가는 분리될 수 있는 것이 아니라는 것이 미학자인 실러의 주장이기도 합니다. 미적 인간의 조건을 따지기 위해 그 무슨 고상한 예술, 고급 예술 같은 것을 중심으로, 뭐니, 옳으니 틀리니 하는 것을 장황하게 이야기하는 것은 삼가겠습니다. 미학의 본질에 대한 또 다른 잡음이 될 것이기 때문입니다. 다만 한 가지 기억해야 될 일은, 사람들은 각자가 나름대로 자신을 지키는 하나의 영혼을 지니고 있게 마련이라는 점인데, 바로 각자의 영혼이 바로 미적 인간됨의 본체라는 것입니다. 자신의 영혼이 각자적이듯이 자신의 몸이 겉으로 드러내는 자신의 수명과 건강 역시 각자적일 뿐입니다. 오래 사는 것, 말하자면 장수(長壽)에 관련된 갖가지 의학적 지식은 모든 이들의 건강이나 수명을 질서정연하게 하나로 꿰어놓아서 모두에게 일관되게 통용될 수 있는 그런 정형화되고 표준화될 수 있는 것이 아닌 것처럼, 삶에서의 미학적인 것도 그렇게 표준화될 수 있는 것이 아니라는 것입니다. 설령 그런 표준화된 지식이나 정보가 만들어졌다고 하더라도, 그런 정보는 군이 몰라도 좋지만, 알고 있으면 그저 상식적으로 도움이 될 수도 있는 정보이지, 누구에게나 꼭 해당되고, 적용되어야만 하는 불변의 진리 같은 것은 아니라는 것입니다. 생명에 대해, 삶에 대한 표준화는 무리한 시도이거나 불필요한 일이 될 뿐입니다. 평균수명을 90세라고 표준화된 방식으로 이야기한다고 해도, 그나저나 어김없이 90세가 되면, '꺽' 소리를 내며 하나같이, 그리고 일제히 평균의 나이에 죽어 가는 것은 결코 아닙니다. 평균수명치인 90세에 죽는 것이 중요한 것이 아니라, 90세보다 하루라도 더 살아내는 일이 기쁨이고 즐김이며, 행복이기 때문입니다. 소똥 밭에 뒹굴며 다니게 될지라도, 메릴린 먼로, 소피아 로렌과 같은 미녀들과 공자, 예수, 붓다, 소크라테스 모두를 허물없이 반겼던 저승, 그러니까 저세상 삶보다, 매일같이 바가지 긁는 마누라라고 할지라도 그녀가 숨 쉬고 있는 이승, 이 세상의 삶이 내게 더 좋을 수밖에 없는 노릇입니다. 이승에서 그 어떻게든 살아내려면 단 하나밖에는 없는 각자적인 내 맘과 몸을 지키는 일에, 원초적인 부족함이 있어서는 곤란할 뿐입니다. 자신의 '몸'은 자신이 각자적으로 제대로 돌봐야 하는 절대적인 일입니다. 그가 녹용을 먹으며 수많은 사람을 부리며 권세를 누린다고 해도, 그가 나보다 더 건강하거나 장수한다는 보장은 있을 수가 없는 노릇입니다. 물론 그 반대도 마찬가지입니다. 자신의 '몸'을 각자적으로 돌보기 위해서는, 각자가 먼저 미적인 인간, 그러니까 유희충동에 준비가 되어 있는 사람이 되도록 노력해야 할 것 같습니다. 자신의 유희충동을 조절하려면, 먼저 자기 나름대로, 제대로 놀 줄 알아야 하고, 실제로 그렇게 놀아야 합니다. 자신의 유희충동을 현실화시켜, 제대로 놀고 있는 것이 되기 때문입니다. 놀아야겠다는 그런 생각만을 하거나, 그런 정보에 집착하는 식의 감각적 충동을 현실화시키도록 몸을 실제로 놀려야 합니다. 노는 것은 소비가 아니라 내 몸을 위한 에너지의 생산입니다. 몸과 마음을 하나로 만들기 위한 일이며 자신이 자신 됨을 드러내는 일이기도 합니다. 건강함을 보여 주는 증표로서의 놀이입니다. 유희충동을 이야기하면서, 그 무슨 예술적인 활동, 고상한 놀이, 세계에 드러낼 유희 같은 것은 아예 생각할 이유도 없고, 그런 것에 집착할 이유가 전혀 없습니다. 가능하면 가족과 공유하고, 함께 재밌게 놀 수 있으면, 몰입할 수 있도록 놀 수 있으면 되는 것입니다. 그 놀이가 남 보기에는 조금 유치해 보일 수 있지만, 자기 자신에게는 귀하고 자신의 건강을 위한 유희입니다. 영원한 젊음의 마을, 영어식으로 표현하면 '유스 위다우트 유스(Youth without Youth)'의 마을인 에콰도르 빌카밤바에서 살아가는 노인들처럼, 자연에 대해, 자신의 삶에 대해, 그리고 이웃과 더불어 거리낌 없이 더불어 놀고 즐기는 일이 유희입니다. 노는 것은 내가 노는 것이지, 그를 위해 내가 대신 놀

아주는 것이 아닙니다. 놀이에서, 자신의 유희충동을 현실화시키는 데 남의 눈을 의식할 이유가 없습니다. 연령이나 성별, 빈부, 지위의 높고 낮음 그런 것에 따라 유희충동이 달라지는 것도 아닙니다. 노는 일에, 유희충동에 '늦은' 나이라는 것도 불필요하기는 마찬가지입니다. 예를 들어, 자신의 유희충동을 드러내기 위해 악기가 필요하다면, 악기를 익히고 싶으면, 그저 자기가 즐기고 싶은 악기 하나 골라 자신의 감정을 표현하기 시작하면 그것이 바로 자신의 몸을 위한 유희의 시작이 되는 일입니다. 그것이 유희충동의 실현이며, 그것을 통해 자기 스스로 '미적인 인간'이 되고 있음을 알려 주는 증좌가 되는 것입니다. 미적 인간이란 다른 것이 아닙니다. 미적인 인간이란 구태의연한 용어로 표현하자면 전인적인 인간, 인격적인 인간, 덕을 갖춘 인간, 또 다른 말로 표현하면 자신을 즐길 줄 아는 인간, 다른 사람과의 관계를 조악(粗惡)하지 않게 만들어 가는 사람, 한 사회에서 살아갈 만한 사람으로 행위할 줄 아는 사람 같은 것을 상징합니다. 그렇게 될 수밖에 없는 이유가 있습니다. 그것은, 실러의 표현을 따르자면, '인간은 완전한 의미에서의 인간인 경우에만 유희하고, 인간은 유희하는 경우에만 완전한 인간이 되기 때문입니다.' 다시 말하지만, 그 무슨 추상적인 아름다움의 본질을 규명하거나 그것에 매달리는 노력이 아니라, 정적인 충동과 동적인 충동을 하나로 매개하며 서로가 서로를 다스리고 서로가 하나가 되게 하는 노력이 바로 미학의 본질이기 때문에, 미학적인 인간은 행복한 인간이라는 뜻이 됩니다. 아름다움은 일상을 살아가는 데 필요한 삶의 슬기이며 지혜입니다. 그러니까 미학, 아름다움은 로마시대에서 중요시 여겼던 관행적인 삶인 비타 컨템플라티바(Vita Contemplativa)의 한 부문이 되는 것일 뿐입니다.

　아름다움을 추구하는 것은 궁극적으로 삶에서 헤아림의 여백을 늘리는 일인데, 헤아림은 바로 이 행복으로 이끌어 주는 길이기도 합니다. 헤아림이라는 개념을 서양사람들은 이성(理性, Reason)이라고 말합니다. 사물을 판단하는 힘으로 정리되는 이성이라는 말은 원래 라틴어인 라티오(Ratio)에서 나온 것인데, 라티오는 말 그대로 비례나 균형과 같은 의미로서, 갈라내고, 분석하는 것 같은 능력이나 힘, 그러니까 헤아리는 능력을 말하는 것입니다. 수학적인 개념이기도 한 헤아림으로서의 라티오에서 이성(Reason)이라는 개념이 발전한 것입니다. 이성이라는 개념은, 시간이 지나면서 서양 사람들에게는 참과 거짓, 선과 악을 식별하는 능력을 의미하는 말로 받아들여졌습니다. 서양인들이, 한때 식민지를 거느리면서 자기들은 이성적인 인류, 반대로 저들의 눈에 미개한 인종으로 보이던 아프리카나 동양인들은 비이성적인 사람들로 간주하곤 했습니다. 말하자면 자신들에게는 세상사를 정확하고 바르게 선과 악을 식별하는 능력이 있지만, 자기들의 다스림을 받는 동양인들에게는, 그런 이성적인 능력이 결여되어 있다고 본 것입니다. 저들의 이성적인 판단 아래, 저들의 종교를 내세워 동양인들이 자신의 삶을 바르게 정리할 수 있도록 도와주겠다는 논리, 동양인의 혼과 넋까지도 관리하겠다는 욕심을 피식민지문화로 정착시켰었습니다. 말도 되지 않는 소리를 저들이 해낸 것이지만, 어쩌거나, 좋은 것은, 동서양식 사고들이 지니는 장점을 하나로 모으는 융합적인 사고가 필요하기에, 그것을 위해 서양식 사유와 동양식 사유 간의 차이를 조금 더 고찰해 볼 필요가 있습니다. 이미 서론에서 지적한 것처럼, 서양인들에게 명사적 사유, 말하자면 명사적인 헤아림이 강하다고 했을 때, 그 명사적인 합리성이란 '원자적 사유(Atomic Thinking)'이기도 합니다. 물리학에서 말하는 원자란 더 이상 쪼갤 수 없는 최종의 상태를 말하는 것입니다. 그러니까 저들 서양인들은 사물을 분석할 때 그 사물의 본질, 그 사물의 핵심이 무엇인지를 알기 위해 분석하고, 또 분석함으로써 마지막으로 남아 있을 최종적인 것에 그 초점을 맞춥니다. 명사적인 의미를 지니는 존재파악이 저들에게 우선한다는 뜻입니다. 이런 명사적 의미 찾기 사유를 텍스트적인 사유(Text)라고도 합니다만, 명사적 의미의 존재란, 사람들이 사물이 지닌 진정한 근원을 접근해 가려고 할 때, 궁극적으로 만나게 되는 고정불변, 그리고 선험적인 그 무엇(What is transcended)을 찾는 일입니다. 그런 궁극적이며 고정되고 불변하는 것이 바로 그 사물의 본체이며 실체입니다. 실체는 유일하고, 단 하나이여 불변이기에 그이외의 다른 것은 함께 할 수 없습니다. 이런 원자적인 생각은 실체는 단 하나이며 유일한 것이기에 그 실체에 대해 확정적인 언명(確定的,

Certainty)이 가능할 수밖에 없기에, 저들 서양인들은 존재라는 것을 명사로서의 '존재(Being)'로만 바라봅니다.

　동양인들은 서양인들의 명사적인 사유와는 달리 동사적 사유를 즐겨 합니다. 동사적인 사유란 철학적으로 이야기하면, 동사적 의미의 존재를 인정하는 것입니다. 동사적인 의미 존재라는 것은 유일하게 단 하나, 궁극적인 유일한 실체로 존재하는 것도 아니고, 그것은 항상 선험(先驗, Transcendence)적으로 존재한다는 것입니다. 그러니까 보통 것들을 넘어서, 그 초월함의 영속적인 운동과 움직임 그 자체가 존재라는 것입니다. 모든 것은 움직임으로 자신의 존재를 드러내기에, 동사적 의미의 존재라는 것은 일반적으로 말하는 영속적인 것, 절대적인 것, 본질적인 것이라고 부르는 그런 실체 같은 것으로부터 항상 분리되어 있을 수밖에 없습니다. 그러니 궁극적인 존재라고 하거나, 그 무슨 일자(The One)라는 것은 개념상 처음부터 가능하지 않습니다. 그런 유일한 것을 미리 상정하는 것은 존재에 대한 이해에 있어서 영원한 모순일 뿐입니다. 동양인들의 사유를 지배하는 동사로서의 '존재(Arising)'는 더 이상 쪼개질 수 없는 상태로서의 존재가 아니라, 수없이 관계되고 엮임으로써 거듭나는 상태의 존재일 뿐입니다. 동사로서의 존재, 동사적인 사유는 관계의 사유, 컨텍스트(Context)의 사유이기도 합니다. 다시 말해서, 하나의 존재는 다른 것과의 상황, 문맥 속에서 결정되며 그 의미를 지닌다는 생각입니다. 제아무리 거대하고 웅장한 그래서 보기 좋은 바윗돌이라고 하더라도 그 바윗돌이 다른 것과 어떤 관계에 있는지에 따라 그 바위의 존재, 바위의 쓰임새가 서로 다르게 결판나게 됩니다. 제아무리 히말라야 산맥처럼 웅장한 산맥이라고 하더라도, 그것이 깊은 바다에 고립되어 있으면 우리 같은 보통 사람들에게는 아무짝에도 소용이 없는 암초에 지나지 않을 것입니다. 제아무리 작은 모래알이라도 그것이 해변가에 광활하게 널려 있으면, 그 모래알들은 우리가 즐길 수 있는 해변가로 우리를 반기게 되는 것입니다. 대통령이라는 존재가 경우에 따라서는 사람들에게 구멍 난 양말만큼도 가치가 없는 존재가 되는 이유이기도 합니다. 동양인의 사유방식은 물리학적으로 말하면, 이미 이야기했던 것처럼, 양자적 사고(量子的 思考, Quantum Thinking)이기도 합니다. 양자, 즉 콴툼은 물리학에서 에너지나 운동량을 비롯한 물리적 성질을 나타내는 불연속적인 최소단위의 물리량을 말합니다. 양자는 원자(Atom), 중성자, 전자처럼 입자(粒子, Particle)를 말하는 것도 아닙니다. 양자는 원자, 중성자처럼 그 무슨 입자를 말하는 이름이 아닙니다. 양자는 원자처럼, 설령 그것의 질량을 무시할 수 있을지라도, 끝내 그렇게 작은 부피와 일정한 질량이 있는 물체를 말하는 원자나 중성자, 전자 같은 것이 아니라, 그냥 에너지 같은 특정 물리량을 말합니다. 길이·면적·체적·질량(실제로는 무게), 밝음(광도나 조도), 소리의 강함과 높이, 온도 및 전류와 전압같이 물리학에서 대상이 되는 양으로, 측정 가능한 물리학의 양이거나 종종 수치 값과 물리 단위(주로 SI 단위)의 곱으로 표현되는 측정의 결과치를 물리량(物理量)이라고 부릅니다. 어쨌든 에너지 같은 양자의 모습은 연속적인 것이 아닙니다. 그냥 띄엄띄엄 나타나는 불연속적인 모습으로 나타나는 최소물리량이 바로 양자입니다. 빛의 에너지를 예를 들면, 빛은 어느 면으로든 연속적인 전자기파로 보이지만, 그 빛의 에너지를 보면 그것은 양자라 부르는 불연속적인 양으로 흡수되거나 방출되고 있습니다. 원자 이하의 소립자들, 말하자면 양성자, 중성자, 전자 등으로 구성되는 초미시세계에의 소립자들의 운동, 말하자면 양자들은 입자성과 파동성을 동시에 갖고 있기 때문에 그렇게 나타나는 것입니다. 그런 양자들의 위치를 측정하면 운동량이 변하고, 운동량을 측정하면 위치가 변하는 이상한 물리적 속성을 보여 줍니다. 그러니까 거시 물리학에서는 결코 발견되지 않는 그런 이상한 모습을 지니고 있습니다. 이런 소립자들의 운동, 그러니까 양자의 운동들을 관찰하고 물리학자 베르너 하이젠베르크는 고전적인 물리학자들과는 달리 이렇게 선언했습니다. 양자의 세계에서 어떤 물체의 위치와 속도를 동시에 정확하게 측정하는 것은 이론적으로 불가능한 일이라고 선언했습니다. 이런 하이젠베르크의 주장을 물리학자들은 불확정성 원리(Uncertainty Principle)라고 부르기 시작했습니다.

불확정성의 원리가 우리에게 일깨워 주는 사회적 함의는 아주 분명합니다. 양자처럼 미시적인 물리량의 움직임과 그 세계에서는 행위 추체들에 대한 확정적인 분별이 나 그렇게 확정적으로 단언하는 것은 무의미하다는 뜻입니다. 양자 같은 소립자들의 운동에 대한 정확한 위치나 정확한 속도라고 말할 수 있는 개념 자체가 본질적으로, 처음부터 소용없는 일이며 가능하지 않은 일이기 때문입니다. 자동차와 같은 물체가 움직일 때, 그 자동차의 속도와 위치를 모두 정확히 측정할 수 있습니다만, 빛의 에너지 같은 양자들의 운동량과 속도는 정확히 측정할 수가 없습니다. 빛의 에너지 같은 양자들의 운동에 관해서는 그것의 정확한 속도나 그때에 따른 정확한 위치를 동시에 정확하게 측정할 수가 없습니다. 양자의 속도와 위치라는 2가지 측정값 중 어느 하나 를 정확하게 측정하면, 놀랍게도 다른 값, 말하자면 속도나 위치의 불확성 정도가 상 대적으로 커지게 되기 때문입니다. 양자의 세계에서는 불확정성 원리가 의미하는 불 확성 정도가 일상적인 물체와는 다르게 관측하기에는 너무나 작은 값이기에 일상적 인 경험으로는 제대로 이해할 수 없습니다. 양자역학, 양자의 불확정성 원리에서 중 요한 것은 양자에 대한 전반적인 이해가 아니라, 그 함의를 말하자면, 사물의 미시세 계에서는 입자의 위치와 운동량을 동시에 정확히 측정할 수 없기에, 그 어느 하나를 확정한다고 해도 다른 것이 동시에 확정될 수 없다는 함의입니다. 위치가 정확하게 측정되면 측정될수록, 운동량의 퍼짐, 말하자면, 운동량의 불확성의 정도는 더욱더 커지게 되고, 반대로 운동량이 정확하게 측정되면 될수록, 위치의 불확정도 역시 상 대적으로 커지게 될 뿐입니다. 어느 것 하나만이 절대로 고정되었다거나, 옳기만 하 다고 이야기하면 할수록 그만큼 그것이 잘못되었을 가능성도 높아지게 된다는 함의 를 얻게 됩니다. 이렇게 보면 지금 이렇게 존재하는 나는 존재하지 않는 것일 수도 있 습니다. 반대로 존재하지 않는 것이 바로 내 옆에 존재하고 있는 중일 수도 있습니다. 마치 사람의 마음처럼, 있다가도 없고, 있다가도 있는 것이 바로 나 자신일 수 있습니 다. 그러니, 같은 것입니다. 사람의 마음을 슬기로서 헤아리지 않고, 겉의 모습으로만 단정하는 식으로 헤아리게 되면, 사람들 간의 소통은 영원히 불가능할 것입니다. 서 양 사람들은 소통의 수단을 바른, 제대로 된 '언어'에 고정하지만, 동양인들은 소통의 수단을 '마음'에 두고 있는 이유이기도 합니다. 서양인들을 합리적인 소통으로 '언어소통'의 중요성을 강조하지만, 동양인들에게는 합리적인 헤아림의 방식으로서 '의식소통'이 더 저들의 가슴에 와 닿는 것입니다. 그러니 모두를 골고루 끊임없이 염두에 두며 지속적으로 관심을 두는 헤아림의 정신이 절대적으로 필요한 것입니다.

자신의 일상적인 삶에서 고정된 그리고 명사적인 사고를 강조하다 보면, 자기 중심의 사고에 빠지게 되고, 그로부터 엄청난 비극을 맞이하게 될 가능성이 높아집니다. 일반적으로 명사적인 사고, 그러니까 이름씨적인 사유는 고정된 생각, 원자적인 사고에 빠지게 만들어 주지만, 반대로 동사적인 사고, 움직씨 사유는, 관계적 생각을 만들어 줍니다. 종교인들도 마찬가지입니다. 유병언 목사가 명사적인 사고로 자신의 운명을 괴이하게 마감했다면, 성철이나, 김수환, 한경직 목사는 동사로서 그의 삶을 정리했던 것입니다. 이 세상에서 동사적인 사고로 성공한 기업인으로 스티브 잡스의 애플(Apple)사를 꼽을 수 있습니다. 반대로 이름씨의 사유, 명사적인 사고로 몰락에 이른 기업으로 2000년대 까지 세계 굴지의 기업으로 세계를 움직였던 필름회사인 이스트먼 코닥(Kodak)사나 일본의 소니(Sony)사를 들 수 있습니다. 카메라 사업에서 여러 가지 혁신적인 생각을 많이 한 기업도 코닥(Kodak)사였습니다. 코닥(Kodak)사는 사실 세계 최초로 디지털카메라를 구상한 후, 그 제품을 만들어 냈던 혁신적인 기업이기도 했습니다. 디지털카메라를 개발해놓고도 코닥(Kodak)사는 디지털카메라가 컴퓨터와 어떻게 관계할 수 있는지, 그것이 어떤 식으로 IT 기기와 주도적으로 연계되어 작동될 수 있는지에 관한 동사적인 사고를 하지 못했습니다. 물론 당시에는 PC 환경이 제대로 발달하지 못한 상황도 있기는 했지만, 그 역시 주변 환경의 변화에 대한 저들의 둔감성과 무지함을 드러냈을 뿐입니다. 물론 지금과 같은 디지털카메라의 발전은 모바일 전화기, GPS, 무선 랜, 그리고 인터넷 등과 같은 다른 디지털 기술과 융합하며 돌연변이식의 변화를 거듭한 결과이기도 합니다. 이렇게 마치 세균이 환경에 따라 진화하는 것처럼 돌연변이를 거듭하는 디지털 기술의 발전과 혁신을 학자들은 '무한혁신(Unbounded Innovation)'이라고 부르기도 합니다. 무한혁신이나, 개조는 동사적 사고를 필요로 합니다만, 거대 필름회사였던 이스트먼 코댁은 기존의 세계시장 지배경험을 버리지 못하고, 자신이 최고라는 생각에 자신들의 존재가치를 필요 이상으로 확신하며 자만했었습니다. 그것이 저들의 몰락시킨 명사적 사고의 확신이었습니다. 이스트먼 코댁은 디지털카메라를 소비자들이 갖고 있다 하더라도, 결국은 저들이 찍은 사진은, 자기들이 생각하는 것처럼, 인화지로 현상할 것이라는 생각에서 끝내 벗어나지를 못했습니다. 자신의 중요성을 가장 핵심에 두고 모든 것을 처리하려는 그런 '명사'적 사고에 갇혔던 것입니다. 저들은 악착같이 자신의 거대한 시장 점유를 근거로 디지털카메라 사진기의 현상(現像, D&P)을 보다 신속하게 하는 비즈니스 모델 개발에 집중하였습니다. 초기에는 그러니까 디지털 기술과 PC 기술이 엄청나게 진화되기 전까지는 어느 정도 승산을 가질 수 있었던 전략이었습니다만, 끝내 몰락하는 기술에 대한 명사적 집념이었습니다. 디지털 기술의 급속한 융, 그리고 복합으로 인해 디지털카메라의 발전은 기존의 필름을 실리콘 저장매체나 스마트폰, PC 등으로 바꿔 놓았기 때문입니다. 카메라의 기능과 소비목적까지도 파괴해버리기 시작하자, 그 결과는 거대 필름회사 이스트먼 코댁의 몰락으로 이어지고 말았습니다. 이제 이스트먼 코댁의 필름은 더 이상 지구, 그 어느 시장에서도 판매하고 있지 않는 세상이 되었습니다. 인간의 삶, 자기의 운명을 동사적으로 만들어 가려면, 자신의 일상이 아름다워야 하는 이유를 저들이 가르쳐 준 것입니다.

5) 관점(觀點) 세우기입니다

사람들은 자신의 상황과 환경에 따라 서로 다른 많은 이미지, 즉 자신의 '관념'을 이끌어 내고 그 관념에서 하나의 생각으로 농축해서 정리하게 됩니다. 그렇게 농축되고 정리된 관념을 관점, 즉 퍼스펙티브(Peprspective)라고 말할 수 있습니다. 관점을 영어로 퍼스펙티브(Perspective)라고 부르는데, 이때의 퍼(Per)는 접두어로서 완전히, 통째로라는 의미를 지니고, 스펙티브(Spective)라는 말은 쳐다보다 혹은 바라보다 등에서 풍기는 것 같은 의미인 '보다.'라는 뜻을 갖고 있기에 퍼스펙티브라는 말은 통째로 바라보는 일, 그렇게 바라볼 적에 생기는 완전한 이미지 같은 것을 상징합니다. 그런 하나의 완전한 이미지를 관점이라고 부르는 것입니다. 관점이라는 말은 시간적으로 보면, 자신의 '과거/현재'를 이끌어 가는 미래시제입니다. 우리말에는 과거를 상징하는 말로 어제라는 말이 있습니다. 어제는 영어로는 패스트(Past)라고 부릅니다. 현재는 우리말로 지금, 방금, 바로, 오늘로서 영어로는 프리젠트(Present)라고 부릅니다. 이상하게도 우리말로 미래를 상징하는 일상적인 말이 흔하지 않습니다. 내일이라는 말은 한자(漢字)로서 올일(來日) 바로 다음 날, 즉 명일(明日)을 말합니다. 영어로는 퓨처(Future)인데, 우리의 순수한 말로서 내일이라는 말은 없습니다. 모레라는 말이 있지만 모레는 내일을 건너뛴 그다음 날을 상징합니다. 그러니까 시간적인 면에서 우리의 삶에는 내일보다는 내일을 건너뛴 그다음 것, 그러니까 지연된 미래, 앞으로 올 일을 가능한 더디게 이끌어 가려는 속셈이 강한 그 어떤 생각이 우리의 속내입니다. 우리에게 어제, 오늘, 그리고 그 후를 상징하는 순수한 우리말이 없다는 것은 우리에게 미래라는 것이 없는 것이 아니라, 다만 확실한 미래를 갖기 위해 지연된, 그렇지만 확고하게 기대하고 있는 마음의 작정을 표현하기 위한 뜻으로서 내일을 생략하고 그 대신 모레를 기약하는 것이라고 해석할 수 있습니다. 그런 뜻이 바로 우리에게는 '내일'인데, 그 내일을 우리에게 필요한 영어로 표현한다면, 그것은 퓨처(Future)라는 말이 아니라, 이미 서론에서 설명했던 것처럼 관점(觀點), 즉 퍼스펙티브(Perspective)라고 보아야 한다는 것이 제 생각입니다.

　그러니까 지금 숨을 쉬고 있는 생명체인 '나'라는 존재는 시간적으로 표현하면 '과거(Past)/현재(Present)/미래(Perspective)'를 하나로 통합한 상태인 피의 3승, 즉 P^3 속에서 숨을 쉬고 있는 생명인 셈입니다. 이 시간관의 공식에서 보는 것처럼 내가 누리고 있는 모든 시간들의 총합인 '어제/오늘/모레'라는 시간들은 하나의 시간 안에, 하나로 통합되어 있습니다. 그러니까 과거, 현재, 미래를 따로 구별할 이유가 없다는 뜻입니다. 오늘이 바로 어제였고, 동시에 모레이기 때문입니다. 어제는 바로 내

일, 모레의 준비이기도 합니다. 오늘도 어제이고 모레의 준비입니다. 모레에 이르더
라도 그 모레는 지금이며 이미 지난 일일 뿐입니다. 지금, 방금, 오늘, 바로 이시간이
나의 생명이며, 행복한 시점입니다. 오늘, 지금, 방금을 영어로는 프리센트라고 부릅
니다. 또는 프레센트라고 부르기도 하는데, 같은 단어이지만 발음을 프레센트로 하
면 그것은 바로 선물을 상징합니다. 지금이라는 시간과 선물이라는 물질의 차이는 발
음의 차이입니다. 같은 것을 어떤 식으로 부르느냐에 따라 그것의 성격이 달라집니
다. 그렇습니다. 지금, 이제, 방금은 우리 모두의 삶에게서 내일과 모레를 맛보기 위
한 선물입니다. 이 선물이 나라는 생명에게 무슨 의미가 있는지를 제대로 음미하며,
그 시간과 생명에 대한 하나의 분명한 관점을 갖는 것이 바로 모레를 미리 준비할 수
있는 마음가짐이 될 것입니다. 내일, 그리고 모레를 미리 준비해야 하는 것을 요구하
는 것이 바로 지금, 현재라는 시점이라는 말은, 현재라는 시점이 결국은 앞으로 올 미
래의 과거일 수밖에 없기 때문입니다. 지나간 것을 새롭게 조명하면 앞으로 무엇은
해야만 하고, 무엇은 삼가야 하며, 무엇을 빼고, 무엇을 더해야 하는지를 가늠하게
만들어 주는 교본이 됩니다. 이미 지났습니다. 혹은 지나갔다를 상징하는 과거시제
로 표시하는 패스트(Past)라는 말은 미래를 맞이하는 전초기지이거나 그 조짐을 상징
합니다. 그래서 현자들은 그 과거를 단순히 추억하거나 기억하기보다는 그 과거를 존
중하는 것입니다. 과거에 집착하거나 매달려 살라는 말이 아니라, 그것으로부터 자
신을 반추할 수 있는 명분과 실리를 취하라는 뜻입니다. 지난 것, 지난 시간, 가버린
것을 상징하는 시간으로서의 패스트(Past)는 시간을 하나의 선분으로 본다면 다가올
것의 바로 앞에 위치하고 있을 수밖에 없습니다. 시간이 돌고 돈다는 것을 상징하는
예가 될 수 있다는 증거이기도 합니다. 삶이라는 것은 각자마다에게 자기에게 자기를
위한 자신 있는 삶이라는 모험을 준비하는 관점으로 어제/오늘을 이끌어 내고, 또 그
렇게 이끌어 내야 하는 인생이라는 작품입니다. 사람들은 그 어떤 물체나 상징을 보
면서 자신 나름대로의 관점을 갖게 됩니다. 관점의 의미는 자신이 겪었던 여러 가지
'과거의 경험/지금의 체험/미래의 모험'의 하나의 통과 틀이 어떤지에 따라 달라지

게 됩니다. 자신의 '경험/체험/모험'을 자신의 삶에 대해 그 어떤 느낌을 주는 온전히 하나의 통으로 만들어 가는 하나의 '생각틀' 거리이며 삶의 틀거리가 되는 자신의 관점에 의해 결정되기 때문입니다. 그 관점을 우리는 그냥 인생관이나 가치관이라는 말로 대신하기도 하기도 합니다. 사람들은 자신의 삶에 대해 서로 다른 관점을 가질 수밖에 없습니다. 관점에는 절대적으로 유일하게 하나만이 옳거나, 바른 것도 있을 수 없습니다. 관점에 따라 사람들의 기대나, 행동도 달라지게 될 뿐입니다. 삶을 살아가면서 우리가 자신에게 가장 먼저 경계해야 할이 있습니다. 고정관념을 피해야 되는 일입니다. 무엇보다 고정된 관념, 고정된 관점으로 우기지 않는 일에 사로잡히지 않는 일이 자신의 삶에 도움이 될 것입니다.

관점을 바꾸면 자신의 삶이 바뀔 수 있다는 가능성을 보여 주는 한 가지 사례가 있습니다. 영국의 퍼플페더(Purple Feather)라는 회사가 만든 홍보 동영상이 그것입니다. 제목은, 말을 달리하면 삶이 달라진다(Change the word, Change the world)라는 동영상입니다. 시각장애인이 구걸을 합니다. 팻말을 하나 들었습니다. "나는 맹인입니다. 한 푼 도와주세요."라고 쓰인 팻말입니다. 사람들은 그 팻말에 너무 친숙해서 그냥 지나갑니다. 물론 측은지심에 간혹 동전을 놓고 가는 행인도 있었습니다만, 시각장애인에 대한 동정은 일상적인 일처럼 그렇게 식어버리고 있었습니다. 그것을 보다 못한 한 감수성 깊은 한 여성이, 시각장애인에게 다가와 그에게 한두 마디 말을 건넨 후 시각장애인이 들고 있던 팻말의 글을 조금 고칩니다. 그런 후 조금 시간이 흘렀습니다. 그 팻말을 본 행인들이 끊임없이 그에게 적선(積善)을 하기 시작합니다. 팻말에는 이렇게 새롭게 쓰여 있었습니다. "참 아름다운 날입니다만, 저는 그것을 볼 수 없네요." 시각장애인의 팻말에 새로 쓰인 글귀가 시각장애인의 어려움에 대해 사람마다의 관점을 바꾸어 놓았기에 시작장애인에 대한 적선이 많아진 것입니다. 자신의 삶에 대해 자신만의 관점을 가지면 비로소 다른 사람들의 삶도 자기의 눈에 들어오기 시작합니다. 예를 들어, 자신의 삶에서 앞으로 제일 소중한 5가지 일만 확실하게 꼽아도 자신 스스로 자신의 행복에 대한 생각이 달라지기 시작할 것입니다. 자신의 삶에 대한 관점이 달라지면 다른 사람의 삶과 그들의 행복에 대한 그림들에 대해 나름대로의 생각을 갖게 됩니다. 자신 스스로 자신에게 가장 소중하다고 꼽은 그런 일들이 정말로 왜, 그렇게 소중한지를 한번 새롭게 생각하는 그것만으로도 이미 자신의 삶에 대해 나름대로의 생각을 정리할 수 있게 되기 때문입니다. 자신의 삶에 대한 관점, 그러니까 자신의 과거/현재/미래를 하나로 묶는 삶의 틀, 경험/체험/모험을 하나로 이끌어 내는 행동의 틀을 확실하게 다진다는 것은 자신의 삶을 만들어 가는데 그 어떤 단서가 되는 3가지 부호(Code)가 나름대로 작용하고 있다는 것을 뜻합니다. 부호를 영어로는 코드(Code)라고 말하는데, 코드는 우리네 말로는 '성향' '경향'에 버금가는 말입니다. 원래 부호, 즉 '코드(Code)'란 말은 현악기의 금줄인 '현(絃)'에서 비롯된 말로서 '화음(和音)'을 뜻합니다. 이런 뜻의 부호가 사람들의 관계를 표현할 때 활용되면, 그 코드는 '생각의 경향이 서로 같은 것'을 가리키게 되어, 사물을 접하고 그것에 대해 생각하는 태도나 논법 등을 지칭하게 됩니다.

자신의 삶, 자신의 과거, 지금, 그리고 앞으로 치러야 될 모험의 그 모든 것에 대해 하나의 관점을 갖기 위해서는 사람마다 자신의 삶에 화음이 되는 서로 다른 3가지 단서들이 나름대로 작동합니다. 자신의 삶을 지금까지 지탱하도록 도움을 주었거나, 지금의 그 상태로 이끌어 온 3가지 성향으로서의 코드에는 첫째로 자극 코드, 둘째로 관성 코드, 그리고 마지막으로 의미 코드가 있습니다. 자신의 삶에 대한 관점을 갖게 만들어 준 3가지 삶의 코드에 따라 어떤 사람은 행복하게 살아갈 수도 있고, 그 어떤 사람은 불행한 삶을 살아갈 수도 있습니다. 자신의 삶에 대해 나름대로의 관점을 만들어 준 첫 번째 부호인 자극 코드란 다른 것이 아닙니다. 지금까지 자신의 삶을 이끌어 오게 만든 자극들, 말하자면 무엇인가 자극을 준 순간, 사람, 장소, 물건, 사건들을 말합니다. 그런 자극들은 자신의 삶에서 나름대로의 궤적을 만들어 놓은 것이기에, 자신의 삶에서 결정적인 자극들은 결코 지워지지도, 잊혀지지도 않을 것입니다. 말하자면, 대학입학, 취업, 결혼, 갖가지 인생사들이 자극 코드인데, 이런 자극 코드에 의해 자신의 삶에 대한 관성과 반전이 일어났던 것입니다. 앞으로의 삶에 대한 관점을 갖는 일에도 그런 자극 코드는 지속될 것입니다. 자극은 그것의 정도와 농도에 따라 다르기는 해도 삶의 활력소가 되는 것만큼은 사실입니다. 자극이 없는 삶은 있을 수 없습니다. 그 어떤 경험이든 그 경험을 곱씹으면 그것이 자신의 삶에 활력소가 되었음을 알게 됩니다. 친구나 지인들과의 관계를 보여 주는 각종 만남, 자신의 취미, 습관들이 바로 자신의 오늘 됨과 더 나아가 내일 됨까지도 있게 만들어 줄 자극들이며, 앞으로의 삶에 대해서도 마찬가지로 자극할 것입니다. 자신의 자극 코드를 자신의 삶에 맞도록 조절하면 자신의 삶에 대한 관점이 달라질 것입니다. 다시 예를 들면, 저는 걷기를 좋아합니다. 걷기가 제 삶에 대한 자극 코드 중의 하나입니다. 내일 걷지 못한다는 것은 저에겐 제 삶의 마지막을 예고하는 것일 수 있습니다. 걷기가 가능한, 골프도, 여행도, 건강도 하나로 이어지게 만드는 내 삶의 자극 코드입니다. 둘째로, 내 삶의 관점을 다지게 만들어 주는 관성 코드는, 자신의 삶에서 가장 견디기 힘들었던 그런 모질고 격한 순간을 견디게 해 주는 힘 같은 것을 말합니다. 나를 그 옛날부터 계속 나라는 존재로 있게, 나라는 존재로 끊이지 않고 일관되게 흘러가도록 만든 삶의 흐름을 구성해 온 관성 코드에는 나의 체험, 동행, 내 스스로 내 안에 간직해 온 삶의 지표와 가치 같은 것입니다. 살아간다는 것은, 어쩌면 자신을 일상생활이라는 솥 속에서 삶아간다는 뜻이기도 합니다. 자신의 삶아가는 일들은 내가 만들어 낸 것도 있고, 만들어진 것도 있는 것처럼 보여도, 결론은 하나입니다. 모든 것은 내가 만들어 낸 것이고 나로부터 기인되고, 그리고 그렇게 연인(延引)된 것들입니다. 인연(因緣)이란 모든 것이 그렇게 이루어지는 것입니다. 그러니 자신이 겪어낸 모든 경험과 체험, 아픔, 쓰라림, 기쁨의 핵심은 바로 나로부터 길게 잡아 늘려진 것들일 뿐입니다. 내가 바로 나 자신을 그렇게 무참하게 삶아 놓은 것들일 뿐입니다. 지금까지 함께 같이 가고 오던 동행이 자신의 곁을 이런저런 이유로 떠났다면, 그것은 자신에게 행복일 수도 있고, 불행일 수도 있습니다. 그런 별리(別離)가 주는 결과가 그 어떤 것이든 간에 관계없이 동행과의 별리가 시사하는 것은 한 가지입니다. 자신의 삶을 지금까지 흘러오게 했던, 그 관성을 점검하라는 강력한 메시지이며 신호이기 때문입니다.

갈 사람은 갈 것이고, 올 사람은 올 것이지만, 그런 흐름이 가능한 것은 절대로 저절로 일어나는 것이 아니라, 자신의 삶에 대한 지금까지의 관성 때문에 그렇게 된 것이니, 한 번 더 그 관성을 새롭게 조절하고, 조정하라는 뜻일 수도 있습니다. 모든 것은 타인으로부터 비롯된 것이 아니라, 자기 자신, 그것은 바로 나, 나 때문에 비롯된 것일 뿐입니다. 자신의 삶에 대한 관성의 흐름을 제어하거나 점검하는 일이 없다면, 자신의 삶에 대한 그 어떤 관점도 새로워지지 않은 것일 뿐입니다. 삶에 대한 관점은 의미 코드에 의해 매일같이 달라지도록 되어 있습니다. 의미 코드라는 것은, 이미 배움의 공식을 이야기하면서 말한 것처럼, 모든 것은 나라는 존재인 몸에게 이 세상을 살아갈 만한 그런 뜻을 가다듬는 일을 말합니다. 자기가 지금 하는 일이 자신의 삶에 아무런 의미가 없는 것이라면, 그것은 절망입니다. 무엇이기는 하지만 아무것도 아닌 것을 해온 것이기 때문입니다. 살아 있으면서도 죽은 것이나 마찬가지입니다. 죽은 목숨과 다를 것이 하나도 없는 삶이기 때문입니다. 살아가려면 그 어떻든 의미를 만들어 내야 합니다. 밥을 한 숟갈 먹더라도, 그것이 자신의 생명을 위한 것이어야 비로소 의미와 뜻이 생겨납니다. 의미를 만들어 내야, 자신의 삶이 그 어떤 행복한 감에 포개어져 있게 됩니다. 의미를 만들어 내지 못하는 삶은 생명을 폐기한 삶이라고 보아도 무리가 없습니다. 아무리 무지한 사람이라고 하더라도, 자신의 삶에서 의미를 만들어 내기 마련입니다. 다만, 자신이 만들어 가는 의미를 자신답게 표현하지를 못하거나, 표현해내는 정도의 높낮이가 다를 뿐입니다만, 정말로 자신의 삶에서 아무런 의미도 만들어 내지 못한다면, 그것은 자신 스스로 살아가는, 살아가야 되는 이유를 갖지 못하고 있다는 우울한 증후이기는 합니다.

자신의 삶에서 나름대로의 관점을 갖기 위해서는, 그러니까 자신의 '어제/지금/모레'를 하나로 묶은 자기 자신의 자기를 만들어 가기 위해서는, 누군가를 만나든, 그 무엇을 겪든 최소한 한 가지는, 자신에게 도움이 되도록 배워야 합니다. 하나의 새로운 관점을 갖기 위해서는 그 무엇에게든, 그 누구에게든 그 무엇하나는 꼭 익혀두어야 할 것이 있게 마련이기 때문입니다. 내게 가르침을 주지 않는 사람이나 물건은 하나도 없습니다. 익히지 않는 사람만이 자기 자신에게 아무것도 가르치지 않을 뿐입니다. 자신의 그 어떤 일이든, 그 무엇이든 자신의 삶에 대한 관점을 갖기 위해서는 지나온 과거의 경험을 지금의 체험에, 그리고 모레의 모험에 적용시켜 자신의 삶을 질질 끌어가지 말아야 합니다. 그러니까 과거의 경험이 강요하는 관성(Inertia, 慣性)대로 살지 말고, 모레를 위한 모험을 위해 새로운 관성을 만들어 내는 일이 자신을 새롭게, 거듭나게 만들어 가는 일입니다. 관성이란 물리학적으로 운동하는 속도와 방향을 그대로 유지하려는 힘을 말합니다. 한쪽으로 움직이고 있는 물체는 언제까지나 같은 속도로 계속적으로 운동하려고 하고 반대로 정지하고 있는 물체는 언제까지나 그대로 정지하려고 하는 것처럼 운동하는 물체에 외부의 다른 힘이 작용하지 않는 한, 진행하던 운동의 상태를 계속해 내려고 하는 성질을 관성이라고 합니다. 그러니까 지금까지 나 자신을 꼴 지은 그 관성대로 살지 말고, 새로운 관성을 만들어 내라는 말은 지금까지 해 오던 식, 말하자면 건강에 해롭다는 흡연의 습관을 그대로 갖고 간다든가, 혹은 책 한 권, 글 한 줄 읽지 않고 그저 '먹고 마시고 자고 빈둥대는' 일로 세월을 보내며, 자신을 바다 밑으로 가라앉는 것을 그냥, 어, 어 하면서 국민 모두가 지켜만 보던 그 세월호 참사처럼, 자신의 몸을 처절하게 삭혀 가는 일을 그 어느 시점에서 과감하게 절연하고, 자신의 삶에 대해 하나의 깨달음으로 거듭나게 만들어야 합니다. 그것을 자신의 개조를 위해 마지막 남은 삶을 위한 삶의 지표, 하나의 새로운 버릇, 새로운 삶으로 만들어 내어 그것을 즐기라는 말입니다. 자신의 무지를 깨우치고, 자신의 존재감을 깨닫게 만드는 버릇을 만들어 내야 자신을 정말로 새로운 사람으로 거듭나게 만들어 갈 수 있다는 뜻입니다. 그렇습니다. 무엇인가 생각하지 않고 살아가면, 살아가는 대로 자신에 대해 생각하기 마련이기 때문입니다.

　지인들과 가끔 하는 골프운동이지만, 운동이 끝날 때쯤이면 나는 거의 이렇게 말하곤 합니다. 그때 그냥 조금 더 참았더라면, 그때 조금 더 조심했더라면, 그때 조금 더 잘 쳤더라면 마지막 홀에서 이렇게 자존감이 떨어지지는 않았을 텐데 하는 것을 속으로 되뇌면서 마지막 홀을 벗어나곤 합니다. 거의 매번 그렇습니다. 골프운동경기에서 경험했던 그때에 대한 간절한 회상은 다른 일, 다른 곳이라고 예외가 되는 것은 아닙니다. 다른 일에서도 그때 조금 더 조심했더라면 하는 아쉬운 생각은 마찬가지로 일어나곤 합니다. 아무리 생각해 봐도, 바로 지금 이 순간이, 훗날엔 그렇게 후회하게 되는 바로 그때가 되어 버리는 것인데, 그 언제나 그때만을 반복적으로 회상하면서 다시 그때 그 일을 반복해 내곤 합니다. 지금, 이 순간을 진지하게 조심하지 않으면서 그때 그 순간을 아쉬워하는 나는 어쩌면 참으로 멍청한 사람일 수 있습니다. 골프에서 배우는 일이 부족하기 때문에 내게 그 언제나 후회로 생기는 일일 것입니다.

배우는 일은 현실주의자들이 지닌 운명인데, 그것을 그냥 그때, 그랬으면 좋았을 것을 하는 식으로 때우려고 하는 것은, 배우는 사람이 지녀야 될 건실한 마음가짐은 아닐 것입니다. 지금, 방금을 즐기기 위해서는, 지금, 방금에서 삶의 의미를 캐내기 위해, 무엇인가 의미를 만들어 내야 할 것입니다. 배우는 사람들은 현실을 직시하는 슬기를 익히는 사람들입니다. 『뿌리』라는 소설로 단번에 세계적인 유명 작가로서의 명성을 얻은 알렉스 헤일리(Alex Haley)는 말합니다. "오늘을 제대로 살려면 현실과 맞서라. 그렇지 않으면 현실이 당신에 맞설 것입니다."라고 말합니다. 현실, 그것은 바로 지금, 영어로는 '라잇나우(Right Now)'라는 순간입니다. 지금이 모여져야 하루가 완성되는 것입니다. 지금은 마치 사금(砂金), 그러니까 금의 광맥이나 금들이 많은 광산이 침식되거나 바람으로 인해 잘게 분해되어 모래나 흙 속에 가라앉은 금의 작은 알갱이와 다를 것이 없습니다. 그런 사금들을 모아 놓으면, 값비싼 금덩어리가 되는 것입니다. 지금은 바로 금(金)과 같은 초(秒)들이 모여 분(分)이 되고, 분이 모여 시(時)가 되는 것입니다. 시(時)를 사람들의 생활에 편리하게 크로노스로서의 1시간을 60분 1분을 60초들로 나눈 것이지만, 이것을 개인의 삶에 작용하기 시작하면, 어김없이 초, 분, 시 단위로 사람들의 마음을 녹여버리게 됩니다. 그래서 우스갯소리로 사람들은 금중에서 가장 귀하고 비싼 금을 꼽으라고 한다면, 백금이나 황금 같은 것이 아니라 바로, '지금'이라고 말하곤 합니다. 지금은 초(秒)의 현실입니다. 초를 무시하면 지금은 거세됩니다. 지금이 제거되면 내 삶이 무너지는 것이고, 생명이 끝이 나는 것입니다. 생명이라는 것은 유별난 것이 아닙니다. 초가 모인 흐름이며, 분이 모인 집합입니다. 초와 분들이 모여 1시간이 되고, 그 한 시간들이 모여 하루가 되고, 그 하루들이 모여 1년이 되고, 그런 햇수가 모여 삶이 된 것입니다.

사람들의 생명은 시계처럼 정지하고, 그렇게 다시 작동하지는 않습니다. 건전지로 움직이는 괘종시계는 건전지의 힘이 다해 버리면 그 어느 때든, 몇 시든 간에 그냥 그대로 어김없이 정지하지만, 건전지를 다시 갈아주면 다시 켜지는 식으로 작동합니다. 생명은 그렇게 움직이지 않습니다. 시계는 1분도 좋고 12시 59분도 좋습니다. 건전지 힘이 마지막이 되는 그 순간 서 버리고 맙니다. 시계에게 고통이 있을 리 없습니다. 그냥 보란 듯이, 서서 움직이지 않으면 그만입니다. 사람들에게는 사정이 다릅니다. 사람들의 생명이 정지하기 위해서는 어김없이 고통이 뒤따릅니다. 12시에 생명이 다했다면, 12시가 되기까지 생명들에게는 어김없는 고통이 뒤따라 붙었을 것입니다. 어김없이 따라 붙었던 그 통증과 신음들이 바로 지금이라는 초와, 분과, 시의 응축물들이었을 것입니다. 건전지로 움직이는 시계들이야, 다시 움직일 수 있기 위해서 서 버리는 것이지만, 인간의 생명은 다시 움직이기 위해 정지당하는 것이 아닙니다. 인간의 생명은 신화가 아닙니다. 시계처럼, 힘이 다된 건전지를 다시 갈아 끼우면 다시, 어제의 그 초와, 그 분, 그리고 그 시간을 되보여 줄 수 있는 물질도 아니고, 그리스 신화들 속에 등장하는 인물들처럼, 그 언제나 되살아나고, 다시 거듭나는 그런 혼백의 존재들도 아닙니다. 초와, 분을 다투는 삶과, 생명의 시간에서 초인(超人)은 없습니다. 신(神)을 빙자할 수도 없습니다. 호흡을 정지하면, 그 누구의 몸이든 가차 없이 그 작용을 멈추게 됩니다. 말하자면 생명체의 생리적 작용이 없어지고 주로 물리적 작용이 작용합니다. 그런 현상이 바로 죽은 몸의 냉각, 건조, 시반(屍斑)과 같은 시체경직 현상들입니다. 사후 근육은 긴장을 잃은 채 이완됩니다. 살아 움직일 때 보였던 각 가지 반사기능은 소실됩니다. 피부는 창백해지며 시체의 체온은 점점 떨어집니다. 사체의 온도는 대체적으로 사후 10시간 이내에서는 매시간 약 1.0℃씩 냉각됩니다. 그 후에는 매시간 약 0.5℃∼0.25℃ 정도씩 직장 내 온도가 하강되어 마침내 사후 24시간쯤에는 체온은 주위 온도와 거의 같아져 버립니다. 죽은 자들의 몸이 서서히 하나의 자연으로 변해 가는 그 후의 현상은 더 이상 이야기하지 않겠지만, 한 가지 확실한 것은 몸의 온기입니다. 체온을 느끼는 순간들이 바로 살아 있는 순간들이라는 것은 부인하기 어렵습니다. 지금이 내가 살아 있다는 것은 바로 생명체의 온기를 느끼는 지점을 유지하고 있기 때문입니다. 지금 바로 지금이 체온을 알아차리는 그 시간이기에 생명에게 지금보다 더 귀한 보물은 없는 것입니다. 지금을 직시하는 사람들이 바로 현실주의자들입니다. 내 스스로 지금을 맞이해야 합니다. 지금이 나를 압박하게 해서는 나를 현실에 얽매어 놓게 될 뿐입니다. 예를 들어, 제아무리 현대 첨단의 료기술로 완비된 대형병원이라고 하더라도, 그 병상에서 큰 병으로 신음하는 환자들은 매일같이 자신들이 맞이하는 지금은, 결코 병상 밖 자기 집에서 편안히 맞던 그 지금을 맞이하는 것이 아닙니다. 같은 지금, 방금이라고 하더라도 결코 같은 지금과 방금일 수가 없는 노릇입니다. 병상에서 맞이하는 지금이라는 현실은 저들의 생명을 옥박지르고 있는 ‘지금’일 뿐이기 때문입니다. 저들은 어김없이 지금, 방금에 눈치를 보고 있기 때문입니다. 지금과 방금의 눈치를 살피는 삶은 저들의 지금에 포로가 된 삶일 뿐입니다. 지금, 방금으로부터 해방이나 자유를 원하지만, 저들은 호락호락하지 않습니다. 지금이나 방금의 감옥으로부터 탈주는 처음부터 가능하지 않은 일이었습니다. 의사니, 간호사니, 심지어는 가족들조차도 간수처럼 나를 감시하고 있기 때문입니다. 저들 감시자들보다 더 무서운 감시자는 내 스스로의 몸입니다. 내 몸이 나의 석방을 허락하지 않기에 내 몸은 내 몸 속에 포로가 되어버린 채 지금의 감옥 속, 독방에 갇혀 있기만 합니다. 석방의 통지서를 고대하고 있지만, 그 기약은 아무도 모르는 그런 기약일 뿐이기만 합니다. 내가 지금과 방금에 맞서야 나의 지금과 방금이 되는 것입니다. 방금과 지금이 내 몸을 옥죄게 해서는 결코, 지금이나 방금이 나를 위한 지금이 될 수 없습니다. 지금과 방금이 나를 향해 맞서게 해서는 내가 지금을 즐기는 것이 아니라, 지금이 나를 넘보게 만드는 것일 뿐입니다. 그러니 “오늘의 맑은 이 아침, 이 순간에 그대의 행동을 다스리십시오. 순간의 일이 그대의 행동을 결정합니다. 나쁜 습관을 버리고 좋은 습관을 가져야 합니다. 오늘 그릇된 한 가지 습관을 고친다는 것은 새롭고 강한 성격으로 출발한다는 것을 의미합니다. 새로운 습관은 새로운 운명을 열어 줄 것이기 때문입니다."라고 독일에서 시인 중의 시인이라고 추켜세워지고 있는 라이너 마리아 릴케가 우리에게 그 옛날 권한 말입니다. 그는 『엄숙한 시간』에서, "지금 세상 어디선가 누군가 울고 있습니다. 세상에서 이유 없이 울고 있는 사람은 나 때문에 울고 있는 것입니다. 지금 세상 어디선가 누군가 웃고 있습니다. 밤에 이유 없이 웃고 있는 사람은 나를 비웃고 있는 것입니다. 지금 세상 어디선가 누군가 걷고 있습니다. 정처도 없이 걷고 있는 사람은 내게로 오고 있는 것입니다. 지금 세상 어디선가 누군가 죽어가고 있습니다. 세상에서 이유 없이 죽어가는 사람은 나를 쳐다보고 있는 것입니다."라고 읊조렸던 적이 있습니다. 그렇습니다. 지금 이 순간 그 어디선가 죽어가는 생명은 바로 나를 향해 현실주의자가 되라고 쳐다보고 있는 것입니다. 지금, 방금을 소홀히 하면 냉소주의자적인 이상주의자의 덫에 걸릴 것이라며 나를 쳐다보고 있는 것입니다. 이상주의자들은 지금, 방금은 찰나적이기에 자신들의 삶에 커다란 의미를 주지 않는다고 말합니다. 단기간 같은 것은 상관없다는 뜻일 것입니다. 냉소주의자들은 이상주의자들과는 달리, 장기간 같은 것은 언제 일어날지 모르는 것이기에 그렇게 중요한 것이 될 수가 없다고 코웃음 칩니다. 그러니까 이상주의자가 될수록 오늘을 지나치고, 냉소주의자가 될수록 내일을 무시하기 마련입니다만, 현실주의자들은 저들과 다릅니다. 현실주의자들은 지금, 방금이라는 순간을 소중히 여깁니다. 지금 하고 있거나 하지 않았던 일들이 바로 내일로 만들어질 지금과 방금의 향방을 결정해 놓는다고 여기기 때문입니다. 내일의 지금은 지금의 방금들로 쌓여지는 현실의 미래일 뿐이기 때문입니다. 그래서 지금과 방금을 직시하지 않는 사람에게 삶이란 늘 어렵고 힘들기만 한 그런 삶, 그러니까 되어 주었으면, 무엇인가 기적이 일어나 주었으면 하는 삶이 될 뿐입니다. 기적, 그 기적은 바로 지금, 방금 자신이 한 '몸짓'에서 생길 뿐입니다. 지금, 방금 나의 몸짓이 바로 기적일 뿐입니다.

권투 선수들에게 추천할 만한 권투 선수를 꼽으라면 저들이 거침없이 꼽는 선수가 바로 헤비급 선수인 지금은 고인이 된 무하마드 알리와 에반더 홀리필드입니다. 다른 것들도 모두 그렇지만, 이들만큼 현실주의자들도 없었습니다. 현실주의자가 되지 않으면, 권투 선수들은 처참한 패배를 되풀이할 수밖에 없기 때문입니다. 다른 선수들도 그렇지만, 알리나 홀리필드는 권투시합에서 이기기 위해 피나는 훈련으로 강철 같은 몸매와 필살기를 기릅니다. 체급상 가장 무거운 선수들이라, 한 방이면 모든 것을 끝내도록 되어 있습니다. 상대 선수를 이기기 위해 누구도 알아챌 수 없는 자신만의 경기운영계획도 짜놓기 마련입니다. 빈틈없는 몸으로 경기에 임하는 저들이지만, 저들이 한결같이 경기 후에 하는 말이 있습니다. "상대 선수에게 한 방 맞기 전까지 그 모두가 그럴듯한 계획일 뿐이었습니다."라는 말, 바로 그 말입니다. 그렇습니다. 무엇이든 삶에서 일어나는 일은 엇비슷합니다. 한 방, 당하기 전까지 그 모두는 그럴듯한 가상이고, 미래일 뿐입니다. 권투 선수들이 상대 선수에게 강한 훅을 맞거나 어퍼컷을 한 방 맞기 전, 그 선수에게 한 방 맞은 그 지금, 그 순간까지 그 모두는 그저 일어날 수 있었던 멋진 생각에 지나지 않았을 뿐입니다. 한 방 되게 맞으면, 그 순간, 그러니까 되게 한 방 맞은 지금, 한 방 맞은 방금 모든 것은 머릿속에서 별들로 작열하며 흩어져 버릴 뿐입니다. 모든 계획은 방금 잊어버리고, 모든 것은 물거품이 되어버릴 뿐입니다. 물론 상대 선수로부터 조금이라도 맞지 않는 것이 최선이지만, 나만 상대 선수를 때리기만 하고, 자기는 한 방도 맞지 않을 수는 없는 노릇입니다. 때리려면, 맞기도 해야 합니다. 맞으면서도 때리려면 방금 맞은 그것, 지금 맞은 그 모든 한 방 때문에 나의 그 모든 것을 엉망으로 만들어 놓지 말아야 합니다. 지금 맞은 것, 방금 맞은 것에 아파하지 말아야 합니다. 결코 고통스러워하지 말아야 합니다. 오히려 그 맞은 순간이 기쁨의 순간이 될 수 있어야 합니다. 상대방에게 한 방 되먹일 수 있는 절호의 지금, 최상의 방금, 최적의 순간이 되도록 만들어야 하기 때문입니다. 그러니 상대방으로부터 지금 맞은 것, 방금 맞은 것에 순간적이나 최적으로 적응해야 합니다. 그래야 상대방에게 강력한 한 방을 되먹일 수 있고, 방금 되때릴 수 있기 때문입니다. 모든 운동은 모두가 그렇습니다. 상대가 있는 운동 못지않게 자기가 바로 경쟁하는 상대가 되어 주는 골프 같은 운동이나 악기를 다루는 음악에서도 마찬가지입니다. 악기를 다뤄 본 사람들이 피부로 감지하는 것이 있습니다. 악보를 따라 읽는 것은 수학을 하는 것이나 다를 것이 하나도 없습니다. 음표에는 정해진 약속들이 있습니다. 정해진 약속을 어기면, 음악은 화음이 아니라 소음으로 바뀌어 버립니다. 정해진 음표대로, 그 음표의 흐름대로 악기를 다루어야 음악이 되는 일입니다. 음표대로 읽지 않고, 지나쳐 버리면 모든 약속을 깨버리는 일이며, 음을 한 방에 망치는 일일 뿐이기에, 지금 그리고 방금의 철학은 음악에서 더욱더 철저합니다. 지금의 음표는 지금대로, 방금의 박자는 방금대로 쳐야 화음으로 이어지기 때문입니다. 권투나 격투기와는 달리 골프의 경우는 자기가 자기의 상대방일 뿐입니다. 공은 늘 그 자리에 서 있을 뿐입니다. 서 있는 공을 치는 것은 자기 자신일 뿐입니다. 자기가 정지하고 있는 자신의 공을 제대로 쳐내는 일입니다. 그 공을 쳐내는 데, 아무도 방해하지 않습니다. 자기를 방해할 수 있는 상대방이 있다면 그는 오로지 자기일 뿐입니다. 자기가 자신을 망치게 만드는 자신의 상대방이 되는 것입니다. 정지해 있는 공을 잘못 쳐내는 일, 그러니까 자기가 저지른 자신의 실수는 자기로부터 자신이 한 방 맞은 것이나 다를 것이 없습니다. 골프에서 실수한 순간, 실수한 지금, 방금이 다음을 되찾을 수 있는 최적의 시간입니다. 그래서 초보인 저는 매번 반성과 반추 그리고 되새기기로 골프장뿐만 아니라 일상을 살다 갈 줄 알게 되었습니다. 어쨌거나, 모든 순간을 나를 위한 최적의 순간으로 만들지 못하면, 나라는 나에 대한 상대방의 한 방, 내가 저지른 그 실수는 영원한 한 방, 어쩌면 게임을 종결짓는 결정적인 한 방의 '현재'로 굳어질 뿐입니다. 방금, 지금 맞은 한 방을 기꺼이, 그리고 순식간에 잊어버리고 지금과 방금 새롭게 쳐내야 될 새로운 지금, 새로운 방금, 새로운 순간이 되어야 합니다. 한 방을 위한 최적, 최고의 순간을 만들어 내야 다음의 지금, 다음의 방금, 그리고 다음의 순간을 즐길 수 있기 때문입니다. 그러니 지금, 방금이라는 순간을 자신의 삶을 위한 최적의 순간으로 만들어 내도록, 순간과 지금을 즐길 수 있는, 지금과 방금의 행복을 만

낔할 수 있는 현실주의자가 되어야 합니다.

6) 애니딩 고스(Anything Goes)입니다

오랜 지인, 그러니까 한 30년 너머 평생교육계에서 학자동료이자 동행으로 지켜봐
온 아주대학교 최운실 교수가 「평생학습타임즈」를 창간했습니다. 평생교육계에서는
경사가 아닐 수 없습니다. 정부나 지자체가 나서서 해야 될 일을 개인 교수가 해냈기
때문만은 아닙니다. 평생교육을 연구하던 교수가 평생교육실천가로 거듭났기 때문
입니다. 저는 그 변신과 그의 학문적 개조력에 감탄할 수밖에 없습니다. 그는 마치 미
국의 맬컴 놀스(Malcolm Knowles)처럼, 이제는 평생교육현장에 자신의 학문적 영향
을 집중시키겠다는 그녀의 의지를 「평생학습타임즈(The Lifelong Learning Times)」의
창간으로 통해 드러낸 것입니다. 개인적으로 쉬운 일이 아닌 것을 제자이자, 같은 평
생교육학계의 동행이 해냈다는 것이 자랑스럽습니다. 그는 제가 한 35년 전 어린 나
이로 연세 대학교에 부임한 후, 나름대로 학문적 열정을 갖고 혹독하게 가르쳤던 그
과정에서 살아남았던 학문에서의 수월성 높은 제자이기도 합니다. 저는 그 당시 제
인격적인 미성숙 때문에, 어쩔 수 없이 하나의 잣대, 그러니까 학문적 수월성만이 대
학원생의 능력을 잴 수 있는 기준이라고 생각하고, 제 수강생이었던 제자들을 꽤나
매몰차게 압박했던 것도 사실입니다. 그는 혹독한 학문적 수련 속 연대생들의 틈에서
그의 지적인 수월성을 어김없이 드러낸 수재였습니다. 박사과정을 이수한 후, 그
녀의 지도 교수인 이규환 교수님의 요청 때문에 그녀의 박사학위논문 심사과정에도
참여했었던 적이 있습니다. 평생교육계에 한 획을 그을 수 있는 훌륭한 논문을 써낸
그가 30년이 지나는 동안, 이제 평생교육학계에서는 선두학자로서, 그리고 평생학습
의 실천가로서 전국의 평생교육사를 위한 읽을거리 신문을 창간한 것입니다. 평생교
육, 평생학습의 새로운 패러다임을 위해 꾸준하게 자신의 학문적인 방법론을 개발해
온 학자로서 그가 한국에서는 처음으로 시작하는 「평생학습타임즈」의 창간호에 첫

칼럼을 요청하였기에, 기꺼이 그녀의 관심사이기도 한 평생학습의 방법론에 관한 제가 갖고 있던 평소의 생각을 정리했던 것을 응했던 적이 있습니다. 「평생학습타임즈」에 기고한 제 글은 이렇게 시작합니다. "저는 연세 대학교 명예 교수입니다. 혹여 연세 대학교에 짐이나 되는 '멍에 교수'가 되는 것이 아닐까 하고 그 옛날처럼 제 스스로 '평소학습'에 아직도 꾸준하다고 이야기할 수 있습니다. 제가 보기에, 사람마다 자신이 늘 하는 평소의 익힘활동이 평생교육학의 핵심이라고 이야기할 수 있습니다. 그 익힘활동이 배움의 한 축을 마련하고 있는 것입니다. 사실 평생교육의 논리는 그리 복잡해야 할 이유가 없습니다. 배움이 평생학습, 평생교육의 핵심이기 때문입니다. 배움은 인간에게 있어서 조건 없이 단순하고 간단합니다. 삶이 배움이고, 살아냄이 바로 배움의 주제이며 과제이기 때문입니다. 삶의 모습에서도 단순함이 최선이듯이, 배움에서도 단순함이 아름다움 그 자체입니다. 자신에게 의미 있는 삶을 살아가려면 먹는 것도, 입는 것도, 요리도, 사람들 간의 관계도, 사랑도 그 무엇이든 단순해야 합니다. 단순함이 아름다움이고 덕스러움이기 때문입니다. 마찬가지로, 배움 역시 단순할수록 얻어지는 것이 더 많게 됩니다. 배움의 내용이 그 무엇이든, 배움의 방법은, 파이어아벤트의 말을 빌리지 않더라도, '에니싱 고스(Anything goes)'이어야 합니다. 그러니까 방법이 그 무엇이든 도덕적으로 유해한 것이 아니라면, 배움을 위해서 모두가 한결같이 유용한 쓰임새가 있기 마련입니다.

그렇다고 오해하지 마십시오. 다시 강조하지만 비윤리적이거나 비도덕적인 방법들이나 수단들도 여과 없이 평생학습의 방법들로 받아들이겠다는 것이 아닙니다. 배우는 사람들 사이에 상식적으로 통용되는 방법이라면, 그 무엇이든 배움의 방법이 될 수 있다는 양해와 조건을 충족시킬 수 있을 때에만 그것이 하나의 방법으로서 가능하다는 말입니다. 배우려는 사람들에게 삶의 의미, 배움의 의미를 만들어 주는 것은 모두가 배움의 방법입니다. 유일하게 효율적인 방법, 효과적인 방법, 그런 것을 고집하는 것은 불필요합니다. 평생학습에서는 배우는 사람 본인이 바로 배움의 방법이고, 배움의 내용이며, 배움의 목적입니다. 삶이 무엇인지를 배우게 만들어 주는 효율적인 방법을 생각해 본다면 어떤 것을 머릿속에 그려낼 수 있습니까? 누가 보아도, 신기하거나 기가 막힌 방법들을 생각하려고 하겠지만, 제가 보기에는 죽음에 대한 생각만큼 배움을 채찍질해 줄 수 있는 방법은 없을 듯싶습니다. 죽음이 무엇인지를 알면, 그 어떤 배움의 방법도 모두가 자신에 이르는 길이 되어버릴 수 있을 것이기 때문입니다. 죽으면 삶이 무엇인지 이내 알게 되겠습니다만, 정말로 죽어버리면 한 사람의 역사가 소거되고 제거되는 것이니 그것만은 배움의 방법으로서는 곤란합니다. 삶의 의미를 알기 위해서 죽음이 효과적인 방법이기는 하지만, 생명이 없어지면 배움도 없어지는 것이니, 누가 뭐래도 무엇인가 더 알려면, 오히려 절대로 죽지 말아야 합니다. 그러니 배움을 위한 최선의 그리고 유일한 방법을 찾는 것은 허무맹랑한 소리가 되는 셈입니다. 역설적으로, 배움을 위해서는 무슨 방법이든 상관없이 쓸 수 있게 되는 것입니다. 그 방법의 도덕성이나 윤리성을 따지는 것은 오히려 차후의 일일 뿐입니다. 그렇습니다. 배우는 데에는 그 무슨, 그 어떤 방법도 가능합니다. 배움을 위해 쓰임새가 있다면, 배우는 이의 각자적인 성향에 따라, 각자적으로 달리 활용하면 되는 일입니다. 배우는 장소, 배우는 시간, 배우는 데 도움을 주는 사람이나 물건, 그 무엇이든 좋습니다. 다시 말하지만, '에니싱 고스'입니다. 에니타임 고스, 에니 플레이스 고스, 에니 휴먼비잉 고스처럼, 에니싱 고스입니다. 요즘 평생학습에서 말하는 바로 그 원리, 즉 언제/누가/어디서/무엇을/에 대한 답이 바로 그 '무엇이든 좋다(Anything Goes)'라는 것입니다. 의미를 만들어 주지 못하거나, 만들어 내지 못하는 것들은 쓰임새가 없는 것입니다. 쓰임새 없는 것에 미련을 갖는 것은, 쓰레기집착증의 한 증후일 수 있습니다. 혹여 나중에라도 쓰일 수 있을 수도 있다는 생각에, 그 무엇이든 쌓아 놓는 것은 끝내 쓰레기 증후군에 시달릴 수 있게 만들 뿐입니다. 쓰레기에 집착하면, 자신의 온몸에 쓰레기 냄새가 진동할 것입니다. 분뇨통을 끼고 사는 사람들에게는 분뇨냄새가 쉽게 가시지 않는 이치입니다. 사람관계도 마찬가지입니다. 예를 들어, 권력의 대열에 끼일 수도 있다는 생각에 권력자들의 모임에 기웃거리면 마침내 그의 온 영혼에서 권력의 오물들이, '오물'거리며 묻어 나게 되어 있는 것입니다.

배우는 사람은 그리고 좋은 삶을 살아가는 사람은, 파울루 코엘류가 『흐르는 강물처럼』에서 예로 들었던 연필처럼 자신을 다듬는 사람입니다. 자기 자신이 자신을 위한 평생학습의 방법이기 위해서는 자기 자신의 품과 격을 스스로 다지며, 자기 자신의 쓰임새를 먼저 되돌아보고, 다시 되돌아 보는 사람입니다. 그것이 자신의 품(品)과 격(格)을 혹은 그 옛날 현자들이 말했던 품덕(品德)을 보여 주는 자기 배움이 되기 때문입니다. 그는 내게, 그리고 네게 연필을 비유로 들어가며 말하고 있습니다. "연필은 쓰던 걸 멈추고 몸을 깎아야 할 때도 있어. 당장은 좀 아파도 심을 더 예리하게 쓸 수 있지. 너도 그렇게 고통과 슬픔을 견뎌내는 법을 배워야 해. 그래야 더 나은 사람이 될 수 있는 거야." 그의 말을 듣는 순간 가슴이 먹먹해지기 마련입니다.

그렇습니다. 배우는 일, 그중에서도 읽고, 쓰고, 생각하는 일인 학습하고 습작하는 데에 꼭 선생이나 스승이 있어야만 가능한 것이 아닙니다. 스승이 없어도, 자기가 배우고자 한다면 능히 배울 수 있는 것이기 때문입니다. 그 증거를 바로 공자(孔子) 스스로 우리에게 보여 준 학무상사(學無常師)의 정신에서 찾을 수 있습니다. 학무상사라는 말은 학문을 하는 데는 고정불변의 정해진 스승이 꼭 있어야 하는 것이 아니다라는 뜻을 담고 있는 말입니다. 원래, 학무상사라는 말은 그 옛날 중국의 위(衛)나라를 다스리던 공손조(公孫朝)가 공자의 제자인 자공(子貢)에게, 그의 스승인 공자(孔子)는 어디에서 배웠고, 그를 가르친 스승이 누구인지를 묻자, 자공이 자기의 스승인 공자는 어디에서든, 그리고 그 누구에게든 그 언제든 필요하면 거침없이 배웠기에 고정된 스승은 없다고 대답했던 것에서 유래됩니다. 스승인 공자는 이미 자신의 제자들에게 그 어디선들 배우지 않았을 것이며, 또한 배우는 데 어찌 고정된 스승이 있었겠느냐는 그 말(夫子焉不學, 而亦何常師之有)을 일찍이 건넨 바 있습니다. 공자의 학습방법론인 학무상사(學無常師)는, 요즘 말로 말하면 평생학습의 본보기입니다. 필요하다면, 그 어디서든, 그 언제든, 그 무엇이든, 그 누구에게든, 그 어떻게든 익히고, 만들며, 깨우치는 일을 해낸 평생학습자의 본보기가 바로 공자 자신이었음을 드러내는 대목입니다. 사실, 공자의 출생과 성장과정을 보면, 공자에게 변변한 스승이 있었던 것이 아닙니다. 가정형편상 그럴 처지도 아니었습니다. 공자가 세 살이 되던 때 부모가 세상을 떠난 처지이기에 공자에게 변변한 가정교사로서의 독(獨)선생이 있었을 리도, 그렇다고 변변한 스승이, 그를 책임지고 가르쳐 줄 만한 학교가 있었던 것도 아닙니다. 공자 자신의 생활은 가난하고, 천하여 스스로 살아남기 위해서라면, 비천한 일도 마다하지 않아야 될 다능비사(多能鄙事)의 처지였습니다. 생계를 위해 그는 시장에서 일을 하면서 상술을 익혔습니다. 그는 그 속에서 공정성이 무엇인지도 익혔습니다. 그 스스로 물건의 양을 재는 것과 수에서 매우 공정하였으며, 그런 과정에서 나름대로 유학을 업으로 삼아 자신을 단련했으며, 17세 때부터 말단 관리가 되어 노(魯)나라의 국가교육기관에서 '시경(詩經)'과 '서경(書經)'의 뜻을 익힐 수 있었습니다. 스무 살 이후부터 그는 '위사(委史)', '승전(乘田)'과 같은 벼슬을 얻었지만, 그런 벼슬들은 그가 바라던 것들이 아니었습니다. 자신의 욕망에는 어림없는, 턱없이 낮은 그런 벼슬이었기 때문입니다. 그는 늘 더 높은 벼슬과 관직을 원했지만, 그 뜻은 그렇게 쉽사리 채워지지 않았습니다. 공자에게 자신을 일깨우도록 만든 것은 오로지 자신의 노력이었을 뿐입니다. 모든 사람이, 모든 경험이 그에게는 선생님이자 학교처럼 작용했습니다. 요즘 말로 말하면 자기주도적인 학습으로 자신을 키워낸 공자에게 절실했던 것은 출세였지만, 그것도 자기가 마음 작정한 대로 이루어진 것이 아닙니다. 오히려 그가 품었던 정치적 이상의 실현은 모두 실패했고 그로부터 15년 동안이나 자신의 고향을 떠나 떠돌이로 지낸 후, 다시 고향으로 돌아와 모든 것 내려놓고 후학을 가르기 시작한 그때부터 비로소 자신의 공부에 대해 인간적인 만족을 갖기 시작했던 것입니다. 조금 더 자세하게 이야기하면, 52세가 되었을 무렵 공자(孔子)는 제(齊)나라와의 강화 회의에 참석하면서 탁월한 외교실력을 인정받아 높은 관직에 오릅니다. 공자는 노나라의 국정을 쇄신하려고 노력합니다. 당시 권세가인 계 씨(季氏)를 타도하는 일이 무엇보다도 시급했습니다. 여러 묘책을 꾸몄으나, 공자는 끝내 성공하지 못하고 오히려 공자 스스로 노나라를 떠나야 될 처지가 되었습니다. 기원전 496년 일어난 일이었습니다. 공자는 노(魯)나라를 떠납니다. 정치에 맛을 들인 공자는 서너 명의

제자와 함께 자신의 책략을 믿고 자신을 등용해 줄 왕을 찾아 이웃 나라로 기웃거리
게 됩니다만, 그 어느 군주도 그를 기꺼이 받아들이지 않습니다. 이렇게 이 나라, 저
나라를 돌아 다니며 식객 아닌 식객 노릇을 한 기간이 무려 십 여 년이 됩니다. 공자
에겐 가장 괴로운 기간이었고, 새롭게 그가 그토록 그렸던 정치참여의 한계와 권력의
속성에 대해 새로운 깨달음을 얻는 기간이기도 했습니다. 다른 나라 왕들은 공자가
이야기하는 정권의 바른 도리와 올곧은 처세를 말로는 동의하지만, 결코 마음과 행동
으로는 받아들이지 않았습니다. 저들이 원하는 것은 자신의 치세를 높이기 위한 부국
강병의 묘책이었지, 바른 정치가 아니었습니다. 저들의 냉대와 차가운 정치현실을
경험한 공자는 정치가로서의 욕심을 더 이상 내지 않고, 먼 미래를 위한 희망으로 교
육을 꿈꾸게 됩니다. 그렇다고 노나라로 돌아온 공자가 별안간 학교를 짓고, 제자들
을 키울 수 있었던 것은 아닙니다. 공자의 가르침을 체계화하고 기관화시킨 것은 공
자(孔子)의 제자인 '자공(子貢)입니다. 그는 공자와 더불어 13년의 주유천하에 동참
하지 못한 것을 늘 죄스러워했습니다. 그는 공자가 죽은 후 6년 동안 그의 묘를 지킨
후, 뜻대로 자신의 재산을 털어 공자교단을 세우고 공자의 생각을 더욱더 확장시켰습
니다. 자공이 기억하고 있던 공자의 교수방법은 크게는 3가지였습니다. 첫째는 익힘
에 싫증 내지 않고, 남을 가르침에 게을리 하지 않는(學而不厭, 誨人不倦) 것이 가르침
의 기본 자세입니다. 무엇이든 실증을 내는 한, 동기가 부여되지 않는 한 억지로 익히
기는 어려운 것입니다. 그래서 그가 강조한 두 번째 교수방법이 바로 익히는 자들의
발분입니다. 그는 자기를 따르는 제자들이 스스로 익히겠다고 발분하지 않으면 더 이
상 계도하지 않고, 답답해하지 않으면 아예 일러주지 않았습니다(不憤不啓, 不悱不
發)." 저들이 익히기를 원할 때까지 기다렸습니다. 마지막으로 그가 강조한 교수방법
은 정직이었습니다. 가르침에 있어서도 그는 제자들에게, 아는 것을 안다고 하고, 모
르는 것을 모른다고 하였으며(知之爲知之, 不知爲不知), 자기는 모르고 제자들이 알고
있을 때에는 부끄러움 없이 공자 스스로 제자에게 물어보곤(不恥下問) 하였습니다.
자기주도학습의 전형을 보여 준 것입니다. 공자는 자기주도학습을 통해 끊임없이 자

신의 인지개발과 자신의 품성에서 어김없이 드러나고 마는 허물을 고쳐나가며, 매일 거듭나는 삶을 살았다고 알려진 입지전적인 인물입니다. 그는 자신의 배움에 도움이 될 만한 것들을 읽어나갈 때는 반복과 반복을 거듭했던 것으로 알려지고 있습니다. 뜻을 완전히 나름대로 파악하기 전까지 책을 읽고, 되돌아 읽었습니다. 이런 그의 학습방법을, 신정근 교수는 『동양철학 인생과 맞짱 뜨다』에서, 미끄러지기 학습이라고 표현하고 있습니다. 미끄러지기 학습은 실패 속의 깨침을 말합니다. 어느 책이든, 처음 읽는 책의 내용은 쉽게, 단숨에 이해가 되지 않습니다. 저자의 생각과 읽는 이의 생각이 서로 교통하고, 소통하면서 의미가 하나로 만들어지지 못했기 때문입니다. 서로가 하나로 소통하지 못하는 것은, 말하는 이, 글쓴이가 의도하는 개념들이 읽는 이들에게 무엇보다도 생소하기 때문입니다. 이론도 다양하고, 의미의 구조도 복잡하게 얽혀 있기 마련이기 때문에 초심자에게는 어렵다고, 그럴 수밖에 없는 노릇입니다. 그러니 처음 읽는 이, 처음 대하는 사람들이 다른 사람들의 생각이 담긴 글을 읽는다는 것은 처음부터 '미끄러지기'의 사유경험일 수밖에 없습니다. 저자에 친숙해져야, 개념에 익숙해져야, 상황을 따라갈 수 있어야 비로소 제대로 읽히기가 시작됩니다. 읽히기가 제대로 시작되어야, 이미 지나쳐버린 것들이 다음 날의 읽기에서 새롭게 연결되며, 새로운 의미를 불현듯 드러내게 되는 것입니다. 이런 일들의 반복이, 바로 미끄러지기의 반복이며, 미끄러지기의 깨침이 되면, 그 어느 날 마침내 깨침이 일어나게 되는 것입니다. 요즘 말로 말하면, 텍스트에 대한 미끄러지기가 있어야 콘텍스트가 잡히게 되며, 콘텍스트에 대한 미끄러짐이 있어야, 텍스트가 새롭게 확장되는 것입니다. 공자는 바로 자기 삶도 그랬지만, 익힘에 있어서도 미끄러지기를 통해 자신을 완성해 나갔던 현자(賢者)입니다. 읽기에서든, 생각에서든 미끄러지기 사유의 경험이 많을수록 깨침의 폭과 깊이가 깊어지게 마련인데, 학무상사(學無常師)의 정신과 마음가짐이 그것을 촉진합니다. 그러니까 읽고, 쓰고, 생각하는 습작활동으로서의 학습을 위해 꼭 교사나 스승이 있어야만 하는 것이 아니라는 공자의 생각은, 요즘 말로 평생학습의 방법론이기도 합니다. 미끄러지기의 사유와 학습이 사람들에게 자신의 배움의 깊이와 넓이를 풍족하게 만들어 주는 평생학습방법론의 토대이기도 합니다. 학무상사의 개념과 더불어, 익힘에 싫증 내지 않고 남을 가르침에 게을리 하지 않는다는 뜻의 학이불염 회인불권(學而不厭, 誨人不倦) 자세 역시 평생교육방법론의 다른 축을 구성하는 자기주도학습방법론입니다. 학무상사와 학이불염 회인불권의 자세는 공자가 그토록 강조했던 교학상장(敎學相長)의 방법론들입니다. 학습의 핵심과 학습의 정신은, 스승도 제자도 서로 노력하고 서로 성장해내는 일로 완성됩니다. 이 점을 중화권의 대표적 인문학자로 평가받는 타이완의 양자오 교수가 자신의 글에서 분명하게 강조합니다. 그는 『논어를 읽다』에서, 『논어(論語)』를 그동안 유학자들의 신화처럼 받들었던 것에 대해 반기를 듭니다. 『논어』는 신화가 아니라 일상의 삶이기 때문입니다. 그래서 그는 공자와 『논어』를 우리의 삶 곁에 있는 그런 유연한 인물과 서책으로 이해하라고 말하고 있습니다. 그러니까 『논어(論語)』라는 책은 그 태생에 있어서 공자 자신의 말만을 다룬 그 무슨 절대적인 책이라기보다는, 공자의 생각은 물론이고 제자들의 이야기들까지도 필요에 따라 서로 꿰맞춘 편집서로서, 일상생활을 위한 슬기의 안내서라는 것입니다. 『논어』라는 책은 공자의 제자들이 그의 사후에 공자의 언행과 대화라는 명목으로 공자가 직접 건넨 말도 물론 들어가 있지만, 상당수는 제자들 스스로 당시 정치적이며 학문적인 상황에서 요구되는 생각, 일상생활에서 필요한 방법들을 함께 엮어 기록한 책으로, 『논어』에서는 글의 배치도 논리적이지 않고 내용이 겹치는 일종의 공자 생각에 관한 편집서라고 말하고 있습니다. 양자오의 해석에 따르면, 『논어』에 등장하는 공자는 지금까지 선입견을 갖고 보았던 공자의 모습, 말하자면 근엄하고 권위에 물든 현학자가 아니라 농담도 하고 제자들의 날카로운 질문에 대답하면서, 때로는 의외로 당황하며 쩔쩔맸던 것을 숨기지 않은 천생이, 선생이었고 생활인이었다는 것입니다. 공자는, 현학적인 체 하지 않고 그저 자기 삶에서 어쩔 수 없이 겪어가는 희로애락을 있는 그대로 드러냈던 슬기로운 어르신이었을 것입니다. 양자오 교수가 『논어』에서 눈여겨보는 개념은 교학상장(敎學相長)인데, 교학상장이라는 말은 선생은 오로지 가르치기만 하고, 반대로 학생은 가르치는 대로 익히면 서로가 나아진다는 그런 기계적인 뜻을 담은 말이 아니라는 것입니다. 교학상장의 개념에서 중요한 것은, 스승으로서의 스승됨은 자기 역시 학생 못지않게 익히는 사람에서 나오는 것이기에, 학생들의 질문과 심지어는 존경하는 마음에서 나오는 저들 학생의 비판까지도 깊게 생각하면서, 학생과 스승 서로가 함께 성장해야 함을 강조하는 개념이라고 정리합니다. 그러니, "스승은 학생과의 상호작용을 통해, 특히 자신이 말하고 가르치는 내용에 대한 학생들의 의문과 반박을 통해 끊임없이 스스로 정진하는 사람이어야 한다."는 것이 공자가 말하는 교학상장의 토대라고 그는 나름대로 정리하고 있습니다. 그래서 공자는 제자인 안회보다 자로(子路)를 교학상장의 사례로 들었다는 것입니다. 공자는 자신의 말을 수긍하기만 하는 제자 안회를 교학상장의 관점으로 보면, 그는 자신에게 도움이 되지 못한 제자라고 평가했던 것입니다. 「선진(先進)」 편에 기록되어 있듯이, 공자가 '회야 비조아자야 어오언 무소불열(子曰, 回也 非助我者也. 於吾言 無所不說)'라고 말했던 것은, 안회가, 제자들 중에서도 가장 영특한 제자이기는 해도, 공자 자신의 말을 듣고 기뻐하며 문제를 제기하거나 질문을 한 적이 한 번도 없기에, 공자 자신의 교학상장론으로 보아서는 결코 학문적으로 도움이 되는 제자가 아니라고 평했던 것입니다. 안회에 비해 자로는, 늘 스승인 공자에게 송곳 같은 질문을 했기에, 공자 스스로 쩔쩔매기도 하고, 자신의 말을 되돌아보기도 하게 만들어 준 제자로서, 교학상장을 원했던 공자 자신에게는 학문적으로 크게 도움이 되는 제자였다는 것입니다.

7) 쓰임새입니다

갑골문과 한자의 기원 연구에서 세계적 권위자로 꼽히는 일본의 시라카와 시즈카(白川靜, 1910~2006) 교수는 『자통(字統)』에서, '학(學)'과 '효(斅)'는 원래 동일한 글자, 어원이 같은 뿌리라고 밝히고 있습니다. 그의 연구에 의하면, 가르침을 의미하는 교(敎)는 '효(斅)'자와 같은 자로서, '학(學)'자에 때리다, 치다, 엄하게 다스린다는 뜻을 갖고 있는 '복(攵)'부가 추가된 것이라고 해석합니다. 저들 중국인들은, 엄하게 다스린다, 치다는 뜻이 학(學)에 붙느냐, 어떠냐에 따라 가르침과 익힘의 의미를 달리했다는 것입니다. 다시 해석하면, 익힘이라는 학(學)을 그 어떻게든 여러 수단을 활용하여 깨치게 하는, 다스리는 것이 가르침으로서의 효(斆)가 지닌 속성이고 보면, 익힘에 다스림이나 깨우침이 필수적인 셈입니다. 익힘은 자율적이며, 자기가 하는 것이기에, 자기 익힘에는 엄한 다스림이나 깨우침이 함께해야 자기 가르침이 완성되는 것입니다. 자기 스스로 자기를 제대로 가르치면, 자기의 익힘을 통해, 자기 깨달음에 도달하게 되는 것입니다. 성현들의 삶, 말하자면 공자 붓다, 소크라테스의 삶이 바로 자기 가르침을 통한 익힘, 그러니까 배움의 완성을 보여 주는 대표적인 사례들인 이유입니다. 그렇게 보면 우리말인 '가르치다.'에는 깊은 뜻이 담겨 있음을 알게 됩니다. 가르치다의 고어는 '그르치다(이때/ㅡ/는 모두 아래아를 대신하여 쓴 것)'인데, 여기서의 '그르'는 가루를 뜻하는 말인 '글ㅡ그(이때 /ㅡ/는 모두 아래아를 대신하여 쓴 것)'와 맥을 함께합니다. 글그르라는 말은 무엇을 곱게 갈아내는 것과 연관되어 있습니다. 가루를 만들어 낼 때 흔히 보는 것처럼, 물건을 마음에 맞게 갈고 빻고, 가다듬을 수 있는 것이 바로 칼의 옛말인 갈인데, 그 갈이 그르의 핵심입니다. 밭을 '갈'아 씨를 뿌리면 열매가 맺게 되는 것처럼, 사람의 몸을 이치에 맞추어 제대로 갈고 갈아내면 미욱함을 슬기로움으로 바꿔 놓을 수 있는 이치입니다. 수업(授業), 즉 선생이 학생을 가르치는 일을 우리말로는 '갈배움'이라고 하는데, 이때 갈배움에서 갈의 의미는 이미 말한 것처럼 가루와 연관되고, 그 가루는 옛 고구려 사람들의 돌확에서 그 원래의 모습을 찾아낼 수 있습니다. 고구려 사람은 그들의 처소에 돌확을 두었는데, 돌확은 일반적으로 곡식을 찧거나, 고추나 마늘 같은 양념을 빻거나 으깨는 용도로 쓰기 위해, 돌을 우묵하게 파서 절구 모양으로 만든 용기입니다. 그 용기를 '확'이라고 부른 것입니다. 남도지방에서는 그 돌확을 확독이라고 부르고 있습니다만, 요즘 세대의 말로 돌확을 비유하면 수동식 믹서 정도의 생활 도구라고 볼 수 있습니다. 먹거리를 위한 낟알이나 풀뿌리를 곱게 갈아내는 도구가 바로 돌확입니다. 그 돌확을 이용하여 웬만한 것을 빻고 찌어내고 갈아내면 모두가 고운 가루가 됩니다. 밀가루 같은 경우, 난알이나 풀뿌리를 돌확으로 갈아낸 다음, 그것을 안치고 물을 따라내면 가라앉는 것이 있게 되고, 그것을 말리면 가루가 됩니다. 이런 가루로 저들은 국수, 떡, 수제비, 부침개들을 만들어 먹었습니다. 고구려인들의 돌확이나 남도 사람들의 확독에서 나온 일상적인 단어가 바로 '갈이'입니다. 이 갈이가 잘되어야 무엇이든 고와집니다. 그래서 옛사람들은 갈이를 일상적인 언어로 자주 썼습니다. 갈이라는 말의 원형은 '갈마'인데, 서로 번갈아 드는 것을 사람들은 갈마들다고 말했습니다. 또한 양쪽을 번갈아 보는 것을 갈마보다로, 한 손에 쥔 것을 다른 손에 바꾸어 쥐다를 저들 고구려인들을 갈마쥐다라고 표현했습니다. 가루와 연관된 여러 가지 삶의 슬기를 일상에서 중요한 일로 삼았던 것입니다. 그러니까 가루를 내는 일이나 갈아내는 일은, 남을 가루 내는 것보다 자신을 다스리고 단속하는 데 더 중요한 뜻을 지닙니다. 갈마쥐 하는 일로서의 가르치는 일은 자신을 가르치는 일과 깊게 연관되어 있는 셈입니다. 남을 가르치는 사람은 남을 가루를 내기보다는 자신을 먼저 가루를 내고 체로 곱게 쳐서 자기를 먼저 가다듬어야 되는 사람입니다. 자신을 곱게 가루 쳐 낸 그것을, 새로 익히는 자들에게 보여 줌으로써, 저들도 자신을 곱게 갈아낼 수 있게 만들어 주거나 도와주는 사람들이 바로 가르치는 사람들인 이유입니다.

유가(儒家)의 경전인 오경(五經) 중의 하나인 『예기(禮記)』의 「학기(學記)」 편에는 "익힌 뒤에 부족함을 알고 가르친 뒤에 곤란함을 안다(學然後知不足 敎然後知困)."라는 말이 나옵니다. 교직자들에게는 사표(師表)가 되는 이 말은 한 가지 점을 아주 분명히 가르쳐 줍니다. 가르치는 사람은, 익히는 사람들이 그 무엇을 그 어느 정도로 익히는 것에 관계없이 자기 자신의 익힘을 가장 먼저 단속해야 한다는 것과, 가르치는 사람이 제아무리 잘 가르쳐도 익히는 사람 스스로가 마음먹고 익히지 않으면, 모든 가르침은 모두 소용없는 일임을 알려 주고 있기 때문입니다. 「학기」 편에 나오는 익힌 뒤에 부족함을 알고 가르친 뒤에 부족함을 안다는 말은, 익히는 자와 가르치는 자를 분리시켜 각각에게 한 말로 볼 수 있지만, 실제로는 가르치는 사람 한 사람에게 온전히 경고하고 있는 가르침의 경종입니다. 왜냐하면 우리가 보통 말할 때, 아무리 잘 익혔어도 가르치기를 잘못했으면, 잘 익힌 것이 아니다라는 식의 표현은 하지 않기 때문입니다. 그런 표현은 실제로도 어색하기 그지없는 표현일 뿐입니다. 그러니까 잘 익히는 것이 잘 가르친 것의 결과라는 것을 증거해야 합니다. 가르치는 사람이 먼저 제대로 잘 가르쳤다는 것을 보여 주기 위해서는, 가르치는 사람 먼저 제대로, 잘 익히는 일을 우선해야 합니다. 잘 익히는 일이 바로 서로에게 잘 가르쳤음을 보여 주는 증표입니다. 익히는 일에는 서로 가르침의 원리가 이미 내포되어 있는 것입니다. 서로서로 잘 익히는 일이 서로 잘 가르치는 일입니다. 가르침과 익히는 일의 우선순위를 따질 일이 아닙니다만, 제게는 잘 익히는 일이 먼저가 됩니다. 인간의 생명에 가장 먼저 와 닿는 것들, 말하자면 먹기, 마시기, 숨쉬기, 비비기, 눕기 등등 생존에 관계된 것들은 가르치기 전에 이미 익히는 것들입니다. 잘 익히는 것이, 바로 잘 가르치는 것이나 마찬가지라는 것을 말하기 위해 들어본 그저 단순한 예일 뿐입니다. 공자나 소크라테스가 잘 가르치는 선생의 사례라든가, 잘 가르쳤던 스승의 본보기로 이야기하지 않는 이유이기도 합니다. 저들을 잘 가르친 사람이 있었다면, 역사가들이 저들의 이름을 가만 놔둘 리가 없습니다. 어쨌거나, 잘 가르쳤기에 잘 익힌 것이라기보다는, 잘 익히고 있기에 그것을 통해 잘 가르친 것이라는 것을 드러낼 수 있습니다. 제가 보기에는 평범하다는 당신이 바로 공자의 학습력을, 소크라테스의 예지력을, 붓다의 평안함을, 예수의 신기력(神氣力) 같은 것들 중의 그 어떤 것을 지닌 사람입니다. 사람들은 태어날 때, 이미 그런 가능성을 갖고 이 세상에 태어나기 때문입니다. 자기 안에 간직한 그런 능력의 씨눈을 아직 틔워내지 못하고, 익히지 못하고 있을 뿐인 것입니다. 이제 당신이 해야 될 일은, 자기 안의 그런 씨앗을 틔워내어 원한다면, 그들이나, 저들처럼 그렇게 생각하며, 행하며, 그렇게 살아가도록 하면 되는 일입니다. 이런 논리에 이의를 제기하는 사람은 어린아이 때, 그들이 어떻게 자기 스스로를 활용하여 잘 익힐 수 있겠는가를 문제를 삼으며, 잘 가르치는 일이 우선해야 한다고 제안할 것입니다. 어린아이들에게는 나름대로의 가르침이 우선해야 한다는 말이 아주 그른 것은 아니지만, 인류탄생 시절의 그 원초적인 장면을 그려 보면, 익힘이 아무래도 가르침보다 우선했을 것이며, 그것이 아직도 유효하기는 마찬가지입니다. 원론적으로 잘 익히도록 각기의 수준에 맞추어 제대로 익히도록 보조해 주면, 익히는 방법을 터득하게 되고, 그것을 기초로 익힘의 방법도 그 자신에게 성숙되어 갈 것이기 때문입니다.

다시 인류의 현자나 성현들을 예로 들어 익힘과 가르침, 그리고 배움 간의 관계를 정리해 보겠습니다. 예수 이래, 그보다 더 영성에 있어서 뛰어난 인간이 있다고 주장하는 신학자들은 없는 것 같습니다. 그런 인간 예수를 그렇게 예수가 되도록 알뜰살뜰 가르쳤던 사람이 있다는 것을 보고한 성경학자들은 아직 없습니다. 예수가 비로소 예수가 되도록 가르친 그런 위대한 스승, 예수를 책상에 우리 학교 식으로 온종일 앉혀 놓고 그에게 과학적으로 그 무엇을 가르친 사람이 있었다면, 아마 성경학자들이 그 과학자나 교사의 이름을 언급하는 데 절대로 소홀하지 않았을 것입니다. 현실적으로, 당시 유대의 조그만 지역 나사렛, 그중에서도 더 작은 동네에서 예수가 생계를 돕기 위해 열심히 일하던 마을에서, 그에게 지금의 신학교처럼, 지금의 교수들처럼, 학습심리학자들이 그토록 강조하는 교수법에 따라 가르칠 수 있는 교사가 있었다고 말할 수는 없을 것입니다. 그에게 무엇인가 제대로 가르칠 수 있던 사람이 있었다면, 그는 아마 목수였던 아버지 요셉일 수밖에 없습니다. 요셉이 어쨌거나 자신의 큰 아들로 되어 있는 예수에게 제대로 그리고 아주 요령 있게 가르쳤을 법한 것은, 유대신학이 아니라, 나무를 다스릴 수 있는 목수의 노련한 기술이었을 것입니다. 그것을 자신의 손으로 자신의 땀으로 어린 예수에게 직접 보여 주었을 것입니다. 예수는 그것을 다시 그의 몸으로 익혔을 것입니다. 당대의 랍비들처럼 요셉이 예수에게 신학이나 구약의 내용들을 앉혀 놓고 가르치지는 않았을 것입니다.

그렇습니다. 굳이 예수를 가르칠 만한 사람이 있다면, 그 사람은 바로 예수, 당신 자신, 그 스스로 혼자였을 것입니다. 그러니까 예수는 스스로 자기가 자기를 잘 가르쳤던, 요즘 말로 말하면, 자기주도학습이 철저했거나, 특별난 자기주도학습의 비법을 갖고 있었던 인물인 셈입니다. 그것도 청년으로 자라면서, 자기 나름대로 자신의 삶에서 용의주도하게 터득하여, 그것을 자신의 삶을 위한 배움이라는 슬기와 지혜로 만들어 냈을 것입니다. 이런 식으로 성현이나, 현자들의 삶을 따져가 보면, 예수보다 훨씬 윗대의 인물들인 소크라테스도 예외가 아닐 것이며, 공자나 붓다 역시 예외일 수가 없습니다. 아예 천재물리학자인 아인슈타인의 경우도 마찬가지의 경우입니다. 그의 전기를 읽어 보거나, 그의 창의적이며 인지적인 능력을 증거하는 전기작가들의 글들을 읽어 보면, 당대의 학교교사가 아인슈타인을 알뜰살뜰 체계적으로, 교수심리학에 기초해서 잘 가르쳤다는 증거는 전혀 없습니다. 그의 전기에 의하면, 아인슈타인은 자기 스스로, 자신의 상상 속에서 이것저것을 생각해 보거나, 만들어 보기를 끊임없이 시도했던, 자기주도학습의 달인같이 고백되고 있습니다. 결론은 하나입니다. 가르침이 익힘과 분리될 수 없다손 치더라도 그 모두는 배움을 위한 하나의 세부과정이거나 활동일 뿐이라는 결론입니다. 가르침의 중요성을 아무리 강조한다고 하더라도, 잘 배우면 이미 잘 가르친 것일 뿐입니다. 가르침이라는 활동은 익힘과는 짝이 되지만, 결코 배움이라는 개념과 분리되거나 배움보다는 우선할 수 없는 배움을 위한 하나의 세부 활동이라는 사실입니다.

공자가 이미 말했습니다. 무엇인가 익힌 뒤에는 새로운 것에 대한 갈구로 인해 늘 부족함을 느끼게 되고, 그런 부족함 때문에 자기 스스로의 익힘, 그러니까 새로운 학습이 싹이 트게 됩니다. 익힌 뒤에 부족함을 알고 가르친 뒤에 곤란함을 안다는 말은 궁극적으로 익힘의 주체는 익히는 주체이지 결코 가르치는 사람이 주체가 아님을 드러내는 강력한 메시지를 전달한 것입니다. 대학에서 가르치는 일에 종사하다가 은퇴한 사람으로서 저는, 한 가지를 아직도 가슴에 담고 있습니다. 그것은 무엇인가 먼저 익히지 않으면, 앎의 소중함을 깨닫지 못하고, 그래서 자신의 부족함을 알지도 못하게 된다는 점입니다. 남을 가르쳐 보지 않으면, 자신이 가진 지식이 대단한 것이라는 착각 속에서 그 부정확함과 부족함을 제대로 알지 못하고 계속 자신의 무지 속에도 가르침을 계속할 것입니다. 남을 가르친다는 것은 자기 자신의 부족함을 깨닫는 것이고, 그런 점에서 가르침과 익힘은 서로 구별되고 차별되는 것이 아니라 배움이라는 것을 위해 녹아 있는 하나의 현상일 뿐입니다. 동전의 양면과 같은 것도 아닙니다. 서로가 맞서 있는 것이 아니라 하나로 융합되어 있는 것입니다. 가르치는 사람이 자신부터 더욱더 가르치지 않으면, 다시 말해서, 자신 스스로 더욱더 익히지 않으면 다른 사람을 제대로 가르칠 수 없다는 강력한 메시지이기에, 스스로 가르치는 일은 궁극적으로 익힘을 거느리는 주개념으로서의 배움을 위한 하나의 단계이거나 중간 조치에 지나지 않을 뿐입니다. 익히기, 말하자면 학습은 배움을 위한 하나의 방편이기에, 그것의 효과를 높이기 위한 여러 가지 유형의 익히기 기술이 있을 수 있습니다. 말하자면, 앨빈 토플러가 1970년에 『미래의 충격』에서 이야기한 것처럼, 채우기(Learning), 비우기(Unlearning), 다시 채우기(Relearning)로서의 익힘이 그것을 상징적으로 보여주고 있습니다. 배움은 늘 '생명/학습/연단'의 총합, 하나로서 진행되는 삶에서의 총합이며 융합입니다. 한 사람의 생명이 끝나면 그의 배움도 그 순간 종결되는 것입니다. 생명이 끝난 사람의 행적을 학습하는 것은 그 언제나 가능하지만, 그 사람의 생명과 배움을 다시 재현해 놓을 수는 없습니다. 배움은 보통명사가 아니라 고유명사와 같을 뿐이기 때문입니다.

어느 분야든, 한 분야의 대가들은 대개가 익힘의 명수들입니다. 그런 대가, 말하자면 그 분야의 아웃라이어(Outlier), 달인들로 발전해 나가도록 만들어 주는 것이 바로 익힘과 버림, 그리고 다시 익힘입니다. 이 방법 이외에는 달리 그 어떤 뾰족한 묘방이 있을 수 없습니다. 익힘과 버림, 그리고 채움의 지속적 노력을 공부, 혹은 공부의 과정이라고 볼 수 있습니다. 공부의 주체는 본인이고 공부의 방법은 익힘입니다. 익힘을 학습이라고 부를 때, 공부에는 왕도가 없다는 옛말처럼, 학습이라는 익힘에는 지름길이 없습니다. 가르침에 왕도가 없다는 말은 아직 우리 귀에는 생소합니다. 물론 아무것도 가르치지 않아도 그 무엇을 가르치고 있는 그런 사람도 있습니다. 저들에게는 마음에 눈을 갖고 있기 때문에 그것이 가능합니다. 마음의 눈이 트인 사람의 옆에만 있어도, 사람들은 그 무엇인가를 저절로 익히게 됩니다. 말하자면 붓다 옆에서, 공자 옆에서, 소크라테스 옆에서 그냥 그대로 서 있기만 해도 무엇인가 익히게 되는 이치입니다. 그 옆에서 마치 '서당 개 3년에 풍월을 읊는다.'는 그대로, 나름대로 자신을 헤아리게 됩니다만, 우리가 보고 가르치는 사람들 모두는 공자나, 소크라테스들은 아닙니다. 그러니, 우리 스스로 먼저 익히는 수밖에 없습니다.

가르침과 익힘에는 왕도가 있을 수 없습니다. 물론 효과적으로 가르치는 방법이 있을 수는 있습니다. 가르침은 배움을 위한 학습의 수단이고 기술이기 때문입니다. 효과적인 교수법이 있을 수 있다는 말이기도 합니다. 효과적인 교수법이 있기는 하지만, 그것이 가르치는 사람의 됨됨이를 보장하는 것은 아닙니다. 그러니까 비효과적인 교수법도 상존하기 마련이다라는 뜻이기도 한 셈입니다. 그럴 경우, 소경이 소경을 인도하는 일이 벌어질 수밖에 없습니다. 그렇게 되면, 가르치는 일은 한 생명의 미래를 위해 고운 가루를 내듯 연마시켜주는 것이 아니라, 본래의 의도와는 전혀 다르게 그르쳐버리는 일로 끝나게 될 수 있습니다. 그 어떤 익힘을 위한 학습이나 습작활동에도 왕도가 있을 수 없습니다. 익힘에는 공짜가 있을 수 없습니다. 그러니 가르치는 사람들은 제대로 가르치기 위해서, 자기 먼저 익혀야 합니다. 그러니까 가르침을 위해 익혀야 되는 그 익힘에는 뾰족하게 빠른 길이나, 그 어떤 절대적인 왕도가 있을 수 없습니다. 가르치는 사람에게 필요한 것은 가르치기 위한 끊이지 않는 익힘입니다. 배움, 배움을 위한 익힘에는 결코 왕도가 없다는 말은 고대 아테네의 수학자 유클리드(Euclid)가 한 말입니다. 그의 제자 중에 이집트의 황태자로 뒤에 왕이 된 사람이 있었습니다. 그의 이름이 소타(Ptolemy Sotar)였는데, 그는 유클리드에게 수학을 익히면서 그가 알게 된 것은 수학이 정말로 골치 아프고 괴로운 과목이라는 것이었습니다. 괴로움 속에서 그는 어느 날 용기를 내서 유클리드 선생에게, 개인적으로 살며시 질문을 던졌습니다. "선생님, 제게 수학이 너무 어렵고 골치 아프니, 제발 쉬운 방법으로 수학을 익힐 수 있는 법을 가르쳐 주세요."라고 요청했습니다. 유클리드가 그에게 나직하게 말했습니다. 배움의 길에는 왕도가 없다고 말했습니다. 이 말은, 익히는 학생들이 기억해둬야 될 말이라기보다는, 가르치는 교사가 먼저 가슴에 담아야 될 말입니다. 가르치기 위해선 먼저 익히고 또 익혀야 제대로 가르칠 수 있기 때문입니다.

그렇게 익히고, 또 익히는 사람이, 반복해서 강조합니다만 바로, 배우는 동물인 호모 에루디티오(Homo Eruditio)의 속성입니다.

　에루디션 하는 사람, 배우는 동물로서의 호모 에루디티오는, 배움에는 왕도가 없다는 것을 깨닫고, 끊임없이 자기 스스로 익히며, 공부해 가는 사람입니다. 호모 에루디티오는 박학다식(博學多識)한 사람을 지칭하는 단어가 아닙니다. 말하자면 레오나르도 다빈치를 예우해서 부르는 명칭 같은 그런 폴리매스(Polymath), 혹은 호모 유니버설리스(Homo Universalis)를 상징하지 않습니다. 또한 추상적인 지식이나 그런 일에 도통한 사람을 일컫는 마테마타(Mathemata)를 상징하는 것도 아닙니다. 호모 에루디티오는, 그냥 한 인간으로서, 자기 삶에 보다 더 충실하도록 배우는 사람, 인간의 본능인 배움을 매일같이 하나의 습관으로 자기 자신을 만들어 가는 사람을 상징합니다. 원래 박식한 사람은 탁월한 지식의 소유자와 연관되어 있고, 그것은 그리스어로 마테마타라고 일컫는 수학, 즉 매시매틱스(Mathematics)와 깊은 관련이 있습니다. 마테마타의 어원은 모든 것을 논리적으로 익힌다, 혹은 지식을 탐구한다는 뜻을 지닌 마테마(Mathema) 혹은 마테시스(Mathesis)라는 말에서 파생한 것입니다. 수학이라 것은 원래, 수나 연산에 국한된 것이 아니라, 직접 사물을 경험함으로써 그 무엇인가를 알기보다는 생각함으로써 알게 되는 지식과 관계가 있습니다. 여러 방면에 박학다식한 사람, 여러 방면에서 생각을 많이 해서 그 무엇인가를 추리해내는 사람을 폴리매스(Polymath)라고 부르는 이유입니다. 이런 폴리매스는 르네상스시대에 이미 사회적으로 유행하던 단어였습니다. 요즘의 영재라는 단어처럼 그 당시에 유행하던 단어입니다.

　배우는 동물인 호모 에루디티오에게 있어서 배움은 그런 유식함이나 박식함을 상징하지 않습니다. 배움은 그가 살아가는 삶의 철학이며 삶의 슬기, 삶의 지혜입니다. 배움이 그에게는 참신앙인 셈입니다. 삶에 있어서 배움의 철학이 삶의 지혜입니다. 배움의 철학은, 다른 것이 아니라, 로마에서 로마인답게 '선하게 사는 기술'이라고 불렀던 고대 로마의 키케로나 세네카가 언급한 그 말처럼, 사람들에게 선하고 행복한 삶의 예술을 상징하는 삶의 지혜일 뿐입니다. 로마 제국의 문화를 배경으로 사고하고, 그것에 기반해 종교적 확신을 다진 아우구스티누스 역시 배움이라는 것은, 사람들 스스로 선하고 행복한 삶의 길을 가게 만드는 힘과 같다고 보았습니다. 그는 그 길을 일컬어 '참 종교(Vera Religio)', 말하자면 예수에 이르는 길이라고 고쳐 불렀던 것입니다. 아우구스티누스는 '종교 문제에서 철학을 개진할 줄을 모르거나, 철학에서 종교적인 처신을 할 줄 모르는 사람들'을 그리 높게 평가하지 않았는데, 그 이유는 다른 것이 아니었습니다. 그것은, '앎이 배움의 한 수단인데, 자신에게 삶의 목적을 보여 주는 그 참된 종교를 찾는 대신, 신기한 것을 즐기며 그것을 탐닉하는 것은, 배움보다는 앎에 맹신하는 어쩌면 본말이 전도된 호기심에 빠져 헤어 나오지를 못하는 일이라고 판단' 했기 때문입니다. 『법구경』에는 이런 말이 있습니다. "말 재주가 있다고 해서, 배움이 깊은 사람이 아니다. 언제나 마음이 고요히 안정되어 미움과 두려움이 일지 않는 이, 그를 가리켜 배움이 깊다고 하리." 라고 말합니다. 『법구경』에서 배움을 말재주, 혹은 무엇인가 남을 요령 있게 설득하는 그런 재주와 구별하는 것은, 배움이라는 것이, 남에게 드러내 보이는 재주나 기술이 아니라는 것을 넌지시 알려 주는 대목입니다. 배움이라는 것은, 이미 제가 수없이 강조했듯이, 자기 자신의 마음과 몸을 부단히 조리하고 성찰하는 수기(修己), 자신을 끊임없이 갈고 닦아내어 자기를 완성하는 것을 의미합니다. 『법구경』은 이런 배움의 행위를 자기 연단이라고 보고 있는 것입니다. 『법구경』에서는 단순히 그 무엇을 익히는 것 같은 습(習)으로서의 공부(工夫)를, 배움과 같은 개념으로 치부하고 있지 않습니다.

유가(儒家)에서 말하는 공부(工夫)라는 말은, 한국어원학회의 해석처럼, 무엇보다도 첫째로 지식을 탐구하기 위한 수단을 강구하거나, 그런 것을 궁리하거나, 혹은 생각을 짜내는 것 같은 활동을 지칭합니다. 주자(朱子)의 『근사록(近思錄)』에는, 공부에 관해 이런 말이 나옵니다. 즉, 명도 선생이 말하길, "벗끼리 읽고 익힘에 있어서 서로 살피고 서로 간의 장점을 공부하는 것 이외에 더 좋은 것도 없습니다." 라는 말이 나옵니다. 『근사록(近思錄)』 「위학류(爲學類)」에 나오는 글귀입니다만, 붕우강습 갱막

여상관이선공부(朋友講習, 更莫如相觀而善工夫多)라는 글귀는, 친구들끼리 토론하고 학습하는 데 있어서는, 더욱이 서로를 본받아 좋은 공부가 많은 것 이상의 더 좋은 방법이 없다라는 말입니다. 이때의 직역인 '좋은 공부가 많다.'라는 말은 우리 귀에 쏙, 그리고 쉽게 들어오지 않게 됩니다. 일상적인 우리의 화법으로 보자면, '좋은 공부가 많다.'라는 식의 표현은 어색하기만 하기 때문입니다. 이 문장에서, 공부(工夫)가 많고, 적을 수 있다는 식으로 표현되었는데, 그것은 우리의 입장에서는 조금 어색해 보여도, 그것을 그렇게 써오는 저들 한자권에서는 어색함이 있을 수 없게 됩니다. 공부(工夫)의 뜻을 살피면, 공(工)은 공로나 직무 같은 뜻의 공(功)을 의미하며, 부(夫)라는 말은 돕는다, 혹은 떠받친다라는 뜻의 부(扶)와 통하기에, 공부의 뜻은 문자 그대로 어떤 업적이나 성과로서의 공(功)이 얻어지도록 적극적으로 돕는 일이 되기 때문입니다. 그러니까 그런 공부는 많을 수도, 적을 수도 있는데, 적은 것보다는 많은 것이 더 좋은 것이 됩니다. 친구들이 서로 논하고 익히는 일에 있어서, 서로를 본받는 식의 공부만큼 더 좋은 것도 없다는 뜻이 바로 붕우강습 갱막여상관이선공부다(朋友講習, 更莫如相觀而善工夫多)이라는 것입니다. 원래 상관이선공부다(相觀而善工夫多)라는 구문은, 『예기(禮記)』의 「학기(學記)」 편에 상관이선지마(相觀而善之謂摩) 즉, 학생들이 서로 자극하여 좋아지는 것이 갈고, 닦는 이른바 마(摩)입니다라고 한 구문에서 유래된 것입니다. 이 구절에는 '공부(工夫)'라는 말이 나오기도, 또 없기도 하지만, 주자(朱子)가 공부라는 말을 전사(轉寫), 즉 다른 곳에 옮겨 적는 과정에서, 공부(工夫)라는 단어를 슬쩍 집어넣은 것이라고 전해지지만, 중요한 것은, 공부는 많고 적음을 헤아려 낼 수 있는 그런 노력으로 이해되는 대목입니다. 중국 사람들은 공부를 쿵푸(Gongfu)로 발음하며, 이럴 경우 공부는 개인의 솜씨나 노력 등의 의미로 쓰이고 있으며, 구후(Kuhuu)로 발음하는 일본에서는 공부가 궁리, 고안, 생각의 뜻으로 쓰이고 있습니다. 우리나라에서는 저들과는 달리, 공부를 어떤 학문이나 일 또는 기술 따위를 배우거나 익혀 그에 대한 지식을 쌓는 일로 굳어진 감이 있습니다. 매일을 살아가는 일은 어쨌거나 삶에 대한 '공부'가 무엇인지를 '공부'하는 일입니다.

8) 탐구입니다

　　배움과 학습이라는 개념을 지루하게 서로 가르고, 고르며 그 뜻이 서로 다른 것임을 드러내놓으면서 제가 하고 싶었던 말이 있습니다. 그것은, '지도는 영토가 아닙니다(The map is not the territory)'라는 말을 차용해 '배움은 학습이 아니다.'라고 지적하고 싶었던 것입니다. 신경언어학의 새로운 분야를 개척한 코르칩스키(Alfred Korzybski) 박사가 『과학과 건전한 정신(Science and Sanity)』에서 언급한 그 말을 응용해서 말하면, 배움은 학습이 아닙니다. 코르칩스키 박사는 지도는 영토가 아니다라는 말을 통해, 한 가지 점을 분명히 알려 주고 있습니다. 지도는 영토가 아니라는 언명은, 아는 것(The Knowing)과 실천(Doing) 사이에는 간극이 있다는 것을 알려 줍니다. 지도는 땅에 대한 하나의 상징이며 안내표지일 뿐입니다. 지도는 결코 땅도 아니고, 내 집을 짓거나 걸어 다닐 수 있는 영토도 아닙니다. 땅이 어떤 것인지를 알려면 직접 땅을 경험해야 합니다. 그 수밖에 다른 수는 없습니다. 지도는 영토가 아닙니다라는 상징적인 표현을 사람들의 언어사용과 말에 적용하면, 그 뜻은 간단합니다. 말은 결코 사물이 아니라는 것을 말하고 있기 때문입니다. 아는 것은 결코, 실제로 해 보는 것과는 질적으로 다를 뿐만 아니라, 영원히 다른 것입니다. 그런 간극은 그 언제나 그 어느 곳에서나 늘 일어나고 있기에, 무엇을 정말로 알려면 오로지 그리고 실제로 체험하는 수밖에는 없습니다. 이 말을 우리의 일상생활에 응용하면, 내 건강에 대해 이야기해 주는 의사의 말에 경청해야 하지만, 의사들 개인마다 행하는 그런 행동을 본받아 그렇게 행동하지는 말라는 경고와도 일맥상통합니다. 우리의 일상적인 삶을 위해 던질 수 있는 단순한 진리이지만, 자신의 일상에서 그 말대로 행하기에는 정말로 노력과 끈기가 요구되는 진리입니다. 지도는 영토가 아닙니다라는 언명을 다시 강조하지만 제가 논하고 있는 배움과 학습 간의 의미론적 간극을 설명하기 위해 적용하면, 배움은 학습이 아니다(Erudition is not leaning)라고 표현될 수밖에 없습니다. 배움은 학습(學習)이 아닙니다. 배움≠학습(學習), 즉 배움이 학습이 아닌 이유는, 신경언어학적으로 그 두 개념 간의 차이를 갈라보면 이해가 보다 쉬워집니다. 사람들은 그들이 사용하는 말과, 그들이 매일같이 듣는 말에 대해 일정하게 반응하기 마련입니다. 그런 반응을 코르칩스키는 '의미론적 반응'이라고 불렀습니다. 사람은 말이나 단어 같은 언어적 기호에 두 가지 방식으로 반응합니다. 하나는 신호 반응(Signal Reaction)이고 다른 하나는 상징 반응(Symbolic Reaction)입니다. 신호 반응은 모든 동물이 보이는 조건 반사적 반응으로서, 어떤 말을 듣거나 어떤 단어를 봤을 때 그냥 생각할 틈도 없이 일어나는 반응입니다. 신호 반응은 때로는 한 단어, 말에 담긴 진정한 뜻을 제대로 새기거나 음미하지 못하게 만듭니다. 말에서 단어가 갖고 있는 진정한 뜻을 간과하는 오류를 만들어 내기 십상입니다. 우리가 지도를 보면 불현듯 땅이나 영토를 머릿속에 새깁니다. 한국지도를 보면 한국 영토라고 그냥 가슴에 새깁니다만 지도는 영토가 아니기에, 한국지도를 보고 한국 땅이라고 믿어 버리는 것은 오해일 수 있습니다. 결국, 무엇을 제대로 읽기 위해서는, 제대로 그 뜻을 파악하기 위해서는, 말이나 단어의 진정한 의미를 파악하기 위해서는 상징 반응을 해야 합니다. 상징 반응은 의미를 파악하는 방법입니다. 모든 단어, 말이 지닌 뜻을 파악하기 위한 의미 반응을 보이기 위해서는, 자세히 읽고 또 읽어가며 생각하고, 천천히 음미해야 합니다. "사람의 마음을 혼란시키는 것은 그 어떤 사건 그 자체가 아니라, 사건에 대한 사람들의 판단입니다."이라고 말한 그 옛날 스토아학파 철학자이며 배움학파의 상징 인물과 같은 에픽테투스(Epictetus)의 말을 상기하면, 그 말 뜻을 따라갈 수 있습니다. 신경언어학자들은 말, 언어사용은 사람들의 정신건강과도 연관을 맺고 있다고 주장합니다. 마치 도둑집단이 쓰고 있는 언어는 도둑의 정신세계를, 교육자들의 언어는 교육자들의 정신세계를 반영한다고 보는 이치입니다. 어떤 언어를 어떻게 상용하고 있는지에 따라 저들의 정신 건강들이 결정된다고 보는 것입니다. 교육자들은 저들의 후배들을 훈련시키기 위해 교육집단의 언어를 사용하고, 가르치며 그것에 대해 의미를 주고, 받으며, 반응하는 것처럼, 제가 배움이라는 말과 학습이라는 말을 서로 구분하면서, 배움이라는 단어와 개념 자체에 민감하게 반응하는 이유가 있습니다. 그것은 언어의 속성 때문에, 그러니까 언어는 정태적이지만, 그 언어가 쓰이고 있는 현실은 늘 역동적이기 때문입니다. 한번 만들어진 말은 상당기간 변하지 않습니다만 세상은 한순간도 쉬지 않고 끊임없이 변합니다. 현실은 하나의 실제이며 과정일 뿐이지만, 매일같이 사람들이 살아가기 위해 경험하는 현실과 실재를 적절하게 설명하고 서술하기 위해 사용해야 하는 언어는 제한되어 있을 뿐입니다. 그렇게 제한된 말은, 게다가 고정되어 있으며 정태적입니다. 한번 굳어지면 쉽게 변화되지 않습니다. 변화시키려면 오랜 시간과 인내가 필요하고, 그런 노력이 있다고 해서 쉽게 고쳐지는 것도 아닙니다. 예를 들어, 우리가 매일같이 먹고 있는 쌀을 쌀이라고 부르지 않고, 혹은 그 어느 때부터 '멍'이라고 부르기 시작한 후, 그것의 사용이 신라, 고려, 조선을 고치면서 '몽'으로 변화되어 불려 지금에 이르렀다면, 우리는 지금의 쌀을 몽으로 부르고 있을 것입니다. 쌀이 멍, 그리고 몽이라고 불리게 된 사연과 그럴 만한 그 어떤 조건에 대한 설명을 간과한 채, 그렇게 부르고 있을 것입니다.

　이런 사연은 배움이라는 단어와 학습이라는 단어를 구분하려는 제 의도에도 어김없이 해당됩니다. 다른 예를 하나 더 들겠습니다. 신라시대의 최치원을 가상적으로 등장시켜 보겠습니다. 그가 중국 유학에서 돌아와 동해의 저녁놀을 보고 있다고 칩시다. 일몰(日沒)을 지켜보던 그는, 정말로 언제 밤이 시작되는지 그 시각과 지점을 나름대로 표현한다고 합시다. 아무리 정교한 언어를 쓴다고 해도 일몰이라는 단어는 저녁 해가 지는 시간의 그 상태를 제대로 서술하지 못합니다. 저녁 해가 지는 그 순간과 그것을 표현한다고 생각된 단어 간에는 그 언제나 의미 차이가 개입하게 됩니다. 그는 조급해집니다. 저녁 해가 지는 그 순간이라는 현실과 실제의 그것을 표현해내는 단어는 서로 정확히 들어맞지 않기 때문에, 그는 다시 그 간극을 줄이기 위해 새로운 단어를 만들어 냅니다. 말하자면, 땅거미, 여명 혹은 황혼 같은 단어를 만들어 내게 됩니다. 땅거미, 황혼이라는 말은 결코 저녁놀, 혹은 일몰 그 자체는 아닙니다. 일몰이나 저녁놀의 의미를 더 정확히 혹은 더 충분히 드러내는 데 도움을 줄 수 있는 조력어일 뿐입니다. 일몰과 황혼이라는 단어들은 각기 고유한 의미를 지니고 있는 것도 사실입니다.

이런 언어적 차이와 욕구가 배움이라는 말과 학습이라는 말에도 적용됩니다. 제가 주장하는 것은 간단합니다. 모든 교육의 장은 가정과 사회, 학교, 직장 등등 포함하는 일상생활의 장이었습니다. 일상생활이 바로 교육이었고, 그것의 핵심이 배움이었습니다. 사랑과 죽음은 집에서 아기의 태어남과 부모들의 죽음이 가슴에 사무치고, 안쓰러워서 여는 가족들의 제의(祭義)를 통해 모두가 하나같이 배웠던 것입니다. 이런 인간의 모든 배움이 그 언제부터, 학교라는 교육기관의 등장과 더불어 강화되고 비대해진 학교기능에 위해 대체됨으로써 저들은 학교와 삶을 구별하기 시작했습니다. 구별과 차별의 상징으로 학교는 배움이라는 말을 대체시킬 수 있는 언어를 개발한 것입니다. 그 단어가 바로 학습(學習)이라는 단어였습니다. 이 학습이라는 단어는 서양의 심리학자들의 연구결과를 밑바탕으로 더욱더 학교현장에서 일반화되었던 것입니다. 그러니까 학습이란 단어는 마치 일몰과 황혼이 비대해짐에 따라 인간의 배움을 마찬가지로, 배움이라는 말을 더 정확하게 설명하기 위해 만들어진 배움이라는 말에 대한 조력어인 셈입니다. 학교현장에서 의도적으로 배움이라는 말의 의미를 축소하고 학습이라는 말로 배움 전체를 장악하려고 했던 노력일 수 도 있습니다.

지금과 같은 경험주의 교육론 그리고 지금과 같은 서구중심 학교교육의 성립에 크게 기여한 존 로크(Locke)는 그의 『교육론』에서, 우리가 지금 학교에서 그토록 지겹게 경험하고 있는 그런 학습(Learning)을 일컬어, 교육활동에서 지엽말단(枝葉末端)에 속하는 사소한 활동의 하나로 간주했었던 장본인입니다. 정보습득, 정보기억, 정보활용과 같은 학습은 사람을 만들어 가는 일 중에서 결정적인 과업이 아니라는 것입니다. 학교가 학습활동을 주업으로 하다 보니, 학교라는 기관의 생존을 위해서 학교 그 자체가 학습활동에 과도하게 매달리게 된 것도 사실입니다. 교육기관의 발전을 역사적으로 살펴보면, 일본에 의한 식민지생활과 우리처럼 민족 간의 전쟁으로 인한 폐해가 심각했던 사회에서는 국가발전을 위한 학교의 역할이 과잉으로 강조될 수밖에 없는 사회적인 조건을 갖고 있습니다. 국가발전을 위해 학교의 역할이 중요한 것도 사실입니다만, 학교교육기관은 그런 과정에서 저들의 생존을 위해 학습활동을 필요 이상으로 그리고 과대하게 포장하기도 합니다. 동시에 나름대로 학교교육의 업적에 도취하기도 합니다. 그런 저런 과정을 거치면서 이제는 학교 스스로 학습에 중독되어, 학습활동에서 헤어 나오지를 못하고 있는 것입니다. 우리에게는 그런 부작용이 바로 국민들에게 입시훈련 증후군으로 나타나고 있는 것입니다.

　학교는 학습에 의한, 학습의, 학습을 위한 교육기관으로 국민들에게 군림함으로써 모든 아이들의 정신 건강을 억압하고 있습니다. 어쩌면 학교는 아이들에게 학습이라는 권력으로 학습조폭처럼 군림하고 있는지도 모릅니다. 학교라는 기관은 이제는 학습활동에 관한한 영원불멸, 죽어도 영원히 되살아나는 임모털(Immortal)한 교육기관 같습니다. 그런 학교를 향해, 탈학교사회(Deschooling)을 외친, 이반 일리치(Ivan Illich)라든가, 학교가 민중교육의 방해세력이라고 외친 파울루 프레이리(Paulo Freire) 같은 이들은 저들이 보기에 정신 나간 사람들로 보였을 것입니다. 저들은 이 사회에서 그 어느 기관보다 확고한 생명력을 보장받고 있는 병원과 의사들을 향해, 당신들이 바로 국민의 건강을 해치는 독소이며, 세균들이니, 병원 문을 닫으라고 요구하는 것이나 마찬가지였을 법합니다. 저들이 왜 그렇게 학교교육기관을 향해 외쳤는지를 알려면, 서구 식민지문화의 잔재로 아직도 신음하고 있는 남미의 여러 나라를 가보면 이내 알 수 있는 일입니다. 어쩌거나, 배움이라는 말의 중요성을 삶의 현장에서 강조하는 이유는 단순합니다. 배움의 현장에서 학습이란 단어를 축출하려는 것이 아니라, 학습의 기능을 오히려 정상화시키려는 노력이기 때문입니다. 동시에 학교교실현장에서 필요 이상으로 오용되거나 축소되었던 배움의 뜻을 사람들이 살아가는 일상으로 되돌리려는 노력이기도 합니다. 학습이라는 말의 의미를 학교교실에서 더욱더 제한시키면, 학교교육의 정상화도 촉진될 것입니다. 학습은 배움이 아니기 때문입니다. 배움에서 학습이 감당해야 되는 것이 더욱더 기능적으로 세분화되고 강화되면, 학교교육은 본연의 임무를 수행하기에 최적의 기관이 될 것입니다.

　배움을 하나의 삶의 기술로 익히면, 그러니까 배움을 인생학의 구성요소로 받아들이면 우리는, 우리 스스로 최적의 좋은 몸을 만들어 가기 위한 배움의 요소인 생명배려, 학습탐구, 그리고 마음조리라는 3가지 전제들이, 우리의 좋은 삶, 행복한 일상을 위한 관(觀)과 행(行)의 핵심 요소로 쓰일 수밖에 없는 이유를 이내 알게 됩니다. 동시에, 우리는 몇 가지 삶의 원칙 같은 것도 깨치게 됩니다. 첫째로 우리 스스로 삶살이에 있어서 행복을 보장해 줄 그 어떤 결정적인 시스템은 있을 수 없다는 것도 이내 알게 됩니다. 둘째로 행복의 원초적인 요소는 이미 우리 안에 있으며 그 행복은, 자신의 정신만 맑다면, 자기의 몸으로 이내 느낄 수 있다는 점도 이내 알아치리게 됩니다. 마지막으로 행복은 사람들에게 있어서 상대적일 뿐이라는 것을 체득하게 됨으로써, 배움이 바로 행복의 대체 요소임을 알게 됩니다. 행복의 양이나 질은 서로가 비교하면서, 누가 얼마다 더 좋은 행복을 얼마만큼 더 가졌는지 어떤지를 비교해 볼 수 있는 그런 물질적인 것이 아닙니다. 한 사람의 행동을 보고, 그가 배운 사람인지 아닌지를 알아낼 수 있는 과학적인 기준이나 척도 같은 것은 없습니다만, 그것을 일견 알아챌 수 있는 일상적인 증표들은 있을 수 있습니다. 우선 조금 단순하기는 하지만, 우리 주위의 사람에게 배움력이 있는지 어떤지를 알기 위해 그에게 생명에 대한 경외, 생명에 대한 감사하는 마음이 있는지 어떤지를 알아봐야 합니다. 그러려면 그 사람이 일상적으로 어떤 말을 쓰는지에 주목하면 이내 그것을 알아낼 수가 있습니다. 사람의 일상적인 대화의 내용이나 말들이, 돈, 혹은 권력, 지위 같은 것에 한정되어 있다면 그는 생명을 존중하는 사람으로서는 거리가 멀 수 있습니다. 배움의 두 번째 내용인 학습력이 그에게 어느 정도 있는지를 손쉽게 알아보기 위해서는, 그 사람이 들고 다니는 가방에 책 한 권이라도 들어 있는지를 점검해 보면, 그 사람이 어떤 품과 격을 지닌 사람인지 이내 알게 됩니다. 책을 늘 들고 다니는 사람은 전철이든 약속을 기다리는 장소이든 틈만 나면 책을 펼쳐 읽을 것 같습니다. 스마트폰으로 허접한 정보를 뒤지기보다는, 그가 읽는 책으로부터 자신의 지력을 다지는 사람이라는 예측도 함께 할 수 있습니다. 마지막으로, 한 사람의 연단 정도를 알아보는 손쉬운 방법, 그러니까 그 사람이 자신의 몸을 어느 정도로 조리하는 사람인지를 알려면, 그냥 손쉽게 그 사람의 뱃살두께를 슬쩍 살피기만 해도 됩니다. 건강한 정상적인 몸체를 가진 사람의 경우, 그의 뱃살이 튀어나온 정도가 타인의 눈에 이내 띄게 된다면 그것은, 당사자 본인이 자신의 몸에 게으름을 보여 주는 것이나 마찬가지입니다. 자신의 몸은 자신의 책임이기 때문에, 그의 몸이 게을러 뱃살이 늘어나고 있다면 그의 마음 역시 그렇게 뱃살의 두께를 뒤따라가고 있다고 봐야 하기 때문입니다. 이런 것을 증거하는 수많은 사례가 있습니다. 어느 은퇴자, 나이가 60을 넘긴 은퇴자가 집에서 빈둥거리며 그저 먹고, 자고, 또 먹고 하는 식으로 빈둥거리던 한 남자의 '똥배'가 불쑥불쑥 튀어오르자, 그것을 보다 못한 아내가 한마디 핀잔을 주었다고 합니다. 내 친구 중의 한 명인 그에게 '애는 언제 나와?'라는 한마디 소리 때문에 스스로 크게 깨달은 그는, 매일같이 자신의 몸을 건사하기 시작했습니다. 1년 반 동안 노력한 결과, 그의 근육량은 8.6kg 늘고, 체지방은 5.6kg이 줄었습니다. 몸무게에는 변화가 없었지만 몸 안에서 알맞게 구조 조정시킨 그는 이제 곧 세계 머슬마니아 대회에 나가려고 준비하기에 이르렀습니다. 늦은 나이에, 왜 이렇게 운동을 하는지 그 이유를 물은 기자에게 그가 대답했습니다. "내 몸을 내 마음대로 할 수 있다는 것은 큰 기쁨입니다. 몸과 마음을 닦는 '수신제가'의 진정한 의미를 알게 됐습니다."고 말하면서, 그는 "권력이나 돈을 가진 사람들은 많이 가진 것 같지만 결국은 남을 내 마음대로 하는 능력일 뿐입니다. 요즘 세상을 움직이는 사람들 중에 자기 몸은 마음대로 못 움직이는 사람이 많습니다. 우리는 그동안 남을 내 마음대로 움직이는 능력을 키우는 데 치중해 왔는데, 자기 자신을 먼저 마음대로 해 보는 건 어떨까요."라고 그렇게 대답했습니다. 이 세상에 공짜는 없습니다. 몸도 마음도 저절로 조리(調理)되는 것이 아닙니다. 자신을 연단하는 것도 땀을 흘려야만 되는 것이라는 것을 새삼 새롭게 알려 주는 아주 일상적이며 자연스러운 대목입니다. 그 사람의 뇌가, 마음이 자신을 조리하도록 자신의 의지를 다스려야 하기 때문입니다.

이제는 정보를 더 많이 갖거나, 그런 것에 탐닉하는 것 같은 일에 매달리는 학습은 더 이상 권력이 아닙니다. 많은 정보를 갖고 있는 것은, 어쩌면 쓰레기를 더 많이 갖고 있다는 것을 자랑하는 것일 수도 있기 때문입니다. 컴퓨터를 켜기만 하면 정보는 그야말로 강처럼 흐르고 있습니다. 그것을 뒤지고, 외우고, 그것을 자랑하는 것은 더 이상 자기 자신에게 도움이 되지 않습니다. 그냥 정보로서 아는 것보다는, 새로운 자기 지식을 만들어 내는 것이 더 사람들을 기쁘게 만들어 주는 세상이 되었기 때문입니다. 좋은 삶, 참살이, 행복의 윤리라는 것은 어떤 초월 상태를 말하는 것이 아닙니다. 즐김의 에너지와 만족의 에너지가 끊임없이 흐르는 상태가 바로 행복입니다. 자신을 위한 행복의 에너지는 자신이 만들어 내는 것이기에, 자신 있게 타인의 강에도 잇대어 흘러가도록 해야 합니다. 자기 자신이 만들어 내고, 자기 것이 다른 강에도 흘러들어가야 모든 이를 위한 에너지가 됩니다. 소가 풀을 먹고 우유를 만들어 내듯이, 행복이라는 에너지는 각자가 만들어 내는 삶을 위한 기운일 뿐입니다. 행복의 기운을 만들어 내기 위해 우리들이 배움에 주목하는 것입니다. 행복의 기운을 만들어 내려면, 사람마다 각자가 자신의 운명을 스스로 지켜내며 다른 생명과 사람다운 인간관계를 유지해야 하며, 자신의 일상생활을 풍요롭고 만족하게 지낼 수 있도록 폭넓게 지식이나 기술을 끊임없이 익히고 새롭게 만들어 가야 하며, 자신의 생명 역시 그 언젠가는 마지막 순간을 맞이한다는 사실을 잊지 않은 채, 매일같이 자신을 마지막 생명의 불꽃처럼 피어오르도록 다스려야 합니다.

앎에 대한 행복은 그 얼마든지 만들어 낼 수 있습니다. 요즘 세상에서 아는 것은 쉬운 일이기 때문입니다. 앎에 대한 행복은 교육적으로도, 사회적으로도 그 얼마든지 생산, 재생산이 가능합니다. 지식생산의 협업과 공유를 통해 나름대로 행복한 감정을 느끼는 일이 상대적으로 쉽다는 뜻입니다. 미국의 요하이 벤클러(Yochai Benkler) 교수는 『네트워크의 부: 사회적 생산은 시장과 자유를 어떻게 바꾸는가』에서, 앎을 서로 만들어 내고 서로 공유하게 만드는 지식의 생산방식을 사회생산방식이라고 명명합니다. 지식의 사회생산방식은 지금과 같은 정보중심사회가 발전시킨 네트워크 정보경제의 성과입니다. 지식의 사회적 생산은 학교나, 권력기관이나, 혹은 막강한 문화 권력을 행사하고 있는 그 누구 한 사람에 의한 지식독점을 원천적으로 불가능하게 만들어 놓고 있습니다. 이제는 중세시대, 그 암흑기에 특정 소수기관이나 인물,

말하자면 교회세력이나 신부들만이 독점하던 절대적인 성경해독권 같은 것은 영원히 추방되어 버린 상태입니다. 지식의 사회적 생산과 그것을 가능하게 만들어 준 인터넷은 우리에겐 문화혁명이며 문화개혁의 도구입니다. 마치 중세기를 넘어설 때 독일의 쿠텐베르크가 보여 준 것 같은 활자혁명에 버금갑니다. 이제는 네트워크로 연결된 개인들이 자발적 참여로 새로운, 그 옛날에는 접근하기 어려웠던 새로운 정보·지식·문화를 그 어디에서든 손쉽게 만들어 내고, 접근하게 되었습니다. 지식의 생산이 개인에서 사회적 방법, 즉 사회적 생산방식으로 바뀌었기 때문입니다. 동료생산은 공유재를 기반으로 합니다. 벤클러 교수는 말합니다. 공유재를 통한 프리 소프트웨어는 더 근본적인 혁신적 도전의 단면을 보여 주며, 네트워크 환경이 생산의 조직화를 위한 새로운 양식을 가능하게 한다고 말합니다. 프리 소프트웨어는 이 점을 보여 주는 좋은 사례입니다. 새로운 생산양식은 철저하게 탈중심화되어 있고, 협업적으로 이루어지며, 배타적 소유권을 전제로 하지 않습니다. 이 새로운 생산양식은 자원을 공유하며 생산된 산출물을 광범위하게 배포할 수 있습니다. 시장의 신호에 좌우되거나 관리적 명령에 의존하지도 않으며, 서로 느슨하게 연결된 개인들을 기반으로 합니다. 이 생산양식이 바로 '공유재 기반 동료생산'입니다. 공유재란 모두가 스스로를 위해 제한 없이 사용할 수 있는 재화로서 자유사회에서 자유롭게 살기 위한 핵심 요소입니다. 바다, 공기, 간선도로가 그런 것인데, 인터넷이 이제는 무엇보다도 돋보이는 공유재가 되었습니다. 인터넷은 공유재이기에, 이 역시 그 누구나 접근할 수 있고, 활용할 수 있습니다. 동료생산의 성과물을 보여 주는 예가, 바로 위키피디아입니다. 온라인 기반 협업 프로젝트의 본보기로서 누구든지, 콘텐츠의 어느 부분이라도 편집할 수 있으며 모든 콘텐츠는 모두에게 공개됩니다. 세계 어느 곳, 어느 누구든지 이용할 수 있고, 세계의 언어로 번안되고, 전달되고 있습니다. 위키피디아는 우리에게 끊임없이 새로운 지식의 장을 넓혀 놓음으로써 앎을 서로 만들게 하고, 앎을 서로 공유하게 만들고, 앎을 서로 탐구하게 만들어 놓음으로써 앎의 행복, 학습의 행복이라는 에너지를 매일같이 공급받도록 만들어 놓고 있는 열린 앎의 공간입니다. 이 공간은 그 어느 독재자에 의해 독점되거나 파괴될 수 없는 앎의 공간입니다. 사회적 생산의 활성화로 인해 이제 개인은 더 큰 자율성을, 정치 단체는 더 큰 민주성을, 사회는 문화적 자기 성찰을 얻을 수 있게 되었다는 것이 앎의 행복을 추구하는 사람들의 공통된 의견입니다. 이제는 사람들이 그 무엇을 몰라서 모를 수는 없는 그런 세상이 되었습니다. 조금만 노력하면, 무엇이든 그에게 열리게 되어 있습니다. 모든 것, 우리가 알고 싶어 하는 것은 모든 곳에 널려 있기 때문입니다. 모르기에 모를 수는 있을 수 있어도, 몰라서 모르게 될 수는 없다는 역설이 가능한 열려 있는 지식의 사회적 생산과 지식참여사회가 되어 버린 지 이미 오래 되었습니다. 앎에 대한 타는 사람들의 목마름과 앎에 대한 갈증을 조건 없이 해소시킬 수 있는 사회가 된 것입니다. 지식의 샘, 앎의 샘이 세상, 그 어디에서나 솟아나고 있습니다. 인터넷으로 연결된 개인용 컴퓨터의 대중 보급, 무료로 사용할 수 있는 편집 툴 그리고 대가를 바라지 않는 개인들의 시간 투자에 의해 앎의 샘물이 끊임없이 솟아나고 있기 때문입니다. 공유와 협업이 이루어 낸 개가로서, 알려고 하는 사람에게 아는 것의 즐김과 행복을 만끽하도록 만들어 주고 있는 매체가 바로 인터넷이라는 공유재입니다. 벤클러 교수는 새로운 지식창출을 위한 사회적 생산 활동에 의해서, 지구상의 그 어디에서든지 사람들은 앎의 욕구를 실현할 수 있고, 그것이 바로 행복한 삶의 조건이 될 수 있음을 강조합니다. "우리에게는 정보·지식·문화를 창조하고 교환하는 방식을 변화시킬 기회가 주어져 있습니다. 이 변화의 기회를 통해 우리는 21세기를 개인에게 더 큰 자율성을, 정치 단체에는 더 큰 민주성을, 사회에는 문화적 자기 성찰과 인적 연결을 위한 더 나은 기회를 주는 세기로 만들 수 있습니다. 우리는 물질적 기회의 활용을 차단하는 거래의 장벽을 부분적으로 없앨 수 있고, 전 세계 인류 개발의 상황을 개선할 수 있습니다. 이 변화들은 아마도 더 자유롭고 평등한 사회를 향한 진정한 변환의 토대가 될 것입니다. 어쩌면 단지 인간의 삶을 소규모로 개선하는 수준에서 그칠 수도 있습니다. 비록 그렇다고 해도 인간의 후생, 인류 개발, 자유를 가치 있게 여기는 모두가 네트워크 정보경제를 열렬하게 받아들여야 하는 정당성은 충

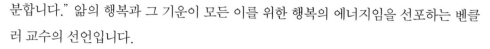

분합니다." 앎의 행복과 그 기운이 모든 이를 위한 행복의 에너지임을 선포하는 벤클러 교수의 선언입니다.

　그 어느 날, 그러니까 잉카 트레킹에서 돌아온 지 며칠 지나지 않은 날, 몹시 피곤으로 쩔어 본 적이 있습니다. 그런 나에게 집사람이 족욕을 권해, 그 어느 마사지 집을 같이 간 적이 있습니다. 발을 더운 물에 담그고 있는 옆에 멋있게 장정된 책이 눈에 들어왔습니다. 제목도 휘황하고도 찬란했습니다. 말하자면, 『코끼리에게 날개 달아주기』, 참 멋있는 제목이었습니다. 다른 책이 있기에, 무심코 페이지를 넘기니 이런 말도 눈에 띄었습니다. "교훈은 간직하라고 전해 주는 것이 아니라 실천하라고 전해 주는 것입니다." 아무리 생각해도, 내게는 가슴을 찌르는 독한 말이었습니다. 그렇습니다. 교훈은 실제로 자기 삶에서 매일같이 하나하나 기억하며 실차게 실행하라고 가르쳐 주는 것입니다. 남에게 겉으로 무엇인가 있어 보이게 보이기 위해 전하는 말이 아닐 것입니다. 좋은 삶을 바라거든, 행복한 일상을 원하거든, 자신의 어제를 되돌아보고, 내일을 미리 짚어 보며, 오늘, 바로 지금의 나를 조금이라도 거듭나도록 하기 위해, 이 일을 하면 내게 어떤 일이 일어날까, 이일을 하지 않으면 내개 어떤 일이 일어날까 하고 질문하고, 그에 대한 대답으로 내 자신을 조금이라도 더 개조하라고 늘 하던 말입니다. 그렇게 속내로 나에게 내 스스로 질문한 후에는 어김없이 개천을 따라 걷고 있는 나 자신을 보게 됩니다. 그렇게 책상에 앉아 읽기를 계속하게 되는 것을 제 스스로 알게 됩니다. 누구에게 자랑하고 싶어 하는 것도 아니고, 누구의 지시로 그렇게, 억지로 하라고 하는 것도 아닙니다. 그저 제가 해 보니, 그렇게 되기에 그렇게 하는 것이고, 이 책도 그렇게 틈나는 대로 관하며 행함으로써 써내려 온 것일 뿐입니다. 제 이야기는 교훈도 아니고, 그 무슨 기억해야 될 거창한 소리들도 아닙니다. 그저 한번 해 보면, 나름대로 그렇구나 하는 것에 공감할 수 있는 그런 생활의 지혜입니다. 그 지혜란 내게는 최소한의 슬기 같다는 소리일 뿐입니다. 그러니까 이런 것입니다. 어느 날 신문을 보니, 기상천외한 뉴스가 보도되었던 적이 있는데, 그것은 사람들이 스트레스 해소법 1위로 독서를 꼽았기 때문입니다. 제가 알고 지내는 지인, 하루에 단 한 줄도 읽지 않는 그에게는 마른하늘에 날벼락 같은 소리처럼 들릴 보도 내용이었습니다. 영국 일간지 「텔레그래프」가 보도한 내용이라고 했습니다. 영국 서식스 대학교 인지심경심리학과 데이비드 루이스 박사팀이 현대인들이 활용 가능한 스트레스 해소법들 중 어느 것이 가장 효과적인가를 연구했다고 합니다. 저들이 꼽은 스트레스 해소법에는 독서, 산책, 음악 감상, 비디오 게임 등이었는데, 결과가 재미있습니다. 스트레스 해소법 1위는 바로 '독서'로 판명됐기 때문입니다. 6분가량의 독서 후 사람들의 스트레스 해소 정도를 알아보니, 독서를 한 사람들은 자신의 스트레스 중 68%가 감소됐고, 심박수도 낮아지며, 근육 긴장이 풀어지는 것이 확인됐다는 것입니다. 다른 방법들도 효과는 있었습니다만, 스트레스 해소법 1위에 오른 독서만큼 그런 효과가 있었던 것은 아니었습니다. 음악 감상은 61%, 커피 마시기는 54%, 산책은 42%의 스트레스를 줄이는 것으로 나타났습니다. 비디오 게임의 경우 스트레스를 21% 줄여 주기는 했지만, 심박수는 오히려 높여 났다고 보도하고 있었습니다.

제게는 독책(讀冊)이 스트레스 해소, 화풀이 해소법이기도 합니다만, 글을 읽기 싫어하는 제 지인에게 독서는 독소(毒素)나 다를 것이 없을 것입니다. 이상한 일입니다. 제 지인은 나름대로 외국에서 꽤나 되는 논문을 쓰고 힘들게 취득한 박사학위도 있습니다. 그는 박사 심사위원들에게 밥 한 끼 사 줘 보지 않고 딴 박사학위를 갖고 있다고 자신을 대견한 사람으로 여기는 그런 사람입니다. 유학생, 고학생으로서 주임 교수에게 그 어떤 제대로 된 예를 갖출 수 있는 입장이 아니었기 때문이라는 것은 그 누구도 다 아는 사실입니다. 귀국해서는 나름대로의 명예스러운 신분도 지녔던 그런 사람입니다. 지금은 집도 꽤나 번듯하고, 자동차도 고급자동차이며, 가족 간에도 별 탈 없이 즐거움이 가득한, 그런 남부럽지 않은 사람입니다만, 그에게는 한 가지 울화증(症)이 있습니다. 그것은 책을 읽기 시작하면, 침착해지기는커녕 울화가 치밀어 오르거나 피곤이 극에 달하게 됩니다. 오래전부터 그 스스로 호소해 온 고통이기도 합니다. 자신이 술자리에서 솔직하게 피력한 이야기이기는 했지만, 저는 그 지인의 됨됨이에 대해 한 번도 의심해 본 적은 없습니다. 그래도 저는 그가 나름대로의 저에게는 좋은 지인으로서, 앞으로도 그 나름대로 인격과 자신에 대한 존격(存格)을 갖춘 사람이 되어 주었으면 하는 바람은 여전합니다. 책을 읽는다고 화가 나서는 곤란합니다만 독책은, 책이 곁에 있다고 해서 그냥 저절로 되는 것이 아닌 것은 분명합니다. 문자라고 해서, 눈이 있다고 해서 저절로 읽혀지는 것이 아닙니다. 눈이 있어, 문자를 볼 수는 있어도 읽을 수 없는 사람도 있기 때문입니다. 그것은 마치 제 앞에 아무리 예수의 친서나 붓다의 친서들이, 만약 그런 기록들이 정말로 남아 있다면, 있다고 해도 제가 읽을 수 없는 것이나 마찬가지입니다. 저들의 글이 아랍어나 힌두어로 쓰여 있다면, 제가 제아무리 읽고 싶어도 읽어낼 수 없는 것이기 때문입니다. 글 읽기, 독서는 훈련이고, 습관이기 때문입니다. 문자에 대한 훈련이 제대로 되어 있지 않으면, 글 읽기는 처음부터 불가능한 것입니다. 그러니까 독서에 대한 훈련이 되어 있지 않는 사람들에게는 그 어떤 귀한 글을 읽는다고 해도 그것은 글 읽기가 아니라, 글 보기에 지나지 않을 것입니다. 마치, 사진 보기, 만화 보기, 그림 보기처럼 글 보기, 책 보기에 지나지 않는 것입니다. 책 읽기가 쉽지 않다고 해도, 저는 그냥 계속해서 읽으라고 권합니다. 어린아이가 밥 먹기가 어렵다고 밥을 제 스스로 먹도록 훈련시키지 않으면 그 어린아이는 영원히 저 혼자는 제 밥을 먹기가 어려운 것과 마찬가지이기 때문입니다. 훈련은 하루아침에 이루어지지 않습니다. 그런 법은 그 어디에도 없습니다. 시간이 걸려야 나름대로의 훈련이 이루어지는 법입니다. 골프채가 있다고 스윙을 잘하는 것이 아닙니다. 처음에는 어떤 골프채를 잡아도 마찬가지인 것처럼, 처음 독책을 훈련하기 위해서, 어떤 책을 읽어야 하느냐는 그리 중요하지 않습니다. 그저 읽을 수 있는 책에 대한 읽기를 포기하지 않는 것이 중요합니다. 독서, 그러니까 독책이 자신의 스트레스 해소를 위한 가장 효과적인 방법이라고 소개한 영국 서식스 대학교 루이스 박사가 일러주는 충고가 일품입니다. 그는 주저 없이 말합니다. "경제 상황 등이 불안정한 요즘 현실에서 탈출하고 싶은 욕구가 크기에, 무슨 책, 어떤 책을 읽는지는 중요하지 않다. 다만 작가가 만든 상상의 공간에 푹 빠져, 일상의 걱정 근심으로부터 탈출할 수 있으면 되기에, 그저 포기하지 말고 읽으라."라고 권합니다. 그렇게 하고, 또

하고, 그렇게 즐겨야 책 읽기가 습관이 되고, 버릇이 되는 것입니다. 행복으로 이끌어 가는 자기 자신의 버릇이 되는 것입니다. 행복도 마찬가지입니다. 그저 포기하지 말고 매일같이 좋은 삶을 살아내려고 관하고, 행해야 자기도 모르는 사이에 행복에 이르게 될 수 있습니다.

9) 의시(疑視)입니다

의심의 시작은 생각입니다. "더 이상 의심할 것이 없을 때까지 의심하십시오. 의심은 생각이고 생각이 곧 인생입니다. 의심을 품지 못하게 하는 체제는 생각을 마비시키는 장치입니다." 앨버트 제럴드의 말이라고 합니다. 제럴드가 누구인지 모르지만, 그의 말에는 전적으로 동감합니다. 살아 있다라는 것은 살아 있음에 대한 의심에 대한 확인이며, 그것의 답이라고 믿기 때문입니다. 먼 거리를 걸어 나가다 보면, 말은 필요 없게 됩니다. 확인만이 필요합니다. 한 걸음을 떼어놓는다는 것은 믿음이며, 신앙이며, 확신이며, 현재, 바로 지금에 대한 확인이기 때문입니다. 그가 말하는 의심은, 말 그대로 그 무슨 혐의를 추궁하는 그런 단어라기보다는 존재를 확인한다는 말과 하나도 다를 것이 없습니다. 철학자 데카르트의 이야기를 하려는 것이 아닙니다. '나는 생각한다. 따라서 존재한다.'는 그의 말을 확인하려는 것이 아니라, 그의 말을 뒤집으려는 것입니다. 생각할 수 있기에 존재하는 것이 아니라, 존재하기에 생각할 수 있는 것입니다. 그러니까 더 이상 의심할 것이 없을 때까지 의심하라는 말은, 더이상 존재할 것이 없을 때까지 존재하라. 존재하는 것은 생각이고, 생각이 바로 삶이기 때문입니다. 존재를 품지 못하게 하는 그 어떤 것도, 그것이 정치이든 조직이든, 혹은 사람이든 간에 관계없이 존재를 확인하지 못하게 하는 것들은 삶을 마비시키는 장치일 뿐이라고 말해도 전혀 그 뜻이 손상되지 않게 됩니다. 존재한다는 것을 어줍지 않게 한자(漢字)로 표현하면 천(踐), 즉 밟다를 상징하는 천자에 해당됩니다. 앞으로도 몇 번 더 기술하겠습니다만, 한자인 '천(踐)'은 '足(족)'과 '戔(잔)'이 합쳐진 글자입니다. 족(足)은 '발, 자신의 두 다리를 나타내며, 잔(戔)은 '쌓다, 중복'을 나타냅니다. 그러니까 천(踐)은 '발걸음을 반복합니다.' '계속하여 걷다.'를 의미합니다. '밟다, 걷다.'는 것은 존재함을 반복하는 일이며, 존재함을 실천하는 일입니다. 존재는 그러니까 밟고, 밟는 그런 실천이 없으면 존재하는 것이 아닌 것이나 마찬가지입니다.

　어느 생명에게나, 그 생명의 크기가 작든 크든, 위대하든 혹은 미약하든 간에 관계없이 생존과 존재, 그리고 살아감의 욕구와 그 활동은 필사적이며 절대적입니다. 죽기를 작정하고 살아나려는 그 모습이 생명이기 때문입니다. 모든 생명은 살아 있는 동안은 그 어떻게든 살아내려고 노력합니다. 그 어떤 생명이든 생명은 인간세계처럼 결코 무시할 수 없는 생존의 법칙입니다. 사람의 눈으로 보면 미약하기 그지없는 존재들이 바로 곤충들입니다. 저들의 생활은 인간의 그것에 비교하면 그야말로 밀리미터의 세계에서 살아가는 미물 같아 보입니다만, 저들의 생존방법마저 그렇게 밀리미터처럼 작거나 미흡하지는 않습니다. 인간의 생존경쟁보다 더 교묘하고 어쩌면 더 치열하기 때문입니다. 교육방송이 방영한 〈다큐프라임〉의 곤충들의 세계를 보면, 저들의 생존전략은 우리의 대학교 입학, 취업, 승진 등 현대 사회에서 나타나는 그 어떤 경쟁 못지않게 치열하고, 그리고 대단히 교묘하기만 합니다. 방송기자는 이들 밀리미터의 세계가 어떻게 돌아가는지를 살피기 위해, 야밤에 이들의 세계에 카메라의 초점을 맞추었습니다. 밤이 되면 이들 곤충의 움직임이 확실하게 포착되기 때문입니다. 밤은 이들 곤충들에게 서로 배를 채울 수 있는 기회의 시간이 됩니다. 누군가에게는 생존을 위해서 긴장의 끈을 놓쳐선 안 되는 시간이고, 누군가에게는 배를 채울 수 있는 야식시간이 됩니다. 카메라의 렌즈에 잡힌 첫 번째 곤충은 멋쟁이 딱정벌레입니다. 멋쟁이 딱정벌레가 어슬렁거리며 사냥을 나왔습니다. 지렁이 사냥입니다. 사냥에 성공하는 듯합니다만 멋쟁이 딱정벌레는 왠지 모르게 괴로워하며 지렁이를 놓칩니다. 이유가 있었습니다. 지렁이가 가만히 당하고 있지 않았기 때문입니다. 자신의 몸을 물려는 멋쟁이 딱정벌레의 코를 지렁이가 자신의 점액으로 막아 버렸기 때문입니다. 멋쟁이 딱정벌레가 기대치 않게 호흡곤란의 상황에 처하게 되자, 물고 있던 지렁이를 놓을 수밖에 없었던 것입니다. 지렁이를 사냥하기보다는 오히려, 지렁이의 생존본능과 그의 생존술로 인해 오히려 질식사당할 뻔했던 멋쟁이 딱정벌레의 체면이 말도 아니게 되었습니다. 실수는 누구에게든 병가지상사입니다. 이번에는 실수가 없어야 합니다. 멋쟁이 딱정벌레가 마침내 노린 것은 대벌레였습니다. 대벌레를 잡은 멋쟁이 딱정벌레는 잡은 대벌레를 안전하게 먹어 치울 수 있는 장소로 이동했습니다. 멋쟁이 딱정벌레들의 습관입니다만, 이번에는 어이없게도 멋쟁이 딱정벌레가 가장 안전한 곳이라고 기껏 찾아간 곳이 바로 고슴도치의 집이었습니다. 멋쟁이 딱정벌레는 끝내 자신이 잡은 대벌레도 빼앗기고 자신의 목숨도 잃어버리고 말았습니다. 무서운 밤이 지나고 새벽이 됩니다. 어리여치는 잠을 청하기 위해 자신의 집으로 숨어버립니다. 어리여치, 말로만 들으면 매우 연약한 곤충 같습니다. 어리여치는 자신의 입에서 실을 토해내 잎을 엮어 자신만의 은신처를 만들어 삽니다. 마치 거미가 거미줄을 치는 것처럼 자신의 집을 단단하게 만들어 삽니다. 어리여치는 그 안에서 포식자를 피해 밤이 되기를 기다립니다. 밤이 되면 은신처에서 나와 사냥감을 기다리며 민첩성을 보입니다. 자신의 몸집보다 더 큰 작은 나방을 비롯해 매미도 사냥하는 야행성 곤충인 어리여치는 이름과는 달리 무서운 포식자였습니다. 작은 연못의 물속에서도 밀리미터 세계는 어김없이 전개됩니다. 물속에서의 황제는 왕잠자리 애벌레입니다. 왕잠자리 애벌레는 놀랍게도 자기보다 몸집이 큰 송사리도 잡아먹습니다. 올챙이도 왕잠자리 애벌레에게 걸리면 여지없이 먹이가 되곤 합니다. 올챙이도 먹어 치우며, 끝내 잠자리가 되려는 애벌레는 왕잠자리가 되면, 이내 자신의 신세가 달라지고, 모든 것이 역전됩니다. 왕잠자리는 그 옛날 전투성을 모조리 잃은 채, 개구리의 밥이 되기 때문입니다. 물속에서 올챙이를 먹어 치운 그 응보의 대가로, 자신의 몸이 이제는 다시 개구리의 밥이 되는 것입니다. 나비, 아름답기만 한 나비는 그의 생명을 알에서부터 시작합니다. 알, 그리고 한 마리의 애벌레에서 성충인 나비가 될 수 있는 확률은 1%, 그러니까 100마리 애벌레 가운데에서 한 마리만 겨우 나비가 될 수 있는 귀한 생명입니다. 귀한 생명으로서 어렵게 나비가 된 후에도,

그 나비가 살아남을 수 있는 가능성은 거의 1% 정도입니다. 포식자들의 눈을 피해 자신의 종족을 유지하기 위해 살아남아야 한다는 것이 얼마나 치열한 일인지를 알 수 있는 대목입니다. 새롭게 태어난 생명들이 성충인 나비가 되기 위한 생존 경쟁에 들어갑니다. 애벌레, 그리고 번데기가 되어 나비가 되는 과정을 용화(蛹化)라고 합니다. 알, 애벌레, 번데기 그리고 나비에로의 변신은 인고의 과정입니다. 단단한 껍질을 깨고 나와야, 제 힘으로 탈피(脫皮)해야, 비로소 하늘을 날아다니는 아름다운 나비가 됩니다만, 애벌레가 나비가 될 수 있는 확률은 1%에 지나지 않습니다. 애벌레와 번데기를 노리는 다양한 포식자들 때문에 그럴 수밖에 없습니다. 나비의 운명을 서서히 부숴버리는 밀리미터의 곤충이 바로 기생벌입니다. 기생벌은 자신의 새끼를 자신이 키우지 않습니다. 기생벌은 자신의 새끼를 기생해서 키웁니다. 나비 애벌레의 몸에 알을 낳습니다. 기생벌은 자신의 애벌레 시절을 자신과는 종류가 다른 나비 애벌레의 몸에서 기생하며 자신의 생명을 부지합니다. 왕자팔랑나비 애벌레도, 청띠신선나비 애벌레도 모두 기생벌의 공격대상이 됩니다. 기생벌은 이들 나비의 애벌레들 몸속으로 뾰족한 산란관을 통해 수십 개의 알을 한번에, 단숨에 낳아 버립니다. 그 나비들의 애벌레에서 자란 기생벌의 알들이 그대로 태어나 애벌레가 됩니다. 저들은 성장의 첫 순간부터 나비 애벌레의 몸을 안에서부터 저들의 몸을 갉아먹고 자랍니다. 나비의 애벌레는 그 사실을 모릅니다. 자신 있게 나비가 되기 위해 나비의 애벌레는 용화를 시작합니다. 하늘을 날 수 있는 나비가 되기 위한 준비입니다만, 끝내 나비 애벌레에서 날아오르는 것은 나비가 아닌, 수십 마리의 기생벌입니다. 나비 애벌레가 나비로 성장하는 것을 원초적으로 막아 놓고 대신 그 속에서 성충이 되어 나온 기생벌들은 사람의 눈으로 보면 이해가 되지 않은 일을 합니다. 자신이 태어난 나비 애벌레 몸속에서 바로 짝짓기를 시작하고 기생벌이라는 종족을 번식하기 시작하기 때문입니다. 그 어떤 나비든, 기생벌에게 걸리는 순간 그가 다시는 나비가 되는 꿈은 포기해야만 합니다. 잎이 무성했던 누군가의 터전엔 애벌레만 한 마리 남아 있고, 나뭇잎이 무성해야 할 나무에는 앙상한 나뭇가지와 나뭇잎 애신 수많은 애벌레들이 붙어 있습니다.

이처럼 밀리미터의 세계의 곤충들은 자신들의 생존을 위한 본능으로 자신들의 터전인 나뭇잎을 최대한 빨리, 최대한 많이 먹어 치웁니다. 그래야만 빠르게 성충이 될 수 있기 때문입니다. 하지만 이런 생존에 대한 본능은 오히려 자신을 죽음으로 이끄는 경우가 발생하기도 합니다. 모든 나뭇잎을 먹어버린 애벌레들은 더 이상 그 나무에서 살아갈 수 없으며, 다른 나무로 이동하기 위해 땅으로 내려옵니다. 인간의 손바닥만한 크기, 밀리미터의 세계일지라도 저들의 경쟁과 생존의 모습은 양태와 과정은 100% 일치하지는 않지만, 그렇다고 크게 다르지도 않습니다. 비유와 세밀성이 서로 다르기는 하지만 속성들은 유사하기만 합니다. 저들에게도 인간처럼, 나 먼저 살기가 최우선과제이며, 그런 모습과 전략이 오히려 자신의 생존을 붕괴시키는 원인이 되기도 합니다. 이렇게 보면, 밀리미터(mm)가 아닌 킬로미터(km) 아니, 인간의 눈을 넘어서는 거대세계, 거시세계가 있다면, 그 거시세계의 그 누군가에게 인간들이 벌이는 이 세상일은 마치 곤충의 밀리미터의 세계로 보일 것이 분명합니다. 저들이 매일같이 인간의 생존경쟁을 보면서, 인간을 멋쟁이 딱정벌레로 비유하고 있을는지도 모르는 일입니다. 생명의 절대성을 이야기하는 것은, 살아 있음의 값어치를 최고의 가치로 여기는 것은, 영원히 살고 싶은 그런 욕망과는 무관합니다. 영원히 살고 싶은 불멸에 대한 욕심으로 생명의 중요성을 이야기하는 것이 아닙니다. 살아 있음은 기쁨이고 행복입니다라고 말하면, 불멸, 그러니까 영원히 사는 것, 영원히 죽지 않는 것은 더욱더 행복이라고 우길는지도 모릅니다만, 그것은 사실이 아닙니다. 불멸의 욕망은 행복과는 무관합니다. 제 스스로는 불멸(不滅)을 처음부터 믿지 않는 형편입니다. 불멸은 처음부터 불멸할 수 없는 관념적인 단어일 뿐입니다.

영국에서 대중철학자로 나름대로의 명성을 쌓아온 스티븐 케이브(Stephen Cave)는 『불멸에 관하여』에서, 인간에게 영원한 삶이 정말로 가능한가를 물으면서 나름대로 불멸에 대한 자신의 처방을 제시합니다. 동물 중에서 인간만큼 영생이나 불멸을 꿈꾸는 동물은 절대로 없습니다. 영원한 생존에 대한 모색을 위해 인류는 지금과 같은 문명을 만들어 낸 것도 사실입니다. 인간의 본성 깊숙이 각인된 불멸의 욕망은 불멸에 과한 4가지 방식을 끊임없이 취해 왔습니다. 그러나 그 어떤 것도 불멸을 이루지는 못했고, 불멸에 이를 수 있는 확실한 단서조차 하나 제대로 마련해 놓고 있지 못한 상태입니다. 그러니, 제 생각에는 처음부터 불멸 같은 개념은 우리의 삶에서 꺼내 놓을 이유조차 없습니다. 불멸을 생각하지 않고 일상을 살아가는 것이 바로 행복에 이르는 길이며, 어쩌면 그것이 불멸에 대한 생각을 대체해 줄 수 있는 방편이기도 한 것 같습니다. 사정은 그런데도 인류는 무엇보다 첫째로, '육체적 생존'을 통해 불멸을 염원해 왔습니다. 인생 100세 시대니, 장수니 뭐니 하는 화두가 그런 것입니다. 물론 1, 2년이라도 더 젊고 건강하게 살면 좋은 일입니다만, 그 어떤 과학이나 의학적인 기술도 영원한 생존, 영원한 생명을 약속하지는 못합니다. 의학, 의술은 결코 생명연장이나 불멸의 대안이 될 수가 없습니다. 건강을 증진시키는 각종 약이나 건강 보조물 같은 비타민이나, 최첨단 의술 역시 결국 한 가지 사실을 확인해 주는 것으로 제 소명을 다할 뿐입니다. 모든 생명, 그것은 지상으로 태어난 이상, 그것은 끝내 죽고 만다는 것을 과학적으로 분명하게 입증해 주고 있을 뿐입니다. 불멸에 대한 두 번째 대안으로, 사람들이 생각해낸 것이 바로 '부활'이었습니다. 종교가 만들어지는 결정적인 동기로서 부활이 저들의 종교확장에 큰 역할을 한 것입니다. 인류문명에 있어서 고등종교니, 하등종교니 하는 관념체제들이 등장해서 불멸을 약속해 줄 것 같아 보였으나, 그것 역시 모두가 허구였습니다. 그 옛날 이집트 제왕들은 불멸에 대한 욕심이 그 누구보다도 강했습니다. 저들은 나름대로의 발전된 과학술과 종교적 믿음을 토대로, 미래의 어느 날 다시 살아날 수 있을 것이라는 희망으로 인체 보존술을 발전시켰습니다. 부활의 믿음에 기초한 짓이지만, 모두가 미라가 되어 후대의 관람거리가 되고 있을 뿐입니다. 전시된 저들 미라를 보고, 저들의 위엄을 경탄하는 사람들은 별로 없습니다. 오히려 괴이하고 속이 울렁거리게 만들어 줄 뿐입니다. 유대교와 이슬람교 등 유일신을 숭상하는 거대 종교들은 육체적 부활을 핵심 교리로 삼고 포교해 왔지만, 그것들은 문명사적으로 보면 수많은 분쟁과 파괴의 기제로 둔갑하곤 했습니다. 우리가 알고 있는 일반 동물들은 죽으면 그냥 죽는 것으로 끝날 뿐입니다.

저들은 제 생명을 보존할 수 있을 만큼, 약한 것들의 생명을 탐합니다. 인간처럼 독하고, 악한 동물은 일찍이 이 세상에 없습니다. 다른 동물들은, 자기들이 만들어 놓은 언설과 믿음의 방패를 위해 상대방을 겁탈하거나 파괴하지는 않습니다. 무엇인가 상당한 믿음들이 언설로 남거나 기록된다고 해서, 내 생명이 불멸하는 것도 아닙니다. 저들은 글로, 서류로 남게 되는지는 모르지만, 나의 생명은 어김없이 세상의 현자들이 모두 그랬던 것처럼 이 세상에서 어느 날 슬그머니 사라질 뿐입니다. 공동묘지에 가보면, 그것을 확실히 알 수 있습니다. 무엇이든 살아 있던 생명체들은 해골로 변한다는 사실을 분명하게 알려 주고 있습니다. 저들 앞에 서 있는 갖가지 묘비, 그것은 손에 끼었던 반지처럼, 저들 몇몇 지인들에게만 의미를 줄 뿐입니다. 셋째, 정신적인 존재나 '영혼'으로서 살아남기를 꿈꾸는 것도 불멸의 대안이 되는데, 놀랍게도 전 세계 대다수 사람들은 자신에게 영혼이 있다고 믿고 있습니다. 영혼이 있다는 생각은, 기독교 같은 종교에서는 지배적인 가르침입니다. 영혼을 믿는 이들은 세속적인 기반을 포기하고, 영적인 차원으로 이루어진 미래를 신봉합니다. 생명이 끝나면 영혼이라는 것은, 육체를 따라 산화되기 마련이기에, 인간들이 생각해낸 마지막 불멸의 길은 '유산'으로 세대를 이어가겠다는 의지를 실현하는 방법이었습니다. 자신의 몸을 복제할 수는 없기에, 자신의 생물학적 유전자를 유산으로 남기는 방법입니다. 우리의 자아를 미래의 시간으로 확장하는 간접적인 방식, 즉 아이를 낳고 그들을 통해 나의 존재감을 확인하는 방법입니다. 유전자를 통한 불멸에의 욕망을 이루어 주는 것 같지만, 그것 역시 마음이 저지르는 욕심의 한 가지 색다른 표현일 뿐입니다. 내 성(性)을 이어가는 아이들이 대를 이어 살아간다고 내 생명이 저들과 같이 사는 것은 아니기 때문입니다. 붓다가 죽은 후, 그의 유산으로 남아 있을 법한 붓다의 아이들에 대해 저는 별다른 관심이 없습니다. 그들을 내 가슴속에 기억해야 될 이유도 없습니다. 조선왕조에서는 성군(聖君)으로 기록되는 임금 세종이 대왕의 업적을 기록했다고 해서, 그의 아들인 수양대군이 그의 아버지인 세종의 수명이나 그의 얼굴을 살려준 것은 결코 아니었습니다. 이런저런 속사정들은 다른 나라, 다른 문명에서도 마찬가지로 기록되어 있습니다. 정치권력을 한 손에 거머쥐었던 독재자들이 유전자 방식으로 자기 아들에게 권력을 이양해 준 적은 수없이 많았지만, 대를 이어 갈수록 자기의 존재감은 상처를 받곤 했던 사례들입니다. 끝내 저들 독재자들의 삶은 비참한 파국으로 치달았기 때문입니다. 이것이 바로 인간의 삶, 인간이 꿈꿔 온 불멸에 대해 알려 주는 문명사의 예증들입니다. 불멸, 그것이 있다면, 그것이 정말로 내게 필요한 것이라면, 그것은 내가 죽기 전 걸어 다닐 수 있는 그 순간까지를 말하는 것이어야 합니다. 제게 있어서, 불멸(不滅)은 내가 죽기 전, 그러니까 제대로 걷고 다니며 이 개울, 그리고 저 개울, 이풀, 저 꽃의 향내음을 맡을 수 있는 그 순간까지를 말하는 것일 뿐입니다.

10) 상상력입니다

저는 대학 교수로 나아가기 위해 학문을 준비하는 대학원 시절, 학문의 시작을, 이미 다른 곳에서 언급했지만, 『사회학적 상상력』이라는 책으로 시작했습니다. 대학원 시절에 가장 먼저 나를 매료시켰던 책이 바로 『사회학적 상상력』이었습니다. 제 지도 교수셨던 헨리 아클란드 경이 강의시간에 소개하신 책이 『사회학적 상상력(Sociological Imagination)』이었습니다. 사회학적 상상력이라는 책은 미국의 사회학자 C. 라이트 밀스의 저서인데, 원본은 1959년 옥스퍼드 대학교 출판부를 통해서 출판되었습니다. 그 책을 접한 제가, 책을 읽으면서 지녔던 감격은 아직도 제 마음에 생생하게 기억됩니다. 사회학적 상상력은, 밀스 교수의 말대로 하면, 거대한 사회적 힘과 개인적 행위 사이를 연관 짓는 능력, 사회현상에 대한 '~한 관점에서 다른 관점으로, 시각을 옮겨 가는 능력'을 말합니다. 사람들에게, 더군다나 사회학자로서 사회학적 상상력이 없으면, 매일같이 일어나는 사회현상에 대한 이해를 제대로 할 수 없게 됩니다. 사회학적 상상력은 현대 사회에서 개인이 느끼는 '불안감'에 대한 정신병리학적 해석, 심리적인 처방이나 요령 같은 것을 부정하며 그런 처방들의 무용성을 고발하고, 사회문제, 그러니까 내 자신이 왜 이렇게 고달프게 살아야 하는지를 제대로 알기 위해 사회학적 상상력이 필요하다고 역설한 밀스 교수의 사회학적 통찰력을 담은 책입니다. 자기에게 다가오는 사회적 문제들, 어쩌면 눈에 보이도록, 보이지 않도록 괴롭히는 정치적 문제, 종교적 문제 등등 그런 모든 것들이 일종의 사회적 문제들인데, 그것들을 그냥 자신의 팔자소관, 자신이 운명적으로 내려 받은 그 무슨 복(福)쪼가리 같은 것으로 받아들이며, 그런 것을 운명으로 받아들이는 식으로 자신의 미래를 체념해 버리면, 자신의 영혼을 무의미하게 저들에게 파는 것이나 마찬가지라는 것이 밀스 교수의 조언입니다. 그렇게 하는 일은 저들에게 자기 자신을 통째로 내주며, 그냥 항복하는 것이나 다를 것이 없습니다. 개인이 날마다 자기의 사회적 공간에서 겪는 고통이나 문제를 여러 가지 심리적인 기법들이나 요령으로 치료할 수 있다거나 나름대로 위로를 받을 수 있다라는 식의 논조로 일관하는 각양각색의 자기 개발, 자기 치료 기술서, 혹은 종교적 위안서들에게는 일관된 공통점이 있습니다. 그것은 개인이 지금, 이 자리, 이 조건에서 겪어내는 고통을 공공의 문제와는 전혀 상관없는 것처럼 간주해버리는 공통점입니다. 그런 것이야말로 바로 자신의 팔자소관을 있는 그대로 받아들이는 대표적인 사례로 고발하고 있는 밀스 교수는 『사회학적 상상력』에서, 개인이 겪고 있는 현실적인 고통을 외면하지 않습니다. 개인적인 고통이라는 것들의 뿌리들은 어김없이 공공의 문제와 연결되어 있기 때문입니다. 밀스는 『사회학적 상상력』을 통해, 당시 미국에 유행하던 사회과학의 문제점들을 심하게 비판합니다. 커다란, 무엇인가 있어 보이는 그런 커다란 개념들, 말하자면 권력, 사회구조 같은 것만을 강조하는 '거대이론'과 지나치게 일상적인 삶에서 드러나는 개인적인 행위에 관련된 미시적 방법론만을 강조하는 '추상적 경험주의'를 비판하며, 밀스 교수는 개인의 삶과 고통, 그리고 가능한 해결방법을 생각해 보게 만드는 사회과학의 새로운 추동력을 제시합니다. 밀스 교수의 사회학적 상상력은 파울루 프레이리 신부가 내세웠던 의식화이론, 그러니까 내 자신의 운명은 신의 섭리에 의해 주어진 것이 아니라, 사회적 조건에 의해 만들어진 것이기에, 그것은 그 얼마든지 새로운 사회적 조건과 나의 자기 결정력에 의해 다시 만들어질 수 있다는 민중교육학적 프레임에 응용되기도 합니다.

밀스 교수의 『사회학적 상상력』을 읽은 지 40년이 넘어서, 저는 다시 바우만 교수의 『사회학의 쓸모』라는 책을 읽고, 대학원 시절 경험했던 그런 감동을 맛보았습니다. 『사회학의 쓸모』라는 책은 지그문트 바우만 교수가 쓴 책입니다. 1925년 폴란드 유대계 가정에서 태어난 그의 팔자도 꽤나 기구합니다. 그는 제2차 세계 대전 당시 나치를 피해 소련으로 도피했다가, 소련군이 지휘하는 폴란드 의용군에 가담해 바르샤바로 귀환한 후, 폴란드사회과학원에서 사회학을 공부했고, 후에 바르샤바 대학교에 진학해 철학을 공부한 후 1954년부터 바르샤바 대학교의 교수로서 활동해 온 사회학자입니다. 바우만 교수는 말합니다. 사람들에게 "가치를 선택하라고 강요하는 것은 사회학의 임무도 사명도 아닙니다. … 다만 사회학의 소명은, 가치의 선택이 실현 가능한 일이라고 사람들로 하여금 믿게 만드는 것입니다. 또한 사회적으로 발생한 삶의 여러 문제들에 대한 적절한 해결책을 혼자 찾아내야 한다는 책임감에 지친 개인들에게 좀 더 가까이 다가가도록 하나의 시각을 터주는 일이, 사회학의 과제라는 것입니다. 사회학이 맞닥뜨리고 있는 것은 어떤 특정한 가치 체계가 아니라, '대안 따위는 없습니다.'와 같은 태도라고 잘라 말합니다. 바우만 교수는, 사회학의 소명이 변화하는 세계에 일정한 방향을 설정하는 것에 있다고 믿고 있습니다. 변화하는 세상에 나름대로의 방향과 갈 길을 제시하기 위해서는 공론(空論)들, 빈말들은 불필요합니다. '지금', '여기'에 비로소 개입해야 길이 보이기 때문입니다. 지금, 여기에 개입하며 '당대'의 경험과 이야기를 다룰 때 사회학은 비로소 그 쓸모를 갖게 됩니다. 사회학은 권위를 정당화할 수도 있습니다. 관계를 끊을 수도 있습니다. 기존의 권력정치와 제도정치에 대안을 제공할 수도 있습니다. 타자의 처지를 책임질 수도 있기에, 사회학은 그 토대가 본질적으로 정치 행위입니다. 사회학이 정치적이기에게 지금, 여기, 이 조건에 개입할 수밖에 없는 노릇이라고 말하는 바우만 교수는, 사회학이 사람들을 선동하는 학문이어야 한다고 보지는 않습니다. 다만 사회학은 자신들에게 다가올 사회적인 위험을 경고하고 사람들의 삶이 그 어떤 권력이든 저들이 깔아 놓은 함정에 빠지지 않도록, 시민들 각자에게 의식화의 길을 열어 주어야 한다는 것입니다. 바우만 교수가 그렇게 이야기하는 이유가 있습니다. 그것은, 그의 말처럼, 우리 시대의 아고라, 즉 거대한 시장은 가판대로만 가득 차 있고, 상품을 그 어떻게든 값비싸게 팔아먹고, 값싸게 사보려는 사람들로 가득할 뿐입니다. 정보 역시 마찬가지입니다. 사고파는 경우에만 정보가 유통되며, 그런 정보들은 나름대로 허위로 가득 채워져 있어 어느 것이 정말로 사실인지, 허위인지 알 수가 없습니다. 이런 안타까운, 허위 허식의 상황을 바꾸기를 원한다면, 사회학 학자들이 할 일은 그런 아고라 시장을 그냥 쳐다볼 일이 아니라, 곧장 아고라로 들어가서 유통질서의 허위를 고발하고 폭로하는 일이 필요합니다.

바우만 교수 자신 역시, 밀스 교수처럼, 누가 언제, 어느 곳에서 발견하거나, 받을지 모르지만 그 언젠가는 받아 보게 될 희망을 담아 '병 속의 편지'를 쓰는 운명을 인정합니다. 사회학의 쓰임은, 사회학자의 쓰임새는 '수취인 불명'의 희망 메시지일지라도, 누군가에게 전달되고 흡수되길 바라는 일에 그치게 된다는 뜻입니다. 사회학자가 선동하는 사람이 아니라는 점을 분명히 인식하고 있는 바우만 교수는, 사회학자들의 임무는 이 사회를 살아가는 사람들 각자에게 자기 '처지'가 어떤지를 분명하게 알려 주는 일이라고 말하고 있습니다. 이 말은, 사람들이 현실에 순응하고 있다면, 그건 사회를 잘 모르기 때문에 그렇게 하는 것이기에, 무엇보다도 먼저 자기 처지를 알아야만 한다는 뜻이고, 그것을 자극해 주는 사람이 바로 사회학자라는 것입니다. 사회에 대한 의식화가 되면 나름대로 그 사회 부조리에 대해 나름대로의 강한 의심과 저항의식이 생기게 될 것입니다. 사회라는 거대한 격랑, 아니 사회현상이라는 쓰나미에 아무런 준비 없이 휩쓸려 나가게 되는 희생자들이 되지 않기 위해서는, '지금', '여기'의 작동 원리를 알아야만 하고, 누군가가 그 조짐을 미리 알려 주어야 합니다. 사회는 매일같이 그 사회 속에서 숨 쉬고 있는 나라는 존재에게 조용한, 아무런 조짐 없이 나를 삼켜버리려는 듯 밀려드는 경고 없는 쓰나미일 뿐이기 때문입니다. 바우만 교수는 이런 말을 남깁니다. "사실 사회학자라는 우리의 소명은, 더 이상 낭만적일 수 없는 이 시대에 인간적 가치를 옹호하는 용기와 그에 대한 일관성 있는 태도, 그리고 인간적 가치에 대한 충성심이 심사되는 영역이 될 것입니다." 바우만 교수가 말하는 사회학의 쓰임새를 가슴에 새긴다면, 지금, 여기, 방금 내가 살고 있다는 것이 '나'라는 생명에게는 본질적이고, 실존적인 동시에, 사회적 사실이라는 점입니다. 그러니까 그동안 나를 둘러싸고 있는 그 어떤 사회적인 조건들, 말하자면 도덕, 종교, 범죄, 유행 따위들이 일종의 강제력을 가지고, 나의 행동을 제약하는 것으로 세상과 자신 간의 관계를 설정할 것이 아니라, 내가 바로 도덕, 종교, 범죄, 유행에 영향을 주는 사회적 힘이라는 사실, 나도 모르게 잃어버렸던 그 사실을 되살려내면, 나는 더 이상 내 주위에서 나에게 영향을 주고 있는 것 같은 사회적 현상이나 저들의 말없이 들이대는 요구에 무방비상태로 휩쓸려 나갈 이유가 없게 됩니다. 자신의 행복은 그렇게 자신의 존재에 대한 맑음과 밝음으로 시작하는 것입니다. 자신의 삶에서 맑음과 밝음을 찾아나서는 사람들에게 빠른 길, 요행의 지름길이라는 말은 곧바로 족쇄이며 구속의 감옥으로 이끌어 가는 길과 다르지 않습니다.

노자(老子)가 후세에게 이런 말을 남겼습니다. 자견자불명, 자시자불창(自見者不明, 自是者不彰), 그러니까 자기만이 제대로 본다고 하는 사람일수록, 자신 스스로 밝지 못하고, 자신만이 옳다고 하는 사람일수록 자신만은 빛나지 못하게 마련이라는 말인데, 이 말은 자기 과시, 자기 존재감 때문에 자기를 떠벌리는 사람들이 흔히 저지를 수 있는 과오를 미리 경고하는 말이기도 합니다. 자기만이 지름길을 안다는 사람은 아예 모른다는 사람과 다를 것이 없는 조심해야 할 사람으로 간주했기에, 그 옛날 현자들은 삶에서의 지름길을 내심 조심했습니다. 현대판에서는 모두가 '지름길(捷徑)'의 대가입니다. 학문에서도, 정치에서도, 재력에서도 지름길을 찾아 나서며, 자신만이 지름길의 대가라고 말합니다. 지름길로 가라, 그것이 행복이다라는 말을 자신의 좌우명으로 삼았으나, 끝내 일순간 지옥으로 떨어진 사람은 수도 없이 많습니다. 그 누구보다도 지름길에 집착한 나머지 자신의 현재를 생명단축의 지름길로 만들어 놓은 사람들은 우리 사회에서도 부지기수입니다. 도박으로 패가망신한 화장품 회사 대표 정 모 씨, 그를 빼내 주기 위해 수십 억 원의 수임료를 받았다가 쇠고랑을 찬 최 모 변호사, 또 그와 연루된, 수백 개의 오피스텔 주인이자 전직 검사 출신 홍 모 변호사 등 수없이 많습니다만, 현대 중국에서는 출세의 신화적인 존재로 알려졌던 류톄난(劉鐵男) 전 중국 국가에너지 국장 겸 국가발전개혁위원회 부주임(차관급)을 하나의 사례로 들겠습니다. 삶에 대한 그의 신조 때문에 그를 사례로 삼는 것입니다. 중국 허베이(河北) 성 랑팡(廊坊) 시 중급인민법원은 그에게 약 63억 원의 뇌물을 수수한 혐의 등으로 무기징역과 정치권리 종신박탈, 개인재산 전액 몰수를 선고했는데, 그는 1954년 베이징(北京)의 한 가난한 공장 노동자의 집에서 5남매 중 셋째로 태어났습니다. 어릴 적 너무 가난해 거리에서 석탄재나 철근을 주워 팔아도 하루 세 끼 먹기도 힘들었지만, 그의 머리는 좋아 학교 성적은 상위권이었습니다. 중학교 시절 어느 날 중국을 방문하는 한 외빈 환영을 위해 베이징 중심가인 창안제(長安街)로 학생대표로서 동원되었던 그는 행렬의 맨 앞줄에 배치됐습니다. 외교부 의전 담당자가 천으로 덧대 꿰맨 셔츠를 입은 그를 보고는 맨 뒷줄로 가라고 해서 뒤로 물러서게 된 류는 "당시 자존심에 큰 상처를 입었습니다. 가난하고 지위·권력이 없으면 대중 앞에서 무시당한다는 사실을 알았고 지름길로 출세하겠다는 생각 아래 '지름길 인생관'을 자신의 삶으로 삼았습니다. 탁월한 업무성과와 대인 관계를 무기로 승승장구해 2005년 국가계획위원회 산업발전사 사장(司長·국장급)에 올랐던 그는 산둥(山東) 성에서 금속회사를 경영하는 한 기업인에게 '잘 봐달라.'는 청탁과 함께 2만 위안의 뇌물을 처음으로 받았습니다. 돌려줄 생각도 했지만 '큰 문제가 없을 것'이라는 요행을 믿었던 그 찰나적인 잘못이 오늘날 자신을 망치게 하는 계기가 됐다고 회고했습니다만 이미 모든 것은 늦은 후였습니다. 이후부터 뇌물을 통해 인간관계를 유지하며 '지름길'로 달려 국가에너지 국장이라는 요직 중 요직에 오르게 된 그는 아들 류더청(劉德成)에게도 그의 지름길 인생관을 물려줬습니다. 사람을 만날 때마다, 같이 차를 마실 때마다 그는 지름길 인생을 예찬하고 자신의 출세를 자랑했습니다. 그 것을 어릴 적부터 보고 듣고, 자신의 처신술로 익힌 그의 아들 류더청은 검찰 조사에서 이렇게 말했습니다. "어릴 적 아버지는 날 자전거에 태우고 할머니 집에 자주 갔는데 항상 큰길로 가지 않고 (지름길인) 골목으로 갔다. 그러면서 저에게 사람은 반드시 '지름길'로 가는 방법을 배워야 출세하고, 사람 위에 있어야 존경을 받는다고 가르쳤다." 스포츠카광(狂)이었던 류더청은 사업에는 별다른 능력이 없었으나 아버지의 배경과 권력을 이용해 수많은 사업을 벌였고, 그 과정에서 뇌물을 챙겼습니다. 그 뇌물은 어김없이 출세의 지름길을 위한 윤활유로 쓰였습니다. 아버지 류는 우리 돈으로 약 70억 원에 이르는 현금뇌물 중 97%를 그의 아들을 통해 받았던 것으로 보아, 아버지의 권세가 아들에게는 인생의 절대, 지름길이었던 셈입니다. 류는 변호인에게 '자식 교육을 잘못시킨 내 잘못'이라며 뒤늦은 눈물을 흘렸다고 전해졌지만, 출세로의 지름길이 교도소 수감로의 지름길이 된 후이기에 모든 것이 늦어버린 후입니다. 그렇습니다. 늦으면 소용없는 법입니다. 자신이 이렇게 하면, 어찌 될 것인지를 미리미리 상상하며, 무엇인가를 예측해가면, 삶에 대한 자신의 마음가짐이 '미리' 달라지기 시작할 것입니다.

4. 조리(調理)의 일상거리

관(觀)과 행(行)은 좋은 삶, 참살이, 행복한 삶을 원하는 사람들이 지니고 다녀할 삶의 수단이며, 삶에 대한 슬기입니다. 좋은 삶을 원하는 사람이라면 당연히 자신의 어제를 뒤돌아보고, 매일을 미리 짚어 보며, 지금의 나에게 앞으로 나아가게 깊이 생각하고, 과감하게 나아가도록 만들어 주는 관행으로 오늘, 지금 맞이하는 자신의 아침을 시작해야 합니다. 관행하려는 사람은 눈을 뜨면 그 아침을 두 가지 질문과 그에 대한 자기만의 속소리, 내언(內言)으로 그 아침을 맞이해야 합니다. '오늘 지금 이 시간부터 이렇게 하면 나에게 어떤 일이 일어날 것인가?'와 '그렇게 하지 않으면 어떤 일이 일어날 것인가?'라는 질문과 그 질문에 대한 대답입니다. 그런 질문과 대답의 내언이 아주 짧은 시간 안에 이루어져도 무관합니다. 중요한 것은 그런 질문과 대답으로 관행을 열어간다는 것이 중요합니다. 좋은 삶을 위한 조리의 일상이 오늘도 내게 있어 주려면, 이렇게 학습하면 내게 오늘 어떤 일이 생길까, 반대로 이렇게 조리가 허락하지 않으면 오늘이 어떻게 될까에 대해 스스로 내언의 질문과 다짐을 해야 합니다. 그러니까 다음 절에서 다룰 '몸이어야 합니다.'를 읽으면서, 오늘 내가 내 몸을 갖고 있지 못하면 내게 어떤 일이 생길 것인가? 오늘 내게 몸이 제대로 작동하지 않으면 내게 어떤 일이 일어날 것인가에 대해 질문하고 답하며, 내 자신만의 속소리에 기반해서 지금, 오늘의 나를 위한 좋은 삶, 행복의 윤리, 그리고 참살이를 만들어 가야 합니다.

1) 몸이어야 합니다

내가 흙을 밟고 있는 이 순간은 바로 내가 살아 있음을 확인하는 생명확인의 순간입니다. 심장에서 발끝까지 힘차게 돌아다니는 그 피와 그 혈관이 옹기종기 모여 있는 내 다리와 발로, 나에게 생명을 주고 있는 땅을 지그시 밟고 있다는 현실은 현재적이며 사실적입니다. 살아 있는 실제이며, 움직이는 실존이고, 약동하는 생명이며, 모든 것을 사유하는 정신입니다. 그것들이 내게 건재한다는 것을 확인하는 것입니다. 생명이 약동하는 사람은 자신의 온몸을 돌아다니는 생명의 힘, 그것을 근거로 모든 것을 감각하며, 때로는 그것을 넘나들며, 필요에 따라 자기 안에 신성도 드러내고, 때에 따라 사랑하면 새로운 생명을 만들어 내는 실험을 낱낱이 진행할 뿐입니다. 나의 생명과 호흡하는 땅과 산허리를 어슬렁거리는 나는 곰일 수도 있습니다. 내가 바로 물이며, 내가 바로 흙이며, 내가 바로 풀입니다. 나는 그 누구에게도 잡히지 않는 불가사의한 귀(鬼)이며, 사라지게 될 몸(身)이자, 세상 온 천지를 자유롭게 떠돌아다닐 넋(神)인 것입니다. 귀신을 믿는 사람, 귀신 말에 홀리기를 좋아하는 사람들은, 세상만사를 이원적으로 생각하는 것에 길들여져 있게 마련입니다. 말하자면 존재의 위계질서가 있으며, 가장 낮은 단계를 시공 속에 존재하고 감각에 지각되는 물리적 세계 같은 것으로 간주하곤 합니다. 물리적 세계에서 그 꼭대기 최상위에 걸터앉아 있을 것 같은 존재는 모든 실재성을 초월하는 궁극적 원리로부터 도출되기 때문에, 그들은 그것을 그 어떤 관념적인 것들, 말하자면 이데아(Idea)라고 보며, '존재 너머의 것'이라고 말하곤 합니다. 그것들은 어떤 한계도, 어떤 속성도, 어떤 부분도 갖고 있지 않기에, 그것에 그 어떤 이름을 붙여 놓을 수 없는 존재라고 말할 수도 없다고들 합니다. 그래도 그것에 그 어떤 완전한 단일성을 지칭하기 위해 '일자'라고 부르기도 하는데, 그렇게 부른다고 해서 그것을 제대로 표현해 놓았다고 보기에는 그 언제나 부족하다고들 합니다. 어쩌거나 그것을 그렇게 부르는 것은, 그것을 관념적으로 완전성의 원천이자 귀환의 종착점으로 보고 있기 때문입니다. 예로부터 지혜를 사랑하는 사람들은 그것을 아직까지도 '선(Goodness)'이라고 부르고 있습니다만, 그들에게 있어서 분명한 것은 그 선이라는 것이 분리되고, 규정되고, 제한되는 사물로서의 대상이 아니라는 생각입니다. 그런 선에 대한 생각은, 그것에 대해 그 어떠한 술어도 적용될 수도 없고, 적용해 봐도 늘 허당일 뿐이라는 것입니다. 그것을 조금이라도 알 수 있으려면, 사람들마다 하나씩 거느리고 있는 마음이 그것 자체, 그러니까 선이라고 믿고 있는 그것과 나름대로 하나가 될 때, 그런 느낌이 올 때에만, 그것과 나름대로 합일될 때에만, 그 나름대로 그 어떤 감으로 알아챌 수 있다고들 합니다. 그 어떤 절대적인 선을 그려내는 생각, 그런 생각에서 벗어나지를 못하는 사람들의 생각들이 다양한 것처럼 보이기는 해도, 실제로 저들의 생각을 하나로 꿰뚫고 있는 것은 따로 있습니다. 그것은 이데아계와 현상계, 이성과 감성, 존재와 가치, 영과 육 간의 차이를 엄격히 구별하거나, 차별을 하면서 넋이나 혼(神, 魂),이성, 존재 같은 것을 현상, 감성, 가치, 몸보다 우위에 두는 사고방식을 취하는 일입니다. 저들의 생각은 그 언제나 세상의 구성을 위계적 질서와 차원으로 갈라보는 일로 끝나게 됩니다. 제 생각은 저들과는 조금 다릅니다. 제가 내 두 다리, 두 발로 흙을 밟고 있는 것은 그 어떤 절대자나 그 어떤 선(善), 말하자면 존재 너머의 그 어떤 것의 영광 때문에, 혹은 그런 영광을 위해서 밟고 있는 것이 아니기 때문입니다. 나라는 생과 명을 위해서, 그 생명을 이어갈 수 있는 한 이어가기 위해서, 생명을 지탱하기 위해서 두 다리로 땅을 밟고 있는 것일 뿐입니다. 그러니까 내 두 발, 내가 밟고 있는 흙, 나의 생과 명이라는 그 모든 것은 찰나의 일이며, 순간의 접촉이며, 지금의 경험이며, 영원을 향한 체험일 뿐입니다. 그 안에 선이며, 절대이며, 생명이며, 내 몸이 하나를 이루고 있을 뿐입니다.

몸에서 몸의 한 구성체인 뇌의 작용과 역할은 매우 중요합니다. 뇌가 나의 마음, 나의 의식을 조절하기 때문입니다. 뇌는 인간의 마음을 움직이고 인간의 행동을 선택하고 결정하는 역할을 감당합니다. 뇌에는 수백만 개 특수회로(모듈)가 들어온 자극들을 모으고, 분산하고 정리하는 나름대로의 계층적 처리과정이 진행되고 있습니다. 이 과정에 의해 하나의 생각이 겉으로 드러납니다. 이 말은 뇌가 나를 움직이고, 내 마음을 조정한다는 뜻이나 마찬가지입니다. 그러니까 내가 그 어떤 행동을 하는 것은, 자신의 뇌가 지시한 그 결과가 되는 것이나 다를 것이 없습니다. 뇌가 그런 행동을 하도록 유도했기에, 내 몸이 그렇게 행동한 것이기 때문입니다. 이 말을 잘못 이해하면, 전적으로 나의 뇌 작용이 나의 행동에 기본적인 책임이 있는 것 같아 보입니다. 오해하지 마십시오, 내가 이렇게 한, 혹은 저지른 행동의 책임을 뇌에게 물을 수는 없는 노릇이기 때문에, 모든 잘못은 내 뇌 책임이 아니라, 내 '몸' 책임입니다. 내가 바로 그 책임의 당사자입니다. 뇌의 작용으로 그 어떤 행동이 나에게서 유도되었다고 해도, 뇌는 인간의 몸을 구성하는 한 부분일 뿐입니다. 그 어떤 행동에 대한 책임이라는 것은 뇌에 부여하는 것이 아니라 인간에게 부여하는 것이기 때문입니다. 뇌가 행동에 그 어떤 지시를 했기에 그 뇌만을 단죄할 수도 없지만, 그렇게 한다고 해도 우습기는 마찬가지가 될 것입니다. 최악의 경우, 뇌만을 구금시킬 수도 없는 노릇이고, 뇌만을 사형시키려고 해도 아직 그런 기술은 가능하지 않습니다. 몸의 일부인 뇌가 사형당하면, 온몸도 함께 사형당하는 일이기 때문입니다. 뇌가 시켜 한 일이지만 그 뇌가 한 일에 대한 책임의 문제는 내 문제이고, 그것에 대한 응징은 사회적 선택의 문제일 뿐입니다. 그러니까 '뇌의 작용상태'와 '인간됨'이라는 것은 서로가 양립될 수 없는 독립된 개념입니다. 모든 도덕적이고도 윤리적인 책임은 뇌의 상태에서 나오지만,

그 책임은 뇌만의 단독책임이 아니라 그 뇌의 소유자인 당사자, 인간에게 있을 뿐입니다. 아무리 부정하려고 해도 부정할 수 없는 사실은, 뇌가 몸의 구성요소라는 사실입니다. 마치 손가락이 곪으면 혹은 감기가 들면, 몸에서 열(熱)이 나듯이 나라는 온전한, 뇌기능의 문제는 뇌만의 문제가 아니라, 나라는 몸의 전체 문제라는 점입니다. 뇌에, 나의 몸을 구성하는 다른 '몸' 부분들이 그냥 매달려 있는 것이 아닙니다. 확실하고도 분명한 것은, 내 몸에 뇌가 매달려 있는 것입니다. 그러니까 뇌 작용으로 생긴 나의 행동이나, 뇌가 시켜 만들어 낸 지금의 나의 행동, 그리고 의식의 문제들은 내가 만들어 낸 결과이며 책임이라고 부르지, 뇌의 의지가 만들어 낸 내 몸의 결과나 책임이라고 부를 수 없는 것입니다. 뇌가 의식을 그리고 마음을 조절하고, 조정한다고 해도 뇌기능의 시작은 엄밀하게 말하면 생명의 시작과 더불어 함께 시작하는 것은 아닙니다. 물론, 인간생명의 시작 그때부터 모든 것이 그렇게 출현하도록, 그러니까 생명의 여러 부문들과 기능들이 분화되도록 예정되어 있기에, 인간생명의 시작이 바로 인간본능의 시작이 되는 것이며, 그런 몸의 출발을 전제하는 것입니다만, 엄밀히 말하면, 뇌가 몸의 한 구성요소이기에 뇌가 사람의 뇌스러운 뇌로서 기능하게 되기까지에는 어김없이 어느 정도에 이르는 생물학적 시간이 요구됩니다. 이 문제는 인간의 생명윤리를 논하는 중요한 질문이기도 합니다. 생명윤리와 관련되어 제기된 많은 문제들 중 가장 기본적인 문제가 바로 인간이라는 생명, 그 생명의 시작을 언제부터로 간주할 것인가를 결정하는 문제이기 때문입니다. 한 인간이 태어났을 때 그 인간이라는 생명을 어느 시기부터 인간이라고 불러야, 그것에 인간이 지닐 수 있는 존재가치를 부여할 수 있는지에 관한 질문과 더불어, 인간으로 자란 배아와 태아를 대상으로 어느 시기부터 의학적 처치와 실험을 할 수 있느냐와 관련된 생명의학적이며 법철학적인 질문이기도 합니다. 생명윤리학은 바로 인간의 생명에 관한 지식을 바탕으로 인간, 자아, 자유의지, 본성이 어떤 것인지를 탐구하고, 이를 바탕으로 일어날 수 있는 사회적이며 윤리적 딜레마에 관한 해답을 찾는 통합적 학문 분야입니다. 생명윤리학은 특별히 인간의 뇌의 작동원리에 관한 지식과 질문들을 용의주도하게 다룹니다. 인간의 '뇌와 관련된' 세부적인 영역과 기능, 작용을 다룸으로써 인간에 관한 생명윤리의 틀을 만들어 가기에, 생명윤리학은 신경윤리(Neuroethics)라고도 부르게 됩니다. 생물학적으로 한 가지 분명한 것은 한 인간이 자궁에서 난자와 정자의 결합으로 배아를 시작할 때, 그가 뱃속 배아의 성장 단계상 수정 후 여섯째 주 초, 그러니까 보통 40일에서 53주에 이르기까지, 그의 뇌에는 전기적인 뇌 활동이 시작되지 않는다는 점입니다. 그의 뇌에서 뇌의 전기 활동이 일어난다고 해도, 인간이라는 존재성을 확인할 수 있을 정도의 의식이나 그것을 가능하게 할 정도는 아닙니다. 설령 그 어떤 전기적 활동이 있다손 치더라도 그것은 새우의 신경체계에서 볼 수 있는 활동에 비견할 수 있을 정도도 아닌 그런 미미한 활동에 그칠 뿐입니다. 다시 말하지만, 확실한 것은 인간의 배아과정에서 보면 8주에서 10주 사이에 이르러야, 대뇌가 본격적으로 발달하게 됩니다. 뇌의 이마극과 측두엽극은 12주에서 16주 사이가 되어야 비교적 뚜렷하게 드러납니다. 피질 표면은 12주, 즉 3개월을 넘어서야 평평해진 것처럼 보이기 시작하며, 16주가 지날 무렵에 이르러야 뇌구, 그러니까 나중에 대뇌의 주름들로 발달하게 될 뇌구가 발달합니다. 신경세포의 시냅스, 개별 뉴런들 간의 의사소통을 가능하게 만들어 주는 시냅스는 17주째부터 본격적으로 생겨나지만 그렇다고 해도 28주가 될 때까지는 그렇게 급성장하지도 않습니다. 200일이 지나야 뉴런과 시냅스들의 연결이 확실히 드러납니다. 23주경이 되면서부터는 자궁 안의 태아는 의학적 보조 장치의 도움을 받으면 자궁 밖에서도 생존할 수 있을 정도가 됩니다. 태아는 유해한 자극에 반응할 줄 알게 된다는 뜻입니다. 태아의 뇌는 이제 32주쯤이 되면 호흡이나 신체의 온도를 조절하게 됩니다. 인간 생명됨의 과정이 의학적으로는 세분화되어 밝혀졌지만 그 옛날 불교도들은 인간의 의미가 임신 후 49일이 지나면 생성된다고 그냥 편하게 생각했었습니다.

상식적인 이야기이지만, 우리는 보통 수정체가 착상하고 세포 분열을 끝낸 14일 된 배반포(胚盤胞)부터를 의학적으로는 생명의 시작점으로 삼지만, 이때는 이미 말한 것처럼 그 어떤 뇌 활동이 없는 세포 덩어리에 지나지 않습니다. 정상적인 뇌를 가진 인간, 그러니까 생각하는 인간으로 발달할 수 있는 시기는 14일이 아니라, 23주, 그러니까 최소 200일은 지나야 하기에, 이때부터를 생명체로서의 인간이라고 불러야하며, 이때부터를 신경윤리학의 출발점으로 삼아야 한다는 것이 미국의 마이클 가자니가(Michael Gazzaniga) 교수 같은 신경윤리학자들의 주장입니다. 가자니가 교수는 『뇌는 윤리적인가』에서, 그리고 다시 『윤리적 뇌』에서 뇌를 가진 인간의 문제와 그 책임에 대해 단호하게 말합니다. 당신이 무엇인가 잘못했다면, 그 잘못에 내 책임도 있을 수밖에 없다고 말합니다. 인간의 뇌는 단독으로 그 무슨 행동을 하는 것이 아니라, 사회적인 조건과 영향을 받아 그 속에서 그 어떤 행동을 하기 때문인데, 그 조건과 환경에는 바로 나의 행동이 이미 개입되어 있기 때문이라는 것이니, 내 뫔이라는 것도 알고 보면 나의 단독적인 것이 아닌 셈입니다. 그러니, 네가 잘못된 행동을 네 뇌가 저지르지 못하게 하기 위해서라도 나는 나의 뫔을 더욱더 조절하고 조절해야만 하는 것입니다. 내 뫔의 행동이 네 뫔의 행동에 개입되기에 나는 더욱더 나의 뫔을 조리하고 연단해야 한다는 것이 바로 생명윤리의 조건이며 배려의 조건이 되는 셈입니다. 가자니가 교수는 다시 말합니다. 인간이 매일같이 해내는 자전적 기억은, 지금 자신이 품고 있는 자아 개념에 최대한 맞추는 방식으로 매일같이 새롭게 저장되는데, 그것은 "기억의 기본적 의미는 유용한 정보를 저장하고 정확하게 그것을 복구하는 능력이며, 현재의 순간에서 우리에게 유용하도록 만드는 것이기 때문입니다."라고 말합니다. 자아에 대한 개념은 우리 자신에 대한 현재의 느낌과 믿음을 가장 정확히 드러내며 계속 변하는 개념입니다. 우리 스스로 우리가 누구인지, 무엇을 해야만 하는지, 반대로 하지 말아야 하는지와 관련된 자신의 자아감도 확실히 변화시킵니다. 인간이란 자신의 뫔에 대한 믿음을 형성하는 기계입니다. 인간은 빠르고 견고하게 자신이 믿고 싶어 하는 믿음을 형성하고 심화시키며 그것을 섬깁니다. 인간은 자신의 믿음에 의존하고 그와 모순된 정보가 있어도 그 믿음을 고수하려고 합니다. 끊임없이 자기가 자신의 뇌를, 자기의 마음을 점검하고 조절해야 하는 이유입니다. 바로 자신의 뫔을 조정하는 것이 바로 자기 자신인 이유입니다. 자신이 자신의 뫔, 그러니까 자신의 뇌와 몸에 대해 생명윤리적인 책임이 있는 이유입니다.

　행복을 만들어 가는 데 가장 중요한 주체는 역시 바로 자기 자신의 뫔입니다. 자신의 뫔만이 다른 사람들과 미덕을 나눌 수 있는 주체이기 때문입니다. 그런 좋은 뫔, 건강한 뫔을 지니고 있는 사람들이 자기 주위에 많이 있으면, 그는 일단 행복해질 수 있는 사람입니다. 아리스토텔레스가 『니코마코스 윤리학』에서 말하는 친구와의 관계는 좋은 뫔 만들기로서의 행복 만들기에서 매우 중요합니다. 그의 말대로라면, 사회관계를 통해 '미덕을 나누는 친구'를 갖는 것이 행복의 요건입니다. 미덕을 나누는 친구란 "내 뒤를 봐주리라."라고 조건 없이 믿을 수 있는 그런 믿음의 사람인데, 삶에 있어서 그런 친구는 요즘의 세태가 험하기는 하지만, 바로 가족, 그중에서도 부인이나 남편이 될 것입니다. 이때 친구는 자신의 슬픔을 등에 지고 가는 그런 뜻에서의 자기와 가장 인간적으로 가까운 사람을 지칭하는 것입니다. 행복의 이야기를 이렇게 단순화시켜 말하는 것은, 행복을 자기 안에 담고 있는 사람들이 행복해지는 방법은 그리 복잡하지 않다는 것을 말하기 위해서였습니다. 북유럽의 광활한 땅의 나라 핀란드 사람들은 그들의 행복을 만드는 것을 시수(Sisu)라고 말합니다. 핀란드어로 시수는 인내와 끈기를 말합니다. 핀란드 특유의 국민적인 기질을 드러내 주는 단어가 시수입니다. 핀란드는 숲과 호수, 그리고 사우나로 상징되는 나라입니다. 저들 핀란드인에게는 아무리 걸어도, 아무리 차를 타고 가도 끝이 보이지 않는 나무와 풀, 그리고 겨울에는 눈으로 덮이는 드넓은 대지를 신의 영혼으로 받아들입니다. 저들의 마음과 몸을 하나로 만들어 놓은 정령이 온 숲과 나무에 깃들어 있다고 보는 것입니다. 저들에게 사우나는 우리들이 그냥 일상적으로 말하는 단순한 몸 씻기, 몸 닦아 내기로서의 단순한 목욕을 말하고 있는 것이 아닙니다. 집집마다 하나씩 설치되어 있는 사우나는 그 옛날 아이를 낳는 출산의 터, 가족의 일원이 죽으면 저들의 넋을 달래는 장의의 공간이기도 했습니다. 집, 풀, 강, 나무, 숲, 길 그리고 저들이 기르는 가축과 저들이 하나였던 것입니다. 긴 겨울을 나려면 저들은 호수처럼, 대지처럼 강건하고 끈기로워야 했습니다. 험난한 그렇지만 단조롭기 그지없는 숲속의 삶을 행복하게 살아내려면 그 어떤 불평도 그 어떤 짜증도 호수의 그 맑은 물속으로, 대지에 즐비하게 서 있는 나무 사이로 집어던져야 했었습니다. 그저 나의 몸, 그의 몸들이 그 모든 것과 항상 하나로 조화로워야만 했습니다. 저들도 가만히, 가만히 따지고 보면 신이 만들어 준 신의 가축 중에 끼어 있는 하나였을 뿐이라는 생각이 들었으니까 그랬을 것입니다. 저들에게 행복은 다른 것이 아니었습니다. 건강, 일 그리고 사랑만 있으면 그 모든 것이 행복이었기 때문입니다. 각자의 건강, 하루를 살아가게 만드는 일 그리고 부부간의 사랑 그리고 자식들, 그것만 있으면 저들은 더 바랄 행복이 없었기 때문입니다. 저들은 웃기를 좋아합니다. 웃기를 즐긴다고 봐야 합니다. 원하는 것을 얻으려면, 제일 먼저 자신 스스로 자신부터 좋아해야 합니다. 자신을 좋아하려면 자신에게 웃음을 자주 선사해야 합니다. 자기 스스로에 웃음을 내보일 줄 알아야 자신의 몸을 제대로 건사할 줄도 알게 되기 때문입니다. 자신의 내면에 웃음이 가득해야 그것이 겉으로도, 남에게도 자연스럽게 뿜어 나오게 마련입니다. 자기 마음속, 내면에 화가 분노가 가득하기만 한데, 그것을 억지로 위장하면서 웃음으로 만들어 본다고 해서, 자기를 기쁘게 만들어 주는 웃음이 될 리 없습니다. 웃음이 나오기 위해서는 자기 자신 안에 웃음이 먼저 가득해야 합니다. 무슨 일이든 일단 웃고 봐야 한다는 뜻입니다. 그렇게 하기 위해서는, 자신 스스로 웃을 수 있는 내소(內笑)의 능력을 길러야 합니다. 자기 스스로 늘 속웃음을 지으라는 말입니다. 늘은 아니더라도 자주, 자신이 한 일, 자신이 생각하는 일을 칭찬하며 기쁘게 웃어보라는 것입니다. 자기부터 웃어야, 웃을 줄 알아야, 남들과 더불어 웃을 수 있는 것입니다. 웃는 일에 전념하는 일이 소사(笑事)입니다. 속으로 웃다는 뜻의 내소라는 말이나, 늘 웃는 일이라는 뜻의 소사라는 말은 제가 만들어 낸 말이지만, 그런 것을 만들어내 제 생각을 새롭게 표현하려는 것은 무엇이든 자기가 하는 것이 하나의 일이 되기 위해서는 엄청난 노력이 필요하다는 것을 강조하기 위해서입니다. 일이라는 우리말은 한자로는 사(事)라고 하는데, 한자로 사(事)라는 말을 조각내 해석해 보면, 그것은 깃대(十) + 기(口) + 손(手)로 이루어진 글자입니다. 사(事)자의 초기 쓰임새는 사람이 손으로 깃봉을 붙잡고 기(旗 =口)를 세우는 것을 상징했습니다. 그 옛날 국가의 중요한 의식을 치르거나, 전장에 나가서나 의식의 중요성이나 전장에서의 기를 살리기 위해 기(旗)를 세우는 것이 무엇보다 중요했기 때문에, 일을 상징하는 한자로서의 사(事)자는 글자는 사람들이 격식을 갖추어 '섬기다.'의 의미로 쓰인 글자입니다. 사(事)자를 또 다른 식으로 해석하는 사람들은 사(事)에서 일직선으로 내려진 글자, 즉 갈고리를 뜻하는 궐(ㅣ)자가 일(一)과 구(口)와 수건을 의미하는 건(巾)자를 우로 눕힌 모양의 글자를 옴짝달싹 못하게 하나로 꿰놓고 있는 형상에 주목합니다. 건(巾)은 공포(功布)로 된 수건을 상징하는데, 일반적으로 공포는 관(棺)을 묻기 전에, 혹은 중도에 그 관을 깨끗하게 닦을 수 있는 삼베로 된 헝겊을 말합니다. 그러니까 일(一)과 구(口)와 건(巾)이 하나로 꿰어진 상태는 사람이 수건을 이마에 두르고 입을 하나로 모으고 불필요한 것에 신경을 쓰지 않고, 오로지 자신의 일에 땀 흘리며 열중하는 모습을 상징합니다. 그러니까 무엇이든 일이 되려면, 일을 만들려면, 그 일 자체가 습관이 되도록 열중하면서 훈련해야 함을 알 수 있습니다. 그렇게 하지 않으면 결코 그 어느 것도 일이 되지 않기에, 그런 일에서는 웃음이 나올 수 없습니다. 웃음이 자신의 일이 되기 위해서는 웃는 것을 일로, 습관으로 만들어야 합니다. 그래야 그 웃는 일로 인해 자신이 행복해지게 되는 것입니다. 우리네 사람들은 이상하게도 "웃으면 복이 온다."고 이야기해 왔습니다. 돈이 많으면 복이 온다고 하지 않고, 웃으면 복이 온다고 한 것은, 웃음은 억지로 되는 것이 아니기 때문일 것입니다. 웃음은 자기 안에 있기에 자기가 웃어야 그것이 웃음이 되는 것입니다. 남이 웃어 주는 것만으로는 내가 그저 덩달아 웃어 볼 수 있을 뿐입니다. 웃는 것에도 나름대로 이유가 있어야 합니다. 자기가 웃어야 웃는 것이기에, 자기가 늘 웃으면 자기에게 늘 기쁨이 올 수 있기 때문에, 옛사람들은 그렇게 웃으면 복이 온다고 말한 것입니다. 풍진세상에서 믿을 것이라고는 일단 자기 웃음뿐이기에, 웃음을 자신의 내면을 편안하게 만들어 주는 수단이라고 생각했을 것입니다. 자신의 몸을 조리하기 위해 내소(內笑)하는 것을 소사(笑事)하시기 바랍니다.

2) 마음주름은 아닙니다

미국 캘리포니아 오클랜드 홀리네임스 대학교 사회학 교수인 윌리엄 새들러는 인생의 주기를 3단계로 나누고, 인생의 절정기를 '서드 에이지(Third Age)'로 명명합니다. 그는 서드 에이지가 삶에서 얼마나 중요한가를 밝힘으로써 학계의 주목을 받았던 생애연구자입니다. 그가 서드 에이지를 이야기할 근거를 갖게 된 것은, 하버드 대학교 성인발달연구소에서 심층 취재 방식으로 이루어진 '중년'에 관한 연구결과, 즉 '마흔 이후의 새로운 성장과 발달'에 관한 연구가 있었기 때문입니다. 그 연구결과를 기초로 발표한 책이 『서드 에이지, 마흔 이후 30년』입니다. 일반적으로 서양 사람들은 인생의 주기를 4단계로 나눠 왔습니다. 첫 번째 단계인 퍼스트 에이지(First Age)는 초기 학습단계로서 삶에서는 가장 기초적인 1차 성장을 이루는 시기입니다. 세컨드 에이지(Second Age)는 일과 가정을 이루는 단계이고, 서드 에이지(Third Age)는 마흔 이후 30년 동안 인생의 2차 성장시기입니다. 삶에서 가장 길고 역동적인 시기로서 나름대로 자기 실현을 추구해 가는 단계입니다. 마지막 단계인 '포스 에이지(Forth Age)'는 그 누구든 나이 듦을 실현해 가는 시기, 사람들이 간절히 바라는 성공적인 나이 듦으로 자기의 삶을 행복하게 마감하기를 꿈꾸는 시기를 말합니다. 젊은이들은 무엇보다도 저들 서드 에이지에 주목합니다. 그것은 지금의 세대들은 저들이 부모 세대와는 달리, 장수 혁명으로 얻은 30년의 수명 보너스(Life Bonus)를 어떻게 활용하는지에 따라 저들의 삶이 달라질 수 있기 때문입니다. 40대 후반의 삶이 저들에게는 절정이 되겠지만, 오히려 30년간의 수명 보너스의 실질적인 수혜자들은 은퇴나 정년 이후의 세대들입니다. 그러니까 60대 이후의 세대들은 의료기술의 발전이나 풍부한 영양섭취, 그리고 운동처방들로 인해 생긴 30년 이상의 수명 보너스를 자신의 삶에서 어떤 자세로, 어떤 태도로, 어떤 버릇으로 꾸려나가는지에 따라 자신의 삶의 질을 달리할 수 있기 때문입니다. 그 옛날부터 T. S. 엘리엇처럼, 인생의 전성기는 인생 전반기에 온다고 여기는 사람들이 있었는가 하면, 카를 융 같은 정신분석학자처럼, 삶의 절정기는 인생 후반기에 온다고 하는 등 서로 엇갈린 주장들을 하였습니다만, 그런 견해 차이는 삶에 대한 자신의 입장에 따라 달라진 것입니다. 서드 에이지의 중요성을 강조하는 새들러 교수는 중년 이후의 삶, 그러니까 인생의 2차 성장을 중요시하면서 그것을 피부로 느끼려면, 서드 에이지 이후의 삶에서 6가지 원칙을 일상적으로 실천하며, 지키라고 권합니다. 말하자면, 첫째로 중년의 정체성 확립하기, 둘째로 일과 여가 간의 조화, 셋째로 자신에 대한 배려와 타인에 대한 배려 간의 조화, 넷째로 현실주의와 낙관주의 간의 조화, 다섯째로 성찰과 실행 사이의 조화, 마지막으로 개인의 자유와 타인과의 관계 간의 조화를 강조합니다. 새들러 교수가 제안한 중년기 이후의 삶에서 필요한 6가지 원칙을 지키면 조화로운 삶을 살 수 있는 가능성이 높습니다만, 제가 보기에, 새들러 교수가 말하는 포스 에이지에 이르면, 서양인들이 그토록 외쳤던 서드 에이지의 중요성은 그 의미를 슬그머니 전복(顚覆)당하기 일쑤이기 때문입니다. 정년 후쯤 되면, 적어도 나름대로의 삶을 살아온 마지막 삶의 단계인, 그런 포스 에이지(Forth Age)에 들어가게 됩니다. 서드 에이지를 넘어 포스 에이지에는 그토록 저들이 중요하게 여겨온 말들이나 주장들이 그저 하나의 어쩌면 '소음(騷音)'에 지나지 않았다는 것을 일순간에 알아차리게 되곤 합니다. 그러니까 삶을 어떻게 살아야 한다느니, 네트워킹을 어떻게 해야 한다느니 하는 그런 것들이 중요하기는 해도, 제대로 해 보지 않거나 자기 스스로 실천하지 않는 한 모두가, 공허하기도 하고, 부질없는 빈소리에 지나지 않았다는 것을 단박에 알아차린 나이가 바로 포스 에이지이기 때문입니다.

인생의 단계에서 결정적으로 중요한 것은 서든 에이지가 아니라, 포스 에이지입니다. 시작은 어줍지 않았어도 끝이 좋아야 모든 것이 좋게 느껴지는 법입니다. 이제는 포스 에이지의 기간이 길어지고 있습니다. 수명 30년 연장이 빈말이 아니라 참말이며, 실제로 그 30년 이상을 꽉 차게 누릴 수 있게 되었기 때문입니다. 포스 에이지부터 실감나게 다져지는 미래의 30년은 누구의 삶에서든 정말로 알찬 기간이 되어야 합니다만 현실은 꼭 그렇지가 않습니다. 이때 제가 말하는 미래는 그냥 시계시간으로서의 30년, 그러니까 한 해 두 해, 그렇게 이어지는 시간을 말하는 것이 아닙니다. 이런 시각으로서의 시간을 크로노스 시간이라고 말합니다만, 제가 말하는 미래는 자기 뜻, 자기 의지, 자기 자유, 자기 마음으로 선택하는 카이로스로서의 '본실적'인 시간입니다. 본실적인 시간에서 가장 중요한 것은 '생명', 목숨의 귀중함을 먼저 알라는 마음가짐입니다. 이렇게 보시면 됩니다. 신약성경, 마태복음 16장 26절에 나와 있는 구절, "온 세상을 얻고도 제 목숨을 잃으면 무슨 소용이 있겠느냐?"에서 뜻하는 대로 그 목숨의 귀함, 생명 있음의 절대성을 말하는 것입니다. 자신의 생명이, 실존과 공존하게 만드는 이런 시간을 시계의 시간, 즉 크로노스의 시간이라고 말하는데 이것 역시 인간에게는 '본실적'인 시간입니다. 그에 비해, 카이로스의 시간은 나의 생명, 나의 삶, 나의 자유를 건 여백 늘리기와 나의 삶을 제대로 음미하게 만들어 주는 시간이기에, 그 역시, 인간에게는 본실적입니다. 카이로스, 크로노스 모두가 인간에게는 본실적이기에, 현명한 사람은 이 시간 모두를 선용할 줄 압니다. 내일 죽어도 여한이 없는 그런 남김없음과 아낌없음의 즐김을 위한 선택과 결단의 시간이 카이로스의 시간이기에, 크로노스의 시간으로 미래, 그러니까 내일을 말하면 그것은 불확실과 불안일 수가 있지만, 카이로스의 시간으로서의 내일이라는 미래를 말하면, 그 미래는 오늘 해내기 위해 생각해뒀던 것을 아낌없이 드러내 보일 수 있는 최고 그리고 최적의 여백과 공간을 지칭합니다. 그 무슨 실패니, 성공이니 하는 단어는 전혀 개입할 틈이 없는 자신의 마지막 같은 여백과 공간일 뿐입니다. 그래서 사람들이 행복해지려면 크로노스와 카이로스 시간 모두를 잘 다뤄야 하는 이유입니다.

포스 에이지는 자연수명과 건강수명 간의 차이가 거의 0이 되어야, 제 의미가 드러나는 인생의 주기입니다. 자연수명과 건강수명 간에 차이가 많이 나면, 그것은 의미 있는, 행복한 포스 에이지가 될 수 없습니다. 말하자면 자연수명, 그냥 편하게 이야기해서 평균수명을 100세라고 한다면 100세에 이르기까지 건강하게 살다 죽으면 그것은 성공적인 포스 에이지가 되는 것입니다. 자연수명 100세−건강수명 100세이면 거의 0이 되기 때문입니다. 쉽게 이야기해서 평균수명이 100세인데 자신이 지닌 건강수명이 80세라면 100−80=20이 되니까, 인생의 후기인 포스 에이지는 건강하지 못한 삶, 어쩌면 20년간을 병치레로 생을 마감하는 삶이 될 것입니다. 100세 장수 사회에서 100세까지 살다가 여한 없이 죽는 것이 가장 이상적인 것입니다만, 누구든지 100세까지 다 살 수 있는 것은 아닙니다. 그러니, 가능한 평균수명, 즉 건강수명−자연(평균)수명≠0의 삶, 그러니까 국민평균수명을 넘어까지 건하고 강하다가 미련 없이 죽는 것이 가장 행복한 삶이 될 것입니다. 이 말은, 모든 이를 위한 가장 바람직한 포스 에이지는 그냥 유행하는 말로 9988234이어야 한다는 뜻입니다. 즉, 99세까지 88하게 살다가 마지막 2, 3일 앓은 후, 아니면 그저 2, 3개월 병상에서 조금 불편하게 지내다가 '소탈하게' 목숨을 거두는 삶이 성공적인 포스 에이지의 이상적인 모델이 될 것입니다. 9988234는 바로 자연수명과 건강수명 간의 차이를 거의 0으로 만드는 상징어와 같습니다. 9988234가 아니라, 8899234가 되면, 그런 삶을 살아가는 사람은 설령, 오래 산다고 해도 끝내 성공적인 포스 에이지는 아닐 듯싶습니다. 자연수명과 건강수명 간의 차이가 너무 크기 때문입니다. 8899234는, 80세까지는 88했지만 90세부터 10년간 구질구질하게 살다가 마지막 2, 3개월 되게 앓은 후에야, '4'하는 경우입니다. 병원, 그 입원한 병원이 제아무리 시설이 좋은 병원이라고 하더라도, 그곳에서 10년간을 지낸다는 것은 그 어느 누구에게도 재앙일 듯싶습니다. 마지막 노후보다 더 긴요한 것이 바로 마지막 숨을 거두는 기간이기 때문에, 자연수명과 건강수명 간의 조화를 이루는 일, 그러니까 건강수명의 끈을 악착같이 놓지 않는 일이 포스 에이지에서 중요할 것입니다.

실제로 우리 사회에서도 평균수명은 70세를 훨씬 넘기고 있기에, 우리도 저들 OECD 회원국처럼 의젓하고, 편하게 말해 평균수명 100세의 사회가 된 것입니다. 사회보건환경이 서구선진사회에 비해 썩 자랑할 만하지는 못해도 저들 국가 못지않게 국민영양, 사회 복지망 같은 것은 나름대로 잘 만들어 가고 있다고 보아도 무방하기 때문입니다. 우리 사회에서 100세 건강 시대를 이야기하는 것이 바로 포스 에이지(Forth Age)로 들어와 있다는 증거입니다. 이런 포스 에이지로 진입했다는 것은, 우리

사회가 이제는 헬스 케어 3.0단계에 진입했다는 뜻이기도 합니다. 인류의 헬스 케어, 그러니까 건강복지 발달을 단계별로 구분하면, 그 옛날 흑사병으로 유럽이 황폐해지던 18세기는, 전염병을 막기 위한 헬스 케어의 시대였다고 볼 수 있습니다. 세균의 정체를 제대로 알아내지 못하고 세균에 전전긍긍하던 시대의 건강의료를 헬스 케어 1.0시대라고 부르고, 그 시대를 흔히 '공중보건의 발전시대'라고 말합니다. 이 당시 의학계의 최대 관심은 전염병을 막기 위해 백신 개발과 세균 박멸하기에 있었습니다. 질병에 대한 과학적인 퇴치와 그것을 위한 의료, 병원시대를 전개하기 시작한 20세기는 헬스 케어 2.0시대라고 부르는데, 이 시기는 '질병 치료의 시대'로서, 의료계에서 흔하게 하던 일이 주로 주사 놓고, 째고, 꿰매고 하는 수술과 치료가 의료의 핵심이었습니다. 헬스 케어 2.0시대는 어쩌면 수술만능, 약 투약 시대였다고 볼 수 있습니다. 100세 건강 시대, 자연수명과 건강수명 간의 간격을 줄이는 시대에서 요구되는 포스 에이지의 건강은 헬스 케어 3.0시대에서 가능합니다. 생명연장의 시대인 헬스 케어 3.0시대에서 주도적 세력은 병원이나 약이나, 의사들이라기보다는 이 시대를 살아내는 사람들, 당사자인데 저들의 건강함 몸, 건강한 마음, 건강한 정신들 그것의 핵심입니다. 물론 의사나 제약회사들의 역할은 결코 감소되지 않을 것입니다만, 저들의 궁극적인 관심 역시 질병 치료보다는 사람들이 가능한 의료기술이나 약에 덜 의존한 채 건강하게 오래 살 수 있는 길을 알려 주는 것으로 바뀌게 될 것입니다. 100세 건강 시대에서 핵심은 그 누구에게든 저들의 자연수명과 건강수명을 가능한 조화롭게 일치시키는 일을 어떻게 이룩하느냐 하는 것이 관건입니다. 그러니까 인간의 수명이 100세라면, 사람들로 하여금 그 100세까지 건강하게 살아내도록 만들어 주는 일이 의료계에서 핵심사항이 되어야 한다는 뜻입니다. 의료계 역시 '돈', '이익추구'에만 골몰하던 자세에 인문학적 성찰로 새로운 정신자세를 갖추게 될 것이라고 기대할 수 있는 대목입니다. 의료가 권력이 아니라, 그러니까 의료 권력으로서 병원이, 의료진이 사람들 위에 군림하는 것이 아니라, 포스 에이지 시대에 걸 맞는 병원, 의료행정으로 거듭나야 될 것입니다. 이 점은 지나 2015년 5월 우리 사회가 중동호흡기질환

(MERS)의 역풍을 경험하면서 느꼈고, 그런 공중보건행정의 난맥상을 통해서 잘 드러난 바 있습니다. 어떻게 되겠지, 혹은 사람들의 입을, 여론확산을 막으면 되겠지, 우리 병원 정도라면 뭐든지 막아낼 것이야 하는 식의 주술적이나, 언론통제로서는 병원균을 막아낼 수 없었습니다. 세균과의 전쟁에서 정치권력적인 처방에 의한 실패와 그 대가를 혹독하게 치러야 했던 질병관리당국이나 삼성병원 같은 대형병원의사들의 자성에서도 그런 성찰을 읽어냈던 바가 있습니다. 이제는 저들도 초심으로 의학의 시조인 히포크라테스(Hippocrates, BC 460?~375?)의 선서, 그러니까 '인생은 짧고, 의술은 길고, 기회는 달아나기 쉽고, 경험은 의심스럽고, 판단은 어렵다(Life is short, art is long, opportunity fleeting, experiment uncertain and judgment difficult)'라는 그의 말이 무엇을 의미하는지를 다시 깨닫게 되었습니다. 우리 의료계도 우리 사회를 강타한 메르스 사태의 역풍 속에서 뼈저리게 그것을 음미했습니다. 숨을 헐떡이는 환자, 그를 괴롭히는 질병이나 세균을 마주한 의사가, 죽어가는 환자에 대한 치료의 시급을 요하기는 하지만 어떻게, 무슨 수로 제대로 판단해야 환자라는 당사자 목숨뿐만 아니라, 이웃한 다른 사람의 목숨까지 함께 구할 수 있는지에 대해, 깊은 고뇌가 어떠한 것이어야 하는지를 잘 알게 되었습니다. 인간의 수명은 한정되어 있지만, 인간의 목숨을 구하기 위해서는 의술이 더 발전해야 합니다. 그렇게 하기 위해서는, 더 연구하고, 더 연구해서 '과학적인 의술'로 발전해야 하는 그 탐구정신이 의료계에서 다른 그 무엇보다 더 우선해야 한다는 엄연한 사실을 히포크라테스가 그 옛날에 가르쳐 주었던 것을 잊지 말아야 합니다. 세균은 정치 권력, 의료 권력, 주술 권력 같은 것에는 아랑곳하지 않는 절대세력입니다. 자연수명−건강수명=0의 시대를 실제로 맞이하게 하는 헬스 케어 3.0의 시대적 과제는 포스 에이지를 살아가는 사람들을 위한 실질적인 생명복지이기도 합니다. 이때, 100세라는 그런 연령이나 나이라는 숫자는 별로 큰 의미가 없습니다. 이미 위에서 말했지만, 70세에 정년한 사람이 30년간 병원에 입원한 채 자신의 수명을 이어간다면, 그런 생명연장은 그의 삶에 그렇게는 의미를 갖지 못할 수밖에 없기 때문입니다. 자신의 세상을, 병원 입원과 병원 침상으로 제한

하는 30년간의 일은, 어쩌면 병원을 감옥으로 만들어 놓은 것이나 별 차이가 없을 것입니다. 헬스 케어 3.0 시대, 포스 에이지에서 가장 중요한 것은, 다른 에이지에서도 마찬가지이겠지만 건강입니다. 몸의 건강, 마음의 건강, 말하자면 각자가 하나씩 지닌 몸의 건강이 무엇보다도 더 중요합니다. 몸의 건강이 삶에 의미를 만들어 내는 토대가 되기 때문입니다. 몸의 건강을 다져내는 것이 자신의 삶에 대한 열정입니다. 열정이 있어야 삶에 의미를 만들어 낼 수 있기 때문입니다.

'모순이죠. 어렸을 땐 어른이 되고 싶어 안달하다가도, 막상 어른이 되어서는 잃어 버린 유년을 그리워해요. 돈을 버느라 건강 따위는 안중에도 없다가도, 훗날 건강을 되찾는 데 모든 재산을 투자합니다.' 나와 동갑내기인 브라질의 국민작가 코엘류가 『흐르는 강물처럼』에서 되뇐 글입니다. 그가, 삶이 모순임을 몰라서 한 소리가 아닙니다. 뻔히 그것을 알고 있기에, 한 번 더 자신에게 오늘도 그 모순 속에서 얼마만큼이나 벗어났는지를 물어보기 위한 그의 노련한 긍정의 반어법적인 표현이었습니다. 대학에서 정년을 맞이할 즈음, 나로 하여금 900km에 달하는 스페인의 산티아고 데 콤포스텔라를 향한 순례길, 그러니까 프랑스 남부, 생장피에드포르에서 피레네 산맥을 건너 산티아고 데 콤포스텔라로 걸어가도록 부추겨 놓은 코엘류는 『흐르는 강물처럼』, 인간이란 처음부터 시간에 매여 사는 묘한 동물이라고 적어가고 있습니다. 결국 자기 자신에 관한 깔끔한 독백이기도 했지만, 그는 사람들이란, 자기도 마찬가지이지만, "미래에 골몰하느라 현재를 소홀히 하다가, 결국에는 현재도 미래도 놓쳐 버리고요. 영원히 죽지 않을 듯 살다가 살아 보지도 못한 것처럼 죽어 가죠."라고 말합니다. 정확하지는 않지만, 영국의 버나드 쇼가 그렇게 자신의 묘비에 적어 놨다고도 하는 묘비명처럼, 그렇게 우물쭈물하더니 내 이럴 줄 알았다라는 것이 보통 사람들의 한평생입니다. 그런 우물쭈물, 그저 말로만 바라보다 가버리는 '허구소망(虛構所望)'의 삶에서 벗어나기 위한 인간적인 시도로서, 어떤 사람들은 버킷 리스트, 그러니까 살아생전 한번 해 보고 싶은 일들을 열거해 보는 삶의 목록을 만들어 보기도 합니다. 삶의 대장정을 보여 주는 버킷 리스트 작성자 스스로, '살아 보지도 못한 것처럼', 죽지 않기 위해 나름대로 자신이 자신에게 도전장을 내미는 노력이기도 합니다. 사람들은 자신의 버킷 리스트에 온갖 가능성을 모두 모아, 실천 가능한 경험목록이 되도록 만들어 보는 데 그 재미가 더 있는 것입니다. 말하자면, 평상시에는 해 보기 어려울 것 같은 일들, 말하자면 오지 여행하기, 악기 하나 배우기, 외국어 서넛 마스터하기 등등 자신의 능력을 다시 드러내 보거나, 취미 그 이상의 노력들을 머릿속으로나마 장황하게, 그려낼 수 있기 때문입니다. 이런 버킷 리스트를 만들어 볼 수 있다는 그 자체가 아직 젊었다는 증거입니다. 마음뿐만 아니라, 몸까지도 아직 쓸 만하다는 욕망의 또 다른 표현이 됩니다. 그런데 세상을 한참 살아가다 보면 불현듯 그 어떤 지점에 와 있다는 것을 한꺼번에 느껴 버릴 때가 있습니다. 말하자면 세상에서 이야기하는 그 모든 것, 그리고 그토록 사랑한다고, 미워한다며 그토록, 그렇게 아옹다옹하며 거부하고 저항했던 그 모든 것들이 그저 하나의 소음이며 잡음이었다는 것을 자신의 '몸'으로 한가득 깨우치는 그런 때가 있게 됩니다. 그런 것을 나이를 기점으로 딱 잘라 말할 수는 없지만, 그저 100세라고 치십시다. 그런 깨우침은 사람 됨됨이에 따라, 물론 60세에도 가능하고, 더 이르다면 3, 40세에도 가능합니다. 그런 큰 깨달음에 이른다면 그것이 바로 삶에 달관한 붓다의 마음을 갖는 것입니다. 그런 지점을 갖지 못하면, 제아무리 가출을 하고, 출가를 했다고 해도 밥을 축낸 것 그 이상은 아닐 것입니다. 세상 그 모든 희로애락이 하나의 소음, 하나의 잡음, 하나의 음악, 하나의 화음으로 정리되는 나이를 그저 100세쯤이라고 한다면, 결론은 하나로 귀결될 것 같습니다. 인생, 그것은 '혼자라도 괜찮고, 금방 이 땅에서 사라진다고 해도 괜찮아.' 쯤이 될 것입니다. 『103세가 돼서 알게 된 것-인생은 혼자라도 괜찮아』라는 글을 써낸 일본의 여성 예술가의 이야기를 정리하면 그렇게 결론지어질 것 같습니다. 노후에 이르러 혼자 사는 사람일수록 더욱더 자신의 삶에 대한 막연한 불안감을 안고 있을 법한 노인들에게, 그녀의 삶에 관한 이야기는 힘을 줍니다. 늙으면 외롭지 않을까, 아프면 보살펴 줄 사람은 있을까 하며 조바심하는 사람들에게, '혼자 사는 것은 전혀 두려운 일이 아니야, 아무것도 안 하고 살아도 행복해질 수 있어.'라고 속삭여 주고 있기 때문입니다.

2015년 현재, 103세가 된 일본인 여성 미술가 시노다 도코(篠田桃紅) 할머니는 『103세가 돼서 알게 된 것』이라는 자전적인 수필집에서 그녀는 맑은 물이 흘러가면서 속삭이듯 자신의 여정을 이야기합니다. "스물넷에 집을 나와 평생 혼자 살며 고독을 당연하게 받아들였다. 타인에게 과도한 기대나 애정, 미움을 갖지 않았다. 자신의 발로 서 있는 사람은 타인에게 과도하게 의존하지 않는 법이니까." 제1차 세계 대전이 일어나기 직전인 1913년 태어나는 그녀는, 학생 시절에는 사랑의 도피와 단신 유학을 감행했던 영어 선생님을 보며 자유로운 삶을 동경했었다고 합니다. 졸업하면 어김없이 곧바로 결혼하는 것이 보통이었던 그 시절에도, 그녀는 독립해서 서예 교사가 됐습니다. 서예가로서 도쿄 긴자에서 개인전을 열기도 했지만 자랑할 만한 것이나, 예술적인 호평을 받았던 것은 아니었습니다. 칭찬보다는 "재기 발랄하지만 뿌리가 없습니다."는 혹평 속에서 그녀는 마음을, 속을 끓였을 뿐입니다. 그럴수록 예술에서의 "뿌리는 다른 사람에게 있는 것이 아니라 자신에게 있는 것"이라는 오기가 들었던 그녀는, 더욱더 자신의 예술을 만들어 나갑니다. 건강을 잃은 그녀는 전쟁 중에는 결핵으로 죽을 뻔하기도 했지만, 사람의 목숨은 하늘에 달려 있다는 생각 때문인지 다시 살아났습니다. 자신의 예술을 더욱더 뿌리내리기 위해, 그녀는 먹(墨)을 이용한 글씨와 그림을 섞어 이제는 추상화가로서 거듭나기 시작했습니다. 대담한 구도와 선으로 자신의 뿌리를 내려갔던 그녀는, 일본이 좁다고 느껴지기 시작하자, 모든 것을 버리고 43세의 독신여성의 몸으로 훌쩍 미국 뉴욕으로 건너가서 뜻한 대로 자유롭게 자신의 예술을 키워 나갔습니다. 그렇게, 그렇게 자신의 예술뿌리가 103년 동안 나름대로 흙 안에서 터를 잡았습니다. 그녀가 미국에 갈 때도, 그 무슨 거창한 계획이 있어서 건너간 것도 아닙니다. 자신의 작품을 감상한 미국인, 그 어떤 이가 '당신 작품을 미국에 한번 소개합시다.'라고 해서 그냥 '그렇습니까.' 하고 두려움 없이 기대 반, 희망 반으로 뉴욕에 간 것이라고 토로하는 그녀는, 지금까지 평생 단 한 번도 그 어떤 예술가나 미술가 단체에 소속되지 않은 채, 그냥 저 홀로, 나 홀로 자기 주도적인 작품 활동을 해 왔었을 뿐입니다. 104세로 항해하는 시노다 할머니는 "어떤 의무도 책임도 없어 홀가분합니다. 자유라는 단어의 뜻 그대로 스스로에게 의지하기 때문에 고독하다는 생각은 없습니다. 스스로에게 의지하면 인생은 최후까지 내 것이 됩니다."라고 말합니다. 계획도 세우지 않으며, 나름대로 작품활동에 몰입해 온 그녀는 "나처럼 무책임한 사람도 없습니다."라고 겉으로 말하자면, 그녀의 속내는 너무 단단합니다. 자신의 삶을 어떻게 살아야 하는지를 이미 꿰뚫고 있는 시노다 할머니가 자신의 삶에서 가장 소중하게 여기는 것은 '자유'였습니다. 이때 그녀가 말하는 자유는, 인간에게 천부적으로 부여된 그 자유였습니다. 신이 허락한, 신의 형상처럼 신이 되고 싶은 자유, 바로 그것이었습니다. 그 자유를 위해 그녀는, 자신의 삶에서, 일에서 그 어떤 시시콜콜한 목표를 세우지 않는 것이 가장 중요했습니다. 그렇습니다. 인간을 지어낸 신(神)은, 자신의 일을 하면서 그 어떤 시시콜콜한 계획을 먼저 세우지는 않습니다. 그저 하고 싶은 대로 할 수 있고, 그렇게 하는 것이 바로 신들이 일상적으로 하는 일입니다. 시노다 할머니는 말합니다. "목표를 세우면 다른 것을 보지 못하고 맹목적으로 매달리게 된다. 목표를 위해 멋진 것들을 그냥 지나치는 것이 싫었다. 목표를 세우고 정진하는 대신 자유를 원하는 마음이 내가 가야 할 길을 만들었다."고 말합니다. 그녀의 일상사를 듣다 보면, 사람으로서 100세를 넘긴다는 것, 그것은 이미 사람이 아니라 신이 되는 것이나 다를 것이 하나도 없다는 생각을 갖게 만듭니다.

죽음에 대해서도 그녀는 담담한 자세를 취합니다. 그리스 신화에 등장하는 수많은 신들이 보여 주었던 그런 자세를 취합니다. 저들 신들이 태어나는 상황을 봐도 도무지 이해할 수 없는 사건의 연속들이지만, 저들 신들이 죽어가는 것 그것 자체 역시 다른 이야기를 위한 하나의 모티브이기에, 저들의 죽음에 구질구질한 애환의 설명은 생략되기 마련입니다. 사람이 태어나고 죽는 것은 인간의 영역이 아니기 때문에 더욱더 그렇다고 말하는 시노다 할머니는, "100세가 넘으니 매일 늙는 것이 손에 잡힐 것처럼 실감 난다. 조금씩 무(無)에 가까워지고 있다는 생각이 든다."고 말합니다. "죽음에 대해 아무리 생각해도 진리에 접근할 수 없기 때문에, 일절 생각하지 않기로 마음

먹는 것이 오히려 더 편하다는 그녀입니다. 그렇게 마음을 먹으니 더욱더 행복하게 되었다는 그녀는 설령 몸은 늙었어도, 마음만큼은 그것과 비례해서 늙기 싫다는 그녀 나름대로의 속내를 감추기 위한 것이었습니다. 얼굴에 이는 주름은 그대로 받아들이지만, 마음에는 그 어떤 주름도 허용하지 않겠다는 그녀의 의지를 그대로 드러낸 말이었습니다. 시노다 할머니는 반세기 전부터 같은 집에 거주합니다. 매일 밥을 세 끼 먹고 소녀 시절부터 입던 옷을 아직도 입습니다. 옷에 대한 취향 역시 한결같습니다. 미국에 있을 때도 뾰족구두 대신 일본식 신발인 조리를 주로 신고 활동했던 시노다 할머니는 이 모두가 자신의 뿌리는 자신에게 있음을 보여 주는 "일종의 유아독존(唯我獨尊)의 마음가짐입니다. 자신의 삶이 주위와 달라도 전혀 이상하거나 해가 된다고 생각해야 될 이유가 없다고 자신에게 늘 말해 왔습니다."고 말하는 할머니도 사람이 살아가다 보면 누구나 한 번쯤은 "왜 이런 시련이 나에게 찾아올까."라는 상황에 직면하게 된다고 말합니다. 시노다 할머니에게도 예외는 아니었을 것입니다. 그런 어려운 상황에서 자신에게 와 닿고 있는 어려움을 극복하거나 나름대로 해결책을 찾지 못하면, 자신에게 낙담하고 이웃에게 실망하기 마련인데, 시련에 자신을 양보하기 시작하면 자기도 모른 사이에 자신의 마음에 주름이 지기 마련이라는 것입니다. 자신을 행복하게 하려면, 자신의 얼굴에 늘어가는 잔주름을 어쩔 수 없다고 하더라도, 자신의 마음에는 잔주름이 늘어가는 것을 극도로 경계해야 한다고 조언합니다. 마음에 주름의 골이 깊어지면 삶에서 희망이나 소망은 소거되고 대신 절망이 자리를 차지하게 됩니다.

　마음에 주름이 들게 하지 않도록 하기 위해서는 자신의 마음근육, 마음근력을 키워내야 합니다. 시노다 할머니가 말한 것처럼, "이 나이가 되니 누구와 대립할 일이 없고, 누구도 나와 대립하려 하지 않습니다. 100세쯤 되는 이 나이에 이르면, 100세는 세상의 '치외법권'인데, 그 어떤 모임에 가지 않아도 뭐라는 사람이 없지만, 가면 사람들이 매우 기뻐하기 마련입니다."라는 생각에 이를 수 있을 정도의 마음근력을 키워내야 합니다. 내가 지닌 마음근력이 세상을 살아가는 힘입니다. 내가 세상이라는 식의 마음무장을 할 수 있을 정도의 마음근육이 튼튼해지면, 마음에서는 강한 힘이 쏟아져 나오기 마련입니다. 마음력, 그러니까 정신력은 몸을 버텨 나가게 만드는 동력이기 때문입니다. 그것은 자동차를 앞으로 나아가게 만드는 휘발유 같은 것입니다. 마치 날갯짓 힘이 약한 새는 제대로 날아다닐 수 없듯이, 마음의 근육이 약한 사람은 세상의 어려움을 헤쳐 나가기 쉽지가 않게 됩니다. 사람들은 말합니다. 마음근력이 튼튼한 사람들은 어려운 일이 그에게 닥칠 때마다 무엇보다도 먼저 7가지 비결 가운데 첫 번째 경고음을 떠올리며, 실천한다고들 합니다. 그것은 자기 자신을 불쌍하게 여기지 말라는 경고음입니다. 다른, 여섯 가지 경고의 소리들은, "타인에게 인생의 주도권을 넘겨주지 말아라, 자신이 바꿀 수 없는 일에 매달리지 말아라, 모두에게 좋은 사람이 되려고 하지 말아라, 과거는 과거일 뿐 집착하지 말아라, 다른 사람의 성공에 배 아파하지 말아라, 그리고 단 한 번의 실패로 모든 것이 끝난 것처럼 포기하지 말아라" 입니다. 정신력을 키워내는 7가지 대중적인 비결을 가능하게 만들어 주는 마음근력 키우기 위해 한 가지가 더 필요합니다. 그 철칙은, 마음근육을 키워가기 위해서 "매일같이 운동하라" 입니다. '몸탈' 하면 '멘탈' 이 무너지기 때문입니다. 그렇습니다. 몸이 건강하지 않으면, 맘이 건강할 수가 없습니다. 몸과 맘은 하나입니다. 그래서 '맘' 인 것입니다. 누구든 하나의 '맘' 이기 때문에, 그 맘에서 몸에 탈이 나면 맘도 몸을 좇아, 탈이 나도록 되어 있기 때문입니다. 마음의 주름이 생기기 시작하면 행복을 가로막는 삶의 적군이 어김없이 자신의 맘 전면에 등장하곤 합니다. 삶을 갉아먹는 세 가지 적이 있는데, 그것은 바로 염려하기, 지루해하기, 그리고 화내기입니다. 이런 적들이 마음에 들어와 놀기 시작하면, 삶이 조금씩 마모되고, 갉아먹게 됩니다. 나이의 벌레, 시간의 벌레, 불행의 씨앗은 그것을 먹고 살아갑니다. 행복한 사람의 귀에는 시계추 소리가 들리지 않듯이, 건강한 사람에게는 염려하기, 지루해하기, 화내기가 놀다갈 틈이 없는 법입니다. 만약에 1분 동안 화를 낸다면, 그것은 이미 행복을 60초 동안 갉아먹힌 것이나 다름없는 것입니다.

3) 강건해야 합니다

삶에 대한 열정이 짙고, 깊으면 노화를 그리 염려하지 않는 삶을 살 수 있습니다. 노화과정에 대해 모든 것을 알고 싶어 노화에 대한 연구물들을 샅샅이 뒤지며 관계자들을 면담했던 대중건강 전문언론인 빌 기퍼드(Bill Gifford) 기자는 『스프링 치킨』, 즉 햇병아리 혹은 애송이라는 책에서, 어떤 사람이든 자신의 노화를 이기는 법은 없다고 잘라 말합니다. 다만 노화를 현명하게 다스리는 방법은 가능하다고 넌지시 일러줍니다. 누구든 인간이라면 늙어가지만, 나이 드는 방식은 개별적이고 각자적입니다. 노화의 형식에 평균공식이 있을 수 없다는 말입니다. 죽음은 누구에게나 동일하게 찾아오지만, 죽어가는 형식은 모두가 각자적일 뿐인 것처럼, 노화의 과정도 사람들에게 그렇게 동일하지 않다는 것입니다. 그러니 노화와 더불어 살아가는 방식 역시 사람마다 제각각, 달라야 됩니다. 누가 내 대신 늙어 주는 것도 아니고, 대신 죽어 줄 수 있는 것도 아니기 때문입니다. 늙어가면서 병이 드는 것이나, 몸속에 들어와 자리 잡고 있는 병들 역시 모두가 각자적입니다. 물론 노화가 진행되면, 대체로 요즘의 노인들일수록, 그 옛날 의료혜택과 영양이 불충분했던 그 시절의 노인들과는 달리, 심장병, 암, 당뇨, 알츠하이머병으로 사망할 확률이 높아진 것만큼은 숨길 수 없는 것이 사실이지만, 그렇다고 해서 친구나 지인들이 앓고 있는 심장병을 나도 똑같이 앓게 되는 것은 아닙니다. 노화과정에서 생기는 병들은 각자의 삶과 그 과정에서 얻게 되는 것인데, 그것들은 모두가 각자적이라는 점이 중요합니다. 물론 요즘의 신노년층들일수록, 노인병의 묵시록과 같은 고(高)콜레스테롤, 고혈압, 당뇨병 같은 것들 때문에 옛날 노인들에 비해 더 애를 먹고 있는 것도 사실입니다. 풍요가 신노년층들에게 던져준 선물이기는 하지만, 모두가 그것을 선물이라고 덥석 받아들고 좋다고 할 것만은 아닙니다. 심장병이니 고혈압이니 하는 병들은 옛날 사람들에게는 그리 염려스럽던 병이 아니었습니다. 그들은 우리들과는 달리 각종 세균병이니 폐결핵 같은 것 때문에 더 노심초사했었습니다. 혈액에 찌꺼기가 쌓이는 고콜레스테롤 같은 병들은 영양이 풍부한 사회에서 오래 살아가는 덕에 얻는 인생 후반기의 경종 같은 것입니다. 그것 역시 삶의 일부이기에, 거부니 뭐니 하는 생각부터 집어던져야 합니다. 사람이면 누구나 겪을 수도 있는 삶의 한 과정이기는 하지만, 그래도 인생 후반기의 수십 년, 어쩌면 포스 에이지의 30년을 그런 병에 포로가 된 환자로 산다는 것은, 제아무리 의료시설이 좋은 곳에 입원을 하고 있더라도, 그것은 어느 누구에게든지 재앙이 될 뿐입니다. 그 옛날부터 회춘과 영생을 위해 수많은 연금술사들과 권력자들이 그런 묘방을 갈망하고 이야기했지만, 이미 처음부터가 그것은 엉터리, 거짓이었을 뿐입니다. 노화를 거부하거나 회춘에 대한 욕망은 종교적인 주문(呪文)이나, 권력으로 성취할 수 있는 그런 현상이 아닙니다. 그 옛날, 진시황이든, 세종대왕이든 그 누구든 가차 없이 굴복시킨 것처럼, 노화는 그 누구에게나 절대권력, 인생 최고의 권력으로 위세를 떨칩니다. 그 어떤 신약이나 의술도 무기력하게 만들어 놓는 진리이기도 합니다. 예를 들어, 19세기 가장 위대한 과학자 중 한 사람으로 치켜세워지는 사람이 바로 브라운 세카르라는 교수였습니다. 그는 개의 고환을 으깨어 만든 명약을 만들어 자신에게 투입했었습니다만, 끝내 모두가 부질없는 짓거리였습니다. 약의 독성으로 자신의 오장육부가 가장 먼저 치명상을 입었기 때문입니다. 실험정신은 위대했으나, 그가 원했던 정력(精力)과 원력(原力)은 약으로부터 보장받을 수 있는 것이 아니었기 때문입니다. 그렇게 하기보다는 차라리, 그리고 우선 몸을 끝없이 여러모로 그리고 매일같이 사용하는 것이 원기회복에 더 도움이 되었을 법합니다. 정 할 일이 없으면, 그리고 더불어 이야기 나눌 수 있는 지인이나 친구들이 있으면, 그들과 더불어 적포도주 한두 잔을 즐기거나, 자기 입맛에 드는 커피를 들며 저들과 담소하는 것이 회춘이나 정력회복에 도움이 더 될 것입니다. 필요하다면, 아스피린이나 기초 비타민, 그러니까 폴리페놀 계열의 항산화 물질이 듬뿍 담긴 음식물을 매일같이 조금씩 필요한 양만큼 즐기는 것도 도움이 될 것입니다. 그러니까 약물보다는 웃음이, 쫄쫄 굶는 다이어트보다는 영양가 있는 식사와 운동이 각자적인 건강과 회춘을 도와주는 보약이 됩니다.

몸의 노화는 어쩔 수 없는 노릇이라고 하더라도, 마음의 노화는 가능한 더디 가게 해야 합니다. 찾아오는 노화와 친구로서 동행하면서도, 그것들과 함께 활력 있게 살아가면 되는 일입니다. 병은 병대로, 나는 나대로, 때로는 나 홀로, 그리고 저 홀로, 때로는 더불어 살아갈 수 있는 방법은, 다른 것이 아니라 병의 존재를 있는 그대로 받아들이는 일입니다. 살다 보면 가족들과 불화의 시간이 있는 것처럼, 살아가다 보면 병이 몸에 그리고 마음에 그것이 깃들 때도 있는 것입니다. 몸에 깃드는 병보다 더 두렵고 무서운 것은 마음을 옥죄고 갉아먹어 들어가는 마음의 병일 것입니다. 우울하게 살아가지 않으려면, 마음의 노화는 막아낼 수 있어야 합니다. 포스 에이지를 살아내는 데 필요한 것은 몸 건강 그 이상으로 마음 건강을 지니는 지혜와 슬기입니다. 몸 건강도 그렇지만 마음 건강은 그 무슨 신약 같은 것으로 지켜낼 수 있는 것이 아닙니다. 정신 건강, 그러니까 행복하다는 자신감을 내뿜게 만드는 그 마음의 건강은 마음의 주름살을 펴는 일입니다. 마음의 주름살은, 건강의 주름살을 펴는 일, 요즘 말로 말하면 건강수명을 늘리는 일에서 출발합니다. 한국보건사회연구원이 한번은 한국인의 건강수명을 산출하면서, 한국인의 평균수명이 2015년 현재 대체로 82세 정도, 그에 비해 건강수명은 71세쯤 되기에, 한국인들이 앞으로도 이런 건강수명 공식대로 살아낸다고 하면, 한국인은 죽기 전까지 '평생' 10.5년 정도는 앓다가 죽는 것과 다를 것이 없다고 보고한 적이 있습니다. 병이 짙게 들어 결정적으로 죽음에 이르는 동안 몇 년 정도나 병마에 시달리게 되는지는 각자적이기는 하지만, 대체로 5~6년은 되는 것 같아 보이는데, 죽기 전까지 중병으로 5년 이상을 시달린다는 것은 그런 이들에게는 삶의 재앙이기도 합니다. 일본이 조선을 지배하던 식민지 시대에 한국인의 평균 수명이 아예 37세 정도였던 것에 비하면, 요즘 사람들은 저들에 비해 천세, 만세를 누리는 것과 다름이 없는 것이지만, 그래도 한 10여 년 동안을 병마로 시달리는 그 삶을 행복한 삶이라고 볼 수는 없습니다. 다시 말합니다. 건강수명이란, 평균수명에서 질병으로 인해 몸이 아픈 동안을 제외한 기간으로서 일상생활에 지장이 없는 나이를 말합니다. 그러니까 아주 쉽게 이야기해서, 사람마다 차이는 있겠지만, 한국 사람은 현재 시점으로 말하면 보통 70~80년 동안은 잔병치레에도 불구하고, 별다른 어려움 없이 일상생활을 하면서 살아가다가 그 어느 날부터 어려워져 한 10년을 병마 속에서 신음하다가 죽게 된다는 이야기입니다. 그 어느 날부터 갑자기 건강을 잃는 일은 없어야 하겠습니다. 그렇게 되지 않으려면 악착같이 몸 운동, 마음 운동을, 말하자면 '몱 운동' 즉, 더 줄인 말로, '몱동'을 해야 하는데, 그 몱동 중에서도 빼놓지 말아야 할 것이 바로 근육 운동입니다. 몱동은 망동(妄動)을 예방하는 생활병의 예방주사입니다. 사람에게 근육 운동이 부족하면, 근력이 감소되고, 그로부터 골격과 심폐기능이 약해지게 됩니다. 자신의 엉덩이, 넓적다리, 허리 근육이 약해지고 손발이 가늘어지며, 상체가 앞으로 구부정해진 느낌이 들기 시작하면, 그것은 자신의 몸에 근육이 줄어들었다는 증거입니다. 근육이 줄어들면 '기초 대사량이 감소' 됩니다. 조금만 먹어도, 뱃살이 늘거나 체중이 늘어나는 것은 기본적으로 기초 대사량이 부족해서 생기는 일입니다. 이것은 다른 말로 말해, 몱의 부작용이며 자신이 게을렀다는 몱의 증좌라고 보시면 됩니다. 그것이 바로 몱에게는 망동이 됩니다. 결코 바람직한 일이 아닙니다. 먹어서, 몱의 근육을 강하게 하거나 늘릴 수는 없습니다. 요즘은 너무 좋은 것을 먹어서 오히려 더 몱에 녹이 슬게 됩니다. 근육이 줄어들면, 어김없이 근력이 퇴화되고 근력을 쓰지 않으면 자신의 동작들이 어쩔 수 없이 둔해지기 마련입니다. 노화가 시작되면 몸의 탄력과 힘이 떨어지게 됩니다. 자신의 근육에서 수분과 단백질이 줄어들기 때문입니다. 대신 그 자리에 지방이 채워집니다. 일반적으로 50대까지는 자신의 근육량이 10% 정도 감소하다가 60대부터는 급격하게 감소하고, 80대에 이르면 자신의 근육량이 45~50%까지 줄어들어 마침내 일상생활을 위한 기본 체력까지 갉아먹고 만다는 것이 건강의학의 일반적인 연구결과입니다. 나이가 들면서 근육을 키우는 일은 남에게 보이려는 근육질이 아니라, '생활근력'을 위한, 마음근육을 위한 운동이어야 합니다. 경제적인 방법이 있습니다. 걷기입니다. 생활근력을 위한 근육질을 걷기에서 만들어 놓는 일이 신노년(新老年)들에게 중요합니다. 다리의 근육량이 인체 근육의 30%를 차지하기 때문입니다. 새를 보거나 닭을 보면, 그들의 중심은 다리에 있음을 알게 됩니다. 걷지 못하면 쓰러지고 말아버리는데, 그것이 바로 죽음입니다. '몸육'을 관리하지 않았기에, 자기 스스로 자신의 건강수명을 단축시킨 결과입니다.

몸육의 근육을 녹슬게 하지 않기 위해서는 자신의 몸과 마음을 간수하는 일에 열정을 가져야 합니다. 그 열정이 바로 자신의 삶을 개조시킬 에너지가 될 것이기 때문입니다. 열정을 영어로는 패션(Passion)이라고 부릅니다만, 그 누구든 자기 삶에서 열정을 가지려면 자기 나름대로의 패션(Fashion)이 있어야 합니다. 영어로 Passion과 Fashion은 모습이 다르지만, 우리 발음으로는 모두 똑같이 '패션'이라고 부르기에 주의해야 하지만, 두 말은 확연히 다른 말입니다. 열정을 위한 패션(Fashion)은 자신의 삶을 꼴짓는 자세, 삶의 태도, 삶의 의지가 올곧이 하나로 묻어 나오는 자세를 말합니다. 말하자면, 장미꽃의 패션은 장미꽃으로 드러나고, 호박꽃의 패션은 호박꽃이 아니라, 호박 그 자체에서 드러나듯이, 자신의 특성을 집약적으로 드러내는 그 어떤 자세가 그의 패션이 되는 것입니다. 자기 나름대로 자신의 모습을 드러내는 패션은 자신의 배움과 배움력에서 나오게 됩니다. 배움은 삶의 의미를 만들어 가는 활동입니다. 자신의 몸, 자신의 마음, 그러니까 자신의 몸을 오늘도 의미 있도록, 그리고 내일을 향해 이어가게 만들어 주는 의미생성이 배움입니다. 배움에서 자신의 모습, 자신의 의지, 자신의 의미를 드러내는 패션이 나옵니다. 그 배움을 위한 열정들이 바로 학습활동인데, 무엇인가 연습하고 또 만들어 일들을 통해 분출됩니다. 그러니까 배움이라는 자신의 패션(Fashion)은 탐구나 습작이라는 열정들에 의해 다듬어지는 것입니다. 다시 말하겠습니다. 배움에서 바로 학습이 나오고, 학습에 잇대어 습작(習作)이 나오게 됩니다. 습작과 학습에 이르는 경로의 모든 익힘과 그 익힘의 활동을 우리는 흔히 '평생교육(Lifelong Education)'이라고 부릅니다. 평생교육은 말 그대로, 사람으로서 태어나서 죽는 마지막 그 순간까지라도 자신이 드러낼 수 있는 모든 잠재력(潛在力, Potentials)을 드러내면서, 자기 스스로 자기를 즐기는 활동을 말합니다. 사람에게는 태어날 때부터 겉으로 드러내 놓을 수 있는 자기 자신의 힘이나 능력이 있습니다. 조금 경우가 다르기는 하지만, 호박씨에는 호박의 본질과 잠재력이, 수박씨에게는 수박의 잠재력이 숨겨져 있듯이, 사람마다 나름대로 '자신'이라는 '패션'을 키워낼 잠재력이 있는 것입니다. 자신의 패션을 제대로 드러낸 사람은, 편하게 이야기해서, 자신의 잠재력을 80% 이상 드러낸 사람이고, 그를 가리켜 자아실현한 사람이라고 부를 수 있습니다. 보통 사람들은 자신의 잠재력 가운데 10%도 채 드러내 놓지 못하고, 그렇게 살아가다가 이 세상을 떠납니다. 실제로 자신의 잠재력은 백조의 그것인데, 그저 오리들 틈에서 오리처럼 저들과 함께 묻어 살다 보니까, 자신을 평생 덩치 큰 오리로 착각하고 살아가는 경우도 역시 흔하기만 합니다. 자신을 둘러싼 환경에 강력한 저항을 하는 것 역시 배움을 위한 열정들에서 나옵니다만, 그렇게 자신 스스로 환경에 저항하는 것은 쉬운 일이 아닙니다. 그러나 자신 스스로 다른 사람들과 다른 잠재력을 가졌다고 확신하는 사람은, 마치 세찬 물결에 강력하게 저항하는 연어들처럼 악조건의 환경을 거슬러 올라가는 열정들을 결코 중단하지 않습니다. 마치, 우리가 경험하고 있는 정보기술의 시대를 앞당겨준 스티브 잡스, 종교개혁의 당사자인 루터, 노예해방의 링컨, 상대성 원리로 새로운 물리법칙을 사고(思考)해낸 아인슈타인, 이토 히로부미를 저격한 안중근 의사(義士)처럼 저들은 모두, 다가올 시대를 한 세대 이상 앞당겨 준 열정의 인물들입니다. 일상의 삶에서 자신이 지닌 잠재력의 90% 이상을 드러내놓고 살다가 죽은 사람들은 '치사'한 사람입니다. 이때 말하는 치사는 어리석은 일로서의 치사(癡事)를 말하는 것이 아니고, 그 옛날 공직자들은 관직을 왕에게 되돌리고 일상의 삶으로 되돌아감을 아뢰는, 말하자면 나이 들었음을 상징하는 뜻의 치사(致仕)라는 단어를 말합니다. 그 옛날 70세라면 지금의 90세 이상이라고 봐도 무리가 없기에, 치사하는 나이는 지금 기준으로 봐도 꽤 고령임을 알 수 있습니다. 옛 기록의 역사에는 그렇게 치사한 위인들은 많이 있습니다. 중요한 것은 한 개인에게 있어서 치사가 아니라, 그가 치사한 후, 어떠한 일을 해내며 자신의 삶이라는 패션을 다듬어 갔느냐 하는 일입니다. 치사한 후에도 자신의 일상으로 돌아간 후에도 쉬지 않고 자신의 패션을 그대로 드러내는 열정을 어느 정도로 유지하고 있는지가 관건입니다. 그 열정이 있어야, 삶의 마지막까지 전체를 거쳐 자신의 잠재력과 가능성을 꽃피우게 되기 때문입니다. 물론 인류의 문명사에서 보면, 퇴계 이황, 괴테, 토스카니니, 피카소, 드러커 등등 여러 사람들이 있습니다. 독일의 문호 괴테는 80세에 그 유명한 소설인 『파우스트』를 탈고했고, 토스카니니는 90세까지 지휘자로, 피카소는 92세까지 그림을 그렸으며, 드러커 교수는 93세까지 명저들을 출간했으며, 퇴계 이황 선생 역시 그 당시 나이로 보아 70세에 이르도록 학문에 게으르지 않았습니다. 여기에서 중요한 것은 저들이 겉으로 드러낸 업적, 그 자체를 평가하는 일이 아니라, 저들 스스로 자신들의 잠재력을 마지막까지 드러내는 힘이 어떤 것이었는지에 관한 것입니다. 철학적으로 이야기해서 인간에게는 3가지 잠재력이 있습니다. 잠재력이란 말 그대로 자신의 몸에 태어날 그때부터 내재되어 있는 힘, 자신만의 특이한 '패션'을 드러낼 힘이지만, 그것에 적절한 배움력이 가미되지 않아서, 아직 표면에 드러나지 않은 상태, 그 무엇이든, 그 무엇으로 되려는 숨어 있는 힘을 말합니다. 그런 잠재력은 첫째로 무엇으로든 되려고 하는 '재능과 소질', 말하자면 '깜냥'으로서의 잠재력입니다. 이런 깜냥으로서의 잠재력을 영어로 캐패시티 투 비컴(Capacity to Become)이라고 합니다. 두 번째 형태의 잠재력은 프로펜시티 투 비컴(Propensity to Become)으로서, 이 잠재력은 흔히 무엇이 될 수 있는 '성향, 버릇, 기질'을 지칭합니다. 마지막 형태의 잠재력은 무엇이 될 수 있는 '능력이나 수행력'으로서 캐패빌리티 투 비컴(Capability to Become)이라고 부릅니다. 그러니까 잠재력은 자기 스스로 그 무엇이 되기 위한 '소질, 버릇, 수행력'이라는 세 가지인 셈입니다. 자신 안에 지니고 있는 그 무엇이 되기 위한 '소질/버릇/수행력'은 그것이 가능할 수 있게 조력하는 토양이 필요한데, 그것은 마치 태양과 물, 그리고 농부의 돌봄이 있어야 결실을 맺게 되는 수박이나 호박처럼, 열정을 뿜어내는 노력들, 말하자면 학습과 습작, 연단들과 같은 것입니다. 끊임없는 탐구와 훈련, 그리고 자신을 가꾸어 내는 단련 없이는 자신이라는 패션, 자기라는 열정이 생겨나지 않게 됩니다. 패션과 열정은 포스 에이지를 살아내려고 하는 사람들이 지켜내야 될 마지막 시험이기도 합니다.

100세 시대, 그 100세까지 건강하게 이르려면, 자신에게 신이 허락한 자연수명과 자신이 자신에게 허용하는 건강수명을 가능한 합치시키려면, 거의 차이가 없게 하려면, 그러니까 건강한 삶을 지속적으로 만들어 가려면, 결국, 열정을 뿜어내게 만들어 주는 습작으로서의 취미, 열정이 묻어 나게 만드는 습작으로서의 공부, 열정을 다스리는 습작으로서의 노동, 그리고 열정을 자신의 에너지로 만들어 가는 습작으로서의 운동을 일상적인 버릇으로 만들어 가면서 자기의 삶, 자신의 건강을 만들어 내야 합니다. 그런 삶이 평생교육, 평생학습으로 다져지는 배움의 삶이라고 부를 수 있을 것입니다.

포스 에이지를 성공적으로 살아내려면, 한번, 세계 500대 기업에게 한 회 해 주는 컨설팅 비용으로 약 2억 5,000만 원을 받는 것으로 알려진 세계적인 컨설팅 전문가 마셜 골드스미스(Marshall Goldsmith) 박사의 제언에 귀를 기울여 볼 필요도 있습니다. 그는 삭막할 수도 있는 우리의 삶을 위해 『트리거』에서, 이런 제언을 건넨 바 있습니다. 그가 말합니다. 정말로 행복하게 살려면, 그 누구는 지금 바로, 이 순간 자신 스스로 생의 마지막 숨만을 남겨둔 95세 노인이 됐다고 상상하라고 조언합니다. 95세, 하기야 현재의 의학적 기술수준으로 보면 한 인생 살 만큼 산 그런 나이이기도 한 일입니다. 그때쯤 되면, 95세쯤 되면, 웬만한 사람들이라면 그들은 자신의 삶에서 의미 있는 것과 의미 없는 것을 구분할 수 있기 때문이라는 것입니다. 죽음 직전까지도, 그 누구든 가지지 못한 것에 집착하느라 삶을 허비했지만, 사실 꼼꼼히 챙겨보고, 반추해 보면 충격적인 일을 알게 됩니다. 그 누구든 나름대로 그 모든 것을 가지고 있었는데도 불구하고, 항상 덜 가진 것처럼 이리 기웃, 저리 기웃거리며 남의 것에 헐떡거리며 탐했다는 것을 95세쯤 되어야 비로소 확실하게 깨닫게 되기 때문입니다. 이것을 더 이른 나이에 깨달으면, 그만큼 더 일찍, 더 확실하게 행복해질 수도 있습니다. 지금, 제아무리 가진 것이 없는 것처럼 여겨져도, 가만히 보면 자기가 자신의 삶에서 그토록 자신이 가진 것들이 많았던 것을 알게 됩니다. 그러고 보면 지금의 내 처지에 대해 모든 것에 더 감사해야 했던 것입니다. 그쯤 되었어야 더 행복했었을 법했는데, 살다 보니 그렇게 해 볼 엄두를 내지 못한 것을 지금 후회해 봐야 소용없습니다. 더 많이 얻으려고 했던 그것은 삶에 대한 새로운 유혹이기도 했었습니다. 유혹이 있어야 새로운 꿈을 좇아다니게 되는 법입니다. 꿈을 좇아야 새로운 나래의 상상(想像)을 하게 됩니다. 긍정적인 그 무엇을 상상하기 시작해야 행복의 나래가 활짝 펼쳐지게 되는 법입니다. 그러나 그것 때문에 포기한 것이 너무 많았습니다. 이제 포스 에이지는 바로 이전의 헛된 유혹을 떨쳐내고 새로운 꿈을 꿀 때입니다.

이제부터는 오래 살려는 그 '더삶'에 유혹당하지 말고, '제삶'다운 꿈을 좇으십시오. '더삶'은 더 많이, 더 오래를 향한 쓰임새 없는 삶에서의 탐심일 뿐입니다. 영원은 없습니다. 더 오래도 없습니다. 그것이 삶이고, 그것이 생명의 위대함입니다. '더삶'의 탐심은 자신의 마음에 주름을 생기게 만들어 놓습니다. 생명은 더 이상의 욕심을 허락하지 않기에, 이제 필요한 것은 삶다운 삶, 자기다운 삶, 자신의 에너지를 다 쏟아붓는 삶이 필요합니다. 그것이 저다운 삶이 될 것입니다. 빌헬름 슈미트 교수는 『나이 든다는 것과 늙어간다는 것』에서, 자신에게 허용된 삶의 시간, 자신이 갖고 있다고 생각되는 삶의 시간을 가치 있게 쓰려면, 다른 것 말고 더도 말고, 그냥 지금 이 순간 당신의 죽음을 생각해 보라고 조언합니다. 시간적 한계를 인식할 수 있다는 사실은 삶으로부터 긍정할 만한 가치가 담긴 무언가를 되도록 많이 만들어 낼 수 있도록 동기부여를 해 줍니다. "만일 이 한계를 영원 쪽으로 미루는 것이 가능하다면 사람들은 아마도 영원히 '삶'을 기다리게 될 것입니다."라는 그의 말을 되씹어 생각해 보십시오. 그 누구든 반드시, 그 언젠가는 죽는다는 사실을 겸허하게 받아들여야, 지금 경험하는 이 시간, 내가 숨을 쉬고 있는 살아 있는 이 시간을 제대로, 그리고 더 가치 있게 쓸 수 있다는 것을 절감하게 될 것입니다. 위대한 영성가도, 철학자도, 그 누구도 어김없이 죽었습니다. 인류의 역사는 죽음의 연대기이기에, 죽음에 아옹다옹할 이유도, 자기만이 예외가 될 리도 없습니다. 게다가 자신의 수명이 더 오래 지속된다는 확신을 갖게 되면, 굳이 지금 자신의 삶에 최선을 다할 이유가 없다고 오만해질 수도 있는 노릇입니다.

포스 에이지로 입문하는 일, 그러니까 정년 후부터 자신을 위해 활용해야 될 평생교육은, 일명 '도사(道士)과정'의 교육이나 마찬가지입니다. 학사, 석사, 박사과정에 비해 한 단계 더 높아진 인생의 교육을 다듬어 가는 삶의 과정입니다. 인생 도사과정에서 학점을 제대로 관리하지 못하면, 그때부터 자신의 삶은 더 어리석어집니다. 아직 당신은 삶이 어리석어진다는 말이 무슨 뜻인지 잘 모르실 것입니다만, 그저 쉽게 이야기해서, 그토록 그동안 쌓아 놓았던 돈이든, 권력이든, 건강이든, 그 무엇이든 서서히 무의미해지기 시작한다는 뜻입니다. 어리석어지게 되면, 삶에 의미를 만들어 내지 못하면, 그것은 정말로 늙은 것입니다. 몸의 건강, 마음의 건강, 그러니까 몸의 건강은 정말로 자기 자신의 몫일 뿐입니다. 주름이 생긴 당신의 얼굴은 용서해 줘도, 주름이 생긴 마음은 용서해 주지 않는 것이 세상의 이치입니다. 마음에 굵은 주름이 늘어가게 놔두면, 자신의 삶은 여지없이 구겨집니다. 다섯 살 때에는 과자에, 열두 살 때에는 게임기에, 스무 살 때는 친구에게, 서른 살 때는 연인에게, 마흔 살 때는 권력에, 쉰 살 때는 허명(虛名)에 이끌렸을지라도, 이제 예순 후 부터는 성찰(省察)로 자신을 더 구원해내는 일에 자신의 열정을 쏟아내야 합니다. 그 누구든 다른 사람이 걸어 온 그 길을 따라, 자신의 길을 만들어 갈 수 없는 노릇이기 때문입니다. 성찰해야 거짓됨이 없는 바른 행동으로 다시 나아갈 수 있습니다. 바른 행동은 곧음을 상징하는 직(直)에 토대를 둔 자신의 생각과 행동에서 나오게 되는데 일상적으로 '몸동'을, 그러니까 자신의 몸에 대해 관하고 행하면, 자신을 망동(妄動)에서 자기 몸을 거뜬히 구해낼 수 있습니다. 망동에서 '몸동'하는 것이 바로 좋은 삶이고, 행복의 시작입니다. 자신의 일상에서 직심(直心), 직언(直言), 직행(直行), 직교(直交)해야, 옛사람들이 가르쳐 준 그대로 입, 몸, 그리고 마음을 지키면 망언, 망행, 그리고 망동을 하지 않게 됩니다. 자신의 입을 지키면 말을 적절하게 할 수 있고, 몸을 지키면 제대로 움직일 수 있고, 마음을 지키면 제 처신을 제대로 할 수 있기 때문입니다.

4) 100% 치료는 없습니다

힐링, 영어로 쓰면 Healing이 되고, 한자로 쓰면 치유(治癒)라고 불러도 무방하니다. 치유라는 말은 의료계에서는 흔히 치료(治療)라는 말과 비슷하게 쓰이기도 합니다. 일상적으로는 서로 바꾸어 서도 되기에 별 무리가 없겠습니다만, 학자 출신인 저는 그 말들이 품고 있는 뜻들이 서로 다르기에 나누어서 봐야 한다고 생각합니다. 지금 제가 이야기해야 될 있는 걷기와 치유 간의 관계라는 주제가 의미하는 바를 분명하게 하기 위해서도 그래야 한다는 생각입니다. 원래, 치유와 치료라는 두 개념은 뜻하는 바가 전혀 다르게 출현된 말입니다. 치유와 치료가 각기 의미하는 바와 그들 간의 차이를 가르기 위해, 한자의 뜻부터 풀어 보기로 하겠습니다. 한자(漢字)에 대해 긴 설명을 하겠다는 제 말 때문에, 당황하실 수도 있습니다만, 그렇게 하는 두 가지 이유가 있습니다. 첫째는 정확한 의미파악 때문에 그렇습니다. 글을 읽는다는 것은 의미를 파악한다는 것인데, 의미를 파악하기 위해서는 문자 하나하나가 지니고 있는 뜻을 파악해야 하기 때문입니다. 더군다나 한자의 경우는 표의문자, 즉, 문자 하나하나가 그 나름대로의 뜻을 담고 있기에 더욱더 그렇습니다. 두 번째, 언어는 사람들의 의지를 표현해놓은 것이기에, 그 의지를 파악하면 그 의지대로 자기 자신도 행하게 되어 있기 때문입니다. 예를 들어, 도서관 벽에 '정숙, 혹은 조용히 할 것'이라고 무엇인가 견고한 표지 말로 써 붙여 놓았다면, 사람들은 그곳 도서관에서는 가능한 조용해야 합니다. 정숙히, 조용히 하라는 도서관 측의 의지를 요구하고 있기 때문입니다. 혹은 대학입시에 붙으려고 열심히 공부하는 학생이 자기 책상 앞에 '단번에 대학에 붙는다.'라는 구호를 써 붙여 놓고 공부한다면, 그는 더 열심히 공부해서 자기가 원하는 대학에 붙을 가능성이 더 높습니다. 매일같이 붙는다는 의지와 자신감으로 공부에 임할 것이기 때문입니다. 언어는 의지를, 소망을, 욕구를 실어 나르는 수단이기도 합니다. 그래서 문자, 그것이 무엇을 의미하는지에 대해 조금 더 신경을 집중해야 될 필요가 있습니다. 제 개인적으로는 생명(生命), 그러니까 생(生)과 명(命)이라는 글자를 보면 내 스스로가 나의 마음을 신경언어 프로그래밍 시키곤 합니다. 생은 누군가에 의해 나라는 생명이 던져진 것을 말하고, 명은 내가 나를 가꾸어 내는 의지를 말합니다. 나라는 존재는 부모님으로부터 '생'을 얻은 이후, 나 자신의 의지와 가꿈으로 그러니까 '명'으로 만들어지는 결과입니다. 나의 의지가 나의 생명을 끌어당기면, 살아 있다는 그 열정으로 내 심장이 나도 모르게 뛰쳐오릅니다. 희열 같은 것이 내 몸 곳곳에 뻗어짐을 알게 됩니다. 살아 있다는 그 기분에 생동감이 넘쳐집니다. 집사람과 사랑해야 하겠다는 마음까지 스멀거리곤 합니다. 내 목숨 못지않게 다른 이의 목과 숨에 대한 경외감도 함께 솟아나곤 합니다. 생명이라는 단어를 하루에도 내 스스로 몇 번씩 되뇌는 그 이유이기도 합니다. 여기에서 한자의 의미를 정확히 받아들이기 위해 우선 먼저, 문자 하나하나의 의미를 음미하면서 저들이 왜 그렇게 그런 문자를 만들었는지를 파악하도록 하겠습니다. 그렇게 하기 위해서는 기호학(記號學)이 무엇인지를 알아볼 필요가 있습니다. 치유(治癒)라는 한자의 뜻풀이에서 보았듯이, 한자(漢字)가 어떤 뜻을 가졌는지를 먼저 파악하기 위하 일차적인 조처입니다. 한글의 70%가 한자음에서 나왔기 때문만은 아닙니다. 한글의 속뜻을 새기려면 당연히 한자(漢字)의 속뜻도 함께, 그리고 깊게 음미해야 하는 까닭입니다. 기호학은 사람들이 사용하는 기호 사이의 관계를 규명하고 기호를 통해 의미를 연구하는 학문으로써 '속뜻'을 다양하게 새기는 일을 합니다. 사람들이 그 어떤 의도를 가졌다면 그것을 겉으로 표현하기 마련입니다. 그렇게 표현된 것에는 '의미'라는 것이 담겨져 있게 됩니다. 그런 표현을 기호로 하게 되면, 그 표현은 하나의 '기호작용'이 됩니다. 문자는 바로 사람들의 의미를 표현해 낸 기호작용의 결과물입니다. 인간의 문자에는 그래서 의미가 들어가 있고, 그 의미는 인간의 의식과 무의식 속에 숨어 있는 다양한 경향성과 생각을 드러내 줍니다. 그 의미들이 다시 인간의 언어를 통해 표출됩니다. 우리말인 한글도 그렇고 중국말의 문자인 한자(漢字)도 모두 의미를 실어 나르는 기호작용입니다. 반복해서 말합니다만, 한자(漢字)는 본질적으로 표의(表意)문자입니다. 한자는, 냇물이 흘러내려가는 모습을 보고 만든 강이나 내를 의미하는 천(川)자에서 보는 것처럼, 사물의 형상을 본뜨거나 그림으로 그려서 하나하나의 글자가 낱낱의 뜻을 가지는 문자입니다. 한자는 표의의 기호이기에, 그 지시대상과의 관계가 훨씬 더 자연스럽게 나타납니다. 한자가 만들어진 그 기원을 보면 그 의미가 더 명확해집니다. 한

자의 기원을 보면, 기호와 대상 간의 관계에 대한 논리적인 연결이 있음을 알게 됩니다. 그에 반해 영어의 알파벳은 추상화된 음소들의 체계일 뿐입니다. 하나의 음소와 그것을 가리키는 기호가 완전히 자의적인 문자가 알파벳입니다. 한자는 뜻을 표기하는 문자입니다. 한글처럼 발음을 기본으로 하는 문자가 아닙니다. 한자는 뜻을 중심으로 새로운 글자를 만들어 냅니다. 예를 들어, 새로운 물건이나 새로운 현상을 표시하기 위해서는 새로운 문자를 만들어 냅니다. 새로운 문자나 비슷한 음이 나는 한자를 서로 조합해 새로운 단어를 만들어 냅니다. 저들이 문자를 새롭게 만들어 쓰는 방법에는 기본적으로 4가지 방식이 있습니다. 첫째는 상형(象形)입니다. 사물의 모양을 본떠 글자를 만드는 고전적인 방식입니다. 예를 들어, 물의 흐름을 그려 수(水)나 천(川)과 같은 글자를 만드는 방법입니다. 두 번째 방법은 지사(指事)로서, 부호를 이용해 개념을 표시하는 방법입니다. 말하자면, 기준선 위에 점을 찍어 윗 상(ㅗ=上)자, 아래에 점을 찍어 아래 하(ㅜ=下)자 같은 글자를 만들어 내는 방법입니다. 세 번째 방식은 회의자(會意字)로서, 둘 이상의 글자를 합쳐 하나의 문자로 만들어 쓰는 방식입니다. 이때 둘 이상의 글자들은 모두 의미와 관련되는 요소들입니다. 예를 들어, 좋다와 자상하다는 뜻을 갖고 있는 호(好)자는 여자(女)가 아들 혹은 자식(子)을 안고 있는 모습을 상징하는 회의자입니다. 마지막으로 형성자(形聲字)가 있는데, 이 형성자 역시 글자들을 합친 글자입니다. 형성자에서는 어김없이 그중 하나가 발음을 나타냅니다. 예를 들어, 맑다와 빛이 선명하다는 뜻을 담고 있는 청(淸)자는, 그 의미와 관련되는 물을 상징하는 수(氵=水)와 발음기호 역할을 하는 청(靑)이 합쳐져 만들어진 글자입니다. 그래서 한자를 이해하기 위해서는 한자의 도상(圖像), 즉 아이콘이 담고 있는 뜻을 살피는 것이 중요합니다. 도상 하나하나가 하나의 뜻을 담고 있기 때문입니다. 그 도상이 지시하는 속뜻을 이해해야 합니다. 말이나 글의 표면에 드러나지 않고 그 속에 흐르고 있는 뜻을 이해하면 언어가 풍기는 의미, 사람들의 의식, 무의식을 지배하는 그 뜻을 함께 새길 수 있기 때문입니다. 낱말 하나, 하나가 풍기는 느낌에 차이가 있기 때문입니다. 이것은 한글에서도 마찬가지입니다.

이제 원래 논하기로 하는 한자 치유(治癒)에서, 치(治)자는 다스린다는 말이고, 유(癒)는 병이 낫는다는 뜻입니다. 료(療)라는 말은 병을 고친다는 뜻을 담고 있습니다. 한자로 료(療)자는 횃불을 상징하는 료(尞)와 병을 앓고 있다는 뜻인 병이 깃들, 혹은 병질이 강한 엄(疒)자로 구성된 형성문자입니다. 형성문자란 이미 만들어진 글자를 모아서 새로운 글자를 만들되, 뜻을 나타내는 부분과 음을 나타내는 부분이 구분되어 합쳐지는 경우인데, 그런 결과 병들을 엄자는 부정적인 뜻을 담고 있습니다. 집 엄(疒), 즉, 지붕이 한쪽으로 늘어뜨려진 집 벽에 망연자실한 채로 기대고 있는 환자의 모습이 바로 집 엄, 혹은 병들을, 혹은 병질 엄(疒)을 나타냅니다. 중국 춘추전국시대 이전에는 주로 환자를 뉘어 놓는 평상이나 침상에 누워 있는 사람을 나타냈던 단어가 바로 병질 엄자이기에, 병질 엄(疒)이 들어가 있는 한자는 주로 통증(痛症), 질병(疾病), '피곤할 피(疲)', '심줄 땅길 경(痙)', '부스럼 창(瘡)', '암 암(癌)' 등과 같은 부정적인 글자로 널리 쓰이고 있습니다. 병질 엄의 화법을 조금 더 설명하기 위해, 앞으로 제가 자주 쓸 단어인 가(痂)자를 예를 더 들겠습니다. 제 『생의 가(痂)』라는 책 제목에 등장하는 그 가(痂)자입니다. 가(痂)자의 의미를 알려면 유(癒)자나 료(療)자도 알아야 합니다. 가(痂)자는, 뜻을 나타내는 병질 엄(疒) 부와 음(音)을 나타내는 가(加)자가 합(合)하여 이루어진 형성자입니다. 이미 이야기한 가(痂)는 형성자이지만, 병질 엄(疒)자가 없는 상태의 가(加)자는 본질상 회의자입니다. 더한다는 의미를 갖는 가(加)자는 먼저 '힘을 의미하는 력(力)'자와 '입을 의미하는 구(口)'자의 뜻이 모여 '더합니다(加)'라는 뜻을 갖는 이런 글자이기 때문입니다. 가(加)자처럼 뜻이 여러 개 모여 하나의 한자를 만들어 내는 회의자는 항상 그것의 의미가 다의적이며, 모호하기도 합니다. 예를 들어, 가(加)에서 먼저 력(力)자는 팔뚝 꼴입니다. 혹은 쟁기를 상징하기도 합니다. 쟁기 역시 힘을 필요로 하기 때문입니다. 입을 나타내는 구(口)자는 어떤 물건을 나타냅니다. 이들의 다양한 의미가 모여 가(加)자는 힘을 주어 물건을 들어 올리는 형상을 의미하기도 합니다. 또는 사람들이 입에 입을 더해 많이 떠드는 모습을 뜻하기도 합니다. 경우에 따라서는 업신여기는 모습을 드러내는 글자로 쓰이기도 합니다. 이렇게 한자의 뜻이 모호하거나, 더 심층적인 이해를 하기 위해서는 한자를 파자(破字)해 보는 것도 도움이 됩니다. 물론 파자의 원칙이 예로부터 있어 오기는 했지만, 그것은 시대에 따라 조금씩 달라졌기에, 엄밀하고도 객관적인 파자의 원칙이 있는 것은 아닙니다. 파자(破字)는 말 그대로 깨뜨릴 파(破), 혹은 쪼갤 파(破)이기에, 한자를 쪼개거나 깨뜨려 본 문자(文字)라는 뜻입니다. 한자가 뜻글자이기에, 그 짜임을 만들어 놓고 각각의 글자가 지닌 뜻을 풀이해서 그것의 의미를 추출하는 방법이 파자입니다. 파자(破字)는 한문의 뜻을 이해하기 위해 우리의 선조들이 상용했던 방법이기도 했습니다만, 그런 파자의 논리가 하나의 학문으로 독립되어 있는 것은 아닙니다. 그럼에도 불구하고 복잡한 한자가 지닌 뜻과 의미를 찾아보기 위해 고안해낸 파자법은 모두 나름대로의 의미를 갖기에 충분합니다. 제 스스로 변변치 않은 재주를 이용하여 한자들을 이리저리 살펴봤습니다만, 이미 전에 말한 고친다는 료(療)자에는 고친다는 뜻만 있는 것이 아니라 다시 앓다라는 뜻도 함께 갖고 있다는 것만은 잊지 않고 말해야겠습니다. 그러니까 고친다는 뜻에는 앓다라는 뜻도 함께 있는데 고치고 앓는 것은, 원래의 상태를 유지하는 것이라는 강한 암시가 들어 있습니다. 고친다는 것은 언젠가는 다시 앓는다는 것을 미리 알려 주고 있다는 뜻입니다. 앓고 고치고, 고치고 앓고 하는 과정은 영원한 되돌림의 과정입니다. 고치고 앓고, 앓고 고치다 보면 어느새 생명과 무생명이 하나된다는 것을 알게 됩니다. 고친다는 것은 생명이기에 욕심을 내는 것입니다. 욕심을 내어 생명의 원래 모습대로 되돌아가면 그것이 다시 앓게 되어 무생명 쪽으로 다시 다가가게 됩니다. 이렇게 앓고, 고치고, 다시 고치고 또다시 앓음의 교대(交代)와 반복의 마지막, 그리고 그 끝에 마침내 죽음이 보이기 시작합니다. 그러니까 죽음은 료(療)의 원초(原初)이며 원형(原形)인 본디 모습인 것입니다. 살아 있다는 것은 료(療)자에서 보듯이 병질 엄(疒)인 것입니다. 생명에서 병을 상징하는 엄(疒)이 들락날락, 붙었다, 떨어졌다 하는 일이 바로 삶이라는 뜻입니다. 병이 들락날락거리는 일을 반복하면서 끝까지 원상태로 유지하려는 노력이 바로 병을 고친다는 뜻으로서의 료(療)가 갖는 의미입니다. 삶에서 완전한 회복은 없습니다.

삶은 살아내는 과정이기도 하지만, 동시에 죽음에 이르는 과정이기도 하기 때문입니다. 인간의 세포에서 일어나는 일로서 원래의 상태로 되돌아가게 만드는 일은 한 가지입니다. 그것은 죽음입니다. 죽음은 없는 것에서 없는 것에로의 회귀입니다. 그 회귀는 이전과 같아진다는 뜻에서의 되돌아감, 이전의 상태와 같아짐의 원형이 됩니다. 죽음만이 '죽음'이기에, 죽음은 바로 생명이라는 그것과 완전히 같아진다는 뜻입니다. 그러니까 료(療)에서의 병(疒)은 죽음으로 되돌아감, 죽음과 같아짐을 위한 수단이며, 과정이며 도구인 셈입니다. 삶에서의 완벽한 치료, 삶의 원형으로 되돌아가기 위해서는 병을 악착같이 증오하거나, 병에 필요 이상으로 대척할 이유가 없는 셈입니다. 병이라는 것은 되돌아가기 위해 필요로 하는 충분한 조건이기 때문입니다. 병에 대해 가능한 너그러운 자세를 갖는 것이 생명에 대한 치료를 받아들이는 자세입니다.

흙으로 되돌아가는 것이 바로 삶에 있어서는 치료의 핵심이기에, 죽으면서도 그 무슨 엄청난 것을 욕망하거나, 저 혼자만 살아야 한다고 바라는 것은 꽤 염치(廉恥)없는 짓거리가 되는 셈입니다. 그래서인지, 수필가 금아(琴兒) 피천득 선생님(1910~2007년)은 어느 문인들이 편집해놓은 『가상 유언장』이라는 책의 한 모퉁이 글인 '아름다운 사랑을 하고 갔구나.'라는 글에서, 그렇게 이야기하는 그 자체가 이미 당신의 체면 없음을 드러내놓은 것이라고, 낯을 붉히면서, 이렇게 적어 놓은 바 있습니다. "하늘에 별을 쳐다볼 때 내세(來世)가 있었으면 해 보기도 합니다. 신기한 것, 아름다운 것을 볼 때 살아 있다는 사실을 다행으로 생각해 봅니다. 그리고 훗날 내 글을 읽는 사람이 있어 '사랑을 하고 갔구나.' 하고 한숨지어 주기를 바라기도 합니다. 나는 염치없는 사람입니다. 또 다른 예가 있습니다. 죽으면서까지, 그러니까 삶을 완전하고도 온전하게 치료해놓고서도 무엇인가 더 바라는 사람들이 부지기수인데도, 가련한 여성의 마음과 몸매로서 삶의 치료책인 죽음에 대해 너무 의연한 모습을 보여 준 영화배우 김자옥 씨의 여유로움에 많은 여성들이 부러운 시샘을 보낸 적이 있습니다. 그때가 아마 2014년 11월 16일이었던 것 같습니다. 대장암과 잇대어 찾아든 폐암의 병마를 도닥거리며 그날 숨을 거둔, 영화배우 김자옥 씨는, 그 어느 날 자신의 몸에서

돋아난 암(癌)의 씨앗, 암이라는 새로운 생명을 접하고, 보통 사람으로서는 감히 범접하기 힘든 말을 남겼습니다. 그녀가 남긴 말을 곰곰이 생각하면 자신의 삶을 대하는 데 정말로 맑고, 곧은 마음씨를 지닌 것 같다는 생각이 들었습니다. 그녀는 그녀의 말을 기다리는 텔레비전 청중들에게 담담하게 말했습니다. "급작스럽게 죽을 수도 있는데 암은 죽음을 준비할 수 있는 병입니다. 절망적일 필요가 없습니다. 나중에 더 나빠지면… 그때를 대비해서 준비할 시간을 주는 것 같습니다. 그래서 감사한 마음으로 긍정적인 자세를 가졌습니다." 보통은 울고불고 하기 마련인데, 그런 인간적인 욕망을 훌쩍 뛰어넘은 그녀의 마음가짐에 그 어떤 영성가들이라고 하더라도 놀랄 수밖에 없었을 것입니다. 그녀는 자신만의 생명에 대해 온몸으로 집착하며, 병마에 대척하려고 하기보다는 오히려 자기 몸속에 새로 생겨난 암세포라는 생명에 대한 경외의 마음으로 병마를 도닥거리고 있었습니다. 그녀의 마음됨은 참으로 곱고 곱습니다. 어차피 누구에게나 어김없이 오고 마는 죽음인데, 그 죽음은 말 그대로 별(別)과 새로운 생을 위한 세(丗)일 뿐입니다. 그러니까 세상과 사람, 일상과 삶, 시간과 공간으로부터의 헤어짐의 조짐인데, 그것을 몇 년간 더 연기한다고 해서 생과 명이 더 길어졌다고 뻐기기가 우습기조차 하다는 그녀의 말대로, 별과 세의 증후를 자신의 몸으로부터 통지받으면, 그동안 나름대로 솟아올랐던 자신의 생(生)을 차근차근 챙기며, 자신의 활(活)을 차곡차곡 개켜두는 여유의 시간으로 삼는 것이 멋지고 여유 있는 일이 될 것 같습니다. 원래 생(生)자는 흙에서 새싹이 솟아오르는 모습을 그린 한자였고, 활(活)자는 '물이 흐르는 소리(The Sound of Stream)'를 뜻하기 위해 만든 글자였으니, 죽음 그리고 별세는 그 솟아오름과 흘러감을 중지시키는 일이라는 뜻입니다. 미리, 미리 준비해두는 일이 생과 활에 대한 자신의 여백을 정리해두는 삶의 지혜일 수밖에 없습니다. 삶에서 죽음을 읽어내는 것이, 죽음에서 삶을 찾아내는 일이 바로 서양의학의 장점인 큐어(Curing), 즉 치료(治療)이지만, 그것에 반해 치유는 성격이 많이 다릅니다. 미리 이야기하지만, 치료는 같아짐을 목표로 삼지만, 치유는 달라짐을 목표로 삼기 때문입니다.

힐링을 치유(治癒)라고 번역했을 때, 이미 한자를 여러 가지로 나누어 보며 그 뜻을 헤아리는 파자(破字)와 그것에 따른 뜻풀이에서 본 것처럼, 그 유(癒)자는 여러 의미를 담고 있습니다. 말하자면, 병나을 유(癒)는, 병질 엄(疒), 그러할 유(兪), 그리고 마음 심(心)과 같이 세 부분으로 파자가 됩니다. 그렇게 보면, 병 나을 유자는 사람들의 몸보다는 마음이 점점 나아진다는, 나아질 것이라는 그런 뜻을 상징하고 있음을 알게 됩니다. 왜냐하면 병 속에서 마음(心)이 그렇게 물이 흐르듯이 그렇게 원활하게 좋아지고 있음을 상징하고 있기 때문입니다. 점점 나아진다는 뜻을 지닌 글자인 유(兪)자는 본디 배(月→舟)와 배가 물살을 가르고(川→刂; 刀) 앞으로 나아가는 모습을 그린 상형자입니다. 사람들은 그 뜻에 착안하여, 사람의 심장 혹은 마음이 점점 잘 통하여 마침내 낫다, 고치다라는 뜻으로도 썼습니다. 후에는 즐겁다는 의미로 유(愈)자를 사용하기도 했습니다만, 원래의 뜻은 점점 좋아진다는 뜻입니다. 좋은 예가 있습니다. 맹자(孟子)가 금병소유(今病小愈)라고 쓴 그 말입니다. 금병소유라는 말은 자신에게 병이 있었는데, 오늘은 조금 차도가 있었다는 그런 뜻입니다. 병으로부터 조금 나아지고 있다는 뜻이었는데, 그 말은 마음이 그렇게 나아진 것으로 받아들인다는 의미를 담고 있습니다. 똑같이 유(兪)자를 쓰지만, 그 유자에 마음(心)을 아래에 달면 점점 마음이 나아진다는 뜻의 유(愈)의 의미가 되고, 그 마음(忄)을 옆에 달아 유(愉)라고 쓰면, 그 유(愉)자는 너무 즐거운 나머지 점점 게을러지다의 뜻으로 바뀌어 버립니다. 마음이 점점 나아져 마침내 태만해지는 모습을 경계하기 위함으로 쓰는 단어가 유(愉)자입니다. 내 마음 스스로 자기 마음을 물 흐르는 것처럼 도닥거려야 마음이 '유(愉)' 되는 법입니다.

5) 고마움입니다

배움을 이야기하면서 아무리 강조해도 질리지 않는 것이 바로 생명에 대한 감탄과 두려움, 그리고 고마움에 관한 이야기입니다. 누구든지, 어떤 것이든지 그 앞에 생명이라는 말을 붙였을 때 그것들의 생명은 뫔의 흐름을 말합니다. 저들의 생에 끊기지 않는 흐름의 기운이 있다는 뜻입니다. 흐름이 끊기면 생명이 끊겼다는 것입니다. 생명이 끊기면 시공이 폐기되고 말아버립니다. 시공이 폐기되면 권력도 소용없는 일이며, 사치도 무망한 짓이 되며, 남녀 간의 성취(性醉) 역시 쓸데없는 일일 뿐입니다. 이때 말하는 성취는 무엇을 이룬다는 뜻이 아니라, 남녀의 욕망과 결합, 말하자면 무분별한 성욕(性慾) 같은 것을 말합니다. 그러니까 생명은, 뫔의 흐름은 끈기이며, 근기(根基)이며, 번식이며, 번식의 이어짐입니다. 내가 뫔을 설명하기 위해, 흐름이라는 단어를 쓰면, 비판당하기 딱 알맞습니다. 식물에게도 마음이 있느냐는 질문이 그것일 것입니다. 저는 식물에게도 마음이 있을 수 있다는 입장입니다. 이때 말하는 마음은 인간처럼 뇌의 작용 같은 것을 말하기보다는 그 어떤 기운(氣運), 자기가 살아 움직이고 있음을 드러내는 각종의 신호, 전기적 작용이나 신호 같은 것을 지칭합니다. 이것에 대해서는, 후에 조금 더 자세하게 말하겠습니다만, 제가 여기서 보다 더 강조하는 것은, 사람의 몸과 마음으로서의 일원화된 조화나 접합 같은 상태가 인간에게는 바로 '뫔'이 된다는 점입니다.

인지심리학자인 미국 터프츠 대학교 철학 교수인 대니얼 데닛(Daniel C. Dennett) 교수는 『직관펌프, 생각을 열다』에서 생명에 대해 이렇게 논합니다. "생명은 경이롭습니다. 수십 억 개의 태양계에 생명이 전혀 존재하지 않는다는 사실이 거의 확실하다는 것을 생각하면, 생명이 존재한다는 것이 기적입니다. 세균에서 물고기, 새, 데이지, 고래, 뱀, 단풍나무, 인간에 이르는 생명의 온갖 형태를 생각하면 놀라울 따름입니다. 그중에서도 가장 놀라운 것은 생물의 끈기, 곧 생존과 번식에 매달리는 수천 가지 방법입니다. 모든 세포 내의 복잡한 단백질 합성 메커니즘에서 박쥐의 초음파 쏘기, 코끼리의 코, '태양 아래' 만물에 대해 생각하는 우리 뇌의 능력에 이르기까지, 생물은 수많은 기발한 장치와 구조 덕분에 어마어마한 장애물을 이겨내고 목숨을 부지합니다. 이처럼 수단이 목적에 꼭 들어맞는 것은 도저히 우연의 산물일 수 없습니다. 이것은 설명을 요하는 현상입니다." 그 어떤 생명이든, 특별히 인간에게 더욱더 분명히 드러나는 맘의 흐름이 가능하려면, 먼저 몸의 흐름이 작동되어야 합니다. 사실, 몸과 마음에서 그 어떤 것이 우선하는지에 대해서는 의문입니다. 동시적이라고 보아야 하지만, 순차성에 익숙한 우리에게는 몸의 출발을 먼저 상정하기 마련입니다. 그런 뜻으로 보면 몸의 시작은 맘의 출발입니다. 그러니까 맘의 시동은 몸의 시동인 셈입니다. 맘의 흐름이 지속되려면 소위 저만의 용어인 '마먹숨움싸', 그러니까 매일같이 마시고/먹고/숨쉬고/움직이고/싸는 일들이 있어야 합니다. 사람마다 용량은 다르겠지만, 자신의 맘을 위한 마먹숨움싸를 가동하려면 음식이 필요합니다. 음식을 취하는 일은 보통 일이 아닙니다. 인간이 마먹숨움싸를 위해 내가 먹는 것은 지구상에 존재하는 유기물과 무기물입니다. 매일같이 자신의 삶에서, 마먹숨움싸를 위해 소용이 되는 것이라면 지구상에 존재하는 그 무엇이든 취할 수 있지만, 그것은 문화권에 따라 조금씩 달라질 뿐입니다. 유기물은 살아 움직이는 생물과 관련되어 있습니다. 유기물은 화학적으로 말하면 탄소(C), 수소(H), 산소(O)로 이루어져 있는 데 반해, 무기질이란 돌이나 공기같이 생물에 직결적인 관련이 없는 원소들입니다. 철분(Fe) 같은 것은 무기물이지만 생물과 깊은 관계를 유지하고 있습니다. 유기물은 살아 있는 생명체로 인하여 만들어지는 물질을 말합니다. 우리가 취하는 물고기나 동물들은 당연히 유기물입니다. 과일이나 채소 같은 식물 역시 유기물입니다. 공기 가운데, 탄산가스와 땅에서 물을 흡수하여 광합성작용을 하여 탄수화물을 만들어 내기 때문입니다. 탄수화물을 만들어 낸다는 것은 생명을 유지하며 성장하고, 나름대로 저장양분을 생산한 후, 때가 되면 생명을 끝낸다는 것을 의미합니다. 생명을 끝낸 식물체가 바로 유기물이 되는 것입니다. 유기물 속에는 무기물도 포함되어 있지만, 그것은 영양분으로 흡수한 것일 뿐입니다. 무기물은 그냥 식물이나 동물의 죽어 남겨진 잔여물이라고 생각하면 되는데, 돌, 흙, 바위 같은 것은 생명체가 없는 무기물입니다. 인간이 '마먹숨움싸'를 위해 취하는 유기물은, 다른 유전자의 생명 시스템을 파괴해 얻는 결과입니다. 저들의 생명을 앗아 만든 내 것이니까, 인간은 무기물을 먹는 것이 아니라 유기물을 먹는 것입니다. 소, 멸치, 고구마, 감자, 심지어 박테리아까지 먹습니다. 유기물을 먹어야 인간의 몸 안에서 에너지가 생성됩니다. 식물만이 오로지 무기물에서 에너지를 얻습니다. 인간은 그런 식물의 생명도 끊어버립니다. 모든 동물은 결국 자신의 생명을 위해 다른 것의 생명을 먹습니다. 예외란 있을 수 없습니다. 나라는 생명의 흐름을 위해, 나와 다른 유전자 종의 유기물을 가차 없이 섭취합니다. 나의 생명, 그리고 생명의 흐름, 그리고 내 생명의 유전자를 뿌려 놓기 위해 다른 생명의 시스템을 파괴합니다만, 나 역시 그 언젠가는 저들에 의해 그렇게 파괴될 뿐입니다. 그러니까 한 가지 영원히 잊지 말아야 될 사실이 있게 되는 셈입니다. 그것은, 나의 생명, 그러니까 내 몸의 흐름을 위해 내가 취하는 것은 질과 격의 높낮이에 관계없이 모두 유기물이며, 그것은 모두가 생명이라는 사실입니다. 나라는 생명이 다른 생명에 대해 늘 고마워해야만 되는 첫째 이유입니다.

　제아무리 내 몸의 흐름을 영속시키려고 노력해도, 끝이 있기 마련입니다. 영원히 사는 법은 있을 수 없기 때문입니다. 제아무리 제대로 된, 잘된 '마먹숨움씨'를 하려고 최상의 유기물을 취하려고 해도, 그것은 인간으로서는 거의 불가능하기 때문입니다. 생명의 건강을 지켜주는 음식을 제아무리, 제대로 취하려고 해도 그것은 거의 불능에 가깝기 때문입니다. 사람이 몸의 건강을 유지하려면 식사를 통하여 8가지 필수 아미노산(Essential Amino Acid)이 필요합니다. 그러니까 몸 안에서 제 스스로 합성되지 않거나 충분하게 합성되지 않아 음식물로 섭취해야 하는 아미노산들인 아이소루신, 라이신, 루신, 메티오닌, 페닐알라닌, 트레오닌, 트립토판, 발린, 히스티딘 같은 것들이 필요합니다. 그것뿐만이 아닙니다. 16가지의 미네랄, 20가지 비타민 등등 모두 44가지의 필수 영양소를 섭취해야 합니다. 이 모든 44가지의 필수 영양소를 매일같이, 그리고 한결같이 유기물에서 섭취하기란 그리 쉽지 않은 일입니다. 인간이 취하는 음식은 불균형할 수밖에 없습니다. 44가지 필수 영양소 가운데 한 가지만으로도 필요한 수준 이하로 떨어지면 생명의 사슬이 끊어지게 됩니다. 건강은 좋아질 수 없게 된다는 것이고, 그렇게 되면 인간 역시 어느덧 질병에 걸리게 됩니다. 생명의 흐름, 몸의 흐름이 이어지고, 끊어지고, 다시 이어지는 식으로 헐거워지고, 늦추어지면서, 마침내 뫔의 흐름이 정지하게 된다는 뜻이기도 합니다. 아무리 우겨도 결론은 이미 나 있습니다. 인간은 결코 영원히 건강할 수가 없다는 그 사실에 이르기 때문입니다. 그러니까 그 언젠가는 자신의 뫔에서 흐름이 늦추어지거나, 헐거워지거나, 끊어질 수밖에 없는 운명이 바로 생명의 원리입니다. 뫔의 흐름이 헐거워지거나, 끊어지기 전까지가 바로 나의 생명이고, 너의 목숨인 셈입니다. 서로 치고 박고, 울고, 자시고, 뭐고 할 시간이 결코 넉넉하지 않은 셈입니다. 그럴 시간이 있으면, 자기 자신에 제대로, 그리고 잘 '마먹숨움싸'게 만들어 준 다른 생명에게 감사해야 될 일입니다.

배움을 구성하는 으뜸 요소인 생명은 바로 삶의 흐름이기에, 사람들 간의 관계에 주목합니다. 관계를 맺고, 관계를 잘하고, 관계를 제대로 유지하는 것이 생명의 흐름을 유지하는 것입니다. 살아가는 일은 사람이든, 사물이든, 관계를 만들어 가는 일입니다. 관계에 따라 삶의 흐름이 지연되기도 하고, 차단되기도 하며, 다르게 변형되기도 하기 때문입니다. 관계를 제대로 한다는 것은 배려를 제대로 한다는 것을 말하는 것입니다. 배려라는 것은 상대방의 처지에 대한 고려입니다. 나의 처지로서 상대방의 처지나 입장을 고려하는 일입니다. 배려 속에서 관계가 이어지고 유지되는 것입니다. 배려의 내용이나 방법은 다양합니다. 물질적인 배려도 가능하고, 정신적인 배려도 가능하기에, 상대방의 처지를 고려한 그 어떤 배려도 관계를 이어 가는 데 도움이 되는 것입니다. 배려의 정신을 한마디로 정리한다면, 그것은 고맙습니다라는 정신과 사랑합니다라는 배려로 이어질 것입니다. 고맙습니다라는 말의 원래 의미는 신을 향한 경배이며 경탄을 상징하고 있습니다. 어원적으로는 우리네 정신적 무의식에 자리 잡고 있는 곰(熊)과 연결되어 있습니다. 고맙습니다에서 고마는 곰이라는 말의 변형이라는 것입니다. 그 옛날 단군신화에서 보았듯이, 곰은 단군이라는 생명을 잉태한 여성의 원형입니다. 그러니까 우리의 무의식에서, 고마움이라는 말은, 일어날 수 없는 일이 지금 일어난 것에 대한 깊은 경탄을 상징하고 있는 것입니다. 사람들 간의 관계에서, 배려에서, 고마움이라는 말의 상징은 바로 상대방의 생명에 대한 배려나 마찬가지인 셈입니다. 사람들의 배려라는 것은 사람들을 사랑한다는 것은, 유교에서 말하는 인(仁) 모두는 사람들 사이를 돌아다니는 실핏줄 같습니다. 경제학자들은 사람들 사이의 배려를 설명하는 말로서 '인간관계의 경제'라는 말을 씁니다. 인간관계의 경제학에서 관계는 사람들을 서로서로 이어 주는 인간관계경제에 있어서 화폐(貨幣)와 같은 순화기능으로 이해합니다. 인간 인터넷을 돌아다니는 글인 '어느 산골의 외상값'이, 바로 인간관계경제학에서, 배려가 어떤 일을 할 수 있는지를 보여 주고 있었습니다. 내용은 돌고 도는 돈~ 돈~에 관한 단순한 것이었습니다만 글이 시사하는 내용은 그렇게 단순하지가 않았습니다. 관광객을 상대하며 살아가는 마을이 있었지만, 중동호흡기질환인 메르스의 여파로 관광객의 발길이 끊겼다고 시작하는 그 글은 이렇게 이어졌습니다. "어느 날, 여행객 한 사람이 와서 민박집에 방을 잡고, 20만 원의 숙박료를 선불했습니다. 그간 서로에게 진 외상값으로 눈치만 보던 동네 사람들의 인심을 읽고 있었던 민박집 주인은, 지체 없이 정육점으로 달려가서 외상을 했던 고기값 20만 원을 갚았습니다. 정육점 주인 역시 기름집으로 달려가서 20만 원을 갚았습니다. 기름집 주인도 식료품 집으로 달려가서 그동안 빚진 식음료 값인 20만 원을 갚았습니다. 식음료집 주인은 다시 민박집으로 달려가서 자기 친척의 숙박 때문에 신세졌었던 빚인 숙박비 20만 원을 갚았습니다. 돈이 순식간에 마을을 한 바퀴 돌고 돌아 다시 민박집 주인에게 돌아왔습니다. 그런데 얼마 지나지 않아 관광객이 되돌아와 방이 마음에 들지 않는다고 20만 원을 되돌려 받고 떠나 버렸습니다. 돈을 번 사람은 아무도 없고 돈을 쓴 사람도 없습니다만, 마을에는 이제 서로에게 빚진 사람은 한 사람도 없게 되었습니다." 민박집 주인이 외상값을 먼저 갚았기 때문에 일시에 일어난 일입니다. 그 누구든 자신에게 있던 돈을 먼저 돌려야 돈이 도는 것처럼, 관계도 누군가가 이어놓기 시작해야 온몸의 실핏줄처럼 서로에게 이어지는 법입니다.

삶이란 욕망을 반복함으로써 이어가지만, 행복은 관계와 즐김을 잇대어 가면서 이루어지게 됩니다. 산다는 것은 무엇을 원하고, 또 원하는 것을 한없이 추구해 나면서 이루어지지만, 행복이라는 것은 그것과는 달리 즐기는 기쁨을 맛보고, 또 그렇게 기뽐을 즐기는 그것으로 채워지게 됩니다. 사람들은 서로 자기들이 지니지 않은 그 어떤 고상한 재능을 남에게 드러내 보이려고 한평생을 헛되게 보내고 있는 것과 다를 것이 없습니다. 있지도 않은, 되지도 않는 자신의 유별난 재능을 드러내 보이려고 하면서 그렇게 자신의 삶을 낭비하지 말아야 할 일입니다. 자신만의 삶을 정말로 원한다면, 그래서 그런 자신만의 삶을 선택한다면, 결코 자신이 지금 살아가고 있다는 그 사실만큼은 결코 잊어서는 곤란합니다. 자신만의 삶을 잊지 않으려면, 자기 안을 자기 스스로 들여다보아야 합니다. 자기 안을 자기가 들여다보라는 것은 다른 말이 아닙니다. 사람들은 밀어내기보다는 당기기를 좋아합니다. 오래된 습관이기도 합니다. 밀면 자신의 세계이고 당기면 타인의 세계인데도, 사람들은 밀면 안으로 들어가는 문이 열리게 되어 있는 그런 문이 달린 방 앞에 서 있다는 것을 알아채지 못합니다. 사람들은 잡아당기기보다는 자꾸 밀면서 안의 자신으로 들어가려고만 합니다. 밀어내기보다는, 반대로 잡아당기기에 모든 것은 바깥과 연결되기 마련이고 그런 노력으로 자신은 바깥이라는 방안에, 마치 그곳이 감옥이 되어 그를 영원히 가두어 놓게 됩니다. 종교라는 것이 그런 일을 할 때가 많습니다. 종교의 문은 잡아당기면 자기 안으로 열리는 문이 아니라, 밀면 자기 안으로 열리는 문을 갖고 있어야 합니다만 각종 교리로 규격화된 종교들은 그렇지 않습니다. 교회니, 절이니, 사원이니 뭐니 하는 것들 안에 장치된 성찰의 문은, 가만히 그리고 찬찬히 따지고 보면, 모두가 자기 자신의 안문을 잡아당기게 하는 것보다는, 모두가 바깥으로 밀어 보라고 하는 문들로 장치되어 있습니다. 그런데 종교는 그리고 신앙은, 언어철학자인 비트겐슈타인(Wittgenstein)이 말했듯이, 오로지 나와 신 사이에 성립하는 내밀한 관계일 뿐임에도 불구하고, 자신의 문을 들어가기 위해서는 밀어야만 하는데, 반대로 잡아당기도록만 하고 있습니다. 신앙이라는 것은 그 누구든, 신과 자기 사이의 영성적 관계이기에 그 누가 그 가운데에 개입할 일이 아닙니다. 그러니, 그 어떤 종교자격증을 받았다는 사람들이 그 사이에 개입하게 놔둘 일이 아닙니다. 신과의 관계를 제대로 맺고 싶다면, 자기 자신의 문을 바깥으로 밀어내려고 하기보다는, 자기 자신의 문을 안으로 확실하게 잡아당겨야 할 일입니다. 그래야 신과 자기 사이의 문이 활짝 열리게 되어 있습니다. 신의 문이 열린다고, 돈이니 명예니 건강이니 뭐 그런 것이 그곳에 쌓여 있는 것은 아닙니다. 신의 방은 그런 것과는 무관할 뿐입니다. 그것에 있는 것이라고는 참자아를 알아채는 데 도움이 되는 영성이 있을 뿐입니다. 목회자니 종교의 주관자들은 나의 믿음을 재는 잣대가 아닙니다. 누구의 신앙을 저들의 잣대로 잴 수 있는 것이 아니기 때문입니다. 비트겐슈타인을 다시 인용하겠습니다. 그는 말합니다. 책상이나 옷이나 그런 것들의 치수를 잴 수 있다는 자(杓)를 믿을 수 없다면, 그렇지만 그 무엇인가를 그 어떻게든 재야만 한다면, 미덥지 못한 자(杓)로 책상이나 옷의 치수를 잴 것이 아니라, 오히려 책상이나 옷으로, 자가 제대로 잴 수 있는 그런 도구나 수단인지를 재라고 말합니다. 신앙, 믿음, 신심이라는 영성은 결국 앎, 균형 잡힌 앎일 뿐입니다. 그 앎, 그 균형 잡힌 인식만이 삶의 진리이고 진실입니다. 우리가 소위 말하는 시공간적인 우주라는 것은 결코 존재하지도 않을 뿐만 아니라, 그렇게 존재한 적도 없습니다. 말로만, 상상으로만 마음으로만 그렇게 생각하고 상상할 뿐입니다. 그러니까 '참나(True Self)'라는 존재와 균형 잡힌 앎으로서의 알아차림 사이에는 궁극적으로 그 어떤 차이도 있을 수 없습니다. 두 개, 그러니까 참 자아와 앎이라는 것은 서로가 같은 것이기에, 궁극적인 삶의 목적은 신성이라는 것이 자아와 앎이 서로 다르지 않다는 것을 분명하게 드러내게 만들어 놓는 것입니다. 그것이 영성입니다. 때로 사람들은 신성이라는 이름을 빌어 생명체와 비생명체라는 구별을 강조하고, 그것을 통해 환상(幻像, Illusion)과 착각을 만들어 내곤 합니다. 저들이 무엇을 어찌하든 간에 관계없이, 한 가지 분명한 것은 이 세상의 모든 만물은 나의 알아챔에 의해 존재하게 됩니다.

앎이라는 단어가 갖는 뜻이 지식이나 분별과 같은 단어와 다르다는 것을 설명하기 위해, 여기서 잠깐 지식이라고 번역되는 날리지(Knowledge), 분별이라고 번역되는 디스선먼트(Discernment), 그리고 앎 혹은 알아챔이라고 번역되는 어웨어네스(Awareness) 사이의 의미론적 차이를 살펴보겠습니다. 세 단어 모두 사전적으로는 그냥 지식, 혹은 분별, 혹은 앎이라고 번역될 수 있습니다만, 날리지로서의 지식은 어떤 주제나 대상에 대해 사람들이 갖고 있는 정보나 이해 정도를 말하는 것입니다. 우리의 문화에서는 지식이나 정보라는 말로 꽤나 친숙한 용어인 날리지(Knowledge) 입니다. 그런 지식에 비해, 사물을 보고 분별하는 견식, 말하자면 '안목, 분별력', 인식에 가까운 뜻이 바로 디스선먼트(Discernment)입니다. 디스선먼트도 경우에 따라 지식으로 번역될 수 있는 말입니다. 마지막으로 어웨어네스(Awareness)는 자기 자신이나 사물에 대하여 깨어 있는 상태에서의 인식작용이라는 뜻을 담고 있습니다. '의식, 관심, 인식, 각성, 깨달음'에 어울리는 말이 바로 어웨어네스로서의 알아챔과 앎입니다. 어웨어네스로서의 앎은, 사람들이 자기가 접하는 그 어떤 대상에 대하여 원하는, 욕망하는 그대로 보는 것이 아니라(As I desire it), 반대로 있는 그대로 보는(As it is) 행위를 말합니다. 이런 앎을 알아차림이라고 보게 되는 것입니다. 이때의 알아차림은 완전한 균형 감각이 잡힌 상태의 앎과 인식, 분별입니다. 예를 들어, 남녀가 서로 만나서 서로가 배려와 사랑의 생각을 하게 될 때, 남성이 자기가 만난 여성을 성(性)의 상대로 알아채면, 그 후부터 그 여성은 그가 성적으로 취해야 될 여성으로 보이게 됩니다. 반대로 그 여성을 성적(性的)으로 취해야 될 '여인네'로 간주하지 않고, 서로에게 위로를 주며 말벗이 될 수 있는 동행으로서의 '인격'(人格)으로 보면, 똑같은 한 여성이라고 해도 그 여성에 대한 나의 인식이나 알아챔, 그리고 알아감의 그 성격은 전과는 판이하게 달라집니다. 성적으로 취해야 될 여인네로 보는 것은 일종의 안목이 되는 것이지만, 동행해야 될 인격으로 보는 것은 인간에 대한 완전한 균형감각을 바탕으로 한 어웨어네스로서의 '앎'이 되는 것입니다. 어웨어네스는 자신의 내면을 성찰하는 행위로서의 앎, 알아차림이며, 자기 성찰의 몸체입니다.

6) 겸양입니다

행복이 무엇을 말하는지 사전적으로 살펴보면 그것에 대한 이해는 오히려 더 쉽습니다. 사전에 따르면, 행복이란 사람마다 각자의 삶에서 나름대로의 만족과 기쁨을 충분히 느끼고 살아가기에 자기의 삶이 흐뭇한 상태를 일컫는다고 되어 있습니다. 행복이 무엇인지 충분히 이해가 되는, 어쩌면 행복에 대한 귀감이 되는 사전적인 정의입니다. 행복, 그 누구의 삶이든 딱 부러지게 그런 행복은 있을 수 없습니다. 슬픔 역시 마찬가지입니다. 사랑 같은 것은 더욱더 그렇습니다. 없는 것을 있는 것처럼 생각하고 그것에 아웅다웅하는 것이 오히려 행복한 순간을 만들어 줍니다. 제 경우는, 그렇습니다. 딱 부러지게 없는 것을, 있는 것처럼 이렇게 저렇게 생각하는 그 순간, 그 동안에는 저절로 마음이 뿌듯하기 때문입니다. 어느 누구도 나의 생각을 뚫고 들어올 수 없기에 더욱더 저는 개인적으로 그런 시간에 만족을 느낍니다. 앞으로도 수없이 반복하겠습니다만, 요즘을 살아가는 사람들에게 있어서 행복한 느낌은, 그 옛날 아리스토텔레스나 제논, 그리고 에피쿠로스가 말하는 좋은 삶의 윤리라기보다는 일상적인 기쁨, 그 어떤 기쁨이던 그런 기쁨을 즐기는 순간순간 느껴지는 만족의 느낌을 말하는 것일 뿐이기에, 행복함의 진수를 맛보려면 더욱더 자신에게 겸손해야만 합니다. 기쁨을 즐기는 일에 불만이 없는 기분과 느낌으로 좋은 삶을 살아내는 것이 제게는 바로 행복을 의미하기 때문입니다. 불만은 어쩌면 불만족에서 생겨나는 화를 일컫는 말일 수 있습니다. 불만족에서 자기가 빠져 있는 상태인데, 그것 때문에 연속적으로 무엇인가 편치 않은 마음이 불끈불끈 솟아오르는 감정적인 표현이 바로 불만입니다. 불만이 계속되면 그 어떤 기쁨도 생길 수가 없고, 더군다나 그 어떤 기쁨도 즐길 수 없게 됩니다.

다시 말합니다. 행복은 불만의 기운 없이 그 어떤 것이든 그것으로부터 생기는 기쁨을 즐길 때 얻을 수 있는 만족의 기분이나 느낌을 말하게 됩니다. 행복이 그런 기운이나 기분이기에, 행복은 영원할 수가 없습니다. 행복은 시시각각 녹아내리도록 되어 있습니다. 마치 갓 빚어낸 맛있는 빙수처럼, 아이스크림처럼, 초콜릿처럼 주위의 분위기에 따라 저절로 녹아버리게 되어 있습니다. 행복에 관한 수많은 연구들이 공통적으로 지적하는 것처럼, 사람들의 기분, 그것이 좋든 언짢든, 그리고 싫든 간에 관계없이, 사람들이 일상적으로 겪을 수 있는 기쁨이나 슬픔은 제아무리 길어도 100일 이상을 버텨내지 못합니다. 슬픔에 비해, 기쁨의 유효기간이 더 짧습니다. 결혼의 예를 보더라도 마찬가지입니다. 죽고 말지, 떨어져서는 도저히 살 수 없기에 결혼한 부부의 사랑과 행복의 감정도 제아무리 길어 봐도 채 2년을 넘기지는 못합니다. 신혼 초의 그 짜릿짜릿한 감정의 시효는 그것보다 훨씬 짧습니다. 인간의 쾌락적응과 그로부터 생기는 행복감의 시효는 그 정도입니다. 그래서 서양 사람들도 낮잠을 자면 한 시간 정도 기분이 좋고, 낚시를 가면 하루 정도가 행복해지고, 결혼하면 한 달이, 부모로부터 유산을 물려받으면 1년 정도가 행복해지게 마련이라고 말하고 있습니다. 제대로 살려면, 제대로 생존하려면, 기쁨이고 슬픔이고 간에 관계없이 빨리 잊고 환경에 적응해야 합니다. 그런 삶의 과정 속에서 때때로 기쁨의 즐거움을 느끼게 되는 것인데, 그런 기쁨의 즐거움을 행복이라고 표현하고 있는 것일 뿐입니다.

행복은 살아 있을 그때 느끼는 것이기에, 행복은 그 무엇보다도 먼저 생명과 생명 있음을 확인하며 그것부터 당장 즐기는 일입니다. 생과 명이 없으면 행복을 꿈꿀 수 없는 노릇이기 때문입니다. 행복은 기적입니다. 생명은 기쁨입니다. 기쁨은 행복입니다. 슬픔을 기쁨으로 만들어 내면 그것이 바로 행복이 되는데, 그런 예로 들 수 있는 사람이 바로 박모세라는 청년입니다. 그는 다재다능하지만, 자신의 몸을 움직일 수 없는 뇌수종환자입니다. 그는 태어날 때부터 그런 아이로 태어났습니다. 어머니 배 속에서 이미 병을 앓기 시작했기 때문입니다. 아이의 후두부에 뼈가 없습니다. 뇌가 흘러나오는 희귀성 질환인 그런 아기를 갖은 엄마는 좌절했습니다. 모든 것이 슬펐고, 신이 유독 자기에게만 내린 천벌인 것 같았던, 아기 엄마는 고쳐 생각하고, 또다시 생각했습니다. 마음을 고쳐먹는 수밖에는 다른 것이 없었던 그녀는 마침내 한 가지 결론에 이릅니다. 아무리 생각해도, 모세는 자기에게 신이 주신 귀한 생명, 귀한 자식이라는 생각에 이릅니다. 아이를 살릴 수 있다면, 살려야 겠다고 그녀는 결단했습니다. 모세 군의 대뇌를 70%, 소뇌는 90%를 잘라내기에 이르렀습니다. 모세가 태어난 지 3일 만의 일이었는데, 당시에는 그를 보고 생명이라고 할 수도 없었습니다. 그런 모세를 향해 의사가 다시 말했습니다. 앞으로 또 다른 치료를 위해 수술을 해야 합니다만, 아무것도 보장하지 못합니다. 수술을 해도 죽고, 수술을 하지 않는다고 꼭 산다고 할 수도 없다고 진단했습니다. 엄마에게는 그 의사의 말이 진단이 아니라, 사망선고나 다름없었습니다. 어머니는 누가 뭐래도 모세를 포기할 수 없었습니다. 아기도 엄마의 의지에 화답하는지 대단했습니다. 잇대어 여러 수술들을 건뎌냈던 모세 군은 생명이 어떤 것인지를 보여 줍니다. 그는 그 언제인가부터 자리에 앉을 수 있게 되었고, 두 발로 걸을 수도 있게 되어, 다섯 살이 되었습니다. 그때 모세는 사도신경, 주기도문도 척척 외웠고, 일곱 살 때부터는 노래를 불렀습니다. 절대음감의 소유자였던 모세는 휴대전화 키패드 소리만 듣고도 숫자나 단어를 정확히 알아맞혔습니다. "아들은 앞이 거의 보이지 않습니다. 악보도 읽을 줄 모릅니다. 노래를 오로지 귀로 듣고 외워서 부른다. 그것이 전부입니다. 대부분의 노래를 하루 만에 외웁니다." 그를 키워낸 어머니의 감격스런 설명이었습니다. 그런 뇌수종 환자이기도 한 그는, 정기검사를 받았습니다. 그의 건강검진 결과를 점검하던 중, 의사는 뜻밖의 사실에 놀라 버립니다. MRI 검사상 드러난 것을 의학적으로 이해할 수 없었기 때문입니다. 텅 비워졌던 그의 뇌가 매년, 그리고 점점 더 가득 채워져 간다는 사실을 확인하고 놀람으로 의사들은 말했습니다. "이것은 의학적으로 설명할 수 없는 기적이다."라고 말했습니다. 모세의 어머니는 그래도, 그리고 이제는 웃지 않습니다. 웃을 수 있지만, 기쁘기 때문에 웃지도, 그리고 더 이상 울지 않습니다. 모세로 인해 어머니는 그저 행복합니다. 한 생명 때문에 다른 생명들이 행복한 이유를 이제는 알고 있기 때문입니다. 살아 있는 것이 바로 기적이며 행복의 시작이라는 것을 알려 준 삶의 사건이었습니다.

국민들에게 병원비 공짜, 대학 등록금도 공짜, 대학생에게 매달 생활비 120만 원을 주고, 실직자에게 2년 동안 연봉 90%를 주는 나라가 바로 덴마크입니다. 국민들이 무척 행복할 수밖에 없습니다. 덴마크가 세계에서 가장 행복한 국가가 된 비결이 세계적으로 찾아보기 힘든 복지 서비스 때문이라고 생각하는 것이 일반적인 경우입니다만 그것은 섣부른 결론일 수가 있습니다. 덴마크 출신 작가 말레네 뤼달은『덴마크 사람들처럼』에서, 행복지수 세계 1위에 있는 덴마크 인들이 행복한 이유를 한마디로 말합니다. 덴마크 사람들을 국가가 부자이기에 행복한 것이 아니라, 덴마크 사람들이 겸손해서 행복할 수밖에 없다고 잘라 말합니다. 그러니까 저들의 행복은 덴카트라는 사회 시스템보다는 덴마크라는 사회를 구성하는 국민 개개인들의 행복한 그 의식이 행복한 국가를 만들고 있다고 말하고 있는 것입니다. 덴마크는 세금 부담률이 48.1%입니다. 세계에서 세금을 가장 많이 내는 국민입니다. 저들의 삶에서, 짜증나는 일이라고 여겨지겠지만, 놀랍게도 저들 국민의 66%는 그런 세금률이 적당한 수준이라고 말합니다. 심지어 국민의 12%는 세금을 충분히 내고 있지 않다고까지 생각합니다. 국민들이 그렇게 생각하는 이유가 있습니다. "덴마크인들은 신뢰를 토대로 정부가 교육, 건강, 교통 등 공공서비스에 세금을 잘 사용하고 있다고 믿고 있기 때문입니다. 정부는 국민들을 신뢰합니다. 국민이 여행 중 현금을 분실했다고 신고하면, 정부는 그것을 있는 그대로 믿고 그에게 보상을 해 줍니다. 예를 들어, 작가인 뤼달의 어머니가 프랑스 파리 여행 중 현금을 도둑맞아 보험회사에 곧바로 신고했었습니다. 신고를 받은 덴마크 보험회사는 금액 인출 영수증이 없음에도 전액을 보상해 주었습니다만, 자기 스스로가 프랑스 파리에서 같은 상황을 겪었을 때는 경우가 전혀 달랐다는 것입니다. 프랑스 보험회사 상담원은 그에게 한마디 '농담'을 받아들일 수 없다고 하면서 거절했다고 합니다. 현금을 부당한 방법에 의해 분실했을 때 간단한 절차에 따라 보상해 주는 나라, 한국에서는 말도 되지 않는 일들이 저들에게는 아주 정상적인 일상입니다. 말이 되지 않는 것은 저들의 행위가 아니라, 그것을 그렇게 이미 작정하고 이야기하는 나의 생각 자체가 말이 되지 않는다고 저들은 말할 것입니다. 저는 이런 덴마크 같은 사회가 바로 국민들로 하여금 살아갈 만한 사회, 살아줄 만한 사회라고 말하고 싶습니다. 살아갈 만한 사회, 살아줄 만한 사회는 사회 구성원들 간의 관계나, 국민과 정부 간의 관계가 신뢰로 연결된 사회입니다. 믿지 못하는 사회, 믿지 못하는 관계는 행복한 관계가 될 수 없습니다. 믿을 수 없는 것은 믿을 수 없기 때문입니다. 말레네 뤼달은 덴마크 국민들이 행복할 수밖에 없는 행복의 토대를 만드는 열 가지 비결을 열거합니다. 그중 가장 첫 번째가 바로 신뢰입니다. 물론 자유, 평등,

공동체의식, 교육, 자율성, 기회균등, 가정과 일의 균형, 남녀평등 모두가 중요합니다만 가장 중요한 것이 바로 신(信)과 뢰(賴)입니다. 신뢰가 뒷받침되면, 굳이 없는 미래를 걱정하지 않아도 됩니다. 미래를 혼자 독차지하려고 하지 않아도 됩니다. 먹을 것이 어딘가에 있으며, 그것을 아무 때라도 먹을 수 있다면, 굳이 빵 한 조각을 더 먹겠다고, 저 혼자 감추려고 하거나 그것 때문에 남을 속이려고 하지 않는 것입니다. 신뢰를 떠받쳐주는 것이 바로 국민마다, 시민마다 개인마다 가슴에 담고 있는 '겸손'의 자세입니다. 저들은 교육의 목표가 경쟁이나 저 혼자 일등에 있지 않습니다. 교육의 목적은 아주 단순합니다. 학생 스스로 저들은 스스로 생각합니다. 따라서 학생 스스로 사회에서 자신의 자리를 찾아가게 하는 것이 저들의 교육목표입니다. 저들이 돈을 무시하는 것은 아니지만, 돈에는 비교적 초연한 태도를 갖습니다. 지갑을 채우기보다, 자신의 길을 찾는 것이 우선합니다. 덴마크 사람들은 공부를 할 때도, 장사를 할 때에도, 심지어 운동을 할 때도 남을 이기고 더 잘하는 것보다는 서로 '함께 같이' 하는 것을 중요하게 여깁니다. 저들은 간디의 말을 자신의 행복을 위한 가이드라고 믿습니다. 말하자면 "가장 위대한 여행은 지구를 열 바퀴 도는 여행이 아니라 단 한 차례라도 자기 자신을 돌아보는 여행입니다."라고 저들은 믿고 있습니다. 덴마크의 행복, 그것은 덴마크라는 국가가 덴마크 사람들을 행복하게 만들어 주고 있는 것이 아니라, 행복한 저들 덴마크인들이 서로서로의 겸손으로 행복한 국가를 만들어 내고 있는 것입니다. 저들 덴마크인들은 북유럽 사람들에게는 흔히 알려진 삶의 법칙을 더욱더 일상적으로 신봉하고 있습니다. 그들은 그것을 얀테의 법칙(Law of Yante)이라고 부릅니다. 얀테의 법칙은 1933년 악셀 산데모세의 소설 『도망자, 지나온 발자취를 다시 밟다』를 통해서 일반에게 더욱더 알려졌습니다. 얀테는, 소설가가 설정한 덴마크의 가상의 마을인데, 그곳에서 사는 사람을 보통 얀테라고들 부릅니다. 그러니까 얀테는 우리말로는 보통명사로서의 이름, 말하자면 철수, 영희, 영자와 같이 흔한 이름인 셈입니다. 이런 보통 사람들이 살아가면서 서로가 서로에게 대하는 삶의 원리 같은 것이 바로 얀테의 법칙입니다. 저들의 행동방식, 혹은 사고방식으로서 누가 말하지 않아도 저들의 행동을 저들 스스로 점검하는 규범 같은 것입니다. 저들은 일상을 살아가면서 다음의 10가지를 가슴에 새기며 점검한다고들 합니다. 네가 특별한 사람이라고 믿지 말라. 네가 다른 사람보다 더 가치 있다고 믿지 말라. 네가 다른 사람보다 더 현명하다고 믿지 말라. 네가 다른 사람보다 잘났다고 믿지 말라. 네가 다른 사람보다 더 많이 안다고 믿지 말라. 네가 다른 사람보다 위대하다고 믿지 말라. 네가 무엇을 잘한다고 믿지 말라. 다른 사람을 비웃지 말라. 누가 혹시라도 너에게 관심을 갖는다고 믿지 말라. 그리고 마지막으로, 네가 행여나 누구를 가르칠 수 있다고 믿지 말라는 규범 바로 그것입니다. 저들은 누가 시키지 않아도 다른 사람들을 대할 적에, 행동 표준을 자기에 맞추는 것이 아니라, 상대방에 맞추어 행동하는 것입니다. 나만 중요하다든가, 나만 잘살면 된다든가, 나만 소중하면 된다는 것보다는 더불어, 서로서로 잘사는 것이 내가, 우리가 행복해지는 것이라는 것을 스스로 가슴에 담게 만들어 주는 것이 얀테의 법칙입니다. 이 얀테의 법칙이 저들 서구 사람들의 삶에서 어떻게 살아 움직이고 있는지를 잘 알고 있던 브라질의 작가 파울루 코엘류는 『흐르는 강물처럼』에서 이렇게 말합니다. "당신은 자신이 생각하는 것보다 훨씬 가치 있는 존재입니다. 당신이 믿지 않는다 해도 이 세상에서 당신이 하는 일과 당신의 존재는 중요합니다. 얀테의 법칙을 무시하면 여러 가지 문제가 생길 수도 있겠지만, 혼란스러워 말고 계속 두려움 없는 삶을 사십시오. 그러면 결국 당신은 승리할 것입니다."

스칸디나비아를 대표하는 인문학자인 토마스 휠란 에릭센(Thomas Hylland Eriksen) 교수는 『만약 우리가 천국에 산다면 행복할 수 있을까?』에서, 인류의 미래에 대해 꽤 비관적인 입장을 드러냅니다. 현재의 편안함에서 얻는 만족감의 한계 효용은 점차 줄어들고 결국 제로점에 도달할 것이란 것을 그렇게 그가 말하게 된 근거입니다. 세계 여러 나라의 복지 국가 모델로 손꼽히며 6년 연속 세계에서 가장 살기 좋은 나라로 선정된 노르웨이 시민인 그가 하는 말입니다. 사람들이 경제적으로 만족이 한계점에 도달하면, 그다음부터는 포만감과 메스꺼움이 발생하기에 사는 것에 그냥 심드렁해진다는 뜻입니다. 그러니, 아무리 만족해도, 그 만족에는 메스꺼움과 지루함이 따라

붙는다는 뜻입니다. 저들 북유럽인들은 미국식, 그리고 우리 한국인들이 그토록 집착하는 부를 축적하는 식의 행복이라는 개념에 집착하지 않습니다. 저들에게 행복하세요? 즉, 영어로 Are you happy? 하는 식으로 묻지도 않습니다. 저들은 그렇게 물어보지 않는 이유는 그런 행복이라는 단어 해피니스라는 것이 없기 때문입니다. 저들에게 군이 행복하세요? 하고 묻는 것이 있다면, 그것은 그냥, 어떠세요? 괜찮으세요? 잘 사시죠? 그 정도의 뜻일 뿐입니다. 일상에서의 만족이 바로 그런 행복 그 자체이기 때문입니다. 그러니까 행복, 행복하며 행복에 연연하지 않는 저들 북유럽인들이 전하는 행복의 비법, 짜릿하고, 충만한 행복감을 찾을 묘책은 역시 바이킹의 후예답습니다. 나름대로 자신의 역경과 맞서 싸워 이긴 그만큼 잘 사는 것이고, 그것이 군이 미국식으로 말하는 식의 행복하다는 것을 의미하기 때문입니다. 저들을 그렇게 자기자신 나름대로 목표를 세우고 그것을 잘해 나가는 일이 행복이라는 것인데, 그것은 그리 유별난 것이 아닙니다. 매일같이 자신의 일상적인 삶에서 행하는 것들이기 때문입니다. 일상의 지혜가 바로 저들에게 행복의 비법인 것입니다. 일상생활의 지혜, 실용의 지혜, 관행의 지혜이며 그 결과인 좋은 삶으로서의 행복은 이미 수없이 말했지만, 아리스토텔레스, 제논, 그리고 에피쿠로스와 같은 그 옛날 배움학자들이 가르쳐 준 바 있습니다. 아리스토텔레스가 『니코마코스 윤리학』에서 오래전에 우리에게 가르쳐 준 바대로, 자신의 아침부터 하루를 사는 일이 깊은 사유로서 시작되는 것이라면, 그것은 그에게 행복을 키워 주는 일입니다. 살아가는 데 있어서, 그렇게 마주하는 일상에서 행해야 하는 가치판단에 있어서 그 어느 극단에 치우치지 않는 태도로서 살아가는 일이 중요하다는 것을 아리스토텔레스는 이렇게 말한 바 있습니다. "이상적 인생은, 한 요소에 의해 이상적으로 되는 것이 아니라 복수의 규준 내지 목표를 포함하고 있는 것"이라고 이야기한 바 있습니다. 세상일에는, 나의 일상생활에서 하나만 좋고 나머지는 나쁘고 하는 식으로 갈라지는 것도 아니고, 그렇게 가르는 일만이 행복한 일도 아닙니다. 어떤 일이든 그럭저럭 잘 풀리는 쪽, 그러니까 그냥 괜찮게 지내는 것, 잘 지내는 것이 행복한 일입니다. 소위 다급함이나, 경황없는, 비상의 일들이 자신의 일상생활에서 많이 경험하는 일은 잘 지내는 일이 아닙니다. 서양인들이 말하는 웨이크 업 콜(Wake up call)이 많은 인생, 말하자면 오밤중에, 별안간에 구급전화를 받는 일이 많은 삶은, 설령 그것이 자신의 직업이라고 해도 결코 잘 지내는 일도 아니고, 괜찮은 일이 아닐 것입니다. 밥 한 끼를 편하게 먹을 수 없는 날이 없거나 그런 여유가 없는 삶이라면 그것은 결코 편한 날도, 편한 삶도, 행복한 삶도 아닌 것과 같습니다. 그럭저럭 잘 지내는 생활이란 지루하지 않은 생활을 말합니다. 우리는 행복의 반대어로 불행을 꼽습니다만, 사실 행복의 반대가 불행은 아닙니다. 행복의 적은 무료함입니다. 반대로 불행의 적 역시 무료함입니다. 불행한 것이 무엇을 지칭하는지에 대해서는 한 가지로 합의해 내기가 어렵기에, 수많은 새로운 논리들이 대를 이어 나타나곤 하는 것입니다. 그것은 마치 사랑의 반대말을 적합하게 찾아내는 것만큼 어렵기도 하지만, 어쩌면 그것처럼 더 쉬운 것도 없습니다. 사랑하면 사랑에 대해 더 이상 논하지 않는 이치와 같기 때문입니다. 행복 역시 그런 것입니다. 행복하면 더 이상, 행복에 대해 논할 거리가 없어지게 되기 때문입니다. 사랑의 반대를 흔히 증오라고 하지만, 증오의 핵심은 미워함 같은 것이 아닙니다. 증오의 핵심은 무관심입니다. 그러니까 사랑의 반대어는 증오라기보다는 무관심이 됩니다. 증오 그 자체는 사랑에 대한 또 다른 형태의 표현일 뿐입니다. 한 여자가 한 남자에게 더 이상 사랑하지 않습니다라고 결별하면, 그때부터 그녀는 그 남자를 증오하는 것이 아니라 그 남자에게 일체의 관심을 꺼버리는 것입니다. 무관심하는 것입니다. 그 남자가 무엇을 하든 자신과는 무관한 일로 처리하는 것입니다. 그 남자를 싫어한다든가, 미워한다든가 하는 감정이 남아 있으면 그것은 아직도 그 여자, 그리고 그 남자를 잊지 못하고 있다는 말이나 결코 다르지 않습니다. 사랑의 반대어는 증오가 아니라 무관심인 것처럼, 다시 말하지만, 행복의 반대가 불행은 아닙니다. 불행이라는 말이 행복의 반대어처럼 보이기는 해도 불행은 행복의 반대어가 아닙니다. 불행의 반대어는 다행입니다. 불행은 지겨움과 한 짝을 이룹니다. 싫증이나, 지루함에서 기인되는 지겨움이 바로 행복의 반대입니다. 지루한 것은 그것이 무엇이든 기쁜 것이 아니며, 행복한 것이 아닙니다. 지루한 것은 짜증을 나게 만드는 것으로서 불행의 시작이 됩니다. 살아가는 일이 지루하면 자신부터 괴롭기 시작합니다. 그러니까 불행의 핵심은 지루함이 되는 것이고, 지루함이 행복의 반대가 되는 것입니다. 지루하다는 것은 별것이 아니라, 만족하지 못하는 상태를 말합니다. 예를 들어, 명품 자동차, 명품 시계, 명품 핸드백처럼 알려진 회사나 상표를 달고 있는 이것저것으로 몸치장을 했는데도 그것에도 만족하지 못하면 자신이 소유한 명품의 가치에 대해 지루함을 느끼고 있는 것입니다. 지겨운 것입니다. 더 이상의 만족이나 행복감을 주고 있지 못한 것입니다. 지루하지 않으려면, 지겹지 않으려면 자신의 가치를 찾아야 합니다. 명품은 같은 종류의 물품에 비해 가격이 높은 물건입니다. 비싼 가격의 물품입니다. 그 비싼 가격에 더 이상 만족을 느끼지 못하니 지겹고, 지루한 것입니다. 그 지겨움과 지루함에서 벗어나기 위해 더 비싼 가격의 명품을 구매하면 만족감이, 행복감이 느껴질 수도 있습니다. 그런 일을 언제까지 반복할 수 있는지도 모르지만, 그렇게 하는 일 자체가 지겹고 지루한 일이 될 것입니다. 그 물품에서 자신의 가치를 찾지 못하기 때문입니다.

지겹지 않으려면, 지루하지 않으려면 가격에 만족하는 삶이 아니라, 가치에 만족하는 삶을 찾아야 합니다. 물품의 가격보다는 물품에 대한 자신의 가치를 먼저 확정시켜야 합니다. 몇 번씩 예로 들었습니다만, 수천 만원씩 호가하는 명품 자동차보다는 2십만 원 안팎 하는 트레킹용 신발이 제게는 더 가치 있습니다. 자동차에 의지한 채 다니다가 건강을 잃고, 최고의 의료시설, 호텔 같은 의료시설에서 지내는 삶이 결코 부럽지 않기 때문입니다. 그냥 보통 걷기용 신발을 신고 열심히 걸으며 건강을 지키며, 가끔 동네 병원에서 약 처방을 받고, 한두 번 기침하는 삶이 내겐 훨씬 더 가치 있는 삶이라고 여겨지기 때문입니다. 사람들이 "모든 명품에 대한 가격은 알고 있지만, 걸을 수 있는 건강한 다리와 발의 가치는 모른다."라고 하면, 그 삶은 지루한 삶을 반복할 가능성이 큰 삶입니다. 사람들은 흔히 내면의 가치보다 겉면에 찍힌 가격을 비교하면서 일희일비하지만, 그것은 불만족을 커지게 하는 삶, 지루해지는 삶, 지겨운 삶을 반복하게 만드는 삶으로 빠지게 만드는 무의미한 일이 되기 십상입니다.

그저 그렇게, 잘 지내기 위해서 그 역시 서구인답게 행복에 이르는 비법으로, 말하자면 지금 이 순간 자신의 삶에 최선을 다할 것, 자기 도취와 자기 희생, 평등과 경쟁, 안정과 자유, 금욕과 즐거움 사이에서 균형을 유지할 것, 누군가에게 필요한 사람이 되어 존경받고 인정받을 것, 사소한 기쁨을 잊지 않고 즐기되 자신과 타인의 불평등에 대해 비판적 자세를 가질 것, 더 늦기 전에 자신에게 의미 있는 사람들에게 정성을 다할 것, 열정과 쾌락을 두려워하지 말되 필요 이상으로 참고 인내하지 말 것, 조금 어려운 듯한 일에 도전하여 성취감을 얻을 것 같은 일들을 제시합니다. 그가 제언한 것들은 자신의 몸을 자기 것으로 만들어 가라는 처방입니다.

일상적인 삶에서, 그럭저럭, 별 탈 없이 잘 지내는 일은 일단은 마음먹기에 달려 있는 것입니다. 자신의 행복을 위해 자신의 마음가짐을 명품으로, 명품의 마음가짐을 갖는 것이 중요하다는 뜻입니다. 명품 마음가짐을 사려고 하는 사람은 없을 것입니다. 명품 마음가짐은 그 누구에게 번듯하게 보여 줄 수 있는 것이 아니기 때문입니다. 우리 주위에서 흔히 볼 수 있는 명품들, 그 명품의 가치는 남에게 겉으로 드러낼 때, 그 과시에서 무엇인가 위력을 갖게 됩니다. 명품을 원하는 사람들에게는 명품의 가치가 절대적입니다. 그에 비해, 걷기는 남에게 드러내고 자시고 할 만한 과시성이 없습니다. 걷기를 잘한다고 잘못 이야기하면, 그 무슨 배달꾼 직업에 종사하는 사람으로 오인받게 될 수 있는지도 모르는 일입니다. 걷기의 가치는 명품이 지닐 수 있는 과시의 가치와는 달리, 건강입니다. 명품은 그 어떤 명품이라도 가격은 있게 마련입니다. 가격을 매겨 나오는 것이 명품이기 때문입니다. 어쩌면 가격이 높아질수록 명품의 과시성은 더 올라갈 수 있습니다. 건강은, 그 어떤 건강이든 건강에 가격이 붙어 있을 수는 없습니다. 억지로 우기면 건강에도 가격을 매길 수는 있겠으나 그런 일은 무의미합니다. 건강에 가격을 매겨 놓고 그것을 명품과 견준다는 것도 의미 없는 일일 뿐입니다. 건강은 가격을 지니는 것이 아니라 가치를 지닙니다. 건강은 거창하게 생명보존을 위한 것이라고 말하기보다는 그저, 매일을 별 탈 없이, 그럭저럭 잘 지내기 위해, 결과적으로 행복한 삶을 위해 절대로 필요한 일입니다. 자리에 누워 타인을 반기는 것이 아니라, 자기 몸을 능동적으로 움직여 타인과 더불어 서로가 서로를 위한 기쁨을 만들어 낼 수 있는 동력이 바로 건강입니다. 흔히 하는 말로, 건강을 잃으면 모든 것, 세상을 잃는 일이나 마찬가지입니다. 그러니 건강의 가치는 자유입니다. 명품의 가치는 과시, 자랑이지만, 건강의 가치는 생명과 자유입니다. 건강하면 모든 것에서 자유로워질 수 있기 때문입니다. 젊음을 되찾는 의학, 노년의학자들은 건강이 있는 곳에 자유가 있다고 말합니다. 건강이 자유가 된다는 말은 안티 에이징 의학자들의 연구주제이기도 합니다. 그런 점에서, 안티 에이징 의학은 과학이 아니라 철학인 셈입니다. 의학적 지식만으로 완성되는 학문이 아니라, 인문학적 지식이 가득 채워져야 비로소 완성될 수 있는 학문이 바로 안티 에이징 항노화 의학입니다.

　물고기들은 끊임없이 움직입니다. 큰 물고기이든 작은 물고기이든 인간처럼 침대에 가만히 누워 있는 물고기는 없습니다. 그중에서도, 참치는 시속 20~30km의 속도로 평생 쉬지 않고 헤엄치는 생물입니다. 그런 속도로 내달리기를 그만두면 그 순간은 죽는 순간입니다. 물속을 헤쳐 나아가는 것이 사람으로 치면 걷기입니다. 인간은 참치와는 살아가는 생태가 다르니까, 걷지 않는다고 해서 바로 죽지는 않습니다만, 장기적으로 걷지 않는다는 것은 걷는 사람에 비해 수명이 줄어들 것이 확실합니다. 인간됨의 특질 중의 하나가 바로 직립, 그리고 걷기입니다. 걸을 수 있는 몸을 가졌으면서도 그 기능을 제대로 활용하지 않는 것은 생물학적으로 용불용설(用不用說)에 걸리는 일입니다. 쓰지 않으면, 그 기능은 퇴화되거나, 약화되어 끝내 쓰지 못하게 되는 것이나 마찬가지입니다. 살아 있다는 것은 숨만 쉬는 일이 아닙니다. 일본은 세계 최고의 장수 국가입니다. 우리 역시 장수 국가에 편입되고 있습니다. 100세 이상의 장수 노인의 인구가 5만 명이 넘는 나라가 바로 일본입니다. 이들 가운데 80% 이상은 걷지 못한 채 그냥, 침대든 방에 몸져누워 있는 상태입니다. 살아 있기는 하지만, 같은 삶이라고 해도 가능하다면 두 다리로 걸을 수 있는 삶이 훨씬 더 나은 삶이 될 것입니다. 일본의 안티 에이징 의학을 연구하는 아오키 아키라 교수는『불편해야 건강하다』에서, 아예 잘라 말합니다. 삶에서 약간의 부자유를 받아들이는 대신 '죽을 때까지의 자유'를 손에 넣을 수 있게 하라고 말합니다. 그러니까 타고 다니기보다는 걷고, 매끈한 것보다는 거친 것 같은 것을 먹고, 마시고, 그리고 즐기는 그런 부자유를 즐기면서 죽는 그 순간까지 건강하게 살아가라고 조언합니다.

7) 환상 너머입니다

어려운 역경을 거치면서도 자신이 처한 삶에 대해 불평 없이 견디며, 틈틈이 독서하며 글을 써내려 간 덕에 세상 사람들에게 아름다운 글들을 읽게 해 준 감동의 작가가 바로 이철환 작가입니다. 나는 나보다 연배가 한 스무 해도 어린 그의 『연탄길』에서, 살아 있음의 슬픔이란 삶의 기쁨쓰기 위한 깊은 '묌조림'이라는 것을 읽어내고, 학생들에게 그의 글을 읽게 한 바 있었습니다. 이철환 작가, 그는 말합니다. 자신이 타박타박 걸어온 자신의 길을 되돌아 보건대, '사람을 꿈꾸게 하는 건, 기쁨이 아니라 아픔이었습니다. 아름다움의 원래 모습은 아픔이었습니다.'라고 말합니다. 그렇습니다. 사람을 꿈꾸게 하는 것은 기쁨이라고 하기보다는 자기 자신 안의 아픔입니다. 아픔이 바로 자신으로 하여금 살아 있음을 절감하게 하고, 아픔 때문에 살아 있음을 목격하게 되는 것입니다. 기쁨은 오늘 하루를 살아가도록 감격하게 하지만, 슬픔은 오늘 하루를 살아가고 있는 자신의 현재를 목격하게 합니다. 정신과 의사들이 한결같이 하는 말이지만, 사람들은 자신이 지금 살아 있는 것이 하나의 기적이라는 것을 망각하곤 합니다. 『꾸뻬 씨의 행복 여행』에서 정신분석학자인 프랑수아 를로르 박사가 이야기하듯이, 우리가 살아 있다는 것, 그것은 하나의 기적입니다만, 사람들은 그것을 매일 만나면서도 그 사실을 느끼지 못하고 그냥 지나쳐버리기만 합니다. 살아 있다는 것, 그 자체가 놀라운 가능성이며, 그것이 행복입니다. 행복은 살아 있음을 느끼는 일이며, 살아 있음은 기쁨을 맞이하기 위해 신이 마련해둔 슬픔의 기록입니다. 일상을 살아가면서 자신의 '묌을 조리'한다는 것은 그 옛날 중국의 고사가 전해 주듯이, 타면자건, 그러니까 남이 자신의 얼굴에 맺은 침을 이내 닦아 내는 그런 조급한 일이 아니라, 자신의 얼굴에 뱉어진 침이 스스로 마를 때까지 기다리는 참음과 끈기의 결과입니다. 타면자건(唾面自乾), 조금 더 이야기해 보겠습니다. 중국 당나라 시절 황제의 총애를 받던 관리 중의 한 사람인 누사덕(婁師德)이라는 사람이었습니다. 그는 참음과 마음이 넓기로 소문난 사람으로서, 아무리 화나는 일이 생겨도 흔들림 없는 관리였다고 소문난 사람이었습니다. 그런 그에게 하루는 스승이 와서 이야기를 건넸습니다. "네가 황제의 총애를 받으며 더 높은 자리로 출세하니 이제는 남의 시샘이 클 터인데 너는 어찌 처신할 셈이냐."고 물었습니다. 인내심이 높다고 소문난 그는 스승에게 공손히 "남이 내 얼굴에 침을 뱉더라도 화내지 않고 그냥 닦겠습니다."라고 대답했습니다. 그런 그에게 스승이 나지막이 다시 타일렀습니다. "내가 염려하는 일이 바로 그런 일이다. 침 같은 것은 닦지 않아도, 그냥 두면 자연히 마를 것이야. 남이 너에게 분이 차고, 화가 나서 침을 뱉었는데 그 자리에서 그것을 닦으면 그는 더 크게 화를 낼 것이니, 닦지 말고 아예 그대로 두라."는 당부였습니다 그 당부를 지키며 살아갔던 누사덕의 이야기를 기린 고사가 바로 타면자건이었습니다. 살아가다 보면 한 가지 사실을 알게 됩니다. 행복은 환상이고, 슬픔 역시 착각이라는 것을 알게 됩니다. 우리는 매일같이 환상과 착각 사이를 왕복합니다. 삶이라는 것은 일류선과 딜류선 사이의 그 어느 곳을 이리저리 여행하다가 그 어느 곳에 정착하는 것입니다. 환상, 환각(幻像)이라고 번역되는 일루선(Illusion)은 없는데 있는 것처럼 잘못 생각하는 병든 심리적 행위입니다. 자극에 대한 잘못된 인지로 일어나는 착각 같은 것입니다. 자신 스스로 감각자극을 잘못 해석하여 착각하는 뇌의 속임수입니다. 환각은 강한 감정, 욕구, 충동 때문에 투사에 의해 일어나는데, 그러니까 죄책감이 심하면 바람 소리를 자기를 비난하는 소리로 듣는 것처럼, 착각은 신경전달의 착오 때문에 생깁니다. 또한 격한 격노상태에서나, 절박한 욕망과 충동 등 심리적인 혼란 상태에서도 착각이나 환각이 생길 수 있습니다. 망상이나 광신으로 번역되는 딜루선(Delusion)은 사실에 맞지 않는 잘못된 생각으로 현실적인 사실과는 다른 엉뚱한 생각 같은 것을 말합니다. 불합리하며 잘못된 생각인 망상은, 있는 것을 없다고 보기도

하며, 이성적이고 논리적인 설명에도 불구하고 고쳐지지 않은 걸맞지 않는 잘못된 믿음 같은 것입니다. 우리가 소위 마술쇼에 매혹당하는 것은 저들의 연기, 말하자면 있는 것을 없는 것으로 착각하게 해 주기 때문입니다. 저들의 매직(Magic)이라는 마술(魔術)은 눈 속임수, 환각이지 기적(奇蹟)인 미러클(Miracle)이 아닙니다. 매직 쇼에서 보듯이, 우리 눈에 들어오는 것이 모두 진실, 사실이 아닌 것처럼, 행복이라는 것도 때때로 마술처럼 환각적일 수 있습니다. 누구나 다 원하는 행복이라는 것은 행복이라는 제품으로 사고팔 수 있는 것이 아닙니다. 은행에 예치된 돈에 따라붙는 그런 이자 같은 것도 아닙니다. 행복은 막무가내로 추구한다고 해서 저절로 행복해지게 되는 그런 것이 아닙니다. 행복을 쟁취한다고 해서, 쟁취되는 것이 아닙니다. 행복은 돈이나, 음식 같은 물질이나 물건이 아니기 때문에 손에 쥘 수 있는 것이 아닙니다. 행복은 일어남이고, 행복은 자기 확신입니다. 행복이라는 것이 따로 있는 것이 아니라, 자기가 행복하다고 느끼며, 그것을 확신하고, 그것을 기쁨으로 받아들여 즐기면 그것이 행복입니다.

하루를 살아간다는 것은 기쁨 덩어리이기보다는 슬픔 덩어리입니다. 페터 토이셀(Peter Teuschel) 박사는 30여 년 동안 수많은 환자들을 상담해 온 임상 정신분석학자입니다. 그가 보기에, 우리가 말하는 정상적인 사람은 한 사람도 없습니다. 모두가 조금씩, 이상하게 이상한 상태일 뿐입니다. 이상한 정신 상태는 결코 기쁨이 가득한 상태는 아닙니다. 정상적인 사람이 한 사람도 없다는 사실 그 자체가 인간들에게 있어서는 슬픈 일입니다. 그런 슬픔 가득한 사람들 중에서도 슬픔이 더 짙게 드리워진 사람들을 치료해 온 정신과 의사인 토이셀 박사에게 가장 인상적인 것은 혼란스러운 상황에서도 결코 삶에 대한 의지를 꺾지 않았던 환자들의 모습이었다는 정신과 의사의 실토에 진지함이 묻어납니다. 그가 접해 온 환자들은 정신과 의사인 그에게 한결같이 인간의 삶에 대한 통찰을 던져 줍니다. 의사이기 전에 한 명의 인간으로서 '어떻게 살아야 할 것인가.'에 대한 화두를 던져주고 있기 때문입니다. 토이셀 박사가 임상경험으로 던져주는 이야기에서 그런 실마리를 찾을 수 있습니다. 그는 40대부터 수십 년간 요양원에서 치료를 받고 있는 자신의 환자인 요한 마이링어 씨에 대해 이야기합니다. 요한은 정신병 증상이 급작스럽게 악화된 그는, 급기야 뮤직비디오 속에 등장하는 얼룩말 복장을 한 여인과 사랑에 빠지고 맙니다. 그런 요한을 치료하면서, 토이셀 박사는 한 가지 사실에 주목합니다. 요한 스스로 현실 세계에서는 행복을 느끼지 못했지만, 망상 속에서 얼룩말 복장을 한 여인과 만나며 행복을 느낍니다. 그런 사실을 알게 된 그는 요한을 치료하면서, 환자인 요한을 정말로 행복하게 해 준 것이 바로 그 광기인데, 그 광기를 억지로라도 제거하는 식의 치료를 해야 하는지, 그것이 의학적으로 옳은지에 대해 의문을 갖게 됩니다. 요한과 지속적인 관계를 맺으면서 토이셀 박사는, 치료는 진단과 처방만으로 이루어지는 것이 아님을 깨닫습니다. 눈에 보이는 증상보다는 겉으로 드러나지 않는 내면의 상처를 극복할 수 있도록 곁을 지켜주고 손을 잡아주는 것이 진정한 치료임을 알게 됩니다. 이쯤 되면, 굳이 엄격하게 정신과 의사, 정신병 환자에 대한 인간적인 도식과 구분은 별다른 의미가 없어지게 됩니다. 서로가 환자일 수 있고, 서로가 서로에게 치유가 되는 의사일 수가 있기 때문입니다. 서로의 마음 주고 그리고 받기, 관계하기, 시선 나누기, 마음 어루만지기가 더 중요해지기 때문입니다. 굳이 전문 의사는 아닐지라도, 의사 보조, 혹은 인생선배라는 의사로서 남 앞에, 그리고 자신 앞에 설 수가 있기 때문입니다. 토이셀 박사는 『미쳐야 사는 남자』라는 책에서, 이렇게 고백을 합니다. "나는 정신과 의사이자 심리치료사로 일하면서 망상과 현실 사이에 사는 사람들을 도울 수 있었지만, 그것은 그저 그들의 삶에 잠시 잠깐 동반하는 것에 불과했습니다. 오히려 이들과 함께하다 보면 정신과 의사로서의 지식이 실제 상황과 마주할 때 얼마나 빨리 한계에 부딪히는지 느낄 수 있었습니다. 그들을 치료하는 것은 진단이나 약, 심리치료가 아니라 바로 살아야겠다는 삶에 대한 강한 의지였습니다. 삶에 대한 그들의 치열하면서도 숭고한 투쟁의 모습은 나에게 정신과 의사이기 전에 한 명의 인간으로 '어떻게 살아야 할 것인가.'에 대한 화두를 던져줬다고 말합니다. 토이셀 박사는 환자의 입장에 서서 자기를 진단합니다. 환자인 요한에게 행복이란 무엇이었을까? 연인이 없었던 요한에게는, 다리 위에서 얼룩말 여자를 기다리면서 느꼈던 게 행복이지 않았을까? 물론 병원장이 말한 '진정한' 행복도 중요합니다. 하지만 진짜 행복과 가짜 행복을 어떻게 구분할 수 있는가? 행복이 어떻게 생기든, 그것은 행복이지 않은가? 광기가 환자를 행복하게 만들어 주더라도, 내가 그 광기를 치료해야 한다는 병원장의 말이 과연 옳을까? …… 그런 광기는 얼마나 갈 수 있을까? 정말 요한은 환각 속에서 얼룩말 여자를 만나 그녀에게 키스할 수 있을까? 그런 행동이 그가 원했던 대로 그의 삶에 의미를 줄 수 있을까?와 같은 질문에 대해 "토이셸 박사는 스스로 답합니다. 심리치료를 할 때 상대방과 교환하는 시선은 영혼의 후광과 같아서 어떤 말보다 더 환자에게 중요한 메시지를 전달할 수 있어야 한다고 말합니다. 그러니까 '너는 혼자가 아니야.'라는 …… 믿음을 주는 것은 정신적인 안정을 찾는 데 매우 중요합니다. …… 환자와 치료사 사이의 인간적인 관계는 치료의 기본입니다. …… 환자는 누워서 천장을 쳐다보고 정신과 의사는 앉아 있으니, 의사의 모습이 환자에게는 제대로 보이지 않습니다. 이런 것을 '관계'라고 할 수 있을까? 물론 환자가 의도적으로 의사와의 시선교환을 피할 수는 있지만, 원칙적으로는 언제라도 시선을 교환할 수 있는 상황을 만들어 주는 것이 바람직합니다."라고 답합니다. 서로 간에 주고받는 시선의 교환, 그것은 멀쩡한 사람들 간의 관계에서도 어김없이 중요합니다. 시선을 주고받을 수 있으면, 망상과 착각이 어떤 것인지를 이내 알아차리게 만들어 주기 때문입니다. 토이셸 박사는, 환자가 억압하고 있는 것을 밖으로 끌어내기 위해 뭔가 심층적 조치나 최면요법 같은 기술을 사용해야만 한다고 생각했지만, 오랜 임상과정을 통해 환자가 틀렸다는 것을 증명하거나 그것을 그들에게 알려 주는 것이 중요하지 않으며, 명백히 환자가 잘못된 경우에도 진실과 대면시키는 것이 좋은 방법은 아니라는 것도 익혔습니다. 의사와 환자가 손을 잡고 환자 혼자서는 건널 수 없는 다리를 걸어가는 이 방법은, 지극히 인간적이어야 합니다. 사실 환자는 강제로 현재 상태에서 벗어나는 것을 원하지 않기 때문에 더욱더 그렇다는 것입니다.

저는 정신과 의사는 아니지만, 대학원 시절 수많은 정신질환자들 앞에 서서 저들과 더불어 모임을 가져야만 했던 그 체험으로, 물리학자인 아인슈타인이 우리에게 남겨준 말을 가슴에 늘 간직하고 있습니다. 저는 대학원 시절, 아르바이트로는 급료가 높고 동양계 이민자들의 정신치료를 돕는 파라 프로페셔널(Para Professional of Mental Health)로서, 정신건강센터에서 근무하는 동안, 아이슈타인의 그 말을 잊지 않고 있습니다. 그 누구든, 어제처럼 오늘을 살면서도 내일만큼은 자신에게 다른 삶이 멋있게 펼쳐질 것이라는 생각은 정말로 정신병자가 드러내 보이는 초기 증상과 다를 것이 없다는 아인슈타인의 말을 늘 가슴에 기억하며, 어려운 일이 있을 때마다 그 말을 상기하곤 합니다. 그렇습니다. 오늘 바로 이 순간을 바로 어제 했던 그 행실대로 그대로 반복하면서 자신의 미래가 정말로 달라질 것이라고 바라는 것은 어처구니없는 생각입니다. 정신병적인 증상이고 그것이 바로 일루션(Illusion)으로서의 망상이고, 환상이며, 동시에 딜루션(Delusion)으로서의 착각이며, 자기 기만일 뿐입니다. 자기 스스로 자기가 정신병자이면서 멀쩡하다라고 우기고 있는 것이나 다를 것이 하나도 없습니다. 일류션과 딜루션이 깊어지면, 깊어질수록 몸조림이 깊어지게 됩니다. 몸조림은 자신을 위축시키게 됩니다. 자신의 몸은 자기가 먼저 조리해야 자신의 고통과 환상에서 벗어나게 될 수 있습니다.

8) 열려야 합니다

좋은 삶을 위한 몸이라는 것은 다른 사람과 의식 소통하는 사람을 말하는 것입니다. 이미 메타커뮤니케이션을 이야기하면서, 소통이 무엇인지를 이야기했지만, 의식소통은 우리가 흔히 말하고 주고받기 같은 일반적인 소통, 그러니까 상대방의 이야기의 맥락(脈絡), 컨텍스트(Context)를 파악하는 그런 단순한 일이 아니라, 소통 너머의 소통을 말합니다. 그래서 의사소통은 나름대로 가능해도, 지금 여기서 말하고자 하는, 의식소통이 쉽지 않은 이유입니다. 소통은 그 어떤 소통이건 간에 관계없이 소통을 잘하기 위해 맥락적 경청이 필요하지만, 의식소통에서의 소통은 상황이 아니라,

차이, 차별, 낙인에 대한 경계, 경계와 차별 허물기 그리고 상대방이 겪은 경험에 대한 체험이나 선이해 같은 것을 의미합니다. 텍스트를 제대로 갖는 것이 중요합니다. 저쪽의 텍스트는 저쪽의 의식이고, 나의 텍스트는 나의 의식입니다. 두 개의 의식이 만나고 통하는 일이 의식소통입니다. 그것이 바로 공험(共驗), 그러니까 서로 경험하고 교감한다는 뜻입니다. 의식소통의 한 예로, 붓다와 제자 간의 미소 같은 것입니다. 앎과 깨달음에서 군이 말이 필요하지 않은 소통 같은 것입니다. 서로에게 커뮤니케이션(Communication)하는 사람들은, 각자가 나름대로의 자신의 의식을 갖고 있는 사람들입니다. 소통하지 못하는 사람들에게는 의식이 없다는 그런 뜻은 아닙니다. 저들이나 그들에게나 모두 삶이 있는 한 의식이 있기 마련이지만, 저들이 갖고 있는 의식들은 서로 다르기 마련이라는 뜻입니다. 이제 의식이라는 말부터 조금 따져 봐야겠습니다. 원래 의식(Consciousness)이라는 영어는 서로 분별을 의미하는 그런 단어입니다. 어원은 라틴어 스키엔티아(Scientia)인데 어간인 스키레(Scire)는 '알려고 한다.'를 의미합니다. 알려고 하다는 말은 본다, 셈하다, 자르다, 파고들다라는 것을 상징하는 가위(Scissor)라는 말에서 드러나는 것처럼 자른다, 구별한다, 혹은 안다를 뜻합니다. 스키엔트(Scient), 또는 스키엔스(Sciens)라는 단어, 즉 지식을 습득합니다라는 말의 어원은 인도유럽어의 어원인 스케이(Skei)에서 왔습니다. 어리석음과 무지함을 잘라내는 것과 같다는 뜻으로서 쓰이고 있는 사이언스(Science)가 바로 무지함과 어리석음을 잘라 없애 버린다는 뜻에서의 학문, 과학이라는 단어가 된 것입니다. 그 옛날 중국 사람들은 외래어인 사이언스(Science)를 '격물(格物)'이라고 변역했습니다. '만물을 안다.'라는 뜻으로 해석됩니다. 일본인들은 사이언스를 '분과(分科) 또는 백과(百科)의 학문'이라는 의미에서 '과학(科學)'이라는 용어로 번역했습니다. 이때 저들은 사이언스를 나누어서 본다는 그런 뜻을 담고 있습니다. 컨사이언스라는 말은 서로 혹은 모든 것을 셈하고, 자르고, 파고들고, 보고, 알려고 하는 상태를 말하게 됩니다. 컨사이언스를 양심(良心)으로 번역하는 이유입니다. 이제 의식, 컨처스네스라는 글자가 의미하는 바를 종합하면, 한 가지가 분명히 드러납니다. 무엇인가 자기의 삶의 현재 상태를 가능한 명료하게 파악하려는 마음의 상태가 의식이라는 것입니다. 무엇인가를 분명하게 파악한다, 파악할 수 있다가 가능하기 위해서는 내가 먼저 살아 있어야, 생명을 갖고 있어야 합니다. 의미를 만들어 낼 수 있는 삶, 자신다운 삶의 의미를 갖게 만들어 주는 삶이 먼저 선행되어야만 의식이 가능하기 때문입니다. 그러려면 내게 생명이 있어야 내가 살아 있어야 합니다. 내가 남을 의심하지 않아야, 그도 나를 의심하지 않습니다. 내가 남에게 의심받을 것이 없는 상태가 양심입니다. 양심이 있으면 남에게 꺼릴 것이 없습니다. 떳떳하기 때문입니다. 양심이 있는 사람들 간의 관계는 어린아이들 간의 관계와 비슷할 것입니다. 서로에게 숨길 것도, 감출 것도 없기에 서로가 서로에게 정직하게 자신을 표현하는 이유입니다. 그래서 의식소통에서는 소통의 맥락이 중요합니다. 맥(脈)이라는 한자는 월(月)자와 파(派)자가 결합된 글자인데, 이것은 몸 안의 혈관이 자기 길을 따라 경락을 돌아다닌다는 것을 상징합니다. 시내가 여러 갈래로 흐르는 모양줄기, 물길, 뿌리 하나는 다른 하나와 연결되어 있으니 이것저것을 고려해야 합니다. 락은 그물, 얽힘으로써, 어떤 상황이나 사건에 관해 그것이 일어난 배경이 왜 일어났는지, 어떻게 진행되었는지 등의 흐름 등을 말하는데, 이것은 처음부터 기술적입니다. 의식소통은 잘하려는 것이 아니라, 옳게 하려는 일을 의미합니다. 영어로 두잉 라이트(Doing Right)는 잘하는 것, 기술, 라이트 두잉(Right Doing)은 옳게 하는 것, 바르게 일을 해내려는 자세를 말합니다. 두 개는 서로 다르며 보조적입니다. 예를 들어, 도둑질을 잘하는 사람이 있다고 했을 때, 그는 한 번도 잡히지 않았기에, 도둑질의 기술이 뛰어납니다. 도둑기술이 뛰어난 것은 그가 도둑질을 두잉 라이트 한 것입니다만, 도둑질은 나쁜 일입니다. 도덕적으로 옳은 일이 아니기에, 도둑질은 라이트 두잉이 아닙니다. 의식소통은 상대방의 말이 어떤지, 나에게 해가 되는지 어떤지를 살피는 그런 맥락경청을 말하는 것이 아닙니다. 맥락경청은 소통을 잘하는 소통 기술이 뛰어난 그러니까 두잉 라이트(doing Right)일 뿐입니다. 의식소통은 낙인 거부, 판단중지입니다. 그 어떤 사람이든 그에게 인간적인 신뢰를 갖는 일은 옳은 일, 즉 라이트 두잉(Right Doing)입니다.

편견과 낙인을 거부하고 판단을 중지하고 한 사람을 대하고 그의 이야기에 귀를 기울이는 것은 사람에 대한 도리, 사람에 대해 옳은 일입니다. 그것이 선행되어야 맥락 경청이 의미를 지니게 됩니다. 공험 경청이 되지 않는 이유는 서로 다른 습관 때문입니다. 서로 간의 구별은 용인되지만 차별은 거부되어야 하는데, 우리의 일상에서는 구별이 차별이 되고, 차별이 구별이 되곤 합니다. 예를 들어, 나는 장애우들의 행동이 어색하여 일순간에 받아들이기 어렵습니다만, 나 역시 저들에게 그렇게 보일 것입니다. 외눈박이 사회에서 쌍눈박이의 행동은 어색할 수밖에 없기 때문입니다. 아프리카인들의 벌거벗음이 에스키모들의 끼어 입기와 당장 어울리지 못함과 비슷한 이치입니다. 성경책 든 목사들과 신장기 든 무당들은 서로는 당장 어울리지 못하지만, 같이 밥 먹고 이야기하면 이내 서로의 가슴에 피가 돌고 있는 생명으로서 어울릴 수 있듯이, 의식소통은 사람 간의 옳은 관계만을 생각합니다. 옳은 관계는 사람 대 사람 간의 바른 관계관을 지칭하고 있을 뿐입니다. 사람과 사람이 소통하면서 자기는 사람, 상대방은 강아지로 간주한다면 그 사람들의 관계는 옳은 관계가 아닙니다. 어쩌면 사람들의 관계라는 미명 아래, '개 ××' 관계, 즉, 사람과 사람 간의 관계인 인인(人人)의 관계가 아니라, 견인(犬人)의 관계에 지나지 않을 것입니다. 유신론자들은 신을 믿는 사람들입니다. 신과의 소통은 신의 형태나 존재를 한 번도 본 적은 없지만 그를 믿는 것입니다. 그것이 신앙입니다. 신앙은 의심 없이 받아들이는 것입니다. 신과의 의식소통은 바로 신앙입니다. 신을 믿는다는 것이 유신론에서 말하는 나와 신간의 옳은 관계입니다. 영어로 말하면 옳은 일은 옳은 일일 뿐입니다(Right Doing). 신을 잘 믿으려면 기도를 열심히 해야 한다고 했을 때, 열심히 기도하는 일은 믿음을 바르게 하는 행위입니다. 영어로는 두잉 라이트(Doing Right)입니다.

　의식소통은 상황맥락을 통한 이해 같은 것과는 무관합니다. 상황에 따라 서로 간의 이해맥락이 달라지는 것을 허용하지 않습니다. 모든 낙인은 상황에 따라 맥락을 달리해 온 단죄들의 증표이기 때문입니다. 의식들은 각기가 절대적이기 때문에 낙인은 불필요합니다. 내가 절대적인 역사이며 존재이듯이, 그 역시 절대적인 존재이며 역사일 뿐입니다. 존재의 의미는 동등할 뿐입니다. 신약성경에서 보여 주고 있듯이, 창녀라고 단죄되고 낙인된 한 여인이 지니는 인간으로서의 의미와 예수라는 한 남정네가 지니는 인간으로서의 의미는 동등할 뿐입니다. 이미 이야기했듯이, 내가 붓다와 교호하고 의식소통하고 있다는 것은, 동시에 내가 예수와 의식소통하고 있다는 것은 그가 처한 상황과 내가 처한 상황 때문에 바뀌지 않습니다. 붓다라는 의식이나 예수라는 의식은 절대적인 텍스트이기 때문입니다. 나라는 개인 역시 절대적인 텍스트입니다. 예수라는 의식(Text)과 나라는 의식(Text)이 서로 소통할 때 기독교와 신앙이라는 맥락(Context)이 설정되기는 하지만, 그때의 맥락은 소통의 맥락이지 결코 상황의 맥락이 아닙니다. 의식 간의 소통, 그로부터 서로가 지니게 되는 서로 경험, 말하자면 공험은 절대적일 뿐입니다. 상대적으로 바뀌거나, 상황이 바뀌니까 관계도 바뀔 수 있다는 그런 것입니다. 의식소통이 가능하려면 편견, 낙인 같은 것은 원초적으로 제거되거나, 소거되어야 합니다. 낙인이나 편견에 관계없이, 어쩌면 낙인이나 편견이 있음에도 불구하고 그것을 초월해서 서로가 지니는 공험이어야 합니다. 마치, 예수와 음행녀와의 관계에서처럼, 그가 대면하고 있는 여성이 바리세 남정네들로부터 음행녀, 몸을 파는 여인이라는 낙인과 더불어 그런 여인은 돌로 맞아 죽어도 좋다는 사회적 편견을 수용하고 있음에도 불구하고, 예수는 그런 편견과 사회적 낙인을 받아들이기를 거부했던 것처럼, 그런 사회적 편견이나 낙인을 벗어난 영혼과 영혼 간의 소통이어야 합니다.

영어로 인터 익스피리언스(Inter Experience)를, 경험한다는 뜻으로서의 공험(共驗)으로, 그것을 다시 의식소통이라고 번역합니다만, 공험, 의식소통은 그냥 말을 주고받는 것이 아니라, 정신적 차이를 서로 인정하며 나름대로 배려하려는 노력을 말합니다. 상대방의 행동만을 관찰하며 그의 행위가 옳은지, 어떤지를 평가하려는 자세를 말하는 것이 아니라, 상대방이 겪은, 체험한 그것까지 '공험' 하는 자세가 의식소통이기 때문입니다. 제도나 규범을 근거로 특정인을 일탈자로 인식하기 시작하면 그 사람은 결국 범죄인이 되고 만다는 낙인이론에서 유래한 용어인 낙인을 거부하는 것이 의식소통의 요체이고 공험의 핵심입니다. 낙인, 편견은 인간의 불완전성을 허용치 않는 무시무시한 형벌과 다르지 않습니다. 우리가 성경에서 읽어내듯이, 예수와 창녀 사이, 예수와 바리새 남정네들 사이에는 나름대로의 의식소통이 있었습니다. 그래서 저들 바리새 남정네들은 자리를 피했고, 한 여인은 여인네로 거듭나게 된 것입니다. 그녀는 예수의 기대대로, 그 후부터 다시는 음행녀로 살아가지 않게 된 것입니다. 저들은 의식을 소통하고, 공험함으로써 서로가 서로의 동행이 된 것입니다. 서로가 미리 알고 있던 사이든, 처음 알게 된 사이든 두 사람이 무엇인가 의미를 주고 그리고 받는 사이는 상호인격적인 관계입니다. 이런 인터 퍼스널(Inter Personal)한 관계에서 사람들은 상징을 서로 주고 그리고 받기 마련입니다. 상징을 주고 그리고 받는다는 것은 상호작용 과정에서 서로가 무엇인가 판단을 하게 된다는 뜻이기도 합니다. 판단의 기준설정은 사람들이 속한 공동체의 문화적 속성이나 분위기를 반영하게 됩니다. 예를 들어, 병원에서는 질병을 중심으로 환자라는 말 같은 것이, 군대에서는 문제병사라는 말 같은 것이, 혹은 학교에서는 문제아와 혹은 우등생과 같은 단어들이 학생과 교사, 교사와 교사, 교사와 학부모의 상호관계에서 쓰이게 되곤 합니다. 이런 곳에서 사람들이 서로 주고받는 말들은 때때로 서로의 정체성을 규정하게 됩니다. 그것이 상대방에 대한 편견을 반영하는 것이라면 낙인을 하는 것이고, 그렇게 낙인되는 개인의 정체성은 그 조직에 속한 타인들이 내리는 정의를 반영하기 마련입니다. 병원에서 의사들이 병자라고 진단 내리면 그는 환자가 되는 것이고, 학교에서 교사들이 학생에게 문제아라고 명명하면 그 학생은 문제아가 되는 것입니다.

인터 익스피리언스라는 말을 처음 소개한 정신분석학자이며 실존치료자인 랭(R. D. Laing) 교수는, 정신분석학자니, 정신의학자니 그런 전문가들이 전문적 진단 혹은 식견이라는 미명 아래, 과학이라는 이름 아래, 한 사람에게 붙이는 낙인, 말하자면 정신분열자니 뭐니 하는 식으로 낙인하는 것은 그 사람의 정체성을 살인하는 것과 다를 것이 없다고, 강한 언조도 불사합니다. 우리가 저들을 향해 낙인을 하면, "우리 모두가 살인자나 다를 것이 없으며, 몸을 파는 이들과 다를 것도 없습니다. 제아무

리 저들이 정상이라고 우겨도, 제아무리 이성적이라고, 제아무리 도덕적이라고, 제
아무리 알 만큼 안다고 저들을 설득하려고 해도 이미 소용없는 일입니다. 결론이 이
미 나 있기 때문입니다. 결론은 낙인 하나입니다."라고 잘라 말합니다. 저들의 행위,
저들에 의해 드러난 표면적인 것만 보고 저들을 판단하면 저들을 그저 보이는 대로,
저들이 행한 대로 나쁜 놈, 악한 놈, 잡놈, 등등이 될 뿐입니다. 저들의 경험을 결코
내 스스로 해 본 적도, 본 적이 없기에, 그저 저들은 저들의 전문적인 식견 아래 오
명(汚名)되고, 그렇게 낙인될 뿐입니다. 나의 정체성 역시 저들에 의해 그렇게 엉뚱
하게 명명될 뿐입니다. 서로가 공험을 해야, 서로가 서로에 대해 인터 익스피리언스
해야 타인의 행동은 겨우 나의 경험과 다르지 않게 엇비슷해집니다. 내 행동도 타인
의 경험 속에 들어가 있을 수 있게 됩니다. 서로의 공험, 그러니까 인터 익스피리언
스, 의식소통을 통해 내가 알게 되는 타인의 행동은 내 경험이 되고, 내 행동이 타인
의 경험이 된다는 것은 참으로 역설적인 경험이 됩니다. 의식 속에서 서로가 엇비슷
한 체험을 한다는 것은 어쩌면 역설적인 일에 속합니다. 다시 예를 들겠습니다. 예
수가 길거리에서 돌팔매를 맞기 직전의 그녀를 보는 순간, 창녀처럼 음행한 일을 한
적은 없는 예수지만 그는 그녀의 처지에 깊은 인간적인 경험을 갖게 됩니다. 공험의
장(場)에 예수가 진입한 것입니다. 그녀와 의식소통의 장에 들어가 있게 된 것입니
다. 바리새인들이 그녀를 창녀라고 낙인했기에, 그녀는 예수 앞에 창녀로 서 있게 된
것입니다. 아무도 그녀를 창녀로 낙인하지 않았다면, 그녀는 예수와 대면하지 않았
을 것이고, 어쩌면 그녀는 예수에게 요조숙녀로 서 있게 되었을 것입니다. 사실 알고
보면, 요조숙녀라는 말도 그녀에 대해 낙인하는 말이기는 마찬가지입니다. 요조숙녀
라는 말 역시 저들이 저들의 입장을 드러내기 위해 음행녀의 반대편에 서 있도록 써
먹는 사회적인 낙인이기는 마찬가지이기 때문입니다.

　예수에게는 지금 그 앞에 쪼그리고 두려워하고 있는 그녀가 창녀인지 요조숙녀인
지가 중요한 것이 아닙니다. 예수는 그런 사회적인 낙인에는 관심이 없습니다. 그러
니까 예수가 창녀라고 낙인된 그녀를 보는 순간 저 여자가 창녀다, 아니다라는 것에

는 무심할 뿐입니다. 예수는 단 한 가지, 즉 저 여인은 신의 피조물이며 저 여자는 사람일 뿐입니다라는 것을 체험합니다. 서로가 서로는 사람입니다라는 것만을 의식합니다. 신의 피조물인 그녀를 대한 순간부터 예수는 그녀에 대한 인간적인 행동만을 고정시킵니다. 그렇게 고정된 그녀에 대한 예수의 시각, 예수의 행동을 그녀가 보고 예수의 행동을 읽게 되고, 그로부터 예수에 대한 그녀의 행동이 결정됩니다. 서로가 의식하며 그 의식을 바탕으로 소통할 차비를 갖추기 시작한 그것이 바로 공험이며 의식소통의 시작이며 동시에 결과가 됩니다. 만약에, 예수가 창녀에게 너는 창녀니까 네 몸을 돈으로 살 수 있다는 의미의 행동을 했다면, 그 여자는 그녀의 몸을 사려는 예수의 행동을 읽고, 그녀의 몸을 구해내려고 오히려 예수를 유혹했을 수도 있었을 것입니다. 음행녀에게 유혹은 일상적인 일이기 때문에 그것이 가능했을 것입니다. 예수가 그녀를 창녀로 보거나, 그렇게 보았다면 그녀도 예수를 매춘남으로 이해했을 것입니다. 반대로, 예수가 그녀를 공동체에서 낙인한 대로 창녀로 단죄하려고 했다면, 예수 스스로 그 자리를 떠났거나, 돌을 들어 그녀를 향해 던졌을는지도 모릅니다. 아니면 예수를 시험하려는 저들의 뜻을 거슬리지 않게 하기 위해 또 다른 궤변을 늘어놨을는지도 모르는 일입니다. 사실, 창녀도, 창녀라는 조건도, 그런 것은 원래부터 세상에 정해져 있던 것이 아닙니다. 그것의 실체들은 사회적인 낙인에 의해, 구별에 의해, 차별에 의해 만들어지고 가다듬어지며, 그로부터 우리를 구속하고 있는 것입니다. 그러니 낙인만이 사회적 사실이고, 그 사회적 사실은 권력, 그것이 정치적이든, 의학적이든, 교육적이든 관계없이, 권력행사를 위한 장치가 될 뿐입니다. 제아무리 모두가 정상인들이라고 우겨도, 어쩌면 끝내 우리 모두가 정신질환자일는지도 모릅니다. 예수와 창녀 간의 대면에서 예수가 보여 준 그의 큰 그릇됨에서 보았듯이, 그녀의 창녀 됨이나 요조숙녀 됨이나, 남정네들이 그토록 내세우는 거룩함이나 비속함, 깨끗함 같은 것들의 진짜 내용은 오로지 신(神)만이 알고 있습니다. 신의 이야기가 그래서 늘 신비하고, 극비이며, 믿을 수밖에 없으며, 늘 귀가 쫑긋해지는 까닭입니다. 내가 그토록 나 홀로 신(神)을 좋아하는 이유이기도 합니다. 내가 믿는 신(神),

바로 자기는 참을 알고 있지만 늘 입을 다문 채 그것에 안달하고 있는 인간들에게는 언제나 침묵과 과묵하기만 합니다. 예수는 저들 속이 시커먼 바리새 남정네들의 속셈이나 그 여인 스스로의 자기에 대한 자기의 생각과는 달리, 창녀라는 그녀에 대한 판단을 중지했던 것입니다. 판단을 중지하기 시작하며, 예수의 마음에게 들어온 것은 신의 피조물인 여자로서의 하나의 인간이었습니다. 창녀로 떨어진 그녀 역시 신의 피조물인 인간이라는 그 사실만이 예수의 마음에 들어온 것입니다. 인간됨으로서 한 여인이 겪어야 했을 법한 말 못할 고통이 예수에게는 자신의 고통이 된 것입니다. 창녀라는 여인으로서의 한 인간과 예수라는 한 인간 간에 공험이 일어난 것입니다. 의식이 소통된 것입니다. 공험은 바로 낙인을 한순간에 폐기시키는 역설입니다. 말에 의한 장황한 설명을 일순간에 무기력하게, 무감각하게 만들어 버리는 행위의 언어, 의식의 언어였던 것입니다. 사람들끼리 살아가면서, 서로가 의식소통을 하지 않는 한, 세상에서는 제대로 소(疎)하고 통(通)할 것은 정말로 없을 것 같습니다. 내가 예수에게 열광하는 것은 예수를 직접 만나 봤기 때문이 아닙니다. 그 무슨 어느 목회자가 예수를 내게 소개했기 때문만도 아닙니다. 그가 내게 그 어떤 편지를 써 주었기 때문도 아닙니다. 그것은 내가 붓다나, 소크라테스와 의식을 소통하는 것과 같은 이치입니다. 붓다가 내 꿈에 나타난 적도 없습니다. 소크라테스의 혼령이, 그의 체취를 느끼기 위해 이미 폐허가 된 감옥, 그가 갇혀 독배를 마셨다는 감옥을 방문했을 때, 내게 불쑥 나타나 이야기를 건넨 것도 아니었습니다. 한 번도, 그들의 얼굴이나 글, 말을 본 적은 없지만 저들의 말을 때때로 의심하면서도 신봉하는 것은 저들과 공험하기 때문입니다. 저들과 의식소통하기 때문입니다. 의식소통하면, 그러니까 서로가 서로를 공험(共驗)하면 타인을 설득시키기 위한 잡다한 말이나 요란한 행동 같은 것은 그렇게 많이 필요한 것이 아닙니다. 필요하다면, 내가 나를 저들의 행동에 스스로 의식화하여 하루에도 수백 번, 1분에도 몇 번씩 저들을 만나러 천당을 오갈 뿐입니다. 내 마음에 저들을 받아들이는 것입니다. 저들의 경험에 내 경험이 함께 녹아 있기 때문에 내가 저들의 생각에 흘러 들어가게 되는 것입니다. 이것이 바로 내가 아직까지 유신론(有神論)자, 배움의 유신론자를 벗어나고 있지 않는 이유입니다. 나는 신(神)을 한 번도 직접적으로 만난 적은 없지만, 지나가는 바람에서, 흔들리는 꽃잎과 꽃봉오리에서, 흘러가는 물길에서, 내가 밟고 있는 흙에서, 내가 사랑하는 사람들과의 대화에서 예수의 말에서, 붓다의 말에서 신(神)이 내뿜는 영혼을 느끼고 만나고 있기 때문입니다. 어쩌면 신을 굳이 만나야 될 일도 아닐 것입니다. 사방도처가 신이며, 그것을 바라다보는 자신이 신성한 존재이기 때문입니다.

의식소통은 종교나 신앙의 경지에 이른 하나의 마음상태이기도 합니다. 예를 들어, 붓다나 예수는 자기를 따르는 사람이 창녀라고 해서 거부하거나 도둑놈이라고 해서 그들을 거부하거나 낙인하지는 않았을 것입니다. 독재자가 될 것을 미리 알고 그를 거부하거나, 후에 아주 고약한 목회자가 될 것을 사전에 알고 그가 목회를 할 것을 저주하고 그를 받아들이기를 거부하지는 않았을 법합니다. 그들에게는 돈 많은 스님이나, 가난한 목사나, 거짓말쟁이 중이나, 가짜 박사학위 목회자들이 이미, 가까운 미래에 될 것이라고 미리 알았더라도, 저들의 입교를 말리지 않았을 것입니다. 저들과 의식으로 소통했기에 저들의 들어옴과 나감을 저지하지도, 말리지도 않았을 법합니다. 이미 이야기했지만, 제가 붓다를 믿든, 예수를 믿든 그 어떤 신을 믿든 간에 관계없이 저들을 믿는 것은 저들에게서 귀신의 기미를 미리 보았기 때문이 아닙니다. 한 번도 그런 귀신의 정령이나 신령한 기운을 경험하지도, 본 적은 없지만 그를 믿는 것은 그와 내가 나름대로 의식소통을 하고 있기 때문입니다. 내가 붓다의 말을 신뢰하는 것도 그를 그 언제가 한 번이라도 대면했었기 때문이 아니라, 그와 그의 말과, 그의 생각과 그의 실천과는 조금 편차가 있음에도 불구하고 내가 그와 서로 공험하기 때문입니다. 그가 나를 비인간이라고 한 번도 낙인해 준 적이 없습니다. 나도 그를 귀신이나 신령들, 잡귀, 악귀라고 낙인해 본 적이 없습니다. 마음이 뒤틀려 그를 그토록 찬양한다는 목회자들이나 스님들을 향해, 손가락질을 하거나 한두 번 마음속으로 비아냥거린 적은 있어도, 그를 그 무슨, 무슨 자라고 깊이 비하하거나 낙인한 적은 없습니다. 그런 내 속내 속에 비아냥거림이 일어났을 때에도 어김없이 내 스스로 부끄러 위한 적이 한두 번이 아닙니다. 국회의원이나 대통령을 향해서 욕스러운 주먹질을 한 적은 있어도, 붓다나 예수를 향해서 욕을 해 본 적은 한 번도 없습니다. 예수나 붓다가 했다는 말을, 경전이나 저들을 연구했다는 전문가들의 글이나 입을 통해 전해 들은 것뿐이지만, 나는 저들의 말을 전적으로 신뢰합니다. 그것을 이렇게 저렇게 해석하고 강요하는 소위 '땡중' 같은 사람이나, 엘마 겐튜리 같은 날라리 목회자들을 머릿속으로 경멸한 적은 수없이 많았어도, 저들의 이야기를 무시한 적은 한 번도 없습니다. 저들에 관련된 이야기들이 설령 신화로서, 그냥 지나칠 수 있는 이야기 덩어리라고 하더라도, 나는 어릴 적부터 저들의 이야기에 감동하고 그것을 그렇게 신뢰하고, 그렇게 되도록 내 스스로 반성했던 것은 한두 번이 아닙니다. 정신병자, 미친놈, 정신 나간 여자라고 낙인한 사람들과의 의식소통을 이야기할 경우, 바로 그 정신병자라고 낙인된 사람과 나의 관계는 마치 예수나 붓다와 나 간의 관계 같아야 한다는 것이 의식소통의 핵심입니다. 그와 나의 인터 익스피리언스는 마치 나와 붓다, 나와 예수 간에 있어야 되는 그윽하고 개별적인 영성관계로서 말없이도 서로에게 통하는 의식의 소통관계이어야 합니다. 붓다나 예수의 언어가 내가 이해할 수 없기에, 그냥 다르다고 이야기할 수밖에 없듯이, 저들 낙인 된 정신질환자들의 언어 역시 쉽사리 이해될 수가 없습니다. 저들의 경험과 나의 경험이 지금 이 순간은 서로가 엄청나게 다르기 때문입니다. 서로의 경험을 공험하기 시작하면 언어의 차이는 크게 문제가 되지 않습니다. 마치 북극의 남성이 여성을 사랑하게 되면, 언어 차이에 구애받음이 없이 쉽게 결합될 수 있는 이치와 크게 다르지 않습니다. 그렇게 공험하기 시작하면 서로가 서로의 얼굴과 서로의 마음속에 감추어진 진면목을 알아차릴 수 있다는 것입니다. 정신병자와의 의식소통은 바로 붓다와 나 사이의 관계, 즉 의식과 의식 간의 만남과 질적으로 다를 것이 하나도 없습니다. 깨달음, 그것이 바로 마음트임이며 의식소통이기 때문입니다.

　성경에는 예수가 엄청나게 많은 말을 한 사람으로 기록되고 있지만, 실제로 그가 한 이야기는 전체 이야기 중 18% 정도밖에는 되지 않는다고 말하는 오리건 주립 대학교 종교학 교수 마커스 보그(Marcus Borg, 1942~2015)에 따르면, 성경은 역사적 사실에 해석과 이야기가 섞여 만들어진 걸작품이라는 것입니다. 예수가 행했다는 수많은 이야기나 기적 같은 것도 소망과는 달리 현실적으로 일어나지 않았으며, 일부 목회자들이 그토록 매달리고 있는 예수의 초자연적 능력을 부인하는 그는 그 어느 누구보다도 더 신앙적으로 신실한 기독교신자입니다. 부활절 이전의 예수는 역사적 존재로서의 예수이지만, 기독교가 그토록 매달리는 부활절 이후의 예수는 그를 빙자하거나 추종자들에 의해 만들어지고 다듬어진 존재라고 말하는, 그는 독실한 모태 기독교신자이며 신학자입니다. 그는 목사나 신부임명에서 안수(Ordination)가 꼭 필요한 것도 아니라고 잘라 말합니다. 다만 그런 의식이 필요하다면, 그것은 겉으로 보여 주려는 쇼이거나, 일부 장사치들의 잇속일 뿐이라는 그의 부인의 말을 존중하는 보그 교수는 안수의식이야말로 사람들에게 뭔가 중요한 인사로 있어 보이기 하기 위한 장치일 뿐이라고 단호하게 말합니다. 그의 부인은 목회활동을 하고 있는 목사입니다. 이들은 저들처럼 말로만 '주여' 하며 외치는 대신, 몸으로 예수를 믿고 사랑하며 자신들의 몸을 편하기 위해 더욱더 예수를 믿어야 한다고 말하고 있습니다. 그와 저들이 완벽하게 의식소통하고 있기 때문입니다.

나이, 50세쯤 되었을 때 대학 교수직을 집어던지고, 자기 자신이 누구인지를 찾기 위해 만화가로 나선 김정운 교수가 참 대단한 사람이라고 봅니다. 저 같은 사람으로서는 감내하기 어려운 일을 했습니다. 깊은 사연은 알 길이 없지만, 그가 그 나이에 자신을 찾기 위해 교수직을 던져버리고 만화를 그리는 학생으로 입학했다는 그 사실 하나만으로도 그는 인생살이라는 연극에서 그의 역할을 제대로 해낸 것입니다. 유학생으로 만화공부를 하다가 잠시 귀국한 그는 우리에게 재미나는 이야기를 한 적이 있습니다. 그는 말합니다. 사람의 일생에서 문제가 꼬이기 시작하는 것은, 그의 삶에서 전경(前景)과 배경(背景)의 전환이 매끄럽지 않을 때부터라는 것입니다. 자신의 이야기인지도 모르겠습니다만, 배경으로 물러나야 할 전경이 계속 버티고 있고, 전경으로 올라와야 할 배경이 애매할 때에는 자신의 삶에 대한 이야기가 매끄러울 수가 없다는 것입니다. 맥락에 따라 달라져야 하는 게슈탈트 형성이 뒤엉켜 있는 상태가 지속되면 누구나 괴로워지게 마련이고, 그때는 자신만 힘들어지는 것이 아니라, 주위 사람 모두를 힘들게 만들기 마련입니다. 자신들의 삶에서, 인생살이에서 앞의 경치와 뒤 경치 사이의 전환이 매끄럽지 않은 사람들을 꼽으라면 아마 교수나, 정치가나, 고위관료들이 될 것입니다. 말하자면, 남을 가르치는 일에 오래 종사했거나, 위에서 주로 지시하는 일에 신바람 났던 사람들, 혹은 호령하거나 명령을 즐기던 직업을 가졌던 이들, 그러니까 고위 공무원, 교수, 회사 임원, 장군, 정치인과 같은 직업을 가졌던 사람들이 준비 없이 은퇴하면, 그들의 삶은 비교적 전경과 배경이 서로 꼬여 맥락에 따른 게슈탈트의 형성이 저들에게 제대로 만들어지지 않는 일이 비일비재합니다. 삶의 맥락이 바뀌면 자신의 존재가 바뀐다는 것을 잊어버린 채, 자신이 누구인지를 도무지 의식하지 못하고 맙니다. 그러니까 저들은 자기들과 만나는 사람들에게 자기들이 늘 했던 그런 이야기를 하고 또 함으로써 자신의 과거를 회상하는 일에 이골날 뿐입니다. 그런 것에 이골이 났다는 것은, 그만큼 자신의 삶이 엉망이라는 것을 증거할 뿐입니다. 자신의 인생살이에서 삶의 게슈탈트 형성이 망가졌다는 이야기일 뿐인데, 저들은 그것을 모를 뿐입니다. 남들이 보면 다 아는 일을 저들만 모를 뿐입니다. 그런 유형의 사람들 스스로 자신의 게슈탈트를 바꾸려면, 대충 세 가지 정도의 일을 해야 합니다. 무엇보다도, 첫째로, 자신이 만나는 '사람', 그러니까 관계를 바꾸는 것입니다. 항상 같은 사람들, 그 옛날부터 만나던 사람들을 다시 만나면서 했던 이야기, 똑같은 이야기를 반복하는 것을 즐기는 것은 삶의 게슈탈트를 바꾸는 일에 전혀 도움이 되지 않기 때문입니다. 그런 것을 피하기 위해서는 그 무슨 틀에 박혀 있는 모임은 가능한 피해야 합니다. 말하자면 정기적으로 행해지는 동창회, 등산 모임, 월예회 모임 같은 것은 새로운 게슈탈트 형성에 도움이 되지 못하기 때문입니다. 그런 것보다는 오히려 적극적으로 새로운 사람들을 만나고, 새로운 사람들로부터 새로운 이야기를 경청하며 자신을 되돌아보아야, 자신의 삶에서 자신의 게슈탈트가 건강해지게 됩니다. 자신의 삶을 드러내 보이는 게슈탈트를 건강하게 하기 위해서는 둘째로,

자신이 늘 가던, 늘 즐기던 공간, 말하자면 '장소'를 과감하게 바꾸거나 그것에 변화를 주어야 합니다. 공간이 바뀌면, 자신이 접하는 환경이 달라지기 때문에, 자신의 생각과 태도 역시 달라지게 마련입니다. 공간이라는 환경이 사람의 삶에 나름대로 영향을 끼치기 때문입니다. 자신이 하고 있는 일이나, 자기의 '관심'을 바꾸는 것은 자신의 삶과 연관된 자신의 게슈탈트에 변화를 가하는 세 번째 방법이 될 것입니다. 관심이 바뀐다는 것은, 자신의 길이 달라진다는 것입니다. 새로운 길에 들어서면 새롭게 익혀야 합니다. 지금까지 몰랐던 것을 새롭게 익히게 되고, 익히게 되면 새로운 관심과 흥미가 생기고, 그 흥미를 즐기기 위해 필요한 기술이나 정보에 대해 새로운 관심을 갖게 됩니다. 새로운 것을 경험하고, 즐기는 일만큼 자신을 자극하는 것도 없습니다. 그것은 새로운 배움의 길로 들어서게 만드는 일이기 때문입니다. 자신에게 자신이 자신을 주는 일이기에, 자신의 긍정적인 게슈탈트를 만들어 내는 데 이것만큼 도움이 되는 것도 그리 흔하지 않습니다. 관심을 바꾸는 것이 제일 중요합니다. 자신이 모르던 일이나 환경에 대한 새로운 관심이 생기면 자신이 바뀌게 되고, 자신이 변화하면 자신의 삶이 따라서 변화하기 마련입니다.

사람 사이의 의식소통은 관계의 게슈탈트를 건강하게 만들어 주는 데 도움이 됩니다. 의식소통은 사람을 바꾸어도, 장소를 바꾸어도, 관심을 바꾸어도 의식소통의 형태가 변하는 것은 아닙니다. 건강한 게슈탈트를 지닌 사람은 그들의 관계도, 그들 간의 소통 역시 건강하기 때문입니다. 이미 수없이 말한 것처럼, 붓다와 나의 관계, 예수와 나와의 관계는 나와 그간의 관계를 매개하는 데 도움을 줄 수 있는 목사를 새로 바꾸어도, 스님을 다른 스님으로 바꾸어도 바뀔 수가 없습니다. 교회나 절을 바꾼다고, 붓다와 나 사이의 관계가 바뀌지는 않기 때문입니다. 자신의 교회가 사찰이 감리교회, 혹은 조계종이라고 해서, 나와 예수의 관계가, 나와 붓다의 관계가 기독교 교파처럼, 혹은 불교의 계파들처럼 이리저리 여러 종의 파별로 굽히고, 휘어지고, 나누어지는 것은 아닙니다. 저들의 종파는 이렇게, 저렇게 나름대로 저들의 이해관계를 따라 갈라진 것이지, 예수나 붓다가 자신의 이해관계를 위해 굽히는 것이 아니기 때문입니다. 내가 골프를 좋아한다고 해서 붓다와 나와의 관계가 달라질 것도 없습니다. 마찬가지로, 나와 정신분열증환자 사이의 의식소통 역시 마찬가지입니다. 그가 정신분열증이라고 하면, 그쪽에서 나를 보면 나 역시 '분열정신증' 환자에 지나지 않을 것이기 때문입니다. 그러니, 그가 나를 환자로 보고 있지 않기에, 나 역시 그를 환자로 보는 것이 아니라, 하나의 의식, 하나의 사람, 하나의 신으로 보기 시작하면 모든 것이 풀립니다. 그를 오히려 붓다처럼, 예수처럼 본다면, 이제 나는 붓다와 나, 예수와 나와의 관계처럼 저와 나 사이에 공험이 생기게 되는 것입니다. 의식이 소(疏)하고 통(通)하게 되는 것입니다. 이것은 예수가 자기 앞에 서 있던 그 여인을 창녀로 보았다면, 그 역시 바리새 남정네처럼 발정이 난 남정네에 지나지 않았을 것과 같은 이치입니다. 편견을, 낙인을 조심하기 위해서는 일단 판단부터 중지해야 합니다. 안다는 것, 그것부터 일단 조심해야 합니다. 우리가 무엇인가를 알았어도 잘못 알고 있는 것이라면 그것은 편견입니다. 무엇인가를 익혔어도 제대로 익힌 것이 아니라면 낙인이 개입될 가능성이 높아집니다. 무엇인가를 알았다고 하는 그 으스댐과 교만, 그리고 편견 때문에 생긴, 이미 알고 있으니까 다시 알지 않아도 상관없어라고 하는 그 잘못된 마음가짐이 편견과 낙인을 키웁니다. 그것은 무엇인가 배웠다고는 하지만, 제대로 배운 것이 아닙니다. 기계적인 익힘일 뿐입니다. 제대로 배운 사람은 편견이나 낙인을 갖기보다는 판단중지를 먼저 합니다.

　기억의 경험이 새로운 해결을 막는 법입니다. "나는 알고 있다."의 함정을 건너뛰어야, 나는 모르고 있다의 사람이 됩니다. 예를 하나 들어 보겠습니다. 다시 이야기하지만, 초현실주의 작가인 르네 마그리트는 파이프(Pipe) 담뱃대를 그려 놓고 그 아래 제목으로 "이것은 파이프가 아니다."라고 붙여 놓았습니다. 누가 봐도 그가 그려 놓은 것은 파이프입니다. 그런데 화가인 그는 그것을 파이프가 아니라고 우깁니다. 그림을 보는 사람들이 혼돈과 혼동에 빠집니다. 커다란 혼란에 빠집니다. 정말로 자신의 눈과 마음을 의심하기까지 합니다. 마그리트가 그려 놓은 파이프에는 무엇인가 파이프 같지 않은 것이 있을 것이야 하는 의심을 하면서부터, 파이프에 대한 이미지가 더욱더 사람의 마음에 부각됩니다. 의심하기 시작하면 파이프라는 이미지에 대한 배반을 즐기게 됩니다. 의심이 사라지면 모든 것은 있는 그대로 제자리에 다소곳하게 위치하게 됩니다. 사람도 마찬가지이고, 배움도 마찬가지입니다. 집에 있는 부인을 늘 그 부인으로 생각하면, 자신의 부인에 대해 아무런 새로운 생각이나 감흥이 나지 않게 됩니다. 집에 있어야 되는 부인이 무엇인가 꾸미고 있고, 다른 남자도 만난다고 의심하기 시작하면, 최대한 긍정적인 입장에서 의구하기 시작하면, 자신의 집사람에 대해 다른 생각, 어쩌면 신선한 생각이 들 것입니다. 그런 그날 잠자리는 어쩌면 새로워질 수도 있을 것입니다. 이미 익혔다, 잘한다, 옛날에 다 알아버렸다 하는 생각 역시 마찬가지입니다. 나는 알고 있다, 나는 배웠다, 나는 박사입네, 교수입네, 혹은 목회자입네와 같은 어줍지 않은 선경험(先經驗)이 오히려 그에게 열리고 있는 새로운 익힘, 새로운 접근, 새로운 이해를 가로막습니다. 말하자면, 식자의 저주, 그러니까 저들의 전문성에 터한 지식의 저주(Curse of Knowledge)가 그의 지적 탐험을 위한 새로움을 방해하기 마련입니다. '지식의 저주'라는 말은, 미국 스탠퍼드 대학교 칩 히스 교수가 처음 제안한 개념인데, 본래 의미는 사람이 무엇에 대해 잘 알게 되면 그것을 모르는 상태가 어떤 것인지 상상하기 어렵게 된다는 뜻입니다. 그러니까 무엇인가 알고 있다는 자부심이 강한 전문가들은 자신의 수준에 기대어 일반인들 수준을 예단하게 되고, 그렇기 때문에 자신들은 나름대로 쉽게 설명한다고 생각하는 내용도 일반인들은 도대체 무슨 말인지 이해하기 어려워지게 됩니다. 식자들이 지식의 저주에 빠지면, 전문가인 자신이 알고 있는 것은 너무 쉽기에 그것을 타인들도 당연히 알고 있으리라고 미리 판단함으로써 서로 간의 소통이 어려워지게 됩니다. 그렇게 되기 시작하면, 전문가이며 식자인 그에게도 타인의 소리에 귀를 기울이지 못하기에, 새로운 창조니, 파격이니, 거듭남은 점차로 소실되게 됩니다. 인간에게 각인된 기억, 경험, 습관적 알고리즘, 즉 습관적인, 자신에게 늘 효험이 있던 문제풀이 방법 같은 것들은 그에게 새로운 삶을, 새로운 기회를 차단시키는 함정이 될 뿐입니다. 그 이유를 설명하겠습니다. 더글러스 무크가 편집한『당신의 고정관념을 깨뜨릴 심리실험 45가지』에 나오는 예화입니다. 미국 뉴욕 대학교 에이브러햄 새뮤얼 루친스(Abraham Samuel Luchins) 교수는 사람들에게 물 항아리 세 개를 이용한 문제를 푸는 실험을 한 적이 있습니다. 문제는 어렵지 않았습니다. 크기가 서로 다른 세 개의 항아리를 이용해, 한 항아리에 제시한 만큼의 물을 채우는 방법을 찾는 것입니다. 첫 번째 항아리에는 물 21컵이, 두 번째에는 물 127컵이, 세 번째에는 3컵이 들어갑니다. 이 세 개의 항아리만을 이용해서 두 번째 항아리에 물 100컵을 채우는 방법을 먼저 찾는 것이 문제입니다. 앞서 이야기한 항아리를 순서대로 A, B, C라고 한다면, B항아리에 먼저 물을 가득 채운 후 A항아리에 한 번, C항아리에 두 번 가득 물을 옮겨 담으면, B항아리에 남은 물이 정확히 100컵이 되기에, 이를 식으로 만들어 보면 B-A-2 * C가 곧 답이 됩니다. 피실험자들은 이런 유형의 문제를 연달아서 풀어 보는 연습을 합니다. 이런 문제풀이에 모두가 익숙해지게 만듭니다. 척 봐도 풀 수 있는 문제가 되었습니다. 이제 정말로 실험자가 문제를 냅니다. 피실험자가 풀어야 될 문제는 항아리 A, B, C가 각기 15컵, 39컵, 3컵의 물을 담을 수 있을 있습니다. 이 경우, B항아리에 물 18컵을 채우는 방법을 묻는 것이 문제였습니다. 이 문제 역시 반복적으로 해 본 그 문제풀이 수식을 사용해도 됩니다. 시간이 걸리는 그동안의 문제와는 달리 B항아리에 물 18컵을 채우는 이번 과제를 해결할 수 있는 좀 더 간단한 방법이 있습니다. A항아리, C항아리에 각각 물을 가득 채운 후 이를 B항아리에 모두 옮겨 담으면 문제가 간단히 해결되기 때문입니다. 수식으로는 A + C가 됩니다. 겉보기에도 간단해 보이는 이 방법을 찾은 피실험자는 극소수였습니다. 대부분의 피실험자들은 자기들이 해 본 그 방식으로 문제를 풀려고만 했기 때문입니다. 먼저 문제풀이처럼, 똑같은 패턴으로 여러 문제를 풀다 보니, 이제는 좀 더 쉬운 방법이 있어도 눈에 보이지도, 들어오지도 않는 것입니다. 이미 잘 알고 있는 것인데, 그렇게 하면 그렇게 되는 것인데 하는 관습적인 생각이 피실험자들의 뇌리에 박혀버렸기 때문입니다. 루친스 교수는 이런 인간의 생각과 문제풀이방식을 기계화라고 불렀습니다. 사람들이 패턴화된 사고에 빠져, 다른 형태로 사고하는 것을 어려워하기 때문에 생기는 맹목적인 사고를 사고의 기계화라고 명명한 것입니다.

맹목적인 사고를 벗어나려면, 지식의 저주에 걸리지 않으려면 무엇이든 일단은 이미 다른 곳에서 설명한 것처럼, 건전하게 의시하고, 의심하며, 의구(疑懼)해야 합니다. 돌다리도 무너질 경우가 허다하기 때문입니다. 돌다리 한 번 더 두들겨 봤다고 힘이 빠지거나 시간이 더 들어가는 것도 아닙니다. 이미 알고 있기에, 이미 익혔기에, 내가 전문가이기에 더 이상 새로운 것은 없다든가 알 필요가 없다는 식으로 무작정 기억이나 선험을 따라서 하지 말라는 것입니다. 무작정 기계적으로 하면 그것은 익혔어도 설익은 것과 다를 것이 없습니다. 잘못 배운 것은 아닐지라도 덜 배우고, 설익은 것이며, 지혜스럽지 못한 것일 뿐입니다. 그러니까 아무것도 모르는 것, 즉 무지(無知)한 것은 아닐지라도, 그것은 상황을 면밀히 용의주도하게 파악하려는 슬기가 결핍된 무지(無智)한 것이며, 구별할 줄은 알아도 제대로 분별하지 못하는 무식(無識)한 것이며, 그것이 바로 의심과 분별이 병든 어리석음의 치(癡)라고 볼 수 있습니다. 사람들이 생각의 기계화, 편견의 '기계화'에 빠지게 되는 이유가 있습니다. 그것은 한 번 기록되거나 기억되는 것은 그것이 마치 유일한 유식(有識)의 근거가 되어 좀처럼 변형되지 않기 때문입니다. 이것이 바로 학습의 오류(誤謬)이며, 가르침과 익힘의 한계입니다. 앎의 한계이기도 합니다. 학습의 오류에 빠지면, 앎의 한계에 갇히면 배움은 되살아나기 어렵습니다. 이 점을 염려하여 장자(莊子)는 「추수」 편에서, "저 우물 안 개구리에게는 바다의 크기를 말해 줄 수 없는 것은 자신이 사는 우물이란 공간에 구속되어 있기 때문이고, 편협한 선비에게 진정한 도를 설명할 수도 없고 더 이상 그가 새롭게 받아들일 수도 없는 것은 좀생이 선비 자신이 그 옛날 그렇게 가르침을 받아 익힌 것에서 조금도 헤어 나오지 못하고 구속되어 있기만 하기 때문이다(曲士不可以語於道 束於教也)."라고 말한 바 있습니다. 의심하지 못하면 새로움으로 나올 수가 없는 노릇입니다. 그런 상태가 바로 치(癡)이며, 무식(無識)의 시작입니다.

9) 늘 홀로입니다

　알아차림은 저 홀로 보내는 시간을 자기 것, 자기만의 내언(內言)으로 바꾸려고 노력할 때 일어나는 마음의 기운입니다. 내언이라는 것은, 마음의 소리(Voice of Mind)라는 것은, 사실 자기만의 비밀이거나, 자신의 몸인 피부를 경계로 자신의 내부에 '실체'처럼 존재하는 그 어떤 것이 아닙니다. 내언, 마음의 소리는 마치 '금고' 혹은 '상자' 속에 감추어진 보물이 아닙니다. 마음의 소리, 내언은 불완전한, 무언가를 항상 지향하는 자신이 원하는 행위(Action)의 결과로서 그냥 만들어지는 것이 아니라 사회관계 속, 대인 관계 속에서 비로소 성립되는 것입니다. 그러니까 내 마음의 소리는 타인과의 관계, 사회적, 문화적, 역사적 상황 속에서 발생해서 그것을 자신이 나름대로 자신을 위해 조절해놓은 바람이고 반응입니다. 내언은 개인 내에서 뭔가 일어나면 그것이 외부로 그냥 나타나는 그런 것이 아니라, 사회적 기호 활동과 관계의 산물로 드러나게 됩니다. 내언, 마음의 소리는 당초부터 내 안에 있었던 것이 아니라, 외부의 자극이나 관계에서 만들어지거나 조절되는 감정입니다. 나에게 자극이 되는, 내가 무엇인가 나를 조절해야만 되는 관객이 없으면 나의 '마인드'나 '목소리'는 애당초 존재하지 않는다고 내언의 본질을, 마음의 소리를 사회적 구성물인 동시에 생존 전략의 부산물임을 강조한 러시아 심리학자 비고츠키와 바흐친은 내언이, 마음의 소리가 만들어지는 곳에는 생존을 위한 사회적 장(場)이 함께함을 알려 주고 있습니다. 비고츠키와 바흐친의 철학을 선호하는 제임스 V. 워치(James V. Wertsch)는 『보이스 오브 마인드』에서, 사람들이 각자적으로 세상의 의미를 제대로 캐들어 가기 위해서라도, 제 스스로 일상에서 살아가는 의미를 만들어 가기 위해서라도, 매일같이 우리가 겪는 통상적 사안에 대해서도, 마치 비고츠키가 우리에게 제언한 말한 것처럼, 그일이 원인과 결과를 뒤집어 생각하며 자신의 내언, 마음의 소리를 생각해 보라고 요구합니다. 1960년에 태어나, 현재 메이지 대학교 교수로 일하고 있는 일본의 사이토 다카시(齋藤隆) 교수는 내 인생살이로 보면 거의 30년 아래 사람입니다만, 저는 그가 쓴 책 『혼자 있는 시간의 힘』이라는 책을 읽고, 나름대로 내 삶을 위해 큰 쓰임새를 얻은 바가 많았습니다. 혼자 있는 시간을 온전히 자기 것으로 만들어 낼 수 있는 사람이 행복한 사람이라는 그의 생각에 동의하게 되었기 때문이었습니다. 그는 지금은 대학 교수로서 나름대로 명성을 얻고 있습니다만, 한때는 도쿄 대학교 법학부를 졸업한 그야말로 무일푼의 백수였습니다. 대학을 졸업한 후부터 10년간, 그러니까 서른 살이 넘도록 변변한 직업이 없이 자신을 저 홀로 내세우던 백수였습니다. 백수였던 그가 나름대로 다시 자신을 재충전해 갈 수 있는 교수라는 직업에 진출할 수 있었던 힘은 바로 혼자 있는 힘의 덕분이었습니다. 혼자 있는 힘, 혼자 자기를 다스릴 수 있는 힘이 행복의 토대가 된 것입니다. 저는 다카시가 말하는 혼자 있는 그 힘을 일컬어, '자기력(自己力)'이라고 제 말로 다시 표현해 봅니다만, 그는 대학에 들어가기 위해 초등학교에서부터 첫 직장을 얻은 서른두 살까지 철저히 자기 혼자 시간을 자기 것으로 만든 일에 온갖 힘을 기울였습니다. 자기 혼자 있는 자기만의 시간을 자기 목표로 만들어, 자기의 현실로 만들어 냈습니다. 자기력의 내공을 쌓았다고 보면 됩니다. 그 어떤 일이든 대부분 비슷하지만, 일의 성과가 단시일 내에, 그리고 당장 눈앞에 나타날 리가 없습니다. 다른 사람들이 앳된 애송이의 능력이나 자기만의 생각을 사회적으로 인정해 줄 리도 없습니다만, 그는 그런 것에 아랑곳하지 않았습니다. 그는 그저 자기 자신이 혼자 있을 때 생기는 그 힘의 위력을 믿으며, 자기 혼자 있는 힘과 그것으로부터 생기는 자기력을 쌓아나갔습니다. 그 자기력이 마침내 지금의 자기를 만들어 놓은 것입니다.

  요즘은 일본뿐만 아니라, 한국에서도 흔히 발견되는 사회현상이지만, 무엇이든 저 홀로 해 나가는 세상이 되었습니다. 극도의 소비중심사회로 나아간 사회치고, 저 홀로 현상이 보편적이지 않은 사회는 없습니다. 불과 2~3년 전만 해도, 혼자 밥을 먹는 풍경은 일본에서도, 한국에서도 낯선 풍경이었습니다만, 이제는 대학가를 중심으로 사회 곳곳에서도 혼자 밥 먹는 문화가 확산되고 있습니다. 기업에서 집단으로, 배식기에 밥을 배식받아 먹는 것이 마치 더불어 먹는 것 같기는 하지만, 그 역시

나 홀로 밥 먹기입니다. 일본은 그런 저 홀로, 혹은 나 홀로 밥 먹기를 '혼밥'이라고 부르기도 합니다만, 모두 사정이 있습니다. 특히 대학생과 20~30대 직장인들이 더욱더 혼밥을 하는데, 그것은 이미 하나의 문화적인 추세가 되어 혼밥을 즐기기도 하지만, 상당수의 사람들은 어쩔 수 없이 혼자 밥을 먹기 마련입니다. 혼밥을 할 적에 저들은 '남의 시선'을 거북살스럽게 느끼는 것 같습니다만, 그럴 이유가 없습니다. 오히려 혼밥을 즐기면서 자신을 긍정적으로 다듬으라는 것이 바로 다카시 교수의 충고입니다. 혼자 밥을 먹는 것뿐만 아니라, 혼자 있는 시간을 어떻게 보낼 것인지에 따라 삶의 지도가 달라지게 된다고 자신의 체험담을 이야기하고 있는 다카시 교수는, 혼자 있는 시간을 효율적으로 보내기 위해 자신 스스로 사용했던 '적극적인 방법'들을 소개합니다. 한시라도 낭비하지 말고, 자기 자신을 객관화하는 데 도움을 주는 거울 내관법, 자기 긍정의 힘을 기르는 글쓰기, 인내심을 길러주는 번역과 원서 읽기, 외로움을 극복하는 방법, 평정심 유지에 도움을 주는 마인드컨트롤, 집중력을 향상시켜 주는 호흡법을 활용하여 자기 자신만의 저 홀로 힘을 배양하라고 합니다. 예를 들어, 거울을 쳐다보면 그 누구든 자기의 현재 모습을 보게 됩니다. 자기 스스로 보기에 무엇인가 불편하면, 그것은 남이 봐도 불편한 것이 될 것입니다. 그럴 때에는 자기 자신 스스로 자기에게 질문하고, 답하면서 자신의 모습과 마음가짐을 다시 바르게, 곧추세울 필요가 있습니다. 타인이 그것을 지적하면 그때는 이미 늦은 것입니다. 남의 지적을 받는 순간 자기 자신 스스로 나설 수 있는 여력을 잃어버린 것이나 마찬가지이기 때문입니다. 자기 혼자 있는 힘, 그러니까 자기력이 충만한 사람들은 '~라면'이라는 말을 자기의 삶에서 삭제한 사람들이기도 합니다. 예를 들어, 그 사람이 나에 대해 지적만 하지 '않았더라면' 나의 기분이 상하지 않았을 텐데라는 생각을 하면, 그것은 이미 내 자신의 패배이며, 내 자신을 누군가의 그 무엇에 비교하며, 그것에 굴복하기 시작하는 것이나 마찬가지입니다. 그래서 일을 하면서, 자신의 삶을 살아가면서, '~라면'이라는 말을 즐겨 쓴다면, 그것은 자기 스스로 바보마음을 가진 것이라고 부를 수 있습니다. 바보일수록, '~라면'이라는 말을 즐겨 쓰기 마련입니다. 그렇게 생각하면 자기 스스로 잠깐이라도 편안해진 것 같은 헛된 망상 속에 빠져들 수 있기 때문입니다. 그렇습니다. 세상살이에는 그때 그렇게 하지 않았더라면, 저렇게 했더라면… ~라면이라는 상황이 있을 수 있습니다만, 그런 '~라면'의 상황은 이미 지나간 과거의 상황입니다. 자신을 망치게 만들어버린 엉망의 상황이었던 것입니다. 삶 사이에서, '~라면'이라는 말을 달고 사는 사람치고, 야무지게 살아가는 사람을 드물기 마련입니다. 살아가면서, 자기 편하게 자신에게 가능한 핑계를 대는 일이 바로 '~라면'의 상황이기 때문입니다. 핑계로 자신의 실수나 약점을 적당히 넘기려고 하지만, 현실은 그런 '~라면' 때문에 엉망이 된 상태이기만 합니다.

운동경기를 보면 알듯이 대단한 선수는 뭔가 달라도, 다릅니다. 재능이 많은 사람일수록 혼자일 때 자신이 이루어야 할 세계에 대해 혹독하게 저 홀로 생각합니다. 혼자만의 시간에 깊이 생각한다는 것은 재능의 증거이며 노력의 증거입니다. 현실을 뚫고 나갈 수 있도록 자신을 조련(調練)하지 않으면, 자신은 결코 편할 수가 없기 때문입니다. 아이돌 가수가 성공하기 위해서 하루 22시간씩 연습한다는 말에 제 스스로 부끄러워진 적이 있습니다. 골프시합에 출전하기 위해 하루에 퍼팅연습만 4시간 이상을 한다는 우리나라 대표선수와 점심을 했던 저는, 그녀에게 더 이상 퍼팅요령을 묻지 않았습니다. 혹시나 해서, 그녀에게 퍼팅의 묘법을 한 수 익혀, 동료들의 돈을 몇천 원 따먹으려던 나의 속셈이 정말로 헛된 것이라는 것을 그녀와의 점심식사를 통해 처절하게 느꼈기 때문입니다. 세상에는 공짜가 없습니다. 세상에 공짜가 없다는 것을 아는 사람이라면 그 사람은 자기만의 생각에 따라 자기를 만들어 가려는 사람들입니다. 자신의 노력으로 자신을 만들어 가려는 사람들은 타인과의 비교를 하지도, 그런 결과를 중하게 여기지도 않습니다. 물론 타인과의 비교를 통해 자신의 현재와 자신의 능력이 어느 정도인지를 객관적으로 알아볼 수 있는 기회가 되기는 하지만, 그런 비교나 비교결과에 집착하다 보면 자기 긍정의 힘은 자기도 모르게 약해지고 노쇠해지고 말아버립니다. 자기를 위해 자신의 현재와 자신의 목표를 향해 노력하고 그 자체가 의미 있는 일이고, 가치로운 일입니다. 자신이 자신을 믿는 일이 결코 잘못되지 않은 것이기에 자신 스스로 자신의 등을 토닥이며 자신과 함께 싸워 줄 든든한 동료를 만들어야 하는데, 그런 동료들 가운데에서도 자기 자신에게 가장 믿음직스러운 동료는 바로 자기 자신뿐입니다. 어려운 일이 생겼을 때, 해내려고 하던 일들이 마음대로, 생각대로, 계획대로 제대로 풀리지 않을 때, 흔히 자신의 마음을 갉아먹기 시작하는 생각이 바로, 이 세상에 자기를 응원해 주는 사람이 하나도 없는 것처럼 느껴지는 마음생각입니다. 그런 생각이 자신의 마음을 야금야금 갉아먹기 시작하면, 그것이 바로 우울증이 되는 것입니다. 그럴 때일수록 한 가지 비껴갈 수 없는 사실을 다시, 그리고 제대로 확인해야 합니다. 그것은 세상이 제아무리 자신에게 적대하더라도, 자기 자신만은 자신의 편'이며, 자기 자신만은 자기의 변호사라는 생각을 확인하고 세상이라는 판사 앞에 당당하게 나서야 합니다.

혼자 있는 힘이 강하면 그 사람의 마음은 근육질(筋肉質)로 바뀌게 됩니다. 마음근육이 튼튼해진다는 뜻입니다. 자기력이 강한 사람은 마음의 근(心筋)을 다부지게 길러 놓은 사람이기 때문입니다. 한자로 근(筋)은 힘을 말합니다. 근은 체력, 힘줄을 말하는데, 힘줄은 몸의 근육을 나타낼 때에 쓰는 글자입니다. 힘줄인 근(筋) 자는 재미있는 형상을 보여 주고 있습니다. 근자를 분해하면 근자에는 대나무 죽(竹)이 들어 있고, 쟁기를 나타내는 힘인 력(力)자가 들어 있고, 사람의 몸을 나타내는 육 달인 월(月)자가 들어 있습니다. 대나무처럼 똑바로 뻗은 모습이, 마치 쟁기질을 하고 난 후의 골이 져 있는 모습, 그러니까 대나무와 쟁기와 몸으로 힘줄을 나타내고 있는 말이 됩니다. 근이라는 글자는 힘이라는 뜻 말고도, 정보라는 말로도 쓰입니다. 일본에서는 역사적인 도시이며 큰 도시인 오사카에는 미도스지(御堂筋)라는 남북을 가로지르는 큰 길이 있습니다. 오사카의 중심도로는 남북을 관통하는 도로를 筋(스지)라고 부르며 동서를 가로지르는 도로를 도리(通り)라고 부르는데, 시내 중심부의 스지(筋)는 주로 편도차선으로 되어 있는데, 이런 시내 중심부에는 여러 가지 새로운 소식이나 일거리들이 몰려들게 마련입니다. 그래서 일본어 '스지(筋)'는 '소식통'을 의미하는 말로 쓰입니다. 힘을 기른다는 것은 사회적으로는 새로운 소식을 접하는 기회가 늘어난다는 뜻을 갖게 되는 이유입니다. 나, 홀로는 바로 동서와 남북을 가르는 그 지점에 서서 어디로 나아갈지를 결단하는 상태를 말하는 것입니다.

10) 알아챔입니다

우리가 그토록 두려워하는 '암(癌, Cancer)'은 일반적인 생각과 달리 외부에서 침입해 들어오는 바이러스나 세균이 아니라, 모든 인체 조직을 구성하는 똑같은 재료로 만들어진 인체 '내부의 반란자'인 변종입니다. 암은 외부를 조심하기보다는 자기 몸의 내부를 조심해야 한다는 경고를 하고 다니는 내부 고발자인 셈입니다. 자신의 몸을 구성하고 있는 세포는 생명에 관한한 명과 암, 밝음과 어둠, 창조와 파괴라는 두 가지 상반된 기능을 모두 지니고 있습니다. 생명을 만들어 내는 것은 숨이 멎을 듯한 아름다움 같은 것이지만, 그것을 무참하게 파괴하는 것은 숨을 멎게 만드는 우울함입니다. 자기 몸의 세포들은 어김없이 생명체의 아름다움과 무한한 위험을 동시에 맞이하도록 되어 있습니다. 이 원칙에 예외란 없기에, 미국의 로버트 와인버그 교수는 『세포의 반란-로버트 와인버그가 들려주는 암세포의 비밀』에서, 아예 암을 세포의 반란이라고 부르고 있습니다. 암세포들은 주위의 조직이나 생명체의 안녕에는 관심이 없으며, 암의 시작이라고 하는 조상과 마찬가지로 후손들도 한 가지 프로그램만을 염두에 두고 있습니다. 그것은 바로 성장, 복제 그리고 끝없는 확장입니다. 암세포들 역시 성장, 복제, 그리고 확장함으로써 암의 왕국을 만들어 갑니다. 암은 생명에게 혼돈을 일으킵니다. 암은 지금 이 시대에 불현듯 출현한 괴이한 지질이거나 이 시대에 불현듯 나타난 특유의 질병이 아닙니다. 암을 그러니, '병병' 하는 식으로 질병으로 부르기보다는 파괴세포, 아니 '죽음의 생명'이라고 불러야 옳을 것입니다. 성장세포가 병이 아니듯이, 암세포 역시 병일 수가 없다는 생각에서 그 언제나 가능한 말입니다. 암세포는 외부에서 들어온 그 무슨 바이러스가 아니라, 자기 몸 안에서 스스로 알아서 생겨난 자가세포이기 때문입니다. 이것은 마치, 제아무리 신선한 음식을 먹어도, 일정시간이 지나면 변(便)이 되는 이치와 다르지 않습니다. 우리가 처음부터 입으로 변을 먹은 것이 아닙니다. 먹을 만한 음식을 먹었지만, 끝내 그 음식은 먹을 수 없는 오물로 바뀐 것입니다. 변화과정은 서로 다르지만, 암 역시 우리 몸에서 스스로 자라난 바람직하지 않은 생명입니다. 이런 변이와 전이, 그리고 증상은 인간이라는 종이 만들어진 태고 때부터 지금까지 한결같이 겪어야 했던 생물학적 과정이었습니다. 지상에 존재하는 다세포(多細胞) 생명체들, 모든 다세포 생명체들이 감수할 수밖에 없었던 숙명이었고 위험이었습니다. 인체는 수십 조 개의 세포로 구성되어 있습니다. 그러니 그중 그 어떤 세포가 자기 방식대로 일탈할는지는 생명체 스스로 알 수가 없는 노릇입니다. 인간, 그러니까 100세라는 그렇게 길고 긴 인생을 살아가면서 암세포에 시달리지 않겠다는 사람이 있다는 것이 오히려 놀랍고, 기이한 일이 될 뿐입니다. 물론 조심하면 세포 일탈, 즉 암세포의 생성이나 변이를 감소시키거나 줄일 수는 있습니다만 결코 그것으로부터 영원히 피해갈 수는 없는 노릇입니다. 암수술의 세계 최고 권위자라고 해도 예외일 수 없고, 철학자나 목회자들이 두 손 모아 빈다고 해서 적당히 피해 나갈 수 있는 것이 아닙니다. 소크라테스라고, 붓다라고, 공자라고, 그리고 예수라고 결코 예외가 될 수 있는 일은 아닙니다. 저들의 몸 역시 세포라는 생명체로 구성되어 있는 한 결코 예외가 될 수 있는 일은 아니기 때문입니다. 그러니 암에 대해 너무 가혹하게 대하지 마시기 바랍니다. 암에 대한 신경질환이 생기면, 암 그 자체에 너무 병적으로 조바심하면 오히려 그것이 바로 암의 조짐이 될 수도 있기 때문입니다. 암은 인간이 생명체로 존재하는 한 피한다고 피할 수 있는 것이 아니기 때문입니다. 한 번 더 강조하기 위해 말씀드리자면, '암(癌, Cancer)'은 바이러스나 세균이 아닙니다. 자기 몸 안에서 자라난 자기세포이기에, 그것들을 우리 스스로 제대로 살펴야 합니다. 내 몸을 구성하는 내 몸의 한 세포로서 암세포가 성장한 것이며, 그것이 끝내 내 몸의 내부 변절자가 된 것입니다. 내 몸 안에서 변절자가 생기지 않도록 내 몸을 감시하고 조절하는 일이 더 급한 일이 됩니다. 자신의 몸 안에서는 여러 가지 일들이 모두 벌어지고 있게 됩니다. 어떤 것은 멀쩡한 내 세포를 꼬드겨 일탈하도록 만들어, 금세 내 자신을 괴롭히는 암세포를 키워 놓는 것입니다. 그런 악역을 맡는 것이 바로 내 몸 안의 활성산소라는 것입니다. 활성산소는 자신 몸 안에 늘 돌아다니고 있는 암세포를 꼬득여 더욱더 일탈하게 만드는 화학물질입니다. 활성산소가 매일같이 암세포에게 힘을 주고 영양을 주는 것입니다.

활성산소는 제 몸 안에서 생기는 부자연스러운 산소입니다. 활성산소는 영어표현으로 보면 그 뜻이 확실해집니다. 영어로 액티브 옥시진(Active Oxygen, 活性酸素), 그러니까 아주 활동성이 큰, 적극적으로 제 할 일 안 할 일을 가리지 않고 대드는 산소쯤 되는 화학물질입니다. 생명체 내에서 보통의 산소보다 강력한 화학반응을 일으키는 산소, 즉, 슈퍼 산화물(Super Oxide), 넓은 뜻으로는 산소와 다른 원소와의 화합물입니다. 활성산소가 만들어지는 원인은 스트레스, 흡연, 공해, 살충제, 제초제, 자외선 등과 같은 것이 있는데, 현대인들에게는 스트레스가 주원인이 될 것입니다. 오염된 대기, 흡연, 자외선, 스트레스, 음주, 과도한 운동, 탄 음식 섭취, 산패된 기름 같은 것도 활성산소 발생의 원인이 됩니다. 물론, 보통 생명체에는 활성산소를 바꾸는 효소(Super Oxide Dismutase: SOD)가 있어서 세포의 온전성을 유지할 수 있지만, 이 활성산소를 제대로 다스리지 못하면 몸은 이내 망가져 버립니다. 몸세포의 운명일 뿐입니다. 활성산소에서 비롯한 자유기(Free Radical)에 의해서 우리 몸은 손상을 받습니다. 자유기란 전통적인 분자들과는 달리 자유로운 전자를 하나만 가지고 있어서 매우 불안정하고 파괴적인 방식으로 다른 분자들과 반응하는 특징을 가진 모든 분자들을 총칭하는 용어입니다. 자유기는 산화의 또 다른 용어입니다. 예를 들면, 노화과정은 금속의 표면에 녹이 슬어 가는 과정에 비유할 수 있는데, 그런 산화를 자유기라고 보시면 됩니다. 자유기가 제멋대로 작동하면 세포막이 손상을 받습니다. 자유기는 체내에서 일어나는 산소대사의 찌꺼기, 화학적으로 산소 원자가 전자 하나를 잃은 상태인데, 이런 자유기가 바로 활성산소발생 및 암 발생원인의 생체 대사로 작용합니다. 산화로 인한 해로운 효과를 예방하는 물질을 항산화제(Antioxidants)라고 합니다. 천연 항산화제로는 비타민 C와 E, 베타 카로틴, 셀레늄 등이 있습니다. 항산화

전문가들은 노화를 예방하기 위해 혹은 암세포의 운동을 제어하기 위한 예방조치로 천연 항산화제와 합성 항산화제를 처방합니다. 자유기와 맞서 싸우는 또 다른 물질로는 자유기 제거제(Free Radical Scavenger)가 있습니다. 자유기 제거제는 자유기를 찾아내 결합함으로써 자유기들이 다른 분자들을 공격하여 교차결합을 하지 못하게 합니다. 수많은 비타민과 미네랄을 비롯한 물질들이 자유기 제거 기능을 하는 것으로 알려져 있습니다. 나이가 들어가면, 자신의 몸을 구성하는 세포들이 늙어 가면, 어릴 때보다는 자신의 세포 안에서 활성산소가 더 많이 발생하게 됩니다. 물론 신진대사 과정에서도 활성산소가 발생합니다. 과식하면 활성산소가 평소에 비해 더 많이 발생하는 이유입니다. 소식이 필요한 이유입니다. 적어도 지금 먹고 있는 것에서 한 30%는 더 줄여야 한다는 것입니다. 정신적으로 긴장하거나 스트레스를 받았을 때에도 활성산소가 증가됩니다. 우리가 일상적으로 섭취하는 음식 그리고 먹는 것에서도 활성산소는 발생합니다. 예를 들어, 식품 첨가제, 술, 커피, 각종 동물성 식품, 태운 음식 등에서 더 활성산소가 생깁니다. 대기오염과 관련된 여러 가지 화학적 물질들도 활성산소, 즉 자유기의 원인들이 됩니다. 가정용 청소 제품, 페인트, 접착제, 향수, 헤어스프레이, 살충제, 각종 방사 에너지 등에서 생깁니다. 인간관계 역시 사람들에게 활성산소를 만들어 냅니다. 인간관계, 바람직하지 못한 인간관계는 스트레스의 원인이 되기 때문입니다. 사람들과 좋은 관계를 만들어 가려면 자신의 뇌를 잘 조절하라고 정신건강학자들은 강조합니다. 뇌를 잘 조절하는 것이 사람들을 평온하게 만들어 주는 신경전달물질인 세로토닌을 제대로 분비하게 하는 비결이기 때문이라는 것입니다. 그는 그 비결을 자기 말로, '트리밍 기법'이라고 말합니다. 인간관계 역시 나뭇가지 쳐주듯이 그렇게 가지치기를 제대로 하면서 살라는 것입니다. 트리밍 기법은 의미 있는 생활의 지혜가 될 수 있습니다. 불필요한 인연은 가능한 만들지 않는 것이 바람직한 인간관계입니다. 이미 맺은 관계라고 하더라도 의미가 없는 관계라면 가지치기 하듯, 예쁘게 그리고 모양 있게 쳐내 가며 살아가는 것이 중요합니다. 어차피 되지 않을 인연은 되지 않을 것이기 때문입니다. 스님들처럼 출가해서 그렇게 인연들 밖에서 살기는 어렵지만, 그렇다고 이 인연, 저 인연, 막무가내로 만들어 가면서 살 이유도 없습니다. 끊을 것을 끊어내고, 칠 것은 쳐내며 자신의 삶에 의미를 만들어 내는 관계가 자신의 삶에서 중요합니다.

　자신과 타인과의 관계를 가능한 뜻있게, '편안하게' '기쁘게' 서로 즐길 수 있도록 만드는 일이 마음을 잘 쓰고, 뇌를 잘 씀으로써 활성산소를 가능한 발생하지 않게 만드는 관계가 됩니다. 관계정리에서 쉽게는 말로는 그렇게 쉬울 수 있지만, 행동으로는 그렇게 쉽지 않습니다. 게다가 사람들 간의 관계가 늘 기쁘고 서로 즐길 수 있도록 뜻있게 만들어 가기는 절대로 쉽지 않습니다. 어차피 서로들 간에 완벽한 소통은 불가능하기 때문입니다. 뜻은 제 스스로 만들어야만 만들어질 수 있을 뿐입니다. 그 무엇이든 뜻있는 것, 뜻을 찾는 사람들에게는 자신을 향한 배움의 여력이 있기 때문입니다. 자신에게 배움의 여력이 있는 사람들은 자신을 배려하게 만들어 줍니다. 모든 것이 그렇습니다. 예를 들어, 저는 와인 한 병이면 지인 서넛과 삶이 무엇인지를 서로 익히며 노래하는 시간을 갖게 됩니다. 그렇게 시간을 서로, 서로 보내면 와인 한 병을 갖고도 서로 쉽게, 즐겁게 그리고 뜻있게 마실 수 있습니다. 저들이 서로에게 지인이라고는 하지만, 저들과 와인을 왜 마셔야 하는지에 대해 그 어떤 의미도 찾을 수 없으면 그 어떤 와인을 마셔도 즐겁지도, 기쁘지도 않을 것입니다. 저들과 둘러앉았다고 해도 왜 이 와인을 마셔야 하는지를 두 번이나 생각하게 되면 그때부터의 와인은 결코 와인이 아니라 독이 됩니다. 두 번씩이나 곱씹게 만드는 것은, 그 어떤 것이든 즐거운 것에 속하지 않게 되기 때문입니다. 인간관계에서도 곱씹어 보게 만드는 것은 의미 있는 일도, 즐거운 일이 될 수 없습니다. 활성산소가 발생하게 만드는 일은 결코 즐기는 일이 아니기 때문입니다. 즐거운 일은 그냥 즐거운 것이어야 하고, 그냥 즐거운 것은 자신의 정신을 건강하게 만드는 것일 뿐입니다. 자신의 정신을 건강하게 하는 것은 자신의 삶에 의미 있는 일입니다. 의미가 있어서 버릇이나 습관이 되는 것이며, 그런 습관이 될수록 늘 쉽게, 늘 즐겁게, 늘 뜻있게 만들어 주게 되는 것입니다. 사람들이 일상적으로 먹는 것에서부터 만나는 일에 이르기까지 활성산소를 피해 살 수 없는 환경입니다. 활성산소와 같은 자유기에 의해서 몸을 구성하는 세포는 손상을 받도록 되어 있습니다. 활성산소에 의해 가장 먼저 세포막이 손상을 받습니다. 세포막은 우리 몸의 영양분이 드나드는 통로이자 노폐물이 나가는 통로입니다. 세포막이 손상을 받고 기능을 못하게 되면 미토콘드리아도 손상을 받습니다. 미토콘드리아는 세포에서 몸의 에너지를 만들어 내는 기관입니다. 미토콘드리아가 손상을 받으면 세포의 해독작용을 맡고 있는 용해소체도 손상을 받습니다. 활성산소에 의해 모든 질병이 유발될 수 있습니다. 각양각색의 암에서 치매에 이르기까지 모든 병이 유발될 수 있습니다. 세포의 DNA가 손상되기 때문에 각양의 질병을 피해 나갈 도리가 없기 때문입니다. 활성산소로부터 몸을 보호할 수 있는 방법으로 건강학자들은 주로 항노화 식이법, 항노화 운동법, 항노화 영양 공급법, 항노화 호르몬 요법 등을 꼽지만, 그렇게 복잡하게 기억해둘 일이 아닙니다. 그저 내 몸 안에서 내 뇌를, 내 마음을 다스릴 수 있는 세로토닌을 만들기 가게 하기 위해서는 좋은 사람과 아침 햇볕을 받으며 걷기를 하면 족합니다. 그리고 가능한 콩식품류와 꽁치, 정어리 고등어와 같은 생선, 현미, 고구마, 바나나 같은 것을 먹으면서 뱃속이 편하면 되는 일입니다. 자신을 즐겁게 만들어 주는 습관을 길러야 그 습관이 자신을 즐겁게 해 주게 됩니다.

　2014년경 12월 12일 오후 5시경이었습니다. 제 시계가 그렇게 일러주고 있었습니다. 왕십리에서 수원으로 내려가는 전철 내 옆에 중년여성이 한 분 앉았습니다. 건국대학교 장례식장에서 대교 강 회장의 어머님에 대한 문상을 하고 돌아오던 왕십리발 수원행 분당선 전철 안이었습니다. 그날 5시경부터는 눈이 내리기 시작한 날입니다. 내 옆에 앉아 있던 그 여성은 가방에서 커다란 아이패드를 꺼냈습니다. 나는 교육대학원 인적자원개발 전공생의 송년회 때 저들이 특별하게 배려해서 선물한 만화, 『미생』을 갖고 다니며 읽고 있었습니다. 만화의 매력에 다시 빠진 것은 50여 년의 세월이 지난 후 처음이었습니다. 물론, 동아일보 연재만화 『고바우 영감』이나, 유학시절에는 앨에이 타임스(LA Times)나 유에스에이 투데이(USA Today) 나오는 만화인 『피너츠(Pinuts)』나 유나이트드 스테이트 아미 밀리터리 포스트(United States Army Military

Post)에 오랫동안 연재해 온『비틀 베일리(Beetle Bailey)』의 서너 컷을 재미있게 읽으면서 영어식 표현뿐만 아니라, 저들의 기지(奇智)를 익힌 적은 있었지만, 초등학교 때『라이파이』에 빠진 것처럼 만화의 재미에 빠진 것은 이번이 처음이었습니다. 그 만화를 읽으면서 한 수 배운 것이 있었는데, 그것 중의 하나가 봉위수기(逢危須棄)라는 고사성어였습니다. 맞부딪칠 봉(逢), 위태할 위(危), 기다릴 혹은 모름지기 수(須), 버릴, 혹은 내던질 기(棄), 영어로는 '웬 인 데인저, 새크리화이스'(When in Danger, Sacrifice) 정도가 되는데, 말하자면, 위험을 만나면 모름지기 버릴 줄 알아야 한다는 뜻의 지닌 문장입니다. 이 말이 그날 제게 명령한 것이 있어, 잠시나마 명예에 욕심이 생겨 맡았던 영훈 학원의 이사장이라는 직책, 그러니까 부정입학과 교사자살사건으로 점철되어 있던 영훈 학원 임시 이사장직을 미련 없이 내던져 버릴 수 있었습니다. 사실, 나는 그곳에서 아주 성품 고약한 사람들을 만나는 일만큼 더 괴로운 일도 없었습니다. 기억하고 싶지 않은 인간상들이었습니다만, 제 스스로 됨됨이가 부족했기에 저들이 그렇게 제 눈에 보였을 것입니다. 사람답지 않은 인간들에게 내 마음 위장해가며 친절의 말을 섞는다는 것 그 자체가, 내게는 정말로 피곤했던 일이며, 게다가 알아서 제 신분을 정리하라는 교육감의 정치적 의도에 그 어떤 예(禮)도 갖추고 싶은 마음이 없었기 때문에, 단호하게 그 이사장직을 내던져 버린 것입니다. 참 마음 후련했던 순간이었으며, 내 스스로 잘한 일 중의 하나였다고 생각이 들었던 일이었습니다. 봉위수기, 내던질 때는 박수받을 때이어야 한다는 그것이 바둑에서만 통용되는 것이 아니었습니다. 봉위수기 말고도 더 익힌 것은 위기십결(危機十訣), 혹은 위기십계(危機十誡)의 명언은 내 삶에 하나하나 도움이 되는 말이었습니다. 말하자면, 부득탐승〔不得貪勝: 이기기만을 탐하지 말고 기리(棋理)에 따라 두어라〕, 입계의완(入界宜緩: 적의 세력권에 들어갈 때는 너무 깊이 들어가지 마라), 공피고아(功彼顧我:적을 공격할 때는 나를 먼저 살펴라), 기자쟁선(棄子爭先: 돌을 버리더라도 선수를 잡아라), 사소취대(捨小取大: 작은 것은 버리고 큰 것을 취하라), 봉위수기(逢危須棄: 위험을 만나면 모름지기 버릴 줄 알아라), 신물경속(愼勿輕速: 경솔하게 빨리 움직이지 말고 신중하게 생각하라), 동수상응(動須相

應: 움직일 때는 모름지기 서로 호응하라), 피강자보(彼强自保: 상대가 강하면 먼저 나를 보호하라), 세고취화(勢孤取和: 형세가 외로울 때는 싸우지 말고 평화를 취하라)가 그것이었습니다. 그날 내가 앉은 전철 자리 옆에 앉아 아이패드를 꺼낸 그 여인의 손에 별안간 내 시선이 꽂혀 버렸습니다. 그것은 그녀의 손마디, 손마디가 무척 휘어 있었기 때문만은 아니었습니다. 관절의 변형이 있는 것 같았을 뿐만 아니라, 놀랍게도 그녀의 손가락 마디에 나와 똑같은 이상한 혹 같은 것이 여러 군데 솟아 있었기 때문이었습니다. 내 시선이, 그리고 내 마음이 이내 동요하기 시작했습니다. 저런 손으로도 하루를 살아내는구나라는 생각이 아니라, 내 손은 괜찮은 것인가 하는 이기적인 의문이 다시 일었기 때문입니다. 저도 지난 봄부터였습니다. 오른쪽 팔이 시큰거리기 시작했는데 소위 골프 엘보라는 증상이었습니다. 침도 맞아보고, 정형외과에서 물리치료도 받았지만 별로 나아지지 않았습니다. 병원 다니기도 지겨워 내 스스로 내 팔과 타협했습니다. 적당한 선에서 너는 너대로 시큰거리고, 나는 나대로 골프를 즐기겠다고 마음으로 내가 나와 타협했고, 마음과 몸도 그렇게 대타협을 했습니다. 그렇게 가을까지 왔는데, 어느 날 아침 오른쪽 손 세 번째 손가락 두 번째 마디에 혹 같은 것이 조금씩 솟아오르기 시작했습니다. 별로 아프지도, 통증이 오는 것도 아니어서 신경은 쓰였지만 그냥 놔뒀습니다. 손으로 꾹꾹 눌러 봐도 결코 아프지 않았지만, 정형외과를 가봐야겠다는 생각을 했음에도 불구하고, 끝내 미뤘습니다. 늘 겪는 일이지만 동네 의원의 의사들이 보여 주는 쾌속정 운전하기 식으로 진행되는 저들의 진단에 별로 인간적인 호감이 가지 않았던 이유도 있었지만, 그대로 그것을 놔둬도 생활에 별다른 지장이 있는 것도 아니고, 그리 통증을 유발하고 있는 것도 아니었기 때문이었습니다. 내 나이 스스로 그런 것쯤은 안고 갈 수 있는 나이기도 해서 그렇게 하도록 내버려두었습니다. 게다가 그 혹 같은 것이 더 크게 자라는 것 같지도 않기는 했지만, 그래도 그 손가락 그 혹을 볼 때마다, 만질 때마다 신경은 그쪽으로 먼저 갔던 것만은 사실입니다. 그런데 그날 전철 안에서 내 손가락에 조그맣게 올라와 있는 그 혹 같은 것을 그 아주머니 손에서 여러 개를 제 눈으로 보고, 또 슬쩍슬쩍 훔쳐보고서는 가슴이 철렁했습니다. 이제 내 손가락 옆에서 일어나고 있는 작은 변화에 대해 더 미룰 일이 아니라는 마음에, 전철에서 내리자마자 미금역에 있는 정형외과로 달려갔습니다. 저녁 6시 반쯤, 정형외과에 당도했는데, 이번에는 지난번처럼 기다리는 노년층 환자들이 없었습니다. 내 손가락을 보더니 의사가 거침없이 이야기했습니다. 엑스레이와 초음파 검사를 해 보자고 해서 그렇게 했습니다. 낭종(囊腫)이라고 했습니다. 이미 나 같은 환자들을 수없이 본 의사겠지만, 내 손가락에 난 그 낭종은 다른 사람의 그것과 무엇인가 다를 수도 있어 객관적인 관찰이 필요하다고 하면서 엑스레이 촬영이 필요하다고 했습니다. 뻔한 것을 이미 다 알고 있던 그는 엑스레이 사진 판독을 슬쩍 한눈으로 훑어보더니, 내게 내 손가락 위에 나온 낭종은 관절 부분에서, 관절액 같이 흘러나와 만들어낸 양성의 혹인데 괜찮을 것이라고 했습니다. 치료하는 방법, 내 스스로 할 수 있는 방법을 의사에게 물었더니 그의 답은 간단했습니다. 수술하는 법이 있다고 하길래 수술 후의 후유증에 대해 물었습니다. 재발의 가능성, 그리고 흉터가 남을 수 있다는 신속한 답이었습니다. 재발가능성을 알고서는 수술할 이유가 없습니다. 재발된다면, 지장은 없겠냐고 다시 물었습니다. 귀찮은 환자의 질문이지만, 그는 양성이니 괜찮은데, 더 커질 수는 있다고 대답했습니다. 다시 물었습니다. 내 스스로 치료할 수 있는 방법이 있겠냐고 물었습니다. 없다는 단호한 답이 되돌아왔습니다. 내가 죽을 때까지 함께 갈 혹이라는 확신이 섰습니다. 오히려 내 마음이 편했습니다. 진료비는 모두 3만 6천 원이었습니다. 한 10분 정도 의사와 나눈 대답이었지만, 나름대로 마음이 놓였습니다. 마을버스를 타고 집으로 오는 동안 아프다고 느껴졌던 손가락에 오히려 신경도 덜 쓰였습니다. 제 손가락의 아픔을 알고, 제자가 마침 파라핀 요법의 기구를 선물했습니다. 저들 병원에서 하는 것처럼 서너 번 자가 치료를 했었습니다. 그러면서 제 스스로 제 마음을 달랬습니다. 대수롭지 않은 질환, 이제 내가 스스로 알고, 함께 지낼 수 있는 낭종이라는 것을 알았기 때문입니다. 당장은 그것 때문에 죽지는 않을 것도, 그리고 다음번 골프운동 모임 때, 동행들에게 나름대로 '밥'이 되어 줄 것도 이내 직감했습니다. 내 몸에 대한 건강은 내가 신경을 써야 되는 법입니다. 의사가 내 몸을 대신하지는 못하기 때문이었습니다. 그가 내 몸의 이상을 진단해 줄 수 있는 가장 효율적인 방법임에는 틀림없지만, 내 몸에 관한한 의심이 풀릴 때까지 묻고, 되물어야 합니다. 그것은 마치 미지의 땅으로 여행을 할 때, 현지에서 마을 주민에게 길을 묻든 되물어 자기가 가는 길에 대한 확신을 가져야 하는 것과 다를 것이 하나도 없습니다.

　만약에 이유 없이 생긴 혹이 생겼거나 혹이 변했다면, 반드시 의사에게 진단을 받을 필요가 있는 것입니다만, 그냥 지내는 것이 보통입니다. 그렇게 하면 위험할 수도 있습니다. 그다지 해가 없는 양성 낭종, 즉 물혹일 가능성도 크지만, 피부 조직 밑에 암이 있을 수도 있기 때문에 의사의 전문적인 진단이 필요합니다. 의학정보에 따르면, 여성의 경우, 유방에 생기는 혹은 유방암의 일반적인 증상입니다. 기침이 끊이지 않고 계속 나와도 감기 증상이거니 하고 넘어가는 수가 많아 큰 건강문제가 되곤 합니다. 영국 의료계에서 나온 연구에 따르면, 성인의 반 이상이 암의 위험 신호를 자신의 생활에서 받고 있지만 이 중 약 2%만이 이를 알아차리고 병원을 찾는 것으로 나타났습니다. 자기 몸, 자기 생활 속에서의 이상조짐들을 그냥 알기는 했지만, 그것이 무엇으로 변해 갈지에 대해 제대로 확인하려고 하지는 않았기에 큰 병으로 이어진다는 것입니다. 저도 그런 의심이 들어 일단 동네의원부터 찾았던 것입니다. 그곳에서 의사의 말로 제 자신을 내 스스로 다시 관찰한 후부터, 제 몸에 이상한 변화가 또 일어나기 시작했던 것입니다. 중장년들에게는 평생의 버킷 리스트이며 로망인 페루의 마추픽추를 향한 잉카 트레킹을 가면서 그 어느 날, 비행기 안에서 제 스스로 제 손가락을 만지다 보니, 그 낭종이 작아져 버렸음을 알게 된 것입니다. 트레킹 준비를 위해 내게 문제로 등장했던 내 손가락에 나도 모르게 신경을 껐더니 그렇게 일어나고 말았습니다. 하기야, 제자인 문상호 사장이 보내준 그 관절에 좋다는 콘드로이틴 성분이 들어간 약의 복용도 과감히 끊었던 후였기에 더욱더 믿기 어려운 일이었습니다. 마추픽추를 향한 고난의 트레킹, 흙 계단 돌계단을 동행했던 젊은 미국인 의사들, 저들처럼 오르고, 내리며, 걷고, 또 걸어 이것저것 아름다운 나만의 추억을 가슴에 가득 담고, 귀국길 비행기에서 할 일 없어 다시 눈길이 그 손가락에 모았습니다. 낭종, 그 의사가 진단했던 그 낭종이 아예 사라져버렸습니다. 마추픽추 트레킹 10일 사이에 내게 일어난 일입니다. 낭종이 사라져버린 것입니다. 큰 병이야 의사들의 의과학적인 도움을 받아야겠지만, 작은 병, 작은 증세, 생활병들의 주범인 나 자신의 뫔을 치유하기 위해서는 내가 내게 의사, 그러니까 내게 자의(自医)이어야 합니다. 자기 몸의 변화에 대해서는 자기가 늘 살펴야 합니다. 그 옛날, 자신의 건강을 챙기기 위해 일종의 건강체조법인 활인심방(活人心方)을 만들어 놓고, 자기 스스로 자신의 뫔 상태를 매일 점검하며, 관찰하며, 알아챔으로써 자신의 뫔을 일상적으로 바로잡았던 퇴계 이황(退溪, 1501~1570) 선생처럼 자기 뫔에 대해 자기가 책임을 져야 합니다. 퇴계 선생은 자신에게 매일같이 활인심방 중화탕을 처방했는데, 그것은 탕약을 복용하는 것이 아니라, 마음으로 치료하는 '뫔탕약'이었습니다. 활인심방 중화탕에 들어가는 약제는 간사한 생각을 하지 않음, 좋은 일만 행함, 마음을 속이지 않음, 필요한 방법을 잘 선택함, 분수를 지킴, 시기하거나 샘내지 않음, 성실히 행함 등 30가지와 제대로 된 음식, 그리고 체조법을 가미한 것으로서 자신의 뫔은 자신의 환경과 자신의 운동과 합당하게 관찰하고, 움직거리는 뫔의 치유제였습니다. 퇴계 선생의 활인심방은 현대의료체조의 기원인 스웨덴의 '링(Ling, 1776~1839) 체조'보다 300년이나 앞선 의료체조라고 보시면 됩니다. 병약했던 몸을 스스로 치유하기 위해, 활인심방으로 소위 '낮퇴계 밤퇴계'라는 우스갯소리를 듣게 된 이황 선생은 자신이 자신에게 의사이어야 하며, 영양사이어야 하며, 몸의 트레이너가 된 모범이기도 합니다. 제 뫔은 처음부터 끝까지 제 뫔이기 때문에, 자신의 뱃살을 보면, 매일같이 자신의 대소변의 형태만 봐도, 자신의 몸 안에서 일어나는 이상조짐들을 알아챌 수가 있는 법입니다. 자신의 식생활의 문제, 운동량의 문제를 이내 알아차릴 수 있기 때문입니다. 나보다 내 뫔을 더 잘 아는 사람은 없기 때문입니다. 내가 바로 나의 몸이고, 마음이며, 바로 버릇이여 그 기운으로 움직이는 생명이기 때문입니다.

5. 일상의 추임새들

관(觀)과 행(行)은 좋은 삶, 참살이, 행복한 삶을 원하는 사람들이 지니고 다녀야 할 삶의 수단입니다. 퇴계 선생이 자신을 다스리기 위해 처방했던 몸탕약인 '활인심방 증화탕'의 원료 같은 것입니다. 좋은 삶, 참살이, 행복의 윤리에 따라 매일을 작은 기쁨들로, 소소한 즐김을 살아가기 위해 일상적으로 도와주는 힘이 관행력, 그러니까 매일같이 깊은 사유와 알아챔을 말하는 비타 컨템플라티바(Vita Contemplativa)의 동력과, 알아챘으면 이내 실행과 실천함으로써 어제와는 조금이라도 다른 새로운 삶을 향해 개조해 나가는 비타 악티바(Vita Activa)의 동력을 하나로 융합시켜 놓은 것으로서의 관행력의 원형입니다. 배움학파가 자신의 일상을 다스려 나가는 데 활용하는 삶의 도구입니다. 물론 그 전신은 아리스토텔레스가 내세운 테오리아(Theoria)인 관행(觀想), 제논의 경우 무심(無心)인 아파테이아(Apatheia), 그리고 에피쿠로스의 경우는 평정심(平靜心)으로서의 아타락시아(Ataraxia)와 같은 것에서 찾을 수 있지만, 그 모두를 하나로 묶어 '관행'이라고 부릅니다. 아무리 좋은 것이라고 해도 저 홀로는 무미건조할 수도 있습니다. 그것은 정원에 아름다운 장미꽃만 피어 있는 것보다는 그 옆에 장미보다 조금 덜한 것이 같이 피어 있을 때, 장미의 아름다움이 더 돋보이는 것과 같은 이치입니다. 한약도 마찬가지입니다. 제아무리, 인심이나 녹용이 좋은 약제들이라고 해도, 그 약제들 옆에는 감초라는 약제가 함께 들어가야 약맛이 좋아 보이는 이치입니다. 그런 감초 같은 것들을 추임새라고 볼 수 있는데, 일상적인 삶에서 좋은 삶을 위해 필요한 관행이라고 해도, 그것이 보다 더 힘을 받기 위해서는 추임새들이 필요합니다. 일상들이 사실은 자신의 일상을 위한 추임새들이지만, 그것들을 그냥 그대로 놔두면 아무런 쓰임새도 생기지 않는 것입니다. 좋은 삶, 참살이, 행복의 윤리를 자신의 삶에서 지켜 가려는 사람이라면 당연히 자신의 어제를 뒤돌아보고, 매일을 미리 짚어 보며, 지금의 나에게 앞으로 나아가게 깊이 생각하고, 과감하게 나아가도록 만들어 주는 관행으로 자신의 아침을 시작해야 합니다. 관행하려는 사람은 눈을 뜨면 그 아침을 구성하게 해 주는 여러 가지 환경과 조건에 두 가지 질문과 그에 대한 자기만의 속소리, 내언(內言)으로 그 아침을 맞이해야 합니다. 말하자면, 잠자리에서 일어나 옆에 있는 부인도, 아이들도 말하자면 오늘의 내 삶을 위한 추임새들입니다. 그런 일상적인 조건과 환경이 오늘의 나를 위한 관행을 위한 삶의 추임새가 되기 때문에, '오늘 지금 이 시간부터 이렇게 하면 나에게 어떤 일이 일어날 것인가?'와 '그렇게 하지 않으면 어떤 일이 일어날 것인가?'라는 질문과 그에 대해 나름대로 답해야 합니다. 그런 질문과 대답의 내언이 아주 짧은 시간 안에 이루어져도 괜찮습니다. 중요한 것은 그런 질문과 대답으로 오늘 필요한 나의 관행력을 길러 준다는 것이 중요합니다. 좋은 삶을 위한 조리의 일상이 오늘도 내게 있어 주려면, 이렇게 추임새를 하면 내게 오늘 어떤 일이 생길까, 반대로 추임새를 그냥 방치하면 오늘이 내게 어떻게 될까에 대해 스스로 내언의 질문과 다짐을 해야 합니다. 그러니까 다음 절에서 다룰 삶은 매일같이 '영(Zero, 零)에서 시작합니다.'를 읽으면서, 오늘 내가 나의 일상을 영에서 시작하지 않으면 내게 어떤 일이 생길 것인가? 오늘 나의 삶이 영에서 시작하면 오늘 내게 어떤 일이 일어날 것인가에 대해 질문하고 답하며, 내 자신만의 속소리, 그 내언(內言)에 터해 지금, 오늘의 나를 위한 좋은 삶, 행복의 윤리, 그리고 참살이를 만들어 내야 합니다.

1) 영(零)에서 시작입니다

한번은 판교 현대백화점이 처음 들어서는 그 날 그 서점에서 친구를 기다리는 도중에 책을 한 권 읽었습니다. 나와 연배가 같은 일본의 대중연설가인 고바야시 세이칸(小林正觀) 박사가 쓴 『인생을 바꾸는 데는 단 하루도 걸리지 않는다』라는 책이었습니다. 내용보다는 제목이 무척이나 길어 손에 들자마자 그냥 내리 읽어 본 책입니다만 그 첫머리에서 그는 내게 말했습니다. 인간의 모든 행위 가운데 지은이가 으뜸으로

치는 세 가지는 청소와 웃음 그리고 감사, 그러니까 저들의 말로 '소와카(そわか)' 법칙이라고 부릅니다. 그가 70평생 나름대로의 삶을 살아보니까 마침내 이른 삶의 준비가 바로 청소(淸掃), 웃음(微笑)와 그리고 감사(感謝)라고 정리하고 있습니다. 그가 청소라고 말했을 때, 그 청소는 보이지 않는 곳까지 깨끗하게 닦아냄과 정리정돈을 말하는 것이며, 웃음은 사람들에게 온화한 모습과 겸손한 모습을 말하는 것이며, 마지막으로는 감사는 자기가 대하는 상대방을 마치 신(神)에게 다가가듯 정성을 다하는 모습을 말합니다. 저들은 감사라는 말을 쓰지만, 우리에게는 감사라는 말보다는 고맙습니다라는 본래의 우리말이 있습니다. 고맙습니다라는 말은 우리말로 '남의 은혜나 신세를 입어 마음이 즐겁고 흐뭇합니다.'는 뜻을 지닌 형용사입니다. 고맙습니다에서 고마는 '신(神), 혹은 존경(尊敬)을 뜻하는 말로서 '고맙다.'라는 뜻은, 상대방을 '존귀한 사람, 존경하는 사람으로 높이는 단어이기 때문에, 내가 상대방에게 고맙습니다라고 말하면, 그것은 당신이 내게는 신처럼, 하나님처럼, 하늘님처럼 거룩하고 존귀합니다. 그러니 나는 당신을 신에게 다가가듯이 그렇게 받들고, 모시는 중입니다라는 의미를 담고 있는 것입니다. 고맙습니다에 대한 어원과 그 뜻에 대한 논쟁은 학자들 사이에서는 서로 다르기도 합니다. 훈민정음을 중심으로 고맙습니다라는 말의 어원을 캐는 학자들은, 고맙습니다라는 말은 문헌상으로는 16세기 이후에 나오는 말이라고 하면서 고맙다라는 말의 기원을 신이나 곰과 같은 것에 빗대는 것을 꺼립니다만 여러 가지 역사적 정황을 살피면 '고맙다.'의 어원을 '고마'에서 찾는 쪽이 더 유리한 것 같습니다. 이미 다른 곳에서 언급했습니다만, 단군신화 같은 것을 보면, 고마라는 단어는 바로 '신(神)'을 가리키는 어원 '곰' '검' '감' 등의 어원에서 기원한 말인데, '곰[熊]'을 '고마'라고 한 예는 웅진(熊津)을 '곰나루' '고마나루'라 하는 것에서 그 흔적이 발견되기 때문입니다. 일본어에 아직도 곰[熊]을 '고마', '구마'라 합니다. 그 옛날 백제가 멸망하기 전, 백제의 도성(都城) 가운데 '고마성'이 있었다는 것도 그 증거입니다. 그러니, '고마', '곰', '검', '감'이라는 말의 사용에서 보듯이 "고맙습니다."란 말은 신(神)이라는 말에서 나온 말로서 상대를 높이는 최대한 높이

는 말이라는 우리네 감성을 있는 그대로 받아들일 만 합니다. 그러니까 내가 다른 이에게 고맙습니다라고 말하면 그것은 당신의 내게 "신(神)과 같습니다." 또는 "신과 같은 고귀하신 분입니다."라는 뜻이 됩니다. 그러니까 우리말의 고맙습니다가 저들 일본에 건너가 저들에게 감사의 문화가 된 것으로 추정할 수 있습니다. 감사합니다라는 말, 우리말로 고맙습니다라는 말을 자신의 몸에 체질화시키는 것은 깊은 뜻을 지니게 됩니다. 내 주위에 있는 사람들 모두는 나에게는 내 자신을 매일같이 사람처럼 쓰임새 있게 연마해 주는 숫돌이 되는 것입니다. 그러니, 때로는 짜증도 나게 만들고, 성가실 수도 있겠지만, 저들은 나로 하여금 있을 수 없는 일이 매일같이 일어나게 만들어 주는 귀한 존재들인 것입니다. 고바야시 선생의 충고대로, 그 어떤 중병에 걸린 사람이 매일같이 25,000번을 한결같이 고맙습니다라고 말했더니, 믿거나 말거나, 자신의 병이 나아졌다고도 합니다. 그것을 토대로, 고바야시 선생은 1일 100회 감사법칙을 말합니다. 그저 더도 말고 하루에 100번 정도 감사합니다라는 말을 하면 이루지 못할 것이 없다고 말합니다. 고맙습니다라는 말, 그리고 그 말에 들어 있는 내용대로 자신이 접하는 상대방에게, 자신이 접하는 상황에 응대한다는 것은 어쩌면 불가에서 말하는 지관쌍수(止觀雙修)의 자기 수양의 바른 모습일 수가 있습니다. 지관쌍수라는 말은 순일한 집중력을 배양하는 지(止)와 밝은 통찰에 이르는 관(觀)을 골고루 닦는다는 말로서 흔히 정혜쌍수(定慧雙修)라고도 부릅니다. 정혜쌍수에서 정(定)은 사람살이에서 매초 어쩔 수 없이 일어나는 산란한 마음을 오롯이 한곳으로 집중하여 정신적 통일을 이루는 상태, 즉 선정(禪定)의 상태를 말하는 것이며, 혜(慧)는 그렇게 통일을 이루어 하나 되고 집중된 마음을 바탕으로 자신의 곁에 따라붙는 사물과 현상이 드러내 보이고 있는 본질과 참뜻인 지혜(智慧)를 의미합니다. 그러니까 정혜(定慧)는 삿되지 않은 마음가짐과 슬기로 조화를 이룬 '트임'과 '깨임'에 이르려는 자기 단련, 맘조리의 수단인 것입니다.

불가에서 일상적으로 강조하는 수행법인 지관(止觀, Śamatha-Vipaśyanā)의 어원과 내용을 조금 더 풀어쓰면, 지(止)는 산스크리트어 사마타(Samatha)를 뜻에 따라 번역한 단어이고, 관(觀)은 산스크리트어 비파사나(Vipassanā)를 뜻에 따라 번역한 단어입니다. 지관법을 사마타 비파사나 수양법이라고 불러도 무방한데, 사마타 비파사나에서 지(止)는 모든 망념(妄念)을 그치게 하여 마음을 하나의 대상에 기울이는 행위이며, 관(觀)은 지(止)로써 얻은 '밝앎', 즉 명지(明知)에 의해 사물을 제대로, 그리고 올바르게 판단하고, 꿰뚫어 보는 일을 뜻합니다.

　사마타, 그러니까 집중 위주의 수행과 관찰 위주의 위빠사나를 함께 닦으며 일상적으로 실천하는 융합적인 수행인 정혜쌍수는 그 말뜻을 그냥 아는 것이 중요한 것 아니라, 매일같이 실천하고 자신의 삶에서 행동하는 것이 중요합니다. 정혜쌍수에 이르는 방법, 그것을 매일같이 실천하는 수단으로 불가에서는 염불(念佛)을 권합니다만, 우리네 일상에서는 수없이 반복해서 말하는 것처럼 저들과는 달리, 내 마음의 속 소리하기와 걷기가 그것에 이르는 방법이 될 것입니다. 염불은, 그저 쉽게 이야기하면, 기독교인들이 하는 찬송처럼, 마음속으로 부처를 단단히 기억하여 잊지 않게 하기 위해 그리고 보다 구체화된 부처의 모습이나 공덕을 생각하기 위해 부처의 명호를 소리 내어 부르는 일인데, 염불은 참선처럼 까다로운 위의(威儀)나 조용한 환경을 필요로 하지도 않고, 근기(根機)의 차별 없이 아무 데서나 손쉽게 할 수 있기에 저들이 권하는 것입니다. 그런 염불처럼 자신의 삶에서 매일같이 고맙습니다를 자기의 버릇으로 만들어 가며, 그 내언(內言)과 더불어 그 힘 있음을 행동으로 드러내 보이기 위해 걷기를 하는 일이야말로, 정신적으로 큰 효력을 갖게 됩니다. 자신에게 그토록 생소한 것을 익숙한 수단으로 활용하는 것이 염불인 것처럼, 우리네 삶에서 매일같이 고맙습니다라는 말을 늘 쓰는 일 역시 자신들에게 생소한 것들을 익숙한 것으로 만들어 주는 긴요한 수단이 됩니다. 고맙습니다라는 말을 통해 우리가 접하는 상대방들을 나를 보살피는 신으로, 감히 바랄 수도, 일어날 수도 없다고 느꼈던 그런 일이 내 앞에서 현실로 일어나게 해 주는 일입니다. 고맙다는 것은 기쁘게 해 준 것에 대해 어쩔 바를 모르겠다는 그런 감격과 겸양을 드러내는 것이기 때문입니다. 고맙습니다라는 말과는 달리, 매일같이 걷기, 그리고 걷기에 대한 의미 만들기는 반대로 내게 그토록 익숙한 것을 별안간 생소한 것으로 바꾸어 놓음으로써 자신을 더욱더 지관(止觀)하게 만들어 놓는 수단이 됩니다. 한 발자국, 한 발자국 자신의 몸을 흙으로부터 떼어놓을 때마다, 자신이 흙의 생명체임을 집중, 즉 지(止)하게 하고 관(觀)하게 함으로써 살아 있다는 기쁨을 즐기며 생명 있음에 늘 고마워하게 만들어 주기 때문입니다. 저들 불가에서 말하는 지관(止觀), 정혜(定慧), 위파사나는 궁극적으로 트임과 깨임으로 생명 있음에 대한 고마워함, 그 자체입니다. 우리말로 고마워한다는 말은, 영어식 표현인 땡큐(Thank You), 즉 네가 나에게 마음을 써 준 행위에 대해 나 역시 깊은 마음 쓰임이 있다라는 그런 주고받음에 대한 이해관계적인 표현과 내용과는 다르게, 우리네 무의식에서 작동하는 우리네의 고맙다는 말은 자신이라는 생명됨, 살아 있음에 영향을 주는 그 모든 것은 신(神), 하늘님, 하나님과 같은 영성의 힘을 지니고 있다는 의미를 지니고 있습니다.

고마운 마음, 고맙다라는 말을 일상적으로 자기 몸의 트임과 깨임으로 받아들여 자기 것으로 만들면, 과거의 상처, 지금의 짜증, 앞으로 일어날 것 같은 그 무슨 조짐도 별다른 불평 없이 있는 그대로 인내하며 받아들일 수 있게 됩니다. 고맙다고 겉으로 내뱉는 말, 그 자체가 바로 영성의 작용입니다. 성경 구약 첫머리에 나오는 그 말, '태초에 말씀이 있었습니다.'라는 그 말처럼, 말에는 신의 영성이 깃들어 있기 마련입니다. 신의 영성을 자신의 마음에 받아들이는 일은 그저 3초면 된다는 것이, 자신의 마음에서 모든 것을 이룰 수 있다는 것이 고바야시 선생의 제언입니다. 자기 자신의 과거에 있었던 그 무엇이든, 그것이 상처이든 비밀이든 간에 관계없이 그저 고맙습니다 하고 받아들이면 과거가 일순간에 치유되고 만다는 것입니다. 과거를 받아들이는 데 딱 1초의 시간만 주면 되는 일입니다. 지금 이 모든 것에 짜증이 나고 괴롭더라도, 지금의 모든 것을 있는 그대로 받아들이며 그것에 고마워하면 모든 것이 수그러들도록 되어 있습니다. 지금 내 자신에게 괴로움이나 과함을 주고 있다고 생각되는 것이 바로 나에게는 나를 깨어 있게 만들어 놓는 숫돌이기 때문입니다. 그러니 내가 지금 살아 있는 것, 이것이야말로 행복일 뿐입니다. 생명이 있다는 행복 이외에는 그 어떤 행복도 무의미할 뿐입니다. 앞으로 그 어떤 것이 일어나던, 그것이 일어날 일도 1초면 모두 받아들일 수 있는 일에 지나지 않습니다. 내일은, 내일 가봐야 아는 일입니다. 지금 이 순간을 고마워하면, 내일이라고 해서 굳이 고마워하지 않아야 될 이유가 없습니다. 그러니 과거, 현재, 미래를 하나로 받아들이며 그로부터 자신을 곧추세우는 일은 단 3초면 가능한 일입니다. 그 3초가 가능하기 위해서는 고맙습니다가 습관이 되어야 합니다. 모든 것에 고마워하면, 모든 것에 웃음을 띨 수 있고, 모든 것을 내 몸에서 말끔하게 청소해낼 수 있습니다. 행복이라는 것은 그렇게 유별난 것이 아닙니다. 원래 행복이라는 것은 그 실체가 없는 것이기 때문에 더욱더 그렇습니다. 종교적으로 이야기할 것도 없이, 이 우주 안에서 일어난 것, 말하자면 삼라만상의 현상은 아무리, 아무리 연구해도 한 가지 사실로 귀결됩니다. 모든 것은 영(零, 0)입니다. 그 영(零)은 동시에 영(靈), 그러니까 혼백이거나, 영혼을 비유적으로 상징하기도 합니다. 혼백으로서의 영(靈)은 참 묘한 뜻을 지니고 있습니다. 영(靈)자를 보면, 비오는 날 여러 사람들이, 특별히 무녀들이 모여 춤을 추며 함께 하늘을 향해 소원하며 소리를 하나로 가다듬는 모습을 지닌 형상입니다. 비오는 궂은날에도 아랑곳하지 않고 여러 사람들이 하늘을 향해 울부짖으며 춤을 추는 일의 모든 것의 형상은 미친 짓으로 보이기도 하지만, 다른 한편으로 보면 정말로 엄청난 일입니다. 정성이 없으면 할 수 없는 일이기 때문에, 영(靈)은 정성 그 자체를 상징합니다. 결국, 영(零)자를 보면, 아무것도 없는 것이거나 그 모든 것이라는 이중적인 의미를 담고 있게 됩니다만, 시각을 조금 바꿔 보면, 아무것도 아니었던 그 영은 다시 시작을 또다시 상징하기에, 그 영은 일순간 제로처럼 보이지만, 끝내 영원(Eternal, 永遠)함의 상징입니다. 사람도 우주의 원칙에서 보면, 아무것도 없는 영(0)의 존재이거나 그 모든 것이기에, 사람이 만들어낸 행복이라는 개념 역시 아무것도 아니거나 그 모든 것일 수도 있습니다. 앞으로도 이야기하겠지만, 행복은 없는 것이기에, 그것을 이해하기 위해 두 가지 유형의 비유를 들어 설명하는 편이 좋습니다. 하나는 행복을 천국, 천당, 낙원과 같은 파라다이스(Paradise)로 비유하는 방법입니다. 행복을 낙원으로 비유하는 일은 행복을 물질적으로, 수량적으로, 욕심의 총화로 이해하는 일입니다. 낙원에는 없는 것이 없습니다. 무엇이든 내가 필요로 하는 것들이 쌓여 있는 곳이니 그런 곳에 내 몸이 있으면 모든 것이 편할 것입니다. 걸어 다니는 것이 불편하면, 말을 타고 다니려고 하고, 말을 혼자 타고 다니는 것도 불편하면 말을 부리는 종을 부리려고 하는 그런 끝없이 일어나는 모든 욕망을 충족시킬 수 있는 곳이 낙원입니다. 끝없는 욕망과 욕망이 불러내는 욕망의 끝은 끝내 파멸입니다. 원래 낙원이라는 말이 구약의 창세기, 에덴동산을 상징하는 말이었던 것을 상기하시기 바랍니다. 그 모든 것에 불편함이 없었던 아담 부부가 끝내 욕심을 이겨내지 못하고 금단(禁斷)의 열매를 따먹고 낙원에서 추방당하는 그 이야기의 상징성을 이해하면 낙원으로서의 행복, 파라다이스적인 행복의 끝은 불행임을 이내 알게 됩니다.

파라다이스로서의 행복이라는 비유가 지닌 약점을 극복하게 해 주는 비유가 유토피아(Utopia)로서의 행복입니다. 파라다이스가 상상 속의 그림인 것처럼, 유토피아 역시 지상 그 어딘가에 존재하는 그런 현실이 아닙니다. 유토피아는 마음속의 그림, 늘 꿈꾸는 그런 이상적인 곳입니다. 유토피아라는 단어 그 자체가 '아무 곳에도 없습니다(Nowhere)'라는 말입니다. 아무 곳에도 없으니, 역설적으로 그 모든 곳에 있을 수 있다는 뜻이기도 합니다. 그러니까 아무(No) 곳(Where)에도 없는 것은, 생각하기에 따라, 당장 지금(Now) 이곳(Here)에 있는 것이나 마찬가지입니다. 생각하기에 따라 지금, 이 순간, 이곳은 지옥이 아니라 모든 이를 위한 천당, 낙원인 것입니다. 좋은 삶, 참살이, 행복의 윤리에 따라 행복하려면 궁극적으로는 어느 누구도 포기하지 않고 집착하기만 하는 그 천국, 파라다이스로서의 행복관에서 벗어나 마음속에서 나만이 그려 내는 그 유토피아로서의 행복관으로 나 자신을 옮겨야 할 것입니다. 행복이라는 기관차를 움직이는 사람은 그가 아니라, 바로 나이기 때문에, 기관차가 나를 몰아야 하는 것이 아니라, 내가 나를 위한 기관차를 몰아야 합니다. 살아가면서 언제든 그 무엇을 얻어야, 말하자면 돈을 많이 벌어야, 더 벌어야 행복해질 것이라는 파라다이스로서의 행복은 플러스(+)로서의 행복관이기에, 무엇인가가 더 얻어져야, 더

획득해야, 더 쌓아져야 더 행복해지도록 되어 있지만, 세상의 것들은 쌓아갈수록 짐
이 되는 것도 있습니다. 살아가면서 돈, 지위, 물질 같은 것들이 쌓여지면 쌓아질수록
더 행복하게 되고 그것에 비로소 더 고마워할 것이라는 전제가 따라붙게 되고, 지금
내가 갖고 있는 이 돈, 이 지위보다 더 좋은 것들이 얻어지면 더 고마워, 진짜로 고마
워할 것이라는 미련이 남는 것이 사실입니다. 그러니까 지금의 행복을 1이라고 하면,
그 1에 다시 1, 2, 3 하는 것들이 쌓아져야 하기에, 행복의 도달지가 끝내 보이지 않
게 됩니다. 이런 파라다이스로서의 행복, 더하기로서의 행복관에는 좋은 삶으로서의
행복이 자리 잡고 있을 수 없습니다. 행복의 끝이 없기 때문입니다. 물론 일상을 살아
가는 데 물질이 필요하고, 그 물질을 생존을 위해 쌓아둬야 하지만, 그 물질 쌓기 그
자체가 행복일 수는 없습니다.

　파라다이스로서의 행복관과는 달리 유토피아로서의 행복은 바로 지금(Now), 이
곳, 내 몸이 작은 기쁨들과 소소한 즐김의 총화가 모여 만드는 행복 그 자체(Here)를
말합니다. 지금 내가 이곳에서 행복하면 그것이 행복 그 자체입니다. 유토피아로서의
행복관은 지상명령과 같습니다. 노웨어(Nowhere)가 아니라, 나우(Now) 히어(Here!),
그러니까. 바로 지금, '여기서(행복)하라.'라는 지상 최대의 명령이기 때문입니다. 유
토피아로서의 행복관은 곱하기(×)로서의 행복관입니다. 행복이라는 것이 물질이 아
니라 지금 이 순간의 생명이며 몸이며, 그 행복이라는 것은 자연의 질서, 우주 삼라
만상의 법칙으로 보면 없는 것이나 마찬가지인 0(零)이기에, 그것에 그 어떤 것을 곱
(×)해도 영이 될 뿐입니다. 그 행복이 그 행복이지, 그 어떤 다른, 유별난 행복일 리
가 없다는 뜻입니다. 0에 그 어떤 어마어마한 그 어떤 물질이나 돈이나 지위나 명예
를 곱해 놔도, 그 결과는 수치적으로 그 언제나 0(零)이라는 행복으로 귀결될 뿐입니
다. 처음부터 내가 살아 움직인다는, 내가 생명하고 있다는 말은, 길게 이야기해서,
'지금 이곳에서 숨 쉬고 있습니다.'는 현재진행형이며, 통합으로서의 행복으로 바뀌
게 됩니다. 행복의 본질이 그러하니, 나의 행복에 대해 내가 할 수 있는 최선의 일은
다른 것이 아니라, 고맙습니다라는 말 이외에는 다른 것이 더 있을 수 없습니다. 이

글을 읽고 있는 여러분에게 내가 고마워하는 이유입니다.

2) 느긋함입니다

　세계 의료선진국 의학자들에게 에콰도르의 장수마을, 빌카밤바는 꽤나 알려진 곳입니다. 그곳에 사는 주민들과, 그 곳에서 심신을 고치러 오는 사람들에게 그 무슨 치유의 효능이 있는지를 알기 위해 저들이 늘 방문하는 대표적인 장수마을입니다. 남미 에콰도르의 안데스 산맥 골짜기에 있는 빌카밤바 마을은 해발 1,500m 평균기온 섭씨 20도에 인구 4,200명의 마을입니다. 백 살, 백열 살, 백스무 살, 아니 백마흔 살까지 살고 있는 빌카밤바 주민들은 단지 오래 살 뿐 아니라 백 살이 넘어서도 안경 없이 글을 읽고, 치아도 튼튼하며 게다가 왕성한 기력으로 성행위를 즐기고 살아갑니다. 이제는 내놓고 이야기할 수 있다는 정도로 그곳의 장수비밀이 밝혀졌는데, 굳이 그곳에서 진행되는, 약발이 있는 장수치유법을 크로노세러피(Chronotheraphy)라고 부릅니다. 그곳을 방문하고 관찰했던 사람들이 한결같이 지적하는 것이 바로 에콰도르 빌카밤바에는 유별난 병원도 없다는 사실입니다. 유별난 약물이나 음식이 있는 것도 아닙니다. 그저 있어 봐야, 강물, 공기 그리고 원주민 음식이 있을 뿐입니다. 빌카밤바는 밀림지대이기는 하지만, 사람들의 모든 질병을 치료해내는 그 무슨 묘약의 신전(神殿)이 있는 것도 아닙니다. 자연병원도 아닙니다만, 그곳에 사는 주민들은 현실적으로 어떻든 간에 장수하고들 있습니다. 그렇다고, 저들이 영원히 젊은 것은 아닙니다만 분명한 사실은 주민들의 대부분이 건강하게 살아가고 있다는 점입니다. 저들도 어김없이 늙어갑니다만, 100세, 120세입니다. 주민들이 그만큼 늙어 있습니다. 의학자의 눈으로 보면, 늙는다는 것은 생명을 갖고 태어난 모든 생명체, 암수로 갈라져 태어나는 생명체에게는 어김없이 찾아오는 하나의 질병일 수밖에 없습니다. 사람들은 그 질병을 갖고 살아가다가 죽는 것입니다. 그러니까 죽어가도록 살아가고, 살아내고 있는 것입니다. 아무리 장수하는 사람이 있다고 선전해도, 그가 늙음이라는 질병에 걸려 있다는 것을 부인할 수가 없습니다. 120세, 130세가 되더라도 그것은 오래 살아 있다는 뜻이지, 결코 늙지 않았다는 뜻은 아닌 것입니다. 그곳을 방문하고 저들의 생활들을 관찰한 콜레르 박사는 주민들과 이런저런 이야기를 하면서 저들의 삶에서 한 가지 삶의 처방전(處方典), 치유전(治癒典)을 발견합니다. 저들에게서 발견되는 삶의 치유전이, 의사인 리카르도 콜레르 박사의 『영원한 젊음』에서 밝히는 크로노세러피입니다. 콜레르 박사가 밝혀낸 크로노세러피는, 그러니까 시간요법(時間療法)으로 번역되는 크로노세러피는 일반적으로 시중 병원에서 의사들이 말하는 식의 시간약물요법과는 조금 성격이 다릅니다. 일반적으로 알려진 시간약물요법은 환자가 약을 먹더라도 자신의 인체 타이밍에 맞춰 먹는다면 보다 더 바람직한 약물 효과를 볼 수 있기에, 체내시계에 맞춘 약 먹기 처방 같은 것을 상징합니다. 예를 들어, 천식환자의 경우, 기침은 주로 아침에 일어나기 몇 시간 전에 가장 심해지기 마련입니다. 그것을 조금이라도 완화시키기 위해서 천식약은 잠자리에 들기 전에 복용하는 것이 효과적일 수밖에 없습니다. 위궤양 약의 복용은 환자가 잠들기 전에 하는 것이 좋습니다. 위산이 가장 많이 나오는 밤 시간을 대비하는 약물조치입니다. 콜레스테롤을 저하시키는 약들은 저녁식사와 함께 복용하는 것이 가장 효과적이고, 아스피린은 잠자리에 들기 전에 복용하는 것이 바람직합니다. 가장 위의 부담을 덜어주기 때문입니다. 혈압약은 취침시간에 복용하는 것이 좋은데, 그것은 아침에 갑작스럽게 혈압이 상승되는 것을 막아 줄 수 있기 때문입니다. 이렇게 생체리듬에 따라 약물을 투여하면 약물의 투약효과를 더 얻을 수 있게 하는 치료법이 서구의 의료계에서 권하는 크로노세러피입니다. 암환자의 경우에도 크로노세러피가 많이 활용되는데, 그것은 항암치료의 부작용을 가능한 억제할 수 있도록 도와줄 수 있는 방법으로 활용되고 있습니다. 정상인의 경우 그의 몸에서 일어나는 정상세포의 세포 분열은 야간에 비해 주간에 활발합니다만, 암 세포는 성질이 다릅니다. 밤, 낮을 가리지 않고 증식, 분열하기 때문입니다. 크로노세러피는 바로 암세포의 증식시간이나 기간의 차이를 최대한 고려하며, 그 시간에 맞추어 항암제를 투여합니다. 부작용은 가능한 억제하고 효과는 가능한 더 높이기 위해서 그러는 것입니다. 암환자는 암 그 자체로 인해 이내 사망하기보다는 암 수술, 항암제, 방사선 요법에 의해 더 고통스러워하며 그것 때문에 더 빨리 사망에 이르곤 합니다. 현재로서는 암환자를 위해 최선의 치료법인 암수술, 항암제, 방사선 요법 같은 것이 환자의 면역력을 급속하게 저하시키기 때문에 환자들은 고통에 놓일 수밖에 없습니다. 항암을 위한 수술과 같은 인위적인 처치과정 중에 생기는 감염증과 독소를 가능한 이기기 위해서는 환자의 면역력, 몸에서 생기는 자연치유력의 증대가 결정적이지만, 수술을 받은 환자의 경우 일정기간 동안 그런 자연치유력의 증강이 말처럼 쉬운 일이 아닙니다.

선진의료국인 미국, 그중에서도 의학적 지식과 기술이 뛰어나기로 이름난 하버드대학교 의료팀은, 사람마다 건강한 삶을 즐기려면 자신의 건강알람시계를 잘 보면서 살라고 권하고 있습니다. 언론에 보도된 내용이기는 하지만, 미국 하버드 의료팀이 제언한 삶의 타이밍, 건강의 타이밍을 조금 더 소개하기로 합니다. 저들은 말합니다. 삶에서 타이밍을 제대로 맞추는 사람은 성공할 가능성이 높지만 그렇지 않은 사람의 삶은 꼬이기 마련이라는 것입니다. 사람의 건강 역시 마찬가지인데, 사람마다 갖고 있는 자신의 '건강알람시계'를 잘 알고 있으면 각종 질병에 대해 적절하게 대처할 수 있게 됩니다. 심장마비나 뇌졸중의 위협 같은 것으로부터 빨리 보호받을 수 있습니다. 건강알람시계의 핵심은 인간의 뇌, 뇌에 있는 교차(Suprachiasmatic)핵입니다. 시신경이 교차하는 부분에 위치한 이 세포핵은 자신의 몸 안에서 일어나는 체온, 호르몬 분비, 면역시스템 활동의 일일 변동사항을 체크하며 심장이나 심혈관시스템의 하루 일정을 조정하기 때문입니다. 예를 들어, 심장돌연사는 아침을 조심해야 합니다. 심장마비나 뇌졸중으로 쓰러지는 사람들의 경우 30%가 오전 6시부터 정오 사이에 많이 발생합니다. 이유가 있습니다. 취침 중에는 혈압과 심박동이 느리기 때문에 관상동맥에 콜레스테롤을 비롯한 좋지 않은 물질들이 달라붙게 되고 그로부터 혈액의 흐름이 원활하지 않게 됩니다. 게다가 밤에는 수분 섭취도 적어 혈액의 농도가 짙어지게 됩니다. 이런 어려운 상황 속에서 아침이 되면 눈을 뜨게 되는 것이니, 잠자리에서 여유를 갖고 천천히 일어나는 것이 중요합니다. 무리한 운동도 삼가는 것이 좋습니다. 가슴에 통증을 느끼면, 일단 자신의 몸에 그 어떤 경고가 일어났다고 보면 좋습니다. 어떻든 간에 잠자리에서 눈을 뜬다는 것은 자신의 몸이 바쁘게 움직이겠다는 약속이며 그 신호입니다. 몸의 여러 기능들은 아침이 되기 전부터 하루 일과를 조절, 준비합니다. 혈관이 수축하도록 각종 호르몬을 통해 신호를 보내고, 심장이 더 빨리 작동하도록 조절해서 자는 동안 내려갔던 혈압을 다시 올려줍니다. 생명 있는 그 누구든 그렇게 하루를, 오늘이라는 행복을, 살아 있다는 기쁨을 맛보는 것입니다.

　의사들은 늘 말합니다. 건강하려면 혈압에 신경을 쓰라고도 강조합니다. 혈압은 변덕스럽기 그지없기 때문이라는 것입니다. 생체리듬에서 혈압은 날씨만큼이나 변덕스럽기에 혈압을 수시로 점검하라고 제언합니다. 아예 이동식 혈압 측정 기구를 가지고 다니며 자신의 혈압 리듬을 아는 것이 건강을 유지하는 비결이 될 것이라고 권하는 의대팀은 이렇게도 권합니다. 밤이 되어 잠을 자다 화장실에 가거나 물을 마시러 갈 때 별안간 어지럼증을 크게 느끼면, 그 즉시 응급실을 찾으라고 권합니다. 밤에 혈압이 너무 낮게 내려가는 것은 생명이상 징후라는 것이기 때문입니다. 이런 서양의사들의 주장에 대해, 정면으로 고혈압은 병이 아니라고 주장하는 의사가 있습니다. 최소한의 약과 적은 비용으로 치료하는 데 힘쓰며, 모든 환자를 똑같이 사랑하는 의사로 알려져 있는 일본의 마쓰모토 미쓰마사(松本光正) 박사입니다. 간토 의료 클리닉 원장으로 재직 중인 그는, "'고혈압증'이란 말에는 '증'이 붙는데도 '증상'이 없는, 그러니까 아프다거나 괴로운 증상이 없는 것으로서, 한마디로 말하면 고혈압은 병이 아니며, 약간 신경 쓰이는 정도의 혈압으로서는 큰 병을 일으킬 가능성은 제로에 가까울 뿐만 아니라, 일본의 경우, 고혈압이 국민병이라는 것은 새빨간 거짓말입니다."라고도 말합니다. 그는 『고혈압은 병이 아니다』에서, 강력하게 이야기합니다. "현대의 의료는 '나이'를 아예 무시합니다. 혈압이나 콜레스테롤 기준치에 '나이'는 전혀 고려 대상이 아니다. 20대이든 80대이든 130이면 누구나 고혈압으로 진단합니다. 세상에 이런 엉터리 의료가 어디 있는가. 혈압은 극단적으로 낮춘 현재의 기준치

보다 옛날의 '나이+90'으로 계산하는 것이 훨씬 합리적입니다. 이는 오랜 세월 환자를 진찰해 온 의사의 실질적 판단에 의해서만 할 수 있는 말입니다. 또 실제 생활과 정확히 일치하는 내용입니다."라고 지금의 병원에서 일어나고 있는 고혈압에 대한 처방에 대해 강하게 비판합니다. '사람들이 노화하면, 어김없이 혈압이 높아지는 것은 자연스러운 가령현상일 뿐이며, 그것은 결코 질병이 아니기 때문에 약을 복용할 필요가 없습니다.'라고 단언합니다. 많은 사람이 필요하지도 않은 혈압 치료를 위해 비싼 치료비를 '강요당하고 있습니다.'라고 보는 마쓰모토 박사는 대략 5,500만 명에 이르는 일본의 고혈압 환자들은, 그야말로 제약회사와 어용학자가 모두 한통속이 되어 만들어 낸 환자라는 것입니다. 저들 제약회사들과 관련의학자들은 '혈압이 높으면 뇌졸중이나 심장병을 일으키기 쉽다. 방치하면 큰일 난다.'는 캠페인을 벌이며, '고혈압 위험론'을 퍼뜨렸기 때문에 인위적으로 만들어진 환자들로서, '고혈압증'이야말로 제약회사의 이익 때문에 만들어진 허구의 병이라고 말합니다. 그는 다시 말합니다. 의학적으로 인간의 몸이 스스로 혈압을 높이는 것은 생명을 지키기 위해서 하는 자연스러운 일이기에, 혈압이 180이어도 괜찮다는 것입니다. 인체의 모든 반응에는 반드시 목적이 있는 것이며, 생명을 지키기 위해 몸은 스스로 혈압을 높이는 것이기에, 약으로 혈압을 떨어뜨리는 것은 오히려 목숨을 앗아가는 것과 같은 행위이며, 뇌경색이야말로 혈압약을 처방한 의사가 만든다고 해도 과언이 아니다라고까지 말합니다. 자신의 40년에 이르는 임상적 경험으로 보면, 혈압약을 먹으면 암이나 치매에 걸릴 수 있으니 혈압약 사용에 오히려 신중을 기해야 한다고 주장합니다. '혈압약을 끊으면 몸이 더 좋아진다.'라는 저자의 고혈압 대처법은 아주 간단합니다. "내버려 두십시오. 이게 전부입니다. 가정용 혈압 측정기를 가지고 있다면, 지금 당장 내다 버리십시오. 그런 측정기는 마음을 어둡게 하고 질병으로 이끌 뿐입니다."라는 것 역시 그의 진솔한 처방입니다. 혈압 걱정은 깨끗이 잊으라는 것입니다. 대신 혈압, 혈압, 혹은 암, 암하며 필요 이상으로 걱정하는 그 스트레스를 줄이라는 것입니다. 세상에 스트레스만큼 위험한 것은 없다는 것이 그의 임상적 지론이었습니다.

　　의료선진국과는 달리 콜레르 박사가 에과도르 빌카밤바에서 발견한 빌카밤바 식의 크로노세러피는 차라리 원시적이고도 원초적인 치유방법에 속하는 것이었습니다. 주민들은 자신들에게 걸렸다 싶은 질병들의 여러 징후가 스스로 사라져 버리기를 기다립니다. 며칠을 그렇게 기다리며 내버려 둡니다. 물론 의사가 있어 환자에 대한 관찰과 의사의 지시와 조언이 절대적으로 필요하지만, 이곳에서는 그럴 의사도 없으니 사람들은 질병들이 저절로 사라져 버리기를 기다리면서 길거리도 돌아다니고, 그렇게 놀면, 쉬면서 병의 징후들이 저절로 사라지기를 기다립니다. 그러면 나아지는 것입니다. 저들 빌카밤바 장수노인들에게는 선진사회에서 그토록 강조하는 최신치유법이라고 해 봤자, 바로 기다리면, 사라지고 사라지면 다시 즐기는 삶이 바로 저들에게서 발견된 삶의 크로노세러피였습니다. 감기, 바이러스의 침투와 그것의 증식을 최대로 막아 보려는 몸 안의 자연면역력이 강력한 힘을 발휘하여, 서로가 죽고 죽이고 다시 몸 안의 평형을 가져오는 기간만 기다리면, 감기가 낫게 되는 것처럼 기다리면 됩니다. 감기를 이기겠다고 제아무리 약을 써 봐도 7일은 걸립니다. 필요 이상의 약은 쓰지 않고 몸을 편히 쉬면서 가능한 몸보신하고 느긋하게 기다리면 일주일 후에는 몸이 낫습니다. 물론 감기가 몰고 올 수 있는 합병증에는 어느 누구도 면밀하게 신경을 써야 합니다. 다른 잡병의 감염에 시달리지 않도록 신경을 쓰면서 몸을 쉬고, 그러니까 자신의 '몸'을 청결하게 유지하면 감기는 '저절로' 물러나고 말아버립니다. 감기, 하기야 내가 생명체이고 살아 있음을 확인해 주는, 마치 몸 안의 열을 알게 해 주는 체온계(體溫計)처럼 작동하는 생명계(生命計)와 같으니, 그 감기를 배척하기만 할 것이 아니라, 오히려 나의 생명됨과 생명함을 알아차리는 고마움으로 감기의 쓰임새를 상기해둘 일입니다. 몸을 지키기 위해 병원이나 약을 필요 이상으로 거부할 일은 아닙니다. 필요하면 적극적으로 저들 의학적 처지를 활용해야 합니다만, 그것에 무조건, 그리고 일방적으로 의존하는 것보다는 내 몸에서 질병이 저절로 살아지도록 하는 지혜, 몸의 자연치유력, 면역력을 기르도록 만드는 일이 더 우선해야 할 것입니다. 그러려면 몸의 여백 키우기, 몸의 쉼이 먼저 필요한데, 그것을 위해 매일같이 어제를 되돌아 살피고, 내일을 미리 짚어 보며, 지금 당장의 나를 알아채고, 조금이라도 오늘 기뻐할 수 있는 내 자신으로 거듭나도록 관(觀)하고 행(行)해야 합니다. 그것이 바로 장수마을인 빌카밤바에서 최신식 의료기계로 무장했던 의학자들이 주목할 수밖에 없었던 이 시대를 살아낼, 즐겨낼 몸의 근육을 키워내는 크로노세러피였던 셈입니다.

3) 뜻은 틔웁니다

미학적인 인간은 자신에게 긍정적인 의미를 만들어 가는 사람을 지칭하는 말입니다. 모든 사물과 사건에 따라 붙어 다니는 의미라는 것은 따로 있는 것이 아니라, 사물이 사건으로 변하면 동시에 따라붙어 다니는 그림자 같은 것입니다. 돈, 권력, 명예, 다이아몬드, 미녀 등등 그들 자체가 의미를 지니고 있는 것이 아닙니다. 의미라는 것은, 물건이나 사건 그 자체가 지니고 있는 그 어떤 가치가 아니라, 그 물건에 대한 사람의 마음가짐, 사람의 태도, 그 물건을 대하는 사람의 자세에 따라 달라지는 것입니다. 의미는 물건이 만들어 주는 것이 아니라, 내가 나를 위해 만들어 내는 일종의 가치관입니다. 사람들은 다이아몬드를 귀하게 여기지만, 사람에 따라 다이아몬드는 그에게 쓰레기가 될 수도 있고, 부의 상징이 될 수도 있습니다. 제 경우, 권력은 오물과 같습니다. 그 어떤 권력이든, 그 어떤 영역에서든, 심하기는 정치권이나 종교권력에 대한 제 자신의 편견이기는 하지만, 저들처럼 권력을 자랑하는 사람과 같이 있으면 분뇨통 곁에 앉아 있는 기분이 들곤 합니다. 편견이 아니라, 늘 그냥 그런 느낌이 떠나지 않아서 하는 말입니다. 그러니 텔레비전에 저들이 나와 이야기하는 장면이 나오면 이내 다른 채널로 돌리곤 합니다. 이상한 일이기도 하고, 편견이기도 하지만, 이미 저들에 대한 의미는 오랫동안 만들어져 이제는 하나의 그 어떤 형상으로 고정되어 버린 것 같습니다. 그렇습니다. 의미는 이미 만들어져 있는 것이 아니라, 자신이 자신을 위해 만들어 내는 삶의 가치입니다. 어느 지방 정신과 병원에서 실제로 있었던 일입니다. 응급실에 갈비뼈가 부러진 여인이 찾아왔는데, 이상하게도 이 환자는 연실 웃다가 그리고 구슬프게 울다가, 웃다가 우는 그런 이상한 환자였습니다. 말을 제대로 잇지 못하고 있는 환장에 대해 답답한 의사가 그 여성 환자에게 물었습니다. 갈비뼈가 부러진 분의 입에서 웃음이 나오느냐는 그의 질문에, 그녀는 간신히 이렇게 말했습니다. "제 갈비뼈가 부러진 것은 이유가 있습니다. 멀리 외국 출장을 한동안 갔다 온 남편이 얼마나 제가 그리웠던지 너무 세게 포옹을 하고 사랑을 하다가 별안간 일어난 일입니다."라고 말했습니다. 당장은 갈비뼈에 크게 금이 가서 고통스럽기는 하지만 남편이 자신을 얼마나 사랑했으면 자기의 갈비뼈가 부러지도록 포옹을 했겠는가 하는 생각에 자기도 모르게 저절로 웃음이 나온다는 것이었습니다. 고통스럽기는 하지만, 저절로 입가에 웃음을 짓게 만드는 고통은 고통이 아니라 희열이며 행복입니다. 그러니까 아프다는 것도 생각하면 행복이 되는 것입니다. 아프다는 것도 조금 깊숙하게 의미를 되새김질하면, 그것은 어쩌면 사랑의 증표이고 애정과 행복에 대한 격렬한 증표일 수 있습니다. 기쁨과 희열을 주는 아픔, 고통 그리고 슬픔은 겉모습은 고통이지만 그것의 속 모습은 행복의 진수가 되는 경우가 허다합니다. 그 아픔과 슬픔의 의미를 확실히 자기 것으로 만들어 놓으면 그것은 행복이 어떤 것인지, 행복의 본질을 알게 만들어 주는 알찬 표현이 됩니다.

삶은 자기 생명에게 의미를 만들어 가는 과정이며, 만들어진 의미를 더욱더 자기 것으로 만들어 가는지 여부에 따라 자신의 삶이 달라진다는 것을 정신의학적으로 응용한 사람이 바로 빅터 프랭클이라는 유대인 정신분석가입니다. 그는 나치의 유대인 수용소에서 살아남은 사람입니다. 그는 유대인 수용소에서 그 스스로 겪었던 경험을 토대로, 삶의 의미를, 살아가는 이유를, 정신분석의 이론과 융합하여 자신의 정신의학의 틀거리인 로고세러피(Logotheraphy), 즉 의미요법을 만들어 낸 사람으로 더 유명합니다. 그가 나치 수용소에서 경험했던 것을 정리한 『죽음의 수용소에서』라는 책에서 그가 실제로 겪었던 일화 하나를 소개합니다. 내일을 약속할 수 없는 그 어느 날, 한 노인이 찾아와서 그에게 말을 건넸습니다. 프랭클 선생, 나는 이제 아내가 죽고 나니, 너무나 외롭고 괴로워서 더 살 수가 없습니다라고 눈물을 글썽거리면서 말을 이었습니다. 노인의 말을 다 듣고 난 프랭클 박사는, 노인에게 답했습니다. 어르신이 먼저 죽고 부인이 살아 있다면 지금 어르신은 어떻게 됐겠습니까?"라고 되묻는 프랭클에게 그 어르신이 놀란 듯이 말했습니다. "내가 아내를 너무나 잘 압니다만, 제 아내는 그렇게 어려운 일을 감당할 수가 없을 것입니다." "그렇겠지요, 어르신께서 그토록 아내를 사랑하고, 아내를 그리워하고 있기 때문에 지금 바로 어르신도 그토록 괴로운 것입니다." 프랭클의 이야기를 다 들은 어르신은 한동안 더 그의 곁에 앉아 있다가 편안한 마음으로 자신의 막사로 되돌아갔다고 합니다. 그렇습니다. 이유가 있어 그 노인이 편안함을 느꼈던 것입니다. 기쁨에도 이유가 있지만, 괴로움에도 이유가 있기 마련입니다. 이유가 있으면 어김없이 그것은 나름대로 의미가 있는 것이며, 의미를 만들어 내는 것입니다. 그 자체에 의미가 있는 것이라기보다는, 그것에서 내 스스로 의미를 찾으며, 내가 내 스스로 의미를 만들어 내고 있다는 것입니다. 어떤 의미를 만들어 내는지에 따라, 의미를 만들어 가는 사람의 삶이 달라지도록 되어 있습니다. 그 노인의 경우, 만약에 자기 아내를 생각하는 그 어르신이 부인의 죽음에서 절망을 만들어 간다면, 그 어르신의 삶도 절망이 되어 갈 것입니다. 희망을, 그러니까 더 살아남아 부인 생각을 더 하며 더 사랑하는 일을 해야 한다는 희망과 소망의 의미를 만들어 간다면, 그 어르신의 삶은 희망적일 뿐입니다. 의미를 만들어 가며, 의미로 살아가려는 의지가 바로 자기 치유입니다. 자기를 치유하는 것은 자신이지 타인이 아닙니다. 자신의 맘과 몸은 자신의 것이지 다른 이의 것이 아니기 때문입니다. 그러니까 당장은 아무리 싫고 힘든 일처럼 보이지만, 그 어떤 일에도 내가 그것의 의미를 찾고 의미를 만들어 가면, 어김없이 그 일, 그 사건, 그 것 속에는 삶을 위한 숭고미(崇高美), 그러니까 나를 깨우치고, 나를 한 차원 더 다른 삶으로 살아가게 만들어 주는 삶에 대한 열망과 삶을 향한 개조의 의미가 들어 있기 마련입니다. 세상에 의미 없는 것은 없습니다. 의미를 만들어 낼 줄 모르는 내가 있을 뿐입니다. 그 의미를 읽어 낼 수 있는 슬기, 그 의미를 만들어 갈 수 있는 슬기와 지혜가 바로 의미 있는 삶, 건강한 삶입니다.

저도 일상적으로 겪는 일입니다. 삶에서 마주치는 수많은 일과 사건들에게 무슨 이름, 무슨 의미를 붙여 가는지에 따라 세상이 달라진다는 것을 매일 겪고 있는 중입니다. 저 역시 지인들과 골프를 합니다. 운동에 집중하고, 나름대로의 승리한다는 쾌감을 얻기 위해 한 타당 천 원짜리 내기를 하곤 합니다. 운동에의 긴장과 몰입하기 위한 것이기도 하지만, 제 스스로 제 개인 실력을 늘리기 위한 노력이기도 합니다. 내기를 하면 긴장도 하고, 매 홀마다 한 타, 한 타에 신경을 쓰기 때문입니다. 경기를 하다 보면 어느새 나도 모르게 욕심이 생깁니다. 단돈 천 원을 더 따려는 욕심도 있지만, 점수를 가능한 낮추어 보려는 그러니까 내 자신의 골프 기량을 높이려는 욕심입니다. 그런 생각이 나를 지배하기 시작하면, 나도 모르게 공을 어떻게 잘 쳐야 되는지에 대해 생각을 너무 많이 합니다. 운동경기 후에 곰곰이 되돌아 생각해 보면, 결론은 하나입니다. 공을 치면서 생각이 많아질수록, 이상하게도 실수를 더 많이 하곤 합니다. 그저 간결하게 공을 치면 되는데, 더 잘해야만 한다는, 더 잘 쳐야 상대방을 제압할 수 있다는 욕심이, 나도 모르게 내 마음속에 생겼기 때문입니다. 매번 하는 실수이지만, 새로운 게임을 할 때마다 매번 다르곤 합니다. 어떤 때는 이상하게도 오비(OB)를 내기도 하고, 뒤땅을 치기도 하고, 공 위를 때려 탑핑을 내기도 하고, 어프로치에서 역시 어김없이 실수연발입니다. 사실, 멋있게 잘 치려는 것보다는, 실수를 최대한 줄여야 하는 것이 골프를 즐기는 요령인데, 몸은 내 뜻과 다르게 실수를 연발합니다. 공을 멀리 내보내거나, 소위 옆에 있는 동행들에게 멋있게 쳐내기보다는, 엉성한, 저들이 속으로 기뻐하는 실수를 하곤 합니다. 단 한 번이라도 경기에 도움이 되지 않는 실수를 최대한 줄여야 하는데, 그렇게 실수를 줄이는 일이 결코 쉽지가 않습니다. 아직도 수양이 덜 된 탓, 소위 멘털(Mental), 내공이 덜 된 탓입니다. 마음에서 무엇인가 찝찝하게 집히는 것이 있다고 느끼는 그 순간이면 영락없이 실수가 나옵니다. 생각이 많으면, 내 몸에서 엉뚱한 일이 벌어지는 것입니다. 아직도 정신 수양이 덜 된 셈이지요. 실수가 나올 때에는 경기 도우미 양의 조그만 실수를 빌미 삼아, 그녀의 행동을 고깝게 생각하기도 합니다. 모두가 공을 잘 못 친 자신의 잘못이고 부족함에서 기인한 것임에도 불구하고, 항상 내 스스로 나를 조금이라도 위안하려고 엉뚱한 핑계를 만들어 놓고 있습니다. 그래서는 골프라는 게임을 즐기기는, 아니 지인들과 내기를 하기에는 아직도 멀기만 합니다. 이번 홀에서 실수한 것을 다음 홀에서 고치려고 마음에 그것을 담으면, 그렇게 가슴에 담고 있을수록 또 다른 실수가 나와 버립니다. 그 다음 홀, 다음 홀에서 고치겠다는 마음, 마음먹기를 확인하다 보면 어느새 마지막 홀입니다. 모든 것은 이미 다 끝나 버리고 마는 것입니다. 매 홀마다 지난번 잘못한 것을 고치려고 했다는 그 자체가 이미 내 스스로 자신을 속인 거짓이었던 셈입니다. 고치려는 그 욕심에 사로잡히면, 그날의 운동은 엉망이 됩니다. 고쳐서 잘 쳐야겠다는 그 마음에 사로잡힌 채 실수연발에서 결코 자유로워지지 못하기 때문입니다. 수없이 체험했던 일이기에 이제는 하나의 사실같이 내 마음에 자리잡고 있습니다. 언짢은 마음으로는 골프운동을 결코 즐길 수 없습니다. 그것을 뻔히 알면서도, 그 족쇄에 몸을 맡긴 채, 나는 아니라고 악착같이 우겨 보는 것입니다. 그러니, 허사이고 실수 연발을 하는 것입니다.

자기 삶은 자신에 매일같이 만들어 내는 '그' 의미에 따라 완전히 달라진다는 잡다한 이야기들의 마지막 이야기로 중국 고사를 하나 더 들겠습니다. 그 옛날 저잣거리에 어떤 사람이 있었습니다. 그는 국에 간을 맞추느라, 국자로 떠서 맛을 보았습니다. 맛이 없고, 무척 싱거웠기에 그는 국의 간을 맞추기 위해 소금을 조금 넣었습니다. 그래도 국 맛이 싱거웠습니다. 소금을 덜 넣었다라는 생각이 들어, 소금을 더 넣었습니다. 그렇게 맛이 싱거우면 소금을 더 넣고, 소금이 그래도 부족하면 소금을 더 넣곤 했습니다. 소금을 그렇게 더 넣은 후에는 어김없이 국의 간을 맛보기 위해서 전에 떠 놨던 그 국자의 그 국물을 맛보곤 했습니다. 국물이 싱겁다고 느껴질 때마다 그는 그 국자의 국물 맛을 다시 맛보고는 여전히 이렇게 말했습니다. "아직도 소금이 부족한가 보군." 그렇게 그는 그 국에 한 되 정도의 소금을 더 넣고서도 국물 맛이 여전히 싱겁자, 그는 정말 이상한 일, 알다가도 모를 일이라고 고개를 저었다고 합니다. 인간이라는 군상들이 벌이는 온갖 부정적 언행을 신랄하게 풍자한 중국 위진남북조 최초의 지인소설집의 한 작품에 나오는 대목입니다만, 오늘을 살아가는 우리에게도 의미하는 바가 적지 않습니다. 생애가 확실치 않으나 삼국시대 위(魏)나라의 문학가로 알려진 한단순(邯鄲淳)의 웃음이야기 모음집인 『소림(笑林)』은, 일상을 살아가는 사람들의 탐진치(貪瞋癡)가 어떤 것인지를 알려 주는 이야기집입니다. 그러니까 인간의 우매와 인색, 인간의 천박과 탐욕, 인간의 무지와 분노들, 어쩌면 사람들이 매일같이 자신의 삶에서 겪는 인간의 일상적인 진면목이 어떤 식으로 일그러지는지를 보여 줌으로써 어떻게 자신을 다스리고, 어떻게 사람들과 더불어 살아가야 하는지를 알려 주는 삶의 교훈이며 삶의 지표가 될 수 있는 이야기들입니다. 이 이야기에 등장하는 그 어떤 사람은 권력자, 고관대작, 재벌, 언론인, 교수, 목회자이기도 하고, 그냥 목숨이 붙어 있어 하루를 열심히 살아간다고 자부하는 필부(匹夫)인 나 자신일 수도, 당신 자신이라고 볼 수도 있습니다. 이렇게 일상에서 얻어지는 교훈을 자기의 삶을 위해 교훈의 의미를 부여하며 나름대로 생활의 지표로서 살아낼 만한 의미를 만들어 가면, 그것은 정말로 자신이 살아 있다고 말할 수 있는 '리브(Live)'의 삶과 생명을 갖고 있는 것이 되겠지만, 그렇지 않고 그런 교훈에서 그 어떤 것도, 아무런 의미도 만들어 내지 못하고 그냥 농(弄)으로 지나치면, 탐욕과 욕심, 우매와 천박이 그대로 자신의 삶에 묻어 있게 되는 것입니다. 그런 삶은 살아 있음, 살아감을 표현하는 영어인 리브(Live)를 거꾸로 배열시켜 읽어 표현되는 그 '이블(Evil)'의 삶입니다. 그러니까 사악함과 부도덕함, 그리고 불행을 키워 가고 있는 것이 됩니다. 사악함으로 자신의 삶을 살아가면서 제아무리 권력이나 재력을 움켜쥐고 자신을 세상에 드러낸다고 해도, 그런 삶은 제대로 살았다고(Lived)하기보다는, 그것 역시 살았음이라는 영어 표현인 '리브드(Lilved)'의 역배열적인 표현인 '데블(Devil)'의 삶, 그러니까 악마의 삶, 자기 혼자를 위해 못된 짓은 모두 해낸 그런 악마의 치부를 드러내는 삶에 지나지 않게 되는 것입니다.

4) 매초(每秒) 당장입니다

의미를 만들어 가는 사람이 행복한 사람이고, 미적인 사람이 된다는 말에는 이유가 있습니다. 그것은 사람의 일상적 행동 안에 모든 답이 있기 때문입니다. 모든 질문과 모든 답, 그리고 모든 의미는 나라는 자신, 나라는 사람이 매일같이 벌이는 행동 안에서 나오기 때문입니다. 내가 질문을 하고, 내가 답을 내며, 내가 의미를 만들어 가기 마련입니다. 자신이 병을 만들어 내고, 자신이 자신의 병을 치유해 낼 수 있습니다. 나는 바로 병원균을 담고 다니는 사람이기 때문입니다. 나라는 존재, 내가 생명임을 스스로 부정하면 답도, 의미도 생겨날 수가 없습니다. 내가 나를 치유할 수가 없게 됩니다. 내 몸은 사람의 몸이어야지, 파충류의 몸이 되어서는 곤란합니다. 쥐의 몸으로 내 마음을 다스릴 수는 없는 노릇입니다. 사람은 일상, 매초의 생과 명의 기쁨을 그리고 그로부터 살아냄이라는 소소함을 즐기는 몸입니다. 일상이 답이고, 일상이 바로 나라는 사람이, 움직이는 생명이 되는 것입니다. 일상적으로 우리가 접하는 일, 우리가 행하는 일, 보기에 거창하지는 않다고 하더라도, 자신의 생활 주변에서 늘 일어나는 일에 조금 더 다가가면 이내 마음에 집히는 것이 있게 마련입니다. 마음에 집히는 그 무엇이 있다는 것은 그것에 그 어떤 의미를 붙여 주었고, 의미를 만들어 가기 시작했다는 것을 뜻합니다. 세상일은 모두가 그렇듯이, 김춘수 시인이 〈꽃〉에서 읊조리는 것처럼, 의미를 붙여 주어야 내가 그것에 다가가게 되는 것입니다. '내가 그의 이름을 불러 주기 전에는, 그는 다만 하나의 몸짓에 지나지 않았습니다. 내가 그의 이름을 불러 주었을 때, 그는 나에게로 와서 꽃이 되었습니다. 내가 그의 이름을 불러 준 것처럼 나의 이 빛깔과 향기(香氣)에 알맞은 누가 나의 이름을 불러주기를 기다립니다. 그에게로 가서 나도 그의 꽃이 되고 싶습니다. 우리들은 모두 무엇이 되고 싶습니다. 너는 나에게 나는 너에게 잊혀지지 않는 하나의 의미가 되고 싶습니다. 김 시인이 그토록 갈구하던 관계의 의미입니다.' 세계보건기구(WHO)에서 발표한 자료, 조금 구닥다리 자료이기는 하지만, 건강한 사람과 환자의 비율은 5:75:20입니다. 병이나 있지 않는 건강한 사람이 5%, 조금 병은 있지만 매일을 나름대로 견딜 만한 사람인 미(未)병자가 75%, 그리고 강력한 의술적 치료가 필요한 환자가 20%라는 뜻입니다. 저들의 임상병리적인 보고에 따르면, 병원에 내원해서 의사의 처방과 처치를 기다리고 있는 사람들 모두가 병자는 아닙니다. 모두가 처음에는 그렇게 깊은 병이 들어 있는 사람들처럼 보이기는 하지만, 그것은 병원이라는 환경이 그리고 의술을 담당하는 의사들이 이런저런 이유를 들어 만들어 낸 탓입니다. 병원에 와서 의사를 기다리는 사람은 다른 사람들을 쳐다보면서 자기 자신도 그렇게 환자인 것처럼 생각하며 우울해하기 때문에 병자로 보일 뿐입니다. 병원에서 의사의 진단으로 처방을 기다리는 사람들 중 정말로 의사의 처방이나 치료가 필요한 사람은 전체 중 20% 미만입니다. 기다리는 사람 가운데 20%만이 환자이고 대부분의 사람들이 그럭저럭 견디며 일상생활은 해 나갈 수 있는 반(半)병자, 반(半)건강인이라는 것입니다. 반병자들일수록 오히려 더 조바심하며 자신이 환자라고 자기 확신, 자기 진단의 희생양들이라는 뜻이기도 합니다. 오늘날의 병원들은 저들 반건강인, 미(未)병자들 때문에 문전성시를 이루고 있습니다. 저들이 의료 마케팅의 희생자들이기도 합니다. 그 옛날 서양에서 명의로 기록된 히포크라테스는 의학기술의 발전을 강력하게 예고한 사람입니다. 생명의 기한은 정해져 있지만, 의학기술의 발전 가능성은 앞으로 무한하게 열려 있다라는 말을 했던 사람입니다. 조금 와전되기는 했지만, 그의 말, 그러니까 '인생은 짧고, 예술은 길다.'는 말이 그것인데, 이 말은 서양 사람들이 일상적으로 쓰는 말을 오독한 말이고, 원래, 그의 말의 뜻은 인간의 생명은 유한하지만, 의술은 무한하다고 말했다 합니다. 치료에 몰두하는 서양의술은 병을 이기는 일을 의술의 궁극적인 목표로 삼고 있습니다. 눈으로 관찰되는 증상과 징표, 말하자면 아픔이 드러나는 곳에 대한 집중적인 공격, 필요하다면 투약, 수술, 제거, 꿰매고, 붙이고, 떼어 내고, 돋아나게 하는 것이 일차적인 목표입니다. 병 치료에 대한 서양 의술의 발전은 인간의 생명을 늘리고, 인간의 수명을 연장하는 데 크게 기여한 것이 사실입니다. 그렇기는 하지만, 다른 한편으로 곱씹어 볼 것도 있습니다. 극한의 예이기는 하지만, 인간의 평균수명, 즉 자연수명이 80세로 늘어나게 된 것은 현대의학이나 약학에 기인한 것이 틀림 없습니다만, 그 이면에는 우울한 이야기도 끝이지 않습니다. 만약에 수술로 80세까 지 살다간 어느 환자의 경우, 그가 병원에 입원하고 수술을 받고 나름대로 생명을 건 진 그때가 70세였다면, 수술 받은 후부터 10년간을 어쩔 수 없이 병원에 입원할 수 밖에 없었고, 그런 상황에서 결국 사망했다면, 그 환자 당사자의 삶은 그리 건강한 삶이었다고 볼 수 없습니다. 그러니까 자연수명은 80세인데, 그 환자의 건강수명이 70세였다면 그가 누린 삶이 남들도 그렇게 갈망하는 삶이었다고 말하기 쉽지 않은 삶이었을 것입니다. 가장 이상적인 것은 자연수명과 건강수명 간의 가능한 일치되는 삶이거나 건강수명이 자연수명을 가능한 상당하게 넘어서는 삶이어야 할 것입니다. 다시 반복해서 이야기하지만, 100세 장수 사회에서 자연수명 − 건강수명 ≨ 0, 바라기 는 가능한 −30이 되는 삶, 이렇게 되면 100세를 건강하게 살다가는 삶이 될 것입니 다. 건강수명이 자연수명을 넘어서는 삶을 누리기 위해서는 병든 후의 치료가 아니 라, 병들기 전, 건강할 때의 삶을 건강하도록, 건강하게 유지하는 일이 중요하게 됩 니다. 자신이 건강할 때, 자신을 건강하게 하고, 죽을 때까지 건강하게 만들어 주는 명의가 있습니다만, 그 명의는 본질적으로 그 어디에서, 그 무슨 치료 때문에 이름을 얻은 직업인으로서의 의사가 아니라, 자기 삶을 자기가 책임지는 자기 자신이 바로 생활 속의 명의(名醫)이어야 합니다. 자신의 건강을 자신이 지키기 위해서 이름난 의 사의 손에 매달리는 사람이 아니라, 자신의 생명을 자신이 현명하게 지켜내기 위해서 이름난 명의나, 효과가 있다는 약물까지도 잘, 그리고 현명하게 활용할 줄 아는 자기 자신이 되어야 합니다. 모든 약, 현대화된 약들은 그 용량들이 표준화되어 있습니다. 필요 이상으로 화가 되지 않을 정도로 표준화되고, 정량화되어 있습니다. 100kg의 몸무게를 갖는 사람이나 50kg 되는 사람이나 모두 제조된, 표준화된 그 약을 먹어야 합니다만, 몸무게나, 자신의 식생활, 혹은 여러 가지 환경적인 요인을 고려하면서 약 을 먹어야 되기에, 내가 먹는 약을 다른 사람이 그렇게 먹어도 효과가 있다고는 말할 수 없습니다. 나는 그가 아니고, 그 역시 나처럼, 나의 방식처럼 살아가지 않는 생명체이기 때문입니다. 제 말은 약도, 각자적으로 맞춤이 되어야 한다는 말인데, 이것은 자기 몸에 대해서는 자기만큼 더 잘 아는 사람은 없기 때문에 그렇다는 것입니다. 자기 자신이 명의가 되기 위해서는 자신의 건강을 일상생활에서 제대로 지켜내는 사람이 되어야 합니다. 건강하다는 이야기는 자신에게서 감기 한 번 걸리지 않았다는 식으로, 전혀 병이 없다는 이야기가 아닙니다. 병과 건강 사이를, 병이라는 영역과 건강이라는 영역과 위험수준 이하의 경계를 부단하게 넘나들기는 하지만 끝내 자신의 몸 그러니까 몸과 마음, 그리고 생명의 에너지를 건강 쪽의 영역에서 즐기고 있다는 말일 뿐입니다. 그렇게 자신의 '몸 건강'을 지켜가기 위해서는 자신의 일상생활이 건강해야 하는데, 그것을 요즘은 생활습관의 건강성이라고들 표현합니다. 자기 자신의 삶, 생활을 건강한 생활습관으로 즐기는 사람이 바로 명의(名醫)입니다.

서양에서 명의로 기록되는 사람이 히포크라테스(Hippocrates)입니다만, 중국에서는 기원전 4~5세기경 활동하고 홀연히 세간에서 사라져버렸다는 명의 편작(編鵲)을 꼽습니다. 편작에게는 동생이 두 명 더 있었습니다. 저들 역시 명의로 소문이 났던 사람들입니다. 큰형인 편작 못지않게, 막내 동생도 병자들을 고치기로 이름이 난 명의였습니다. 그는 병이 있던 황제를 고치기 위해 그의 앞에 서게 된 적이 있었습니다. 형제 중 최고의 명의라고 믿었던 황제가 정말로 명의가 맞느냐는 그의 질문에 대해 막내가 이렇게 답했습니다. 명의로 치자면 자신은 세 번째라고 말했습니다. 의아해하는 황제에게 자신이 세 번째인 이유를 그가 말했습니다. 자신의 둘째 형님은 병이 들 만한 사람들이 병이 들지 않게 하기에, 명의로 치자면 두 번째이고, 큰 형인 편작은 건강한 사람이 아프지 않도록 하기에 명의 중에서도 명의라고 꼽을 수밖에 없다고 말했습니다. 자신은 이미 깊은 병이 든 사람을 고쳐 낫게 해 주기에, 명의라는 말을 듣고는 있지만, 진정한 명의는 건강한 사람을 아프지 않게 하는 사람인 큰 형인 편작이 명의 중에서도 '으뜸명의'라고 말했습니다. 건강한 사람이 병들지 않게 하는 일을 해 내는 사람이야말로, 명의 가운데의 명의가 될 것입니다. 누구나 할 수 있는 일처럼 보이기는 하지만, 정말로 건강한 사람이 병이 들지 않게 하는 일은 쉽지 않은 일입니다. 건강한 사람을 건강하게 하려면, 자신의 건강을 일상적으로 돌보는 일에 온 힘을 집중하기 때문입니다. 자신의 건강, 내 몸의 건강을 타인이 이루어 낼 수는 없는 노릇입니다. 건강한 생활과 건강한 습관만이 건강을 지켜낼 수 있기 때문입니다. 몸의 건강은 좋은 약이나 새로운 기술을 활용한 수술로는 처음부터 감당해 낼 수 없는 일이기 때문입니다. 수술이 필요 없게 자신을 관리해 주는 사람, 약이 필요 없는 삶을 살아가게 도와주는 의사가 바로 명의입니다. 그런 사람은 바로 자기 몸을 자기가 건강하게 다스리는 자기 자신 밖에서 찾아낼 수는 없습니다. 명의라는 의사들은 아무리 높게 평가해도 두 번째 명의, 그러니까 반병자들을 고쳐 내는 사람들이기 때문입니다.

우리에게 필요한 행복은 바로 오늘 지금, 바로 순간이어야 합니다. 일상적인 살아감이어야 합니다. 먼 훗날, 그 어떤 천국이나 지옥에서의 좋은 삶은 그때 가서 생각해 봐도 될 일입니다. 행복은, 잠자리가 코스모스 가지에 앉아 쉬어가듯, 그렇게 사람 앞에 나타나며 그렇게 흔들리며 가는 것일 뿐입니다. 마치 미국의 컨트리 포크송 계열의 슈퍼스타였던 존 덴버(John Denver)가 부른 〈오늘(Today)〉이라는 노래의 가사가 일러주는 오늘과, 행복의 구조가 서로 엇비슷합니다. 행복이란 바로 이 순간 바로 지금 와 닿는 그런 것, 지금 내게 엄습해야 되는 기쁨과 소소한 즐김이어야 하기 때문입니다. "꽃잎이 아직 덩굴에 달려 있을 동안 그대의 열매를 맛보고 그대의 달콤한 와인을 마시겠어요. 수많은 내일이라는 날들이 다 지나간다 해도 오늘 내가 느꼈던 이 기쁨은 잊지 않을 겁니다. 난 잘 차린 멋쟁이가 될 수도 방랑자가 될 수도 있답니다. 당신은 내가 부르는 노래로 내가 어떤 사람인지 알겠죠. 당신의 테이블에서 함께 식사를 하고 당신의 편안함 속에서 잠들 겁니다. 다음날 아침에 무슨 일이 일어나든 누가 신경이나 쓸까요. 꽃잎이 아직 덩굴에 달려 있을 동안 그대의 열매를 맛보고 그대의 달콤한 와인을 마시겠어요. 수많은 내일이라는 날들이 다 지나간다 해도 오늘 내가 느꼈던 이 기쁨은 잊지 않을 겁니다. 난 어제의 영광에는 만족할 수 없어요. 겨울이 가면 봄이 오리라는 그런 약속으로 살 수도 없고요. 오늘이 바로 중요한 순간이고 그리고 지금이 나만의 얘기가 있는 그 순간입니다. 난 웃고 울고 그리고 노래 부르럽니다." 그렇습니다. 좋은 하루 시작하기, 혼이 빠지고 얼이 나가도록 몰입하기, 좋아하는 사람과 뫔 정리하기가 행복의 진수이기에, 인생은 지금, 방금 그것의 따라감이나 마찬가지인 것입니다. 불가(佛家)에서 하는 식으로 말하면, 일어나서 자는 그 순간까지의 그 모든 것이 수행이라는 저들의 말처럼, 태어나서 죽을 때까지 그 모든 것이 지금이고, 생명이고, 그 생명됨이 바로 행복입니다. 칫솔질하는 것도 수행, 밥 먹는 것도 수행, 변(便) 보는 것도 수행, 사랑하는 것도 수행, 물론 저들에게는 금기이지만 그것 때문에 고뇌하지 않는 것도 수행, 큰스님에게 대드는 것도 크게 보면, 모두가 수행인 것처럼, 태어나서 울어 젖히는 그것부터 죽는 그 순간의 고통까지도 행복인 것입니다. 살아가는 생명의 대가입니다. 죽음, 그리고 죽음 이후가 생과 명을 갖고 있는 사람에게는 불행입니다. 영원한 불행입니다. 죽는 것을 다행이라고 여기는 사람은 없기 때문입니다. 매일 아침 시작을 감사하기, 자기가 할 수 있는 일은 정성을 다해서 하기, 자기와 가장 가까운 사람, 어쩌면 남편이나 아내와 몸과 마음의 소통하기, 몸과 마음 고르기, 축약해서 제가 말하는 '뫔십(Momship)' 고르기가 행복의 씨앗입니다. 일상의 행복이 행복의 토대라는 말이 가슴에 와 닿기 시작하자, 제가 하나 더 깨달은 것이 있습니다. 그것은 정신분석학의 시조인 프로이트(Freud)가 1920년대 정신분석학에 관한 글을 발표할 때, 신경증(信經症, Neurosis)적인 사람은 걷기를 싫어하거나 걷기와 같은 운동을 기피할 뿐만 아니라, 부부간의 성조화(性調和) 역시 어렵다고, 그러니까 성생활도 원만하지 못하다고 한 그 말의 뜻을 이제는 알게 되었습니다. 아~, 그것이 그런 거였구나, 삶이 그런 것이구나 하며 그의 논지를 받아들일 수가 있게 되었습니다. 프로이트는 신경증을 자아와 이드(Id) 사이에서 생겨난 긴장과 갈등의 결과라고 진단합니다. 이드(Id)는 인간의 본능적인 생체 에너지, 성적 에너지인 리비도(libido)의 원천이자 쾌락을 극도로 추구하는 쾌감의 본능을 말합니다. 생명 에너지를 자기 자신이 다루는 데 있어서 일어난 미숙함, 긴장, 갈등이 바로 신경증인데, 이때 말하는 신경증이란 자신의 내적인 심리적 갈등이 있거나 외부에서 오는 스트레스를 자기가 받아들이며 다루는 과정에서 잘못 적응하여 생기는 심리적 긴장이나 증상에 의한 인격 변화를 말합니다. 사람에 있어서 자신의 인간됨과 그의 인격의 변화는 그의 품(品)과 격(格)을 만들어 놓습니다. 자신의 성품은 일반적으로 그 스스로 불안을 직접 체험하는 불안장애에 의해 다양하게 나타납니다. 불안장애를 체험하기 시작하면, 사람들은 불안을 조정해 보거나, 벗어나려는 의도에서 불안이 없는 것처럼 보이려고 합니다. 우선 불안을 억압하거나 그것에 반동 형성(反動形成, Reaction Formation), 즉 억압된 감정이나 욕구가 행동으로 나타나지 않도록, 그것과 정반대의 행동으로 바꾸어 놓으려고 노력하기도 합니다. 혹은 자신의 마음과 모든 것들이 위협받는 상황에서, 그것이 아니라고 자신을 무의식적으로 속이거나 상황을 다르게 해석하여, 감정적 상처로부터 자신을 보호하려는 심리적이며 행동적인 방어 기제(防禦機制, Defense Mechanism)를 동원하게 됩니다. 이런 기제나 행동들은 신경증을 완화시키는 것이 아니라, 오히려 신경증의 다른 증상들로 변형되어 드러나게 됩니다. 불안 증상 자체와 또 이러한 불안을 다루기 위해 동원된 방어 기제가 합쳐져서 여러 가지 형태의 증상을 유발하는 것이 신경증인데, 이런 신경증이 있는 사람은 하루를 즐겁게 맞을 수도 없을 것입니다. 자신이 하는 일에 몰입도 그리 쉽지 않을 것이며, 더군다나 자신의 가까운 사람과 맘십(Momship)을 나누기는 더욱더 어려울 것입니다. 신경증을 겪지 않으려면, 잠을 깨는 그 순간부터 신경증을 극복한 행복의 느낌을 경험하려면, 어린아이처럼 사셔야 합니다. 갓난아이, 3, 4세의 어린아이가 놀면서 하는 그들의 행동, 그 애들의 표정을 보십시오. 정말로 천진난만합니다. 자기들이 하고 싶어 하는 일이 우선입니다. 다른 주위 것들에는 관심이 없습니다. 성인들이 그토록 달고 다니는 것 같은 일상적인 신경증세 같은 증후가 그 어린아이의 얼굴과 모습에서 찾아볼 수 없습니다. 그 어떤 외부의 행동에도 그것을 자기 나름대로 요리하면, 반동형성이나 방어기제를 갖지 않습니다. 그런 것이 설령 있다고 해도, 그것을 표현해 내지를 않습니다. 있는 그대로, 받는 그대로 받아들이며 나름대로 즐길 뿐입니다. 어린아이의 경우, 저들은 자신의 생체에너지를 있는 그대로 분출합니다. 성적 에너지를 그 어떻게든 조작하려는 욕망도 없지만, 그 어떤 좌절에서 오는 불안 같은 것도 없기 때문에 모든 것이 그에게는 기쁨이며 즐거움입니다. 생체에너지 그 자체가 기쁨의 덩어리이며 즐김의 덩어리일 뿐입니다.

　제가 행복의 시작, 행복의 출발점을 잠에서 깨어나는 그 순간의 흐뭇함으로부터 시작한다는 것에는 나름대로의 이유가 있습니다. 행복의 느낌이 우리 인간을 마냥 편안하게 해 주는 것이라고 해도, 행복에는 한계가 있다는 것을 말하고 싶어서입니다. 아무리 행복해도 마냥 행복하거나, 영원히 행복하거나, 제 하고 싶은 대로 그렇게 늘, 행복할 수는 없기 때문입니다. 우리의 삶에 한계가 있기 때문에, 행복 역시 그 한계 안에서만 가능할 뿐입니다. 그 한계는 태어나서 죽는 그 순간까지로 그 폭이 결정되어 있습니다. 태어나지도 않았는데 행복하거나, 죽었는데 행복한 것은 없습니다. 생과 명이 시작하고 끝나는 그날까지만 행복이 유효한 것입니다. 행복해서 죽을 것 같다고 말하는 사람은 있을 수 있어도, 죽을 것 같아 행복하다고 말할 수 있는 사람은 보기 쉽지 않은 현실입니다. 한 사람의 생명, 수명이 행복의 한계점인 것입니다. 제아무리 잘난 체해도 죽어 버리는 것이며, 제아무리 미련해도 죽을 때는 죽어버리는 것입니다. 죽으면 무엇이든 묻히고, 그리고 버려지는 것입니다. 이 생명이란 것이 행복뿐만 아니라 그 어떤 것도 유효한 것과 유효하지 않은 것을 구분하고 구획해 주는 한계인 것입니다. 한계가 있다는 것은, 한계를 갖는다는 것은, 한계를 갖고 있는 것은 그것이 무엇이든 일종의 구조와 기능이 있다는 것입니다. 구조와 기능이 있다는 것은 할 수 있는 것과 할 수 없는 것이 있다는 것을 의미합니다. 이때 내가 말하는 한계라는 것은, 인간이 생각해 낼 수 있는 사유의 폭이나 실천의 폭 같은 것으로 제한되지 않습니다. 예를 들어, 70대 산악인 김명준 씨, 말하자면 50대에 고산 등반을 시작해 '최고령'의 기록을 세우며 60대에 세계 7대륙 최고봉을 모조리 오른 사람입니다. 남극과 북극을 넘나들며 세계 8대륙 마라톤을 완주한 사람, 일흔을 넘긴 나이에도 여전히 고산을 오르고 마라톤을 즐기며 누구보다 푸른 청춘으로 살아가는 사람인 김명준 씨가 말하고 있는 『라이프 노 리미츠』 같은 것을 지칭하지는 않습니다. 그는 말합니다. 자신의 삶에서, 무엇인가 생각하는 것이 인생의 소금이라면, 희망과 꿈은 인생에 대한 사랑인데 만약 꿈이 없다면 인생은 쓰디쓴 소금일 수밖에 없습니다라는 말을 믿으며, 늘 희망을 찾아 꿈을 꾸고 그것을 이루기 위해 최선을 다하며 살아왔다고 합니다. 그가 생각하고, 희망하고, 꿈을 찾는 일은 인간의 한계가 없다는 것을 말하는 것이 아니라, 오히려 인간에게는 한계가 있다는 것을 역설적으로 보여 주고 있습니다. 그 한계란 바로 인간 자신이기 때문에, 보통 인간이 엄두를 내지 못하는 그런 일을 해 보겠다는 의지와 꿈이 바로 인간적인 한계임을 보여 주는 것입니다. 그는 신(神)도 아니고, 귀신(鬼神)도 아닌 인간이기에, 보통 사람으로서는 엄두도 내지 못하는 모험을 해내는 것입니다. 신이라면, 그까짓 히말라야 등정쯤은 일도 아니었을 것입니다. 그러니까 인간에게는 인간이 지닌 구조와 그 구조가 지닌 한계를 갖고 있기 마련입니다.

참새가 날 수 있는 것은 참새에게 날개라는 구조가 있기 때문입니다. 날개는 날아다닐 수 있는 비행의 기능을 갖고 있습니다. 자동차가 사람이 뛰어가는 것보다 빨리 갈 수 있는 것은 자동차를 움직이는 구조, 말하자면 엔진에서 바퀴에 이르는 갖가지 빨리 달리기 연동체제를 갖고 있기 때문입니다. 사람도 걸어갈 수 있고, 뛰어갈 수 있는 구조를 갖고 있습니다. 기껏 해 봐야 다리, 발, 심장 등등의 미약한 구조를 갖고 있을 뿐입니다. 그렇지만 사람은 자동차처럼 빠르게, 새처럼 공중을 날아갈 수는 없습니다. 각각에는 각기 다른 구조와 그 구조에 합당한 기능이 있기 때문입니다. 그러니까 사람은 결코 새처럼 날아다닐 수는 없습니다. 자동차처럼 빨리 달릴 수도 없습니다. 구조와 기능이 있다는 것은 동시에 제한점, 한계가 있다는 것을 알려 줍니다. 사람이 새처럼 날지 못하는 것은 사람의 다리와 팔이라는 구조가 지닌 제한점이며 한계입니다. 한계와 제한점을 벗어나려면 이상한 구조와 이상한 기능을 지녀야 합니다. 기계로서는 그런 새로운 부품과 기능의 융합이 가능할 수 있습니다. 기계 부품의 조합이 아닌 유기체로서의 생물에게는 요원한 일입니다. 사람이 날아다니고 싶다고 자기 겨드랑이에 독수리 날개를 수술해서 접목시킬 수는 있겠습니다만 그것이 독수리 날개와 내 팔이 하나가 되어 새로운 '날개 팔'로 거듭나거나 융합되는 것은 결코 아넘니다. 기계들은 관념으로 융합될 수 있고, 그런 관념의 융합은 새로운 기계, 새로운 기관들로 만들어질 수 있습니다만, 생과 명을 지닌 생물체에게는 그런 융합이 가당치 않습니다. 생명은 관념이 아니라 생(生)과 명(命)입니다. 생과 명이 있는 한계 안에서 자신됨, 자기됨, 살아 있음이라는 밝음(明)을 확인할 수 있습니다. 목과 숨이 생명체의 본체이기 때문에, 독수리의 목과 사람의 숨은 생명적으로 이어질 수가 없습니다. 그것을 관념적으로 그렇게 잇게 된다면, 그것은 환상에서 나온 것이고 공상의 작품이며, 보통 말로는 정신착란이며 완숙한 정신병의 조짐일 뿐입니다. 현실에서 있을 수 있는 망상에 지나지 않을 뿐입니다.

행복은 오로지 인간적이며, 인간다운 것입니다. 살아가기 위해 지지고, 매일같이 볶아대는 그런 일상의 삶에서 일어나는 늘 같은 일이기에, 그 행복이라는 것도 결코 인간이라는 한계를 벗어날 수가 없습니다. 특정 종교에서 걸어놓은 식으로 신(神)을 읊조리는 것은 인간의 한계를 벗어나려고 하는 노력 같아 보이기는 하지만, 그것은 결국 공상 속에 사로잡힌 자기 기만에 지나지 않을는지도 모릅니다. 정신분석학자인 프로이트가 말하는 식으로 말하면, 외부의 환경을 자아라는 자기 자신이 적절하게 왜곡시키고 변형함으로써 남다른 행복을 꿈꿔 보고 싶은 충동적인 욕망에 사로잡힌 사람을 저들 정신의학자들은 정신증, 즉 성격이 이상하여 정신병적 행동을 하는 사람인 사이코시스(Psychosis)라고 부릅니다. 사이코시스는 인간이라는 구조를 왜곡시킨 사람을 일컫는 말입니다. 그것은 인간의 한계를 벗어나려는 과감한 시도이기는 해도, 자신의 양팔에 독수리 날개를 접목시키려는 망상일 뿐입니다. 인간이라는 한계를 잃어버리면, 인간이라는 구조가 지닌 한계를 모르면 그때부터 자아, 자신이라는 자기의 망실(亡失)이 시작됩니다. 사이코시스들이 지닌 명증적인 증세가 바로 자기 자신의 상실입니다. 자기 자신을 제 스스로 벗어나면 그가 추구하는 행복은 결코 인간적인 행복이 될 수 없습니다. 사이코시스가 꿈꾸는 행복이라는 것은 결코 보통 사람들이 이른 아침에 맞이해야 될 그런 행복이 아닙니다.

5) 움직거림입니다

　은퇴, 그것이 명퇴이든 정년퇴직이든 관계없이 자기가 하던 일로부터, 직장으로부터 어느 날 갑자기, 엄밀히 말하면 갑자기가 아니라 예정된 대로 은퇴할 수밖에 없었던 은퇴 당사자에게 그 어떤 고통이든 고통을 주는 일입니다. 은퇴하는 사람들에게는, 은퇴 이후에 대체로 4단계에 걸치는 정신적이며 심리적 변화를 경험하게 됩니다. 이런 경험은 마치 상당한 수준에 이른 상태의 암이나 회복이 그리 쉽지 않은 중병(重病) 때문에 임종에 가까운 사람들이 겪게 되는 그런 단계들과 유사합니다. 하기야 은퇴처럼 일에서 물러나게 되는 것은 일터에서의 임종과 다를 것이 없습니다. 은퇴자의 경우, 제일 먼저 경험하게 되는 단계가 바로 거부의 단계입니다. 거부의 단계에서는 예외 없이 그 누구든 은퇴자들은 은퇴로 인해 생길 수 있는 몸의 변화나 사회적 신분의 변화를 일단은 부정하거나 거부하게 됩니다. 은퇴로 인해 얻을 수 있는 새로운 기회는 말하자면 은퇴의 긍정적인 기능 같은 것은 아예 거들떠보지도 않게 됩니다. 그 대신 은퇴로 인해 생기는 부정적인 현실에 민감해지게 됩니다. 그러니까 일터에 나가지 못한다는 일터 상실감, 옛날과 같은 사회적 신분이나 지위 상실에 따른 공허감 같은 것에서 생기는 두려움이나 분노를 느끼게 됩니다. 그런 분노를 겉으로 드러내지 못한 채 자신의 마음속으로 더욱더 억누르려고 합니다. 그런 억누름이 오래갈 수 없습니다. 분노는 자기 상실감이나 자기 소외 같은 것으로 자기도 모르는 사이에 변질되어 버립니다. 스스로 알아서 저 홀로 우울해지는 우울증의 단계가 바로 은퇴자를 엄습하는 두 번째 국면입니다. 은퇴자가 경험하는 우울증의 단계에서 은퇴자는 그 옛날 자랑했던 자아존중감이나 자아효능감 같은 것을 찾아볼 수 없습니다. 모든 것이 자신과는 동떨어진 것이며 무관한 것이며, 자신을 더욱더 왜소하게 만들어 주는 그런 것들로 받아들이게 됩니다. 우울증에 빠지면서 이내 은퇴자들은 이상한 분노 속에서 자신을 제대로 가누지 못하게 됩니다. 온갖 분노가 치밀어 오르기 때문입니다. 자신의 주위에 있던 동료들이나 상사, 심지어 가족마저도 자신에게 해를 끼친, 자신에게 전혀 도움이 되지 못했던 사람들로 간주되었기에, 은퇴자는 좌절 속의 불평과 불만으로 유별난 이유 없이 지인들이나 주위 사람을 비난하곤 합니다. 저들, 말하자면 재직 시에 자신과 친교를 맺었던 동료들이나 기관 자체가 자신에게 퇴직 과정에서 필요한 도움다운 도움을 주지 않았음을 직시하고, 그것을 꽤나 날카롭게 불평불만하는 은퇴 후의 3번째 단계에서 은퇴자들은 자신을 주체할 수 없게 됩니다. 분출되는 분노 속에서 자신의 몸을 제대로 가누지 못합니다. 이 분노의 단계에 이르면 나름대로 하나씩 얻게 된 현실적인 깨달음이 있게 됩니다. 마침내 은퇴자는 자신의 은퇴현실, 그러니까 일터에서의 죽음을 겨우 있는 그대로 받아들이게 됩니다. 그때까지 옆에서 부인이 자신을 지켜주고 있다면, 자신은 천사와 살고 있다는 감사함에 몸 둘 바를 모르는 심정이 되기도 합니다. 이제부터 자신의 은퇴에 격과 내용이 맞아 들어가는 일들로 자신의 마음가짐을 정리하며, 일상을 꾸리게 됩니다. 이렇게 은퇴라는 일터에서의 임사체험과정, 말하자면 은퇴에 대한 거부와 우울, 분노와 수용의 단계를 거치다 보면, 은퇴자들은 자신도 모른 사이 자신의 몸 상태는, 그러니까 자신의 육체와 정신, 자신의 몸과 마음은 그야말로 이미 100세에 도달한 것처럼 쇠약한 모습이 되기도 합니다. 이런 은퇴 단계에서 격심한 좌절과 분노, 그리고 이어지는 알 수 없는 정신적 분노를 끝내 이겨내지 못하는 은퇴자들은 자신의 건강수명을 단축하게 됩니다. 요즘과 같은 100세 장수 사회가 되면 될수록, 자신의 분노를 제대로 조절하지 못하는 은퇴자들일수록, 일반적으로 자신의 기대수명과 건강수명 간에 약 20년 정도의 간극을 맞이하게 됩니다. 100세 장수시대를 건강하게 살아가려면, 평균수명기간과 평균건강수명기간 간의 차이를 줄이는 삶을 살아가려면, 은퇴자에게는 더욱더 치유의 삶이 필요합니다. 치유의 삶은 자기 몸을 고통에 시달리게 만드는 원인을 가능한 완화시키는 삶과 나름대로 자신의 '몸', 그러니까 각자 지니고 있는 하나의 몸과 마음을 건강하게 유지하는 삶을 말합니다. 전자를 '원인치료의 삶'이라고 하면, 후자는 결과음미의 삶인 '원인치유의 삶'이라고 말할 수 있습니다. 건강한 삶을 살아가기 위해서는 자신의 몸 안에서 생길 수도 있는 병의 원인을 가능한 뿌리를 뽑거나 치료하는 소위 마음의 원인치료가 중요할 수밖에 없습니다. 저는 의사는 아니지만, 100% 원인치료는 가능하지 않다고 생각합니다. 몸도 그렇지만 마음 역시 때와 함께 노화되고, 노화되면 서서히 와해되기 때문입니다. 그러니까 노화를 100% 이기는 그런 의료는 없습니다. 그 속도를 가능한 늦출 수는 있겠지만, 그 역시 그 언제가 끝이 나도록 되어 있습니다. 그때까지 가능한 고통 없이 사는 삶이 중요합니다. 그런 삶을 건강한 삶이라고 한다면, 그 삶은 '원인치료의 삶'이라기보다는 원인치유의 삶, 그러니까 제 맘을 제 스스로 달래며 살아가는 삶이어야 합니다. 의학적으로 100% 몸이든 마음이든 그 노화의 원인을 제거시키는 것은 불가능하며, 한번 생명을 갖게 된 것은 그 언젠가는 소멸할 수밖에 없기 때문입니다.

끝내, 자연으로 돌아갈 것이라는 생각을 늘 잊지 않는 여분의 삶, 삶을 음미하는 삶, 그때까지 맘의 건강을 지켜내겠다고 노력한 삶, 때가 되면 그 언제라도 기꺼이 자연의 소리에 응하겠다는 그런 여백의 삶이 바로 결과음미의 삶, 마음 치유의 삶이 됩니다. 자기 자신의 맘과 끊임없이 대화하며 도닥거릴 수 있는 사람은 자기 안의 자기 밖에는 없습니다. 자기가 원인이고, 자기 목적이기 때문입니다. 자기가 원인이며 결과이기에 자기가 자기에게 책임이 있을 뿐입니다. 자기 책임을 확인하는 삶은 가능한 병에게 병의 빌미를 주지 않는 삶이 될 수밖에 없습니다. 그러니까 건강할 때까지 건강하게, 필요하다면 자신의 몸에게 불편의 원인이 되는 것까지도 알고, 그것을 토닥거려가며 같이 살아가는 것이 건강한 자신의 삶이며 삶의 과정이 되는 것입니다. 치유의 삶을 살아가기 위해서는 무엇보다도 먼저, 자신의 몸을 불편하게 만드는 갖가지 가능성 있는 병의 원인을 분명히, 그리고 미리 알고 있어야 합니다. 가능한 그 병의 원인을 제거해야 합니다. 내 몸에서 고혈압의 기운이 있다면, 그 고혈압의 원인을 찾아, 최대한 자기의 일상에서 그 원인을 소거하도록 해야 합니다. 고혈압을 내리기 위해 약도 필요하지만, 약이 먼저다라는 생각을 일단 의심해야 합니다. 약 먼저보다는, 내 스스로 고혈압을 방치하게 만들어 놓는 나의 습관에 대한 교정이 먼저이어야 합니다. 병을 불러내는 원인은 그대로 놔두고, 약으로 병을 낫게 하면 그것은 병을 완화시키는 것이 아니라 오히려 더 약에, 의존약에 중독되게 만들어 놓을 수도 있습니다. 예를 들어, 체온이 오른다고, 그러니까 소위 정상체온인 36.5도를 조금 넘어 머리가 지끈거린다고 해열제로 체온을 내린다면, 병의 원인에 대한 생각을 해 보지 않은 채 증상완화만을 염두에 둔 것입니다. 미국 의사들은 체온이 38도 이내에 있으면 해열제를 처방하지 않습니다. 아이들의 경우, 약을 주기보다는 옷을 벗기고 냉수찜질을 하게 하는 의사들을 보고 야속한 마음으로 애를 키우던 시절이 있었습니다. 제 스스로 노인의 반열에 들어섰지만, 미국에 있는 제 친구들도 자신의 체온이 38도 이상이 되기 전까지는 미국 의사들로부터 해열제를 처방받지 못하는 형편입니다. 병이 왜 생겼는지, 그 원인을 재대로 알지도 못하고 약을 먼저 쓰면, 병이나 더 악화시키기 때문에 저들 의사들은 그렇게 하는 것입니다. 원인을 제대로 파악하고, 원인들을 소거하는 소위 원인치료를 염두에 둔 저들 의사들이 가장 강조하는 것은 약이나 수술이 아닙니다. 사람들의 습관, 그러니까 식습관, 운동습관 등등, 생활습관을 교정하여 병을 예방하는 것입니다. 생활습관을 교정하면 몸 안에서 면역력이 생성되고, 면역력이 몸 안에 자리를 잡으면 자연치유력이 생기게 되어, 나름대로 건강한 삶을 살아갈 수 있게 되는 것입니다. 100세 장수 사회의 삶은, 미리 준비하며 마지막까지 올인하는 삶이어야 하는 이유입니다.

　요즘 정년을 맞는 사람들은 정년 후부터 한 30년 이상은 더 살아줘야, 그러니까 90세 이상까지는 억지라도 살아 주어야 할 듯합니다. 굳이 자기 목숨을 자기 의지로 빨리 마감하지 않는 한, 자기 몸에 대한 적절한 의술적인 조치와 적당한 운동, 그리고 적절한 영양섭취, 웬만한 정신 건강을 유지하는 한 90세 정도는 거뜬히 장수할 수 있기 때문입니다. 그런데 문제가 있습니다. 100세까지 살아가려면 100세까지 살아줄 수 있는 에너지가 있어야 하기 때문입니다. 전에도 이야기했지만, 젊었을 때 준비 없이, 나중을 위해서 두고 써야 될 그 에너지를 정년퇴직쯤에 거의 모두 소진해 버렸기 때문입니다. 마치 100리를 가려고 자동차에 100리 거리만큼 주행할 수 있을 정도의 연료를, 불필요한 이곳저곳을 다니느라 이미, 거의 낭비한 것이나 마찬가지라고 볼 수 있습니다. 앞으로 10리 정도 더 갈 수 있는 연료를 채운 자동차로 50리를 더 달려 나갈 수는 없는 노릇입니다. 계획을 잘못 세웠거나, 미처 그것까지는 생각을 못한 탓일 수 있습니다. 인생 100세를 미처 생각하지 못하고 인생 50세에 맞추어 모든 인생 계획을 세우고, 인생 50세를 위해 총력을 기울인 것과 다를 것이 없는 셈입니다. 환갑 전후가 인생의 정점으로 간주하고 그 정점에 남에게 보여 줄 수 있는 그 어떤 거창한 사회적 지위를 성취하면 인생은 완성되는 것, 인생은 성공한 것이라는 생각에 너무 연연했던 것입니다. 그런 생각이 바로 그 자신을 자만하게 만들어 놓았던 것입니다. 물불을 가리지 않고 사회적 지위에 몰두했던 것입니다. 그 생각과 그것을 실현한 행동이 바로 장년기 그리고 노년기를 자만하게 만들어 놓은 것입니다. 두견새가 울지 않으면 제 놈이 제 풀에 꺾여 울 때까지 기다리고 또 기다리며 끝내 우는 것을 보라며, 참음의 미덕을 강조하면서 일본을 하나로 통일하고 에도막부를 열어놓은 일본의 도쿠가와 이에야스(德川家康)입니다. 그는 후손들에게 인생살이에서 경계해야 될 것을 가르쳐 준 적이 있습니다. 그것은 "인간의 생애에는 중대한 위기가 세 번 있기 마련이다. 아이에서 어른이 될 무렵의 무분별한 색정, 그리고 장년기의 혈기만 믿는 투쟁심, 불혹을 넘어서서는 자신이 이제 완성되었다라고 생각하는 자만심, 그 3가지로서 그것을 경계하고 경계해야 좋은 삶을 사는 것이다."라고 후손에게 남긴 유언입니다. 어린 나이에 인질로 잡혀가서 모든 굴욕을 인내해 가면서 마침내 일본을 하나로 통일해낸 그의 인생철학은 인내와 경계였습니다. 나이를 먹어간다는 것, 아니 정년을 했다는 것은 그래도 삶에서 나름대로의 도(道)랄까, 아니면 나름대로의 완숙미를 갖게 되었다는 뜻이어서, 이제부터 자기 마음껏 마음대로 살아도 거리낄 것이 없을 것이라는 생각이 들었을 법도 하지만, 만에 하나 그런 생각이 들었다면, 바로 그때부터가 자만심의 시작일 것이라고 이에야스가 경계한 그 자만심(自慢心)을 경계해야 합니다. 자만심을 경계할 줄 알아야 인생이 무엇인지 음미할 수 있다고 자신을 경계한 이에야스의 교훈은 정년퇴직자에게도, 필요한 교훈입니다. 정년 후의 삶을 위해 나름대로 삶의 철학이 있다고 자부하는 사람은 그 자만심의 시기로 들어가고 있는 중인지도 모르는 일입니다. 요즘 같이 은퇴자들에게 수난과 곤욕을 주는 시기에서는 더욱 더 그런 생각이 들게 됩니다. 나름대로의 전문성도 있고, 나름대로의 지혜도 있는데 사회에서는 은퇴자들에게 냉담하기만 합니다. 은퇴자들을 위한 복지대책도 그저 그렇고, 저들의 주머니 사정도 그저 그렇기 때문입니다. 실제로 국가 주도로 이루어진 은퇴자를 위한 사회보장제도는 별로 신뢰롭거나 믿을 만한 것이 되지 못하기에 그렇기도 하지만, 보다 더 근본적인 것인 자기 자신에 대한 자만감 때문에 그렇다고 보아야 합니다. 노년을 위한 재정적 설계를 제대로 꾸린 사람은 그렇게 많지 않은 것이 현실입니다. 가족의 생계를 유지하는 것도 그렇고, 자신의 몸 하나만이라도 제대로 추스르기가 만만치가 않습니다만, 욕심은 여전합니다. 몸이 따라 주지 않는데도 마음은 딴판입니다. 개인적으로 보면, 물론 사람마다 차이가 있기는 해도 몸의 근육도 줄어들고 마음의 근육도 현격하게 줄어듭니다. 은퇴기를 일러 어떤 사람은 삶을 이모작 하는 새로운 시기라고 부추기기도 합니다. 말하자면, 은퇴한다는 말의 영어 표현인 리타이어먼트(Retirement)라는 말을, 그렇게 새롭게 해석해서 하는 말입니다. 리타이어먼트, 자동차 바퀴에 비교하여 은퇴한 사람의 인생길을 그렇게 비교하곤 합니다. 은퇴하면 그때부터는 새로운 인생의 바퀴를 바꾸고, 새롭게 자기가 원하는 곳으로 힘차게 달려 나가는 시기라는 것입니다. 그런 삶을 인생의 이모작이니, 삼모작이니 하고, 그 말은 경우에 따라, 사람에 따라 옳기도 합니다. 말로는 그럴 수도 있겠지만, 현실은 그리 녹록하지도, 마음먹은 대로 되는 것이 아닙니다. 젊은 시기 한참 써 먹었던 바퀴들을 대신해 줄 여분의, 바꿔 말하자면 스페어 바퀴들이 어딘가로 사라져 버렸거나, 있다고 해도 중고품으로 이미 쓰임새가 없기 때문입니다. 이미 몸은 몸대로, 마음은 마음대로 닳았습니다. 여분으로 갖고 다니던 그 용기도 함께 낡아버렸습니다. 자칫 잘못 스페어 바퀴로 갈아 끼우고, 그것만 믿고 달리다가는 대형 사고를 당할 수도 있습니다. 말하자면, 투자실패, 장사실패 같은 것들로 주위 사람들이 새로운 고통에 시달리는 것을 수없이 보게 되는 이유이기도 합니다. 흔히 생각하는 조개구이 장사, 그 무슨 까페, 커피집 등등 자영업 체인점들이 우후죽순처럼 나오지만,

저들 중의 80%가 시작한 지 1년 내에 문을 닫게 만드는 현실입니다. 그러니, 자칫 잘못 하다가는 그동안 피곤하게 살았던 그 피곤함을 달래기도 전에, 다시 피곤해지는 정말로, 회복이 쉽지 않은 피로감에 다시 빠져버릴 수도 있습니다. 말하자면 예기치 않은 정말로 재기가 불가능한 그런 리타이어드(Re-tired) 삶으로 추락해 버릴 수도 있습니다. 추락하는 것에는 날개가 있다고들 하지만, 추락한다는 것은 이미 날개에 이상이 있다는 말이나 마찬가지이기에 조심하고, 조심할 일입니다. 이에야스의 말을 다시 한 번 가슴에 새겨야 할 때입니다.

베이비붐 세대 은퇴자들은 사회복지 전문가인 한혜경이 조사한 『남자가, 은퇴할 때 후회하는 스물다섯 가지』를 이제라도 읽어 볼 만합니다. 그는 남자 300여 명을 심층 인터뷰한 자료를 바탕으로 은퇴자들이 행복한 노후를 위해 준비해야 할 사항을 25가지로 정리했습니다. 그녀는 자신이 만나 본 은퇴자들의 하소연과 불만들을 꼼꼼히 정리해놨습니다. 자신의 처지에 대해 불평과 불만에 가득 찬 그들은 그녀에게 푸념으로 내뱉었습니다. 어떤 조금 젊은 듯한 은퇴자는 이렇게 자신을 하소연했습니다. "더 힘든 건 내 꼴이 이게 뭔가, 하는 생각이 들고 심리적으로 위축된다는 점이죠. 도대체 갈 데가 없어요. 집 근처 복지관에 나가서 칠십 넘은 어르신들과 바둑 장기를 두고 있는 나 자신의 모습이 너무 낯설어요." 저들 은퇴자들의 후회 목록에는 여러 가지 후회와 경계들이 기록되어 있습니다만, 돈만이 저들에게 전부가 아니었습니다. 돈이 저들에게 없어서 불편하다는 불만이 가득할 줄 알았는데, 실제로는 그런 것이 아니었습니다. 은퇴자들은 나름대로, '악기 하나쯤 연주할 수 있었다면, 동료와 후배들에게 좀 더 친절했더라면, 치열하게 그때부터 글을 썼더라면, 아내와 함께 노는 기회를 놓치지 않았더라면, 감정을 전하는 법을 미리 배웠더라면, 평생 친구 세 명쯤 만들어 뒀더라면…' 하는 것들을 수없이 저들의 푸념 삼아 적어냈습니다. 은퇴자들을 면담하고 난 후, 그녀는 한 가지 확신을 갖게 되었습니다. 그 누구든 행복한 노후를 즐기려면, 지금부터 인생의 패러다임을 다시 피곤하지 않게(Notretired) 바꿔야 한다는 점이었습니다. 그녀는 은퇴를 맞는 사람들에게 강력하게 권합니다. 은퇴 후, 후회하지 않으려면 최소한 자신만의 취미를 3개 이상 만들라. 아내와는 무조건 친해지라. 후배와 동료들에게 희망을 준 사람으로 기억되게 하라. 자식에게 모든 것을 걸지 마라. 그리고 마지막으로 혼자 사는 기술을 지금부터 배우라라는 등의 처방을 내립니다. 이런 처방 중에서도 은퇴자들의 큰 반향을 얻는 처방이 바로 아내와 조건 없이 친해지라는 처방입니다. 미우니 고우니 해도, 부부는 역시 같이 살아야 된다는 의견이 더 지배적입니다. 남성 은퇴자일수록 아내가 새삼 새로워진다고들 한다는 이야기는 결코 거짓이 아닙니다. KDB 대우증권 미래설계연구소가 2014년 가을경, 잔액 1,000만 원 이상인 고객 980명을 대상으로 한 '시니어 노후준비 실태조사'가 그 이유를 나름대로 충분하게 보여 주고 있습니다. KDB 대우증권 미래설계연구소의 조사결과는 꽤 재미있습니다. 은퇴 후의 삶에 대한 남녀 간의 차이가 대조를 보이고 있기 때문입니다. 남자, 여자 모두 은퇴 후 행복한 노후를 위해 꼭 필요한 것으로 건강(29%), 돈(24%), 배우자(20%), 취미생활(10%), 친구(7%)를 꼽았습니다. 그런데 남성은 건강(29%), 배우자(23%), 돈(22%)을 중요하게 꼽았고, 여성은 건강(28%), 돈(26%), 배우자(16%)를 꼽았습니다. 아무리 짜증이 나더라도, 은퇴 이후 같이 살고 싶은 동거인으로는 남녀 모두 배우자(87%)를 꼽았습니다. 혼자(6%) 살고 싶다는 비율보다 압도적으로 높았는데, 혼자 살고 싶다는 응답은 주로 여성(11%)이었고, 그 비율은 남성(3%)의 3배 이상에 달했습니다만, 결코 그 비율이 높거나 의미 있는 수치는 아니었습니다. 저들 노인들이 짐짓 해 보는 소리였던 것입니다. 은퇴자들이 인터넷에서 자주 보는, 그리고 상당하게 공감을 얻는 글들 가운데 한 가지 글은 '부부는 평생 동반자'라는 글입니다. 대학원 수업이 끝날 무렵, 강의를 한 노교수가 학생들에게 게임을 시켰답니다. 수강생들 중에는 결혼한 수강생들이 많아 그중 한 여학생에게 자기가 좋아하는 사람 20명의 이름을 칠판에 써보라고 했더니, 그 학생은 가족, 친구, 회사 동료들의 이름을 한 사람, 한 사람 적었답니다. 그렇게 이름을 다 적은 것을 본 후 교수는 학생에게 그중에서 별로 중요하지 않는 한 사람들을 지우라고 했고, 그 여학생이 그렇게 지웠습니다. 그다음으로 중요하지 않는 사람을 또 지우라는 교수의 요구에 따라 계속 사람들의 이름을 지워서 결국 칠판에는 그 여학생의 부모님과 남편 그리고 아들, 네 사람만 남게 되었습니다. 이때부터 교실 안은 조용해지기 시작했습니다. 적막을 깨고, 교수가 다시 말했습니다. 이제 "남은 그 사람들 중에서 별로 중요치 않는 한 사람을 지워 보게."라고 요구하자, 그 여학생은 다시 한참 동안 망설입니다. 그 여학생은 어렵사리 아버지의 이름을 지웠고, 이어서 "다시 한 명을 지우게."라는 교수의 말에 그 여학생은 망설임으로 자신을 낳아 주신 어머니의 이름을 지웠습니다. 다시 지워야 될 사람을 생각하라고 하자 한참 동안 멍하니 있던 여학생은 마침내 울상이 되어, 칠판에 적어 놨던 아들이라는 이름을 주저하며 지우면서 닭똥 같은 눈물을 흘리기 시작했습니다. 학생은 한참 후에야 눈물을 그쳤습니다. 그 학생에게 교수는 다시 물었습니다. "자네를 낳아 준 부모와 자네가 낳은 자식을 왜 지웠으며, 피 한 방울도 섞이지 않았고, 마음만 먹으면 다시 구할 수가 있는 남편을 가장 소중한 사람으로 남겼는가?" 라고 물었더니 그 여학생은 그 질문에 대해 매몰차게 말했다고 합니다. "시간이 흐르면 부모는 먼저 돌아가실 것이고, 아들은 다 자라면 부모 품을 떠날 것이 분명합니다. 생각해 보면, 평생 옆에서 저의 동반자가 될 사람은 결국 남편밖에 없지 않습니까?" 그녀의 진심 어린 대답이었습니다. 이런 실험이 막상 여러분 자신에게 요구된다면, 각자는 각자 나름대로의 가치관에 따라 다른 대답을 하게 될 것입니다. 이런 질문을 남자들에게 요구했다면, 거의 대부분의 남자들에게 남는 대답은 그 여학생이 했던 것 같이 자신의 아내가 될 것입니다. 아내든, 남편이든, 저들과 함께 자신에게 남아돌아 가는 시간을 남아돌지 않게 만드는 일이 현명한 은퇴 후 생활입니다. 은퇴 후 제일 많이 갖게 되는 여유나 잉여물이 바로 시간으로 나타나기 때문입니다. 그 시간을 여유로, 삶을 위한 여백으로 만들어 가는 일이 좋은 삶이며 행복입니다. 일반적으로 은퇴후 경험하게 될 그 잉여시간을 숫자로 따지면 7만 시간 정도가 됩니다. 60세에 은퇴해 하루 8~9시간씩 여유시간을 가지고 평균수명 84세까지 산다고 가정할 때 그런 계산이 나옵니다. 그냥 편히 쉬는 것으로 삼기엔 너무도 긴 시간입니다. 인생의 후반은 이 시간을 매일같이 떼어 먹는 시기입니다. 자기 자신에 대해 돌이켜 볼 여유도 생겁니다. 했던 일, 그리고 더 하고 싶은 일들이 모락모락 생각나는 시간이기도 합니다.

　서양의 은퇴자들은 앞으로 자신에게 남게 되는 시간에 그 무슨 의미 있는 일을 하기 위해 버킷 리스트(Bucket List)를 만들어, 그 시간을 남아돌지 않게 하려는 노력을 많이 합니다. 서양인들에게 있어서, 버킷 리스트는 죽기 전에 꼭 해 보고 싶은 것들을 적은 목록을 말합니다. 버킷 리스트는 그 내용을 알고 보면 그 속에는 꽤 절박한 상황이 들어가 있습니다. 은퇴자들 스스로 살아온 여백보다 살아갈 여백이 점점 줄어드는 공간에서 무엇인가를 보상받고 싶은 절박한 일거리들의 목록이 바로 버킷 리스트이기 때문입니다. 버킷 리스트라는 말은 원래, 죽다라는 뜻의 속어인 '킥 더 버킷(Kick the Bucket)'에서 만들어진 단어입니다. '양동이를 걷어차다.'라는 뜻의 킥더버킷은 중세시대 교수형을 집행할 때 행하는 사형집행방법이었습니다. 형집행자가 죄수를 뒤집어 놓아 양동이 위에 올려놓고 올가미를 씌운 뒤 그 양동이를 걷어차면 죄수는 목에 줄이 걸려 질식해서 죽었기 때문입니다. 버킷 리스트라는 말은 2007년 잭 니컬슨, 모건 프리먼 주연의 영화 〈버킷 리스트〉가 상영된 후부터 널리 우리 주위에서 사용되기 시작했는데, 영화는 죽음을 눈앞에 두고 한 병실을 쓰게 된 두 주인공이 자신들에게 남은 시간 동안 하고 싶은 일에 대한 리스트를 만들고, 병실을 뛰쳐나가 이를 하나씩 실행해 가는 이야기를 담고 있습니다. 영화는 '인생에서 가장 많이 후회하는 것은 살면서 한 일이 아니라, 하지 않은 일'이라는 메시지를 던집니다. 그러고 보면 자신이 만드는 버킷 리스트는 죽음에 임박해서만 유효한 게 아닙니다. 은퇴 전에 미리 작성해 놓으면 길고 지루한 은퇴기간을 보람되고 행복한 순간으로 만들 수 있습니다. 자신이 하고 싶은 일은 주저하지 말고 해야 합니다. 후회를 해야만 하는 것이라면, 차라리 해버리고 후회하는 편이 좋습니다. 이것은 남녀 사이의 사랑과 엇비슷합니다. 나는 대중가요 중에서, '어서 말을 해.'라는 가사를 무척 곱씹어 보는 편입니다. 노래 글이 제 삶에도 맞아 들어가기 때문입니다. 노래 가사는 이렇습니다. "사랑한단 한마디. 그를 잡고 말을 못하면. 너는 바보야. 울고 싶은 이 마음. 그를 잡고 말을 못하면. 떠나가 버려. 어서 말을 해. 흔적 없는 거리거리마다. 말 못하는 바보들

뿐이야. 정만 주면 무슨 소용 있나, 가고 나면 울고 말 것을. 미워하면 무슨 소용 있나, 가고 나면 후회할 것을. 사랑한단 한마디 그를 잡고 말을 못하면, 너는 바보야. 울고 싶은 이 마음 그를 잡고 말을 못하면, 떠나가 버려 어서 말을 해. 흔적 없는 거리거리마다. 말 못하는 바보들뿐이야. 정만 주면 무슨 소용 있나. 가고 나면 울고 말 것을." 그렇습니다. 해 보지도 못하고 후회하는 것처럼 멍청한 짓도 없습니다.

　한 대기업에서 직원들에게 버킷 리스트를 만들어 보라고 했더니, 저들이 만든 버킷리스트 내용들은 그들이나 저들이나 엇비슷했다고 합니다. 말하자면, 혼자서 혹은 사랑하는 사람들과 세계일주 떠나기, 다른 나라 언어 하나 이상 완전 정복하기, 열정적인 사랑과 행복한 결혼, 국가가 인증하는 자격증 따기, 국내여행 완전정복, 나보다 어려운 누군가의 후원자 되기, 우리 가족을 위해 내 손으로 집짓기, 나 혼자만 떠나는 한 달간 자유여행, 생활 속 봉사활동과 재능 나눔, 1년에 책 100권 읽기 등으로 나타났습니다. 다만, 저들 리스트는 마음속의 리스트였지 정말로 해내야겠다는 리스트는 아니었다고 합니다. 마음과 행동 간의 괴리가 우리 한국인들에게는 여전합니다. 리스트대로 하기만 하면, 은퇴란 말이 불안과 외로움이 아닌 설렘으로 다가올 것입니다. 물론 버킷 리스트는 은퇴 후 재정형편에 맞는 현실적인 내용이어야 합니다.

　어떤 사람은 정년 후 남는 시간을 자신됨, 자기됨, 자기 주체됨을 다시 확인하기 위한 마지막 삶의 여백으로 삼습니다. 시간을 새롭게 활용하려는 사람이 있는가 하면, 어떤 사람은 남는 시간에 오히려 쫓기기 시작합니다. 남는 시간에 불안해지기 시작합니다. 할 일이 없다라기보다는 할 일이 생각나지 않기 때문입니다. 정년 전의 일에 너무 길들여져 있었기 때문입니다. 나중에 다시 말하겠지만, 정해진 틀이나 셈법에 따라 일들을 처리했던 연산적(演算的) 사고가 더 이상 남는 시간에 대한 대책을 제시하지 못하고 있기 때문에 불안해지게 되는 것입니다. 남는 시간은 남아돌아가는 시간이 아닙니다. 남는 시간은 남겨 놓기 아까운 '새로운' 시간입니다. 이유가 있습니다. 한 번 이상한 생각을 해 보시기 바랍니다. 자기가 대충 죽음에 이를 것 같은 나이를 생각해 보시기 바랍니다. 아마 억지로 110살, 혹은 100살이라고 우기지는 못할 것입니다.

한국인의 평균생존연령에 +10년을 더한다고 하면 대충 그 나이가 계산될 것입니다. 그 나이로부터 현재 자신의 나이에 역산을 하면, 자기에게 얼마나 긴 시간 혹은 짧은 시간이 남아 있는지를 직감하게 될 것입니다. 결론은 한 가지입니다. 아무리 떼를 쓰거나, 우겨 보아도 앞으로 살아줄 날이 그리 길지 않다는 사실입니다. 그러니, 지금 이 시간은 남아도는 시간이 아니라, 남겨놓기 아까운 시간이 될 뿐입니다. 대학 교수로 정년을 맞은 저의 경우를 다른 퇴직자들에게 모두 적용해서 설명할 수는 없습니다. 대학 교수로서 정년을 맞이한 것은 어쩌면, 제게는 천행(天幸)이겠기 때문입니다. 다만 제가 말하고 싶은 것은, 장수 사회에서 그 장수를 어차피 받아들여야 한다면, 지금이라도 내 몸을 꿈적거리며, 내 몸에 오늘을 살아내는 의미로서 매일의 일상을 자극하며, 내 자신의 매일에게 삶의 의미를 만들어 가야 한다는 점입니다. 그래서 저는 요즘, 제자가 사준 기타와 트레킹 운동화로, 틈틈이 기타도 익히고, 지루하면 무조건 걷기 시작합니다. 그냥 시작한 그것으로 노래 반주를 할 수 있다는 제 자신, 아직도 두 발로 늠름하게 걸을 수 있는 제 자신을 제 몸 속으로 소소하게 '행복'으로 배우며, 즐기고 있는 중입니다.

6) 묶이지 맙니다

　은퇴 후의 남자, 은퇴 후 집에서만 소일거리를 만들고 부인에게 칭얼대는 남자들을 가리켜 일본 사람들은 '젖은 낙엽', 즉 누레오치바(ぬれおちば)라고 부릅니다. '은퇴 이후의 아내 뒤를 졸졸 따라다니는 남편'을 심리학자인 이사야마 교수가 묘사한 단어가 바로 누레오치바입니다. 비가 온 후 찬바람이 불기 시작하는 가을 도로 위에 달라붙어 있는 낙엽, 누레오치바를 보면, 은퇴 후 집에서 빈둥거리는 남편의 신세가 어떤지를 한눈에 직감하게 됩니다. 미국의 브라이언 로빈슨 교수는 『워커홀리즘』에서, 일중독에 걸린 사람들은 자신의 영혼을 일에 빌려준 채 놀 줄을 모르는 사람들인데, 그들이 걱정하는 것은 토요일과 일요일이라는 것입니다. 어떻게 주일을 보낼 줄

을 모르기 때문에, 그렇게 부르는 것입니다. 저들은 월요일이 되어야 마음이 편해집니다. 저들은 월요일 출근하면 늘 이렇게 되뇝니다. '하나님 감사합니다. 드디어 월요일입니다.' 그런 사람들이 퇴직을 하거나, 정년이 되면 어김없이 집안에서, 아내 주변을 하루 종일 어슬렁거립니다. 로빈슨 교수는 저들, 그러니까 일본어로 누레오치바들의 속성을 잔인하게 묘사해내고 있습니다. 저들은 직장에서의 유능함이 반드시 은퇴 이후의 삶에서도 유능함으로 이어질 수 없다는 것을 잊은 채 '비오는 길거리 위에 딱 붙어서 좀처럼 떨어지지 않는 젖은 낙엽처럼 아내 주변을 어슬렁거리기만 합니다. 아내는, 일에 열중하는 남편 없이, 평생을 살아왔기에 감정적인 독립과 자아 정체감을 이미 달성한 상태일 뿐만 아니라, 아내는 사회적 생존과 관계를 위한 적절한 기술을 이미 소유하고 있습니다. 그렇지만 남편은 그런 생활, 생존 기술이 부족한 채, 어느 날 갑자기 물 밖에 나온 물고기와 같은 처지인데도 그는 정신적으로 아직 물 속에 있는 듯한 착각을 합니다. 아내 없이는 아무것도 못하는 저들은 무엇이든 해낼 수 있다는 착각을 합니다. 아내는 자기의 평화로운 일상생활을 끝없이 방해하며 관심을 요구하는 저들의 남편에게 짜증이 날 수밖에 없습니다.

지금은 누레오치바 신세지만, 저들 역시 한때는 자신의 직장에서 힘깨나 썼던 사람들이었을 것입니다. 은퇴 후의 삶에 대비해서 경제적으로 어느 정도 준비가 된 사람들일 수도 있습니다만, 은퇴 후에는 자신을 어떻게 꾸려 갈 것인지에 대한 변변한 마음준비도 하지 못한 채 그냥 은퇴를 맞이한 사람들일 수 있습니다. 집안에 딱 붙어 있지 않으려면 움직여야 하고, 움직이려면 건강해야 합니다. 은퇴자들이 건강을 제대로 유지하기 위해서는 모든 것이 다 건강해야 하지만, 그중에서도 눈과 치아관리가 중요합니다. 그리고 두 다리를 움직이는 건강 역시 중요한 일입니다만, 은퇴자들이 후회하는 것 가운데 빈도수가 높은 것이 바로 많이 걷지 않은 것입니다. 이런 후회가 은퇴자들의 '후회 목록' 2~4위를 차지하고 있는 실정입니다. 잡지 「프레지던트」의 설문결과에 따르면, 일본의 관리자 출신 은퇴자의 경우 치아 관리에 대한 후회가 가장 많았습니다. 치아는 음식을 잘 씹어 먹기 위해 중요하고 뇌신경 활동에도 영향을 주는 등 장수(長壽)와 밀접한 관련이 있습니다. 눈도 마찬가진데 저들 관리자일수록 제 몸 관리에 허술한 것으로 나타납니다. 조직관리에 큰 신경을 쓴 나머지 자기관리, 늙어감에 대한 관리를 제대로 못한 셈입니다. "어떻게 늙어가야 하는가를 제대로 아는 것이야말로 지혜의 걸작이며, 삶이라는 위대한 예술에서 가장 어려운 장(章)이다."라는 스위스의 사상가 앙리 아미엘(Henri Amiel)의 조언은, 관리자든 보통 사원이든 모두가 '삶이라는 예술의 마지막 장을 제대로 쓰기 위해서는 한 가지 확인이 필요함을 알려 줍니다. 나에 대한 주인의식을 확인하는 일이 바로 그것입니다. 내가 이 시대의 마지막 문명이라는 사실에 대한 확인이 필요합니다. 노벨물리학상을 수상했던 리처드 파인먼 교수가 보여 줬던 자기에 대한 그 확인과 그 확신이 필요합니다. 20세기 후반 가장 유명했던 핵물리학자로서 1965년 '양자전기 역학 이론'을 재정립한 공로를 인정받아 노벨 물리학상을 받은 파인먼은 죽기 약 3년 전, 그의 친구가 '함께 드럼을 치며 지낸 7년 동안 나눈 격의 없는 대화'를 모아 회고록을 출간했습니다. 그 책, 『파인만 씨, 농담도 잘하시네!』에서, 그는 자신이 타고난 익살꾼이자 재기 넘치는 장난꾼 그리고 인간미 있는 교수로 살았음을 밝힙니다. 어려서부터 장난기가 많았던 그는 성장한 뒤에도 이 같은 '끼'로 많은 일화를 남겼습니다. 심지어는 장난 끼 있게 연구소의 금고 여는 방법을 알아내려고 관련 서적까지 사다 읽고서는 전문가 뺨치는 금고털이가 되어, 원자 폭탄의 비밀이 든 금고까지 장난삼아 털어, 주변을 깜짝 놀라게 만들기도 했습니다. 그는 말합니다. "그때 나는 속으로 이렇게 생각했습니다. 알다시피, 사람들이 나를 아주 환상적으로 보고 있기에. 사람들의 기대에 맞춰서 사는 것은 불가능해요. 내가 이런 기대에 맞출 의무는 없어! 이런 생각은 멋진 생각입니다. 나는 다른 사람들이 내가 성취하리라고 기대하는 대로 살 필요가 없어요. 나에게는 그들이 기대하는 대로 살 의무가 전혀 없어요. 이것은 내 실패가 아니라 그들의 잘못입니다." "나는 늘 이런 식으로 멍청했습니다. 나는 내가 누구에게 말하고 있는지 잊어버립니다. 나는 항상 물리에 관해서만 걱정합니다. 아이디어가 이상하다고 생각되면, 나는 이상하다고 말합니다. 아이디어가 좋으면, 나는 좋다고 말합니다. 간단한 일입니다. 나는 늘 이렇게 살아왔습니다. 당신이 할 수 있다면 이것은 썩 괜찮고 기분 좋은 일입니다. 나는 이렇게 할 수 있는 행운을 내 삶에서 누렸습니다."라고 적어 놓고 있습니다. 그의 유아기적인 놀이성이 드러나는 대목입니다. 파인먼 교수의 삶에서, 아마 삶에 대한 그의 태도를 가장 잘 설명해 주는 말은 그가 병석에서 마지막으로 남긴 말입니다. 1988년 그는 암으로 혼수상태로 사경을 헤매는 그 와중에서 잠시 정신이 들자, "이렇게 죽어가는 것은 참 지겨운 노릇입니다."라고 파인먼은 말합니다. 자기 자신에 대한 확신을 분명히 하려면 자기에 대한 자기 의심부터 철저해야 한다고 알려 준 것입니다. 물리학자였던 그는 죽음을 맞이하면서 자기에 대한 '인본적'인, 그러니까 사람으로서 사람처럼 죽어야겠다는 인문학적 점검을 했던 것입니다. 이때 내가 말하는 인문학이란, 그야말로 인간의 가치, 인간의 품과 격을 논하는 학문이라는 뜻입니다. 인문학은, 온전한 인간이란 어떤 사람인지에 대한 관점을 점검하는 생각, 관점의 소일거리입니다. 자기가 생각하고, 실천하는 일이 정말로 인간됨을, 내가 누구인지를, 내가 왜 이렇게 살고 있는지를 자기 스스로에게 질문하고 답하며 그것을 시험하는 잣대가 인문학적 점검입니다. 인문학은 인간이라면 무엇을 해야 할 것인가에 대한 것보다는 어떤 존재가 될 것인가를 끊임없이 이야기한다는 점에서 인문학은 사람이 되는 방법이 무엇인지에 대해 골몰합니다. 그 방법과 영역에는 한계가 없습니다. 진리라고 이야기하는 것 그 자체에 매달리는 일이 아닌 인문학은 진리를 이성적으로 탐구하는 일에 총력을 기울이는 일이기에, 인문학은 불가피하게 정치적입니다. 진리를 이성적으로 탐구하기 위해서는, 진리라는 것에 대해 일단은 의시하고 의심해야 하기 때문입니다. 우리의 비전을 복잡하게 만들어 놓고, 진리라고 그 누가 말했기 때문에 그것을 무조건적으로 진리라고 떠받들어 온 생각들을 뿌리째 뽑아 전복시킬 수도 있고, 그렇게 독실하게 지켜왔던 믿음을 가차 없이 허구로 깎아내릴 수도 있기 때문입니다. 그 과정에서 폭로, 그러니까 디벙킹(Debunking)은 불가피합니다. 그렇게 되면 지금까지 확실하던 것이 이상하게 불확실해지게 되고, 불확실하던 것은 분명해집니다. 그렇게 되면 관용과 허용의 경계가 더욱더 분명해집니다. 이러한 자기 구축을 통해 복합성 앞에서, 겸손할 수 있는 개인이 나타납니다. 권력을 등에 진 '진리'라는 것들에게 곧바로 굴복하지 않는 인간, 그리고 모든 형태의 조작과 선동에 맞서는 개인이 출연될 수 있습니다. 그런 깨인 사람을 길러낸다는 점에서, 인문학은 우리가 민주적 가치라고 부르는 것을 전달하는 최고의 메커니즘이 되는 것입니다. 파인먼교수는 죽음에 이르러서도 자기 자신에 대한 성찰을 그렇게 인문학적으로 포기하지 않았던 것입니다.

　은퇴기와, 어쩌면 노년기는 바로 자신에 대한 인문학적 의심과 결단을 새롭게 해야 하는 금쪽같은 시간입니다. 은퇴 전에 그런 성찰이 있으면 물론 더 좋습니다. 그래서 제가 늘 자신의 일상에 대해 관(觀)하고 행(行)하라고 일렀던 것입니다. 은퇴 후라고 해도 더 손해날 것도 없습니다. 뒤로는 더 나아갈 수 없기 때문에 자기 삶에 대해 나름대로, 더 고뇌해 보고 다시 결단해야 할 때입니다. 나름대로 사회적 신분이나 지위도 있고, 밥을 삼시 세끼 먹을 수 있는 그런 때라고 여겨지면 그것은 이미 삶에 있어서 삶의 도가니, 라이프스 크루시블(Life's Crucible), 삶의 호된 시련도 겪어낸 시기일 것입니다. 그래서 지금의 노년기에 이르렀을 것입니다. 이제부터는 제아무리 삶의 시간을 늘린다고 해도 뾰족한 수가 없다는 것을 알게 됩니다. 설령 노인기가 아니더라도 자신의 나이에 그저 별다른 생각 없이 20년, 혹은 30년을 그냥 더하면 저절로 자신의 나이가 '70' 정도가 되어 버리는 시기입니다. 그러니, 자신의 삶에 대해 새롭게 따지고 자시고 할 나이가 아니라는 뜻입니다. 이때부터는 경제학적으로는 자신의 삶에 있어서 사치재(奢侈材)에 대한 욕구가 강해지기 마련입니다. 실제로 그런 사치재로 자신을 치장할 때이기도 합니다. 사치재란 사람들의 소득 수준이 높아지면, 수요 역시 저절로 급증하는 재화를 일컫는 경제학 용어인데, 한 개인의 평생 소득변화는 대개 중장년 무렵에 최고조에 달하는데 아이 때부터 생기는 인문학적 수용 같은 것이 사치재에 속합니다. 경제적 지위나 사회적 지위가 어느 정도에 이르면 자신의 삶을 어떻게 살아가야 하는지, 어떤 지혜로 살아내야 하는지에 대한 철학적이고도 인문학적인 이해와 그에 터한 또 다른 결단에 대한 요구가 점점 증가합니다. 이 결단을 미루거나 제대로 다시 한 번 더 결단하지 않으면 자신의 삶이 곤란해져 버릴 수도 있습니다. '돌아오지 않을 삶에 대하여'라는 질문에 대해, 그냥 '내 나이가 어때서' 하고 내지르기만 할 때가 아닌 결정적인 시기입니다.

이제 시간이 별로 없습니다. 은퇴를 하면, 자기를 생물학적으로 낳아 주었던 부모는 자신의 삶에서 그리 크게 영향을 주지 않습니다. 그 대신 새로운 부모가 자신을 이끌어 가고 지도해 주기 때문입니다. 그 새로운 부모란 자연과 시간입니다. 자연은 자신에게 어머니이고, 시간은 자신에게 아버지 역할을 합니다. 그 부모가 모두 자신에게 손짓을 하는 날이 자신도 세상을 뜨는 날입니다. 그렇기에, 옛사람들은 은퇴기를 일컬어 구멍 난 가슴에 찬바람이 마침내 조금씩, 조금씩 찾아드는 나이라고들 불렀던 것입니다. 은퇴하면 그 누구든 한 번쯤은 젊었던 그날, 그날을 회상합니다. 젊은 그날에 대한 인간적인 욕망을 우아하게 그려낸 소설이 『도리언 그레이의 초상』입니다. 오스카 와일드(Oscar Wilde)의 이 소설에서 도리언이라는 극중 인물을 내세워 청춘에 대한 욕망을 토해냅니다. 청춘을 인생에서 최고의 가치라고 믿고 있는 한 사람으로 도리언을 내세웁니다. 도리언은 청춘에 집착합니다. 그에게 청춘만이 아름다움이었습니다. 아름다움만이 그가 바라는 순간의 감각이었습니다. 젊음만이 그녀에게 아름다움을 보장해 준다고 믿었습니다. 그는 자기도 모르게 늙어간다는 것을 알고는 이내 절규합니다. "정말 슬픈 일이에요! 나는 늙고 끔찍하고 흉해지는데 이 초상화는 영원히 젊은 모습으로 남아 있겠지요.… 그 반대면 얼마나 좋을까요! 내가 늘 젊은 상태로 남아 있고, 초상화가 대신 늙어 간다면 얼마나 좋을까요! 그걸 위해서라면—정말 그걸 위해서라면—난 무엇이든 다 줄 수 있어요! 그래요, 이 세상에 내가 주지 못할 게 없어요! 그걸 위해서라면 내 영혼을 내줄 거예요!" 늙지 않겠다는 도리언의 의지, 인간의 의지를 신은 결코 용서하지 않습니다. 도리언도 신과 대결합니다. 신을 도저히 용서할 수 없는 도리언은, 마침내 자신의 모든 것을 작정한 후 청춘을 위해 악마에게 자신의 영혼을 팝니다. 그렇게 되자 이제는 도리언이 아니라, 도리언의 초상화가 이제 그를 대신해 늙기 시작합니다. 그가 못된 일, 삶에 어긋나는 일을 저지를 때마다,

초상화가 대신 조금씩 늙어 갑니다. 그의 온몸과 맘에 악마가 조금씩 스며들고, 그곳에서 악마의 벌레가 조금씩 고개들 들며 스멀스멀 거리기 시작합니다. 상상하기에도 끔찍한 일이지만, 그것은 도리언의 이야기가 아니라, 오늘을 욕망하는 나의 이야기이고 당신에 관한 이야기일 수 있습니다.

이 세상에 자신의 초상화가 대신 늙어주는 일은 없습니다. 영원한 바람이지만, 늙어가는 것은 초상화도, 사진 속의 내 얼굴도 아닙니다. 내가 그 초상화를 대신해서 늙어갈 뿐입니다. 그러니, 악마로, 쓰레기로 뒹굴기보다는 차라리 나대로 늙어가는 내 인생이 되어야 할 것입니다. 삶은, 살아가는 일은 그 무엇이든 맞대야 하는 일입니다. 맞대는 일 중에서 가장 피하기 어려운 것이 인간의 관계입니다. 인간관계는 주변의 시선을 의식하게 만들어 놓습니다. 그러니까 그 누구의 삶에서든 그가 맞이하는 인생의 3대과제인 업무 관계, 교우 관계, 애정 관계는 타인의 시선을 피하기 어려운 일이 됩니다. 타인의 시선에서도 떳떳해지려면 신뢰가 필요합니다. 무엇보다도 자기에 대한 신뢰와 타인에 대한 신뢰 모두가 필요합니다. 신뢰가 깨지면 자신 스스로 타인의 시선을 의식하게 마련입니다. 타인의 시선을 의식하기 시작하면 자기 스스로 남 앞에 설 수 있는 토대를 상실하는 것이나 다를 것이 없습니다. 고통이 생길 수 있습니다. 고통이 생기면 늘 자기 마음에서는 "어떻게 하면 이 고통에서 헤어날 수 있을까요?"라고 마음의 셈법에 골몰하게 됩니다. 그런 셈법에 익숙해지는 것은 자기 자신에게 문제가 심각하다는 반증일 수도 있습니다. 그런 일 때문에 불면증으로 힘들어하는 환자가 한번은 욕망의 정신치료사인 아들러(Adler) 박사에게 어떻게 하면 그 고통에서 헤어 나올 수 있는지에 대한 처방을 요구한 적이 있습니다. 그가 그에게 준 처방은 아주 간단한 것이었습니다. "다른 사람을 기쁘게 만들어 보세요. 자신이 할 수 있는 일을 행동에 옮기면 모든 것이 해결될 것입니다."라고 조언이었습니다. 정신분석학자 아들러는 『인생에 지지 않을 용기』에서 말합니다. 자기 자신을 기쁘게 해 주기 위해서는, 남을 먼저 기쁘게 해 주라고 요청합니다. 예수가 말하는 것과 그리 다르지 않습니다. 그러니까 예수나 붓다도 우리에게 과거에 얽매여 살라는 이야기를 해 본 적은 없습니다. 저들의 처방과 엇비슷하게 아들러는 아예 이렇게 요청합니다. "매일 수첩을 보면서 주변 사람들을 기쁘게 해 줄 리스트를 만들어 하나씩 실천하려고 노력하라고 말합니다. 상대가 기뻐하는 모습을 보는 일, 감사의 말을 듣는 것만큼 행복한 일은 없기 때문이라는 것입니다. 그렇게 남을 기쁘게 해 주는 일이 바로 사회 속에서 자기 자리를 찾을 수 있으며 자신이 공동체의 일원임을 확인받는 일이라는 것입니다. 대인 관계를 유지하고 신뢰하며 협조하는 것이 공동체 감각인데, 대인 관계를 원만히 유지하고 공동체 감각을 높여 당신이 행복해지기 위해서는 자신을 있는 그대로 받아들이는 것이 필요하기 때문이라는 것입니다. 그는 이런 일을 '자기 수용', 그러니까 자기 자신이 불완전함을 인정하는 용기야말로 자기 수용을 위해 가장 먼저 필요하다는 것입니다. 아들러 박사가 다시 말합니다. 행복해지려면 우선 인생에 지지 않을 용기를 갖는 것이 필요한데, 이렇게 해 보라고 권합니다. 첫 번째로, 가장 먼저 지금 자신에게 집중하라고 요청합니다. 지금 내 앞을 가로막고 있는 문제를 피해 도망칠 수는 없는 노릇입니다. 지금의 문제를 지난날의 환경, 과거 탓으로 돌리는 것은 도망 나갈 구실을 찾는 핑계에 지나지 않습니다. 지금 내 앞의 일은 내 일입니다. 내 스스로가 해결해야 될 내 일입니다. 내가 할 수 있는 것에 집중하고 그것을 위해 나의 에너지를 쏟아야 합니다. 선택은 내 일입니다. 내가 마음먹기에 따라 그 일은 아무것도 아닐 수도 있고, 큰 일이 될 수도 있을 뿐입니다. 둘째로, 항상 낙관적으로 생각하며 자신의 힘을 믿으라고 말합니다. 낙관적인 생각을 갖으려면 용기가 필요합니다. 나는 살아남았기에, 용기가 더 필요합니다. 나는 잘해낼 것이라는 생각을 버리지 말아야 합니다. 그런 과정에서 남들이 해 준 평가나 조언에는 너무 큰 신경을 쓰지 말아야 합니다. 저들의 평가에 나를 맡기는 것은 내일을 내가 풀어내려고 하기보다는 저들의 눈에 내가 잘 보여 좋은 사람, 말 잘 듣는 사람으로 보이려는 치장술에 지나지 않습니다. 낙관주의자가 되려면 용기가 필요합니다. 굴하지 않을 용기가 필요합니다. 지금 이 문제는 내 문제, 내 삶이지 그 누구의 삶도 아니기 때문입니다. 죽으면 내가 죽는 것이지, 누가 대신 죽어주는 것이 아니기 때문입니다. 셋째로, 자신 스스로 열등 콤플렉스(Inferior Complex)에 빠져들지 말라고 말합니다. 인간이라면 그 누구든 나름대로의 열등감이 있게 마련입니다. 나는 결코 붓다도, 예수도, 소크라테스도, 공자도 아닌 이유입니다. 저들에 비해 변변치 못하지만, 그렇다고 내 자신 스스로 사람이 아닌 것은 아닙니다. 나도 저들처럼 생명이고 사람입니다. 그러니 내가 남들에 비해 못하는 것도 있을 수 있고, 뒤처지는 것도 있기 마련입니다. 열등감에서 허덕이지 않기 위해서는 '열등성', '열등감', '열등 콤플렉스'라는 세 가지 개념 간의 차이를 제대로 이해할 필요가 있다고 아들러는 말합니다. '열등성'이란 남들에 비해 뒤떨어진 구체적인 성질을 말하는 것이고, '열등감'이란 자신 스스로 괜스레 뒤떨어진다고 믿고 있는 주관적인 생각이며, '열등 콤플렉스'란 '열등감'이라는 말을 구실로 자기가 해야 될 일이나 문제로부터 떨어져나가려는 핑계나 기피욕구라는 것입니다. 스스로 노력하지 않고 가능한 문제를 외면하고 피해나가 상황을 모면해 보고 싶은 욕구가 바로 '열등 콤플렉스'입니다. '열등 콤플렉스'가 심해지면 자학적인 생각과 마음가짐으로 이어집니다. 나는 도저히 이런 일을 해 낼 수 없는 그런 성격을 지녔구나, 나는 타고날 때부터 그랬구나 하는 식의 핑계와 구실을 달고 다니는 사람이 바로 열등 콤플렉스에 빠져 있는 사람입니다. 그렇습니다. 인간은 모든 것을 해낼 수 없도록 되어 있습니다. 그것이 인간의 불완전됨입니다. 인간이 신의 형상대로 만들어진 온전한 인간이기는 하지만, 그 내면은 모든 것을 해낼 수 없는 불완전한 존재인 이유입니다. 그래서 오히려 인간에게 필요한 것은 불완전함을 인정할 용기를 가져야 합니다. 그것이 인간됨의 조건이라고 말하는 아들러는 삶의 용기를 가진 이가 바로 사람다운 사람이며 행복해질 수 있는 사람이라고 말합니다. 마지막으로 상대를 인정하고 먼저 배려하라고 아들러는 말합니다. 사람들이 사람들 간의 관계에서 실망하는 큰 이유는 그가 내게 먼저 해 주지 않기 때문입니다. 나를 인정해 주지 않기에 그가 싫어지는 것이고, 그와의 관계에서 실망하곤 합니다만 한 가지 분명한 사실은 나의 지인이 나의 기대를, 나의 욕구, 나의 욕망을 채워 주기 위해 그의 삶을 살아가는 것이 아니라는 점입니다. 그들은 저들의 욕구를 채우기 위해 자기 먼저 살아가는 것입니다. 내가 세상의 중심인 것도 아니고, 세상이 나를 위해 만들어져 있는 것이 아닙니다. 무리한 요구를 하면 세상에 물리게 되는 법입니다. 세상에 물리면 세상에 대해 불평을 하지만 모두 소용없는 일입니다. 누구든지 자신이 자신의 삶에서 주인공입니다. 조연인 생명은 없습니다. 주연인 생명이 사회로 나와 조연의 역을 맡을 수는 있지만, 처음부터 조연인 생명은 없습니다. 생명은 모두가 처음부터 주연일 뿐입니다. 단 하나의 생명이기 때문입니다. 그러니, 예수가, 붓다가 이미 예전에 가르친 대로, 네가 나를 먼저가 아니라, 내가 그를 먼저 인정하고 그와 평등한 관계 속에서, 그에게 먼저 베풀어야 합니다. 그것이 내가 내 스스로 행복해질 수 있는 지름길이기 때문입니다. 아들러는 사람들이 지레짐작해서 이야기하는 성격이나 유전인자, 성장 배경 같은 것을 집을 짓기 위한 건축 재료에 비유하고 합니다. 유전자 같은 재료를 사용한다고 해서 똑같은 집이 세워지는 것은 아니기 때문이라는 것입니다. 어떤 이는 그 재료를 가지고 따스한 남쪽 나라의 별장을 지을 수도 있고, 또, 어떤 이는 도심지에 커다란 빌딩을 세울 수도 있습니다. 재료는 어디까지나 재료일 뿐입니다. 똑같은 재료를 갖고 서로 다른 요리를 만들어 낼 수 있듯이, 재료를 활용하는 사람이 그 재료를 어떻게 활용하느냐는 각자의 손에 달려 있기 때문입니다. 지금 당신이 걱정하거나 당신이 내심 속으로 편안해하는 당신의 인생은 바로 당신이 당신만의 재료를 활용해서 스스로 지은 자기 자신의 집일 뿐입니다.

7) 돈보다 생각이어야

미국의 기업 자문가인 톰 래스(Tom Rath)와 짐 하터(Jim Harter) 박사 역시 『무엇이 우리를 행복하게 하는가』라는 책에서 서양인, 특별히 미국 중산층들이 보여 줄 수 있는 행복론을 논의하며, 저들 식의 행복을 우리에게 처방합니다. 그들은 어줍지 않게 동양식으로, 번뇌에서 벗어나라거나 적을수록 좋다는 등의 관념적인 이야기들은 일체 하지 않는 대신, 행복하려면 돈이 중요하다고 잘라 말합니다. 물론 돈, 돈, 돈 하고 돈만 강조하는 것은 아닙니다. 행복하려면 돈 이외에 직업, 관계, 건강, 공동체가 더 필요하다고 제언합니다. 직업, 관계, 건강, 공동체, 돈, 말하자면 돈, 집, 힘, 처, 일이라는 5가지 요소들은 서로 연결되어 있어서 하나만 부족해도 행복에 영향을 준다고 말합니다. 매 순간 일상적으로 행복한 사람들은 어느 정도의 경제력, 자신의 일거리, 아내, 남편, 친구와의 관계, 자신의 건강, 그리고 사회적인 영향력을 나름대로 골고루 즐기고 있는 사람들인데, 이 5가지의 행복요소는 세계 인구 98%들이 그렇게 믿으며 추구하고 있는 것들이라고 합니다. 행복에 대한 이런 결론은 이들이 50년 동안 150개 국가, 1,500만 명의 사람들을 대상으로 조사한 행복에 필요한 요소들을 파악함으로써 가능했던 것입니다. 래스와 하터 박사는 그러니 대충 적당히 행복론을 이야기하지 말고, 현대인들이 이해할 수 있도록 행복에 대한 정확한 통계자료와 연구 결과에 근거해서, 자신들의 삶을 편식하는 행복이 아니라 골고루 즐기는 행복을 택하라고 말합니다. 저들의 관찰에 의하면, 행복한 사람들은, 삶을 손에 쥐고 흔들어도 흐트러지지 않습니다. 행복한 사람들은 자신의 삶을 통제가 가능한 범위에 놓고, 매 순간 조화를 이루도록 노력하기 때문입니다. 일상에서 늘 좋은 결과를 가져오는 일에 집중하고, 선하고 옳은 일에 돈과 시간을 아끼지 않습니다. 저들이 그렇게 하는 이유가 있습니다. 그것은 즐거운 경험을 위해 돈을 쓸 경우, 그 일을 기다리며 갖는 기대감과 그날의 실제 경험, 그리고 몇몇 경우에는 수십 년 동안 지속될 즐거운 기억이라는 이득을 얻기 때문입니다. 그 어느 곳에서 사 온 선물 같은 물질적인 것은 이내 신선함을 잃게 마련이지만, 무엇을 했다든가, 갔다든가, 즐겼다든가 하는 기억은 머릿속에서 오랫동안 남습니다. 필요할 때마다 그것을 떠올리며, 다시 체험할 수 있습니다. 행복한 사람들일수록, 행복한 사람들은 서로 연결되어 있다고 믿습니다. 실제로 우리가 생활 속에서 맺는 관계들은 자신의 몸무게에도 직접적인 영향을 미친다는 것이 사실입니다. 친구가 비만일 경우 당신이 비만이 될 확률은 57%까지 높아집니다. 형제나 자매가 비만일 경우에는 그 확률이 40%입니다. 그리고 배우자가 비만이라면 당신이 비만이 될 가능성은 37%나 됩니다. 그러니, 행복한 사람들은 나름대로 서로서로에게 전염되고 있다는 말이 거짓은 아닙니다. 저들 행복한 사람들은 한 가지 철칙이 있습니다. 그것은, 돈 없이 행복이 저절로 오지 않는다고 믿기는 하지만, 돈의 액수보다는 돈에 대한 통제력에서 행복이 나온다고 믿고 있습니다. 저들 행복한 사람들은 돈으로 행복을 사는 것이 아니라, 행복을 돈으로 통제할 뿐입니다. 저들은 행복하기 위해 쇼핑을 하지는 않습니다. 행복하다 보니 쇼핑도 하는 것입니다. 저들 행복한 사람들은 더 행복하기 위해, 자신의 관심사를 주변에 늘 알리고 가능한 같이하려고 합니다. 자신 스스로 가장 즐기는 활동이 무엇인지, 함께 시간을 보내고 싶은 사람이 누구인지에 따라 행복의 결과 질이 달라지기 때문입니다. 행복에 대한 생각은 한결같습니다. 행복하려면 돈보다는 생각이 먼저이어야 한다는 결론입니다. 생각이 돈보다 더 절박해야 한다는 점입니다. 무엇이 나를 행복하게 만드는가에 대한 대답은, 행복을 만들어 주는 일상적인 삶에 대한 자신의 통제력에서 나오기 때문입니다. 행복하기 위해서는 돈, 일, 처, 집, 힘, 다시 말해서 경제, 직업, 관계, 사회, 건강이 필요하며, 그것들이 행복을 가늠질하는 요소이기는 하지만, 이 모두가 나의 이 시간, 이곳, 내 몸, 내 삶에 녹아 있고, 그것을 내 스스로 지금, 이 순간 즐기고 있을 때 내게 그것들이 행복으로 자리를 차지합니다.

　행복하려면 시간에 있어서 절박해야 합니다. 그 '언젠가 행복합니다.'라는 것은 사실이 아닐 수 있습니다. 행복하려면 지금 이 순간 행복해야 하겠기 때문입니다. 행복은, 물안개처럼 왔다가는 스러져 버리는 것이기도 합니다. 행복이, 좋은 삶을 만들어 간다는 것이 그렇게 절박하고, 찰나적이며 그리고 일상적이어야 함을 구구절절하게 드러내기 위해, 독일에서 방송국 운영을 하면서 동시에 임종봉사자로 일하고 있는 크리스티아네 추 잘름(Christiane zu Salm)의 이야기를 소개해야겠습니다. 그는 삶의 분초(分秒)를 다투는 인생의 현자(賢者)들의 엔딩 노트를 통해, 왜 '가장 소중한 것'을 '지금' 해야 하는가, 왜 일상을 자기 스스로 통제하는 것이 행복의 원천인가를 극적으로 우리에게 보여 주고 있습니다. 인간에게 매일이 평범한 일상이지만, 우리는 그 매일 속에서 무엇이 언제, 어디에서, 어떻게 일어날지 전혀 예상하지 못하기 마련입니다. 너무도 당연하게 여겨온 평소의 것들과 한순간에 이별을 고해야 할 시간을 아무도 예측하지 못합니다. 지금 건강이 좋지 않거나 사경을 헤매는 사람들에게는 모든 것이 절대절명의 일입니다. 절박할 뿐입니다. 행복, 그런 것도 어김없이 그렇습니다. 어느 누구도 그때가 자신에게 언제 일어날지를 모릅니다. 삶은 예측이 불가능한 것입니다. 그러니, 그 누구든 자신의 생, 삶의 마지막에 후회할 것을 남겨두지 말아야 합니다. 다시 살 수는 없는 노릇입니다. 다시 살 수 없음을 안타까워하지 않기 위해서라도, 자신에게 '소중한 것'을 뒤로 지연시키지 말아야 합니다. 당신의 마음에서 단 하루도 떠나지 않는 일, 당신이 한순간도 잊어 본 적 없는 일, 그것을 행하는 것이 행복의 처음 순간이며 마지막 순간이 될 뿐입니다. 바로 그것을 지금 시작하는 것이 자신 스스로 자신의 일상을 자기답게 제어하는 일입니다. 지금 이 지구상에서 자신의 이름이 모든 주민등록이나 은행장부에서 지워진 사람들, 삶에서 죽음으로 돌아간 사람들이 현재를 사는 우리 모두에게 남기는 말은 다른 것이 아닙니다. '소중한 것을 유예하지 말라.'는 이야기입니다. 그것이 여행을 가는 것이든, 무엇인가를 새롭게 배우는 일이든, 다퉈서 말하지 않은 지 오래된 친구와 화해하는 일이든, 나름대로 소원했던 아들, 남편, 아내, 친지와의 거리를 좁히는 것이든 무엇이든, 내일로 미루지 말고 '지금 하라.'는 것입니다. 지나고 나면 자신이 했던 일을 후회하기보다는, 하지 않은 일을 후회하기가 훨씬 더 쉽다는 것입니다. 그것은 삶에 있어서 그 언제나 사실이며 참이라는 것입니다. 그러니 지금 이 순간 당신의 마지막이라는 그런 절대절명의 감으로 하지 못한 일을 지금 당장 하라는 것입니다. 그것이 생과 명을 더 늘리기 위한, 그리고 행복하기 위한 지상명령이라는 것입니다.

　행복하기 위해 자기 스스로 자신의 일상을 통제한다는 말이 무엇인지에 대해 조금제 나름대로 생각해 보겠습니다. 행복도 그렇고, 세상일도 그렇고, 돈 버는 투자도 그렇고, 월급과 연구비를 얻어내기 위해 했던 교수생활에서도 항상 문제는 같았습니다. 일상에 대한 나름대로의 통제 문제였습니다. 내가 모교 교수로 처음 임용되었을 때, 참 많은 생각, 벅찬 생각을 했었습니다. 훌륭한 학자, 그 당시는 존경받는 학자가 되겠다는 것이 제가 처음 먹은 생각이었습니다. 학자로서의 일을 할 수 있도록 모교 교수로 임용해 준 은사님들과 학교행정가들에게 그저 감사했을 뿐입니다. 교수로서 생활을 하다 보니, 새로운 문제들이 하나둘씩 눈에 들어오기 시작했습니다. 목표를 달성하면, 방금까지 올라왔던 산보다는 그 뒤에 놓인 더 높은 산을 바라보고 있게 되기 때문이었습니다. 다른 산이 눈에 들어오기 시작하면, 다음 내가 하는 일에 대해 90%의 확신과 비전이라는 욕망을 갖도록 되어 있습니다. 그렇지만 그 어떤 것이든 모두 내 자신을 만족시켜 주진 않습니다. 오히려 더 많은 도전거리 골칫거리, 문젯거리들을 만들어 줄 뿐이라는 것을 한참 시간이 흐른 후에 알게 됩니다. 일들이 제대로 풀리지 않을 때에는 그것을 더욱더 절감하기 마련입니다. 컬럼비아 대학교 짐 폴(Jim Paul) 교수와 브렌던 모이니핸(Brendan Moynihan) 교수는 『백만 불을 털리고 나서 얻는 교훈(What I Learned Losing a Million Dollars)』에서, 이상적인 미래전략을 세우려면 우선 '미리 시나리오를 준비해놓아라.'라고 강조합니다. 목표와 실행수단을 잘 인지하라는 뜻이지요. 시나리오라는 것을 경영학자들은 '비즈니스 계획'이라고 부릅니다만, 비즈니스 계획이 아무리 잘되었다고 하더라도 그 계획들은, 항상 그리고 늘 게임 플랜에 지나지 않습니다. 목표를 달성하면, 방금까지 경험했던 어려움이라는 산길보다는 그 뒤에 놓인 더 멋있고 장엄하게 보이는 높은 산을 바라보도록 되어 있기 때문입니다. 원래 시나리오 계획의 요점과 강점은 최적의 세팅 조건을 상상하는 것이 아닙니다. 처음 세웠던 목표가 이미 달성된 상태를 상상하는 것이 시나리오 계획의 목표이기 때문입니다. 처음 작정했던 생각, 말하자면 회사를 처음 차렸을 당시, "매달 1,000불을 버는 정도까지 회사를 키우면 행복할 것입니다. 지금 시작하는 회사에서 가장 중요한 건 수익이고, 안정적으로 수익이 들어오기 시작하면 그다음엔 무엇을 해야 할지를 알게 될 것입니다."라고, 생각했던 것을 이내 잊어버리곤 합니다. 초심으로 돌아가기 어렵다는 것은 그 누구에게나 모두 똑같은 문제입니다. 이미 이야기했지만, 제 경우도 대학 교수로 임명받았을 때 처음 먹었던 그 학자적인 그릇되기 같은 것이 결코 제 삶에서 쉬운 일이 아니었습니다. 처음 마음먹은 대로 하는 것은,

사업이든 자신의 일상적인 삶이든 쉽지 않은 일이기 때문입니다. 초심 잡기, 초심을 되돌아보기는 어떤 상황에서나 언제나 같습니다. 초심을 확인하기 위해 할 일이 있습니다. 처음 설정한 목표는 무엇이었고, 현재는 무엇이며, 그 목표를 이룬 뒤엔 무엇을 할 것인지를 늘 생각하고 결단하는 일이 필요합니다. 예를 들어, 여행 중 카지노에 들렀다고 합시다. 그냥 마음대로 10만 원을 넣어서 다 잃어도 좋고, 만약 운이 좋아 20만 원을 따도 무조건 카지노를 나온다는 처음 생각에 충실하십시오. 어느 조건이 충족되든 그 조건이 이루어졌으면 무조건 카지노를 나가십시오. 돈을 더 땄다고 오늘은 최상의 재수가 자기에게 '왕림'했다고 생각하고 더 그곳에서 머뭇거리지 마십시오. 동전 앞뒷면을 던져 99번이 앞면이 나왔다고 해서 100번째 던지는 동전 역시 그 앞면이 나올 것이라는 예측은 항상 불안합니다. 도박의 생각과 억측일 뿐이기 때문입니다. 모든 것은 언제나 불확실할 뿐이라는 것이 바로 현실이기 때문입니다. 도박은 처음부터 끝까지 도박입니다. 세상에 자기 집 팔아 남에게 공짜로 주는 사람이나 사업은 없습니다. 카지노는 도박의 상징이고, 패가(敗家)의 감옥일 뿐입니다. 더 나아가, 자식에게 자신의 유산을 조건 없이 물려주려고 한 생각도 한 번 더 다시 점검하시기 바랍니다. 혹시 자신의 자식이 자기에게 카지노와 같지는 않은지를 점검해 보시기 바랍니다. 자식들이 마치 카지노 같다면, 미련 없이 카지노에게 기대를 하지 않은 것이, 바로 횡재(橫財)이며, 수억 원짜리 복권당첨이라고 생각하십시오.

대학에서 정한 나이에 정년퇴직을 한 후, 명예 교수로서 제가 가장 먼저 뇌인 것은 초심(初心), 처음 먹은 마음에 대한 확인과 재확인하기였습니다. 모든 사람에게 도박의 요행 같은 마음이 있기 마련입니다만, 그것을 제어하지 못하는 것은 일상을 너무 시시하고, 작은 일로 받아들이고 있기 때문입니다. 그런데 세상에서 시시한 일상은 없습니다. 일상이 망가지면 이상(理想)은 사라지고 망상이 되는 것입니다. 일상이 없으면 죽은 것입니다. 일상을 벗어나려는 것은 도박의 일이나 마찬가지입니다. 행복을 벗어나는 일이기도 합니다. 일상에 충실한 사람은 도박을 하지 않습니다. 혹여 나름대로의 행운을 엿보기 위해 돼지꿈을 꾼 날 만 원어치의 로또 복권을 사는 일 같은 것은 하기도 하지만, 그런 것은 그저 재미로 복권의 행복을 엿보는 일일 수는 있습니다. 복권회사를 먹여 살리기 위해 매주 복권을 사는 것은, 자신의 일상을 복권회사에 위임하는 일입니다. 내키지 않는 삶의 모습일 뿐입니다. 내 삶의 처음 시작, 내 삶의 처음 마음먹기, 그 초심은 복권 당첨되기가 결코 아니었기 때문입니다. 일상을 자기가 통제하기 위해서 절대로 잊지 말아야 될 것이 있습니다. 그것이 행운과 무관해도 상관없습니다. 행운은 늘 일상적일 뿐입니다. 생(生)하고 명(命)하고 있다는 이 순간이 이미 나에게는 행운이기 때문입니다. 가장 먼저 마음먹고 작정한 목표를 달성했으면 일단 만족하고, 더 이상 그것에 머뭇거리지 마십시오. 그것에서 나오십시오. 경영학자가 가르쳐 준 것처럼, 처음 먹은 마음이 절대로 최종 목표이어야 합니다. 그래야 내가 통제할 수 있는 일상이 눈에 들어오게 되고, 그래야 일상을 내가 주도적으로 통제할 수 있게 됩니다. 방금 전까지 세운 계획을 어떻게 더 실행에 옮길 것인지에 골몰하기보다는, 지금까지 성실하게 해 온 목표달성을 어떻게 정리할 것인가에 골몰하며 결단해야 그 일상이 내 손 안에서 통제될 수 있습니다. 자신의 능력과 확신을 믿되, 그렇게 믿는 자신의 능력과 확신마저 건전하게 의심할 줄 알아야 합니다. 그런 마음을 이성(理性)이라고 부릅니다. 일상의 자기 통제는 바로 훈련된 이성에서 나오기 마련입니다.

세상일은 늘, 언제나, 항상, 한결같이 하나의 원칙에 따라 움직이는 법입니다. 세상일을 지배하는 것은 상대적, 불확실 그리고 불확정의 원리입니다. 모든 일은 상대적이며, 모든 것은 불확실하며, 모든 것은 불확정합니다. 상대적인 것, 불확실한 것, 불확정한 것들이 모이고 섞이고, 흩어지면서 만들어 내는 것이 일상이고 그 일상에 행복이 숨어 있습니다. 카지노의 도박기계가 믿음직스럽게 보일 수는 있어도, 믿을 수는 없습니다. 저잣거리에는 믿음직스럽게 보이게 만들려는 정보들이 난무하기 마련입니다. 모두가 믿음을 사칭하는 불필요한 정보라고 치부하십시오. 불필요한 정보에 노출될수록 가설(假說)만이 더 늘어나도록 되어 있는 것이 현실입니다. 가설이 늘어나면 가설검증을 위해 판단력이 더욱더 흩어지고, 흐려지기 마련입니다. 실험결과가 있습니다. 불을 끄기 위한 기계장치인 소화전에 대한 사진을 일부러 흐릿하게 해 놓고, 사람들에게 실험을 했습니다. 그 사진의 선명성을 5배로 확대해서 두 번 제공했을 때와, 선명성을 10배로 확대해서 1번을 제공했을 때 놀라운 일이 서로 다르게 벌어졌습니다. 사진의 선명성을 5배로 2회 제공했을 때 사람들은 더욱더 정보소음에 시달렸다는 사실입니다. 사람들은 이것이 그 무엇, 무엇일 거라는 가설을 세워놓고, 정보가 제공될 때마다 자신의 가설을 증명하려고 더 많은 신경을 썼기에, 소화전의 정체 파악에 실패했습니다. 불필요한 정보소음에 시달릴 이유가 없습니다. 잡생각을 가능한 끊으십시오. 아예 그런 잡생각이 접근하지 못하도록 잡생각의 매체나 이야기를 차단하십시오. 주간지를 보는 것보다는, 라디오, 더 심각하기는 TV가 주는 정보가 더 소음이 된다는 사실입니다. 정보소음에 노출될수록 이성적인 판단이 마비됩니다. 그러니 TV 시청, 라디오 청취를 통한 정보취득은 가능한 줄이고, 자신을 위한 이성적 판단과 결단시간을 늘리십시오. 그런 매체에서 나오는 것들은 연출되고, 편집된 정보들일 뿐입니다. 자신만의 날 것, 싱싱한 정보를 자신을 위해 자신이 편집하기 위해서는 자기 자신의 판단과 이성이 필요합니다. 그 이성의 힘을 생각의 사유라고 합니다. 생각의 사유가 가능하기 위해서는 몸과 맘을 하나가 되어 몸이 되도록 만들어 주는 이성(理性)을 단련하십시오. 답은 걷기입니다. 돈이 들지 않는 걷기를 즐기십시오. 장시간 동안 걸으면서 자신의 사유에 사유를 하기 시작하면 자기가 현실적으로 직면하고 있는 문제를 풀기 위한 절차나 방법을 위한 문제풀이로서의 알고리즘(Algorithm)과 자신을 앞으로 나아가게 만들어 주는 결단이 떠오르게 될 것입니다. 불필요한 정보, 잡음정보를 실어 나르는 매체나 기관들, 그리고 되지 않는 말로 구원을 약속한다는 잡음정보들로 혹세무민(惑世誣民)하는 사람들에게 일단은 무관심, 무신경, 절연(絶緣)하십시오. 저들로부터의 막음과 차단이 자신의 일상을 제어할 수 있는 새로운 도덕과 윤리를 만들어 내는 토대이며 근거가 되기 때문입니다. 만나지 말아야, 공감하지 말아야, 경청하지 말아야, 소통하지 말아야 새로운 윤리와 도덕에로의 가능성이 열리게 됩니다. 불필요한 정보들과 가차 없이 절연하고, 차단해야 합니다. 저들의 잡음과 허위 정보로부터 내 자신을 격리할 줄 알면 일단 나의 일상에 대한 자신의 통제를 위해 성공하고 있는 것입니다. 한평생을 슬기롭게 살아가려면, TV홀릭, 스타홀릭, 명품홀릭, 권력홀릭(Power Holic), 구원홀릭(Savior Holic)과 절연해야 합니다. 즉, TV, 연예인, 권력, 명품, 만능의 권세 같은 것에 빠진 채, 저들의 일거수 일투족에 열광하며 저들의 꼬득임에서 헤어 나오지 못하는 사람들의 삶과도 조건 없이 무관해야 합니다. 이들 모두는 크게 보면 소비주의, 시장주의 산물이며, 나의 일상을 저들이 통제하는 일들이기 때문입니다.

나의 삶, 나의 일상에 나름대로 의미를 만들어 가며 좋은 삶을 살아가려면, 시장주의에 홀려버린 저들의 유혹에 내가 연연해야 될 이유가 없습니다. 저들의 생활유형을 내가 참조해야 될 이유와 가치가 없기 때문입니다. 시장주의에 홀려버린 사람들, 그저 편하게 명품주의자라고 했을 때, 저들 명품구매자들은 일반적으로 명품이라고 지칭되는 물건들, 말하자면 고가의 시계, 고가의 자동차, 고가의 그 무엇, 고가의 종교, 고가의 구원 등등, '고가'라고 선전되는 그런 것들의 구매에 전전하고, 긍긍합니다. 명품들을 사재기 위해 그 어떤 지불도 마다합니다. 그 어떤 지불을 하고서라도 그것을 일단 소유하려고 합니다. 주체하지 못하는 자신들의 마음을 그렇게 안정시키려고 들 합니다. 명품회사들이 만들어낸 소위 명품구원, 명품제품에게 붙여진 엄청난 가격은, 그것을 만들어 내는 데 그렇게 엄청난 노동력이 들었기 때문이 아닙니다. 그런 가격은 그저 명품족들의 마음을 위로하기 위해, 사로잡기 위해 그렇게 인위적으로 결정된 작전의 결과일 뿐입니다. 진주가 비싸게 팔리는 이유가 진주조개를 채취하는 데 노동이 많이 들기 때문이 아닌 것과 똑같습니다. 진주가 비싸게 팔리는 것은 소비자가 진주에 비싼 값을 지불할 의향이 있기 때문에, 진주 가격이 그렇게 비싸진 것일 뿐입니다. 소비자가 비싼 가격을 주고서라도 진주를 사재기하기 때문에, 진주를 캐내는 업자들은 엄청난 노동을 들여서라도 진주 조개를 채취하는 것입니다. 소비시장경제에서는, 소비자의 태도에 따라 시장가격이 경쟁적으로 형성되어 버립니다. 그런 경쟁적인 가격 형성을 통해 다양한 생산 활동의 상대적 비용과 예상 수익이 비교되며, 생산의 방향 내지 생산량이 결정되는 것입니다. 그러니, 내게 온당하게 보이지 않는 소비자들의 구매행위가 내 구매행위나 소비행위에 영향을 받게 하지 않게 해야 합니다. 남들에게는 제아무리 비싸게 보이는 진주라고 하더라도, 그것은 바닷속 조개가 상처받은 자기 몸을 보호하기 위해 분비해놓은 이물질덩어리이어야 합니다. 조개안의 이물질에 내 스스로 탐해야 될 이유가 없습니다. 내가 그것을 사지 않으면 되는 일입니다. 내가 그것에 그 어떤 의미 있거나 쓰임새 있는 가치나 관심을 주지 않으면 되는 일입니다. 내가 그런 것에 그 어떤 가치를 지불할 의향, 의도, 그리고 관심을 주지 않으면 됩니다. 그 어떤 연민의 눈길도 줘야 될 이유가 없다는 뜻입니다. 처음부터 끝까지 일관되게 필요한 것은 진정성 있는 절연, 의미 있는 거절, 일관된 무관심이라는 도적적인 결단과 의지는 자기 자신의 것, 자신이 만들어 낼 수 있는 것이라는 점입니다. 명품 제품은, 명품 구원은 나의 그런 도덕적인 결단과 의지를 키워주는 것이 아니라는 것입니다.

　일상을 자기 자신 스스로 통제한다는 것은 이미 수없이 말했지만, 우선 밤잠을 잘 자고, 반갑게 두 눈을 뜬 후, 자기 자신과 자기를 바라보고 있는 이들과 저들에게 감사할 수 있는 몸과 마음을 자기 스스로 건사할 수 있다는 뜻입니다. 자기를 바라보고 있는 눈들이 집사람이어도 좋고 옆 사람이라도 좋고, 친구여도 좋고, 그 누구도 좋습니다. 내 아직 살아 있음에 대해 저주보다는 반가움과, 그리움 그리고 축복을 해 줄 후 있는 사람들이면 충분합니다. 그런 눈들은 건강한 눈, 살아 있는 눈입니다. 그 눈을 식별해내는 나의 눈 역시 살아 있는 눈이며, 건강한 눈입니다. 그렇습니다. 일상을 통제하고 제어하려면 내 몸과 마음부터 건강해야 합니다. 건강하다라는 것은 다른 것이 아니라, 면역력이 충만한 몸과 마음을 말합니다. 육체가 건강하고, 정신이 건강한 것을 말합니다. 몸 건강, 정신 건강하려면 면역력으로 충만해야 합니다. 면역력이 충만한 몸 건강의 일상은 간단하고 단순합니다. 오장육부가 멀쩡한 것이 그것이기 때문입니다. 잘 먹고, 잘 자고, 잘 싸고, 잘 사는 것이 바로 속편한 일상의 건강입니다. 남들은 저속한 표현이라고들 말할는지 모르겠지만, 잘 먹는다는 일, 잠을 잘 잔다는 일,

대소변에 이상 없는 일, 팔다리 멀쩡해서 제가 할일 제 스스로 해내는 일, 내 한 몸 건강하고, 행복하기 위해 이런 일 말고 더 중요하고 값진 일은 없을 성싶습니다. 건강하지 않다는 말, 병들었습니다라는 말은 자기가 자신의 몸과 마음에 저지른 죄의 산물이라는 말과 다르지 않습니다. 이렇게 '잘 먹고 자고 싸고 사는' 일이 면역력이 충만합니다라는 것을 보여 주는 건강의 증표입니다. '잘 먹고 자고 싸고 살아가면서'는 하나로 연속되는 일이 되어야 면역력이 생기게 됩니다. 면역력이 충만한 삶을 생리적으로 표현하면, 그 역시 단순하기만 합니다. 어느 건강학자의 말을 빌려 생리학적으로 말하면, 그저 눈에서는 눈물, 코에서는 콧물, 입에서는 침, 몸에서 땀이 잘 나오는 것이 면역력이 충만하다는 증거가 됩니다. 눈에서 눈물이 안 나오면 눈병이 생기고, 코에서 콧물이 안 나오면 비염이 생기고, 입에서 침이 안 나오면 입이 헐거나 입병이 생기며, 몸에서 땀이 나오지 않으면 체온조절시스템에 고장이 났다는 징후입니다. 열사병(熱射病)은 바로 땀이 나오지 않아 고열이 동반되는 응급질환으로서 의식을 잃고, 심하면 목숨을 잃을 수도 있습니다. 인체는 땀을 흘려서 체온을 조절하므로 땀을 흘리지 못하면 생명이 위협받게 됩니다.

8) 도와감입니다

저는 수다쟁이들의 모임이나 예능 방송 프로그램을 보면 보통 한 귀로 듣고 한 귀로 흘러버리곤 합니다. 영어로는, 'I just let it go in one ear and out the other' 입니다. 요즘은 방송환경과 제작환경도 상당히 좋아지고 있습니다. 물론 아직도 제가 보기에는 사회경험이 있는 중년들을 위한 프로그램에 대한 배려는 빈약한 것 같습니다. 제작진, 담당피디(PD)들의 연륜이나 연령대가 아직 미숙한 조건이기에 어쩔 수 없는 노릇입니다만, 그래도 자꾸 마음을 자극하는 방송 프로그램들이 있어 즐길 수 있고 행복해질 수 있어 다행입니다. 제 편견으로는 제 스스로를 즐기게 만들어 주는 프로그램들이 저는 좋은 프로그램이라고 생각합니다. 나를 행복하게 만들어 주는 프로그램이라고 볼 수 있는데, 남들과 이야기 도중에 거침없이 기억나 거명하게 만들어 주는 프로그램들을 열거한다면, 손석희의 〈뉴스룸〉, 〈불후의 명곡〉, 〈히든싱어〉, 〈너의 목소리가 보여〉 그리고 〈Let美人(Let me in)〉 같은 프로그램이었습니다. 손석희 아나운서가 진행하는 〈뉴스룸〉에 대해서는, 그 무슨 정치적인 해석도 있는 것 같아 왈가왈부하지 않겠습니다만, 저에게는 마음이 드는 방송입니다. 대학원 시절 즐겼던 미국 CBS 방송의 유명 앵커 월터 크롱카이트를 접하는 그런 기분이었기 때문입니다. 〈불후의 명곡, 전설을 노래합니다〉라는 프로그램은 당시 현재 시점으로 젊은 실력파 보컬리스트들이 가요계 전설 앞에서 그 시절 감동은 물론, 불후의 명곡으로 남아 있는 레전드 노래를 자신들만의 느낌으로 새롭게 재해석해서 경합을 펼치는 프로그램입니다. 요즘의 보컬리스트들은 옛날의 예능인들과는 달리 기본기들이 대단합니다. 기본기와 나름대로의 음악적 재능과 실력을 제대로 갖춘 사람들이기에, 지나간 유행가들에 대한 저들의 새로운 재해석과 열창을 듣고, 보고 있노라면 일종의 기대와 감격이 나도 모르게 나의 가슴을 적시게 됩니다. 행복한 시간을 보내기에 충분한 프로그램입니다. 〈히든싱어 왕중왕전〉 역시 제게는 즐김과 행복한 감정을 갖게 만드는 프로그램이었습니다. 〈히든 싱어〉는 '보는 음악'에서 '듣는 음악'으로라는 음악 예능 프로그램인데, 그날 출연한 가수 한 명과 5명의 모창자가 블라인드 뒤에서 한 소절씩 노래를 부르면 청중단 100명이 어느 소절의 주인공이 '진짜 가수'인지를 구분해내는 형식의 프로그램입니다. 모창 능력자들의 노래 실력이 수준 이상입니다. 저들 모창 참가자들은 이미 가수의 꿈을 이루기 위해 피나는 노력을 한, 그리고 이런저런 사정으로 가수 되기를 접은 일반인이 주를 이루기에 각각의 사연 역시 파란만장합니다. 모창 가수들의 노력을 살펴가다 보면, 내 가슴마저 먹먹해지는 경우가 허다합니다. 노래도 그렇지만, 삶 역시 노력이라는 것을 절실하게 맛보게 하는 프로그램이기에, 프로그램에 빠지다 보면 이내 내 스스로 행복해지게 됩니다. 〈너의 목소리가 보여〉라는 프로그램 역시 시청자들에게 기쁨을 만끽하게 만들어 주는 프로그램입니다. 출연진들의 직업과 나이, 노래 실력을 숨긴 '미스터리 싱어'들이 출연하는데, 이런 그

룸에서 노래하는 얼굴만 보고 그 회에 출연한 가수가 연기하는 출연자들 가운데 어떤 사람들이 실력자 가수인지 혹은 음치인지를 가리는 대반전 음악 추리쇼입니다. 최후의 1인으로 남은 출연자가 숨어 있던 노래 실력자라면, 그가 마지막 주자로 남는다면, 그는 그날 출연한 평가가수와의 컬래버레이션 무대와 음원 발표의 기회가 주어집니다. 노래 잘하는 실력 출연자와 음치가 섞인 미스터리 군단 7명들을 대상으로 그날 출연한 가수가 예리한 심리전을 펼치는 〈너의 목소리가 보여〉라는 이 프로그램을 시청하다 보면, 세상에는 가수천지인 것 같은 생각을 하게 만들어 줍니다. 브라운관에 보이는 가수는 그저 운이 좋고, 이런저런 배경이 좋아 가수라는 직업 현장에 나와 있게 된 '운' 좋고 '백' 든든한 행운아들이라는 생각을 하게 만들어 줍니다. 일상에서 일을 하면서도 자신의 음악적 재능을 자신의 삶에 녹여내고 있는 출연자들의 그 평범한 일상에 찬사를 보내게 만드는 프로그램입니다. 마지막으로 제가 탐닉했던 프로그램이 있었는데, 그 프로그램은 〈렛미인〉이라는 프로그램이었습니다. 이 프로그램은 제게 다른 프로그램에 비해 진한 인간적인 감동을 주는 프로그램입니다. 〈렛미인〉은 외모 때문에 육체적, 정신적 고통을 받는 여성들이 자신의 콤플렉스를 극복하는 과정을 담은 메이크업 쇼입니다. '평범함'에서 벗어났다는 쓸데없는 이유만으로 주변으로부터 상처를 받은 지원자들의 이야기가 시청자들의 심금을 울립니다. 이 프로그램에 참여하는 전문 '렛미인 닥터스'의 도움을 받아 내외적으로 단단해진 모습으로 변화하는 출연자의 모습을 통해 반전의 감동을 선사받게 됩니다. 렛미인, let美人, 영어식으로 표현하면 Let me in이 됩니다. '날 들어가게 해 줘'라는 말이지만, 뜻은 '내가 너의 무리에 포함할 수 있게 해달라~', 혹은 '날 포함시켜줘~'라는 말로도 해석할 수 있습니다. '네 마음을 열어 날 받아줘~'라는 뜻에서 나도 당당하게 사회의 한 사람으로 살아가게 해 줘라는 의미로 받아들여도 되는 말입니다. 이 프로그램을 잘못 읽으면, 성형지상주의, 미모지상주의가 혹독하게 비판될 수도 있습니다. 의사들이 선택된 출연자를 끝내 성형수술로 미인을 만들어 내기 때문인 것 같습니다. 여성단체들이 미모지상주의를 내세워 몹시 미워하는 프로그램이라고도 합니다. 의학적으로 성형수술(成形手術)은 형태를 만드는 조형수술의 한 유형입니다. 아름답게 만드는 수술처럼 보이지만, 사실 성형수술의 뒷 장면에는 끔찍하고도 위험한 진실이 도사리고 있습니다. 공정거래위원회가 발표한 자료에 따르면, 우리나라는 성형공화국이나 마찬가지이고, 그로 인해 성형부작용 사회와 크게 다를 것도 없다는 것이 일반적인 인식입니다. 일단 출연자들이 성형수술의 부작용을 충분히 인지했다고 생각하고, 이들 Let美人 프로그램을 조금 더 이야기해 보겠습니다. 이 프로그램에서 처음부터 끝까지 문제가 되는 것은 미모지상주의에 대한 논란입니다. 미모지상주의를 야유하는 식으로 비판하는 사람들은 우리네 하는 말로, '생긴 대로 살아라.'를 아무런 여과 없이 내뱉고 있습니다. 저 역시 생긴 대로 사는 것이 제 신상에서 지금까지 편한 일이라는 생각해 오고 있습니다만, 생물학적인 이유로 골격이나 모양에 이상이 있는 출연자들의 경우는 경우와 상황에 따라 다르게 설명되어야 합니다. 생긴 대로 살라는 말을 있는 그대로 보통 어감으로 받아들이면, 보통, 자기 분수에 맞게, 태어난 그 조건을 불만 없이 받아들이며 나름대로 그렇게 살아가라는 뜻입니다. 부잣집 자식으로 태어났으면 그런 대로, 가난한 집 자식으로 태어났어도 한 생명으로 자기 편하게 살아가면 되는 일입니다만, 사람의 용모에 이 말을 대입하면, 특별히 여성의 경우, 못생긴 추녀는 그냥 그 못생긴 그대로, 잘생긴 미녀는 잘생긴 대로 살아라라는 야유로 들릴 수도 있습니다. 실제로 얼굴이 못생겼다는 이유로 학교에서 따돌림을 당하거나, 학급생들로부터 매도 맞으며 눈물을 하염없이 흘리며 자신과 부모를 원망했다는 나이 어린 어느 출연자들의 슬픔과 분노를 접하고 나도 모르게 울컥한 적이 있습니다.

저 생긴 대로 제대로 살아가게 하려면, 저들에게 사회 역시 살아갈 만한 사회, 살아줄 만한 사회가 되어야 하는데, 우리나라 같이 미모소비주의, 미모강조중심사회는 그 언제나 그냥 생긴 대로 살아갈 만하거나, 살아줄 만한 곳이 되지 못한 것이 현실입니다. 이런 사회를 나름대로 슬기롭게 살아가려면 어차피 각자도생(各自圖生)이 필요합니다. 그러니까 제각각 제 나름대로 알아서 살아갈 궁리를 해야만 나름대로 생존하며 살아갈 수 있습니다. 각자도생의 사회에서 여성의 경우, 미모나 용모에 대한 사회적 가치판단을 피하기 어렵습니다. 아직도 수컷 지배의 생리, 수컷 욕심이 지배하는 사회에서는, 생리상 성공적인 여성남성의 짝 맺기를 위해, 어쩌면 여성의 미모가 더 중요할 수도 있습니다. 남 앞에서 먼저 내세울 수, 그리고 실제로 먼저 드러나는 것이 바로 상대방의 용모이기 때문입니다. 그런 수컷 중심의 사회에서는 별다른 조건 없이 상대방의 호감을 끌기 위해 성형수술이 나름대로 가치를 가질 수 있습니다만, 저는 그런 뜻에서 성형수술에 '사회적'인 가치와 의미를 두는 것이 아닙니다. 고급 마사지 살롱에서 민낯으로 드러나는 풍만한 중년 여성들의 성형화된 얼굴, 혹은 let美人 프로그램 진행자들의 몸매에서 확연하게 숨어 드러나는 지나친 성형수술 자국이나 모양새에는 오히려 역겹고, 일종의 분노까지 치밀어 오르기도 하는 형편입니다. 그것은 어디까지나 개인 감정이기에 제 안으로 침잠하는 역겨움일 뿐인데, 〈렛미인〉이라는 프로그램에서 출연자들의 처음과 달라진 나중의 모습을 보면, 상황은 새롭게 전개됩니다. 〈Let美人, let me in〉이라는 프로그램에 참여하는 의료진들이 의학적으로 다양하고 알찬 전문가들입니다. 성형외과 의사뿐만 아니라, 치과, 정신과 의사들의 협진 아래 프로그램 참여자들이 처한 현실과 저들의 상황, 저들에게 무엇이 우선적으로 필요한지를 냉철하게 진단하고 그것을 저들 출연자들에게 전달하여 저들의 마음가짐을 다져줍니다. 일단 저들의 전문 의료진들의 양심을 믿습니다. 저들은 결코 성형수술주의를 앞세워 호객행위를 하려고 하는 그런 의료, 성형수술 호객꾼들이 아닌 것은 확실한 것 같습니다. 음식을 제대로 씹지 못하는 출연자, 즉 저작기능이 불안정하거나 암수술을 해서 가슴이 한쪽이 없는 등 성형수술이 절실한 이들에게 삶의 재생 기회를 제공하도록 하는 진중한 처방들도 눈에 띕니다. "보통 2~6개월 합숙 과정에서 운동, 치과치료, 취업교육 등 다양한 프로세스를 거치는데, 유독 성형이란 부분만 강조된 것 같습니다. 성형은 하나의 도구일 뿐, 성형이 전부는 아니다."라고 이야기하는 제작진과 참여 의료진들의 도움으로 저들 출연자들 스스로 자신들의 모습이 달라져야만 되는 이유를 알게 되고, 그로부터 저들의 마음을 다지는 모습에는 보는 이들의 가슴이 뭉클해집니다. 물론 프로그램의 결말은 출연자들이 성형을 통해 미인이 되어 나타나는 모습입니다. 일단 인생을 바꿀 수도 있는 기회를 새롭게 만들어 낸 사람들이 나옵니다. 저들은 성형을 통해 단순히 예뻐지는 것에만 초점을 두고 있는 것이 아닙니다. 제작진들의 소망대로, 성형을 자존감을 높여 줄 수단으로 사용할 뿐, 무조건 외모를 바꾸는 것이 전부가 아닌 프로그램으로 더욱더 세련되어야 합니다. 달라진 저들의 모습으로 그동안의 사회적 편견과 자신의 우울함을 벗어나서 자신의 재능을 새롭게 발휘할 기회를 얻게 되었기 때문입니다. 저들의 그 후 생활이 어떻게 변화되었는지는 잘 모릅니다만, 출연 전보다는 훨씬 더 나름대로 자신들에게 행복한 삶을 살아가고 있을 것이라고 생각합니다. 그래서 저는 여타 프로그램보다, 〈let美人〉, '그러니까 나도 당당하게 살아가게 해 줘.'라는 이 프로그램은 불우했던 시절을 온몸으로 겪어내야 했던 출연자들이 되찾은 그 용기와 그런 기쁨을 맛보게 한 고마움을 잊지 못하게 됩니다. 저들이 태어날 때부터 지녔던 성형상의 문제는 자신의 삶을 힘들게 했을 수 있습니다만, 삶이 어렵다는 것은 다른 사람들이 나의 삶을 어렵게 한 것이 아니라, 나 자신이 나를 힘들게 하고 있다는 뜻일 수도 있습니다. 어려움에서 나를 구출해내는 것도, 곤경에 빠뜨리는 것도 나 자신일 뿐입니다. 나를 가장 어렵게 만들고 있는 것은 나 자신입니다. 진정한 의미에서 나를 방해할 수 있는 사람은 아무도 없습니다. 뭔가 일이 풀리지 않는다고 생각될 때에는 자신이 했던 말과 행동을 추적해 보면 이내 알아차리게 됩니다. 항상 당신을 가로막은 것은 당신으로서, 당신이 항상 가장 먼저 나서서 자신을 방해하고 먼저 성가시게 했을 것입니다. 그리고 그것은 하기 좋은 말로, 그 무슨 과거니, 트라우마니 하면서 자신의 잘못을 위장했을 것입니다. 자신이 행복하려면 자신의 행동을 믿어야 합니다. 그리고 믿는 그대로 행동해야 합니다. 삶은 말이 아니라 행동인데, 행동하면 모든 타인으로부터의 비난이 이내 사라지게 되는 법입니다. 저들의 비난은 행동하기 전까지만 내 귀에 들리는 소음일 뿐입니다.

삶에서 트라우마는 있을 수 없다라고 선언하는 정신분석 심리학자 아들러가 끊임없이 우리에게 요구하는 것이 바로 과제의 분리, 그러니까 타인의 인정과 자신 간의 인정이 같아야 한다는 그 강박감을 벗어나라는 요구입니다. 한세상 살아가면서 상처를 받았다는 사실이 없다는 것이 아니라, 그것에 연연하고 매이다 보면 자신의 삶 전체가 그 상처에 끌려 다니기에 그것을 용의주도하게 경계하라는 뜻입니다. 그런 과제의 분리가 바로 행복의 출발이라는 것입니다. 자신 스스로 자유롭고 행복한 삶을 살아내기 위해서는 타인으로부터 억지로 받아내려는 '인정(認定) 욕구를 포기하라는 것입니다. 제아무리 내가 성인군자처럼 행동하며, 다른 이들에게 아무리 잘 보이려고 애써도 그것은 그렇게 되지 않기 때문입니다. 나를 바라보는 상대방이 있기 때문입니다. 나를 미워하고 싫어하는 사람은 반드시 있게 마련인데, 그들은 나를 나 자신만큼 제대로 알지 못합니다. 나를 가장 잘 알고 있는 사람은 바로 나입니다. 나는 그렇게 나대로 살아왔지, 너대로 살아온 것이 아닙니다. 그러니, 앞으로도 나는 너희들 그러니까 타인의 기대를 충족시키기 위해 살아가는 것이 아닌 것만큼은 확실합니다. 자식도 마찬가지이고, 아내도, 남편도 마찬가지인데, 하물며 타인은 더하면 더했지 결코 덜하지는 않을 것입니다. 남에게 강요한다고 해서, 그가 내식대로 강요된 삶을 살 것도 아니고, 그 반대도 마찬가지일 뿐입니다. 그래서 행복하려면 더욱더 인생에 지지 않을 용기, 타인으로부터 욕먹어도 아랑곳하지 않을 용기, 자신의 삶을 거듭나게 만들 용기, 자신의 삶을 자신이 행복하게 가꾸어내야 될 용기가 필요한 것입니다. 그 용기를 갖도록 사회적인 약자를 도와줄 의무가 있습니다. 그 도움의 손길이 좋은 삶을 살아내려는 사람에게 요구되는 관과 행입니다.

이런 강박한 사회에서 제대로 살아가려면 자신의 처신(處身)을 잘해야 합니다. 처세(處世)를 잘하는 사람들은, 대개가 처신도 잘하는 사람들입니다만, 역사가 보여 주는 것은 놀랍게도 처세술이 뛰어난 자들일수록 자신들의 처신은 올곧지도, 바르지도 않았던 사례들입니다. 이씨 왕조에서 임금 세조(世祖)가 나이 어린 조카인 단종을 죽이고 자신이 왕이 된 것은, 왕이 되려는 처세술에서는 뛰어났을는지는 모르나 자신의 처신은 엉망이었던 사람에 해당됩니다. 처신이 엉망인 사람이 제아무리 자신을 위해 신하들에게 충성하라고 한들, 처신의 중요성을 알고 있는 신하들은 마음속으로 한결같이 세조의 됨됨이에 역겨움을 갖고 있었을 것입니다. 광해군을 임금으로 세우고, 다시 그를 임금의 자리에서 몰아낸 당대의 유학자이며 권력가들도 그랬을 것입니다. 처신이 좋은 사람들일수록 처세에서는 처질 때가 흔합니다. 임금 세조를 향해 그를 도덕적으로 나무랐던 신하들인 생육신들의 처세는 정말로 졸작이었으나 처신은 현자들처럼 바르고, 발랐던 사람으로 기록되고 있습니다. 처신과 처세가 모두 좋은 사람도 있지만, 역사의 한 장에서는 그런 사람을 쉽게 발견하기가 그리 쉽지 않습니다. 그러고 보면 처신(處身)과 처세(處世)는 엄밀히 따지면 서로 다른 개념입니다. 물론 인류의 역사에는 우리에게 처신과 처세에 대해 높다란 지혜를 가르쳐 준 분들이 수없이 많습니다. 사마천(司馬遷)의 '열전(列傳)'은 그런 처세의 밝은 사례, 어두운 사례를 잘 보여 주고 있기에 그의 『사기열전(史記列傳)』을 흔히 '처세열전(處世列傳)'이라고도 부르고 있습니다. 그런 분들을 제쳐 놓고 우리에게 일반적으로 친숙한 분들 중, 몸으로 처세의 극치를 보여 준 분이 소크라테스였고 예수였다면, 마음으로 그것을 가르쳐 준 현자(賢者)들 중 우리에게 가장 친숙한 사람들이 바로 노자이며 공자입니다. 노자는 세상살이, 즉 처세술의 진수를 가르쳤고, 공자는 삶살이, 즉 처신술의 진수를 가르쳤습니다. 이렇게 혼탁한 세상 속에서 피치 못하게 구김살 없이 살아가려면 노자의 『도덕경』을 가슴에 품고 살아가면 제격일 듯싶습니다. 그런 처세술을 머리에 담고 있다고 하더라도, 자기 자신만큼은 공자의 『논어』에 적힌 그 말씀대로 자기 삶을 살아가면 좋을 것이라고도 생각됩니다. 설령 남들이 제가 노자와 공자의 생각을 곡해하고 있다고 하더라도, 저는 처세술에서는 『도덕경(道德經)』을, 처신술에게는 『논어(論語)』를 거울삼아 살아가면 좋겠다는 것이 제 개인적인 믿음입니다.

처세술(處世術)은 나 자신이 어떻게 세상살이를 해나가야 하는지를 객관적인 환경을 중심으로 필요한 삶의 기술 같은 것입니다. 처세술을 그러니까 남과 나 사이의 관계에 역점을 두는 이치로서 사귐, 관계의 몫에 대한 수법이 됩니다. 처세는 남과 함께 세상을 살아가는 방법과 수단으로써 치인(治人)에 일차적인 방점이 찍히고 있기 때문입니다. 치인(治人)이라는 말에서 인(人)은 굳이 사람만을 지칭하는 것이 아니라 세상

만물을 모두 포함한다고 봐도 크게 문제가 될 것은 없습니다. 처세(處世)는 결국 살아가다 보면 겪게 되는 사람들 간의 관계에서 조금 유리한 입장에 서보려는 작은 꾀 같은 것을 말합니다. 사람들 간의 유동적인 관계들, 말하자면 사람과 사람, 사람과 조직 속에서 자신의 유리함이나 생존을 꾀하는 데 도움이 된다고 판단되는 생존방법이나 기술들을 일컬어 처세술이라고 말하는 것입니다. 처세술을 언급하면서 오해하지 말아야 될 것이 있습니다. 처세술이라는 말이 실제적으로 조금 천박하게 들리기 때문에 하는 경계의 소리입니다. 모든 것들이 모두 이해관계의 득실을 따지는 것으로 곡해되고 있기에, 실제의 삶에서 처세술이라는 말은 필요 이상으로 비하되고 있는 실정입니다만, 처세술은 어쩌면 가치중립적인 단어일 뿐입니다. 사람들이 세상을 살아가는 데 동원할 수도 있는 살아가는 방법, 삶의 방법을 담담하게 말하고 있기 때문입니다. 처세술은 사전적으로는 사람들과 사귀며 세상을 살아가는 방법이나 수단일 뿐입니다. 칼을 어떻게 쓰느냐에 따라 칼의 용도와 진가가 달라지듯이, 처세술 역시 그런 다면적인 의미를 담게 됩니다. 이 점은 서양인의 관점에서는 보다 분명합니다. 저들은 처세술을 그저 삶의 예술, 사람들과 더불어 살아가는 기술 같은 것이라고 정의하고 있을 뿐이기 때문입니다.

노자가 『도덕경』에서 일관되게 내세우고 있는 무위자연(無爲自然)의 도(道)는 처세술의 극치를 드러내 놓는 말입니다. 자연의 순리에 따르라는 가르침이 처세술의 백미(白眉)가 됩니다. 무위(無爲)는 말 그대로 아무것도 하지 않는 것을 말합니다만, 아무것도 하지 않는다는 것은 있을 수 없습니다. 숨이라도 쉬어야 살아 있겠기 때문입니다. 그러니까 그가 말하는 무위는 아무것도 하지 않는 것이 아니라, 잡스러운 것에 매어 있지 않는 것을 의미하게 됩니다. 그 어떤 틀거리, 그 어떤 욕심의 틀에 꿰어 있지 않는다는 것을 의미하는 것이 됩니다. 틀을 벗어나고, 틀이라는 구속으로부터 자유하는 것이 무위(無爲), 말하자면 있는 그대로 두는 것이 됩니다. 틀에서의 자유가, 바로 무위라는 도(道)가 됩니다. 틀에서 벗어난다는 것, 틀에 연연하지 않는다는 것, 틀에서의 자유, 그것의 자기됨에 대한 강력한 실현입니다. 자기 사랑의 극치입니다. 노자가 무위를 통해 가르쳐 주는 것은, 그저 멀뚱멀뚱 시간을 죽이고 있으라는 그런 말이 아니라, 오히려 겉으로는 어떻게 '함' 같은 것이 조금도 드러나 보이지 않지만, 속으로는 그리고 실제로는 철저하게 무엇인가 하고 있는, 그러니까 "하지 않는 일은 조금도 없듯이(道常無爲而無不爲)", 아주 능동적이고 적극적으로, 그리고 그 누구보다도 용의주도하게 무엇인가가 일어나고 있도록 알차게 실(實)하고 천(踐)하고 있으라는 말이 됩니다. 무위자연 그러니까 용의주도한 삶의 실천철학인 셈입니다. 그것을 노자는 어려운 말로 무위라고 표현해 놓은 것입니다. 그리고 무위자연에서, 자연(自然)은 말 그대로 하늘의 도를 본받으며, 도는 자연을 본받는다(天法道道法自然)'는 그러니까 우주 삼라만상 그 모든 것을 지칭하는 절대적인 존재를 가리킵니다. 그것이 바로 스스로 자(自), 그러할 연(然), 자연의 모습입니다. 도덕경, 제 생각대로 표현하면, 한평생 살아가는 데 필요한 처세술의 그 모든 것을 담고 있는 처세술의 원전입니다. 『도덕경』에서 드러내 보이는 처세술의 방법들과 그 표현들은 여러 갈래로 드러나지만, 그 핵심은 제가 좋아하는 표현대로 열거하면, 상선약수(上善若水), 표풍부종조 취우부종일(飄風不終朝 驟雨不終日), 천하난사 필작우이, 천하대사 필작우세(天下難事 必作于易, 天下大事 必作于細) 같은 것입니다. 상선약수(上善若水), 말 그대로 최고의 선은 물이라는 뜻입니다. 사람도 일상에서 물과 같이 처세하기만 한다면 그 무엇에 다칠 리가 없습니다. 물은 아무리 높은 곳에서 떨어져도 결코 부서지지 않기 때문입니다. 미국 나이아가라 폭포로 여행 갔을 때, 저는 떨어지는 물이 어느 지점에서 부서질지에 대해 꽤나 조바심했습니다. 폭포에서 떨어지는 물이 부서지는 것을 끝내 보지 못했습니다. 물론 물들이 얇게, 더 얇게 사방으로 흩어지는 것은 이내 피부로 느꼈지만, 부서지는 것은 끝내 보지 못했습니다. 흩어지면 이내 하나로 모이게 마련입니다. 아니면 말고, 그냥 흙 속이나 공기 속으로 스며들어가 버리면 되기 때문입니다. 물이 떨어져도 부서지지 않는 다는 원칙은 세상 그 어느 곳에서도 똑같습니다. 물은 항상 낮은 곳으로 흐릅니다. 물처럼 낮은 곳으로 자연스럽게 향하면, 말하자면 언제나 겸손하고 순리를 지키면 세상 사는 데 어려움이 있을 리 없습니다. 표풍부종조 취우부

종일(飄風不終朝 驟雨不終日), 회오리바람도 하루 종일 불지 않고, 몰아치는 소나기도 하루 종일 오지는 않습니다. 어떤 어려운 일이라도 곧 지나가게 되어 있습니다. 모든 것은 눈 한 번 깜빡이면 지나가도록 되어 있습니다. 영원한 것은 없습니다. 모든 것은 이내 지나갑니다. 하난사 필작우이, 천하대사 필작우세(天下難事 必作于易, 天下大事 必作于細). 그렇습니다. 세상의 이치는 그리 어렵지 않고 단순합니다. 천하에 어려운 일은 쉬운 일에서 만들어지며, 큰 일은 작은 일에서 사단이 되기 마련이기 때문입니다. 세상에 보잘 것, 하찮은 것, 우습게 볼 것은 없습니다. 모든 별것 아닌 것 같은 것에서 시작합니다. 먼지나 티끌을 우습게 보면 그 먼지 때문에 자기 자신의 목숨을 잃게 됩니다. 요즘 시도 때도 없이 날아드는 미세먼지를 보면 이내 알 수 있는 일입니다.

'살아가는데, 부서지지 않으려면 질량을 갖지 마십시오. 무게도 갖지 않도록 하십시오.'라고 말하지만, 그것은 인간에게는 무리한 요구입니다. 질량 없이, 무게 없이 살아갈 수는 없기 때문입니다. 질량도, 무게도 포기할 수 없다면 물처럼, 먼지처럼, 공기처럼 사십시오. 가볍게 살라는 뜻입니다. 공기가 가볍다고는 하지만, 그 공기에도 무게는 있기 마련입니다. 온도와 기압에 따라 다르겠지만 우리가 살고 있는 1기압에서는 기온이 섭씨 20도일 때는 공기의 무게가 $1m^3$당 1.2kg중, 온도가 서씨 10도일 때는 1.25kg중이나 됩니다. 1kg중의 무게는 질량 1kg인 물체에 작용하는 지구 중력을 말합니다. 그 크기는 1kg중 = 1kg × 9.8m/s2 = 9.8kgm/s2 = 9.8N = 약 10N입니다. 영어로 N은 힘을 나타내는 단위입니다. 공기의 무게를 쉽게 말하면, 이렇습니다. 교실에 놓여 있는 책상의 부피는 약 $1m^3$입니다. 그런데 그 책상 안에 들어 있는 공기의 무게는 약 1.25kg중입니다. 1.25kg중을 동양의 무게 단위 근(斤)으로 치면 약 2근이나 됩니다. 1근(斤)은 0.6kg입니다. 공기는 무겁습니다. 공기의 무게를 깔 볼 수 있는 것이 아닙니다. 먼지도, 물도 모두 그 무게를 갖고 있고 모두가 무겁습니다. 가볍다는 공기, 티끌이나 깃털처럼 가볍다는 공기, 그 존재를 거의 느끼기조차 못하고 살아가게 만드는 공기지만 결코 가볍지 않습니다. 그런 공기의 무게를 피부로 느끼지 못하는 까닭이 있습니다. 그것은 사람들이 대기권, 즉 '공기로 가득 찬 일종의 바다' 속에서 살고 있기 때문에, 공기의 무게를 느끼지 못하는 것일 뿐입니다. 물속에서 살고 있는 물고기가 물의 무게나 존재를 매번 느끼면 물고기가 물속으로 돌아다닐 수 없게 됩니다. 사람도 마찬가지입니다. 사람도 대기권이라는 공기의 바닷속에서 살고 있기 때문에, 공기의 무게를 느끼지 못하고 있을 뿐입니다. 그러니, 공기처럼, 바람처럼, 티끌처럼 물처럼 살아가도록 하십시오. 그렇게 살려면 자기부터 물처럼, 공기처럼, 바람처럼, 처신(處身)하라는 말은 처신의 내공을 가지라는 당부입니다. 처신의 내공에 무게를 갖게 되면, 살아가면서 자신에게 그 무슨 좋은 것이 하나 생겼다고 마냥, 그냥 덤벙대지 않게 됩니다. 무엇이 조금 자신에게 좋아 보인다고 물정 모르게 좋다고 뛰지도 않게 됩니다. 무슨 자리가 생겼다고 그것을 덥석 삼키지도 않습니다. 삶이 짧다고 한탄하지도 않습니다. 삶을 짧게 만드는 것은 자기 처신의 내공이 얕았기 때문에 일어나는 일이기 때문입니다. 그건 너, 바로 자기 자신 때문입니다. 처세가 제대로 되어 있지 않기 때문에 벌어지는 일이기 때문입니다.

고대 로마의 정치가이자 철학자인 세네카가 『인생의 짧음에 관하여』에서 이렇게 그리고 넉넉하게 충고한 바 있습니다. '우리는 짧은 수명을 받은 것이 아니라 수명을 짧게 만들었고, 수명을 넉넉히 타고나지 못한 것이 아니라 수명을 낭비하고 있다오. 마치 왕에게나 어울릴 넉넉한 재산도 적합하지 않은 주인을 만나면 금세 탕진되고, 얼마 안 되는 재산도 제 주인을 만나면 늘어나듯이, 우리의 수명도 제대로만 관리하면 크게 늘릴 수 있을 것이라오.' 이렇게 세네카가 삶의 짧음에 대해 던진 이 경구는 바로 노자가 『도덕경』에서 넌지시 우리에게 가르쳐 준 바로 그 처세술의 또 다른 서양식 표현이라고 볼 수 있습니다. 처세술에 비해, 처신술(處身術)은 자신의 행위, 행동, 모범적인 행동의 방법을 지칭한다고 보면 됩니다. 자기 삶에서 자기가 취하며 자신을 보살피며 살아가야 되는 일들, 누가 뭐래도 자기 자신이 옳다고 보는 올곧은 행동을 자기중심으로 판단하고, 다짐하며 그대로 따라 살아가는 자신의 마음과 몸가짐의 방법을 말합니다. 처세술과 내용상의 차이가 없을 것 같은 말이기는 하지만, 처신의 방법은 처세술과 개념적으로 다를 수밖에 없다는 것이 제 삶에서 얻은 나름대로의 슬기입니다. 처신술의 요점은 나와 나 사이의 관계, 겉으로 드러나는 나(I)와 그것의 본체인 내속(me) 간의 바른 관계를 지칭한다는 점에서 유가(儒家)에서 말하는 수기(修己)를 다루는 문제라고 볼 수 있습니다. 한평생을 위한 하루, 그리고 또 하루를 살아내면서 자기가 자기 자신에게 매일같이 묻고 답해야 할 이치라는 생각에서 저는 처신술의 요체는 공자의 『논어』에서 잘 드러내고 있다고 생각합니다. 작가 이남훈 씨는 『처신』에서 처신(處身)술이란 일상에서 자신이 정확하게 있어야 할 곳을 알고 그곳에 있음으로써, 자신의 위치를 확실히 만들어 놓는 위치정리하기 전략이라고 정리하고 있습니다. 『도덕경』 38장에서 노자는 이런 말을 합니다. "도(道)가 사라지고 난 뒤에 덕(德)을 말하고, 덕이 사라지고 난 뒤에 인(仁)을 말하며, 인이 사라지고 난 뒤에 의(義)를 말하고, 의가 사라지고 난 뒤에 예(禮)를 말합니다. 무릇 예란 진실함과 믿음이 옅기 때문에 생겨난 난(亂)의 시작인 것입니다(故失道而後德 失德而後仁 失仁而後義 失義而後禮 夫禮者 忠信之薄 而亂之首), 결국 도의 원칙이 헝클어지고, 무너지면서 생겨난 것들이 바로 인의(仁義)니 덕예(德禮)하는 것 같은… 의 도덕규범이라는 것이라는 생각이 노자의 관점입니다. 노자의 생각을 곰곰이 음미해 보면, 크게는 도(道)를 따라 사는 것이 처세(處世)이고, 일상적인 생활에서는 인의(仁義)를 따라 사는 것은 처신(處身)이 될 것이라는 생각에 이르게 됩니다. 처신이 처세보다 우선하는지, 처세가 처신보다 우선해야 하는지 어떤지는 모르겠으나 서로 상보하고 보완해야 하는 것만큼은 확실해 보입니다.

　세상을 살아가려면 어리바리의 처세와 자기 도야, 그러니까 연단함으로써 자신의 처신에 철저해야 합니다. 어리바리의 모습 보이기는 중국인들의 삶에서, 아주 현명한 처세법으로 통하고 있습니다. 저들 중국인들은 그런 어리바리의 이치를 도광양회(韜光養晦), 즉 감출 도, 빛 광, 기를 양, 그믐 회라고 해서, 빛을 감추고 외부에 새어 나가지 않도록 한 뒤 어둠 속에서 은근하게 힘을 기른다는 뜻입니다. 공자의 말씀들을 새롭게 해석하면서 자신의 주석을 붙인 주자(朱子)는 공자가 보여 준 자기 도야의 중심을 지기추상(持己秋霜)이라고 표현합니다. 도광양회는 "어두운 곳에서 때를 기다

리며 힘을 기른다. 혹은 재능을 감추고 있다가 때에 맞게 드러내도록 철저하게 위장
하라.”는 뜻을 지닌 말로서 처세술의 극치를 보여 주고 있습니다. 도광양회의 처세술
로 비굴한 모습을 보이며, 자기의 정치적 욕망을 위장한 채 조조에게 맞섰던 이가 바
로 『삼국지』에 나오는 유비(劉備)라는 인물이라고 보시면 됩니다. 도광양회의 처세법
이 사람으로서의 큰 대의(大義)에 맞는지 옳을 것인지 어떤지는 저로서는 판단 중지
입니다. 관계의 기술로서의 가치를 갖고 있는 것만큼은 부인할 수 없기 때문입니다.
각양의 처세법과 처세술이 난무하는 요즘 세상에서, 젊은이들은 삼국지에 나오는 유
비를 좋아하지 않는 것 같습니다. 저들에게는 오히려 신경질 나고, 때려 주고 싶은 사
람으로 가장 많이 지적당하는 이가 바로 유비 같은 인물이기 때문입니다. 민초들을
자기의 욕심 때문에 그토록 극심한 혼란에 빠트리게 만든 책임의 절반이 바로 유비에
게 있다고 생각하기 때문입니다. 역사가들에 의하면, 위나라의 조조(曹操)는 유비보
다 훨씬 더 정치적 리더십도 있고 부국강병책도 지닌 유능한 인물이었던 반면에, 유
비는 저 하나의 부귀에 집착하기만 했던 졸부라는 것입니다. 유비에게 도광양회의 처
세법을 부추긴 인물이 제갈량인데, 제갈량이 정말로 민초들의 행복을 생각했다면 유
비를 그렇게 만들지 말아야 했다는 것입니다. 저들의 그런 지적이 그렇게 잘못된 것
으로 보이지 않는 대목을 설명하고 있는 『유비에게 묻고 조조에게 배우다』라는 책에
서, 저자인 한석준 기자는 이렇게 유비를 평합니다. 참 인상적 대목입니다. “인의를
중시한 유비는 유교 사상에 입각해서 관찰하면 참 좋은 정치인 같지만, 실제로는 ‘옳
음’을 추구하느라(그가 추구한 옳음이 진정한 정치인의 옳음인지에 대해선 확신할 수 없습
니다. 개인적으로 정치인의 절대선은 정치인 개인의 평화와 행복보다는 국민들의 평화와 행
복이라고 생각하니까) 백성들에게는 험난한 삶을 살게 했습니다. 매 순간의 선택은 그
시대의 인의의 정치인으로서 ‘옳은’ 것이지만, 그 결과로 백성들은 자신들이 원했던
평화로운 삶을 살 수 없었습니다.” 유비의 일상적 행동에서 보았듯이, 도광양회의 처
세법이 가능한 숨기고 적당하고, 얻으려면 처절하게 비굴하기까지 하라고 가르치고
있다면, 공자가 가르친 군자로서 지켜야 할 지기추상의 처신법은 정반대의 길로 나아

가라고 가르치고 있습니다. 인의에 어긋난다면 목숨을 초개처럼 버리라고 가르치는 것이 바로 공자가 말하는 지기추상의 처신법입니다. 자기에게 솔직해야 젊게 살아갈 수 있으며, 자신에게 정직해야 얽매임으로부터 자유로워질 수 있기 때문입니다. 세상을 한평생 살아가려면 처세와 처신 모두 어느 지점에서는 하나로 서로 만나야 합니다. 서로에게 충분히 녹아들어야 한 사람의 삶에 도움이 될 것입니다. 처신과 처세가 하나로 작동해야 호구(虎口) 같은 이 세상에서 설사 겉보기에는 호구(虎口)처럼 살아가지만, 끝내 속으로는 호구(虎口)로서의 위엄을 드러내 보일 수 있기 때문입니다. 호구(虎口)라는 말은 원래 두 가지 서로 대립하고, 또 긴장하고 있는 개념입니다. 호구는 말 그대로 '범의 아가리'라는 뜻입니다. 이때의 호구라는 말은 매우 위태로운 지경이나 경우를 이르는 말입니다. 또 다른 뜻은 이용하기 좋은 어리숙한 사람을 비유적으로 이르는 말입니다. 그러니까 호구에 대한 호구의 위엄은 호구의 조화에서 드러나게 되어 있습니다. 즉, 다른 사람이 나를 어리숙한, 마음대로 할 수 있는 사람으로 알고 그렇게 했다가는, 그렇게 하는 당사자가 오히려 호되게 혼이 나게 되거나 큰일을 겪게 될 수 있음을 넌지시 알려 주는 그런 인물, 말하자면 무위자연의 인간으로서 겉으로는 어리바리이지만, 속이 꽉 찬 그리고 위엄 있는 인물로 살아가게 되면, 그 어떤 세상살이가 그에게 닥쳐와도 오히려 그에게는 그 모든 것들이 행복으로 받아들여질 것이기 때문입니다. 그런 인물로, 현대 중국에서 가장 덕망 있는 지식인으로 추앙되고 있는 왕멍 선생과 그의 처세술과 처신술을 들 수 있습니다. 왕멍은 『나는 학생이다』에서, 자신 스스로 내전, 문화대혁명과 같은 정치적 소용돌이 속에서도 한평생 지켜온 처세 철학을 열한 가지로 나열합니다. 세상을 살아간다는 것은 모든 것을 무 자르듯이 척결하며 살 수 없는 노릇이어서, 그가 말합니다. "첫째, 무엇이든 간단화, 단순화를 믿지 않습니다. 둘째, 극단주위와 독단론을 믿지 않습니다. 셋째, 큰소리, 헛소리, 슬로건에 겁먹지 않습니다. 넷째, 다른 견해를 가진 사람을 배척하지 않습니다. 다섯째, 이해하는 것을 우선해야 합니다. 여섯째, 정상적인 상태를 중요시합니다. 일곱째, 학문하기 위해 외국어, 철학, 논리학, 수학, 과학을 늘 익힙니다. 여덟째, 결론 못지않게 그 결론에 이르게 만들었던 방법이 어떠한 것이었는지를 알아보는 것도 중요합니다. 아홉째, 삶을 낙관적으로 받아들입니다. 열번째, '사람 됨됨이'를 알아보는 4가지 좌우명을 가슴에 새깁니다. 말하자면, 대도(大道)는 술책을 쓰지 않고 대덕(大德)은 명망을 추구하지 않고 대지(大知)는 모략을 꾸미지 않고, 그리고 대용(大勇)은 공을 탐하지 않는다."가 늘 자신의 처세술이었다고 토로한 바 있습니다. 그런데도, 그는 아직까지 자신의 마음을 산란하게 만들어 놓고 있는 4가지 나름대로의 원칙에 충실하지 못하다라고 다시 고백합니다. 그것은 여러 모순들의 여러 접점을 찾아 조화하는 중화(中和)원칙, 세속의 이해관계를 있는 그대로 받아들이는 상식(常識)원칙, 어려움과 까다로움을 이겨나가는 힘으로써의 강건(剛健)원칙을, 그는 그 90의 나이에도 아직 궁리 중이라고 말하고 있습니다.

사람으로서 한 시대를 아니 오늘 하루를 제대로 살아간다는 것이 결코 쉬운 일이 아닙니다. 그 어려움과 역경을 뛰어넘기를 진술하게 드러내놓고 있는 왕멍 선생의 처세는 아무래도 위에서 열거한 장대한 덕목들 후에 그 스스로 슬금슬금 꺼내놓고 있는 자신의 처신에 대한 이야기들에 녹아 있는 것 같습니다. 왕멍 선생다운 삶의 진면목이 드러내주고 있는 것이 바로 그의 유머입니다. 그 스스로 유머감각이 없는 사람은 자살하는 사람이라고 말하고 있습니다. 그냥 개그맨처럼 몸짓, 손짓으로 우스갯소리를 막 하라는 뜻이 아닙니다. 사람관계나 일처리에서 그저 화를 적게 내고, 짜증을 적게 내고, 성깔을 부리지 말고 가능한 웃음을 띠는 것이 유머감각입니다. 미운 것, 고까운 것을 만들지 않아야 합니다. 흘려 넘기지 않고, 사사건건 화내면 화내는 몸만 상할 뿐이라는 것이 그의 처신술 중에서도 으뜸가는 처신인 것 같습니다. 그의 처신은 바로 유유자적(悠悠自適)입니다. 급할 것이 없는 것이 아니라, 급해야 할 것을 만들어 내지 않는 것입니다. 소요(逍遙)할 줄 알면 급한 것을 만들어 내지 않습니다. 그러니까 왕멍 선생에게 있어서, 중국의 현자 장자(莊子)가 말한 그 소요의 정신이 바로 유유자적의 토대입니다. 거닐고, 노닐다의 뜻을 담은 소요라는 말과 유유(悠悠), 즉 사유하고 사유하려면 더욱더 부드러워지고 부드러워지는 그 유유(愉愉)에 자신이 담길 줄 알아야 한다는 것이 그의 생의 철학입니다. 유유자적에 왕멍 선생이 어릴 때부터 매료된 것은 소(逍)와 요(遙)자 모두 가다, 천천히 걸으며 나아가다, 노닐다를 상징하는 갈지(之)가 바탕이 되어 있기 때문만이 아니었습니다. 소요로서의 유유자적에 그 스스로 탄복할 수밖에 없었던 것은, 유유자적하려면 자신의 삶에서 자신의 정력을 쓸데없는 일, 쓸모없는 곳에 낭비하지 않아야 했기 때문이었습니다. 그러니까 쓸모없는 일, 의미 없는 일을 마치 일생일대를 위해 의미 있는 것, 쓸모 있는 것으로 만들기 위한 힘과 여력의 낭비를 최대한 억제해야 하기 때문입니다. 유유자적을 위한 소요는 삶의 여백을 늘리는 용기이며 동시에 자기를 풍부하게 만드는 지혜입니다. 소요할 줄 알면, 유유자적할 줄 알면, 세계의 풍부함을 만끽할 수 있으며 불필요한 인간관계나 갈등에도 말려들지 않는다는 것이 왕멍 선생의 처신과 처세였습니다. 그의 말로 말하면, '남에게 아부하여 겨우 한자리 얻은 사람은 제 방귀소리에도 놀라 근심이 늘 태산'인 사람처럼 그렇게 살지 않게 되는 지혜를 익혔기 때문에, 자기가 자신을 도와줄 수 있었다는 것입니다.

9) 각자도생(各自圖生)입니다

삶에서는 각자가 알아서 살아야 한다라는 원칙이 우선합니다. 세상은 그야말로 정글입니다. 생물세계는 원래 적자생존의 세계입니다. 예부터 사람들은 이것을 각자도생(各自圖生)의 원칙이라고 불렀습니다. 각자도생이 생존원칙이라고 말하는 순간 솔직히 말해 우울합니다. 사람의 세상은 동물의 그 세계와는 달라야 하겠기 때문입니다. 게다가 사람들마다 각자도생의 원칙에 따라 자기만 먼저 살려고 하다 보면 모두가 공멸하기에 십상이기 때문입니다. 그렇기는 하지만, 매년 4월이 되면 우리의 기억은 세월호 참사로 가득 차 버리기 때문에, 한동안 잊고 지내던 그 각자도생의 욕망이 슬그머니 되살아나고 맙니다. 원론적으로 이야기해서, 사람들은 서로 살아야 하기에 타인과 타협하고, 공생해야 합니다. 타협하고, 협조하며 서로 살아가는 정신이 시민

사회를 떠받치는 공공성입니다. 그러기는 해도 이 생명이 숨 쉬고 있는 각박한 이 땅에서는, 각자도생이 생존의 제1원리라고 가르칩니다. 공동체 정신을 잊어버린 지 오래되었기 때문입니다. 재해예방 전문가인 히로세 히로타다 박사는 『인간은 왜 제때 도망치지 못하는가』에서, 인간에게 필요한 삶의 원칙, 생명 지키기 원칙을 분명하게 알려 준 바가 있습니다. 그는 2011년 지진해일(地震海溢)로 인해 엄청난 사상자를 낸 일본 이와테 현 오후나토 시를 예로 들면서, 왜 저들에게 그토록 많은 사상자를 냈는지 그 이유를 밝힌 바 있습니다. 히로타다 박사는 지난 30년 동안 방재를 연구해 온 재해방지 전문가입니다. 그는 지지해일 피해지를 둘러본 후 간단하게 결론을 내립니다. 저들 주민들이 정부가 완벽하게 쌓아 놓았다는 방파제에 대한 한 가지 확신을 갖고 있었기 때문에 생긴 확신사상자들이라는 것입니다. 다시 말해서, 방파제가 해일을 막아 줄 것이기에, 방파제 때문에 안전하다는 오판을 갖고 우물쭈물 시간을 낭비했기에, 사상자를 많이 냈다는 결론을 내린 것입니다. 이것은 우리에게도 현실로 드러난 바 있습니다. 세월호 참사가 바로 그것을 보여 줍니다. 기다리면 안전합니다. 질서정연하게 기다리면 구조선이 여러분을 구조하게 되니 걱정하지 말라고 세월호 직원이 전하는 안내 방송을 거듭 전해 듣고, 저들 구조선을 기다리다 끝내 저들 목숨을 생수장하고만 세월호 참사사건이 그것을 생생하게 증명하고 있습니다. 하기야, 그렇게 안내방송을 한 직원이 제일 먼저 배를 빠져 나갔다는 사실만을 보면, 솔직하게 말해, 이 세상에서 믿을 것은 없다는 생각이 듭니다. 자기 자신을 가장 먼저 믿어야 한다는 말이 저절로 성립됩니다. 모든 것이 급해지면 모든 것도 따라서 각박해지는 순간 믿을 것은 아무것도 없다는 것을 알아차리게 됩니다. 그때는 이미 늦은 것입니다. 저들의 말도, 그 어떤 고위직 정치인들이 절대로, 꼭 지킨다는 이야기라고 하더라도 저들의 말을 믿어 봤자입니다. 믿어서는 안 되는 일이기 때문입니다. 저들에게 국민은 자신을 위한 표(票)와 같은 일회용 도구로 보일 뿐이기 때문입니다. 게다가 저들이 사람이기 때문에, 저들 사람의 말은 더욱더 믿지 말아야 됩니다. 저들이 일차적으로 책임질 수 있는 것은 저들의 생명이지, 타인의 생명은 아니기 때문이라는 것을 세월호참사가 아주 분명하게 보여 주었기 때문입니다. 저들 어린 영혼들의 주검 앞에서 저들 정치, 행정직 고위자들이 눈물을 보였습니다. 겉으로 보기에는 무척이나 숙연하게 만드는 눈물처럼 보였으나 알고 보면 그것은 끝내 악어의 눈물, 크로커다일 티어스(Crocodile Tears)에 지나지 않았기 때문입니다. 속으로는, 내면으로는 정말로 슬프지도 않은데 겉으로는 자신을 바라다보는 대중의 눈을 의식해서 흘리는 거짓 눈물이 아니었기를 바랐을 뿐입니다. '악어의 눈물', 저들 정치인들, 위정자들일수록 저들의 눈물샘과 턱의 근육에 이상증후가 생겨 흐르는 눈물인 악어의 눈물을 한두 번 본 것이 아닙니다. 공동체의 필요성을 말로는 그토록 외치지만, 실제로 공동체정신에 어긋나는 삶이 현실임을 우리 정치인들이, 우리 지도자들이 흘리는 '악어의 눈물'에서 매일 확인하고 있는 중입니다. 의학용어로 그런 증상, 즉 얼굴신경 마비의 후유증으로 환자의 침샘과 눈물샘의 신경이 뒤얽혀 마치 악어가 먹이를 먹을 때처럼 침과 눈물을 동시에 흘리는 경우를 악어의 눈물증상이라고 부릅니다만, 저들의 위선을 빗댄 말입니다.

어쨌거나 자기 주위에서 사고가 나면, 그것이 생명을 위협하는 그런 사고나 사건이라면, 일단 서너 가지를 기본적으로 의심하며, 적절하고도 현명하게 대처하라는 것이 히로타다 박사의 조언입니다. 그 첫째는 정상적이라는 것부터 의심하라는 것입니다. 세상에 정상은 없다는 것입니다. 둘째는 사고현장에 있는 사람들과의 동조성(同調性)을 의심하라는 것입니다. 사고를 당한 사람들은 모두가 제정신이 아니기에, 저들과 동조하는 것은 위험천만하다는 것입니다. 셋째로 어떤 경우든 얼어붙지 말고 움직이라는 것입니다. 사고를 당하면, 모두의 몸과 마음이 얼어붙어 정신을 차리지 못하기 때문입니다. 넷째로, 전문가들의 조언도 의심하고, 필요하다면 상황에 따라 저들의 말을 듣지 말라는 것입니다. 전문가들도 사고가 나면 현장과는 무관한, 헛소리를 많이 하기 때문입니다. 마지막으로 이런 순간일수록 침착해야 한다든가, 이렇게 하면 일이 더 커진다는 식의 패닉 신화에 속지 말라는 것입니다. 사고가 나면 현장을 통제하는 위치에 있는 사람일수록, 사람들이 우왕좌왕하다가 사고를 더 낼 것 같아 항상 사고의 크기를 축소시키거나, 그렇게 위장해서 이야기하는 것이 저들에게는 체질화되어 있다는 것입니다. 이런 조심, 저런 조심, 이런 경우, 저런 사고의 경우 수를 모두 고려하면 내가 먼저 살아야 합니다. 살아남을 수 있으려면, 타인의 도움에는 인색하지 말아야 하지만, 그 도움을 받으면서도, 정말로 살아남으려면 정신을 바짝 차려야 한다는 것, 이외에는 별다른 답이 없다는 사실입니다. 호랑이 등 위에서라도 정신을 차리고 있으면, 살아날 길이 있다는 말이 그것인데, 그것의 원칙이 바로 각자도생의 원칙입니다. 반복해서 강조합니다만, 각자도생(各自圖生), 그것이 말하고 있는 것은 제 살길은 제가 준비하고 마련해야 한다는 뜻입니다. 각자도생의 원칙에서 중요한 것은 그 어떤 사고에서도 살아남으려면, 모든 것이 정상성(正常性)으로 움직일 것이라는 그 정상성의 바이어스(Bias)를 먼저 의심해야 합니다. 2011년 3월 동일본 대지진 당시 지진해일(쓰나미)이 도달하기까지 1시간 넘게 걸리는 장소에 있던 사람들도 일부 사망했습니다. 그것은 사람들의 마음이 위험을 둔감하게 받아들이도록 구조화됐기 때문입니다. 사소한 변화에 일일이 반응하면 에너지 소모가 많아지기 때문에 어느 수준까지의 이상(異常)은 정상에서 아주 조금 벗어난 정도라고 판단하는 것이 사람들의 마음입니다. 그래서 사건이나 재해 시, 과도하게 자기 스스로 안심하는 것이 아닌지를 스스로에게 물어야 합니다. 동조성(同調性)의 바이어스를 피하라는 것도 명심해둬야 합니다. 영화관 등 폐쇄된 공간에 드라이아이스를 넣어 사고로 위장하는 실험을 한 결과, 대다수 사람은 연기가 실내에 가득 차도 피난하지 않는 경우가 많았습니다. 혼자보다 집단으로 있을 때 피난 시간이 더 오래 걸렸기에, 재해 시 많은 이가 스스로 판단하기보다 타인을 따라 하려고 합니다. 그래서 탈출할 타이밍을 놓치는 것입니다. 위험을 느낀다면 스스로 판단해야 하는데, 그것이 동조성의 원칙에 어긋나 망설이게 만듭니다. 얼어붙는 증후군을 깨는 지혜를 가슴에 새겨야 합니다. 재해를 겪으면 그 순간 전신이 마비되는데 이는 생리심리적 현상입니다. 크게 숨을 쉰다든지, 옆 사람의 어깨를 잡고 흔드는 등의 행동을 해야 마비가 풀리게 되고, 그 이후 공포가 감소하고 신체 능력이 극대화됩니다. 뇌가 위기를 극복하기 위해 쓸데없는 에너지 손실을 줄이고 모든 에너지를 몸에 투입시키기 때문입니다. 다시 말합니다만, 전문가의 진단이나 저들의 장황하거나 정교한 이야기를 너무 믿지 마십시오. 저들이 전문가랍시고 자신도 모르게 저지르는 오류는 말 못할 정도로 심각하기 때문입니다. 9·11테러 당시 세계무역센터 건물에 있던 직원 중 상당수는 피할 시간이 충분했지만 많은 사람이 경찰 지시에 따라 구조요원을 1시간가량 더 기다리다가 빌딩이 무너지는 바람에, 함께 사망했다는 것을 영원히 기억하시기 바랍니다. 엄청나게 큰 규모의 재해는 전문가조차 제대로 판단할 수 없는 상황으로 전개되기 때문에 그들에 대한 과도한 신뢰를 접어야 하며, 각자도생하려면 패닉 신화에 속지 말아야 합니다. 재해 현장의 책임자들은 재해 상황을 제대로 알릴 경우 사람들이 패닉에 빠져 서로 밟거나 밀치다가 더 큰 사고가 날 것을 우려해 정보를 축소해 알려 주곤 합니다. 사람들을 그 말에 동조하고, 따르지만 결과는 참담합니다. 1977년 미국 신시내티 클럽 화재 시 "불이 난 곳은 꽤 먼 곳이니, 천천히 대피하라."라고, 위험을 완화해 알리다가 끝내 164명이 사망하게 되었던 일이 있습니다. 조사 결과 재해 시 적절한 가이드만 있다면 사람들이 패닉에 빠지지 않았을 것이지만, 사람들에게 위로감을 주면서 저들을 살리겠다는 명분 때문에 모든 일은, 모든 생명들은 일순간에 수포로 돌아갔습니다. 물론 각자도생이 삶의 원칙이기는 해도, 이것은 사람들이 자신의 주위를 냉철하게 살펴가면서 제일 마지막으로 지켜야 될 원리입니다. 우리는 서로, 서로 살아가는 법을 먼저 익혀야 하겠기 때문입니다. 그렇습니다.

그렇지만 사람들은 오지 않을 것에 대해 이상한 미련을 갖고 있습니다. "이 광대한 혼돈 속에서 분명한 것은 단 한 가지, 그건 우리는 고도가 오기를 기다리고 있다라는 점이야."라는 사뮈엘 베케트의 『고도를 기다리며』에서의 독백처럼 사람들은 막연한 기다림에 익숙합니다. 이 희곡에 등장하는 인물, 굳이 따지자면 주인공이랄 수도 없는 주인공인 블라디미르가 내뱉는 심각한 독백처럼, 우리는 지금도 그 누구를, 그 무엇인가를, 우리를 구원해 줄 수 있을 것 같은 그 어떤 엄청난 초인(超人)들을 기다리는 일에 그냥 익숙합니다. 부조리를 고발하는 희곡의 대명사격인 『고도를 기다리며』의 내용은 이렇게 시작합니다. 어느 한적한 시골길, 앙상한 나무 한 그루만이 서 있는 언덕 밑에서 두 방랑자가 서 있습니다. 블라디미르와 에스트라공이라는 두 방랑자입니다. 이들은 고도(Godot)라는 인물이 나타나기를 기다립니다. 그들의 기다림은 어제 오늘에 시작된 것이 아닙니다. 그들 자신도 헤아릴 수 없는 아주 오래전부터 기다리기 시작한 것입니다. 그래서 지금은 고도라는 인물이 누구인지, 기다림의 장소와 시간이 확실한지조차 분명치 않습니다. 지칠 대로 지쳐 있는 그들은 이제는 습관이 되어 버린, 지루한 기다림이 시간을 죽이기 위해 온갖 노력을 다해 보는데, 고도는 끝내 오지 않는 상황 속에 포조와 럭키라는 기이한 두 남자가 나타나 한데 어울립니다. 이들 모두는 고도가 온다는 기다림을 포기하지 않기 위하여, 여전히 살아 있음을 실감하기 위하여 그저 그들이 할 수 있는 일은 말을 하는 것입니다. 서로 질문하기, 되받기, 욕하기, 운동하기, 장난과 춤추기…. 어쩌면 모두가 소용없는 짓거리들입니다. 마치, 세월호가 점점 물 밑으로 가라앉는데도, 그 속에서 천진난만한 학생들은 두려움을 이기기 위해 장난을 하는 그런 모습들이 나타납니다. 지루함과 초조, 낭패감을 극복하기 위해 끝없이 지껄이는 그들의 광대놀음을 하는 이유가 있습니다. 그렇게 하다 보면 마침내 저들이 기다리던 고도가 올 것이라는 그런 유일한 희망이 이루어질 것이기 때문입니다. 그러나 올 것이라던 고도는 오지 않습니다. 하루해가 다 지날 무렵, 그들의 기다림이 이제는 허사가 될 무렵 저들 앞에 나타난 것이 있습니다. 그것은 온다던 고도가 아니라 고도의 전갈을 알리는 소년의 모습입니다. 소년은 저들에게 넌지시 전합니다. 고도는 오늘 밤에는 오지 못하지만 내일은 꼭 온다고 합니다. 그 말을 전하고 그 소년은 홀연히 그들 곁을 떠나 버립니다. 그 전갈에 고무된 저들은 그다음 날도 고도를 기다립니다. 그렇게 기다리고 기다립니다만 고도는 오지 않습니다. 같은 상황이 되풀이되는 과정 속에서 우연찮게 포조가 장님이 되었고 럭키는 벙어리가 됩니다. 그렇기는 하지만 저들은 고도를 기다립니다. 모두는 '오지 않을/올/온다는/올듯말듯/오지말' 그런 고도를 기다립니다. 아직도 그들에게 고도는 영원히 '오지 않을/올/온다는/올듯말듯/오지말' 그리고, 영원히 확정/미확정/불확정적일 뿐입니다. 구원은 항상 희곡의 고도처럼 올듯/말듯합니다.

고도가 정말로 누구인지, 무엇이어야만 하는지는 『고도를 기다리며』를 관람하고 있는 관객들 각자가 생각해야 합니다. 고도에 대한 생각들은 서로 다르기만 할 것이기 때문입니다. 어떤 이에게 고도는, 말 그대로 영어와 프랑스어에서 말하는 하나님, 그러니까 영어로는 갓(God), 불어로는 듀(Dieu)의 복합어로서의 하나님이 될 수도 있습니다. 그 어떤 사람들에게 있어서 고도는 허접한 것들일 수도 있습니다. 사뮈엘 베케트가 표기한 고도(Godot)는 저들에게 있어서 그저 신을 야유하는 단어로 비쳐지고 있기 때문입니다. 고도라는 말을 우리의 어순으로 분석하면, 고도는 개(犬), 시답지 않은 것을 상징할 뿐입니다. 고도(Godot)라는 영어는 그 어순을 달리하면 투독(Todog), 즉 강아지에게라는 말이 되니까, 고도는 결국 베게트에게 있어서 시답지 않은 개 정도의 뜻을 담고 있는 말을 상징하는 이중적인 의미를 지니고 있는 셈입니다. 특정 종교인들에게는 불경하기 그지없는 소리일 수 있지만, 그런 논리가 그렇게 어설픈 것만은 아닙니다. 현실이 그 정도로 탁해진 오늘의 우리 상황을 보면, 그런 부조리한 논리를 수긍할 수 있다는 뜻입니다. 예를 하나 들어 보겠습니다. 대학의 구조조정이 본격화되는 요즘, 어느 지방 대학은 대학의 자구책으로 두 과를 집중적으로 키우고 있었습니다. 그 대학의 생존 근거가 바로 두 학과였기 때문입니다. 학과정원을 현실적으로 채우고 있는 한 과는 애견과(Dog)였고, 다른 한 과는 선교과(God)였습니다. 그 대학 관계자 스스로 자신의 대학은 도그와 갓으로 운영되고 있는 중이라고 이야기하고 있는 저들의 말이 한편으로는 자조적으로 들릴 수도 있겠지만, 대학 관계자에는 확신과 희망이었기에, 저들의 확신을 결코 무심하게 한 귀로 흘려버려야 될 이야기가 아닌 것은 틀림없었기 때문입니다. 『고도를 기다리며』가 일반 대중들에게 하나의 연극으로 공연되었을 처음에는, 일반 관객들 모두가 생소했던 모양입니다. 극의 내용이 도무지 무엇을 이야기하고 있는지 그것이 이해가 되지 않아 모두가 멍한 상태로 극장을 나왔다고들 합니다. 물론 모두가 그랬던 것만은 아닙니다. 미국 캘리포니아 산 퀜틴 교도소는 과감하게 이 연극을 받아들여 교도소에서 재연한 적이 있습니다. 이때의 공연에서는 상황이 달랐다고 합니다. 이 연극을 본 죄수들은 기립박수를 치며 눈물을 흘렸기 때문입니다. 열렬한 반응 속에서 저들의 마음과 눈빛이 달라졌었기 때문입니다. 벽 안에 갇혀 있는 사람들과 벽 밖의 사람들은 서로 기다리는 것들이 달랐기 때문에 그랬을는지도 모르는 일입니다. 교도소에 수감된 저들에게는 고도가 바로 '자유'로 받아들여졌을 것이기 때문입니다. 이때 저들이 원했던 것은 자유, 엘레우테리아(Eleutheria), 그러니까 그리스말로, 노예상태로부터 벗어나는 해방이었을 것입니다. 고도가 그 누구이든 간에, 아니면 그 무엇이든 간에 관계없이, 그 어떤 존재, 그 어떤 상황을 '기다린다.'는 것은 인간인 나를 기다리는 동안까지는 어쩔 수 없이 존재하게 만들어 주는 힘이며 기대가 됩니다. 헛될 수도 있지만, 어쩔 수 없는 인간의 존재와 생명의 조건이 되는 셈입니다. 어떤 이는 『고도를 기다리며』에서의 블라디미르는 정신, 에스트라공은 육체를 나타내는 것으로, 정신과 육체라는 인간의 조건인 '몸'은 고도가 올 때까지 '살지도 못하고 죽지도 못하는' 인간의 근원적인 상황을 상징한다고 말하기도 합니다. 나라고하는 몸 옆에 등장하다가 사라지고 마는, 포조와 럭키는 현실적으로 나타나는 삶의 상징이며, 인간들 간의 관계를 뜻하는 것이라고 해석을 합니다만, 정작 『고도를 기다리며』의 작가인 사뮈엘 베케트(Samuel Beckett, 1906~1989)는 그것에 대해 한마디의 주석도 가하지 않습니다. 아일랜드 태생의 프랑스 극작가로서 한때는 독일 나치에 대항하는 레지스탕스 운동에 참가했었으며 『고도를 기다리며』라는 희곡 때문에 노벨문학상을 받은 바 있는 그는, 저들의 본원적인 질문에 대한 답을 원초적으로 '레지스탕스해' 버렸습니다. 베케트 자신조차도 고도가 무엇인지 모른다고 흘려버렸기 때문입니다. 그렇습니다. 우리 모두는 오지 않을 그 누구를 기다리며, 기다리다가 장님도 되고, 귀머거리도 되고, 노망도 나고, 그러다가 사라지고 말아 버리는 것인데, 고도가 그 누구라고 해도, 그 무엇이라고 해도 상황은 그리 달라지지 않을 것입니다.

　『고도를 기다리며』와 같은 희곡을 이른바 연극계에서는 부조리 희곡이라고 말합니다. '부조리'라는 낱말은 인간 존재의 의미와 무의미에 대한 질문에 대한 답을 원천적으로 봉쇄합니다. 부조리는 영원히 부조리일 뿐입니다. 나는 이제 『고도를 기다리며』에서, 고도를 기다리기만 하면 아무것도 더 이상 오질 않을 것이라는 것을 '부조리'하려고 합니다. 이때 부조리는 동사로 쓰인 것입니다. 알 듯하기도 하고, 모를 듯하기도 하고, 어쩌거나 그럴 것 같다고 느낄 뿐이라는 뜻으로 부조리하다는 말을 동사로 썼습니다. 그 어떻든 그런 부조리 상황에서, 그들에게 오질 않을 수밖에 없을 것 같은 고도는 이제는 새롭게 만들어져야 할 것입니다. 새로운 존재를 만들어 냈다고 해서, 부조리가 조리로 바뀌는 것은 아닙니다. 삶에서 부조리는 영원할 것입니다. 그렇기에 각자가 고도를 만들어 내야 합니다. 고도는 발견해야 될 것이거나, 기다려야 할 것이 아니라, 만들어 내야 할 그 무엇이며, 내 스스로 다스려야 될 그 무슨 존재일 뿐입니다. 부조리의 반대는 조리가 아닙니다. 그저 부조리일 뿐입니다. 부조리의 반대는 부조리라는 말입니다. 부조리의 끝을 제아무리 찾아봐도 그곳은 부조리이지 결코 '조리'가 아닙니다. 삶 자체가 인간에게는 태어날 그때부터 죽는 그 순간까지 부조리일 뿐입니다. 삶에서는 유별난 주석이나 설명은 불필요할 뿐입니다. 그저 느낌, 결단 그리고 결행만이 중요하기 때문입니다. 그런 느낌의 조리 속에서 우리가 기다리는 고도(Godot)는 그 어떤 기대치 않았던 그 어떤 것이거나, 설명할 수 없는 그 어떤 존재가 아니라, 그저 살아 있는 자기 자신일 것입니다. 살아 있는 자신이 와야 되는데, 그것이 오기를 마냥 기다리는 것입니다. 블라디미르와 에스트라공이 기다리고 있던 고도(Godot)는, 그저 저들이 기다리고 기다렸던 저들에게, 마침내 하나의 희열이든 아니면, 하나의 절망이든 간에 관계없이 기다리던 저들에게, 하나의 보람을 채워 줄 그 어떤 새로운 존재나 사건이 아니어야 합니다. 저들이 기다렸던 것은 바로 블라디미르의 본모습, 에스트라공의 참모습에 대한 자기 확신, 자기 확인, 그리고 자기 결정이어야 할 것입니다. 우리가 바로 그럴 자기 결정의 주인공들입니다. 그렇다고 오해 마십시오. 자기 결정이 중요하다고 해서, 그것이 자기만이어야 한다는 '이기심'을 말하는 것은 아닙니다. 지금껏 제가 행복의 배움학에서 내세운 관(觀)과 행(行)은 바로 그 이기심을 제어하기 위한 장치였다는 것을 상기해 주십시오. 2016년 2월

둘째 주었을 것입니다. 늘 인자하게 웃으며 대중에게 겸손하기만 하던 미소천사, 내 스스로도 한없이 존경하는 로마 가톨릭 프란시스코 교종이 멕시코 방문 중 '미소천사'에서, 불같이 군중에게 화를 내어 '버럭 교황'으로 변신하는 해프닝이 벌어졌다고 언론에서 대서특필한 적이 있습니다. 고령의 교종은 모렐리아 시에서 군중의 손을 일일이 잡고 인사하면서, 그들에게 묵주를 선물했습니다. 그런 교황의 소맷자락을 한 교인이, 교황이 나누어 주는 묵주를 챙겨갈 생각에 골몰한 어느 신자가 인정사정을 보지 않고 교황의 소매를 거칠게 잡아당겼습니다. 아차 하는 순간, 그를 반기려고 그 앞에서 오랫동안 그처럼 기다리던 휠체어를 탄 장애소년 위로 넘어질 뻔했던 팔순의 교황은, 평소에는 인자하기만 한 교황 스스로 휠체어 장애소년이 다치지 않았는지 확인한 뒤, 그의 소매를 잡아당긴 그 신자에게 엄한 표정을 지으며, '이기적으로 행동하지 말아요, 제발' 하고 두 번이나 외쳤던 것입니다. 그가 화내는 장면을 처음 본 순간이었습니다만, "돈비 셀피쉬(Don't be selfish)"라고 질타하는 교황의 모습보다는 화면에는 잡히지 않은 그 신자, 프란치스코 교종의 은혜를 마음껏 기다렸지만, 자기도 모르는 사이 기적의 힘이 있을 법한 교종의 묵주를 받기 위해 그의 소매를 힘껏 잡아당겼던 그 신자, 이기적으로 행동하지 말아달라는 질타를 받아야만 했던 그 신자가 기다렸던 것은 정말로 무엇이었을까 하는 그 생각이 내게는 아직도 여운으로 남기만 합니다.

　나의 생명은 결코 교황보다, 공자보다, 소크라테스보다, 붓다보다, 예수보다, 아니 그 누구보다도 홀대받을 수 없습니다. 그들의 생명이 내 생명이나 당신의 생명보다 더 낫거나, 귀할 이유도 없습니다. 서로가 생명체일 뿐이고 사람이고, 사람이었을 뿐이기 때문입니다. 그들이 나보다 나은 것이 있다면, 저들이 나보다 훨씬 자신의 삶에서 더 관(觀)과 행(行)이 철저했을 것이었기 때문입니다. 저들은 자신의 삶에서 저보다 더 성공했던 사람들이 아니라, 나보다 더 숙성했던 사람들일 것입니다. 그렇습니다. 그 누구의 삶에서든 중요한 것은 성공이 아니라, 숙성입니다. 숙성은 기다린다고 오는 것이 아닙니다. 숙성은 자기의 삶에서 자기 스스로 해 내야 되는 일입니다. 숙성은 자기 배움 없이는 이루어지지 않습니다. 행복 역시 마찬가지입니다. 행복은 기다리다고 오는 것이 아닙니다. 행복 역시 자기 배움으로 숙성되는 법입니다. 내가 자주 들르는 어머님 수목장지 근처에는 영창대군(永昌大君)의 묘가 있습니다. 그곳을 들를 때마다 눈에 들어오는 표지이기에, 한번은 그곳을 무심코 찾아본 적이 있습니다. 왕족에 대한 장의절차에 따른 흔적은 있으나, 허름하기 그지없는 왕족의 묘였습니다. 위엄을 드러내 주지 못하는 그런 묘소였습니다. 영창대군, 원래 그의 이름은 의(㼁)였습니다. 그에게 봉해진 군호인 영창은 광해군 3년(1611년), 명나라 황제의 전국 옥새에 새겨진 수명어천, 기수영창(受命於天, 旣壽永昌), 그러니까 하늘의 명을 받으니 수명이 길고 창성하다라는 말에서 따왔다고 합니다만, 역대 왕의 후계이거나 왕 중에서는 가장 어린 나이인 8세에 권력에 의해 죽임을 당한 영창이고 보면, 그에 붙인 군호 영창이라는 작명 그 자체에 인생무상을 느끼게 만들고 있습니다. 영창은 임진왜란의 한 요인일 수도 있었던 조선의 14대 왕인 선조의 14왕자 중 막내아들로 태어났습니다. 선조가 55세가 되던 해에 태어난 그는, 선조의 유일한 적자였습니다. 선조의 대를 이을 만한 사람은 선조의 둘째 아들인 광해군이었습니다만, 그의 뛰어난 정치적 역량에 대해 이런저런 위협을 느낀 아버지 선조는 서자인 광해군을 견제합니다. 그렇다고 선조 스스로도 임진왜란으로 인해 극도로 피폐해진 상황에서 둘째 아들 광해군을 정치적으로 어찌 해 볼 수 있는 입장도 아니었습니다. 광해군에 대한 신료들의 지지가 강했습니다. 실무경험, 나이, 종법 등 모든 면에서 우월한 서자 왕자인 광해군을 어찌하지 못하는 상황에 있음에도 불구하고, 선조는 꾀를 부립니다. 왕위는 적자에게 계승해야 한다는 그 명분, 단지 그 명분 때문에, 임금 선조는 한 나라를 제대로 다스릴 수 있는 준비된 지도자, 정치적 역량을 지닌 광해군에게 한때나마 그에게 내렸던 세자 책봉을 거두고, 그를 정치적으로 격하시킵니다. 광해군에 대해 명나라가 세자 책봉을 지연시키고 있다는 이유를 대신들에게 알아들으라는 듯이 나열해 가며, 임금 선조, 아버지인 선조는 자신의 둘째 아들인 광해군의 정치적 정통성을 깎아내립니다. 일종의 인간적인 그리고 정치적인 열등감에 시달리면서도 선조는 그 스스로 죽음에 이르러서까지 핏덩이 세 살배기 왕자 의(璜)에게서 자신이 정통성을 확인한 채, 막둥이 왕자인 그에게 세자승계를 교지로 내려놓고 죽습니다. 정치적 실세로서 당연히 왕위에 오른 광해군, 군왕으로서의 왕도를 지키기 위해서는, 후환이 될 수도 있는 세 살짜리 영창을 정치적으로 견제해야 한다는 저들 권력자 대신들의 아첨을 못 이기는 척 받아들이며, 서른 중반도 넘은 나이인 광해는 어린 여덟 살짜리 코흘리개 동생 영창을 죽여 버리고 맙니다. 영창을 대신들의 주청에 의해 그렇게 제거한 광해 역시 후일 끝내 자신이 믿었던 대신들에 의해 왕위에서 쫓겨납니다. 왕자의 신분인 군(君)으로 강등된 채 그 역시 아우 영창처럼 죽임을 당합니다. 고려 창왕보다도 한 살 더 어린 여덟 살의 나이에 정치권력에 의해 죽임을 당한 영창대군의 묘, 그간 수백 년을 그렇게 내려오면서 어쩔 수 없이 오는 바람과 가는 비에 깎여질 대로 깎여진 묘비명을 읽어가다가, 내 마음에 슬그머니 올라온 그 무엇이 있습니다. 핏덩이 어린 나이라고 못할 것은 없었겠지만, 왕위를 광해에게 물려주기 위해 세 살배기 왕자 의(璜)가 먼저 자신의 처지부터 관(觀)하고, 행(行)했어야 한다고 우기는 일은 우스운 일입니다. 그보다는 공자니, 맹자(孟子)니, 논어니 뭐니, 뭐니 하는 것들에 수없이 적혀진 사람됨의 길을 줄줄이 외우며 왕의 도(道)를 다졌을 임금 선조, 정치적으로 야심 찼던 그의 아들 광해, 그리고 저들에게 아첨하며 권력에 빌붙어 살아가려고 했던 대신(大臣)들 제각기, 노령으로 죽기 전, 여덟 살배기 어린 영창을 죽이라는 결정을 내리기 전, 그리고 죽여야만 한다는 말로 광해에게 아첨하기 전에, 제각각, 막둥이 아들 의(璜)에게 세자책봉을 한다면 앞으로 무슨 일이 일어날까, 막둥이 동생 영창을 죽이지 않는다면 자신에게 무슨 일이 일어날까, 어린 주군 영창을 죽인다면 저들에게 무슨 일이 일어날까를 한 번 더 진지하게 묻고, 그 답 위에서 자신의 과거를 뒤돌아보고, 미리 짚어 보면서, 당시 자신들의 몸을 다스리며 거듭났더라면, 영창대군이라는 생명은 이렇게 이 자리에 누워, 하늘을 탓하고 있지는 않았을 것입니다. 바름이니, 윤리니 뭐니 하는 것들이 일순간에 거짓이며 위선이 되는 순간은 없었을 것이기 때문입니다. 우리 삶에서의 관행, 그것은 이렇게 먼 훗날 이렇게 쓰이라고 있는 것이 아니라,

오늘 당장, 지금 나 자신의 됨됨이와 좋은 삶을 위해 필요한 것입니다.

10) 모른다입니다

일문삼부지(一問三不知)는 생활지혜, 그러니까 일상에서 매초 작동하고 있는 살아 있는 생지(生智)의 대명사 격인 삶에 대한 옛 격언입니다. 상황에 대해 아무것도 모르는, 또는 일부러 모른 체하는 것을 비겨 이른 말이 바로 일문삼부지(一問三不知)라는 옛 생활의 지혜이며 고사(古事)입니다. 원래는 '세 가지를 모른다.'는, 그러니까 사건의 발단, 사건의 발전, 그리고 사건의 결말에 대해 전혀 아는 바가 없다는 뜻이었으나, 후에는 '한 가지를 물으면 아예 세 가지를 모른다.'는 뜻으로 발전되어 쓰이는 말입니다. 일문삼부지에는 묘한 뜻들이 섞여 있습니다. 정말로 모르기에 모른다는 뜻인지, 잘 알고 있음에도 사태의 추이를 살펴야 한다는 뜻인지에 대한 상황파악은 일단 모른다고 잡아떼 놓고 봐야 한다는 의미에서, 그 말은 경우마다 달리 쓰이게 되는 변신의 구절입니다. 자신에게 보다 나은 세상을 만들어 내려면 자신에게 냉혹하게 묻고, 되물으면서 자신에게 정직하게 일문삼부지해야 합니다. 자기가 자신을 정말로 잘 모른다고 대답할 수는 없겠기 때문입니다. 정말로 자기가 자기 자신의 질문에 모른다, 모른다, 정말로 모른다고 대답한다면, 그 사람은 이 세상을 살아가는 사람은 아닙니다. 자기가 자신의 질문에 대답을 기피하는 것은 어쩌면 자신에게 행복해지려는 노력이기도 합니다만, 물정 모르는 자기 자신에 대한 즐김일 뿐입니다. 자기가 자신에게 행복해야 그때부터 행복해지기 시작하는 것은 사실이지만, 정말로 남과 관계 없이 행복해지려면, 자기 자신에게 행복에 대한 질문부터 똑바로 해야 합니다. 그 대답이 현실을 바라보는 자신에 대한 현실치유의 출발점이 됩니다. 예를 들어, 도둑이 자신에게 나는 도둑인가 하는 질문을 했다면, 그는 자기 자신을 응시한 채, 제대로 한 질문입니다. 그런 질문은 여러 가지 형태로 이루어질 수 있습니다. 정치인이 거울 앞에 서서 나는 (국민의 자유를 억압하는) 도둑인가, 이렇게도 질문을 할 수 있습니다. 교수가 나는 연구비를 탐내는 협잡꾼인가, 이런 질문도 가능하게 됩니다. 그렇습니다. 행복해지려면 누구든 자신 스스로 자기의 삶을 똑바로 마주한 채 질문해야 하고, 그것에 대해 정직하게 답해야만 합니다. 삶이 우리에게 요구하고 있는 명령입니다.

　일터에서, 집에서, 그 어디서든 살아가면서 자신 스스로 자신에게 자신의 가치나 자신의 삶에 대해 아무런 질문도 품어 보지 않았다면, 그것은 자신의 의미를 잃은 것이나 마찬가지입니다. 자신의 삶에서 자신의 삶을 있는 그대로 응시하면 자기가 정말로 누구인지를 다져보지 않았다면 자신에게 자신이 없는 것입니다. 말하자면, 고대 아테네 철학자들이 늘 스스로에게 너 자신을 알라."라고 다그쳤던 그 질문을 한 번도 품어 보지 않았다면, 자신이, 자신 스스로를 비하하고, 비난하고 있는 것이나 마찬가지입니다. 저들이 말한 경구(警句), '너 자신을 알라.'는 그 말에서 가장 중요한 핵심은 자기가 자기 자신부터 먼저 파고들라는 말입니다. 자기 자신이 누구인지, 무엇 때문에 살고 있는지부터 파고 들어가면, 자기 옆에 있는 그 모든 것들이 나라고 하는 자신을 구성하는 귀한 존재들임을 이내 알아차립니다. 그 후 그런 것들 하나하나에게 이름을 붙여 주고, 그들을 받아들일 때, 비로소 자기와는 아무런 상관도 없었던 것 같이 보이던 그 남자, 저 여자, 그 꽃, 저 강물, 그 나비, 저 새들이 나라고 하는 자기 자신의 삶을 위한 각자적인 의미들로 자신의 삶에 자리를 잡아가게 되는 것입니다. 자기 자신을 응시한 채 질문을 했더라도 그것에 대한 답을 의도를 갖고 엉뚱하게 한다면, 그것은 거짓입니다. 도둑이 자신에게 도둑인가라고 묻고, 답은 '나는 대통령입니다.'라고 답했다면 그것은 거짓입니다. 거짓의 답은 자기가 마침내 자신을 도둑질하는 것입니다. 의미 없는 답을 해놓고 그것에 억지로 의미를 붙이는 일이기 때문입니다. 도둑이 자기 스스로 자신은 도둑이라고 답했다면 그 답은 바른 답입니다. 그는 도둑이기 때문입니다. 도둑으로서 어떤 도둑이 되어야 하는지는 그다음 질문이 됩니다. 이어지는 질문에 대한 답에 따라, 그 도둑은 끝내 자기 자신의 부귀를 위해 나라를 판 조선 말 이완용 같은 도둑이 될 수도 있고, 아니면 이토 히로부미의 목숨을 탐낸 의사(義士) 안중근 같은 의인이 될 수 있습니다. 자기 자신이 누구인지에 대한 답이 우선해야 분명한 현실이 갈라져 나올 수 있습니다.

자기가 정말로 누구인지를 캐물어 가는 잇단 질문들과 그런 답들이 모여, 자신과 자신의 내구성, 말하자면 자기 단단함을 구성하게 됩니다. 자기 자신을 구성하는 여러 가지 것들에게 의미를 부여하는 일이 바로 자신의 삶을 철학하는 것입니다. 『삶은 어떻게 철학이 되는가』에서 그렇게 일갈한 중국의 철학자 천자잉 교수는, 사람들은 자신이 살아가는 일에 조금 익숙해질 때 비로소 철학이, 자신에 대한 자신의 슬기가 가능해진다고 이야기해 줍니다. 그렇습니다. 자기 자신을 자기가 알 수 있게 만드는 삶의 철학은 자기 삶을 맑게, 그리고 밝게 만들어 주는 지혜가 되는데, 그것은 자기 자신에 대한 자기 스스로의 건실한 답으로 만들어집니다. 자신을 그렇게 철학해내는 사람들은 결코 타인을 지배하는 왕으로 군림하지 않습니다. 그렇다고, 타인의 노예가 되는 것도 아닙니다. 그는 그저 자기가 자기 자신의 주인이 될 뿐입니다. 자기가 자신의 주인이 될 때, 자기의 목소리가 분명해집니다. 자신의 목소리가 분명해지면 그것이, 다른 이에게도 나름대로 진술하게 전달될 것입니다. 그것은 때로 이야기로 혹은 글로 진술하게 표현되기도 하지만, 그 하나하나에 삶의 의미를 실어 나르게 됩니다. 벤처기업가로서 사업을 꽤나 잘해나가다 어느 날부터 거의 망해 마침내 벤치에 앉게 되자, 글을 쓰기 시작했던 전기공학도 임승수는 『삶은 어떻게 책이 되는가』라는 책, 책 이름이 천자잉 교수의 그 책과 비슷한 그 책에서, 자기 고백의 말을 합니다. 글을 써보니, 글은 '살아지는' 삶에서 나오는 것이 아니라, '살아내는' 삶에서 비로소 나온다는 것을 알았다는 것입니다. 살아내는 삶에서는 자신이 무슨 일, 어떤 신분, 얼마나 많은 돈을 갖고 있는지, 노예가 되거나 끌려 다니는 삶이 아니라, 자기가 자신의 의미를 찾기 위해 자기에게 어떻게 정직해야 하는지가 무엇보다도 더 우선해야 하기 때문입니다. 그러니까 자기의 삶이, 자기의 글이 자신의 글을 읽는 사람들에게 그 무슨 영향을 주겠다거나, 감명을 주어야 겠다든지 하는 식의 되지 않는 욕심을 한껏 품기보다는, 자기가 쓰는 삶이, 자기 자신의 이야기가, 자기 자신의 글이 자기 자신에게 진솔한 의미를 부여하는지부터 살피는 것이 필요했다는 것입니다. 의미를 준다는 생각이 들면, 그것은 일단 자기 삶이 자신에게 한 권의 책이 되어 가고 있다는 것과 같은 뜻이 됩니다. 자기 자신에게 의미를 준다고 해도, 그런 이야기를 읽는 독자들에게 그 자신들의 삶을 바꾸어 줄 수 있는 것은 아닙니다. 그의 삶은 그렇게 나아간 것이고, 나의 삶은 이렇게 꾸려온 것이기에, 서로의 행로도 다르고, 경우도 다르기만 하기 때문입니다. 인도의 신화들이 말하는 것처럼, 그가 그렇게 살아온 시간의 경험과 내가 겪어 온 경험의 시간이 하나로 일치할 수 있다는 생각, 그 자체가 무리이고 허구투성이일 뿐입니다. 그의 경험과 나의 체험은, 그가 내 글을 읽는 동안 슬쩍 비껴갈 수밖에 없습니다. 그렇게 슬쩍 비껴나가면서 그의 가슴에 일어나는 느낌이 있다고 한다면, 그것이 감동이고, 그것이 변화이며, 그것이 자기 자신의 의미를 만들어 내는 순간이 되는 것입니다. 그렇게 그런 의미를 수없이 반복하며 만들어 가다 보면, 각자는 자기도 모르게 자신의 삶을 하나의 슬기로, 그리고 철학으로 만들어 가고 있게 됩니다.

  행복에 관한 모든 이론적인 교본을 모두 읽어 보면서 행복이 무엇인지를 줄줄이 이야기하며 행복하다고 말하는 사람은, 정말로 행복한 사람인지, 아니면 행복에 관한 글을 단 한 편도 읽은 적이 없어 행복이 무엇인지를 설명하지 못하기는 하지만 나름대로 행복하다고 말하는 그 사람은 정말로 행복한 사람인지 좋은 삶을 살아내고 있는지 어떤지에 대해, 명확하게 대답하기에는 어려울 수 있습니다만, 한 가지 확실한 것은 저들 스스로 행복하다고 믿으면, 저들 스스로 행복하고 있는 중이라고 말할 수는 있다는 점입니다. 그럴 만한 이유가 있습니다. 그런 사람들에게는 행복에 관해 암묵적인 앎이 있기 때문입니다. 행복하기 위해서는 행복을 믿기부터 해야 합니다. 행복을 일종의 신앙으로 받아들이기 시작해야 행복이 자기 안에 깃들 수가 있기 때문입니다. 행복이라는 개념은 앎의 형태로 보면 일종의 인격적 지식(人格的 知識, Personal Knowledge)에 속하기 때문에 그렇습니다. 지식이라고 하면, 사전적으로는 사물이나 상황에 대한 정보와 앎을 말하는 개념입니다. 지식이 무엇인지를, 철학적으로 이야기하면, 그것은 인식에 의하여 얻어진 성과로서 객관적으로 확증된 판단의 체계를 지칭하게 됩니다. 지식은 안다, 알았다, 인지한다는 뜻의 '노우'(Know)의 명사형인 날리지(Knowledge)를 번역한 말로서, 지식이란 아는 행위, 알고 있는 행위로서의 앎을 뜻하게 됩니다. 인격적 지식과 같은 종류의 앎을 암묵적 지식이라고 부릅니다. 암묵적 지식은 체계적으로 익혀서 알게 된 앎이 아니라 그냥 개인적인 필요에 따라 자기도 모르게 자신의 행동과 삶에 부지불식간에 하나의 습관으로 배어서 저절로 자기의 일부로 알고, 그렇게 받아들이며 그것으로 자연스럽게 생활하도록 만들어 주고 있는 앎과 행동의 지표입니다. 인격적 지식을 흔히 암묵지(暗默知, Tacit Knowledge)라고도 말합니다. '암묵'이란 눈에 보이지 않고 귀에 들리지 않는다는 뜻인데, 말하자면 '손맛'이나 '솜씨', '재조(才調)' 같은 것을 상징합니다. 이런 것들을 글로, 도표로 세세히 구체적으로 명문화하기는 그리 쉬운 일도 아니고, 일상을 열심히 살아가는 사람들에게는 그런 문서화가 그리 필요한 것도 아닙니다. 그래서 문서화나 겉으로 보란 듯이 드러내는 일이 적은 지식인 암묵지는 삶의 현장 도처에 널려 있게 마련입니다. 일상적인 삶은 어쩌면 암묵지로 꾸려지고 있는지도 모르는 일입니다. 다시 말해서, 암묵지라는 말은 일상적인 생활이나 경험을 통해 습득된 것으로서, 나름대로 개인에게 하나의 실용적인 지식으로 활용되어, 그의 삶 속에 나름대로 작동을 하며, 체화(體化)되어 있는 앎과 노하우, 그리고 그런 지침으로서의 지식을 지칭합니다. 사람들의 삶을 일상적으로 움직인다는 뜻에서, 문서화되어 사회적으로 뻐기지 않고 있다는 뜻에서 그것을 인격적 지식이라고 부르는 것입니다. 인격적 지식은, 그것을 언어나 문자로 정교하게 표현하지 못하거나 그렇게 하기가 이래저래 어려워, 세상 겉으로 드러나지 않거나 드러내지 않은 앎과 노하우, 지식입니다. 암묵지에 대해 오해하지 않아야 될 것은, 암묵지라는 말이 주는 그런 분위기처럼, 암묵지는 아직 지식다운 지식이 되지 못한 상태를 말하는 것이 아닙니다. 다만, 그것을 말로 표현해 놓기가 쉽지 않기 때문에, 인간의 언어로 그것을 표현한다고 해도 그 지식이 뜻하는 것을 제대로 반영할 수 없거나, 그렇게 한다고 해도 늘 무엇인가 부족하기에, 그냥 구체적으로 그 무엇이라고 표현하지 않고 그대로 삶을 위한 지식으로 활용하고 있기에 암묵이라는 말을 붙였을 뿐입니다.

암묵지는 일단 명시지(明示知, Explicit Knowledge), 혹은 형식적 지식과 대비됩니다. 암묵지, 그러니까 인격적 지식은 우리의 교과서에서 늘 접하는 지식인 그런 형식적 지식, 혹은 명시적 지식과는 성격이 조금 다릅니다. 지식의 형체를 드러내는 양식에 차이가 있게 됩니다. 명시적 지식은 언어나 문자를 통하여 겉으로 표현된 지식으로서 늘 문서화 또는 데이터화된 지식에 속합니다. 암묵지도 그 어떻게든 문서화시키고 데이터화시켜 사람들에게 회자시키면 명시지가 됩니다. 그렇게 되면, 암묵지가 갖고 있는 지식 본래의 의미는 손상될 수도 있습니다. 명시지는 형식 지식인 데 반해, 암묵지는 다소 주관적이기도 하여, 그냥 인격적 지식이라고 표현합니다. 암묵지, 인격적 지식은 우리가 늘 접하는 일상적인 말이나 글로써 좀처럼 표현하기 힘들지만 삶의 현장에서는 큰 힘을 발휘하곤 합니다. 암묵지는 사람들이 그냥 일상적으로 행해오는 삶살이 속에서 알게, 그리고 모르게 생기는 시행착오를 통해 전수되거나 내려오는 그런 현장경험의 지식, 사람들의 내공과 연륜을 거쳐 터득한 기술과 노하우로서 존재하기 마련하지만, 삶의 현장을 지배하는 앎이며 지식이라는 점에서 암묵지를 인격적 지식, 잠재적 지식, 겉으로 나서지 않는 지식, 비공식적 지식, 비권력적 지식, 사회적 세력을 등에 지지 않는 지식, 그렇지만 삶의 현장을 살아 움직이게 만들고 있는 지식이라고 부르는 것입니다.

일상을 열심히 사는 사람들은, 말로 표현되는 것에 비해 말로 글로 표현해 놓지는 않았지만 자신의 삶에 영향을 끼치는 더 많은 암묵지를 보유하고 있는 사람들입니다. 인간의 행동, 삶의 습관, 현장의 기술향상을 위한 기초가 되는 지식이 바로 암묵지이기 때문입니다. 예를 들어, 한국인의 경우 일의 달인들은 주로 자신들의 일이나 직업에서 보여 주는 자신의 기술이나 기예를 그 어떤 자료를 통해서나 글로 전수받았다기보다는 그냥 스승의, 멘토의 말로, 행동으로, 습관으로 전수받은 사람들입니다. 스승 저들이 알고 있는 나름대로의 오랜 경험이나 자기만의 방식으로 체득한 지식이나 노하우를 문자로, 도표와 같은 형식지, 명시지로 기록하여 다른 사람들에게 회자시키기보다는, 그냥 말로, 행동으로, 습관으로 자신의 제자들에게 자신의 입과 손, 행동을 통해 전수시켜 왔습니다. 암묵지, 그러니까 인격적 지식과 앎은 우리의 일상적인 삶에서 매일같이 작동하면서 결정적인 역할을 감당하고 있기에, 인격적 지식이 무엇인지, 그것의 속성이 어떤 것인지는 조금 뒤에 논의하기로 하고, 암묵지로서의 인격적 지식의 대표적인 예를 한두 개 들겠습니다. 자전거를 처음 타거나, 골프를 처음 배우는 사람들은 자전거를 타는 법에 익숙해져야 합니다. 제아무리 자전거 타는 방법이나 골프하는 법을 문서로 익혔어도, 넘어지고 실수하게 마련입니다. 자전거는 빨리 달리는 것이 중요한 일이 아닙니다. 중심을 잡는 일이 중요합니다. 중심을 잡기 시작하면, 자전거를 탈 수 있고, 자전거 타기를 즐길 수 있습니다. 중심을 잡으려면, 문서로 기록되지 않은 자기 나름대로 경험과 설명하기 귀찮은 나름대로의 기술과 노하우가 필요합니다. 이때의 자기 나름대로의 체험과 노하우가 바로 암묵지에 해당됩니다. 그런 암묵지를 어느 정도 즐길 수 있어야 비로소 자전거 타기를 즐길 수 있게 됩니다. 골프도 마찬가지입니다. 골프를 가르치는 책에서 제아무리 원리를 이야기해 봐도, 골프를 하는 사람 스스로 자기가 자기에게 설명할 수 있는, 자기만이 체득해서 남에게는 일관되게 설명해도 그리 크게 도움이 되지 않을 가능성은 컸지만, 자기 나름대로 즐길 수 있는 자기만의 그런 노하우, 앎이 있게 됩니다. 그런 자기만의 노하우, 앎, 그러나 그 이치를 깨닫기만 하면 자신에게 크게 도움이 되는 그런 노하우, 앎이 바로 인격적 지식에 해당됩니다. 또 다른 예를 들겠습니다. 이탈리아 피렌체의 산마르코 수도원에는 아직도 세상에 잘 알려지지 않은 보석 같은 프레스코 벽화가 있습니다. 도미니크 수도회 수사 프라 안젤리코가 그린 이 프레스코화는, 죽은 지 사흘 만에 부활해 막달레나 마리아 앞에 나타난 예수의 모습입니다. 예수의 부활에 관한 이야기는 신약 요한복음에 자세히 기록되어 있습니다만, 요한복음에는 더 자세하게 기록되어 있습니다. 죽은 지 사흘 만에 되살아난 예수를 알아본 마리아가 가까이 다가가서 그를 만지려 하자 예수는 말합니다. "나를 만지지 마라. 놀리 메 탄게레(Noli Me Tangere)" 하고 그에게 다가서는 마리아를 멀리합니다. 일반적 상식으로 보면,

이해가 되지 않는 장면입니다. 그를 보고 싶고, 그에게 매달렸던 막달레나 마리아를 예수가 멀리하는 것은 쉽게 이해되지 않는 장면입니다. 명시지, 형식적 지식으로서는 설명이 되지 않는 장면입니다. 보고 싶은 사람을 만지며, 그들을 나름대로 위로하는 것은 '사랑'의 한 표시이며 '인류애' 같은 형식지를 상징하는 것인데, 그런 형식지를 예수가 단호하게 거부한 것입니다. 사랑이라는 인류애적인 앎을 그토록 강조하고 실천하라고 이르던 예수가 막달레나 마리아에게 형식지, 명시지로서의 사랑을 부정해 버림으로써 사랑에 대한 명시적인 앎을 거부해 버린 것입니다. 프랑스의 철학자 장 뤽 낭시 교수는 "나를 만지지 마라."고 엄명하는 예수의 언행을 기록한 요한복음의 구절이 주고 있는 의미를 『나를 만지지 마라: 몸의 들림에 관한 에세이』에서 색다르게 풀어냅니다. 낭시 교수는 나를 만지지 말라는 예수의 말이 발성되는 방식과 그와 관련된 인물의 동작과 모습, 또 이 장면을 그린 각종 성상화의 내용을 꼼꼼히 분석하면서, 그 안에 담긴 문화사회적 의미를 우리에게 새롭게 풀어내고 있습니다. 예수의 부활 후 그가 막달레나 마리아와 조우하는 장면을 다시 회상해 보겠습니다. 성경에 의하면 예수가 다시 살아난 부활 첫째 날입니다. 막달레나 마리아가 그를 알아보고 몸을 잡으려 합니다. 그에 대해 예수는 반가울 수밖에 없을 법한 마리아에게 이렇게 말합니다. "나를 만지지 마라(요한복음, 20:17)." 냉혹하게 그녀를 거절합니다. 나를 만지지 말라는 이 구절은, 신약에서 오로지 요한복음에만 등장하는 장면입니다. 마리아의 접촉을 금한 예수는 마리아에게 상황과는 어긋나는 요구를 합니다. 그녀를 물리치며 동시에, 마리아에게 자신의 부활 소식을 다른 이들에게 알리도록 요구하는 것이 바로 그 장면입니다. "나를 만지지 마라."는 예수의 말 속에는 역설이 있습니다. 그의 되살아남, 부활을 확신할 수 있는 증거인 그를 만지지 않으면서도 동시에 그가 되살아났음을 알려야 되는 역설이 생깁니다. 부활했다는 그 엄숙한 진리를 드러내는 그 말인, '나를 만지지 마라.'를 낭시 교수는 다르게 전합니다. 네가 "나를 만지려면 제대로 만져라. 전유하려고 하지 말고 동일화하지 말고 다르게 만져라."라는 명령으로 새롭게 해석합니다. 그는 말합니다. 예수가 말하는 그의 부활에 대한 진리와 사랑은 한편으로는 밀어내면서, 다른 한편으로는 만지게 허용하는 행위였다고 해석합니다. 예수는 하나님의 몸 자체가 먹고 마실 것으로 주어진 이래 이 세상에서 만질 수 없는 것이란 없음을 늘 제자들에게 보여 준 당사자입니다. 그는 어떤 순간에도 사람들이 그를 만지는 것을 거절하지 않았고, 최후의 만찬에서도 그는 빵을 들고 제자들에게 "받아라, 이는 내 몸이다."라고 말했던 바 있습니다. 그리고 나중 일이지만, 예수의 부활을 의심한 도마에게는 자신의 상처를 만져 보라고 허락한 바도 있었습니다. 그랬던 그가 마리아에게 '나를 만지지 마라.'고 명한 장면은 일종의 예외에 속합니다. 마리아가 여자이었기에 그에게 다가오는 것을 경계했다는 의심도 가질 만하지만, 그가 마리아가 여성이기에 그랬다기보다는 부활의 확인은 보다 원초적인 신앙의 문제였기에 그랬던 것입니다. 말하자면, 부활과 함께 '하나님의 오른편에 앉는' 다른 차원의 존재가 된 예수를 만진다는 것은 원초적으로 불가능하다는 것을 암시하는 것일 수 있다는 일반적인 해석에 반기를 든 낭시 교수는 예수가 말한 '놀리 메 탄게레', 그러니까 나를 만지지 말라는 말은, 경험 없이도 확신하라는 요구였다는 것입니다.

낭시 교수는 신앙으로서의 믿음과 제도로서의 종교는 원초적으로 다르다는 것을 예수의 '놀리 메 탄게레'라는 말에서 찾아냅니다. 예수를 믿는다는 것과 예수를 안다는 것은 본질적으로 다르다는 것, 그것들 간의 화해는 불가능하다는 것을 보여 줍니다. 신앙과 종교, 믿음과 교회는 서로 다르며, 신앙과 교회는 같아야 될 이유가 없다는 것을 확실하게 인지시키려는 것이 예수의 의도였다는 것입니다. 믿음과 교회, 영성과 교리 그 둘 사이는 구분되어야 된다는 근거가 바로 '나를 만지지 마라.'라는 부활 후 예수가 내린 첫 번째 언명(言明)에 있다고 해석합니다. 낭시 교수가 말하는 신앙으로서의 믿음과 제도로서의 종교 간의 차이는 분명합니다. 믿음이라는 신앙과 종교라는 제도는 서로가 다른 것입니다. 제도로서의 종교는 타인에게서도 신앙으로 증명되고, 교리로서 드러내 보일 수 있는 증표 같은 것입니다. 예수가 나를 구원하는 구세주인데 그것을 대표하는 것이 교회이기에, 예수와 교회는 같은 것입니다라는 동일성을 가정하며, 그것을 신도들에게 믿게 하려는 것이 제도로서의 종교입니다. 그에 비해, 신앙으로서의 믿음은, 믿음으로서의 영성은 예수를 믿는다는 것은 어떤 예기치 않은 부름을 자기 스스로 허용하는 것을 말합니다. 나 자신도 알지 못하는 어떤 예수에 대한 청취의 상황 속에 스스로를 허용하는 것입니다. 그것이 바로 예수에 대한 믿음이고 그것이 예수에 대한 신앙입니다. 우리가 예수를 믿는다는 것은 본질적으로 교회를 믿거나, 기독교를 믿거나, 목회자를 믿는다는 것이 아닙니다. 교회를 가지 않아도, 목회자를 신봉하지 않아도 예수를 믿을 수 있고, 예수를 믿는 것입니다. 예수를 믿지만, 목회자를 믿을 수 없다면 굳이 교회를 갈 필요도 없고, 목회자에게 기대할 이유도 없습니다. 그래서 예수나 붓다는 정말로 좋아하지만, 모든 '스님'이나 '목사'들은 좋아하지 않는다는 신앙고백도 가능하게 되는 것입니다. 교회나 교리가 명시지인데 반해 예수믿음은, 예수신앙이라는 영성은 암묵지가 되는 이치입니다.

제가 2000년경, 미국 버지니아 주 셰년도어 산맥 자락에 있는 트윈 오크스(Twin Oaks)라는 생활 공동체에서 저들과 생활할 때 익힌 것이 있습니다. 저들의 대부분은 퀘이커 교도로서 주일이 되어도 교회에 가지 않고 집에서 모여 예배를 드리곤 하는 모습을 처음에는 상당히 의아해했던 적이 있습니다. 목회자도 없고, 장로니 집사니 하는 계급도 없이 모두가 형제였고 자매라고 부르면서, 일요일에는 교우의 집에 모여 나름대로 예배를 보고 점심을 나눴습니다. 저들 형제자매들은 성경에 나와 있는 구절대로 서로 돕고, 서로 사랑하는 일에 그 누구보다도 열중이었습니다. 저들이 교회라는 제도나 기관을 중요하게 여기지 않는다고 해서, 저들의 예수믿음이 거짓이라고 말할 수 없었습니다. 후에 알았지만, 퀘이커 교는 조지 폭스에 의해 만들어진 프로테스탄트 교파의 하나로 내면의 빛을 중시하는 예수믿음이었습니다. 저들에게는 침묵의 예배를 행하며, 별도의 성직자나 사제는 존재하지 않는 교리를 존중했습니다. 퀘이커란 하나님 앞에 모두가 평등하며 '하나님 앞에서 벌벌 떨 듯이 하나님을 믿는 사람들'이라는 뜻입니다. 퀘이커 교도들은 청교도와는 달리 칼뱅주의의 예정설과 원죄 개념을 부인하며, 모든 사람은 자기 안에 신성(神性)을 지니고 있으므로, 그 영성을 기르는 법을 배우고, 믿음의 영성을 키워나가면 되고, 그렇게 신성만 기른다면 모두가 구원받을 수 있다고 믿고 있습니다. 퀘이커 교도들은 침묵의 예배를 지키며, 퀘이커 각자는 침묵을 통해 내면의 빛을 볼 수 있는 믿음을 강조합니다. 저들의 예배는 특정한 공간적 제약을 받지 않으며, 예배를 이끌어 가는 별도의 성직자나 목회자를 두지도 않습니다. 제가 알기로는 함석헌 선생이 따랐던 신앙은 예수믿음과 무교회주의식의 퀘이커 교로 알고 있습니다. 저들을 향해 그 어떤 사람도 비교도니, 무신론자들이라고 하는 사람은 없었습니다. 저들은 성경, 그중에서도 예수의 말씀, 예수의 행동에 방점을 찍는 신앙을 신봉합니다. 제발, 예수처럼은 고사하고 예수가 말하고 행한 것의 천만 분의 1이라고 그대로 해 보는 것이 예수를 진정으로 아끼고 그대로 따라 사는 성도의 길이라고 저들을 말하며, 그렇게 행하려고 하고 있습니다.

교회를 예수신앙, 예수믿음의 첫 번째 조건으로 보지 않은 생각은 무교회주의(無敎會主義, Nonchurch Movement)에서도 마찬가지로 나타납니다. 물론 퀘이커 교도와 무교회주의의 신도 수가 적다고 해서, 신앙이 사그라들거나 없어지는 것은 아닙니다. 신자 수가 많다고, 교회의 평수가 넓다고 예수신앙이 깊은 것도 아닙니다. 무교회주의자들, 저들은 그런 크기의 교회, 숫자의 교회를, 양적의 교리를 거부합니다. 일본의 혁신적인 기독교 사상가인 우치무라 간조(內村鑑三)가 내세우는 무교회주의는 그것도 바로 영성 중심의 신앙과 같은 것이었습니다. 우리나라에서는 기독교 신앙의 한 획을 그은 김교신 선생이나 류영모 선생이 바로 그런 무교회주의자의 표본과 같은 분이셨습니다. 이들 무교회주의자들은 그리스도인의 공동체로서의 무형의 예배와 무형의 교회 그 자체를 인정하기는 하지만, 힘없고 가난한 이들을 마치 짓누르는 듯이 군림하고 있는 건축물로서의 교회를 예배의 유일한 그리고 절대적인 처소라고 받아들이지는 않습니다. 성서 중심의 절대적인 신앙생활을 추구하는 무교회주의자들은 마치 예수가 율법이나 안식일을 중요하지 않게 여겼던 것처럼 의식으로서의 교회, 권력으로서의 세례나 성찬례(The Holy Communion), 교리, 성직자 등은 기독교 신앙과 구원에 있어서 실질적으로 그렇게 결정적인 것도 아니고, 그리 중요한 것도 아니라고 믿고 있습니다. 예수신앙의 유일한 근거는 성서이고, 교회나 목회자는 그리스도교를 담아내는 형식이거나 부산물, 혹은 중개자적인 껍질에 지나지 않는다는 성경 제일, 믿음제일주의를 강조합니다. 무교회주의는, 마치 사람들이 배우기 위해서 학교를 가는 것이지, 학교를 위해서 배우는 것이 아닌 이치를 강조하는 것과 유사합니다. 배움과 학교가 같은 것이 아닌 것처럼, 예수를 신앙하는 것은 예수만을 믿는 것이며, 예수만을 받아들이는 것이며, 예수에게만 기대는 것이지, 그의 제자 베드로에 의존하거나, 막달레나 마리아를 통해 예수를 믿거나, 교회를 신앙하거나, 목회자를 예수로 떠받들고 그를 신앙하는 일이 아닙니다. 교회는, 그저 예수를 믿는 사람들의 모임체일 뿐입니다. 모임은 필요에 따라 만나기도 하고 흩어지기도 하지만, 예수신앙은 곳에 따라, 시간에 따라 믿어졌다, 믿어지지 않았다 하는 것이 아니기 때문입니다. 예수를 믿는다는 그 믿음, 그 신앙은 예수 하나로 성립되지만, 그를 믿는 모임의 형식은 여러 가지로 다양할 수 있습니다. 그 어떤 교회 하나, 목회자 하나를 유일하게 믿는 것이 아니기 때문입니다. 여러 가지로 교회 없는 예수, 기독교를 떠난 예수가 그 언제나 성립될 수 있습니다. 그에 반해, 예수 없는 교회, 예수가 소거된 기독교, 예수가 빠진 목회자는 성립될 수 없습니다. 교회는 예수의 가르침을 실천하고 공간이며, 기독교는 예수의 말과 행동을 교리화시켜 놓은 종교의 한 유형일 뿐입니다. 예수를 믿는 곳이 천막이나, 동굴 속이어도 상관없는 일입니다. 그곳이 굳이 빌딩이어야 하거나, 거대한 건축물일 필요가 없는 노릇입니다. 그 어디서 믿던 예수의 가르침과 행동을 매일같이 실천하면 예수를 믿고 신앙하면 되는 일입니다. 예수를 믿는 일, 신앙하는 일이 바로 인격적 지식, 암묵지입니다. 교회나 종교는 형식지, 명시지일 뿐입니다. 예수가 마리아에게 나를 만지지 말라는 말은 지식의 형태로 보면, 다분히 암묵지, 인격적 앎에 속하는 일입니다. 예수에 대한 믿음, 예수에 대한 신앙이 교회나 종교라고 하는 상징물을 떠나 '불립문자(不立文字), 교외별전(敎外別傳), 언어도단(言語道斷)'의 속성을 지닐 수밖에 없기 때문입니다. 교회에서는 믿음의 직급으로 그 무슨 직분들을 열거하지만, 예수 믿음, 예수 신앙에는 그 어떤 직급도, 제도가 절대적으로 필요한 것이 아닙니다. 교회 안에서만, 그리고 종교라는 제도 안에서만 예수에 대한 신앙이나 믿음이 성립한다는 것은 부활한 예수를 육감적으로 만지려는 마리아의 모습이거나 그녀가 표현한 개인적 욕망일 뿐입니다. 믿음이라는 것, 신앙하는 것은 종교적인 입장에서 보면 철저히 암묵적 앎에 속하며, 그것의 근저가 됩니다. 겉으로 드러내 놓고 있는 것만이 믿음이 아니며, 그것이 신앙의 지표일 수가 없는 노릇이기 때문입니다. 낭시 교수는 다시 말합니다. "그를 만졌다고 착각함으로써, 그를 떠나지 못하게 할 수 있는 것입니다. 진정한 접촉과 현존은 그 떠남을 통해서만 우리에게 다가오는 것인데, 사람들은 그렇게 하려고 합니다. 다시 말해, 예수 부활은 현존에 무엇인가를 보태, 그 한결같은 동일성을 영구화시키고 무한히 적용되게 하고 무한히 의미하게 한다는 뜻으로서 일어나는 것이 아닙니다. 만지면 안 되는 것, 그것은 부활한 예수의 몸입니다. 그 몸은 만질 것이 아닌 것이며, 만져 봤다고 그 무엇이 성립되는 것도 아니기에, 예수의 몸은 당연히 일어날 수 있는 접촉으로부터 빠져나가고 있는 것이라고 그는 새롭게 해석합니다. 그렇습니다. 그가 예수부활에 대해 새롭게 해석해 준 것처럼, '부활(Resurrection)'은 자연스럽게 솟아남인 융기(Surrection)일 뿐입니다. 내 마음대로 다룰 수 없는 것, 타자인 것, 사라지는 도중에 있는 것이 몸 자체 안에서, 몸으로서 별안간 돌출된 것이기에, 굳이 만져서 확인될 수 있는 것이 아닙니다. 융기(隆基)란 지질학에서 자연적인 원인에 의해 발생하는 지표면의 수직 상승을 말하는 것인데, 낭시 교수는 예수가 다시 살아났다는 것은 몸의, 세포의 재현을 말하는 것이 아니라, 예수라는 육신의 영적 되살아남을 융기라는 말로 대체해서 우리에게 예수에 대한 믿음과 신앙을 설명했던 것입니다. 지식이라는 것, 앎이라는 것은 궁극적으로 해석에 지나지 않을 뿐입니다. 그 해석에 따라 지식의 가치가 논해지는 것이기에, 앎 그 자체는 그리 중요한 것이 아닙니다. 중요한 것은 안 것처럼, 아는 대로, 그 앎과 더불어 일상에서 실천하는 일입니다. 신앙에서의 믿음은 해석과 실천으로부터 비롯됩니다. 유명한 화학 교수였다가 사회과학자, 철학 교수로 자신의 업을 바꾼 폴라니 교수, 일상생활에서 작동하는 암묵지의 중요성을 눈여겨보고, 암묵지라는 개념을 만들어 낸 학자입니다. 그는 말로 표현할 수 없는 영역까지도 지식의 영역으로 끌어들인

학자입니다. 말로 분명하게 표현할 수 없는 앎이지만, 분명한 앎에 속하는 앎을 암묵지, 인격적 지식이라고 말했습니다. 그는 『인격적 지식』에서, "나는 과학의 신념 아래에 숨어 있는 가정들을 다시 살펴볼 작정인데, 보통 생각하는 것보다 그 범위가 넓다는 것을 보여 줄 것입니다. 그것들은 사람의 영적인 기초 전체와 더불어 확장되는 것이며, 그 사람의 사회적 존재 자체의 뿌리까지 뻗어 있는 것입니다. 그래서 과학에 대한 우리의 믿음이 더 큰 범위와 믿음의 한 조각으로 인정되어야 한다."고 나름대로 자신의 믿음과 그 여백을 펼쳐 놓은 바 있습니다. 폴라니는 관찰자가 언제나 실험실의 일부분이며 언제나 결정에 참여하고 있다고 말합니다. 실험자는 결코 중립이 아니기에, 모든 과학자들은 자기 또는 자신의 연구에 전제조건을 가지고 있게 마련입니다. 예를 들어, 과학자는 과학적인 방법이 믿을 만하다는 것에 대해서 절대 의문을 제시하지 않지만, 그런 과학이 여전히 미완성이라는 것에 대해서는 그 어떤 의문을 갖지 않습니다. 그러니 과학적 지식이니, 형식지이니 하는 것을 늘 미완의 지식에 머물러 있는 것입니다. 절대적으로 과학적인 지식, 명시적 지식은 없다는 뜻이기도 합니다.

　행복에 대한 논쟁을 암묵지의 논점으로 되돌리면, 저는 행복 그리고 좋은 삶 역시, 믿음이며 자기 해석의 결과라고 봅니다. 행복은 암묵지이며, 암묵지적인 인격적 지식에 속하기에, 행복에 대한 사람 나름대로의 노하우, 앎, 행복을 받아들일 수 있는 여백이 더 중요하다고 생각합니다. 다만 행복에 대한 그 믿음이 표출되는 방식, 그 믿음을 즐기는 방식, 겉으로 표현되는 그것을 통해 얻어지는 기쁨(Joy)은 사람들에게 다를 수가 있습니다. 자기만의 기쁨이 자기와 다르다고 해서 행복하지 않다고 이야기하는 것은, 모든 사람들이 자기 이름을 써야 한다고 우기는 것과 같은 다를 것이 하나도 없습니다. 제 이름은 이 글의 저자인 한준상입니다. 일본의 아베 수상이 제아무리 행복하다고 해도, 그가 행복의 대명사라고 해도, 내 스스로 그의 이름을 내 이름으로 삼고 싶은 생각은 해 본 적이 없습니다. 그는 그이의 뜻대로, 나는 나의 뜻대로 각자적인 행복이기 때문입니다. 아베 수상과 나는 나대로 행복에 대한 삶에 대해 서로 공유하고 있는 것이 하나도 없기 때문입니다. 행복은 행복에 관여하는 사람들이 서로 참여할 때 가능해지는 암묵지적인 앎이며 지식일 뿐입니다. 행복이라는 인격적 지식이 그와 나 사이에 공유되기 위해서는 '내주(內住)'라는 것이 개입되어야 합니다. 아베와 나 사이에는 행복의 암묵지에 대한 내주가 존재하지 않습니다. 그가 나와 더불어 행복에 대해 그 어떤 것도 서로, 더불어 만들어 놓은 것이 하나도 없기에 나는 그와 더불어 행복할 수가 없는 것입니다. 행복이 인격적 지식이며, 해석이며 믿음이며, 서로 만들어 가는 앎이라는 제 말을 이해하기 위해서는, 폴라니 교수가 말한 '내주(內住, Indwelling)'라는 개념을 이해해야 합니다. 앎, 안다는 것, 지식이 되는 과정에는 어김없이 주체는 객체에게, 객체는 주체 속에 내주하는 작용이 있게 됩니다. 이미 이야기했던 인터 익스피리언스(Inter Experience)의 작용이 너와 나 사이에 개입되는 것입니다. 즉, 무엇인가를 알기 위해서는 내가 알려고 하는 대상이 그것에게 헌신해야 하고, 나의 속에는 이미 내가 알려고 하는 그것이 자리를 잡아야 합니다. 내가 그 어떤 여자를 사랑하기 위해서, 내가 그녀에게 헌신해야 하고, 나의 앎 속에 그녀가 일정한 자리를 잡고 있어야 합니다. 그녀의 마음에서도 마찬가지입니다. 서로가 안다는 것은, 서로의 앎에는 암묵적 수준에서 너와 나라는 사람이 이미 알려지는 것 속에 서로 참여해 있다는 전제 속에서 가능합니다. 그러고 보면, 인격적 앎이라는 것, 인격적 지식이라는 것은 맥락적으로 정도 차이는 있지만, 그 어떻게든 서로 참여적(Participatory)입니다. 안다는 것, 앎이라는 것은 관계이며, 그 관계는 원초적으로 상호참여적일 수밖에 없는 노릇입니다. 이런 앎의 관계는 '나-그것'의 나와 물질 간의 종속적 관계라기보다는 '나-너'라는 대등한 관계를 말합니다.

'인격적' 지식에서 상호참여성이 강조된다는 점에서, 인격적 지식은 일상적으로 말하는 '객관적' 지식과도 내용상 구분될 뿐 아니라 '주관적' 지식과도 구별됩니다. 인격적 지식은 객관적 지식에서는 파악되지 않는 숨겨진 실재와 늘 관련되기 때문에, 오히려 인격적 지식이야말로 진정으로 객관적인 성격을 드러내곤 합니다. 그것은 인격적 지식이 오히려 지식의 공동체적 성격을 강조함으로써 앎의 주체들을 하나로 연결시켜주고 있기 때문에 그런 것입니다. 사람들이 서로 제대로 의사소통한다고 할 때, 그것은 말하는 자와 듣는 자가 같은 '암묵적 추론(Tacit Inference)'을 서로 공유할 때만 비로소 가능합니다. 사람들이 자신의 뜻을 전달하기 위해 사용하는 모든 상징, 비유 그리고 언어는 서로가 알고 있다는 공유된 암묵적 추측이 있을 때 사용이 가능하게 되는 것입니다. 서로가 무엇을 안다고 하거나 알았다고 하거나 하는 식으로 지식의 내용을 동일하게 인지할 수 있는 것은 오직 그들이 공유하는 암묵적 추론의 연결이 있기 때문입니다. 형식지가 제아무리 완성미를 뽐내려고 해도, 그것은 그 언제나 조각과 파편에 지나지 않을 뿐이라는 점을 제가 좋아하는 노년의 음악가, 이제는 선불교의 수사로 자신의 삶을 마감하고 있는 80세의 레너드 코헨(L. Cohen)이 불렀던 〈송가(Anthem)〉의 가사로 다시 표현해 보고 싶습니다. 그는 이렇게 노래합니다. "그 어떻게든 깨어질 운명, 부서진 조각들을 다시 붙일 수 없으니, 다시 처음처럼 감쪽같이 합칠 수 없으니, 앞으로 나아가며 행진곡을 부를 수는 있으나 드럼은 없으니, 상처 난 가슴의 모든 조각조각을 샅샅이 파고들며, 신은 속삭이네. 완벽한 것은 없어. 어디에든 틈은 있기 마련이고, 빛은 그곳으로 들어오기 마련일세. 깨지지 않았다면 결코 나지 않았을 소리였겠지, 그래 소리 낼 수 있는 종들은 모두 울리게 하게나. 내 이제 축복하나니, 도망자처럼 도망쳤던 그 모든 가슴마다, 그 마음속마다 사랑이 깃들지어니…" 행복이라는 것은 처음부터 그 무슨 지식, 그러니까 백과사전 속에서 굳어져 버린 그런 형식지로 출현된 것이 아닙니다. 행복은 본질적으로 그리고 삶의 마지막까지 암묵지로 남아 있을 뿐입니다. 행복은 원초적으로 행복에 대한 신앙이며, 믿음이기 때문입니다. 행복을 믿으면, 행복을 실천하면, 행복이 자기 안에서 만들어집니다. 자기 스스로 좋은 삶을 믿지 않으면, 우리들이 바라는 그 행복은 결코 우리 안에서 제자리를 잡지 못한 채, 우리의 마음을 산란하게 흔들어 놓기만 할 것입니다. 제발 행복해지도록 우리 '몸'을 우리가 각자적으로 길들여야 합니다. 제가 존경하는 박이문 교수, 이 시대 지성의 대장(大將)과도 같았던 이 시대 지성인 그가 〈우리들의 천당은〉에서 읊조린 시 한 편으로 내가 이야기하고자 하는 이 절의 주제, 그러니까 '아무리 물어도 대답은 모른다.'라는 이 글에서 응답하려고 합니다. 그는 '우리들의 육체는 먼지, 우리들의 삶은 꿈, 우리들의 사랑은 환상, 우리들의 행복은 바람, 그래서 우리들의 실체는 이 먼지뿐, 우리들의 꽃은 사랑뿐, 우리들의 영원은 이 바람뿐, 우리들의 천당은 여기뿐, 고통과 슬픔에 가득 찬 여기 지금뿐, 지금 느끼는 이 느낌뿐…'이라고 속삭입니다. 삶, 설령 당신이 그것을 잘 안다고 해도 그저 모른다고 말해야 할 따름입니다. 끝내 그것은 살아내야 하는 생명이 하는 일이기 때문입니다.

찾아보기

인명

내 용

저자 소개

■ 한준상(韓駿相, Han Zun-Sang)

학력 및 경력
연세대학교 문과대학 교육학과 졸업
University of Southern California 교육과학 석사 및 철학박사
연세대학교 교육학부 교수
연세대학교 학생처장
연세대학교 교육대학원 원장
연세대학교 교육과학대학 학장

대표 저서
새로운 교육학(1981, 한길사)
평생교육론(1982, 문음사)
한국대학교육의 희생(1982, 문음사)
교육사회학 이론과 연구방법론(1985, 문음사)
학교교육과 사회개혁(1986, 을유문화사)
한인교포사회와 교육문제(1986, 삼성출판사)
교육과 정치의식(1986, 학민사)
사회교육론(1987, 청아출판사)
사회교육과 사회문제(1988, 청아출판사)
신교육사회학론(1989, 민음사)
교육과정 논쟁론(1989, 문음사)
청소년문제와 학교교육(1989, 연세대학교출판부, 교육학회 학술상, 문화공보부 선정 '올해의 책' 수상)
교육의 가막소(1989, 청아출판사)
교육학적 상상력(1991, 양서원)

한국교육의 갈등구조(1991, 연세대학교출판부)

한국교육의 민주화(1992, 연세대학교출판부, 문화공보부 선정 '올해의 책' 수상)

산업인력자원 개발―외국기업은 이렇게 교육한다(1993, 양서원)

한국고등교육개혁의 과제와 전망(1993, 양서원)

한국교육개혁론(1994, 학지사)

한국산업자원 인력개발(1994, 양서원)

생각연습(1994, 한울)

평생교육의 이론과 실제(1995, 서울특별시 교육연구원)

학교스트레스(1995, 연세대학교출판부)

생각하는 학교, 꿈꾸는 아이들(1997, 학지사)

동숭동의 아이들(1997, 연세대학교출판부)

앤드라고지―현실과 가능성(1998, 학지사)

호모 에루디티오(1999, 학지사, 대한민국 학술원 선정 '우수학술도서' 수상)

청소년학 연구(1999, 연세대학교출판부)

Lifelong Education: 모든 이를 위한 안드라고지(2000, 학지사)

學習學(2001, 학지사, 문화관광부 선정 '우수학술도서' 수상)

집단따돌림과 교육해체(2002, 집문당)

이 교육(2003, 아침이슬)

산업인력자원개발(2003, 한국학술정보)

國家課外(2005, 학지사, 연세대학교 학술상, 문화관광부 선정 '우수학술도서' 수상)

敎育資本論(2007, 학지사)

生의 痂: 배움(2009, 학지사, 연세대학교 학술상)

敎育改論(2012, 학지사)

생의 過(2013, 학지사, 문화관광부 선정 '우수학술도서' 수상)

생의 癒(2014, 학지사)

행복

Happiness

2017년 1월 10일 1판 1쇄 인쇄
2017년 1월 20일 1판 1쇄 발행

지은이 • 한준상
펴낸이 • 김진환
펴낸곳 • (주) 학지사

      04031 서울특별시 마포구 양화로 15길 20 마인드월드빌딩
대표전화 • 02-330-5114   팩스 • 02-324-2345
등록번호 • 제313-2006-000265호

홈페이지 • http://www.hakjisa.co.kr
페이스북 • https://www.facebook.com/hakjisa

ISBN 978-89-997-1086-5 93370
정가 30,000원

이 도서의 국립중앙도서관 출판시도서목록(CIP)은 서지정보유통지원
시스템 홈페이지(http://seoji.nl.go.kr)와 국가자료공동목록시스템
(http://www.nl.go.kr/kolisnet)에서 이용하실 수 있습니다.
(CIP 제어번호: CIP2016028804)

교육문화출판미디어그룹 학지사

심리검사연구소 인싸이트 www.inpsyt.co.kr
원격교육연수원 카운피아 www.counpia.com
학술논문서비스 뉴논문 www.newnonmun.com